ein Ullstein Buch

D1705569

Ullstein Buch Nr. 3106
im Verlag Ullstein GmbH
Frankfurt/M – Berlin – Wien

Umschlagentwurf:
Kurt Weidemann
Alle Rechte vorbehalten
© 1974 by Verlag Ullstein GmbH,
Frankfurt/M – Berlin – Wien
Printed in Germany 1975
Gesamtherstellung:
Ebner, Ulm
ISBN 3 548 03106 4

Texte zur Bildungs-ökonomie

Herausgegeben und eingeleitet
von Armin Hegelheimer

Mit Texten aus:
Bundesrepublik Deutschland,
ČSSR, DDR, Großbritannien,
Österreich, Schweiz, Ungarn
und USA

Ef 25.11.83

ein Ullstein Buch

Inhalt

Texte zur Bildungsökonomie

Vorwort

Die junge Disziplin der Bildungsökonomie hat in den letzten Jahren einen raschen Aufschwung genommen. Anfang der 60er Jahre durch die Pionierarbeiten einiger Forscher, vor allem in den USA, begründet, war sie zunächst nur einem kleinen Kreis von Spezialisten bekannt. Die ersten Ansätze der aus der Nationalökonomie hervorgegangenen Bildungsökonomie, die heute gern als »bürgerliche« Bildungsökonomie etikettiert wird, gerieten erstmals Mitte der 60er Jahre in das Kreuzfeuer der Kritik, als die Bildungsökonomie den Sprung von der Theorie in die konkrete Bildungsplanung und Politikberatung vollzog und damit auch die politische Funktion der Bildungsökonomie sichtbar wurde. Diese Kritik hielt sich aber zunächst noch im Rahmen der bildungsökonomischen Modellansätze, sie blieb modell- und systemimmanente Kritik.

Mit zeitlicher Verzögerung entwickelte sich zur gleichen Zeit in den sozialistischen Ländern als ein zweiter wesentlicher Strang der Bildungsökonomie eine sozialistische Bildungsökonomie auf der Grundlage der marxistisch-leninistischen Theorie der intensiv erweiterten Reproduktion. Sie hat sich inzwischen gleichfalls in raschem Tempo entfaltet und immer stärker ausdifferenziert.

Schließlich kommt neuerdings als Folge der Studentenrevolte und im Zuge der dadurch bedingten Renaissance des Marxismus in den westlichen Ländern als dritter Strang der Bildungsökonomie vor allem in der Bundesrepublik eine neomarxistische Variante der Bildungsökonomie hinzu, die durch Rezeption Marxscher Kategorien eine grundlegende Kritik »bürgerlicher« Bildungsökonomie zu leisten versucht, aber auch gegenüber der marxistischen Bildungsökonomie in den sozialistischen Ländern eine ambivalent-kritische Position bezieht. Sie stellt damit einerseits die theoretischen Grundlagen bürgerlicher und sozialistischer Bildungsökonomie in Frage, andererseits steht sie sowohl zwischen den Positionen der Bildungsplaner im organisierten Kapitalismus als auch im etablierten Sozialismus.

In den 60er Jahren konnte sich eine Textsammlung zur Bildungsökonomie in der Bundesrepublik im wesentlichen auf einen geschlossenen Rahmen der Theoriebildung und der dahinter stehenden Ziel- und Wertvorstellungen stützen. Die in dieser Zeit erschienenen Reader in den USA, Großbritannien, Frankreich und der Bundesrepublik dokumentieren daher auch die heute bereits klassi-

sche Bildungsökonomie vorwiegend angelsächsischen Ursprungs.
Die Bandbreite reichte dabei von neoliberalen und liberalen Konzeptionen bis zu Planungsansätzen der Bildungsökonomie, die sich
als Teilsystem der Infrastrukturplanung in den Rahmen der Marktwirtschaft einpassen sollen. Aufgrund der inzwischen erfolgten Entwicklung muß ein Reader heute aber versuchen, die gesamte Spannweite der Diskussion in der Bildungsökonomie zwischen Liberalismus, Sozialismus und Neomarxismus einzufangen. Trotz eines
starken Bedarfs ist ein derartiger Versuch bisher noch nicht unternommen worden – wohl zum einen, weil sich die Entwicklung am
Ende der 60er Jahre sehr stürmisch und sprunghaft vollzog, zum
anderen, weil die verschiedenen Richtungen und Denkschulen der
Bildungsökonomie noch keinen entsprechenden Stil eines rationalen
Diskussionszusammenhanges entwickelt haben und von unterschiedlichen theoretischen Ausgangspositionen mit stark differierenden Begriffs- und Kategoriensystemen operieren. Hinzu kommt,
daß eine einigermaßen angemessene Dokumentation, wie sich die
verschiedenen Denksysteme der Bildungsökonomie heute darstellen, in der gedrängten Fassung eines Textbandes mit schwierigen
Problemen verknüpft ist.

Diese Aufgabe kann nur durch eine möglichst strenge Auswahl
der Texte gelöst werden, die jedoch bei allem Streben nach Objekti-
vität von subjektiven Maßstäben nie ganz frei sein kann. Die Auswahl der vorliegenden Texte erstreckt sich auf spezifische sowie eng
miteinander zusammenhängende Sach- und Schwerpunktkomplexe
der Bildungsökonomie, die jeweils anhand prototypischer Kontrast-
und Querschnittsliteratur »bürgerlicher«, marxistischer und neomarxistischer Provenienz dokumentiert werden. In ihrer Summe
sollen sie einen zum Vergleich anregenden Einblick in den Stand
und Trend der gegenwärtigen bildungsökonomischen Diskussion
erlauben. Der Schwerpunkt liegt dabei auf fünf Themenkomplexen
der bildungsökonomischen Forschung, die für alle Denkrichtungen
der Bildungsökonomie zentral sind. Die Eingrenzung auf diese fünf
Themenkomplexe ergibt sich jedoch aus dem vorgegebenen Umfang. Eine Ergänzung der fünf zentralen Themenkomplexe durch
weitere Sach- und Schwerpunktkomplexe wäre wünschenswert
gewesen. Hierbei ist insbesondere an folgende, ergänzende Themenkomplexe zu denken: Kosten und Erträge von Bildungsinvestitionen als bildungsökonomischer Schalthebel: Bildungsaufwand,
Einkommensverteilung und Steuersystem; Bildungsökonomie und

aktuelle Bedarfsprognosen: Vom Indikatoren- und Integrations-
konzept zur Intensivanalyse sowie zum Funktionskonzept und zur
Sensibilitätsanalyse; Bildungsökonomie als Anwendungsfeld einer
Politischen Ökonomie des Ausbildungssektors: Bildungsgesamtpla-
nung als Entscheidungshilfe? Zur Diskussion der Bildungsgesamt-
planung in der Bundesrepublik Deutschland. Die Aufnahme von
zusätzlichen drei Sach- und Schwerpunktkomplexen hätte jedoch
den Rahmen dieser Textdokumentation gesprengt. In die vorliegende Textsammlung sind bereits in deutscher Sprache vorliegende
ausländische Texte, in die früher erschienenen Readern veröffentlicht wurden, grundsätzlich nicht aufgenommen worden. Wer sich
etwa für die Arbeiten von Anderson/Bowman, Gary S. Becker,
Denison, Eckaus, Tinbergen oder Stone interessiert, sei daher auf
diese Publikationen verwiesen. Alle in die vorliegende Textsammlung aufgenommenen Beiträge wurden in ihrer ursprünglichen Text-
form wieder abgedruckt, sofern nicht von den Autoren Änderungen
gewünscht oder mit den Autoren Kürzungen vereinbart wurden.
Entsprechende Auslassungen im Text sind stets deutlich gekennzeichnet worden. Die genauen Überschriftentitel der ursprünglichen
Texte können aus den Quellenangaben entnommen werden.

Um dem Leser die vergleichende Erarbeitung der verschiedenen
Denk- und Kategoriensysteme der Bildungsökonomie zu erleichtern, ist neben einem Sach- und Personenregister sowie einer Aus-
wahlbibliographie weiterer Reader zur Bildungsökonomie auch ein
Glossar mit den jeweiligen Grundbegriffen der »bürgerlichen« und
marxistischen Bildungsökonomie entworfen worden, wobei ich
Frau Christel Alt, M. A., für Hilfe zu Dank verbunden bin. Die
Grundbegriffe der marxistischen Bildungsökonomie sind dabei nach
dem Prinzip der Immanenz gemäß dem wissenschaftlichen und theoretischen Selbstverständnis in den sozialistischen Ländern wieder-
gegeben worden. Sofern sich ein und derselbe Begriff völlig oder in
Nuancen in der »bürgerlichen« und marxistischen Bildungsökonomie unterscheidet, werden jeweils beide Begriffsinhalte in der entsprechenden Reihenfolge erläutert. Auch die Einleitung des Herausgebers soll dem Leser die Orientierung zwischen den verschiedenen
Richtungen der Bildungsökonomie erleichtern helfen; die eigene
Auseinandersetzung mit oder auch die Entscheidung für eines der
Denksysteme kann sie ihm aber nicht abnehmen.

Berlin/Bielefeld, im Juni 1975   A. H.

Armin Hegelheimer:

Einleitung

I.

Am Anfang der Bildungsökonomie steht der »Wert«. Die Bildungsökonomie fragt damit nach dem Nutzen, dem Ertrag, der ökonomischen Potenz von Bildung. Das Denken in Wertkategorien wird nur verständlich, wenn man sich vergegenwärtigt, daß die ökonomische Theoriebildung seit ihrer Entstehung im Kern eine Werttheorie ist. Dies gilt sowohl für die Klassiker der Nationalökonomie wie Smith und Ricardo als auch für die Vertreter der Kritik der Politischen Ökonomie wie Marx und Engels. Für Adam Smith ist der eigentliche Schöpfer des gesellschaftlichen Reichtums die Arbeit, mit deren Hilfe die Menschen Güter für den Eigenverbrauch oder den Tausch produzieren. Durch die Arbeit werden damit Werte geschaffen, wobei der Faktor Arbeit aber durch die Mitwirkung der Faktoren Boden und Kapital ergänzt wird. Diese Theorie der drei Produktionsfaktoren ist mit der klassischen Lehre von der allein werteschaffenden Kraft der menschlichen Arbeit durchaus vereinbar. Das Bindeglied ist die klassische Produktionskostentheorie, derzufolge der Preis die Anteile aller drei Produktionsfaktoren decken muß, also nicht nur den Anteil Lohn, sondern auch den Profit (Kapitalzins und Unternehmergewinn) und die Grundrente für den Faktor Boden. Ricardo erklärt nun die Grundrente nicht als Ursache, sondern als Folge der Preisbildung. Sie ist damit nicht preisbestimmend, sondern preisbestimmt. Zugleich löst er den Faktor Kapital in vorgetane Arbeit auf; anteilsmäßig ist damit die im Kapitalgut investierte Arbeit dem damit hergestellten Produkt zuzurechnen. So wird schließlich bei Ricardo der Wert und Preis eines Produkts durch die Menge einfacher Arbeit, die zur Herstellung eines beliebig vermehrbaren Gutes erforderlich ist, bestimmt. So gesehen, ist die klassische ökonomische Theorie nicht nur eine Werttheorie, sondern eine Arbeitswerttheorie. Im Mittelpunkt steht damit die »Bewertung« des Faktors Arbeit. So will Smith nur diejenigen Arbeiten und Arbeiter als produktiv betrachten, mit deren Hilfe ein dauerhaftes Wirtschaftsgut oder eine verkaufbare Ware hergestellt oder der Wert eines Gutes erhöht wird. Alle anderen Arbeiten wie die des Monarchen, der Beamten, Ärzte, Heer, Flotte, Professoren usw. sind damit unproduktiv. In diesem Produktivitätsbegriff kreuzen sich zwei Ebenen: eine politische und eine analytische. Die politische Dimension dieser Unterscheidung von Arbeit läuft auf einen Kampfbegriff hinaus, mit dem die klassischen Nationalökonomen als wissenschaftliche Speerspitze des aufstrebenden Bürgertums den parasitären Charakter der Feudalaristokratie bloßstellen und geißeln wollten. Aber der klassische Produktivitätsbegriff der Arbeit läßt sich nicht nur auf diese ideologische Funktion reduzieren, sondern macht auch analytisch deutlich, daß Arbeitsfunktionen im Bereich der Meta-Produktion stets durch ein gesellschaftliches Mehrprodukt getragen und finanziert werden müssen. Arbeit selbst – ob nun produktiv oder unproduktiv – ist für Ricardo ein beliebig vermehrbares Gut, dessen »natürlicher Preis« im Gleichgewicht von Angebot und Nachfrage durch die Reproduktionskosten bestimmt ist. Diese wiederum ergeben sich aus den Aufwendungen, die die Arbeiter für Nahrungsmittel, Wohnung, Kleidung und Unterhalt tätigen müssen, um sich selbst erhalten und fortpflanzen zu können. Im Gleichgewicht deckt der natürliche Arbeitslohn gerade diese Kosten, jedoch kann der Marktpreis für den Faktor Arbeit, d. h. der tatsächliche Lohn, sowohl nach oben oder unten vom natürlichen Arbeitslohn abweichen. Dies ist jedoch nur kurzfristig möglich, weil die Arbeiterbevölkerung bei höherem Lohn durch verstärkte Fortpflanzung den tatsächlichen Lohn wieder auf den natürlichen Lohn zurückschraubt und umgekehrt.

Auch im ökonomischen Denksystem von Karl Marx steht die Werttheorie im Zentrum seiner Kritik der Politischen Ökonomie. Da der Wert der Produkte ausschließlich auf der Verausgabung von Arbeitskraft beruht, fußt auch sein Ansatz auf der Arbeitswerttheorie. Marx führt die Wertbildung der Produktion auf die im Durchschnitt notwendige, d. h. gesellschaftlich notwendige Arbeitszeit zurück. Aus dem unterschiedlichen Arbeitsaufwand für die verschiedenen Produkte resultiert ihr Austauschverhältnis, der Tauschwert der Produkte. Wie bei Ricardo stellen Produktionsmittel (Arbeitsgegenstände und Arbeitsmittel) vergegenständlichte Arbeit dar, deren Zeitfaktor die Wertbildung der Produkte mitbestimmt. Die lebendige Arbeit kann einfache oder komplizierte Arbeit sein. Einfache Arbeit bildet eine historisch bestimmte oder zu bestimmende Maßeinheit der gesellschaftlichen Gesamtarbeit. Sie stellt Verausgabung einfacher Arbeitskraft, bezogen auf den Durchschnitt der Arbeitskräfte ohne besondere Qualifikationen, dar. Da der Wert nur im Tausch festgestellt werden kann und die durchschnittlich notwendige gesellschaftliche Arbeitszeit – gleichsam als gewichtetes Mittel – den Wert bestimmt, wird durch den Wertbildungsprozeß *jede* Verausgabung von Arbeitskraft auf einfache Arbeitskraft reduziert. Der Wert einer Ware verkörpert somit nach Marx stets eine bestimmte Menge einfacher Arbeit. Diese einfache Durchschnittsarbeit weist jedoch zu verschiedenen Zeiten einen unterschiedlichen Charakter auf. Dieser hängt insbesondere vom Durchschnittsgrad der Qualifikation der Arbeitskräfte ab, der seinerseits wiederum vom Niveau der gesellschaftlichen Produktivkräfte bestimmt ist. Komplizierte Arbeit ist aus einfacher Arbeit zusammengesetzt – sie ist nach Marx potenzierte oder vielmehr multiplizierte einfache Arbeit. Die Arbeit als Substanz des Wertes wird durch den Wertbildungsprozeß auf einfache Durchschnittsarbeit reduziert, so daß komplizierte Arbeit *in gleicher Zeit* einen höheren Wert als einfache Arbeit bildet. Die Reduktion von komplizierter auf einfache Arbeit vollzieht sich unmittelbar im Prozeß des Warentausches, wobei dem Tauschprozeß die einfache Arbeit als konstanter Wertmaßstab zugrunde liegt.

Die folgende Abbildung enthält eine schematische Darstellung der gesellschaftlichen Arbeit in der Werttheorie von Marx:

Abbildung 1

Schematische Darstellung der gesellschaftlichen Arbeit

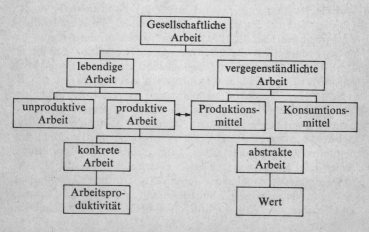

Gesellschaftliche Arbeit setzt sich aus lebendiger und vergegenständlichter Arbeit zusammen. Lebendige Arbeit beinhaltet die Verausgabung von physischen und geistigen Kräften des Menschen im Arbeitsprozeß und bildet die Summe aus produktiver und unproduktiver Arbeit. Vergegenständlichte Arbeit bezeichnet die in der Vergangenheit geschaffenen Produktionsmittel, die entsprechend der Arbeitswerttheorie gleichsam festgeronnene lebendige Arbeit (-szeit) darstellen. Produktive Arbeit ist gebrauchswertproduzierende oder materielle Dienste verrichtende nützliche Arbeit, während der Begriff der unproduktiven Arbeit auf Arbeitstätigkeiten außerhalb und innerhalb der materiellen Produktion abhebt, die sich nicht in einem materiellen Produkt vergegenständlichen. Ebenso wie für Smith ist auch für Marx das Mehrprodukt der produktiven Arbeit die Existenzbasis der unproduktiven Arbeit. Das Mehrprodukt der produktiven Arbeit hängt in entscheidendem Maße von der Arbeitsproduktivität, d. h. dem Nutzeffekt der produktiven, konkreten und nützlichen Arbeit bzw. der Produktivkraft der Arbeit ab. Die Arbeitsproduktivität ist folglich eine Kategorie des Arbeitsprozesses; ihre Größe kennzeichnet die Ergiebigkeit der produktiven Arbeit an Gebrauchswerten.

Mit den Begriffen konkrete und abstrakte Arbeit wird der Doppelcharakter der Arbeit gefaßt. Für Marx besteht ein Doppelcharakter deshalb, weil Arbeit einerseits nützliche Arbeit beinhaltet, die im Arbeitsprozeß den Gebrauchswert produziert, andererseits jedoch auch abstrakte Arbeit, d. h. menschliche Arbeit schlechthin darstellt, die im Wertbildungs- bzw. Verwertungsprozeß den Tauschwert schafft. Eine schematische Darstellung des Doppelcharakters der Arbeit enthält die folgende Abbildung:

Schematische Darstellung des Doppelcharakters der Arbeit

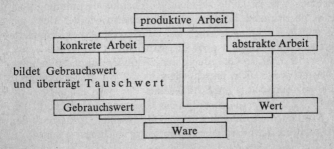

In der Marxschen Arbeitswertlehre bestimmt der Wert der Ware Arbeitskraft den Wert der Waren. Die konkrete Arbeit überträgt dabei auch – wie aus Abbildung 2 ersichtlich wird – den Wert der in den Produktionsmitteln vergegenständlichten Arbeit auf den Wert der neuen Produkte. Als abstrakte Arbeit bildet sie die Substanz des Wertes, der im Tauschwert erscheint. Die gesellschaftlich notwendige Arbeit bestimmt den Wert der produzierten Waren, und zwar unter der Bedingung vollkommenen Gleichgewichts und vollkommener Konkurrenz, so daß Waren von gleichem Wert gleiche Mengen gesellschaftlich notwendiger Arbeit(-szeit) enthalten. Unter diesen Bedingungen ist der Wert einer jeden Ware proportional zu der in der Ware enthaltenen Arbeit, die in Arbeitsstunden gemessen wird. Der Kostpreis für die Waren setzt sich dabei aus c (konstantes Kapital: Produktionsmittel), v (variables Kapital: Löhne) und m (Mehrwert) zusammen.

Der Mehrwert ergibt sich für Marx aus der Teilung des Arbeitstages in notwendige Arbeit und die über die notwendige Arbeit hinausgehende Mehrarbeit, die den Arbeitern von den Kapitalisten abverlangt wird. Der notwendige Arbeitstag deckt gerade den Wert der Ware Arbeitskraft, d. h. ihre Reproduktionskosten, ab. Da jedoch die Tauschwerte der Güter höher als die Reproduktionskosten der Arbeiter sind, eignet sich der Kapitalist aufgrund der Macht- und Klassenverhältnisse den Wert des darüber hinausgehenden Mehrprodukts der produktiven Arbeit, den Mehrwert, an.

Da in der Marxschen Arbeitswerttheorie der Wert der Ware Arbeitskraft den Wert der Waren bestimmt, weicht sein Erklärungsansatz zumindest von der gleichfalls auf der Arbeitswertlehre basierenden Produktionsfaktoren- und Produktionskostentheorie von Adam Smith ab, für den neben der Arbeit auch der Profit und die Grundrente den Preis bzw. Tauschwert der Produkte bestimmen. Problematisch bleibt eine eindeutige Positionsbestimmung bei Ricardo, da sich auch bei ihm einerseits ebenso wie bei Marx die Preis- und Wertbildung letztlich auf den Faktor Arbeit reduziert. Andererseits hat Ricardo aber die Arbeitswerttheorie, die er im Kern vertritt, nicht so konsequent ausgebaut wie Marx. So kann er sich beispielsweise nicht entschließen, den Profit in Arbeitskosten aufzulösen. Auch hat er am Schluß seines Lebens in einem Brief an seinen Schüler MacCulloch selbst die Überzeugung geäußert, daß seine Wertlehre unzulänglich sei: »Mit meiner Erklärung der Grundsätze, die den Wert beherrschen, bin ich nicht zufrieden.«

II.

Die vorstehende Skizze einiger grundlegender Theoreme der klassischen Nationalökonomie und der marxistischen Ökonomie dürfte bereits deutlich gemacht haben, in welch starkem Maße Smith, Ricardo und Marx Werttheoretiker waren und welche zentrale Bedeutung die Wertkategorie für die ökonomische Theoriebildung, für die Entwicklung des ökonomischen Denkens zur Wissenschaft besaß. Nur von daher läßt es sich aber auch erklären, daß die rivalisierenden Denkrichtungen der Bildungsökonomie heute ihre wissenschaftlichen Kontroversen über die theoretischen Grundlagen der Bildungsökonomie auf der Ebene von Wertkategorien austragen. Dabei ist es zunächst nicht so entscheidend, daß seit der Herausbildung der Nationalökonomie als Wissenschaft die von Smith und vor allem von Ricardo vertretene Arbeitswerttheorie auch von der »bürgerlichen« Ökonomie immer wieder kritisiert worden ist. Als theoretisch besonders unzulänglich wurde hier vor allem der Versuch angesehen, komplizierte Arbeit auf einfache Arbeit, d. h. qualitative Größen auf quantitative Größen, über einen ökonomischen Wertmaßstab zurückführen zu wollen, da es sich ja bei dem Verhältnis von komplizierter zu einfacher Arbeit in der Arbeitswertlehre nicht um ein physiologisches oder technologisches, sondern ausschließlich um ein ökonomisch bestimmtes Verhältnis von durchschnittlich notwendigen gesellschaftlichen Arbeitszeiten handelt. So ist in der Kritik »bürgerlicher« Ökonomen an Smith und Ricardo, die dann naturgemäß auch die Arbeitswerttheorie von Marx mit einschloß, beispielsweise gefragt worden, mit wieviel Tagelöhnerstunden etwa die Erfindung der Dampfmaschine angesetzt werden soll. Bemerkenswerterweise ist die Arbeitswerttheorie von Marx aber auch von bedeutenden Ökonomen, die dem Denksystem der marxistischen Ökonomie nahestehen, heftig kritisiert worden. So hat beispielsweise Joan Robinson die Marxsche Arbeitswerttheorie in den Bereich der »metaphysischen Überzeugung« verwiesen. Für Joseph Schumpeter war es evident, daß die zentralen Theoreme, die Marx mit der objektivistischen Arbeitswerttheorie zu erklären sucht, stringenter mit der subjektivistischen Wertlehre der Grenznutzenschule erhärtet werden können, weil sie (1) nicht nur wie die Arbeitswerttheorie für das Modell der vollkommenen Konkurrenz gilt, sondern auch für sämtliche Marktformen des Monopols und der unvollkommenen Konkurrenz verallgemeinert werden kann; (2) auf alle Produktionsfaktoren und nicht nur auf Arbeit angewandt werden kann und weil sie dabei (3) stets den zwingenden Nachweis einer Proportionalität zwischen Wert und aufgewandter Arbeitsmenge liefert.

Für Schumpeter ist die Arbeitswerttheorie von Marx daher »tot und begraben«, wobei er der Arbeitswerttheorie noch einen letzten Nachruf hinterher schickt:

»Jedermann weiß, daß diese Werttheorie unbefriedigend ist. In der umfangreichen Diskussion, die sich darüber entsponnen hat, war das Recht bestimmt nicht nur auf einer Seite, und viele fehlerhaften Argumente sind von ihren Gegnern verwendet worden. Der wesentliche Punkt ist nicht der, ob die Arbeit die wahre ›Quelle‹ oder ›Ursache‹ des wirtschaftlichen Wertes ist. Diese Frage mag von vordringlichem Interesse für Sozialphilosophen sein, die daraus ethische Ansprüche auf das Produkt ableiten wollen, und Marx selbst war selbstverständlich dieser Seite des Problems gegenüber nicht gleichgültig. Für die Wirtschaftstheorie als eine positive Wissenschaft jedoch, die tatsächliche Vorgänge zu beschreiben oder zu erklären hat, ist es viel wichtiger zu fragen, wie die Arbeitswerttheorie als analytisches Werkzeug funktioniert; und der wirkliche Kummer ist, daß sie dies sehr schlecht tut.

Erstens funktioniert sie überhaupt nicht außerhalb des Falls der vollkommenen Konkurrenz. Zweitens funktioniert sie selbst bei vollkommener Konkurrenz nie *reibungslos,* außer wenn die Arbeit der einzige Produktionsfaktor ist, wenn überdies alle Arbeit von der gleichen Art ist. Die Notwendigkeit der zweiten Voraussetzung ist besonders verhängnisvoll. Die Arbeitswerttheorie mag imstande sein, mit Unterschieden in der Qualität der Arbeit fertig zu werden, die von der Ausbildung (erworbenen Geschicklichkeit) herrühren; angemessene Quoten der Arbeit, die in den Ausbildungsprozeß eingehen, müßten dann jeder Stunde gelernter Arbeit zugerechnet werden, so daß wir, ohne den Bereich des Grundgesetzes (der Arbeitswerttheorie; Anm. d. Hrsg.) zu verlassen, die Arbeitsstunde eines gelernten Arbeiters gleich einem bestimmten Vielfachen der Stunde ungelernter Arbeit setzen könnten. Aber diese Methode versagt im Falle ›natürlicher‹ Unterschiede in der Arbeitsqualität (verursacht durch Unterschiede in der Intelligenz, Willenskraft, physischen Kraft oder Beweglichkeit). Dann muß man seine Zuflucht zu Wertunterschieden der jeweils von einem von Natur aus schlechteren oder einem von Natur aus besseren Arbeiter gearbeiteten Stunden nehmen, – einem Wert, der selbst nicht mit dem Arbeitsmengenprinzip erklärbar ist ... Wenn eine dieser zwei Bedingungen nicht erfüllt sind, müssen zusätzliche Annahmen eingeführt werden, und die analytischen Schwierigkeiten nehmen in einem Ausmaß zu, das bald nicht mehr zu bewältigen ist. In den Bahnen der Arbeitswerttheorie zu argumentieren bedeutet deshalb, von einem ganz speziellen Falle ohne praktische Bedeutung aus argumentieren, obwohl einiges zu ihren Gunsten gesagt werden kann, wenn sie im Sinn einer rohen Annäherung an die historischen Tendenzen der relativen Werte interpretiert wird.«

So gewichtig diese Kritik auch ist, so ist doch für die Herausbildung der Bildungsökonomie Ende der 50er/Anfang der 60er Jahre ein anderes Phänomen bedeutsamer: Wenn sowohl die klassische bürgerliche Nationalökonomie als auch die marxistische Ökonomie – beide im 18. und 19. Jahrhundert begründet – in ihrem Kern eine Theorie des Faktors Arbeit darstellen, wie konnte es dann geschehen, daß beide Denksysteme dem Faktor »qualifizierte Arbeit«, dem Faktor »Bildung und Ausbildung«, ja überhaupt bildungsökonomischen Fragestellungen nur eine marginale Bedeutung beimaßen. Zwar hatten Smith und Marx den Faktor Arbeit in den Mittelpunkt ihrer Theorie gestellt, doch beschränkt sich ihr Beitrag zur Analyse der auf bildungsökonomische Faktoren zurückzuführenden Produktivität der menschlichen Arbeit auf eine Reihe sehr origineller und zum Teil ungemein weitsichtiger, aber letztlich in ihrem jeweiligen Gesamtsystem isoliert stehender Randbemerkungen. So lassen sich beispielsweise im Smithschen Hauptwerk »Wealth of Nations« durchaus Belege dafür finden, daß Smith die der Bevölkerung vermittelten Qualifikationen und beruflichen Fähigkeiten als Teil des volkswirtschaftlichen Kapitalstocks ansah. So bemerkt er zu den Fähigkeiten, Kenntnissen und Fertigkeiten der Bevölkerung: »Der Erwerb solcher Fähigkeiten macht infolge der Notwendigkeit, die betreffenden Menschen während der Zeit ihrer Ausbildung, ihres Studiums oder ihrer Lehrlingszeit zu unterhalten, stets Geldausgaben erforderlich, die gewissermaßen ein in einem Menschen realisiertes fixes Kapital darstellen. Diese Fähigkeiten bilden nicht nur einen Teil des Vermögens der gesamten Volkswirtschaft, der er angehört. In derselben Weise läßt sich die gesteigerte Geschicklichkeit eines Arbeiters als eine Art Maschine oder Werkzeug betrachten, die die Arbeit erleichtert oder abkürzt, und die, wenn sie auch Ausgaben verursacht, diese doch mit Gewinn zurückzahlt.«

Smith ist darüber hinaus auch die enge Beziehung zwischen der Dauer und den Kosten der Ausbildung sowie der Einkommenshöhe nicht verborgen geblieben: »Löhne variieren mit den Ausbildungskosten.« Gleichwohl konnte sich ebenso wenig wie bei Smith auch in der klassischen englischen Nationalökonomie ganz allgemein eine konsequente Betrachtung der Ausbildung als Investition in immaterielles Kapital nicht durchsetzen. Hierfür dürften einerseits implizite, später von Alfred Marshall explizit formulierte methodische Bedenken, daß eine Einbeziehung des »human capital« in den Kapitalbegriff eine eindeutige Abgrenzung der Faktoren Arbeit und Kapital unmöglich macht, eine wesentliche Rolle gespielt haben. Andererseits dürften aber auch moralische Bedenken hinzugekommen sein: die Ablehnung des aufgeklärten Bürgertums gegenüber einer Gesellschaftsordnung, in der noch eine Gruppe von Menschen als Investitionsobjekt betrachtet und als Sklaven zu Marktpreisen angeboten und nachgefragt wurden, wird eine nicht zu unterschätzende Rolle gespielt haben. Daher sollte der Mensch nicht in einer Zeit zum Kapitalgut durch die ökonomische Theorie herabgewürdigt werden, in der noch ein schwungvoller Sklavenhandel blühte, der erst gegen Mitte des 19. Jahrhunderts in England, Frankreich und den Vereinigten Staaten verboten wurde.

Dies ließ die klassischen englischen Nationalökonomen offensichtlich davor zurückschrecken, die Beziehungen zwischen Ausbildung, Produktivität, technischem Fortschritt und langfristiger wirtschaftlicher Entwicklung systematisch zu untersuchen und in den Gesamtzusammenhang ihres auf langfristige Entwicklungsprognosen hin konzipierten Systems, in dem ein gegebener Stand der Produktionstechnik, eine gegebene Menge an Bodenleistungen sowie eine vollbeschäftigte Wirtschaft unterstellt wurden, mit einzubeziehen.

In modifizierter Form gilt dies auch für Marx, der in seinem Hauptwerk »Das Kapital« eine gleichfalls umfassende Analyse des Reduktionsproblems nicht vorgenommen hat. In der Ausbildung sah er ein Mittel, »die absolute Disponibilität der Menschen für wechselnde Arbeitserfordernisse« herzustellen und damit »die Ungeheuerlichkeit einer elenden, für das wechselnde Exploitationsbedürfnis des Kapitals in Reserve gehaltenen, disponiblen Arbeitsbevölkerung« zu beseitigen. Darüber hinaus war er der Ansicht, »daß die unvermeidliche Eroberung der politischen Gewalt durch die Arbeiterklasse auch dem technologischen Unterricht, theoretisch wie prak-

tisch, seinen Platz in den Arbeiterschulen erobern wird«. Obwohl
die Epoche des Frühkapitalismus durch bedeutende technische und
ökonomische Neuerungen gekennzeichnet war, findet sich jedoch
bei Marx ebenso wie bei Smith keine umfassende Analyse der Zusammenhänge zwischen der Entwicklung des ökonomischen Systems
und des Bildungssystems. Einer der Gründe hierfür dürfte darin
liegen, daß die umwälzenden Erfindungen der frühkapitalistischen
Epoche vielfach nicht mit einer berufsvorbereitenden Ausbildung
verknüpft waren. So weist Marx selbst auf die Tasache hin, daß der
Uhrmacher Watt die Dampfmaschine, der Barbier Arkwright den
Kettenstuhl und der Juwelier Fulton das Dampfschiff erfunden
haben – und interpretiert dies als einen Beweis für die Widersprüche einer geschichtlichen (d. h. der kapitalistischen) Produk-
tionsform. Noch bedeutsamer scheint jedoch zu sein, daß Marx das
»Kapital« in einer Etappe der sozioökonomischen Entwicklung
geschrieben hat, in der Arbeit im Überfluß vorhanden war. Der
Faktor Arbeit bildete nicht nur eine »industrielle Reservearmee«,
sondern war zugleich auch einem tendenziellen und durchgängigen
Prozeß der Dequalifizierung ausgesetzt, der insbesondere qualifizierte Handwerker auf unqualifizierte Fabrikarbeiter herabstufte.

Um so erstaunlicher muß es heute erscheinen, daß sowohl die
Klassiker der Nationalökonomie als auch Marx in der Arbeit den
eigentlichen Schöpfer des gesellschaftlichen Reichtums sahen, da
doch offensichtlich in der Phase des Frühkapitalismus das Kapital
den entscheidenden knappen Faktor bildete. Daß die Ökonomie, die
im Kern eine Analyse von Knappheitssituationen und Knappheitsrelationen darstellt, nicht den wirklich knappen Faktor in den
Mittelpunkt ihrer Theoriebildung gestellt hat, müßte post festum
überraschen, wäre der Arbeitswertlehre von Anfang an bereits bei
Smith nicht nur eine analytische Funktion, sondern vor allem auch
eine ideologische Funktion im Kampf der aufstrebenden Bourgeoisie gegen das Feudalsystem zugefallen, die (ökonomisch) in den Sat-
tel gesetzt, nun auch (politisch) reiten wollte. Sieht man in der Ideologie ein falsches Bewußtsein von der Realität, so wird der Widerspruch zwischen Theorie und Praxis deutlich. Und so kann es auch
nicht verwundern, daß die ökonomische Theorie nach Smith,
Ricardo und Marx, und zwar insbesondere insoweit sie makroökonomisch orientiert ist, nunmehr den Faktor Kapital zum Angel-
punkt ihrer Analysen macht. Die Arbeitswerttheorie wird zur
dogmengeschichtlichen Reminiszenz; die Kapitaltheorie – sieht

man von der Grenznutzentheorie, bezogen auf die individuelle
Güternachfrage, ab – beherrscht weithin das Feld. Die Theorie
vollzieht damit nach, was in dem Begriff des »Kapitalismus« so offenkundig angelegt ist: Sie wendet sich vorrangig den neuartigen Problemen der Kapitalbildung und Kapitalverwertung, mit denen die
Wirtschaftspraxis seit der ersten Phase der industriellen Revolution
zentral konfrontiert ist, zu.

III.

Diese Dominanz der Realkapitalbildung wird insbesondere auch
bei Keynes deutlich. Die Keynessche Theorie, in den Krisenjahren
um 1930 entworfen, fragt nach Bestimmungsgründen für die Höhe
des Volkseinkommens und der Gesamtbeschäftigung in einer
Volkswirtschaft. Wieder ist es wie bei Marx die Situation eines
Überflusses an Arbeitskraft, die in einer in eine weltweite Depres-
sion eingebetteten Massenarbeitslosigkeit ihren Ausdruck findet.
Die kurzfristigen Einkommenswirkungen der Realkapitalinvestitionen, die die Klassiker der Nationalökonomie vernachlässigt hatten, rücken damit in den Mittelpunkt der Keynesschen Analyse. Für
Keynes haben die Realkapitalinvestitionen die Funktion, Einkommen zu erzeugen, wobei jede zusätzliche Investition das Einkommen zunächst um den Betrag der Nettoinvestition erhöht. Gleichzeitig löst sie jedoch über den Multiplikatorprozeß eine induzierte
Zunahme des Konsums, d. h. ein weiteres Ansteigen des Einkommens, aus. Die Keynessche Multiplikatorformel sowie die sonstigen
Grundgleichungen seines Modells sind in der Abbildung 3 aufgeführt worden. Daraus wird zugleich deutlich, daß sich die Keyne-
sche Theorie, indem sie ausschließlich den Einkommenseffekt der
Realkapitalinvestitionen analysiert, lediglich für die Beschreibung
eines kurzfristigen Wirtschaftsablaufs eignet. Denn Keynes unterstellt implizit in seinem Modell unter anderem eine konstante Bevölkerung, ein konstantes Arbeitskräfte- und Bildungspotential, einen
konstanten Kapitalstock sowie ein konstantes technisches und orga-
nisatorisches Wissen. Damit kann die Keynessche Theorie aber
nicht als umfassende Theorie der Realkapitalbildung angesehen
werden, weil höchstens in kurzfristiger, nicht aber in langfristiger
Betrachtung die durch Nettoinvestitionen geschaffene zusätzliche
Produktionskapazität, der sogenannte Kapazitätseffekt der Realkapitalinvestitionen, vernachlässigt werden kann. Langfristig ent-

steht im Keynesschen Modell sogar eine paradoxe Situation: Durch die Vornahme von Nettoinvestitionen wächst die Produktionskapazität ständig an, während Volkseinkommen und Gesamtnachfrage konstant bleiben. Dies müßte somit zu fortgesetzt wachsenden, ungenutzten Produktionskapazitäten führen.

Abbildung 3

Grundgleichungen des Keynesschen Modells sowie der postkeynesianischen und neoklassischen Wachstumsmodelle

Keynes-Modell: (1) – (3)

(1) $Y = C + I$ (Einkommensentstehungsgleichung)

(2) $Y = C + S$ (Einkommensentstehungsgleichung)

(1a) $I = S$ (Keynessches Gleichgewicht)

(3) $S = S(Y)$ (Sparfunktion)

(3a) $S = s \cdot Y$ (linear-homogene Sparfunktion)

(3b) $\dfrac{ds}{dt} = s \cdot \dfrac{dY}{dt} \, (= \dfrac{dI}{dt})$

(3c) $dY = \dfrac{1}{s} \cdot dI$ (Multiplikatorformel)

Harrod-Domar-Modell: (1) – (9)

(4) $I = I(Y)$ (Investitionsfunktion)

(4a) $I = k \cdot \dfrac{dY}{dt}$ (Akzeleratorformel)

(5) $I = \dfrac{dK}{dt}$ (Definitionsgleichung)

Wegen (3b) und (4a) folgt

(6) $\dfrac{s}{k} = \dfrac{dI/dt}{I}$

Wegen (3a) und (3b) gilt (6) auch für das Einkommenswachstum

(7) $\dfrac{s}{k} = \dfrac{dY/dt}{Y}$

Die Lösung der Differentialgleichung erster Ordnung (7)

ergibt sich durch Integration und Potenzieren zu

(8) $Y = Y_0 \cdot e^{\frac{s}{k} \cdot t}$

so daß sich die *Gleichgewichtswachstumsrate bei Harrod-Domar* ergibt zu

(9) $g_Y = \dfrac{s}{k}$

Neoklassische Wachstumstheorie: (1a), (3), (5), (10), (11)

(10 $L = L_0 \cdot e^{bt}$ (Wachstum der Erwerbsbevölkerung)

(11) $Y = Y (L, K, t)$ (Produktionsfunktion)

(11a) $Y = aL^m \cdot K^n \cdot e^{Ft}$ (Cobb-Douglas-Funktion)

Durch Logarithmieren:
(11b) $\ln Y = \ln a + m \ln L + n \ln K + Ft$

Durch Differentiation nach t:
(11c) $\ln Y' = m \ln L' + n \ln K' + F$

Wegen $\ln y' = \dfrac{y'}{y}$ folgt

(11d) $\dfrac{dY/dt}{Y} = m \cdot \dfrac{dL/dt}{L} + n \cdot \dfrac{dK/dt}{K} + F$

bzw.

(11e) $g_Y = mg_L + ng_K + F$

Wegen $m + n = 1$ und $g_K = g_Y$ folgt

(11f) $g_Y = b + \dfrac{1}{m} \cdot F$

Gleichung (11f) bezeichnet die *natürliche Fortschrittsrate der neoklassischen Wachstumstheorie.*

Erläuterung der Symbole:

a: Maßstabkonstante
b: Rate des Bevölkerungswachstums
C: Konsum
d: Differentialquotient
e: Basis der natürlichen Logarithmen
f: Rate des technischen Fortschritts (als Funktion der Zeit)
g: Wachstumsrate
I: Nettoinvestition
K: Realkapitalbestand
k: Kapitalkoeffizient
L: Erwerbsbevölkerung
L_0: Basiswert der Erwerbsbevölkerung
m: Partielle Produktionselastizität der Arbeit
n: Partielle Produktionselastizität des Kapitals
S: Nettoersparnis
s: Sparquote
t: Zeitfaktor
Y: Sozialprodukt
Y_0: Basiswert des Sozialprodukts

Domar, der in den USA versucht hat, diesen problematischen Keynesschen Gleichgewichtsbegriff durch ein postkeynesianisches Wachstumsmodell (annähernd zur gleichen Zeit und unabhängig von derselben Intention auch Harrod in England) zu überwinden, hat das Keynessche Modell treffend als ein »theoretical wonderland« bezeichnet, in dem positive Sparneigung und konstanter Kapitalstock, Vollbeschäftigung und Konkurrenzgleichgewicht, Kapitalismus und stationäre Wirtschaft gleichzeitig miteinander vereinbar sind. Die postkeynesianische Wachstumstheorie von Harrod und Domar bezieht die kapazitätserhöhenden Effekte der Realkapitalinvestitionen (Kapazitätseffekt der Investitionen) in ihre Analyse mit ein. Im Mittelpunkt ihrer Theorie steht mithin der – wie Domar es ausgedrückt hat – »dualistische Charakter des Investitionsprozesses«. Nettoinvestitionen schaffen folglich auf der einen Seite zusätzliches Einkommen (Multiplikatoreffekt), erhöhen aber auf der anderen Seite gleichzeitig die Produktionskapazität der Volkswirtschaft (Akzeleratoreffekt). Die Akzeleratorformel und die Grundgleichungen des Harrod-Domar-Modells sind wiederum in Abbildung 3 aufgeführt worden.

Die Wachstumstheorie Harrods und Domars stellt sich zwei Hauptaufgaben: Sie will einmal die Faktoren ausfindig machen, die das wirtschaftliche Wachstum maßgeblich bestimmen, und zum anderen den Zusammenhang und die wechselseitige Abhängigkeit dieser Faktoren untereinander aufdecken. Zum letzteren gehört vor allem die Frage, welche Bedingungen erfüllt sein müssen, damit sich ein dynamisches Gleichgewicht zwischen dem Einkommens- und Kapazitätseffekt zusätzlicher Realkapitalinvestitionen einstellt. Dieses Konzept des dynamischen Gleichgewichts ist die tragende Idee der Wachstumsmodelle vom Harrod-Domar-Typ: Die Vornahme von Nettoinvestitionen vergrößert den Kapitalstock der Volkswirtschaft und schafft zusätzliche Produktionskapazitäten. Diese können nur genutzt werden, wenn auch das Volkseinkommen und die Gesamtnachfrage mit derselben Rate wachsen. Die durch zusätzliche Realkapitalinvestitionen geschaffene zusätzliche Nachfrage muß mithin so groß sein, daß sie das erhöhte potentielle Güterangebot, ausgelöst durch den Kapazitätseffekt dieser Investitionen, gerade aufnehmen kann. Im Gleichgewicht müssen sich folglich der Kapazitäts- und Einkommenseffekt gerade die Waage halten – dies ist die fundamentale Gleichgewichtsbedingung der postkeynesianischen Wachstumsmodelle.

So bedeutsam die postkeynesianischen Modelle für die Weiterentwicklung der Keynesschen Theorie und die Renaissance der Wachstumsforschung in der Nachkriegszeit waren, so ist ihre Problem- und Fragestellung nach dem Gleichgewichtswachstum bereits älteren Datums und schon von Marx und Cassel behandelt worden. So hat Marx im zweiten Band seines Hauptwerkes »Das Kapital« das erste dynamische, kreislauftheoretische (Wachstums-)Modell einer – gegenüber der einfachen Reproduktion – erweiterten Reproduktion geschaffen, das ein überraschend hohes Maß an Übereinstimmung mit den Wachstumsmodellen vom Harrod-Domar-Typ aufweist. Cassel hat in seinem 1918 erschienenen Werk »Theoretische Sozialökonomie« die Bedingung einer »gleichmäßig fortschreitenden Wirtschaft« analysiert und in einer Formel zusammengefaßt. Schon vor dem Erscheinen von Harrods und Domars Untersuchungen waren damit wesentliche Grundlagen der postkeynesianischen Wachstumstheorie ausgearbeitet worden. Während es sich aber anfänglich eher um Thesen handelte, haben Harrod und Domar später ein vollständiges, in sich geschlossenes Theoriengebäude geschaffen.

Als bestimmende Wachstumsfaktoren werden in ihrem Modell Realeinkommen, Gesamtnachfrage, Nettoinvestitionen und Nettoersparnis angesehen; die Bevölkerungsentwicklung wird als exogen gegebenes Datum aufgefaßt und nicht wie bei Malthus und Ricardo endogen aus dem Wirtschaftssystem heraus erklärt. Die Gleichgewichtswachstumsrate des Harrod-Domar-Modells (vgl. hierzu die formelmäßige Ableitung in Abbildung 3) besagt, daß ein dauerndes Gleichgewicht von Gesamtangebot und Gesamtnachfrage nur gewährleistet ist, wenn die Nettoinvestitionen exponentiell mit einer Rate wachsen, die durch den Quotienten aus Sparquote s (Anteil der Ersparnis am Volkseinkommen) und Kapitalkoeffizient k (Verhältnis von Kapitalstock zu Output) gebildet wird. Daraus folgt bemerkenswerterweise, daß die Investitionen ihre eigene Zuwachsrate bestimmen: Eine positive Nettoinvestition schafft neue Kapazitäten, die jedoch nur genutzt werden können, wenn vermehrte Investitionen zusätzliche Kaufkraft schaffen. Die Vornahme zusätzlicher Investitionen läßt wiederum neue Kapazitäten entstehen, die nach Auslastung und somit nach höherer Gesamtnachfrage drängen. Da sich dieser Prozeß stets fortsetzen muß, folgt aus dem Harrod-Domar-Modell, daß sich ein einmal in Gang gekommener Akkumulationsprozeß – soll es nicht zu fundamentalen Gleichgewichtsstörungen kommen – ständig fortsetzen muß. Ein störungsfreies Wachstum von Einkommen und Nettoinvestitionen ergibt sich folglich dann und nur dann, wenn die relativen Wachstumsraten des Einkommens und der Nettoinvestitionen zugleich konstant und kongruent sind. Im dynamischen Gleichgewicht des Harrod-Domar-Modells wachsen alle Modellvariablen wie Einkommen, Nettoersparnis, Nettoinvestition und Kapitalstock mit der Gleichgewichtsrate.

Der Begriff des stationären Gleichgewichts war in der Ökonomie zunächst dadurch gekennzeichnet, daß sich die Erwartungen der Wirtschaftssubjekte (über die Zukunft) erfüllen und somit kein Anlaß zu Planrevisionen besteht; alle Variablen bleiben daher im Zeitablauf konstant. Dieser ursprüngliche Gleichgewichtsbegriff wird nun von Harrod und Domar unmittelbar auf die Analyse des Trends übertragen, wobei lediglich die Absolutgrößen durch Zu-

wachsraten ersetzt werden. Die Unternehmer erwarten hierbei ein
bestimmtes Wachstum der Nachfrage; sie halten an der Erweiterung der Kapazitäten um einen gewissen Prozentsatz pro Periode
fest, solange das antizipierte Wachstum realisiert wird. Daher bezeichnet Harrod die gleichgewichtige Wachstumsrate auch als
»warrented rate of growth«.

Das Abstellen des Gleichgewichtsbegriffs auf Wachstumsraten ist
jedoch nicht nur modelltechnisch durch die Abkehr von der Analyse
stationärer Zustände begründet, sondern findet seinen Grund vor
allem auch in der veränderten Erfahrungswelt der Nachkriegszeit,
in der Arbeitgeber, Gewerkschaften sowie die Träger der Wirt-
schafts- und Finanzpolitik immer stärker in Zuwachsraten als in
Absolutgrößen denken. In Ost und West gleichermaßen wird das
Streben nach Stabilisierung des einmal Erreichten immer stärker
durch den Wunsch nach weiterem und stetigem ökonomischen Fortschritt ersetzt.

Nun kann zwar das Harrod-Domar-Modell die Bedingungen für
ein solches gleichgewichtiges Wirtschaftswachstum formulieren,
doch macht es zugleich deutlich, daß das dynamische Gleichgewicht
ein äußerst labiles Gleichgewicht ist. Denn wird ein Gleichgewichtspfad aus irgendeinem Grund, der aus dem Harrod-Domar-Modell
nicht erklärbar ist, verlassen, so zeigt sich, daß auch bei einer nur
vorübergehenden Abweichung vom Gleichgewicht eine Rückkehr
zum ursprünglichen Pfad nicht mehr möglich ist. Darüber hinaus
wird sichtbar, daß ohne eine vorübergehende Gleichgewichtsstörung
auf dem ursprünglichen Pfad stets ein höheres Gleichgewichtsein-
kommen hätte realisiert werden können als auf dem neuen Pfad.
Der Abstand zwischen altem und neuem Pfad bleibt dabei relativ
betrachtet gleich groß, wird absolut aber immer größer. Ferner ist
der Abstand zwischen dem tatsächlich erreichten Sozialprodukt und
demjenigen, das ohne Wachstumsstörung erreichbar gewesen wäre,
absolut um so größer, je früher der Zeitpunkt der Unterbrechung
liegt.

Abweichungen vom Gleichgewichtspfad lassen im Harrod-
Domar-Modell folglich keine Kräfte wirksam werden, die zum ursprünglichen Pfad zurückführen. Diese Instabilität des Gleich-
gewichts-Wachstumspfades stellt nicht nur eine große Herausforderung, sondern auch eine totale Verunsicherung der auf stetiges und
störungsfreies Wachstum gerichteten Politik dar. Denn wenn das
System nicht fähig ist, seine Bewegungslinie beizubehalten oder

nach vorübergehenden Störungen auf den Gleichgewichtspfad zurückzukehren, dann drängt sich zwangsläufig die Frage auf, welcher Diagnose- und Prognosewert dem Harrod-Domar-Modell für reale Wachstumsprozesse überhaupt beigemessen werden kann.

Bombach hat die Meinung vertreten, daß die Wachstumsgleichungen nur dann aussagekräftig sein können, wenn unterstellt wird, daß im ökonomischen System stets automatisch Kräfte wirksam werden, sobald sich Abweichungen vom Gleichgewichtspfad einstellen. »Existieren solche Kräfte nicht« – so betont er –, »dann verlieren unsere Betrachtungen ihren Sinn. Die Wachstumsfaktoren wären dann tatsächlich nichts anderes als bloße Tautologien.« Auch Joan Robinson hat sich kritisch zu den Wachstumsmodellen vom Harrod-Domar-Typ geäußert, in denen sie nicht mehr als »a little piece of arithmetic« sieht. Hicks schließlich beklagt die Loslösung der Wachstumsmodelle von der Realität, wenn er auf die Notwendigkeit hinweist, »daß langfristige Fortschrittstheorien im Lichte der Erfahrung untersucht werden sollten«.

So berechtigt diese Kritik einerseits am tautologischen Charakter der Wachstumstheorie vom Harrod-Domar-Typ auch ist, so darf andererseits doch nicht übersehen werden, daß Harrod und Domar weder den konkreten Wachstumsprozeß erklären wollen noch von einem immanenten Gleichgewichtsmechanismus ausgehen. Sie sind lediglich um die definitorische Festlegung eines störungsfreien Wachstums bemüht; im Mittelpunkt ihrer Modelle steht somit ausschließlich die Fragestellung, um welchen Betrag sich das Einkommen erhöhen muß, wenn die durch Nettoinvestitionen vergrößerte Produktionskapazität ausgenutzt werden soll. Aus dieser spezifischen Zielsetzung Harrods und Domars erklärt sich auch die starke Einengung des Erklärungsbereichs ihres Modells gegenüber anderen Wachstumstheorien, etwa der von Schumpeter und Marx, die eine umfassende theoretische, statistische und historische Analyse des kapitalistischen Entwicklungsprozesses zu geben versuchten. Demgegenüber kann das Harrod-Domar-Modell einzig und allein formale Wachstumsbeziehungen zwischen den Modellvariablen Kapitalstock, Realeinkommen, Nettoinvestitionen und Nettoersparnis für ein »full-capacity-Wachstum« einer Volkswirtschaft entwickeln. Alle anderen, für die Wachstumstheorie nicht minder relevanten Phänomene wie Bevölkerungswachstum, Arbeitskräfte- und Bildungspotential, technischer Fortschritt, gesellschaftliche und institutionelle Faktoren, die einen starken Einfluß auf die wirtschaft-

liche Entwicklung ausüben dürften, werden aufgrund der spezifischen Problemstellung nicht in die Analyse mit einbezogen.

Welche Bedeutung kommt dem Harrod-Domar-Modell dann
aber für die Erklärung des tatsächlichen Wachstumsprozesses überhaupt zu? Diese Frage hellt sich auf, wenn man die dem Modell
zugrunde liegenden expliziten und impliziten Bedingungen und
Voraussetzungen näher analysiert. Bei der Vielzahl der stark vereinfachten Voraussetzungen, die den hohen Abstraktionsgrad des
Modells erklären, sei hier nur auf die wichtigsten Modellannahmen
verwiesen:

- Die Höhe der Nettoinvestitionen ist lediglich eine Funktion der
  Zuwachsrate des Volkseinkommens.
- Angebot und Nachfrage gleichen sich stets aus, die Produktions-
  kapazität entspricht stets dem Volkseinkommen.
- Der Kapitalkoeffizient bleibt im Zeitablauf konstant.
- Der technische Fortschritt ist in seiner Wirkung auf den Kapital-
  koeffizienten neutral (Harrod) – oder er erscheint überhaupt
  nicht explizit im Modell (Domar).

Die Wachstumsmodelle vom Harrod-Domar-Typ wird man also
als unvollkommen in dem Sinne bezeichnen müssen, daß in ihnen
das Realkapital als einziger Produktionsfaktor das wirtschaftliche
Wachstum bestimmt. Beschrieben werden somit die formalen Beziehungen eines hypothetischen, fortschreitenden Gleichgewichts
(Domar) oder ein unternehmerisches Gleichgewicht (Harrod). Die
Arbeitskraft ist bei Harrod komplementärer Produktionsfaktor zum
Realkapital, ohne jedoch explizit im Modell aufgenommen zu sein.
Deutlicher könnte die Abkehr von der klassischen Theorie der ausschließlich werteschaffenden Kraft der Arbeit nicht demonstriert
werden: Realkapital als alleiniger Wachstumsfaktor, Arbeit dagegen bestenfalls als Appendix der Wachstumstheorie. Da Harrod
und Domar zugleich von der Hypothese der Nichtsubstituierbarkeit
der beiden Produktionsfaktoren ausgehen, führt ihr Modell zur
Instabilität des Wachstumspfades. Hinzu kommt, daß Harrod und
Domar ihre Arbeiten nicht als Bruch mit der von Keynes aus-
gelösten Entwicklung der Wirtschaftstheorie, sondern als deren
sinnvolle und folgerichtige Fortsetzung im Sinne einer Dynamisie-
rung des Keynesschen Modells angesehen haben. Daraus erklärt
sich auch, daß sie nahezu ausnahmslos Keynessche Begriffe für ihre

Analyse verwenden. Der Rückgriff auf die Keynessche Terminologie beraubte die Theorie des gleichgewichtigen Wachstums jedoch der Chance, zu fruchtbaren Fragestellungen vorzustoßen, weil sie den Keynesschen Investitionsbegriff mit seiner einseitigen Betonung der Realkapitalbildung zu einer Zeit beibehalten hat, als sich die Knappheitsrelationen von Kapital und Arbeit im Gegensatz zum 19. Jahrhundert sowie zur ersten Hälfte des 20. Jahrhunderts deutlich zugunsten des Faktors Arbeit, vor allem qualifizierter Arbeit, verlagerten. Nur von daher wird es auch verständlich, daß sich die moderne Wachstumstheorie, solange sie an der Konzeption von Harrod und Domar grundsätzlich festhielt, in der Konstruktion immer komplizierterer Modelle erschöpfte und entscheidende Determinanten des wirtschaftlichen Wachstums in den Datenkranz verbannte.

Trotzdem wäre es nicht angemessen, gleichsam nach einer theoretischen Totalkritik die Akten über dem Harrod-Domar-Modell schließen zu wollen, weil es eine Reihe von zum Teil bemerkenswerten Schlußfolgerungen nahelegt. Aus dem Modell kann zunächst einmal der Schluß gezogen werden, daß der Wachstumsprozeß marktwirtschaftlich organisierter Volkswirtschaften störungsfrei verlaufen kann. Diese Aussage des Modells steht im Widerspruch zu Schumpeters Konjunkturtheorie, der zufolge Wachstumsprozesse untrennbar auch mit Gleichgewichtsstörungen verbunden sind. Weiterhin kann aus dem Harrod-Domar-Modell gefolgert werden, daß der kapitalistische Entwicklungsprozeß nicht wie im Marxschen System mit Zwangsläufigkeit im Zusammenbruch enden oder wie bei den Vertretern der »bürgerlichen« Stagnationsthese in einen stationären Zustand (der Wirtschaft ohne Nettoinvestitionen) auslaufen muß.

Man muß hierbei aber beachten, daß sich diese Schlußfolgerungen lediglich deduktiv aus dem Harrod-Domar-Modell ableiten lassen, ohne deshalb ein fortgesetztes und störungsfreies Wachstum für die Realität als zutreffend »beweisen« zu können. Die Entwicklung *kann* also in der von Harrod und Domar beschriebenen Form verlaufen, jedoch erlaubt dies keinesfalls den Schluß, daß sie auch so verlaufen *muß*. Die Wachstumsmodelle vom Harrod-Domar-Typ widerlegen nicht die Theoreme von Schumpeter, Marx u. a., sondern zeigen lediglich auf, daß neben den von ihnen herausgearbeiteten Bewegungsgesetzen des wirtschaftlichen Entwicklungs- und Wachstumsprozesses auch andere Verlaufstypen möglich sind.

Dies zeigt schon, daß man mit Modellen offensichtlich andere Modelle grundsätzlich nicht widerlegen kann, weil hier stets nur Möglichkeitsanalyse neben Möglichkeitsanalyse gesetzt wird. So bleibt – ohne den heuristischen Wert von Modellen bestreiten zu wollen oder zu verkennen – als Kriterium für die Relevanz von Modellen letztlich die Realitätsnähe eines Modells. Das Harrod-Domar-Modell kann allerdings zeigen, welche Bedingungen zwischen den Variablen des Modells erfüllt sein müssen, damit ein langfristiger Wachstumsprozeß ohne Gleichgewichtsstörungen ablaufen kann. Da ihr Modell andererseits aber von vornherein mit Gleichgewichtsstörungen rechnet und die latente Instabilität des dynamischen Gleichgewichts nachweist, widerspricht es damit der klassischen Auffassung, daß dem marktwirtschaftlichen System stets ein selbsttätiger Gleichgewichtsautomatismus immanent ist. Daraus folgt die fatale Konsequenz, daß die Wirtschaft weder auf dem vom Harrod-Domar-Modell vorgezeichneten Gleichgewichtspfad wachsen wird noch daß ein Abweichen vom Gleichgewichtspfad Kräfte wirksam werden läßt, die die Wirtschaft automatisch auf diesen Pfad zurückführen. Aus diesem Grunde fordern die Wachstumstheoretiker der postkeynesianischen Provenienz, daß die staatliche Wirtschaftspolitik die Aufrechterhaltung bzw. die Wiederherstellung des dynamischen Gleichgewichts gewährleistet. Allen Argumentationen der postkeynesianischen Wachstumstheoretiker ist dabei ebenso wie bei Keynes die Erkenntnis gemeinsam, daß ein gleichgewichtiger dynamischer Ablauf des Wirtschaftsprozesses nicht eine Sache des »Laissez-faire« ist, sondern eine bewußte Gestaltung des Wirtschaftsablaufes erfordert.

Damit ergibt sich nun bei der Betrachtung der postkeynesianischen Wachstumsmodelle eine äußerst widersprüchliche Situation: Auf der einen Seite zeigt das Harrod-Domar-Modell die Notwendigkeit staatlicher Wachstumspolitik auf, auf der anderen Seite liefert sie wegen ihrer radikalen Einengung auf das Problem des dynamischen Gleichgewichts zwischen dem Einkommens- und Kapazitätseffekt der Realkapitalinvestitionen keine operationelle Theorie der Wachstumspolitik. Auch jede Kritik an der offenkundigen Irrealität der dem Harrod-Domar-Modell zugrunde liegenden Prämissen läuft Gefahr, ihr Ziel von vornherein zu verfehlen. Und dies um so mehr, als Harrod und Domar die Irrealität ihrer Modellannahmen bereitwillig konzidieren. Sie beabsichtigen ja keine Erklärung des realen Wachstumsprozesses, sind vielmehr lediglich um eine definitorische Festlegung eines störungsfreien gleichgewichtigen Wachstums bemüht und wollen daher auch nur analytische Werkzeuge zur Untersuchung langfristiger Wachstums- und Entwicklungsprozesse liefern – eine Auffassung, die Harrod auf die Formel gebracht hat: »The main object . . . is to present a tool of analysis, not to diagnose present conditions.«

Brauchbares Kriterium zur Beurteilung rein tautologisch aufgebauter Modelle wie des Harrod-Domar-Modells kann daher nicht ihr Beitrag zur Erklärung realer Abläufe, sondern allein die logische Konsistenz des Gesamtsystems sein. Wird der Theorie nur die Aufgabe zugewiesen, die Realität zu erklären, so müßte das Harrod-Domar-Modell als unrealistisch abgelehnt werden. Räumt man dagegen der Theorie auch andere Zielsetzungen als die Realitätserklärung ein, so könnte die Wachstumstheorie von Harrod und Domar zumindest als Basismodell wirtschaftlicher Wachstumsprozesse akzeptiert werden. Wie schwierig eine eindeutige Beantwortung dieser Frage ist, wird vor allem an dem Schicksal derjenigen Spielart von Wachstumsforschung sichtbar, die sich – wie etwa die Arbeiten von Rostow und Lewis – bewußt als Gegensatz zur Wachstumstheorie von Harrod und Domar versteht. Sie versucht die engen Grenzen der Modelltheorie zu sprengen und den Wachstumsprozeß in seiner Vielgestaltigkeit unter institutionellen, demographischen, rechtlichen und soziologischen Aspekten auf dem Hintergrund der historischen Entwicklung zu erklären. So knüpft beispielsweise Rostow an die Stufentheorien der Historischen Schule an und unterscheidet fünf »Stadien wirtschaftlichen Wachstums«: (1) die traditionelle Gesellschaft, (2) die Gesellschaft im Übergang, (3) das entscheidende Wachstumsstadium des »take-off«, in der bei steigender Investitionsquote ein kumulativer Entwicklungsprozeß einsetzt und sich neue Industrien schnell ausbreiten, (4) das Stadium der Reife und (5) schließlich die moderne Massenkonsumgesellschaft.

Rostows Typisierung ist jedoch auf heftige Kritik gestoßen. Die Einwände sind dabei im wesentlichen die gleichen wie gegenüber den älteren Stufentheorien etwa eines Friedrich List oder Karl Bücher und gipfeln vor allem in dem Vorwurf, daß sich auch die neuere historisch-deskriptive Wachstumsforschung in einer zwar liebevollen, aber analytisch wenig ertragreichen Detailbeschreibung realer wirtschaftlicher Entwicklungsprozesse erschöpft, ohne zu einer eigentlichen Wachstumstheorie vorzustoßen. So scheint die Wachstumsforschung zwischen der Szylla einer blassen Abstraktion und der Charybdis einer reinen Deskription hin- und herzupendeln. Bei aller berechtigten und notwendigen Kritik an der Wachstumstheorie Harrods und Domars bleiben jedoch zwei Momente ihres Modells, der Kreislauf- und Gleichgewichtsaspekt, bedeutsam. Wie später noch zu zeigen sein wird, sind sie auch für die bildungsökonomische Forschung fruchtbar zu machen. Im Blick auf die weitere Entwicklung der theoretischen Wachstumsforschung ist jedoch ein anderer Gesichtspunkt von entscheidender Bedeutung: Die Ablösung der Harrod-Domar-Modelle durch die neoklassische Wachstumstheorie ist zwar zunächst aus einer Kritik an dem Instabilitätstheorem des Wachstumsprozesses von Harrod entstanden. So konnte Solow zeigen, daß der Wachstumsprozeß dann wesentlich stabiler erscheint, wenn man auf das Rüstzeug der neoklassischen Produktions- und Preistheorie zurückgreift und insbesondere eine Substituierbarkeit der Produktionsfaktoren Arbeit und Kapital unterstellt. Aber letztlich ist diese Verlagerung des Forschungsinteresses in der Wachstumstheorie nicht nur durch modellimmanente Faktoren bedingt, sondern signalisiert darüber hinaus auch in der Theoriebildung das Ende der Dominanz des Realkapitals.

IV.

Die neoklassische Variante der Wachstumstheorie beseitigt zunächst die Instabilität des Wachstumspfades, indem sie Arbeit und Kapital als kontinuierlich substituierbare Produktionsfaktoren in ihr Modell einführt. Die sich auf vollkommenen Märkten bildenden Faktorpreise führen zu jenem Mischungsverhältnis im Faktoreinsatz, das säkular volle Auslastung beider Faktoren gewährleistet. Die Arbeitskraft wird dabei als exogener Faktor angesehen, so daß das Bevölkerungswachstum nicht aus dem Modell heraus erklärt und unabhängig von der Wohlstandsvermehrung betrachtet wird. Die Einführung des technischen Fortschritts in das Modell ist der nächste Schritt beim Ausbau der neoklassischen Wachstumstheorie. Erst durch die Berücksichtigung des – nach den Modellannahmen sich kontinuierlich in der Zeit vollziehenden – technischen Fortschritts wird es möglich, das gesamte Wachstum des Pro-Kopf-Einkommens zu erklären. Gleichzeitig verschwindet damit der Alptraum säkular sinkender Profitraten und einer im Wachstumsprozeß kontinuierlich sinkenden Grenzleistungsfähigkeit des Kapitals.

Das Problem des optimalen Wachstums und der optimalen Investitionspolitik wird in der neoklassischen Wachstumstheorie nach langer Pause wieder aufgegriffen. Daran anschließend werden die Determinanten des in den Modellen zunächst als autonom vorgegebenen technischen Fortschritts, der später auch die Bezeichnung »dritter Faktor« bzw. »Restfaktor« (der makroökonomischen Produktionsfunktion) erhalten hat, verfolgt. Die Konzentration der neoklassischen Wachstumsforschung auf das Problem des technischen Fortschritts muß dabei in engem Zusammenhang mit dem nunmehr plötzlich erwachenden Interesse an den Beziehungen zwischen dem Bildungsniveau einer Gesellschaft, der Leistungsfähigkeit ihrer Erwerbsbevölkerung und dem Ausmaß des wirtschaftlichen Wachstums gesehen werden. Die Weiterentwicklung der postkeynesianischen Wachstumsmodelle vom Harrod-Domar-Typ zur neoklassischen Wachstumstheorie hat damit zu einem Brückenschlag zur Bildungsökonomie geführt. Bevor auf die Gründe, Hintergründe und auslösenden Faktoren für diese Entwicklung und den Erkenntniswert der neoklassischen Wachstumstheorie für die Bildungsökonomie näher eingegangen wird, sollen zuvor die Grundzüge der neoklassischen Wachstumsmodelle kurz skizziert werden. Im Mittelpunkt der neoklassischen Wachstumsmodelle steht eine Produktionsfunktion, die die Entwicklung des realen Sozialprodukts auf die beiden Faktoren Arbeit und Kapital sowie auf den Faktorkomplex »technischer Fortschritt« zurückführt. In allgemeiner Form wird das Sozialprodukt einer Volkswirtschaft (Y) durch den Bestand an Realkapital (K) – der genutzte Boden wird meist als Bestandteil des Kapitalapparates angesehen –, durch das verfügbare Arbeitspotential (L) und den Stand des technischen Wissens, der als eine Funktion der Zeit (t) betrachtet wird, bestimmt. Die Relation zwischen Faktoreinsatz und Produkt einer Periode kann daher allgemein durch die in der Abbildung 3 aufgeführte Produktionsfunktion der neoklassischen Wachstumstheorie mit Arbeit als exogenem und Kapital als endogenem Faktor ausgedrückt werden.

Aus dieser allgemeinen Formulierung der Produktionsfunktion sind vielfältige spezielle Funktionen entwickelt worden. Für die neoklassischen Wachstumsmodelle hat dabei infolge der Annahme vollkommener Substitutionalität der Faktoren Arbeit und Kapital die Cobb-Douglas-Funktion, die bereits Anfang der dreißiger Jahre unter verteilungstheoretischen Aspekten entwickelt worden ist und der Tinbergen Anfang der vierziger Jahre zur Anwendung auf

Wachstumsanalysen die endgültige Gestalt gegeben hat, besondere Bedeutung erlangt.

Die Cobb-Douglas-Funktion ist gleichfalls in der Abbildung 3 aufgeführt worden, wobei e die Basis der natürlichen Logarithmen bezeichnet und F die Rate des technischen Fortschritts angibt, die als in der Zeit konstanter prozentualer Zuwachs des technischen Wissens definiert ist. Die Exponenten m und n sind die partiellen Produktionselastizitäten von Arbeit und Kapital, also die Quotienten aus marginaler zu durchschnittlicher Arbeits- bzw. Kapitalproduktivität. Auf Grund der Annahme konstanter Skalenerträge ergänzen sich m und n stets auf 1.

Hinsichtlich des Arbeitspotentials wird in den neoklassischen Modellen unterstellt, daß das Angebot an Arbeitskräften, bedingt durch das Bevölkerungswachstum, autonom mit der Rate b entsprechend der Gleichung über das Wachstum der Erwerbsbevölkerung (vgl. Abbildung 3) wächst, während die Investitionen durch die Ersparnis der Volkswirtschaft entsprechend der linear-homogenen Sparfunktion durch die Gleichung $dK/dt = I = s \cdot Y$ bestimmt sind. Da im neoklassischen Ansatz schließlich vollkommene Konkurrenz vorausgesetzt wird, werden die Faktoren Arbeit und Kapital mit ihren Grenzprodukten, dem Durchschnittslohn- und -zinssatz, entlohnt.

Die Faktorpreise bilden sich durch Angebot und Nachfrage so, daß stets eine Vollausnutzung der Faktoren gegeben ist. Ebenso wie in der postkeynesianischen Wachstumstheorie wird damit auch in der neoklassischen Wachstumstheorie entsprechend dem Sayschen Theorem unterstellt, daß die angebotene Produktion immer in voller Höhe abgesetzt werden kann.

Der neoklassische Ansatz zielt auf die Bestimmung des Wachstumspfades ab, gegen den das ökonomische System konvergiert, wenn die Produktionselastizitäten von Arbeit und Kapital sowie die Fortschrittsrate gegeben und langfristig konstant sind, die Erwerbsbevölkerung mit gleichbleibender Rate wächst und die Investitionsquote konstant gehalten wird. Aus der Cobb-Douglas-Funktion läßt sich – wie Abbildung 3 zeigt – die Zuwachsrate des Sozialprodukts in Abhängigkeit von den Zuwachsraten der beiden Produktionsfaktoren und des technischen Fortschritts bestimmen. Die Lösung des Problems, gegen welchen Endwert die Wachstumsrate des Sozialprodukts unter den Modellannahmen konvergiert, gestaltet sich dabei einfach, sofern nur der Endwert interessiert. Solange die

Investitionsquote positiv und konstant ist, wächst der Kapitalstock im Endzustand mit der gleichen Rate wie das Sozialprodukt. Die natürliche Fortschrittsrate der neoklassischen Wachstumstheorie ist dann durch die Wachstumsrate der Arbeitskraft, vermehrt um den mit dem Gewicht des reziproken Werts der Produktionselastizität der Arbeit multiplizierten technischen Fortschritt, bestimmt. Die neoklassische Wachstumstheorie gelangt somit zu dem Resultat, daß unter der Voraussetzung einer konstanten volkswirtschaftlichen Sparquote das neoklassische System langfristig zu einer Wachstumsrate tendiert, die allein vom technischen Fortschritt und dem Wachstum der Erwerbsbevölkerung, nicht jedoch von der Investitionsquote, die im Harrod-Domar-Modell das Wachstum determinierte, abhängig ist.

Jede beliebige Investitionsquote führt also langfristig zur gleichen, durch die »natürlichen« Faktoren Wachstum der Erwerbsbevölkerung und technischer Fortschritt bestimmten Wachstumsrate. Dieser Zusammenhang gilt deshalb, weil es im neoklassischen Modell Faktoren gibt, deren Entwicklung unabhängig von der Wohlstandsentwicklung ist. Das Ertragsgesetz bewirkt, daß ein zusätzlicher Einsatz des Faktors Kapital – der, da die Kapitalintensität steigt, immer der relativ reichlichere Faktor ist – auf die Dauer die Wachstumsraten des Sozialprodukts in der Höhe des Wachstums der »natürlichen« Faktoren begrenzt. Wenn somit langfristig jede beliebige Investitionsquote zur gleichen Wachstumsrate führt, so gibt es gleichwohl eine und nur eine Investitionsquote, die eine optimale Investition im Sinne langfristiger Konsummaximierung garantiert.

Das gleichfalls im Rahmen der neoklassischen Wachstumstheorie entwickelte Theorem vom Investitionsoptimum besagt, daß sich bei gegebener makroökonomischer Produktionsfunktion im neoklassischen long-run-Gleichgewicht, das Joan Robinson auch als »Golden-Age«-Wachstum bezeichnet hat, die langfristige Maximierung des Konsums dann einstellt, wenn die Investitionsquote gleich der Produktionselastizität des Kapitals ist.

Alle diese Aussagen der neoklassischen Wachstumstheorie gelten jedoch nur langfristig. Dies trifft insbesondere auch auf das Argument zu, daß die Endgleichgewichtsrate des Sozialprodukts unabhängig von der Höhe der Investitionsquote ist. Kurz- und mittelfristig dagegen kann die Wachstumsrate des Sozialprodukts gleichwohl durch die Investitionsquote beeinflußt werden, wobei die

Beeinflussung um so nachhaltiger ist, je stärker der technische Fortschritt durch Investitionen induziert und je geringer entsprechend der Einfluß der natürlichen Wachstumskräfte auf die wirtschaftliche Entwicklung ist. So ist es nicht verwunderlich, daß man in der angelsächsischen Literatur – um den hypothetischen Charakter des neoklassischen Systems hervorzuheben – auch von »Golden-Age-Economics« spricht. Daraus muß der Schluß gezogen werden, daß sich das neoklassische System, da es nur auf eine Analyse des Endzustands, d. h. eines long-run-Gleichgewichtes, und nicht auf die in der Realität vorherrschenden Übergangsprozesse abstellt, kaum für die Lösung wachstumspolitischer Probleme eignen dürfte.

Denn solange die neoklassische Wachstumstheorie den technischen Fortschritt als autonom, d. h. als vorgegebenes, außerökonomisches Datum, ansieht, lassen sich aus ihr keine Strategien für die Steuerung des mittelfristigen wirtschaftlichen Wachstums ableiten. Läßt man beispielsweise die Hypothese des autonomen technischen Fortschritts fallen und führt man den induzierten technischen Fortschritt in die Analyse ein, so bedarf das Theorem vom Investitionsoptimum, demzufolge die Investitionsquote gleich der Produktionselastizität des Kapitals ist, einer Modifikation. Schon bei geringfügigen positiven Abweichungen von dieser Produktionselastizität des Kapitals ergeben sich optimale Investitionsquoten, deren Realisierung zunächst eine drastische Einschränkung des Konsums voraussetzen würde. Das wachstumstheoretische Problem würde nunmehr in der Bestimmung des bestmöglichen Übergangsprozesses von der bisherigen zur optimalen Investitionsquote bestehen, das ohne eine »time-preference-function« mit all ihren welfare-theoretischen Implikationen nicht lösbar ist. Bei Einführung induzierten technischen Fortschritts gibt es folglich kein eindeutig ökonomisch lösbares Optimierungsproblem – wie es die neoklassische Wachstumstheorie bei autonomem technischen Fortschritt darstellen konnte –, sondern ebenso wie bei Harrod nur ein politisch zu entscheidendes »time-preference«-Problem. Das Investitionsoptimum im Sinne langfristiger Konsummaximierung ist schließlich überhaupt nicht mehr bestimmbar, wenn der autonome technische Fortschritt gegen Null tendiert und der gesamte technische Fortschritt als induziert angesehen wird. Die Anwendung asymptotischer Long-run-Gleichgewichtsmodelle auf wirtschaftspolitische Probleme muß folglich von vornherein problematisch erscheinen, weil sie nichts über die Dauer und die Art des Übergangs von einem Gleichgewichtszustand

zu einem anderen aussagen, sobald die Investitionsquote eine Änderung erfährt. Aus diesem Grunde dürfte es auch bedenklich sein, aus
dem Modell Schlüsse für wirtschaftspolitische Entscheidungen treffen zu wollen. So folgt beispielsweise aus der Gleichung über die
natürliche Fortschrittsrate der neoklassischen Wachstumstheorie,
daß eine auch noch so forcierte Investitionstätigkeit langfristig die
Wachstumsrate nicht erhöhen kann, da nach nur temporärem Anstieg die Zuwachsrate des Sozialprodukts wieder auf den Ausgangswert zurückfallen müßte. Da dieser Endzustand jedoch in sehr
weiter Ferne liegen kann, können derartige modelltheoretische
»Golden-Age«-Überlegungen für politische Entscheidungen vollkommen irrelevant sein.

Für die Analyse säkularer Abläufe ist diese Betrachtungsweise
dagegen zweifellos von Nutzen. So zeigt sie, daß Volkswirtschaften mit rasch wachsender Bevölkerung auf lange Sicht sich ebenso
friktionslos entwickeln können wie die langsam wachsenden. Sie
benötigen hierzu nicht einmal höhere Investitionsquoten. Die neoklassischen Wachstumsmodelle sagen jedoch nichts über die schwierigen Anpassungsprozesse aus, die zu bewältigen sind, wenn die
Rate des Bevölkerungswachstums plötzlich ansteigt und danach auf
einem höheren Niveau stagniert.

Sieht man von diesen vorwiegend unter dem Aspekt der wirtschaftspolitischen Anwendbarkeit getroffenen Einwendungen gegen
die neoklassische Wachstumstheorie einmal ganz ab, so liegt der
entscheidende Fortschritt dieser Theorie jedoch vor allem darin,
daß der technische Fortschritt explizit als dritter Produktionsfaktor
der Produktionsfunktion im Modell erscheint. Damit ist zugleich
eine bedeutsame Weiterentwicklung der Wachstumstheorie gegenüber dem Basismodell vom Harrod-Domar-Typ gegeben. Darüber
hinaus bedeuten die Einwände gegen die mangelnde wirtschaftspolitische Relevanz dieser Theorie auch nicht, daß der neoklassische
Ansatz von vornherein für mittelfristige Analysen und Prognosen
wertlos ist. Denn die Cobb-Douglas-Funktion, die das Kernstück
des neoklassischen Systems darstellt, läßt sich in der empirisch-
statistischen Verifizierung nicht nur auf langfristige Untersuchungen
anwenden.

Durch das Aufkommen der neoklassischen Wachstumstheorie erlangt nun die empirisch-statistische Wachstumsforschung einen gro
ßen Aufschwung. Sie wird z. B. in den USA durch die Arbeiten von
Solow, Kendrick, Fabricant, in Norwegen durch die Forschungen

von Aukrust und in der Bundesrepublik durch die Untersuchungen von Bombach und Krengel repräsentiert.

Während der technische Fortschritt im Harrod-Domar-Modell nur eine unbedeutende Rolle spielte, bildet er nunmehr den zentralen Begriff dieser Richtung der modernen Wachstumsforschung, die u. a. den Beitrag des vermehrten Faktoreinsatzes und des technischen Fortschritts zur langfristigen Zunahme des Realeinkommens, die langfristige Entwicklung der Kapitalkoeffizienten, der Arbeitsproduktivität und Kapitalintensität sowie später auch den Beitrag verbesserter bzw. verlängerter Ausbildung zur langfristigen Zunahme des Einkommens je Beschäftigten zu bestimmen sucht.

Schon Cobb und Douglas hatten Ende der dreißiger Jahre derartige statistische Analysen durchgeführt, jedoch stand bei ihnen das Problem einer Erklärung der Einkommensverteilung im Mittelpunkt ihrer Untersuchungen. Mit Hilfe der Regressionsanalyse von Zeitreihen wurde die Höhe der Produktionselastizität des Kapitals und der Produktionselastizität der Arbeit bestimmt, die infolge der unterstellten Entlohnung der Faktoren nach ihrem Grenzprodukt zugleich die Verteilung des Sozialprodukts auf die einzelnen Faktoren angeben.

Mitte der fünfziger Jahre hat dann Solow erstmals empirische Untersuchungen über den Beitrag des vermehrten Faktoreinsatzes und des technischen Fortschritts zur langfristigen Zunahme des Sozialprodukts auf der Grundlage der Cobb-Douglas-Funktion durchgeführt. Es folgten zahlreiche Versuche wie z. B. von Kendrick und Fabricant in den USA, von Niitamo in Finnland, von Aukrust und Bjerke in Norwegen und Gehrig und Kuhlo in der Bundesrepublik. Der Wachstumsbeitrag des technischen Fortschritts wurde dabei entsprechend der »third factor theory« als Residualfaktor in der Weise ermittelt, daß auf der Basis einer Produktionsfunktion, die entweder linear (Fabricant, Kendrick, Krengel) oder vom Cobb-Douglas-Typ (Solow, Niitamo, Aukrust und Bjerke, Gehrig und Kuhlo) unterstellt wurde, die Faktoreinsatzmengen sowie die Produktionselastizitäten von Arbeit und Kapital empirisch bestimmt wurden. Ebenso wie in der Cobb-Douglas-Funktion muß auch bei der linearen Funktion die Bedingung: $m, n > 0$ gelten; bei der Cobb-Douglas-Funktion gilt zusätzlich die Bedingung: $m + n = 1$. Die im Anschluß an die Untersuchung Solows von diesen und anderen Forschern durchgeführten Analysen über den Beitrag vermehrten Faktoreinsatzes und des technischen Fortschritts zur langfristigen Zunahme des Realeinkommens in den Vereinigten Staaten, Norwegen und Finnland stimmten darin überein, daß das Realeinkommen in der Vergangenheit wesentlich stärker gestiegen ist als der kombinierte mengenmäßige Input an Arbeit und Realkapital. So errechnete Fabricant für die USA im Zeitraum von 1889–1957 eine durchschnittliche jährliche Zuwachsrate von 3,5 Prozent. Die Faktoren »geleistete Arbeitsstunden« und »Realkapital«, gewichtet kombiniert, wachsen in der gleichen Periode dagegen im Durchschnitt nur um jährlich 1,7 Prozent. Der »rest unexplained«, d. h. die Differenz zwischen dem Zuwachs an Output und der Zunahme des Input von Realkapital und geleisteten Arbeitsstunden, betrug im Durchschnitt der Jahre 1889 bis 1919 1,3 Prozent und von 1919 bis 1957 2,1 Prozent.

Die Berechnungen von Solow, Aukrust, Niitamo, Gehrig und Kuhlo ergaben – wie aus der nachfolgenden Tabelle 1 ersichtlich ist – ähnliche Resultate. So kann z. B. für Deutschland aus der Tabelle entnommen werden, daß die Output-Zunahme bei einprozentiger Zunahme des Arbeits-Input 0,76 Prozent, bei einprozentiger Zunahme des Kapital-Input 0,34 Prozent beträgt. Beide Zuwachsraten ergeben zusammen einen Wert von 1,1 Prozent. Demgegenüber beläuft sich die jährliche Output-Zunahme des technischen Fortschritts auf 1,9 Prozent; die jährliche Output-Zunahme ist also zu etwa zwei Dritteln auf den Einfluß des technischen Fortschritts zurückzuführen.

Andere Untersuchungen führten zu dem Ergebnis, daß das Wachstum der Arbeitsproduktivität über längere Zeiträume hinweg zu zwei Dritteln bis drei Vierteln allein aus dem autonomen technischen Fortschritt, der Rest aus der gestiegenen Kapitalintensität zu erklären ist.

Ein Wachstum des realen Sozialprodukts von 2 Prozent und mehr pro Jahr scheint also infolge des technischen Fortschritts möglich zu sein, ohne daß sich die klassischen Produktionsfaktoren Arbeit und Kapital zu vermehren brauchen.

Wenn auch die Einführung des »dritten Faktors« in die Produktionsfunktion die makroökonomische Produktions- und Wachstumstheorie sowie die theoretisch-statistische Wachstumsforschung ungemein befruchtet hat, so mußten die geschilderten Größenordnungen doch Skepsis hervorrufen.

Denn es erscheint kaum vorstellbar, daß technischer Fortschritt in dem genannten Ausmaß losgelöst vom Prozeß der Realkapital-

Tabelle 1

Der Beitrag vermehrten Faktoreinsatzes und des technischen Fortschritts zur langfristigen Zunahme des Realeinkommens in Norwegen, den Vereinigten Staaten, Finnland und Westdeutschland

(Zunahme in v. H.)

	Output-Zunahme bei 1%iger Zunahme des Kapital-Input	Output-Zunahme bei 1%iger Zunahme des Arbeits-Input	Jährliche Output-Zunahme des »technischen Fortschritts«	Output-Zunahme insgesamt
Norwegen (1900—1955) (Gesamtwirtschaft)	0,20 (7,3)	0,76 (27,5)	1,8 (65,2)	2,76 (100)
USA (1909—1949) (Privater Sektor ohne Landwirtschaft)	0,35 (14,0)	0,65 (26,0)	1,5 (60,0)	2,5 (100)
Finnland (1925—1952) (Verarbeitende Industrie)	0,26 (11,8)	0,74 (33,6)	1,2 (54,6)	2,2 (100)
Westdeutschland (1925—1957) (Gesamtwirtschaft)	0,34 (11,3)	0,76 (23,5)	1,9 (63,2)	3,0 (100)

Zusammengestellt und berechnet nach: Aukrust, O.: Factors of Economic Development: A Review of Recent Research. In: Weltwirtschaftliches Archiv, Bd. 93 (1964), S. 35.

bildung möglich sein soll. Hinzu kommt, daß es für diese Zusammenhänge kaum empirische Evidenz gibt, weil in der Realität die Substitution der Produktionsfaktoren und die Einführung des technischen Fortschritts stets parallel verlaufen sind.

Gegen die im Anschluß an Solow durchgeführten empirischen Untersuchungen über den Beitrag des vermehrten Faktoreneinsatzes und des technischen Fortschritts zur langfristigen Zunahme des Realeinkommens mußte darüber hinaus aber auch vom statistisch-methodischen Standpunkt Kritik geübt werden. Im Sinne der Korrelationsrechnung signifikante Resultate lassen sich nämlich nicht ermitteln, wenn alle Produktionsfaktoren – wie es in einer wachsenden Wirtschaft typischerweise der Fall ist – einen mehr oder weniger ausgeprägten gemeinsamen Aufwärtstrend aufweisen. Unter diesen Bedingungen der Multikollinearität von Variablen erscheint es nahezu ausgeschlossen, auf eine befriedigende Art und Weise das Wachstum des Sozialprodukts auf den Einfluß der einzelnen Produktionsfaktoren zurückzuführen. Die Multikollinearität ist dabei ein Phänomen, das nicht nur in der Wachstumsforschung bei multiplen Regressionsanalysen von Zeitreihen vielfach Probleme aufwirft.

Unter Multikollinearität wird ein linearer Zusammenhang zwischen den erklärenden Variablen verstanden, der zu dem der Regressionsgleichung hinzukommt und dazu führt, daß die sich aus der Methode der kleinsten Quadrate ergebenden Normalgleichungen entweder nicht gelöst werden können oder Resultate ergeben, die einer ökonomischen Interpretation nicht oder kaum zugänglich sind. Ist folglich – wie im Beispiel der Tabelle 1 – die Multikollinearität zwischen den erklärenden Variablen sehr groß oder besteht eine starke positive Korrelation zwischen den Logarithmen von Kapital und Arbeit, so können signifikante Resultate nicht erzielt werden oder eine vorsichtige Interpretation der Resultate ist geboten.

Solow hat diese grundsätzlichen Schwierigkeiten der statistischen Messung der Produktionsfunktion auf eine scheinbar einfache Art zu lösen versucht. Während die Regressionsanalyse simultan die Produktionselastizitäten von Arbeit und Kapital (»m« und »n« in der Produktionsfunktion) und die Höhe des technischen Fortschritts (F) zu ermitteln sucht, hat Solow die Produktionselastizitäten m und n exogen bestimmt, indem er von der aus statistischen Quellen entnommenen Einkommensverteilung auf die Produktionselastizitäten schloß. Im Anschluß daran versuchte er dann, den technischen Fortschritt zu quantifizieren. Hierbei ging er zunächst davon aus, daß Kapitalakkumulation und technischer Fortschritt unabhängig voneinander auftreten. Diese Annahme ist offensichtlich sehr problematisch, weil eine größere Effizienz des Produktionsprozesses auch die Folge einer Kapitalintensivierung ist.

Solow hat daher später den Wachstumsprozeß unter der entgegengesetzten extremen Annahme, der gesamte technische Fortschritt sei capital-embodied, untersucht. Selbst wenn jedoch der technische Fortschritt unabhängig von dem Einsatz der Produktionsfaktoren auftreten würde, so bliebe trotzdem die Frage bestehen, ob er lediglich eine Funktion der Zeit ist. Solange die Produktionsfunktion nur die homogenen Produktionsfaktoren Arbeit und Kapital enthält, müssen sich alle anderen für das Produktionsergebnis relevanten Einflußfaktoren zwangsläufig in dem Restglied »technischer Fortschritt« niederschlagen. Auch wenn der Restfaktor – was wahrscheinlich ist – tatsächlich unabhängig vom Einsatz der in der Produktionsfunktion enthaltenen Faktoren wäre und in diesem Sinne also als autonom angesehen werden müßte, so wäre eine derartige Autonomie doch stets an die Form der gewählten Produktionsfunktion gebunden. Ganz generell läßt sich also sagen, daß der technische Fortschritt stets auch abhängig sein wird vom Einsatz der Produktionsfaktoren, die nicht in der jeweils zugrunde gelegten Produktionsfunktion enthalten sind.

Daraus ist der Schluß zu ziehen, daß offensichtlich die von der neoklassischen Wachstumstheorie gewählte Cobb-Douglas-Produktionsfunktion unvollständig ist. Die Tatsache, daß es mit der neoklassischen Wachstumstheorie und der von ihr verwendeten Produktionsfunktion schwierig ist, Faktoren wie Ausgaben für Bildung, Aufwendungen für Forschung und Entwicklung sowie sonstige Infrastrukturinvestitionen, denen für den Prozeß des wirtschaftlichen Wachstums eine bedeutsame Rolle zukommen dürfe, explizit zu berücksichtigen, mußte zu einer kritischen Überprüfung der Fundamente dieser Theorie führen.

Dabei steht und fällt die Leistungsfähigkeit des neoklassischen Wachstumsmodells mit der Realitätsbezogenheit der verwendeten makroökonomischen Cobb-Douglas-Produktionsfunktion. Die von Cobb und Douglas unterstellte Konstanz der partiellen Produktionselastizitäten von Arbeit und Kapital erschien allerdings von vornherein weniger umstritten als die Hypothese eines autonomen,

kontinuierlich mit konstanter Rate wachsenden technischen Fortschritts. Nun hatte zwar die empirisch-statistische Wachstumsforschung zu dem überraschenden Resultat geführt, daß sich nur ein
relativ geringer Teil des Wachstums des Sozialprodukts aus der
Vermehrung der beiden originären Produktionsfaktoren Arbeit und
Kapital erklären ließ, so daß sich folglich ständig die Effizienz des
Faktoreinsatzes verbessert haben mußte. Die Problematik des neoklassischen Ansatzes in seiner ursprünglichen Form besteht jedoch
darin, daß er von der Hypothese eines vorgegebenen, d. h. nicht
beeinflußbaren technischen Fortschritts ausgeht, der darüber hinaus
noch in the long run kontinuierlich mit konstanter Rate wächst. Der
entscheidende Fortschritt gegenüber der neoklassischen Gleichge-
wichtstheorie sowie der neoklassischen Konjunktur- und Entwicklungstheorie, beispielsweise von Schumpeter, besteht lediglich darin,
daß der technische Fortschritt, sei es durch Einführung neuer Produkte (Produktinnovation) oder kostensparender Produktionsprozesse (Prozeßinnovation), explizit im Modell erscheint und dadurch
der stationäre Ansatz der älteren Neoklassik, also der Epoche der
Wiener Grenznutzenschule bis vor Keynes, überwunden wurde.

Solange der technische Fortschritt jedoch als ein sich kontinuierlich änderndes, außerökonomisches Datum betrachtet wird, kann
dieser Fortschritt nur als modelltechnische Weiterentwicklung der
Gleichgewichts- und Wachstumstheorie angesehen werden. Denn
ein Einbau des technischen Fortschritts in makroökonomische Produktionsfunktionen als Abhängige der Zeit – wie er im Anschluß an
Tinbergen und Solow den meisten derartigen Analysen zugrunde
liegt – bedeutet ja nichts anderes als die Annahme, daß – wie in der
Diskussion über die neoklassische Wachstumstheorie treffend bemerkt wurde – der technische Fortschritt »kontinuierlich vom Himmel fällt«. Solange der technische Fortschritt in dieser Weise als ein
sich kontinuierlich änderndes exogenes Datum und nicht als eine
mehr oder weniger enge Funktion der Aufwendungen für Forschung und Ausbildung angesehen wird, muß dieser Begriff eher –
wie Abramovitz es ausgedrückt hat – als »measure of our ignorance« denn als aussagekräftiges analytisches Instrument charakterisiert werden.

Der neoklassische Ansatz, der auf der Hypothese eines autonomen technischen Fortschritts basiert, ist also zu eng, um die Determinanten des technischen Fortschritts sichtbar machen zu können.
Es ging daher darum, Art und relatives Gewicht der Einflußfaktoren

auf den unerklärten Rest der Produktionsfunktion zu bestimmen.

Dieses Problem ist nur auf der Grundlage einer Theorie des technischen Fortschritts zu lösen, weil der Anstieg der globalen Produktivität, d. h. das Ausmaß der Senkung der realen Stückkosten der Produktion, der mit dem erwähnten »rest unexplained« identisch ist, der Wirksamkeit des technischen Fortschritts zugeschrieben wird. Der Terminus »technischer Fortschritt« bezeichnet hierbei einen Sammelbegriff für eine Vielzahl von Einflußfaktoren, die einen realkostensenkenden Effekt haben.

In der Schumpeterschen Innovationstheorie wird technischer Fortschritt als »innovation«, d. h. als Durchsetzung neuer Kombinationen, verstanden. Diese »neuen Kombinationen« umfassen nach Schumpeter fünf Fälle:

1. die Einführung eines neuen Gutes oder die Einführung einer neuen Qualität eines schon bekannten Gutes;
2. die Einführung eines neuen Produktionsverfahrens;
3. die Erschließung eines neuen Marktes;
4. die Erschließung einer neuen Rohstoffquelle;
5. die Neuorganisation einer Industrie, z. B. durch Monopolisierung (Kartellgründung) oder durch Brechung einer Monopolstellung.

Diese Definition von Schumpeter ist weiter als eine geläufige und weitverbreitete Begriffsbestimmung, die im technischen Fortschritt lediglich den Übergang zu einer neuen Produktionsfunktion sieht. Nach dieser Definition kann technischer Fortschritt dadurch charakterisiert und gemessen werden, daß mit dem gleichen Input an Arbeit und Kapital ein höherer Output erzielt bzw. die gleiche Ausbringung mit weniger Arbeit und Kapital produziert werden kann.

Der erweiterte Schumpetersche Begriff der neuen Kombinationen ergibt sich aus der Zielsetzung Schumpeters, der im Rahmen seiner Konzeption vom »dynamischen Unternehmer« die Wirkungen unternehmerischer Pionierleistungen auf den Wirtschafts- und insbesondere auf den Konjunkturablauf darstellen will.

Bombach subsumiert unter dem Begriff technischer Fortschritt eine Reihe der verschiedensten, außerordentlich heterogenen Faktoren, so vor allem:

– Verbesserung der Betriebsorganisation und des Arbeitsklimas,

- Typisierung und Standardisierung der Produktion,
- Anwendung moderner statistischer Methoden der Leistungs- und Fehlerkontrolle,
- Herbeiführung optimaler Standortverteilung und optimaler Betriebsgrößenverhältnisse durch Förderung des internationalen Austausches, und insbesondere
- Ersetzung alter Maschinen und Anlagen durch neue mit höherer Effizienz bei gleichen Realkosten im Zuge der Reinvestition.

Eine nicht minder wichtige Komponente des technischen Fortschritts, die in dem Katalog von Bombach noch nicht explizit berücksichtigt ist, dürfte darüber hinaus die Steigerung der beruflichen Qualifikation und damit der Leistungsfähigkeit der Beschäftigten durch verlängerte und verbesserte Ausbildung bilden.

Diese hier pars pro toto stehenden Definitionen des technischen Fortschritts lassen schon deutlich werden, daß dieser Begriff mehr die Symptome als die eigentlichen Ursachen der Zunahme der globalen Produktivität bzw. der Senkung der realen Stückkosten erfaßt.

Bei Anwendung des neoklassischen Konzepts auf Probleme des mittelfristigen Wachstums schien es daher unumgänglich, die Determinanten der Fortschrittskomponente in der Produktionsfunktion näher zu untersuchen. Es war mit anderen Worten eine Theorie des technischen Fortschritts zu entwickeln, von der bis heute allerdings bestenfalls Ansätze bestehen.

Ein Ansatz, der aus der Weiterentwicklung der neoklassischen Wachstumstheorie resultierte, ging davon aus, daß es im Gegensatz zu den Annahmen der Neoklassik kaum denkbar erscheint, daß der technische Fortschritt losgelöst vom Prozeß der Realkapitalbildung, der sich in der Realität als Substitution von Arbeit durch Kapital und damit zunehmender Kapitalintensivierung vollzieht, möglich sein soll. So lag es nahe, das Fortschrittsglied F der Produktionsfunktion in eine Komponente autonomen technischen Fortschritts und in den vom Substitutionsprozeß abhängigen, d. h. durch steigende Kapitalintensität induzierten technischen Fortschritt aufzuspalten, wobei im einfachsten Fall von einer linearen Beziehung zwischen induziertem technischen Fortschritt und der Zuwachsrate der Kapitalintensität ausgegangen wurde.

Dieser Ansatz erschien jedoch gleichfalls noch zu eng, weil danach der induzierte technische Fortschritt ausschließlich an den Prozeß der Substitution von Arbeit durch Kapital gebunden ist. Ein anderer Ansatz versuchte daher, durch Einführung des »learning by doing« in die Wachstumstheorie den Begriff des induzierten technischen Fortschritts zu erweitern.

Dieser Ansatz knüpfte an der Beobachtung an, daß hohe geistige Potenz zur Konstruktion einer Maschine verwendet wird, umgekehrt jedoch die Maschine den daran stehenden Arbeiter lehrt. Der »learning by doing«-Approach versucht, die Abhängigkeit der Entwicklung der Arbeitsqualifikation vom Typ der eingesetzten Maschinen und Anlagen zu bestimmen; hier wird also der technische Fortschritt als Funktion der Bruttoinvestition betrachtet. Demgegenüber versuchte schließlich der »vintage approach«, die Zusammenhänge zwischen dem Altersaufbau des Kapitalapparates und dem technischen Fortschritt zu analysieren. Der »vintage approach« geht zunächst von dem Faktum aus, daß ein erheblicher Teil der Bruttoinvestitionen einer Periode dem Ersatz der abgeschriebenen, d. h. verbrauchten oder veralteten Aggregate des Kapitalapparates dient. Da auslaufende Maschinen in der Regel nicht durch den gleichen Typ ersetzt werden, erscheint die Annahme realistisch, daß die neu installierten Anlagen jeweils den höchsten Stand der Technik repräsentieren. Infolge ständig fortschreitender Technik muß der in Funktion befindliche Kapitalapparat in technischer Hinsicht fortlaufend veralten, so daß auch über den Reinvestitionsprozeß der technische Fortschritt zum Zuge kommt.

Um die Zusammenhänge zwischen Altersaufbau des Kapitalapparates und technischem Fortschritt zu erfassen, wird in diesem Modell vorausgesetzt, daß die in einer Periode in den Kapitalapparat eingegliederten neuen Investitionsgüter denen der vorangegangenen Periode jeweils um einen konstanten Faktor überlegen sind. Mit dem Vintage-Ansatz wird die Hypothese der Homogenität des Faktors Kapital aufgegeben, da nunmehr nicht nur das Volumen, sondern auch die Altersstruktur des Kapitalstocks für die Wachstumstheorie bedeutsam ist. Dem »vintage approach« zufolge ist die technische Effizienz des Kapitalstocks negativ mit der Nutzungsdauer korreliert. Der Altersjahrgang fungiert hierbei als statistisches Gewicht. Der über die Ersatzinvestitionen erzielte und an den Reinvestitionsprozeß gebundene technische Fortschritt wird dabei als »embodied technical progress« bezeichnet. Der Anteil des autonomen technischen Fortschritts als Residualfaktor der Produktionsfunktion vermindert sich somit auch durch die Einbeziehung des »embodied technical progress«. Zwar bleibt nach wie vor, solange noch ein Residuum von autonomem technischen Fortschritt erhalten bleibt, eine von der Investitionsquote letztlich unabhängige natürliche Fortschrittsrate bestehen, doch verlängern sich die Übergangsprozesse bei Variationen der Investitionsquote, so daß nunmehr für längere Zeiträume eine aktive, wachstumsfördernde Investitionspolitik sinnvoll erscheint und entsprechend wirksam werden kann.

Der »vintage approach« erscheint sehr instruktiv, langfristig stetiges Wirtschaftswachstum zu beschreiben. Bei störungsfreiem Wachstum ist die Altersstruktur des Kapitalapparates eindeutig durch die Zuwachsrate des Kapitalapparates selbst und damit durch die Wachstumsrate der Volkswirtschaft bestimmt.

Ein hohes Wachstumstempo führt zu einer breiten Basis der Alterspyramide, also zu einer Dominanz der den technischen Höchststand verkörpernden jungen Maschinen, während umgekehrt langsames Wachstum ein Vorherrschen veralteter Anlagen bedingt. Mit dem Vintage-Ansatz wird somit der technische Fortschritt in einem bestimmten Ausmaß eine Funktion der Wachstumsraten von Kapitalstock und Sozialprodukt. Der Ansatz stimmt darüber hinaus mit dem empirischen Befund überein, daß der Produktivitätsfortschritt in jenen Wirtschaftszweigen überdurchschnittlich groß ist, die relativ schnell wachsen.

So plausibel diese Ansätze, durch die ein Teil der zunächst unerklärten Fortschrittskomponente der Produktionsfunktion wieder auf den Einfluß des klassischen Produktionsfaktors Kapital zurückgeführt wurde, zunächst auch erscheinen mögen, so zeigt die weitere Analyse der Zusammenhänge zwischen dem Anstieg der globalen Produktivität, der ja der Wirksamkeit des technischen Fortschritts zugeschrieben wird, und der Qualitätsverbesserung des Faktors Kapital, daß diese Ansätze für sich allein genommen immer noch unzureichend sind. Die Qualitätsverbesserung des Faktors Kapital infolge erhöhter Kapitalintensität oder verbesserten Altersaufbaues des Kapitalapparates einer Volkswirtschaft wird ursächlich auf Teilfaktoren wie Typisierung und Standardisierung der Produktion, Herbeiführung einer optimalen Betriebsgrößenstruktur sowie tendenziell erhöhter Effizienz neuer gegenüber alten Maschinen zurückgeführt, die ihrerseits als eine mehr oder weniger enge Funktion von Aufwendungen für Ausbildung und Forschung angesehen werden müssen. Ebenso wie die an die Kapitalakkumulation gebundene Komponente des technischen Fortschritts und des »embodied technical progress« muß auch die an die Steigerung der Qualifikation des

Faktors Arbeit gebundene und nicht minder wichtige Komponente des technischen Fortschritts als abhängige Variable vermehrter bzw. verbesserter Ausbildung betrachtet werden. Diese Überlegungen legten die Vermutung nahe, daß die Aufwendungen für Ausbildung und Forschung entscheidenden Anteil am Residualfaktor haben.

Die weitere Entwicklung der Forschung verlief daher in der Richtung, nach der Disaggregation des Faktors Kapital im »vintage approach« nunmehr auch zu einer Disaggregation des Faktors »menschliche Arbeitskraft« in Hauptgruppen entsprechend dem Rang der absolvierten Schulen und der Art und Dauer der Ausbildung vorzustoßen. Je besser es – so die Hypothese – gelingt, neben einer bloßen Registrierung der geleisteten, als homogen betrachteten Arbeitsstunden auch die Qualitätsstruktur der Arbeitskraft und deren Abhängigkeit von den Ausgaben für Bildung und Aufwendungen für Forschung zu erfassen, desto stärker dürfte sich das Gewicht des – seiner Ursache nach bisher nicht erklärbaren – autonomen zum nunmehr durch Bildungsinvestitionen induzierten und damit durch Bildungspolitik gestaltbaren technischen Fortschritt verlagern.

In Anbetracht der Fortschritte, die bei der Messung des Realkapitals inzwischen angestrebt oder erzielt worden waren, mußte es folglich äußerst unbefriedigend erscheinen, daß der zentrale Produktionsfaktor »menschliche Arbeitskraft« in den meisten Wachstumsmodellen noch immer als homogener Faktor behandelt wurde. Die neoklassische Wachstumstheorie hatte somit nicht nur eine Flut empiristischer Meßversuche sowie eine Weiterentwicklung der Produktionsfunktion ausgelöst, sondern auch zu dem bereits eingangs erwähnten Brückenschlag zwischen Wachstumstheorie und Bildungsökonomie geführt. Damit rückt der Faktor »menschliche Arbeitskraft« unter besonderer Berücksichtigung seines Ausbildungsaspektes (»education embodied in the labor force«) nach einer langen Phase des Vorherrschens kapitaltheoretischer Ansätze endgültig in das Zentrum der Theoriebildung. So unübersehbar diese Tendenzwende auch ist, so bleibt die Theorieentwicklung doch zunächst Gefangener ihrer eigenen Prämissen und Traditionen, denn anders als unter einem gleichfalls kapitaltheoretischen Blickwinkel – wie es nunmehr im »human capital«-Konzept manifest wird – scheint auch ein bildungsökonomischer Zugang zur Wachstumstheorie und Wachstumspolitik nicht möglich zu sein.

V.

Das »Humankapital« ist ein ungemein schillernder Begriff. Zwar könnte grundsätzlich das Humankapital alle im Menschen verkörperten Befähigungspotentiale umfassen, doch wird in der Bildungsökonomie der Begriff üblicherweise lediglich auf die durch Bildung erworbenen Fähigkeiten, Fertigkeiten und Kenntnisse – kurz Qualifikationen oder »skills« – eingegrenzt. Sie werden als immaterielles Kapital im Sinne von Bildungskapital betrachtet und zu messen versucht. Dem Humankapitalansatz und den empirischen Meßversuchen liegt dabei vielfach die Vorstellung zugrunde, daß Bildung Investitionscharakter besitzt, weshalb man auch von »Bildungsinvestitionen« spricht. Der einzelne bzw. die Gesellschaft tätigen Bildungsaufwendungen folglich in der Erwartung späterer Erträge, die sich sowohl im (Zusatz-)Einkommen des einzelnen als auch der Volkswirtschaft niederschlagen. In dieser Perspektive ist das Humankapital als laufender Produktions-Input eine Stromgröße, sind Bildungsinvestitionen ein Wachstumsfaktor. Sie tragen zum Wachstum des Realeinkommens bei, die »ökonomische Potenz der Bildung« erhöht das Nationaleinkommen. Sowohl die »bürgerliche« als auch die marxistische Bildungsökonomie unterstellen diesen direkten positiven Zusammenhang zwischen Bildung und Wirtschaftswachstum, wenn sich auch die theoretische Begründung sowie die empirischen Meßmethoden unterscheiden. Da der »human capital approach« in der angelsächsischen Bildungsökonomie seinen Ausgangspunkt genommen hat, ist er sehr stark der individualistisch-utilitaristischen Grundkonzeption der angelsächsischen Bildungsökonomie und Sozialwissenschaft überhaupt verpflichtet. Danach wird (oder sollte) die individuelle Entscheidung über Bildungsinvestitionen ebenso wie die Entscheidung über die Vornahme von Realkapitalinvestitionen entsprechend dem ökonomischen Prinzip vorgenommen (werden), so daß der einzelne Ausbildungempfänger als homo oeconomicus stets die Kosten und Erträge von Bildungsinvestitionen gegeneinander abwägt und Bildung nur dann und solange nachfragt, als sie mit über die aufgewandten Kosten hinausgehenden Ertragszuwächsen verbunden ist. Da höhere Bildung annahmegemäß im Durchschnitt die Produktivität der Arbeit und somit entsprechend der Grenzproduktivitätstheorie auch das Einkommen erhöht, ergibt sich für die aus der Nationalökonomie hervorgegangene Bildungsökonomie jedoch ein schwieriges Problem, das nicht nur vordergründige Aspekte der mangelnden Kongruenz mit einer eingeschliffenen Begriffsbildung in der Ökonomie beleuchtet. Wenn das Humankapitalkonzept überwiegend vom Investitions- und Ertragscharakter von Bildung, d. h. von einem Ertragswertprinzip, ausgeht, so stellt sich nämlich sogleich die Frage, worin denn eigentlich die Ausbildungserträge bestehen. Da die Bildungsausgaben Aufwendungen auf den Menschen sind, sind sie in der herkömmlichen terminologischen Abgrenzung der Nationalökonomie Konsumausgaben, so daß der Ertrag nicht in einer Investitionsrendite, sondern in einem Nutzenzuwachs bestehen würde. Wie aber soll der konsumtive Nutzen(zuwachs) von Bildung quantitativ-empirisch gemessen werden, zumal es sich hier um qualitativ-ästhetische Momente wie Freude am Lernen, Befriedigung über Lernerfolge, intellektueller Genuß von Kulturgütern, schöpferische Auseinandersetzung mit den Ideen und Strömungen der Zeit usw. handelt und auch die Nutzentheorie trotz eines feinentwickelten theoretischen Instrumentariums an der konkreten und zugleich intersubjektiv überprüfbaren Nutzenmessung mehr oder weniger gescheitert ist? Faßt man Bildung dagegen als Investition, so ist sie nicht durch Nutzenzuwachs, sondern durch Einkommenserwartungen bestimmt. Bildungsinvestitionen werden in der Erwartung eines Mehreinkommens vorgenommen, so daß die Erträge der formalen Ausbildung den ausbildungsspezifischen Einkommensdifferenzen eines Ausgebildeten gegenüber einem Nicht-Ausgebildeten oder Nicht-so-gut-Ausgebildeten entsprechen. Trotzdem blieb für die Bildungsökonomen des »human capital approach« die Trennung der Investitions- und Konsumkomponente von Bildung immer ein schwieriges und theoretisch nicht gänzlich gelöstes Problem.

Es wurde eher pragmatisch dadurch gelöst, daß man – um die theoretischen Schwierigkeiten zu umgehen – grundsätzlich alle Bildungsaufwendungen in den Rang von Investitionen erhob und die unbestrittenen Konsumeffekte der Bildung als kostenlos anfallendes »Beiprodukt« von Bildungsinvestitionen deklarierte. Durch dieses Vorgehen werden im empirischen Meßvorgang die Kosten der Bildung tendenziell zu hoch, die Erträge tendenziell zu niedrig angesetzt. Für die Interpretation des Humankapitals durch die »bürgerliche« Bildungsökonomie sind somit vor allem drei Momente konstitutiv: Humankapital ist ein Wachstumsfaktor, eine Stromgröße, die den Bestand an Bildungskapital verändert, sowie ein investives Entscheidungskalkül. Anders als in der »bürgerlichen« Bildungsökonomie wird in der marxistischen Bildungsökonomie nicht von Humankapital, sondern von »Bildungsfonds« gesprochen. Bildungsfonds sind Teil der Fondsökonomie, d. h. der sozialistischen volkswirtschaftlichen Rechnungsführung; sie sind durch die im Qualifikationsniveau der Arbeitskräfte materialisierten Bildungsaufwendungen bestimmt. Auch die marxistische Bildungsökonomie geht davon aus, daß aufgrund der ökonomischen Potenz von Bildung die Effektivität der Produktion gesteigert werden kann. Bildung ist also auch im Sozialismus ein Wachstumsfaktor, wobei die theoretische Begründung jedoch im Gegensatz zur »bürgerlichen« Bildungsökonomie nicht auf der Grenzproduktivitätstheorie, sondern auf der Arbeitswerttheorie basiert. Da qualifizierte Arbeitskraft in gleicher Zeit höhere Werte schafft und eine entsprechende höhere wertbildende Potenz besitzt als einfache Arbeit, sind die Bildungsfonds im Zeitalter der wissenschaftlich-technischen Revolution ein bedeutsamer Hebel für eine intensiv erweiterte Reproduktion. Wie kann aber nun der Beitrag der Bildung zum Nationaleinkommenszuwachs bestimmt werden? Die marxistische Ökonomie verwirft die Produktionsfaktorentheorie als »apologetisch«, weil der Lohn als Beitrag des Faktors Arbeit und der Profit als Beitrag des Faktors Kapital zum Sozialprodukt betrachtet werden. Hinzu kommt, daß der Lohn auch unter sozialistischen Bedingungen eine Kategorie der Verteilung des Nationaleinkommens ist, während komplizierte und einfache Arbeit entsprechend der Arbeitswerttheorie kategoriale Bestimmungen des Wertbildungsprozesses sind. Deshalb können die Bildungsfonds nicht aus den ausbildungsspezifischen Lohn- bzw. Einkommensdifferenzen, sondern nur aus den Reproduktionskosten (Lebenshaltungs- und Ausbildungskosten) bestimmt werden.

Allerdings gibt es auch marxistische Bildungsökonomen wie beispielsweise Strumilin, die den Beitrag der Bildung zum Nationaleinkommenszuwachs mit Hilfe von Lohndifferenzen unterschiedlich ausgebildeter Arbeitskräfte zu bestimmen suchen – offensichtlich weil sie davon ausgehen, daß sich im Sozialismus längerfristig im Lohn die Reproduktionskosten der Arbeitskräfte gleichermaßen widerspiegeln.

Auch die marxistische Bildungsökonomie sieht also in den Bildungsfonds gleichfalls nicht nur einen bedeutsamen Wachstumsfaktor, sondern auch eine Stromgröße, die die Veränderung des Kompliziertheitsgrades der Arbeit in der Volkswirtschaft bezeichnet, da die Reproduktionskosten für die Heranbildung der einzelnen Arbeitskräftekategorien bis zu ihrem Eintritt in die produktive Tätigkeit den entsprechenden Reproduktionskosten, bezogen auf die Jahre der vor ihnen liegenden Arbeitsperiode, bezogen werden. Der Kosten-Ertragsvergleich des Humankapitalkonzepts in der »bürgerlichen« Bildungsökonomie reduziert sich damit in der marxistischen Bildungsökonomie auf einen Reproduktionskostenintervallvergleich. Schließlich besitzen die Bildungsfonds auch den Charakter eines investiven Entscheidungskalküls, das nunmehr jedoch in einem kollektivistisch-utilitaristischen Begründungszusammenhang steht. Denn im Rahmen der Planung im Sozialismus muß – wie Ludwig/Maier/Wahse ausführen – der Ausbildungsprozeß der qualifizierten Arbeitskräfte so effektiv gestaltet werden, daß ihre wertschaffende Potenz die wertschaffende Potenz einer unqualifizierten Arbeitskraft zumindest proportional zu ihren Reproduktionskosten übersteigt. Damit soll nicht nur eine optimale Verteilung der gesellschaftlichen Gesamtarbeit auf die materielle Produktion und den Bildungsprozeß erreicht, sondern auch dem »Gesetz der Ökonomie der Zeit« entsprochen werden. Dies bedeutet, daß einerseits die Reproduktionskosten der Lehrer auf die Schüler übertragen werden müssen. Andererseits muß die wertbildende Potenz der Schüler für den späteren Arbeitsprozeß in einem derartigen Maße gesteigert werden, daß sie in der Lage sind, zumindest ein ebenso hohes Wertprodukt zu schaffen, als wenn die Lehrer anstelle ihrer Ausbildungsfunktion direkt in der materiellen Produktion tätig geworden wären. Die Bildungsfonds stellen damit eine Plangröße dar, die im Rahmen der Planung bei der volkswirtschaftlichen Optimierungsrechnung in Beziehung zu den materiellen Produktionsfonds, den Grundmittelfonds, gesetzt werden muß. Dabei soll die optimale Größe an Bildungsfonds ermittelt werden, die durch ihr Zusammenwirken mit den materiellen Produktionsfonds ein Maximum an Nationaleinkommenszuwachs ergibt.

Aus der Diskussion des Humankapital- und des Bildungsfondsansatzes dürfte die letztlich trotz aller methodischen Unterschiede gleichgerichtete analytische und strategische Dimension beider Konzepte der Bildungsökonomie deutlich geworden sein. Analytisch geht es um die theoretische Bestimmung des Beitrags von Bildung zum Zuwachs des Sozialprodukts oder Nationaleinkommens, strategisch um die planmäßige Gestaltung des Bildungsbudgets und der Bildungsprozesse zur Erreichung wachstumspolitischer Ziele: aus der bildungsökonomischen Diagnose soll die wachstumspolitische

Therapie folgen. Deshalb wird es auch als erforderlich angesehen, das Humankapital in die Volkswirtschaftliche Gesamtrechnung bzw. die Bildungsfonds in die wirtschaftliche Rechnungsführung zu integrieren, so daß Humankapital und Realkapital bzw. Bildungsfonds und Grundmittelfonds als Kapital- bzw. Aufwandsgrößen gleichberechtigte Bestandteile der Wachstumstheorie werden.

Beide Denksysteme der Bildungsökonomie unterstellen damit eine Wechselbeziehung, ja einen positiven direkten Zusammenhang zwischen Bildung und Wirtschaftswachstum – aber können sie diesen theoretisch behaupteten Wachstumsbeitrag von Bildung auch empirisch nachweisen und quantifizieren?

Der wohl bekannteste und instruktivste Meßversuch in Anlehnung an die Grundkonzeption der neoklassischen Wachstumstheorie ist von Denison für die USA unternommen worden, der hier pars pro toto in seinem Grundansatz kurz skizziert und kritisch gewürdigt werden soll, um anschließend auch die entsprechenden Berechnungsversuche der marxistischen Bildungsökonomie auf der Basis der Arbeitswerttheorie vergleichend beleuchten zu können.

Denisons Untersuchung über den Beitrag der Bildung zum langfristigen wirtschaftlichen Wachstum in den USA beruht gleichfalls auf einer Produktionsfunktion, die jedoch im Gegensatz zu den ursprünglichen neoklassischen Modellen neben Arbeit und Kapital eine Reihe weiterer Wachstumsfaktoren enthält. Dazu gehören neben Ausbildung und Forschung auch »economies of scale«, zu denen Denison das Wachstum des Gesamtmarktes und Agglomerationsvorteile rechnet, sowie sonstige Faktoren wie die beschleunigte Anwendung neuen Wissens, den Rückgang der versteckten Arbeitslosigkeit in der Landwirtschaft und die Abwanderung der Arbeitskräfte aus der Landwirtschaft in die Industrie. Bedeutsam für den Denison-Ansatz ist vor allem, daß die Vorstellung einer Homogenität des (überwiegend in Arbeitsstunden gemessenen) Faktors Arbeit in der ursprünglichen neoklassischen Wachstumstheorie aufgegeben und nunmehr ähnlich der Disaggregation des Faktors Kapital im Vintage-Ansatz auch eine Disaggregation des Faktors »menschliche Arbeitskraft« in Hauptgruppen entsprechend dem Rang der absolvierten Schulen sowie der Art und Dauer der Ausbildung vorgenommen wird. Das Humankapital wird damit nun zum eigenständigen Wachstumsfaktor in der Produktionsfunktion, wobei das »human capital« hier wiederum im engeren Sinne lediglich zur Kennzeichnung des Bestandes an Kenntnissen und Fertigkeiten, die der Erwerbsbevölkerung durch Ausbildung vermittelt wurden, verwendet wird. Schließlich unternimmt Denison auch den Versuch, über den ex post-Beitrag von Bildung zum wirtschaftlichen Wachstum auch ihren Anteil an der künftigen Zunahme des amerikanischen Realeinkommens zu bestimmen.

Denisons Ansatz kann hinsichtlich des Humankapitalfaktors im engeren Sinne durch fünf Grundhypothesen gekennzeichnet werden:

– Die Ausgaben für das Schul- und Hochschulwesen werden als »investment in human beings« aufgefaßt.
– Der Ertrag dieser Humankapitalinvestitionen wird durch das zusätzliche Lebenseinkommen repräsentiert, das den Absolventen eines bestimmten Bildungsabschnitts auf Grund ihrer verbesserten Ausbildung gegenüber den Schulabgängern einer niedrigeren Ausbildungsstufe zufließt. Die Berechnungen werden dabei auf die Ergebnisse der amerikanischen Volkszählung gestützt, die ein detailliertes Bild dieser Einkommensdifferenzen zwischen den einzelnen, jeweils eine Schulbildung von bestimmter Dauer aufweisenden Gruppen von Einkommensbeziehern vermittelt. In einem derartigen Strukturbild der Einkommensdifferenzen zwischen Erwerbstätigen mit unterschiedlicher Dauer des Schulbesuchs wird das (ausbildungsspezifische) Durchschnittseinkommen beim Pflichtschulbesuch gleich 1 bzw. 100 gesetzt.
– Der Begriff »verbesserte Ausbildung« wird aus Gründen der statistischen Erfaßbarkeit stets mit dem Terminus »verlängerte Ausbildung« gleichgesetzt.
– Für jede Ausbildungsstufe werden drei Fünftel der erzielten individuellen Einkommen der empfangenen Schulbildung zugerechnet.
– Die auf die unterschiedliche Dauer des Schulbesuchs zurückzuführenden Einkommensdifferenzen sind in ihrer Relation zueinander in der Vergangenheit langfristig relativ konstant geblieben und werden daher auch für die Zukunft als relativ konstant unterstellt.

Denison gelangt nun in seiner Untersuchung über den Beitrag verbesserter Ausbildung zum langfristigen wirtschaftlichen Wachstum der Vereinigten Staaten, wie Tabelle 2 zeigt, zu dem globalen Ergebnis – und nur dieses soll hier interessieren –, daß die Qualität des Faktors Arbeit für den von ihm speziell untersuchten Zeitraum von 1929 bis 1957 im Durchschnitt um 29,6 Prozent, also mit einer durchschnittlichen jährlichen Zuwachsrate von 0,93 Prozent stieg. Da dieser Anstieg einer entsprechenden Zunahme der geleisteten Arbeitsstunden gleichwertig ist, ergibt sich durch Multiplikation der 0,93 Prozent mit 73 Prozent – dem durchschnittlichen Anteil des Faktors Arbeit am Volkseinkommen der betrachteten Periode – ein Wert von 0,68 Prozent oder 23 Prozent der durchschnittlichen jährlichen Zuwachsrate des Realeinkommens von 2,93 Prozent als Beitrag der Ausbildung zum wirtschaftlichen Wachstum.

Die Werte, die Denison für den Anteil der verbesserten Ausbildung am Wachstum des Einkommens pro Beschäftigten errechnet, sind gleichfalls sehr eindrucksvoll. Für denselben Zeitraum von 1929 bis 1957 ergibt sich hier, daß 42 Prozent der jährlichen Zuwachsrate des Einkommens pro Beschäftigten von durchschnittlich 1,6 Prozent auf die Leistungssteigerung der Beschäftigten durch verbesserte Schulbildung zurückzuführen sind. Die Differenz zwischen den Wachstumsbeiträgen von 42 Prozent und 23 Prozent ergibt den »advance of knowledge«.

Denison schien es damit gelungen zu sein, den zunächst als autonom interpretierten Restfaktor der makroökonomischen Produktionsfunktion nunmehr auch explizit auf den Einflußfaktor »verbesserte Ausbildung« zurückzuführen. Ferner mußte offensichtlich nicht mehr nur eher hypothetisch-theoretisch ein positiver direkter Zusammenhang zwischen Bildung und Wirtschaftswachstum unterstellt werden, sondern der »Wachstumsfaktor Bildung« konnte zugleich durch die empirische Wachstumsforschung auch in seiner quantitativen Bedeutung abgeschätzt werden. Schließlich schien die Tatsache, daß – wie Tabelle 2 verdeutlicht – die Wachstumsrate des gesamten realen Volkseinkommens mit ca. 42 Prozent dem Faktor »Ausbildung und Forschung« zugerechnet werden muß – und zwar vor den Faktoren »vermehrter Arbeitseinsatz« mit ca. 30 Prozent und »vermehrter Kapitaleinsatz« mit ca. 15 Prozent, die damit also zusammengenommen die Wachstumseffizienz des Faktors »Ausbildung und Forschung« nur geringfügig übersteigen – offenkundig den Schluß nahezulegen, daß das Humankapital zukünftig als eigenständiger Produktionsfaktor in die makroökonomische Produktionsfunktion eingeführt werden muß.

Fragt man nach der theoretischen und praktisch-politischen Relevanz der Untersuchungen vom Denison-Typ, so zeigt sich zunächst,

Tabelle 2

Der Beitrag von Wachstumsfaktoren zur Zunahme des Realeinkommens in den USA im Zeitraum 1929–1957 und 1960–1980 (Zunahme in v. H.)

Wachstumsbeitrag in Prozent — Wachstumsrate = 2,92 bzw. 3,33; Anteile an der jeweiligen Wachstumsrate (= 100%) in v. H. in Klammern

Wachstumsfaktoren	im Zeitraum 1929–1957		im Zeitraum 1960—1980	
Vermehrter Arbeitseinsatz		0,90 (30,7)		1,06 (31,8)
Vermehrter Kapitaleinsatz		0,43 (14,7)		0,49 (14,7)
Ausbildung und Forschung:		1,25 (42,7)		1,39 (41,8)
Verbesserte Ausbildung der Erwerbsbevölkerung	0,67 (22,9)		0,64 (19,2)	
Fortschritt des Wissens	0,58 (19,8)		0,75 (22,6)	
»Economies of scale«:		0,34 (11,6)		0,33 (9,9)
Wachstum des Gesamtmarktes	*0,27 (9,2)*		*0,28 (8,4)*	
Agglomerationsvorteile	*0,07 (2,4)*		*0,05 (1,5)*	
Sonstige Faktoren:		0,01 (0,3)		0,06 (1,8)
Beschleunigte Anwendung neuen Wissens	0,01 (0,3)		0,03 (0,9)	
Rückgang der »versteckten« Arbeitslosigkeit in der Landwirtschaft	0,02 (0,7)		0,02 (0,6)	
Abwanderung der Arbeitskräfte von der Landwirtschaft in die Industrie	0,05 (1,7)		0,01 (0,3)	
Behinderungen einer optimalen Faktorallokation	*-0,07 (-2,4)*		*0,00 (0,0)*	
Gesamte Wachstumsrate		2,93		3,33

Zusammengestellt und berechnet nach: Denison, E. F.: The Sources of Economic Growth in the United States and the Alternatives Before Us. Committee for Economic Development. Supplementary Paper No. 13 New York 1962, S. 266.

daß der Produktionsfaktor Arbeit, der in der ursprünglichen neoklassischen Produktionsfunktion als homogene Größe erschien, nunmehr disaggregiert worden ist, um mit einem realistischeren Modell arbeiten zu können. Das Modell enthält darüber hinaus im Gegensatz zu den ursprünglichen neoklassischen Modellen eine Vielzahl weiterer Wachstumsfaktoren.

Es läßt sich indes leicht nachweisen, daß die neoklassische Wachstumstheorie mit einem Mehrfaktoren-Modell vom Denison-Typ überfordert wäre, weil die statistische Verifizierung einer Produktionsfunktion auf um so stärkere Hindernisse stößt, je größer die Zahl der Faktoren ist. Es wurde bereits an früherer Stelle darauf hingewiesen, daß schon die Quantifizierung einer Zwei- oder Dreifaktoren-Funktion mit Hilfe der Regressionsanalyse an dem Problem der Multikollinearität scheitert. Gehen darüber hinaus – wie bei Denison – zusätzliche Faktoren in die Produktionsfunktion ein, so muß es gänzlich ausgeschlossen erscheinen, statistisch signifikante Resultate zu erzielen. Den Ergebnissen der Denison-Studie kann daher bestenfalls Plausibilitätscharakter zugeschrieben werden. Die Willkürlichkeit derartiger Resultate erhellt beispielsweise aus dem Umstand, daß eine andere Untersuchung von Corréa als Beitrag verbesserter Ausbildung zum Wachstum des Sozialprodukts in den USA von 1909–1949 einen Wert von 5,3 Prozent ermittelt, während Denison für den Zeitraum von 1929–1957 einen Beitrag von 22,9 Prozent und für den Zeitraum von 1910–1960 sogar einen Beitrag von 48,6 Prozent berechnet hat.

Diese Bandbreite und relative Beliebigkeit der Aussagen einer analytisch orientierten Wachstumsforschung auf der Grundlage der Weiterentwicklung der neoklassischen »third factor theory« mußte den Versuch einer bildungsökonomischen Fundierung der Bildungsplanung in eine gewisse Sackgasse führen, denn als operationelle Grundlage einer wachstumsorientierten Bildungspolitik konnten diese Untersuchungen offenbar nicht in Betracht gezogen werden. Dann gerät jedoch nicht nur eine, sondern *die* entscheidende Grundannahme jeder Bildungsökonomie ins Wanken, daß es einen, und zwar positiven Zusammenhang zwischen Bildungsinvestitionen und Wirtschaftswachstum gibt, dessen Kenntnis eine planmäßige Steuerung des Bildungssystems ermöglicht und erfordert. Die bildungsökonomische Theorie unterstellt folglich – wie viele andere sozialwissenschaftliche Disziplinen im übrigen auch – einen für ihre Begründung grundlegenden Zusammenhang, ohne ihn exakt bestim-

men und nachweisen zu können. Welchen Wert – so wird der Skeptiker fragen – besitzt jedoch eine Theorie, die bereits im Explikationsstadium scheitert, wenn sie – ausgesprochen oder unausgesprochen – Orientierungshilfen für die Prognose und Planung des
Bildungswesens bereitstellen soll oder will. Darüber hinaus zeigt
auch die Detailkritik am Denison-Ansatz Schwachstellen auf, denn
insbesondere die zentrale Drei-Fünftel-Theorie ist von Denison
nicht empirisch überprüft worden. Schließlich muß hinter die Annahme langfristig konstanter ausbildungsspezifischer Einkommensdifferenzen gleichfalls ein Fragezeichen gesetzt werden.

Lediglich modelltechnisch stellt das Vorgehen von Denison etwa
gegenüber dem von Schultz insofern einen gewissen Fortschritt dar,
als es den Wachstumsbeitrag von Bildung und Forschung durch
Qualitätsindizes zu erfassen und das Humankapital nicht mehr als
eigenständigen Produktionsfaktor in die makroökonomische Produktionsfunktion entsprechend den Gleichungen $Y = f(L, K, B, t)$
und $Y = L^m \cdot K^{n'} \cdot B^q \cdot \bar{e}^{Ft}$ einzuführen sucht. Dieser modelltheoretische Ansatz steht implizit hinter den Berechnungen der
Wachstumseffizienz der Bildungsinvestitionen bei Schultz. In diesen
Gleichungen bezeichnet B das Bildungs(Human-)kapital und q die
partielle Produktionselastizität des Bildungskapitals, wobei die Bedingung: $n' + q = n$ gilt (vgl. hierzu auch Abbildung 3). Die Produktionselastizität der Bildung zeigt an, um wieviel Prozent sich das
Einkommen einer Volkswirtschaft verändert, wenn die Bildungsinvestitionen um ein Prozent erhöht werden. Damit ist q der Teil
des Einkommens, der auf zusätzliche Bildungsinvestitionen zurückzuführen ist (»Rendite« des Bildungskapitals).

Die Trendvariable $\bar{e}^{Ft}$ stellt ein um die Qualitätsverbesserung des
Faktors Arbeit vermindertes Restglied dar. Dieses methodische
Vorgehen kann jedoch nicht als zulässig angesehen werden, weil
Bildung und Forschung ja keine primären Produktionsfaktoren dar-
stellen; vielmehr sind sie sekundäre Faktoren, die zu einer Quali-
tätssteigerung der klassischen Produktionsfaktoren Arbeit und
Kapital führen. Daher könnte nur ein Ansatz wie etwa der von
Nelson prinzipiell als operabel erscheinen, der den Einfluß von
Bildung durch Qualitätsindizes der klassischen Produktionsfaktoren
in der makroökonomischen Produktionsfunktion entsprechend der
Gleichung $Y = (L \cdot q)^m \cdot J^n \cdot e^{F^*t}$ zu erfassen sucht.

Er geht dabei von der Cobb-Douglas-Funktion aus und modifiziert sie zunächst entsprechend den Annahmen Solows um den

»capital quality and the embodiment effect«. Die ursprüngliche Funktion geht dann über in die spezifizierte Gleichung $Y = L^m \cdot J^n \cdot e^{F't}$, wobei J bezeichnet »a quality-weighted number of machines with new machines given greater weight than old machines, reflecting the newer technology embodied in them«. Der Exponent $e^{F't}$ bringt zum Ausdruck, daß sich das ursprüngliche Maß für die totale Faktorproduktivität e^{Ft} nach Einbeziehung des »capital quality and the embodied effect« entsprechend reduziert. Unter der Annahme, daß der technische Fortschritt zu einer Qualitätsverbesserung der neuen Maschinen um ϱ_k per annum führt, gilt Gleichung $J = \overset{t}{\underset{o}{\Sigma}} K_{vt}(1 + \varrho_k)^v$. Dabei ist K_{vt} der Teil des Kapitalapparates, der in der Periode v geschaffen wurde und in der Periode t noch genutzt wird. Die Einbeziehung der »improvements in the quality of labor force« entsprechend den Annahmen Denisons läßt schließlich die spezifizierte Gleichung übergehen in die erwähnte Nelsonsche Grundgleichung $Y = (L \cdot q)^m \cdot J^n \cdot e^{F*t}$, wobei q einen Qualitätsindex und e^{F*t} das um die Qualitätssteigerung der Faktoren Arbeit und Kapital verminderte Restglied darstellt.

Auch wenn jedoch entsprechend diesem Modellansatz der Einfluß von Bildung auf das Wachstum durch Qualitätsindizes der klassischen Produktionsfaktoren in der makroökonomischen Produktionsfunktion zu erfassen gesucht wird, so müßten letztlich diese Qualitätsindizes ihrerseits dann doch wieder – entsprechend der produktionstheoretischen Logik des Ansatzes – auf eine Produktionsfunktion des technischen Fortschritts zurückgeführt werden. Da ihre Identifizierung und Quantifizierung jedoch – wie ausgeführt – außerordentlich problematisch ist, führt auch dieser Ansatz letztlich nur wieder an den Ausgangspunkt der Betrachtungen und Schwierigkeiten zurück. Diese Schwierigkeiten liegen aber jenseits aller Modellvarianten in der grundlegenden, auf einer bildungsökonomischen Erweiterung der ursprünglichen, viel kritisierten und kritikwürdigen Grenzproduktivitätstheorie (des Lohnes) basierenden Annahme, daß (1) die Höhe des individuellen Einkommens Ausdruck des vom einzelnen erbrachten produktiven Beitrag darstellt, dieser produktive Beitrag (2) in erheblichem Maße durch Bildungsinvestitionen bestimmt ist und somit (3) ein höheres Einkommen nicht nur einen höheren Wert des Grenzprodukts der Arbeit repräsentiert, sondern auch erhöhte Bildungsaufwendungen zur notwendigen Voraussetzung hat.

Muß angesichts dieser Probleme und Schwierigkeiten jeder Versuch einer explikativen makroökonomischen Bildungsökonomie im Sinne einer Zurechnung der Wachstumsrate des Sozialproduktes auf den »Wachstumsfaktor Bildung« aufgegeben werden? Oder liegt es nur an dem produktions- und grenzproduktivitätstheoretischen Ansatz der »bürgerlichen« Bildungsökonomie, der diese theoretisch-methodische Dilemmasituation mit innerer Zwangsläufigkeit heraufbeschwört?

Mehr Klarheit darüber, ob es sich hierbei um ein spezifisches Problem einer bestimmten Denkschule oder um ein generelles Problem der Bildungsökonomie überhaupt handelt, dürfte eine Analyse der Meßversuche des Beitrags von Bildung zum Wachstum des Nationaleinkommens erbringen, wie sie durch eine rivalisierende Erklärungskonzeption von der marxistischen Bildungsökonomie zu leisten versucht wird.

Ausgangspunkt für die marxistische Bildungsökonomie bei der Lösung dieses Problems ist wiederum die Arbeitswerttheorie und die auf ihr basierende Ermittlung der Bildungsfonds. Die Bildungsfonds ihrerseits sind die Grundlage für die Bestimmung der Bildungsfondsintensität. Die Bildungsfondsintensität drückt aus, wieviel Mark Bildungsfonds aufgewendet werden müssen, um eine Mark Nationaleinkommen oder volkswirtschaftliches Bruttoprodukt produzieren zu können. Diese Kennziffer der Bildungsfondsintensität erlaubt jedoch noch keine Schlußfolgerung darüber, wie über eine durch verlängerte bzw. verbesserte Ausbildung bewirkte Qualitätssteigerung der Arbeitskräfte die Effektivität der Produktion beeinflußt wird, auch wenn die Entwicklung der Effektivität der Bildungs- und Grundmittelfonds Rückschlüsse auf die Substitutionsbeziehungen zwischen den einzelnen Fondsarten zuläßt. Versuche, die Effektivität des Wachstumsfaktors Bildung mit Hilfe der Lohnunterschiede zu bestimmen – wie sie etwa von Strumilin bereits zu einem sehr frühen Zeitpunkt in der Sowjetunion unternommen wurden –, werden jedoch neuerdings in der marxistischen Bildungsökonomie kritisiert. An diesem Verfahren wird vor allem moniert, daß eine Reduktion der komplizierten auf einfache Arbeit mit Hilfe des Tarifsystems theoretisch nicht überzeugen kann, weil der Lohn (1) ein Phänomen der Verteilung des Nationaleinkommens darstellt, (2) nicht nur strikt nach der Leistung, sondern auch nach sozialen Gesichtspunkten gestaltet ist und somit (3) den Beitrag qualifizierter Arbeitskräfte zum Wachstum des Nationaleinkom-

mens verzerrt widerspiegelt. Deshalb muß diese Bestimmung auf
der Grundlage des Wertbildungsprozesses vorgenommen werden,
in dem komplizierte und einfache Arbeit in einem durch die Reproduktionskosten ausdrückbaren, ökonomisch bestimmten Verhältnis
zueinander stehen. So bedarf qualifizierte Arbeit zu ihrer Reproduktion eines größeren Teils der gesellschaftlichen Gesamtarbeit
als unqualifizierte Arbeit. Die marxistische Bildungsökonomie geht
nun davon aus, daß im Wertbildungsprozeß – da der Wert der
Arbeit durch ihre Reproduktionskosten bestimmt ist – der Anteil
der von qualifizierten Arbeitskräften verausgabten komplizierten
Arbeit an der gesellschaftlichen Gesamtarbeit höher als der von
unqualifizierten Arbeitskräften verausgabten einfachen Arbeit ist.
Sie unterstellt folglich – wie bereits an früherer Stelle skizziert –,
daß qualifizierte Arbeit in gleicher Zeit höhere Werte schafft, so daß
die Reproduktionskosten Ausdruck der wertbildenden Potenz der
Arbeitskräfte sind. Unter der Voraussetzung einer parallelen Entwicklung von wertbildender Potenz der Arbeit und Reproduktionskosten kann der Reduktionskoeffizient als Relation der Reproduktionskosten der qualifizierten Arbeitskraft pro Arbeitsjahr im Verhältnis zu den entsprechenden Kosten einer unqualifizierten Arbeitskraft pro Arbeitsjahr bestimmt werden. Berechnet man auf dieser
theoretischen Grundlage durchschnittliche Reduktionskoeffizienten
für die gesamte Volkswirtschaft im Zeitablauf, so werden diese Koeffizienten zum Index der Bestandsänderungen an einfacher Arbeit.
Unterstellt man ferner, daß die höhere wertbildende Potenz der
qualifizierten Arbeitskräfte adäquat zum Einsatz gelangt, so lassen
sich aus der prozentualen Erhöhung des Reduktionskoeffizienten im
Zeitablauf die entsprechenden Anteile des Faktors Bildung an der
Erhöhung des Nationaleinkommens berechnen. Bei dieser Berechnung des Wachstumsbeitrags von qualifizierten Arbeitskräften wird
dabei so vorgegangen, daß die Strukturanteile der verschiedenen
Ausbildungsqualifikationen mit dem jeweiligen Reduktionskoeffizienten multipliziert und anschließend die Resultate summiert werden. Für zwei Zeitpunkte drückt die Relation dieser Werte die durch
die Erhöhung der Qualifikationsstruktur des Gesamtarbeiters verursachte Steigerung der wertbildenden Potenz aus. Der quantitative
Beitrag von Bildung zum Wachstum ergibt sich nach dieser Methode
schließlich, wenn man diese Relation in Beziehung zum Nationaleinkommenszuwachs in der betrachteten Periode setzt. Im Vergleich
mit der Methode von Denison und Strumilin muß es allerdings

offen bleiben, ob ihre Ansätze nicht realistischer sind, da die Gewichtungsfaktoren für den ausbildungsspezifischen Produktivitätszuwachs hier direkt dem Produktionsprozeß und nicht dem zeitlich vorgelagerten Ausbildungsprozeß entnommen werden. Im Rahmen der Grundannahmen der Arbeitswerttheorie scheint das Modell der marxistischen Bildungsökonomie aber zunächst geschlossen, doch stellen sich zugleich Zweifel daran ein, ob nicht eine Reihe von zentralen Prämissen die Aussagekraft der so gewonnenen Berechnungen der Wachstumseffektivität von Bildung beeinträchtigen muß. Von besonderer Bedeutung ist die Annahme einer gleichlaufenden Bewegung von Reproduktionskosten und wertbildender Potenz der Arbeitskräfte, derzufolge die Reproduktionskosten stets die wertschaffende Potenz der Arbeitskräfte tendenziell widerspiegeln. Dies setzt jedoch eine durchgängige gesellschaftliche und individuelle Planrationalität der Bildungsentscheidungen voraus. Auch die marxistische Bildungsökonomie relativiert daher den Aussagegehalt von Berechnungen des Beitrags der Erhöhung des Qualifikationsniveaus des Gesamtarbeiters zur Steigerung des Nationaleinkommens auf der Basis der Reproduktionskosten, die ihrer Auffassung nach die wertschaffende Potenz der Arbeitskräfte lediglich als Indikator reflektieren. Auch der Versuch, mit Hilfe der Arbeitswerttheorie die Wachstumseffektivität von Bildung zu messen, bleibt damit in der marxistischen Bildungsökonomie – wie die Ausführungen von Knauer/Maier/Wolter belegen – ebenso wie in der »bürgerlichen« Bildungsökonomie bereits im explikativen Stadium in einer Grauzone der Plausibilität stecken: »Die Tatsache, daß die Reproduktionskosten nur über einen längeren Zeitraum tendenziell die wertschaffende Potenz jener Arbeitskräfte reflektieren, in denen sie im Verlauf eines Ausbildungsprozesses materialisiert worden sind, ist eine eindeutige Absage an alle übertriebenen Erwartungen über die Möglichkeiten einer exakten Erfassung des objektiven Reduktionsvorganges und damit der Messung des Beitrages der Qualifikationserhöhung zum Nationaleinkommenszuwachs. Die gegenwärtig mögliche wissenschaftliche Aufklärung des Reduktionsprozesses als einer Komponente der Reduktion des tatsächlichen Aufwandes auf sein gesellschaftlich notwendiges Maß ist also lediglich eine sehr grobe Annäherung an den objektiven Vorgang. Dieses Ergebnis mag für die Anhänger perfektionistischer Lösungen enttäuschend sein. Größere Erwartungen an die Exaktheit des Reduktionskoeffizienten zu stellen, erscheint aber wissenschaftlich ungerechtfertigt.«

Marxistische wie »bürgerliche« Bildungsökonomie unterstellen damit zwar einen direkten positiven Zusammenhang zwischen Bildung und Wachstum, ohne ihn jedoch empirisch schlüssig nachweisen zu können. Auch wenn sich die marxistische Bildungsökonomie – gleichsam in einer »second line of defense« – auf die (sicher zutreffende) Argumentation zurückzieht, daß eine Kennziffer »Beitrag des Bildungswesens zum Nationaleinkommen« allein keine Grundlage für die optimale Gestaltung des Verhältnisses von Bildungswesen und volkswirtschaftlichem Reproduktionsprozeß abgeben kann, hierfür vielmehr ein ganzes System von analytischen Kennziffern erforderlich ist, so kann dies doch die grundlegenden theoretischen Schwächen des Reproduktionskostenansatzes nicht verdecken. Geht die Anwendung der Grenzproduktivitätstheorie in der »bürgerlichen« Bildungsökonomie von der Annahme einer gleichgerichteten Entwicklung von individueller und gesellschaftlicher Produktivitätssteigerung durch Bildungsinvestitionen aus, so unterstellt die Übertragung der Arbeitswerttheorie auf den Reproduktionsprozeß qualifizierter Arbeitskräfte gleichfalls einen parallelen individuellen und gesellschaftlichen Verlauf von Ausbildungskosten und Arbeitsproduktivität. Beide Theorien setzen damit bemerkenswerterweise stillschweigend die Prämisse vollkommener Konkurrenz voraus, weil einzig und allein im Modell der vollkommenen Konkurrenz sich zusätzlicher privater Nutzen (in Form steigenden Einkommens oder Lohnes) und zusätzlicher gesamtwirtschaftlicher Nutzen (in Form zunehmender Arbeitsproduktivität) zwangsläufig in der gleichen Richtung bewegen. Auch die große Streubreite der Resultate der Meßversuche über den Beitrag von Bildung zum Nationaleinkommen in der marxistischen Bildungsökonomie ist eine bezeichnende Parallele zur »bürgerlichen« Bildungsökonomie, wobei sich zudem die auf der Basis der Lohndifferenzen ermittelten Berechnungen von denen auf der Grundlage der Reproduktionskosten bestimmten Zurechnungen vielfach in den Größenordnungen nicht wesentlich voneinander unterscheiden. Die marxistische Bildungsökonomie sieht darin ein Exemplum dafür, daß sich trotz einer theoretisch fragwürdigen, ja verfehlten Grundkonzeption die »List der Vernunft« durchsetzt, weil sich im Lohnaufwand der Arbeitskräfte langfristig gesehen die Reproduktionskosten der Arbeitskräfte widerspiegeln. Wenn dem aber so ist, so bleibt vollends unverständlich, warum die Lohndifferenzen als Kriterium für die Bestimmung der Wachstumseffektivität von Bildung verworfen

werden, da es sich hierbei wegen der langen Ausreifungszeit (»gestation period«) und Lebensdauer (»operation period«) von Bildungsinvestitionen doch um ein genuin langfristiges Problem handelt. Aus
alledem wird deutlich, daß der zentrale Anspruch der »bürgerlichen«
und marxistischen Bildungsökonomie, den Beitrag von Bildung zum
Wachstum theoretisch zu erklären und quantitativ zu bestimmen, der
Quadratur des Kreises zu gleichen scheint. Beide Denkschulen der
Bildungsökonomie halten aber allen methodischen und empirischen
Schwierigkeiten zum Trotz gleichwohl an dem Bestreben fest, mit
verfeinerten Modellen dem Wachstumsbeitrag von Bildung auf die
Spur zu kommen. Es bleibt damit in beiden Richtungen der Bildungsökonomie ein Problem der technischen Verbesserung und
methodischen Verfeinerung, nicht jedoch der grundsätzlichen logischen Unmöglichkeit. An dieser Stelle setzt nun die Kritik der neomarxistischen Bildungsökonomie ein, die ein logisches Erklärungs-
defizit sowohl für die »bürgerliche« als auch für die marxistische
Bildungsökonomie behauptet. Während dem »human capital«-Kon-
zept in der »bürgerlichen« Bildungsökonomie wegen der inhaltlichen Verknüpfung von (lohnabhängiger) Arbeitskraft und Kapitalbegriff in dem Begriff des Human»kapitals« (und darüber hinaus
seiner Gegenüberstellung zum Realkapital) ein blind affirmativ-
apologetischer Charakter vorgeworfen wird, attestiert man der
marxistischen Bildungsökonomie ein grundsätzliches Mißverständnis in der Interpretation der Arbeitswerttheorie für den Reproduktionsprozeß qualifizierter Arbeitskräfte. An der »bürgerlichen« Bildungsökonomie wird zunächst kritisiert, daß sich von differierenden
Einkommensprofilen her nicht unterschiedliche Erträge von Bildungsinvestitionen begründen, sondern lediglich die Unterschiedlichkeit der Bildungskosten für den Qualifikationserwerb ablesen
ließen. Andernfalls würde sonst a priori unterstellt, was erst zu beweisen wäre. Da aber nach der Arbeitswerttheorie die Arbeitskräfte
nur ihre Reproduktionskosten im Lohn erstattet bekommen,
muß der Ertragsbegriff – bezogen auf qualifizierte Arbeitskräfte –
völlig in die Irre führen, weil unter kapitalistischen Bedingungen
der Ertrag der Arbeit als Mehrwert allein dem Kapitalisten zufließt.
Verzinsungsberechnungen von Ausbildungskosten im mit dem Ausbildungsgrad steigenden Lebenseinkommen zielen somit bestenfalls
auf »Oberflächenerscheinungen« ab. Sie führen zwangsläufig zu
Mystifikationen, in der sich die Unfähigkeit der »bürgerlichen«
Bildungsökonomie, zwischen Arbeits- und Verwertungsprozeß zu

unterscheiden, nach dieser Auffassung beredt dokumentiert. Denn Veränderungen der Produktivität der Arbeit und in deren Gefolge Änderungen der Qualifikationsstruktur des Gesamtarbeiters beziehen sich lediglich auf die konkrete Arbeit. Bei zunehmender Arbeitsproduktivität können zwar in gleicher Zeit mehr Gebrauchswerte, aber nicht auch mehr Werte produziert werden. Denn entsprechend der Arbeitswerttheorie ist und bleibt die Arbeitszeit das Maß des Wertes, das sich auch durch Produktivitätssteigerungen nicht ändern kann. Daher ist das »human capital«-Konzept in der »bürgerlichen« Bildungsökonomie etwa für Altvater nicht nur eine »Nebelkonstruktion«, sondern zugleich »absolut unsinnig«.

Aber auch die Erklärungsversuche der marxistischen Bildungsökonomie können vor der Kritik der neomarxistischen Bildungsökonomie nicht bestehen. Erstens wird gegen ihren Ansatz eingewandt, daß die Charakterisierung der Zurechnungsversuche von qualifizierter Arbeitskraft zum Nationaleinkommenszuwachs als Indikator für wertbildende Potenz unzulänglich ist, weil die Größe des Indikators nicht in Größenordnungen desjenigen Prozesses der Wertsteigerung überführt werden kann, den der Indikator bezeichnen soll. Zweitens wird die Logik des unterstellten Wirkungszusammenhanges in Frage gestellt, derzufolge Erhöhungen der Qualifikationsstruktur der Arbeitskräfte einen Zuwachs des Nationaleinkommens zur Folge haben. Vielmehr wird die Beziehung gerade umzukehren sein: Eben weil sich das Nationaleinkommen erhöht hat, war eine Ausweitung unproduktiver Arbeit im Ausbildungssektor möglich, die anschließend zur Anhebung des Qualifikationsniveaus der Arbeitskräfte geführt hat. Die Einseitigkeit der unterstellten Wechselbeziehung ist auch in der »bürgerlichen« Bildungsökonomie vielfach an den Arbeiten von Denison u. a. kritisiert worden, doch kann eine einfache Umkehrung der Beziehungen zwischen Bildungsaufwand und Wirtschaftswachstum analytisch gleichfalls nicht befriedigen, weil in diesem Fall wieder ungeklärt bleibt, warum eigentlich das Sozialprodukt bzw. Nationaleinkommen gewachsen ist, wenn es nicht gleichsam vom Himmel gefallen sein sollte.

Zentraler noch als diese Einwände ist für die neomarxistische Bildungsökonomie jedoch die Kritik an der stillschweigenden und ihrer Ansicht nach unreflektierten Übertragung der Marxschen Kategorien des Wertbildungsprozesses auf die Analyse der Wachstumseffektivität von Bildung in sozialistischen Ländern. Hier hat sich – so wird unterstellt – gegenüber der kapitalistischen Form der

Kapitalverwertung die Formbestimmung der Warenproduktion grundlegend verändert, so daß auch das Reduktionsproblem im Verhältnis zu kapitalistischen Ländern entweder eine andere Form annimmt oder als Problem gänzlich seine Existenzgrundlage verliert. Unabhängig von dieser Problematik wird aber der Kardinalfehler der marxistischen Bildungsökonomie darin gesehen, daß sie von einer Konstanz der einfachen Arbeit ausgeht, während doch die einfache Durchschnittsarbeit als zentrale Kategorie des Reduktionsproblems nicht aus der Entwicklung der subjektiven Produktionsbedingungen (Qualifikationsprozesse der Arbeitskraft), sondern nur aus der Entwicklung der objektiven Produktionsbedingungen (Arbeitsplatzstruktur) bestimmt werden kann. Da sich aber einfache Durchschnittsarbeit immer nur für eine ganz bestimmte kulturelle Epoche bestimmen läßt, weil die Bestimmungsgrößen des Lohnes (Nahrung, Kleidung, Wohnung, Bildung usw.) nach Marx keine fixen Größen sind, sondern sich mit der kulturellen und technischen Entwicklung verändern, ist auch das Reduktionsproblem als Problem der Abweichung des Wertprodukts individueller Arbeit vom Durchschnitt stets nur historisch zu lösen. Daher lassen sich auch die Wertprodukte unterschiedlich qualifizierter Arbeitskräfte in verschiedenen Ländern und Kulturepochen nicht auf der gleichen Dimension einer etwa historisch konstanten einfachen Durchschnittsarbeit vergleichen. Darüber hinaus könnte ja gerade eine Anhebung der Durchschnittsqualifikation mit einer Abnahme der Streuung des Reduktionskoeffizienten verbunden sein, so daß in diesem Fall der gewichtete Durchschnitt der Reduktionskoeffizienten des Gesamtarbeiters sogar abnehmen kann. Aus dieser Perspektive heraus wird nicht nur der Ansatz der marxistischen Bildungsökonomie zur Analyse des Verhältnisses von Bildungsaufwand und Wirtschaftswachstum verworfen, sondern auch eine eigenständige Lösung des Reduktionsproblems aus neomarxistischer Sicht versucht.

Grundlegend hierfür ist die Analyse der Dialektik von Durchschnitt und Entwicklung, die sich im Marxschen Sinne auch hier als »Gesetz des Durchschnitts« dokumentiert. Als Maßstab für den Wert gilt weiterhin die aufgewendete Arbeitszeit. Gehen nun in qualifizierte Arbeitskräfte höhere Bildungsaufwendungen ein als in einfache Durchschnittsarbeitskräfte, so wird komplizierte Arbeit tendenziell zum gesellschaftlichen Durchschnitt zurückversetzt. Das Wertprodukt der komplizierten Arbeit sinkt damit auf den Durchschnitt herab. Trotz steigender Kosten für die Heranbildung des Arbeitsvermögens (Wert der Ware Arbeitskraft) *heute* liegt folglich deren wertbildende Potenz keineswegs höher als die der einfachen Durchschnittsarbeit *gestern*. Dies heißt aber nichts anderes, als daß in der Sicht der neomarxistischen Bildungsökonomie die Relationen zwischen einfacher und komplizierter Arbeit im Wachstumsprozeß langfristig konstant bleiben. Bei konstanter Struktur verschiebt sich folglich der Maßstab des Wertes ständig, so daß zwar das Niveau der ökonomischen Entwicklung laufend steigt, trotzdem aber letztlich kein höheres Wertprodukt erstellt werden kann. Daran vermögen auch höhere Bildungsaufwendungen, steigende Qualifikation der Arbeitskräfte und wachsende Arbeitsplatzanforderungen nichts zu ändern.

Es liegt auf der Hand, daß sich aus dieser These von der Neutralität der Höherqualifizierung der Arbeitskräfte gegenüber dem Wertprodukt – wäre sie schlüssig – gewichtige Probleme nicht nur für die Theorie der Bildungsökonomie, sondern auch für die konkrete Bildungspolitik ergeben würden. Denn träfe es zu, daß das Wertprodukt der durchschnittlichen einfachen Arbeitsstunde heute gleich dem Wertprodukt einer durchschnittlichen einfachen Arbeitsstunde gestern oder morgen ist, daß ferner komplizierte Arbeit nur in einer bestimmten Zeitepoche als multiplizierte einfache Arbeit bei der Wertbestimmung auftritt, nicht jedoch im längerfristigen Zeitablauf, so müßten durch die ständige Rückverwandlung von komplizierter Arbeit in einfache Durchschnittsarbeit im Zuge der kapitalistischen Akkumulation tendenziell auch die Mehrwertmasse und Mehrwertrate negativ beeinflußt werden, weil der Einsatz von variablem Kapital ständig steigt, da höhere Bildungskosten des Arbeitskräfteeinsatzes im Lohn entgolten werden müssen. Daß das Ertragsraten- und Humankapitalkonzept dies nicht erfassen kann, wird nicht nur auf die Orientierung der »bürgerlichen« Bildungsökonomie an sogenannten Oberflächenerscheinungen, sondern – gleichsam in Anlehnung an die ökonomischen Imperialismus-Theorien der 20er Jahre von Luxemburg und Lenin – auch darauf zurückgeführt, daß sich durch die Ungleichzeitigkeit der ökonomischen Entwicklung im internationalen Zusammenhang für die entwickelten kapitalistischen Länder gegenwärtig noch die Möglichkeit zu Extraprofiten ergibt. Dies kann aber die grundsätzlichen Probleme nur kurz- und mittelfristig zudecken und überlagern, ohne jedoch die langfristigen objektiven Entwicklungs- und Bewegungsgesetze aufhalten zu können. Denn wenn komplizierte Arbeit im Wertbildungsprozeß multiplizierte einfache Arbeit darstellt, so gilt dies gleichfalls auch im Verwertungsprozeß. Deshalb ist es nach Auffassung der neomarxistischen Bildungsökonomie auch ein Trugschluß der »bürgerlichen« wie der marxistischen Bildungsökonomie, eine höhere wertbildende Potenz qualifizierter Arbeitskräfte gegenüber einfacher Durchschnittsarbeit zu unterstellen, da diese lediglich auf den höheren Bildungskosten qualifizierter Arbeit basiert. Darüber hinaus ist sowohl bei einfacher als auch bei qualifizierter Arbeit gleichermaßen das Verhältnis von notwendiger und Mehrarbeitszeit im wesentlichen konstant. Die Mehrwertrate ist damit für alle Arbeitskräfte unabhängig von der Qualifikation gleich, so daß faktisch differierende Mehrwertraten nicht in der Qualifikationsstruktur der Arbeitskräfte, sondern in anderen Ursachen begründet sein müssen. Die neomarxistische Bildungsökonomie gipfelt damit in der Schlußfolgerung, daß die Beziehung zwischen Wert der Arbeitskraft und wertbildender Potenz einen zirkulären Zusammenhang impliziert, in dem Qualifikation der Arbeitskraft und Kompliziertheit der Arbeit miteinander vermittelt sind. Aus diesem Zirkel darf aber nicht geschlossen werden, daß sich die höheren Bildungskosten für qualifizierte Arbeitskräfte auch in einem höheren Wertprodukt komplizierter Arbeit niederschlagen. Denn dies setzte nicht nur produktive Arbeit qualifizierter Arbeitskräfte sowie eine direkte Korrelation zwischen Wert der Arbeitskraft, wertbildender Potenz und Höhe des Bildungsaufwandes voraus, sondern erforderte auch, daß objektive Produktionsbedingungen und subjektives Arbeitsvermögen sich stets entsprechen. Da die objektiven Produktionsbedingungen aber vom Kapital gesetzt werden, ist nicht sichergestellt, daß qualifizierte Arbeitskräfte auch tatsächlich komplizierte Arbeit verrichten.

Was folgt nun letztendlich aus der neomarxistischen Analyse des Verhältnisses von Bildungsaufwand und Wirtschaftswachstum für die »bürgerliche« und marxistische Bildungsökonomie sowie die Bildungspolitik in hochindustrialisierten Ländern?

Bemerkenswert ist zunächst die Vehemenz, mit der dem Humankapitalkonzept der »bürgerlichen« Bildungsökonomie gegenüber der Vorwurf der Ideologisierung, Verschleierung und Mystifizierung erhoben wird. Er bleibt aber im Vorhof einer Metakritik stekken, weil weder eine detaillierte kritische Würdigung der theoretisch-empirischen Stringenz des Ansatzes folgt noch reflektiert wird, daß im Gegensatz zu den Annahmen der neomarxistischen Bildungsökonomie das entscheidende unternehmerische Kalkül heute nicht die Mehrwertrate, sondern der Gewinn oder die Rentabilität bilden. Die These, daß das Reduktionsproblem sich stets nur auf einen gegebenen historischen Zeitabschnitt bezieht, würde es auch der marxistischen Bildungsökonomie unmöglich machen, längerfristige Untersuchungen über die Wachstumseffektivität von Bildung auf der Basis des Reproduktionskostenansatzes anzustellen. Das grundlegende Theorem der neomarxistischen Bildungsökonomie von der langfristigen Konstanz des Wertprodukts trotz tendenzieller Erhöhung der Bildungsaufwendungen folgt zwar aus den Annahmen der Arbeitswerttheorie, muß aber so lange Modell-Platonismus bleiben, als es lediglich deduktiv aus den Prämissen dieser Theorie abgeleitet wird. Die Parallelen zur klassischen Markt- und Preistheorie eines Adam Smith sind dabei unübersehbar, in der auch bei voll durchgesetztem Wettbewerb in the long run alle Differentialgewinne durch die Konkurrenz eliminiert werden und sich der Wert der Produkte auf dem »natürlichen« Preis (der Produktionskosten) einpendelt. Da wir aber nicht unter den Bedingungen vollkommener Konkurrenz leben, müßte die zunächst qualitative These von der langfristigen Konstanz des Wertprodukts auch quantitativ belegt werden, wenn sich der neomarxistische Ansatz in der Bildungsökonomie nicht dem Vorwurf der puren Modellschreinerei aussetzen will. Sieht man einmal ganz davon ab, daß derartige Versuche für die kapitalistischen Länder, an denen die von der neomarxistischen Bildungsökonomie behaupteten »Bewegungsgesetze« zu erhärten wären, zur Zeit fehlen, so ist es zugleich ebenso überraschend wie bezeichnend, daß selbst in den sozialistischen Ländern trotz ihrer Bindung an die Arbeitswerttheorie ein differenziertes System der Arbeits*zeit*statistik für die verschiedenen Arten von einfacher und komplizierter Arbeit als Grundlage einer umfassenden Arbeits*wert*statistik bislang nicht existiert. Denn es wäre ja nur folgerichtig gewesen, wenn nach dem Entstehen sozialistischer Staaten mit zentraler Wirtschaftsplanung die große Stunde der praktischen Anwendung der Arbeitswerttheorie geschlagen hätte und das »Wertgesetz« zur Norm für die sozialistische Allokation erhoben worden wäre. In diesem Fall hätten die sozialistischen Planungsinstanzen die Preise so festsetzen müssen, daß sie die tatsächlichen Arbeits(zeit)aufwendungen, die nach Marx in letzter Instanz die

Kostenursache bilden, widerspiegeln. Offensichtlich ist jedoch die Arbeitswertlehre im Anwendungsbezug zur Lösung des Allokations- und Planungsproblems im Sozialismus nicht zureichend, was aber zugleich auch auf eine Reihe von Schwachstellen im theoretischen Ansatz für die Erklärung der realen Prozesse im Kapitalismus verweist. Eine wesentliche Schwäche besteht vor allem in dem Fehlen von Vermittlungsschritten zwischen abstrakter und empirischer Ebene; deshalb kann der unvermittelte Anschluß empirischer Begriffe an theoretische Kategorien auch kaum befriedigen. Diese theoretischen Mängel werden selbst dann sichtbar, wenn man von der Annahme vollkommener Konkurrenz oder – wie die Politische Ökonomie des Sozialismus heute – von der Hilfskonstruktion ausgeht, daß die Monopolisten über und die Nichtmonopolisten unter dem Arbeitswertpreis ihre Produkte verkaufen. Wenn die Wertbestimmung entsprechend der Arbeitswerttheorie in der Realität auf der Grundlage der Arbeitszeiten erfolgen soll und sich daher die Güter im Verhältnis der durchschnittlich notwendigen gesellschaftlichen Arbeitszeit tauschen sollen, so muß nicht nur eine Reduktion von komplizierter auf einfache Arbeit möglich sein, sondern die Kapitalisten müssen auch willens und in der Lage sein, den durchschnittlichen Arbeitszeitaufwand für jedes ihrer Produkte zu bestimmen. Die Kapitalisten müßten in diesem Fall (1) die in die Vorlieferungen für ihre Produkte eingegangenen Arbeitszeiten kennen und dem jeweiligen Produkt genau zuschlagen, (2) die in den dem Produktionsprozeß vorgelagerten Bereichen (z. B. Forschung, Entwicklung) sowie nachgelagerten Bereichen (z. B. Werbung, Vertrieb) verausgabten durchschnittlichen Arbeitszeiten ihren Produkten exakt zurechnen und (3) schließlich auch die Reproduktionskosten ihrer Arbeiter sowie deren Familienangehörigen treffsicher bestimmen können, um sich dem Wertgesetz entsprechend zu verhalten und die Arbeiterklasse modellgerecht zu exploitieren.

Aufgrund der komplizierten und fast unlösbaren Zurechnungsprobleme, die die Arbeitswerttheorie mit ihrem hohen Abstraktionsgrad und engen Prämissen bei der Ermittlung rein arbeitszeitbestimmter Tauschrelation der Produkte aufwirft, kann die These von der langfristigen Konstanz des Wertprodukts nicht einmal für die kapitalistischen Länder verifiziert werden, weil weder die aus Arbeitszeitrelationen abgeleiteten Reproduktionskosten der Arbeit noch der absolute oder relative Mehrwert empirisch identifizierbar sind.

Träfe die These von der langfristigen Konstanz des Wertprodukts jedoch zu, so ergäbe sich für die Bildungspolitik in den kapitalistischen Ländern eine paradoxe Situation. Denn trotz laufend wachsender Bildungsanstrengungen würde sich das gesellschaftliche Wertprodukt nicht erhöhen, so lange sich objektive Produktionsbedingungen und subjektives Arbeitsvermögen nicht entsprechen. Dies ist aber noch eine »second worse solution«. Denn können qualifizierte Arbeitskräfte nicht auch komplizierte Arbeit verrichten, so entsteht eine grundlegende Dysfunktionalität von Ausbildungs- und Arbeitsprozeß, die das Bildungs- und Beschäftigungssystem immer weiter auseinanderklaffen läßt. Viele neomarxistische Bildungsökonomen sehen diese scherenförmige Entwicklung geradezu als ein Kennzeichen der modernen Entwicklung der Bildungs- und Arbeitskräftepolitik unter kapitalistischen Bedingungen an, die nicht ohne Auswirkungen auf den Mehrwert und damit für das kapitalistische System schlechthin bleiben kann. Denn nach der Arbeitswerttheorie sind die Tauschwerte der Produkte höher als die Reproduktionskosten der Arbeiter, denen über die notwendige Arbeitszeit hinaus von den Kapitalisten eine Mehrarbeitszeit abverlangt wird. Werden nun durch die staatliche Bildungspolitik im Kapitalismus Mittel für das Bildungswesen aufgewendet, so muß sich nach den Annahmen der Arbeitswerttheorie zwangsläufig die Mehrwertmasse und Mehrwertrate reduzieren, da die Arbeiter ja zu ihren Reproduktionskosten entlohnt werden und eine weitere Einschränkung der Löhne der Arbeiter damit nicht möglich ist. Verschärfend kommt hinzu, daß die Bildungskosten als Bestandteil in die Reproduktionskosten eingehen, so daß bei erhöhten Bildungsaufwendungen auch die Lohnkosten für die Arbeiter steigen müssen. Daher werden die Verwertungschancen des Kapitals entsprechend dem »Gesetz des tendenziellen Falls der Profitrate« auch und gerade durch Bildungsinvestitionen immer stärker eingeengt, weil mit den wachsenden Qualifikationsanforderungen der Arbeitsplätze und den dadurch verursachten erhöhten Bildungsaufwendungen zwangsläufig eine Schmälerung der Mehrwertmasse und ein Sinken der Mehrwertrate verbunden ist. Wie in der griechischen Tragödie muß daher jede Entscheidung der Bildungspolitik im Kapitalismus in eine Situation vollkommener Ausweglosigkeit führen: Entweder die kapitalistische Gesellschaft verzichtet auf die Forcierung der Bildungsinvestitionen, um die Verausgabung von »faux frais« so niedrig wie möglich zu halten, dann können die Qualifikationsforderungen des Beschäftigungssystems nicht befriedigt werden und die Antriebskraft des Systems erlahmt – oder die Bildungsinvestitionen werden ausgeweitet und bilden dann infolge der Beeinträchtigung der Profitraten sowie der Kapitalakkumulation den Transmissionsriemen für den unausweichlichen Untergang des kapitalistischen Systems. Demgegenüber vertreten marxistische Bildungsökonomen jedoch – wie bereits skizziert – die These, daß die qualifizierte Arbeitskraft in gleicher Zeit höhere Werte schafft und eine entsprechend höhere wertbildende Potenz besitzt. Aus dieser Sicht heraus können veränderte Qualifikationsanforderungen infolge der Revolutionierung der Arbeitsprozesse auch unter kapitalistischen Bedingungen in bezug auf die Mehrwertrate drei völlig unterschiedliche Reaktionen hervorrufen:

– Der Wert der Arbeitskraft steigt, wenn die Qualifikationskosten steigen; in der Folge fällt ceteris paribus die Mehrwertrate, weil bei wachsenden Bildungskosten auch die Löhne und damit das variable Kapital aufgrund wachsender Reproduktionskosten zunehmen.
– Der Wert der Arbeitskraft sinkt, wenn die Entwicklung der Produktivkräfte diejenigen Produktionszweige erfaßt, die die Lebensmittel für die Arbeiter herstellen; in diesem Fall steigt die Mehrwertrate, da die Produktionskosten für das reale Konsumniveau der Arbeiter bei sinkendem Arbeitseinsatz pro Produkteinheit und somit auch das variable Kapital entsprechend sinken.
– Die wertbildende Potenz der höher qualifizierten Arbeitskraft steigt, wenn sie sich als komplizierte Arbeit im Produktionsprozeß bestätigen kann; solange sich die höhere Qualifikation nicht verallgemeinert hat (d. h. in der Terminologie »bürgerlicher« Bildungsökonomie: solange Bildungsmonopole bestehen), steigt der Mehrwert.

Kompensieren sich die Einflüsse auf das variable Kapital gerade, so bleibt die Mehrwertrate insgesamt konstant. Sie kann aber auch steigen, wenn die Wachstumseffektivität von Bildung das Wertprodukt über die Bildungskosten hinaus vergrößert. So bleiben gegenwärtig selbst in der Auseinandersetzung zwischen neomarxistischer und marxistischer Bildungsökonomie die grundlegenden Probleme der Auswirkungen der Bildungspolitik auf Wachstum, Kapitalakkumulation, Mehrwert und Profit umstritten und ungelöst. Im Dreiklang von »bürgerlicher«, marxistischer und neo-marxistischer Bildungsökonomie sind bislang im explikativen Bereich der Analyse von Bildung und Wirtschaftswachstum mehr Fragen gestellt als Antworten gefunden worden. Da die Bildungs-politik jedoch wie jeder Politikbereich (1) unter Handlungs-, Ent-scheidungs- und Begründungszwang steht, (2) zudem seit den 60er Jahren verstärkt von reaktiver Anpassung zu vorausschauender, aktiver Planung gedrängt wird und der Bildungsökonomie damit (3) zunehmend die Rolle einer Instanz der Politikberatungsfunktion zufällt, gewinnen neben den theoretisch-analytischen Erklärungsan-sätzen geradezu zwangsläufig auch gesellschaftspolitisch-normative Planungsansätze der Bildungsökonomie immer stärker an Gewicht.

Die aus dieser Entwicklung hervorgegangenen Ansätze zur Bil-dungsplanung muten aber letztlich doch wieder wie eine – wenn auch nunmehr anders begründete – Variation zum Thema Bildung und Wirtschaftswachstum, wie eine Fortsetzung der Wachstumsdis-kussion mit anderen Mitteln an, weil alle Planungskonzepte – ob sie nun von der individuellen Nachfrage nach Bildung oder vom gesellschaftlichen Bedarf an Bildung ausgehen – stets mit dem Phä-nomen zunehmenden individuellen und gesamtwirtschaftlichen Ein-kommens, wachsenden Anlagevermögens (Realkapital) und abso-lut und relativ steigender Bildungsaufwendungen (Human- bzw. Bildungskapital) konfrontiert sind. Unter dem Aspekt einer ange-wandten, normativen Bildungsökonomie gewinnt damit der human capital approach ebenso wie das Bildungsfondskonzept eine neue Dimension.

VI.

Humankapitalansatz und Bildungsfondskonzept sind im Rahmen der Versuche einer makroökonomischen Zurechnung der Wachs-tumsraten auf den Faktor Bildung stets unter dem Aspekt des Kosten-Ertrags-Vergleichs gefaßt worden. Im Ansatz von Denison beispielsweise wird aus der Kosten-Ertrags-Relation von Bildungs-investitionen, repräsentiert im zusätzlich durch Bildung erworbenen Einkommen, der Beitrag von Bildung zum wirtschaftlichen Wachs-tum ermittelt. In den entsprechenden Ansätzen marxistischer Bil-dungsökonomen wird die wertschaffende Potenz des volkswirt-schaftlichen Gesamtarbeiters als Folge des gestiegenen Bildungs-niveaus mit Hilfe des durchschnittlichen volkswirtschaftlichen

Reduktionskoeffizienten bestimmt. Sieht man von den in der marxistischen Bildungsökonomie neuerdings kritisierten Meßversuchen auf der Basis der Lohndifferenzen ab, so sind hier die Reproduktionskosten, oder genauer: der Reproduktionskosten-Vergleich für die Heranbildung der einzelnen Arbeitskräftekategorien bis zu ihrem Eintritt in die produktive Tätigkeit mit dem aktiven Arbeitsleben, das zentrale Vergleichskriterium. Ein Ertragskriterium im eigentlichen Sinne kennt die marxistische Bildungsökonomie jedoch nicht, da Marx vom Grundsatz: Arbeitsstunde gleich Arbeitsstunde ausging, der impliziert, daß Arbeit dann den gleichen Ertrag erbringt, wenn sie die gleichen Kosten hervorruft. In der marxistischen Bildungsökonomie ist folglich kein Kosten-Ertrags-Vergleich, sondern wegen der ausschließlichen Bindung der Marxschen Arbeitswerttheorie an Kostengrößen nur ein Kosten-Kosten-Vergleich möglich.

Alle mit diesen Ansätzen verbundenen Meß- und Zurechnungsprobleme von Bildungskosten und Bildungsertrag, von Reproduktionskosten für die Bildungszeit und Reproduktionskosten, bezogen auf die Arbeitsperiode, verlieren jedoch an Gewicht, wenn Humankapitalansatz und Bildungsfondskonzept nicht als Ertragswertprinzip, sondern lediglich als Kostenwertprinzip gefaßt werden. Dieser »cost-of-production approach« scheint gegenüber dem »capitalized-earnings procedure« den Vorteil zu besitzen, daß sich die einzelnen Komponenten des immateriellen Kapitals bestimmen lassen, während sie, sofern man vom späteren Einkommen oder dem Reproduktionskosten-Vergleich ausgeht, kaum mehr zu isolieren sind. Wie der Begriff schon andeutet, wird mit dem Kostenwertprinzip das Bildungskapital als Aufwands- bzw. Kostengröße bestimmt. Im Gegensatz zum Ertragswertprinzip ist damit das Bildungskapital nicht mehr eine Stromgröße, sondern eine Bestandsgröße. Sie basiert auf den volkswirtschaftlichen bzw. gesellschaftlichen Kosten der Ausbildung, die sich aus öffentlichen und privaten Ausbildungskosten zusammensetzen. In der »bürgerlichen« Bildungsökonomie ist es umstritten, ob in die Ermittlung der privaten und öffentlichen Ausbildungskosten nur die direkten Kosten des einzelnen und des Staates eingehen sollten. Denn erweitert man den so ermittelten Kostenwert der Ausbildung um die indirekten Ausbildungskosten, so muß auch das durch Ausbildung entgangene Einkommen (»opportunity costs«) mit einbezogen werden. Hierzu rechnen einerseits diejenigen Einkommen, die Schüler und Studenten während einer freiwilligen Schulbesuchsverlängerung über die Pflichtschulzeit hinaus außerhalb der Schule auf dem Arbeitsmarkt erzielen könnten und andererseits diejenigen Steuereinnahmen, die dem Staat durch die Schulbesuchsverlängerung entgehen. An der Frage, ob die »opportunity costs« in die volkswirtschaftlichen Kosten der Ausbildung einbezogen werden müssen, hat sich eine rege Diskussion entfacht, bei der es – im Hinblick auf das Kostenwertprinzip – im wesentlichen um folgende prinzipielle Fragen geht:

– Sind die »entgangenen Einkommen« der Ausbildung effektive Kosten, die zu den übrigen Ausbildungskosten hinzuaddiert werden müssen?
– Kann man, sofern dies bejaht wird, die »opportunity costs« der Ausbildung überhaupt messen?

Bei der ersten Frage weisen die Befürworter auf ein grundlegendes theoretisch-ökonomisches Kalkül hin, für das auch in der Bildungsökonomie Gültigkeit beansprucht wird. Da immer mit Mitteln gewirtschaftet wird, die im Verhältnis zu den von ihnen abhängigen Zwecken knapp sind, muß ihr Einsatz für bestimmte Zwecke notwendigerweise den Verzicht auf ihre Verwendung für andere Zwecke bedingen. Daher sind die Kosten einer erreichten Bedürfnisbefriedigung stets der »entgangene Nutzen« der unterbliebenen Verwendung der Mittel für andere Zwecke. Der entgangene Nutzen stellt somit das »Opfer« der Mittelverwendung dar. Daraus leitet sich für den Ausbildungssektor folgende These ab: Wenn eine verbesserte bzw. verlängerte Ausbildung nur durch den gleichzeitigen Verzicht auf eine Erwerbstätigkeit zu erlangen ist, so muß der Wert dieses Opfers den sonstigen Ausbildungskosten zugeschlagen werden. Dagegen wird jedoch eingewandt, daß durch die Einbeziehung der »opportunity costs« der Ausbildung in Kostenanalysen die üblichen Konzepte der Berechnung des Volkseinkommens unbrauchbar würden und somit Verzerrungen entstehen dürften, da entsprechende Alternativkostenrechnungen dann auch für alle anderen privaten und öffentlichen Güter angestellt werden müßten.

Was die Messung des entgangenen Einkommens anbetrifft, so ist als Maß für die Höhe der »opportunity costs« weiterführender Bildung über die Pflichtschulzeit hinaus das durchschnittliche Einkommen von Erwerbstätigen gleichen Alters und gleichen Geschlechts während der Dauer der zusätzlichen Ausbildung der nicht erwerbs-

tätig Gewordenen vorgeschlagen worden. Die Kritik an dieser Meß-
konzeption setzt im wesentlichen an ihren stillschweigenden Prämissen an. Die wichtigste Voraussetzung für die Einbeziehung der
so bestimmten »opportunity costs« der Ausbildung ist die Annahme
der Vollbeschäftigung. Bei einer hohen Arbeitslosenquote unter den
Erwerbstätigen im Alter der Schüler des Sekundar- und Tertiärbereichs liegen die »opportunity costs« zwangsläufig unter denen
bei Vollbeschäftigung.

Eine andere Voraussetzung ist die Annahme, daß die Schüler
des Sekundar- und Tertiärbereichs nicht kurzfristig in die Erwerbstätigkeit eintreten und damit die Löhne senken, da andernfalls die
»opportunity costs« zu hoch erscheinen müßten.

Eine dritte Voraussetzung ist schließlich die Annahme, daß die
Schüler des Sekundar- und Tertiärbereichs prinzipiell nicht fähiger
als ihre bereits berufstätigen Altersgenossen sind, weil andernfalls
die »opportunity costs« ihrer Ausbildung zu niedrig erscheinen
müßten. Wie immer man zu den analytisch-methodischen Möglichkeiten des »opportunity costs«-Konzepts stehen mag, bezieht man –
wie etwa Schultz für die USA – die entgangenen Einkommen in die
Berechnung des Humankapitalstocks mit ein, so zeigt sich, daß langfristig das Gewicht des entgangenen Einkommens an den Gesamtkosten aller Ausbildungsbereiche kontinuierlich zugenommen hat
und fast die Hälfte aller Bildungsausgaben umfaßt. Dies ist insbesondere darauf zurückzuführen, daß seit der Jahrhundertwende
in allen hochentwickelten Ländern eine ständige absolute und relative Zunahme des Sekundar- und Hochschulbesuchs erfolgt ist.

Von dem Konzept der Ermittlung des Humankapitalstocks mit
Hilfe der direkten und indirekten Kosten unterscheidet sich der
Bildungsfonds- und Reproduktionskostenansatz der marxistischen
Bildungsökonomie dadurch, daß in die Ermittlung der Bildungs-
fonds im Gegensatz zur »bürgerlichen« Bildungsökonomie neben
den Ausbildungskosten auch die Lebenshaltungskosten eingehen.
Dies ist einerseits wenig einsichtig, da für Schüler in weiterführen-
den Bildungsinstitutionen auch dann Lebenshaltungskosten aufge-
bracht werden müßten, wenn sie nicht im Bildungs-, sondern im
Arbeitsprozeß stehen würden. Andererseits bestimmt aber die
Arbeitswerttheorie den Wert der Ware Arbeitskraft durch ihre
Reproduktionskosten, in die ursprünglich im 19. Jahrhundert bei
einer weithin un- oder dequalifizierten Arbeiterschaft im wesentlichen nur die Lebenshaltungskosten eingingen, heute jedoch auch

die Bildungskosten hinzukommen. Obwohl von der bildungsökonomischen Intention her nicht erforderlich, muß die Einbeziehung der Lebenshaltungskosten in die Bildungsfonds-Berechnungen der marxistischen Bildungsökonomie deshalb wohl als Tribut an eine möglichst widerspruchsfreie Identifikation mit den Grundprämissen der Arbeitswerttheorie gewertet werden. Auf der anderen Seite enthält das Bildungsfondskonzept aber keine entgangenen Einkommen, auch wenn gleichwohl die Grundüberlegung einer Alternativkostenrechnung implizit auch der marxistischen Bildungsökonomie zugrunde liegt. Denn das »Gesetz der Ökonomie der Zeit« erfordert ja, daß die wertbildende Potenz der ausgebildeten Arbeitskräfte zumindest mit dem Wertprodukt der Lehrer identisch ist, das diese geschaffen hätten, wenn sie anstatt zu unterrichten in der materiellen Produktion eingesetzt worden wären. Trotz dieser Unterschiede gibt es für die »bürgerliche« und die marxistische Bildungsökonomie bei der Bestimmung der Humankapitalbestände bzw. der Bildungsfonds eine Reihe von schwierigen theoretischen und empirischen Problemen. Den langfristigen Berechnungen der kapitalisierten Bildungsaufwendungen liegt in der Regel entweder die Annahme unveränderter Qualität der Ausbildung in den einzelnen Ausbildungsbereichen im Zeitablauf oder einer stets gegebenen Entsprechung von Ausbildungskosten und Ausbildungsqualität zugrunde. Darüber hinaus werden fast ausschließlich die Kosten der formalisierten Ausbildung den Berechnungen zugrunde gelegt, nicht jedoch auch das durch Weiterbildung im Beruf sowie training on-the-job geschaffene immaterielle Kapital ermittelt. Schließlich bleibt auch weithin unberücksichtigt, daß das während der formalen Ausbildung erworbene Wissen zum Teil der Veraltung und damit der Werteinbuße unterliegt sowie zum Teil sogar völlig vergessen wird.

Die Fänge der Meßproblematik des Humankapitalstocks bzw. der Bildungsfonds sind damit weit gespannt, doch sind die theoretischen und empirischen Schwierigkeiten der Humankapitalmessung auch nicht größer als etwa die entsprechenden Probleme bei der Messung des Realkapitals bzw. der Grundmittelfonds. Geht man davon aus, daß sowohl beim Real- als auch beim Humankapital die Probleme zumindest nicht unlösbar sind, so erscheint vor allem die langfristige Analyse der Entwicklung beider Kapitalgrößen von Bedeutung. Da Humankapital bzw. Bildungsfonds nach dem Kostenwertprinzip bzw. Reproduktionskostenansatz ermittelt werden, stellt sich hierbei im Gegensatz zum Ertragswertprinzip zudem auch nicht das kaum zu bewältigende Problem der Faktorisolation.

Durch die Einbeziehung des Humankapitals in den volkswirtschaftlichen Kapitalstock zeigte sich nunmehr, daß sich das Verhältnis von Real- zu Humankapital langfristig immer stärker
zugunsten des Humankapitals verschoben hat und tendenziell in
den hochentwickelten Ländern auf eine Relation von 2:1 zwischen
Sachkapitalbildung und Bildung von immateriellem Kapital zu-
steuert. In den hochindustrialisierten Staaten hat sich somit – wie
Tabelle 3 verdeutlicht – seit dem Ende des vergangenen und dem
Beginn dieses Jahrhunderts das Verhältnis von Sachkapital zu
Humankapital kontinuierlich zugunsten des Humankapitals verbessert. So betrug nach den Berechnungen von Krug, der ausgehend
von den ersten und noch groben Schätzungen von Walter G. Hoffmann eine exaktere Bestimmung des langfristigen Kostenwertes des
immateriellen Kapitalstocks unter Einschluß der Opportunitätskosten vorgenommen hat, die Sachkapital-Humankapital-Relation
in Deutschland zwischen 1870 und 1913 ca. 10:1, in der Zwischen-
kriegszeit ca. 5:1 bzw. 4:1 und in der Zeit nach dem 2. Weltkrieg
bis 1957 ca. 3:1. Auch aus den Berechnungen von Schultz für die
USA folgt, daß der Einsatz an Sachkapital im Zuge der sozioökonomischen Entwicklung langfristig einen zunehmend größeren
immateriellen Aufwand pro Produktionseinheit notwendig macht.
Belief sich in den USA zu Beginn dieses Jahrhunderts das Verhältnis von Sachkapital zu Humankapital noch auf ca. 5:1, so hatte es
sich gegen Ende der 50er Jahre fast auf die Relation von 2:1 erhöht.
Die gleiche Relation ist Ende der 60er Jahre auch in der Schweiz
erreicht worden. Selbst im Systemvergleich ergibt sich eine bemer-
kenswerte Parallele, da beispielsweise die in der DDR angestellten
Berechnungen gleichfalls für den Zeitraum von 1957 bis 1968 eine
Relation von ca. 2:1 für den Bestand an Brutto-Bildungsfonds
in der Volkswirtschaft bezogen auf den Bestand an Grundmittelfonds in den produktiven Bereichen der Volkswirtschaft bzw. für
das Verhältnis von Grundmittelfondsintensität pro Einheit Nationaleinkommen zur Bildungsfondsintensität pro Einheit Nationaleinkommen ergeben haben. Die Berechnungen der DDR, die sich
zwar nur auf einen Zehnjahreszeitraum, aber als einzige bis zum
Ende der 60er Jahre erstrecken, zeigen jedoch auch, daß kurz- und
mittelfristig das reale Anlagevermögen offensichtlich erstmals infolge qualitativ neuartiger Konstellationen beim Faktor Arbeit
(permanenter Arbeitskräftemangel und stagnierendes Arbeits-

kräftepotential) rascher als das immaterielle Vermögen wachsen kann – eine Entwicklung, die unbeschadet der langfristig wirksamen Tendenz gleichermaßen für die Bundesrepublik im Zeitraum zwischen 1960 und 1970 wahrscheinlich ist. Aus dem langfristig stetigen Vordringen des Humankapitals gegenüber dem Realkapital im Rahmen des gesamtwirtschaftlichen Kapitalstocks muß geschlossen werden, daß sich im Zuge der sozioökonomischen Entwicklung das Gewicht der Bildungsaufwendungen, d. h. das Gewicht des qualifizierten Faktors Arbeit, gegenüber dem Faktor Kapital laufend zugunsten des Faktors Qualifikation verschoben hat.

Da die Finanzierung des Humankapitals zu einem großen Teil bei der öffentlichen Hand liegt, wird deutlich, welche zentrale Funktion der Staat im Zuge der modernen sozioökonomischen Entwicklung für die an Bildungsinvestitionen gebundene Einführung und Durchsetzung des technischen Fortschritts spielt. Denn einerseits gewinnt der Staat durch dieses stetige Vordringen des Humankapitals am gesamtwirtschaftlichen Kapitalstock als Garant des wirtschaftlichen Wachstums und als Träger der Humankapitalbildung zunehmend an Bedeutung. Andererseits erhellt daraus aber auch, warum in der Startphase der Bildungsökonomie, in der ein künftiger Mangel an hochqualifizierten Arbeitskräften als entscheidender Wachstumsengpaß unterstellt wurde, gerade das Humankapitalkonzept eine so breite Resonanz gefunden hat und »Bildungsökonomie« und »Humankapital« nunmehr gleichsam Synonyma werden. Dies verweist darauf, daß Entstehung und wissenschaftliche Begründung der Bildungsökonomie am Ende der 50er und Anfang der 60er Jahre mit einer Tendenzumkehr in der damals so dominierenden Wachstumspolitik zusammenfielen. Hatten die Volkswirtschaften nach dem Kriege zunächst eine Phase raschen Wirtschaftswachstums, die der Öffentlichkeit als »Wirtschaftswunder« präsentiert wurde, durchlaufen, so zeichnete sich am Ende der 50er und Anfang der 60er Jahre eine Verlangsamung des Wachstumsprozesses und der Wachstumsraten in den hochentwickelten westlichen Industriestaaten ab.

Im Zeichen der als Systemkonkurrenz verstandenen Wachstumskonkurrenz zwischen Ost und West mußte dies als bedrohlich erscheinen, zumal zu vermuten war, daß die sozialistischen Länder aufgrund ihres niedrigeren ökonomischen Ausgangsniveaus leichter auch in Zukunft höhere Wachstumsraten realisieren könnten. Der »Sputnik-Schock« des Jahres 1957 hatte zudem in den USA die Befürchtung aufkommen lassen, daß die Sowjetunion ihr niedrige-

Tabelle 3

Die langfristige Entwicklung des Humankapitals und des Sachkapitals in den Vereinigten Staaten und in Deutschland

Humankapitalbestand (HK) der USA in Mrd. Dollar (nach Schultz)						Sachkapitalbestand (SK) der USA in Mrd. Dollar (nach Schultz/Goldsmith)			Humankapitalbestand des Deutschen Reiches bzw. der Bundesrepublik Deutschland in Mrd. M¹) (nach Hoffmann)		
Jahr	HK in der Bevölkerung über 14 J. in Preisen von 1956	Meßzahl 1900 = 100	Jahr	HK in der Erwerbsbevölkerung über 14 J. in Preisen von 1956	Meßzahl 1900 = 100	Jahr	SK in Preisen von 1956	Meßzahl 1900 = 100	Jahr	HK in Preisen von 1913	Meßzahl 1913 = 100 (1900 = 100)
									1870	7,2	31 (44)
1900	114	100	1900	63	100	1900	282	100	1900	16,4	71 (100)
1910	168	147	1910	94	149	1910	403	143	1913	23,0	100 (140)
1957	848	744	1957	535	849	1957	1270	450	1957	32,3	140 (197)

Sachkapitalbestand des Deutschen Reiches bzw. der Bundesrepublik Deutschland in Mrd. M²) (nach Hoffmann)			Humankapitalbestand des Deutschen Reiches bzw. der Bundesrepublik Deutschland in Mrd. M/DM³) (nach Krug)			Sachkapitalbestand des Deutschen Reiches bzw. der Bundesrepublik Deutschland in Mrd. M (nach Krug/Hoffmann)		
Jahr	SK in Preisen von 1913	Meßzahl 1913 = 100 (1900 = 100)	Jahr	HK in Preisen von 1913	Meßzahl 1913 = 100 (1900 = 100)	Jahr	SK in Preisen von 1913	Meßzahl 1913 = 100 (1900 = 100)
1870	81,6	33 (42)	1870	7,20	22 (37)	1870	71,2	39 (42)
1900	195,2	80 (100)	1900	19,64	61 (100)	1900	169,4	92 (100)
1913	243,6	100 (125)	1913	32,11	100 (164)	1913	183,3	100 (108)
1957	215,2	88 (110)	1957	82,33	256 (419)	1957	242,7	132 (143)

¹) Bei den Jahreswerten handelt es sich um Durchschnittswerte pro Jahr in der Periode 1870–79, 1900–09, 1910–19 sowie 1950–59. In dem letzten Wert spiegeln sich daher die Kriegsverluste an humanem Kapital wider. – In den Werten sind die Opportunitätskosten der Ausbildung nicht enthalten.

²) Bei den Jahreswerten handelt es sich um Durchschnittswerte pro Jahr in der Periode 1870–79, 1900–09, 1910–19 sowie 1950–59. In dem letzten Wert spiegeln sich daher die Kriegsverluste an Sachkapital wider.

³) In den Werten sind die Opportunitätskosten der Ausbildung enthalten.

Zusammengefaßt und berechnet nach: Hoffmann, W. G.: Erziehungs- und Forschungsausgaben im wirtschaftlichen Wachstumsprozeß. In: Hess, G. (Hrsg.): Eine Freundesgabe der Wissenschaft für Ernst Hellmut Vits. Frankfurt a. M. 1963, S. 126; ders.: Das Wachstum der deutschen Wirtschaft seit der Mitte des 19. Jahrhunderts. Berlin-Heidelberg-New York 1965, S. 253 f.; Krug, W.: Quantitative Beziehungen zwischen materiellem und immateriellem Kapital. In: Jahrbücher für Nationalökonomie und Statistik. Bd. 180 (1967), H. 1, S. 57 f., sowie Schultz, T. W.: Rise in the Capital Stock Represented by Education in the United States, 1900–1957. In: Mushkin, S. J. (Hrsg.): Economics of Higher Education. US. Department of Health, Education, and Welfare. Washington 1962, S. 99.

res Niveau der Realkapitalbildung durch forcierte Humankapitalbildung kompensieren, ja überkompensieren könnte. Der »National
Defense Education Act« von 1958 muß als Antwort auf diese Herausforderung gesehen werden, um dem Mangel an ausgebildeten
Technikern, Mathematikern, Ingenieuren und Naturwissenschaftlern entgegenzuwirken.

In der Bundesrepublik Deutschland versiegte zur gleichen Zeit
die bis dahin ergiebige Quelle des Zustroms qualifizierter und hochqualifizierter Arbeitskräfte aus dem anderen Teil Deutschlands.
Hochqualifizierte akademische Arbeitskräfte, in der Bundesrepublik
Anfang der 60er Jahre mit einem Anteil von 2–3 Prozent an sämtlichen Erwerbstätigen eher eine marginale Größe, drohten zum
knappen Faktor zu werden. Picht sah deshalb schon das Menetekel
einer »deutschen Bildungskatastrophe« an der Wand, wenn Gymnasien und Hochschulen nicht rasch und zügig ausgebaut würden:
»Bildungsnotstand heißt wirtschaftlicher Notstand. Der bisherige
wirtschaftliche Aufschwung wird ein rasches Ende nehmen, wenn
uns die qualifizierten Nachwuchskräfte fehlen ... Die Zahl der
Abiturienten bezeichnet das geistige Potential eines Volkes, und von
dem geistigen Potential sind in der modernen Welt die Konkurrenz-
fähigkeit der Wirtschaft, die Höhe des Sozialproduktes und die
politische Stellung abhängig ... Zugleich stellt sich aber auf nahezu sämtlichen Sektoren der gehobenen Berufe ein ebenso bedroh-
licher Mangel an Akademikern und an mittleren Führungskräften
heraus, die zumindestens den Bildungsgrad des Abiturs erreicht
haben müssen. Dieser Mangel wird in den nächsten Jahren einen
Umfang annehmen, von dem sich kaum jemand eine Vorstellung
macht.«

Werden hochqualifizierte Arbeitskräfte jedoch als knapper Faktor angesehen und wird ein langfristig steigender Bedarf an Akademikern unterstellt, so gewinnen die öffentlichen Leistungen der
staatlichen Bildungspolitik, konkretisiert im Humankapital, einen
strategischen Steuerungsimpuls. Denn die staatliche Förderung des
Hochschulbereichs entlastet die Unternehmen von dem kosteninten-
siven Komplex der »Vorleistungen der Produktion« von Gymnasiasten und Akademikern, die als öffentliche Infrastrukturaufgabe
begriffen und vom Staat durchgeführt werden. Durch die überwiegend staatliche Finanzierung dieses Bereichs empfindet der einzelne
seine Ausbildung weitgehend als »kostenlos«, so daß das entgangene Einkommen weiterführender Bildung als Kostenfaktor für die

individuelle Ausbildungsentscheidung offensichtlich kein nennenswertes Gewicht besitzen dürfte. Denn der einzelne fragt – so wird unterstellt – Bildung so lange nach, solange eine Rendite der *privaten* (Zusatz-)Ausgaben zu erwarten ist. In sein Entscheidungskalkül geht damit nur ein Teil der Gesamtkosten der Ausbildung ein. Ausbildungsinvestitionen können daher für den einzelnen noch rentable (Bildungs-)Investitionen sein, auch wenn sie gesamtwirtschaftlich und gesamtgesellschaftlich nicht mehr zu rechtfertigen sind. Aus diesem Wirkungszusammenhang haben neoliberale Bildungsökonomen wie insbesondere Milton Friedman stets gefolgert, daß durch die staatliche Finanzierung weiterführender Bildung und vor allem der Hochschulbildung (1) die Kostenkalkulation der individuellen Bildungsentscheidungen ökonomisch verzerrt wird, (2) eine latente Tendenz zur »overeducation« entsteht, (3) Überinvestitionen im Bildungswesen damit staatlicherseits sogar noch ausgelöst und begünstigt werden sowie (4) schließlich die quasikostenlose Ausbildung mit dem Postulat gerechter Einkommensverteilung kollidiert.

Durch die staatliche Förderung des Hochschulbereichs wird aber auf der anderen Seite auch die Kostenkalkulation der Unternehmen beeinflußt. Denn die Unternehmen haben infolge der überwiegenden staatlichen Finanzierung des Hochschulsektors den Absolventen des Hochschulbereichs nicht die vollen Kosten der zeitlich langen Qualifikation (direkte Kosten und opportunity costs) im Lohn und Gehalt unmittelbar zu ersetzen. Vielmehr können sie davon ausgehen, daß die hochqualifizierten akademischen Arbeitskräfte einen Zeitraum von mindestens einem Jahrzehnt in Kauf nehmen, bis die individuellen Bildungskosten die individuellen Bildungserträge (gemessen in ausbildungsspezifischen Einkommensdifferenzen) überzukompensieren beginnen. Durch die Differenz zwischen dem individuellen »Marktpreis« der hochqualifizierten akademischen Arbeitskräfte und den gesellschaftlichen »Produktionskosten« für hochqualifizierte akademische Arbeitskräfte wird die Kostenstruktur der Betriebe mit dem Resultat modifiziert, daß die rechnerisch ausgewiesene stets über der tatsächlichen Produktivität der Unternehmen liegt. Auch wenn die hochqualifizierten akademischen Arbeitskräfte – zumindest in der Bundesrepublik Deutschland – überwiegend im staatlichen Sektor beschäftigt sind, so wird doch durch die staatliche Subventionierung des Hochschulwesens gleichzeitig ein gezielter Wachstumsimpuls für diejenigen

Unternehmen bzw. Industriezweige ausgeübt, die als Wachstumsindustrien einerseits Promotoren des technischen Fortschritts sind und andererseits einen überproportional hohen Anteil von hochqualifizierten akademischen Arbeitskräften beschäftigen.

Sie sind damit gleichsam doppelt begünstigt: einmal auf dem Absatzmarkt für ihre Produkte, zum anderen auf dem Arbeitsmarkt für die Deckung ihres Qualifikationsbedarfs. Durch die überwiegende staatliche Finanzierung des Hochschulsektors wird daher die Grenzleistungsfähigkeit des Kapitals gezielt erhöht und der Wachstumsprozeß weiter vorangetrieben. Die Bildungspolitik wird somit im Zeitalter Keynesscher Konjunktur- und Vollbeschäftigungspolitik, postkeynesianischer und neoklassischer Wachstumspolitik und makroökonomischer Globalsteuerung selbst zum Wachstumsfaktor, die als Strukturpolitik des Arbeitskräftepotentials einen fallenden Grenzertrag der privaten Realkapitalinvestitionen und damit die schon von den Klassikern und Keynes befürchtete Stagnation der Antriebskräfte des kapitalistischen Entwicklungsprozesses, die in einem stationären Zustand (mit konstantem Konsum und reiner Reinvestitionstätigkeit) auslaufen müßte, zu verhindern sucht.

Das Humankapital als wesentliche Bestimmungsgröße der Qualität des Nachwuchses avanciert damit nun zum »leading factor« des künftigen wirtschaftlichen Leistungsniveaus, so daß aus der Sicht des Humankapitalkonzepts ein umfassender Ausbau des Bildungswesens geboten erscheint. Daraus wird schon sichtbar, welche weitreichenden Schlußfolgerungen allein aus einem lediglich auf das Kostenwertprinzip reduzierten Humankapitalkonzept gezogen werden können oder gezogen worden sind. Die Stärke des so definierten Humankapitalkonzepts liegt in der Erfassung der Ausbildungskosten, ihrer Gegenüberstellung zu den Alternativkosten der Ausbildung sowie dem Vergleich der Sachkapitalentwicklung mit der Entwicklung des Humankapitalbestandes. Hinzu kommt, daß der Humankapitalansatz entsprechend dem Kostenwertprinzip auch konjunktur- und verteilungspolitische Wirkungszusammenhänge sichtbar machen kann. So haben Untersuchungen gezeigt, daß das Humankapital bei seinem jetzigen Gewicht über den Multiplikator-Akzelerator-Mechanismus eine wesentliche Stabilisierungsfunktion im Wachstums- und Konjunkturprozeß gespielt hat, weil die Bildungsausgaben mit ihrem hohen Anteil von Personalausgaben nicht nur Nachfrage nach Konsumgütern auslösen, sondern über die Konsumnachfrage auch auf die Nachfrage nach Investitionsgütern zurückwirken. Darüber hinaus kann aber auch der Schluß gezogen werden, daß – wie es bereits ansatzweise in einer Reihe von Ländern praktiziert wird – die Bildungsaufwendungen auch bewußt als ein Stabilisierungsfaktor der Konjunkturpolitik eingesetzt werden können, da es produktiver ist, im Falle von Arbeitslosigkeit und Rezession öffentliche Mittel für Bildung und Weiterbildung einzusetzen, als sie lediglich für reine Arbeitslosenunterstützungs-Zahlungen zu verwenden.

Das zunehmende Vordringen des Humankapitals gegenüber dem Sachkapital erleichtert oder fördert damit auch eine Verstetigung des Wirtschaftsprozesses und des konjunkturellen Wirtschaftsablaufes. In konjunkturpolitischer Sicht ist in diesem Zusammenhang insbesondere die Frage von Bedeutung, inwieweit durch ein Vorauseilen (»lead«) der öffentlichen Bildungsinvestitionen vor den privaten Realkapitalinvestitionen die Rentabilität privater Investitionsprojekte und damit die Investitionsneigung der Unternehmer zusätzlich erhöht werden kann. Dieses Problem ergibt sich vor allem daraus, daß bei der Akkumulation von immateriellem Kapital ein zeitraubender Produktionsumweg eingeschlagen werden muß, bevor Wachstum und technischer Fortschritt wirksam gefördert werden können. Der Versuch, die Bildungsinvestitionen in das volkswirtschaftliche Kreislaufkonzept einzubetten, führt zwangsläufig zu den postkeynesianischen Wachstumsmodellen zurück, um die konjunktur- und wachstumspolitischen Auswirkungen von Bildungsinvestitionen, d. h. ihre Einkommens- und Kapazitätseffekte, simultan erfassen zu können.

Wie an früherer Stelle skizziert, steht im Mittelpunkt der postkeynesianischen Wachstumstheorie das Realkapital sowie der »dualistische Charakter des Investitionsprozesses«: Nettoinvestitionen schaffen zusätzliches Einkommen (Einkommenseffekt) und erhöhen gleichzeitig die Produktionskapazität des Kapitalstocks (Kapazitätseffekt). In postkeynesianischer Sicht ergibt sich somit folgende Kausalkette:

$$\Delta I_R \rightarrow \text{Multiplikator} \rightarrow \Delta Y \rightarrow \text{Akzelerator} \rightarrow \Delta I_R$$

deren Wirkungszusammenhang auch folgendermaßen gekennzeichnet werden kann: Vornahme von (Netto-)Realkapitalinvestitionen → (Multiplikator) → Zunahme des Volkseinkommens → (Akzelerator) → Ausdehnung der Produktionskapazität infolge der Zunahme der Realkapitalinvestitionen. Im Hinblick auf die Vornahme von Investitionen in das Humankapital zeigen sich Ähnlichkeiten und Differenzen im Wirkungszusammenhang. Es ist offensichtlich, daß eine Erhöhung der Bildungsinvestitionen wie jede andere Erhöhung der effektiven Nachfrage einen Einkommenseffekt auslöst, da dieser Effekt keineswegs nur mit der Zunahme des Realkapitals verknüpft ist. Im Hinblick auf den Einkommenseffekt sind folglich Humankapitalinvestitionen und Realkapitalinvestitionen völlig identisch. Hinsichtlich des Kapazitätseffektes zeigen sich beim Humankapital jedoch deutliche Unterschiede gegenüber dem Realkapital. Zwar führt die Vornahme von Bildungsinvestitionen über den Einkommenseffekt auch hier zu einer Zunahme des Volkseinkommens, die über die dadurch induzierte Zunahme des Konsums weitere Realkapitalinvestitionen zur Ausdehnung der Produktionskapazität bewirkt. Darüber hinaus vergrößert die Vornahme von Bildungsinvestitionen auch den Humankapitalstock einer Volkswirtschaft und induziert oder ermöglicht damit den Übergang zu kostensparenden Produktionsverfahren oder zu neuen Produktionsprozessen. Die durch den Multiplikator-Akzelerator-Prozeß und den damit einhergehenden Prozeß der Schaffung neuen technischen Wissens und Könnens induzierte Zunahme des Volkseinkommens führt über die Produktionsfunktion (limitationale bzw. begrenzt substitutive Faktoreinsatzverhältnisse von Kapital und Arbeit unterschiedlichen Qualifikationsniveaus) somit zwangsläufig zu einer erneuten Zunahme des Humankapitals. Konjunkturpolitisch bedeutsam ist folglich, daß das Humankapital durch einen sich selbst perpetuierenden Wachstumsprozeß gekennzeichnet ist. Die Kausalkette dieses Prozesses selbstperpetuierenden Wachstums des Humankapitals weist folgende Gestalt auf:

$$\Delta I_B \rightarrow \begin{matrix} \text{Multi-} \\ \text{plikator} \end{matrix} \rightarrow \Delta Y \rightarrow \begin{matrix} \text{Akzele-} \\ \text{rator} \end{matrix} \rightarrow \Delta I_R \nearrow \begin{matrix} \text{Multi-} \\ \text{plikator} \end{matrix} \searrow \Delta Y \rightarrow \begin{matrix} \text{Produk-} \\ \text{tions-} \\ \text{funktion} \end{matrix} \rightarrow \Delta I_B$$

$$\searrow \begin{matrix} \text{technischer} \\ \text{Fortschritt} \end{matrix} \nearrow$$

Schematisch kann dieser Prozeß in seinem Wirkungszusammenhang auch folgendermaßen dargestellt werden: Vornahme von Bildungsinvestitionen → (Multiplikator) → Zunahme des Volkseinkommens → (Akzelerator) → Ausdehnung der Produktionskapazität infolge der Zunahme der Realkapitalinvestitionen →

(Multiplikator, technischer Fortschritt) → Zunahme des Volkseinkommens → (Produktionsfunktion) → Vornahme von Bildungsinvestitionen. Dieser Wirkungszusammenhang spricht dafür, das
Humankapital auch in die Einkommensgleichungen einzubeziehen,
die den Ausgangspunkt der Keynesschen Kreislauftheorie bilden.
Der Kreislauf jeder Periode wird üblicherweise durch Gleichungen
dargestellt, die die Resultate des wirtschaftlichen Ablaufs in Aggregaten zusammenfassen. Für eine geschlossene Wirtschaft ohne
staatliche Aktivität ergibt sich hierbei zunächst die Einkommensentstehungsgleichung $Y = C + I$, wobei Y das Volkseinkommen,
C den Wert der den Haushalten zugeführten Verbrauchsgüter und I
den Wert der Bestandsänderungen in den Unternehmungen (Investitionen) einer bestimmten Periode bezeichnet (vgl. hierzu auch
Abbildung 3).

Die Gleichung gilt zunächst nur für Nettowerte. Sie kann aber
auch auf Bruttowerte bezogen werden, sofern die Reinvestitionen
I^r den Nettoinvestitionen I^n zugeschlagen werden. Daher bestimmt
sich I in der obigen Gleichung zu $I = I^r + I^n$, wobei I_R den
Wert der Bestandsänderungen der Realkapitalinvestitionen in den
Unternehmungen, I_B den Wert der Bestandsänderungen der Bil-
dungs- bzw. Humankapitalinvestitionen in der Erwerbsbevölkerung, C_R den Wert der den Haushalten zugeführten realen Güter
und Dienstleistungen und C_B den Wert des von den Haushalten
»verzehrten« Bildungskonsums bezeichnet.

Die erweiterte Einkommensentstehungsgleichung stellt zunächst
lediglich eine tautologische Definitionsgleichung dar. Unter dem
Aspekt einer konjunktur- und kreislauftheoretischen Erforschung
der Ausbildungsprozesse wird man auf ihrer Grundlage jedoch zu
bedeutsamen Erkenntnissen gelangen, wenn

- Hypothesen über die Determinanten der Netto- und Reinvestitionen beim Humankapital sowie des Bildungskonsums formuliert werden;
- diese Hypothesen durch die bildungsökonomische Forschung
  getestet werden und somit Aufschluß über das Gewicht der einzelnen Determinanten ermöglichen;
- die Untersuchung der Bestimmungsgründe der Humankapitalinvestitionen integriert wird in die Analyse der Determinanten
  der Realkapitalinvestitionen, so daß schließlich eine umfassende
  Investitionstheorie entsteht.

Hinsichtlich der Hypothesenbildung kann in einem ersten Schritt davon ausgegangen werden, daß in einer bildungsökonomischen Perspektive die Nettoinvestitionen beim Humankapital vorwiegend vom *Wachstum* des Einkommens, die Reinvestitionen überwiegend von der *Höhe* des Einkommens und der Bildungskonsum weitgehend von der *Struktur* des Einkommens, d. h. von der Stellung in der Einkommenspyramide, abhängig sein dürften.

Die Nettoinvestitionen beim Humankapital dürften somit durch die Gleichung $I_B^n = f(\dot{Y}, \ldots)$, die Reinvestitionen in das Humankapital durch die Gleichung $I_B^r = f(Y, \ldots)$ und der Bildungskonsum schließlich durch die Gleichung $\sum\limits_{i=1}^{n} C_{Bi} = \sum\limits_{i=1}^{n} fi(Y_i - \overline{Y}, \ldots)$ bestimmt sein, wobei Y den Differentialquotienten dY/dt, $\overline{Y}$ das Durchschnittseinkommen und das Suffix i die Haushalte i = 1, 2, 3, ... n bezeichnet. Die Punkte in der Klammer in allen Gleichungen sollen dabei anzeigen, daß möglicherweise noch andere Determinanten signifikant auf die jeweils zu erklärende Variable einwirken.

Ein anderes Anwendungs- und Experimentierfeld des Humankapitalkonzepts für weitergehende Forschungen sind die verteilungspolitischen Wirkungen, die mit Bildungsinvestitionen verknüpft sind. Bei zunehmender Konzentration der Wirtschaft dürften sich die Überwälzungsmöglichkeiten von besonderen Bildungssteuern oder von allgemeinen Gewinnsteuern, die u. a. auch zur Erhöhung des staatlichen Bildungsbudgets erhoben werden, gleichfalls vergrößern, so daß von seiten der Unternehmen kein bzw. ein zumindest abnehmender Widerstand gegen eine Expansion der Bildungsausgaben zu erwarten ist. In diesem Fall wird folglich das Humankapital überwiegend durch erzwungenen Konsumverzicht der abhängig Beschäftigten gebildet, während die Unternehmen Nutznießer der staatlichen Bildungsaufwendungen sind. So unerwünscht dies zunächst aus verteilungspolitischen Gründen erscheinen mag, so steigt doch auch durch diesen Mechanismus der Humankapitalbildung und -verwendung die Grenzleistungsfähigkeit des Kapitals. Dadurch wird nicht nur die Investitionstätigkeit der Unternehmen angeregt, sondern zugleich via Wachstum auch das Steueraufkommen erhöht, so daß der Spielraum für die Vornahme von (zusätzlichen) Bildungsinvestitionen größer wird. Dieser Mechanismus führt folglich zu einer Umlenkung von privatem

Konsum auf das öffentliche Investitionsgut Bildung. Dies dürfte so lange politisch keine Widerstände hervorrufen, solange die Reallöhne tendenziell steigen. Mit der Analyse der Steuer- und Verteilungswirkungen der Bildungsaufwendungen klingt im übrigen ein Motiv an, das in der Dogmengeschichte des Humankapitals schon im vergangenen Jahrhundert angeschlagen worden ist. So sollte die Ermittlung des Humankapitals nicht nur die Macht einer Nation widerspiegeln, die ökonomischen Effekte von Bildung bestimmen, die Kriegsverluste zum Zwecke der Aufklärung und Abschreckung der Öffentlichkeit berechnen, Gerichte und Versicherungen im Falle von Personenschäden unterstützen, sondern zugleich auch zur Schaffung eines gerechteren Steuersystems durch Taxierung der »earning capacity« beitragen.

Damit werden nun aber auch die Schwächen des Humankapitalkonzepts auf der Basis des Kostenwertprinzips sichtbar: so weist das Konzept die zunehmende Relevanz der kapitalisierten Bildungsaufwendungen für den Wachstumsprozeß und die volkswirtschaftliche Kapitalbildung nach, macht die globalen Zusammenhänge dieses Bedeutungsgeflechts transparent, kann aber gleichwohl keine Strukturkriterien für die Planung der beiden Kapitalarten »reales Anlagevermögen« und »immaterielles Potential« angeben. Diese sind aber erst ableitbar, wenn ein Kosten-Ertragsvergleich vorgenommen und damit das Kostenwertprinzip zugunsten des Ertragswertprinzips aufgegeben wird. Damit ist man wieder bei den Zurechnungsproblemen von Bildung und (Einkommens-)Wachstum angelangt. Nunmehr geht es jedoch nicht mehr um die makroökonomische Ebene, sondern um mikroökonomische Entscheidungssituationen. Es interessiert folglich nicht so sehr der gesamtwirtschaftliche Beitrag von Bildungsaufwendungen zum Wachstum, sondern die individuelle bzw. privatwirtschaftliche Relation von Bildungskosten und Bildungsertrag. Faßt man homogene Gruppen von Ausgebildeten zusammen, so soll zugleich die Rückwirkung dieser aggregierten Relationen auf die gesamtwirtschaftliche Entwicklung und die staatliche Bildungspolitik aufgewiesen werden. Letztlich geht es damit um Planungs- und Entscheidungskalküle für Bildungsinvestitionen, so daß nunmehr das Feld einer eher explikativen Bildungsökonomie zunehmend dem Terrain einer normativen Bildungsökonomie zu weichen hat. Diese Verlagerung des Interessenschwerpunktes der Bildungsökonomie muß zunächst als eine rational nicht begründete Kehrtwendung der Forschung er-

scheinen. Warum sollen ausgerechnet von einer Theorie, die bei der
Zurechnung von Bildung zum gesamtwirtschaftlichen Wachstum
bereits im Explikationsstadium des zentralen bildungsökonomischen Kosten-Ertrags-Vergleichs scheitert, Orientierungsgrundlagen
für anwendungsorientierte Kalküle der Planung des Bildungswesens erwartet werden? Gerade die weitere Entwicklung zeigt
aber, wie stark die Bildungsökonomie ebenso wie andere sozialwissenschaftliche Disziplinen ihr Entstehen spezifischen, konkreten
und drängenden Anforderungen der Gesellschaft nach Lebens-
bewältigung und Weltorientierung verdankt. Diese praktisch-politischen Erfordernisse von Wirtschaft und Gesellschaft ließen trotz
theoretischer Defizite einen Stillstand der Bildungsökonomie nicht
zu. Dafür scheint weniger die Tatsache, daß der Sektor Bildung zunehmend mehr volkswirtschaftliche Ressourcen in Anspruch nimmt,
ausschlaggebend zu sein, weil diese Problematik nicht auf die Ent-
stehungszeit der Bildungsökonomie beschränkt ist. Vielmehr scheint
das Interesse an bildungsökonomischen Fragen wie das marktwirt-
schaftliche System selbst einem »Konjunkturzyklus« zu unterliegen,
der übrigens auch für die Wachstumsforschung konstatiert werden
kann. So wurde in Perioden mit ausreichendem Angebot an
Arbeitskräften die Bedeutung von Bildung nicht in das ökonomische
Kalkül mit einbezogen, weil das ausreichende Angebot keine Probleme stellte.

Dieser Zustand herrschte lange Zeit hindurch bis in die erste
Hälfte der Nachkriegszeit vor. Als danach die meisten hochindustrialisierten Volkswirtschaften aus einer Periode des Überschusses
an qualifizierten Arbeitskräften in eine Situation des Mangels zu
gerieten schienen, konzentrierte sich zwangsläufig das Interesse auf
bildungsökonomische Kalküle, die der staatlichen Bildungspolitik
Kriterien für eine Planung und Prognose des Bildungswesens
bereitstellen und die damit verhindern sollten, daß aus einem
Bildungsengpaß ein Wachstumsengpaß entsteht.

VII.

Versteht man unter Planung die vorausschauende Koordinierung
von zukünftigen Prozessen auf normativer Basis, so muß eine Planung des Bildungswesens nicht nur über die entsprechenden Instrumentarien und Methoden hierfür verfügen, sondern auch die Zielwerte der Bildungsplanung konkretisieren können. Bei der langwäh-

renden Tabuisierung von Planung in der Bundesrepublik ist vielfach übersehen worden, daß Planung in dem oben umschriebenen Sinne sowohl auf der Ebene des Individuums oder des Einzelbetriebes als auch auf der gesamtstaatlichen Ebene zum Tragen kommen kann. Ausgehend von den makroökonomischen Analysen des Bildungswesens zielte die Hauptstoßrichtung der Bildungsökonomie jedoch von Anfang an auf die Probleme der gesamtstaatlichen Bildungsplanung. Ein besonders bemerkenswerter Versuch, für die staatliche Bildungsplanung dabei sowohl individuelle als auch gesamtwirtschaftliche Fragestellungen zu kombinieren, ist der sogenannte »returns of education approach«. Er gewinnt in der Entstehungsphase der Bildungsökonomie rasch an theoretischer Bedeutung und vor allem in den angelsächsischen Ländern auch zunehmend an praktisch-politischer Relevanz. Dieses Kosten-Ertrags-Modell hat sich damit zu einem der Hauptansätze der Bildungsplanung herausgebildet, der jedoch im Gegensatz zur makroökonomischen Zurechnung der Wachstumsrate des Sozialprodukts auf den Faktor Bildung zunächst auf einer mikroökonomischen Rentabilitätsrechnung der Bildungsentscheidungen beruht. Dieser mikroökonomische Ansatz wird dann dadurch verdichtet, daß der Kosten-Ertrags-Ansatz auf unterschiedliche, inhaltlich oder formal als homogen betrachtete Ausbildungsgruppen bezogen wird. Den Kosten der Ausbildung, die vielfach die »opportunity costs« miteinbeziehen und insoweit die volkswirtschaftlichen bzw. gesellschaftlichen Kosten der Ausbildung unterschiedlicher Ausbildungsgruppen darstellen, werden anschließend die direkten privaten Erträge der Ausbildung, gemessen in den ausbildungsspezifischen Einkommensdifferenzen unterschiedlicher Ausbildungsgruppen, gegenübergestellt. Mit diesem Kosten-Ertrags-Kalkül soll die jeweils unterschiedliche »Rendite« der Bildungsinvestitionen nach Ausbildungsgruppen ermittelt werden. Auch beim Kosten-Ertrags-Modell als Bildungsplanungsansatz muß damit ebeso wie bei der bildungsökonomisch erweiterten »third factor theory« vom Denison-Typ wieder vom Ertragswertprinzip mit all seinen Zurechnungsproblemen ausgegangen werden. Das Kosten-Ertrags-Modell als Bildungsplanungsansatz basiert ferner auf einem investitionstheoretischen Marginalkalkül, demzufolge eine bestimmte Bildungsinvestition nur soweit und solange vorgenommen wird oder werden sollte, als ihre Ertragsrate die alternative Verzinsung von anderen Bildungsinvestitionen oder sonstigen Investitionsmöglichkeiten in Sachkapital übersteigt. Um derartige Verzinsungsberechnungen von Bildungsinvestitionen vornehmen zu können, muß man nicht nur die Länge und Kosten der Ausbildung, sondern auch das Arbeitseinkommen kennen. Die Erträge der Ausbildung bestehen dann – wie bereits an früherer Stelle skizziert – in den Differenzen der Arbeitseinkommen von Ausgebildeten gegenüber Nichtausgebildeten bzw. Nicht-so-gut-Ausgebildeten. Der Kosten-Ertrags-Ansatz interessiert sich folglich für die monetären Erträge der Bildungsinvestitionen, d. h. die »direct benefits« von Bildung, wobei der »direct financial return« von Bildung dem Kosten-Ertrags-Ansatz zugrunde liegt. Weisbrod rechnet daneben zu den »direct benefits« auch noch Erträge von Bildung, die sich in finanziellen Wahlmöglichkeiten (»financial option return«) oder in zusätzlichen Optionschancen äußern, die sich nicht in der Einkommenshöhe widerspiegeln (»non financial options«). Ausgangspunkt für die Berechnung der direkten monetären Erträge von Bildung im Kosten-Ertrags-Modell sind zunächst die Jahresverdienste der unterschiedlich ausgebildeten Arbeitskräfte, die direkt oder über die Stundenverdienste erfaßt werden können. Mit der Ermittlung der durchschnittlichen jährlichen Einkommen, aufgegliedert nach Alter und Bildungsniveau, ist die Bestimmung der Erträge von Bildungsinvestitionen jedoch noch nicht abgeschlossen. Denn wenn Bildung als Investition, also als ein produziertes Produktionsmittel mit Kapitalcharakter, betrachtet wird, so ist es erforderlich, die Erträge für das gesamte »Arbeitsleben« zu bestimmen. Unter Arbeitsleben wird dabei die Periode verstanden, in der die ausgebildeten Arbeitskräfte erwerbstätig sind. Es muß daher die Entwicklung der Jahresverdienste während des gesamten Arbeitslebens verfolgt werden, um zu einem Gesamt-Lebenseinkommen zu gelangen. Aufbauend auf der Berechnung der Lebenseinkommen in Abhängigkeit von der Dauer des Schulbesuchs können dann die Lebenseinkommensdifferenzen bzw. die Gesamterträge von Ausgebildeten gegenüber Nichtausgebildeten oder Nicht-so-gut-Ausgebildeten ermittelt werden.

Die Entwicklung der Jahresverdienste während des Arbeitslebens kann dabei über eine Zeitreihen- oder eine Querschnittsanalyse erfaßt werden.

Im Rahmen der Zeitreihenanalyse sind Aufzeichnungen über die Verdienste verschiedener Gruppen eines Altersjahrganges, die sich durch Ausbildungsdauer oder -abschluß unterscheiden, während des gesamten Arbeitslebens möglich.

Bei dieser Methode müssen die konjunkturellen Einflüsse auf das Arbeitseinkommen, die ja unabhängig von Bildungsinvestitionen sind, eliminiert werden. Ein Vorteil dieses Verfahrens besteht u. a. darin, daß man ex post die dynamischen Veränderungen der Einkommensstruktur zwischen verschiedenen Ausbildungsgruppen, die mit dem Wachstumsprozeß untrennbar verbunden sein dürften, sichtbar machen kann. Aufgrund des unzulänglichen empirisch-statistischen Ausgangsmaterials stehen jedoch bisher die dafür erforderlichen, genügend gegliederten langfristigen Zeitreihen meist nicht zur Verfügung, so daß man sich überwiegend mit einer Querschnittsanalyse als zweitbester Lösung behelfen muß. Die Querschnittsanalyse erlaubt lediglich eine Ermittlung der Jahresver-verdienste verschiedener Altersgruppen, differenziert nach der Dauer oder dem Abschluß der Ausbildung im gleichen Zeitpunkt. Von einem derartigen Querschnitt wird dann auf die zeitliche Entwicklung der Verdienste einer Altersgruppe während des Arbeitslebens geschlossen.

Die Problematik dieser Methode besteht darin, daß Querschnittsdaten stets nur für einen Zeitpunkt gültig sind und somit also einen ausgesprochen statischen Charakter aufweisen. Hinzu kommt, daß der Schluß von Jahresverdiensten *verschiedener* Altersgruppen auf die zeitliche Entwicklung der Jahresverdienste *einer* Altersgruppe ausschließlich unter der Voraussetzung zulässig ist, daß sowohl das Verhältnis zwischen den Verdiensten verschiedener Altersgruppen gleicher Ausbildung als auch das Verhältnis zwischen den Verdiensten verschiedener Altersgruppen gleichen Alters im Zeitablauf relativ konstant bleibt.

Während die Zeitreihenanalyse (»life-cycle approach«) einen Längsschnitt durch das historische Erwerbsleben erlaubt, wird mit der Querschnittsanalyse (»cross section approach«) die zeitliche Erstreckung des Erwerbslebens auf ein einziges Jahr projiziert, d. h. die Hypothese der Zulässigkeit der Horizontal-Vertikal-Vertauschung unterstellt. Vollzieht man infolge Datenmangels, zugleich aber auch im Bewußtsein der Fragwürdigkeit den Schluß von den Querschnittsdaten auf die zeitliche Entwicklung der Jahresverdienste, so erhält man als Ergebnis die Lebensverdienstkurven (Lebensalter–Einkommen–Kurven). Bei der Ermittlung der Lebenseinkommen aus den Jahresverdiensten sind sowohl für die gesamte Erwerbsbevölkerung als auch für den einzelnen die Jahreseinkommen, die aus der Querschnittsanalyse gewonnen werden, noch mit der Überlebenswahrscheinlichkeit entsprechend der Gleichung

$$E(L) = \sum_{t=1}^{n} Y_t \, P_{st} \, P_{et}$$

zu gewichten, in der E(L) den Erwartungswert des lebenszeitlichen Einkommens, Y_t das Einkommen in der Periode t, P_{st} die Überlebenswahrscheinlichkeit in t und P_{et} die Beschäftigungswahrscheinlichkeit in t bezeichnet. Die derartig korrigierten Jahresverdienste müssen schließlich auf den Zeitpunkt des Eintritts in das Berufsleben abdiskontiert und anschließend summiert werden. Die Abdiskontierung muß für alle Ausbildungsgruppen auf den Berufseintritt der Gruppe mit der längsten Ausbildung erfolgen, weil die Einkommen aller anderen Absolventen weiterführender Bildung über die Pflichtschulzeit hinaus ja als »opportunity costs« der jeweils längsten Ausbildung bereits berücksichtigt worden sind. Die Wahl des Diskontsatzes ist problematisch und daher in der Literatur nicht einheitlich. Die meisten Autoren verwenden eine der landesüblichen Verzinsung langfristiger Investitionen entsprechende Ertragsrate.

Auf diese Weise erhält man, getrennt für die verschiedenen Ausbildungswege, die zu erwartenden Lebenseinkommen bzw. Einkommensdifferenzen. Die mit der Methode der Differenzen lebenszeitlicher Einkommen von Personen oder Personengruppen unterschiedlichen Bildungsniveaus ermittelte Einkommensdifferenz muß nun für den Kosten-Ertrags-Vergleich noch mit der Kostendifferenz von Personen oder Personengruppen unterschiedlichen Bildungsniveaus verglichen werden. Dazu ist es erforderlich, die Gesamtkosten eines bestimmten Bildungsniveaus ohne »opportunity costs«, die ja bereits in die Einkommensdifferenzbestimmung eingegangen sind, für die gesamte Dauer der Ausbildung über die Pflichtschulzeit hinaus zu ermitteln und auf den Zeitpunkt unmittelbar vor Beginn des Berufseintritts aufzudiskontieren. Die Verzinsungsrate der Bildungsinvestition kann dann jeweils entsprechend der Gleichung

$$r = \frac{Lj - Li}{\sum K(aj) - \sum K(ai)}$$

bestimmt werden, in der r die Verzinsungsrate der Bildungsinvestitionen, L das Lebenseinkommen von Personen oder Personengruppen mit dem Ausbildungsstand i und j sowie K die Gesamtkosten der Ausbildungsjahre i und j bezeichnen.

Auf den skizzierten methodischen Pfaden des Kosten-Ertrags-Modells gelangt man nicht nur zu Verzinsungsrechnungen von Bildungsinvestitionen, sondern auch (wie Abbildung 4 schematisch verdeutlicht) zu Lebensalter–Einkommen–Ausbildungsprofilen (»education-age-earnings-profiles«) für die verschiedenen Ausbildungskategorien.

Abbildung 4

Schematische Darstellung
von Lebensalter – Einkommen – Ausbildungsprofilen
(»Education-Age-Earnings-Profiles«)

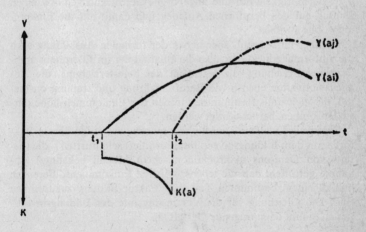

Erklärung der Symbole:

Y(aj)   : Lebenszeitliches Einkommen der Ausbildungskategorie j
Y(ai)   : Lebenszeitliches Einkommen der Ausbildungskategorie i
K(a)   : Gesamtkosten einer Ausbildung von a Jahren (ohne opportunity costs)
Y   : Einkommen
K   : Kosten der Ausbildung (ohne opportunity costs)
$t_1 - t_2$: Periode einer freiwilligen Schulbesuchsverlängerung
t   : Zeit bzw. Lebensalter

Mit der Darstellung dieser Profile ist aber die Frage noch nicht beantwortet, ob die jeweiligen Differenzen zwischen den zu erwartenden Lebenseinkommen auch tatsächlich den Ertragswert der Ausbildung widerspiegeln. Eine Annahme könnte darin bestehen, dies tendenziell mit der Begründung zu bejahen, daß die lebenszeitlichen Einkommensdifferenzen bei Personen oder Personengruppen gemessen werden, die zwar ein unterschiedliches Bildungsniveau aufweisen, hinsichtlich ihrer sonstigen Merkmale aber nur geringfügig oder überhaupt nicht differieren. Es fragt sich jedoch, ob die Einkommensdifferenzen tatsächlich ursächlich und ausschließlich auf Unterschiede in Ausbildungsdauer und Bildungsniveau zurückgeführt werden können. Denn es erscheint ja evident, daß auch Faktoren wie Gesundheit, Energie, Wohnort, Rassen- und Religionszugehörigkeit, Fortüne, angeborene Geschicklichkeit usw. einen Einfluß auf den beruflichen Aufstieg und damit auf die Einkommenshöhe ausüben.

Darüber hinaus muß aber neben der formalen Ausbildung auch die »informal education«, also die Qualität der im Elternhaus empfangenen Erziehung, die Intensität der Selbsterziehung, die Antriebsmotivation ebenso wie Berufserfahrung und training on-the-job, die gleichfalls Bestimmungsgrößen der Einkommenshöhe darstellen können, berücksichtigt werden.

Daher wird vielfach – auch wenn manche der aufgeführten Faktoren mit dem Bildungsniveau interkorreliert sein dürften – die (bereits von Denisons makroökonomischem Modell bekannte) Annahme getroffen, daß die lebenszeitlichen Einkommensdifferenzen nur zu einem bestimmten Teil dem Faktor Bildung zuzurechnen sind. Die Gleichung für die Verzinsungsrate der Bildungsinvestitionen nimmt dann folgende Gestalt an

$$r = \frac{\lambda(Lj - Li)}{\Sigma\, K(aj) - \Sigma\, K(ai),}$$

wobei λ die ausbildungsspezifische Einkommensdifferenz bezeichnet. Aber auch bei diesem reduzierten Vorgehen stellt sich weiterhin die Frage, ob es überhaupt – wie vor allem die angelsächsische bildungsökonomische Literatur unterstellt – prinzipiell möglich ist, Einkommensdifferenzen ursächlich auf Unterschiede in der Ausbildungsdauer bzw. im Bildungsniveau zurückzuführen. Selbst wenn unbestritten ist, daß unterschiedliche Bildungsniveaus einen signifikanten Einfluß auf die Einkommenshöhe aufweisen dürften, so reicht diese zunächst völlig unbestimmte Tendenzaussage über das Gewicht dieses Einflusses – wie es auch in dem Indikator-Theorem der marxistischen Bildungsökonomie sichtbar wurde – noch keineswegs aus, um darauf aufbauend eine optimale Planung des Bildungsaufwandes durch den Staat gründen zu können. Denn für die Zwecke einer optimalen Planung des Bildungsaufwandes durch den Staat müßte gerade das quantitative Ausmaß dieser Einkommensdifferenzen in Abhängigkeit vom Ausbildungsgrad, Lebensalter und – sofern man von den heute lediglich möglichen Querschnittsanalysen zu Zeitreihenanalysen vorstoßen könnte – auch von der langfristigen wirtschaftlichen Entwicklung bestimmt werden können. Nun kann man allerdings unterstellen, daß die Schwierigkeiten einer derartigen Bestimmung nicht unüberwindlich sind, weil mit Hilfe der multiplen Korrelationsanalyse versucht werden kann, alle diejenigen Faktoren zu eliminieren, die neben dem Faktor Ausbildung einen signifikanten Einfluß auf die Einkommenshöhe aufweisen. Doch selbst wenn dieser Nachweis gelingen würde, so ergäbe sich gleichzeitig das weitere Problem, daß der »returns approach« nur unter den Annahmen der Grenzproduktivitätstheorie für die staatliche Bildungspolitik operabel sein kann. Denn nur unter der Annahme vollkommener Konkurrenz kann es sinnvoll erscheinen, ex ante den zukünftigen direkten Ertrag des Bildungsaufwandes aus den abgezinsten Differenzen zwischen den bei unterschiedlichem Bildungsniveau zu erwartenden Lebenseinkommen zu bestimmen, da – wie bereits früher skizziert – einzig im Modell der vollkommenen Konkurrenz die Höhe des individuellen Einkommens dem vom einzelnen Wirtschaftssubjekt erbrachten produktiven Beitrag entspricht. Da sich nur im Konkurrenzmodell zusätzlicher privater Ertrag in Form steigenden Einkommens und zusätzlicher gesamtwirtschaftlicher Ertrag in Form zunehmender Grenzproduktivität des Faktors Arbeit zwangsläufig in gleicher Richtung bewegen, müßte die Anwendung des »returns approach« im Hinblick auf die Imperfektionen des Bildungs- und Arbeitsmarktes in der Realität als inoperabel für die staatliche Bildungspolitik erscheinen.

Berg hat jedoch darauf hingewiesen, daß der returns-Ansatz ein brauchbares Entscheidungskriterium für die staatliche Bildungspolitik dann bleibt, wenn unterstellt werden kann, daß sich positive und negative Abweichungen der Einkommen vom Grenzprodukt der Arbeit gerade ausgleichen. Selbst wenn diese Hilfskonstruktion akzeptiert wird, so stellt sich immer noch die Frage, ob derartige Kosten-Ertrags-Berechnungen einen befriedigenden Aufschluß über die Höhe der sozialen Zusatzerträge (»external benefits«) von Bildungsinvestitionen geben können, da Wirtschaftlichkeitsberechnungen ja auf den direkten privaten Erträgen basieren und Bildungsinvestitionen wie alle Infrastrukturinvestitionen nicht unbeträchtliche »external economies« aufweisen dürften.

Die »external benefits« von Bildungsinvestitionen bestehen in Erträgen der Ausbildung, die nicht den Ausgebildeten selbst, sondern Dritten oder der Gesellschaft insgesamt zufließen. So trifft etwa Weisbrod folgende Unterscheidung der sozialen Zusatzerträge von Bildungsinvestitionen in: (1) »residence-related beneficiaries«, (2) »employment-related beneficiaries« und (3) »society in general«. Diese Unterscheidung in wohnsitzbezogene, beschäftigungsbezogene und allgemeine Ertragskategorien differenziert die sozialen Zusatzerträge nach dem Empfänger des Nutzens einer Bildungsinvestition. Die erste Gruppe umfaßt alle diejenigen Personen, die durch das tägliche Zusammenleben, freundschaftliche oder nachbarschaftliche Kontakte aus den Kenntnissen und Fähigkeiten des Ausbildungsempfängers Nutzen ziehen. Zur zweiten Gruppe zählen alle Personen, die aus der beruflichen Zusammenarbeit mit Ausgebildeten Nutzen empfangen. Im dritten Fall fließt der Gesellschaft insgesamt Nutzen aus der Ausbildung des Ausbildungsempfängers zu. Mit dieser Unterscheidung stellt sich zugleich aber die für das Kosten-Ertrags-Modell zentrale Frage, ob die sozialen Zusatzerträge von Bildungsinvestitionen überhaupt meßbar sind. So könnte man beispielsweise daran denken, den dem Staat zufließenden Ertragsanteil mit der Einkommenssteuer auf die ausbildungsspezifische Einkommensdifferenz gleichzusetzen. Es ist allerdings fraglich, ob mit diesem Vorgehen die gesamte Differenz zwischen privaten und sozialen Erträgen erfaßt wird. Denn es ist ja durchaus denkbar, daß es externe Effekte der Ausbildung gibt, die über die Brutto-Einkommensdifferenz hinausgehen und der Gesellschaft insgesamt oder bestimmten Gruppen der Gesellschaft zufließen. Da es für die sozialen Zusatzerträge von Bildungsinvestitionen offensichtlich einen relativ einfachen monetären Maßstab – wie die Nettoeinkommensdifferenz unterschiedlicher Ausbildungsgruppen bei der Ermittlung der privaten Erträge – nicht gibt bzw. ihre Quantifizierung zumindestens äußerst problematisch erscheint, müßte dem

Kosten-Ertrags-Modell, das insbesondere in der angelsächsischen Bildungsökonomie stets stark favorisiert wurde, die praktisch-politische Relevanz für die Bildungspolitik des Staates und die staatliche Bildungsplanung weithin abgesprochen werden.

Die individualistisch-utilitaristische Grundkonzeption der angelsächsischen Bildungsökonomie, die selbst noch die sozialen Zusatzerträge von Bildungsinvestitionen dem einzelnen Wirtschaftssubjekt zuzurechnen sucht, verhinderte jedoch die Einsicht in die Tatsache, daß sich – worauf insbesondere Berg hingewiesen hat – wichtige Aspekte des Problems der Bestimmung der sozialen Erträge »gleichsam von selber lösen, wenn man sie aus gesamtwirtschaftlicher Perspektive betrachtet«. Zwar erscheint es unmöglich, die der Gesellschaft insgesamt zufließenden Erträge von Bildungsinvestitionen ebenso wie die »residence-related beneficiaries« befriedigend zu messen, doch im Hinblick auf die für eine ökonomisch orientierte Bildungspolitik besonders bedeutsamen »employment-related beneficiaries« führt die Aufgabe des mikroökonomischen Ansatzes zu einer relativ einfachen Lösung des Problems. Wertet man nämlich das einem Wirtschaftssubjekt zufließende Einkommen als Gesamtertrag der in ihm inkorporierten Ausbildung, so ist dieser Wert einerseits zu groß, weil ein Teil dieses Ertrages aus den »external benefits« der Ausbildung Dritter besteht. Auf der anderen Seite aber ist der durch das zusätzliche individuelle Lebenseinkommen repräsentierte Ertrag der Ausbildung zu niedrig, weil er die aus der eigenen Ausbildung resultierenden »external benefits« nicht enthält. Die damit verbundene mikroökonomische Problematik hebt sich auf, wenn der Gesamtertrag aller in einem bestimmten Zeitpunkt getätigten Bildungsausgaben betrachtet wird. Denn nach Aggregation der Einkommensdifferenzen aller Absolventen der verschiedenen Ausbildungsabschnitte enthält eine derartige Wirtschaftlichkeitsrechnung für die gesamten Bildungsausgaben alle »external economies« der insgesamt getätigten Bildungsinvestitionen, soweit sich diese Zusatzerträge im Lebenseinkommen niederschlagen. Daraus folgt, daß bei umfassenden Wirtschaftlichkeitsrechnungen, die sich auf sämtliche Stufen und Typen des Bildungssystems beziehen, die errechnete Verzinsung stets auch die ökonomisch besonders relevanten, beschäftigungsbezogenen sozialen Zusatzerträge von Bildungsinvestitionen enthält.

Die Planungsrelevanz und der Anwendungsbereich des Kosten-Ertrags-Modells würde sich damit lediglich auf die globale Ebene

der Bestimmung der optimalen Höhe der gesamten Bildungsausgaben erstrecken können. Im Rahmen einer wissenschaftlich konzipierten mittel- und langfristigen Finanzplanung des Staates könnte
dann die optimale Höhe der Bildungsausgaben bestimmt werden,
sofern der Staat zugleich einen Wirtschaftlichkeitsvergleich (»cost-
benefit analysis«) simultan für sämtliche anderen privaten und
öffentlichen Investitionen sowie zwischen privatem und öffentlichem
Konsum vornimmt. Auch die Bildungsökonomie würde in diesem
Fall der Forderung der Finanzwissenschaft nach Anwendung der
»cost-benefit analysis« im Bereich der Finanzplanung entsprechen,
wobei darüber hinaus auch eine Integration der »cost-benefit analysis« in das umfassendere Konzept des »planning-programming-
budgeting« möglich wäre. Denn das »planning-programming-bud-
geting« strebt (1) eine Integration der einjährigen öffentlichen
Budgets in eine mehrjährige Finanzplanung der öffentlichen Hand,
(2) eine möglichst weitgehende Anwendung der cost-benefit-, der
cost-effectiveness-, der cost-utility- oder der systems analysis und
(3) eine Reorganisation der öffentlichen Verwaltung an, die eine
Strukturierung des Staatshaushaltes nach funktionalen Programm-
kriterien zuläßt.

So eingegrenzt und mit den skizzierten, nicht unerheblichen Einschränkungen könnte der »returns approach« folglich für die Bestimmung der unter ökonomischen Aspekten optimalen Höhe der
staatlichen Bildungsausgaben herangezogen werden. Gegen ein derartiges Planungskonzept dürfte jedoch sofort der Vorwurf eines einseitigen Ökonomismus mit der Begründung erhoben werden, daß die
ökonomische Bedeutung der meisten Infrastrukturprojekte und insbesondere auch der Bildungsinvestitionen hinter ihrer sozialen und
gesellschaftspolitischen Relevanz zurücktritt. Kann dieses Argument
aber legitimerweise – so würde der advocatus diaboli fragen –
gegen die Anwendung der »cost-benefit analysis« auf der Basis des
»returns approach« im Rahmen der staatlichen Bildungspolitik ins
Feld geführt werden? Die soziale und gesellschaftspolitische Relevanz von Bildungsinvestitionen ist ihm ebenso unbestritten wie ihre
ökonomische Bedeutung. Das Kosten-Ertrags-Modell will ferner
ausschließlich die ökonomischen Effekte von Bildung bestimmen
und versucht daher lediglich, den ökonomischen Nettonutzen
bildungspolitischer Entscheidungen abzuschätzen, ohne deshalb
andere Effekte von Bildung zu bestreiten. Letztlich scheint aber
immer wieder verkannt zu werden, daß die Bildungsökonomie mit

einer derartigen Anwendung des ökonomischen Rationalprinzips auf das Bildungswesen und die Bildungsinvestitionen lediglich die Rationalität des Mitteleinsatzes sichtbar machen kann. Die Rationalität der Ziele läßt sich dagegen mit Hilfe des wirtschaftlichen Prinzips nicht bestimmen, weil Rationalität sich stets nur auf die Art bezieht, Ziele bewußt zu machen und Mittel mit höchstem Nutzen zu verwenden. Das ökonomische Prinzip ist folglich ein rein formales Prinzip, das keinerlei Aussagen über die »Richtigkeit« der Motive und Zielsetzungen des Handelns im Bildungswesen treffen kann.

Der »returns approach« schafft in dieser Sichtweise eine planungsrelevante Teilmenge von Informationen, ohne jedoch in der Rendite von Bildungsinvestitionen ein verbindliches oder gar wissenschaftlich begründetes Entscheidungskriterium postulieren zu können. Da darüber hinaus Informationen über die ökonomischen Effekte von Bildung im bildungspolitischen Entscheidungsprozeß über die Höhe des Bildungsbudgets unter dem Gesichtspunkt der Rationalität politischer Entscheidungen besser als keine Informationen sein dürften, muß der Ökonomismus-Vorwurf offensichtlich ins Leere stoßen. Würde jedoch wegen der Knappheit der Mittel der Ertrag von Bildungsinvestitionen tatsächlich zum Entscheidungskriterium erhoben, so handelte es sich hierbei unbeschadet aller theoretisch-methodischen Problematik einer derartigen Ertragsbestimmung nicht um eine ökonomistische Zielfixierung, sondern um eine ausgesprochen politische Dezision. Hinzu kommt schließlich, daß der »returns-Ansatz« aber auch dazu verwendet werden kann, lediglich die isolierten Auswirkungen einer bildungspolitischen Entscheidung zu verdeutlichen, ohne dabei gleich bis zu Verzinsungsrechnungen vorzustoßen. So könnten z. B. auf seiner Basis die Auswirkungen der Veränderung der Bildungsstruktur sowie der Ausbildungszeiten auf Wachstum, Arbeitsproduktivität, Arbeitseinkommen, Steueraufkommen oder Einkommensverteilung untersucht werden. Auch hier könnten sich Einwände nicht gegen den Ansatz als solchen, sondern lediglich gegen das Einkommen als Maßstab derartiger Analysen und gegen die häufig implizite Identifizierung von Wohlfahrtssteigerung und Einkommenswachstum richten. Trotz der Problematik dieses Maßstabes darf aber auch nicht übersehen werden, daß bisher Maßstabsalternativen weithin fehlen und selbst dann, wenn das Konzept der »Sozialen Indikatoren« einmal einen höheren Reifegrad erreicht haben sollte,

auf den Indikator Einkommen in einem sozialen Indikatorenbündel
nicht verzichtet werden kann.

Wertet man alles in allem, so könnte man dem Kosten-Ertrags-
Modell trotz inhärenter Schwächen hinsichtlich der Isolierung des
Faktors Bildung im Einkommenszuwachs und der Totalerfassung
der sozialen Zusatzerträge von Bildung immerhin konzedieren, das
Problem der Bestimmung des optimalen Gesamtbetrages der staatlichen Bildungsausgaben zumindest ansatzweise lösen zu können.
Aber welche strukturell »richtige« Mittelverwendung korrespon-
diert nun mit der so bestimmten optimalen Höhe des staatlichen
Bildungsbudgets? Kann das Kosten-Ertrags-Modell auch auf diese,
noch wesentlich bedeutsamere Frage der Bildungspolitik eine ausreichende Antwort geben? Wenn nicht, so müßte das Kosten-Ertrags-Kalkül auf den returns-Ansatz selbst angewendet werden,
denn in welchem Verhältnis steht dann der relativ hohe »Aufwand«
einer globalen cost-benefit-Analyse zu dem marginalen »Ertrag«
für eine strukturelle Bildungsplanung? Hier liegt die entscheidende Schwachstelle des Kosten-Ertrags-Modells, weil mit Hilfe
partieller Wirtschaftlichkeitsberechnungen von Bildungsinvestitionen die Probleme einer längerfristigen Strukturprognose im Bildungswesen offensichtlich nicht befriedigend zu lösen sind.

Die Bestimmung der optimalen Struktur der Bildungsausgaben
auf der Basis partieller Wirtschaftlichkeitsrechnungen erscheint vor
allem deshalb unmöglich, weil partielle Berechnungen im Gegensatz
zu Globalrechnungen infolge von Marktimperfektionen typischerweise erhebliche Verzerrungen der Einkommen vom Wert des
Grenzproduktes der Arbeit aufzeigen können. Eine Abschätzung
des Ausmaßes und der Richtung dieser Verzerrungen dürfte darüber hinaus kaum möglich sein. Ein weiterer Einwand macht die
Inoperationalität partieller Wirtschaftlichkeitsberechnungen für die
staatliche Bildungspolitik ebenfalls deutlich: Mit Hilfe partieller
Wirtschaftlichkeitsrechnungen kann das Problem der Strukturplanung im Bildungswesen auch deshalb keiner Lösung zugeführt werden, weil auf ihrer Grundlage die sozialen Zusatzerträge der jeweils
betrachteten Bildungsinvestitionen nicht exakt erfaßt bzw. nicht
mindestens zureichend abgeschätzt werden können. Wird beispielsweise die Verzinsung der Ausbildungskosten von Diplom-Kauffleu-
ten auf der Basis der Differenz zwischen den abgezinsten durchschnittlichen Lebenseinkommen der Absolventen von Wirtschaftswissenschaftlichen Fakultäten und denen von graduierten Betriebs-

wirten berechnet, so berücksichtigt der gewonnene Zinssatz nur die externen Effekte, die zwischen diplomierten Wirtschaftswissenschaftlern dadurch auftreten, daß sie ihre Produktivität und damit (entsprechend den Grundannahmen des returns-Ansatzes) ihr Einkommen durch Zusammenarbeit steigern. Die wahrscheinlich wesentlich wichtigeren »external economies«, die daraus resultieren, daß diplomierte Wirtschaftswissenschaftler die Leistungsfähigkeit ihnen unterstellter graduierter Betriebswirte, Buchhalter, Sachbearbeiter einschließlich nicht-graduierter Vorgesetzter erhöhen, bleiben dagegen unberücksichtigt.

Hinzu kommt ferner, daß die Durchschnittsgröße der Rendite eines spezifischen Ausbildungsganges (z. B. Hochschulstudium) für die strukturelle Bildungsplanung des Staates noch nichts über die wahrscheinlich stark divergierenden Erträge verschiedener Studiengänge sowie zwischen verschiedenen Universitäten aussagt.

Sollen Verzinsungsberechnungen von Bildungsinvestitionen tatsächlich als Grundlage der staatlichen Bildungsplanung dienen, so müßten diese Berechnungen daher weiter nach Fachrichtungen und Hochschulen differenziert werden, also etwa nach der Ausbildung für Volkswirte, Juristen, Mediziner, Lehrer, Mathematiker, Chemiker usw. an unterschiedlichen Ausbildungsstätten. Eine Korrektur an den Wirtschaftlichkeitsrechnungen von Bildungsausgaben wäre aber auch insofern notwendig, als sie – wie bereits an früherer Stelle skizziert – von der methodischen Grundüberlegung ausgehen, daß alle Aufwendungen für Bildung und Ausbildung Investitionscharakter besitzen. Die Konsumkomponente der Ausbildung wird damit stillschweigend aus den Berechnungen der Rendite von Bildungsausgaben ausgeklammert.

Ihre Berücksichtigung würde die Kosten der Investition in Ausbildung verringern und damit die Rendite steigern. Inwieweit dieses Argument dazu verwendet werden kann, einer Erweiterung der Ausbildungsmöglichkeiten aus ökonomischen Überlegungen das Wort zu reden, dürfte aber insbesondere davon abhängen, von wem die Kosten der Ausbildung getragen werden.

Es ist evident, daß in einer Gesellschaftsordnung, die die Entscheidung über die Konsumausgaben prinzipiell den privaten Wirtschaftssubjekten zuweist, eine öffentliche Finanzierung zusätzlicher Ausbildung aus Steuergeldern, die lediglich zusätzlichen (Bildungs-)-Konsum ermöglichen würde, nur schwer legitimiert werden kann.

Mit der Frage der Aufteilung der Kosten und Erträge einer Ausbildungsinvestition auf Staat und Private ist zugleich ein weiteres Problem angeschnitten, das gleichfalls zu einer Modifizierung der Resultate von partiellen Verzinsungsberechnungen von Bildungsinvestitionen führen müßte.

Während die Trennung von privaten und öffentlichen Kosten der Ausbildung relativ unproblematisch ist, erweist sich eine Abgrenzung der privaten und gesellschaftlichen Erträge als wesentlich schwieriger. Der private Ertrag einer Ausbildungsinvestition kann im Rahmen der Verzinsungsberechnungen an der Nettoeinkommensdifferenz nach Steuerabzug gegenüber dem Nichtausgebildeten oder Nicht-so-gut-Ausgebildeten gemessen werden. Für den sozialen Ertrag gibt es dagegen einen solchen relativ einfachen Maßstab nicht, so daß die externen Effekte der Ausbildung mit partiellen Verzinsungsberechnungen nicht zureichend erfaßt werden können. Zieht man trotzdem derartige Berechnungen als Grundlage konkreter Strukturplanungen des Bildungswesens heran, so müßte ein Auseinanderklaffen der Kosten- und diskontierten Ertragswerte einer Ausbildungsstufe als ein Indikator für Über- oder Unterinvestition für die betreffende Ausbildungsstufe interpretiert werden. Im Falle einer Unterinvestition beispielsweise könnte der Staat, will er die Freiheit der Ausbildungs- und Berufswahl nicht antasten, dieser Ausbildungs-Unterinvestition nur durch Erhöhung der privaten Rendite begegnen. Die Erhöhung der privaten Rendite ließe sich auf verschiedene Weise erreichen, wobei entweder der private Ertrag durch Reduzierung der Steuerbelastung (z. B. durch Abschreibungsmöglichkeiten auf das Bildungskapital) erhöht oder die privaten Kosten durch Reduzierung der Ausbildungsgebühren (z. B. durch Übernahme auf den öffentlichen Haushalt oder durch Ausdehnung der staatlichen Bildungsförderung) verringert werden können.

Zudem könnten beide Maßnahmen auch kombiniert eingesetzt werden. In beiden Fällen müssen aber die Wirkungen sowohl auf die soziale Selektion der Auszubildenden als auch auf die Einkommensverteilung beachtet werden.

Im ersten Fall einer Erhöhung des privaten Ertrages durch Reduzierung der Steuerbelastung würden die Netto-Einkommensdifferenzen zwischen verschiedenen Ausbildungsgruppen erhöht. Die private Finanzierung der Ausbildungskosten würde darüber hinaus eine Selektion der Auszubildenden nach dem Einkommen bzw. dem Vermögen der Eltern begünstigen. Der zweite Fall einer Verringe-

rung der privaten Kosten durch Reduzierung der Ausbildungsgebühren wird daher der privatwirtschaftlichen Lösung in der
Regel vorgezogen. Doch darf hierbei nicht übersehen werden, daß
die Übernahme der Ausbildungskosten durch den Staat gleichfalls
Probleme aufwirft. So ist vor allem umstritten, ob es gerechtfertigt
ist, daß die große Zahl der Nichtausgebildeten oder Nicht-so-gut-
Ausgebildeten mit Hilfe der von ihnen aufgebrachten Steuern zur
Einkommenserhöhung einer relativ geringen Zahl von Hochqualifizierten beitragen soll. Eine Legitimation ließe sich einmal in der
höheren Besteuerung der Einkommen der Hochqualifizierten finden.
In diesem Fall würde die öffentliche Finanzierung der Ausbildung
gewissermaßen einen öffentlichen Kredit an den Ausbildungsempfänger darstellen. Dies gilt aber uneingeschränkt nur so lange, solange nicht die durchschnittliche Verzinsung der privaten Bildungsausgaben für diese Ausbildungsgruppe vor und nach Steuerabzug
über der Verzinsung des gesamten Bildungsaufwandes liegt, da
dann der negative Effekt einer Ertragsminderung durch die Ein-
kommenssteuerprogression durch den positiven Effekt der Ertrags-
mehrung infolge der Subventionierung hochqualifizierter Bildung
durch den Staat überkompensiert würde. Ein anderer Rechtferti-
gungsgrund könnte in den außermarktmäßigen, externen Effekten
hochqualifizierter Bildung gesehen werden, die auch den Nichtausgebildeten bzw. den Nicht-so-gut-Ausgebildeten zugute kommen.

Mit dem Verweis auf die »external benefits« ist man jedoch wieder am Ausgangspunkt der grundsätzlichen Problematik partieller
Wirtschaftlichkeitsrechnungen für die staatliche Bildungspolitik angelangt. Denn gerade aus dem Versagen partieller Wirtschaftlichkeitsrechnungen, diese externen Effekte zureichend zu erfassen,
resultiert ja insbesondere die Notwendigkeit, andere operationale
Kriterien und Instrumente als das Kosten-Ertrags-Kalkül für die
staatliche Strukturplanung im Bildungswesen zu entwickeln. Aus
der Bestimmung der optimalen *Höhe* der staatlichen Bildungsausgaben folgt damit nicht auch simultan die optimale *Struktur* der
staatlichen Bildungsausgaben durch das Kosten-Ertrags-Modell. Zu
dem Problem der »external benefits« kommt hinzu, daß Struktur-
entscheidungen im Bildungswesen mit diesem Ansatz auch nur dann
begründet und getroffen werden könnten, wenn aus den für die
Vergangenheit errechneten Durchschnittswerten der Verzinsung der
Bildungsausgaben hinlänglich sichere Informationen über die zukünftige Verzinsung gegenwärtiger Bildungsausgaben abgeleitet

werden können. Entscheidend ist dabei allerdings nur, daß Verzinsungsrechnungen gesicherte Zukunftsprognosen ermöglichen, nicht jedoch, ob sich aus ihnen eine Konstanz, ein Steigen oder Sinken des Grenzertrages von Bildungsinvestitionen ergibt. Denn durchschnittliche Renditen sind ein Indikator für einen Gleichgewichtszustand zwischen Angebot und Nachfrage bei ausgebildeten Arbeitskräften, überdurchschnittliche Renditen für entsprechende Knappheitserscheinungen und unterdurchschnittliche Renditen für Überschußsituationen. Wegen der langen Ausreifungszeit (»gestation period«) von Bildungsinvestitionen, aber auch wegen zwingend notwendigen Gegenüberstellungen von Ausbildungskosten mit den lebenszeitlichen Einkommensdifferenzen im Kosten-Ertrags-Modell aufgrund der langen Lebensdauer (»operation period«) von Bildungsinvestitionen müssen aus den Einkommensdifferentialen der Vergangenheit und Gegenwart jedoch zeitlich sehr weitreichende Schlußfolgerungen in einer Prognose der zukünftigen Ertragsraten gezogen werden. Selbst wenn für die Zukunft ausreichende Informationen über konstante, sinkende oder steigende Ertragsraten von Bildungsinvestitionen bei spezifischen Ausbildungsgruppen zur Verfügung stehen würden, so setzte die Verwendung des Kosten-Ertrags-Kalküls für die staatliche Bildungsplanung darüber hinaus zusätzlich auch noch voraus, daß es keine Marktimperfektionen und Bildungsmonopole gibt, weil andernfalls die ausgebildeten Arbeitskräfte nicht entsprechend ihrem Grenzprodukt entlohnt würden und eine Diskrepanz zwischen Arbeitsqualitätsdifferenzen und Einkommensrelationen bestünde. Unterstellt man dagegen, daß das Kosten-Ertrags-Kalkül eine ständige Anpassung an die Gleichgewichtssituation von Angebot und Nachfrage ausgebildeter Arbeitskräfte durch einen Prozeß der ständigen Anpassung der Ertragsraten im Sinne eines »piecemal adjustment« herbeiführen soll, so müßte die laufende Orientierung an kurzfristigen Ertragsratenschwankungen zu permanenten Umorientierungen der Bildungsentscheidungen und Bildungsprozesse führen. Diese müßten daher so flexibel sein, daß sich sowohl die individuellen Bildungsentscheidungen als auch die Ausbildungsgänge, Lehrpläne, Sach- und Personalkapazitäten jeder Ertragsraten-Konstellation unendlich rasch anpassen könnten.

Damit zeichnet sich ab, daß der Kosten-Ertrags-Ansatz offensichtlich an seinen eigenen Prämissen scheitert. Deutlich wird dies aber auch beim Reduktionskosten-Ansatz, sofern er nicht nur analytischen Charakter besitzt, sondern zugleich normativen Rang in der Planung gewinnt. Denn gleichgültig, ob die Reduktion von komplizierter auf einfache Arbeit mit Hilfe der Reproduktionskosten wie z. B. bei Maier oder auf der Basis der Lohndifferenzen wie bei Strumilin vorgenommen wird, immer dann, wenn die Reduktionskoeffizienten zur Grundlage der Lohnbildung werden, wäre dies nur gerechtfertigt, wenn vollkommene Marktbedingungen existierten, weil nur in diesem Falle die Reproduktionskostendifferenzen oder die Lohndifferenzen den Produktivitätsdifferenzen vollkommen entsprechen würden. Da aber in den sozialistischen Ländern die Lohnbildung nicht auf dem Arbeitsmarkt erfolgt, ja bewußt eine Trennung von Produktions- und Distributionssphäre angestrebt wird, würde durch eine Bindung der Lohngruppen des Tarifsystems an die Reduktionskoeffizienten von Arbeitskräften unterschiedlichen Kompliziertheitsgrades geradezu die Fiktion einer ausbildungsadäquaten Entlohnung geschaffen, die letztlich auf einer Tautologie beruht.

Das Versagen partieller Wirtschaftlichkeitsrechnungen für die staatliche Planung der optimalen Bildungsstruktur – ob nun auf der Basis des »returns to education approach« oder des Reproduktionskostenansatzes – scheint somit allgemein. Allerdings mit dem Unterschied, daß sich dies in den sozialistischen Ländern offensichtlich gravierender auswirkt, weil die Planung hier nicht nur die Höhe, sondern auch die Struktur der Arbeitskräfte, der Bildungsausgaben usw. fixieren muß und zugleich stets einen staatlichen Charakter aufweist. Demgegenüber könnte man, wenn man der Logik des Kosten-Ertrags-Kalküls treu bleiben will, in den kapitalistischen Ländern über alle Einwände gegen partielle Wirtschaftlichkeitsrechnungen von Bildungsinvestitionen dann hinwegsehen, wenn man das Kosten-Ertrags-Kalkül nicht auf die staatliche Bildungsplanung, sondern lediglich auf die individuelle Bildungsentscheidung bezieht. Denn für die individuelle Bildungsentscheidung ist die Realgeltung der Grenzproduktivitätsannahmen völlig irrelevant, da der »returns approach« für das Individuum im Planungsstadium einer Bildungsinvestition lediglich eine Information über das zum Zeitpunkt unmittelbar vor Beginn der Ausbildungsinvestition oder des Berufseintritts zu erwartende Lebenseinkommen bzw. über die Verzinsung seiner Ausbildungskosten bereitstellen soll.

VIII.

Wird die Bildungsentscheidung grundsätzlich als individuelles Problem angesehen, so ist eine staatliche Planung des Bildungssystems nicht erforderlich. Um so größere Bedeutung kommt dann aber dem Kosten-Ertrags-Kalkül zu, damit die individuelle Entscheidung rational getroffen werden kann. Gerade Milton Friedman hat ja die Ineffektivität der staatlichen Bildungsplanung damit begründet, daß durch die staatliche Finanzierung oder Förderung von weiterführender Bildung die Kostenkalkulation der individuellen Bildungsentscheidung ökonomisch zuungunsten der Rationalität des Gesamtsystems verzerrt und eine latente Tendenz zur »overeducation« ausgelöst wird. Wenn man deshalb eine bessere Wirtschaftlichkeit der Bildungsentscheidungen erreichen will, so muß entweder das bislang staatliche oder staatlich geförderte Bildungssystem voll reprivatisiert bzw. zumindest ein Wettbewerb zwischen staatlichen und privaten Schulen installiert werden. Da der soziale Nutzen von Bildung Friedman zufolge zudem beim niedrigsten Bildungsniveau am größten ist, der private Ertrag von weiterführender beruflicher Bildung jedoch überwiegend dem Ausgebildeten selbst zufließt, soll der einzelne die Kosten seiner Ausbildung grundsätzlich selbst tragen, wobei der Staat oder öffentliche Körperschaften allerdings bei Bedarf Darlehen gewähren können, die später nach Abschluß der Ausbildung zurückzuzahlen sind.

Die Reprivatisierung des Bildungssystems ermöglicht im Gegensatz zum staatlichen Bildungsmonopol eine schnellere Abstimmung von Angebot und Nachfrage, da der individuelle »Humankapitalist« seine Bildungsentscheidung strikt nach dem Kosten-Ertrags-Kalkül trifft und die jeweilige Bildungseinrichtung als »Schulkapitalist« zumindest kostendeckend, möglichst aber mit Gewinn arbeiten muß. Dies ist jedoch nur möglich, wenn sie den Schülern einen hohen Ertrag ihrer Ausbildungskosten und damit zugleich eine friktionslose Übernahme ihrer Absolventen auf dem Arbeitsmarkt garantieren kann. Die Reprivatisierung des Bildungswesens, bei Bedarf durch öffentliche Vorfinanzierung der Ausbildungskosten abgestützt, erweitert folglich in Friedmans Sicht die Wahlmöglichkeiten der Schüler und schafft damit über den Markt nicht nur eine effektive individuelle Bedürfnisbefriedigung, sondern auch eine proportionale Repräsentation der Bildungswünsche: »Das Problem ist nicht so sehr, daß wir zu wenig Geld (für Bildung; Anm. d.

Hrsg.) ausgeben ... sondern daß wir sowenig für unser Geld bekommen.«

Wenn Friedman im Gegensatz zur Forderung nach staatlicher Bildungsplanung die radikale Einordnung des Bildungswesens in die Marktwirtschaft fordert, so vor allem deshalb, um durch Konkurrenz eine volle Befriedigung der Bildungsnachfrage sicherzustellen. Nach seiner Auffassung hat sich der Marktmechanismus stets als der überlegene Allokationsmechanismus erwiesen. Da dies auch für das Bildungssystem angenommen wird, so muß er zwangsläufig fordern, daß die Bildungsausgaben in gleicher Weise wie Realkapitalinvestitionen durch private Mittel einschließlich staatlich oder öffentlich garantierter Darlehen finanziert werden sollen. In diesem Falle müssen die Schüler und Studenten die vollen Kosten ihrer Ausbildung selbst tragen und mit dem Kosten-Ertrags-Kalkül stets prüfen, ob die von ihnen finanzierte Ausbildungsinvestition auch rentabel ist.

Wenn Friedman glaubt, daß auf diese Weise im Bildungswesen effizientere Steuerungskräfte als bisher zum Tragen kommen, so handelt es sich dabei jedoch nicht nur um ein technisches Argument. Denn in einer im Prinzip marktwirtschaftlich organisierten Volkswirtschaft besteht die Aufgabe des Staates nach Friedman vor allem darin, den institutionellen Ordnungsrahmen der Wirtschaft zu bestimmen und die Spielregeln des wirtschaftlichen Handelns festzulegen. Eingriffe in den Wirtschaftsablauf erscheinen auf dieser normativen Basis des ökonomischen Liberalismus nur dann gerechtfertigt, wenn Marktunvollkommenheiten die Funktionsfähigkeit des Wettbewerbs verhindern, beträchtliche »external economies« mit staatlicher Tätigkeit verbunden sind oder der einzelne seinen eigenen Interessen bzw. die Familie dem Wohle ihrer Kinder bewußt oder infolge mangelnder Einsicht permanent zuwiderhandeln. Da alle drei Bedingungen in einem reprivatisierten Bildungssystem nicht gegeben wären, muß für ihn die Forderung nach staatlicher Finanzierung von privaten Bildungsinvestitionen ebenso abwegig wie etwa das Verlangen nach staatlicher Finanzierung von privaten Realkapitalinvestitionen erscheinen. Ist jedoch erst einmal das Bildungssystem in private Regie überführt worden, so versteht es sich von selbst, daß in einem derartigen System, in dem die Funktionen des Staates im Bildungswesen weitgehend subsidiärer Natur sind, keine Notwendigkeit mehr für eine langfristige staatliche Bildungsplanung besteht.

Die Kritik an dem Konzept von Friedman setzt an seiner Über-
schätzung der Funktionstüchtigkeit des Marktmechanismus sowie
der Funktionsfähigkeit der Lenkungs- und Ausgleichsfunktion des
marktwirtschaftlichen Preisautomatismus im Bildungswesen an. So
erscheint es evident, daß das Markt- und Preissystem eine langfristig wirksame Selbststeuerung der Ausbildungsprozesse nicht
gewährleisten kann. Dafür werden vor allem folgende Argumente
angeführt:

- Gegen das befriedigende Funktionieren der Lenkungsfunktion
  des Preises im Bildungssektor spricht vor allem die Tatsache, daß
  der Markt- und Preismechanismus nur kurzfristig wirkt, während
  die durchschnittliche Ausbildungszeit qualifizierter und hochqualifizierter Arbeitskräfte ein bis zwei Jahrzehnte betragen kann.
- Infolge der langen Ausreifungszeiten von Bildungsinvestitionen
  ist der Zeitbedarf für die Anpassung des Bildungssystems an veränderte Nachfrageverhältnisse entsprechend groß. Damit ergeben
  sich für Bildungsinvestitionen Produktions- und Planungsperioden von einer solchen Länge, die auch bei privatwirtschaftlichen
  Investitionen eine Orientierung am Preis ausschließen.
- Die Marktpreise berücksichtigen nicht die sozialen Zusatzerträge
  und Zusatzkosten von Bildung und können somit nicht die Diver-
  genzen zwischen den individuellen Nutzenfunktionen und der
  sozialen Wohlfahrtsfunktion sichtbar machen.
- Das Vorherrschen der Konsumentensouveränität und damit der
  reinen Zeitpräferenz der Konsumenten dürfte entsprechend dem
  Böhm-Bawerkschen Gesetz der Höherschätzung von Gegen-
  wartsgütern gegenüber Zukunftsgütern zu einer systematischen,
  perspektivischen Unterbewertung der Leistungen des Bildungssystems durch die Konsumenten führen.
- Im Bildungswesen versagt jedoch nicht nur die Lenkungsfunktion
  des Preises. Auch die zweite Funktion des Preises, stets einen
  Ausgleich zwischen Angebot und Nachfrage herbeizuführen,
  kann im Bildungssektor nur unzureichend wirksam werden, weil
  die Starrheit vieler Preise nach unten die Bildung eines Gleich-
  gewichtspreises verhindert.
- Die geringe Transparenz des Bildungssektors und des Arbeitsmarktes macht es dem einzelnen selbst bei einer langfristig orientierten Präferenzstruktur nahezu unmöglich, seine der Berufswahl vorausgehende Ausbildungswahl auf verläßliche Informa-

tionen über die zukünftige Marktlage der für ihn relevanten Berufe zu stützen, weil es für den einzelnen mit zunehmender Spezialisierung und Funktionsdifferenzierung der Berufe immer schwieriger wird, entsprechende Informationen zu gewinnen und zu gewichten.

- Daraus könnten schließlich zyklische Bewegungen im Bildungssektor ausgelöst werden, die einerseits aufgrund der Orientierung an kurzfristigen Kosten-Ertragsdifferenzen und andererseits infolge der langen Ausreifungszeit von Bildungsinvestitionen und des dadurch bedingten großen Zeitbedarfs für die Anpassung des Bildungssystems an veränderte Angebots-Nachfrage-Konstellationen infolge von time-lags zu starken zyklischen Schwankungen der Bildungsinvestitionen um das Gleichgewicht von Angebot und Nachfrage entsprechend dem Cobweb-Theorem führen. In diesem Fall kann das Gleichgewicht erst nach mehrfachen korrespondierenden Einkommens- und Mengenschwankungen erreicht werden; es ist aber auch möglich, daß die Bildungsinvestitionen permanent um den Gleichgewichtspunkt schwanken oder sich die Einkommens- und Mengenschwankungen so aufschaukeln, daß sich das System immer stärker vom Gleichgewichtszustand entfernt.

- Auch der unregelmäßige Altersaufbau in den verschiedenen Kategorien qualifizierter Arbeitskräfte kann zu zyklischen Bewegungen der Bildungsinvestitionen im Sinne von Reinvestitionszyklen nach dem Echo-Prinzip führen, die abwechselnd einen hohen und niedrigen Ersatzbedarf an ausgebildeten Arbeitskräften auslösen.

Aus diesen theoretischen Argumenten folgt, daß die Abstimmung des aus der individuellen Nachfrage nach Bildungsleistungen resultierenden zukünftigen Angebots an ausgebildeten Arbeitskräften mit dem zukünftigen Ausbildungsbedarf von Wirtschaft und Gesellschaft nicht allein dem Markt- und Preismechanismus überlassen werden kann. Setzt man Preisflexibilität voraus, so kann das Preissystem bestenfalls die kurzfristig wirksame Funktion der Sichtbarmachung der Knappheitsrelationen von unterschiedlich ausgebildeten Arbeitskräften sowie die gleichfalls kurzfristige Funktion des Ausgleichs von Angebot und Nachfrage bei ausgebildeten Kräften erfüllen. Die langfristig wirksame Funktion der Orientierung der Ausbildungsentscheidungen auf die zukünftige Entwicklung des

Beschäftigungssystems ebenso wie die langfristige Funktion der Koordination von zukünftigem Ausbildungspotential und Ausbildungsbedarf scheint der Markt- und Preismechanismus jedoch prinzipiell nicht lösen zu können. Hieraus resultiert dann die Forderung nach einer langfristigen, aktiven und mit dem Beschäftigungssystem abgestimmten staatlichen Bildungsplanung, um

- den individuellen und staatlichen Entscheidungsträgern konsistente Informationen über die zukünftige Entwicklung des Bildungs- und Beschäftigungssystems zur Verfügung stellen,
- Friktionen zwischen dem Bildungs- und Beschäftigungssystem möglichst frühzeitig erkennen, und damit
- notwendige Interventionen und Planungsmaßnahmen rechtzeitig einleiten zu können.

Diese auf dem Versagen der Selbststeuerung basierende Forderung nach einer koordinierten Arbeitskräfte- und Bildungsplanung impliziert jedoch gleichzeitig die Entwicklung von bildungsökonomischen Planungsansätzen, mit deren Hilfe die staatlichen Bildungsaufwendungen den einzelnen Bildungszwecken so zugewiesen werden können, daß sie auf optimale Weise dem Ausbildungsbedarf von Wirtschaft und Gesellschaft sowie der individuellen Nachfrage nach Ausbildung entsprechen.

Es wäre jedoch zu kurz gegriffen, wollte man diese Forderung allein auf die technischen Probleme einer möglichen oder tatsächlichen Unzulänglichkeit des Markt- und Preisautomatismus für die Steuerung der Bildungsinvestitionen zurückführen. Denn gegen eine Preissteuerung der Bildungsprozesse wird nicht nur die *Unzuverlässigkeit* des Kosten-Ertrags-Kalküls sowie des Preisautomatismus, sondern zugleich auch die *Unzulässigkeit* des Postulats einer grundsätzlich preisregulativen Anpassung des Bildungssektors ins Feld geführt. Es sind folglich nicht nur technische Argumente, sondern auch normative Begründungszusammenhänge, die zur Ablehnung eines preis- und renditegesteuerten Allokationsmechanismus im Bildungswesen führen. So wird beispielsweise auch in der »bürgerlichen« Bildungsökonomie auf das antiquierte Menschenbild verwiesen, das der Argumentation von Friedman zugrunde liegt, derzufolge die Schüler und Schüler-Eltern bei ihrer Bildungswahl nicht nur die langfristig optimale Entscheidung anstreben wollen, sondern diese auch inhaltlich kennen und stets auch ihrer Einsicht entsprechend handeln.

An der Frage »Reprivatisierung oder staatliche Planung des Bildungssystems« scheiden sich somit auch in der »bürgerlichen« Bildungsökonomie die Geister. Während die einen das freie Spiel des Marktes im Bildungssektor favorisieren, entscheiden sich die anderen für eine langfristige staatliche Planung der Bildungsprozesse. Sieht man von den technischen Argumenten gegen eine Preissteuerung des Bildungssystems einmal ganz ab, so ist für die letztere Position vor allem ausschlaggebend, daß der Staat als »objektiver Sachwalter der Interessen« den Gegensatz von Chancengleichheit und Risikobereitschaft, der im Marktmodell unkontrolliert aufbrechen müßte, durch vorausschauende Planung prophylaktisch mildern und langfristig sogar völlig aufheben sollte. Hinzu kommt ein pragmatisches Argument in der planungsfreudigen »bürgerlichen« Bildungsökonomie: auch das Friedman-Modell dürfte zyklische Schwankungen des Bildungssektors mit Phasen der Über- und Unterproduktion bestimmter Ausbildungsqualifikationen nicht nur nicht verhindern können, sondern möglicherweise sogar noch provozieren, so daß es wieder eine Frage der »cost-benefit analysis« ist, in welchem Verhältnis die »Kosten« dieser Anpassungskrisen zu den Aufwendungen für eine staatliche Bildungsplanung stehen.

Das Problem »Markt oder Plan« stellt sich naturgemäß für die marxistische Bildungsökonomie so lange nicht, solange sie sich ausschließlich mit bildungsökonomischen Problemen in den sozialistischen Ländern auseinandersetzt. Denn es versteht sich naturgemäß von selbst, daß in einem System zentraler Planung auch die Bildungs- und Arbeitskräfteplanung einen integralen Bestandteil des volkswirtschaftlichen Planungssystems darstellt. Bezogen auf die kapitalistischen Länder konstatiert die marxistische Bildungsökonomie jedoch für die Bildungsplanung unter den Bedingungen des sogenannten staatsmonopolistischen Kapitalismus einen grundlegenden Widerspruch zwischen dem marktwirtschaftlichen Steuerungsprinzip des ökonomischen Sektors, der aufgrund von Konkurrenz und Profitinteresse nicht gesamtwirtschaftlich geplant werden kann, und dem Anspruch der »bürgerlichen« Bildungsökonomie, Orientierungsgrundlagen für eine Planung des Ausbildungssektors im Kapitalismus entwickeln zu können. In dieser Dichotomie von Bildungsplanung und Wirtschaftsliberalismus werden für die marxistische Bildungsökonomie die grundlegenden Widersprüche der kapitalistischen Produktionsweise sichtbar, da nach ihrer Auffas-

sung der kapitalistische Preis- und Profitmechanismus nicht in der
Lage ist, eine dem Stand der Produktivkräfte gemäße Entwicklung
des Bildungswesens herbeizuführen. Aber auch die planende Tätigkeit des Staates steht vor einem doppelten Steuerungsdefizit. Denn
einerseits macht die geringe Markttransparenz eine Abstimmung
der staatlichen Bildungsplanung mit dem Ausbildungsbedarf der
Wirtschaft so gut wie unmöglich. Andererseits kann aber der freie
Markt jenseits jeder staatlichen Bildungsplanung diese Funktion gleichfalls nicht erfüllen. Trotzdem muß der Staat auch im
Kapitalismus aufgrund der Anforderungen der »technischen Revolution«, der Notwendigkeit der Wachstumsbeschleunigung durch
Bildungsinvestitionen sowie der Konkurrenz der Systeme in Ost
und West seine Planung im Bildungssystem intensivieren, auch
wenn es sich dabei – wie Bönisch ausführt – um einen widersprüchlichen Prozeß handelt: »Der wissenschaftlich-technische Fortschritt
hat in den kapitalistischen Ländern vielfältige Auswirkungen auf
die Beschäftigten- und Qualifikationsstruktur, mit denen sich sowohl die Unternehmen als auch der Staat auseinandersetzen müssen. Die größeren Betriebe bilden zwar teilweise selbst die erforderlichen Arbeitskräfte aus, sie sind aber weder in der Lage noch daran interessiert, eine dem Entwicklungsstand der Produktivkräfte
gemäße Bildungsstruktur herbeizuführen. Sie wollen zwar soweit
wie möglich von den staatlichen Bildungsausgaben profitieren, ihre
eigenen finanziellen Leistungen aber so niedrig wie möglich halten.
Aus diesem Grunde muß der Staat als gesamtgesellschaftliches
Organ diese Aufgabe lösen. Bislang hat der Staat – und darin zeigt
sich die hemmende Wirkung der kapitalistischen Produktionsverhältnisse – auch auf dem Bildungssektor vornehmlich reaktiv gehandelt und bei weitem nicht einmal die dringlichsten Probleme
gelöst. Erst in neuerer Zeit wurden in den meisten industriell entwickelten kapitalistischen Ländern eine Reihe wichtiger Voraussetzungen für eine staatsmonopolistische Bildungspolitik geschaffen.
Dazu gehören Analysen, Prognosen und Programme des Bildungswesens, mit denen der kapitalistische Staat vor allem den Groß-
unternehmen über eine Umstrukturierung der Arbeitskräfte eine
günstige Verwertung des Kapitals ermöglicht.«
    In der Sicht der marxistischen Bildungsökonomie kann die Aus-
weitung der staatsmonopolistischen Regulierungstätigkeit im Bildungswesen keine dauerhafte Lösung der im Kapitalismus bestehenden Widersprüche bringen, auch wenn sie in den durch die

antagonistischen Klasseninteressen gezogenen Grenzen zu einer Ausweitung des rationalen Handelns beiträgt und eine Form gesellschaftlicher Lenkung darstellt, die bereits über das kapitalistische System hinausgreift. Wesentlichste Restriktion für die Rationalität einer gesamtstaatlichen und staatsmonopolistischen Bildungsplanung besteht ihrer Auffassung nach insbesondere darin, daß die »bürgerliche« Bildungsökonomie die Bildungsplanung als Teilsystemplanung nicht in eine umfassende gesellschaftliche Gesamtsystemplanung einfügen kann. Für die marxistische Bildungsökonomie ist eine derartige rationale Bildungsplanung auf gesamtwirtschaftlicher Ebene erst im Sozialismus, wo eine Identität von individuellen und gesellschaftlichen Zielen und Interessen unterstellt wird, möglich.

Oberstes Ziel für die Bildungsökonomie in sozialistischen Ländern muß es dagegen sein, durch Bildungsplanung sicherzustellen, daß Bildung zum »Ziel und Faktor« der gesellschaftlichen Entwicklung wird. Bildung als Ziel bedeutet im Marxschen Sinne die Reduktion der notwendigen Arbeit der Gesellschaft auf ein Minimum, um disponible Zeit für die allseitige Entwicklung aller Mitglieder der sozialistischen Gesellschaft zu gewinnen. Bildung als Faktor verweist auf die produktivitätsbestimmende und wachstumsfördernde Funktion von Bildung im volkswirtschaftlichen Reproduktionsprozeß, wobei sich entsprechend der zentralen Rolle der Arbeit im Dialektischen und Historischen Materialismus die Qualifikation der Arbeitskräfte im Prozeß der praktischen Tätigkeit ständig bewähren und weiterentwickeln muß. Auch wenn die marxistische Bildungsökonomie im Sozialismus keine Antinomie von Ökonomie und Bildung erkennen kann, so wird doch Bildung als Ziel und Faktor in der sozialistischen Produktionsweise, d. h. die allseitige Entwicklung des Individuums und der volkswirtschaftliche Reproduktionsprozeß, als dialektisches Wechselverhältnis gesehen, weil die Entwicklung der Individuen sowohl vom erreichten Stand der Produktivkräfte abhängt als auch gleichzeitig den entscheidenden Faktor für das Wachstum der Produktivkräfte bildet. Für die Zielbestimmung des Bildungssystems im Sozialismus hat die marxistische Bildungsökonomie daher wissenschaftliche Grundlagen für eine Bildungsplanung zu entwickeln, die zugleich die volle Entfaltung der ökonomischen Potenz von Bildung als auch die allseitige Entwicklung der Persönlichkeit ermöglicht. Dabei muß sie vor allem auch einen »theoretischen Vorlauf« für die Planung der

Bildungsprozesse schaffen, um ein rationales Verhältnis zwischen den Grundmittelfonds, Bildungsfonds sowie den sonstigen gesellschaftlichen Aufwendungen für den Reproduktionsprozeß zu erzielen und die sozialistische Wirtschaftsplanung durch eine konsistente Arbeitskräfte-, Kader- und Bildungsplanung absichern zu können.

Dieser Katalog der Grundaufgaben der sozialistischen Bildungsökonomie ist ebenso zwingend, wie die Kritik der marxistischen Bildungsökonomie an der Bildungsplanung in den kapitalistischen Ländern der Überraschung entbehrt. Denn es folgt zwangsläufig aus den Annahmen der marxistischen Theorie, daß selbst der Staat im Kapitalismus mit seiner Bildungsplanung letztlich nur der Verwertung des Kapitals zu dienen hat. Dies ist naturgemäß auch die Grundlage der neomarxistischen Bildungsökonomie, doch ist ihre Einschätzung der staatlichen Bildungsplanung im »Spätkapitalismus« um so facettenreicher, je stärker sie in ihrer bildungsökonomischen Analyse anstelle des Wertbildungsprozesses auf den Produktionsprozeß abhebt. Damit gewinnt die Struktur der im Produktionsprozeß nachgefragten Qualifikationen zentrale Bedeutung. Oberstes Ziel des Bildungssystems muß auch in der neomarxistischen Perspektive die volle »Emanzipation« des Menschen sein. Was immer darunter verstanden wird, ist in der neomarxistischen Bildungsökonomie weithin offengeblieben und ist (oder konnte) bislang auch nicht operationalisiert werden. Folgt man jedoch dem Argumentations- und Begründungszusammenhang neomarxistischer Bildungsökonomie, so muß die gegenwärtig vorherrschende ökonomische Reproduktionsfunktion des Bildungssystems sukzessive durch emanzipative Funktionen abgelöst werden. Allerdings wird es von einer Reihe neomarxistischer Bildungsökonomen geradezu als ein Kennzeichen der modernen Entwicklung angesehen, daß das Bildungs- und Beschäftigungssystem unter kapitalistischen Bedingungen immer weiter auseinanderklaffen, weil die Verselbständigung des Ausbildungssystems ein notwendiges Resultat der kapitalistischen Produktionsweise selbst darstellt. Im Produktionsprozeß des vollentfalteten industriellen Kapitalismus werden Masuch zufolge Intensivitätsqualifikationen, produktive Qualifikationen und innovative, wissenschaftliche Qualifikationen nachgefragt. Das Sinken der produktiven Qualifikationen (Geschicklichkeit, Arbeitserfahrung usw.) und das steigende Niveau der Intensivitätsqualifikationen (Fleiß, Ausdauer, ebenso abstraktere Arbeitstugenden wie Pünktlichkeit, Verläßlichkeit) bedingen sich dabei gegenseitig. Mit der inzwischen dominanten Bedeutung der Intensivitätsqualifikationen für die Arbeitsvollzüge des unmittelbaren Produktionsprozesses ist ferner eine Verselbständigung der Produktionsprozesse gegenüber dem Arbeitsvermögen verbunden. Damit ist zugleich auch eine Verselbständigung des Ausbildungssystems gegeben, das sich in seiner Funktionsleistung hauptsächlich in der Produktion von Intensivitätsqualifikationen erschöpft. Der Widerspruch zwischen Funktion und Funktionserfüllung des Ausbildungssystems macht folglich den Charakter der Krise des Bildungssystems im Spätkapitalismus aus, da insbesondere das Innovationstempo der industriellen Berufe stets das Innovationstempo des Ausbildungssystems übertrifft und sich das Ausbildungssystem damit tendenziell dysfunktional zum gesellschaftlichen System verhält. Die Chance zur Emanzipation kann jedoch erst wirksam werden, wenn diese Dysfunktionalität zwischen dem Bildungs- und Beschäftigungssystem durch staatliche Bildungsplanung aufgehoben werden kann. Staatliche Bildungsplanung muß daher so angelegt sein, daß sie unter Berücksichtigung der ökonomischen Reproduktionsfunktion des Bildungssystems zugleich ein Potential für emanzipative Funktionen freilegt. Daß diese Strategie für die staatliche Bildungsplanung aus neomarxistischer Sicht jedoch ambivalent ist, dürfte auf der Hand liegen, weil die Frage »cui bono« auch für die staatliche Bildungsplanung immer erst ex post beantwortet werden kann, nämlich dann, wenn die im Bildungssystem Qualifizierten auf dem Arbeitsmarkt ihre Qualifikation anbieten. Hinzu kommt, daß staatliche Maßnahmen, die die Dysfunktionalität zwischen dem Bildungssystem und den Qualifikationsanforderungen aufheben sollen, dem Beschäftigungssystem nützen und Emanzipation somit zugleich zur Stabilisierung des Systems beitragen kann.

Will man ein Resümee zur Forderung nach staatlicher Bildungsplanung ziehen, so zeigt sich, daß theoretische, technische und normative Begründungszusammenhänge für eine staatliche Bildungsplanung ebenso wie die dahinterstehenden politischen Antriebskräfte und Motivationen äußerst differenziert und vielschichtig sind. Sie machen sichtbar, daß die Bildungsökonomie im Kampf um die Zielbestimmung des Bildungssystems heute in dem zentralen Schnitt- und Spannungsfeld von Liberalismus, Keynesianismus, Sozialismus und Neomarxismus steht. Mit der Forderung nach staatlicher Bildungsplanung, aber auch mit der Empfehlung einer Reprivatisierung des Bildungssystems, verläßt die Bildungsökono-

mie unwiderruflich den Schonraum der wissenschaftlichen Analyse
und betritt die ungeschützte Arena der praktischen Politikberatung.

IX.

Dieser Bezug zur Politikberatung wird nun besonders deutlich
beim Manpower-Ansatz sowie dem Social demand-Ansatz, die zu
den weiteren zentralen Planungsansätzen der Bildungsökonomie
zählen. Der Manpower-Ansatz (»manpower requirements approach
to educational planning«) will ebenso wie der »returns-Ansatz« die
Interdependenzen zwischen dem Bildungs- und Beschäftigungssystem aufdecken, doch setzt er dabei nicht an den Kosten-Ertrags-
Relationen, sondern an den Berufs- und Bildungsstrukturen der
Erwerbstätigen bzw. des Gesamtarbeiters an. Der zukünftige, langfristige Ausbildungsbedarf von Wirtschaft und Gesellschaft wird
auf der Grundlage von Systemprojektionen bestimmt, weil isolierte
Vorausschätzungen der Bedarfsentwicklung von Berufsgruppen und
Ausbildungsniveaus konsistente Schätzungen und Konsistenz-
prüfungen, bezogen auf das Gesamtsystem der Berufe und Qualifikationen, nicht zulassen. Im Mittelpunkt des Manpower-Ansatzes
stehen ferner Mengenstrukturen und nicht – wie beim »returns-
Ansatz« – Preis- und Einkommensstrukturen. Das Einkommen
spielt nur als makroökonomische Bezugs- und Zielgröße eine
Rolle, da das Manpower-Modell als Ausgangspunkt eine gesamtwirtschaftliche Wachstumsrate wählt, die eine mögliche, wahr-
scheinliche bzw. politisch wünschenswerte zukünftige Entwicklung
bezeichnet. Nach Vorgabe der zukünftigen Wachstumsrate des
realen Sozialprodukts (g_Y) und nach einer Prognose der zukünftigen Produktivitätsentwicklung ($g_{Y/L}$) wird die erforderliche Wachstumsrate der Erwerbsbevölkerung aus der Identitätsbeziehung

$$g_L = g_Y - g_{Y/L}$$

abgeleitet. Diese Beziehung, die ex post immer erfüllt ist, wird nunmehr jedoch ex ante als Nachfragebeziehung interpretiert, um den
globalen Bedarf an Arbeitskräften abschätzen zu können. Aus
dieser globalen Nachfragefunktion für Arbeitskräfte wird anschließend in den Modellen des Leontief-Typs (Parnes-Modell, Bombach-Modell) über eine disaggregierte Nachfragefunktion der
Arbeitskräftebedarf nach Wirtschaftszweigen, Berufen und Bildungsniveaus ermittelt (vgl. hierzu auch Abbildung 5).

Ausgehend von der Wachstumsrate des Bruttosozialprodukts wird das Wachstum der Sektoren und Branchen, d. h. (in der Regel über die Einkommenselastizitäten) die zukünftige Produktionsstruktur bestimmt. Daran anschließend wird die Arbeitsproduktivität in den Branchen prognostiziert, um auf dieser Grundlage die Beschäftigungsstruktur in den Branchen und schließlich die Bildungsstruktur der Berufsklassen ableiten zu können. Dieses Prognoseverfahren zur Ermittlung des Bedarfs an Arbeitskräften unterschiedlichen Bildungsniveaus wird in der bedarfsorientierten Bildungsplanung für die produzierenden Bereiche der Volkswirtschaft sowie in der Regel auch für die Ableitung des ausbildungsspezifischen Bedarfs an Arbeitsleistungen, die produktionsorientierte Dienstleistungen erbringen (z. B. Architekten, Ingenieure, Naturwissenschaftler und Verwaltungsberufe), verwendet. Dieser Bereich ist vielfach als der »harte Kern« der Bedarfsplanung bezeichnet worden. Das Manpower-Modell trennt davon Bereiche, die nicht unmittelbar mit der Produktions- und Produktivitätsentwicklung in Verbindung gebracht werden können. Bei den hochqualifizierten akademischen Arbeitskräften unterscheidet er ferner zwischen ihrer Entstehung im Bildungssystem und ihrer Verwendung in den Bereichen Staat, Wirtschaft und Haushalte, wodurch zwar einerseits die Einführung unterschiedlicher Verhaltensfunktionen und Hypothesen in das Modell möglich, andererseits aber die Einheitlichkeit des Vorgehens aufgegeben wird. So wird der ausbildungsspezifische Bedarf an Arbeitskräften, die konsumorientierte Versorgungsdienstleistungen erstellen, im Manpower-Ansatz im allgemeinen als durch demographische Kriterien bzw. politische Zielwerte bestimmt angesehen, die – wie z. B. Dichteziffern – an die Stelle branchenspezifischer Produktivitätsziffern treten. Die Dichteziffer mißt die Bevölkerungszahl pro eingesetzte Arbeitskraft und drückt damit die relative, von der Einwohnerzahl unabhängige Versorgung der Bevölkerung mit einer bestimmten Dienstleistung aus. Der Bedarf des Staates (ohne Bildungswesen) an ausgebildeten Arbeitskräften wird vielfach, da eine längerfristige Personal- und Bildungsplanung auf 10–20 Jahre für den Staatssektor fehlt, unter Bezug auf das »Gesetz der wachsenden Staatsaktivität« von Adolph Wagner durch Extrapolation historischer Trends, allerdings durch Einbezug von Obergrenzen und Substitutionsanalysen gewonnen, um sich gegen inkonsistente Resultate absichern zu können. Der Bedarf des Bildungssystems an Lehrern und Hochschullehrern wird abgeleitet aus der Nachfrage nach ausgebildeten Arbeitskräften der Bereiche Wirtschaft, Staat und Haushalte sowie aus der Entwicklung der Schüler- und Studentenzahlen, d. h. der Bedarf des Bildungssystems an hochqualifizierten, akademischen Arbeitskräften ist eine Funktion (1) der Schüler- und Studentenzahlen sowie (2) der Aktivität der sonstigen drei Bereiche. Der Bedarf des Bildungssystems ist somit lediglich ein abgeleiteter Bedarf. Dabei wird der Lehrerbedarf für den Primar- und Sekundarbereich mit einem angebotsorientierten Konzept als Funktion von Annahmen über die voraussichtliche Entwicklung der Bevölkerung, der Schülerzahlen, der Übergangs-, Erfolgs- und Drop out-Quoten sowie bildungspolitischer Zielwerte, insbesondere hinsichtlich der Lehrer-Schüler-Relationen, des Staates vorausgeschätzt. Demgegenüber wird der Lehrerbedarf für den tertiären Bereich mit einem nachfrageorientierten Konzept ermittelt. Ausgehend von der ökonomisch bestimmten Nachfrage nach hochqualifizierten akademischen Arbeitskräften wird unter Berücksichtigung der Studiendauer sowie der Erfolgsquote die Zahl der Studenten geschätzt, die zur Deckung der Nachfrage erforderlich ist. Die Vorausschätzung der Studentenzahl ergibt dann über die Hochschullehrer-Studenten-Relation den Bedarf an Hochschullehrern.

Mit dem Bedarfsansatz der Bildungsplanung soll somit insgesamt derjenige Output des Bildungssystems vorausberechnet werden, der notwendig ist, um den mit Hilfe des Wirtschaftsstruktur- und Berufsstruktureffektes abgeleiteten strukturierten Bildungsbedarf zu decken. Die Bestimmung der künftigen Bildungsvoraussetzungen in den einzelnen Berufsklassen ergibt sich durch Multiplikation der beruflichen Bildungsanforderungen, gemessen in formalen Abschlußqualifikationen, mit der Zahl der Berufszugehörigen (Ausbildungsstruktureffekt). Der Gesamtbedarf an ausgebildeten Arbeitskräften setzt sich aus dem Expansions- und Ersatzbedarf (Bestand an ausgebildeten Arbeitskräften in der Zielperiode minus Bestand an ausgebildeten Arbeitskräften in der Basisperiode plus Verminderung und Ausscheiden aus dem Erwerbsleben) zusammen. Da jedoch nicht alle Absolventen in das Erwerbsleben eintreten, ist es schließlich noch notwendig, die erforderlichen Bestandsveränderungen mit den bildungsspezifischen inversen Erwerbsquoten zu multiplizieren, um die für die Bedarfsdeckung erforderlichen Absolventenströme bestimmen zu können.

In der bedarfsorientierten Bildungsplanung gibt es neben den

Modellen vom Leontief-Typ auch noch Modelle vom Tinbergen-Typ. Beide Modelltypen unterscheiden sich vor allem nach dem Grad der Disaggregation der Strukturkomponenten, da die Modelle vom Leontief-Typ auf die Analyse der intersektoralen Verflechtungen des Manpowerbedarfs abstellen, während die Modelle vom Tinbergen-Typ den Bedarf an ausgebildeten Arbeitskräften direkt mit dem Wachstum des Sozialprodukts verknüpfen. So leitet beispielsweise das Correa-Tinbergen-Modell den Bedarf an ausgebildeten Arbeitskräften unmittelbar über Produktionskoeffizienten ausbildungsspezifischer Arbeits-Inputs ab.

Die Grundgleichungen des Modells beschreiben daher auf direktem Wege die Beziehungen zwischen der Produktionshöhe und qualifizierten sowie hochqualifizierten Arbeitskräften. Diese Beziehungen werden als linear-limitational unterstellt, so daß jede Substitution zwischen verschiedenen Ausbildungskategorien vollständig ausgeschlossen, jedoch innerhalb einer bestimmten Ausbildungskategorie unbegrenzt möglich ist. Die weiteren Grundgleichungen des Modells bestimmen die Bestände an unterschiedlich ausgebildeten Arbeitskräften und beschreiben die Schüler- und Absolventenströme. Schließlich wird in einem zweiten Schritt eine Gleichgewichtswachstumsrate in das Gleichungssystem eingeführt, so daß das Tinbergen-Correa-Modell den Charakter eines Gleichgewichtsmodells erhält. Das Gleichgewichtskonzept wird damit zum tragenden Baustein des Modells.

Neben dem Grad der Disaggregation der Strukturkomponenten können die Manpower-Modelle auch nach dem Grad der Fixierung der Zielkomponenten unterschieden werden. Dabei können in der bedarfsorientierten Bildungsplanung folgende Modelltypen unterschieden werden:

(1) Prognosemodelle, (2) Projektionsmodelle und (3) Optimierungsmodelle. Die Prognosemodelle enthalten keine Alternativen der Bedarfsentwicklung, da sie eine kategorische Aussage über die Zukunftswerte der untersuchten Bedarfsvariablen darstellen. Bei den Projektionsmodellen sind im Gegensatz zu den Prognosemodellen die Zukunftsaussagen über den Bedarf an unterschiedlich ausgebildeten Arbeitskräften konditional formuliert. Ihr Eintreffen wird folglich nur unter der Bedingung vorausgesagt, daß sich Parameter und exogene Variable gerade entsprechend den Annahmen des Projektionsmodells verhalten. Unter den Projektionsmodellen selbst können wiederum drei alternative Formen unterschieden

Abbildung 5

Die Ermittlung des zukünftigen Arbeitskräfte- und Bildungspotentials sowie des Arbeitskräfte- und Bildungsbedarfs im kombinierten Angebots-Nachfrage-Modell

A. *Die Bestimmung des Arbeitskräfte- und Bildungspotentials im Angebots-Modell*

   I. Analyse und Prognose der natürlichen Bevölkerungsentwicklung nach Altersgruppen und Geschlecht

  II. Analyse und Prognose der Erwerbspersonen und Erwerbsquoten nach Altersgruppen und Geschlecht

 III. Analyse und Prognose der Bildungsstruktur der Erwerbsbevölkerung

     1. Analyse und Prognose des Restangebots von Erwerbspersonen nach der Bildungsstruktur (Abgangsrechnung)

     2. Analyse und Prognose des Neuangebots von Erwerbspersonen nach der Bildungsstruktur (Zugangsrechnung)

       a) Analyse und Prognose der Schulbevölkerung nach Schulstufen und Schultyp

       b) Analyse und Prognose des Schülerbestandes nach Schulstufen und Schultyp bei konstantem relativen Schulbesuch

       c) Analyse und Prognose der Übergangsquoten nach Schulstufen und Schultyp sowie nach sozioökonomischen Merkmalen

       d) Analyse und Prognose der Verteilung der Absolventen des Bildungssystems auf Berufe und Bildungsniveaus

     3. Analyse und Prognose des Gesamtangebots von Erwerbspersonen nach der Berufs- und Bildungsstruktur (als Ergebnis der Abgangs- und Zugangsrechnung)

B. *Die Ableitung des Arbeitskräfte- und Bildungsbedarfs im Nachfrage-Modell*

   I. Analyse und Prognose der Wachstumsrate des

werden: (1) Basisprojektionen, (2) Alternativprojektionen und (3) Zielprojektionen.

Basisprojektionen sind Projektionen der wahrscheinlichen Entwicklung. Sie gehen vom Selbstlauf des Prozesses aus und weisen folglich rein indikative Züge der Vorausschau auf. Ein indikativer Charakter kennzeichnet gleichfalls Alternativprojektionen des Manpower-Bedarfs. Während Basis- und Alternativprojektionen einen indikativen Charakter besitzen, handelt es sich bei den Zielprojektionen um Bedarfsvorausschätzungen mit normativem Charakter. Aus dem Bündel von Alternativen der Bedarfsentwicklung wird eine ausgewählt und zum Programm erhoben. Damit wird im Projektionsmodell ein Zielwert für die abhängige Variable formuliert. Zielprojektionen sind folglich bildungspolitische Dezisionsmodelle mit fixen Zielwerten (»fixed target policy models«), die lediglich eine Handlungsalternative enthalten.

Derartige Zielprojektionen können jedoch nicht als echte Programme bezeichnet werden, da sie keine Optimierung einer Zielfunktion unter Nebenbedingungen erlauben. Sie stellen somit Konsistenzmodelle dar, die die Verträglichkeit vorgegebener Werte der Zielvariablen prüfen sollen. Modelle vom Leontief-Typ verbleiben gleichfalls im Bereich der Konsistenzmodelle, wenn sie auch gegenüber den Dezisionsmodellen vom Tinbergen-Typ eine stärkere Orientierung an den produktionstechnischen Verflechtungen anstreben. Die im Rahmen einer Zielprojektion ausgewählte Handlungsalternative kann sich dabei lediglich zufällig als optimal herausstellen. Die Zielprojektion selbst gestattet jedoch keine Abgrenzung möglicher Handlungsalternativen einer bedarfsorientierten Bildungsplanung und Auswahl einer Handlungsalternative entsprechend dem Optimalitätskriterium der Planungsinstanz bei gleichzeitiger Berücksichtigung der Zulässigkeit des Programms.

Eine derartige systematische Optimierung stellt die höchste Stufe in der Methodik der Vorausschätzung des Manpower-Bedarfs dar.

In den Optimierungsmodelllen der bildungsökonomischen Manpower-Forschung wird daher ein Bündel flexibler Ziele mit bestimmten Gewichten versehen und zu einer Zielfunktion zusammengefaßt, die unter den herrschenden Nebenbedingungen maximiert bzw. minimiert werden soll (»flexible target policy models«). Sie enthalten eine gesamtwirtschaftliche Zielfunktion, die eine Ordnung möglicher bildungspolitischer Entscheidungen bewirkt und eine gesamtwirtschaftliche Handlungsmaxime für die bedarfsorientierte Bildungsplanung postuliert.

Unabhängig von dem Grad der Disaggregation der Strukturkomponenten sowie der Fixierung der Zielkomponenten beruht die Grundkonzeption des traditionellen Manpower-Ansatzes jedoch auf einer durchgängigen fundamentalen Annahme. Sie besagt, daß zwischen der Produktion eines bestimmten Güterstroms und den dazu verwendeten Inputfaktoren einschließlich der spezifisch ausgebildeten Arbeitskräfte ein fester, proportionaler Zusammenhang besteht. Der Manpower-Ansatz unterstellt damit, daß aufgrund einer technisch oder ökonomisch bedingten Zwangsläufigkeit Produktionserhöhungen nur bei gleichzeitiger Erhöhung sämtlicher eingesetzter Produktionsfaktoren einschließlich der spezifisch ausgebildeten Arbeitskräfte möglich sind. Die Betriebe sind folglich bestrebt, ihren Bestand an ausbildungsspezifischen Arbeits-Inputs ständig dem jeweiligen Nachfrage- bzw. Produktionsvolumen anzupassen, um ein technisch bestimmtes, exogen gegebenes Gleichgewicht zwischen Produktionsvolumen und Humankapitalstock einzuhalten oder zu erreichen. Nachfragesteigerungen treffen mithin die Unternehmer stets in einem Zustand, in dem sie die produktionsnotwendige Ausbildungsstruktur ihrer Arbeitskräfte vollkommen oder weitgehend der laufenden Produktion bzw. Nachfrage angepaßt haben. Dieser mikroökonomische Tatbestand wird auch als makroökonomisch gültig unterstellt: Die Gesamtproduktion einer Volkswirtschaft (Sozialprodukt) ist den zu ihrer Produktion benötigten ausbildungsspezifischen Arbeits-Inputs (Humankapitalstock) direkt proportional.

In seiner strengen Fassung unterstellt der Bedarfsansatz der Bildungsplanung somit, daß aufgrund einer technisch bedingten Zwangsläufigkeit Produktionserhöhungen nur bei gleichzeitiger Erhöhung sämtlicher eingesetzter Produktionsfaktoren einschließlich des Produktionsfaktors »ausbildungsspezifische Arbeit« möglich sind. Der Manpower-Ansatz trifft damit die Annahme vollständiger Komplementarität der Produktionsfaktoren, setzt mit anderen Worten das Vorhandensein linear-homogener Produktionsfunktionen (Leontief-Produktionsfunktionen) voraus.

Diese produktionstheoretische Hypothese vollständiger Komplimentarität der Produktionsfaktoren läßt somit im Gegensatz zur Cobb-Douglas-Produktionsfunktion keine Faktorsubstitution zu. Bezogen auf den Prozeß der Kombination von ausbildungsspezifischen Arbeits-Inputs untereinander sowie in Relation zum Faktor

Kapital impliziert dies – worauf Mark Blaug hingewiesen hat –
nicht nur eine Substitutionselastizität der Nachfrage nach Arbeitsqualifikationen (nicht nach Arbeitskräften!) bei gleichartigen Tätigkeitsfunktionen von Null (»zero elasticity of substitution«), sondern
zugleich auch eine Anpassungselastizität (Flexibilität) des Arbeits-
angebotes an unterschiedliche Tätigkeitsfunktionen von Null (»zero
elasticity of transferability between jobs«).

Daraus wird deutlich, daß sich der Manpower-Ansatz auf der
Vorstellung eines Gleichgewichts zwischen Humankapitalstock und
Produktionsvolumen gründet, das aus technischen und ökonomischen Gründen stets eingehalten bzw. angestrebt wird. Produktionserhöhungen infolge gestiegener Nachfrage sind aufgrund dieser
Gleichgewichtsvorstellung nur möglich, wenn gleichzeitig eine proportionale Vergrößerung des Humankapitalstocks erfolgt. Es sind
damit die Nachfrageänderungen, die entsprechend den Annahmen
des Manpower-Ansatzes die Bildungs-(netto-)investitionen induzieren. Die fundamentale Regel des Manpower-Ansatzes lautet somit:
Die Wachstumsrate der Endnachfrage bestimmt die Höhe der induzierten Bildungsinvestitionen. Die Wachstumsrate der Endnachfrage ist folglich gleich der Wachstumsrate des Humankapitalstocks.
Da somit die Höhe des Humankapitalstocks von der Höhe
der Güterproduktion abhängt, stellt fortgesetztes Wachstum
der Produktion eine zwingend notwendige Voraussetzung für
die ständige Verbreiterung des Wissens in einer Volkswirtschaft
dar. Zugleich unterstellt der Ansatz das Fehlen von wirksamen
Anpassungsmechanismen für eine automatische Koordinierung
von Bildungswesen und Wirtschaft über den Preismechanismus.
Er setzt damit explizit oder implizit voraus, daß der Bedarf der
staatlichen und privaten Arbeitgeber völlig angebotsunelastisch
ist bzw. die individuelle Nachfrage von Schülern bzw. Schüler-Eltern
nach Bildungsleistungen völlig unabhängig vom gesellschaftlichen
Bedarf erfolgt. Die Schüler sowie die Schüler-Eltern betrachten
folglich Bildung lediglich als Konsumgut und treffen ihre Bildungsentscheidungen in Unkenntnis oder bewußt ohne jede Berücksichtigung späterer Berufschancen. Diese Rigiditäten der Angebots-
und Nachfrageseite beschwören somit die Gefahr von Wachstums-
verlusten herauf, die damit jedoch gleichzeitig einen »Bedarf an
bedarfsorientierter Bildungsplanung« schaffen. Die Notwendigkeit
bedarfsorientierter Bildungsplanung wird dabei noch durch den
Zeitbedarf der Humankapitalbildung unterstrichen, da die Akku-

mulation immateriellen Kapitals – aufgrund der zumindest für die
höheren Qualifikationsstufen sehr langen Produktionsperioden –
der Sachkapitalbildung, die entsprechend den Annahmen des Manpower-Ansatzes stets zusätzliche Ausbildungsausgaben erfordert,
zeitlich weit vorauslaufen muß (»lead« der Bildungsinvestitionen).
Die Ausbildungsmaßnahmen sind daher rechtzeitig vorzunehmen,
um Disproportionalitäten der wirtschaftlichen Entwicklung infolge
des Fehlens ausbildungsbedingter Qualifikationen der Arbeitskräfte auszuschließen. Die Möglichkeit einer bedarfsorientierten
Bildungsplanung ergibt sich aus der Annahme linearer Technologie
für alle Sektoren einschließlich des Ausbildungssektors, die die
Ableitung eindeutiger, ökonomisch determinierter Plangrößen des
zukünftigen, zeitlich spezifizierten Ausbildungsbedarfs erlaubt. Dieser ökonomisch determinierte Bedarf bestimmt dabei das Minimum an wirtschaftlich-funktionalen Bildungsanforderungen der
Zukunft. Der Bildungspolitik verbleibt damit auch auf der Grundlage des Manpower-Ansatzes der Freiheitsgrad, über die durch
Höhe und Struktur des zukünftigen Sozialprodukts vorgegebene
Mindesthöhe hinaus zusätzliche Bildungsleistungen zu Konsum-
zwecken, d. h. »Bildung per se«, bereitzustellen, sofern die in dieser
zusätzlichen Ausbildung vermittelten Bildungsinhalte nicht beruflichen Ausbildungsanforderungen diametral entgegengesetzt bzw.
die öffentlichen Bildungsausgaben nicht schon durch die Befriedigung des ökonomisch determinierten (Mindest-)Bedarfs erschöpft
sind. Aus dem Manpower-Ansatz kann somit generell gefolgert
werden, daß die staatliche Bildungspolitik ein entscheidendes Instrument der Wachstumspolitik ist. Die dem Manpower-Ansatz
zugrunde liegende Nachordnung der Zielwerte des Bildungssystems
hinter die antizipierte Entwicklung des Wirtschaftssystems macht
die wirtschaftspolitischen Zielwerte indirekt auch zu Zielgrößen des
Bildungssystems. Die wirtschaftspolitischen Zielwerte können dabei
beim Manpower-Ansatz in einer Kriteriumsfunktion vorgegeben
werden, um mit Hilfe von Dezisionsmodellen mit fixen Zielwerten
(»fixed target policy models«) den zukünftigen Ausbildungsbedarf
konsistent abzuleiten: Das wirtschaftspolitische Ziel liefert das Kriterium, die Wirtschafts-, Berufs- und Ausbildungsstruktur die
Nebenbedingungen des Modells.

So geschlossen der Manpower-Ansatz angesichts seiner produktionstheoretischen Hypothesen (Annahme der Linearität der Produktionsfunktion, der limitationalen Produktion ex ante und ex

post, einer konstanten Produktionstechnik sowie rein technischer Produktionskoeffizienten) auf den ersten Blick auch erscheint, so folgen doch gerade aus der Limitationalitätsannahme spezifische Widersprüchlichkeiten und methodische Schwachstellen. Denn der Manpower-Ansatz arbeitet empirisch mit einem bestimmten Kategorienschema zur Erfassung der Struktur der Wirtschaftszweige, Berufsklassen und Bildungsniveaus. Aus der Limitationalitätsannahme entspringt daher eine Diskrepanz zwischen zwei antinomischen Modellprämissen: der Annahme *inter*kategorialer Limitationalität und der gleichzeitigen Annahme *intra*kategorialer Substitutionalität.

Das von der Manpower-Planung angewandte Kategorienschema der Erfassung des Arbeits-Inputs nach Wirtschaftszweigen, Berufsklassen und Bildungsniveaus muß folglich entsprechend den Annahmen des Manpower-Ansatzes so beschaffen sein, daß eine Substitution zwischen unterschiedlichen Kategorien stets vollständig ausgeschlossen, innerhalb ein und derselben Kategorie jedoch unbegrenzt möglich ist. Wird das – in der Regel durch die statistische Tradition vorgegebene – Kategorienschema für die Manpower-Planung jedoch nicht als ausreichend angesehen, beide Annahmen gleichzeitig zu erfüllen, so ist für die Bedarfsplanung ein Kategorienschema zu entwickeln, dessen Klasseneinteilung, d. h. die Gruppierung der Arbeitskräfte nach Qualifikationskriterien, so gewählt werden muß, daß die Substitutionsmöglichkeiten (1) innerhalb der Klassen möglichst groß und (2) zwischen den Klassen möglichst gering sind.

Damit wird schon der theoretisch-empirische circulus vitiosus des Manpower-Ansatzes deutlich: Auch ein so modifizierter Ansatz setzt implizit a-priori-Informationen über Substitutionsprozesse voraus, die erst durch eine detaillierte Analyse des ausbildungsspezifischen Arbeitskräfteeinsatzes gewonnen werden können. Innerhalb dieses Zirkelschlusses wird somit versucht, eine Annahme durch eine andere zu beweisen, die ihrerseits wieder auf den Beweis durch die erstere angewiesen ist. Deshalb kann auch der Bildungsplaner, der mit dem grundlegenden Rational des Manpower-Ansatzes akkordiert, nicht bestreiten, daß es eine besondere Schwachstelle des Manpower-Ansatzes in seiner Anwendung darstellt, daß er von einem für langfristige Prognosen und Projektionen des Bildungs- und Beschäftigungssystems inadäquaten Kategorienschema der Erfassung der Tätigkeitsfunktionen und Produktionsprozesse ausgeht.

So muß die Orientierung an der traditionellen Berufsklassifikation zu systematischen Verzerrungen führen, da sich eine große Zahl von Berufsbezeichnungen mit Hilfe von Berufsklassen heute nicht mehr mit den tatsächlich ausgeübten Tätigkeiten deckt und somit die Auswirkungen technisch-organisatorischer Veränderungen auf die Arbeitstätigkeiten durch die Berufsklassifikation nicht adäquat abgebildet werden. Während sich somit die Tätigkeiten und damit die Tätigkeitsanforderungen im Zeitablauf ändern, bleiben die Berufsbezeichnungen und das durch sie angeregte Berufsbild konstant. Da darüber hinaus die vielfältigen heterogenen Gliederungsprinzipien der Berufsklassifikation (z. B. Erzeugnis, Produktionsverfahren, Rohstoff, Arbeitsmittel, Stellung im Beruf, Branche usw.) auch den Faktor Ausbildung in Form von Bildungsniveau oder Fachrichtung mit einbeziehen, erscheint die zur Messung von Substitutionsprozessen notwendige Isolierung von Ausbildung und beruflicher Tätigkeit sehr erschwert, ja vielfach unmöglich.

Ähnliche Einwände gelten auch hinsichtlich der Gliederungsprinzipien für die Disaggregation der Wirtschaft nach Sektoren und Branchen, die gleichfalls im wesentlichen durch die statistische Tradition bestimmt sind und nur äußerst bedingt als Untersuchungseinheiten für homogene Produktionsprozesse angesehen werden können.

Die kombinierte Verwendung der Berufs- und Wirtschaftszweigklassifikation im Rahmen des Ableitungszusammenhanges des Manpower-Ansatzes führt damit zwangsläufig zu empirisch nicht verifizierten Verallgemeinerungen des Ansatzes, die auf sechs versteckten Identifikationsprämissen beruhen. So impliziert der traditionelle Manpower-Ansatz
- eine Identität von Produktionsprogramm, Warensortiment oder Rohstoff (jeweils nach dem Schwerpunktprinzip entsprechend der Systematik der Wirtschaftszweige) und Produktionsprozeß;
- eine Identität von Produktionsprozeß und Berufsklasse;
- eine Identität von Berufsbezeichnung nach der Systematik der Berufe (Berufsklassifizierung) und tatsächlich ausgeübter Tätigkeit;
- eine Linearität von Tätigkeitsfunktion und Berufsausbildung;
- eine Identifikation von formaler Ausbildung und Berufsqualifikation;
- eine Identifikation von ausbildungsspezifischen Berufsqualifika-

tionen mit den am Arbeitsplatz nachgefragten Tätigkeitsanforderungen.

Diese versteckten Identifikationsprämissen erschweren es, das Problem der »conversion of occupations into educational equivalences« einer befriedigenden analytischen und prognostischen Lösung zuzuführen. Da es sich beim Manpower-Ansatz um ein Modell für langfristige Prognosen und Projektionen handelt, wird seine Planungsrelevanz ferner dadurch eingeschränkt, daß das Problem der optimalen Disaggregation der Klassifikationen im Ansatz ungelöst geblieben ist. Denn die wichtigsten Ziele einer Prognose oder Projektion sind eine lange Vorausschätzungsperiode, eine starke Tiefengliederung der Aggregate und eine hohe Zuverlässigkeit der vorausgeschätzten Zukunftswerte.

Im Hinblick auf die Möglichkeiten der langfristigen Prognostik ist jedoch davon auszugehen, daß – bei gegebener Vorausschätzungsdauer – die Aussagefähigkeit langfristiger Bedarfsvorausschätzungen mit zunehmender Aufspaltung der Aggregate abnimmt, während andererseits mit wachsendem Aggregationsniveau der Informationsverlust, insbesondere hinsichtlich der Substitutionsprozesse, zunimmt. In diesem »Magischen Dreieck« der Bedarfsprognostik sind somit immer nur zwei Ziele gleichzeitig zu verwirklichen. Ein weiteres Problem ergibt sich aus der Rolle, die der technische Fortschritt im Manpower-Ansatz spielt. Der Ansatz geht von der Annahme linearer Technologie aus, die zu fixen Produktionskoeffizienten (Input-Koeffizienten) führt. Diese Annahme erscheint zunächst plausibel, weil Manpower-Studien zum Zwecke der Vorausschätzung des technischen Fortschritts eine gewisse Regelmäßigkeit der Produktionskoeffizienten unterstellen müssen. Allerdings setzen sie sich damit in einen Widerspruch zu einer zentralen These für Manpower-Planung, die ja mit der Gefahr des Auftretens unstetigen Fortschritts begründet wird. Die Annahme unstetigen technischen Fortschritts würde jedoch einerseits die Vorausbestimmung der Produktionskoeffizienten und damit des erforderlichen Arbeitskräfte- und Bildungsbedarfs unmöglich machen. Andererseits schließen fixe Produktionskoeffizienten technischen Fortschritt aus, der gerade mit einer Veränderung, d. h. mit einer Verminderung der pro Einheit des Endprodukts benötigten Faktorinputs an Arbeit bzw. Kapital verbunden ist. Daher kann die Leontief-Produktionsfunktion nicht für langfristige Arbeitskräftebedarfsprognosen verwendet werden, es sei denn, dem Manpower-Ansatz werden Informationen über Art und Determinanten des technischen Fortschritts zugrunde gelegt, so daß die Veränderung der Produktionskoeffizienten selbst als Funktion der Einflußfaktoren des technischen Fortschritts dargestellt werden kann.

Im Manpower-Ansatz wird dieses Problem dadurch zu lösen versucht, daß die Produktionskoeffizienten mit einem Trendfaktor angesetzt werden und somit auch die langfristig erforderliche Veränderung der Berufs- und Bildungsstruktur der Arbeitskräfte durch den technischen Fortschritt bestimmt ist. Der technische Fortschritt wird damit implizit als antizipierbar betrachtet, so daß sich aus der technologischen Prognose heraus die Prognose des Manpower-Bedarfs entwickeln läßt. Die eindeutige Abhängigkeit des ausbildungsspezifischen Arbeitskräftebedarfs von der Technologie würde dagegen bei nicht antizipierbarem technischen Fortschritt die Unmöglichkeit der Bedarfsprognose bedingen. Im Gegensatz zur neoklassischen Wachstumstheorie, die den technischen Fortschritt als exogene Residualkategorie und zeitabhängige (»Natur«-)Konstante behandelt, wird der technische Fortschritt im Manpower-Ansatz in dem Maße endogenisiert, als er die Entwicklung des Teils der Arbeitsbevölkerung, der in der Vergangenheit mit der »Produktion« von technischem Fortschritt befaßt war, über die Veränderung der Arbeits-Inputkoeffizienten in der Vergangenheit durch lineare Extrapolation in die Zukunft projiziert. Diese Betrachtungsweise vernachlässigt jedoch, daß es sich beim technischen Fortschritt um eine Instrumentvariable handelt, deren Beeinflussung gerade Veränderungen des Bestandes an ausgebildeten Arbeitskräften erfordern kann. Damit bleibt im Manpower-Ansatz die Möglichkeit ausgeschlossen, durch eine Variation des ausbildungsspezifischen Arbeitskräfteeinsatzes den technischen Fortschritt zu induzieren und somit das langfristige Wachstumspotential der Gesellschaft zu erhöhen. Dieses Problem der Zeitpräferenz bzw. der Optimalität der Bildungsstruktur der Arbeitskräfte kann jedoch mit dem Manpower-Ansatz gleichfalls nicht beantwortet werden, da der Manpower-Ansatz Kosten- und Ertragsüberlegungen weder in bezug auf die Kosten der Ausbildung von Arbeitskräften oder hinsichtlich ihrer Entlohnung im Produktionsprozeß noch hinsichtlich der »external economies« von Bildungsinvestitionen einschließt.

Ebenso problematisch erscheint ferner das Gleichgewichtskonzept des traditionellen Manpower-Ansatzes. So wird beispielsweise im Correa-Tinbergen-Modell gleichgewichtiges Wachstum als stetiges

Wachstum bei Abwesenheit von Arbeitsmarktungleichgewichten definiert, während andererseits die Parameter des Modells aufgrund von Daten geschätzt werden, die normalerweise einer ungleichgewichtigen Situation entstammen. Selbst wenn jedoch im Ausgangspunkt der Bedarfsprognose Vollbeschäftigung herrscht, so braucht die tatsächliche Bildungsstruktur der Arbeitskräfte keineswegs gleich der optimalen zu sein. Die erforderliche Personalstruktur hätte sich dann aber – da Manpower-Planung neueren Datums ist – in der Vergangenheit ohne bedarfsorientierte Bildungsplanung ergeben, und zwar entweder durch Zufall oder aufgrund eines Automatismus. Im letzteren Fall wäre Bedarfsplanung nur dann erforderlich, wenn nachgewiesen wird, daß dieser Automatismus in Zukunft nicht mehr wirksam ist. Entsprach dagegen die tatsächliche Personalstruktur in der Vergangenheit bzw. zum Ausgangspunkt der Prognose nicht der optimalen, so laufen Bedarfspläne, die den gegenwärtigen Bestand an ausgebildeten Kräften als Basis für Vorausschätzungen einfach unbesehen akzeptieren oder mangels besserer Informationen zugrunde legen (müssen), stets Gefahr, gegenwärtige Ungleichgewichte in der Versorgung mit ausgebildeten Kräften zu Normen der bedarfsorientierten Bildungsplanung für die Zukunft zu erheben.

Schließlich muß noch darauf hingewiesen werden, daß der Manpower-Ansatz – sofern er nicht wie im Correa-Tinbergen-Modell den Bedarf an ausgebildeten Arbeitskräften in eine direkte Beziehung zum Bruttosozialprodukt setzt – durch den weit differenzierten, mit einem globalen Ansatz kombinierten disaggregierten Strukturansatz zu einer Potenzierung von Prognosefehlern und damit der Prognose-Unsicherheit führt. Prognosefehler in einer beliebigen Stufe des Manpower-Ansatzes werden damit auf alle weiteren Stufen des Ableitungszusammenhangs weitergewälzt, im traditionellen Manpower-Ansatz durch die für alle Stufen unterstellten Linearitäts- und Limitationalitätsannahmen jedoch scheinbar verdeckt. Die kritische Würdigung des Manpower-Ansatzes macht deutlich, daß sich bereits aus einer modellimmanenten Kritik seiner produktionstheoretischen Prämissen fundamentale Widersprüchlichkeiten und methodische Schwachstellen aufzeigen lassen.

Angesichts dieser methodischen Unzuverlässigkeit des traditionellen Manpower-Ansatzes kann es nicht überraschen, daß Manpower-Planung stets unter einem starken Legitimationszwang stand. Denn da Bedarfsvorausschätzungen mit Kosten verbunden sind, müßte

zumindest tendenziell nachgewiesen werden können, daß sie mit
komparativen Kostenvorteilen verknüpft sind. So wird insbesondere derjenige, der auf die »invisible hand« des Markt- und Preisautomatismus auch im Bildungswesen vertraut, Bedarfsvorausschätzungen für eine beispielhafte Form wissenschaftlicher Ressourcen-
vergeudung halten. So sind denn auch die Gründe, die *für* Bedarfsvorausschätzungen ins Feld geführt werden, in der Regel identisch
mit der bereits an früherer Stelle genannten Argumentationskette
gegen die Wirksamkeit und Funktionstüchtigkeit des Preismechanismus im Bildungswesen. Infolge des Marktversagens sollen daher
Bedarfsvorausschätzungen nicht nur Orientierungs- und Entschei-
dungshilfen für die staatliche Politik, sondern auch für die individuellen Bildungsentscheidungen liefern. In dem Maße jedoch, in
dem private und staatliche Entscheidungen beeinflußt werden, gewinnen Bedarfsermittlungen den Rang einer aktiven Vorausschau.
Der Manpower-Ansatz wird dann instrumental zur Erreichung bestimmter Ziele eingesetzt, etwa bei der Planung der staatlichen Bildungskapazitäten oder zum Zweck der Bereitstellung »objektiver«
Informationen für die individuelle Bildungs- und Berufswahl. Die
Publikation von Bedarfsvorausschätzungen kann dabei für sich
allein oder in Kombination mit anderen Maßnahmen, wie z. B. der
Ausbildungsförderung, ein Mittel sein, um durch allgemeine Orientierung an den (möglicherweise auch »falschen«) Daten von Bedarfsvorausschätzungen zu einem Selbsterfüllungseffekt der Prognose zu gelangen (»self-fulfilling prophecy«). Dieses Zirkelproblem
scheint nicht nur dem Manpower-Ansatz, sondern allen prognostischen Ansätzen in der Bildungsökonomie ebenso wie in anderen
Bereichen der Sozialwissenschaft inhärent zu sein, da der Prognostiker zwar vom politischen Entscheidungsträger Informationen über
dessen zukünftiges bildungspolitisches Handeln benötigt, sich in der
Praxis dieses Informationsproblem in der Regel jedoch im Sinne
eines Zirkelschlusses völlig umkehrt. Der Entscheidungsträger ver-
tauscht dann gegenüber dem Bildungsplaner einfach die Rollen und
verfährt – wie Ragnar Frisch treffend bemerkt hat – nach dem
Motto: »Sage mir, was ich tun werde, und auf Grund dieser faktischen Information werde ich dann entscheiden, was zu tun ist.«

Ungeachtet seiner Widersprüchlichkeiten und Schwachstellen
bleibt der Manpower-Ansatz selbst in seiner traditionellen Form
ein bemerkenswerter Versuch, auf eine differenziertere Art und
Weise als der Wachstumsansatz der »third factor theory« die Be-

ziehungen zwischen dem Bildungs- und Beschäftigungssystem analytisch und prognostisch zu erfassen. Diese Beziehungen sind in ein
System von Wechselwirkungen zwischen verschiedenen System-
komponenten verwoben, zu denen vor allem die Bevölkerung, die
Produktionstechnik, das Bildungssystem, die Unternehmen und der
Staat gehören. Der (gegenwärtige und zukünftige) Arbeitskräfteeinsatz wird dabei vor allem von vier Teilsystemen bestimmt:
– vom System der Bereitstellung der Arbeitsplätze durch die
  Betriebe
– vom System der Qualifizierung durch das Bildungssystem
– vom System der Koordination von Arbeitsnachfrage und Arbeits-
  angebot über Einstellungspraktiken, Rekrutierungsmuster, Arbeitsbewertung
– vom System der Produktionsverhältnisse in technologischer und
  ordnungspolitischer Sicht.
Über den Einsatz von Arbeitskräften entscheiden folglich verschiedene Institutionen. Sie schaffen darüber hinaus vor allem auch
einen Mechanismus, durch den Arbeitsnachfrage und Arbeits-
angebot zusammengeführt werden. Dabei sind die vier Teilsysteme
nicht nur untereinander verbunden, sondern stehen auch mit dem
Gesamtsystem in Verbindung. Daher sind die ausgebildeten Arbeitskräfte auch Teil eines integrierten Gesamtsystems, das jedoch
äußerst komplex ist. Beispielweise hängt die Zahl der Arbeitskräfte
mit einer bestimmten Qualifikation von ihrem Bildungsweg und
ihrer Berufswahl ab, so daß der Arbeitsmarktausgleich tendenziell
nicht im Bereich des Arbeitsmarktes, sondern im vorgelagerten Bereich des Bildungswesens entschieden wird. Die gegenwärtige Situation im Bildungswesen präjudiziert damit den zukünftigen Ausgleich auf dem Arbeitsmarkt. Im Systemzusammenhang entscheiden darüber hinaus Veränderungsraten über die Prozesse innerhalb
des Systems, da insbesondere die Veränderungsraten der Erwerbsbevölkerung und der Arbeitsproduktivität die Veränderungsrate des
Sozialprodukts determinieren. Schließlich trägt das System des Arbeitskräfteeinsatzes die Züge eines geschlossenen Regelkreises, da
beispielsweise Betriebe bei einem kurzfristigen Arbeitskräftemangel
investieren werden, um die Arbeitsproduktivität zu steigern. Damit
entscheiden sie aber zugleich auch über ihre langfristige Nachfrage
nach Arbeitskräften.
   Bei der Komplexität dieses Systemzusammenhanges, die hinter
den scheinbar einfachen Grundgleichungen und Ableitungsschritten

des Manpower-Ansatzes steht, ist es nicht verwunderlich, daß Fehl-
entwicklungen zwischen dem Bildungs- und Beschäftigungssystem
trotz bedarfsorientierter Bildungsplanung auftreten können. Allerdings basiert der Manpower-Ansatz bislang Bombach zufolge auf
eher »rough ideas«, so daß die Möglichkeiten seiner Lernfähigkeit noch bei weitem nicht ausgeschöpft sein dürften. Die Bedenken gegen seine Anwendung für die Bildungsplanung rühren
jedoch wieder wie beim »returns-Ansatz« tendenziell weniger gegen
die *Unzuverlässigkeit seiner Methodik* als vielmehr gegen die *Unzulässigkeit seiner Philosophie,* die die Nachfrage nach ausgebildeten
Arbeitskräften letztlich aus dem Bedarf an Gütern und Dienstleistungen ableitet und folglich die Zielwerte des Bildungssystems hinter die antizipierte Entwicklung des Wirtschafts- und Beschäftigungssystems nachordnet. Der Manpower-Ansatz macht damit die
ökonomischen Zielwerte indirekt auch zu Zielgrößen des Bildungssystems, was dem Ansatz vielfach den Vorwurf des bewußten Kon-
servativismus, der gewollten Einschnürung des Autonomiespiel-
raumes des Bildungswesens sowie der dezidierten Ablehnung der
individuellen Freiheit bei der Bildungsentscheidung und Berufs-
wahloption eingetragen hat.

Für die marxistische Bildungsökonomie, die in ihren Kader-
modellen und Modellen des gesellschaftlichen Gesamtarbeiters formal weithin mit einem gleichen Ansatz arbeitet, erscheinen alle diese
Fragen, die in der »bürgerlichen« Bildungsökonomie heftige Kontroversen ausgelöst haben, eher peripher. Denn für die marxistische
Weltanschauung bildet das ökonomische Basissystem der Produktion fraglos das entscheidende Kernstück der sozialökonomischen
Entwicklung, so daß das Bildungssystem als Überbau-Phänomen in
einem unmittelbaren Zusammenhang mit dem Produktionssystem
steht. Darüber hinaus ist umfassende und vorausschauende Planung
erklärtermaßen ein konstitutives Merkmal sozialistischer Staaten,
so daß auch die Arbeitskräfte- und Bildungsplanung auf der Grundlage des Manpower-Ansatzes einen integralen Bestandteil im System
der Volkswirtschafts- und Perspektivplanung bildet. Schließlich wird
in der marxistischen Bildungsökonomie der sozialistischen Länder,
vor allem in der DDR, bemerkenswerterweise und gänzlich abweichend von der »bürgerlichen« Bildungsökonomie zwischen der Sicherung der sogenannten *äußeren Proportionalität* (Manpower-Pro-
blem) und der *inneren Proportionalität* (Social demand-Problem)
im Bildungswesen durch die sozialistische Bildungsplanung kein prin-

zipieller Gegensatz gesehen, und zwar trotz der etwa von Ludwig/
Maier/Wahse hervorgehobenen Notwendigkeit der Erhöhung der
Effektivität des Einsatzes qualifizierter Kader im Arbeitsprozeß
durch den Abbau von Disproportionen zwischen gesellschaftlichem
Qualifikationsbedarf und individuellem Berufszugang über eine
»differenzierte Bildungsplanung, gezielte Berufsberatung und Berufslenkung sowie moralische und materielle Stimulierung«. Denn
es folgt aus der Logik der grundlegenden Annahmen der marxistischen Bildungsökonomie, daß Arbeitskräftebedarf und Bildungsnachfrage nicht als grundsätzliche Gegensätze verstanden werden
können, da ja im Sozialismus der antagonistische Widerspruch zwischen Lohnarbeit und Kapital beseitigt, die Entfremdung in der
Arbeitssphäre damit aufgehoben, die Bildungssphäre durch den Abbau bürgerlicher Bildungsprivilegien zur allseitigen Entfaltung des
Menschen führt und die Partei als Avantgarde der Arbeiterklasse
mit Hilfe eines prognostischen und perspektivischen wissenschaftlichen Planungsinstrumentariums die volle Identität von individuellem und gesellschaftlichem Interesse sichert, so daß der einzelne bei
seiner Bildungs- und Berufswahl stets über die volle Freiheit der
Einsicht in die Notwendigkeit verfügt. Diese Regelargumentation
der marxistischen Bildungsökonomen wird gegenüber der Manpower-Planung in der »bürgerlichen« Bildungsökonomie noch um
eine weitere ergänzt. Sie läuft auch beim Manpower-Ansatz wiederum darauf hinaus, daß sie für die Bildungsplanung unter den
Bedingungen des »staatsmonopolistischen Kapitalismus« einen
antagonistischen Widerspruch sehen zwischen der Unplanbarkeit
des den Marktgesetzen unterworfenen ökonomischen Sektors und
dem Anspruch der »bürgerlichen« Bildungsökonomie, Orientierungsgrundlagen für eine Planung des Ausbildungssektors im Kapitalismus entwickeln zu können.

Von dieser Warte einer Meta-Kritik an der grundsätzlichen Unmöglichkeit einer Arbeitskräftebedarfsplanung im Kapitalismus aus
gesehen muß eine Detailkritik der theoretischen Prämissen oder
Offenlegung der methodischen Schwachstellen des Manpower-
Ansatzes als ebenso überflüssig wie sinnlos erscheinen. Um so notwendiger ist dann aber – wie etwa die Ansätze von Naumann/
Steinberger zeigen – die Entwicklung von Modellen für die prognostische und perspektivische Arbeitskräfte- und Bildungsplanung im
Sozialismus, um die sozialistische Wirtschaftsplanung durch eine
längerfristige, bedarfsgerechte Kaderplanung absichern zu können.

Dabei werden jedoch auch in einem System langfristiger Planung die Grenzen der Prognosekapazität für die Sicherung der äußeren Proportionalität, d. h. der planmäßigen proportionalen Entwicklung von sozialistischem Bildungswesen und volkswirtschaftlichem Reproduktionsprozeß, sichtbar: »Die Volkswirtschaftsplanung muß die quantitative und qualitative Arbeitskräftestruktur auf 20 Jahre im voraus festlegen und die entsprechenden Bildungsmaßnahmen treffen, ohne auch nur annähernd in gleicher Detaillierung – geschweige denn bilanziert – die volkswirtschaftliche Produktions- und Konsumtionsstruktur zu kennen.« Zur Lösung dieses scheinbar unlösbaren Problems schlagen Naumann/Steinberger zweierlei vor:

– Die Schaffung eines volkswirtschaftlichen Bilanzmodells als Optimierungsmodell, das den Zusammenhang zwischen Arbeitskräften, Arbeitsmitteln und Arbeitsgegenständen nach Technisierungsstufen ausweist und gleichzeitig der Prognose des Kaderbedarfs zugrunde liegt.
– Die Vervollkommnung des sozialistischen Bildungssystems in der Weise, daß auf jeder Ausbildungsstufe in allen Fachrichtungen die maximal erforderliche Disponibilitätsbreite verliehen wird.

In dem volkswirtschaftlichen Bilanzmodell wird die Wirtschaftszweigstruktur zusätzlich nach Technisierungsstufen, die Wirtschaftszweige im Idealfall nacheinander durchlaufen, ausgewiesen. Jede Technisierungsstufe eines Zweiges ist durch eine spezifische Struktur der Arbeitskräfte, Arbeitsmittel und Arbeitsgegenstände charakterisiert. Aus einer solcherart aufgebauten Volkswirtschaftsbilanz soll dann abgelesen werden können, wie sich voraussichtlich Umfang und Qualifikationsstruktur der insgesamt in einem Zweig beschäftigten Arbeitskräfte verändern, wenn das durchschnittliche Technisierungsniveau dieses Zweiges durch entsprechende Investitionen künftig angehoben wird. Die Problematik einer derartigen strukturanalytischen Methode für prognostische Zwecke besteht jedoch auch unter den Bedingungen einer längerfristigen, gesamtstaatlichen und gesamtwirtschaftlichen Planung insbesondere darin, daß (1) die Schwierigkeiten der Prognose mit dem Grad der Disaggregation des Strukturmodells bzw. der Strukturkoeffizienten wachsen und (2) ökonomische Strukturvorstellungen nur selten für längere Zeit ihre Gültigkeit bewahren, weil die wissenschaftlich-technische Revolution im Prognosezeitraum anfangs noch nicht vorausgesehene und

damit in der Prognose nicht berücksichtigte Substitutionsmöglichkeiten schafft. Diese Probleme der Prognostik machen es folglich
auch der sozialistischen Bildungsplanung prinzipiell unmöglich, der
Volkswirtschaftsbilanz detaillierte langfristige Aussagen über die
Optimalstruktur der Volkswirtschaft zu entnehmen. Sie kann daher
stets nur eine hypothetische Prognosebilanz im Sinne einer volkswirtschaftlichen Vorbilanz sein, die von der »tatsächlichen« Optimalstruktur in der Zukunft mehr oder weniger abweichen dürfte.

Die Schaffung einer möglichst optimalen Disponibilitätsbreite der
Arbeitskräfte soll deshalb die mit der Prognosedistanz zunehmende
Aussageunsicherheit der Vorbilanz kompensieren. Außerdem ist sie
in bestimmten Zeitabständen immer wieder an neue Daten anzupassen, damit unvermeidliche Fehlentscheidungen in der Berufslenkung rechtzeitig korrigiert werden können. Das Hauptgewicht liegt
gleichwohl auf der Disponibilität der Arbeitskräfte, um die langfristig bedingte Prognoseunsicherheit einzugrenzen oder aufzufangen. Unter Disponibilität wird dabei die Möglichkeit einer
Arbeitskraft verstanden, Arbeitsbereich oder Qualifikationsart bzw.
beides zu wechseln. Sie wird in hochindustrialisierten Volkswirtschaften zunehmend erzwungen – eine Tendenz, die, unbeschadet
der grundsätzlichen Kritik an der Bedarfsplanung im Kapitalismus
durch die marxistische Bildungsökonomie, Naumann/Steinberger
zufolge unter sozialistischen Verhältnissen nicht minder als unter
kapitalistischen Bedingungen existiert.

Die neomarxistischen Bildungsökonomen schließen sich der
Grundsatzkritik an der Bedarfsplanung unter kapitalistischen Bedingungen gleichfalls an, doch ist ihre theoretische Position in dieser
Frage facettenreicher. Auch wenn sie die »bürgerliche« Kritik an
den modellimmanenten Schwächen des Bedarfsansatzes vielfach
reproduzieren, so gehen sie doch über eine rein modellimmanente
Kritik des Manpower-Ansatzes oder eine Kritik an der Dichotomie
von Bildungsplanung und Wirtschaftsliberalismus hinaus. In ihre
Kritik beziehen sie auch – im Gegensatz zu den (realistischeren)
marxistischen Bildungsökonomen – das grundlegende Räsonnement
jeder Bildungsökonomie und Bildungsplanung – das Phänomen der
Knappheit und der dadurch bedingten Frage nach optimalen Aus-
wahl- und Entscheidungskriterien für die Planung – mit ein, das sie
letztlich in Frage stellen. Knappheit (einschließlich der darauf
basierenden oder damit begründeten Manpower-Planung) ist für sie
nicht eine grundsätzliche Erscheinung allen Wirtschaftens, in wel-

cher Wirtschaftsordnung auch immer, sondern eine historisch-gesellschaftliche Oberflächenerscheinung des Spätkapitalismus und der mit ihm verknüpften irrationalen Faktorallokation, die auch durch eine Bildungsplanung auf der Grundlage des Manpower-Ansatzes nicht aufgehoben werden kann.

Die bedarfsorientierte Bildungsplanung sieht sich damit insgesamt einer bemerkenswerten Allianz von Planungsgegnern gegenüber, die von marxistischen über neomarxistische bis zu neoliberalen Bildungsökonomen reicht. Zwar bestreitet der neoliberale oder neopretiale Ansatz nicht grundsätzlich die Möglichkeit von Bildungsplanung im Kapitalismus, aber er hält sie gemessen an der Selbstregulierung des Bildungs- und Beschäftigungssystems über den Markt- und Preisautomatismus für ineffizient und damit für schädlich.

Selbst planungsfreudigere Bildungsökonomen, die dem neoliberalen Denken fernstehen, haben immer wieder gefragt, ob es eigentlich angeht, in einem grundsätzlich dezentralen kapitalistischen Wirtschaftssystem ausgerechnet der Bildungsökonomie die Last einer angeblichen Planbarkeit des Arbeitskräftebedarfs der gesamtwirtschaftlich nicht-geplanten Wirtschaft aufbürden zu wollen.

Aber dem muß wohl dreierlei entgegengehalten werden: Wir leben heute nicht mehr unter den Bedingungen atomistischer Konkurrenz, vielmehr wird sowohl durch die Konzentration der Wirtschaft als auch durch die Gesetzgebung die Tendenz zu einer längerfristigen Personalplanung gefördert. Ferner plant der Staat auch andere Infrastrukturbereiche zentral unter längerfristigen Gesichtspunkten, die in gleicher Weise wie das Bildungswesen mit dem dezentral organisierten Wirtschaftssystem in einer gegenseitigen Wechselbeziehung stehen. Schließlich kann aber dieses Argument, insbesondere für die hochqualifizierten akademischen Arbeitskräfte, auch deshalb nicht überzeugen, als ja der Staat – und dies zumal in der Bundesrepublik – der Hauptabnehmer dieser Arbeitskräfte ist und somit die Identität von Angebot an und Nachfrage nach Bildung auch zu einer – bis heute allerdings im staatlichen Bereich nicht realisierten – Identität von Bildungsplanung und Personalplanung führen müßte oder könnte, die im Bereich der mittleren Qualifikationen des dualen Berufsausbildungssystems tendenziell ohnehin angelegt ist.

Zusätzlich zu diesen Argumenten bestreitet der Manpower-Planer jedoch gegenüber dem neoliberalen Ansatz grundsätzlich die Effizienz und Funktionstüchtigkeit einer Markt- und Preissteuerung des Bildungssystems, weil sich für ihn das Bildungssystem als Subsystem der Gesellschaft nur mühsam an die moderne technologische Entwicklung anpaßt und stets mit einem time-lag der sozioökonomischen Entwicklung nachzuhinken pflegt. Wie widersprüchlich auch die neomarxistische Position in der Bedarfsproblematik ist, wird schon daraus deutlich, daß sie auf der einen Seite bedarfsorientierte Bildungsplanung unter kapitalistischen Bedingungen für unmöglich hält, auf der anderen Seite jedoch die Ansätze zu einer verstärkten gesamtstaatlichen Bildungsplanung in der Bundesrepublik aus sich ständig komplizierenden Verwertungsschwierigkeiten des Kapitals zu erklären sucht, die durch eine erhöhte Mobilität und Flexibilität der Arbeitskräfte aufgefangen werden sollen. Mobilität und Flexibilität sind jedoch keine Kategorien, die in einem prinzipiellen Gegensatz zum Manpower-Ansatz stehen. Zwar unterstellt er in seiner traditionellen Fassung einen rigiden Zusammenhang zwischen Produktionssystem und Arbeitskräfteeinsatz, der Substitution und Flexibilität von vornherein ausschließt. Aber eine »Flexibilisierung« des Manpower-Ansatzes ist damit ebensowenig ausgeschlossen. Im Gegenteil: schon die modellimmanente Kritik mündet mit innerer Notwendigkeit in die Frage nach der Qualifikationsstrukturentwicklung ein, so daß sich die Arbeitskräftebedarfsforschung inzwischen vom Manpower-Ansatz zur Qualifikationsforschung im Sinne von Flexibilitäts-, Substitutions- und Mobilitätsforschung (»Manpower Utilization Research«) verlagert hat. Damit rückt die Ermittlung von Flexibilitätsgraden, Substitutionsmargen, von realisierten Mobilitätsmaßen und latenten Substitutionspotentialen, von Bedarfskorridoren sowie der Übergang von Punktschätzungen zu Intervallprognosen in den Mittelpunkt der Manpower-Forschung.

Dadurch wird nicht nur die Realgeltung der klassischen Limitationalitätshypothese des traditionellen Manpower-Ansatzes überprüft und eine »Korridorisierung« von Bedarfsprognosen eingeleitet, sondern auch die bedarfsorientierte Bildungsplanung nicht mehr isoliert auf eine vorgegebene Struktur des Bildungssystems bezogen. Denn je mehr diese dem Ziel der Elastizität durch eine bedarfsorientierte Bildungsplanung angenähert werden kann, um so stärker ändert sich zwangsläufig der Charakter dieser Planung. Social demand-Planung und Manpower-Planung sind dann nur noch zwei Seiten ein und derselben Medaille, auch wenn auf dem Kampffeld

der Bildungsökonomie noch vordergründig der Schlachtenlärm
zwischen den Anhängern des Social demand-Ansatzes und des
Manpower-Ansatzes widerhallt.

X.

Bildungsplanung auf der Grundlage des Social demand-Ansatzes
wird vielfach als strikter Gegensatz zu einer bedarfsorientierten
Bildungsplanung auf der Basis des Manpower-Ansatzes angesehen.
So wird insbesondere seine Legitimationsgrundlage aus einer
grundsätzlichen Kritik an der Berechtigung des Bedarfskonzeptes
abgeleitet. In dieser Sicht stellt der Social demand-Ansatz und das
auf ihm basierende Angebotsmodell damit ein Anti-Bedarfskon-
zept, gleichsam ein »Gegenmodell« zur Manpower-Planung dar.

Angesichts dieser weitverbreiteten Polarisierung beider Planungskonzepte in der »bürgerlichen« Bildungsökonomie muß es um so
mehr überraschen, daß der »social demand approach« seiner formalen Struktur nach zunächst eher einen sozialstatistischen, wert-
neutralen Ansatz für die Analyse und Prognose des Durchlaufs der
Schüler durch die verschiedenen Typen und Stufen des Bildungssystems darstellt. Denn das Angebotsmodell ist bestrebt, aus den
Veränderungen der sogenannten »inflows« des Bildungssystems
Veränderungen der »outflows« des Bildungssystems analysieren
und prognostizieren zu können, um schließlich das künftige, aus
dem Bildungssystem hervorgehende Neuangebot an ausgebildeten
Arbeitskräften zu bestimmen.

Aus der Vielzahl der Bestimmungsfaktoren, die bei einer derartigen Analyse und Prognose des Angebots berücksichtigt werden
müssen, sind vor allem folgende Problemkreise von grundlegender
Bedeutung (vgl. hierzu auch Abbildung 5):

– Die Prognose der künftigen Entwicklung der Schulbevölkerung.
– Die allein demographische Einflüsse berücksichtigende Prognose des künftigen Schülerbestandes in den einzelnen Stufen
  und Typen des Bildungssystems unter der Annahme eines für
  jede Altersgruppe konstant bleibenden relativen Schulbesuchs.
– Die Prognose der voraussichtlichen Entwicklung der Übergangsquoten nach Stufen und Typen des Bildungssystems die – über
  die rein demographische Analyse hinaus – neben Trendextrapolationen des relativen Schulbesuchs auch die Impulse miteinbe-

ziehen kann, die von der Nachfrage der privaten Haushalte nach Bildung und von der staatlichen Bildungspolitik ausgehen.
– Die Prognose der aus den individuellen Bildungs- und Berufswünschen resultierenden künftigen Verteilung der Absolventen des Bildungssystems auf Berufe und Bildungsniveaus.

Das erste Problem einer Angebotsprojektion besteht zunächst in der Prognose der künftigen Entwicklung der Schulbevölkerung nach Altersgruppen, Geschlecht, Schulstufen und Schultyp. Unter Schulbevölkerung wird dabei die Bevölkerungszahl im Schulalter (ca. 6–25 Jahre) verstanden. Die Prognose der Schulbevölkerung ist – sofern eine leistungsfähige Bevölkerungsstatistik vorliegt – nicht allzu problematisch, da beispielsweise alle in einem bestimmten Jahr schulpflichtig werdenden Kinder bereits sechs Jahre zuvor geboren sind und auch die längerfristige Entwicklung der Schulbevölkerung in der Regel mit hinreichender Sicherheit geschätzt werden kann.

Das zweite Problem der Angebotsprojektion liegt in der Prognose des künftigen Schülerbestandes in den einzelnen Stufen und Typen des Bildungssystems. Geht man zunächst von der Annahme eines für jede Altersgruppe konstant bleibenden relativen Schulbesuchs aus, so läßt sich der künftige Schülerbestand nach Stufen und Typen des Bildungssystems errechnen. Der Begriff des relativen Schulbesuchs oder Beschulungsgrades (»enrolment ratio«) bezeichnet dabei den Anteil der Schüler bestimmten Alters an allen Personen gleichen Alters.

Bei der Annahme eines konstanten relativen Schulbesuchs für jede Altersgruppe wird der künftige Schülerbestand allein auf die demographische Entwicklung zurückgeführt. In derartigen Berechnungen verschieben sich die Anteile der auf die einzelnen Stufen und Typen des Bildungssystems entfallenden Schüler nur dann, wenn sich der Altersaufbau der Schüler durch unterschiedlich starke Geburtenjahrgänge verändert. Eine allein demographische Einflüsse berücksichtigende Angebotsprojektion würde jedoch die langfristig weit bedeutsameren Impulse vernachlässigen, die von der staatlichen Bildungspolitik und von der Nachfrage der privaten Haushalte nach Bildung ausgehen.

Deshalb wird in den Angebotsmodellen über die rein demographische Analyse hinaus neben Trendextrapolationen des relativen Schulbesuchs auch eine Prognose der Entwicklung der Übergangs-

quoten nach Typen und Stufen des Bildungssystems in Abhängigkeit von den Einflüssen der staatlichen Bildungspolitik und der privaten Haushaltsnachfrage nach Bildung vorgenommen. Was zunächst Trendextrapolationen des relativen Schulbesuchs anbetrifft,
so sind sie im Rahmen des Angebotsmodells besonders weit verbreitet. Gegen die Extrapolation historischer Trends und den damit
zugrunde liegenden historischen Determinismus gelten jedoch
grundsätzlich die gleichen Einwände wie beim Manpower-Ansatz.
Denn einerseits führen Trendextrapolationen des Schulbesuchs
zwangsläufig zu einer Projektion der Vergangenheit in die Zukunft,
die man vielfach gerade überwinden will. Und andererseits muß für
verschiedene Bereiche des Bildungswesens mit Obergrenzen, Sätti-
gungszonen oder Wendepunkten gerechnet werden, die durch eine
lineare Trendfortschreibung nicht erfaßt werden können. Allerdings
kann bei Trendextrapolationen versucht werden, Obergrenzen für
einzelne Stufen und Typen des Bildungssystems zu berücksichtigen.
So lassen sich die Schulbesuchsquoten aller weiterführenden Bildungsinstitutionen bis zu dem Zeitpunkt extrapolieren, in dem die
Summe des relativen Schulbesuchs einer bestimmten Altersgruppe
100 Prozent beträgt. Dabei wird aber die Möglichkeit einer Konkurrenz zwischen verschiedenen Arten weiterführender Bildungsinstitutionen sowie die mögliche Expansion des Anteils einer Schul-
art auf Kosten einer anderen noch nicht in das Kalkül mit einbezogen.

In einer weiteren Variante könnte die Angebotsprognose daher
von einem Trend des Ausgleichs der regionalen Disparitäten im
relativen Schulbesuch ausgehen. In diesem Fall bilden die bestehenden regionalen Unterschiede im relativen Schulbesuch den Ausgangspunkt der Angebotsprognose, wobei die Vergangenheitsentwicklung des Ausgleichs dieser regionalen Differenzen in die Zukunft fortgeschrieben wird. Dabei sollen – wie Widmaier/Frey betonen – alle Regionen mit unterdurchschnittlichem Ausgangsniveau
im Zeithorizont der Angebotsprognose das Durchschnitts- bzw.
Höchstniveau der betreffenden Regionalgruppe erreichen. Da alle
drei Varianten von Trendextrapolationen des Schulbesuchs bisher
zu relativ unbefriedigenden Resultaten geführt haben, ist ferner
auch der Versuch unternommen worden, die regionale Berufs- und
Sozialstruktur in ihren Auswirkungen auf die Bildungsnachfrage
zum Bezugspunkt der Angebotsprognose zu machen. In diesem
Ansatz wird die Obergrenze der Schulbesuchsquoten mit der ent-

sprechenden Quote der Schüler aus den führenden Sozial- und Berufsgruppen gleichgesetzt. Für einen derartigen Prognoseansatz ist jedoch die Analyse und Prognose der langfristigen Veränderung der Sozial- und Berufsstruktur erforderlich, die ihrerseits aber nur im Rahmen einer Analyse und Prognose der gesamtwirtschaftlichen Entwicklung geleistet werden kann, so daß sich eine so konzipierte Angebotsprognose wieder dem Ausgangspunkt des Manpower-Ansatzes annähert. Damit wird evident, daß ein angebotsorientiertes Modell, das nur von der Nachfrage der Haushalte nach Leistungen des Bildungssystems ausgeht, dann optimal funktionieren könnte, wenn sich das Bildungssystem in Form eines freien Marktes verhalten würde, in dem sich durch Konkurrenz sowie über einen Marktpreis Bildungsangebot und -nachfrage selbsttätig einpendeln würden. Im Bildungswesen gibt es aber gegenwärtig weder einen Marktpreis für Bildung noch eine echte Konkurrenz der Anbieter, da der Staat als quasi-monopolistischer Anbieter auftritt. Eine Durchsetzung individueller Nachfrage ist also im Bildungswesen nicht über den Markt zu erreichen, sondern kann im wesentlichen nur über die staatlichen Entscheidungsinstanzen erfolgen.

Die Einflüsse, die von der staatlichen Bildungspolitik auf die Entwicklung des Schul- und Hochschulbesuchs ausgehen, sind dabei vielfältiger Natur.

Zunächst einmal bestimmt die staatliche Bildungspolitik die Länge der Pflichtschulzeit. Sie nimmt dadurch direkten Einfluß auf den relativen Schulbesuch bestimmter Altersklassen und damit auf die künftigen Schülerzahlen. Ferner wirkt die staatliche Bildungspolitik mit den Methoden der direkten und indirekten Nachfragelenkung auf die private Bildungsnachfrage ein.

Unter direkter Nachfragelenkung können diejenigen Maßnahmen der staatlichen Bildungspolitik verstanden werden, die unmittelbar auf Veränderungen der nachgefragten Menge an Leistungen des Bildungssystems gerichtet sind (z. B. Veränderungen der Nachfrage nach Studienplätzen durch einen Numerus clausus).

Demgegenüber umfaßt die indirekte Nachfragelenkung diejenigen bildungspolitischen Maßnahmen, die lediglich auf die objektiven und subjektiven Determinanten der Menge und Struktur der privaten Bildungsnachfrage einzuwirken versuchen.

Die Maßnahmen der indirekten Nachfragelenkung umfassen ein breites Spektrum der Lenkungsmöglichkeiten. Die subjektiven Bestimmungsgründe der Bildungsnachfrage (wie z. B. Sozialisation, Motivation und Leistung) können mit einem vielfältigen Instrumentarium beeinflußt werden, das Maßnahmen der Bildungs- und Berufsberatung, des Abbaus sozialer Barrieren, der »Bildungswerbung«, aber auch der »Bildungsabschreckung« umfaßt.

Objektive Bestimmungsgründe der privaten Bildungsnachfrage sind neben der bereits skizzierten demographischen Entwicklung beispielsweise die Kosten der Ausbildung, das gegebene Angebot an Bildungsplätzen nach Art, Höhe und regionaler Verteilung sowie das bestehende Bildungsniveau der Schüler-Eltern.

Für die gezielte, indirekte Beeinflussung der objektiven Bestimmungsgründe der privaten Bildungsnachfrage stehen der staatlichen Bildungspolitik eine Reihe von Instrumenten zur Verfügung.

So können insbesondere durch die Gestaltung des Angebots an Bildungsplätzen nach Art, Höhe und regionaler Verteilung Nachfrageentscheidungen beeinflußt bzw. sogar erst induziert werden.

Ferner kann der Staat auch durch die Gestaltung des Schulgeldes und der Bildungsförderung Einfluß auf die individuellen Bildungskosten nehmen. So dürfte die in allen hochentwickelten Ländern gleichermaßen wirksame Tendenz einer Demokratisierung des Sekundar- und Hochschulwesens durch Schulgeld-, Lehrmittelfreiheit und Ausbildungsförderung den Drang zu den weiterführenden Bildungsinstitutionen noch verstärken, wenn nicht zum Teil sogar erst ermöglichen. Bei dieser Tendenz, den Schulbesuch über die gesetzlich vorgeschriebene Dauer zunehmend zu verlängern, handelt es sich zwar um einen seit langem wirksamen Prozeß. Es ist jedoch eine Schwachstelle des Angebotsmodells, daß eine umfassende soziologische und ökonomische Deutung dieses Phänomens bislang noch immer aussteht, auch wenn eine Reihe von Thesen zu seiner Erklärung diskutiert werden. So wird in der soziologischen Perspektive vielfach die These vertreten, daß die relative Zunahme des Besuchs weiterführender Bildungsinstitutionen eine Folge der erhöhten Ansprüche sei, die zunehmende Technisierung und Verwissenschaftlichung aller Lebensbereiche in der modernen Industrie- und Leistungsgesellschaft an die berufliche Qualifikation und die charakterliche Ausformung des Menschen stellen. Konsequent zu Ende gedacht, würde dies letztlich bedeuten, daß sich im Angebotsmodell in den individuellen subjektiven Bildungsentscheidungen die gesellschaftlichen und in einem so verstandenen Sinne »objektiven« Qualifikationsanforderungen des Beschäftigungssystems gleichsam widerspiegeln. Im Endresultat fielen dann Angebot und Bedarf tendenziell zusammen, so daß der Manpower-Ansatz schließlich entbehrlich würde und nahtlos in das Gewand des Social demand-Ansatzes schlüpfen könnte.

Bei der These von der Verursachung der relativen Zunahme des Besuchs weiterführender Bildungsinstitutionen durch Technisierung und Verwissenschaftlichung ist allerdings fraglich, ob die Determination nicht auch in umgekehrter Richtung verlaufen kann. So werden die Aufstiegsmöglichkeiten formal gering qualifizierter Arbeitskräfte durch die Laufbahnvorschriften des öffentlichen Dienstes in zunehmendem Maße beschnitten. Dies gilt in gleicher Weise auch von der privaten Wirtschaft, in der Positionen, die früher von Praktikern mit formal niedrigen Bildungsabschlüssen bekleidet wurden, zunehmend mit formal hochqualifizierten Kräften besetzt werden.

Diese Beschränkung der Aufstiegsmöglichkeiten dürfte jedoch nicht nur auf die zusätzlichen Anforderungen an die Berufsqualifikation, sondern vor allem auch auf das zunehmende Angebot an formal hochqualifizierten Arbeitskräften zurückzuführen sein. Denkt man auch diese These wieder zu Ende, so würde das Angebot an ausgebildeten Arbeitskräften letztlich den Bedarf bestimmen, so daß gleichfalls auf den Manpower-Ansatz verzichtet werden könnte. Zwischen diesen beiden Extremen, der reinen *Angebotsverursachung des Bedarfs* auf der einen und der reinen *Bedarfsorientierung des Angebots* auf der anderen Seite, pendelt der Social demand-Ansatz hin und her, wenn er eine vornehmlich soziologische Interpretation erfährt.

Eine andere Perspektive eröffnet sich, sobald der Trend einer relativen Zunahme des Besuchs weiterführender Bildungsinstitutionen vornehmlich auf bildungsökonomische Einflußfaktoren zurückgeführt wird. Denn die Tendenz, den Schulbesuch zunehmend über die gesetzlich vorgeschriebene Dauer zu verlängern, könnte auch mit der These begründet werden, daß der Besuch weiterführender Bildungsinstitutionen und insbesondere der Hochschulen breiten Schichten als ein Gut des gehobenen Bedarfs erscheint, dessen Genuß man seinen Kindern erst von einer bestimmten Höhe des Haushaltsnettoeinkommens gewähren kann bzw. gewähren zu können glaubt. Als Indiz für diese These könnte auch der in makroökonomischer Sicht konstatierte enge Zusammenhang zwischen der Höhe des Volkseinkommens und der Höhe des Bildungsaufwands einer Volkswirtschaft herangezogen werden. Die Regelmäßigkeit der Entwicklung beider Größen im internationalen Vergleich scheint die Deutung zuzulassen, daß die Eltern bei zunehmendem Pro-Kopf-Einkommen auch steigende Bildungsausgaben zu tragen gewillt sind.

Nun könnte gegen dieses Argument jedoch der Einwand erhoben werden, daß in den meisten Ländern nur ein geringer Teil der Kosten für den Besuch weiterführender Bildungsinstitutionen direkt von den Eltern getragen wird, so daß der Zusammenhang zwischen Sozialprodukt und Bildungsausgaben lediglich zum Beweis steigender *staatlicher* Bildungsaufwendungen bei wachsendem Volkseinkommen herangezogen werden könnte.

Mit diesem Einwand dürfte jedoch ein falscher Schluß aus einer richtigen Beobachtung gezogen werden. Denn es würde übersehen werden, daß selbst bei völliger Schulgeld- und Lehrmittelfreiheit für den Sekundarschulbereich und bei Stipendiengewährung für den Hochschulbereich der einzelne durch das ihm während der Ausbildung entgehende Einkommen einen Verzicht leistet, der in Form von »opportunity costs« Kostencharakter trägt.

Die bildungsökonomische These basiert daher auf der Annahme, daß dieser Einkommensverzicht erst getragen werden kann, wenn das Einkommen der Eltern eine bestimmte Höhe erreicht hat. Insofern wäre auch die These von der Notwendigkeit eines hohen Pro-Kopf-Einkommens für die Zunahme des Besuchs weiterführender Bildungsinstitutionen schlüssig, wenn man hierbei zugleich berücksichtigt, daß die Höhe des Pro-Kopf-Einkommens nicht nur Ursache, sondern gleichzeitig auch Folge der durch die freiwillige Verlängerung des Schulbesuchs induzierten Verbesserung des Bildungsniveaus sein kann. Da der Social demand-Ansatz ebenso wie der Manpower-Ansatz auf ein Strukturmodell abhebt, müßten für die Strukturprognose und Strukturplanung diese globalen, makroökonomischen Zusammenhänge mit Hilfe eines mikroökonomischen Ansatzes differenziert werden. Für die einzelnen Typen und Stufen des Bildungssystems wäre dann die Elastizität der Nachfrage nach zusätzlicher Bildung im Verhältnis zum wachsenden Pro-Kopf-Einkommen analytisch und prognostisch zu bestimmen. Dabei würde sichtbar werden, wie sich die Verwendungsproportionen für die verschiedenen Ausgabenbereiche bei wachsendem Haushaltseinkommen verschieben und welche Bedeutung den Ausgaben für Bildung zukommt. Ist der Wert der Einkommenselastizität der individuellen Nachfrage nach weiterführender Bildung grundsätz-

lich größer als 1, so kann hinsichtlich der Prognose des langfristigen
Trends des künftigen relativen Schulbesuchs davon ausgegangen
werden, daß sich, Wirtschaftswachstum unterstellt, in der Zukunft der relative Schulbesuch nach Ende der Vollzeitschulpflicht
weiter verstärken wird. Diese Entwicklung wird – sieht man von
dem Manpower-Argument der Technisierung und Verwissenschaftlichung der Berufs- und Arbeitswelt zunächst einmal ganz ab –
gleichsam aus zwei Quellen gespeist: einmal aus einer ökonomischen Quelle, da mit wachsendem Haushaltseinkommen die finanziellen Lasten einer Verlängerung des Schulbesuchs der Kinder
über die Pflichtschulzeit hinaus immer weniger ins Gewicht fallen.
Zum anderen auf eine soziologische Quelle, weil ein wachsender
Prozentsatz von Eltern mit formal hohen Bildungsabschlüssen dazu
führt, daß sie auch ihren Kindern einen zumindest gleichwertigen
Bildungsabschluß zu ermöglichen suchen – ein Faktum, das besonders plastisch in der hohen Selbstreproduktion der Akademiker
sichtbar wird.

Wenn folglich das Angebotsmodell über einen sich laufend
selbstverstärkenden Prozeß von Einkommens- und Bildungswachs-
tum zu einer Prognose ständig zunehmenden relativen Schulbesuchs
gelangen muß, so stellt sich damit ebenso drängend wie unabweisbar die Frage, ob diese Entwicklung auf der Angebotsseite tatsächlich – wie die These von der zunehmenden Technisierung und
Verwissenschaftlichung behauptet – mit den Qualifikationsanforderungen der Berufe kompatibel ist oder ob sich das Bildungssystem
nicht, möglicherweise noch durch Social demand-Planung gefördert, immer stärker gegenüber dem Beschäftigungssystem verselbständigt. Hier zeigt sich nun eine prinzipielle Schranke des Angebotsmodells, weil es lediglich bis zu einer Prognose der Verteilung
der künftigen Absolventen des Bildungssystems nach den entsprechenden Bildungsniveaus auf die Berufe weitergeführt werden
kann. Eine derartige Strukturprognose kann damit nur wahlweise (1)
den Trend der Verknüpfung von Bildungsniveau und Berufsstruktur
in der Vergangenheit in die Zukunft fortschreiben, (2) alternative
Relationen zwischen Bildung und Beruf konditional voraussagen
oder (3) politisch wünschbare Strukturbeziehungen zwischen ihnen
voraussetzen. Offen bleibt in jedem Fall, in welchem Verhältnis eine
derartige Strukturprognose zum Bedarf von Wirtschaft und Gesellschaft steht, weil das Angebotsmodell aus sich heraus hierfür keine
Kriterien bereitstellen kann. Auch wenn der Social demand-Ansatz

eine normative Dimension gewinnt und seinen Planungen bestimmte Zielvorgaben der Bildungspolitik, z. B. hinsichtlich der bildungspolitisch erwünschten Übergangsquoten zugrunde legt, so kann er doch nicht begründen, ob und inwieweit die Resultate des Angebotsmodells dem Bedarf des Beschäftigungssystems entsprechen.

Mit der bloßen Anwendung des Social demand-Ansatzes allein ist damit letztlich noch keine neue Qualität und Legitimationsgrundlage in der Bildungsplanung geschaffen – dies folgt erst aus der ideologischen Überhöhung der individuellen Bildungsnachfrage. Ausgehend von der liberalen Marktideologie wird dann der Social demand-Ansatz für die Bildungsplanung verabsolutiert und dem Bedarfsansatz die hohe Elastizität aller sozialen Phänomene entgegengehalten, so daß die Elastizität der Entwicklungsmöglichkeiten in der Wirtschaft geradezu überzeugende Bedarfsprognose verbietet. Wie soll man auch – so fragt der liberale Bildungstheoretiker – zukünftige Entwicklungen kennen und womöglich prognostizieren, deren bestimmendes Merkmal gerade ihre prinzipielle »Offenheit« ist. Aktive Bildungspolitik muß daher – wie es vor allem Dahrendorf gefordert hat – vom »Bürgerrecht auf Bildung« aus konzipiert und legitimiert werden, um dem ordnungspolitischen Kardinalziel der Gesellschaft, das größte Glück der größten Zahl zu verwirklichen, gerecht zu werden.

Ausgangspunkt dieser Argumentationskette ist das Angebot an Bildungswilligen, für die ein Bürgerrecht auf Bildung postuliert wird. Damit wird das Bildungssystem implizit als eine von der wirtschaftlich-technologischen Entwicklung weitgehend unabhängige Größe betrachtet, die auf politisch bestimmte Zielwerte eingesteuert werden soll *und* kann. Der Grundansatz der bildungsökonomischen Manpower-Forschung, die Interdependenz von Bildungswesen und wirtschaftlicher Entwicklung stets simultan zu analysieren, wird nunmehr grundsätzlich aufgegeben. Zur Begründung wird auf eine säkulare Tendenz zur allgemeinen Erhöhung der Qualifikationsanforderungen verwiesen, die in Verbindung mit der unterstellten hohen Elastizität aller sozialen und wirtschaftlichen Phänomene ein geschlossenes angebotsorientiertes Konzept der Bildungsplanung ergibt.

Während der gesellschaftliche Bedarf im Manpower-Ansatz als eine Größe angesehen wird, die vom wirtschaftlich-technologischen Entwicklungsstand bestimmt ist, fällt der Ausbildungsbedarf der

Gesellschaft in diesem Konzept des Bürgerrechts-Ansatzes stets mit der aggregierten individuellen Nachfrage nach Bildungsleistungen zusammen.

In Parenthese muß jedoch darauf verwiesen werden, daß diese Identität von individueller und gesellschaftlicher Nachfrage – wenn auch mit völlig anderer Begründung – zwingend auch aus der Limitationalitätsannahme des traditionellen Manpower-Ansatzes, die ja für alle Bedarfsbereiche einschließlich des Bildungssektors gilt, folgt. Bezeichnenderweise wurde jedoch in der bedarfsorientierten Bildungsplanung stillschweigend von einem Auseinanderklaffen zwischen individueller und gesellschaftlicher Nachfrage ausgegangen und somit – entgegen den Grundhypothesen – Bedarfs- und Angebotsprognosen in einem kombinierten Angebots-Nachfrage-Modell in »Bildungsbilanzen« miteinander konfrontiert (vgl. hierzu auch Abbildung 5). Diese Bilanzen resultieren aus einer isolierten Prognose der Angebots- bzw. Bedarfsaspekte des Bildungs- und Beschäftigungssystems, die es ermöglichen soll, die prognostizierte zukünftige Verwendung der Arbeitskräfte nach der Bildungsstruktur mit der prognostizierten Entstehung des zukünftigen Angebots von Arbeitskräften nach der Bildungsstruktur gegenüberzustellen, um die zukünftigen strukturellen Entwicklungen im Bildungs- und Beschäftigungssystem saldieren und zielgerecht beeinflussen zu können.

In einem verabsolutierten Angebotsmodell haben Bildungsbilanzen jedoch grundsätzlich keine Funktion mehr. Hinzu kommt, daß sein voluntaristisches Konzept, aus dem buntgewürfelten Strickmuster der Aufklärung, der klassischen Markttheorie und der neuhumanistischen Bildungstradition gewirkt, prima facie überzeugend scheint. Denn wenn der Ausbildungsbedarf der Gesellschaft stets mit der aggregierten individuellen Bildungsnachfrage zusammenfällt, so kann sich die Bildungsplanung von dem engen Korsett des wirtschaftlich-technologischen Anpassungszwanges befreien und in den weiten Mantel demokratischer Zielplanung schlüpfen. Und dies um so mehr, als eine säkulare Tendenz zur allgemeinen Erhöhung der Qualifikationsanforderungen die Befürchtung einer Überqualifikation als unbegründet erscheinen läßt. Aber dieses Modell erweist sich nur scheinbar als geschlossen und widerspruchsfrei, weil die bildungstheoretische Argumentation unbestimmt und widersprüchlich bleibt. So muß Dahrendorf selbst einräumen, daß Bedarfserwägungen für die Berufsentscheidungen der Schüler und

Hochschüler durchaus Berechtigung besitzen. Auch sorgt er sich, wohin die neuen Abiturienten gehen sollen, die eine expansive Bildungspolitik hervorbringt. Diese Zweifel, die an jedem Social demand-Planer nagen, gehen in ihrem Kern auf die Annahme einer vollständigen Substitutionselastizität der Ausbildungsqualifikationen zurück, die nicht auf ihre Realgeltung überprüft worden ist, sondern lediglich axiomatisch behauptet wird.

Implizit wird damit eine hohe »Marktrationalität« (Dahrendorf), d. h. ein voll funktionsfähiger Markt- und Preismechanismus für Ausbildungsqualifikationen unterstellt, der stets zu einer weitgehend friktionsfreien Absorption von zusätzlich ausgebildeten Arbeitskräften führt. Der Bedarf wird folglich erst bei gegebenem Preis wirksam und realisiert sich also in den Koordinaten von Angebot und Nachfrage. Wenn der Preismechanismus funktioniert, so schafft sich jedes Angebot an Ausgebildeten gerade den Bedarf, der mit der verfügbaren Zahl übereinstimmt (»Saysches Theorem des Bildungswesens«). Der Begriff des Ausbildungsbedarfs ist damit beim Bürgerrechts-Ansatz, offensichtlich ungewollt oder unbewußt, der kurzfristigen Analyse der Gleichgewichtsökonomie entlehnt.

Wie kann darauf aber eine zwangsläufig langfristig orientierte Bildungsplanung gegründet werden? In dieser Frage läßt der Bürgerrechts-Ansatz die staatliche Bildungsplanung mit innerer Zwangsläufigkeit aus seinen Modellimplikationen heraus ohne jede Antwort. Denn auf der einen Seite reduziert er die Aufgaben der Bildungsplanung ausschließlich auf eine vertikale Koordination der Bildungsprozesse untereinander, während er auf der anderen Seite gerade dieses Band zerschneidet: Die Wahl der Bildungsstufe im sekundären Bildungsbereich soll allein von der individuellen Nachfrage nach Bildung und gesellschaftspolitischen Grundrechtskriterien abhängig sein, während die Aufteilung der ausgebildeten akademischen Arbeitskräfte des tertiären Bildungsbereichs allein dem Markt- und Preismechanismus überlassen bleiben soll. Nach Riese impliziert dies »die skurrile Hypothese, daß das wirtschaftliche Wachstum allenfalls ein relatives, nicht aber ein absolutes Volumen bestimmter Qualifikationen voraussetzt«. Die Wahl, welcher Teil des Arbeitskräftepotentials eine Hochschulbildung erhält, wird damit zur Konsumentscheidung der Eltern und Schüler; das Verhältnis der verschiedenen Fachrichtungen dagegen eine vom Markt oder vom Staat getroffene Investitionsentscheidung. Für Riese ist diese Konzeption letztlich eine unbefriedigende Mischung aus freier

Konsumwahl und sich daraus zwangsläufig ergebendem staatlichen Interventionismus.

Die Konsequenz dieser theoretischen Sollbruchstelle des Bürgerrechts-Ansatzes ist, daß Bildungsplanung nun zum preisgesteuerten Roulett verfremdet wird. In Mangelsituationen an hochqualifizierten Arbeitskräften können infolge der Funktionsuntüchtigkeit des Preissystems auf dem Arbeitsmarkt, der als klassischer imperfekter Markt angesehen werden muß, aus den kurzfristigen Knappheitsrelationen keine langfristigen Engpaßkriterien für die Bildungsplanung abgeleitet werden. Vielmehr besteht die Gefahr, daß infolge der langen Ausreifungszeit von hochqualifizierten Arbeitskräften zyklische Schwankungen der Absolventenzahlen um das Marktgleichgewicht entsprechend dem Cobweb-Theorem auftreten, wenn sich die Bildungsentscheidungen im Marktpreis orientieren. In einer Überschußsituation an hochqualifizierten Kräften dagegen kann – Preisflexibilität vorausgesetzt – der Ausgleich von Angebot und Nachfrage nur durch Einkommensreduzierungen erreicht werden. Dies bedeutet jedoch, daß das Grundrecht auf Bildung, das mit dem Bürgerrechts-Ansatz verwirklicht werden soll, nicht mit dem Ziel einer der Ausbildung adäquaten Berufschance in Einklang zu bringen ist, das individuell überdies als korrespondierendes Grundrecht verstanden werden dürfte.

In diesem Zielkonflikt zwischen dem *Grundrecht auf Bildung* und dem *Grundrecht auf eine ausbildungsadäquate Berufschance* wird immer dann, wenn Überschüsse drohen, der Bürgerrechts-Ansatz zugunsten des Bedarfsansatzes zurückgedrängt werden, weil die Wirtschaft nicht zur Absorption von hochqualifizierten Arbeitskräften gezwungen werden kann. Hinzu kommt, daß an den Ausbildungsabschluß gebundene und zugleich staatlich garantierte Einkommen bei einer Überschußsituation an hochqualifizierten Kräften gerade der Marktrationalität widersprechen und die Elastizität des Wirtschaftssystems einengen müßten, die die Vertreter des Bürgerrechts-Ansatzes ansonsten so emphatisch und gleichsam als »deus ex machina« für die Lösung aller Probleme der Bildungsplanung herausstellen. Obwohl Angebots- und Bedarfsansatz keinen logisch begründbaren Vorrang voreinander besitzen, dürfte sich das Bildungswesen in einer Überschußsituation am Bedarf orientieren, so daß trotz Social demand-Orientierung schließlich – wie Riese betont – der Manpower-Ansatz dominieren wird: »Der progressive Gehalt der Chancengleichheitsmaxime kann nur bei oberflächlicher Betrachtung verschleiern, daß die ökonomischen Implikationen dieses Ansatzes extrem konservativ sind: Die Ausgebildeten haben die Bedingungen des Arbeitsmarktes zu akzeptieren, einer expansiven Bildungspolitik kann es gleichgültig sein, wie diese Bedingungen aussehen. Das liberale Credo, daß es ungleiche Menschen sind, die gleiche Startchancen haben sollten, und daß der Arbeitsmarkt diese Ungleichheit bewertet, wenn er differenziert entlohnt oder Positionen unterschiedlicher Valeur vergibt, mochte für ein Bildungswesen, das einen gleichbleibenden Anteil der Altersjahrgänge zur Reproduktion einer schmalen Oberschicht ausbildete, Gültigkeit beanspruchen können; die Konkurrenz jedoch, die als Folge einer Bildungsexpansion unter gleichbleibenden Arbeitsmarktchancen stattfindet, kann nurmehr auf eine unangemessene Bildungspolitik, nicht aber auf die natürliche Ungleichheit von Menschen zurückgeführt werden. Man sieht, daß die Chancengleichheitsmaxime auf die Bildungspolitik zurückschlagen muß, wenn die Interdependenz von Beschäftigungs- und Ausbildungssystem ignoriert wird.« So fürchten viele, die den Social demand-Ansatz oder Bürgerrechts-Ansatz grundsätzlich befürworten, daß gerade die mit dem Ansatz verbundene Erweiterung der Kenntnisse über die Determinanten der individuellen Bildungsnachfrage der Einzelhaushalte im Endeffekt lediglich zu deren Beeinflussung oder Manipulation benutzt werden könnte. Was zunächst – bei Außerachtlassung oder Leugnung der Einflüsse des Arbeitsmarktes – zur Garantie der Freiheit der Individuen und des Bürgerrechts auf Bildung dienen sollte, gerät nun zum Hilfsmittel für die Lenkung und Steuerung der Individuen im Sinne des Arbeitskräftebedarfs der Wirtschaft und wird damit zu einem Instrument der Sozialtechnologie, das gerade den Freiheitsspielraum des einzelnen, den zu erhalten und auszuweiten die Sozial demand-Planer angetreten waren, einzuschränken und damit das Bürgerrecht auf Bildung zu gefährden droht.

Wenn auch im Bürgerrechts-Ansatz bereits alle Elemente liberaler Markttheorie (hohe Marktrationalität und Elastizität des Wirtschaftssystems, kurzfristige Gleichgewichtsökonomik, prinzipielle Offenheit aller zukünftigen Entwicklungen) angelegt sind, so will er aber letztlich doch eher Denkanstöße vermitteln und vermeidet in seiner Argumentation jede Bestimmtheit seiner Aussagen über die Elastizität des Wirtschaftssystems, die er zwar gegen die Bedarfsplanung ins Feld führt, aber – auch hier durchgängig liberalen Posi-

tionen verpflichtet – zugleich auch wieder relativiert, ohne daß dies
jedoch zunächst Folgen für die Bildungsforschung und Bildungsplanung gehabt hätte. Wäre nämlich der Bürgerrechts-Ansatz von seinen
Protagonisten nicht vielfach so absolut gesetzt und apodiktisch vertreten worden, so hätten die bedarfsschaffenden Folgewirkungen
von Bildungsinvestitionen viel schärfer herausgearbeitet werden
können. So muß beispielsweise eine expansive Bildungspolitik
ceteris paribus die Nachfrage nach Lehrkräften, d. h. den Eigenbedarf des Bildungssystems, erhöhen. Eine expansive Bildungspolitik bewirkt ferner eine Anhebung des formalen Bildungsniveaus, wodurch das Ausmaß der Bereitschaft zur beruflichen
Tätigkeit steigen dürfte. Soweit Vollbeschäftigung existiert, schafft
sich das wachsende Angebot an qualifizierten Arbeitskräften eine
zusätzliche Nachfrage nach Produkten und stellt damit gleichzeitig
einen Impuls für wirtschaftliches Wachstum dar. Auf dem Wege
über die Besteuerung der zusätzlichen Arbeitskräfte werden ceteris
paribus, d. h. bei gleichbleibender, relativer Verwendung des
Steueraufkommens durch die öffentliche Hand, zugleich zusätzliche
Mittel für eine weitere Expansion des Bildungswesens verfügbar.

Schließlich vergrößert die Anhebung des formalen Bildungsniveaus auch das Ausmaß der individuellen Bereitschaft zur Fort-
und Weiterbildung, so daß die volkswirtschaftlichen Kosten nach-
träglicher beruflicher Unqualifizierungsprozesse reduziert werden
dürften. Diese bedarfsschaffenden Effekte einer expansiven Bildungspolitik sind *unbestritten,* doch hat es der Bürgerrechts-Ansatz
weithin versäumt, auch ihre *unbestreitbaren* Grenzen aufzuzeigen.
Darauf weist auch Clement hin. Er ist der Auffassung, daß eine
Bildungspolitik, die stark unter den Prämissen des Bürgerrechts-
Ansatzes steht, typische Merkmale einer Gefälligkeitspolitik trägt:
»›Freie‹ Bildungswahl bei gleichbleibendem Bildungs-, Beschäfti-
gungs- und Wirtschaftssystem ist nur scheinbar eine soziale Maßnahme. Mit großer Wahrscheinlichkeit ändert sich am Status quo
der Chancengleichheit und Ausschöpfung des Begabungspotentials
ohne intersektoral verbundene Maßnahmen nichts Wesentliches.
. . . Völlig ›freie‹ Bildungswahl belastet den einzelnen in verant-
wortungsloser Weise mit den Folgewirkungen einer Entscheidung,
die zwar im Bildungsbereich getroffen wurde, welche sich aber später
in anderen Bereichen manifestiert. . . . Dies würde ein unerträgliches
Abwälzen des Prognoserisikos auf den einzelnen bedeuten. Dies
noch dazu nicht nur für Sektoren, die einer globalen Planung ent-

zogen sind und wo die Abstinenz des Staates verständlich wäre, sondern auch bei den vielen Sektoren, deren Entwicklung dominant vom Staat gesteuert wird. . . . Der Ansatz ignoriert, verschleiert oder externalisiert die Kosten der Bildung. Die Bezeichnung ›kostenlose Bildung‹ grenzt, ökonomisch gesehen, an bewußte Irreführung. . . . Die Rechnung für den Bildungsangebotsansatz muß dann auch früher oder später präsentiert werden. Auf die Dauer können die Grenzen der Ausweitungsmöglichkeiten der Bildungskapazität nicht verschleiert werden. Der Numerus clausus und Zulassungsbeschränkungen brechen herein und selektionieren grob, unsozial und zufällig, wider alle Lehren ursprünglicher Social-demand-Ziele.«

Gegenüber dem Bürgerrechts-Ansatz ist nun der Absorptionsansatz die auf die Spitze getriebene liberale Position in der Bildungsplanung. Hier schafft sich entsprechend dem Sayschen Theorem nicht nur jedes Angebot an ausgebildeten Arbeitskräften stets automatisch und ohne alle Friktionen eine ausbildungsadäquate Beschäftigung, sondern durch die hohe »Innovationseffizienz« derartiger Qualifikationen erhöht es zudem auch den Wirkungsgrad des gesellschaftlichen Systems insgesamt. Dieser liberalistische Ansatz stilisiert nunmehr den Bürgerrechts-Ansatz gleichsam zu einer Ideologie der Absorption hoch. Entsprechend erscheint die Politikberatungsfunktion dieser Absorptionsideologie aufgrund ihres Apriorismus und Eklektizismus eher prä-rational: Grundsätzlich kann der Staat jede Art von Bildungspolitik betreiben, am besten ist aber naturgemäß eine ständige Expansion der höchsten Stufen des Bildungssystems. Auch der einzelne sollte jede ihm günstig erscheinende Bildung nachfragen – am besten aber auch hier eine Ausbildung höchsten formalen Abschlusses. Bedarfsplanung, ja Bildungsplanung überhaupt ist damit nicht nur schädlich, sondern auch ganz und gar überflüssig. Diese Forschungsrichtung, in der Bundesrepublik bisher vor allem von der institutionalisierten Forschung betrieben und vertreten, entläßt sowohl die Forschung in ihrer Politikberatungsfunktion als auch die Politik in ihrer Gestaltungsfunktion aus jeder Verantwortung. Das eindimensionale Rational des traditionellen Manpower-Ansatzes ist nunmehr im Absorptionsansatz in einem theoretischen Kurzschluß lediglich durch ein anderes ersetzt worden. Die Befriedigung des Dranges zu den höchsten formalen Bildungsabschlüssen ist dann so hoch einzuschätzen, daß im Vergleich dazu alle gesellschaftlichen, ökonomischen und individuellen Effekte, Folgewirkungen und Kosten mehr als aufgewogen werden.

Lebten wir wie Alice im Wunderland, so wäre die Entwicklung von Absorptionsmodellen selbst bei vollkommenem Überfluß an Gütern und Diensten zur Absorption arbeitsfreier Zeit durch Bildung gesellschaftlich nützlich. Was aber, wenn man auf einem kalten Stern der Knappheit lebt, das an das wirtschaftliche Wachstum gekoppelte gesellschaftliche Mehrprodukt für öffentliche Aufgaben begrenzt und damit auch das Bildungsbudget knapp bemessen ist? Will Bildungsökonomie und Bildungsplanung nicht ihre wissenschaftliche Funktion verlieren, so wird – wie geschehen – einem derartigen liberalistischen Absorptionsansatz nur eine kurze Scheinblüte eingeräumt sein, was angesichts seiner theoretischen Schwachstellen auch nicht weiter überrascht.

So versucht der Absorptionsansatz zwar die Ablehnung von Bildungs- und zumal von Bedarfsplanung durch die Behauptung innovatorischer Penetrationseffekte hochqualifizierter Arbeitskräfte im Beschäftigungssystem zu legitimieren, doch bleibt er theoretisch Gefangener seiner eigenen Prämissen: Indem er dem Arbeitsmarkt die Regulierungsfunktion zwischen individuellen Studienwünschen und gesellschaftlichem Qualifikationsbedarf zuweist, praktiziert er gerade jene Spielart von Ökonomismus, den er dem Manpower-Ansatz ansonsten so vehement vorwirft. Der Ansatz scheitert aber schließlich insbesondere daran, daß er nicht einmal den inkriminierten Bedarfsansatz methodisch konsequent zu überwinden vermag. Denn wird die erfolgreiche Verwendung ausgebildeter Arbeitskräfte im Beschäftigungssystem dem Bildungssystem als Maßstab gesetzt, so werden Effizienzkriterien der Verwendung von ausgebildeten Arbeitskräften wieder als Zielwerte der Bildungspolitik postuliert. Dann muß der Absorptionsansatz aber auch theoretisch scheitern, weil er für nicht-antizipierbare Wirkungen Effizienzkriterien verlangt.

Die Kontroversen, die in der »bürgerlichen« Bildungsökonomie durch die Auseinandersetzung zwischen Bedarfsplanung auf der einen und Social demand-Planung, Bürgerrechts-Ansatz, Absorptionsansatz auf der anderen Seite entbrannt sind, scheinen so angelegt, daß die Bildungsökonomie in einem Niemandsland zwischen (rigider) Planung und (unkontrollierter) Utopie hätte steckenbleiben können. Denn die bildungstheoretischen und bildungspolitischen Positionen und Anti-Positionen in der Bildungsökonomie mußten zu einer regelrechten Patt-Situation ihrer Modelle für die konkrete Anwendung in der Bildungsplanung führen – und dies ausgerechnet zu einem Zeitpunkt, in dem die Initiativen zu einer gesamtstaatlichen Planung des Bildungswesens immer stärker, dichter und drängender wurden. Die Frage »Was kommt nach der Bildungsökonomie?« folgte daraus fast zwangsläufig, und nicht selten ist die Bildungsökonomie dann bereits aufgegeben und totgesagt worden. Bekanntlich leben Totgesagte aber länger, was in diesem Fall nicht zuletzt darauf zurückzuführen sein dürfte, daß die Kontroverse zwischen Manpower-Ansatz und Social demand-Ansatz eine Reihe von bedeutsamen Erkenntnissen zutage förderte, durch die eine dynamische Weiterentwicklung der Bildungsökonomie ausgelöst wurde. Von besonderer Bedeutung ist zunächst, daß der Streit um den Vorrang von Bedarfs- und Angebotsplanung auf eine prägnante Weise deutlich werden ließ, in welch starkem Maße hinter dieser Kontroverse eine verschiedenartige Sicht der Realität steht, die scheinbar kaum auf einen gemeinsamen Nenner zu bringen ist. Mark Blaug hat dies auf die treffende Formel von der »Leontief-Welt« und der »neoklassischen Welt« gebracht. Je mehr man die Realität durch Leontief-Limitationalität charakterisiert betrachtet, um so stärker wird man dem Manpower-Ansatz zuneigen; je mehr man Substitutionalität und Flexibilität als grundlegende Merkmale in den realen Strukturbeziehungen vermutet, um so stärker wird man den Social demand-Ansatz präferieren. Die eigene Sicht des Planers drückt damit tendenziell auch der Bildungsplanung ihren Stempel auf und verschärft dann möglicherweise ungewollt Rigiditäten oder verhindert unbewußt die Ausweitung von Flexibilitäten.

Die Forderung nach Planung in der »bürgerlichen« Bildungsökonomie kann folglich nicht unabhängig von der Struktur des Bildungs- und Beschäftigungssystems gesehen werden. Je stärker die Struktur des Bildungssystems tendenziell dem Ziel der Elastizität entspricht, um so weniger ist eine Feinplanung auf der Basis des Manpower-Ansatzes oder auch des Social demand-Ansatzes notwendig. Im Vordergrund steht nun die weitere Flexibilisierung des Arbeitskräfte- und Bildungspotentials. Daraus können dann zwei grundsätzliche Positionen zur Bildungsplanung erwachsen, die, entgegen der reinen Kritik am Manpower-Ansatz oder dem vollen Vertrauen auf den Bürgerrechts- und Absorptionsansatz, an der grundsätzlichen Notwendigkeit von Bildungsplanung zwar festhalten, aber einen Funktionswandel ihrer Konzeption bedingen.

Denn entweder wird die Aufgabe der Planung darin gesehen, die Struktur des Bildungssystems so grundlegend umzugestalten, daß Bildungsplanung tendenziell immer stärker überflüssig wird. In diesem Fall wäre Bildungsplanung ein Hebel, um Bildungsplanung längerfristig gänzlich abschaffen zu können. Oder aber Bildungsplanung wird als ein umfassendes und komplexes Informationssystem innerhalb einer bestimmten, gegebenen Struktur verstanden und laufend fortentwickelt, um neben dem Element der Vorausschau vor allem auch analytisch ermessen zu können, an welchem Punkt innerhalb des Kontinuums zwischen Leontief-Welt und neoklassischer Welt sich das Bildungssystem konkret befindet. Während diese Problematik bislang von den Planungstheoretikern noch weitgehend spekulativ beantwortet oder normativ vorentschieden wird und sich die Theorie der Bildungsplanung durch diese Immunisierungsstrategien vielfach vor der eigenen Falsifikation zu schützen sucht, wird in dem zweiten Ansatz alles zu einer quaestio facti. Die Dichotomie von Plan oder Markt löst sich dann weitgehend auf, weil so verstandene und konzipierte Bildungspläne Marktmöglichkeiten abtasten und den Marktmechanismus festigen, nicht jedoch den Markt ersetzen sollen. In dieser Perspektive geht es nicht mehr um die Befürwortung oder Widerlegung eines Planungsansatzes schlechthin, sondern lediglich um seine Angemessenheit bezogen auf die realen Arbeitsmarktverhältnisse und die Strukturrelationen des Bildungssystems. Alle Planungsansätze einschließlich des »returns-Ansatzes« sind dann komplementär und nicht konkurrierend, wobei aus den Strukturmodellen kardinale und aus dem Kosten-Ertrags-Modell ordinale Aussagen folgen. Während erstere Angebot und Nachfrage bei den ausgebildeten Arbeitskräften in ihrer Größenordnung direkt erfassen, liefern letztere lediglich einen Indikator dafür, in welchem Verhältnis Angebot und Nachfrage zueinander stehen. Aber auch das Angebots- und Bedarfsmodell gewinnt in einer Neudefinition der Planungskonzeption immer stärker den Charakter eines Richtungssignals, weil die quantitative Ebene der Modelle zwar erhalten bleibt (und sogar erweitert und verfeinert wird), aber die qualitative Dimension zunehmend an Bedeutung gewinnt. Damit sind die Weichen für eine Verlagerung des Erkenntnisinteresses und der Forschungsschwerpunkte in der Bildungsökonomie von einer bislang eher quantitativ ausgerichteten Theorie der Bildungsplanung zu einer stärker inhaltlich orientierten Qualifikationsforschung gestellt. Das Verhältnis von Bildungsökonomie und Qualität der Arbeit wird nunmehr das zentrale Thema, in dem sich die theoretischen Ausgangsfragestellungen aller Planungsansätze der Bildungsökonomie kreuzen. Die immanente Kritik an den eindimensionalen Rationalen der bisherigen Planungsansätze mündet folglich mit innerer Notwendigkeit und Zwangsläufigkeit in die Frage nach der Qualifikationsstrukturentwicklung ein. Der Theorie der Bildungsplanung eröffnen sich hierdurch Horizonte, die beträchtlich über die durch die bisherigen traditionellen Planungsansätze gezogenen Grenzen hinausgehen; zugleich wird die Bildungsökonomie realitätsnäher. Dieser Gewinn an Realitätsnähe der Theorie wird jedoch mit einem Verlust an Komplexitätsreduktion über die Tendenzen der langfristigen Qualifikationsstrukturentwicklung, den die bisherigen Planungsansätze suggerierten, erkauft.

XI.

Die Kontroversen zwischen den verschiedenen grundlegenden Denksystemen der Bildungsökonomie haben die bildungsökonomische Theoriebildung zwar stark befruchtet, aber die Komplexität ihrer Fragestellungen im Konzert der Wissenschaftsdisziplinen eher noch erhöht. Dies wird durch die neueren theoretischen Diskussionen, die sich durch die Verlagerung des Erkenntnisinteresses zur Qualifikationsforschung ergeben haben, noch zusätzlich verstärkt. Denn die Einschätzung der Tendenzen der langfristigen Qualifikationsstrukturentwicklung ist gegenwärtig in der Forschung äußerst vielschichtig und kontrovers. Für die Vorausschau auf die langfristige Qualifikationsstrukturentwicklung konkurrieren dabei die *These der Höherqualifizierung, Dequalifizierung, Andersqualifikation und Qualifikationspolarisierung* miteinander, wobei die Fronten mitunter quer durch die drei wichtigsten Schulen »bürgerlicher«, marxistischer und neomarxistischer Bildungsökonomie verlaufen. Gemeinsam ist allen rivalisierenden Erklärungs- und Prognosekonzepten der langfristigen Qualifikationsstrukturentwicklung, daß sie der Arbeitstechnologie, d. h. dem Technisierungsgrad als Maß der technischen Entwicklung der Arbeitsmittel nach dem Grad der Autonomie der Prozeßabläufe (Mechanisierungs- bzw. Automatisierungsgrad), den zentralen Stellenwert in ihren Analysen einräumen. Untersucht wird somit, wie neue Technologien auf die Berufs- und Qualifikationsanforderungen zurückwirken.

In der Bundesrepublik hat insbesondere die RKW-Studie über die wirtschaftlichen und sozialen Aspekte des technischen Wandels breite Resonanz gefunden.

Aufgrund einer Feldstudie über die Tätigkeiten von Industriearbeitern, die jedoch keine Repräsentativerhebung darstellt, gelängen Kern/Schumann zu dem Ergebnis, daß beim Übergang zur Automatisierung eine Polarisierung der Qualifikationen der Industriearbeiter dadurch auftritt, daß automatisierte Anlagen traditionelle qualifizierte Spezialausbildungsberufe in breitem Maße entwerten (Dequalifizierung), zugleich aber zahlenmäßig kleine, neuartig qualifizierte Tätigkeitsgruppen (Steuerungs-, Wartungs-, Instandhaltungs- und Reparaturpersonal) entstehen lassen. Im amerikanischen Automationsreport der »National Commission on Technology, Automation, and Economic Progress« dominiert dagegen die These einer säkularen Dequalifizierung der Arbeitskräfte. Sie wird von Bright durch Tätigkeitsanalysen mit Hilfe arbeitswissenschaftlicher Qualifikationskriterien zu erhärten gesucht, die zeigen, daß mit wachsender Mechanisierungsstufe die Qualifikation zunächst steigt, im Zuge des Übergangs zur Automatisierung jedoch sinkt, so daß die Ausbildungszeiten ständig kürzer werden und die Berufsqualifikation tendenziell abnimmt.

In der Literatur der sozialistischen Länder geht man demgegenüber überwiegend von einer gesetzmäßigen Tendenz zur Höherqualifizierung des Gesamtarbeiters im Zuge des Übergangs von der Mechanisierung zur Teil- und Vollautomatisierung unter sozialistischen Produktionsbedingungen aus, so daß es eine wichtige Aufgabe der Bildungs- und Arbeitskräftebedarfsplanung darstellt, die Disponibilität der Arbeitskräfte, d. h. das Maß der funktions- bzw. tätigkeitsbezogenen Allgemeinverwendbarkeit der spezifisch ausgebildeten Arbeitskräfte, laufend und planmäßig zu erhöhen. Der Grad dieser optimistischen Version über die langfristige Qualifikationsstrukturentwicklung weist jedoch auch in der Literatur der sozialistischen Länder Unterschiede auf.

So geht der Richta-Report davon aus, daß die allgemeine Automatisierung zur Aufhebung der Qualifikationsunterschiede zwischen den Arbeitern und der Intelligenz, d. h. zwischen Hand- und Kopfarbeit, führen wird. Richta und Kollektiv rechnen bei Vollautomatisierung mit einer Bildungsstruktur der Arbeitskräfte, die sich zu 40 Prozent auf Facharbeiter, zu 40–60 Prozent auf Arbeitskräfte mit Mittelschulbildung und zu 20–40 Prozent auf Arbeitskräfte mit Hochschulbildung verteilen wird. Wissenschaftlich-technische Revolution und Bildung lassen damit die Umrisse einer langfristigen Kulturrevolution erkennen, die die potentiellen menschlichen Quellen an Bildung und Qualifikation zukünftig zur vollen Entfaltung kommen lassen wird.

Dabei verkennen sie jedoch nicht, daß in der Übergangsphase von der Mechanisierung zur Automatisierung das Qualifikationsniveau des Gesamtarbeiters unter Umständen noch dadurch absinken kann, daß in verschiedenen Branchen die Mechanisierung, bei der sie im Gegensatz zu Bright ein Sinken des Qualifikationsniveaus konstatieren, noch zunimmt, während in anderen Wirtschaftszweigen bereits weitgehend automatisiert wurde. Auch halten sie es für denkbar, daß Teile der Arbeiterschaft den höheren Berufsanforderungen dadurch ausweichen, daß sie in andere Bereiche (wie zum Beispiel den Dienstleistungssektor) abwandern, in denen die Qualifikationsanforderungen noch nicht so hoch sind. Bei beiden Phänomenen eines sinkenden Qualifikationsniveaus handelt es sich jedoch ausschließlich um Probleme der Übergangsphase, so daß am Ende die Entwicklung der Arbeitstechnologie zu einer langfristigen Qualifikationsstrukturentwicklung führt, in der die Selbstverwirklichung des Menschen in der Arbeit zur Realität wird.

Andere marxistische Bildungsökonomen wie etwa Knauer sehen das Verhältnis von technologischer Entwicklung, Dequalifizierung und gesetzmäßiger Höherqualifizierung des Gesamtarbeiters unter einer grundsätzlicheren Perspektive. Für sie kreuzen sich in der modernen Arbeitstechnologie zwei verschiedene Entwicklungslinien, die objektiven Entwicklungstendenzen der Produktivkräfte entsprechen. Auf dem Gebiet der Wartung, Instandhaltung, Kontrolle und Überwachung ergeben sich bei der Mechanisierung und Automatisierung der Produktionsprozesse neue und höhere Anforderungen an die Qualifikation der Produktionsarbeiter; zugleich vereinfacht die Modernisierung von Maschinen und Anlagen ihre Bedienung, was sowohl bei Halbautomatisierung, beim Übergang von der Halbautomatisierung zur Vollautomatisierung und selbst bei Vollautomatisierung gegeben sein kann: »Beide Tendenzen sind Ausdruck objektiver und allgemeiner Entwicklungsgesetze der Produktivkräfte. Sie ergeben sich aus den grundsätzlichen Beziehungen des Menschen zur Technik, letztlich aus deren Zweckbestimmtheit, zur höchstmöglichen Steigerung der Arbeitsproduktivität soviel wie möglich lebendige und vergegenständlichte Arbeit einzusparen. Der gleiche dialektische Gegensatz liegt dem ›Heraustreten des Menschen aus dem Produktionsprozeß‹ beim Übergang zur Automatisierung zugrunde. Die Arbeit des Menschen wird dadurch nicht schlechthin ›immer komplizierter‹ und stellt nicht ständig ›immer höhere Anforderungen‹ an die Qualifikation des Produzenten. Im Gegenteil (besser gesagt: zugleich) führt das Streben des Menschen, seine Arbeit immer wieder zu vereinfachen und die so vereinfachte Arbeit den Maschinen zu übertragen, auf jeweils höherer Stufe mit objektiver Notwendigkeit wiederum zu repetitiver Arbeit – die nur so erneut noch komplizierteren Maschinen übertragen werden kann. Der Mensch tritt dabei auf einer bestimmten Stufe der Produktion aus ihr hervor, um sie auf einer neuen, höheren Entwicklungsstufe umfassender und komplexer zu beherrschen. Daraus ergibt sich mit Notwendigkeit ein ständig wachsendes wissenschaftlich-technisches Niveau des Produktionsprozesses insgesamt, das bei gleichzeitiger Vereinfachung bestimmter von Menschen ausgeführter Produktionstätigkeiten das Ziel ihrer völligen, jedoch nie erreichbaren Aufhebung und Übergabe an Maschinen enthält. Niemals aber kann daraus eine objektive Notwendigkeit zur Dequalifizierung der Arbeitskraft abgeleitet werden.«

Es ist bemerkenswert, daß auch Untersuchungen in den USA mit diesem Ergebnis marxistischer Bildungsökonomen übereinstimmen. So ergaben – im Gegensatz zu Brights arbeitswissenschaftlichen Analysen – detaillierte Untersuchungen von Blauner in Druckerei-, Textil-, Automobil- und chemischen Fabriken in den USA, daß mit wachsendem Technisierungsgrad ein langfristiger Requalifizierungsprozeß von Machtlosigkeit, Bedeutungslosigkeit, sozialer Entfremdung und Selbstentfremdung als den vier Komponenten der Entfremdung des Arbeiters eingeleitet und ausgelöst wird, der zur Aufhebung von Entfremdung bzw. Fremdbestimmung der Arbeit sowie zu höheren Verantwortungsgraden und Qualifikationsanforderungen führt: »Obgleich handwerkliches Können weiterhin eine bedeutende Rolle spielen wird, stellt die Verlagerung von fachlicher Qualifikation hin zur Verantwortlichkeit die wichtigste historische Tendenz in der Entwicklung der Fabrikarbeit dar. Der relative Niedergang unqualifizierter, normierter Tätigkeit ist auf die Dauer eine positive Entwicklung.«

Deutet sich hier – unbewußt und ungewollt – eine verdeckte Konvergenztheorie über die zukünftige Qualifikationsstrukturentwicklung im Kapitalismus ebenso wie im Sozialismus an? Bezieht

man etwa Arbeiten mit in die Betrachtung ein, die sich mit den
sozialen Strukturveränderungen im modernen Kapitalismus am
Beispiel der Bundesrepublik aus marxistischer Sicht auseinandersetzen, so könnte es fast so erscheinen. Denn sie versuchen beispielsweise anhand langfristiger Analysen der Berufsstrukturen im Deutschen Reich bis zur heutigen Situation in der Bundesrepublik den
Nachweis zu führen, daß durch die Kombination verschiedener objektiver Bewegungsverläufe und Entwicklungsprozesse auch im
Kapitalismus die Qualifikationsanforderungen laufend in der Vergangenheit gestiegen sind und zukünftig weiter steigen müssen. Zu
diesen Bedingungsfaktoren rechnet insbesondere Steiner die zunehmende Verselbständigung der Unternehmerfunktionen zu eigenen
Berufen und Abteilungen (»Delegationstheorie«), die wachsende
Vergesellschaftung des Leitungsprozesses durch immer breiter werdende gesellschaftliche Kooperation sowie ein weitverzweigtes System der innerbetrieblichen Planung, die verstärkte Verwissenschaftlichung der Produktion, die forcierte Vergesellschaftung des Innova-
tionsprozesses durch Forschung und Entwicklung sowie die gesteigerte Vergesellschaftung der »Vorbedingungen der Produktion« in
der staatlichen Infrastruktur.

Sind diese Prozesse auch objektiv unter den kapitalistischen Bedingungen der Bundesrepublik nachweisbar und in dem Sinne wirksam, daß sie zu einem zunehmenden Anteil von technischen Angestellten führen, die im Inhalt und in der Substanz ihrer Arbeit – so
Steiner in Interpretation von Marx – die Perspektive *aller* Produk-
tionstätigkeit verkörpern, so glaubt er aber auch, daß die Notwendigkeit der Höherqualifizierung in ihrer Verwirklichung
letztlich an eine der Grundfesten des Kapitalismus selbst, an sein
kapitalistisches Bildungsprivileg stoßen und damit zwangsläufig
scheitern muß. Ebenso wie bei Marx die Produktionsverhältnisse
zur Schranke für die Entwicklung der Produktivkräfte werden, so
wird bei Steiner das Bildungsprivileg zur Schranke für die Entfaltung des Bildungspotentials der arbeitenden Bevölkerung. Auch
andere Autoren der DDR konstatieren eine widersprüchliche,
jedoch für einzelne Teile der Erwerbstätigen unterschiedliche Qualifikationsstrukturentwicklung im Kapitalismus. Sie vertreten – wie
etwa Kaufhold/Melke/Sandow – die These, daß sich die Höherqualifizierung des gesellschaftlichen Gesamtarbeiters nur unter
gleichzeitiger Dequalifikation großer Massen von Arbeitern und
Angestellten durchsetzen kann: »Wenn trotzdem von einem Steigen

des durchschnittlichen Qualifikationsniveaus gesprochen wird, so deswegen, weil eben nicht nur von einzelnen Arbeitern oder Arbeitskollektiven ausgegangen werden darf, sondern auch der Betrieb, das Unternehmen, der Industriezweig und schließlich die gesamte Wirtschaft in die Betrachtung einbezogen werden müssen.«

Versucht man gegenwärtig eine vorläufige Zwischenbilanz über den Stand der Qualifikationsforschung zu ziehen, so haben die bisherigen Untersuchungen, Ansätze, Thesen und Theoreme zur langfristigen Qualifikationsstrukturentwicklung offensichtlich mehr Fragen stellen als Antworten finden helfen. Zum Teil sind diese Thesen und Theoreme spekulativ gewonnen, zum Teil sind sie Ergebnisse von mikrosoziologischen Felduntersuchungen an spezifischen Arbeitsplätzen oder in bestimmten Branchen. Angesichts dieses analytischen mixtum compositum aus theoretischer Spekulation, monographischer Methode einzelner Wirtschaftszweige oder spezifischer Produktionsverfahren zu einem bestimmten Zeitpunkt, gezielter Unternehmer- oder Expertenbefragungen sowie der Auswertung sekundärstatistischen Datenmaterials ist die Gefahr von unzulässigen Verallgemeinerungen von Untersuchungen mit begrenztem Aussagewert bzw. ohne ausreichende empirische Fundierung infolge des Fehlens von verläßlichen Zeitreihen oder gesamtwirtschaftlich orientierter repräsentativer Erhebungen groß. Die unterschiedlichen Ebenen, auf denen die Studien angelegt sind, die Enge oder Breite des Untersuchungsfeldes, über das Aussagen gewonnen werden sollen, die Art und Qualität des empirisch-statistischen Materials und schließlich vor allem auch die uneinheitliche Verwendung des Begriffs der Qualifikation (als formaler Bildungsabschluß oder als berufliches Anforderungsprofil) belegen, daß die einzelnen Resultate nicht ohne weiteres untereinander vergleichbar sind und über ihren implizit oder explizit ausgewiesenen Geltungsbereich hinaus kaum generelle Schlußfolgerungen zulassen.

Die empirisch überwiegend im Zeitpunktbild festgestellte Polarisierung, Dequalifizierung oder Höherqualifizierung kann folglich beim heutigen Stand unseres Wissens nicht als quasi naturgesetzliche Konsequenz der technischen Entwicklung betrachtet werden, vielmehr zeigen die rivalisierenden Hypothesen und die durch sie bedingte, den Konflikt vom Manpower- und Social demand-Ansatz zusätzlich verstärkende Unsicherheit der langfristigen Bildungsplanung, daß die mit der technischen Entwicklung verbundene Herausforderung neue Anstrengungen einer bildungsökonomisch orien-

tierten Qualifikationsforschung über alle Ebenen der Qualifikationsniveaus von den Un- und Angelernten über die Facharbeiter und
Fachkräfte bis zu den Fachhoch- und Hochschulabsolventen geradezu erzwingt.

Dabei ist es bemerkenswert, daß die verschiedenen Theoreme der
langfristigen Qualifikationsstrukturentwicklung – im Gegensatz zur
bisher fast durchgängigen Grundorientierung der Bildungsplanungs-
ansätze – überwiegend an den qualifizierten Produktionsarbeitern
und, sofern überhaupt, nur am Rande an den akademischen Arbeitskräften ansetzen. Ebenso wie der Manpower-Ansatz stellen sie aber
den technischen Fortschritt bzw. die technologische Entwicklung in
den Mittelpunkt ihrer Analysen. Das Bildungssystem als Subsystem
der Gesellschaft erscheint damit gleichfalls nicht – wie bei den
Protagonisten des Bürgerrechts- und Absorptionsansatzes – als
Schrittmacher der sozioökonomischen Entwicklung, sondern eher
als ein Nachzügler, der hinter den technischen Möglichkeiten des
Gesamtsystems mit einem time-lag hinterherhinkt und daher an die
sozioökonomische Entwicklung angepaßt werden muß.

Besonders deutlich wird dies in der These Jánossys von der
stetigen Andersqualifikation der Arbeitskraft, die sich für ihn aus
dem permanenten Spannungsverhältnis von Beschäftigungsstruktur
und Berufsstruktur ergibt. Während die Beschäftigungsstruktur auf
die jeweils ausgeübte Tätigkeit abhebt, bezeichnet die Berufsstruktur
das durch die Qualifikation der Arbeitskräfte gegebene, optimale
Potential zur Ausübung von Tätigkeiten. Daher muß sich auch die
Beschäftigungsstruktur zur Berufsstruktur wie die Produktions-
niveaulinie zur Trendlinie der wirtschaftlichen Entwicklung verhalten. Erreicht das Produktionsniveau die Trendlinie, so kann sich
die Beschäftigungsstruktur nur noch in dem Maße ändern, in dem
sich die Berufsstruktur wandelt. Damit wird jedoch der durch die
Arbeitsteilung verursachte Berufsstrukturwandel zum bestimmenden Faktor für das Wachstum des Produktionsniveaus. Dieser
Strukturwandel der Gesamtkenntnisse erfordert aber nicht notwendigerweise mehr oder größere, sondern vor allem anders-
geartete individuelle Kenntnisse.

Dieser Prozeß der stetigen Andersqualifikation der Arbeitskraft
ist jedoch – wie Jánossy in seiner neomarxistischen Analyse zu zeigen versucht – aus objektiven Gründen zugleich mit einer »Trägheit
der Berufsstrukturveränderung« verknüpft, da Art und Niveau der
Kenntnisse nur durch diejenigen Arbeitskräfte verändert werden

können, die entweder als Neuangebot aus dem Bildungssystem in das Erwerbsleben übergehen oder sich als Teil des bereits existierenden Erwerbstätigenbestandes durch Fort- und Weiterbildung zusätzlich qualifizieren.

Aufgrund der Altersstruktur der Bevölkerung in hochentwickelten Industriegesellschaften handelt es sich hierbei allerdings stets nur um eine anteilsmäßig geringe Marge von jährlich etwa 2–3 Prozent, so daß die Wandlungsgeschwindigkeit der Berufsstruktur und ihrer Adaption durch das Bildungssystem dem Tempo der wirtschaftlichen Entwicklung Grenzen setzt. Zugleich wird nunmehr aber auch ein Widerspruch zwischen dem einzelnen und der Gesellschaft sichtbar, weil der einzelne durch seine ständige Andersqualifikation zwar einerseits zu einem ständigen Anwachsen des gesellschaftlichen Gesamtwissens beiträgt, auf der anderen Seite aber gerade dadurch seine eigenen Qualifizierungsanstrengungen immer wieder laufend entwertet. An Stelle des »Grundwiderspruchs zwischen Lohnarbeit und Kapital« wird damit nun ein Grundwiderspruch zwischen dem *gesellschaftlichen* Gesamtwissen und dem *individuellen* Wissenspotential sichtbar.

Zusammenfassend muß konstatiert werden, daß auch durch die Verlagerung des Interessenschwerpunktes der Forschung von der Quantität der Strukturprozesse im Bildungs- und Beschäftigungssystem zur Qualität des Arbeitskräfte- und Bildungspotentials die grundlegenden Fragen der Bildungsplanung bislang keine schlüssige Beantwortung erfahren haben. Im Gegenteil: Das Potential theoretischer Kontroversen dürfte im Vergleich zur Diskussion über die Priorität von Manpower- oder Social demand-Planung eher zu- als abgenommen haben. Auf der Aktivseite muß aber verbucht werden, daß die Fragestellungen nunmehr umfassender und zielgerichteter formuliert werden können.

Der Grundkonflikt zwischen gesellschaftlichem Bedarf und individueller Bildungsnachfrage wird aber auch durch die gegenwärtige Verlagerung des Forschungs- und Erkenntnisinteresses nicht aufgehoben, weil das Bildungssystem weiterhin unter einem zweifachen Druck steht: unter dem »push« der Individuen in ihrem Drang zu den weiterführenden Bildungsinstitutionen und dem »pull« des Beschäftigungssystems als Folge des sozioökonomischen Strukturwandels. Unter diesem zweifachen Druck, der nur selten in der gleichen Richtung wirkt, befindet sich das Bildungssystem heute ganz objektiv – gleichgültig, ob dies in der Bildungsplanung erkannt ist bzw. welchen Planungs- und Forschungsansatz man favorisiert. Dieses Dilemma hat der tschechische Bildungsökonom Auerhahn, zugleich im Blick auf die unterschiedlichen Gesellschafts- und Wirtschaftssysteme, auf die treffende Formel gebracht: »Wenn bei uns das Desinteresse der Jugend an einer Schule bestimmten Typs unbarmherzig den Plan zunichte macht, auch wenn er noch so gut den künftigen Erfordernissen entspricht, so hofft umgekehrt in England der Planer insgeheim, daß die Absolventen irgendwie eine Beschäftigung finden werden; er wird bereit sein, sogleich die Pläne . . . zu korrigieren, wenn sich zeigen sollte, daß die Absolventen eines bestimmten Typs die Zahl der Arbeitslosen nur noch vermehren.«

Auch ein hohes Maß an Planungsintensität und Planungsfreudigkeit in der Gesellschaft, ja sogar die Vergesellschaftung der Produktionsmittel führen damit ebenso wie das andere Extrem des liberalen Laissez-Faire zu keiner automatischen Lösung dieser Grundproblematik des Bildungssystems. In diesem unaufhebbaren Spannungsverhältnis liegt letztlich sowohl die Schwäche als auch die Stärke der Bildungsökonomie begründet. Denn trotz eines beachtlichen Aufschwungs und rascher Anfangserfolge steckt sie als junge Disziplin bislang immer noch in den Anfängen, was angesichts ihrer äußerst kurzen Anlaufphase sowie der Komplexität ihres Forschungsgegenstandes auch nicht überraschen kann. Dabei hat sich inzwischen jedoch der frühe Glaube an die Durchschlagskraft einer rein quantitativen Bildungsplanung als Illusion erwiesen. Zwar wird sie weiterhin eine wesentliche Grundlage der Planung bilden, aber nur dann Gültigkeit beanspruchen können, wenn sie künftig mit einer qualitativen Bildungsplanung verschmolzen wird. Eine derart umfassende Bildungsplanung wird gleichermaßen Einheitlichkeit und Differenzierung im Bildungssystem wie Flexibilität und Spezialisierung im Beschäftigungssystem zu berücksichtigen suchen, um schließlich Quantität und Qualität von Bildungsprozessen zureichend erfassen zu können.

Die Frage nach dem »Wert« von Bildung und der Effizienz von Bildungsinvestitionen, die den heute schon klassischen Ausgangspunkt der Bildungsökonomie darstellt, wird damit nicht geleugnet. Aber im Gegensatz zu den frühen Ansätzen der Bildungsökonomie sind Bildungsinvestitionen nun nicht mehr nur eine abgeleitete Restgröße der Produktivitätsentwicklung. Vielmehr ist es eine Hauptfunktion von Bildungsökonomie und Bildungsplanung, das Bildungswesen produktiv zu entfalten.

Literatur zu Einleitung und Glossar

(soweit durch Zitate Bezug genommen wurde, jedoch ohne die nachfolgenden, ausgewählten Texte)

Abramovitz, M.: Resource and Output Trends in the United States since 1870. National Bureau of Economic Research. Occasional Paper No. 52. New York 1956.

Auerhahn, J.: Die Bildung in der Epoche der wissenschaftlich-technischen Revolution. Konferenz: Der Mensch und die Gesellschaft in der wissenschaftlich-technischen Revolution. Mariánské Laznĕ. Das Philosophische Institut der ČSAW. Interdisziplinäres Team für die Erforschung der gesellschaftlichen und menschlichen Zusammenhänge der wissenschaftlich-technischen Revolution. Beitrag Nr. 17. Prag 1968.

Autorenkollektiv: Ökonomisches Wörterbuch. Berlin 1960.

Autorenkollektiv: Zur Kritik der Bildungsökonomie. Berlin 1974.

Bönisch, A.: Staatsmonopolistische Bildungsplanung in der technischen Revolution. In: Konjunktur und Krise. 12. Jg., H. 3 (1968).

Bombach, G.: Quantitative und monetäre Aspekte des Wirtschaftswachstums. In: Hoffmann, W. G.: Finanz- und währungspolitische Bedingungen stetigen Wirtschaftswachstums. Schriften des Vereins für Socialpolitik. N. F., Bd. 15. Berlin 1959.

ders.: Long-Term Requirements for Qualified Manpower in Relation to Economic Growth. In: Harris, S. E.: Economic Aspects of Higher Education. OECD. Paris 1964.

ders.: Wirtschaftswachstum. In: Handwörterbuch der Sozialwissenschaften. 12. Bd. Stuttgart-Tübingen-Göttingen 1965.

Bright, J. R.: The Relationship of Increasing Automation and Skill Requirements. In: Technology and the American Economy. Report of the National Commission on Technology, Automation, and Economic Progress. Appendix Vol. II. Washington 1966.

Clement, W.: Langfristige Arbeitskräftepolitik: Intersektorale Planung der Flexibilität. In: Butschek, F.: Die ökonomischen Aspekte der Arbeitsmarktpolitik. Wien 1975.

Correa, H. und Tinbergen, J.: Quantitative Adaptation of Education to Accelerated Growth. In: Kyklos, Vol. 15 (1962).

Correa, H.: The Economics of Human Resources. Amsterdam 1963.

Dahrendorf, R.: Bildung ist Bürgerrecht. Hamburg 1965.

Denison, E. F.: The Sources of Economic Growth in the United States and the Alternatives Before Us. Committee for Economic

Development. Supplementary Paper No. 13. New York 1962.

Domar, E. D.: Essays in the Theory of Economic Growth. New York 1957.

Fabricant, S.: Basis Facts on Productivity Change. National Economic of Economic Research. Occasional Paper No. 63. New York 1959.

Gehrig, G. und Kuhlo, K. C.: Ökonometrische Analyse des Produktionsprozesses. In: Ifo-Studien, Bd. 7 (1961).

Harrod, R. F.: An Essay in Dynamic Theory. In: Readings in Business Cycles and National Income. London 1953.

Hegelheimer, A.: Bildungsökonomie und Bildungsplanung. In: Konjunkturpolitik. 14. Jg., H. 1 und 2 (1968).

ders.: Bildungs- und Arbeitskräfteplanung. Frankfurt a. M. 1970.

ders.: Bildungsbedarf und berufliche Qualifikation. In: Lohmar, U. und Ortner, G. E.: Die deutsche Hochschule zwischen Numerus clausus und Akademikerarbeitslosigkeit: Der doppelte Flaschenhals. Hannover 1975.

Kaufhold, B., Melke, R. und Sandow, F.: Veränderungen in der Qualifikationsstruktur der Industriearbeiterschaft. In: IPW-Berichte. 1. Jg., H. 2 (1972).

Kiker, B. F.: The Historical Roots of the Concept of Human Capital. In: Kiker, B. F.: Investment in Human Capital. Columbia, S. C., 1971.

Knauer, A.: Technische Revolution und Berufsbildung. In: Technische Revolution und Berufsbildung. Berlin 1967.

Lexikon der Wirtschaft – Arbeit. Berlin 1968.

Marx, K.: Das Kapital. Erster Band. Berlin 1959.

Menges, G. und Elstermann, G.: Wissenschaftliches und technisches Personal. Methoden der Bedarfsermittlung. Bonn 1968.

Nelson, R. R.: Aggregate Production Functions and Medium-Range Growth Projections. In: The American Economic Review. Vol. LIV (1964).

OECD: Forecasting Manpower Requirements. Paris 1968.

Parnes, H. S.: Forecasting Educational Needs for Economic and Social Development. OECD. Paris 1962.

Picht, G.: Die deutsche Bildungskatastrophe. Olten und Freiburg i. Brg. 1964.

Riese, H.: Mittelfristiges wirtschaftliches Wachstum und neoklassische Wachstumstheorie. In: Kyklos, Vol. 18 (1965).

ders.: Bedarfstheorie und Expansion des Hochschulbereichs. In:

Heindlmeyer, P., Heine, U., Möbes, H.-J. und Riese, H.: Berufsausbildung und Hochschulbereich. HIS-Bd. 13. Pullach bei München 1973.

ders.: Bildungsexpansion und Hochschulstruktur. In: Lohmar, U. und Ortner, G. E.: Die deutsche Hochschule zwischen Numerus clausus und Akademikerarbeitslosigkeit: Der doppelte Flaschenhals. Hannover 1975.

Robinson, J.: An Essay on Marxian Economics. 2. Aufl., London 1947.

dies.: Mr. Harrod's Dynamics. In: Readings in Business Cycles and National Income. London 1953.

dies.: Essays in the Theory of Economic Growth. London 1962.

Schultz, T. W.: Education and Economic Growth. In: Henry, N. B.: Social Forces Influencing American Education. The Sixtieth Yearbook of the National Society for the Study of Education. Chicago 1961.

Schumpeter, J. A.: Kapitalismus, Sozialismus und Demokratie. 2. Aufl., Bern 1950.

Smith, A.: The Wealth of Nations. Hrsg. v. E. Cannan. 6. Aufl., London 1950.

Solow, R. M.: A Contribution to the Theory of Economic Growth. In: The Quarterly Journal of Economics. Vol. LXX (1956).

Sozialistische Arbeitswissenschaft – Taschenwörterbuch. Berlin 1966.

Steiner, H.: Soziale Strukturveränderungen im modernen Kapitalismus. Berlin 1967.

Strumilin, S. G.: The Economic Significance of National Education. In: Bowman, M. J., Debeauvais, M., Komarov, V. E. und Vaizey, J.: Readings in the Economics of Education. UNESCO. Paris 1968.

Weisbrod, B. A.: Education and Investment in Human Capital. In: The Journal of Political Economy. Vol. LXX (1962).

Wörterbuch der Ökonomie – Sozialismus. Berlin 1973.

TEXTE ZUR BILDUNGSÖKONOMIE

Kapitel 1: Theoretische Grundlagen der Bildungsökonomie: Bildung als Faktor der sozioökonomischen Entwicklung

Gottfried Bombach:

Bildungsökonomie, Bildungspolitik und wirtschaftliche Entwicklung[1]

Was ist Bildungsökonomie?

In den letzten Jahren haben sich Nationalökonomen in zunehmendem Maße mit Fragen des Bildungswesens und der Forschung befaßt. Das Interesse richtet sich dabei nicht nur auf theoretische Probleme, vielmehr haben sich Ökonomen auch in die Diskussion über Aufbau und Reform des Bildungswesens eingeschaltet und Kosten- und Ertragsrechnungen auf ganz neuer Grundlage durchgeführt. Langfristige Vorausschätzungen des Bedarfs an qualifizierten Fachkräften sind eine weitere typische Aufgabe, die Wirtschaftswissenschaftler in die Hände genommen haben ...

Wie nun ist es gekommen, daß Ökonomen sich plötzlich für Probleme des Bildungswesens zu interessieren begannen? Natürlich ließe sich die Frage auch umgekehrt stellen: weshalb haben sie sich bislang für diese Probleme nicht oder doch nur am Rande interessiert?

Zwei Hauptgründe scheinen sich als Erklärung anzubieten.

Zunächst dürften es einfach die *Größenordnungen* sein, um die es heute geht. Eine Parallele zur Finanzwissenschaft bietet sich an, die innerhalb unserer Wissenschaft auch lange Zeit hindurch ein Eigenleben geführt hat. In längst vergangenen Zeiten, als eine Einkommensteuer von 3% als »räuberisch« bezeichnet wurde, war es angängig, die durch die Kassen des Staates laufenden Ströme bei der Analyse des Wirtschaftsablaufs zu negieren. Heute, wo mehr als ein Drittel des Sozialproduktes durch Öffentliche Haushalte kontrolliert wird, ist dies unmöglich, und so hat sich die Finanz-

---

1 Gottfried Bombach: Bildungsökonomie, Bildungspolitik und wirtschaftliche Entwicklung. In: Bildungswesen und wirtschaftliche Entwicklung. Heidelberg 1964 (Verlagsgesellschaft »Recht und Wirtschaft« mbH). S. 10–40. Der vorliegende Beitrag ist ein Auszug aus den Seiten 10–31. Mit freundlicher Genehmigung des Verlages.

wissenschaft zu einem integrierenden Bestandteil der Wirtschaftswissenschaft entwickelt.

Ich werde zu zeigen versuchen, daß mit der Bildungsökonomie
die Dinge ähnlich liegen und daß es heute um Größenordnungen
geht, von denen wir uns vielleicht noch nicht die richtige Vorstellung machen, weil unsere Kalkulationen falsch sind. Die Größenordnungen allein scheinen uns zu zwingen, nunmehr Bereiche ökonomisch zu durchleuchten, in denen jegliche »materialistische« Betrachtungsweise bislang nicht üblich war. Und die traditionellen
Träger der Bildungspolitik mögen Bedenken sehen, wenn der Ökonom seinen Rechenstift dort ansetzt, wo bislang von Kulturgütern
und »höheren Werten« die Rede war.

Insbesondere wird allein schon die Übernahme des gesamten
wirtschaftstheoretischen Vokabulars erschrecken. Man spricht von
»Ersatzinvestitionen«, von »Zwischenprodukt« und »Endprodukt«,
wenn von menschlicher Arbeitskraft die Rede ist, von »Geistigem
Kapital«, von einem »gleichgewichtigen Wachstum des Bildungssektors«, von der »Produktion von Wissen«, man erklärt bestimmte
Zusammenhänge mit dem Akzelerationsprinzip oder dem *cob-web*-
Theorem, errechnet Verzinsungen der Ausbildung usw. Viele Mißverständnisse bleiben dabei natürlich noch zu beseitigen, und im
Grunde genommen will die Bildungsökonomie gerade das Gegenteil von dem, was man ihr vielleicht unterstellt: sie möchte weg-
führen von einer nur materialistischen Betrachtungsweise des Wirtschaftsprozesses, von einer Analyse, die *Produktionsfaktoren und
Produktionsertrag nur als Quantitäten registriert*[1a]. Ob der Terminus Bildungsökonomie selbst als glücklich bezeichnet werden kann,
mag dahingestellt sein; wichtiger scheint mir zu sein, daß es über-

---

1a *Harry D. Gideonse:* Vgl. Economic Growth and Educational Development,
in: College and University, Sommer 1963.
Gideonse schreibt: »There is now a healthy stir about education in circles that
have been primarily interested in the economic and financial aspects of
productivity and development. Educational authorities throughout Europe are
adjusting themselves to an unexpected change in the alignement of the
traditional pressure group struggle« (S. 426). Gleichzeitig macht er der heutigen
Entwicklungstheorie den Vorwurf: »Meanwhile orthodox economic and fiscal
opinion continues to ignore the drift of current development and the significance to public policy of the new insight which is emerging. We continue to
build *models of economic growth on strictly materialist assumptions which
overlook the role of capital investment in human beings in our own experience*
(S. 428, Hervorhebung durch Verfasser).

haupt zu dieser Begriffsbildung gekommen ist. Sie ist das Indiz für eine bedeutende Schwerpunktverlagerung im Bereich der Entwicklungstheorie und Entwicklungspolitik.

Nun zum zweiten Hauptgrund. Die westlichen Industrieländer vertrauen auf die regulativen Kräfte des Marktes, auf die Steuerung der Wirtschaft durch Kosten, Preise, Löhne, Zinssätze usw. Wir vertrauen auf die Lenkung durch jene »unsichtbare Hand«, von der schon *A. Smith* gesprochen hat. Die Steuerungsmechanismen des Marktes sind jedoch auf bestimmten Gebieten bewußt außer Kraft gesetzt worden. Dazu gehört traditionellerweise auch das Bildungswesen. Preise und Kosten spielen hier bei der Lenkung eine nur untergeordnete Rolle. Jedermann weiß, daß beispielsweise die Studiengebühren, die der Student zahlt, nur einen winzigen Teil der Kosten decken. Der Bildungssektor ist ein Bereich, der nicht kaufmännisch kalkuliert und nicht das Prinzip der Eigenwirtschaftlichkeit verfolgt[2]. Und dies hat nun dazu geführt, daß die Wirtschaftswissenschaft, die den Wirtschaftssubjekten das »ökonomische Prinzip« – Gewinnmaximierung oder zumindest Eigenwirtschaftlichkeit – als Maxime unterstellt, diesen Bereich aus ihrer Interessensphäre ausgeklammert hat. Er war in der den Marktgesetzen gehorchenden Wirtschaft ein Fremdkörper, und letztlich haftete ihm doch so etwas wie das Odium des Unproduktiven an: Produktivität war physisch meßbare Produktivität, und Rentabilität war errechenbarer Gewinn und Verzinsung des Kapitals. Die Probleme, die sich in den nicht auf Gewinnerzielung oder auch nur auf Eigenwirtschaftlichkeit ausgerichteten und nicht durch Preise und Kosten gesteuerten Bereichen stellen, sind hingegen essentiell die gleichen wie in der Wirtschaft ganz allgemein: ein bestimmtes Ziel soll mit einem Minimum an Aufwand erreicht werden. Oder man kann – was auf das Gleiche hinausläuft – umgekehrt sagen: mit den gegebenen (immer begrenzten, mit anderen wichtigen Ausgaben konkurrierenden) Ressourcen soll ein Maximum an Erfolg erreicht werden.

Auch in den nicht nach dem »ökonomischen Prinzip« handelnden Bereichen geht es also letztlich um ökonomische Probleme. Nur ist der Allokationsmechanismus ein anderer als der des marktwirtschaftlichen Sektors. Dies trifft für weitere Bereiche zu, für die sich

---

2 Natürlich gibt es viele Ausnahmen, wobei insbesondere an die privaten Hochschulen in den USA zu denken ist, die oft nicht nur Kostendeckung, sondern sogar Gewinn erzielen.

der Ökonom bislang nicht interessiert hat. Die Landesverteidigung zum Beispiel, die zu allerletzt etwas mit Produktivität und Rentabilität im privatwirtschaftlichen Sinne zu tun hat, hat sich mit typisch ökonomischen Problemen auseinanderzusetzen, und ich brauche nur an die Untersuchungen zu erinnern, die *McNamara* in den Vereinigten Staaten durchführen läßt. Hier bildet sich eine Art »Ökonomie der Landesverteidigung« heran, die mit Begriffen wie Grenzaufwand und Grenzertrag arbeitet, und bei der das Problem gestellt ist, wie mit den verfügbaren Mitteln ein Maximum an Verteidigungseffekt erzielt werden kann.

Die bewußte Ausschaltung des marktwirtschaftlichen Allokationsmechanismus enthebt den Wirtschaftswissenschaftler also nicht von der Aufgabe, die nicht auf Rentabilität ausgerichteten Bereiche ökonomisch zu durchleuchten. Im Grunde trifft genau das Gegenteil zu: im marktwirtschaftlichen Sektor vertrauen wir auf Selbststeuerung; wenn die Steuerungskräfte des Marktes jedoch nicht mehr wirken können, müssen wir darüber nachdenken, welche anderen Allokationsmechanismen wir an ihre Stelle setzen können. Dies ist nicht nur, aber zum guten Teil auch ein ökonomisches Problem.

Das Wort »Planung« ist bei uns etwas verpönt. Planung der Bildung wird man noch weniger gern hören als Planung im ökonomischen Raum. Aber wie man es auch immer nennen will: Ohne eine bestimmte bildungspolitische Konzeption kommen wir nicht aus, und mit jeglicher Maßnahme, die heute ergriffen wird, wird ohnehin »Bildungspolitik« getrieben, ob man es wahrhaben will oder nicht.

Interessant ist in diesem Zusammenhang ein Vorschlag des amerikanischen Ökonomen *M. Friedman*. Er hat – ich weiß nicht, ob er dies ernst gemeint hat oder nur provozieren wollte – einmal die Meinung vertreten, man solle, weil der Marktmechanismus sich als der überlegene Allokationsmechanismus erwiesen habe, das Bildungswesen radikal in die Marktwirtschaft einordnen, also Bildungsausgaben durch individuelle Kredite finanzieren wie Investitionen, die Schüler und Studenten die vollen Kosten bezahlen lassen und sie sich selbst ihre Rechnung aufstellen lassen, ob sich die Ausbildung rentiert, usw. Auf diese Weise würden wieder vernünftige Steuerungskräfte zum Wirken kommen. Natürlich ist dies eine Utopie, und niemand wird sich ernsthaft für eine solche Lösung einsetzen. Aber immerhin veranlaßt uns *Friedman*s These, darüber nachzudenken, auf welche Weise die bewußt außer Kraft gesetzten Marktkräfte durch eine konsequente Bildungspolitik ersetzt werden können[3].

Der »Dritte Produktionsfaktor«

Man spricht heute von Investitionen im Bildungswesen. Zur Realkapitalbildung tritt die Bildung »Geistigen Kapitals«. Dies sind neue und ungewohnte Denkkategorien. Zwar zählt der Bau einer Schule oder einer Universität im Rahmen der Volkswirtschaftlichen Gesamtrechnungen schon von jeher als Investition. Der ungleich größere laufende Aufwand für die Heranbildung junger Menschen und für die Forschung, also insbesondere der Personalausgaben, wird jedoch als »Konsum« gewertet. Dies ist offensichtlich arbiträr und inkonsequent.

Unsere heutige Entwicklungstheorie ist eine *Theorie der zwei Produktionsfaktoren Arbeit und Realkapital,* beide gemessen in physischen Einheiten. Die Klassiker der Nationalökonomie kannten eine Theorie der drei Produktionsfaktoren: Grund und Boden, Arbeit und Kapital. Grund und Boden als selbständiger Faktor ist inzwischen aufgegeben worden, weil man zu der Erkenntnis gekommen ist, daß der heute genutzte Boden nicht mehr derjenige ist, den die Natur uns geschenkt hat. Vielmehr ist er das Produkt der Anstrengungen von Generationen von Menschen, also von Investitionen in der Vergangenheit. Er wird vernünftigerweise zum Realkapital gerechnet. Arbeitskraft hingegen haben wir bislang als einen homogenen Faktor betrachtet und uns nicht gescheut, ihn einfach als Summe der geleisteten Arbeitsstunden zu messen. Nur gelegentlich haben die Ökonomen oder Statistiker dabei ein schlechtes Gewissen gehabt und dies vielleicht in einer Fußnote zur Tabelle vermerkt, mit einem Zusatz etwa: Wir wissen, daß es eigentlich nicht geht, aber uns ist nichts Besseres eingefallen.

Die einem Lande zu einem bestimmten Zeitpunkt zur Verfügung stehende Arbeitskraft ist natürlich ebenso ein Produkt der Anstrengungen vergangener Generationen wie beim Grund und Boden. Gemessen an den Größenordnungen ist hier die Berücksichtigung des

---

3 *Milton Friedman,* »The Role of Government in Education«, in: *R. E. Solo* (Herausgeber), »Economics and The Public Interest«, Rutgers University Press, New Brunswick, New Jersey, 1955, S. 123–144.

Qualitätsfaktors noch ungleich wichtiger, und so erscheint es vernünftig, von einer »Bildung geistigen Kapitals« zu sprechen. Neben die beiden herkömmlichen, in physischen Einheiten gemessenen Produktionsfaktoren Arbeit und Realkapital ist in der modernen Betrachtungsweise ein dritter Faktor getreten: das menschliche Wissen und Können, die gegebenen Ressourcen bestmöglich zu nutzen. Man spricht vom »human factor« oder neuerdings auch kurz vom DRITTEN FAKTOR. Dieser DRITTE FAKTOR wird bestimmt durch die natürlichen Fähigkeiten der Menschen eines Landes und die Erfolge und Anstrengungen der Bildungspolitik und dem Ausbau der Forschung in vorangegangenen Dezennien oder gar Jahrhunderten. Deshalb erscheint es sinnvoll, Aufwendungen für Bildung und Forschung als *Investitionen* zu betrachten, und man ist heute bereits bestrebt, die Formung von *human capital* statistisch zu erfassen[4]. Entscheidend ist aber nicht die statistische Meßbarkeit – die Rechnungen werden immer problematisch sein, und zwar nicht nur wegen der schwierigen Datenbeschaffung, sondern auch vom Ansatz her –, sondern die neue Betrachtungsweise.

Bildungsinvestitionen zeigen auffällige Parallelen zu anderen Investitionen, die heute unter dem Sammelbegriff *Infrastruktur-Investitionen* zusammengefaßt werden.

Erstens schlägt sich bei beiden Arten von Investitionsausgaben der Aufwand nicht *unmittelbar* in einem Ertrag nieder, sondern erst langfristig, oft nur nach Dezennien. Somit ist es nicht möglich, direkte Zusammenhänge zwischen laufenden Ausgaben und dem allgemeinen wirtschaftlichen Fortschritt zu entdecken. Es sind komplizierte, sich über lange Zeiträume erstreckende Prozesse; wir wissen, daß Abhängigkeiten bestehen, aber wir können sie nur sehr schwer identifizieren.

Die Bildungspolitik hat es somit mit sehr langen Planungsperioden zu tun. Von unseren heutigen Anstrengungen werden unsere Nachfahren profitieren, und was wir heute zur Verfügung haben, ist das Resultat der Leistungen in der Vergangenheit. Die Träger der Bildungspolitik hingegen rechnen in sehr kurzen fiskalen Planungsperioden. Soweit wir nur die staatliche Förderung von Bildung und Forschung betrachten, ist die Planungsperiode das Haus-

---

4 *W. Hoffmann,* Erziehungs- und Forschungsausgaben im wirtschaftl. Wachstumsprozeß, in: Freundesgabe der Wissenschaft für *E. H. Vits,* Frankfurt/Main 1963, S. 126 f.

haltsjahr. Wir wissen, wie schwierig es ist, ein Parlament, das den
Öffentlichen Haushalt ins Gleichgewicht bringen soll, davon zu
überzeugen, daß nicht jene Ausgaben reduziert werden dürfen, die
sich vielleicht erst in 20 Jahren einmal auszahlen. Das Parlament
neigt oft eher dazu, die gegenwärtigen Bedürfnisse höher einzuschätzen als die zukünftigen, wie das der einzelne Staatsbürger auch
zu tun pflegt.

Man kann Investitionen in der Forschung und Bildung lange Zeit
vernachlässigen, ohne daß sich sofort Schwierigkeiten in der technischen Entwicklung ergeben. Man kann vom geistigen Kapital der
Ahnen leben und es aufzehren. Daß wir dies in Deutschland und
anderen europäischen Ländern heute tun, ist gemeinhin bekannt
und läßt sich aus Fakten ablesen[5].

Die Bilanz der Patente und Lizenzen, einst ein stolzes Aktivum
unserer Leistungsbilanz, ist heute im hohen Grade passiv.

Was hier angesprochen wird, möchte ich als eine *fundamentale
Divergenz in den Planungsperioden* bezeichnen, die von den typischen Infrastruktur-Investitionen her allzu bekannt ist. Unterlas-
sungssünden, die in der Gegenwart begangen werden, wirken sich
nicht so schnell aus, sie lassen sich später aber auch nicht kurzfristig
korrigieren. Wachstumschancen können für lange Zeit vertan sein.
Und diese vertanen künftigen Entfaltungsmöglichkeiten treten eben
in den gegenwärtigen Statistiken nicht in Erscheinung, wenn wir
fortfahren, nur Arbeitspotential und Realkapital als physische Einheiten zu registrieren. Wir gewinnen mit dieser naiven Betrachtungsweise nur ein höchst unvollkommenes Bild vom Produktions-
potential der Zukunft[6].

---

5 *Gideonse* (a. a. O.) schreibt: »This shift in perspective has its bearing on old
as well as on new countries. In education some of Europe's ›developed‹
countries are relatively underdeveloped. In secondary and higher education
most of Western Europe shows a definite lag in comparison with the United
States whereas Japan and the U.S.S.R., both starting from lower levels,
have been moving ahead at a higher *rate* than the United States in recent
years« (S. 426 f). Vgl. die ausführliche Diskussion dieser Problematik in:
Policy Conference on Economic Growth and Investment in Education,
Washington 16th–20th October 1961, Band II, *Ingvar Svennilson, Friedrich
Edding* und *Lionel Elvin*, »Targets for Education in Europe in 1970«, OECD,
Paris, 1962 (liegt auch in deutscher Übersetzung vor: Sekretariat der Kultusministerkonferenz, Bonn).
6 Es lohnt, hier nochmals *Gideonse* zu zitieren: »The main shift in the present
development is characterized by the tendency to think of the cause of economic growth as the *capacity* to create wealth rather than the creation of wealth

Die »Produktionsperiode« ist im Bildungssektor länger, als sie auf den ersten Blick erscheinen mag. Sie umfaßt nicht nur die an sich schon lange Ausbildungszeit eines Akademikers. Wenn zusätzliche Fachkräfte mit Hochschulausbildung benötigt werden, muß zunächst eine Expansion der höheren Schulen vorangehen; die dazu erforderlichen Lehrer hat die Universität auszubilden. Es ergeben sich interne Kreisläufe, wie sie für die Güterwelt von der Input-Output-Analyse her bekannt sind.

Die langen Produktionsperioden werden natürlich immer dann zum Problem, wenn der Bedarf wächst. In Schweden hat man einmal diesen Zirkel genau durchgerechnet, und man war zu dem Ergebnis gekommen, daß zusätzliche Kräfte mit Hochschulbildung für Wirtschaft und Verwaltung langfristig nur dann bereitgestellt werden konnten, wenn man bereit war, eine längere Zeit hindurch eine *Einschränkung* der »Endnachfrage« hinzunehmen: vorangehen mußte eine Expansion des Bildungssektors selbst. Es besteht hier eine vollkommene Analogie zur Realkapitalbildung. Höherer Wohlstand in der Zukunft setzt mehr Kapitalbildung in der Gegenwart, d. h. Konsumverzicht, voraus.

Aufwands- und Ertragsrechnungen

Rechnungen über Aufwand und Ertrag im Bereich der Forschung und Ausbildung sind natürlich auch früher schon durchgeführt worden. Aus der heutigen Sicht müssen wir sagen: mit erstaunlicher Naivität. Man ist lange Zeit hindurch nur an der Oberfläche haften geblieben. Neuere und gründlichere Analysen führen uns in andere Dimensionen.

Beginnen wir zunächst mit der Kostenseite. Die am weitesten reichenden Untersuchungen hat auf diesem Gebiet der amerikanische Nationalökonom *F. Machlup* durchgeführt. Die vorliegende Tabelle bringt die Quintessenz seiner Resultate[7].

Zunächst geht *Machlup* mit Recht davon aus, daß sich die Be-

itself. The direction of change in thought is suggested by the question: can we formulate a theory of human capital which accounts for economic growth in terms of changes in the quality of human beings?« (S. 425 f). *Schmölders* weist mich mit Recht darauf hin, daß hier unmittelbar *List*sche Gedankengänge anklingen.

7 *F. Machlup,* The Production and Distribution of Knowledge in the United States, Princeton 1962, S. 354 ff.

rechnungen nicht auf den öffentlichen Sektor beschränken dürfen ...
Es ist bereits darauf hingewiesen worden, daß die Ausbildung nicht
mit dem Verlassen der Schule oder Universität beendet ist, sondern
sich im Berufsleben fortsetzt. Sie wissen, in welch großem Umfang
sich heute die Ausbildung in vielen Zweigen schon in den Bereich
der Wirtschaft oder Verwaltung verlagert hat und in welchem Ausmaß Forschung jenseits der Universitäten und Hochschulen betrieben wird und schon immer betrieben wurde.

Betrachtet man nur die den Öffentlichen Haushalten zufallenden
Bildungs- und Forschungsausgaben, so wird eine sehr arbiträre
Trennungslinie gezogen. Dies ist insbesondere deshalb problematisch, weil sich die Grenzen in der Zeit verschieben und weil sie auch
im internationalen Vergleich unterschiedlich liegen.

Die Feststellung, ein Land gebe für Bildung und Forschung,
sagen wir, 2º/o seines Sozialproduktes aus, für Tabakwaren und
Spirituosen dagegen mehr, mag für eine sich an die Öffentlichkeit
wendende Zeitung, die die Gemüter etwas aufrütteln will, ganz
nützlich sein. Für eine seriöse Betrachtung sagen solche Quoten
aber fast nichts. Erstens wird bei solchen Rechnungen fast immer
nur die staatliche Aktivität einbegriffen. Zum zweiten muß untersucht werden, welche *realen Vorgänge* sich hinter den monetären
Größen verbergen. Bildungsausgaben mögen niedrig sein, weil die
Lehrer schlecht bezahlt werden, und die Ausgaben für Tabakwaren
und Spirituosen hoch, weil diese Güter stark besteuert werden. Hinzu kommt noch ein Drittes, was nicht so klar auf der Hand liegt,
was aber, wie *Machlup* uns zeigt, besonders ins Gewicht fällt.

Machlup ist bei seinen Berechnungen, die sich auf das Jahr 1958
beziehen, bis zur letzten Konsequenz vorgedrungen. Die Bildung
beginnt bereits im Kreise der Familie. Die Mutter muß ihre Kinder
zu Hause erziehen, und diese Aufgabe verlangt es, daß sie ihren
Beruf zumindest temporär aufgibt. Sie muß auf Verdienstmöglichkeiten verzichten. Der Geschäftsmann würde von »entgangenem
Gewinn« sprechen, der nun bei *Machlup* als Kostenfaktor für die
Ausbildung erscheint. *Ricardo* hat das Denken in sogenannten
opportunity costs schon vor anderthalb Jahrhunderten eingeführt.
»Gelegenheitskosten« lautet eine wenig glückliche deutsche Übersetzung.

Lange Zeit hindurch haben die *opportunity costs* im Bildungswesen keine große Rolle gespielt, was einfach daran lag, daß ungelernte Arbeitskräfte und insbesondere Jugendliche ohnehin keine

KNOWLEDGE PRODUCTION, BY INDUSTRY OR BRANCH, SOURCE OF FUNDS, AND CHARACTER OF OUTPUT, 1958
(millions of dollars)

Industry or branch of knowledge production	Year	Total value	Paid for by			Intermediate product		Final product (consumption or investment)	
			Government	Business	Consumers	though treated as final product in official statistics	recognized in official statistics as cost of current production of other goods and services	though treated as cost of current production or entirely omitted in official statistics	recognized in official statistics as final product
Education									
Education in the home	1958	4,432			4,432			4,432	
Training on the job	1958	3,054		3,054		3,054			
Education in the church	1958	2,467			2,467				2,467
Education in the armed forces	1958	3,410	3,410						3,410
Elementary and secondary schools									
monetary expenditures	1957—1958	16,054	13,569		2,485				16,054
implicit costs	1957—1958	17,285	3,414		13,871		1,022a	16,263	
Colleges and universities									
monetary expenditures	1957—1958	4,443	2,423		2,020				4,443
implicit costs	1957—1958	8,314	781		7,533		317a	7,997	
Commercial, vocational, and residential schools	1958	253			253				253
Federal programs, n.e.c.	1957—1958	342	342						342
Public libraries	1958	140	140						140
All education		60,194	24,079	3,054	33,061		4,393	28,692	27,109
Research and development									
Basic research	1958—1959b	1,016	615	275	126			275	741
Applied research and development	1958—1959b	9,974	6,515	3,385	74			3,385	6,589
All research and development	1958—1959b	10,990	7,130	3,660	200			3,660	7,330

Industry or branch of knowledge production	Year	Total value	Paid for by			Intermediate product		Final product (consumption or investment)	
			Government	Business	Consumers	though treated as final product in official statistics	recognized in official statistics as cost of current production of other goods and services	though treated as cost of current production or entirely omitted in official statistics	recognized in official statistics as final product
Media of communication									
Printing and publishing									
Books and pamphlets	1958	1,595	347		1,205		43		1,552
Periodicals	1958	1,811		1,031	780			1,031	780
Newspapers	1958	3,956		2,503	1,453			2,503	1,453
Stationery and other office supplies	1958	1,852	180	720	952	180	720		952
Commercial printing and lithography	1958	2,879	570	2,280	29	570	2,280		29
		12,093	1,097	6,577	4,419	750	3,043	3,534	4,766
Photography and phonography									
Photography	1958	1,600			1,600				1,600
Phonography	1958	1,035			1,035				1,035
Stage, podium, and screen									
Theatre and concerts	1958	313			313				313
Spectator sports	1958	255			255				255
Motion pictures	1958	1,172			1,172				1,172
Radio and television									
Radio stations revenue	1958	523		523				523	
Television stations revenue	1958	1,030		1,030				1,030	
Radio and TV sets & repairs	1957	1,982			1,982				1,982
Radio & TV stations investment	1958	806		806					806
Other advertising	1958	5,000		5,000				5,000	
Telecommunications media									
Telephone	1958	7,642	1,529	2,813	3,300	1,529	2,813		3,300
Telegraph	1958	318	64	117	137	64	117		137
Postal Service	1958	3,000	52	2,048	900	52	2,048		900
Conventions	1957	1,600		800	800		800		800
All media of communication		38,369	2,742	19,714	15,913	2,395	8,821	10,087	17,066

Industry or branch of knowledge production	Year	Total value	Paid for by			Intermediate product		Final product (consumption or investment)	
			Government	Business	Consumers	recognized in official statistics as cost of current production of other goods and services	though treated as final product in official statistics	recognized in official statistics as final product	though treated as cost of current production or entirely omitted in official statistics
Information machines									
Printing trades machinery	1958	350		350				350	
Musical instruments	1958	190			190			190	
Motion picture apparatus and equipment	1958	147		147				147	
Telephone and telegraph equipment	1958	1,200		1,200				1,200	
Signaling devices	1958	200		200				200	
Measuring and controlling instruments	1958	4,968		4,400	568			4,968	
Typewriters	1958	272		272				272	
Electronic computers	1958	332	43	289				332	
Other office machines	1958	937		937				937	
Office-machine parts	1958	326		326				326	
All information machines		8,922	43	8,121	758			8,922	
Information services									
Professional services									
Legal	1958	3,052		1,518	1,507	1,518		1,507	
Engineering and architectural	1958	1,978		1,978		1,978			
Accounting and auditing	1957	1,138		1,138		1,138			
Medical (excluding surgical)	1958	2,083			2,083			2,083	

Industry or branch of knowledge production	Year	Total value	Paid for by			Intermediate product		Final product (consumption or investment)	
			Government	Business	Consumers	though treated as final product in official statistics	recognized in official statistics as cost of current production of other goods and services	though treated as cost of current production or entirely omitted in official statistics	recognized in official statistics as final product
Joint with financial services									
Check-deposit banking	1958	n.a.		n.a.	n.a.		n.a.		n.a.
Securities brokers, etc.	1958	647		72	575		72		575
Insurance agents	1958	2,173			2,173				2,173
Real-estate agents	1954	n.a.		n.a.	n.a.		n.a.		n.a.
Wholesale agents	1954	1,229		1,229			1,229		
Miscellaneous business services	1958	1,714		1,714			1,714		
Government									
Federal	1958	1,555	1,555			1,555			
State and local	1958	2,419	2,419			2,419			
All information services		17,961	3,974	7,649	6,338	3,974	7,649		6,338
Total knowledge-production		136,436	37,968	42,198	56,270	6,369	20,863	42,439	66,765
Per cent distribution		100.0	27.83	30.93	41.24	4.67	15.30	31.10	48.93
				100			19.97	80.03	

a Transfer payments by government, hence no part of national product.

b The hyphenated year 1958–1959 means for R & D expenditures the calendar year 1958 or the 12-month period beginning in 1958.

Quelle: *F. Machlup*,
The Production and Distribution of Knowledge in the United States,
Princeton (N.J.) 1962, p. 354 ff.

hohen Löhne erzielen konnten. Heute, in einer Zeit der Vollbeschäftigung, in der auch junge Leute ohne Ausbildung schon erstaunlich gut verdienen können, scheint es, als habe man die Lehre
Ricardos verstanden. Wir hören das Argument: Weshalb soll ich
mich mit langer und kostspieliger Ausbildung plagen, wenn ich
während dieser Zeit schon so viel verdienen kann!

Machlup hat die *opportunity costs* aller Stufen des Ausbildungsprozesses einbezogen. Die Sphäre des Haushalts wurde bereits erwähnt. Der junge Mann mit Grundschulbildung, der sich der höheren Schule zuwendet, könnte während der Zeit der Schulausbildung
den Lohn des ungelernten Arbeiters verdienen. Studiert er später
noch, so muß für die Dauer des Studiums das Gehalt in Ansatz
gebracht werden, das er mit abgeschlossener höherer Schulbildung
hätte erreichen können. Heute kann dies schon ein beträchtliches
Einkommen sein.

Durch den Ansatz der *opportunity costs* vergrößert sich bei
Machlup das nominelle Sozialprodukt. Werden später Anteilsquo-
ten ausgerechnet, so steht also auch im Nenner ein höherer Wert,
als wir ihn in den offiziellen Einkommensstatistiken finden.

Ich möchte nur ein paar Kommentare zur Tabelle geben. Links
oben erscheinen zunächst diejenigen Posten, denen bislang kaum je
Beachtung geschenkt wurde: die Erziehung im Familienkreis, Bildung durch kirchliche Institutionen, die für das Berufsleben nützliche Ausbildung in der Armee und das *training on the job*, dessen
große Bedeutung heute zwar allgemein anerkannt wird, das aber
wohl noch niemals zu quantifizieren versucht wurde.

Es folgen Elementar- und Sekundarschulbildung mit Geldausgaben von rund 16 Mrd. Dollar und »implizierten« Kosten von
17 Mrd. Dollar. Die »Gelegenheitskosten« sind hier also bereits
höher als die effektiven monetären Ausgaben. Beim Studium verschieben sich die Proportionen natürlich noch mehr in Richtung auf
den »entgangenen Gewinn«. War das Verhältnis zunächst 1:1, so
ist es nunmehr mit rund 1:2 ausgewiesen. Die Gelegenheitskosten
sind relativ größer, weil die Leute ein höheres Einkommen auf
Grund ihrer vorangegangenen, fortgeschritteneren Schulbildung
hätten erreichen können, falls sie auf das Studium verzichtet hätten.

Auf der rechten Seite unten schließt die Tabelle mit phantasti-
schen Globalzahlen, wobei bereits die Terminologie interessant ist.
Machlup nennt das Gesamtergebnis »total knowledge-production«:
einer der neuen Begriffe der Bildungsökonomie. Das Total beläuft

sich auf 136 Mrd. Dollar, und dies ist über ein Viertel des – um die *opportunity costs* des Bildungswesens vermehrten – amerikanischen Sozialproduktes. Es sind dies andere Dimensionen, als wir sie von den oft zitierten 1, 2 oder 3% her gewohnt sind.

Interessant ist zugleich die *Struktur der Ausgaben*. Die letzte Zeile zeigt, welche Bereiche die Lasten prozentual tragen. Die Öffentlichen Haushalte, sonst der Mittelpunkt des Interesses, stehen hier mit rund 28% an letzter Stelle. Die privaten Haushalte, bei denen die Hauptlast der *opportunity costs* anfällt, müssen 41% aufbringen. Ein knappes Drittel trägt die Wirtschaft. Die weiteren Spalten, die der Frage nachgehen, inwieweit es sich um ein »Zwischenprodukt« bzw. ein »Endprodukt« handelt, sind ebenso interessant wie problematisch. Ich möchte darauf nicht eingehen.

Man kann zu den Rechnungen stehen wie man will. Viele der Ansätze sind Ermessensfragen. Manches mag man bezweifeln. Eines aber zeigen die Ergebnisse, so ungenau sie im einzelnen sein mögen, mit Sicherheit: Wir müssen in völlig ungewohnten Größenordnungen denken lernen. Bildungsausgaben sind keine Bagatellenposten, die wir aus ökonomischen Kreislaufbetrachtungen ausklammern können. Sie sind im hohen Grade kreislaufwirksam. Erwähnt sei noch ein anderer bekannter amerikanischer Nationalökonom, *S. E. Harris,* der das Kostenproblem von einer etwas anderen Seite angefaßt hat[8]. In seiner umfangreichen Studie verfolgt er zum Beispiel die Frage, ob und wie man die Kosten für Bildung und Forschung ohne Beeinträchtigung der Qualität senken könne. Dazu nur ein willkürlich herausgegriffenes, größenordnungsmäßig vielleicht nicht sehr bedeutsames, aber anschauliches Beispiel. Ein Industriebetrieb, der nur sieben Monate produziert und fünf Monate seine Maschinen unbenutzt stehen läßt, müßte binnen kurzem seine Tore schließen. Viele Einrichtungen der Universitäten und Hochschulen, insbesondere die Hörsäle und zum Teil auch Bibliotheken, sind Monate hindurch ungenutzt. Als Universitätslehrer ist uns bei dem Gedanken an ein Mehrschichten-System sicher nicht wohl, aber vielleicht läßt sich eine befriedigende, kostensparende Lösung finden[9] ...

8 *S. E. Harris,* Higher Education: Resources and Finance, New York, 1962.
9 Man vergleiche die Antwort des Bundesministers für wissenschaftliche Forschung, *Hans Lenz,* in der 60. Plenarsitzung des Deutschen Bundestages am 13. Februar 1963, auf eine Große Anfrage der Fraktion der SPD zur Wissenschaftsförderung. Bundesminister *Lenz* antwortete auf die Frage, was die Bundesregierung zu tun gedenke, um die Kapazität der Universitäten und

... Die Deutsche Zeitung brachte einen Bericht über die Universitäten Oxford und Cambridge, die nach dem *tutoring*-System arbeiten, also nicht die akademische Freiheit in der Weise haben, wie wir sie kennen. Der Student wird dort vom ersten Semester an hart angefaßt, er muß einmal wöchentlich zu seinem Professor gehen, *Papers* ausarbeiten usw. Dazu benötigt man natürlich, bezogen auf die Studentenzahl, eine hohe Zahl von Lehrkräften; das System ist teuer.

Im gleichen Aufsatz aber schreibt der Verfasser, der Cambridge besucht hat: »Der ›ewige Student‹, ein an deutschen Universitäten auch heute noch vertrautes und oft sympathisches Produkt der akademischen Freiheit, fehlt freilich ganz«[10]. Diesen ›ewigen Studenten‹ hat *Dichgans* in seinem Gutachten besonders aufs Korn genommen, und er fragt, ob wir uns diese Verschwendung leisten könnten.

Es stellt sich somit das Problem, ob das auf den ersten Blick sehr aufwendige englische System nicht letztlich doch das billigere ist. Mit ihm läßt sich, wie genauere Untersuchungen zeigen, nicht nur der ›ewige Student‹ aus der Welt schaffen, sondern es hilft zugleich das auf ein Minimum zu reduzieren, was die Angelsachsen den *drop out* nennen, d. h. diejenigen Studenten, die ihr Studium nach einigen Semestern vorzeitig aufgeben. Dazu rechnet auch das Drittel, das die Endexamina nicht besteht.

Wie die Erfahrung zeigt, sind die Ausfall- und Durchfallquoten beim englischen System erstaunlich gering, was natürlich auch noch darin begründet ist, daß man dort beim Eintritt in die Universität eine strenge Prüfung abzulegen hat[11].

Hochschulen und die Ausbildungsbedingungen für die Studierenden der zu erwartenden Entwicklung anzupassen, man könnte an die Einführung von *Trimestern* als vorübergehende Notmaßnahme denken, aber auch an Übungen in sogenannten Ferien-Trimestern unter Leitung von Angehörigen des sogenannten »Mittelbaus«.

10 Deutsche Zeitung vom 2. 12. 1963.

11 Im »*Robbins-Report*« wird eine Ausfallrate im englischen Hochschulsystem von durchschnittlich 14% einer Rate von 40–50% in Frankreich und den USA gegenübergestellt. Die Ausfallraten in England variieren jedoch erheblich zwischen den Universitäten und Fakultäten: in der Philosophisch-Historischen Fakultät (art faculties) zwischen 3 und 20%, in der Naturwissenschaftlichen Fakultät zwischen 3 und 28% und im Bereich der technischen Wissenschaften zwischen 5 und 36% (»Higher Education«, Report of the Committee appointed by the Prime Minister under the Chairmanship of Lord Robbins, 1961–1963; London 1963, Kapitel XIII, S. 190 f).

Darüber hinaus hat die englische Erfahrung gezeigt, daß mit dem *tutoring*-System auch jene Schichten angesprochen werden können, die wir bei uns noch als »bildungsfeindlich« bezeichnen und von denen wir glauben, sie seien nur in einem Zweigenerationenprozeß für die Universität zu gewinnen: erst muß der Arbeiter zum Angestellten aufrücken, der dann seine Kinder zur höheren Schule und Universität schickt. Die Engländer haben unmittelbar den Arbeiter angesprochen und dabei vollen Erfolg gehabt, soweit das *tutoring*-System angewandt wurde. Natürlich führt das englische System mit seiner zugleich strengen Aufnahmeprüfung zu einer anderen Auslese. Wie mein Basler Kollege *Popitz* neulich berichtete, haben die Soziologen in zwei deutschen Bundesländern Untersuchungen über den Zusammenhang zwischen Begabung und dem Besuch der höheren Schulen angestellt, die zu beinahe erschreckenden Resultaten führten. Auf der einen Seite geht von den wirklich begabten Arbeiterkindern nur ein recht kleiner Teil zur höheren Schule, andererseits aber aus der Gruppe der vollkommen Unbegabten mehr als ein Drittel der Kinder von bemittelten Familien[12].

Bildungswesen und technischer Fortschritt

Von der Behandlung der internen Probleme des Bildungssektors möchte ich mich nunmehr dem zweiten Hauptkomplex im Bereich der Bildungsökonomie zuwenden, den Zusammenhängen zwischen Bildungsstand und Forschung auf der einen und der Wohlstandsvermehrung auf der anderen Seite. Den Aufwands- folgen die *Ertragsrechnungen*.

Auch an die Ertragsrechnungen ist man zum Teil mit einer unglaublichen Naivität herangegangen. Man hat zunächst einmal für einzelne Bildungsgänge das ausgerechnet, was der Geschäftsmann den internen Zinsfuß oder die *Rendite* nennt. Die Mehrkosten werden dem späteren Mehrverdienst durch die bessere Ausbildung gegenübergestellt. Für die Vereinigten Staaten hat dies einer der

---

12 Tatsächlich haben im Jahre 1959 nur 6% Studenten und 2,1% Studentinnen aus Arbeiterfamilien an den Hochschulen der *Bundesrepublik* studiert (vgl. *G. Kath,* »Das soziale Bild der Studentenschaft«, 1960).
1961 wurden demgegenüber 54,3% der Beschäftigten in der Bundesrepublik als Arbeiter registriert.
England hatte schon 1956 etwa 26% der Studenten aus Arbeiterfamilien herangezogen.

Pioniere der Bildungsökonomie, *T. W. Schultz,* getan; er kommt zu
folgenden amüsanten Ergebnissen[13] (die Amerikaner sind Perfek-
tionisten und geben zwei Dezimalstellen hinter dem Komma an!):

Studium	9,77%
Höhere Schule	11,27%
Elementarbildung	38,4 %

Bleibt man dumm, so verzinst sich dies also nach den Angaben von
Schultz am besten.

Gewiß, die Berechnungen sind, soweit man der Genauigkeit
trauen kann, interessant. Aber sie sagen uns praktisch nichts über
die Bedeutung von Bildung und Forschung für den wirtschaftlichen
Fortschritt. Glücklicherweise sind wir auch noch nicht soweit, daß
die jungen Leute ihren Beruf nach den erwarteten Renditen aus-
wählen.

Die individuelle Rendite der Ausbildung besagt nichts über den
Nutzen eines höheren Bildungsstandes für die wirtschaftliche Leistungsfähigkeit einer Volkswirtschaft, weil das außer acht bleibt,
was *Alfred Marshall* – er hatte eine ausgesprochene Begabung für
geschickte Terminologie – vor einem dreiviertel Jahrhundert als
external economies bezeichnet hat. Ihrem Wesen nach sind die
external economies natürlich schon viel länger bekannt gewesen. In
der merkantilistischen Lehre spielen sie eine große Rolle, und dann
vor allem bei *Friedrich List.*

Besserer Bildungsstand hilft nicht nur dem einzelnen, in der Zukunft – möglicherweise – ein höheres individuelles Einkommen zu
erzielen, sondern es fördert die Gemeinschaft. Um es handgreiflich
auszudrücken: Den Wert der Bildung für die Gemeinschaft an den
individuellen Renditen zu messen, bedeutet die gleiche Torheit wie
der Versuch, den Nutzen eines Eisenbahnsystems für die Volkswirtschaft aus dem Erfolgskonto der Eisenbahngesellschaft ablesen zu
wollen.

Ein Verlust oder Gewinn im Erfolgskonto der Eisenbahn sagt
über ihre volkswirtschaftliche Bedeutung kaum etwas. Diese Bedeutung kann nur dadurch faßbar gemacht werden, daß wir uns vorzu-
stellen versuchen, was heute wäre, wenn es die Eisenbahn *nicht*
gäbe. Eine analoge Betrachtung müssen wir beim Bildungswesen

---

13 *T. W. Schultz,* Education and Economic Growth, in: Social Forces influencing American Education, National Society for the Study of Education,
60th Yearbook, Chicago, 1961.

anstellen: »Does anyone doubt that our economic productivity in the United States would take a huge tumble if we turned this country with its *present* resources and its *present* capital equipment over to a population of the same size without job or school experience ...«, schreibt *Gideonse* (a. a. O. S. 429). Ob hoher Bildungsstand dann auch *individuell* seiner volkswirtschaftlichen Bedeutung entsprechend honoriert wird, ist eine ganz andere Frage.

Die Theorie des wirtschaftlichen Wachstums und die empirische Wachstumsforschung haben in der Nachkriegszeit einen ungeheuren Aufschwung genommen. Bis zur Mitte der 50er Jahre arbeitete man mit sehr simplen Modellen, die heute nur noch als Vorstufe der eigentlichen Entwicklung zählen. In den einfachen Denkansätzen ging man zunächst von der Voraussetzung aus, daß unser Wachstumstempo bei gegebener Zunahme der Arbeitsbevölkerung *allein durch das Ausmaß der Realkapitalbildung* bestimmt sei. Die Wachstumsrate war proportional der Investitionsquote. Die gleiche einfache Faustregel hat zunächst auch bei der Förderung der Entwicklungsländer eine große Rolle gespielt: Entwicklungshilfe war gleich Kapitalhilfe.

Mitte der 50er Jahre wurde das entdeckt (besser müßte man sagen: wiederentdeckt), was inzwischen den Namen DRITTER FAKTOR erhalten hat ...

Der Gedankengang, der zur Wiederentdeckung des DRITTEN FAKTORS führte, ist sehr einfach. Man registrierte für die Vereinigten Staaten für einen längeren, beinahe ein halbes Jahrhundert umfassenden Zeitabschnitt den jährlichen Zuwachs der beiden, in physischen Einheiten gemessenen, Produktionsfaktoren Arbeit und Kapital und verglich diese Zuwachsraten mit der Entwicklung des realen Sozialproduktes im gleichen Zeitabschnitt. Dabei mußte man mit Überraschung feststellen, daß ein entscheidender Teil der allgemeinen Wohlstandsvermehrung *nicht* allein aus der Erweiterung der Produktionsfaktoren erklärt werden kann. Die vorhandenen Faktoren müssen also fortlaufend besser genutzt worden sein. Zunächst wurde dieser »ungeklärte Rest« einfach als *technischer Fortschritt* bezeichnet. Später erschien dieser Terminus zu eng.

Die ersten amerikanischen Berechnungen wirkten bei den Experten beinahe sensationell. In dem untersuchten Zeitabschnitt hatte sich die amerikanische Arbeitsproduktivität gerade verdoppelt, und diese Verdoppelung (früher wäre sie einfach der verbesserten Kapitalausstattung des einzelnen Arbeitsplatzes zugeschrieben worden) sollte nunmehr nur noch zu einem Drittel der Kapitalintensivierung zugeschrieben werden können, zu *zwei Dritteln hingegen dem geheimnisvollen neuen Produktionsfaktor.*

Die in den Vereinigten Staaten entdeckten Zusammenhänge haben im Kreise der Wachstumsforscher und Ökonometriker eine Welle der Begeisterung ausgelöst. Parallele Untersuchungen in vielen anderen Ländern folgten. Die internationalen Behörden führen seit einiger Zeit bereits vergleichende Studien über die Bedeutung des DRITTEN FAKTORS für das Tempo des wirtschaftlichen Fortschritts innerhalb der jeweiligen Mitgliedstaaten durch. Die Resultate waren den amerikanischen stets sehr ähnlich: Der DRITTE FAKTOR erschien quantitativ als der bedeutendste der Produktionsfaktoren. In Brüssel ist man der Frage nachgegangen, ob und in welchem Ausmaß die Bildung des Gemeinsamen Marktes das Gewicht des DRITTEN FAKTORS noch stärken könne[14].

Das Sensationelle an den Ergebnissen wird erklärlich, wenn man sich ihren Ausgangswert vor Augen führt: Wir können ein sehr beträchtliches Wachstum des realen Sozialproduktes selbst dann haben, wenn weder das Arbeitspotential zunimmt noch der Realkapitalbestand (netto!) vermehrt wird. Und zugleich ergeben sich natürlich ganz neue Ansatzpunkte für die Förderung der Wohlstandsvermehrung. Dabei hat sich auch in der Einstellung zum Problem der Entwicklungsländer ein entscheidender Wandel vollzogen. Entwicklungshilfe ist nunmehr nicht mehr einfach nur Kapitalhilfe. *Technical assistance* ist hier der neue Zug. Expertenteams der OECD untersuchen heute zum Beispiel die Bildungsprobleme in

---

14 »Statistische Informationen«, Statistisches Amt der Europäischen Gemeinschaften, Brüssel-Luxemburg, Heft 6 (1960).
In Deutschland hat das Ifo-Institut besonders gründliche Untersuchungen durchgeführt: Ifo-Studien, Zeitschrift des Ifo-Instituts für Wirtschaft, 7. Jahrgang 1961, Heft 1/2, Duncker & Humblot, Berlin/München.
Das Ifo-Institut benutzt die ermittelten Zusammenhänge für Zwecke der langfristigen Projektion. Dies allerdings erscheint mir bedenklich. Der moderne Zug der Wachstumspolitik besteht ja gerade darin, das Entwicklungstempo nicht mehr nur durch die Steuerung des Investitionsprozesses beeinflussen zu wollen, sondern jene Kräfte unmittelbar zu mobilisieren, die unter dem Begriff DRITTER FAKTOR zusammengefaßt werden. Wir wollen nicht mehr einfach als das »naturgegebene« hinnehmen, was in den Reihen der Vergangenheit als eine Art magische Konstante entdeckt worden ist, sondern wir wollen bewußt gestalten, d. h. es anders machen als es war. Die Bildungspolitik steht dabei im Mittelpunkt.

mediterranen Entwicklungsländern und in Ländern wie Irland, Belgien, Österreich, Holland, Schweden, und arbeiten Förderungspläne aus[15].

Der ersten Welle der Begeisterung ist eine Periode der Besinnung gefolgt. Wiederum mußte man erkennen, daß die ersten Ansätze zur Berechnung zu primitiv waren. War die Rolle der Realkapitalbildung zunächst überschätzt worden, so wurde sie danach viel zu sehr unterschätzt. So wird insbesondere jener technische Fortschritt nicht in Rechnung gestellt, der sich ständig durch den Prozeß der Ersatzinvestition vollzieht. Man ergänzt eine ausgelaufene Maschine nicht durch den gleichen Typ, sondern durch eine bessere. Der Altersaufbau des Kapitalapparates ist somit eng korreliert mit seiner Effizienz. Es ist leicht einzusehen, daß hohe Investitionsquoten zu einer günstigen Alterspyramide des Realkapitals führen: Die jungen »Jahrgänge« haben ein Übergewicht, in gleicher Weise, wie bei einer schnell wachsenden Bevölkerung die jungen Altersgruppen stark vertreten sind. Das »capital vintage problem« ist inzwischen zur modernsten Forschungslinie der theoretischen und empirischen Analyse geworden. Dabei verschieben sich die Gewichte wieder etwas zugunsten des Kapitalbildungsprozesses.

Meines Erachtens spielt es aber gar keine so entscheidende Rolle, daß die ersten Rechnungen fragwürdig waren und ob man überhaupt exakt messen kann. Die nicht gewollte, durch einen zu primitiven Ansatz bedingte Überbetonung des DRITTEN FAKTORS muß ex post eher begrüßt werden. Sie hat die Menschen aus einer gewissen Lethargie aufgerüttelt. Einmal hat sie bewirkt, daß die nationalökonomische Forschung das Bildungswesen in ihr Arbeitsgebiet einbezogen hat. Zum anderen hat sie mit dazu beigetragen, daß Bildungswesen und Forschung als wirtschaftliche Wachstumsfaktoren wieder die Anerkennung fanden, die sie verdienen.

---

15 Vgl. die bisher veröffentlichten Studien:

a) *H. S. Parnes,* »Forecasting Educational Needs for Economic and Social Development«, OECD, Paris 1962;

b) *H. S. Parnes* (Herausgeber), »Planning Education for Economic and Social Development«, OECD, Paris 1963;

im Druck:

c) *G. Bombach,* »The Assessment of the Long-Term Requirements and Demand for Qualified Personnel in Relation to Economic Growth for the Purposes of Educational Policy«, OECD, DAS/PD/63.78, Dezember 1963 (vervielfältigt).

Der im folgenden wiedergegebenen Tabelle liegen analytische
Ansätze zu Grunde, die über die zu stark vereinfachten Verfahren
der Mitte der 50er Jahre hinausreichen, aber bei weitem noch nicht
den heutigen Anforderungen entsprechen. Ich muß deshalb von
vornherein Vorbehalte anmelden.

Zuwachs des Sozialproduktes in den Vereinigten Staaten in
der Periode 1909–1949 (außer Landwirtschaft).

in Preisen von 1947

Wachstum verursacht durch	Mrd. U. S. $	in %
Zuwachs an Arbeitskraft	19,1	14,1
Zuwachs an Realkapital	22,8	16,9
Zuwachs der »klassischen« Produktionsfaktoren	41,9	31,0
Zuwachs bedingt durch besseren Gesundheitszustand	6,0	4,4
Verbesserung der Ausbildung	7,1	5,3
Technologischer Fortschritt	80,0	59,3
Insgesamt	135,0	100,0

Quelle: *H. CORREA,* The Economics of Human Resources, Amsterdam 1963,
Seite 162.

Untersucht worden ist ein Zeitabschnitt von vier Dezennien, in
dem das amerikanische Sozialprodukt um 135 Mrd. Dollar (in konstanten Preisen gemessen) gestiegen ist. Bei den gewählten Formeln
läßt sich dieses Wachstum nur zu einem Drittel aus der Vermehrung der klassischen Produktionsfaktoren erklären, zwei Drittel
sind der höheren Effizienz im Einsatz dieser Faktoren zuzuschreiben. Hier ist nun versucht worden, zwischen Verbesserung des Ge-
sundheitszustandes, besserer Ausbildung und dem allgemeinen technischen Fortschritt zu unterscheiden. »Technologischer Fortschritt«
ist dabei wiederum nur als Residuum ermittelt worden.

Bei den modernen Verfahren ist man bestrebt, dieses Residuum
gründlicher zu erforschen, was im hohen Grade notwendig erscheint, weil wir sonst mehr als die Hälfte des Gesamtwachstums
noch immer nicht präzise zu identifizieren vermögen. Wie bereits

gesagt, fällt bei dieser Aufteilung des »Restes« ein doch erheblicher
Teil wieder auf die Realkapitalbildung zurück, so daß die »klassischen Faktoren« am Ende nicht so ungünstig abschneiden, wie es
hier erscheint. Einmal muß man bei der Realkapitalbildung von der
Netto- zur Bruttorechnung übergehen, also die Ersatzinvestitionen
und den dadurch bedingten technischen Fortschritt berücksichtigen,
und zum anderen versucht die moderne wachstumstheoretische Forschung der Tatsache Rechnung zu tragen, daß die Maschine ihrerseits auch den Menschen »schult«.

Unsere Betrachtungen haben gezeigt, daß wir bei der ökonomischen Durchleuchtung des Forschungs- und Bildungswesens sowohl
auf der Aufwands- als auch auf der Ertragsseite in anderen Dimensionen denken lernen müssen.

Konsequent durchgeführte, insbesondere auch die *opportunity
costs* berücksichtigende Berechnungen konfrontieren uns mit ungewohnten Größenordnungen der wirklichen Kosten für Bildung und
Forschung; daneben ergibt sich ein neues Bild von der Aufteilung
der Lasten auf die verschiedenen Bereiche und sozialen Gruppen.
Zugleich haben wir bis in die jüngste Zeit aber auch ganz falsche
Vorstellungen von der quantitativen Bedeutung der Bildungs- und
Forschungsausgaben für die allgemeine wirtschaftliche Entwicklung
gehabt.

In unseren Wirtschaftsstatistiken wird der Realkapitalbestand
ausgewiesen, der entstanden ist durch die in der Vergangenheit
durchgeführten Nettoinvestitionen. Größe, Qualität und nicht zuletzt der Altersaufbau des Kapitalstocks bestimmen das Sozialprodukt von heute und die Wachstumsmöglichkeiten der Zukunft. Ein
überalterter Kapitalapparat kann heute noch ein hohes Produkt
erlauben, sehr bald aber schon zu einer Reduktion der Wachstumsraten führen. Wenn auch nicht rechnerisch ausgewiesen, so aber
doch in unserer Vorstellung, müssen wir das »geistige Kapital«
ebenso als eine Bestandsgröße auffassen, gebildet durch Aufwendungen in der Vergangenheit. Die gleichen Probleme wie beim
Realkapital tauchen auf: Qualität (als Funktion der Ausbildungsdauer und der Effizienz der Ausbildung), Altersstruktur usw. Ausgaben für Bildung und Forschung sind somit ihrer Funktion nach
als Investitionsausgaben zu betrachten, und es stellt sich stets das
Problem, den für Investitionsausgaben insgesamt verfügbaren Teil
des Sozialproduktes optimal auf das Realkapital und auf *investment
in human capital* zu verteilen. Vielleicht kann man aus den vorge-

führten Rechnungen trotz aller berechtigten Zweifel den Schluß
ziehen, daß der individuelle und gesamtwirtschaftliche *Grenzertrag
einer Mark auf dem Gebiete der Bildung und Forschung heute
höher ist als bei der Realkapitalbildung*[16].

Die ökonomische Analyse ist lange Zeit hindurch auf die Erforschung der kurzen Periode ausgerichtet gewesen. Dies hat dazu
geführt, daß *Strömungsgrößen* (also Sozialprodukt, Nettoinvestition, Bildungsausgaben usw.) *eine ungleich größere Rolle gespielt
haben als die Bestände.* In der gesamten Keynesianischen Theorie
zum Beispiel tauchen, von der Geldmenge abgesehen, Bestandsgrößen überhaupt nicht auf. Denksysteme dieser Art sind somit
auch nicht geeignet, etwas über die längerfristigen Entwicklungsmöglichkeiten einer Volkswirtschaft auszusagen. Die Bestände sind
sehr groß, verglichen mit den entsprechenden Strömen einer Rech-
nungsperiode, d. h. üblicherweise eines Kalenderjahres. Korrekturen an den Beständen, die nur über die Ströme hinweg erfolgen
können, sind deshalb in kurzer Frist gar nicht möglich[17]. Beim
human capital muß aus den genannten Gründen in noch längeren
Perioden gerechnet werden als beim Realkapital.

---

16 Die Frage der Behandlung der Bildungsausgaben in der Volkswirtschaftlichen Gesamtrechnung liegt auf ganz anderer Ebene. Persönlich würde ich
dafür plädieren, es bei der bisherigen Buchungsweise zu belassen.
Allein entscheidend ist die Betrachtungsweise, und wir werden nicht dadurch
reicher, daß wir unser »geistiges Kapital« nun auch buchhalterisch nachweisen,
ebensowenig wie ein Land reicher würde, wenn es sich entschlösse, seinen
Grund und Boden kapitalisiert in die Realvermögensrechnung aufzunehmen.
17 Dieses Argument gilt nicht für die Entwicklungsländer. Dort sind die
Bestände klein und können rasch umstrukturiert werden.

Udo Ludwig, Harry Maier und Jürgen Wahse:

Die ökonomische Potenz der Bildung und die marxistische Werttheorie[1]

1. Optimale Entwicklung des volkswirtschaftlichen Reproduktionsprozesses und Wertgröße

In der Marxschen Werttheorie ist bereits ein theoretisches Konzept für die wissenschaftliche Bewältigung des Verhältnisses von intensiv erweiterter Reproduktion und der durch Bildung und Bildungswesen modifizierten wertschaffenden Potenz der Arbeitskräfte vorhanden. Dies nachzuweisen ist unseres Erachtens nicht nur aus praktischen und wissenschaftlichen Gründen notwendig, sondern auch deshalb, weil die Werttheorie von Karl Marx – als Grundpfeiler der Marxschen ökonomischen Theorie – seit je im Mittelpunkt der heftigsten Angriffe der bürgerlichen Ökonomie steht. So behauptet die englische Ökonomin Robinson, daß die Arbeitswertlehre von Karl Marx eine Sache der »metaphysischen Überzeugung« sei und daß »nicht einer der von Marx in Ausdrükken der Wertlehre gefaßten wichtigen Gedanken nicht ohne diese besser ausgedrückt werden« könnte[1a]. Ebenso empfiehlt der neopositivistische Philosoph Popper den Marxisten, dieses »überflüssigen«, ziemlich »unwichtigen« Theorems gleich ganz zu entsagen, wodurch sich die »Position des Marxismus nur verbessern« würde[2].

Die folgenden Darlegungen werden zeigen, wie oberflächlich und klassenmäßig determiniert dieses bornierte Urteil der bürgerlichen Ökonomie über die Marxsche Werttheorie ist. Sie zeigen, daß diese Theorie – vor allem die Konzeption von der Reduktion der komplizierten auf einfache Arbeit – eine entscheidende Voraussetzung zur

---

1 Udo Ludwig, Harry Maier und Jürgen Wahse: Bildung als ökonomische Potenz im Sozialismus. Ein Beitrag zur marxistisch-leninistischen Theorie der intensiv erweiterten Reproduktion. Berlin-Ost 1972 (Dietz-Verlag). – Auszug des Kapitels: Die ökonomische Potenz der Bildung und die marxistische Werttheorie, S. 66–92. Mit freundlicher Genehmigung des Verlages.
1a Joan V. Robinson: An Essay on Marxian Economics, London 1947, 2. Aufl., S. 20. – Der bekannte bürgerliche Ökonom Schumpeter behauptet ebenso, daß die Arbeitswerttheorie von Marx »tot und begraben« sei. (Joseph A. Schumpeter: Kapitalismus, Sozialismus und Demokratie, Bern 1946, S. 49.)
2 K. R. Popper: Die offene Gesellschaft und ihre Feinde, Bd. II. Falsche Propheten. Hegel, Marx und die Folgen, Bern 1958, S. 209.

Analyse der Rolle der Bildung im volkswirtschaftlichen Reproduktionsprozeß ist.

Der eigentliche Inhalt des ökonomischen Wachstumsprozesses besteht nach der Auffassung von Karl Marx darin, daß die Menschheit ihren Prozeß der Auseinandersetzung mit der Natur und davon abgeleitet die zwischenmenschlichen Beziehungen immer rationeller zu gestalten sucht. Sie ist bemüht, die Mittel für die Befriedigung ihrer Bedürfnisse mit einem geringeren Aufwand an lebendiger und vergegenständlichter Arbeit zu erzeugen, um Zeit und Mittel für die Befriedigung neuer Bedürfnisse freizusetzen.

Langfristig gesehen kann sich die erweiterte Reproduktion der Volkswirtschaft nur vollziehen, wenn der Reproduktionsaufwand pro Einheit der für die Bedürfnisbefriedigung zu einem gegebenen Zeitpunkt notwendigen Güter sinkt. Der Inhalt des Prozesses der erweiterten Reproduktion besteht also vom Standpunkt eines längeren Zeitraums in der Erhöhung des Wirkungsgrades der aktiven Elemente des Reproduktionsprozesses, der sogenannten Wachstumsfaktoren. Dies ist aber nichts anderes als das Wirken des Gesetzes der Ökonomie der Zeit im produktiven und sozialen Lebensprozeß der menschlichen Gesellschaft in seiner konkreten historischen Formbestimmtheit. Insoweit bedeutet historischer Fortschritt einen zielgerichteten, sich organisierenden und optimierenden Prozeß, wobei dem Gesetz der Ökonomie der Zeit oder, konkreter gesagt, der gesellschaftlichen Arbeitsproduktivität die Rolle eines Fortschrittskriteriums zukommt. W. I. Lenin hat diesen Gedanken in seinen Schriften immer wieder hervorgehoben: »Die Arbeitsproduktivität ist in letzter Instanz das allerwichtigste, das ausschlaggebende für den Sieg der neuen Gesellschaftsordnung. Der Kapitalismus hat eine Arbeitsproduktivität geschaffen, wie sie unter dem Feudalismus unbekannt war. Der Kapitalismus kann endgültig besiegt werden und wird dadurch endgültig besiegt werden, daß der Sozialismus eine neue, weit höhere Arbeitsproduktivität schafft[3].« Im Zusammenhang damit hebt er hervor, daß die Gewähr für den Erfolg des Sozialismus in der Klassenauseinandersetzung mit dem Imperialismus darin besteht, »daß das Proletariat einen im Vergleich zum Kapitalismus höheren Typus der gesellschaftlichen Organisation der Arbeit repräsentiert und verwirklicht«[4].

---

3 W. I. Lenin: Die große Initiative. In: Werke, Bd. 29, S. 416.
4 Ebenda, S. 408/409.

Allgemeines Kennzeichen der gestiegenen Effektivität des Reproduktionsprozesses ist die Senkung des notwendigen Aufwands pro
Erzeugniseinheit der gesellschaftlichen Gesamtproduktion und die
Erhöhung des Mehrprodukts. In der Klassengesellschaft entreißen
zwar die Ausbeuterklassen aufgrund ihres Privateigentummonopols
den unmittelbaren Produzenten das Mehrprodukt, aber auch hier
ist es bereits die Grundlage der Entwicklung der menschlichen Kultur und der Wissenschaft – wenn auch in einer den Werktätigen
entfremdeten und ihrer persönlichen Entwicklung entgegengesetzten Form. Auf dem »Schaffen disponibler Zeit beruht die ganze
Entwicklung des Reichtums. Das Verhältnis der *notwendigen Arbeitszeit* zur *überflüssigen* (so zunächst ist sie vom Standpunkt der
notwendigen Arbeit aus) ändert sich auf den verschiednen Stufen
der Entwicklung der Produktivkräfte[5].«
  Erst die sozialistische Gesellschaft überwindet – durch Aufhebung des Privateigentummonopols an den Produktionsmitteln – den
antagonistischen Widerspruch von notwendiger und Mehrarbeit, indem sie die durch den Fortschritt der Produktivkräfte wachsende
disponible Zeit für die allseitige Entwicklung aller Mitglieder der
Gesellschaft nutzt.
  Unter den Bedingungen der privaten Warenproduktion werden
die Erfordernisse des Gesetzes der Ökonomie der Zeit in der spezifischen historischen Form des Wertes widergespiegelt. Seine Größe
wird bestimmt durch den gesellschaftlich notwendigen Arbeitsaufwand, der bei den gegebenen Produktionsbedingungen erforderlich
ist, um Erzeugnisse in einer bedarfsgerechten Struktur zu produzieren. Karl Marx spricht daher davon, daß hier der Wert im Austauschprozeß der Waren »das Rationelle, das natürliche Gesetz
ihres Gleichgewichts« darstellt[6]. In den Randglossen zu A. Wagner
heißt es, »daß der ›Wert‹ der Ware nur in einer historisch entwickelten Form ausdrückt, was in allen andern historischen Gesellschafts-
formen ebenfalls existiert, wenn auch in *andrer Form, nämlich gesellschaftlicher Charakter der Arbeit,* sofern sie als *Verausgabung
gesellschaftlicher Arbeitskraft* existiert«[7].

---

5 Karl Marx: Grundrisse der Kritik der politischen Ökonomie, S. 301.
6 Karl Marx: Das Kapital, Dritter Band. In: Marx/Engels: Werke, Bd. 25,
S. 197.
7 Karl Marx: Randglossen zu Adolph Wagners »Lehrbuch der politischen
Ökonomie«. In: Ebenda Bd. 19, S. 375.

In seinem bekannten Brief an Kugelmann schrieb Karl Marx, daß der Wert das »Vernünftige und Naturnotwendige« ist, das sich in der kapitalistischen Produktionsweise aber »als blindwirkender Durchschnitt« durchsetzt[8]. Der gesellschaftlich notwendige Arbeitsaufwand, das heißt die Wertgröße, drückt den Optimalzustand des volkswirtschaftlichen Reproduktionsprozesses in einer warenproduzierenden Gesellschaft aus.

Die Herstellung dieses Optimalzustandes in einer auf Privateigentum an den Produktionsmitteln beruhenden Warenproduktion, der Übereinstimmung von tatsächlichem und gesellschaftlich notwendigem Arbeitsaufwand, ist bei dem für diese Gesellschaftsordnung typischen Wirkungsmechanismus immer ein Zufall, während die Abweichung vom optimalen Gleichgewicht den Normalzustand darstellt. Die Ursache hierfür liegt darin, daß in der privaten Warenproduktion »der gesellschaftliche Verstand sich immer erst post festum (nachträglich) geltend macht«[9].

»Nur als inneres Gesetz, den einzelnen Agenten gegenüber als blindes Naturgesetz, wirkt hier das Gesetz des Wertes und setzt das gesellschaftliche Gleichgewicht der Produktion inmitten ihrer zufälligen Fluktuationen durch[10].« Diese spontane Durchsetzung der ökonomischen Rationalität im gesamtgesellschaftlichen Rahmen ist zwangsläufig mit einer ungeheuren Vergeudung von gesellschaftlicher Arbeit verbunden, da die »kapitalistische Produktion ... auf der einen Seite für die Gesellschaft verliert, was sie auf der andern für den einzelnen Kapitalisten gewinnt«[11]. Die Entwicklung der Produktivkräfte der Menschheit drängt daher immer nachdrücklicher auf die Beseitigung der kapitalistischen Gesellschaft, da diese mit einer immer größeren Vergeudung gesellschaftlicher Arbeit verbunden ist und schließlich durch wachsende gesellschaftliche Widersprüche die Existenz der Menschheit gefährdet.

Die Überwindung dieser Produktionsweise verlangt die Beseitigung des kapitalistischen Privateigentums an den Produktionsmitteln und damit des antagonistischen Widerspruchs zwischen vergegenständlichter und lebendiger Arbeit durch die Errichtung der

---

8 Marx an Ludwig Kugelmann, 11. Juli 1868. In: Ebenda, Bd. 32, S. 553.
9 Karl Marx: Das Kapital, Zweiter Band. In: Ebenda, Bd. 24, S. 317.
10 Karl Marx: Das Kapital, Dritter Band. In: Ebenda, Bd. 25, S. 887.
11 Ebenda, S. 97.

politischen Herrschaft der Arbeiterklasse auf Grundlage der sozialistischen Eigentumsverhältnisse.

Der Sozialismus ist eine höhere Stufe der Durchsetzung des Gesetzes der Ökonomie der Zeit sowohl im Stoffwechselprozeß der
Menschheit mit der Natur wie in den Beziehungen der Mitglieder
der Gesellschaft untereinander. Er schafft ein völlig neues Ziel für
das ökonomische Handeln, das im ökonomischen Grundgesetz seinen Ausdruck findet. Das Kardinalproblem der wissenschaftlichen
Leitung und Planung der sozialistischen Gesellschaft besteht daher
darin, bewußt die tatsächliche Entwicklung des volkswirtschaftlichen Reproduktionsprozesses an die optimale Wachstumsvariante
der sozialistischen Wirtschaft anzunähern. Die wissenschaftliche Erforschung der Bedingungen für die optimale Gestaltung des volkswirtschaftlichen Reproduktionsprozesses ist ein Grundproblem der
marxistisch-leninistischen Reproduktionstheorie. Karl Marx hat die
Bedingungen des optimalen Wachstums mit Hilfe seines Begriffs
der »gesellschaftlich notwendigen Arbeit« – als der quantitativen
Dimension des Wertes – erfaßt. Er hat drei Komponenten herausgearbeitet, die das Quantum an gesellschaftlich notwendiger Arbeit
bestimmen:

– das Gesamtminimum an Arbeit, das notwendig ist, um unter den
  gegebenen Produktionsbedingungen die für die Bedürfnisbefriedigung notwendigen Erzeugnisse zu produzieren,
– die bedarfsgerechte Struktur der Produktion vom Standpunkt
  eines längeren Zeitraums,
– die Reduktion der komplizierten auf einfache Arbeit.

Die dritte Komponente läßt sich auf die beiden ersten zurückführen; denn es geht hier darum, den Ausbildungsprozeß der qualifizierten Arbeitskräfte so effektiv zu gestalten, daß ihre wertschaffende Potenz die wertschaffende Potenz einer unqualifizierten Arbeitskraft zumindest proportional zu ihren Reproduktionskosten
übersteigt. Damit wird eine optimale Verteilung der gesellschaftlichen Gesamtarbeit auf den materiellen Produktionsprozeß, den
Bildungsprozeß und die anderen Bereiche des gesellschaftlichen
Reproduktionsprozesses gewährleistet.

Es bedurfte Jahrhunderte, ehe sich die politische Ökonomie dieses Problems überhaupt bewußt wurde, wenn auch die ersten Ansätze der Arbeitswerttheorie bereits auf wichtige Teilaspekte des
Problems der Reduktion der komplizierten auf einfache Arbeit
stießen.

Erst als sich die bürgerlichen Vertreter der politischen Ökonomie aus klassenmäßigen Gründen immer mehr vom Erbe der bürgerlichen klassischen politischen Ökonomie abwandten und die Wertkonzeption der Grenznutzentheorie als allgemeingültige Grundlage anerkannten, verschwand die wertschaffende Potenz, die die Arbeitskraft im Verlaufe des Bildungsprozesses erwirbt, immer mehr aus dem Blickwinkel der bürgerlichen ökonomischen Theorie.

Löbl, der sich als »moderner« Marxist bezeichnet, offenbart mit seiner rechtsrevisionistischen Konzeption von der »geistigen Arbeit als der wahren Quelle des menschlichen Reichtums« eine totale Unkenntnis der Marxschen Ansichten zu diesem Problem[12]. Seine Interpretation angeblich Marxscher Gedanken dient Löbl als Plattform für einen offenen Angriff auf die marxistisch-leninistische politische Ökonomie. So behauptet er, daß die wissenschaftlich-technische Revolution zu einer völligen Umwälzung der marxistisch-leninistischen politischen Ökonomie führen müsse, da diese angeblich davon ausgehe, die physische Arbeit sei die einzige Quelle des Reichtums. Da nach Löbl heute die geistige Arbeit die »wahre Quelle des Reichtums« sein soll, meint er, daß es notwendig sei, solche Grundkategorien der marxistisch-leninistischen politischen Ökonomie wie produktive und unproduktive Arbeit, notwendige und Mehrarbeit, Wert, Kapital, Mehrwert, Ausbeutung, Klassen und Klassenkampf einer grundlegenden Revision zu unterziehen.

Wie die nachfolgenden Darlegungen zeigen werden, ist Löbls Behauptung, Marx und die Klassiker der bürgerlichen politischen Ökonomie Smith und Ricardo[13] hätten in der körperlichen Arbeit die einzige Quelle des Reichtums gesehen[14], ebenso unhaltbar wie seine politische Schlußfolgerung aus dieser Behauptung, daß im Unterschied zu Marx' Zeiten die Arbeiterklasse nicht mehr die mit

---

12 Eugen Löbl: Geistige Arbeit – Die wahre Quelle des Reichtums, Wien, Düsseldorf 1968.

13 »Alle Angehörigen der klassischen Schule nahmen als unbestritten an, daß die Quelle allen Reichtums die physische, menschliche Arbeit ist, die gleichzeitig auch Schöpferin und Maß des Wertes darstellt.« (Ebenda, S. 87.)

14 Wie oberflächlich der revisionistische »Erneuerer« des Marxismus, Löbl, mit der Marxschen Theorie vertraut ist, zeigt bereits die frivole Behauptung, für Marx sei die Arbeit die einzige Quelle des Reichtums. In den »Randglossen zum Programm der deutschen Arbeiterpartei« schreibt Marx: »Die Arbeit ist *nicht die Quelle* alles Reichtums. Die *Natur* ist ebensosehr die Quelle der Gebrauchswerte (und aus solchen besteht wohl der sachliche Reichtum!) als die

der Entwicklung der Produktivkräfte am engsten verbundene Klasse und damit die revolutionärste Kraft der gesellschaftlichen Entwicklung unserer Zeit darstelle. So schreibt Löbl: »Die Arbeiterschaft hört auf diese Weise nicht nur auf, die zahlenmäßig stärkste Schicht der Gesellschaft zu sein. Sie verliert überdies gerade jene Merkmale, die dazu führten, daß sie zu einem maßgebenden politischen Bestandteil der Gesellschaft wurde[15].« Diese rechtsrevisionistische Konzeption wirkt desorientierend auf den Kampf der Arbeiterklasse in den kapitalistischen Metropolen und in den ökonomisch schwachentwickelten Ländern, gleichzeitig dient sie als Plattform für das Wirken der antisozialistischen Kräfte bei ihren Angriffen auf die führende Rolle der Arbeiterklasse und ihrer Partei in der sozialistischen Gesellschaft. Deshalb ist die Analyse der Rolle der qualifizierten Arbeit in der Marxschen Werttheorie von höchster Aktualität für die schöpferische Entwicklung der marxistisch-leninistischen politischen Ökonomie, für die Lösung der praktischen Aufgaben der sozialistischen Gesellschaft und für die Auseinandersetzung mit rechts- und linksopportunistischen Angriffen auf Praxis und Theorie des wissenschaftlichen Sozialismus.

2. Das Problem der Reduktion der komplizierten auf einfache Arbeit

Für die *wissenschaftliche* Arbeitswerttheorie war die wertschaffende Potenz der Arbeitskräfte als Problem der Reduktion der komplizierten auf einfache Arbeit schon immer von größter Bedeutung. Jeder Versuch, die Wertgröße der Waren auf die für ihre Produktion aufgewandte Arbeitszeit zurückzuführen, wirft sofort die Frage nach jenem Maßstab auf, der es ermöglicht, die verschiedenen, in ihrer konkreten Gestalt qualitativ unterschiedlichen Arbeiten aufeinander zu beziehen.

Es ist hier das Problem zu klären, was die Ursache für die unterschiedliche wertschaffende Potenz der einzelnen Arbeitskräftegrup-

---

Arbeit, die selbst nur die Äußerung einer Naturkraft ist, der menschlichen Arbeitskraft... Nur soweit der Mensch sich von vornherein als Eigentümer zur Natur, der ersten Quelle aller Arbeitsmittel und -gegenstände, verhält, sie als ihm gehörig behandelt, wird seine Arbeit Quelle von Gebrauchswerten, also auch von Reichtum.« (Karl Marx: Kritik des Gothaer Programms. In: Marx/Engels: Werke, Bd. 19, S. 15.)

15 Eugen Löbl: Geistige Arbeit – Die wahre Quelle des Reichtums, S. 122.

pen ist und wo man den Maßstab findet, der es gestattet, die von höher qualifizierten Arbeitskräften verausgabte Arbeit auf die nichtqualifizierter Arbeitskräfte zu reduzieren. Es galt, die Gesetzmäßigkeiten der Reduktion der komplizierten auf einfache Arbeit aufzudecken.

Die Frage nach den Ursachen der Reduktion der komplizierten auf einfache Arbeit ist für das Verständnis der Rolle der ökonomischen Potenz der Bildung im volkswirtschaftlichen Reproduktionsprozeß von größter Bedeutung. Mit der Lösung dieses Problems kann die Ursache für die unterschiedliche wertschaffende Potenz der Arbeitskräfte von unterschiedlichem Qualifikations- und Ausbildungsniveau aufgedeckt werden, und es wird Klarheit über den Einfluß des steigenden Qualifikationsniveaus der Arbeitskräfte auf das Wachstum des Nationaleinkommens gewonnen.

Die ersten Ansätze zur Lösung dieses Problems sind im Zusammenhang mit der Werttheorie bereits in den Arbeiten Rice Vaughans, William Pettys, Richard Cantillons, William Harris' und auch bei Adam Smith und David Ricardo vorhanden[16]. Das Hauptproblem der Arbeitswerttheoretiker bis Smith bestand in der Suche nach einem konstanten Wertmaßstab, der dem Austausch zugrundeliegen sollte.

Man sah diesen Maßstab vor allem im Lohn der niedrigsten Lohnarbeiter beziehungsweise in deren Reproduktionskosten, worunter man ein Prozent der Existenzmittel verstand, die 100 Männer von verschiedener Art und Größe benötigen, um leben, arbeiten und zeugen zu können[17]. So unternahm Petty – einer der bürgerlichen Begründer der politischen Ökonomie – den Versuch, den Wert des »menschlichen Kapitals« zu messen. Er errechnete den Gesamtwert des menschlichen Potentials durch die Gegenüberstellung der Gesamtheit der nationalen Ausgaben zu dem jährlichen Einkommen aus dem Grundbesitz und dem persönlichen Eigentum. Mit der so erhaltenen Rate schätzte er den Durchschnittswert eines Engländers auf 90 Pfund. Mit Hilfe dieser Ziffern ermittelte er den Nutzen einzelner politischer Maßnahmen. So verglich er zum Beispiel die Evakuierungskosten im Falle einer Pestepidemie in London mit den Kosten, die aufgrund der wahrscheinlichen Sterblich-

16 Wilhelm Liebknecht: Zur Geschichte der Werttheorie in England, Jena 1902, S. 1–36.
17 Ebenda, S. 6/7.

keit auftreten würden, und wies den hohen ökonomischen Nutzen einer Evakuierungsmaßnahme nach[18].

Dieses für die geistigen Wortführer der jungen Bourgeoisie typische Herangehen, das die menschlichen Beziehungen auf das nackte ökonomische Interesse reduzierte und sie mit Hilfe der »politischen Arithmetik« zu analysieren versuchte, konnte nicht zur Aufdeckung der Ursachen für den Unterschied in der wertschaffenden Potenz der Arbeitskräfte mit unterschiedlichem Qualifikationsniveau und damit für die ökonomische Potenz der Bildung beitragen, da man den Wert der Ware Arbeitskraft nicht von dem durch diese Arbeitskraft geschaffenen Wert zu unterscheiden vermochte und sich so in eine Reihe von Widersprüchen verstrickte, die erst Karl Marx vollständig klären konnte.

Auch Smith war der Unterschied zwischen dem von der Arbeitskraft geschaffenen Wert und dem Wert der Ware Arbeitskraft nicht bewußt. Beides wurde von ihm im Begriff »Wert der Arbeit« zusammengefaßt. Für ihn stellten daher die Faktoren, die den Arbeitslohn beeinflußten, so zum Beispiel, ob die Arbeit angenehm oder unangenehm, ob sie leicht oder schwierig, ob sie mit geringen oder hohen Kosten zu erlernen, ob sie mit hoher Verantwortung verbunden war usw.[19], gleichzeitig Momente der Bestimmung der unterschiedlichen wertschaffenden Potenz der Arbeitskraft dar. Je nach dem Schwierigkeitsgrad der Arbeit traten nach Smith die Produkte dieser Arbeiten auf dem Markt in Beziehung, so daß die schwierigere Arbeit eine höhere Vergütung erhält als die einfache Arbeit. Er schrieb, »falls eine bestimmte Arbeitsart einen ungewöhnlichen Grad Geschicklichkeit und geistige Anspannung erfordert, so wird die Wertschätzung, welche die Menschen solchen Fähigkeiten zollen, dem Produkt selbstverständlich einen Wert verleihen, der höher ist als der darauf verwendeten Zeit geschuldet wäre. Solche Fähigkeiten können selten anders als durch lange Übung erworben werden, und der höhere Wert ihres Produkts mag

18 William Petty: Political Arithmetic. In: The Economic Writings of Sir William Petty, Cambridge 1899. – Erste größere Berechnungen dieser Art wurden in Deutschland von dem Statistiker Ernst Engel in seiner Arbeit: Der Werth des Menschen, Berlin 1883, durchgeführt. – Siehe auch Ernst Engel: Der Preis der Arbeit, Berlin 1872.
19 Adam Smith: Eine Untersuchung über das Wesen und die Ursachen des Reichtums der Nationen, Bd. I, Berlin 1963, S. 62.

oft nichts weiter sein als eine gerechte Entschädigung für die Zeit und die Arbeit, die aufgewendet werden mußten, um sie zu erlangen. In einem fortgeschrittenen Zustand der Gesellschaft erfolgen solche Vergütungen für die größere Mühe und Geschicklichkeit gewöhnlich in Gestalt des Arbeitslohnes[20].«

An einer anderen Stelle deutete sich bei Smith bereits der Gedanke an, daß es sich bei der Reduktion der komplizierten auf einfache Arbeit um einen gesellschaftlichen Vorgang handelt, der unmittelbar im Prozeß des Austausches vollzogen wird und unabhängig von der subjektiven Wertschätzung der Arbeit des einzelnen Produzenten ist. »In einer Stunde angestrengter Tätigkeit kann mehr Arbeit als in zwei Stunden leichter Beschäftigung geleistet werden, in einer Stunde Arbeit in einem Gewerbe, dessen Erlernung zehn Arbeitsjahre erfordert, mehr als während einer einmonatigen Tätigkeit in einem gewöhnlichen und alltäglichen Beruf. Aber weder für die Mühe noch für die geistige Anspannung ist es leicht, einen genauen Maßstab zu finden. Beim gegenseitigen Austausch von Produkten verschiedenartiger Arbeiten wird beides allerdings einigermaßen berücksichtigt. Das ist jedoch nicht durch einen genauen Maßstab, sondern durch Feilschen und Handeln auf dem Markt geregelt, nach jener Art grober Gleichheit, die zwar nicht exakt ist, aber zur Abwicklung der Geschäfte des täglichen Lebens ausreicht[21].«

Mit der für die Smithsche Fassung des Wertproblems typischen Identifizierung von Arbeitslohn und geschaffenem Wertprodukt im Begriff »Wert der Arbeit« hängt auch seine Vorstellung von der ökonomischen Potenz der Bildung zusammen. »Ein Mann, der mit einem großen Arbeits- und Zeitaufwand für jene Beschäftigungen ausgebildet wurde, die eine außerordentliche Geschicklichkeit und Fertigkeit erfordern, kann mit solch einer teuren Maschine verglichen werden. Von der Arbeit, deren Ausübung er erlernt, muß man erwarten, daß sie ihm über den üblichen Lohn gewöhnlicher Arbeit hinaus die gesamten Ausbildungskosten, mindestens einschließlich der normalen Profite eines gleichwertigen Kapitals, ersetzt. Außerdem muß das in einem angemessenen Zeitraum geschehen, bei dem die sehr ungewisse Länge des menschlichen Lebens ebenso wie die

---

20 Ebenda, S. 62/63.
21 Ebenda, S. 41/42.

viel genauer bekannte Lebensdauer der Maschine zu berücksichtigen ist[22].«

Einen wesentlichen Fortschritt in dieser Frage gegenüber Smith brachten die Arbeiten von Ricardo, der bekanntlich versuchte, die Arbeitswerttheorie zum entscheidenden Grundpfeiler der ökonomischen Theorie zu machen. Zwar behandelte auch er aufgrund seiner unhistorischen Betrachtungsweise die Wertform als etwas Gleichgültiges oder der Natur der Ware Äußerliches, da er nicht erkannte, daß es bestimmte historische Umstände sind, die die Arbeit in Wert und ihr Maß durch die Zeitdauer in Wertgröße verwandeln. Ricardo wies aber mit Nachdruck gegenüber Smith auf die Fragwürdigkeit seines Begriffs »Wert der Arbeit« hin und zeigte den Unterschied zwischen dem Tauschwert der Arbeitskraft und dem von ihr produzierten Wertprodukt. Gleichzeitig führte er den Nachweis, daß der Wert der Ware Arbeitskraft durchaus nicht ein unveränderliches Wertmaß darstellt – wie Smith und seine Vorläufer annahmen –, dieser unterliege vielmehr genauso Schwankungen wie der Wert jeder anderen Ware. Ricardo wollte das Gesetz aufdecken, welches dem Austausch der Waren zugrunde liegt. Er betrachtete daher vor allem die unterschiedlichen Tauschrelationen der Waren und meinte, daß diese entsprechend dem Verhältnis der in diesen Waren enthaltenen Arbeit zustande kommen. In diesem Zusammenhang behandelte er auch das Reduktionsproblem. »Wenn ich von der Arbeit als der Grundlage allen Wertes und von der relativen Quantität Arbeit als fast alleinigem Bestimmungsgrund für den relativen Wert von Waren spreche, so sollte man mir doch nicht unterstellen, ich wäre mir der verschiedenen Qualitäten der Arbeit und der Schwierigkeit nicht bewußt, die sich beim Vergleich von einer Stunde oder einem Tag Arbeit in einem bestimmten Beruf mit Arbeit von gleicher Dauer in einem anderen ergibt. Die Wertschätzung, deren sich die verschiedenen Qualitäten von Arbeit erfreuen, wird auf dem Markt sehr bald mit der für alle praktischen Zwecke genügenden Genauigkeit bestimmt. Sie hängt wesentlich von der verhältnismäßigen Geschicklichkeit des Arbeiters und der Intensität der geleisteten Arbeit ab. Die einmal gebildete Skala ist nur geringen Veränderungen unterworfen ...

Da die Untersuchung, auf die ich des Lesers Aufmerksamkeit lenken möchte, sich auf die Wirkung der Veränderungen in dem

---

22 Ebenda, S. 132.

relativen Wert der Waren und nicht in ihrem absoluten Wert bezieht, wird es von geringer Bedeutung sein, den relativen Grad von
Wertschätzung (estimation), in dem die verschiedenen Arten
menschlicher Arbeit stehen, zu untersuchen[23].«

Ricardo meinte also, daß sich durch den Austausch spontan stabile Proportionen herausgebildet haben, in denen sich spezifische
Arbeiten, zum Beispiel Goldschmiedearbeit und Eisenschmiedearbeit, austauschen. Wenn sich die Proportionen zwischen diesen
Arbeiten von 1:3 auf 1:4 erhöhen, liege dies nicht an den qualitativen Veränderungen dieser Arbeiten, denn diese bleiben seiner
Auffassung nach von einer Generation zur anderen nahezu unverändert, sondern am quantitativen Wechsel der Arbeitsmengen in
einer von beiden Waren oder in beiden Waren. Er erkannte jedoch
nicht, daß die qualitativen Unterschiede von Goldschmiedearbeit
und Eisenschmiedearbeit daher rühren, daß die eine von ihnen ein
größeres Quantum der gesellschaftlichen Gesamtarbeit darstellt als
die andere und daß nur daraus sich die Unterschiede in den wertschaffenden Potenzen der Arbeitskräfte mit unterschiedlichem
Qualifikationsniveau ergeben.

Ricardo konzentrierte seine Aufmerksamkeit vor allem auf das
äußere Maß des Wertes der Waren, das heißt auf die Proportionen,
in denen sich die unterschiedlichen Waren austauschen. Das immanente Maß des Wertes, der in der Ware enthaltene aliquote Teil der
gesellschaftlichen Gesamtarbeit, blieb für Ricardo ein Geheimnis.
Hierdurch war es ihm auch nicht möglich, das Wesen des sich spontan vollziehenden Reduktionsvorgangs zu erkennen. Erst die Marxsche Entdeckung des Doppelcharakters der sich in der Ware darstellenden Arbeit und damit der abstrakten, unterschiedslosen einfachen Arbeit als der Maßeinheit der gesellschaftlich notwendigen
Gesamtarbeit öffnete den Weg zur wissenschaftlichen Aufklärung
der Gesetzmäßigkeiten, die der Reduktion der komplizierten auf
einfache Arbeit zugrunde liegen.

---

23 David Ricardo: Über die Grundsätze der politischen Ökonomie und der
Besteuerung, Berlin 1959, S. 19/20. – Diese Äußerung Ricardos zum Reduk-
tionsproblem ist Ausgangspunkt zahlreicher Bemühungen von Gegnern der
Arbeitswerttheorie, seine Werttheorie ad absurdum zu führen. (K. Diehl:
Sozialwissenschaftliche Erläuterungen zu David Ricardos Grundsätzen der
Volkswirtschaft, Leipzig 1905, S. 6 ff. – Alfred Amonn: Ricardo als Begründer
der theoretischen Nationalökonomie, Jena 1924, S. 100. – Werner Hofmann:
Wert- und Preislehre, Westberlin 1964, S. 60.)

Deshalb mag es geradezu als ein Paradoxon erscheinen, daß Karl Marx und Friedrich Engels dieses Problem in ihren Schriften nur kurz gestreift und ihm keine systematisch geschlossene Darstellung gegeben haben. Ähnlich wie Smith und Ricardo setzte Karl Marx in seiner Analyse den Reduktionsvorgang als elementar gegeben voraus, da allein die augenscheinliche Tatsache, daß im Austausch die von Arbeitskräften mit unterschiedlichem Qualifikationsniveau verausgabten Arbeiten objektiv gleichgesetzt werden müssen, keinerlei Zweifel an der Existenz dieses Prozesses aufkommen läßt.

Karl Marx schloß seine Ausführungen zum Reduktionsproblem immer wieder mit Bemerkungen wie dieser: »Die Gesetze, die diese Reduktion regeln, gehören noch nicht hierher. Daß die Reduktion aber stattfindet, ist klar: denn als Tauschwert ist das Produkt der kompliziertesten Arbeit in bestimmter Proportion Äquivalent für das Produkt der einfachen Durchschnittsarbeit, also gleichgesetzt einem bestimmten Quantum dieser einfachen Arbeit[24].«

Natürlich war sich Karl Marx völlig darüber im klaren, daß er mit dem Hinweis auf den objektiven Prozeß, durch welchen die Reduktion hinter dem Rücken der Produzenten vollzogen wird, noch keinerlei Aussagen über die diesem Vorgang zugrunde liegenden Zusammenhänge gemacht hatte[25].

Damit blieb nach wie vor die Frage nach den Gesetzmäßigkeiten

---

24 Karl Marx: Zur Kritik der Politischen Ökonomie. In: Marx/Engels: Werke, Bd. 13, S. 19. – Sicher hat Karl Kautsky mit seiner Anmerkung im »Anti-Bernstein« zu diesem Hinweis von Marx recht, wenn er schreibt: »Leider ist er nicht mehr dazu gekommen, diese Gesetze zu entwickeln, die er jedenfalls selbst schon erkannt hatte, sonst wiese er nicht auf sie hin.« (Karl Kautsky: Bernstein und das Sozialdemokratische Programm, Stuttgart 1899, S. 39.)
25 »Die Arbeit ist allerdings auch qualitativ unterschieden, nicht nur insofern sie in verschiedenen Produktionszweigen, sondern mehr oder minder intensiv etc. Die Art, wie die Ausgleichung dieser Verschiedenheiten geschieht, und alle Arbeit reduziert wird auf simple unskilled labour, kann hier natürlich noch nicht untersucht werden. Genug daß diese Reduktion faktisch mit dem Setzen des Produkts aller Arten von Arbeit als Werte *vollzogen* ist. Als Werte sind sie Äquivalente in gewissen Proportionen; die höheren Sorten von Arbeit selbst sind geschätzt in einfacher Arbeit ... Der qualitative Unterschied ist also aufgehoben, und das Produkt einer höheren Art Arbeit ist faktisch reduziert auf ein Quantum einfacher Arbeit. Diese Berechnungen der verschiedenen Arbeitsqualitäten sind hier also vollständig indifferent, und tun dem Prinzip keinen Abbruch.« (Karl Marx: Grundrisse der Kritik der politischen Ökonomie, S. 729/730. – Siehe auch Karl Marx: Das Kapital, Erster Band. In: Marx/Engels: Werke, Bd. 23, S. 59. – Karl Marx: Das Elend der Philosophie. In: Ebenda, Bd. 4, S. 85/86.)

unbeantwortet, die der von der qualifizierten Arbeitskraft verausgabten Arbeit einen größeren Anteil an der unterschiedslosen · gesellschaftlichen Gesamtarbeit und damit eine größere wertschaffende Potenz sichern als der Arbeit der unqualifizierten Arbeitskraft, obwohl die zeitliche Dauer der Arbeiten beider Arten von Arbeitskräften gleich ist. Der Hinweis allein, daß diese Proportionen sich unter den Bedingungen der auf Privateigentum beruhenden Warenproduktion spontan durchsetzen, sagt etwas über die Wirkungsweise dieses Gesetzes aus, aber nichts über sein Wesen.

Karl Marx hatte offensichtlich die Absicht, zusammenfassend seine Auffassungen über die Gesetzmäßigkeiten darzustellen, die der Reduktion der komplizierten auf einfache Arbeit zugrunde liegen. Über die Gründe, weshalb er nicht mehr dazu gekommen ist, dieses Vorhaben zu realisieren, ist es müßig zu meditieren[26]. Dafür, daß Karl Marx die Entwicklung der Gesetze des Reduktionsvorgangs als nicht besonders vordringlich empfand und sie daher künftigen Arbeiten überließ, scheinen uns zwei Momente ausschlaggebend gewesen zu sein:

1. Karl Marx verzichtete bei der Entwicklung der Werttheorie im ersten Band des »Kapitals« auf die umfassende Darlegung des Reduktionsproblems, weil es ihm hier um die grundsätzliche Aufdeckung des Doppelcharakters der sich in der Ware darstellenden Arbeit, die inhaltliche Bestimmung der Wertsubstanz, ging und nicht um die detaillierte Entwicklung jener Momente, die quantitativ bestimmen, inwieweit eine spezifische Art von Arbeit tatsächlich einen aliquoten Teil der gesellschaftlichen Gesamtarbeit darstellt. Den Einfluß der Verteilung der Arbeit zwischen den einzelnen Sphären der Produktion, entsprechend dem gesellschaftlichen Gesamtbedarf, auf das gesellschaftlich notwendige Maß der Arbeit machte Karl Marx bekanntlich erst zum Gegenstand umfassender Darlegungen im Dritten Band des »Kapital«. Die Gesetze des Reduktionsprozesses wurden auch hier nicht umfassend entwickelt.

2. Es waren vor allem historische Umstände, die Karl Marx das Reduktionsproblem als eine sekundäre Frage erscheinen ließen. Die

---

26 Man darf nicht übersehen, daß die beiden letzten Bände des »Kapitals« von Karl Marx als Fragment hinterlassen wurden. Von ihnen schrieb Engels: »Wie in einem ersten Entwurf selbstverständlich, finden sich im Manuskript zahlreiche Hinweise auf später zu entwickelnde Punkte, ohne daß diese Versprechungen in allen Fällen eingehalten worden sind.« (Karl Marx: Das Kapital, Dritter Band. In: Marx/Engels: Werke, Bd. 25, S. 11.)

Entwicklungsphase der großen Industrie, in welcher Karl Marx sein Hauptwerk schrieb, war bekanntlich durch die tendenzielle Nivellierung des Qualifikationsniveaus der Arbeitskräfte auf das Niveau der unqualifizierten Arbeitskräfte charakterisiert. In diesem Prozeß der Dequalifikation der qualitativ hochstehenden Handwerksarbeiter wurde die überwiegende Masse der Arbeitskräfte in unqualifizierte Durchschnittsarbeiter verwandelt. Daher konnte Karl Marx mit Recht schreiben: »Der Unterschied zwischen höherer und einfacher Arbeit, ›skilled‹ und ›unskilled labour‹ (gelernter und ungelernter Arbeit), beruht zum Teil auf bloßen Illusionen oder wenigstens Unterschieden, die längst aufgehört haben, reell zu sein, und nur noch in traditioneller Konvention fortleben; zum Teil auf der hilfloseren Lage gewisser Schichten der Arbeiterklasse, die ihnen minder als andren erlaubt, den Wert ihrer Arbeitskraft zu ertrotzen ... Übrigens muß man sich nicht einbilden, daß die sogenannte ›skilled labour‹ einen quantitativ bedeutenden Umfang in der Nationalarbeit einnimmt. Laing rechnet, daß in England (und Wales) die Existenz von über 11 Millionen auf einfacher Arbeit beruht[27].«

Die Qualifikationsstruktur des produktiven Gesamtarbeiters hat sich seit den Zeiten von Marx als Ausdruck der schnellen Entwicklung der Produktivkräfte wesentlich verändert. Sie entfernt sich immer mehr von dem Bild einer Pyramide und nimmt die Form eines Kreises oder eines auf die Spitze gestellten Quadrates an. Das Tätigkeitsfeld der unqualifizierten Arbeitskräfte verengt sich im Zuge der Beschleunigung des wissenschaftlich-technischen Fortschritts, während die Arbeitskräfte mit mittlerem und höherem Qualifikationsniveau an Gewicht gewinnen. Somit erhält das Problem der Reduktion der komplizierten auf einfache Arbeit heute

---

27 Karl Marx: Das Kapital, Erster Band. In: Ebenda, Bd. 23, S. 212. – »Die einfache Arbeit bildet die bei weitem größte Masse aller Arbeit der bürgerlichen Gesellschaft, wie man sich aus jeder Statistik überzeugen kann.« (Karl Marx: Zur Kritik der Politischen Ökonomie. In: Ebenda, Bd. 13, S. 18.) Noch in den achtziger Jahren des 19. Jahrhunderts konnte der bedeutende bürgerliche Statistiker E. Engel zu Recht schreiben: »Allein, wer das praktische Leben kennt, der weiß, daß in der Landwirtschaft, in der Industrie, im Handel und Verkehr nur verhältnismäßig wenig Personen mit höherer als gewöhnlicher Volksschulbildung tätig sind. Das Hauptcontingent zu der großen Zahl der in diesen Erwerbszweigen ihr Brot findenden Erwerbstätigen stellen die vorzugsweise mit physischer Kraft Arbeitenden.« (Ernst Engel: Der Werth des Menschen, S. 53.)

eine ganz andere Bedeutung für die Werttheorie als zu Marx'
Zeiten.

Komplizierte und einfache Arbeit sind für Karl Marx kategoriale
Bestimmungen der sich im Warenwert darstellenden Arbeit. Diese
sich im Wert verkörpernde Arbeit erscheint bekanntlich nicht als
Arbeit der einzelnen Individuen, sondern die einzelnen Individuen
erscheinen durch sie als Organe der gesellschaftlichen Gesamtarbeit.
*Nur als aliquote Teile dieser Gesamtarbeit sind die verschiedenen
Arbeiten miteinander vergleichbar.* Diese verschiedenen Teile der
gesellschaftlichen Gesamtarbeit sind zwar qualitativ unterschiedslos, differieren aber in ihrer quantitativen Relation zur einfachen
Arbeit, einer historisch bestimmten Kategorie, die die Maßeinheit
der gesellschaftlichen Gesamtarbeit bildet. Karl Marx bezeichnet
daher die komplizierte Arbeit auch als »zusammengesetzte Arbeit«
(nämlich aus einfacher Arbeit zusammengesetzt), »als *potenzierte*
oder vielmehr *multiplizierte* einfache Arbeit«[28], »als Arbeit von
höherer Lebendigkeit, größerem spezifischem Gewicht«[29].

Dagegen handelt es sich bei dem Begriffspaar qualifizierte und
unqualifizierte Arbeit um Bestimmungen der sich im Gebrauchswert
der Waren darstellenden Arbeit. Die Arbeit, die von der unqualifizierten oder qualifizierten Arbeitskraft verausgabt wird, ist somit
zwieschlächtig. In ihrer Eigenschaft als konkrete Arbeit ist sie eine
bestimmte Art unqualifizierter oder qualifizierter Arbeit, während
sie als wertbildende Arbeit einfache oder komplizierte Arbeit darstellt. Deshalb macht eine Vermengung der Begriffe qualifizierte
Arbeitskraft, qualifizierte und unqualifizierte Arbeit, komplizierte
und einfache Arbeit, wie sie in der Literatur häufig anzutreffen ist,
die theoretische Lösung des Problems von vornherein äußerst
schwierig.

Was liegt dieser quantitativen Relation von komplizierter und
einfacher Arbeit zugrunde? *Komplizierte und einfache Arbeit stehen weder in einem physiologisch noch technologisch, sondern in
einem ökonomisch bestimmten Verhältnis.* Dieses ökonomisch bestimmte Verhältnis besteht darin, daß die qualifizierte Arbeitskraft,
deren wertbildende Arbeit komplizierte Arbeit darstellt, zu ihrer
Reproduktion eines größeren Teiles der gesellschaftlichen Gesamt-

---

28 Karl Marx: Das Kapital, Erster Band. In: Marx/Engels: Werke, Bd. 23,
S. 59.
29 Karl Marx: Zur Kritik der Politischen Ökonomie. In: Ebenda, Bd. 13, S. 19.

arbeit bedarf als die unqualifizierte Arbeitskraft, deren wertbildende Arbeit einfache Arbeit ist. Gleichzeitig stellt aber die von der qualifizierten Arbeitskraft im Wertbildungsprozeß verausgabte komplizierte Arbeit einen größeren Anteil an der gesellschaftlichen Gesamtarbeit dar als die von der unqualifizierten Arbeitskraft im Wertbildungsprozeß verausgabte einfache Arbeit, weil die qualifizierte Arbeitskraft eine entsprechend höhere wertbildende Potenz besitzt.

Entsprechend den Erfordernissen des Reproduktionsprozesses verwendet die Gesellschaft einen Teil ihrer Gesamtarbeit zur Heranbildung der qualifizierten Arbeitskräfte. Die an diesem Ausbildungsprozeß beteiligte Arbeit überträgt hierbei ihre eigenen Reproduktionskosten auf die Reproduktionskosten des Trägers der komplizierten Arbeit, der qualifizierten Arbeitskraft. Gleichzeitig wird durch die an der Ausbildung mittelbar und unmittelbar beteiligten Arbeitskräfte die wertschaffende Fähigkeit der im Ausbildungsprozeß stehenden Arbeitskraft erhöht, die im Prozeß der Verausgabung dieser Arbeit in der materiellen Produktion für die Gesellschaft wirksam wird. Dies ist der Grund, weshalb man die komplizierte Arbeit auflösen kann »in zusammengesetzte einfache Arbeit, einfache Arbeit auf höherer Potenz, so daß z. B. ein komplizierter Arbeitstag gleich drei einfachen Arbeitstagen«[30].

Im »Anti-Dühring« wird auf das Problem der einfachen und zusammengesetzten Arbeit vom Standpunkt der Arbeitswerttheorie eingegangen und die konzeptionelle Grundlage für die Lösung dieses Problems entwickelt. Es heißt hier: »Nun ist aber nicht jede Arbeit eine bloße Verausgabung von einfacher menschlicher Arbeitskraft; sehr viele Gattungen von Arbeit schließen die Anwendung von mit mehr oder weniger Mühe, Zeit- und Geldaufwand erworbenen Geschicklichkeiten oder Kenntnissen in sich ein. Erzeugen diese Arten von zusammengesetzter Arbeit in gleichen Zeiträumen denselben Warenwert wie die einfache Arbeit, die Verausgabung von bloßer einfacher Arbeitskraft? Augenscheinlich nein. Das Produkt der Stunde zusammengesetzter Arbeit ist eine Ware von höherem, doppeltem oder dreifachem Wert, verglichen mit dem Produkt der Stunde einfacher Arbeit. Der Wert der Erzeugnisse der zusammengesetzten Arbeit wird durch diese Vergleichung ausgedrückt in bestimmten Mengen einfacher Arbeit; aber diese Re-

---

30 Ebenda.

duktion der zusammengesetzten Arbeit vollzieht sich durch einen gesellschaftlichen Prozeß, hinter dem Rücken der Produzenten, durch einen Vorgang, der hier, bei der Entwicklung der Werttheorie, nur festzustellen, aber noch nicht zu erklären ist[31].«

Ohne auf den Prozeß der Erhöhung der Reproduktionskosten und der wertschaffenden Potenz der Arbeitskraft im einzelnen einzugehen, wies Karl Marx indirekt auf diesen Zusammenhang hin: »Um die allgemein menschliche Natur so zu modifizieren, daß sie Geschick und Fertigkeit in einem bestimmten Arbeitszweig erlangt, entwickelte und spezifische Arbeitskraft wird, bedarf es einer bestimmten Bildung oder Erziehung, welche ihrerseits eine größere oder geringere Summe von Warenäquivalenten kostet. Je nach dem mehr oder minder vermittelten Charakter der Arbeitskraft sind ihre Bildungskosten verschieden[32].«

Einige Seiten weiter schrieb Karl Marx seine umfassendste Stellungnahme zum Problem der Reduktion der komplizierten auf einfache Arbeit, in welcher bereits die wesentlichen Aspekte der Lösung dieses Problems anklingen. »Es wurde früher bemerkt, daß es für den Verwertungsprozeß durchaus gleichgültig, ob die vom Kapitalisten angeeignete Arbeit *einfache, gesellschaftliche Durchschnittsarbeit oder kompliziertere Arbeit, Arbeit von höherem spezifischem Gewicht* ist. Die Arbeit, die als höhere, kompliziertere Arbeit gegenüber der gesellschaftlichen Durchschnittsarbeit gilt, ist die Äußerung *einer Arbeitskraft*, worin höhere Bildungskosten eingehn, deren Produktion mehr Arbeitszeit kostet und die daher einen höheren Wert hat als die einfache Arbeitskraft. Ist der Wert dieser Kraft höher, so äußert sie sich daher auch in höherer Arbeit und vergegenständlicht sich daher, in denselben Zeiträumen, in verhältnismäßig höheren Werten. Welches jedoch immer der Gradunterschied zwischen Spinnarbeit und Juwelierarbeit, die Portion Arbeit, wodurch der Juwelenarbeiter nur den Wert seiner eigenen Arbeitskraft ersetzt, unterscheidet sich *qualitativ* in keiner Weise von der zusätzlichen Portion Arbeit, wodurch er Mehrwert schafft ... Andrerseits muß in jedem Wertbildungsprozeß die höhere Arbeit stets auf gesellschaftliche Durchschnittsarbeit reduziert werden, z. B. ein Tag höherer Arbeit auf x Tage einfacher Arbeit. Man

31 Friedrich Engels: Herrn Eugen Dührings Umwälzung der Wissenschaft (»Anti-Dühring«). In: Marx/Engels: Werke, Bd. 20, S. 183/184.
32 Karl Marx: Das Kapital, Erster Band. In: Ebenda, Bd. 23, S. 186.

erspart also eine überflüssige Operation und vereinfacht die Analyse durch die Annahme, daß der vom Kapital verwandte Arbeiter einfache gesellschaftliche Durchschnittsarbeit verrichtet[33].«

Die bürgerliche Marx-Kritik glaubte, in diesen Bemerkungen von Karl Marx zur Reproduktionsproblematik den Ansatzpunkt gefunden zu haben, um das gesamte Gebäude der Marxschen Theorie zum Einsturz zu bringen. Diese »logische Katastrophe« für das Marxsche System sollte durch den Nachweis eines werttheoretischen Selbstwiderspruches herbeigeführt werden. So haben Böhm-Bawerk[34], Zuckerkandl[35] und in ihrem Gefolge Revisionisten wie Bernstein[36], Schmidt und andere zu beweisen versucht, Karl Marx habe mit seiner Konzeption, das Reduktionsproblem auf der Grundlage der unterschiedlichen Reproduktionsaufwendungen (Lebens- und Bildungskosten) der einzelnen Arbeitskräfte zu lösen, die Grundlage seiner eigenen Theorie verlassen, die davon ausgeht, daß der Wert der Ware durch die zu ihrer Produktion gesellschaftlich notwendige Arbeit gebildet wird und nicht durch den Wert der Ware Arbeitskraft[37].

Karl Marx hätte in der Tat die Grundlagen seiner Arbeitswerttheorie aufgegeben, wenn er mit seinem Hinweis auf die unterschiedlichen Reproduktionskosten (Bildungs- und Lebenskosten) gemeint hätte, die Reduktion der komplizierten auf einfache Arbeit erfolge auf der Grundlage des »Wertes der Ware Arbeitskraft«, das heißt des Arbeitslohnes. Karl Marx meinte vielmehr, daß im Prozeß der Heranbildung von Arbeitskräften mit unterschiedlichem Qualifikationsniveau nicht nur eine Erhöhung ihrer Reproduktionskosten erfolgt, sondern vor allem auch eine Steigerung der wertschaffenden Potenz dieser Arbeitskräfte. *Deshalb müssen in diesem Ausbildungsprozeß – soll dem Gesetz der Ökonomie der Zeit im Rahmen des gesellschaftlichen Reproduktionsprozesses entsprochen sein – nicht nur die Reproduktionskosten der in der Ausbildung*

33 Ebenda, S. 211 ff. (Hervorhebungen – *die Verf.*)
34 Eugen v. Böhm-Bawerk: Zum Abschluß des Marxschen Systems. In: Festgaben für Karl Knies, Berlin 1896, S. 85 ff.
35 R. Zuckerkandl: Zur Theorie des Preises, Leipzig 1889.
36 Eduard Bernstein: Zur Theorie des Arbeitswerths. In: Neue Zeit, Stuttgart 1900, Bd. 1, S. 356 ff.
37 »Der Wert der Arbeit kann ebensowenig als Maßstab des Wertes dienen wie der Wert jeder anderen Ware.« (Karl Marx: Das Elend der Philosophie. In: Marx/Engels: Werke, Bd. 4, S. 86.)

*Tätigen auf die auszubildenden Arbeitskräfte übertragen werden,
sondern es muß auch die werterzeugende Fähigkeit dieser Arbeitskräfte in einem solchen Maße gesteigert werden, daß sie mindestens
ein ebenso hohes Wertprodukt zu schaffen imstande sind, als wenn
die an ihrer Ausbildung direkt oder indirekt beteiligten Arbeitskräfte in der materiellen Produktion tätig geworden wären.* Die
Reproduktionskosten der qualifizierten Arbeitskraft sind daher
nicht Ursache für das von dieser Arbeitskraft produzierte Wertquantum, sondern vielmehr Indikator[38] für die im Prozeß ihrer
Heranbildung erfolgte Erhöhung ihrer wertschaffenden Potenz.

Karl Marx hat gezeigt, daß der Gebrauchswert der Ware Arbeitskraft unter den Bedingungen der kapitalistischen Warenproduktion
in der Fähigkeit besteht, ein größeres Wertquantum zu produzieren,
als sie selbst Wert besitzt. Die höher qualifizierten Arbeitskräfte
schaffen nicht nur ein größeres Wertquantum, sie erfordern auch
höhere Reproduktionskosten. Die höhere wertschaffende Fähigkeit
dieser qualifizierten Arbeitskraft und die höheren Reproduktionskosten[39] sind beide das Ergebnis des Heranbildungsprozesses dieser qualifizierten Arbeitskraft. Jeden Zusammenhang zwischen diesen beiden Ergebnissen des Heranbildungsprozesses in Abrede zu
stellen, ist genauso falsch, wie sie zu identifizieren. Vom Standpunkt
des Gesetzes der Ökonomie der Zeit wäre es unter den Bedingungen der Warenproduktion und des Wertgesetzes eine Vergeudung
gesellschaftlicher Arbeit, wenn die Erhöhung des Ausbildungsaufwandes für eine qualifizierte Arbeitskraft innerhalb eines längeren
Zeitraumes nicht gleichzeitig zu einer Erhöhung ihrer wertschaffenden Potenz führen würde.

Unter kapitalistischen Bedingungen wird dieser Gesetzmäßigkeit

---

38 Wir benutzen den Begriff »Indikator« im Sinne von »Anzeiger«, »Anhaltspunkt«, »Orientierungsgröße«, »Richtung«. Eine andere inhaltliche Bestimmung kommt diesem Begriff in unserer Arbeit nicht zu.
39 Die höheren Reproduktionskosten dieser Arbeitskraft unterscheiden sich
von den Reproduktionskosten einer unqualifizierten Arbeitskraft dadurch,
»daß außer der in seiner Lebendigkeit vergegenständlichten Arbeitszeit – d. h.
der Arbeitszeit, die nötig war, um die nötigen Produkte für die Erhaltung seiner Lebendigkeit zu zahlen – noch weitre Arbeit vergegenständlicht ist in seinem unmittelbaren Dasein, nämlich die Werte, die er konsumiert hat, um eine
bestimmte Arbeitsfähigkeit, eine besondre Geschicklichkeit zu erzeugen – und
deren Wert zeigt sich darin, zu welchen Produktionskosten ein ähnliches bestimmtes Arbeitsgeschick produziert werden kann . . .« (Karl Marx: Grundrisse der Kritik der politischen Ökonomie, S. 229/230.)

dadurch Geltung verschafft, daß der Kapitalist die Ware Arbeitskraft wegen ihrer wertschaffenden Potenz und nicht wegen ihrer Reproduktionskosten kauft. Eine qualifizierte Arbeitskraft, deren wertschaffende Fähigkeit hinter der Zunahme ihrer Reproduktionskosten wesentlich zurückbleibt, dürfte unter sonst normalen Umständen und auf die Dauer gesehen kaum Chancen haben, von einem Kapitalisten zu ihren Reproduktionskosten gekauft zu werden. Wenn also die Reproduktionskosten einer spezifischen Potenz vorauseilen würden, müßte, wenn es sich um innerhalb eines längeren Zeitraumes beliebig reproduzierbare Arbeitskräfte handelt, die Nachfrage nach diesen Arbeitskräften sinken, so daß eine Überschußsituation für Arbeitskräfte dieser Qualifikation eintreten würde.

Dies ist im Grunde ein Ausdruck für die Tatsache, daß die in diesen Arbeitskräften materialisierten Bildungsaufwendungen vom Standpunkt des gesellschaftlichen Reproduktionsprozesses nicht notwendig waren; sei es nun deshalb, weil Arbeitskräfte über die Bewegung des Arbeitslohnes in Produktionsbereiche dirigiert werden, in denen sie nicht entsprechend ihrem Qualifikationsniveau eingesetzt werden können, oder weil die von ihnen angebotene Arbeitskraft überhaupt im Widerspruch zu den Verwertungsbedürfnissen des Kapitals steht.

Es ist natürlich auch der Fall denkbar, daß die wertschaffende Potenz einer spezifischen Art von Arbeitskräften der Entwicklung der Reproduktionskosten dieser Arbeitskräfte vorauseilt. Dies würde in dem Augenblick eintreten, in dem durch das Wirken der strukturgestaltenden Komponenten – ökonomisch-technischer Fortschritt und Nachfrageentwicklung – bestimmte Zweige der materiellen Produktion ihre Effektivitätsvorteile vor allem durch den Einsatz von Arbeitskräften mit einer bestimmten Spezifikation erringen. In einem solchen Fall würde ohne Zweifel die Nachfrage nach diesen spezifischen Arbeitskräften sehr stark ansteigen, was wiederum zwangsläufig zu einer Erhöhung der Nachfrage nach den Ausbildern dieser Arbeitskräfte, den Ausbildungsmitteln und -bedingungen, das heißt zu einer Erhöhung der Reproduktionskosten dieser spezifischen Arbeitskraft, führen muß. Es ist daher durchaus nicht unbegründet, wenn man über einen längeren Zeitraum die Reproduktionskosten einer spezifischen Art von Arbeitskräften als Richtmaß für die Entwicklung der wertschaffenden Potenz dieser Arbeitskräfte annimmt.

Im Dritten Band des »Kapital« äußerte sich Karl Marx über das
Verhältnis zwischen dem Wert der Ware Arbeitskraft und der
Größe des von ihr produzierten Neuwertes folgendermaßen: »Von
vielen Verschiedenheiten in der Exploitation der Arbeit in verschiedenen Produktionssphären hat schon A. Smith ausführlich nachgewiesen, daß sie sich durch allerlei wirkliche oder vom Vorurteil
akzeptierte Kompensationsgründe ausgleichen und daher, als nur
scheinbare und verschwindende Verschiedenheiten, für die Untersuchung der allgemeinen Verhältnisse nicht in Rechnung kommen.
Andre Unterschiede, zum Beispiel in der Höhe des Arbeitslohns,
beruhen größtenteils auf dem schon ... erwähnten Unterschied
zwischen einfacher und komplizierter Arbeit und berühren, obgleich
sie das Los der Arbeiter in verschiednen Produktionssphären sehr
verungleichen, keineswegs den Exploitationsgrad der Arbeit in diesen verschiednen Sphären. Wird zum Beispiel die Arbeit eines
Goldschmieds teurer bezahlt als die eines Taglöhners, so stellt die
Mehrarbeit des Goldschmieds in demselben Verhältnis auch grö-
ßern Mehrwert her als die des Taglöhners[40].«

In den »Theorien über den Mehrwert« kam Karl Marx noch einmal auf dieses Problem zu sprechen. In seiner Auseinandersetzung
mit dem Opponenten Ricardos, Bailey, der die Meinung vertrat, ein
»einfacher Arbeitstag ... (kann) nicht Maß des Werts (sein), wenn
es andre Arbeitstage gibt, die sich als composite days to the days
of simple labour (Tage komplizierter Arbeit zu den Tagen einfacher
Arbeit) verhalten«, wendete Karl Marx ein: »Ricardo hat nachgewiesen, daß dies fact nicht verhindert, die Waren an der Arbeitszeit
zu messen, wenn das Verhältnis zwischen simple und composite
labour (einfacher und komplizierter Arbeit) gegeben (ist). Er hat
allerdings unterlassen darzustellen, wie dies Verhältnis sich entwik-
kelt und bestimmt wird. Dies gehört in die Darstellung vom
Arbeitslohn und, in letzter Instanz, reduziert sich auf den *verschiednen Wert der Arbeitsvermögen selbst*, d. h. ihre verschiednen Produktionskosten (durch Arbeitszeit bestimmt)[41].«

In der sozialistischen Produktionsweise, in der die Arbeitskräfte
keine Ware mehr sind, sondern gesellschaftliche Eigentümer der

---

40 Karl Marx: Das Kapital, Dritter Band. In: Marx/Engels: Werke, Bd. 25,
S. 151.
41 Karl Marx: Theorien über den Mehrwert, Dritter Teil. In: Ebenda, Bd.
26.3, S. 164/165.

Produktionsmittel, ist die bewußte Gestaltung der Reproduktion der Arbeitskraft und damit ihrer gebrauchswert- und wertschaffenden Potenz Gegenstand der gesamtgesellschaftlichen Leitung des Reproduktionsprozesses im Interesse der Werktätigen. Die allseitige Entwicklung der Werktätigen ist hier Grundlage für die Entwicklung der Produktion. Dies bedeutet natürlich nicht, daß im Sozialismus die Verteilung der gesellschaftlichen Arbeit auf die einzelnen Bereiche des gesellschaftlichen Reproduktionsprozesses im Selbstlauf zu effektiven Proportionen zwischen ihnen führt. Hierbei gilt es vor allem, planmäßig eine effektive Verteilung der gesellschaftlichen Gesamtarbeit auf die materielle Produktion, die Aus- und Weiterbildung der Arbeitskräfte und die übrigen Bereiche des Reproduktionsprozesses zu sichern, damit eine höchstmögliche Steigerung des gesellschaftlichen Reichtums über einen längeren Zeitraum möglich wird, die wiederum die Grundlage für die allseitige Entwicklung sozialistischer Persönlichkeiten ist. Dies bedeutet, daß die im Ausbildungsprozeß erfolgte Erhöhung der gebrauchswert- und wertschaffenden Potenz der Arbeitskräfte mindestens jener Größe entsprechen muß, die produziert worden wäre, hätte man die in der Ausbildung eingesetzten Arbeitskräfte und materiellen Fonds im materiellen Produktionsprozeß eingesetzt. Ein bestimmtes, sich aus der Zielsetzung des Sozialismus ergebendes, Niveau an Bildung vorausgesetzt, ergibt sich für die Sicherung einer effektiven Entwicklung des Reproduktionsprozesses der sozialistischen Gesellschaft das Problem, die aufgrund der durch das Bildungswesen erhöhten wertschaffenden Potenz der Arbeitskräfte mögliche Effektivitätssteigerung mit der sich aus der Entwicklung der anderen Elemente der intensiv erweiterten sozialistischen Reproduktion ergebenden in Beziehung zu setzen und die so bestimmte optimale Relation zwischen den Wachstumsfaktoren im Reproduktionsprozeß zur Wirkung zu bringen. Die planmäßige Lösung des Reduktionsproblems in der sozialistischen Gesellschaft beruht also auf der neuen Stellung der Produzenten, deren allseitige Entwicklung Ziel und Grundlage für die Entfaltung der Wesenszüge der sozialistischen Gesellschaft ist.

Außerhalb dieser Effektivitätsbetrachtung steht jenes Maß an Bildung, das notwendig ist, um das für die sozialistischen Werktätigen notwendige Niveau der politisch-ideologischen Bildung und der Allgemeinbildung zu sichern, damit sie ihrer Rolle als sozialistische Eigentümer und Produzenten sowohl in ihrer täglichen Arbeit

als auch bei der Leitung des Staates, der Wirtschaft und der Kultur
gerecht zu werden vermögen. Dies Bildungsniveau wird durch den
erreichten Reifegrad der sozialistischen Gesellschaftsordnung und
die Erfordernisse der Klassenauseinandersetzung mit dem Imperialismus bestimmt.

Die optimalen Beziehungen zwischen dem Ausbildungsaufwand
und der wertbildenden Fähigkeit der qualifizierten Arbeitskräfte
lassen sich mit Hilfe eines Modells anschaulich illustrieren, das der
sowjetische Ökonom W. N. Posnjakow in den zwanziger Jahren
ausarbeitete[42].

Seinen Reduktionskoeffizienten entwickelt Posnjakow auf der
Grundlage der Marxschen Schemata der einfachen Reproduktion,
und zwar in ihrem wertmäßigen Ausdruck. Er wandelte das Marxsche Schema ab:

$$C' + V' + M'$$
$$C'' + V'' + M''$$

in

$$C' + W'$$
$$C'' + W''$$

Hierbei wird

$$V' + M' = W'$$
$$V'' + M'' = W'''$$

gesetzt.

Entsprechend den Bedingungen der einfachen Reproduktion muß
C'' gleich W' sein. W. N. Posnjakow nimmt zunächst an, daß man
es in beiden Abteilungen nur mit einfacher Arbeitskraft zu tun hat.
Bezeichnet man den von einer einfachen Arbeitskraft produzierten
Neuwert mit a, so ergibt sich die Zahl der einfachen Arbeitskräfte

aus dem Quotienten $\dfrac{W' + W''}{a}$

---

42 V. N. Poznjakov: Kvalificirovannyj trud i teorija cennosti Marksa (Qualifizierte Arbeit und Marxsche Werttheorie), Moskau 1925.

Dann bezieht er in sein Schema die Aufwendungen für die Heranbildung der qualifizierten Arbeitskräfte q ein, die einmal aus den auszubildenden Arbeitskräften α sowie den Arbeitskräften für Unterhalt und Ausbildung dieser Arbeitskräfte φ bestehen. Das Schema erhält nun folgenden Ausdruck:

I. $C' + W'; \left(\dfrac{W'}{\alpha} \text{ einfache Arbeitskraft} \right)$

II. $C'' + W'' - \alpha(\alpha + \varphi); \left(\dfrac{W''}{\alpha} \alpha - \varphi \dfrac{\text{produktiv tätige}}{\text{einfache Arbeitskraft}} \right)$

Durch den Ausbildungsprozeß werden dem Reproduktionsprozeß Arbeitskräfte entzogen; daher gilt folgende Ungleichung:

$$\frac{W''}{\alpha} - \alpha - \varphi < \frac{W''}{\alpha}$$

Nach Ablauf des Ausbildungsprozesses nehmen die ausgebildeten Arbeitskräfte am Reproduktionsprozeß teil. Das Modell sieht nun folgendermaßen aus:

I. $C' + W'$

II. $C'' + \alpha \left(\dfrac{W''}{\alpha} - \alpha - \varphi \right) + xq$

Um den von der qualifizierten Arbeitskraft q produzierten Neuwert $\varkappa$ zu erhalten, setzt Posnjakow

$$C'' + \alpha \left(\frac{\alpha}{W''} - \alpha - \varphi \right) + xq = C'' + W''$$

und löst diese Gleichung nach $\varkappa$ auf:

$$x = \alpha \; \frac{\alpha + \varphi}{q}$$

Der Reduktionskoeffizient ergibt sich aus der Relation des von der einfachen Arbeitskraft geschaffenen Neuwerts α zu dem von der qualifizierten Arbeitskraft geschaffenen Neuwert $\varkappa$. Er lautet:

$$Q = \frac{\alpha \; \dfrac{\alpha + \varphi}{q}}{\alpha} = \frac{\alpha + \varphi}{q}$$

Die qualifizierten Arbeitskräfte müssen also, *wenn den optimalen Gleichgewichtsbedingungen des Reproduktionsprozesses entsprochen werden soll, ein Wertquantum produzieren, dessen Größe jenem Wertquantum entspricht, das die Arbeitskräfte $\alpha + \varphi$ produziert hätten, wenn sie nicht in den Ausbildungsprozeß gelenkt worden wären.*

Die Diskussion um die theoretische Lösung des Reduktionsproblems begann mit dem Erscheinen des Dritten Bandes des »Kapital« und reicht bis in die Gegenwart. Eigenartigerweise sind in den einzelnen Entwicklungsphasen dieser Diskussion fast die gleichen Meinungsgruppierungen zustande gekommen.

Es ging und geht im wesentlichen um vier Standpunkte:
– die unterschiedlichen Kompliziertheitsgrade der Arbeit werden aus den unterschiedlichen Anforderungen des Arbeitsprozesses an die Arbeitenden erklärt;
– die Reduktion der komplizierten auf einfache Arbeit wird auf Basis der physiologischen Bestimmung der abstrakten Arbeit durchgeführt;
– die Lohnunterschiede zwischen unqualifizierten und qualifizierten Arbeitskräften werden als Grundlage des Reduktionsvorganges angenommen;
– der Koeffizient der Reduktion der komplizierten auf einfache Arbeit wird auf Grundlage der unterschiedlichen Reproduktionskosten der Arbeitskräfte mit verschiedenem Qualifikationsniveau ermittelt.

Die beiden zuerst genannten Standpunkte erweisen sich von vornherein als wenig ergiebig, um einen Beitrag zur Lösung des Reduktionsproblems und damit zur Aufdeckung der ökonomischen Potenz der Bildung leisten zu können. Bei der ersten Konzeption handelt es sich um eine semantische Verkennung der Problemsituation. Die »Anforderungen des Arbeitsprozesses«, die nach dieser Konzeption den Kompliziertheitsgrad der Arbeit bestimmen sollen, weisen lediglich darauf hin, wie bei einem gegebenen Entwicklungsstand der gegenständlichen Faktoren des Arbeitsprozesses die Spezifikation der Arbeitskräfte beschaffen sein muß, wenn die betreffende Aufgabe erfüllt werden soll.

Der Kompliziertheitsgrad der von den eingesetzten Arbeitskräften verausgabten Arbeit, das heißt ihre wertschaffende Potenz, hängt jedoch von Momenten ab, die im Rahmen dieser spezifischen Arbeitsaufgabe nicht zu ergründen sind. Die wertschaffende Potenz der Arbeitskräfte – wie der Wertbildungsprozeß überhaupt – ist unmittelbar mit dem Problem der Durchsetzung der Proportionalität in der gesamten Volkswirtschaft verknüpft und daher vom Standpunkt der »Kompliziertheit der Arbeitsaufgabe« nicht bestimmbar.

Ebensowenig bringt uns die bereits seit Jahrzehnten mit Nachdruck verfochtene physiologische Konzeption bei der Bestimmung der wertschaffenden Potenz der Arbeitskräfte weiter, die die Reduktion der komplizierten auf einfache Arbeit auf der Grundlage der physiologischen Verausgabung von menschlicher Hirn-, Nerven- und Muskelkraft durchzuführen beabsichtigt. Diese Konzeption läuft darauf hinaus, die verschiedenen Arten von Anforderungen des Arbeitsprozesses an die Arbeitskraft in einer kommensurablen Maßeinheit, der physiologischen Verausgabung von Arbeit, auszudrücken. Abgesehen davon, daß die Aggregation der verschiedenen Anforderungsarten an die Arbeitskraft mit Hilfe von physiologischen Bewertungen von vornherein eine Reihe von Unsicherheiten hervorruft, gilt hier auch der gegen die zuerst genannte Konzeption erhobene Einwand, daß man dem Wertbildungsprozeß und somit auch der wertschaffenden Potenz der Arbeitskraft nicht im Rahmen der einzelnen Arbeitsaufgabe, sondern nur im volkswirtschaftlichen Maßstabe auf die Spur kommen kann[43].

Anders steht es mit den beiden anderen Konzeptionen zur Lösung des Reduktionsproblems und damit zur Bestimmung der wertschaffenden Potenz der Arbeitskräfte mit unterschiedlichem Qualifikationsniveau. Diesen beiden Konzeptionen liegt bewußt oder unbewußt der überwiegende Teil der bisher unterbreiteten Vorschläge zur Bestimmung des Beitrags der Bildung zum Nationaleinkommenszuwachs zugrunde.

---

43 Eine ausführliche Auseinandersetzung mit einzelnen Vertretern dieser Richtungen erfolgt in Harry Maier: Die Reduktion der komplizierten auf einfache Arbeit im Lichte der Marxschen Werttheorie. In: Probleme der politischen Ökonomie, Bd. 10, Berlin 1967, S. 160 ff.

54

Elmar Altvater:

**Qualifikation der Arbeitskraft und Kompliziertheit der Arbeit –
Bemerkungen zum Reduktionsproblem[1]**

Die in der bürgerlichen Ökonomie mittlerweile zur kritiklos
reproduzierten Phrase gewordene Aussage, Bildungsinvestitionen
förderten das Wirtschaftswachstum, scheint tatsächlich sehr plausibel zu sein. Insbesondere die theoretischen und politischen Konsequenzen aus der »Entdeckung« der »Bildungskatastrophe«, der
»technologischen Lücke«, des Bildungsrückstandes in der BRD im
internationalen Vergleich bestärken diese Phrase immer wieder;
denn die Ausweitung und Verbesserung des Bildungswesens wurde
immer wieder zur Voraussetzung dafür erklärt, daß Westdeutschland nicht im internationalen Wettbewerb hoffnungslos zurückfalle
und zu einem »Industriestaat zweiter Ordnung« werde. Daß darin
die Erkenntnis eines richtigen Zusammenhangs steckt, soll nicht bestritten werden; aber sein wahrer Charakter kann erst dann begriffen werden, wenn wirtschaftliches *Wachstum unter kapitalistischen
Bedingungen* unter dem doppelten Aspekt analysiert wird, daß es
sich nämlich darstellt als Wachstum der stofflichen Menge von *Gebrauchswerten,* als stofflich ausgedrückter »Reichtum der Nation«
und als Steigerung der Quantität erzeugter *Werte,* und nicht nur
der Werte, sondern des *Mehrwerts.* So kann unter dem stofflichen
Aspekt wirtschaftlichen Wachstums tatsächlich argumentiert werden, Bildungsanstrengungen, die sich als Änderung der konkreten
Arbeiten des gesellschaftlichen Gesamtarbeiters, als Änderungen
der Qualifikationsstruktur der Arbeitskraft auswirken, seien Voraussetzung wirtschaftlichen Wachstums überhaupt: Ohne eine qualifizierte Arbeitskraft sind die Probleme neuer Technologien nicht
zu meistern. Mehr noch: Von der stofflichen Seite her kann auch
argumentiert werden, Bildungsanstrengungen seien nicht nur *Mittel,*
sondern gewissermaßen auch *Ziel* wirtschaftlichen Wachstums,
wenn die Entfaltung der Persönlichkeit, des allseitig, schöpferisch
tätigen Individuums als gesellschaftliches »eigentliches Ziel des

1 In: Elmar Altvater und Freerk Huisken (Hrsg.): Materialien zur Politischen
Ökonomie des Ausbildungssektors. Erlangen 1971 (Verlag Politladen GmbH),
S. 253–302. Mit freundlicher Genehmigung des Verlages.

Sozialismus-Kommunismus«[1a] gesetzt wird; dies, das ist klar, kann innerhalb kapitalistischer Verhältnisse gar nicht der Fall sein und wird vom Ansatz her erst in der Übergangsperiode zum Sozialismus realisierbar.

Von der stofflichen Seite her gefaßt gibt es also einen bestimmten Zusammenhang zwischen Bildung und Wirtschaftswachstum; aber mit der Aufdeckung dieses Zusammenhangs ist für die Erklärung kapitalistischen Wachstums so wenig gewonnen wie mit der Aufdeckung produktionstechnischer Beziehungen für die Form kapitalistischer Warenproduktion. Wenn die bürgerliche Ökonomie aber von der »Bedeutung der Bildung für das Wirtschaftswachstum[2] spricht, dann hat sie nicht nur die stoffliche Seite im Auge, da sie immer noch wie Marx an der klassischen Politökonomie kritisierte, unfähig ist, den Doppelcharakter der Arbeit zu begreifen. Vielmehr geht sie dabei von auf der Oberfläche erscheinenden statistischen Beziehungen aus (vgl. den Abschnitt 131), in denen ein scheinbarer Zusammenhang zwischen Bildungsinvestitionen und Wachstum des Volkseinkommens (oder Sozialproduktes) in *monetären Größen* konstruiert wird. Hier allerdings setzt das Problem ein, ob das, was für die stoffliche Seite des Wachstumsprozesses gesagt worden ist, auch für die Wertseite des Wirtschaftswachstums gilt: Bedeutet eine Steigerung der Bildungsausgaben auch eine Steigerung des Sozialprodukts, zumindest auf lange Sicht? In der Bildungsökonomie wird diese Frage mit einem glatten »ja« beantwortet, und zur Begründung dieser Antwort wird zumeist auf eine Hilfskonstruktion rekurriert, die Bildungsprozesse selbst in ihrem Ergebnis als *Wertgröße* und nicht nur als Befähigung für konkrete Arbeiten erscheinen lassen: das Konzept des *Humankapitals*: »Die ökonomischen Aspekte der Bildung können oft zweckmäßigerweise als ein Kapitalbildungsprozeß betrachtet werden. Dieser Prozeß und seine Ergebnisse können dann mit anderen Formen der Kapitalbildung verglichen werden. Man erhält damit eine Grundlage, auf der sich der spezifische Beitrag der Hochschulbildung zum Wirtschaftswachstum besser ver-

---

1a Karl Bichtler und Harry Maier, Die Messung des Arbeitsaufwandes als politökonomisches Problem, in: Probleme der politischen Ökonomie, 1967, S. 87.
2 Richard S. Eckaus, Die Bedeutung der Bildung für das Wirtschaftswachstum, in: Klaus Hüfner, Bildungsinvestitionen und Wirtschaftswachstum, Stuttgart 1970, S. 67 ff.

stehen läßt[3].« Bildung wird also als Wertbildungsprozeß verstanden, allerdings nicht in dem Sinne, daß nun die gebildete Arbeitskraft von höherem Wert sei als die weniger gebildete, da ja auch die
Bildungskosten in den Wert der Arbeitskraft eingehen, sondern in
dem Sinne, daß die Arbeitskraft mit relativ höherem »Humankapital« auch einen größeren *Ertrag* der Arbeit, größere »›Leistungs-
ströme‹ für die Dauer irgendeines zukünftigen Zeitraumes[4]« er-
bringe.

Eine solche Annahme allerdings konfligiert vollkommen mit der
Marxschen Werttheorie, in der die Unterscheidung zwischen Wert
der Arbeitskraft und wertbildender Potenz der Arbeit von zentraler
Bedeutung ist; es kann nicht einfach von einem höheren Wert der
Arbeitskraft auf eine größere Quantität von Werten im Wertbildungsprozeß geschlossen werden; es kann also auch nicht von auf
die individuelle Arbeitskraft entfallenden überdurchschnittlich
hohen Bildungskosten auf einen überdurchschnittlichen »Ertrag«
geschlossen werden. Natürlich interessiert uns hierbei nicht allein,
daß eine solche Annahme mit der Marxschen Werttheorie konfligiert, sondern viel mehr, daß in einer solchen Annahme die verkehrten Erscheinungen kapitalistischer Gesetzmäßigkeiten einfach für
bare Münze genommen werden. In der bürgerlichen Bildungsökonomie wird seit ihrer Entstehung auf der Behauptung des quantifizierbaren Zusammenhangs von Bildung und Wirtschaftswachstum
herumgeritten, ja, dieser postulierte Zusammenhang ist die eigentliche Begründung ihrer Existenz. Da sie aber das Wesen des Verhältnisses von Qualifikation der Arbeitskraft, Kompliziertheit der
Arbeit, Produktion von Gebrauchswerten und Wertbildungsprozeß
nicht erfassen kann, ist es ihr bis heute auch unmöglich gewesen, die
wirklichen Zusammenhänge von »Bildungsaufwand und Wirtschaftswachstum« aufzudecken. Der Versuch mit den Marxschen
Kategorien diesen Komplex von Wert der Arbeitskraft, wertbildender Potenz und Wertprodukt der Arbeit zu analysieren, führt notwendig zur Beschäftigung mit dem *»Reduktionsproblem«*.

Die Reduktion komplizierter auf einfache Arbeit, wie sie von
Marx innerhalb der Entfaltung der Kategorie der Arbeit als Substanz des Wertes nur sehr kurz dargestellt wird[5], wirft eine Reihe

3 Ebenda
4 Richard S. Eckaus, a. a. O., S. 68.
5 Karl Marx, Das Kapital, Band I, Berlin 1961, S. 49.

von Problemen auf. Es ist eindeutig, daß der Wert der Arbeitskraft auch durch die Bildungskosten bestimmt wird und sich der Wert der Arbeitskraft nur noch in quantitativen Unterschieden, als vor allem von den Bildungskosten abhängige Wertgröße (oder noch bestimmter) in unterschiedlicher Lohnhöhe ausdrücken kann. Doch macht Marx gerade deutlich, daß es beim Reduktionsproblem nicht um den Lohn oder um den Wert geht, »den der Arbeiter für etwa einen Arbeitstag erhält, sondern (um den) Warenwert, worin sich sein Arbeitstag vergegenständlicht«[6]. Also muß die wichtige Frage formuliert werden, in welchem Maße sich komplizierte Arbeit im Verhältnis zur einfachen Arbeit im Warenwert vergegenständlicht und ob nicht durch bloße Qualifizierung, also durch Erhöhung der Bildungskosten des Arbeitsvermögens mit der Folge von Wertsteigerung der Ware Arbeitskraft, auch der Wert, in dem sich der Arbeitstag vergegenständlicht, gesteigert werden kann.

Hier soll versucht werden, Gesichtspunkte zur Klärung dieses Problems zu entwickeln. Wir werden dabei folgendermaßen verfahren: Zuerst werden wir das *Reduktionsproblem* zu *formulieren* versuchen. Anschließend soll die *Relevanz* des Problems für die Bildungsökonomie an wenigen Beispielen gezeigt werden. Schließlich werden die *Dimensionen des Problems entwickelt* und *die mögliche Lösung gezeigt*.

1. *Die Formulierung des Reduktionsproblems*

Die Beantwortung der oben formulierten Frage ist für die Marxsche Werttheorie von entscheidender Bedeutung[7]. Denn *einmal* ist darin das Problem impliziert, inwieweit der Wert der Arbeitskraft doch bestimmend für den Warenwert ist, wie Rosdolsky meint: »Und hier (beim Vergleich respektiver Arbeitsleistungen – EA) ist der strenge Arbeitswerttheoretiker Marx ›unorthodox‹ genug, als Vergleichsmaßstab den ›verschiedenen Wert der Arbeitsvermögen selbst‹ ... vorzuschlagen![8]« *Zum zweiten* ist im Reduktionsproblem die Frage nach der Bestimmung der Wertgröße unter der Bedingung der Vergegenständlichung von Arbeiten von verschiedenem

6 Ebenda, Anm.
7 Vgl. dazu Roman Rosdolsky, Zur Entstehungsgeschichte des Marxschen Kapital, Frankfurt und Wien 1968, S. 597 ff.
8 Roman Rosdolsky, a. a. O., S. 610.

»spezifischem Gewicht« (Marx) impliziert. Die positive Beantwortung der ersten Frage konfligiert mit der Grundannahme der Marxschen Werttheorie, daß a) *Arbeit keinen Wert* hat, sondern sich nur
in Wert vergegenständlicht, also Arbeit die Substanz aller Werte ist,
und b) der *Wert der Ware Arbeitskraft* und der Wert des durch die
respektive Arbeitskraft erarbeiteten *Produkts unabhängig* voneinander sind. So war der Lohn, der für den Arbeiter Revenue (konsumierbares Einkommen) ist, in der Hand des Kapitalisten Kapital,
nämlich variables Kapital (v). Das insgesamt verauslagte variable
Kapital teilt sich entsprechend dem Wert der individuellen Arbeitskräfte in Anteile auf, so daß der Lohn jedes einzelnen als Anteil des
gesamten variablen Kapitals erscheint. Daraus ergibt sich, daß dasjenige Arbeitsvermögen mit dem relativ größeren Wert auch einen
relativ größeren Anteil v auf sich vereinigt. Da der unterschiedliche
Wert der Arbeitskraft sich aus den unterschiedlichen Bildungskosten ergibt, wird die anteilige Aufschlüsselung des v auf die individuellen Arbeitskräfte abhängig von den *unterschiedlichen Qualifikationen.* Natürlich werden im *individuellen Lohn* nicht alle auf
das Individuum verauslagten Bildungskosten abgegolten, da ja die
Bildungskosten nur zum Teil vom Individuum zu tragen sind. Auf
die gesamte Arbeitskraft einer Gesellschaft umgerechnet aber erhöhen die Bildungskosten deren Wert[9]; nur ist es nicht so, daß die

---

9 Unterschiedlicher Auffassung ist Karl Heinz Roth: »Diese Produktionskosten (des Arbeitsvermögens – EA) sind kein Bestandteil der Reproduktionskosten der Arbeitskräfte und damit auch *nicht* Bestandteil des vom Kapitalisten zu ihrem Kauf verausgabten variablen Kapitals, sondern unverteilte
Revenue!« Und der Verfasser fährt fort: »Nur wer dies übersieht, gerät bei
der Analyse des Mechanismus der Reduktion von potenzierter (= kompliziert
zusammengesetzter) Arbeit auf einfache Durchschnittsarbeit mit der Werttheorie ins Gehege und weicht dann, aus Angst, diesen ehernen Grundsatz der
Kritik der politischen Ökonomie zu erschüttern, in manchmal groteske Umwege und Hilfskonstruktionen aus.« Karl Heinz Roth und Eckard Kanzow,
Unwissen als Ohnmacht. Zum Wechselverhältnis von Kapital und Wissenschaft, Berlin 1970, S. 77 f. Roth widerlegt sich aber auf der folgenden Seite
mit einem Marx-Zitat selbst, wenn er schreibt: ». . . weil die Wertgröße der
Funktionen der Teilarbeiter bedingenden Bildungskosten kein Bestandteil des
vorgeschossenen variablen Kapitals des fungierenden Kapitalisten und damit
der Reproduktionskosten der Arbeitskräfte sind, sondern umverteiltes gesellschaftliches Einkommen, Teil der Revenue. In diesem Sinn ist Marx zu verstehen, wenn er im ersten Band des Kapital abschließend zu folgender Feststellung über das Verhältnis von Bildungskosten und Wertgröße der Arbeitskräfte kommt: ›Die Arbeit, die als höhere, komplizierte Arbeit gegenüber der

Lohndifferenzierung genau der Bildungsdifferenzierung entsprechen müßte. Diese Frage kann aber nur innerhalb einer hier nicht vorzulegenden Lohntheorie adäquat gelöst werden. Aus der Tatsache, daß der Wert der Arbeitskraft abhängig ist von den in sie eingegangenen Bildungskosten ergibt sich aber *nicht* unmittelbar, daß nun die unterschiedlich qualifizierten Arbeitskräfte dem Warenwert einen entsprechenden unterschiedlichen Teil hinzusetzen. Denn wenn auch alle Löhne aus dem *Gesamtwertprodukt* gezahlt werden müssen, da sie ja vom Kapitalisten in v entgolten werden, so ist doch davon zu unterscheiden, daß der *Wert der erzeugten Ware* vom *Wert der in der Produktion gebrauchten Arbeitskräfte* verschieden ist.

11. Die »Reduktion« qualifizierter auf unqualifizierter Arbeit

Diese Unterscheidung ist ein Schlüssel zum Verständnis des Reduktionsproblems. Jede *Verwechslung* von komplizierter und einfacher *Arbeit* einerseits und qualifizierter und unqualifizierter *Arbeitskräfte* andererseits, wie sie auch erstaunlicherweise bei Rosdol-

---

Durchschnittsarbeit gilt, *ist die Äußerung einer Arbeitskraft, worin höhere Bildungskosten eingehen, deren Produktion mehr Arbeit kostet und die daher einen höheren Wert hat als die einfache Arbeitskraft ...«.* Nach Marx gehen also die Bildungskosten in den Wert der Arbeitskraft ein. Sie gehörten zu den Reproduktionskosten der Arbeitskraft genau wie die Ausgaben für die kulturell und moralisch bedingten Lebensmittel. Alles andere ist ein »grotesker Umweg«. Überhaupt ist zu dem von Roth verfaßten »theoretischen« Teil des zitierten Buches zu sagen, daß selten soviel Unfug zwischen zwei Einbanddeckeln zusammengefaßt worden ist. Man hat den Eindruck, der Verfasser Roth wolle den Leser mit gespreiztem Geschwätz veräppeln. In dem von uns zitierten Fall sitzt Roth der Erscheinungsform auf, daß im individuellen Lohn nicht alle auf das Individuum entfallenden Bildungskosten abgegolten werden. Dennoch aber ist daran festzuhalten, daß, gleichgültig wie der Umverteilungsmodus, die Bildungskosten den Wert der Arbeitskraft erhöhen, also auch die notwendige Arbeitszeit zur Reproduktion dieses Werts vergrößern, die Mehrarbeitszeit bei gleichem Arbeitstag einschränken, also die Mehrwertrate verringern. Sie haben also die gleiche Funktion wie eine vom individuellen Kapitalisten in Form des vorzuschießenden variablen Kapitals zu tragende Wertsteigerung der Arbeitskraft. Nur so ist überhaupt zu begreifen, weshalb sich das Kapital gegen ein über das vom Arbeitsprozeß diktierte notwendige Maß an Qualifikation so stark zur Wehr setzt und mittels »Bildungsanleihen« usw. versucht, die Bildungskosten der Arbeiterklasse durch »Konsumverzicht« aufzuerlegen. Vgl. dazu E. Altvater und F. Huisken, Produktive und unproduktive Arbeit ... in: Sozialistische Politik Nr. 8, 1970.

sky vorliegt, versperrt den Zugang zur Lösung des Problems. Daher
schreibt Marx bereits in »Lohnarbeit und Kapital«[10]: »Der Arbeitslohn ist also nicht ein Anteil des Arbeiters an der von ihm produzierten Ware. Der Arbeitslohn ist der Teil schon vorhandener Ware,
womit der Kapitalist eine bestimmte Summe Produktiver Arbeitskraft an sich kauft ... Der Kapitalist zahlt diesen Lohn also nicht
aus dem Geld, das er aus der Leinwand lösen wird, sondern mit
vorrätigem Geld ...« Folglich kann auch nicht einfach geschlossen
werden, daß das Maß der Vergegenständlichung von verschiedener
Arbeit im Warenwert abhängig von ihren Bildungskosten sei. In
den »Grundrissen« schreibt Marx: »So die *Arbeit*, die vom Arbeiter
als *Gebrauchswert dem Kapital* verkauft wird, ist *für den Arbeiter
sein Tauschwert*, den er realisieren will, der aber schon bestimmt ist
vor dem Akt dieses Austausches, als Bedingung ihm vorgesetzt ist,
bestimmt wie der Wert jeder anderen Ware durch Nachfrage und
Zufuhr oder im Allgemeinen, womit wir es hier allein zu tun haben,
(durch) die Produktionskosten, das Quantum vergegenständlichter
Arbeit, wodurch die Arbeitsfähigkeit des Arbeiters produziert worden ist und die sie daher als Äquivalent erhält. Der *Tauschwert der
Arbeit*, dessen Realisierung im Prozeß des Austausches mit dem
Kapitalisten vorgeht, ist daher vorausgesetzt, vorausbestimmt, und
erleidet nur die formelle Modifikation, die jeder nur ideell gesetzte
Preis durch seine Realisierung erhält. *Er ist nicht bestimmt durch
den Gebrauchswert der Arbeit*. Für den Arbeiter selbst hat sie nur
Gebrauchswert, insofern sie *Tauschwert* ist, nicht Tauschwerte *produziert*. Für das Kapital hat sie nur Tauschwert, insofern sie Gebrauchswert ist. *Gebrauchswert* als unterschieden von ihrem Tauschwert ist sie nicht für den Arbeiter selbst, sondern *nur für das Kapital*. Der *Arbeiter tauscht also die Arbeit* als einfachen, vorher-
bestimmten, durch einen vergangenen Prozeß bestimmten *Tauschwert* aus – er tauscht die Arbeit selbst als vergegenständlichte Arbeit; nur soweit sie schon ein gemeßnes, gegebnes ist –; das *Kapital
tauscht sie* ein als lebendige Arbeit, als die allgemeine Produktivkraft des Reichtums, *den Reichtum vermehrende Tätigkeit*. Daß der
Arbeiter sich also durch diesen Austausch nicht bereichern kann, indem er, wie Esau für ein Gericht Linsen seine Erstgeburt, so er für
die Arbeitsfähigkeit als eine vorhandene Größe ihre schöpferische
Kraft hingibt, ist klar ... In diesem *Prozeß des Austauschs* ist die

---

10 Karl Marx, Lohnarbeit und Kapital (Einzelausgabe), Dietz-Verlag, S. 25.

Arbeit nicht produktiv; sie wird dies erst für das Kapital; aus der
Zirkulation kann sie nur herausziehn, was sie in sie hineingeworfen
hat, ein prädeterminiertes Quantum Ware, die ebensowenig ihr
eignes Produkt ist, wie ihr eigner Wert . . .[11]«

Die Scheidung von Zirkulations- und Produktionssphäre ist also
ebenso wie die Scheidung von Tauschwert der Arbeitskraft und Gebrauchswert der Arbeit eine Voraussetzung zum Begreifen der Reproduktionsproblematik. Der Tauschwert der Arbeitskraft für den
Arbeiter in der Zirkulation und ihr Gebrauchswert als wertbildende
Potenz in der Produktion für das Kapital sind scharf auseinander zu
halten, da sie im Kapitalismus gegensätzlich zueinander stehen. Da
die Arbeitskraft für den Arbeiter nur Tauschwert hat, ihr Gebrauchswert aber nach vollzogenem Tauschakt in der Zirkulation
dem Kapitalisten zur Ausbeutung in der Produktion gehört, ist die
Qualifikation des Arbeitsvermögens für den Arbeiter nur insofern
wichtig, als es Träger von Tauschwert ist. Ob es Träger von Tauschwert ist, aber entscheidet der Kapitalist: Er wendet die Arbeitskraft
schließlich an. Daraus ergibt sich, daß Inhalt und Form der Bildung
eines Arbeitsvermögens von der stofflichen Struktur und den Ver-
wertungsbedingungen des Kapitals bestimmt sind; das Interesse des
Arbeiters an bestimmten Inhalten und Formen der Ausbildung
kann in diesem Sinne nur als ein abgeleitetes verstanden werden
(Vgl. dazu auch das 21. Kapitel des ersten Bandes des »Kapital«
sowie »Industrie- und Fabrikschulen im Frühkapitalismus«, Punkt 7).
Selbst wenn mit einem höheren Tauschwert der Arbeitskraft ein
höherer Gebrauchswert ihrer Betätigung in der wertbildenden Arbeit einherginge, so wäre die Realisierung des Tauschwerts in Form
des Lohnes doch nur Revenue für den Arbeiter und die durch die
Arbeit geschaffenen Werte Kapital für den Kapitalisten. In der
Reduktionsproblematik ist folglich auch der Klassenwiderspruch
kapitalistischer Produktionsweise versteckt. Das »Reduktionsproblem« erscheint somit mit mehreren Dimensionen. So handelt es

---

11 Karl Marx, Grundrisse der Kritik der politischen Ökonomie, Berlin 1953
(Es sollte hier beachtet werden, daß oftmals noch für Arbeitskraft der Begriff
Arbeit steht.), S. 214 f. Ebenso: Grundrisse, S. 787: »Der Wert der Arbeit und
die Quantität Waren, die eine bestimmte Quantität Arbeit kaufen kann, sind
nicht identisch. Denn das Produkt des Arbeiters oder ein Äquivalent dieses
Produkts ist nicht = der Belohnung des Arbeiters. Also ist der Wert der Arbeit
nicht das Maß der Werte, wie die auf die Quantität der Waren verwandte
Arbeit.«

sich dabei in der Zirkulationssphäre um Arbeitskräfte von verschiedenem Wert, so daß der Kapitalist für eine Arbeitskraft mit hoher Qualifikation aufgrund der Tatsache, daß deren Bildungskosten überdurchschnittlich hoch sind, einen überdurchschnittlich hohen Lohn zahlen muß. Aber sowohl die qualifizierte als auch die unqualifizierte Arbeitskraft sind gleicherweise Waren, die auf dem Arbeitsmarkt von ihren Besitzern, den Lohnarbeitern, feilgeboten werden. (Dabei ist es auf dieser Abstraktionsebene irrelevant, ob es sich bei den Lohnarbeitern um im rechtlichen Sinne Arbeiter oder Angestellte oder Beamte handelt.) Sie haben also als Werte eine gemeinsame Qualität und können sich daher nur quantitativ unterscheiden. Die Wertgröße der hochqualifizierten Arbeitskraft ist daher auch nur ein Multipel der Wertgröße der unqualifizierten Arbeitskraft, was in den verschiedenen Lohnhöhen schlagend zum Ausdruck kommt – ein Monatslohn von DM 2400,– ist das Dreifache eines Monatslohns von DM 800,–. Die »Reduktion« von qualifizierter auf unqualifizierte Arbeitskraft ist also qualitativ bereits dadurch geleistet, daß alle Arbeitskräfte Waren mit bestimmter Wertgröße sind; das quantitative Maß ihrer Reduktion ergibt sich aus den unterschiedlichen Bildungskosten des Arbeitsvermögens, das als Arbeitskraft zu Arbeitsmarkte getragen wird. (Auf dieser Abstraktionsstufe ist es noch gleichgültig, ob das Arbeitsvermögen durch das Arbeitsamt, Personalberater der großen Konzerne, wilde Arbeitsvermittler oder Stellenannoncen der Tageszeitungen vom Tauschwert des Arbeiters zum Gebrauchswert für das Kapital wird.) Diese Seite des Reduktionsproblems wollen wir nun als »Reduktion« qualifizierter auf unqualifizierte Arbeit bezeichnen. Wir setzen den Begriff der Reduktion hier aus zwei Gründen in Anführungszeichen (a). Marx bezieht den Begriff der Reduktion in diesem Zusammenhang immer auf die Seite ihrer wertbildenden Potenz und (b) könnte diese »Reduktion« auch genausogut umgekehrt lauten, da letztlich nur wichtig ist, daß jede Arbeitskraft einen Tauschwert hat und dessen Größe sich nach den Bildungskosten des Arbeitsvermögens bestimmt. Die ausführliche Behandlung dieser Seite des Problems rechtfertigt sich vor allem aus den häufigen Verwechslungen zwischen qualifizierter und komplizierter Arbeit[12].

---

12 Zum Beispiel vgl. Oskar Lange, Politische Ökonomie, Bd. 2, Berlin 1969, S. 46 f.: »Die Qualifikation der Ausübung einer bestimmten Berufstätigkeit wird durch eine systematische Ausbildung oder durch praktische Ausführung

12. Die Reduktion komplizierter auf einfache Arbeit

Die andere Seite des Reduktionsproblemes zeigt sich in der Produktionssphäre, wo es um die wertbildende Potenz des Gebrauchs der Arbeitskraft im Wertbildungs- und Verwertungsprozeß unter jeweiligen historischen Bedingungen geht. »Marx setzt in seiner Analyse den Reduktionsvorgang als elementar gegeben voraus, da allein die augenscheinliche Tatsache, daß sich im Austausch von Arbeitskräften mit unterschiedlichem Qualifikationsniveau verausgabten Arbeiten objektiv gleichsetzen müssen, keinerlei Zweifel an der Existenz dieses Prozesses aufkommen läßt. Eine andere Frage war die Aufdeckung der Gesetzmäßigkeiten, die dem Reduktionsvorgang zugrundeliegen[13].« Auch hier gilt wieder, daß jede Reduktion verschiedener Arbeiten ihre *gemeinsame Qualität als abstrakte Arbeit* voraussetzt. So wie die gemeinsame qualitative Formbestimmung der Arbeitskraft ihr Warencharakter ist, und ihre quantitative Verschiedenheit in unterschiedlicher Wertgröße existiert, so ist die Arbeitskraft in Aktion, die Arbeit, qualitativ als wertbildende Tätigkeit bestimmt, und ihre quantitative Verschiedenheit drückt sich in verschiedener Größe der produzierten Werte aus. Das eine gilt nicht ohne das andere, und doch läßt sich bezüglich der Quantität des Werts einer Arbeitskraft und der Quantität der durch den Gebrauch dieser Arbeitskraft gebildeten Werte *keine eindeutige Beziehung* setzen. Doch bedeutet gemeinsame Qualität der Arbeit als Verausgabung von »Herz, Nerven, Muskel, Sinnesorgane, Hirn usw.« nicht bereits, »daß die Arbeitstage gleichwertig sind, das heißt, daß der Arbeitstag des einen so viel wert ist wie der Arbeitstag des anderen ...«[14] Die Arbeit des Arbeiters im Produktionsprozeß, so

---

der entsprechenden Arbeiten erlangt. Nicht jede Arbeit erfordert aber eine Ausbildung bzw. die Erwerbung einer bestimmten Qualifikation ... Solche Arbeiten werden als einfache oder unqualifizierte Arbeiten bezeichnet.« Über die einfache Arbeit sagt Marx folgendes: ».. .« (folgt Zitat, hier unter Anmerkung 11 gebracht – EA) »Die qualifizierte Arbeit wird zum Unterschied von der einfachen Arbeit oftmals als komplizierte Arbeit bezeichnet. Tätigkeiten, die mit der Ausübung bestimmter Berufe zusammenhängen, gelten immer als qualifizierte Arbeit; sie haben schließlich immer (!) den Charakter komplizierter Arbeit ...« Diese Identifikation abstrahiert völlig vom Doppelcharakter der Arbeit wie auch von der Unterscheidung von Arbeitskraft und Arbeit.
13 Harry Maier, Historisches zum Reduktionsproblem, in: Wirtschaftswissenschaft, Heft 12/1965, S. 1956.
14 Karl Marx, Elend der Philosophie, in: MEW, Bd. 4, S. 84.

individuell bestimmt sie als konkrete Arbeit des Schlossers, Ingenieurs usw. ist, wird bereits dadurch der Arbeit eines jeden anderen
Arbeiters gleichgesetzt, daß sie Tauschwerte für den Austausch produziert, also immer wieder ein *gleiches gesellschaftliches Verhältnis
reproduziert, das die konkrete Verschiedenheit der individuellen
Arbeiten auf einen gleichen Nenner bringt,* indem gerade von der
Konkretheit der jeweiligen Arbeit *abstrahiert* wird. Dies ist eine
noch unzureichende Bestimmung für die *historische Wirklichkeit*
abstrakter Arbeit. Denn im Kapitalismus stellt sich die Abstraktheit
der Arbeit nicht nur in ihrem jeweiligen Produkt, dem Wert, dar,
sondern der wirkliche Charakter der Arbeit wird im Produktionsprozeß selbst durch die *Form dieses Produktionsprozesses* als Wert-
bildungs- und Verwertungsprozeß bestimmt. Es gilt also zu begreifen, daß es sich bei der oben ausgeführten Bestimmung nicht einfach um eine geistige Abstraktion handelt, sondern um eine geistige
Abstraktion, die in der kapitalistischen Wirklichkeit ihre historische
Entsprechung hat. In den »Grundrissen« schreibt dazu Marx:
    »Die Gleichgültigkeit gegen eine bestimmte Art der Arbeit setzt
eine sehr entwickelte Totalität wirklicher Arbeitsarten voraus, von
denen keine mehr die alles beherrschende ist. So entstehen die all-
gemeinsten Abstraktionen überhaupt nur bei der reichsten konkreten Entwicklung, wo eines vielen gemeinsam erscheint, allen gemein. Dann hört es auf, nur in besonderer Form gedacht werden zu
können. Andrerseits ist diese Abstraktion der Arbeit überhaupt
nicht nur das geistige Resultat einer konkreten Totalität von Arbeit.
Die Gleichgültigkeit gegen die bestimmte Arbeit entspricht einer
Gesellschaftsform, worin die Individuen mit Leichtigkeit aus einer
Arbeit in die andere übergehn und die bestimmte Art der Arbeit
ihnen zufällig, daher gleichgültig ist. Die Arbeit ist hier nicht nur in
der Kategorie, sondern in der Wirklichkeit als Mittel zum Schaffen
des Reichtums überhaupt geworden, und hat aufgehört als Bestimmung mit den Individuen in einer Besonderheit verwachsen zu
sein . . .[15]«
    Diese historische Bestimmung der Form der Arbeit wird auch im
»Kapital« gerade zur Ableitung des Unterschieds von einfacher und
komplizierter Arbeit aufgenommen, wenn Marx betont, daß die
einfache Durchschnittsarbeit »in verschiedenen Ländern und Kul-

---

15 Karl Marx, Grundrisse, S. 25.

turepochen ihren Charakter« wechselt: »Die *einfache Durch-schnittsarbeit* selbst wechselt zwar in verschiednen Ländern und Kulturepochen ihren Charakter, ist aber in einer vorhandenen Gesellschaft gegeben. Komplizierte Arbeit gilt nur als *potenzierte,* oder vielmehr *multiplizierte* einfache Arbeit, so daß ein kleineres Quantum komplizierter Arbeit gleich einem größeren Quantum einfacher Arbeit. Daß diese Reduktion beständig vorgeht, zeigt die Erfahrung. Eine Ware mag das Produkt der kompliziertesten Arbeit sein, ihr *Wert* setzt sie dem Produkt einfacher Arbeit gleich und stellt daher selbst nur ein bestimmtes Quantum einfacher Arbeit dar. Die verschiedenen Proportionen, worin verschiedene Arbeitsarten auf einfache Arbeit als ihre *Maßeinheit* reduziert sind, werden durch einen gesellschaftlichen Prozeß hinter dem Rücken der Produzenten festgesetzt und scheinen ihnen daher durch das Herkommen gegeben. Der Vereinfachung halber gilt uns im Folgenden jede Art Arbeitskraft unmittelbar für einfache Arbeitskraft, wodurch nur die Mühe der Reduktion erspart wird[16].« (Es sollte hier beachtet werden, daß Marx sowohl von einfacher *Arbeit* als auch von einfacher Arbeitskraft spricht; also die Rigidität der Unterscheidung zwischen *qualifizierter bzw. nicht-qualifizierter Arbeitskraft und komplizierter bzw. einfacher Arbeit* nicht aufrechterhält. Daß dies keine Laxheit ist, sondern objektive Ursachen hat, wird sich später zeigen. Um aber die beiden Dimensionen des Reduktionsproblems genau abzustecken, heben wir diese Unterscheidungen scharf hervor.)

Die *grundlegende Kategorie im »Reduktionsproblem« ist also nicht die komplizierte Arbeit, sondern die »einfache Durchschnittsarbeit«.* Komplizierte Arbeit gilt nur als Abweichung von diesem Durchschnitt. Daher wollen wir nun zunächst einmal von verschiedenen Kompliziertheitsgraden der Arbeit abstrahieren und versuchen herauszufinden, wie die einfache Durchschnittsarbeit ihren Charakter in verschiedenen Kulturepochen ändert. Hierbei ist nun die Erkenntnis von besonderer Bedeutung, daß die einfache Durchschnittsarbeit nicht aus den Enwicklungen der Qualifikationen der Arbeiter erklärt werden kann, sondern bestimmt wird durch die *Entwicklung der objektiven Produktionsbedingungen,* also der Arbeitsplatzstruktur. Diese tritt den Arbeitern allerdings als Kapital entgegen, so daß klar wird, daß das, was einfache Durchschnitts-

---

16 Karl Marx, Das Kapital, Bd. I, S. 49.

arbeit ist, vom Kapital, nicht von der Entwicklung der Arbeitskraft
als subjektivem Moment der Produktion gesetzt ist. Das gleiche gilt
dementsprechend auch für komplizierte Arbeit. Nicht die Höhe der
Qualifikationen definiert, was komplizierte Arbeit ist, sondern der
Arbeitsplatz in seiner Kapitalform, an dem sie geleistet wird[17].
Wenn also die Arbeit eines »gewöhnlichen Menschen ohne *besondere* (d. h. über dem historischen Durchschnitt liegende – EA) Entwicklung« im Zeitablauf abwechselt, so ist darin bereits die Veränderung der objektiven Produktionsbedingungen, d. h. der Besonderheiten, in denen das Kapital der Arbeit gegenübertritt, voraus-
gesetzt. Der Entwicklungsstand des Kapitals bestimmt, was einfache
Durchschnittsarbeit und was komplizierte Arbeit ist, nicht aber die
Entwicklung der subjektiven Produktionsbedingungen, also die
Qualifikationsprozesse sind nur die *abhängige* Variable, die Akkumulation des Kapitals und ihr Ausdruck in jeweils bestimmten objektiven Produktionsbedingungen ist die *unabhängige* Variable.
Hiermit ist das *Verhältnis von Qualifiziertheit der Arbeitskraft und
Kompliziertheit der Arbeit* hinreichend bezeichnet. Die Konsequenz
daraus: Bildungsinvestitionen zur Qualifizierung der Arbeitskräfte
brauchen sich nicht unbedingt in komplizierter Arbeit niederzu-
schlagen; und dies bedeutet zugleich, daß ein durch höhere Bildungskosten bedingter höherer Wert der Arbeitskraft sich nicht unbedingt als höhere, d. h. über dem Durchschnitt stehende, wertbildende Potenz der Arbeit auszudrücken braucht.
   Unter der Annahme, die bestimmte Arbeitsplatzstruktur, die das
Kapital annimmt, verlange Arbeitskräfte mit verschiedenem Wert
aufgrund verschieden hoher Qualifikation, ausgedrückt in Qualifika-

---

17 Es sei auf den leicht zu machenden Fehler hingewiesen, wenn mit dieser
historischen Bestimmung der Kategorie der abstrakten, wertbildenden Arbeit
die Ansicht verknüpft wäre, daß die Veränderungen der Arbeitsanforderungen und der Arbeit den Kompliziertheitsgrad der Arbeit verändern. Dies
würde bedeuten, daß die Kompliziertheit der Arbeit seit der industriellen
Revolution im stofflich konkreten wie auch im wertmäßigen Sinne ungeheuer
gestiegen sein müßte. Daß dies nicht der Fall ist, liegt auf der Hand und wird
im zweiten Abschnitt dieser Arbeit noch näher begründet. Vgl. zur Kritik
auch: Harry Maier, Die Reduktion komplizierter auf einfache Arbeit im Lichte
der Marxschen Werttheorie, in: Probleme der Politischen Ökonomie (Jahrbuch), Bd. 10, Berlin 1967, S. 160–165. Hierzu sei aber sogleich bemerkt, daß
Maier trotz seiner richtigen Kritik an dem Fehler, den er kritisiert, dennoch
wiederholt, wenn er aus den gestiegenen Qualifikationsanforderungen der
Steigerung des Reduktionskoeffizienten berechnet und daraus den Beitrag zum
Wirtschaftswachstum herleitet. (Vgl. dazu Abschnitt 132 dieser Arbeit.)

tionszeit, die sie durchlaufen haben (Bildungskosten), stellt sich nun die Frage nach der Begründung für die dem Reduktionsproblem unterliegende Behauptung, die gegenüber der einfachen Durchschnittsarbeit kompliziertere Arbeit entfalte auch eine *über*durchschnittliche wertbildende Potenz.

Diese Annahme folgt notwendig aus der Wertbestimmung überhaupt. Denn bei der Wertbestimmung ist das Moment des gesellschaftlichen *Durchschnitts* das Entscheidende. Dies folgt bereits daraus, daß es sich beim *Wert* nicht um eine Naturkonstante, sondern um ein gesellschaftliches Verhältnis handelt. Dieser gesellschaftliche Charakter des Werts ist auch für seinen quantitativen Ausdruck, die Größe des Werts, bestimmend. Denn in der warenproduzierenden Gesellschaft wird der gesellschaftliche Charakter der Produktion von Waren durch den Austausch der produzierten Waren hergestellt. Wenn sich nur Äquivalente tauschen können, dann ist darin impliziert, daß die gleiche Ware auch nicht zu ihren individuellen Produktionskosten, ausgedrückt in der für ihre Produktion aufzuwendenden Arbeitszeit, getauscht wird, sondern zu ihrem gesellschaftlichen Wert: Eine gegebene Ware kann nur einen (gesellschaftlich) bestimmten Tauschwert haben; eine gegebene Ware wird jedoch in vielen Produktionsprozessen produziert, die in ihren individuellen Produktionskosten voneinander abweichen mögen. Daraus ergibt sich nun, daß die Wertgröße einer Ware nicht durch ihre individuelle Arbeitszeit bestimmt ist, sondern durch die durchschnittlich-gesellschaftlich notwendige. Dies setzt bereits voraus, daß die Arbeit selbst nicht nur als Gebrauchswerte herstellende konkrete Tätigkeit, sondern zugleich als abstrakte Wertbildnerin sich herausgebildet hat, also durch die historische Entwicklung der Arbeit ihre jeweilige Besonderheit genommen worden ist. Der »Doppelcharakter der Arbeit« ist also keine bloß theoretische Konstruktion auf der begrifflichen Ebene, sondern selbst das Ergebnis der praktischen Entwicklung. »Diese Gleichmachung der Arbeit, daher die Reduktion der Arbeit auf bloße Arbeitsmaschinen und der Arbeit auf bloße Verausgabung von Arbeitskraft, ist Marx zufolge ganz einfach ein Ergebnis der modernen Industrie[18].« Nun folgt aber aus der Tatsache der Verausgabung abstrakter Arbeitskraft nicht die absolute Gleichheit dieser Verausgabung selbst, so daß Arbeitsstunde gleich Arbeitsstunde und Wertprodukt einer

---

18 W. Tuchscheerer, Bevor das Kapital entstand, Berlin 1968, S. 283.

Stunde abstrakter Arbeit gleich Wertprodukt einer Stunde abstrakter Arbeit. Vielmehr gibt es hier durchaus quantitative Unterschiede,
die in der Qualität der Leistung abstrakter Arbeit selbst begründet
liegen.

Denn die gesellschaftliche Wertbestimmung impliziert nun auch,
daß die Stunde abstrakter Arbeit selbst auf einen gesellschaftlichen
Durchschnitt gebracht wird. Worin aber können sich die abstrakten
Arbeiten verschiedener Arbeit innerhalb der *gleichen* Zeiteinheit
überhaupt unterscheiden? (a) Die erste Unterscheidung besteht in
der über dem gesellschaftlichen Durchschnitt liegenden *Arbeitsintensität*. »Dieselbe Arbeitszeit setzt nach wie vor dem Gesamtprodukt den selben Wert zu, obgleich dieser unveränderte Tauschwert sich jetzt (nach Steigerung der Produktivkraft der Arbeit – EA)
in mehr Gebrauchswert darstellt und daher der Wert der einzelnen
Ware sinkt. Andere jedoch, sobald die gewaltsame Verkürzung des
Arbeitstages mit dem ungeheuren Anstoß, den sie der Entwicklung
der Produktivität und der Ökonomisierung der Produktionsbedingungen gibt, zugleich *vergrößerte Arbeitsausgabe in der selben Zeit*,
erhöhte Anspannung der Arbeitskraft, dichtere Ausfüllung der
Poren der Arbeitszeit, d. h. Kondensation der Arbeit, dem Arbeiter
zu einem Grad aufzwingt, der nur innerhalb des verkürzten Arbeitstages erreichbar ist. Diese Zusammenpressung einer größeren
Masse Arbeit in eine gegebne Zeitperiode zählt jetzt als was sie ist,
als *größeres Arbeitsquantum*. Neben das Maß der Arbeitszeit als
›ausgedehnter Größe‹ tritt jetzt das Maß ihres *Verdichtungsgrades*.
Die intensivere Stunde des zehnstündigen Arbeitstages enthält jetzt
so viel oder mehr Arbeit, d. h. *verausgabte Arbeitskraft,* als die
porösere Stunde des zwölfstündigen Arbeitstages[19].« Dies gilt nun
nicht nur für den von Marx analysierten Fall, daß infolge einer
Verkürzung des Arbeitstages die Arbeitsintensität gesteigert werden
kann, sondern auch generell – allerdings nur unter bestimmten Umständen – bei verschiedenen Arbeiten mit verschiedener Intensität.
In einer Fußnote bezeichnet Marx bestimmte Umstände: »Es finden
natürlich überhaupt Unterschiede in der Intensität der Arbeiten
verschiedener Produktionszweige statt. Diese kompensieren sich,
wie schon A. Smith gezeigt hat, zum Teil durch jeder Arbeitsart
eigene Nebenumstände. Einwirkung auf die Arbeitszeit als Wertmaß findet aber auch hier nur statt, soweit *intensive* und *extensive*

---

19 Das Kapital, Bd. I, S. 430.

Größe sich als entgegengesetzte und einander ausschließende Ausdrücke desselben Arbeitsquantums darstellen[20].« Dies bedeutet nichts anderes, als daß bezogen auf einen Arbeitstag entweder die Länge *oder* die Intensität ausgedehnt werden kann, nicht aber beides. In bezug auf eine Arbeitsstunde ist hierin noch etwas anderes involviert: Erstens einmal die Aussage, daß jede Arbeit innerhalb des Kapitalismus bereits auch bezüglich ihrer Intensität auf Durchschnittsarbeit gebracht worden ist (vgl. dazu 1. Kapital), wobei die jeweiligen Nebenumstände Berücksichtigung finden müssen. Zweitens aber wechselt – dies gilt sicherlich für die einfache Warenproduktion – die Wertgröße, die in einer Arbeitsstunde produziert wird, mit der Intensität der Arbeit dieser Arbeitsstunde. Denn in der einfachen Warenproduktion wird die Durchschnittsarbeit nicht schon in der Produktion, sondern erst im Austausch hergestellt. So können wir also mit den beschriebenen Einschränkungen sagen, daß überdurchschnittliche Intensität der Arbeit in einer bestimmten Zeiteinheit auch ein überdurchschnittliches Wertprodukt als Resultat hat. Man muß bei dieser Aussage lediglich beachten, daß die Durchschnittsarbeit selbst Bedingung und Moment kapitalistischer Produktion ist, also keine Willkür in der Arbeitsintensität vorherrscht, also der Durchschnitt realiter immer wieder hergestellt wird, so daß das Problem der Abweichung vom Durchschnitt eher hypothetischer Natur ist und sich niederschlägt in Methoden, den Durchschnitt selbst anzuheben: à la Arbeitsplatzbewertungssystemen!

---

20 Das Kapital, Bd. I, S. 430; Vgl. auch: Das Kapital, Bd. III, MEW, Bd. 25, S. 151: »Von vielen Verschiedenheiten in der Exploitation der Arbeit in verschiedenen Produktionssphären hat schon A. Smith ausführlich nachgewiesen, daß sie durch allerlei wirkliche oder vom Vorurteil akzeptierte Kompensationsgründe ausgleichen und daher, als nur scheinbare und verschwindende Verschiedenheiten, für die Untersuchung der allgemeinen Verhältnisse nicht in Rechnung kommen.« Dann geht Marx auf die Unterschiede von komplizierter und einfacher Arbeit ein: »Andere Unterschiede, z. B. in der Höhe des Arbeitslohnes, beruhen großenteils auf dem schon im Eingang zu Buch I, S. 49, erwähnten Unterschied zwischen einfacher und komplizierter Arbeit und berühren, obgleich sie das Los der Arbeiter in verschiedenen Produktionssphären sehr verungleichen, keineswegs den Exploitationsgrad der Arbeit in diesen verschiedenen Sphären. Wird z. B. die Arbeit eines Goldschmieds teurer bezahlt als die eines Taglöhners, so stellt die Mehrarbeit des Goldschmiedes in demselben Verhältnis auch größeren Mehrwert her als die des Taglöhners.« Darauf wird aber in anderem Zusammenhang noch zurückzukommen sein.

(b) Wenn also die Natur des Produktionsprozesses einen ganz bestimmten Intensitätsdurchschnitt der Arbeit verlangt und Abweichungen letztendlich nicht duldet, sie dann vielmehr mit Extensität zu sanktionieren tendiert, so verlangt die Natur des Arbeitsprozesses auf der anderen Seite ebenso die notwendige Abweichung von der einfachen Durchschnittsarbeit. »Die Arbeit ist allerdings auch quantitativ unterschieden, nicht nur insofern sie in verschiedenen Produktionszweigen, sondern mehr oder minder intensiv etc. Die Art, wie die Ausgleichung dieser Verschiedenheit geschieht, und alle Arbeit reduziert wird auf simple unskilled labour, kann hier natürlich noch nicht untersucht werden. Genug daß diese Reduktion faktisch mit dem Setzen des Produkts aller Arten von Arbeit als Werte *vollzogen* ist. Als Werte sind die Äquivalente in gewissen Proportionen; die höheren Sorten von Arbeit selbst sind geschätzt in einfacher Arbeit. Es wird dies sofort klar, wenn überlegt wird, daß z. B. kalifornisches Gold Produkt der einfachen Arbeit. Dennoch ist jede Art Arbeit damit bezahlt. Der qualitative Unterschied ist also aufgehoben, und das Produkt einer höheren Art Arbeit ist faktisch reduziert auf ein Quantum einfacher Arbeit. Diese Berechnungen der verschiedenen Arbeitsqualitäten sind hier also vollständig indifferent und tun dem Prinzip keinen Abbruch . . .[21]. Es wird im Produktionsprozeß nicht nur die »Verausgabung einfacher Arbeitskraft, die im Durchschnitt jeder gewöhnliche Mensch, ohne besondere Entwicklung, in seinem leiblichen Organismus besitzt«, verlangt, sondern über diesen historisch gegebenen Durchschnitt hinausgehende komplizierte Arbeit. Hierbei handelt es sich um Arbeit von über dem Durchschnitt der einfachen Arbeit liegender »Dichtigkeit«, d. h. um Arbeit, bei der die Verausgabung von »Herz, Nerven, Muskel, Sinnesorgane, Hirn« in einer nicht dem Durchschnitt entsprechenden Kombination erfolgen muß. Auch hier könnte das gelten, was zur Intensität der Arbeit gesagt worden ist: daß Unterschiede »zum Teil durch jeder Arbeitsart eigene Nebenumstände« kompensiert werden. Dennoch muß demgegenüber aber eine wichtige Modifikation angebracht werden. Denn die Möglichkeit zur Abweichung vom Durchschnitt einfacher Arbeit ist nicht jedem Individuum gegeben, sondern nur denjenigen Individuen, die aufgrund ihrer Qualifikation (Arbeitskraft, worin höhere Bildungskosten eingegangen sind) dazu in der Lage sind. *Die überdurch-*

---

21 Grundrisse, S. 729 f.

schnittliche Dichtigkeit der Arbeit bei der Verausgabung kompli-
zierter Arbeitskraft ist nur durch Qualifikation von »Herz, Nerven,
Muskel, Sinnesorgane, Hirn« (insbesondere wohl: Hirn) möglich.
Diese Qualifikation vorausgesetzt, macht die Verausgabung komplizierter Arbeitskraft, d. h. die größere Dichtigkeit der Arbeit, dem
jeweiligen Individuum keine besonderen Anstrengungen; das, was es
leistet, ist ja gelernt worden. Aber da nun in der gleichen Zeiteinheit
»mehr« Arbeitskraft verausgabt wird, bei komplizierter Arbeit als
bei einfacher Durchschnittsarbeit, ist auch das Wertprodukt der
Stunde komplizierter Arbeit quantitativ größer. Wir können dies
auch formal folgendermaßen zu fassen versuchen: Es seien v, w, x,
y, z Symbole für Herz, Nerven, Muskel, Sinnesorgane, Hirn. Dann
ist das Wertprodukt einer einfachen Durchschnittsarbeitsstunde:

$$W_e = W_e(v, w, t, y, z)$$

Um das Wertprodukt einer komplizierten Arbeitsstunde zu erhalten, wird es nun notwendig, die Faktoren v . . . z mit einem Multiplikator zu versehen. Diese Multiplikatoren seien a . . . e:

$$W_k = W_k(av, bw, cx, dy, ez).$$

Daraus ergibt sich, daß W_k ein Multipel von W_e ist, so daß
z. B. eine Arbeitsstunde komplizierter Arbeit gleich zwei Arbeitsstunden einfacher Durchschnittsarbeit ist. W_k ist nur dann W_e,
wenn diese Multiplikatoren die Größe 1 haben. Wir können nun
die bisherigen Ausführungen zur Intensität und Kompliziertheit der
Arbeit folgendermaßen schematisch zusammenfassen[22]:

Die »überdurchschnittliche Dichtigkeit der Arbeit« ist natürlich
nicht physiologisch zu verstehen. Nicht jede Arbeit mit überdurchschnittlicher Dichtigkeit muß komplizierte Arbeit sein. Denn nicht
die physiologische Verausgabung von »Herz, Nerven, Muskel, Sinnesorgane, Hirn« bestimmt den Kompliziertheitsgrad der Arbeit,
sondern die physiologische Verausgabung der Arbeitskraft unter
den vom kapitalistischen Verwertungsprozeß gesetzten Bedingungen. Dies bedeutet folglich, daß der Kompliziertheitsgrad der Ar-

---

22 Es sei hier angemerkt, daß auch eine unterschiedliche Produktivkraft der
Arbeit zu unterschiedlichem Wertprodukt und zeitweiligem »Extramehrwert«
führen kann. Doch liegt dieser Fall auf einer anderen Ebene als die hier
beschriebenen Fälle. Darauf einzugehen würde das Problem noch weiter ver-
wickeln, obwohl die Analyse dieser Verwicklungen notwendig wäre, um die
sich auch im Qualifikationsniveau der Gesamtarbeitskraft ausdrückende Ungleichmäßigkeit der Entwicklung einzelner kapitalistischer Länder innerhalb
des kapitalistischen Weltsystems zu erklären.

durchschnittlich gesellschaftlich notwendige Arbeitszeit

↓

durchschnittliche Ausfüllung der Poren des Arbeitstages

durchschnittliche Dichtigkeit der Arbeit (einfache Durchschnittsarbeit)

↓

Wertprodukt der jeweiligen Zeiteinheit (w.t, wobei t gleich einer Arbeitsstunde sein mag)

Abweichungen vom Durchschnitt

↓

überdurchschnittliche Ausfüllung der Poren des Arbeitstages durch Intensivierung der Arbeit

überdurchschnittliche Dichtigkeit der Arbeit (komplizierte Arbeit)

↓

Wertprodukt des Multipels der jeweiligen Zeiteinheit (w.k.t)

beit nicht dadurch bestimmt werden kann, daß man die physiologisch energetische Verausgabung der Arbeitskraft mißt. Es ist also der Kritik Harry Maiers an den physiologischen Erklärungsversuchen voll zuzustimmen, wenn er schreibt: »Die ökonomische Analyse des Wertes muß vielmehr den gesellschaftlichen Prozeß untersuchen, in welchem sich die einzelnen Arbeiten als Teile der gesellschaftlich notwendigen Gesamtarbeit darstellen und über den sich die Verteilung der einzelnen Arbeiten auf die verschiedenen Sphären der Produktion durchsetzt . . .[23].« Dabei ist aber immer zu berücksichtigen, daß der kapitalistische Produktionsprozeß zugleich Verwertungs- und Arbeitsprozeß ist, so daß die Notwendigkeiten der gesellschaftlichen Gesamtarbeit doppelt bestimmt sind: durch den konkreten Charakter der stofflichen Struktur der Produktionsbedingungen und durch den Zwang zur Kapitalverwertung. Der Arbeitsprozeß und seine stofflichen Bedingungen sowie die konkrete Arbeit sind Träger bzw., wie Marx oft betont, Mittel des Verwertungsprozesses. Wenn auch das Reduktionsproblem für die Wertseite des Produktionsprozesses Gütigkeit hat, so doch nicht losgelöst von den Bedingungen des Arbeitsprozesses. Um den Unterschied zwischen einfacher Durchschnittsarbeit und komplizierter Arbeit zu bezeichnen, greift Marx selbst auf *konkrete Arbeitsverrichtungen als Beispiele* zurück: auf die Arbeit des Spinners und

---

23 Harry Maier, Die Reduktion . . ., a. a. O., S. 169

des Juweliers[24]. Beide Arbeiten sind Teile der gesellschaftlich notwendigen Gesamtarbeit. Worin sie sich von ihrer konkreten Seite her unterscheiden, ist einfach zu bestimmen: man braucht dem Spinner oder Juwelier nur zuzusehen, um die Unterschiede vor Augen zu haben. Worin aber unterscheiden sie sich hinsichtlich ihrer Wertseite? Offensichtlich in doppelter Weise: *Einmal* dürfte entsprechend den notwendigen Qualifikationsprozessen der *Wert der Arbeitskräfte verschieden* sein. *Zum anderen* dürften die Äußerungen dieser Arbeitskräfte im Wertbildungsprozeß von *unterschiedlicher Dichtigkeit* sein. Da aber in bezug auf den Wertbildungsprozeß vom konkreten Charakter der Arbeit abstrahiert ist und die Arbeit sowohl historisch als auch logisch nur mehr als Verausgabung von Herz, Nerven, Muskel, Sinnesorgane, Hirn gilt, können sich diese Äußerungen auch nur noch quantitativ in dieser Verausgabung unterscheiden. In diesem Zusammenhang ist die »physiologische« Erklärung, wie sie hier versucht wird, zu verstehen. Die Form des kapitalistischen Produktionsprozesses hat die konkreten Arbeiten auf den gemeinsamen Nenner der Leistung abstrakter Arbeit gebracht, die sich jetzt nur noch bezüglich ihrer wertbildenden Potenz quantitativ unterscheiden können. Und die Quantität der geleisteten Arbeit, d. h. die Menge der produzierten Werte, hängt ab von der physiologischen Dichtigkeit der Verausgabung der Arbeitskraft.

Es ist von entscheidender Bedeutung sich klar zu machen, daß diese »Abweichungen« des Wertprodukts komplizierter Arbeit vom Wertprodukt einfacher Arbeit in der gleichen Zeiteinheit sich immer auf die gleiche historische Periode und das gleiche Land beziehen. *Die Wertprodukte der Arbeit verschiedenen Kompliziertheitsgrades in verschiedenen Ländern und Kulturepochen lassen sich nicht auf der gleichen Dimension vergleichen* (vgl. dazu ausführlicher Teil 2).

Daraus ergibt sich, daß als Voraussetzung für alle weiteren Entwicklungen Arbeit mit doppeltem Charakter als konkrete und abstrakte Arbeit historisch herausgebildet sein muß. Die in gleicher Zeiteinheit verausgabte abstrakte Arbeit als Verausgabung von »Hirn, Muskel, Nerv, Hand usw.« kann sich nur noch unterscheiden von anderer abstrakter Arbeit entweder in der Zeitdauer ihrer Betätigung oder in der *Kombination* (Unterschied körperliche und geistige Arbeit) der physiologischen Elemente menschlicher Arbeit und

---

24 Karl Marx, Das Kapital, Bd. I, S. 208.

der Menge der in bestimmter Zeiteinheit beispielsweise verausgabten Muskelkraft. Da bereits jede Arbeit, sofern sie Waren produziert, auf die gemeinsame Qualität als abstrakte Arbeit gebracht worden ist, handelt es sich bei der Reduzierung von komplizierter auf einfache Arbeit tatsächlich um ein *technisches* Problem der Reduzierung von verschiedenen Quantitäten auf eine gemeinsame Basis der Maßeinheit, nämlich die in »einfacher Durchschnittsarbeit« verausgabte Quantität von Hirn, Muskel, Nerv, Hand, Sinnesorgane usw. Kompliziertere Arbeit ist daher im Wertbildungsprozeß nichts anderes als »Arbeit von höherem spezifischem Gewicht«.

Daß es sich hierbei nicht um eine bloße theoretische Konstruktion handelt und sich komplizierte Arbeit auch nicht erst »hinter dem Rücken der Produzenten«, im Austauschprozeß, auf einfache reduziert, vielmehr im Produktionsprozeß organisiert vom Kapitalisten vollzogen wird, zeigt ein Blick in die Tabellen der *analytischen Arbeitsplatzbewertung*. Ihr Sinn besteht in der *Normung* der an bestimmten Arbeitsplätzen zu verrichtenden Arbeiten und der Messung der Verausgabung von Hirn, Muskel, Nerv, Hand usw. »Warum will man eigentlich die Arbeitsplätze sorgfältig definieren? Im wesentlichen um zu wissen, was man jedem zahlen muß, d. h. um die Lohnstruktur zu kennen, um die Rekrutierung von Arbeitskräften zu erleichtern und insbesondere, um die Ausbildung in die richtigen Bahnen zu lenken[25].« In einem Katalog der analytischen Arbeitsplatzbewertung (Anhang zum Manteltarifvertrag für die gewerblichen Arbeitnehmer in der bayerischen Metallindustrie vom 1. 9. 1959) werden z. B. folgende 19 Bewertungsmerkmale aufgeführt, in denen sehr deutlich die Anforderungen an die Verausgabung von Hirn, Muskel, Nerv, Hand zum Ausdruck kommen: Kenntnisse; Geschicklichkeit; Belastung der Sinne und Nerven; zusätzlicher Denkprozeß; Betätigung der Muskeln; Verantwortung für die eigene Arbeit; Verantwortung für die Arbeit anderer; Verantwortung für die Sicherheit anderer; Öl, Fett, Schmutz; Staub; Temperatur, Nässe, Säure, Lauge; Gase, Dämpfe; Lärm, Erschütterung; Blendung, Lichtmangel; Erkältungsgefahr; Unfallgefahr; hinderliche Schutzkleidung. All diese Bewertungsmerkmale werden in quantitatives Verhältnis gebracht, indem ein Wichtefaktor zuge-

---

25 Jean Vincens, Berufsvorausschau, in: Mitteilungen des Instituts für Arbeitsmarkt- und Berufsforschung, Erlangen, Juni 1969, S. 587.

messen wird. Für unsere Zwecke kommt es nicht darauf an, das genaue Vorgehen der Arbeitsbewertung hier aufzuzeigen[26]; dieses Verfahren wird lediglich als Beleg dafür genommen, daß der Kapitalist von den Unterschieden konkreter Arbeiten qualitativ abstrahiert, indem sie alle auf eine gemeinsame Dimension gebracht werden (Verausgabung von Hirn, Nerven, Muskel usw.), auf der nur noch *quantitative Unterschiede* zählen. Die Abstraktheit der Arbeit, die »Gleichgültigkeit gegen die bestimmte Arbeit«, »Arbeit sans phrase« (Grundrisse, S. 25) ist die gemeinsame Qualität jeder Arbeit im Kapitalismus, und die einzelnen Arbeiten können sich nur nach der gelieferten Qualität der Arbeit, (a) Arbeitsstunden, (b) Ausfüllung der Poren des Arbeitstages, (c) Verausgabung von Hirn, Muskel, Nerven usw., unterscheiden. Insofern sind im Kapitalismus die verschiedenen Arbeitsstunden auch kommensurabel. Dies ist wichtig zum Verständnis kapitalistischer Rationalisierung und Intensivierung. Die begriffliche und historische Abstraktion von allen Besonderheiten der Arbeit ist die Basis dafür, daß der Kapitalist in die gegebene Zeit des Arbeitstages möglichst viel Arbeitsleistung hineinzupressen versuchen kann oder, was dasselbe besagt, die gesellschaftlich notwendige Arbeitszeit auch durch andere Methoden als der Steigerung der Produktivkraft der Arbeit zu senken. Der Zwang zur Intensivierung der Arbeit, unter dem der Kapitalist durch die permanente Konkurrenz zwischen dem Einzelkapitalisten steht, hinwiederum produziert die Abstraktheit der Arbeit von allen konkreten Besonderheiten in immer reineren Formen. Arbeits- und Arbeitsplatzbewertungssysteme sind eine relativ junge Einrichtung des Kapitalismus; die Auflösung integrierter Arbeitsgänge in Zeit- und Bewegungsabläufe elementaren Charakters, wie sie von Taylor und Gilbreth vorgenommen wurden, die Abstraktion sogar von der körperlichen Integrität, wenn im Rahmen der neuen Systeme wie MTM Körperfunktionen in Zeiteinheiten von Sechzehntelsekunden gemessen werden, *verändern die historische, praktische Wahrheit der Kategorie der abstrakten Arbeit.* Hier wird die Verausgabung der Arbeitsenergien wirklich genau zu messen versucht, und die Meßtechniken sind die Methoden, mit denen der Kapitalist jede Arbeit nur noch als Multipel einer anderen Arbeit auszudrücken in der Lage ist. »Die ›wissenschaftlichen‹ Systeme (der Arbeitsbewer-

---

26 Vgl. zu diesem Problem generell: Arbeitskreis für Analytische Arbeitsplatzbewertung. Neue Lohnformen im Kapitalismus (Westberlin 1970), S. 87 f.

tung – EA) unterstellen, daß die Arbeit die Summe von Bewegungs-
abläufen sei: Jede Tätigkeit wird unterteilt in eine Folge von Bewegungen, deren Zeitdauer gemessen wird[27].« Demgegenüber ist die
Kritik an solchen Meßmethoden und Abstraktionsversuchen von
dem letzten Rest an Besonderheiten individueller Arbeitsverrich-
tung moralisch. »Da es bis heute noch kein exaktes Maß menschlicher Leistung gibt, ist jede einseitige Festsetzung von Werten für
menschliche Leistung ein *Willkürakt*. Genau das ist aber in den
Verfahren vorbestimmter Zeiten geschehen . . .[28].« Genausowenig
wie die Ausbeutung der Lohnarbeiter ein Willkürakt ist, sind es die
Methoden, mit denen die Ausbeutung intensiviert wird. Die Abstraktheit der Arbeit als bloße Wert- und Mehrwertbildnerin, wie
sie von Marx kategorial entwickelt worden ist, wird unter dem
kapitalistischen Druck, immer mehr Werte produzieren zu müssen,
immer weiterentwickelt: der Arbeiter muß von immer mehr individuellen Besonderheiten abstrahieren, seine ganze Tätigkeit wird auf
ein Durchschnittsmaß gebracht, wobei Verschiedenheiten lediglich
als Abweichungen von diesem Durchschnitt zählen. Sofern diese
Abweichungen durch besondere Ausbildungsprozesse des Arbeiters
vom Arbeitsprozeß her notwendig werden, ist das »Reduktionsproblem« zu berücksichtigen. Allerdings wird damit ein Schritt vollzogen, vom Maß der Arbeitsverausgabung zum Maß der gebildeten
Werte zu gelangen, vergegenständlicht sich doch die produktive
Arbeit in Werten. Das, was an Unterschieden der Arbeitsverausgabung in den Systemen vorbestimmter Zeit gemessen wird, kann
nun, sofern die Unterschiede durch den verschiedenen Konzen-
triertheitsgrad einzelner Arbeiten bedingt sind, auch auf der Ebene
der gebildeten Werte gemessen werden. Dieser Vorgang der qualitativen Gleichsetzung verschiedener Arbeiten aber setzt sich spontan im Kapitalismus bereits dadurch durch, daß »als Tauschwert . . .
das Produkt der kompliziertesten Arbeit in bestimmter Proportion
Äquivalent für das Produkt der einfachen Durchschnittsarbeit
ist . . .«[29].

So wird klar, daß das Reduktionsproblem sich als Problem der

---

27 Zur politischen Einschätzung von Lohnkämpfen und einer historisch
adäquaten Interessenvertretung, in: Sozialistische Korrespondenz, Frankfurt,
30. 11. 1970.
28 Neue Lohnformen im Kapitalismus, a. a. O., S. 99.
29 Karl Marx, Zur Kritik der politischen Ökonomie, MEW.

Abweichung des Wertprodukts individueller Arbeiten vom Durchschnitt stellt. Diese Abweichung selbst ist durch den formalen Multiplikator auszudrücken und stellt insofern wirklich nur ein *rein technisches Problem* dar. Die eigentliche Schwierigkeit dieses Problems liegt demnach auch woanders: nämlich *erstens* in der Begründung, wieso es zu solchen Abweichungen überhaupt kommen kann, *zweitens* in der Frage, wie die Abweichungen vom Durchschnitt immer wieder durch kapitalistische Gesetzmäßigkeiten auf diesen Durchschnitt gebracht werden und *drittens,* inwiefern diese Abweichungen vom Durchschnitt durch unterschiedliche Qualifikationen der Arbeitskräfte bewirkt sind. Dieser letzten Frage wollen wir nun zuerst nachgehen, nicht zuletzt auch deshalb, weil sie für die Beurteilung der Bildungsökonomie von wesentlicher Bedeutung ist.

13. Das Verhältnis von Wert der Arbeitskraft und ihrer wertbildenden Potenz

Die Schwierigkeit des Problems wird erst dann sichtbar, wenn nach dem Verhältnis von Wert der Arbeitskraft und wertbildender Potenz der Arbeit gefragt wird. Harry Maier formuliert es folgendermaßen: »Komplizierte und einfache Arbeit stehen in einem weder physiologisch noch technologisch, sondern in einem ökonomisch bestimmten Verhältnis. Dieses Verhältnis besteht darin, daß *die qualifizierte Arbeitskraft, deren wertbildende Arbeit komplizierte Arbeit darstellt,* zu ihrer Reproduktion eines größeren Teils der gesellschaftlichen Gesamtarbeit bedarf als die *unqualifizierte Arbeitskraft, deren wertbildende Arbeit die einfache Arbeit darstellt.* Gleichzeitig stellt aber die von der qualifizierten Arbeitskraft im Wertbildungsprozeß verausgabte komplizierte Arbeit einen größeren Anteil an der gesellschaftlichen Gesamtarbeit dar als die von der unqualifizierten Arbeitskraft im Wertbildungsprozeß verausgabte einfache Arbeit[30].« Maier schwächt diese Aussage über den Zusammenhang von komplizierter bzw. einfacher und qualifizierter bzw. nicht-qualifizierter Arbeit(skraft) aber sogleich wieder ab, indem er schreibt: »Der Wert der Arbeitskraft (bzw. ihre Reproduktionskosten) kann natürlich nicht als Ursache für ihre Fähigkeit, ein größeres Wertquantum als die einfache Arbeit zu reproduzieren, angenommen werden. Dies würde in der Tat der Grundthese der

---

30 Harry Maier, a. a. O., S. 1962.

Arbeitswerttheorie widersprechen, daß Wert nicht die Ursache von Wert sein kann. Der Wert der Ware Arbeitskraft (bzw. ihre Reproduktionskosten) ist aber ein wichtiger *Indikator* für die im Wertbildungsprozeß der qualifizierten Arbeitskraft eintretende Erhöhung ihrer ›gesellschaftlichen Lichtigkeit‹, d. h. ihrer wertbildenden Potenz[31].« Damit ist die Exaktheit der Bestimmung wieder aufgehoben und die Frage nach dem Verhältnis von Bildungskosten, Qualifikation und Kompliziertheit der Arbeit wieder offen.

Jedoch ergibt sich hier ein mit dem Reduktionsproblem verwobenes Problem: dasjenige des Verhältnisses von produktiver und unproduktiver Arbeit. Denn es läßt sich auch schlußfolgern, daß die produktive Arbeit der qualifizierten Arbeitskraft deshalb eine höhere wertbildende Potenz entwickeln *muß* als die produktive Arbeit der nicht-qualifizierten Arbeitskraft, da auf die Heranbildung des über dem historischen Durchschnitt liegenden qualifizierten Arbeitsvermögens ein größerer Anteil der unproduktiven Arbeit der Lehrer im Ausbildungssektor entfällt, als es bei der durchschnittlich qualifizierten Arbeitskraft der Fall ist. Dieser Gedanke würde auch der Intention Rosdolskys bei seinem Lösungsversuch des Problems entsprechen. Er demonstriert seinen Ansatz zur Lösung anhand der Frage, wie eine *sozialistische Gesellschaft* in ihrer Wirtschaftsplanung mit der Tatsache der verschiedenen Qualifikationen der Arbeit fertig werden kann. »Da die höheren Potenzen der qualifizierten Arbeit gewiß keinen okkulten Eigenschaften dieser Arbeit selbst oder ihrer Träger entspringen, so wird sie sich offenbar nur an den empirisch gegebenen und empirisch meßbaren Unterschied in den Ausbildungskosten der gelernten und ungelernten Arbeiter selbst zu halten haben. Gesetzt, zur Vollendung eines bestimmten Projekts seien 100 Arbeiter, die 10 Tage arbeiten, nötig, davon aber 10 Arbeiter mit besonderer, überdurchschnittlicher Qualifikation, die speziell für dieses Projekt vorbereitet werden müssen. Um diese Arbeiter auszubilden, muß die Gesellschaft bestimmte Ausgaben bestreiten, die, sagen wir, 200 Arbeitstagen gleichkommen. Es ist nun klar, daß auch diese 200 Arbeitstage von der Gesellschaft ›verrechnet‹ werden müssen, wenn ihre Wirtschaftspläne nicht in der Luft hängen sollen. Sie wird also die zur Ausführung des Projekts nötigen Arbeitstage nicht mit 1000, sondern mit 1200 in Anschlag bringen. Der Unterschied zwischen qualifizierter und un-

---

31 Harry Maier, a. a. O., S. 1963.

qualifizierter Arbeit wird sich also letzten Endes auf den Unterschied in der Ausbildungszeit verschiedener Arbeitskräfte reduzieren. – Mutatis mutandis gilt aber dasselbe auch für die kapitalistische Produktionsweise, nur daß es hier kein zentrales planendes Organ gibt, das die Ausbildungszeiten verschiedener Arbeitskräfte gegeneinander abwägen würde, und diese Aufgabe vielmehr den spontanen Kräften des Marktes (des Waren- und Arbeitsmarktes) überlassen werden muß; und daß hier ferner der Zusammenhang zwischen der Ausbildungszeit verschiedener Arbeiter und der zur Erzeugung verschiedener Produkte nötigen Arbeitszeit die Form einer Wechselbeziehung zwischen den Werten der Arbeitskräfte und den Werten der von ihnen hervorgebrachten Waren annehmen muß . . .[32].« Aber diese Aussage und das aus ihr abgeleitete Ergebnis, so richtig das auch alles ist, ist von der Lösung dieses Problems noch sehr weit entfernt. Denn schließlich handelt es sich beim Reduktionsproblem um die Bildung von *Werten* und nicht um einen auf produktive Arbeit und auf Arbeit im Ausbildungssektor zu verteilenden begrenzten *Arbeitszeitfonds,* und die Rosdolskysche Antwort reduziert sich letztlich darauf, daß beim gegenwärtigen Stand der Produktivkräfte und als seine Voraussetzung es möglich ist, »einen stets größeren Teil der Arbeiterklasse *unproduktiv* zu verwenden . . .«[33], und zwar im Ausbildungssektor, dessen konkretes Produkt, das spezifisch qualifizierte Arbeitsvermögen, in seinem Gebrauch im Wertbildungsprozeß wiederum die Voraussetzung zur Alimentierung des Ausbildungssektors schafft. Dies ist eine Bestimmung, die unabhängig von der Gesellschaftsform gilt; beim Reduktionsproblem aber kommt es gerade darauf an, dies unter den Bedingungen kapitalistischer Formbestimmtheit zu entwickeln. Darauf werden wir im dritten Teil zurückkommen.

13.1. Bildung und Wirtschaftswachstum in der Bildungsökonomie

Das Verhältnis von Bildungskosten eines spezifischen Arbeitsvermögens und seiner wertbildenden Potenz usw. zwischen der spezifischen Qualifikationsstruktur und der wertbildenden Potenz des Gesamtarbeiters taucht in verschiedener Form auch innerhalb der

---

32 Roman Rosdolsky, a. a. O., S. 611 f.
33 (fehlt im Original!)

Bildungsökonomie auf, wie die die Bildungsökonomie beherrschende Frage nach dem *Verhältnis von Bildung* (Qualifikation und
Wert der Arbeitskraft) und *Wirtschaftswachstum* (wertbildende
Potenz der Arbeit; »Reichtum vermehrende Tätigkeit«) bereits vermuten lassen. Dabei sind alle theoretischen Ansätze, die nach den
Kosten und dem »Ertrag« der Bildungsinvestitionen, nach den
»wirtschaftlichen Erträgen verschiedener Berufe und Bildungsstufen« fragen[34] sowie der sich explizit auf das Reduktionsproblem
beziehende bildungsökonomische Ansatz von Harry Maier von besonderem Interesse.

Bei der Ableitung *individueller Einkommensunterschiede* als
Folge unterschiedlicher Qualifikation, wie es in der Bildungsökonomie gemacht wird[35], handelt es sich, wenn wir von der Marxschen
Wertbestimmung ausgehen, um eine bloße Tautologie. Denn wenn
die unterschiedlichen Qualifikationen unterschiedliche Bildungskosten verursacht haben, so müssen diese selbstverständlich differenziert erstattet werden. Jede andere Annahme würde mit der Voraussetzung konfligieren, daß der Wert einer Ware im Durchschnitt
– vorausgesetzt natürlich, diese Ware hat einen Gebrauchswert –
sich gegen ein (in Geld ausgedrücktes) Äquivalent austauscht. Dabei
soll an dieser Stelle nicht berücksichtigt werden, ob die Bildungskosten vom Staat finanziert worden sind oder vom Individuum

---

34 Georg S. Becker, Investitionen in Humankapital – eine theoretische Ana-
lyse, in: Klaus Hüfner, a. a. O., S. 131. Vgl. dazu auch als Beispiele H. J.
Bodenhöfer und C. C. v. Weizsäcker, Bildungsinvestitionen, Pfullingen 1967;
W. G. Bowen, Zur Schätzung des wirtschaftlichen Beitrags der Bildung – Eine
Gegenüberstellung alternativer Ansätze, in: Klaus Hüfner, Bildungsinvestitionen und Wirtschaftswachstum, Stuttgart 1970, und viele andere, für die diese
Beispiele als leicht zugängliche stehen.
35 Vgl. auch dazu die erwähnten Titel. H. P. Miller, Annual Lifetime Income
in Relation to Education: 1939–1959, in: American Economic Review, Vol. L
(1960), S. 966, stellt für 1958 folgende jährliche Durchschnittseinkommen von
männlichen Personen über 25 Jahren auf: Weniger als 8 Jahre ›Elementary
School‹ = 2551 Dollar; 8 Jahre ›Elementary School‹ = 3769 Dollar; 1–3 Jahre
›High School‹ = 4618 Dollar; 4 Jahre ›High School‹ = 5567 Dollar; 1–3 Jahre
›College‹ = 6966 Dollar; 4 Jahre und mehr ›College‹ = 9206 Dollar. Bowen
a. a. O., S. 208, schreibt noch folgendes: »Es können auch unabhängige Ertragsraten für Männer und Frauen, für Angehörige verschiedener Rassen usw.
berechnet werden. Eines der interessantesten (und sehr beunruhigenden) Ergebnisse von Becker besteht in der Feststellung, daß die Ertragsrate der Bildungskosten für die College-Stufe im Falle männlicher, in Städten lebender
Nichtweißer ungefähr zwei Prozentpunkte niedriger war als die entsprechende
Ertragsrate für Weiße . . .«

selbst getragen werden, obwohl sich daraus Besonderheiten ergeben. (Vgl. dazu die Beiträge zur Problematik der »produktiven und unproduktiven Arbeit«.) Jedenfalls ist von der Tatsache individueller Einkommensunterschiede her nicht ein unterschiedlicher »Ertrag« von Bildungsinvestitionen zu begründen, sondern nur die Unterschiedlichkeit der Bildungskosten zum Erwerb einer Qualifikation abzulesen. Es handelt sich hier nämlich nur um das Problem der Reduktion von qualifizierter und unqualifizierter Arbeitskraft auf eine gemeinsame Qualität, nämlich Tauschwert zu sein, die nur noch quantitativ differieren kann, während die Annahme von unterschiedlichen Ertragsraten unterschiedlicher Qualifikationen gerade die Annahme der unterschiedlichen wertbildenden Potenz impliziert, die ja gerade zu begründen wäre. Außerdem wird hierbei von der Bildungsökonomie völlig außer Betracht gelassen, daß der *Tauschwert der Arbeitskraft in Form von Lohneinkommen* von seinem Besitzer, dem Arbeiter, realisiert wird; der *»Ertrag« der Qualifikationen* durch ihren Gebrauch im Produktionsprozeß allerdings als *Reichtum für den Kapitalisten*. Von einem Ertrag der Bildung auszugehen, der dem Arbeiter als Lohn zukommt, beinhaltet die totale Abstraktion von den kapitalistischen Verhältnissen, die ja gerade darauf basieren, daß der »Ertrag« der Arbeit als Mehrwert dem Kapital zukommt. Die Lebenseinkommen von Individuen als »Ertrag der (Bildungs-)Investition«[36] hinzustellen, ist also eine grobe Verkehrung kapitalistischer Verhältnisse, obwohl es dem Individuum so scheinen mag, als ob sich seine Ausbildung in einem mit dem Ausbildungsgrad steigenden Einkommen »verzinse«. (Es soll hier nur erwähnt werden, daß diese Illusion ihre objektive Ursache in den Verkehrungen der kapitalistischen Produktionsweise selbst hat. Durch die Verwandlung des Werts der Arbeitskraft in den Lohn als Preis der Arbeit entsteht die Mystifikation, als ob der Arbeiter jede Stunde, die er arbeitet, bezahlt erhält, als ob er also den ganzen Betrag seiner Arbeit bekäme und der Ertrag des Kapitalisten schließlich aus dem von ihm vorgeschossenen Kapital entspringen würde. Auf dieser Basis allein sind die in der Bildungsökonomie grassierenden Illusionen und »wissenschaftlichen« Herleitungen der Kategorien der bereits verkehrten Welt, ohne sie aber als solche begreifen und destruieren zu können, zu verstehen.) Die Bildungsökonomie tut ihr möglichstes, diese Verkehrung noch »wissen-

---

36 Bodenhöfer, a. a. O., S. 43.

schaftlich« zu begründen, indem sie an dieser Stelle den Begriff des
»Humankapitals« einführt. Wie natürliche Ressourcen nach der
Erschließung »eine Art von Kapital«[37] bilden, so auch die Erschließung der menschlichen Ressourcen durch »Bildung«. Also entsteht
»Humankapital«, das »als die eine oder andere Variante der in der
Erwerbsbevölkerung ›verkörperten‹ formalen Bildung definiert«
wird und das wie jedes Kapital die Eigenschaft aufweise, sich zu
verzinsen. Dadurch also, daß die Wertsteigerung der Ware Arbeitskraft zu »Kapital« umdefiniert wird, ist es der Bildungsökonomie
möglich, die Problematik des Verhältnisses von Wert der Arbeitskraft und Wertbildung durch den Gebrauch der Arbeitskraft im
Produktionsprozeß einfach zu umgehen. Das »Humankapital«
wird zu einem entscheidenden »Produktionsfaktor« (»produzierter
Produktionsfaktor«) hochstilisiert, dem wie jedem anderen »Produktionsfaktor« auch »Produktivität« zukommt, durch die das
Sozialprodukt gesteigert werden kann. So heißt es lapidar in der
Studie des Ifo-Instituts im Rahmen der RKV-Untersuchung über
wirtschaftliche und soziale Aspekte des technischen Wandels in der
BRD, »daß zwischen 1958 und 1969 der Anteil der weniger qualifizierten Tätigkeiten sowohl bei den Arbeitern wie auch bei den Angestellten (bei Männern und bei Frauen) gesunken ist . . . Die Qualität der Arbeitskräfte hat sich also erhöht und *damit* auch ihre Produktivität«[38]. Hier liegt ein einfacher Kurzschluß von Qualifika-
tionssteigerungen zu Steigerungen der wertbildenden Potenz vor,
der theoretisch nicht zu rechtfertigen ist. Ebenso in der OECD-
Studie »Wirtschaftswachstum und Bildungsaufwand«: »Heute versteht es sich von selbst, daß auch das Erziehungswesen in den Komplex der Wirtschaft gehört, daß es genauso notwendig ist, Menschen
für die Wirtschaft vorzubereiten wie Sachgüter und Maschinen.
›Das Erziehungswesen steht nun gleichwertig neben Autobahnen,
Stahlwerken und Kunstdüngerfabriken. Wir können nun, ohne zu
erröten, und mit gutem ökonomischem Gewissen versichern, daß die
Akkumulation von intellektuellem Kapital der Akkumulation von
Realkapital an Bedeutung vergleichbar – auf lange Dauer vielleicht

---

37 Richard S. Eckaus, Die Bedeutung der Bildung für das Wachstum, in:
Klaus Hüfner, a. a. O., S. 68.
38 Ifo-Institut, Untersuchungsteil Industrie, in: Wirtschaftliche und soziale
Aspekte des technischen Wandels in der Bundesrepublik Deutschland, erster
Band, Frankfurt 1970, S. 90.

sogar überlegen – ist. Und man hört nun auch schon von Bankfach-
leuten, zumindest von den wagemutigeren, daß die Erziehung und
die Entwicklung des menschlichen Fähigkeitsreservoirs ein geeigne-
tes Feld für produktivere Anleihen sein könne‹ (Philip H.
Coombs)[39].« Die Auffassung von der Bildung als »Humankapital«
ist bereits so verbreitet, daß es kaum einen Wachstumstheoretiker
oder Bildungsökonomen gibt, der nicht mit dieser Kategorie operieren würde[40]. Was in dieser Kategorie zum Ausdruck kommt, ist
die totale Unfähigkeit der bürgerlichen Ökonomie, zwischen Ar-
beits- und Verwertungsprozeß zu unterscheiden. Die Veränderungen der Qualifikationen aufgrund der sich ändernden Produktionstechnik als *stoffliche Bedingung* für das Funktionieren des Produktionsprozesses werden nun zu Faktoren umgedeutet, durch die auch
das *Wertprodukt* des so veränderten Produktionsprozesses steigen
müßte. Dies ist jedoch völlig falsch. Denn Veränderungen der Produktivkraft der Arbeit, deren Begleiterscheinung Änderungen der
Arbeitsplatz- und somit auch der Qualifikationsstruktur sind, betreffen lediglich die konkret nützliche Seite der Arbeit. Es können
zwar in einer Arbeitsstunde mehr Gebrauchswerte produziert werden, wenn die Arbeitsproduktivität zunimmt, nicht aber mehr Werte. Denn das Maß des Wertes bleibt die Arbeitszeit; und dieses
Maß kann sich durch Produktivitätssteigerungen nicht ändern. Steigende Qualifikationen können folglich auch keinen steigenden »Ertrag« erbringen, es sei denn man geht davon aus, daß infolge der
Produktivitätssteigerungen, deren Begleiterscheinung (nicht aber

---

39 OECD, Wirtschaftswachstum und Bildungsaufwand, Wien–Frankfurt–
Zürich, 1966, S. 46.
40 Vgl. etwa noch Kenneth E. Boulding, The ›National‹ Importance of
Human Capital, in: W. Adams, The Brain Drain, New York–London 1968,
S. 112: »The priority of human over physical capital can be seen very clearly
in the experience of those countries, which have recovered from physical
devastation due to the war...« Der gleiche Gedanke liegt der Studie von
Jannossy, Am Ende der Wirtschaftswunder, zugrunde, wenn auch Janossy
sich hütet, von Humankapital und dergleichen zu sprechen. Der Begriff selbst
wurde hauptsächlich von Gary S. Becker eingeführt. Gary S. Becker, Human
Capital, New York–London 1964, und ders., Investitionen in Humankapital –
eine theoretische Analyse, in: Klaus Hüfner, a. a. O., S. 131 ff., ist aber, seit
William Petty, später vor allem in versicherungstechnischen Berechnungen des
»Werts des Menschen« verwendet worden. Siehe Klaus Hüfner, a. a. O., vor
allem S. 18 ff., S. 22. Vgl. B. F. Kiker, The historical Roots of the Concept
of Human Capital, in: Journal of Political Economy, 1966, Vol. LXXV, S.
481 ff.

deren Ursache!) Qualifikationsänderungen sind, ein zeitweiser Extramehrwert produziert wird, der als Ertrag des Bildungsaufwandes
erscheint[41]. Die Kategorie des Humankapitals ist somit absolut unsinnig[42]. Es wird vorgegeben, mit ihr etwas erklären zu können,
was mit ihr gar nicht erklärbar ist. Und so kommen der Bildungsökonomie selbst Zweifel bei der Verwendung des »Humankapital«-
Konzepts, ohne daß sie allerdings die Konsequenzen ziehen würde:
»Eine zweite, besondere Eigenschaft der Arbeitskraft ist, daß sie
letztlich untrennbar mit dem einzelnen Menschen verbunden ist;
grob gesprochen: man kann sich nicht selbst verkaufen. Das bedeutet, daß sich die Interessenlage des einzelnen und der Gesellschaft
von derjenigen der Unternehmen, die Arbeitsleistungen erwerben,
unterscheidet. Unternehmen zahlen für den Strom von Arbeitsleistungen, der das Ergebnis der Humankapitalbildung ist, interessieren sich aber nicht so sehr für den Kapitalbildungsprozeß selber. (Seltsame Kapitalisten, die sich für den Kapitalbildungsprozeß
nicht interessieren; und seltsame ›Humankapitaleigner‹, die keine
Kapitalisten sind! – EA.) Sie mögen zwar Arbeitskräfte ausbilden,
wenn es keine andere Möglichkeit zur Beschaffung der benötigten
Dienstleistungen gibt; wenn sie aber diese Ausbildungsfunktion

---

41 Letztlich kann man auch die Habermas'sche »Werttheorie« unter dieses
Genre subsumieren. »Wenn man hingegen von der Annahme ausgeht, daß
aus Produktivitätssteigerung per se Wert entspringt« (Habermas, Theorie und
Praxis, Neuwied und Berlin 1963, S. 196), dann ist darin impliziert, daß außer
der wertbildenden Arbeit eine unabhängige Wertquelle existieren muß. Ob
dafür »Humankapital« oder »per se« gesagt wird, bleibt ziemlich gleichgültig.
Ähnliches gilt für alle Theorien, die annehmen, die »Produktivkraft Wissenschaft« sei eine Wertquelle. Auch hier liegt eine Verwechslung von Gebrauchswert und Wert zugrunde, die Unfähigkeit, den Doppelcharakter der Arbeit
zu begreifen.
42 Grundrisse, S. 200 f. ».. . Prozessen desselben Subjekts ist; so z. B.: die
Substanz des Auges das Kapital des Sehens, etc. Solche belletristische Phra-
sen, die nach irgendeiner Analogie alles unter alles rangieren, mögen sogar
geistreich scheinen, wenn sie das erstemal gesagt werden, um so mehr so, je
mehr sie das Disparateste identifizieren. Wiederholt, und nun gar mit Selbst-
gefälligkeit als Aussprüche von wissenschaftlichem Wert wiederholt, sind sie
tout bonnement albern. Nur für belletristische Grünfärber und Schwätzer ins
Blaue gut, die alle Wissenschaften anschmieren mit ihrem lakritzensüßen
Dreck. Daß die Arbeit stets neue Quelle des Austauschs für den Arbeiter, solange er arbeitsfähig – nämlich nicht des Austauschs schlechthin, sondern des
Austauschs mit dem Kapital – liegt in der Begriffsbestimmung selbst, daß er
nur zeitliche Dispositionen über seine Arbeitsfähigkeit verkauft, also den
Tausch stets wieder von neuem beginnen kann, sobald er das gehörige Maß

übernehmen, müssen sie sich darüber klar sein, daß sie nicht mit Sicherheit in den Genuß sämtlicher Erträge dieses Kapitalbildungsprozesses kommen. Die Feststellung, daß die Interessenlage der Unternehmen sich nicht mit derjenigen der Arbeitskräfte deckt oder einem ganz bestimmten Gesellschaftsbild entspricht, bedeutet natürlich keine Kritik an den Unternehmen ...[43].« Also mischt sich doch in die Reinheit des Begriffes störend der Klassencharakter der kapitalistischen Gesellschaft und die Tatsache ein, daß doch wohl aus einem *Begriff, der keine Existenz hat,* eine »Verzinsung« in Form realen Lohneinkommens nicht abgeleitet werden kann. Der Begriff des Humankapitals ist folglich genauso unsinnig, wie wenn »die Substanz des Auges (als) Kapital des Sehens etc.« angenommen würde. Da die bürgerliche Ökonomie überhaupt keinen Begriff vom Kapital haben kann, ist es ihr auch möglich, diesen Begriff beliebig und willkürlich anzuwenden und die wirklichen Probleme damit abzudecken. Das Jammern über die Unfähigkeit, den Beitrag der Bildung zum Wirtschaftswachstum exakt zu messen – so bezeichnet Abramovitz die nicht erklärte »Restgröße« in der Wachstumsrate als »Maß unserer Unwissenheit«[44] –, wird auch bei noch

---

von Stoff eingenommen, um wieder seine Lebensäußerung reproduzieren zu können. Statt ihre Verwunderung dahin zu richten – und es dem Arbeiter als ein großes Verdienst des Kapitals anzurechnen, daß er überhaupt lebt, also bestimmte Lebensprozesse täglich wiederholen kann, sobald er sich ausgeschlafen und sattgegessen hat –, hätten die schönfärbenden Sykophanten der bürgerlichen Ökonomie ihr Augenmerk vielmehr darauf richten sollen, daß er nach stets wiederholter Arbeit immer nur seine lebendige, unmittelbare Arbeit selbst auszutauschen hat. Was er austauscht gegen das Kapital ist seine ganze Arbeitsfähigkeit, die er, say, in 20 Jahren ausgibt. Statt ihm diese auf einmal zu zahlen, zahlt sie das Kapital dosenweise, wie er sie ihm zur Disposition stellt, sage wöchentlich. Es ändert dies also absolut nichts an der Natur der Sache und berechtigt zu nichts weniger als dem Schlusse, daß ... die Arbeit sein Kapital bildet ...«

Daraus läßt sich ersehen, wie Marx das »Humankapital«-Konzept einschätzt. Demgegenüber vgl. die aus Ignoranz entspringende Unterstellung durch Klaus Hüfner, a. a. O., S. 15: »Auch Karl Marx rechnete in seinem Werk ›Grundrisse‹ ... den Menschen zu stehendem Kapital.« Natürlich hat diese Ignoranz ihre Basis. Hüfner zitiert wie Habermas, wie Weizsäcker und viele andere aus dem Abschnitt über das fixe Kapital die Seite 599, die die Funktion eines Modezitats spielt. Um in der Sprache des »Humankapital-Konzepts« zu bleiben: Mit solchen Zitaten werden die Produkte des eigenen Humankapitals modern eingewickelt, um sie so besser verkaufen zu können.

43 Richard S. Eckaus, a. a. O., S. 73.
44 Moses Abramovitz, Resource and Output Trends in the United States since 1870, New York 1956, S. 11.

so großen Fortschritten in der statistischen Methode – deren Unzulänglichkeiten mit Vorliebe die »Unwissenheit« zugeschoben wird – nicht reduziert werden, wenn als theoretische Kategorien solche Nebelkonstruktionen wie »Humankapital« weiterhin verwendet werden.

Genauso unbegründet aber ist die Gegenüberstellung von »Kosten« und »Erträgen« der Bildung auf der gesamtwirtschaftlichen Ebene ohne Klärung des Reduktionsproblems. Die Argumentation des schon erwähnten »Restgrößenansatzes« verläuft dabei etwa folgendermaßen: Die Wachstumsrate des Nationaleinkommens wird als abhängig von den quantitativen Erweiterungen des Produktionsmittelbestandes und dem Zuwachs an produktiven Arbeitern einerseits (extensive Wachstumsfaktoren) und als abhängig von technischem Fortschritt andererseits (intensive Wachstumsfaktoren) betrachtet. Berechnet man nun den Beitrag der extensiven Faktoren und subtrahiert man die errechnete Wachstumsrate von der festgestellten Wachstumsrate des Nationaleinkommens, so bleibt das »Residuum« übrig. Dieser Rest wird unter anderem auch dadurch zu erklären versucht, daß der Bildung der Individuen, oder allgemeiner: der »Veränderung der Qualifikationsstruktur des Gesamtarbeiters« (Janossy), eine wachstumsfördernde Kraft zugesprochen wird. Als Musterbeispiel eines solchen Vorgehens, in dem auch der direkte Ertragsraten-Ansatz verwendet wird, soll hier die Methode *Denison* zitiert werden (wir beziehen uns dabei – für unseren Zweck ausreichend – auf die Darstellung dieser Methode bei Bodenhöfer): »Denison ermittelt aus den Zensusdaten von 1950 die Relation des durchschnittlichen Einkommens der Absolventen einer bestimmten Erziehungsstufe über alle Altersklassen zur Größe des Bezugseinkommens (= 100) eines Absolventen der ›Elementary School‹ (dies entspräche der durchschnittlich qualifizierten Arbeitskraft – EA), wobei als grobe Korrektur störender Faktoren nur 60 v. H. der Einkommensdifferenzen dem Faktor Erziehung zugerechnet werden. Die derart ermittelten Einkommensrelationen nimmt Denison gleichgewichtsoptimistisch als im Zeitablauf konstant an und versucht nun, den Wachstumsbeitrag zusätzlicher Humankapitalinvestitionen festzustellen. Indem er versucht, für die Jahre 1910, 1920 ... bis 1980 die Verteilung der labor force nach absolvierten Schuljahren auf die durchschnittlichen Einkommen zu bestimmen, führt dann sehr einfach dazu, den Einfluß der zunehmenden Humankapitalinvestitionen pro Kopf auf das Gesamteinkommen zu isolieren und meßbar machen zu können, indem allein die errechnete Zunahme der Durchschnittseinkommen bzw. die äquivalente Zunahme des output aufgrund der höheren erziehungsbedingten Qualifikation mit dem relativen Anteil des Faktors Arbeit am Gesamteinkommen gewichtet wird. Für den Zeitraum von 1929 bis 1957 ergibt sich demnach ein Beitrag der Humankapitalinvestitionen von 0,68 v. H., d. h. von etwa einem Viertel (23 v. H.) zu den 2,93 v. H. durchschnittlichen jährlichen Wachstums des absoluten realen Sozialprodukts ...[45].« Abgesehen von der unreflektierten Terminologie des »Humankapitals« ist hierin die Annahme impliziert, daß erhöhte Bildung ein erhöhtes Nationaleinkommen (= Wertprodukt) erzeugt, also wird gerade das Problematische am Reduktionsprozeß als unproblematisch einfach vorausgesetzt. Ähnlich wie Denison gehen viele andere Bildungsökonomen vor, indem sie von einer *Erhöhung des »Humankapitals«* auf einen *steigenden Beitrag dieses Humankapitals zum Wachstum des Sozialprodukts* rückschließen.

Dies ist noch zusätzlich problematisch deshalb, weil ja das Reduktionsproblem von einer *gegebenen historischen Periode* ausgeht und in dieser *gleichen Periode* verschiedene Arbeiten aufeinander reduziert. In dem beschriebenen Ansatz aber werden Kompliziertheitsstrukturen der Arbeit in *verschiedenen historischen Perioden* miteinander verglichen. Dies ist aber nicht möglich, wenn nicht gerade das vorausgesetzt wird, was ja erklärt werden soll: nämlich Produktivitätssteigerungen oder, anders ausgedrückt, Veränderungen der gesellschaftlich notwendigen Arbeitszeit. Dazu wird unten ausführlicher zu berichten sein.

13.2. Der Ansatz von Harry Maier

Von den erwähnten bildungsökonomischen Ansätzen versucht sich *Harry Maier* prinzipiell abzuheben, indem er sich bei seinen Berechnungen des Beitrags von Bildung zum Wachstum des Nationaleinkommens explizit auf das Reduktionsproblem stützt. »Da die Messung des Beitrags des gestiegenen Bildungsniveaus zum Nationaleinkommen auf der Grundlage der Entwicklung des Arbeitslohnes unserer Auffassung nach sehr problematisch ist (dies richtet sich gegen Schultz und Denison – EA), scheint uns eine Rückbesin-

---

45 H. J. Bodenhöfer, a. a. O., S. 43.

nung auf die Marxsche Konzeption der Reduktion der komplizierten auf einfache Arbeit unbedingt notwendig zu sein . . .[46].« Die
grundlegende Voraussetzung für seinen Versuch bildet folgende
Hypothese: »Die Reproduktionskosten der Arbeitskräfte mit unterschiedlichem Qualifikationsniveau sind hierbei der quantifizierbare
Indikator für die gestiegene wertschaffende Potenz dieser Arbeitskräfte. Hierbei handelt es sich immer um eine grobe Annäherung
an die tatsächlichen Unterschiede in der wertschaffenden Potenz der
Arbeitskräfte mit unterschiedlichem Qualifikationsniveau . . . Eine
Belastung für dieses Verfahren stellt die Unterstellung dar, daß die
wertschaffende Potenz der Arbeitskräfte sich parallel zu den Reproduktionskosten entwickelt. Diese Annahme ist natürlich nur vom
Standpunkt eines längeren Zeitraums akzeptabel, während sie für
kürzere Zeiträume wirklichkeitsfremd ist . . .[47].« Und dann folgt
die Darstellung der von ihm entwickelten Methodik: Er berechnet
die Reproduktionskosten von sechs Kategorien Arbeitskräften
(ungelernte Arbeitskräfte; angelernte Arbeitskräfte; Fachkräfte;
Meister und Techniker; Fachschulabsolventen; Hochschulabsolventen) und dividiert die gesamten Reproduktionskosten bis zum
Eintritt in die produktive Tätigkeit durch die Anzahl der Jahre,
die sie aller Voraussicht nach produktiv tätig sein werden. Die ge-
fundene Größe setzt er nun in Beziehung zu den Reproduktionskosten der ungelernten Arbeitskräfte (= einfache Arbeitskräfte)
und erhält für jede Kategorie der Arbeitskräfte nun ein Multipel
von 1 (= einfache Arbeitskräfte) bis 3,42 (= komplizierteste Arbeitskräfte = Hochschulabsolventen). Der gewichtete Durchschnitt
der Reduktionskoeffizienten aller Arbeitskräftekategorien beträgt
nun für die DDR im Jahre 1958 1,30 und im Jahre 1964 1,36; er ist
also im genannten Zeitraum um 4,6 v. H. gestiegen. »Das heißt«,
so schlußfolgert Maier, »die wertschaffende Potenz des volkswirtschaftlichen Gesamtarbeiters erhöhte sich auf Grund des gestiegenen Bildungsniveaus in diesen Jahren um 4,6 Prozent. Insgesamt
wuchs das Nationaleinkommen in dieser Periode von 62,8 Mrd. M
(1958) auf 81,0 Mrd. M (1964), das heißt um 29 Prozent. Die Erhöhung des Qualifikationsniveaus des volkswirtschaftlichen Ge-

---

46 Harry Maier, Bildungsökonomie als Problem und Aufgabe, in: A. Knauer,
H. Maier, W. Wolter, Bildungsökonomie, Aufgaben – Probleme – Lösungen,
Berlin 1968, S. 53.
47 Harry Maier, a. a. O., S. 54 f.

samtarbeiters in dieser Zeitperiode hat mit also 15,9 Prozent zur Steigerung des Nationaleinkommens beigetragen[48].« Maier warnt vor einem Zu-genau-nehmen des Ergebnisses, doch begründet er diese Warnung vorwiegend mit der unzureichenden volkswirtschaftlichen Kostenrechnung. Wir müssen jedoch unsere Bedenken bereits bei der theoretischen Grundlegung anmelden:

Erstens spricht Maier von den Qualifikationsänderungen als einem *Indikator* für die Steigerung der wertbildenden Potenz. Wenn aufgrund dieses Indikators ein Beitrag der Erhöhung des Qualifikationsniveaus zum Nationaleinkommen von 15,9 v. H. angegeben wird, so wären nun Überlegungen darüber anzustellen, wie die 15,9 v. H. als *Größe des Indikators* in Größenordnungen desjenigen Prozesses transformiert werden können, für die der Indikator steht. Eine solche Berechnung ist ohne diese Transformation, die Maier nicht einmal als notwendig erwähnt, weitgehend aussagelos.

Zweitens können die von Maier angeführten Größen genau umgekehrt interpretiert werden. Vereinfacht lautet seine Argumentation: *Weil die Qualifikationsstruktur sich erhöht hat,* ist das Nationaleinkommen um diesen Prozentsatz höher als es ohne eine solche Erhöhung des Qualifikationsniveaus gewesen wäre. Diese *Beziehung*, die allen bildungsökonomischen Forschungen in der einen oder anderen methodischen oder inhaltlichen Form zugrundeliegt, läßt sich jedoch umkehren: *Weil sich das Nationaleinkommen um diesen oder jenen Prozentsatz erhöht hat,* konnte der Bereich unproduktiver Arbeit im Ausbildungssektor so erweitert werden, daß das durchschnittliche Qualifikationsniveau um diesen oder jenen Prozentsatz angehoben werden konnte. Offensichtlich bedingt sich beides; in welcher Weise, muß gerade geklärt werden. Jedoch ist eines dabei zu berücksichtigen: Die durch Qualifizierung im Ausbildungssektor hervorgerufene *Wertsteigerung des Arbeitsvermögens des Gesamtarbeiters* ist als Bedingung des Gebrauchswertes der Arbeitskraft »*vorausgesetzt* . . ., bestimmt . . . (durch) die Produktionskosten, das Quantum vergegenständlichter Arbeit, wodurch die Arbeitsfähigkeit des Arbeiters *produziert worden ist* . . .«[49]. Wenn also der Ausbildungssektor zur Anhebung der durchschnittlichen Qualifikation des Gesamtarbeiters erweitert werden soll, dann ist dem – bei sonst gleicher Verteilung des Nationaleinkom-

48 Harry Maier, a. a. O., S. 58.
49 Grundrisse, S. 215.

mens in Revenue und Akkumulation – die Steigerung des Nationaleinkommens *vorausgesetzt* und nicht als Ergebnis folgend.

Drittens gilt, wie Marx ausdrückt, die Reduktion von komplizierter auf einfache Arbeit nur im *Wertbildungsprozeß;* in der Gesellschaft der Übergangsperiode oder auch der sozialistischen Gesellschaft ist aber die Produktion von Werten gegenüber der kapitalistischen Form der Kapitalverwertung verändert formbestimmt,
und daher wäre auch genauer zu reflektieren, als es Maier unternimmt, ob nicht durch diese veränderte Formbestimmung der Warenproduktion auch das Reduktionsproblem eine andere – gegenüber der kapitalistischen Gesellschaft – Form annimmt, oder gar
als Problem seine Existenzgrundlage verliert[50]. Demgegenüber ist
selbstverständlich nicht einzuwenden, daß Marx das Reduktionsproblem im »Kapital« im ersten Abschnitt über die Ware, also als
bedeutsam für jede warenproduzierende Gesellschaft, behandelt, da
die weiteren Bestimmungen des Problems gerade bei der Darstellung des kapitalistischen Produktionsprozesses entwickelt werden
(vgl. dazu unten).

Viertens braucht die Kategorie »einfache Arbeit« nicht konstant
zu bleiben. Wird sie nämlich als die in einer bestimmten »Kultur-
epoche« *durchschnittliche* Arbeit bestimmt, dann kann gerade durch
Anhebung der Qualifikation des Durchschnitts eine Abnahme der
Streuung der Reduktionskoeffizienten eintreten, so daß unter Umständen sogar der gewichtete Durchschnitt der Reduktionskoeffizienten aller Arbeitskräfte *abnehmen* kann. Dies geschieht nur dann
nicht, wenn die einfache Arbeit der Basisperiode als einfache Arbeit
der Endperiode gesetzt wird; aber dies widerspricht der Marxschen
Bestimmung der Kategorie der gesellschaftlichen Durchschnittsarbeit.

Der Ansatz von Harry Maier ist demnach also keine Lösung für
die Analyse des Verhältnisses von Bildungsaufwand und Wirtschaftswachstum.

---

50 So schreibt S. G. Strumilin, Die gesellschaftliche Produktivität der Arbeit
und die Methoden ihrer Messung, in: Sowjetwissenschaft – Gesellschafts-
wissenschaftliche Beiträge, H. 12/1962, S. 1327: »Irgendein Reduzieren der
komplizierten auf einfache Arbeit ist im Kommunismus weder erforderlich
noch möglich. Aber auch heute, im Sozialismus, sind die Auseinandersetzungen über die Notwendigkeit des Reduzierens der komplizierten Arbeit nur
Ausdruck der Zählebigkeit des Vergangenen . . .«

2. Durchschnitt und Entwicklung – die Lösung des Reduktionsproblems

Nun wenden wir uns den beiden ersten oben (unter Punkt 12.) gestellten Fragen zu, wieso es erstens zu den Abweichungen verschiedener abstrakter Arbeiten vom Durchschnitt kommen kann und wie dieser Durchschnitt zweitens doch immer wieder hergestellt wird. Dabei ist vorauszuschicken, daß die Kategorie des Durchschnitts nur aus den Abweichungen vom Mittelwert ihren Sinn erhält und nur auf dieser Basis sich das »Gesetz des Durchschnitts«, von dem Marx an vielen Stellen spricht, geltend machen kann. (Es wird hier nicht darauf eingegangen, daß in dieser Frage schwierige methodische Probleme stecken, insbesondere das Verhältnis von »Kapital im Allgemeinen« und Konkurrenz.)

Im Produktionsprozeß ist nur der Gebrauchswert der Arbeit als wertbildende Tätigkeit für den Kapitalisten relevant. Arbeit wird im Kapitalismus *stets* reduziert auf ihre Dimension, wertbildende Potenz, *abstrakte* Arbeit zu sein. Genau wie die einzelnen Arbeitsvermögen trotz aller Formalisierungen individuell verschieden sind, so auch ihre wertbildende Potenz. Geschicklichkeit, Fleiß, Ausdauer, Folgsamkeit usw. sind innerhalb der »Arbeiterrasse« (im Unterschied zur Arbeiterklasse als Ansammlung isolierter Arbeiterindividuen) individuell verschieden und folglich auch ihre wertbildende Potenz, die sich lediglich darin ausdrückt: Verschiedene Arbeiter erstellen unterschiedlich viele Wertquanta. Dies ist jedoch für das Reduktionsproblem nicht relevant, da *erstens* die durchschnittliche gesellschaftlich notwendige Arbeitszeit sich als Gesetz des Durchschnitts hier geltend macht. »Arbeit zählt nur noch nach ihrem Zeitmaß ... jedoch nur, soweit die zur Produktion des Gebrauchswerts verbrauchte Zeit *gesellschaftlich notwendig*« ist[51]. Noch spezifischer für den kapitalistischen Verwertungsprozeß schreibt Marx: »Das *Gesetz der Verwertung* überhaupt realisiert sich also für den einzelnen Produzenten erst vollständig, sobald er als Kapitalist produziert, viele Arbeiter gleichzeitig anwendet, also von vornherein *gesellschaftliche Durchschnittsarbeit* in Bewegung setzt[52].« Es nimmt mit der Entwicklung des Maschinensystems, das

---

51 Das Kapital, Bd. I, S. 204.
52 Das Kapital, Bd. I, S. 339.

die Arbeit unter seine Gesetze »reell subsumiert«[53], die Freiheit
des quantitativen Ausdrucks wertbildender Potenz notwendig ab.
Das tritt schlagend zutage am Fließband, wo Arbeitstempo, Ausdauer usw. schon auf einen – allerdings veränderbaren – Durchschnitt gebracht sind und von dem weder Abweichungen nach unten
noch nach oben zulässig und möglich sind. »Wertbildende Potenz«
hat die Arbeit unter solchen Bedingungen nur als gesellschaftlich
notwendige Arbeit; Unterschiede dieser Potenz können sich unter
solchen Bedingungen jedenfalls nicht entfalten. (Es wäre zu untersuchen, inwieweit der gesellschaftliche Durchschnitt notwendiger
Arbeit, der in unserem Beispiel noch durch den objektiv materialisierten Bedingungszusammenhang des Maschinensystems nicht erst
im Warenaustausch »hinter dem Rücken des Produzenten«, sondern
bereits im Produktionsprozeß selbst hergestellt ist, unter veränderten technologisch-organisatorischen Bedingungen durch Prämien-
und Arbeits- bzw. Arbeitsplatzbewertungssysteme nicht-materiali-
siert, aber sehr effektvoll erzwungen wird!)

   Unter der Annahme, daß in kompliziertere Arbeitskräfte höhere
Bildungskosten eingehen als in einfache Durchschnittsarbeitskräfte,
ist impliziert, daß in dem Maße, wie die komplizierte Arbeit zum
gesellschaftlichen Durchschnitt wird (vgl. Abb. e und f), deren Wertprodukt auf den Durchschnitt sinkt. Obwohl also – in der Regel –
die Kosten der Heranbildung eines Arbeitsvermögens (Wert der
Ware Arbeitskraft) gestiegen sind, liegt deren wertbildende Potenz
um keinen Deut höher als dasjenige der einfachen Arbeit gestern;
die wertbildende Potenz des Analphabeten zu Beginn der Industria-
lisierungsperiode (einfache Durchschnittsarbeit gestern) liegt nicht
niedriger oder höher als die wertbildende Potenz des Arbeiters
heute, der eine achtklassige Volksschule besucht hat (einfache
Durchschnittsarbeit heute), obwohl der Wert der Arbeitskraft entsprechend den höheren Bildungskosten zugenommen hat. Hieraus
ergibt sich, daß durch bloße Qualifizierung der Arbeitskraft kein
höheres Wertprodukt erstellt werden kann – selbst unter der Voraussetzung, die Arbeitsplatzstruktur verlange eine solche Struktur

---

53 Vgl. das Kapitel über das Maschinensystem im Kapital, Bd. I. Sowie
Karl Marx, Resultate des unmittelbaren Produktionsprozesses, Frankfurt/M.
1969, S. 45 ff.

der Arbeitskraft[54]. Dies ist natürlich für die Beurteilung der Konsequenzen und Voraussetzungen von Bildungsinvestitionen, d. h. auch für die Kritik der bildungsökonomischen Theorien, die auf dem Ertragsratenansatz, dem Humankapitalkonzept basieren, von allergrößter Wichtigkeit und gibt ein Instrument an die Hand zur Bestimmung der Grenzen staatlicher Bildungspolitik. Dies muß allerdings unter einem wichtigen – allerdings hier nicht extensiv zu verfolgenden – Gesichtspunkt modifiziert werden. Denn unter dem Aspekt der Ungleichmäßigkeit der Entwicklung im internationalen Zusammenhang des Kapitals ergeben sich die Möglichkeiten zu Extraprofiten, die zu einem Teil auch durch den unterschiedlichen Charakter der Durchschnittsarbeit bedingt sind. Nationale Durchschnittsarbeiten können nämlich voneinander abweichen, etwa in der Weise, daß Durchschnittsarbeit in einem Land A noch komplizierte Arbeit im Land B ist, und daher – Extraprofite im Austausch zwischen A und B erzielt werden können. In einer solchen Situation können tatsächlich auch Bildungskosten zur Anpassung an eine komplizierte Arbeit verlangende Arbeitsplatzstruktur dem Anschein

---

54 Dies nicht zu berücksichtigen ist einer der Haupteinwände gegen die Behandlung des Reduktionsproblems bei Harry Maier. Er schreibt: ». . . vom Standpunkt des Gesetzes der Ökonomie der Zeit, d. h. unter den Bedingungen der Warenproduktion und des Wertgesetzes, wäre es eine Vergeudung gesellschaftlicher Arbeit, wenn die Erhöhung des Ausbildungsaufwandes für eine qualifizierte Arbeitskraft innerhalb eines längeren Zeitraumes nicht gleichzeitig zu einer Erhöhung ihrer wertschaffenden Potenz führen würde. Unter kapitalistischen Bedingungen wird dieser Gesetzmäßigkeit schon damit Geltung verschafft, daß der Kapitalist die Ware Arbeitskraft wegen ihrer wertschaffenden Potenz kauft und nicht wegen ihrer Reduktionskosten. Eine qualifizierte Arbeitskraft, deren wertschaffende Fähigkeit hinter der Expansion ihrer Reproduktionskosten wesentlich zurückbleibt, dürfte unter sonst normalen Umständen und auf die Dauer gesehen kaum Chancen haben, von einem Kapitalisten gekauft zu werden.« (H. Maier, Die Reduktion der komplizierten auf einfache Arbeit im Lichte der Marxschen Werttheorie, in: Probleme der politischen Ökonomie, 1967, S. 158.) Hier ist gerade der Doppelcharakter der Arbeit unberücksichtigt. Im Arbeitsprozeß können konkrete Arbeiten verlangt werden, zu denen die Arbeiter nur befähigt werden können durch höhere, kostspieligere Qualifikationen. Dennoch braucht sich die verbesserte Qualifikation nicht in der Arbeit in einem höheren Wertprodukt zu vergegenständlichen. Es handelt sich dabei absolut nicht um »Vergeudung«; es wird nur den notwendigen Bedingungen des Arbeitsprozesses nachgekommen. Daher auch das Jammern der Kapitalisten über einerseits Mangel an qualifizierten Arbeitskräften, andererseits die »hohen Bildungskosten«. Würden sich höhere Bildungskosten als höheres Wertprodukt auswirken, wäre das Jammern wirklich nicht zu verstehen.

nach sich ›amortisieren‹, da sie ja u. U. Extrapfofite abwerfen. Dies jedoch gehört in einen anderen theoretischen Kontext.

So zeigt es sich, daß im Prozeß der Warenproduktion die Herstellung des Durchschnitts in der Arbeitsverausgabung notwendig angelegt ist. Aber, wie gesagt, dies hat mit dem Reduktionsproblem nichts zu tun; dieses Problem ergibt sich aufgrund *notwendiger* Abweichungen der Arbeitsverausgabung einzelner Arbeitskräfte, bedingt durch den Charakter des Produktionsprozesses selbst. Was der Produktionsprozeß aber verlangt (objektive Produktionsbedingungen), das muß der Arbeiter leisten (subjektive Produktionsbedingungen), so daß auch davon ausgegangen werden kann, daß Abweichungen vom Durchschnitt in der Verausgabung von Arbeitskraft ihre Voraussetzung in Abweichungen der Bildung dieser Arbeitskraft haben muß. Daher schreibt Marx: »Die Arbeit, als die höhere, kompliziertere Arbeit gegenüber der gesellschaftlichen Durchschnittsarbeit gilt, ist die Äußerung einer Arbeitskraft, worin höhere Bildungskosten eingehen, deren Produktion mehr Arbeitszeit kostet und die daher einen höheren Wert hat als die einfache Arbeitskraft. Ist der Wert dieser Kraft höher, so äußert sie sich *daher* auch in höherer Arbeit und vergegenständlicht sich *daher*, in denselben Zeiträumen, in verhältnismäßig höheren Werten. Welches jedoch immer der Gradunterschied zwischen Spinnarbeit und Juwelierarbeit, die Portion Arbeit, wodurch der Juwelenarbeiter nur den Wert seiner eigenen Arbeitskraft ersetzt, unterscheidet sich qualitativ in keiner Weise von der zusätzlichen Portion Arbeit, wodurch er Mehrwert schafft. Nach wie vor kommt der Mehrwert nur heraus durch einen quantitativen Überschuß von Arbeit, durch die verlängerte Dauer desselben Arbeitsprozesses . . .« Hier wird von Marx ein Problem angesprochen, das die bisher gemachten Unterscheidungen allerdings fragwürdig macht: Kompliziertere Arbeit gilt als Äußerung einer Arbeitskraft von höherem Wert, die sich *daher* auch in höherer Arbeit und *daher* auch verhältnismäßig höheren Werten vergegenständlicht. Hat also die Bildungsökonomie, deren Rationale gerade die Identifizierung ist, recht? Sie hat natürlich nicht recht. Denn wenn von der Reduktion komplizierter auf einfache Arbeit die Rede ist, dann ist immer die *gleiche Zeitepoche* gemeint. Andererseits aber, und dies erschwert so sehr das Verständnis, ist klar geworden, daß Kompliziertheit der Arbeit insbesondere durch überdurchschnittliche Bildungskosten ermöglicht wird. Was liegt nun näher als die Annahme, daß das Wertprodukt einer Arbeitsstunde mit dem Ausmaß der Qualifizierung der Arbeitskraft steigt? Nichts ist aber falscher als eine solche Annahme! *Denn das Wertprodukt der durchschnittlichen einfachen Arbeitsstunde heute ist gleich dem Wertprodukt einer durchschnittlichen einfachen Arbeitsstunde gestern oder morgen.* Es ist dabei für die wertbildende Potenz ganz gleichgültig, ob diese Durchschnittsarbeit jeweils ganz andere Qualifikationsprozesse voraussetzt oder nicht. *Durchschnittsarbeit ist in bezug auf ihre wertbildende Potenz immer gleich, so gewaltig sich die jeweiligen Durchschnittsarbeiten nach ihrem konkreten Charakter und dem ihnen vorausgesetzten Wert der Arbeitskraft auch in »verschiednen Ländern und Kulturepochen« unterscheiden mögen.* Also gilt grundsätzlich: Die gesellschaftliche Durchschnittsarbeit heute ist in bezug auf ihren konkreten Charakter nicht gleich der gesellschaftlichen Durchschnittsarbeit gestern und morgen. Der Wert einer durchschnittlichen Arbeitskraft heute ist ebenfalls vom Wert einer durchschnittlichen Arbeitskraft gestern und morgen verschieden.

Aber das Wertprodukt einer durchschnittlichen Arbeitsstunde heute ist gleich dem Wertprodukt einer durchschnittlichen Arbeitsstunde gestern und morgen.

Schematisch lassen sich diese Verhältnisse in folgenden vier Abbildungen auf S. 96 verdeutlichen:

In Abb. a ist die zeitliche Entwicklung des Werts der Arbeitskraft eingetragen. Dabei ist vorausgesetzt, daß der sinkende Wert der Lebensmittel, die in die Konsumtion der Arbeiterklasse eingehen, durch steigende Qualifikationskosten überkompensiert wird (ob dies der Fall ist, kann nur empirisch nachgewiesen werden). Weiter ist vorausgesetzt, daß die Arbeit des Lehrers im Qualifikationsprozeß immer den gleichen Kompliziertheitsgrad im Verhältnis zur einfachen Durchschnittsarbeit hat. Wäre dies nicht der Fall, dann müßte die Kurve flacher verlaufen, wenn der Multiplikator, mit dem das Produkt einfacher Arbeit multipliziert werden müßte, um auf das Produkt der Arbeit des Lehrers zu kommen, im Zeitverlauf sinken würde; und sie müßte im umgekehrten Fall steiler verlaufen.

In Abb. c wird zu zeigen versucht, daß das Wertprodukt der einfachen Durchschnittsarbeit immer gleich bleibt, und zwar gleichgültig, wie hoch der Wert der durchschnittlichen Arbeitskraft (Abb. a), und gleichgültig, wie groß die Gebrauchswertmasse, die in einer bestimmten Zeiteinheit produziert wird (Abb. d)! Die Erklärung für all dies kann Abb. b vermitteln: Das Wertprodukt der

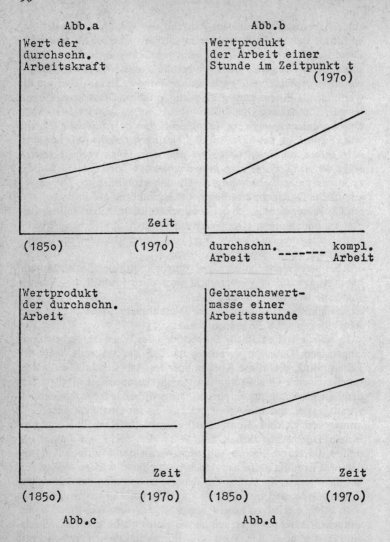

Abb.a

Wert der
durchschn.
Arbeitskraft

Zeit

(1850)   (1970)

Abb.b

Wertprodukt
der Arbeit einer
Stunde im Zeitpunkt t
(1970)

durchschn. ------- kompl.
Arbeit   Arbeit

Wertprodukt
der durchschn.
Arbeit

Zeit

(1850)   (1970)

Abb.c

Gebrauchswert-
masse einer
Arbeitsstunde

Zeit

(1850)   (1970)

Abb.d

komplizierten Arbeitsstunde ist höher als das Wertprodukt einer einfachen Arbeitsstunde, und dies immer bezogen auf einen bestimmten Zeitpunkt t, z. B. 1970 oder 1850. Was der Wert durchschnittlicher Arbeit ist – und der hängt ja auch von der Qualifikation ab –, wird in Abb. a angedeutet. Es ist gleichgültig, welcher Qualifikation die einfache Durchschnittsarbeit ist, ihr Wertprodukt ist in jedem Zeitpunkt gleich (Abb. c). Nur Abweichungen von der einfachen Arbeit im Sinne komplizierter Arbeit zählen als höheres Wertprodukt (Abb. b). Wird die komplizierte Arbeit jedoch im Zeitpunkt t zur einfachen Durchschnittsarbeit im Zeitpunkt t_1, so reduziert sich ihr überdurchschnittliches Wertprodukt im Zeitpunkt t auf das durchschnittliche im Zeitpunkt t_1. Dies geht genau aus einer Betrachtung der Abb. a und c hervor.

Versuchen wir nun diesen letzten Gedanken ebenfalls schematisch in Form einer Abbildung festzuhalten.

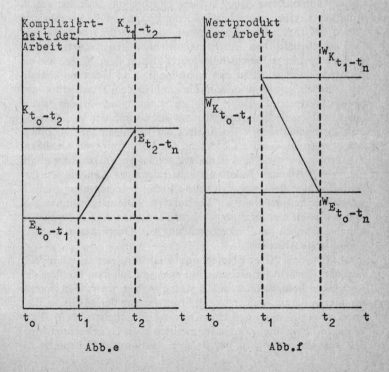

Abb. e   Abb. f

In Abb. e wird gezeigt, wie sich das Niveau einfacher Durchschnittsarbeit im Zeitablauf von t_1 nach t_2 auf ein Niveau hebt,
das vor dem Zeitpunkt t_2 für komplizierte Arbeit kennzeichnend
gewesen ist. Die komplizierte Arbeit des Zeitraums t_0 bis t_2 wird
folglich ab t_2 zu einfacher Durchschnittsarbeit. Was bedeutet dies
nun für die wertbildende Potenz? Das Wertprodukt einfacher
Durchschnittsarbeit W_E ist im Zeitraum t_0 bis t_n, also unter kapitalistischen oder warenproduzierenden Bedingungen, immer gleich.
Wenn nun vom Zeitpunkt t_1 bis zum Zeitpunkt t_2 ein Prozeß ab-
läuft, in dem die komplizierte Arbeit K zu einfacher Durchschnittsarbeit E wird, muß auch das Wertprodukt der komplizierten Arbeit
W_K auf den Wert W_E sinken.

Das überdurchschnittliche Wertprodukt der komplizierten Arbeit
wird in dem Maße reduziert, wie die es erstellende Arbeit zum
gesellschaftlichen Durchschnitt wird. Zu fragen wäre hier allerdings,
ob jede komplizierte Arbeit auf den Durchschnitt einfacher gesellschaftlicher Arbeit gebracht wird. Zum Beispiel ist die komplizierte
Arbeit des Ingenieurs bisher immer komplizierte Arbeit, da über
dem gesellschaftlichen Durchschnitt stehend. Komplizierte Arbeit
wird zu einfacher Durchschnittsarbeit also in dem Maße, wie sie
verallgemeinert wird. Ist dies nicht der Fall, so bleibt sie komplizierte Arbeit, erstellt also weiterhin ein über dem Durchschnitt ste-
hendes Wertprodukt. Dabei bleibt zu beachten, daß sich der Prozeß
der Verallgemeinerung komplizierter Arbeit und der Veränderung
der Durchschnittsarbeit als Moment der kapitalistischen Akkumulation vollzieht, nicht als Moment der Entfaltung von Qualifikationsprozessen; diese sind ja nur die abhängige Variable der unabhängigen Variablen: Akkumulationstendenz des Kapitals. Zu fragen wäre hier, inwieweit sich solche Verallgemeinerungen zyklisch
vollziehen, beispielsweise im Verlauf von Rationalisierungswellen,
und inwieweit hier auch umgekehrte Tendenzen eine Rolle spielen
können, nämlich die Rückverwandlung von Durchschnittsarbeit in
komplizierte Arbeit.

Das Ergebnis dieser Überlegungen stellt sich jetzt als relativ einfach dar. Die Schwierigkeiten und Fehler, die mit dem Problem der
Reduktion komplizierter auf einfache Arbeit verbunden waren,
resultieren daraus, daß erstens die Bestimmung der gesellschaftlich
notwendigen Zeit des einfachen Durchschnittsarbeiters als Maß der
Werte nicht beachtet worden ist, zweitens nicht berücksichtigt wird,
daß komplizierte Arbeit nur in einer bestimmten Zeitepoche als

Multipel einfacher Arbeit bei der Wertbestimmung zählt, nicht aber im Zeitablauf. Diese beiden Voraussetzungen akzeptiert, stellt sich das Reduktionsproblem tatsächlich nur als ein technisches.

Zum Schluß aber wollen wir uns noch die Frage vorlegen, welche Konsequenzen für die Mehrwertrate sich aus dem Unterschied von einfacher und komplizierter Arbeit ergeben. Zur Beantwortung dieser Frage setzen wir ein bei der Betrachtung der Unterscheidung von Arbeits-, Wertbildungs- und Verwertungsprozeß. Vergleichen wir den *Wertbildungsprozeß* mit dem *Arbeitsprozeß*, so besteht der letztere in der nützlichen Arbeit, die Gebrauchswerte produziert. Die Bewegung wird hier qualitativ betrachtet, in ihrer besonderen Art und Weise, nach Zweck und Inhalt. Derselbe Arbeitsprozeß stellt sich im Wertbildungsprozeß nur von seiner quantitativen Seite dar. Es handelt sich hier nur noch um die Zeit, welche die Arbeit zu ihrer Operation braucht, oder um die Dauer, während deren die Arbeitskraft nützlich verausgabt wird ... die Arbeit zählt nur nach ihrem Zeitmaß[55] ... Hier sind all die Entwicklungen, die vorher von Marx gebracht worden sind, unmittelbar anwendbar; selbstverständlich auch die Unterscheidung von komplizierter auf einfache Arbeit. In den Wertbildungsprozeß geht komplizierte Arbeit mit einem Multipel einfacher Arbeit ein, sie erzeugt in der gleichen Zeiteinheit ein Multipel des Wertprodukts einfacher Arbeit. Vergleichen wir nun aber Wertbildungs- und Verwertungsprozeß, »so ist der *Verwertungsprozeß* nichts als ein über einen gewissen Punkt hinaus verlängerter Wertbildungsprozeß. Dauert der letztere nur bis zu einem Punkt, wo der vom Kapital gezahlte Wert der Arbeitskraft durch ein neues Äquivalent ersetzt ist, so ist er einfacher Wertbildungsprozeß. Dauert der Wertbildungsprozeß über diesen Punkt hinaus, so wird er Verwertungsprozeß[56].« Wenn komplizierte Arbeit im Wertbildungsprozeß mit einem Multipel einfacher Arbeit anzusetzen ist, dann gilt dies selbstverständlich auch im Verwertungsprozeß. Erzeugt eine einfache Arbeitskraft in einer Arbeitsstunde den Gegenwert von DM 10,–, so in acht Stunden einen Gegenwert von DM 80,–. Erzeugt eine komplizierte Arbeitskraft in einer Stunde den Gegenwert von DM 20,–, so in acht Stunden einen Gegenwert von DM 160,–. Ist der Wert der einfachen Arbeitskraft auf dem Arbeitsmarkt für einen Tag gleich DM 40,–, so kann sie

---

55 Das Kapital I, S. 204.
56 Das Kapital I, S. 203 f.

ihren Wert in der Arbeitszeit von vier Stunden reproduzieren. Bis
zu diesem Punkt dauert der Wertbildungsprozeß. Da sie aber acht
Stunden arbeitet, produziert diese Arbeitskraft einen Mehrwert von
DM 40,–. Der Arbeitstag ist demnach geteilt in einen notwendigen
Teil und in den Mehrarbeitsteil. Das gleiche qualitative Verhältnis
aber gilt auch bezüglich der komplizierten Arbeit. Auch ihr Arbeitstag teilt sich in notwendige Arbeitszeit und Mehrarbeitszeit. Unter
der Annahme, daß in die Produktion einer Arbeitskraft, die komplizierte Arbeit leistet, höhere Bildungskosten eingegangen sind, ist
ihr Wert höher als derjenigen der einfachen Arbeitskraft, d. h.
würde ihre wertbildende Potenz gleich derjenigen einer einfachen
Arbeitskraft sein und würde die Arbeitskraft zu ihrem Wert bezahlt, dann wäre ihre Reproduktionszeit im Verwertungsprozeß
höher und die Mehrarbeitszeit für den Kapitalisten geringer. Aber
ihre wertbildende Potenz ist – vorausgesetzt Arbeitsmittel und Arbeitsgegenstände lassen dies zu, vorausgesetzt also, die *objektiven
Produktionsbedingungen entsprechen den subjektiven Produktionsbedingungen* – auch höher als die der einfachen Arbeitskraft, und
daher ändert sich an dem Verhältnis von notwendiger und Mehrarbeitszeit nichts wesentliches. »Welches jedoch immer der Gradunterschied zwischen Spinnarbeit und Juwelierarbeit, die Portion
Arbeit, wodurch der Juwelenarbeiter nur den Wert seiner eigenen
Arbeitskraft ersetzt, unterscheidet sich qualitativ in keiner Weise
von der zusätzlichen Portion Arbeit, wodurch er Mehrwert schafft.
Nach wie vor kommt der Mehrwert nur heraus durch einen quantitativen Überschuß von Arbeit, durch die verlängerte Dauer desselben Arbeitsprozesses, in dem einen Fall Prozeß der Garnpro-
duktion, in dem anderen Fall Prozeß der Juwelenproduktion. –
Andererseits muß in jedem Wertbildungsprozeß die höhere Arbeit
stets auf gesellschaftliche Durchschnittsarbeit reduziert werden,
z. B. ein Tag höherer Arbeit auf x Tage einfacher Arbeit. Man erspart
also eine überflüssige Operation und vereinfacht die Analyse durch
die Annahme, daß der vom Kapital verwandte Arbeiter einfache
gesellschaftliche Durchschnittsarbeit verrichtet[57].« Anders herge-
leitet: Das Wertprodukt komplizierter Arbeit ist in jeder kleinsten
Zeiteinheit ein Vielfaches des Wertprodukts einfacher Arbeit. Bei
gegebener durchschnittlicher Mehrwertrate können daher auch

---

57 Das Kapital I, S. 206 f.

keine Unterschiede hinsichtlich der Mehrwertrate auftauchen. Ist die Mehrwertrate 100% und ist das Wertprodukt der einfachen Arbeit 100, so ist die Mehrwertmasse 50. Ist das Wertprodukt der komplizierten Arbeit 200, so ist die Mehrwertmasse 100. Und: Ist das Wertprodukt jeweils gegeben und teilt sich der Arbeitstag eines jeden Arbeiters in einem gegebenen Verhältnis in notwendige und Mehrarbeitszeit ein, dann ist auch die Mehrwertrate für alle Arbeiter gleich, da die höhere wertbildende Potenz der komplizierten Arbeit ja für jede Minute und Sekunde des Arbeitstages gilt, also gleicherweise für notwendige und Mehrarbeitszeit. Bestehen verschiedene Mehrwertraten bei verschiedenen Einzelkapitalen, so kann dies jedenfalls nicht an der Kompliziertheitsstruktur der angewandten Arbeit liegen, sondern muß seine Ursache in anderen Gründen haben.

3. *Zum Zusammenhang von Reduktionsproblem und der Problematik produktiver und unproduktiver Arbeit*

Wir sind im Verlauf dieser Untersuchung mehrmals auf einen zirkulären Zusammenhang gestoßen, der folgendermaßen formuliert werden kann: Das Arbeitsvermögen wird im Ausbildungssektor qualifiziert. Dieser Qualifikationsprozeß verursacht Kosten, die in den Wert der Arbeitskraft eingehen. Der Gebrauch dieses Arbeitsvermögens im produktiven Sektor, die Arbeit, erzeugt Werte, aus deren insgesamt erzeugter Masse auch der Ausbildungssektor alimentiert werden muß. Das Verhältnis von (unproduktivem) Ausbildungssektor und produktivem Sektor ist dabei unter dem Aspekt der produktiven und unproduktiven Arbeit im Kapitalismus zu betrachten; die Arbeit im produktiven Sektor in bezug auf ihre wertbildende Potenz. Sowohl Rosdolsky als auch Harry Maier gehen nun davon aus, daß die qualifizierte Arbeitskraft, deren Bildung überdurchschnittlich hohe Kosten verursacht hat, im Wertbildungsprozeß sich als komplizierte Arbeit, also mit überdurchschnittlich hoher wertbildender Potenz, äußert, so daß dadurch auch gewährleistet ist, daß sie die auf sie verausgabten höheren Kosten des unproduktiven Sektors durch höhere wertbildende Potenz im produktiven Sektor wettmacht. So schreibt Harry Maier (vgl. auch Zitat von Rosdolsky, in diesem Text Anm. 16): Komplizierte und einfache Arbeit stehen weder in einem physiologisch noch technologisch, sondern in einem ökonomisch bestimmten

Verhältnis. Dieses ökonomisch bestimmte Verhältnis besteht darin, daß die qualifizierte Arbeitskraft, deren wertbildende Arbeit komplizierte Arbeit darstellt, zu ihrer Reproduktion einen größeren Teil der gesellschaftlichen Gesamtarbeit bedarf als die unqualifizierte Arbeitskraft, deren wertbildende Arbeit die einfache Arbeit darstellt. Gleichzeitig stellt aber die von der qualifizierten Arbeitskraft im Wertbildungsprozeß verausgabte komplizierte Arbeit einen größeren Anteil an der gesellschaftlichen Gesamtarbeit dar als die von der unqualifizierten Arbeitskraft im Wertbildungsprozeß verausgabte einfache Arbeit, weil die qualifizierte Arbeitskraft eine entsprechend höhere wertbildende Potenz besitzt als die unqualifizierte Arbeitskraft[58]. Auch Marx formuliert diesen zirkulären Zusammenhang in folgender hier bereits ausführlich zitierten Passage: »Die Arbeit, die als höhere, kompliziertere Arbeit gegenüber der gesellschaftlichen Durchschnittsarbeit gilt, ist die Äußerung einer Arbeitskraft, worin höhere Bildungskosten eingehen, deren Produktion mehr Arbeitszeit kostet und die daher einen höheren Wert hat als die einfache Arbeitskraft. Ist der Wert dieser Kraft höher, so äußert sie sich *daher* auch in höherer Arbeit und vergegenständlicht sich *daher,* in denselben Zeiträumen, in verhältnismäßig höheren Werten[59].« Hiermit ist ausgedrückt, daß verschiedene Arbeiten sich zugleich nach zwei Seiten hin unterscheiden: Sie setzen verschieden qualifizierte Arbeitskräfte voraus und daher auch verschieden hohen Wert der jeweiligen Arbeitskraft, und aufgrund dieser Unterschiede im Wert – soweit sie durch unterschiedliche Bildungskosten bedingt sind! – ergeben sich Unterschiede in den Äußerungen dieser Arbeitskräfte, in ihrer verhältnismäßigen wertbildenden Potenz. Dies ist der Zusammenhang, auf den wir schon bei der Diskussion des physiologischen Ansatzes zur Lösung des Reduktionsproblemes hingewiesen haben. Wir sehen nun aber, daß darin ein Zirkel impliziert ist, was die Beziehung zwischen Wert der Arbeitskraft und wertbildender Potenz anbelangt.

So zeigt es sich, daß Qualifikation der Arbeitskraft und Kompliziertheit der Arbeit zwar scharf unterschieden, aber keinesfalls isoliert werden dürfen. Über diesen zirkulären Zusammenhang sind sie miteinander vermittelt. Es handelt sich hierbei darum, daß Arbeitskraft und Arbeit scharf auseinandergehalten werden müs-

58 Harry Maier, Die Reduktion . . ., a. a. O., S. 155.
59 Karl Marx, Das Kapital, Bd. I, S. 208, vgl. auch MEW Bd. 25, S. 151.

QUALIFIKATION DER ARBEITSKRAFT ...

sen, aber dennoch nicht unabhängig voneinander sind.

Es wäre aber falsch, aus diesen Ausführungen zu schließen, daß durch den bezeichneten zirkulären Zusammenhang die Bildungskosten in jedem Fall wieder »hereinkommen«, da ja die höher qualifizierten Arbeitskräfte sich als komplizierte Arbeit äußern, also auch ein höheres Wertprodukt erstellen. Denn erstens ist nicht gewährleistet, daß die qualifizierten Arbeiter auch produktiv arbeiten, also Werte erstellen und nicht verzehren. Zweitens ist nicht sichergestellt, daß qualifizierte Arbeitskräfte auch komplizierte Arbeit leisten, da ja diese Bedingung vom Kapital gesetzt ist und nicht vom subjektiven Vermögen der Arbeitskräfte. Drittens ist überhaupt nicht durch diesen zirkulären Zusammenhang ausgedrückt, daß Wert der Arbeitskraft und wertbildende Potenz entsprechend den Unterschieden in den Bildungskosten korrelieren. Und viertens bleiben die Ergebnisse, daß komplizierte Arbeit nur als Abweichung vom Durchschnitt zählt, also die Veränderung der Qualifikationsstruktur auch durch generell steigende Bildungskosten sich nicht als Erhöhung der wertbildenden Potenz im Zeitablauf ausdrückt, davon unberührt.

Kapitel 2: Humankapital als Bestandteil des gesellschaftlichen Kapitalstocks: Ansätze zur theoretischen und empirischen Bestimmung des immateriellen Kapitals

Theodore W. Schultz:

Das langfristige Wachstum des Humankapitals in den Vereinigten Staaten[1]

Investitionen in das Humankapital (investment in human capital) sind ein wichtiges und charakteristisches Merkmal der Wirtschaft[1a]. Man investiert in Menschen; diese Investitionen haben ein beträchtliches Ausmaß angenommen, so daß die Kenntnis des auf diese Weise gebildeten Humankapitals für ein Verständnis des wirtschaftlichen Wachstums von grundlegender Bedeutung ist. Eine hauptsächliche Quelle dieses Humankapitals ist die Ausbildung.

Ausbildung als eine Tätigkeit zu betrachten, die menschliches Kapital entfaltet, heißt nicht, ihre kulturellen Zielsetzungen zu verringern[2]; aber neben ihren anderen Effekten sind es vor allem die Kenntnisse und Qualifikationen, die für die wirtschaftlichen Zielsetzungen nutzbringend sind. Wirtschaftlicher Fortschritt hängt weitgehend von diesen Effekten ab. Zweifellos ist Unwissenheit das allgemeinste Hemmnis wirtschaftlichen Wachstums. Investitionen in

---

1 Theodore W. Schultz: Rise in the Capital Stock Represented by Education in the United States, 1900–57. In: Selma J. Mushkin (Hrsg.): Economics of Higher Education. U.S. Department of Health, Education, and Welfare. Washington, D.C., 1962 (United States Government Printing Office), S. 93–101. Der vorliegende Beitrag stützt sich auf Theodore W. Schultz's Aufsatz »Education and Economic Growth«. In: Nelson B. Henry (Hrsg.): Social Forces Influencing American Education, National Society for the Study of Education, 60th Yearbook, Part II, 1961 (University of Chicago Press). Übersetzt (von Doris M. Fittler) und wiederabgedruckt mit freundlicher Genehmigung des Verfassers und des Herausgebers.
1a Theodore W. Schultz, Investment in Human Capital. *American Economic Review,* 51: 1–17, März 1961.
2 Dieser Gesichtspunkt muß wegen der weitverbreiteten Sorge, die auftaucht, sobald Ausbildung zum Gegenstand einer ökonomischen Analyse gemacht wird, hervorgehoben werden. Ich habe mich sehr bemüht, dieser Sorge Rechnung zu tragen, wie aus meinem Aufsatz »Investment in Man: an Economist's View«, *Social Service Review,* 33: 109–117, Juni 1959, ersichtlich ist; ebenfalls aus Arbeiten neueren Datums, die im folgenden zitiert werden.

Qualifikationen und Kenntnisse sind zur Erzielung einer optimalen Wachstumsrate unerläßlich[3].

Ausbildung hat verschiedene meßbare Dimensionen, die je nach dem Zweck der Messung variieren. Eine Dimension ist beispielsweise der Schulbesuch; eine andere die Dauer der abgeschlossenen Ausbildung in Jahren und die Zahl der die Primar-, Sekundar- und Hochschule absolvierenden Schüler. Eine weitere Art, Ausbildung zu messen, besteht in der Feststellung der effektiven Ausbildungskosten[4]. Es ist durchaus sinnvoll, Ausbildung als etwas Meßbares zu betrachten.

Wirtschaftstheoretiker heben stets auf die Unterscheidung von *Strom*- und *Bestandsgrößen* ab. Investitionen sind eine Stromgröße; Anlagen und Ausrüstungsgüter sind Bestandsgrößen. Boden ist eine Bestandsgröße; die produktive Leistung, die er erbringt, ist ebenso wie Miete eine Stromgröße. Stärke, Zusammensetzung und Leistungsfähigkeit des Arbeitspotentials stellen eine Bestandsgröße dar; die Arbeit dagegen, die in einer Stunde oder in einer Woche geleistet wird, ist ebenso wie Gehälter und Löhne eine Stromgröße. Alle Inputs sind Stromgrößen, ob sie nun das Ergebnis menschlicher Anstrengung oder die durch materielle Mittel erzielten Leistungen sind. Natürliche Ausstattung (Boden), reproduzierbares materielles Kapital (Anlagen, Ausrüstung und Inventar) und Arbeitskräfte – all das sind Bestandsgrößen.

Die Beziehungen zwischen der Vermehrung des Kapitalstocks als eines Vermögensbestandes und der entsprechenden Vermehrung des Leistungsertrags sind sehr kompliziert[5]. Dinge, die sich nur hinsichtlich ihrer Lebensdauer unterscheiden, können verschiedene Wertbestände darstellen, obwohl ihr jährlicher Leistungsertrag derselbe ist. Man betrachte zwei Ingenieure, die beide gleich tüchtig sind und während eines bestimmten Jahres dasselbe Quantum an Ingenieurarbeit leisten. Ihre jeweiligen Leistungen als Ingenieure während dieses Jahres sind dieselben, obgleich sie vom Standpunkt des Bestandes an technischem Leistungsvermögen sehr unterschiedlich sein können, da der eine von ihnen vielleicht ein junger Mann

3 Branko Horvat, The Optimum Rate of Investment. *Economic Journal*, London, 68: 747–767, Dezember 1958.
4 Theodore W. Schultz. Capital Formation by Education. *Journal of Political Economy*, 68: 571–583, Dezember 1960.
5 Trygve Haavelmo. *A Study in the Theory of Investment*. University of Chicago Press, 1960, S. 12–17.

ist, der gerade am Beginn seiner Laufbahn steht und noch ein langes produktives Arbeitsleben vor sich hat, während der andere alt ist und das letzte Jahr vor seinem Ruhestand arbeitet. Für die Beurteilung des Bestandes an technischem Leistungsvermögen ist deshalb das Alter der Ingenieure wichtig.

Ausbildung ist langlebiger als die meisten Formen nicht-menschlichen reproduzierbaren Kapitals (non human reproducible capital). Eine Sekundarschulausbildung z. B. wird einem Menschen sein Leben lang zugute kommen, und vierzig Jahre oder mehr davon bringt er wahrscheinlich mit produktiver Arbeit zu. Die produktive Lebensdauer des meisten nicht-menschlichen Kapitals ist viel kürzer. Ausbildung kann sich steigern, weil sie beständig ist, und die Tatsache, daß sie eine relativ lange Lebensdauer hat, bedeutet, daß eine gegebene hohe Investition den Bestand stärker vermehrt als eine gleich hohe Investition dies bezeichnenderweise beim Bestand nicht-menschlichen Kapitals bewirkt.

In den Vereinigten Staaten haben Jugendliche, die in das Erwerbsleben eintreten, im Durchschnitt eine längere Ausbildung genossen als ältere Beschäftigte. Wenn die in das Erwerbsleben eintretenden Jugendlichen länger ausgebildet sind als die alten, die in den Ruhestand treten, steigt der Wert des Bildungskapitals des Arbeitspotentials, selbst wenn sich die Zahl der Arbeiter nicht ändert. Dies war in den Vereinigten Staaten langfristig der Fall. Besaßen noch um 1900 die jüngeren Arbeiter nur wenig mehr Ausbildung als die älteren, so wurde mit der Zeit dieser Unterschied immer größer, sehr zum Vorteil der jüngeren Jahrgänge. Demnach gewinnt der Bestand an geistigem Kapital (stock of education) auf zweierlei Weise an Wert hinzu: 1. Das Ausbildungsniveau der Bevölkerung steigt und 2. ein größerer Anteil der Gesamtbildung als früher entfällt auf die jüngeren Arbeiter.

Wozu soll der Bestand an geistigem Kapital geschätzt werden?

Schätzungen des Bestandes an geistigem Kapital mögen jenen, die sich mit Ausgaben für Schulräume und Lehrergehälter befassen, veraltet und akademisch erscheinen. Es gibt jedoch Probleme, die nur durch die Kenntnis des Bestandes an geistigem Kapital gelöst werden können: Wie hoch ist unsere wissenschaftliche und technische Leistungsfähigkeit und wie hoch sind ihre Wachstumsraten? Wir ersinnen ständig bessere Methoden zur Erfassung von Inventar,

Anlagen, Ausrüstungen, natürlichen Ressourcen und anderen Formen des Kapitals, weil dies für die Feststellung von Veränderungen nötig ist. In ähnlicher Weise wird man sich auch mehr und mehr der Notwendigkeit bewußt, die Veränderungen im Bestand menschlicher Leistungsfähigkeit zu erkennen[6].

Vergleiche zwischen den Qualifikationen und Kenntnissen der verschiedenen Länder sind in der Regel auf grobe Schätzungen des Bestandes an geistigem Kapital angewiesen. Folgendes soll dies veranschaulichen: In den Vereinigten Staaten stieg die Zahl der Personen mit höherer oder Hochschulausbildung im Verhältnis zur Zahl der Arbeitskräfte. Diese Art von Fortschritt im Ausbildungsbereich war auch in einigen anderen Ländern zu verzeichnen. Und doch ist es beeindruckend, wie sich die Fortschrittsraten von Land zu Land unterscheiden. Die westeuropäischen Länder liegen diesbezüglich hinter den Vereinigten Staaten, während Japan und neuerdings auch die Sowjetunion, die beide von einem viel niedrigeren Niveau ausgingen, schneller wuchsen als die Vereinigten Staaten. Überdies ist es durchaus möglich, daß das Ausbildungsniveau der Arbeitskräfte sinkt, wie dies in den vergangenen Jahren in Ostdeutschland hauptsächlich als Folge beträchtlicher Abwanderungen von Ärzten, Lehrern, Rechtsanwälten und qualifizierten Technikern der Fall war. Auch Israels einmaliges Einwanderungsmodell ist aufschlußreich. Nach Israel kam eine große Zahl hochqualifiziert ausgebildeter Arbeitskräfte. Aber es waren nicht genügend höhere Schulen vorhanden, um die Jugend auf die Hochschulen vorzubereiten und somit das hohe Ausbildungsniveau, das durch die Einwanderung qualifizierter Leute entstanden war, zu halten. Daher bestand bis zu dem Zeitpunkt, da genügend höhere Schulen, Hochschulen und Universitäten bereitgestellt waren, durchaus die Möglichkeit, daß das Ausbildungsniveau des Arbeitspotentials fallen würde.

Der Wirtschaftstheoretiker läßt internationale und andere Vergleiche beiseite und wendet sich dem Humankapital zu, um herauszufinden, ob Veränderungen im Bestand dieses Kapitals bei dem ansonsten weitgehend unerklärten Wachstumszuwachs eine Rolle

---

6 Es gibt bereits umfangreiches Literaturmaterial über geistige Ressourcen, Talente und Qualifikationen sowie über den Bedarf und das Angebot an wissenschaftlichen und anderen Arbeitskräften.

spielen. Nach Lage der Dinge scheint der Zuwachs an nicht-
menschlichem Kapital in Verbindung mit Arbeitsstunden nur einen
geringen Bruchteil des Zuwachses an Volkseinkommen zu erklären[7].

Drei Maßstäbe für den Bestand an geistigem Kapital

Die im folgenden behandelten alternativen Maßstäbe sind in dieser Phase nur Anhaltspunkte für das, was wir suchen. Es handelt
sich zwangsläufig nur um einen Werkstattbericht. Zuerst untersuchen wir das Konzept eines *absolvierten Schuljahres* (year of
schooling completed) als Meßeinheit. Die auf dieses Konzept ge-
gründeten Bundesstatistiken sind ohne weiteres verfügbar und werden allgemein benützt. Als nächstes legen wir ein Äquivalentschul-
jahr (equivalent year of schooling completed) zugrunde, das vom
Jahr 1940 ausgeht, als der durchschnittliche Schulbesuch 152 Tage
betrug. Als drittes entwickeln wir den Maßstab, dem die *effektiven
Kosten eines Schuljahres* (real cost of a year of schooling) zugrundeliegen.

Absolvierte Schuljahre

Obgleich »absolvierte Schuljahre« eine geeignete Meßeinheit darstellen, verhält es sich damit genauso wie mit Boden, den man einfach in Hektar ausmißt, ohne seine verschiedenen Besonderheiten
zu berücksichtigen; ein Hektar wenig ertragreichen Ödlandes und
ein Hektar hochergiebigen, bewässerten Landes werden einfach zu-
sammengezählt. Ebenso können wir die Ausbildung einer Bevölkerung ermitteln, indem wir die absolvierten Schuljahre zählen, so
wie man etwa Hektar, Häuser oder Traktoren zählt.

Tabelle 1 gibt die Ergebnisse solch einer Ausbildungszählung
wieder. Sie zeigt, daß die Zahl der absolvierten Schuljahre pro Einwohner zwischen 1900 und 1957 um ungefähr zwei Fünftel stieg.
Daraus folgt zwangsläufig, daß die Gesamtzahl der absolvierten
Schuljahre relativ sowohl hinsichtlich der Bevölkerung als auch des
Arbeitspotentials stieg. Wäre jedes absolvierte Schuljahr in Länge
und Wert gleich, ergäbe sich daraus, daß der auf diese Weise gemes-
sene Bestand an geistigem Kapital der Arbeitskräfte zwischen 1900

---

7 »Education and Economic Growth«, op.cit., S. 49–50.

und 1957 um etwas mehr als dreieinhalbmal gestiegen wäre (vom Index 100 auf 359).

TABELLE 1. – Absolvierte Schuljahre der Bevölkerung ab 14 Jahren und der Erwerbspersonen im Alter von 18–64 Jahren in den Vereinigten Staaten, 1900–1957.

Jahr und Index 1957	Bevölkerung			Erwerbspersonen		
	Zahl (Mill.)	Absolvierte Schuljahre pro Person	Absolvierte Schuljahre insgesamt	Zahl (Mill.)	Absolvierte Schuljahre pro Person	Absolvierte Schuljahre insgesamt
1900	51,2	7,64	391	28,1	7,70	216
1910	64,3	7,86	505	35,8	7,91	283
1920	74,5	8,05	600	41,4	8,12	336
1930	89,0	8,32	741	48,7	8,41	410
1940	101,1	8,85	895	52,8	9,02	476
1950	112,4	9,95	1 118	60,1	10,10	607
1957	117,1	10,70	1 253	70,8	10,96	776
Index 1957 (1900=100)	229	140	320	252	142	359

Äquivalentschuljahre

Als Maßstab ist ein »absolviertes Schuljahr« äußerst fragwürdig, da das Schuljahr heute um 60% länger als vor sechzig Jahren ist. 1900 betrug der durchschnittliche Schulbesuch von Schülern zwischen 5–15 Jahren nur 99 Tage, während er 1957 159 Tage erreicht hatte. Weiterhin setzten sich die Arbeitskräfte von 1900 meist aus Arbeitern zusammen, die die Schule besucht hatten, als der durchschnittliche Schulbesuch sogar noch weniger als 99 Tage betrug; so gingen z. B. die meisten Arbeiter, die damals 35–45 Jahre alt waren, vermutlich 1870 zur Schule, als der durchschnittliche Schulbesuch nur 78 Tage betrug (diese Zahlen lassen den Schulbesuch von Einwanderern unberücksichtigt).

Ich habe eine von Clarence D. Long[8] entwickelte Methode über-

8 Dargelegt in seiner Untersuchung *The Labor Force under Changing Income and Employment,* National Bureau of Economic Research. Princeton, N.J., Princeton University Press, 1958 (siehe besonders App. F). Professor Long hat mir freundlicherweise sein Rohmaterial zur Verfügung gestellt, das mir jene Faktoren für eine Modifizierung vermittelt, auf denen meine Schätzungen der »Äquivalentschuljahre« beruhen.

nommen, um die Zahlen für die absolvierten Schuljahre diesen
Veränderungen in der Dauer des Schulbesuchs anzupassen. Diese
Methode führt zu vergleichbaren Zahlen für die jeweiligen absolvierten Schuljahre, denen ich die Verhältnisse von 1940 mit
einem durchschnittlichen Schulbesuch von 152 Tagen zugrundegelegt habe.

Diese einfache Modifizierung an die Veränderungen im Schulbesuch ergibt ein beträchtlich verändertes Bild. Wie Tabelle 2 zeigt,
ist der Anstieg der Äquivalentschuljahre bei Ausgleich der Unterschiede in der Länge des Schuljahres viel stärker als jener, der sich
an den nicht modifizierten Zahlen, auf denen Tabelle 1 beruht, ergibt. Während die Zahl der absolvierten Schuljahre bei den Erwerbspersonen zwischen 1900 und 1957 um ungefähr zwei Fünftel
stieg, erhöhten sich im selben Zeitraum die Äquivalentschuljahre
um das Zweieinhalbfache (vom Index 100 auf 252 ansteigend).
Während derselben Jahre, zwischen 1900 und 1957, stieg die Gesamtzahl der absolvierten Schuljahre bei den Erwerbspersonen um
das Sechseindrittelfache auf der Basis von 1940 (vom Index 100 auf
638).

TABELLE 2. – Äquivalentschuljahre auf der Basis 1940 der Bevölkerung ab 14 Jahren und der Erwerbspersonen im Alter von 14–64
Jahren in den Vereinigten Staaten, 1900–1957.

Jahr und Index 1957	Bevölkerung			Beschäftigte		
	Zahl (Mill.)	Äqui-valent-schul-jahre auf der Basis 1940 pro Person	Äqui-valent-schul-jahre auf der Basis 1940 ins-gesamt	Zahl (Mill.)	Äqui-valent-schul-jahre auf der Basis 1940 pro Person	Äqui-valent-schul-jahre auf der Basis 1940 ins-gesamt
1900....................	51,2	4,13	212	28,1	4,14	116
1910....................	64,3	4,65	299	35,8	4,65	167
1920....................	74,5	5,21	388	41,4	5,25	217
1930....................	89,0	6,01	535	48,7	6,01	293
1940....................	101,1	7,07	715	52,8	7,24	382
1950....................	112,4	8,46	951	60,1	8,65	520
1957....................	117,1	10,02	1 173	70,8	10,45	740
Index 1957 (1900=100)	229	243	553	252	252	638

Kosten als Ausbildungsmaßstab

Die beiden oben dargelegten Konzepte behandeln ein Jahr Grundschule ebenso wie ein Jahr Sekundar- oder Hochschule, obgleich beide im Wert sehr stark differieren. Ein Jahr Sekundarschule kostet fünfmal soviel wie ein Jahr Grundschule und ein Jahr Hochschule fast zwölfmal soviel. Ich schlage deshalb vor, die folgenden, für 1956 geltenden Preise für ein Jahr Schulbesuch zu verwenden[9]: Grundschule 280 $, Sekundarschule 1420 $ und Hochschule 3300 $.

Tabelle 3 zeigt, daß 1957 die Erwerbspersonen durchschnittlich 7,52 Grundschuljahre, 2,44 Sekundarschuljahre und 0,64 Universitätsjahre absolviert hatten. In Preisen von 1956 betrugen die Kosten für ein Ausbildungsjahr dieser Zusammensetzung im Durchschnitt 723 $.

Für das Jahr 1900 wurden zwei Berechnungen angestellt, die im wesentlichen eine untere und eine obere Schätzung des Schulbesuchs und der Kosten darstellen. Bei der unteren Schätzung war die Ausbildung an den höheren Schulen und der Hochschule annähernd so auf die Erwerbspersonen wie bei der gesamten Bevölkerung auf die vergleichbaren Altersgruppen verteilt; bei der oberen Schätzung entfiel die gesamte Ausbildung auf die Erwerbspersonen. Tabelle 4 gibt zum einen für beide Schätzungen die Ausbildungsjahre pro Arbeitskraft an, zum anderen die Kosten bei der oberen Schätzung. Zu den Preisen von 1956 beliefen sich die Kosten für ein Jahr Durchschnittsausbildung auf 540 $ bei der oberen Schätzung und auf 423 $ bei der unteren Schätzung.

Die Resultate dieser ersten Schritte bei der Kostenberechnung zur Messung des Bestandes an geistigem Kapital zeigt Tabelle 5. Es ist zu beachten, daß Tabelle 5 von den oberen Kostenschätzungen für das Jahr 1900 ausgeht. Die auf diese Weise bestimmten Kosten des Bestandes an geistigem Kapital für Erwerbspersonen waren 1957

---

9 Zu den zugrundeliegenden Schätzungen siehe »Capital Formation by Education«, op.cit., und »Education and Economic Growth«, op.cit., S. 64. Der Leser sollte nicht vergessen, daß diese Kostenberechnungen den von älteren Studenten geleisteten *Einkommensverzicht* miteinbeziehen und daß diese Komponente in den effektiven Kosten für die Ausbildung sowohl an Sekundarschulen als auch an Hochschulen und Universitäten stark ins Gewicht fällt.

achteinhalbmal so hoch wie im Jahr 1900 (vom Index 100 auf 849).
Setzt man die Ziffer der unteren Schätzung für 1900 ein, d. h.
423 $ statt 540 $, so wuchs der Bestand an geistigem Kapital bei
den Erwerbspersonen zwischen 1900 und 1957 theoretisch um das
Elffache. Der Bestand nicht-menschlichen reproduzierbaren Vermögens dagegen stieg. nur um das Viereinhalbfache, wie Rubrik 5
der Tabelle 5 zeigt (nach Schätzungen von Raymond W. Goldsmith)[10]:

TABELLE 3. – Kosten der Ausbildung je Erwerbsperson im Alter
von 18 bis 64 Jahren nach der Zahl der Schuljahre im Jahre 1957[1]

Art der Schule	Schuljahre je Erwerbs- person 1957	Kosten des Schul- besuchs pro Jahr in Preisen von 1956	Gesamtkosten je Erwerbsperson[2]	
			absolut	in v. H.
(1)	(2)	(3)	(4)	(5)
Primarschule (Elementary School)	7,52	$ 280	$ 2106	28
Sekundarschule (High School)	2,44	1420	3458	45
Hochschule (College und Universität)	0,64	3300	2099	27
Insgesamt	10,60	723[3]	7663	100

1 Auf der Grundlage der Tabelle 138 des *Statistical Abstract of the United
States 1959* (U.S. Department of Commerce, Bureau of the Census) berechnet, der für 1957 die prozentuale Verteilung der Ausbildungsjahre bei
den Erwerbspersonen zwischen 18–64 angibt. Die Teilsumme für die Grundschule beträgt $(4 \cdot 5,6) + (7 \cdot 26,2) + (8 \cdot 68,3) : 100 = 7,522$; die Teilsumme
für die Sekundarschule beträgt $(2,5 \cdot 19,8) + (4 \cdot 48,5) : 100 = 2,435$ und
die Teilsumme für die Hochschule beträgt $(2 \cdot 8,8) + (5 \cdot 9,2) : 100 = 0,636$.
Rubrik 5 basiert auf diesen nicht-abgerundeten Zahlen. Es ist zu beachten,
daß aufgrund einer kleinen Abweichung in den verwendeten Angaben und
Methoden die Gesamtzahl der absolvierten Schuljahre pro Erwerbsperson
(10,60) etwas höher liegt als die Gesamtzahl der Äquivalentschuljahre auf der
Basis 1940 (10,45), wie sie aus Tabelle 2 für die Erwerbspersonen entnommen werden kann.
2 Jeder Wert ergibt sich als Produkt der entsprechenden Werte der Spalten
(2) und (3).
3 Durchschnittskosten je Erwerbsperson und je Jahr, errechnet durch Division: § 7663 : 10,60.

10 Angaben aufgrund persönlicher Information.

TABELLE 4. – Kosten der Ausbildung je Erwerbsperson nach der
Zahl der Schuljahre im Jahre 1900[1]

Art der Schule	Schuljahre je Erwerbsperson		Kosten des Schulbesuchs pro Jahr	Gesamtkosten je Erwerbsperson[2])	
	untere Schätzung	obere Schätzung		absolut (obere Schätzung)	in v. H.
(1)	(2)	(3)	(4)	(5)	(6)
Primarschule (Elementary School)	3,75	3,437	$ 280	$ 962	43
Sekundarschule (High School)	0,31	0,556	1420	790	35
Hochschule (College und Universität)	0,08	0,147	3300	485	22
Insgesamt	4,14	4,140	540[3])	2237	100

1 Diese Schätzungen beruhen auf einer Untersuchung zum Sekundarschulbesuch und zu den Abiturientenquoten sowie zum Hochschulbesuch und den
Hochschulabsolventen von 1900 bis zurück zum Jahre 1850.
Der Sekundarschulbesuch machte etwa 0,636 von einem Prozent der Bevölkerung aus, und die Abiturientenquote 0,351 von einem Prozent. Für die Hochschulstudenten betrugen die beiden vergleichbaren Schätzungen 0,270 und 0,135
von einem Prozent. Verteilt man sie alle auf die Arbeitskräfte von 1900, so
erhalten wir für die Grundschule $(83,5 \cdot 2,53) + (16,5 \cdot 8) : 100 = 3,437$; für die
Sekundarschule $(2 \cdot 5,16) + (4 \cdot 11,33) : 100 = 0,556$ und für die Hochschule
$(2 \cdot 2,46) + (4 \cdot 2,46) : 100 = 0,147$. Die Durchschnittskosten pro Ausbildungsjahr betragen dann $ 423 statt $ 540, wenn die untere Schätzung der Ausbildungsjahre pro Erwerbsperson in beiden Fällen in Preisen von 1956 ausgeht
(Rubrik 2).
2 Die Werte ergeben sich als Produkt der entsprechenden Werte der Spalten (3) und (4).
3 Durchschnittskosten des Schulbesuchs je Erwerbsperson pro Jahr, errechnet durch Division: $ 2237 : 4,14.

TABELLE 5. – Bestand an immateriellem Kapital und Realkapital in den Vereinigten Staaten 1900 bis 1957

Jahr	Kosten eines Äquivalent- schul- jahres (in Preisen von 1956 in $)	Human- kapital- bestand in der Bevölkerung über 14 Jahre (in Mrd. $)	Human- kapital- bestand in der Erwerbs- bevölkerung über 14 Jahre (in Mrd. $)	Realkapital- bestand (in Mrd. $)	Verhältnis von Human- kapital zu Realkapital (in v. H.)
(1)	(2)	(3)	(4)	(5)	(6)
1900	$ 540	$ 114	$ 63	$ 282	22
1910	563	168	94	403	23
1920	586	227	127	526	24
1930	614	328	180	735	24
1940	650	465	248	756	33
1950	690	656	359	969	37
1957	723	848	535	1270	42
Index 1957 (1900 = 100)	134	744	849	450	191

1 Das Verfahren, nach dem die Schätzungen der Kosten eines auf 1940 beruhenden Äquivalentschuljahres abgeleitet sind, wird für 1900 aus Tabelle 4 und für 1957 aus Tabelle 3 ersichtlich. Ein ähnliches Verfahren wurde für 1940 angewandt. Schätzungen für die übrigen Jahre wurden durch Extrapolation ermittelt. In Rubrik 3 entsteht jeder Posten durch Multiplikation des entsprechenden Postens in Rubrik 4 der Tabelle 2 mit jenem in Rubrik 2 der Tabelle 5. In Rubrik 4 entsteht jeder Posten durch Multiplikation des entsprechenden Postens in Rubrik 7 der Tabelle 2 mit jenem in Rubrik 2 der Tabelle 5.
Rubrik 3 und 4 basieren auf Preisen von 1956. Rubrik 5 ist der Arbeit von Raymond W. Goldsmith entnommen, der freundlicherweise seine Schätzungen des reproduzierbaren U.S.(Volks-)Vermögens zu Preisen von 1947–1949 zugänglich machte, die ich dann den Preisen von 1956 anglich.

Abschließende Bemerkungen

1. Ein Vergleich zwischen den verschiedenen dargestellten Maß-
einheiten zeigt, wie sehr sie sich unterscheiden. Die folgenden
Schätzungen beziehen sich lediglich auf die Ausbildung der Beschäftigten.

	Zuwachs zwischen 1900 und 1957 Index 1957 (1900 = 100)
Maßeinheiten des Bestandes an geistigem Kapital	
I. Absolvierte Schuljahre (Tabelle 1)	359
II. Äquivalentschuljahre auf der Basis 1940 (Tabelle 2) ..	638
III. Ausbildungskosten:	
a) Kosten entsprechend der oberen Schätzung für 1900 (Tabelle 5)	849
b) Kosten entsprechend der unteren Schätzung für 1900 (Tabelle 4, auch im laufenden Text)	1,092
Bestand des reproduzierbaren nicht-menschlichen Vermögens in Kostengrößen (Tabelle 5)	450

2. Die Maßeinheit »absolvierte Schuljahre« unterschätzt außerordentlich die Vermehrung des Bestands an geistigem Kapital, die
im Laufe der Jahrzehnte zumindest dadurch erzielt wurde, daß der
durchschnittliche tägliche Schulbesuch zwischen 1900 und 1957 um
60 % stieg.

3. »Äquivalentschuljahre« unterschätzen gleichfalls die Vermehrung des Bestandes, weil der Begriff nicht zwischen Grundschul-,
Sekundarschul- und Hochschuljahren unterscheidet; jedem Jahr
wird ohne Rücksicht auf das Ausbildungsniveau dasselbe Gewicht
beigemessen. Vom Standpunkt der Investition aus kostet ein Jahr
Grundschule viel weniger als ein Jahr Sekundarschule oder Hochschule. Wie die folgenden Schätzungen darüber hinaus zeigen, sind
die Kosten für die Ausbildung bei den letzteren erheblich schneller
gestiegen.

4. Unsere dritte Maßeinheit, der die Ausbildungskosten zugrunde liegen, ist eine vorläufige Schätzung des »Bestandes an Leistungsvermögen«, den der Ausbildungsbereich darstellt (»stock of output
capacity« represented by education). Bei der Messung der Ausbildung unterscheidet er nicht zwischen jüngeren und älteren Arbeitskräften; z. B. erhält ein Jahr Sekundarschule dasselbe Gewicht,
unabhängig davon, ob der Arbeiter 25 oder 60 Jahre alt ist. Es wird

TABELLE 6. – Absolvierte Schuljahre pro Erwerbsperson

Stufe	1900 (obere Schätzung)	1957	Zuwachs zwischen 1900 und 1957 Index 1957 (1900 = 100)
Primarschule (Elementary school)	3,437	7,52	219
Sekundarschule (High school)	0,556	2,44	439
Hochschule (College and Universität) ..	0,147	0,64	435
Insgesamt	4,140	10,60	256

auch implizit unterstellt, daß die Ausbildungsjahre einer bestimmten Stufe (Primarschule, Sekundarschule oder Hochschule), die vor
kurzem oder vor vielen Jahren erreicht wurde, miteinander vergleichbar sind, sobald nur die Unterschiede in der Länge des Schulbesuchs ausgeglichen sind. Auch das Veralten der Ausbildung ist
nicht berücksichtigt. Zweifellos ist ein Teil des Unterrichts heute
besser als vor mehreren Jahrzehnten, aber zugleich ist ein Teil der
Ausbildung auch der Veraltung unterworfen.

5. Die Äquivalentschuljahre pro Erwerbsperson sind – wie die
folgenden Schätzungen verdeutlichen – bei den jüngeren Jahrgängen stärker als bei den älteren Jahrgängen gestiegen.

TABELLE 7. – Absolvierte Schuljahre pro Erwerbsperson nach
Altersgruppen 1900–1957

Altersgruppe	Zahl der absolvierten Schuljahre		Zuwachs zwischen 1900 und 1957 Index 1957 (1900 = 100)
	1900	1957	
14—19.................................	4,2	11,0	262
20—24.................................	4,6	12,8	278
25—44.................................	4,2	12,2	290
45—64.................................	3,8	7,8	205
65 und mehr	3,3	3,6	170

6. Trotz des stärkeren Bildungszuwachses unter den Arbeitern
der jüngeren Jahrgänge im Vergleich zu jenen der älteren Jahrgänge hat sich die durchschnittliche produktive Zeit des Gesamt-
bestandes dieser Ausbildung wahrscheinlich nicht erheblich geändert. Geht man von einer produktiven Zeit bis zum 68. Lebensjahr
und für jeden Jahrgang von derselben Sterbe- und Erwerbsunfähig-

keitsrate aus, so ergibt eine grobe Schätzung, daß die durchschnittliche produktive Zeit der Gesamtausbildung der Arbeitskräfte wenig mehr als 30 Jahre im Jahr 1900 betrug; 1957 betrug sie ungefähr dasselbe. Der Grund für dieses Ergebnis scheint darin zu liegen, daß die Jugendlichen heute etwas später in das Erwerbsleben eintreten als in früheren Jahren, und zwar hauptsächlich deswegen, weil sie eine weiterführende Ausbildung besuchen.

7. Wenn sich die obigen Darlegungen über die durchschnittliche produktive Zeit der Ausbildung bei den Erwerbspersonen als annähernd richtig erweisen, gewinnt unsere Schätzung, derzufolge der Bestand an geistigem Kapital der Erwerbspersonen zwischen 1900 und 1957 um das Achteinhalbfache stieg, verglichen mit dem viereinhalbfachen Zuwachs des Bestands an Realkapital, zusätzlich an Bedeutung. Wie ich an anderer Stelle zu zeigen versuchte, können Bildungsinvestitionen zu einem beträchtlichen Teil das sonst unerklärte Wirtschaftswachstum der Vereinigten Staaten erklären[11].

---

11 »Education and Economic Growth«, op.cit., S. 78–82.

Hans Hösli:

Das immaterielle Kapital: ein relevanter Bestandteil der Wachstumstheorie – Sach- und Humankapitalbildung in der Schweiz[1]

Wenn auf die Bedeutung des immateriellen Kapitals für das wirtschaftliche Wachstum hingewiesen wird, so muß dabei der Eindruck entstehen, es handle sich hier um Probleme, die sich nicht mit denen der Sachkapitalbildung in Einklang bringen lassen, sondern daß vielmehr das immaterielle Kapital wohl eine weitere Komponente im Wachstumsdenken darstelle, daß es aber nicht mit den übrigen relevanten Größen der bisherigen Entwicklungsmodelle verknüpft werden könne.

Nachdem bereits darauf aufmerksam gemacht wurde, daß zur Bildung von immateriellem Kapital analog zur Sachkapitalbildung ein Investitionsakt gehört, soll nun im folgenden untersucht werden, ob es nicht Mittel und Wege gibt, um die Bildung von immateriellem Kapital in einem Wachstumsmodell zu berücksichtigen. Es geht also nicht darum, das materielle und das immaterielle Kapital einander als Gesamtgröße gegenüberzustellen, wie das im Zusammenhang mit der Volksvermögensrechnung der Fall ist, sondern es soll hier abgeklärt werden, ob es sich rechtfertigen läßt, die Investitionen zur Bildung von immateriellem Kapital in ein Wachstumsmodell einzubeziehen oder ob maßgebende Gründe dafür sprechen, sie auszuklammern und an der Wachstumstheorie auf der bisherigen Ebene weiterzuarbeiten.

Wir kommen hierbei nicht darum herum, das immaterielle Kapital zu bewerten, um überhaupt eine Vergleichsmöglichkeit mit dem Sachkapital zu erhalten. Die Kapitalisierungsmethode, die bei der Volksvermögensrechnung vorgeschlagen wurde, eignet sich, wie später leicht einzusehen sein wird, für die in Aussicht gestellten Überlegungen nicht. Wir müssen uns deshalb an ein anderes Bewertungskriterium halten. Es soll daher vorerst folgende Frage er-

---

1 Hans Hösli: Kapitalbildung und Wirtschaftswachstum. Unter besonderer Berücksichtigung von immateriellem Kapital. Winterthur 1963 (Verlag P. C. Keller).
Der vorliegende Beitrag ist ein Auszug des Kapitels: Das immaterielle Kapital – ein relevanter Bestandteil der Wachstumstheorie aus den Seiten 160–167. Mit freundlicher Genehmigung des Verlages Herbert Lang & Cie. AG, Bern.

örtert werden: Dürfen die Kostenwerte, d. h. die Investitionen, als Indiz für die Bildung von immateriellem Kapital herangezogen werden?

1. Die Kostenwerte als Indiz für die Bildung von immateriellem Kapital

Die Kostenwerte können uns noch keine Aussage über den wirklichen Umfang der Fähigkeitskapitalbildung machen, da ein im Vergleich zur Ausbildungsinvestition größerer Wertzuwachs beim geistigen Kapital erwartet werden darf. Dieser Sachverhalt wird offensichtlich, wenn wir uns vor Augen halten, daß kaum zwei Personen, für die gleich viel in die Ausbildung investiert wurde, denselben Anteil an der Fähigkeitskapitalbildung aufweisen.

Unter diesem Gesichtspunkt ist die Frage, ob die Kostenwerte der Erziehung und Ausbildung als Indiz für die Fähigkeitskapitalbildung herangezogen werden dürfen, mehr als berechtigt. Zu ihrer Beantwortung ist es naheliegend, abzuklären, ob nicht auch bei der Sachkapitalbildung ähnliche Probleme bestehen. Wir wollen zu diesem Zweck nochmals kurz zum Problemkreis Realkapitalbildung und Kapitalkoeffizient zurückblenden. Hierbei interessierte uns das Verhältnis zwischen Realkapitalbestand K und der mit seiner Hilfe pro Periode erzeugten Produktion P. Der Wert K/P wurde als der durchschnittliche Kapitalkoeffizient bezeichnet. Er ist der reziproke Wert der Produktivität des Kapitals (P/K). Es wurde betont, daß das Volkseinkommen der möglichen Produktion entsprechen muß, sollen die Produktionsanlagen voll ausgelastet sein. Deshalb kann der durchschnittliche Kapitalkoeffizient auch folgendermaßen ausgedrückt werden:

$$a = K/Y$$

Es ist offensichtlich, daß, um ein derartiges Vorgehen überhaupt erst zu ermöglichen, der Realkapitalbestand K bewertet werden muß. Im Zusammenhang mit der Volksvermögensrechnung ist die Kosten- und Ertragswertberechnung einerseits und die Verkehrswertberechnung anderseits zu erwähnen. Das heißt m. a. W., daß sowohl bei der Ermittlung des der Produktion dienenden Realkapitalbestandes als auch bei der Volksvermögensaufstellung keine einheitlichen Bewertungskriterien zugrunde liegen. Es spricht deshalb nichts dafür, daß eine Realkapitalzunahme unbedingt mit der Investition übereinzustimmen braucht; vielmehr ist es wahrscheinlich, daß die Investition auf lange Sicht zu einer größeren Sachkapitalzunahme führt.

Da nun aber für die Wachstumstheorie der marginale Kapitalkoeffizient von Interesse ist, ist das Verhältnis zwischen der *Zunahme* des Realkapitalbestandes und der Volkseinkommenssteigerung relevant:

$$\beta = \Delta K / \Delta Y$$

Dabei hat es sich in der Wachstumstheorie eingebürgert, die Ausdehnungsrate des Realkapitalbestandes mit den Investitionen gleichzusetzen:

$$\beta = I / \Delta Y$$

Es ist daher nicht einzusehen, warum sich ein solches Vorgehen nicht auch bei der Fähigkeitskapitalbildung resp. bei der Bildung von immateriellem Kapital rechtfertigen läßt.

Im folgenden soll nun, analog zur Sachkapitalbildung, auf die volkswirtschaftlichen Wirkungen der Erziehungs- und Forschungsinvestitionen eingetreten werden.

2. Die Wirkungen der Investitionen zur Bildung von immateriellem Kapital auf die gesamte Wirtschaft

Wie bei der Sachkapitalbildung, so ist auch bei der Bildung von immateriellem Kapital zwischen Brutto-, Ersatz- und Nettoinvestitionen zu unterscheiden. Zu den Bruttoinvestitionen zählen wir die gesamten privaten und öffentlichen Aufwendungen für Erziehung, Ausbildung und Forschung. Die Ersatzinvestitionen dienen der Erhaltung des bestehenden Bestandes an Fähigkeitskapital. Sie beziehen sich also auf die Aufwendungen, die die Heranbildung desjenigen Nachwuchses ermöglichen sollen, der die aus dem Produktionsprozeß ausscheidenden Erwerbstätigen ersetzen muß.

Von besonderem Interesse sind für uns die Nettoinvestitionen, also die Differenz zwischen Brutto- und Ersatzinvestitionen, denn sie geben Aufschluß über den Umfang der Neubildung von Fähigkeits- resp. immateriellem Kapital. Wenn im folgenden von Investitionen die Rede sein wird, so sollen darunter wie früher die Nettoinvestitionen verstanden werden.

Beim Sachkapital wurde auf eine doppelte Wirkung der Investitionen hingewiesen, nämlich auf den Einkommens- und den Kapazitätseffekt. Wie verhält es sich nun bei den Investitionen zur Bildung von immateriellem Kapital? Es ist zum vornherein ersichtlich, daß z. B. eine Erhöhung der Erziehungsinvestitionen wie jede andere Erhöhung der effektiven Nachfrage einen Einkommenseffekt auslöst, denn dieser Effekt ist in keiner Weise nur mit einer Zunahme des Realkapitals verknüpft. Jede Änderung in der Investitionstätigkeit wie auch jede Änderung des Konsums, der staatlichen Ausgaben oder des Saldos der Zahlungsbilanz führen zu Einkommensänderungen. In dieser Hinsicht sind also die Investitionen auf dem Gebiet des immateriellen Kapitals mit den im herkömmlichen Sinne verstandenen Investitionen völlig gleichgestellt.

Etwas anders verhält es sich jedoch in bezug auf den Kapazitätseffekt. Haben die Investitionen nach bisheriger Terminologie den Zweck, den gegebenen Realkapitalbestand und damit die Produktionskapazität zu erweitern, so können wir analog dazu feststellen, daß Erziehungs- und Forschungsinvestitionen den Bestand an immateriellem Kapital vergrößern. Mit diesem Hinweis ist aber noch keine Brücke zur Sachkapitalbildung und ihrer zentralen Stellung in der Wachstumstheorie geschlagen. Etwas anders sieht es aber aus, wenn die weiteren Auswirkungen überlegt werden. Haben die Investitionen herkömmlicher Art eine zweifache Wirkung, so kann bei den der Bildung immateriellen Kapitals dienenden Investitionen eine vierfache Wirkung beobachtet werden, wovon zwei direkter und zwei indirekter Natur sind. Einmal schafft hier eine Investition wie bereits erwähnt eine vermehrte geistige Kapazität, und zum anderen führt eine Erhöhung dieser Investitionen über den Einkommenseffekt zu einer Zunahme des Volkseinkommens. Die dritte und indirekte Wirkung induziert über die durch die Einkommenserhöhung bedingte Zunahme des Konsums weitere Investitionen zur Ausdehnung der Produktionskapazität. Die vierte, wiederum indirekte Wirkung der Investitionen zur Bildung von immateriellem Kapital ist für die Wachstumstheorie von größter Bedeutung. Es handelt sich hier um den technischen Fortschritt. Dieser ist nicht der Ausfluß der Realkapitalbildung, obwohl er auch von ihr abhängt, vorab wenn man an den arbeitssparenden technischen Fortschritt im Sinne einer Kapitalvertiefung denkt, sondern er entspringt in erster Linie dem menschlichen Geiste, dem Wissen und Können und der Erfahrung des einzelnen. Der technische Fortschritt in seiner weiteren Definition, worunter also auch alle Verbesserungen organisa-

torischer Natur fallen, ist gleichsam der Ertrag der in die Ausbildung
gesteckten Investitionen: er bestimmt das Wachstumstempo der
Volkswirtschaft. Die Erziehungs-, Ausbildungs- und Forschungsinvestitionen werden damit zum zündenden Funken für das wirtschaftliche Wachstum. Wenn wir den rasanten wirtschaftlichen Aufschwung der letzten Jahre unter die Lupe nehmen, bemerken wir,
daß die fortwährenden Impulse vom technischen Fortschritt ausgegangen sind. Er ist es u. a. auch, der die autonomen Investitionen
auslöst und damit den Wachstumsmodellen, angefangen beim
Trendmodell von Domar, viel von ihrer prognostischen Bedeutung
geraubt hat, denn wie könnte noch mit Sicherheit angenommen
werden, daß der Kapitalkoeffizient auf lange Sicht konstant bleibt.

Die folgenden zwei Darstellungen zeigen nochmals die verschiedenen Wirkungen der Investitionen: zuerst den dualistischen Charakter der Investitionen der bisherigen Theorie, wobei wir diese der
Realkapitalbildung dienenden Investitionen mit I_r bezeichnen, und
dann die Wirkungsweise der Investitionen zur Bildung von immateriellem Kapital, die wir mit I_{im} symbolisieren:

Bild 1.

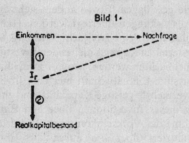

Bild 2

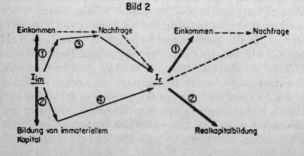

Aus dem zweiten Bild ist ersichtlich, daß die bis anhin im Vordergrund stehende Realkapitalbildung (und mit ihr die »Sach«-Investitionen) in hohem Maße von der Bildung von immateriellem Kapital abhängig ist. Genaugenommen besteht zwischen diesen beiden Größen eine Wechselwirkung: einerseits und in erster Linie ist das immaterielle Kapital die Ursache für die Realkapitalbildung, anderseits aber wird der Anreiz zur Bildung von immateriellem Kapital durch den zunehmenden wirtschaftlichen Fortschritt und damit mit zunehmender Realkapitalbildung größer.

3. Konsequenzen für die Wachstumstheorie

Die bisherige Wachstumstheorie stellte, wie wir betont hatten, die Investitionen im Sinne der Realkapitalvermehrung in den Mittelpunkt ihrer Betrachtungen. Das kommt schon in der Umschreibung des marginalen Kapitalkoeffizienten zum Ausdruck:

$$I/\Delta Y = \beta$$

Die Höhe der Investition ist daher:

$$I = \beta \cdot \Delta Y$$

Da für ein störungsfreies Wachstum ein Gleichgewicht zwischen I und S bestehen muß, ergibt sich:

$$S = \beta \cdot \Delta Y$$

oder

$$s \cdot Y = \beta \cdot \Delta Y$$

Das heißt mit anderen Worten, daß das Volkseinkommen mit der Rate s/β wachsen muß, soll das Gleichgewicht nicht gestört werden.

Dieses einseitige Vorgehen befriedigt nicht, denn das Wachstum der Wirtschaft beruht nicht allein auf der Sachkapitalbildung. Auf Grund der vorangegangenen Überlegungen fühlen wir uns zur Forderung berechtigt, daß auch die Erziehungs-, Ausbildungs- und Forschungsinvestitionen in die Wachstumsgleichungen einbezogen werden. Auf rein rechnerischer Basis hat das auf die Wachstumsrate und auf ein theoretisch bestehendes Gleichgewicht keinerlei Einfluß. Was sich ändert, ist nur der marginale Kapitalkoeffizient und die Sparneigung. Denn wir hatten früher darauf hingewiesen, daß die Investitionen zur Bildung von immateriellem Kapital den Vorteil für sich in Anspruch nehmen dürfen, daß die Gefahr einer Diskrepanz zwischen Sparen und Investieren äußerst gering ist, weil die öffentlichen Aufwendungen für die Erziehung und Forschung in der laufenden Rechnung figurieren und deshalb aus den ordentlichen Steuereinnahmen gedeckt werden müssen. Was die einzelnen Haushalte anbelangt, ist zu beachten, daß sich nur dann inflatorische Tendenzen bemerkbar machen können, wenn die Eltern im Hinblick auf die Ausbildung ihrer Kinder gezwungen sein sollten, zu entsparen. Keinerlei Diskrepanz zwischen Sparen und Investieren ist bei den entgangenen Lohneinkommen zu befürchten, denn sie können nicht konsumiert werden und sind deshalb automatisch auch als Ersparnisse zu behandeln.

In einem kleinen Zahlenbeispiel soll das Verhalten der drei für die Wachstumstheorie bedeutungsvollen Größen Kapitalkoeffizient, Sparneigung und Wachstumsrate einerseits bei alleiniger Berücksichtigung der Sachkapitalbildung und anderseits bei gleichzeitiger Beachtung der Sachkapitalbildung und der Bildung von immateriellem Kapital illustriert werden. Angenommen, das Volkseinkommen betrage 600 und die jährliche Zunahme 50, so ergibt sich, wenn wir vorerst nur die Sachkapitalbildung berücksichtigen, und zwar im Betrage von 100, bei einem Gleichgewicht zwischen Sparen und Investieren ein marginaler Kapitalkoeffizient von 2, eine Sparneigung von $1/6$ und somit eine Wachstumsrate von $1/12$. Tragen wir überdies einer Neubildung von immateriellem Kapital im Betrage von 50 Rechnung, dann erhalten wir folgende Werte:

$$\left.\begin{array}{l} \left.\begin{array}{l} S = 150 \\ I = 150 \end{array}\right\} \quad s = 1/4 \\[2ex] \left.\begin{array}{l} Y = 600 \\ \Delta Y = 50 \end{array}\right\} \quad \beta = 3 \end{array}\right\} \quad w = 1/12$$

Wir haben hier ein willkürliches Zahlenbeispiel gewählt, doch dürfen wir vermuten, daß die Relation von 2 : 1 zwischen Sachkapitalbildung und Bildung von immateriellem Kapital einigermaßen den schweizerischen Verhältnissen entspricht. Die folgenden empirischen Werte in der nächsten Tabelle mögen dies bestätigen. Im Zusammenhang mit der Bildung von immateriellem Kapital mußten wir uns in Ermangelung von statistischen Unterlagen über

TABELLE

Die Investitionen in der Schweiz in den Jahren 1956, 1959 und 1961
(in konstanten Preisen von 1939)
(in Millionen Franken)

		1956	1959	1961
(1)	Sachkapitalbildung	2 624	2 960	2 780
(2)	Abschreibungen	1 400	1 440	1 665
(3)	Bruttoinvestitionen	4 024	4 400	4 445
(4)	Bruttoinvestitionen für Erziehung und Ausbildung	1 680	1 903	2 085
(5)	Forschungs- und Entwicklungsinvestitionen	420	435	450
(6)	Gesamte Erziehungs-, Ausbildungs- und Forschungsinvestitionen (Brutto)	2 100	2 340	2 535
(7)	Bruttoinvestitionen total (3 und 6)	6 124	6 740	6 980
	(4) in % von (3)	42 %	43 %	47 %
	(6) in % von (3)	52 %	53 %	57 %

Quelle: Die Volkswirtschaft, Wirtschaftliche und sozialpolitische Mitteilungen, 1960, S. 489 (für 2 und 3; die Zahlen für das Jahr 1961 wurden aufgrund von Angaben des Eidg. Statistischen Amtes geschätzt). Statistisches Jahrbuch der Schweiz, 1962, S. 339 (für die Indizes der Konsumentenpreise).

die Ersatzinvestitionen an die *Brutto*investitionen halten. Dafür stützten wir uns anderseits bei der Realkapitalbildung ebenfalls auf die Bruttoinvestitionen, um so eine Vergleichsmöglichkeit zu schaffen. Auf Grund der Angaben können wir die interessante Feststellung machen, daß die Erziehungs-, Ausbildungs- und Forschungsinvestitionen in den beobachteten drei Jahren sich auf rund 50 % der konventionellen Bruttoinvestitionen beliefen.

Die in den Wachstumsmodellen skizzierten Gleichgewichtszustände sind in der lebendigen Wirtschaft niemals anzutreffen. Aber obwohl auf Grund der Wachstumstheorie zu erwarten wäre, daß sich bei Abweichungen vom Gleichgewichtspfad starke wirtschaftliche Störungen bemerkbar machen müßten, trifft dies in der Wirklichkeit selten zu. Die Erklärung hierfür kann vielleicht gerade in der Bildung von immateriellem Kapital gesehen werden.

Ein kleines Zahlenbeispiel möge wiederum zur Illustration dienen. Wir wollen davon ausgehen, daß in der Ausgangslage ein

Gleichgewicht zwischen Sparen und Investieren besteht. Ohne die Bildung von immateriellem Kapital betragen diese beiden Größen je 100. Ergibt sich nun im Laufe der Zeit eine inflatorische Lücke von 10, und zwar infolge des alleinigen Ansteigens der Investitionen auf 110, dann heißt das, daß die Investitionen im Vergleich zu den Ersparnissen um 10 % zu hoch sind.

Wird gleichzeitig der Bildung von immateriellem Kapital im Umfange von 50 Rechnung getragen, dann ist bei einer inflatorischen Lücke von 10 das Verhältnis zwischen Investieren und Sparen 160 : 150. Das heißt m. a. W., daß die Investitionen um $1/15$ höher sind als die Ersparnisse.

Bei Berücksichtigung der Bildung von immateriellem Kapital wird die inflatorische Lücke somit relativ kleiner. Das dürfte nun auch der Grund sein, warum der Wirtschaftsablauf nicht so hektisch vor sich geht. *Das immaterielle Kapital wirkt als Stabilisator.*

Walter Krug:

Quantitative Beziehungen zwischen materiellem und immateriellem Kapital im Deutschen Reich und in der Bundesrepublik Deutschland[1]

Immaterieller Kapitalstock Deutschlands (1870–1959)[1a]

1. Abgrenzung

Der immaterielle Kapitalstock ergibt sich aus der Akkumulation der immateriellen Bruttoinvestitionen unter Berücksichtigung ihrer mittleren Lebensdauer (Abschreibungen). Ganz allgemein ist unter immaterieller Investition ähnlich wie unter der Sachinvestition der Einsatz von Ressourcen in der Gegenwart zu verstehen, um in ferner Zukunft die gewünschten Wirkungen – seien sie gesteigerte Pro-

---

1 Walter Krug: Quantitative Beziehungen zwischen materiellem und immateriellem Kapital. In: Jahrbücher für Nationalökonomie und Statistik. Bd. 180 (1967), H. 1, S. 36–65. (Gustav Fischer Verlag, Stuttgart.) Mit freundlicher Genehmigung des Verfassers und des Verlages. – Der vorliegende Beitrag gibt den Text der Seiten 40–60 sowie der Seiten 70 und 71 wieder.
1a Wenn nichts anderes angegeben, bezieht sich der Gebietsstand, der der Untersuchung zugrunde liegt, auf das Deutsche Reich in den jeweiligen Grenzen und nach dem Zweiten Weltkrieg auf die Bundesrepublik Deutschland einschließlich Berlin-West und Saarland (ab 1957). Gründe für die vorgenommene zeitliche Abgrenzung ergeben sich einmal aus dem zur Verfügung stehenden Material und der Möglichkeit Extra- oder Interpolationen methodisch rechtfertigen zu können, zum andern aus der Absicht, den immateriellen Kapitalstock Deutschlands möglichst weit in die Vergangenheit zurückzuverfolgen. Der Beginn der Untersuchung im Jahre 1870 erlaubt den Rückgriff auf schulstatistische Erhebungen Preußens, die erst zu dieser Zeit eine für die Untersuchung notwendige Differenzierung (Ausweis der Schüler verschiedener Schularten nach Alter, Klassen und Geschlecht) erreichen, und ermöglicht zur Schätzung der immateriellen Abschreibungen die Verwendung der ersten umfassenden Sterbetafel Preußens, die für den Zeitraum 1871–1880 gilt. Die Zeitreihe des immateriellen Kapitals schließt mit dem Jahre 1959 ab, da die im öffentlichen Haushalt ausgewiesenen Bildungsaufgaben des Jahres 1960 aufgrund des Rumpfhaushaltes mit den entsprechenden öffentlichen Ausgaben in den vorhergehenden Jahren nicht vergleichbar sind. Außerdem erscheint für die Berechnung des Minderverdienstes im Rahmen des entgangenen Einkommens der in Ausbildung stehenden Personen eine Übertragung der Ergebnisse der Lohn- und Gehaltsstrukturerhebung von 1957 nicht angängig, da gerade in jüngster Zeit Änderungen der Lohnstruktur in den betreffenden Altersklassen zu vermuten sind. Die Zielsetzung des Beitrags wird aber durch diese Schwierigkeiten keineswegs beeinträchtigt.

duktivität oder Befriedigung – zu erzielen[2]. Dabei darf sich die Erhöhung der Produktivität nicht nur auf die der Arbeitsleistung (»working capacity«) bzw. der Entlohnung des einzelnen beziehen, sondern es müßten die externen Wirkungen der Ausbildung und Forschung berücksichtigt werden, die darin zum Ausdruck kommen. Denn neben dem zukünftigen individuellen Nutzen (private benefits), der den Ausgebildeten zuteil wird, entsteht auch gemeinwirtschaftlicher Nutzen (social benefits), der anderen als den Ausgebildeten zufällt.

Während die Quantifizierung dieser Ertragswirkungen der Ausbildung und Forschung äußerst schwierig und noch nicht hinreichend gelöst ist[3], verbleibt zur Erfassung des immateriellen Kapitals nur das Kostenwertkonzept, so daß zunächst die Aufwendungen für Ausbildung und Forschung zu ermitteln sind[4]. Unterscheidet man die verschiedenen Ausbildungsarten nach der Möglichkeit ihrer statistischen Erfassung, so löst man am besten die institutionalisierten Formen des Bildungswesens als das »statistisch am besten erhellte Teilgebiet«[5] heraus. Darunter sind die allgemeinbildenden Schulen mit den Volksschulen und den mittleren und höheren

---

2 Vgl. *Machlup*, F., The Production and Distribution of Knowledge in the United States, Princeton 1962, S. 37. Auch *Hoffmann* verfolgt obige Investitionskriterien, wenn er die Ausgaben für Erziehung und Forschung dann als Investitionen charakterisiert, wenn sie nicht zur Befriedigung eines unmittelbaren Bedürfnisses getätigt werden und wenn sie sich verzinsen. Vgl. *Hoffmann*, W. G., Erziehungs- und Forschungsausgaben im wirtschaftlichen Wachstumsprozeß. In: Eine Freundesgabe der Wissenschaft für E. H. *Vits*, Hrsg. *Hess*, G., Frankfurt a. M. 1963, S. 109.

3 Vgl. dazu *Bowen*: ». . . it is one thing to be able to say that external benefits are obviously very important and quite another to know what order or magnitude to attach to the word ›very‹. I think that most people who have worked actively on the problem of estimating national returns to education are agreed that this is the biggest unsolved riddle of all.« (*Bowen*, W. G., Assessing the Economic Contribution of Education: An appraisal of Alternative Approaches. In: »Economic Aspects of Higher Education«, OECD, Study Group in the Economics of Education, Paris 1964, S. 190.)

4 Ausgeschlossen sind hierbei im Gegensatz zu anderen Konzepten (vgl. zum Beispiel *Debeauvais*, M., The Concept of Human Capital, »International Social Science Journal«, Bd. 14 [1962], S. 660 ff.) Investitionen, die geleistet werden, um den Gesundheitszustand zu heben, die Mobilität des Faktors Arbeit zu erhöhen und Unterbringung und Ernährung der Bevölkerung zu verbessern.

5 *Edding*, E., Internationale Tendenzen in der Entwicklung der Ausgaben für Schulen und Hochschulen, »Kieler Studien«, Bd. 47 (1958), S. 16.

Schulen (Gymnasien) und die berufsbildenden Schulen, bestehend aus Berufs- und Fachschulen, zu verstehen. Die Aufwendungen für andere Ausbildungsformen entziehen sich gegenwärtig noch der Erfassung für einen längeren Zeitraum[6]. Sie werden meist nur als Korrekturfaktor einbezogen, ohne daß ihre quantitative Bedeutung einigermaßen fundiert geschätzt wird[7]. Neben den Möglichkeiten des Erwerbs von Wissen und Können im Rahmen der Erziehung im Elternhaus und der Ausbildung im Beruf sind trotz der kaum statistisch und sachlich zu trennenden Funktionenmischung die Bildungswirkungen der Kirchen, Jugendverbände und kulturellen Organisationen sowie der Wehrmacht nicht außer acht zu lassen. Der Trennungsstrich zwischen den geistig bildenden, fürsorgerischen, unterhaltenden und politischen Funktionen ist höchstens im Einzelfall zu ziehen.

Mit der Erfassung des Kostenwertes der Ausbildung und der Forschung sind jedoch die für die Schätzung des immateriellen Kapitals notwendigen Investitionen noch nicht vollständig ermittelt. Im Kostenwert ist sowohl die produktive als auch konsumtive Verwendung der Ausbildungsausgaben enthalten. Zwar besteht theoretisch ein eindeutiges Kriterium zur Trennung beider Verwendungsarten, jedoch bereitet der empirische Nachweis bei den einzelnen Ausbildungsformen große Schwierigkeiten. Es liegt letzten Endes im Ermessen des einzelnen, inwieweit man bereit ist, auch die indirekten Wirkungen auf die zukünftige Produktivität als Investition anzusehen[8]. In den bisher durchgeführten Schätzungen der Ausbildungs- und Forschungsinvestitionen wird zwar das Problem er-

---

6 *Vosgerau* gibt den gegenwärtigen Stand auf diesem Gebiet treffend wieder: »Eine weitere Einschränkung der bisher vorliegenden Untersuchungen besteht darin, daß sie nur Erträge der formalen Ausbildung zum Gegenstand haben. Die Kosten späterer Lernprozesse ... sind kaum erfaßbar; ihre Erträge ordnet man daher der mit dem Alter wachsenden Erfahrung, d. h. dem exogenen Faktor Zeit, zu, ohne sie weiter zu analysieren.« (*Vosgerau*, H. J., Kosten und Erträge von Ausbildungsinvestitionen, »Kyklos«, Bd. 18 [1965], S. 439.)

7 Neuerdings hat *Machlup* die Kosten jener Ausbildungsarten in den Vereinigten Staaten für das Jahr 1957 bzw. 1958 geschätzt. Vgl. *Machlup*, E., a. a. O., S. 354 ff.

8 *Machlup* weist auf die Möglichkeit, in dieser Frage verschiedene Standpunkte zu beziehen, wie folgt hin: »There are probable many who hold that a heavy dose of nonintellectual ›fun‹ must be mixed in with intellectual ›discipline‹ if a wholesome product is to be achieved; that the current pleasures enjoyed by the student are integral parts of their character development, and thus necessary ingredients in the improvement of their future happiness and

kannt, aber auf den Versuch verzichtet, die Kosten der Ausbildung und Forschung in eine Konsum- und Investitionskomponente aufzuspalten. Man schreibt einfach den gesamten Ausbildungs- und Forschungsausgaben Investitionscharakter zu[9]; jedoch besteht ein Grund, der den Fehler, der durch Behandlung aller Kosten der formalen Ausbildung als Investition entsteht, nicht gravierend erscheinen läßt. Gerade die formale Ausbildung ist dadurch gekennzeichnet, daß dieselben Fähigkeiten, die durch sie vermittelt werden, sowohl konsumtiv als auch produktiv verwendet werden. Beispielsweise kann die Fähigkeit des Lesens zur Beschäftigung mit Unterhaltungsliteratur dienen, sie kann aber auch zur Aneignung des Stoffes bestimmter Fachliteratur eingesetzt werden. Es ist also festzustellen, daß der Teil der Ausbildung, der als Konsum anzusehen ist, in vielen Fällen zugleich Investition darstellt[10], so daß er zu Recht in die Schätzung des immateriellen Kapitals einbezogen wird. Dabei fällt Ausbildung als Konsumgut praktisch kostenlos an. Es ist einleuchtend, daß der Teil der Aufgaben für formale Ausbildung, der ausschließlich konsumtiv und niemals produktiv verwendet wird, als gering veranschlagt werden kann.

Was die Forschungsaufwendungen betrifft, so ist der Fehler, der durch Vernachlässigung des Konsumaspekts entsteht, wahrscheinlich noch kleiner als der entsprechende im Falle der Ausbildung. Durch Forschung wird nämlich neues Wissen geschaffen, während durch Ausbildung nur bereits bekannte Kenntnisse breiteren Bevölkerungsschichten zugänglich gemacht werden, wobei man nicht immer weiß, ob die Ausgebildeten sie produktiv oder konsumtiv

---

productivity. Those who hold such view will want to have all the cost of education counted as investment. Others believe that the entertainment provided by the schools at considerable costs does not contribute to the benefits which education may yield in the future, and that these costs should therefore not be added in when the educational investment is determined.« (*Machlup,* F., a. a. O., S. 108.)

9 Vgl. *Schultz,* T. W.: Capital Formation by Education, »Journal of Political Economy«, Bd. 68 (1960), S. 573 ff., und *Hoffmann,* W. G., Erziehungs- und Forschungsausgaben . . . a. a. O., S. 125 f.

10 In dieser Weise ist zu verstehen, daß *Benson* in bezug auf die formale Ausbildung von einer charakteristischen »duality of the product« spricht (*Benson,* C. S., The Economics of Public Education, Boston 1961, S. 90), oder *Berg* die konsumtive Verwendung der formalen Ausbildung als »Kuppelprodukt« auffaßt (*Berg,* H., Ökonomische Grundlagen der Bildungsplanung, Berlin 1965, S. 38).

verwenden werden. Selbst wenn sich ein Teil der Forschungsarbeit unter dem Gesichtspunkt des Forschens um des Forschens willen vollzieht, und die Ergebnisse zunächst nicht verwertbar erscheinen, so können sich die Erkenntnisse erst zu späterer Zeit als fruchtbar erweisen, oder es wird zumindest verhindert, daß weitere produktive Kräfte in einem wissenschaftlich unergiebigen Gebiet eingesetzt werden.

2. Aufwendungen für formale Ausbildung

Der Kostenwert der in den betreffenden Institutionen vermittelten Ausbildung setzt sich aus direkten Ausgaben und indirekten Aufwendungen (Opportunitätskosten) zusammen, die die Ausbildung durch gleichzeitigen Verzicht auf eine Erwerbstätigkeit fordert. Die Opportunitätskosten sind nicht nur private Kosten der Schüler und Studenten bzw. ihrer Familien, sondern sie stellen auch volkswirtschaftliche Kosten dar, da ein potentieller Zuwachs des Sozialprodukts unrealisiert bleibt. Zur Erfassung dieser indirekten Aufwendungen werden meist jene Einkommen[11] verwendet, die den Absolventen von allgemeinbildenden Schulen und Hochschulen zufließen würden, wenn sie, anstatt sich weiter auszubilden, erwerbstätig geworden wären[12].

Da der Verfasser an anderer Stelle[13] ein Konzept zur Erfassung der entgangenen Einkommen in Deutschland dargelegt und entsprechende Berechnungen durchgeführt hat, soll hier nur auf das Verfahren zur Ermittlung der direkten Ausgaben für formale Ausbildung eingegangen werden. Diese beinhalten die Entlohnung der

---

11 Eigentlich sollte entsprechend dem oben geprägten Investitionsbegriff nicht das entgangene personelle Einkommen als Maß der Opportunitätskosten entscheidend sein, sondern die entgangene zukünftige Produktivität. Zweifellos ergeben sich aber bei dem Versuch ihrer Messung unüberwindliche Schwierigkeiten, da festzustellen wäre, wie der Wirtschaftsprozeß sich vollzogen hätte, wären die in Ausbildung stehenden Personen in der Produktion eingesetzt gewesen. Der Rückgriff auf die entgangenen Einkommen ist deshalb als stillschweigende Konzession an die statistische Erfaßbarkeit anzusehen; es liegt in diesem Fall eine Substitution im statistischen Sinn (*Esenwein-Rothe*) vor.
12 Vgl. dazu *Schultz*, T. W., a. a. O., S. 573 ff., und *Blitz*, R. C., The Nation's Educational Outlay. In: »Economics of Higher Education«, Hrsg. *Mushkin*, S. J., U. S. Department of Health, Education and Welfare, Washington 1962, S. 147 ff., und *Weisbrod*, B. A., Education and Investment in Human Capital, »Journal of Political Economy«, Bd. 70 (1962), S. 122.
13 Vgl. *Krug*, W., Erfassung des durch Ausbildung entgangenen Einkommens, »Schmollers Jahrbuch«, Bd. 86 (1966), S. 561 ff.

Tabelle 1
Schüler bzw. Studierende öffentlicher und privater Institutionen nach Schularten[a]

Jahre	Schüler der Volksschulen			Schüler der mittleren Schulen			Schüler der höheren Schulen			Studierende der Fachschulen		
	Schülerzahl insgesamt	darunter in privaten Volksschulen absolut	i. v. H.	Schülerzahl insgesamt	darunter in privaten mittleren Schulen absolut	i. v. H.	Schülerzahl insgesamt	darunter in privaten höheren Schulen absolut	i. v. H.	Zahl der Stud. insgesamt	darunter in privaten Fachschulen absolut	i. v. H.
1867b)	3 087	52	2	126	35	27	92	—	—	.	.	.
1871	3 965	64	2	126	43	34	103	—	—	.	.	.
1886	4 847	9	—	203	68	34	135	—	—	.	.	.
1891	4 938	22	—	212	81	38	140	—	—	.	.	.
1896	5 255	18	—	226	82	37	148	—	—	13d)	.	.
1901	5 648	13	—	287	99	34	161	—	—	18d)	.	.
1906	6 175	11	—	328	112	27	201	—	—	22d)	.	.
1911	10 336	26	—	354	81	23	662	99	15	105d)	.	.
1921	8 930	36	—	329	83	25	723	.	.	346	111	32
1926	6 699	37	1	259	47	18	821	.	.	373	.	.
1931	7 640	50	1	230	46	20	787	80	10	.	.	.
1936	7 930	38	1	271	36	13	672	68	10	.	.	.
1940	8 240	17	—	286	8	3	762	17	2	.	.	.
1950c)	6 308	24	—	233	18	8	669	80	12	201	37	18
1953	5 602	25	—	336	27	8	783	95	12	205	59	22
1956	4 979	20	—	364	34	9	833	99	12	315	79	25
1959	5 035	26	1	360	34	9	861	115	13	321	81	25

a) Schülerzahl in 1000. Quellenangabe siehe Anhang. Gebietsstand: 1867–1906 Preußen, 1911–1940 Deutsches Reich, ab 1950 BRD (einschließlich Berlin-West und ab 1957 Saarland).

b) Besucher privater Volks- und Mittelschulen weist die preußische Statistik gemeinsam aus. Sie wird im Verhältnis des Jahres 1864 aufgeteilt (40 : 60).

c) ohne Hamburg, Bremen, Berlin-West

d) Studierende öffentlicher Institutionen.

Lehrkräfte und des Dienstpersonals, die Aufwendungen für laufende Lehrzwecke und die »vermögenswirksamen« Ausgaben für Gebäude und Einrichtungen (Investitionen). Zur Ermittlung der öffentlichen Ausgaben von 1870–1959 sind zunächst die Eigenausgaben der öffentlichen Hand, wie sie die Finanzstatistik ausweist, heranzuziehen, später aber in unmittelbare Ausgaben umzurechnen, da die Zuweisungen und Darlehen der Gebietskörperschaften untereinander unberücksichtigt bleiben sollen. Die direkten und privaten Ausgaben für das formale Ausbildungswesen beziehen sich auf die Finanzierung der Privatschulen und auf einen Beitrag (Schulgelder, Stiftungen) zu den überwiegend von der öffentlichen Hand getragenen Ausbildungsstätten, der in den öffentlichen Haushaltsrechnungen erscheint[14].

Zur Schätzung der Aufwendungen für Privatschulen soll unterstellt werden, daß sich die öffentlichen und privaten Ausgaben für allgemeinbildende Schulen zu den Ausgaben für Privatschulen verhalten wie die Schülerzahl der allgemeinbildenden Schulen zur Schülerzahl der Privatschulen. Bei dieser Relation setzt man wiederum voraus, daß sich die Ausgaben für allgemeinbildende Schulen direkt proportional zur Schülerzahl verändern. Zu diesem Zweck ist die Zahl der Besucher der Volksschulen, mittleren Schulen, höheren Schulen sowie der Fachschulen getrennt nach öffentlichen und privaten Institutionen festzustellen[15].

---

14 Die Entscheidung, Ausgaben für Nahrung, Kleidung und Unterkunft der Schüler und Studenten zu den Kosten der Ausbildung zu zählen, würde die Größenordnung des immateriellen Kapitals wesentlich verändern. Wenn als Investition all das bezeichnet wurde, was helfen soll, in irgend einem ferneren Zeitpunkt die Produktion zu vergrößern, so bezieht sich dieses Kriterium nur auf die Aufwendungen für Erziehung und Forschung, nicht aber auch auf solche wie Verbrauchsausgaben des Menschen. Lebenshaltungskosten der in Ausbildung Stehenden sind aber keine Aufwendungen, die aufgrund der Ausbildung anfallen. Nur der Teil der Verbrauchsausgaben (zusätzliche Fahrtkosten, besondere Kleidung), der eindeutig durch Ausbildung verursacht wird, so daß er ohne sie nicht anfallen würde, ist in den Kostenwert der Ausbildung einzubeziehen. Diese Aufwendungen fallen jedoch nicht ins Gewicht und werden deswegen vernachlässigt.
15 Die für Preußen errechneten Anteile privater Schüler zur Gesamtschülerzahl werden bis 1911 als repräsentativ für das Deutsche Reich angesehen. Vom Jahre 1911 liegen der Untersuchung die Ergebnisse der Statistik des Deutschen Reiches zugrunde. Für den Zeitraum nach dem Zweiten Weltkrieg beschränkt sie sich auf die Bundesrepublik Deutschland. Zur Ermittlung der Schüler öffentlicher und privater Schulen werden folgende Abgrenzungen der Schul-

Einen Auszug aus den Ergebnissen dieser Untersuchung bringt Tab. 1. Der Anteil der Besucher privater Volksschulen ist schon um 1871 als Folge des Schulaufsichtsgesetzes Bismarcks, wodurch die Kulturhoheit der Kirche auf den Staat überging, sehr gering. Er liegt nur bis 1871 höher als 1 v. H., seither übersteigt er in keinem Jahr diesen Satz. Dagegen sind die öffentlichen Ausgaben für Mittelschulen beträchtlich um die privaten zu erweitern, da der Anteil der Schüler privater Schulen bei dieser Ausbildungsinstitution relativ groß ist. In Preußen hält er sich ständig zwischen 27 v. H. und 38 v. H., im Deutschen Reich fällt er im Trend bis zum Jahr 1940 auf 3 v. H. Erst in der Bundesrepublik Deutschland steigt er wieder laufend bis auf 9 v. H. an. Ein zeitlicher Vergleich des Anteils privater höherer Schulen kann erst ab 1912 durchgeführt werden. Er sinkt von 15 v. H. im Jahre 1911 ähnlich wie der der Mittelschulen auf einen geringen Wert im Jahre 1940, wogegen er sich in der Bundesrepublik etwa bei 12 v. H. hält.

Die unmittelbaren öffentlichen Ausgaben für formale Ausbildung sowie die Aufwendungen für private Ausbildungsinstitutionen, die auf Grund des prozentualen Anteils der Schüler der Privatschulen an der Gesamtschülerzahl geschätzt werden, stellen die direkten Ausgaben für formale Ausbildung dar, wie sie in Tab. 2, Spalte (2) angegeben sind. Um die Gesamtaufwendungen der Volkswirtschaft für formale Ausbildung [Tab. 2, Spalte (5)] zu erhalten, kom-

---

arten vorgenommen: Volksschulen umfassen auch Hilfsschulen, Förder- und Aufbauklassen, dagegen aufgrund des vorwiegend fürsorgerischen Charakters keine Sonderschulen. Von 1951 an ist zu den Schülern der Einheitsschulen bzw. der Schulen mit neuorganisiertem Schulaufbau zu rechnen. Die jährliche Aufteilung der Schüler der Einheitsschulen auf die traditionellen Schulzweige erfolgt analog dem Schlüssel, den das Statistische Bundesamt für das Jahr 1951 angibt. Vgl. Statistisches Bundesamt (Hrsg.), Bevölkerung und Wirtschaft. Langfristige Reihen 1871–1957 für das Deutsche Reich und die Bundesrepublik Deutschland, Statistik der Bundesrepublik Deutschland, Band 199, S. 27. Um die Vergleichbarkeit in der Qualität der Ausbildungsstufen im Untersuchungszeitraum möglichst zu gewährleisten, zählen bis 1911 die höheren Mädchenschulen zu den Mittelschulen. Die Fachschulen umfassen außer jenen Schulen, die eine bereits erworbene Berufsausbildung vervollständigen sollen, die Berufsfachschulen und die Ingenieur- und Technikerschulen, nicht aber die Technischen Hochschulen. Aus der Ermittlung der Besucher privater Bildungsstätten scheiden die Berufs- und Fortbildungsschulen sowie die Hochschulen aus, da Privatschulzweige jener Bildungsinvestitionen entweder gar nicht vorhanden sind oder wegen Geringfügigkeit zu vernachlässigen sind.

men zu den direkten Ausgaben die Opportunitätskosten in Form entgangener Einkommen hinzu, die Tab. 2, Spalte (4) enthält.

3. Aufwendungen für Forschung und Entwicklung

Das bisher einzige amtliche Zahlenmaterial, das Anhaltspunkte über die Gesamtaufwendungen der öffentlichen Hand für die wissenschaftliche Forschung gibt, ist die Statistik der öffentlichen Finanzwirtschaft mit ihren jährlich veröffentlichten Ergebnissen der rechnungsmäßigen Einnahmen und Ausgaben von Reich bzw. Bund, Ländern und Gemeinden. Es ist zu betonen, daß die finanzstatistischen Ausweise überwiegend auf haushaltsrechtliche und finanzwirtschaftliche Aspekte der öffentlichen Verwaltung abgestellt sind und sich in ihrer Gliederung zum Teil an den festgelegten, institutionellen Rahmen der Haushaltspläne anlehnen. Die öffentlichen Aufwendungen für Forschung und Entwicklung sind also unter Ausschaltung von Doppelzählungen, die sich aus dem Zuweisungsverkehr der Gebietskörperschaften untereinander ergeben, ähnlich wie die öffentlichen Ausbildungsausgaben zu ermitteln. Die Gliederung des Nachweises reicht weder für die Vergangenheit noch für die Gegenwart aus, um Tätigkeiten im Bereich der Forschung und Entwicklung, die in andere Ressorts fallen, eindeutig zu eliminieren. Ebensowenig ist eine Isolierung der Forschungsausgaben für institutionalisierte Einrichtungen möglich, deren Hauptzweck in wissenschaftlichen Tätigkeiten liegt. Solche Einrichtungen, wie Hochschulen, Hochschulkliniken, wissenschaftliche Institute des Reiches bzw. Bundes, der Länder usw., werden jeweils mit ihren gesamten Aufwendungen erfaßt. Das bedeutet auch, daß keine Trennung zwischen Forschung und Lehre durchführbar ist, so daß nicht genau zwischen Ausbildung und Forschung unterschieden werden kann. Da sich die Kosten für die Heilbehandlung in den Hochschulkliniken, für die akademische Lehre und für die Studienförderung von den reinen Forschungs- und Entwicklungsausgaben nicht trennen lassen, sind die für das Deutsche Reich und die Bundesrepublik Deutschland ermittelten Werte überhöht[16].

---

16 Man könnte zwar mit groben Richtwerten versuchen, nachträglich den Anteil der Forschung zu schätzen. So gibt der Bundesbericht Forschung I als »grobe Orientierungshilfe« den Anteil der Forschung für die Hochschulen mit 50 v. H. und für die Hochschulkliniken mit 30 v. H. der Ausgaben an.

Die weitestgehende Aufgliederung der öffentlichen Aufwendungen für Forschung und Entwicklung, die ein kontinuierliches Verfolgen (ausgenommen Kriegs- und Inflationsjahre) der einzelnen Größen von 1870–1959 gestattet, ist die nach unmittelbaren Ausgaben für Hochschulen und wissenschaftliche Institute (einschließlich wissenschaftliche Behörden). Diese Möglichkeit ist gegeben, wenn man auf die öffentlichen Haushaltsrechnungen der einzelnen Gebietskörperschaften (Reich, Länder, Gemeinden) zurückgreift. Allerdings ist auch dann eine Isolierung der Bibliotheken und Archive, die für Forschungszwecke zur Verwendung stehen, nicht möglich und muß deshalb unterbleiben. Diese Ungenauigkeit wirkt aber der Tendenz zum überhöhten Ausweis der Forschungsaufwendungen entgegen.

Inwieweit die privaten Forschungs- und Entwicklungsaufwendungen für Deutschland ermittelt werden können, hängt vom Betrachtungszeitraum ab. Seit 1949 werden von der Selbstverwaltungsorganisation der gewerblichen Wirtschaft zur Förderung wissenschaftlicher Forschung, dem Stifterverband für die Deutsche Wissenschaft, Erhebungen über den Umfang der betriebseigenen Forschungsausgaben in der Industrie, die Höhe der verbandsgemeinschaftlichen Forschung und die Spenden an andere wissenschaftliche Institutionen durchgeführt. Diese jährlichen »Registrierungsaktionen« haben die Feststellung der global verausgabten Beträge zum Ziel, wobei eine Untergliederung in einzelne Kostenstellen und Kostenarten unterbleibt. Da es sich dabei außerdem um freiwillige Meldungen handelt, an der sich die meisten, wenn auch nicht alle Unternehmungen der Wirtschaft der Bundesrepublik

---

Vgl. *Der Bundesminister für wissenschaftliche Forschung (Hrsg.)*, Bericht der Bundesregierung über Stand und Zusammenhang aller Maßnahmen des Bundes zur Förderung der wissenschaftlichen Forschung, Bundesbericht Forschung I, Bad Godesberg 1965, S. 143. Diese Angaben sind aber nicht ausreichend empirisch überprüft und außerdem während eines halben Jahrhunderts nicht konstant genug, um sie zur Aufstellung einer Zeitreihe »bereinigter« Forschungsaufgaben heranziehen zu können. Auch sind die Ergebnisse einer empirischen Untersuchung in England, wonach ein englischer Hochschullehrer im Semester 28 v. H., in den Semesterferien 45 v. H. seiner Arbeitszeit auf die Forschung verwendet (vgl. *Committee on Higher Education [Hrsg.]*, Higher Education. Report of the Committee appointed by the Prime Minister under the Chairmanship of *Lord Robbins* [»Robbins-Report«] London 1963, Appendix 3, S. 53 ff.), nicht ohne weiteres auf deutsche Universitäten zu übertragen.

Deutschland beteiligen, würden sich bei einer umfassenden Erhebung die Forschungsausgaben des privaten Sektors erhöhen.

Für die Zeit zwischen den beiden Weltkriegen sind keine umfassenden Ausweise der Forschungs- und Entwicklungsaufwendungen der privaten Wirtschaft des Deutschen Reiches zu verzeichnen. Um diese Lücke behelfsmäßig zu schließen, sind grobe Schätzungen vorzunehmen, die auf vereinfachenden Voraussetzungen beruhen. Es soll für diese Zeit angenommen werden, daß die privaten Forschungsaufwendungen fast ausschließlich zur Finanzierung der werkseigenen Forschung dienen. Da die Gemeinschaftsforschung sich in Deutschland im Gegensatz zu England und den Vereinigten Staaten im größeren Umfang erst nach dem Zweiten Weltkrieg durchsetzen konnte[17], erscheint diese Annahme gerechtfertigt. Weiterhin wird unterstellt, daß private Aufwendungen für Forschung und Entwicklung im wesentlichen von der Industrie und innerhalb dieses Bereiches zum großen Teil von den chemischen und elektrotechnischen Unternehmungen getragen werden. Diese Industrien gelten als die forschungsintensivsten[18]. Um zu schätzen, welchen Anteil die chemische und elektrotechnische Industrie an den gesamten privaten, betriebseigenen Forschungsaufwendungen tätigt, sei angenommen, daß diese Proportion bis zur Gegenwart konstant geblieben ist. Bekannt sind die Forschungsaufwendungen der Jahre 1926 bis 1934 der IG-Farbenindustrie[19]. Um auf die Ausgaben für Forschungs- und Entwicklungszwecke der gesamten Chemie- und Elektroindustrie schließen zu können, wird das jährliche Verhältnis Umsatz zu Forschungsausgaben[20] der IG-Farbenindustrie übertragen auf die gesamte chemische Industrie und auf Grund der ähn-

---

17 Vgl. *Meier,* J., Gemeinwirtschaftsforschung und fachbezogene Wissenschaftsförderung in der Wirtschaft. In: »Wirtschaft und Wissenschaft«, Sonderdruck des Stifterverbandes für die Deutsche Wissenschaft, Essen-Bredeney 1961, S. 10.

18 Vgl. Bundesbericht Forschung I ... a. a. O., S. 139.

19 Vgl. *Gross,* H., Material zur Aufteilung der IG-Farbenindustrie Aktiengesellschaft, Kiel 1950, S. 12 f.

20 Zweckmäßiger wäre es, die Forschungsaufwendungen auf die gesamten Aufwendungen der Unternehmungen bzw. des Wirtschaftsbereiches zu beziehen, da die Umsatzwerte Einflüssen unterliegen können, die die Einheitlichkeit und Vergleichbarkeit der Zeitreihe stören würden. Vgl. *Esenwein-Rothe,* I., Wirtschaftsstatistik. In: »Die Wirtschaftswissenschaften«, Hrsg. *Gutenberg,* E., Wiesbaden 1962, S. 194 f. Jedoch stehen für den betreffenden Zeitraum nur die Ausweise der Produktion oder des Umsatzes zur Verfügung.

Tabelle 2
Aufwendungen für formale Ausbildung und Forschung
in Deutschland[a])   Mill. M/DM

Jahre	Ausbildung				
	Direkte Ausgaben	Sp. (2) i. v. H. v. Sp. (5)	Opportuni- tätskosten	Gesamtauf- wendungen	Sp. (5) i. v. H. v. Sp. (11)
(1)	(2)	(3)	(4)	(5)	(6)
1872	157	84	31	188	93
1881	269	87	40	309	92
1891	400	83	82	482	93
1900	621	83	131	752	93
1906	797	79	213	1010	94
1910	1086	79	294	1380	95
1913	1302	79	355	1657	94
1925	2072	69	936	3008	83
1926	2081	68	999	3080	82
1927	2351	69	1055	3406	76
1928	2616	70	1133	3749	79
1929	2747	70	1185	3932	79
1930	2557	69	1169	3726	81
1931	2130	67	1031	3161	84
1932	1818	69	817	2635	87
1933	1816	72	711	2527	86
1934	1893	74	677	2570	83
1935	1911	74	660	2571	81
1936	2007	76	635	2642	80
1937	2072	77	609	2681	79
1938	1948	76	603	2551	78
1949	1926	74	694	2620	84
1950	2240	70	971	3211	83
1951	2887	70	1222	4109	84
1952	3390	69	1513	4903	83
1953	3942	69	1784	5726	83
1954	4373	68	2107	6480	84
1955	4826	66	2506	7332	82
1956	5475	64	3008	8573	81
1957	5949	62	3039	9588	80
1958	6547	61	4246	10793	80
1959	6960	60	4635	11595	78

a) Gebietsstand vergleiche S. 127, Fußnote 1a; Quellenangabe siehe Anhang.

Tabelle 2
Aufwendungen für formale Ausbildung und Forschung
in Deutschland[b]   Mill. M/DM

Forschung und Entwicklung				Ausbildung	Ausbildung
Öffentl. Ausgaben	Sp. (7) i. v. H. v. Sp. (10)	Private Aufwen- dungen	Gesamtauf- wendungen b)	und Forschung zu lfd. Preisen b)	und Forschung zu Preisen von 1913 b)
(7)	(8)	(9)	(10)	(11)	(12)
15	·	·	15	203	200
28	·	·	28	337	392
37	·	·	37	519	643
56	·	·	56	808	969
65	·	·	65	1075	1183
75	·	·	75	1455	1517
88	·	·	88	1745	1745
183	29	450	633	3641	2468
208	31	466	674	3754	2545
244	23	812	1056	4462	3025
267	27	737	1004	4753	3301
283	27	781	1064	4996	3563
294	33	586	880	4606	3378
257	41	364	621	3782	2852
212	53	191	403	3038	2358
198	47	222	420	2947	2302
225	43	298	523	3093	2430
239	40	353	592	3163	2500
252	39	398	650	3292	2619
270	37	452	722	3403	2725
275	35	500	775	3326	2680
369	79	106	502	3122	1561
449	68	215	664	3875	1909
548	71	225	773	4882	2370
649	66	330	979	5882	2814
769	64	431	1200	6926	3267
846	66	434	1280	7760	3609
938	60	638	1576	8908	4086
1150	58	836	1986	10559	4776
1398	59	991	2389	11977	5317
1650	60	1106	2756	13549	5966
1839	57	1413	3252	14847	6455

b) Bis 1913 nur öffentliche Ausgaben für Forschung und Entwicklung.

lichen Struktur in bezug auf die werkseigene Forschung auf die Elektroindustrie. Damit wird es möglich, den Kostenwert der privaten Forschung und Entwicklung von 1926 bis 1944 zu schätzen.

Die gesamten Aufwendungen für Forschung und Entwicklung im Deutschen Reich und der Bundesrepublik Deutschland sind in Tab. 2, Spalte (10) angegeben. Sie setzen sich aus den entsprechenden öffentlichen Ausgaben [Tab. 2, Spalte (7)] und den privaten Aufwendungen [Tab. 2, Spalte (9)] zusammen.

Die Zeitreihe der Aufwendungen für formale Ausbildung und Forschung von 1870–1959 ist während der Weltkriege und der Inflation der zwanziger Jahre unterbrochen. Bis 1913 steigen die Ausbildungs- und Forschungsausgaben (in konstanten Preisen von 1913) von 200 Mill. M auf 1745 Mill. M um das 8,7fache. Nach dem ersten Weltkrieg und den Inflationsjahren liegen 1925 die Ausbildungs- und Forschungsaufwendungen um 33 v. H. höher als 1913. Die Entwicklung zwischen den beiden Weltkriegen ist durch einen raschen Anstieg der Aufwendungen bis zur Weltwirtschaftskrise auf 3563 Mill. M und eine fast gleich große Abnahme bis zum Jahre 1935 gekennzeichnet. Von diesem Zeitpunkt an macht sich wieder eine langsame Zunahme bemerkbar, so daß 1938 die Ausbildungs- und Forschungsausgaben etwas über dem Niveau von 1925 liegen. In der Bundesrepublik Deutschland wird bereits kurz nach 1951 die Höhe der Aufwendungen des Jahres 1925 erreicht. Dann setzt ein ununterbrochenes Wachstum der immateriellen Aufwendungen ein, wobei 1954 in der Bundesrepublik Deutschland erstmalig für formale Ausbildung und Forschung mehr ausgegeben worden ist als je zuvor im Deutschen Reich (gemessen in konstanten Preisen von 1913). Im Jahre 1959 hat sich der Aufwand mit 14,8 Mrd. DM in laufenden Preisen bzw. 6,5 Mrd. DM in Preisen von 1913 im Vergleich zum Jahre 1950 mehr als verdreifacht. An den Gesamtaufwendungen nehmen die Kosten für Ausbildung während des Untersuchungszeitraums durchweg einen größeren Anteil als die Forschungsausgaben ein. Der Schwankungsbereich liegt zwischen 76 und 94 v. H.; allerdings bleiben sie seit 1955 relativ hinter dem Wachstum der Forschungsaufwendungen zurück.

Betrachtet man die Zusammensetzung (vgl. Abb. 1) der Aufwendungen für Ausbildung im Zeitvergleich, so ist eine langfristige Tendenz der relativen Zunahme der Opportunitätskosten festzustellen. Beträgt der Anteil des entgangenen Volkseinkommens 1872 nur 16 v. H. an den Gesamtaufwendungen, so beläuft er sich 1959 auf 40 v. H. Dazwischen ist er nur nach 1933 auf Grund der relativ geringeren Abnahme der direkten Ausgaben (bestehend aus Ausgaben für öffentliche und private Schulen) kurzfristig rückläufig.

Unterschiedlich ist die anteilige Zusammensetzung der Forschungsausgaben im Untersuchungszeitraum. Während seit 1925 zunächst die privaten Forschungsausgaben im Vergleich zu den öffentlichen überwiegen[21], fällt ihr Anteil als Folge der Weltwirtschaftskrise im Jahre 1932 auf 47 v. H. und steigt nur mäßig bis zum Beginn des Zweiten Weltkrieges an. Danach spielen die öffentlichen Forschungsausgaben im Vergleich zu den privaten die größere Rolle, wenngleich ihr Anteil seither der Tendenz nach abnimmt und 1959 nur mehr 57 v. H. beträgt.

Abbildung 1
Aufbau und Entwicklung der Ausbildungs- und Forschungsausgaben (in konstanten Preisen von 1913)

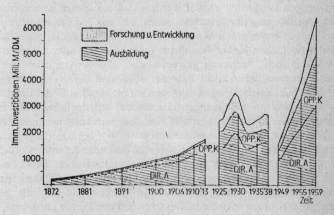

21 Wenngleich die privaten Forschungsausgaben vor dem Zweiten Weltkrieg auf Schätzungen beruhen, so können die ausgewiesenen Zahlen nicht als überhöht angesehen werden. Selbst wenn der Anteil der Forschungsaufwendungen der IG-Farbenindustrie Aktiengesellschaft am Umsatz höher liegt als die entsprechende Gliederungszahl für die beiden Industriezweige (Chemie- und Elektroindustrie), so wirkt einer Überhöhung entgegen, daß unterstellt wird, daß nur diese beiden Industrien private Forschungsausgaben tätigen.

4. Abschreibung auf das immaterielle Kapital

Das immaterielle Kapital pro Jahr ergibt sich aus den laufenden, jährlichen immateriellen Aufwendungen zuzüglich der Kosten der in früheren Jahren Ausgebildeten, soweit sie in diesem Jahre noch leben. Da der Mensch Träger des immateriellen Kapitals ist, kann die Abschreibung pro Jahr gleichgesetzt werden den Kosten der Ausbildung jener Menschen, die pro Jahr sterben oder invalidisiert werden. Sieht man vom vorzeitigen Ausscheiden aus dem Erwerbsprozeß ab, so kann man als Abschreibungssatz des immateriellen Kapitals die Sterbewahrscheinlichkeit der Jahrgänge der Ausgebildeten betrachten. Im Gegensatz zum physischen Kapital, dessen Wert während seiner Nutzungsdauer allmählich abnimmt, wird dabei der Wert der Ausbildung als gleichbleibend unterstellt, solange der Mensch lebt. Mit dem Tod des Individuums fällt dessen Wert als Teil des immateriellen Kapitals plötzlich auf Null.

Dagegen kann eingewendet werden, daß mit dieser Konzeption einer Veralterung des Wissens – sei es, daß ein Teil des oft in jungen Jahren erworbenen Wissens in Vergessenheit gerät, oder daß manche der alten Kenntnisse durch neue widerlegt oder verbessert werden – nicht Rechnung getragen wird. Dieses Argument trifft jedoch nur zu, wenn nicht beachtet wird, daß der Veralterungstendenz zwei Erscheinungen entgegen wirken: Im Laufe des Lebens sammelt sich ein Erfahrungsschatz an, der sich jeglicher exakten quantitativen Erfassung entzieht, der aber nichtsdestoweniger der Tendenz nach durch die Abschreibungsmethode berücksichtigt werden kann. Außerdem verbreiten sich zum Teil neue Kenntnisse auch ohne Einsatz von Ausbildungsinstitutionen relativ rasch. Diese beiden Möglichkeiten, die der Veralterungstendenz des immateriellen Kapitals entgegenwirken, sind beim physischen Kapital nicht gegeben. Sie resultieren aus der Tatsache, daß der Träger immateriellen Kapitals der Mensch ist. Deswegen ist in diesem Falle eine andere Abschreibungsmethode als beim Sachkapital gerechtfertigt, nämlich die nach der Absterbeordnung der Ausgebildeten.

Als Grundlage zur Erstellung einer solchen Absterbeordnung werden die Sterbewahrscheinlichkeiten der Altersklassen 10–20 Jahre herangezogen; dem liegt die Annahme zugrunde, daß das Durchschnittsalter der Personen, die eben ihre formale Ausbildung abgeschlossen haben, in diese Altersklasse fällt. Der Berechnungsvorgang vollzieht sich in sechs Schritten:

a) Ermittlung der Sterbewahrscheinlichkeit der 10- bis 20jährigen in einem bestimmten Alter

Sie wird als arithmetisches Mittel aus den Sterbewahrscheinlichkeiten für Männer im Alter von x errechnet, wobei x von 10, 11 usw. bis 20 Jahre läuft[22].

b) Anpassung der Sterbewahrscheinlichkeit

Die im Jahre j errechnete durchschnittliche Sterbewahrscheinlichkeit kann nicht für das folgende Jahr (j + 1) auf den Bestand der inzwischen 11- bis 21jährigen angesetzt werden. Für diese Altersgruppe gilt nun eine Sterbewahrscheinlichkeit, die um die der 10jährigen zu vermindern und um die 21jährigen zu vermehren ist. Die Sterbewahrscheinlichkeit ist deshalb fortschreitend für die Altersklasse 10–20 Jahre, 11–21 Jahre, 12–22 Jahre usw. festzustellen, und zwar so lange, bis auf Grund der kumulierten Wahrscheinlichkeiten das immaterielle Kapital des Jahres j, auf welches die Sterbewahrscheinlichkeiten anzuwenden sind, voll abgeschrieben ist.

c) Variation des Bevölkerungsmodells gemäß den veränderten Sterblichkeitsverhältnissen

Um der im Untersuchungszeitraum veränderten Sterblichkeit der Bevölkerung Rechnung zu tragen, werden acht Sterbetafeln, gültig für verschiedene Zeitabschnitte[23], der Ermittlung der Sterbewahrscheinlichkeit zugrunde gelegt. Die anzustrebende Genauigkeit des Ergebnisses erfordert allerdings nicht, mit einer »gleitenden« Absterbeordnung zu arbeiten, wie sie für die Vorausberechnungen der Bevölkerung nach der biologischen Methode zur Anwendung kommt[24].

d) Übergang von den Sterbewahrscheinlichkeiten zur Absterbeordnung

Gemäß den rechnerischen jährlichen Sterbewahrscheinlichkeiten sind vom jeweiligen Bestand der Schüler und Studierenden, die bei Beginn der Berechnung 10–20 Jahre alt gewesen sind, so viele Per-

---

22 Da ohnehin mit groben Werten gearbeitet werden muß, werden nur die Sterbewahrscheinlichkeiten der Männer verwendet.
23 Vgl. dazu die benützten Sterbetafeln, die im Anhang (Quellenangabe zu Tab. 3) angeführt sind.
24 Vgl. *Statistisches Reichsamt (Hrsg.)*, Neue Beiträge zum deutschen Bevölkerungsproblem, »Sonderhefte zu Wirtschaft und Statistik«, Bd. 15 (1935), S. 92 f.

sonen abzuziehen, wie nach dem jeweils gültigen Sterbetafelmodell
wahrscheinlich durch Tod ausgeschieden wären. Wie mit einem
Auszug aus der Absterbeordnung der Ausgebildeten sämtlicher
Jahre dargestellt wird (vgl. Tab. 3), läßt sich aus den Spalten dieser
Tabelle entnehmen, wie viele von 100 Personen eines bestimmten
Jahres, die zu diesem Zeitpunkt zwischen 10 und 20 Jahre alt ge-
wesen sind, im Laufe der Zeit modellgerecht als gestorben anzu-
sehen sind.

*e) Übertragung der Absterbeordnung in eine Abschreibungstafel
für das immaterielle Kapital*

Die Anwendung von Tab. 3 als Abschreibungstafel für das immaterielle Kapital bedeutet, daß beispielsweise von dem 1870 gebildeten immateriellen Kapital im Jahre 1900 noch 69,5 v. H. besteht
und daß es 1922 ganz abgeschrieben ist (von den Einwirkungen des
Ersten Weltkrieges ist dabei zunächst abgesehen). Die Zeilen der
Tab. 3 geben an, wie viele von 100 Personen der verschiedenen
Jahre in einem bestimmten Jahr noch leben. Überträgt man diesen
Sachverhalt auf die Akkumulation des immateriellen Kapitals, so
ergibt sich, daß sich zum Beispiel das immaterielle Kapital im Jahre
1900 aus 69,5 v. H. des Anfangskapitals des Jahres 1870, aus
71,2 v. H. der Ausbildungs- und Forschungsaufwendungen des
Jahres 1871, aus 72,8 v. H. der entsprechenden Aufwendungen des
Jahres 1872 usw. zusammensetzt.

f) Akkumulation der Bestandteile des immateriellen Kapitals

Um die Werte der einzelnen Jahre addierbar zu machen, müssen
die Geldwertänderungen im Untersuchungszeitraum beachtet werden: Um den immateriellen Kapitalstock pro Jahr in laufenden
Preisen zu erhalten, ist er zunächst in konstanten Preisen (von 1913)
zu berechnen und erst anschließend mit Hilfe von Preisindices in
laufende Preise umzurechnen. Würde man nämlich die jährlichen
immateriellen Aufwendungen zu laufenden Preisen akkumulieren,
so würde sich der immaterielle Kapitalstock eines Jahres aus verschieden bewerteten jährlichen Ausbildungs- und Forschungsausgaben zusammensetzen.

5. Ergebnis

Sieht man von den Kriegs- und unmittelbaren Nachkriegsjahren[25] ab, so zeigt sich, daß das immaterielle Kapital zu konstanten Preisen von 1913 in Deutschland ständig – wenn auch mit unterschiedlichen Raten – gewachsen ist. Da sich das immaterielle Kapital eines Jahres aus den verschiedenen Anteilen der jährlichen Aufwendungen für Ausbildung und Forschung vieler Jahre zusammensetzt, ist der Verlauf der Kurve des immateriellen Kapitals

---

25 Da statistische Nachweise der Ausbildungs- und Forschungsausgaben für die Zeit der Kriegs- und unmittelbaren Nachkriegsjahre fehlen, wurden folgende Annahmen über ihre Entwicklung getroffen: Für die Zeit des Ersten Weltkriegs und den sich anschließenden Inflationsjahren wurde unterstellt, daß die Ausbildungs- und Forschungsaufwendungen in den Kriegsjahren real nicht gewachsen sind; nach 1918 werden sie dann durch lineare Extrapolation auf das Niveau von 1925 gebracht. Obgleich diese Schätzung der Aufwendungen ungenau ist, dürfte sie das Ergebnis nur wenig verfälschen, da der größere Teil des immateriellen Kapitals in den Jahren 1914 bis 1924 aus Aufwendungen stammt, die vor 1913 getätigt worden sind. – Auf das in dieser Weise durch Akkumulation der Nettoinvestitionen gebildete Kapital werden zusätzlich Abschreibungen in Höhe von 13 v. H. des 1913 gebildeten immateriellen Kapitals vorgenommen. Dieser Abschreibungssatz entspricht den Bevölkerungsverlusten des Ersten Weltkrieges bezogen auf die Bevölkerung des Jahres 1913.
Für die Entwicklung der Ausbildungs- und Forschungsausgaben nach 1938 wird angenommen, daß sie bis 1943 konstant geblieben sind (in Preisen von 1938), in den letzten beiden Kriegsjahren jedoch um zwei Drittel gesunken sind. In der Nachkriegszeit wird ein konstantes Wachstum der Aufwendung bis zu ihrem ersten Nachweis im Jahre 1949 unterstellt. Der Berechnung des Abschreibungssatzes auf Grund der Kriegseinwirkungen, insbesondere der Teilung Deutschlands, kommt für diesen Zeitabschnitt besondere Bedeutung zu. Bezieht man die auf Kriegseinwirkungen zurückgehende Differenz zwischen Verlust (Kriegstote, Vertriebene, Bevölkerung Mitteldeutschlands und Menschen, die in den zur Zeit unter fremder Verwaltung stehenden Gebieten leben) und Gewinn an Ausgebildeten (Flüchtlinge), so zeigt sich eine Minderung der Bevölkerung um 25 v. H.; das bedeutet, daß ein Viertel des bis 1938 im Deutschen Reich gebildeten Kapitals durch Kriegseinwirkung für die Bundesrepublik Deutschland verlorengegangen ist.
Zur Bestimmung des Anfangskapitalstocks wurde auf eine Schätzung *Hoffmanns* zurückgegriffen. Siehe *Hoffmann*, W. G., Erziehungs- und Forschungsausgaben . . ., a. a. O., S. 126. Vergleicht man die Größenordnung der von *Hoffmann* außer acht gelassenen Bestandteile der immateriellen Investitionen (Ausgaben für private Forschungsaufwendungen) mit denen, die er berücksichtigt, so läßt sich rechtfertigen, daß der geschätzte Kapitalstock für das angegebene Konzept nicht als Durchschnittswert für das Jahrzehnt 1870–1879 angenommen wird, sondern als Anfangskapitalstock für das Jahr 1870.

Tabelle 3
Auszug aus der Abschreibungstafel für das immatrielle Kapital[a]

Jahre	1870	1871	1872	⋯	1900	1901	1902	⋯	1920	1921	1922	⋯	1936	1937	1938	⋯	1957	1958	1959
1870	100.0																		
1871	99.5	100.0																	
1872	99.0	99.5	100.0																
⋯	⋯	⋯	⋯	⋯	⋯	⋯	⋯	⋯	⋯	⋯	⋯	⋯	⋯	⋯	⋯	⋯	⋯	⋯	⋯
1900	69.5	71.2	72.8	⋯	100.0														
1901	67.7	69.5	71.2	⋯	99.7	100.0													
1902	65.9	67.7	69.5	⋯	99.3	99.7	100.0												
⋯	⋯	⋯	⋯	⋯	⋯	⋯	⋯	⋯	⋯	⋯	⋯	⋯	⋯	⋯	⋯	⋯	⋯	⋯	⋯
1920	7.0	12.5	17.6	⋯	89.7	90.4	91.1	⋯	100.0										
1921	1.1	7.0	12.5	⋯	89.0	89.7	90.4	⋯	99.7	100.0									
1922	—	1.1	7.0	⋯	88.2	89.0	89.7	⋯	99.4	99.7	100.0								
⋯	⋯	⋯	⋯	⋯	⋯	⋯	⋯	⋯	⋯	⋯	⋯	⋯	⋯	⋯	⋯	⋯	⋯	⋯	⋯
1936				⋯	70.8	72.6	74.3	⋯	92.8	93.3	93.8	⋯	100.0						
1937				⋯	68.9	70.8	72.6	⋯	92.3	92.8	93.3	⋯	99.8	100.0					
1938				⋯	66.9	68.9	70.8	⋯	91.8	92.3	92.8	⋯	99.6	99.8	100.0				
⋯	⋯	⋯	⋯	⋯	⋯	⋯	⋯	⋯	⋯	⋯	⋯	⋯	⋯	⋯	⋯	⋯	⋯	⋯	⋯
1957								⋯	74.3	75.8	77.1	⋯	93.6	94.8	95.1	⋯	100.0		
1958								⋯	72.6	74.3	75.8	⋯	93.2	93.6	94.8	⋯	99.9	100.0	
1959								⋯	70.8	72.6	74.3	⋯	92.8	93.2	93.6	⋯	99.8	99.0	100.0

a) Quellenangabe siehe Anhang.

(vgl. Abb. 2) ausgeglichener als der der immateriellen Bruttoinvestitionen (vgl. Abb. 1). Insbesondere der starke Rückgang der immateriellen Aufwendungen als Folge der Weltwirtschaftskrise schlägt sich im immateriellen Kapitalstock nur in einer etwas geringeren Wachstumsrate nieder. Außerdem wirkt sich die Reduktion der jährlichen Bruttoinvestitionen erst einige Jahre später auf das immaterielle Kapital aus.

Tabelle 4

Das immaterielle Kapital des Deutschen Reiches 1870–1913[a, b)]

Mrd. M

Jahre	K_I zu konst. Preisen v. 1913	Meßzahlen 1913 = 100	K_I zu laufenden Preisen	Jahre	K_I zu konst. Preisen v. 1913	Meßzahlen 1913 = 100	K_I zu laufenden Preisen
1870	7,20	22	7,03	1892	14,43	45	11,60
1871	7,32	23	7,29	1893	14,99	47	12,02
1872	7,49	23	7,59	1894	15,58	49	12,48
1873	7,67	24	7,92	1895	16,19	50	12,94
1874	7,86	25	7,95	1896	16,83	52	13,43
1875	8,07	25	7,99	1897	17,50	55	13,93
1876	8,30	26	8,03	1898	18,19	57	14,44
1877	8,54	27	8,05	1899	18,81	59	15,31
1878	8,80	27	8,11	1900	19,64	61	16,38
1879	9,08	28	8,17	1901	20,39	64	17,39
1880	9,37	29	8,24	1902	21,08	66	18,41
1881	9,68	30	8,32	1903	21,98	68	19,60
1882	10,01	31	8,41	1904	22,80	71	20,45
1883	10,36	32	8,50	1905	23,64	74	21,35
1884	10,74	33	8,78	1906	24,45	76	22,23
1885	11,14	35	9,10	1907	25,38	79	23,27
1886	11,55	36	9,41	1908	26,36	82	24,38
1887	11,98	37	9,75	1909	27,41	85	25,68
1888	12,43	39	10,11	1910	28,50	89	27,34
1889	13,00	41	10,54	1911	29,67	92	28,80
1890	13,39	42	10,83	1912	30,86	96	30,34
1891	13,90	43	11,21	1913	32,11	100	32,11

a) Gebietsstand vergleiche Fußnote 1a. Zur Bewertung des immateriellen Kapitals dienen die von Hoffmann und Müller angegebenen Preisindices (vgl. W. G. *Hoffmann* u. H. J. *Müller,* Das deutsche Volkseinkommen 1851—1957, Tübingen 1957, S. 14).
b) Ohne wirtschaftseigene Forschung.

Im ersten Zeitabschnitt der Untersuchung ist das immaterielle Kapital zu konstanten Preisen von 1913 von 7,2 Mrd. M im Jahre 1870 auf 32,1 Mrd. M im Jahre 1913 um das 4,5fache gestiegen, was eine durchschnittliche jährliche Wachstumsrate von 3,6 v. H. bedeutet. Die Periode 1925–1938 weist mit einer Zunahme des immateriellen Kapitalstocks von 44,0 Mrd. M auf 72,7 Mrd. M eine durchschnittliche jährliche Wachstumsrate von 4,0 v. H. auf.

Der Zweite Weltkrieg hat eine wesentlich stärkere Reduktion des
immateriellen Kapitals auf Grund der höheren Kriegsverluste der
Bevölkerung und der größeren Änderungen im Gebietsstand als der
Erste Weltkrieg verursacht, wobei beim Vergleich aber zu beachten
ist, daß 1925 erstmalig private Forschungsaufwendungen in das
immaterielle Kapital einbezogen wurden. Nach dem Zweiten Weltkrieg ist die Zuwachsrate zunächst sehr mäßig gestiegen, so daß
trotz des raschen Wachstums am Ende der fünfziger Jahre (1959:
6,0 v. H.) das immaterielle Kapital in diesem Zeitabschnitt nur um
durchschnittlich 3,7 v. H. gewachsen ist.

Tabelle 5
Das immaterielle Kapital des Deutschen Reiches 1925–1938[a)]
Mrd. M

Jahre	K_T zu konst. Preisen v. 1913	Meß- zahlen 1913 = 100	K_T zu laufen- den Preisen	Jahre	K_T zu konst. Preisen v. 1913	Meß- zahlen 1913 = 100	K_T zu laufen- den Preisen
1925	43,98	137	64,86	1932	61,29	191	78,94
1926	45,99	143	67,83	1933	62,90	196	80,51
1927	48,46	151	71,48	1934	64,90	202	82,62
1928	51,18	159	73,70	1935	67,20	209	85,01
1929	54,15	169	75,71	1936	69,06	215	86,80
1930	57,41	179	78,31	1937	70,94	221	88,60
1931	59,60	186	79,02	1938	72,88	227	90,44

a) Vgl. Fußnote a) der Tabelle 4.

Tabelle 6
Das immaterielle Kapital der Bundesrepublik Deutschland
1949–1959[a)]
Mrd. DM

Jahre	K_T zu konst. Preisen v. 1913	Meß- zahlen 1913 = 100	K_T zu laufen- den Preisen	Jahre	K_T zu konst. Preisen v. 1913	Meß- zahlen 1913 = 100	K_T zu laufen- den Preisen
1949	64,07	200	128,14	1955	75,57	235	164,74
1950	64,90	202	131,83	1956	79,16	247	175,03
1951	66,26	206	136,50	1957	82,33	256	184,50
1952	68,02	212	142,15	1958	86,62	270	196,72
1953	70,14	219	148,70	1959	91,83	286	211,31
1954	72,66	226	156,21				

a) Vgl. Fußnote a) der Tabelle 4.

Allerdings hat es dabei in der Bundesrepublik Deutschland schon 1954 eine Höhe erreicht, wie sie im Deutschen Reich nicht erzielt worden ist. Bis 1959 hat es sich mit 91,8 Mrd. DM gegenüber 1949 mit 64,1 Mrd. DM um fast ein Drittel vermehrt.

Innerhalb dieser Zeitabschnitte gibt es Phasen mit unterschiedlicher Entwicklung des immateriellen Kapitalstocks. Seine durchschnittlichen jährlichen Wachstumsraten sind besonders hoch in den Zeitabschnitten 1908–1913 (4,0 v. H.), 1926–1929 (5,5 v. H.) und 1954–1959 (4,8 v. H.). Verhältnismäßig gering wächst er im Durchschnitt in den Jahren 1870–1875 (2,5 v. H.), 1935–1938 (2,8 v. H.) und 1949–1952 (2,0 v. H.).

Abbildung 2

Immatrielles (K_I) und physisches Kapital (K_S) in konstanten Preisen von 1913

(Semilogarithmische Darstellung)

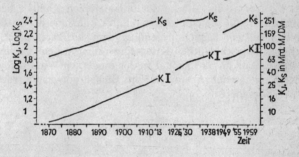

Der Kurvenverlauf des immateriellen Kapitals zu konstanten Preisen von 1913 (vgl. Abb. 2) deutet auf eine Exponentialfunktion hin, wobei allerdings durch die Kriegsjahre Unterbrechungen entstehen. Rechnet man die dekadischen Werte in logarithmische um, wodurch die relativen Zuwächse pro Jahr konstant bleiben, so findet man diese Vermutung bestätigt: Abb. 2 zeigt, daß der Kurvenverlauf des immateriellen Kapitals sich dem einer Geraden verhältnismäßig gut annähert.

Sachkapital und immaterielles Kapital

Eine langfristige Schätzung des Sachkapitals für das Deutsche
Reich bzw. für die Bundesrepublik Deutschland hat Hoffmann vorgenommen[26]. Stellt man die angegebene Zeitreihe des Sachkapital-
stocks in Preisen von 1913[27] im semilogarithmischen Diagramm
dar (vgl. Abb. 2), so zeigt auch hier der Verlauf des Sachkapitals
(K_S) eine gute Annäherung an eine Gerade, so daß die absoluten
Werte in Form einer Exponentialfunktion zunehmen. Allerdings
machen sich in diesem Fall die Störungen des Verlaufs durch die
Kriegseinwirkungen stärker bemerkbar als beim immateriellen
Kapital. Ein zeitlicher Vergleich beider Kapitalarten ergibt, daß in
der Periode 1870–1913 das Sachkapital durchschnittlich etwas mehr
als das 10fache des immateriellen Kapitals beträgt. In der Zwi-
schenkriegsperiode steigt letzteres auf durchschnittlich ein Viertel
bis ein Fünftel des Sachkapitals. Diese Tendenz setzt sich in der
Zeit nach 1949 fort, in der das Sachkapital nur durchschnittlich
etwas weniger als das 3fache des immateriellen Kapitals beträgt.
Die Erklärung für die langfristige relative Zunahme des Bestandes
an immateriellem Kapital gegenüber dem Sachkapitalstock liegt
neben der unterschiedlichen Kriegseinwirkung in dem Tatbestand,
daß der Einsatz an Sachkapital in der modernen Wirtschaft einen
größeren immateriellen Aufwand pro Einheit notwendig macht als
im 19. Jahrhundert.

---

26 Vgl. *Hoffmann*, W. G., Das Wachstum der deutschen Wirtschaft seit der
Mitte des 19. Jahrhunderts. Berlin, Heidelberg, New York 1965, S. 215 ff.
27 Vgl. derselbe: a. a. O., S. 253 f.

Anhang

Quellenangaben zu den im Text angeführten Tabellen

Tabelle 1

Preußen: Statistisches Handbuch für den Preußischen Staat Bd. I (1888); Bd. II (1893); Bd. III (1898); Statistisches Jahrbuch für den Preußischen Staat 1903; 1908; 1911; 1913. – Deutsches Reich: Vierteljahreshefte zur Statistik des Deutschen Reiches 1912, Heft 4; 1923, Heft 3; 1924, Heft 3; 1925, Heft 3; 1930, Ergänzungsheft 5. – Bundesrepublik Deutschland: Statistik der Bundesrepublik Deutschland Bd. 199; Statistisches Jahrbuch für die Bundesrepublik Deutschland 1952–1964.

Tabelle 2

Spalte (2): *Weitzel,* O., Die Expansion des Staatssektors in Deutschland von der Reichsgründung bis zur Gegenwart. Eine Analyse des Wachstums der öffentlichen Ausgaben und ihrer Strukturwandlungen im kapitalistischen Entwicklungsprozeß. Diss. Nürnberg 1967 (bisher unveröffentlicht). Siehe außerdem Quellenangabe zu Tab. 3. – Spalte (4): *Krug,* W.: Erfassung des durch Ausbildung entgangenen Einkommens, »Schmollers Jahrbuch«, Bd. 86 (1966), S. 593. Spalte (7): Siehe Quellenangabe zur Spalte (2). – Spalte (9): *Gross,* H., Material zur Aufteilung der IG-Farbenindustrie Aktiengesellschaft, Kiel 1950, S. 12 f. Zentralverband der Elektrotechnischen Industrie e. V. (Hrsg.): Zur Absatzentwicklung der elektrotechnischen Erzeugnisse. Tendenzen und Perspektiven, Berlin 1962, S. 15.

Tabelle 3

Sterbetafeln: Statistik des Deutschen Reiches Bd. 200; Bd. 360; Bd. 495; Teil I; Statistik der Bundesrepublik Deutschland Bd. 75; Wirtschaft und Statistik Jg. 16 (1964); Bevölkerungsverluste des Ersten Weltkrieges: *Meerwarth,* R., Die Entwicklung der Bevölkerung in Deutschland während der Kriegs- und Nachkriegszeit. In: Einwirkungen des Krieges auf Bevölkerungsbewegung, Einkommen und Lebenshaltung in Deutschland. Wirtschafts- und Sozialgeschichte des Weltkrieges, Hrsg.: *Shotwell,* J., Deutsche Serie, Stuttgart, Berlin, Leipzig 1932, S. 69.

Arnold Knauer, Harry Maier und Werner Wolter:

Die Entwicklung der Bildungs- und Grundmittelfonds in der DDR[1]

Die direkten und indirekten Aufwendungen für Bildung und Bildungswesen werden unter den Bedingungen der intensiv erweiterten Reproduktion zu einer wichtigen volkswirtschaftlichen Größe: sie vermögen die Dynamik und Effektivität des Reproduktionsprozesses grundlegend zu beeinflussen.

Zum Hauptweg der Erhöhung der volkswirtschaftlichen Effektivität und ihres Kernstücks, der gesellschaftlichen Arbeitsproduktivität, ist auf Grund des erreichten Entwicklungsniveaus unserer Wirtschaft die umfassende Intensivierung des volkswirtschaftlichen Reproduktionsprozesses geworden.

Der wesentliche Inhalt dieses Prozesses besteht in der sozialistischen Rationalisierung, die getragen wird von den Ideen und dem Schöpfertum der Arbeiterklasse und den in den anderen Bereichen des gesellschaftlichen Reproduktionsprozesses arbeitenden Werktätigen.

An jedem Arbeitsplatz gilt es, ein bestimmtes Ergebnis mit geringstmöglichem Aufwand beziehungsweise mit einem bestimmten Aufwand ein höchstmögliches Ergebnis zu erzielen, das heißt, das Gesetz der Ökonomie der Zeit zur Wirkung zu bringen. In der Direktive zum Fünfjahrplan 1971–1975 heißt es daher: »Die sozialistische Rationalisierung ist ein objektives Erfordernis für die Intensivierung der gesellschaftlichen Produktion. Sie ist somit als eine erstrangige Aufgabe von gesamtgesellschaftlicher Bedeutung durchzusetzen. Es geht bei der Rationalisierung im umfassenden Sinne um die rationelle Gestaltung der gesellschaftlichen Arbeit auf allen Gebieten. Sie ist auf die Modernisierung der vorhandenen Technik, die Mechanisierung, die Teilautomatisierung und auf die Automatisierung ausgewählter volkswirtschaftlicher Vorhaben zu richten. Auf diese Weise ist der Kampf um die Steigerung der

1 Arnold Knauer, Harry Maier und Werner Wolter: Sozialistische Bildungsökonomie. Grundfragen. Berlin-Ost 1972 (Verlag Die Wirtschaft) – Auszug des Kapitels: Bildung als ökonomischer Wachstumsfaktor im Sozialismus, S. 33–54. Mit freundlicher Genehmigung des Verlages.

Arbeitsproduktivität bei Ausschöpfung aller Möglichkeiten zu führen[1a].«

Unter diesen Bedingungen hängt die volkswirtschaftliche Effektivitätsentwicklung im ökonomischen System des Sozialismus von der komplexen, sich verstärkenden Wirkung solcher dynamischer Elemente des Reproduktionsprozesses, das heißt Wachstumsfaktoren, ab, wie dem wissenschaftlichen Niveau der Leitungs- und Planungstätigkeit des sozialistischen Staates, vor allem von der effektiven Gestaltung der volkswirtschaftlichen Bilanzierung, von der Verwandlung der Wissenschaft in eine unmittelbare Produktivkraft, von der Erhöhung und besseren Nutzung des Bildungsniveaus der Werktätigen sowie der weiteren Verbesserung ihrer Arbeits- und Lebensbedingungen, der Erhöhung des qualitativen Niveaus und der besseren zeitlichen und leistungsmäßigen Ausnutzung der Grundfonds, von dem konzentrierten und effektiven Einsatz der Investitionsmittel, der Erzielung einer hohen Materialökonomie und der Schaffung einer modernen Werkstoffwirtschaft, der Beherrschung der Strukturwandlungen im Rahmen der planmäßigen proportionalen Entwicklung der Volkswirtschaft, der effektiven Gestaltung der materiell-technischen Territorialstruktur und dem Niveau der ökonomischen Integration der sozialistischen Staatengemeinschaft ab.

Diese Wachstumsfaktoren können ihre effektivitätsbestimmende Rolle nur spielen, wenn sie als aktive Elemente des Reproduktionsprozesses im Rahmen der Entwicklung des Komplexes der Wachstumsfaktoren zur Wirkung gebracht werden. Daher wird in den folgenden Ausführungen die Rolle der Bildung als ökonomischer Wachstumsfaktor immer in Wechselwirkung mit den anderen Wachstumsfaktoren betrachtet. Nichts ist realitätsfremder als eine isolierte, von den anderen aktiven Elementen des Reproduktionsprozesses losgelöste Betrachtung der Bildung als Wachstumsfaktor. Die Integration der Bildungserfordernisse in die planmäßige Gestaltung des gesellschaftlichen Reproduktionsprozesses heißt nichts anderes, als die planmäßige proportionale Entwicklung des Wachstumsfaktors Bildung im Rahmen der Wachstumsfaktoren zu sichern.

Hierbei geht es darum, durch Verwirklichung des ökonomischen

1a Direktive des VIII. Parteitages der SED zum Fünfjahrplan für die Entwicklung der Volkswirtschaft der DDR 1971 bis 1975, in: Dokumente des VIII. Parteitages der SED, Dietz Verlag, Berlin 1971, S. 50.

Systems des Sozialismus die mit der vorwiegend intensiv erweiterten Reproduktion verbundenen effektivitätsbestimmenden Faktoren bei der Steigerung der gesellschaftlichen Arbeitsproduktivität voll zur Wirkung zu bringen. Die wert- und gebrauchswertschaffende Potenz der in der materiellen Produktionssphäre verausgabten Arbeit wird unter diesen Bedingungen in wachsendem Maße potenziert durch den Wirkungsgrad der im Leitungs- und Planungsprozeß auf volkswirtschaftlicher und betrieblicher Ebene, der im Bildungswesen sowie in der Forschung und Entwicklung verausgabten Arbeit. Jede Vernachlässigung der Aufgaben der Vervollkommnung des Leitungs- und Planungssystems auf dem Gebiet der Forschung und Entwicklung, der Bildung und Weiterbildung hat somit unmittelbar negative Folgen auf die volkswirtschaftliche Effektivitätsentwicklung.

Bei der Lösung dieser Aufgaben wächst gesetzmäßig die Rolle des subjektiven Faktors für die Erhöhung der volkswirtschaftlichen Effektivität, das heißt die Rolle des sozialistischen Bewußtseins, der Initiative und des Schöpfertums der von der Partei der Arbeiterklasse geführten Werktätigen.

Um bei der weiteren Gestaltung der entwickelten sozialistischen Gesellschaft im Rahmen der Intensivierung des volkswirtschaftlichen Reproduktionsprozesses ein effektives und stabiles ökonomisches Wachstum zu sichern, verwendet daher die sozialistische Gesellschaft einen wichtigen Teil der gesellschaftlichen Gesamtarbeit für die Herausbildung hochqualifizierter Arbeitskräfte und die Erhöhung oder Erhaltung des Qualifikationsniveaus bereits im materiellen Produktionsprozeß stehender Werktätiger. Höchste Rationalität beim Einsatz dieser riesigen gesellschaftlichen Aufwendungen ist daher von größter Bedeutung für Tempo und Effektivität des volkswirtschaftlichen Reproduktionsprozesses. Hierbei muß umfassend die ökonomische Potenz der Bildung im volkswirtschaftlichen Reproduktionsprozeß zur Wirkung gebracht, das heißt die Bildung als ökonomischer Wachstumsfaktor genutzt werden.

Ein Kardinalproblem der wissenschaftlich fundierten Planung im Sozialismus besteht darin, ein solches Verhältnis in der Entwicklung der materiellen Produktion, des Bildungswesens und der übrigen Bereiche der Volkswirtschaft so zu sichern, daß eine optimale Steigerung des gesellschaftlichen Reichtums möglich wird. Dieser stoffliche Reichtum ist aber in der sozialistischen Gesellschaft nicht Selbstzweck, sondern lediglich Mittel des ». . . wirklichen Reich-

tums . . .« dieser Gesellschaft, der entwickelten ». . . Produktivkraft
aller Individuen«².

Durch die Intensivierung des ökonomischen Wachstumsprozesses
bei der Schaffung der entwickelten sozialistischen Gesellschaft entstehen neue, höhere Anforderungen an das Bildungsniveau der
Werktätigen und damit auch neue Maßstäbe für die Arbeit des
Bildungswesens.

Wir werden daher, wie verschiedene prognostische Berechnungen
ergaben, in den kommenden Jahren eine weitere Veränderung der
Qualifikationsstruktur der Arbeitskräfte in der Geschichte unserer
Republik erleben. Hierbei wächst gesetzmäßig die führende Rolle
der Arbeiterklasse als der am engsten mit der Entwicklung der
modernen Produktivkräfte verbundenen, als der produktiv tätigen
und machtausübenden Klasse bei der weiteren Gestaltung der entwickelten sozialistischen Gesellschaft³.

Die zu erwartenden Veränderungen in der Qualifikationsstruktur
des volkswirtschaftlichen Gesamtarbeiters machen deutlich, daß die
rationale Gestaltung des Verhältnisses von Bildungsaufwand und
volkswirtschaftlichem Reproduktionsprozeß von größter Bedeutung
für die Annäherung unseres Wirtschaftswachstums an die optimale
Wachstumsrate ist.

Deshalb ist es von großer Bedeutung, die im Qualifikationsniveau
der Arbeitskräfte materialisierten Bildungsaufwendungen in einer
mit den anderen Bestandteilen des Nationalreichtums vergleichbaren und für die Erhöhung der Rationalität des Entscheidungsprozesses relevanten Dimension darzustellen.

Bereits Marx hat darauf hingewiesen, daß Bildung des Individuums ». . . vom Standpunkt des unmittelbaren Produktionsprozesses aus . . .« als ». . . Produktion vom capital fixe . . .«⁴ betrachtet
werden kann. Ähnlich wie in den anderen Bestandsgrößen des
Nationalreichtums – Wissenschaftsfonds, Grundfonds, Umlaufmit-
telfonds und anderen – sind auch im Qualifikationsniveau der Arbeitskräfte gesellschaftliche Arbeitsaufwendungen akkumuliert.
Diese sich bei der Heranbildung der qualifizierten Arbeitskräfte in
ihrem Qualifikationsniveau niederschlagenden Bildungsfonds ent-

---

2 K. Marx, Grundrisse zur Kritik der politischen Ökonomie, Berlin 1953,
S. 596.
3 Vgl. K. Hager, Grundfragen des geistigen Lebens im Sozialismus, Dietz
Verlag, Berlin 1969, S. 25.
4 Vgl. K. Marx, Grundrisse . . ., a. a. O., S. 599.

halten alle Aufwendungen, die für deren Ausbildung an den allgemeinbildenden Schulen, in der Berufsausbildung sowie an Fach-
und Hochschulen notwendig waren. Allein an Staatshaushaltsaus-
gaben kostete z. B. 1968 die Ausbildung eines Hochschulkaders
(vom Kindergarten bis zur Hochschule) etwa 46 000,– Mark, für
einen Fachschulkader mußten 23 000,– Mark aufgewendet werden,
ein Facharbeiter erforderte 16 000,– Mark Ausbildungskosten. In
diesen Berechnungen sind die bedeutenden Bildungsaufwendungen
der Betriebe und Kombinate nicht erfaßt, die über 25 Prozent der
gesamten Bildungsausgaben der DDR ausmachen. (Bei den genannten Kosten handelt es sich um Durchschnittswerte, wobei es bei den
einzelnen Qualifikationsarten in den Kosten nicht unbeträchtliche
Unterschiede gibt.)

In den Bildungsfonds wird versucht, jene Fonds an Wissen, Fähigkeiten und Fertigkeiten der Werktätigen zu erfassen, die Karl
Marx als »... die jedesmalige Voraussetzung der Gesamtproduktion, als die Hauptakkumulation des Reichtums, (die) aber in der
lebendigen Arbeit selbst existiert ...«[5] bezeichnet hat. Die Bildungsfonds stellen somit eine Bestandsgröße und einen unter den
Bedingungen der intensiv erweiterten Reproduktion schnell wachsenden Bestandteil des Nationalreichtums der sozialistischen Gesellschaft dar. Der Kreislauf der Bildungsfonds im Reproduktionsprozeß unterscheidet sich wesentlich von dem Kreislauf der materiellen
Produktionsfonds. Ihre Spezifik wird in der eben zitierten Formulierung von Karl Marx sichtbar, wenn er hier Bildung des Individuums mit der »Produktion von capital fixe« vergleicht und hierbei
bemerkt, daß »dies capital fixe being man himself«.

Die im Qualifikationsniveau materialisierten Bildungsfonds der
Werktätigen existieren nur im Zusammenhang mit der lebendigen
Arbeit und können nur über sie im Reproduktionsprozeß wirksam
werden.

Die Bildungsfonds stellen hierbei einen wichtigen Teil der Reproduktionskosten der Werktätigen unterschiedlicher Qualifikationsniveaus dar, die aus der Summe ihrer Lebens- und Bildungskosten
bestehen und somit einen wichtigen Indikator für die wertschaffende Potenz von Arbeitskräften unterschiedlicher Qualifikation
darstellen. Hieraus ergibt sich, daß die Bildungsfonds nicht wie die

---

5 K. Marx, Theorien über den Mehrwert, 3. Teil, Dietz Verlag, Berlin 1962,
S. 293.

materiellen Produktionsfonds durch die konkrete Arbeit auf das zu schaffende Produkt übertragen werden und damit aus dem Ersatzfonds reproduziert werden können. Die Bildungsfonds können nur aus dem von der lebendigen, wertschaffenden Arbeit geschaffenen Neuwert reproduziert werden, wobei ihre einfache Reproduktion (auf Grund des Ausscheidens von Arbeitskräften, notwendigen Umschulungsmaßnahmen zur Sicherung des gesellschaftlich notwendigen Bildungsniveaus im Rahmen einer bestimmten Qualifikation) einen entscheidenden Teil des notwendigen Produkts bildet, während die erweiterte Reproduktion der Bildungsfonds (die Erhöhung des Qualifikationsniveaus der Werktätigen, Erhöhung der Zahl der ausgebildeten Werktätigen etc.) im Sozialismus einen Teil des für die Akkumulation bestimmten Mehrprodukts darstellt. Gleichzeitig erfolgt die einfache und erweiterte Reproduktion der außerhalb des produktiven Bereichs eingesetzten Bildungsfonds aus

Tabelle 1.1.

Die Entwicklung des Bestandes an Brutto-Bildungsfonds und der Brutto-Grundmittelfonds der DDR

Jahr	Bestand an Brutto-Bildungsfonds in der Volkswirtschaft der DDR (in Md. M)	Index der Entwicklung von Spalte 2 (1960 = 100)	Bestand an Brutto-Bildungsfonds im materiellen Bereich der Volkswirtschaft der DDR	Index der Entwicklung von Spalte 4 (1960 = 100)	Bestand an Brutto-Grundmittelfonds in den produktiven Bereichen der Volkswirtschaft der DDR	Index der Entwicklung von Spalte 6 (1960 = 100)
1	2	3	4	5	6	7
1957	72,1	77	58,5	77	145,0	89
1958	77,4	82	62,9	83	148,9	92
1959	87,9	94	71,8	95	155,0	96
1960	94,0	100	75,9	100	161,9	100
1961	97,0	103	76,2	101	171,4	106
1962	96,1	102	74,9	99	182,1	112
1963	95,0	101	74,5	98	193,7	120
1964	98,4	105	76,9	101	205,5	127
1965	105,5	112	82,0	108	217,5	134
1966	109,5	116	84,6	115	224,2	138
1967	115,4	123	89,4	118	239,1	148
1968	115,8	123	89,7	118	250,6	155

dem für die gesellschaftliche Konsumtion bestimmten Teil des Mehrprodukts.

Erste Berechnungen ergaben, daß der Bruttobestand an Bildungsfonds durchaus eine Größe ist, die bei der effektiven Gestaltung des volkswirtschaftlichen Reproduktionsprozesses nicht vernachlässigt werden kann. Der Bruttobestand an Bildungsfonds wuchs in der Volkswirtschaft der DDR von 72,1 Milliarden Mark im Jahre 1957 auf 115,4 Milliarden Mark im Jahre 1967. Dies ist eine Größe, die dem durchschnittlichen Grundmittelbestand unserer sozialistischen Industrie im Jahre 1967 (143,4 Milliarden Mark) entspricht, wenn man berücksichtigt, daß in diesen Berechnungen aus statistischen Gründen die Bildungsfonds unterbewertet wurden (vgl. Tabelle 1.1.). Auf der Basis des Bestandes an Bruttobildungsfonds und der Höhe des Nationaleinkommens läßt sich eine Kennziffer, die Bildungsfondsintensität, bestimmen. Während wir in der DDR 1957 für die Produktion von einer Mark Nationaleinkommen 1,29 Mark Bildungsfonds benötigten, brauchten wir 1967 1,24 Mark Bildungsfonds pro Einheit des Nationaleinkommens.

Auf der Grundlage des Bestandes an Bildungsfonds ist es möglich, analog zu den Kennziffern der Grundfonds- und Materialfondsintensität einen Quotienten zu berechnen, der uns hilft, die Relation der Bildungsfonds zum Produktionsergebnis zu analysieren. Methodisch kann hier ähnlich wie bei den anderen Fondsarten verfahren werden[6].

Die Kennziffer Bildungsfondsintensität (fb_j) ergibt sich aus dem Quotienten von Bildungsfonds (BF_j) und dem Produktionsergebnis (P_j)

$$fb_j = \frac{BF_j}{P_j}$$

Geht man davon aus, daß zwischen dem Qualifikationsniveau der Arbeitskräfte – also damit auch zwischen einem bestimmten Bestand Bildungsfonds – und der Entwicklung der Arbeitsproduktivität ein kausaler Zusammenhang existiert, dann läßt sich die

---

6 Vgl. O. Kratsch, Die Fondsintensität der Produktion, in: Probleme der politischen Ökonomie, Bd. 7, Akademie-Verlag, Berlin 1964, S. 162 ff.

Kennziffer der Bildungsfondsintensität folgendermaßen modifizieren:

$$fb_j = \frac{BF_j}{AK_j} \cdot \frac{AK_j}{P_j}$$

Hierbei ist AK_j die Zahl der im Bereich j beschäftigten Arbeitskräfte, während $\frac{AK_j}{P_j}$ Relationen der Arbeitskräfte

AK_j zum Produktionsergebnis P_j ausdrückt, also die reziproke Größe der Arbeitsproduktivität darstellt[7].

$$\frac{AK_j}{P_j} = 1 : \frac{P_j}{AK_j} \cdot = 1 : \frac{P_j}{AK_j}$$

Der Quotient $\frac{AK_j}{BF_j}$ verkörpert dagegen den durchschnittlichen Bestand an Bildungsfonds pro Arbeitskraft im Bereich j. Er wird von uns mit BA_j bezeichnet. Die Kennziffer der Bildungsfondsintensität nimmt nun folgende Gestalt an:

$$fb_j = \frac{BA_j}{Ap_j}$$

Tabelle 1.2. zeigt die Entwicklung der Bildungsfondsintensität und der Grundfondsintensität je Einheit Bruttoprodukt und je Einheit Nationaleinkommen in der DDR.

In Tabelle 1.3. vergleichen wir die Entwicklung der Arbeitsproduktivität, der Brutto-Bildungsausstattung der Beschäftigten im materiellen Bereich des Reproduktionsprozesses und ihre Ausstattung mit Brutto-Grundmittelfonds sowie die Entwicklung der Bildungsfondsintensität.

Die Kennziffer Bildungsfondsintensität vermittelt uns also Informationen darüber, wieviel Mark Bildungsfonds wir aufwenden, um eine Mark Nationaleinkommen oder volkswirtschaftliches Bruttoprodukt produzieren zu können.

Natürlich kann man allein auf der Grundlage der Entwicklung

---

7 Hierbei kann man natürlich P_j als Bruttoproduktion oder auch als produziertes Nationaleinkommen definieren.

Tabelle 1.2.
Die Entwicklung der Bildungsfondsintensität und der Grundfonds-
intensität pro Einheit Bruttoprodukt und pro Einheit Nationalein-
kommen in der DDR von 1955–1968

Jahr	Intensität der Bildungs-fonds der Volkswirt-schaft der DDR		Intensität der Bildungs-fonds im materiellen Bereich der Volkswirt-schaft der DDR		Entwicklung der Grund-mittelfondsintensität	
	pro Einheit National-einkommen	pro Einheit Brutto-produkt	National-einkommen pro Einheit	pro Einheit Brutto-produkt	pro Einheit National-einkommen	pro Einheit Brutto-produkt
1957	1,29	0,66	1,04	0,54	2,58	1,34
1958	1,25	0,64	1,01	0,52	2,40	1,23
1959	1,30	0,66	1,06	0,54	2,30	1,16
1960	1,33	0,66	1,08	0,53	2,29	1,13
1961	1,33	0,65	1,05	0,51	2,35	1,16
1962	1,29	0,63	1,01	0,49	2,45	1,19
1963	1,24	0,53	0,97	0,41	2,53	1,08
1964	1,22	0,51	0,96	0,40	2,55	1,07
1965	1,25	0,51	0,97	0,40	2,58	1,07
1966	1,24	0,51	0,96	0,39	2,54	1,04
1967	1,24	0,50	0,96	0,39	2,57	1,04
1968	1,18	0,48	0,92	0,37	2,56	1,03

der Bildungsfondsintensität noch keine Schlußfolgerungen darüber
ziehen, wie die Erhöhung des Qualifikationsniveaus der Arbeitskräfte auf die Effektivität der Produktion einwirkt. Das entscheidende Kriterium für die gestiegene Effektivität der Produktion ist
die Senkung des Gesamtaufwandes, wobei sich die einzelnen Auf-
wandskomponenten durchaus unterschiedlich entwickeln können.
Man kann den Bestand an Bildungsfonds ohne Schwierigkeiten in
einen Koeffizienten des Kostenaufwandes einbeziehen[8]. Ein solcher
Kostenkoeffizient in einer bestimmten Zeitperiode kann folgendermaßen dargestellt werden:

$$R_{ei} = \frac{Ak_i h_i l_i + B_i n_i + Pg_i r_i}{P_i} \quad R_{eo} = \frac{Ak_o h_o l_o + B_o n_o + Pg_o r_o}{P_o}$$

---

8 Vgl. H. Maier, Bildungsökonomie als Problem und Aufgabe, in: Bildungsökonomie, Verlag Die Wirtschaft, Berlin 1968, S. 39.

Hierbei sind:

R_{ej} – Koeffizient des einfachen Reproduktionsaufwandes pro Mengeneinheit des volkswirtschaftlichen Gesamtprodukts, ausgedrückt in Geldeinheiten (Mark/Erzeugnis);

P – Erzeugnismenge des volkswirtschaftlichen Gesamtprodukts;

Ak – Menge der eingesetzten Arbeitskräfte (einschließlich der in Forschung und Entwicklung Beschäftigten);

Pg – Menge der eingesetzten produktiven Grundfonds (einschließlich der in Forschung und Entwicklung eingesetzten);

B – Bestand an Bildungsfonds;

h – Durchschnittszahl der Arbeitsstunden pro Beschäftigten;

l – Durchschnittslohn pro Arbeitsstunde;

r – Amortisationsrate der eingesetzten Produktionsmittel;

n – »Amortisationsrate« der eingesetzten Bildungsfonds;

i, o – Symbole der Zeitperioden.

Tabelle 1.3.
Entwicklung des Nationaleinkommens pro Beschäftigten im materiellen Bereich der Volkswirtschaft (Arbeitsproduktivität), die Entwicklung der Brutto-Bildungsfonds pro Beschäftigten im materiellen Bereich, die Entwicklung der Bildungsfondsintensität und die Ausstattung eines Beschäftigten mit Brutto-Grundmittelfonds in der DDR

Jahr	Nationalein-kommen je Beschäftigten im materiellen Bereich (Arbeitsproduktivität) (Ap_j) (in M)	Brutto-Bildungsfonds je Beschäftigten im materiellen Bereich (Bp_j) (in M)	Bildungsfondsintensität $fb_j = \dfrac{BA_j}{Ap_j}$	Brutto-Grundmittelfonds je Beschäftigten im materiellen Bereich (in M)
1	2	3	4	5
1957	8 530	10 982	1,29	22 086
1958	9 466	11 817	1,25	22 733
1959	10 345	13 471	1,30	23 754
1960	10 869	14 473	1,33	24 927
1961	11 249	14 967	1,33	26 447
1962	11 533	14 897	1,29	28 228
1963	11 994	14 855	1,24	30 290
1964	12 553	15 344	1,22	32 044
1965	13 134	16 456	1,25	33 927
1966	13 800	17 112	1,24	35 037
1967	14 473	17 959	1,24	37 721
1968	15 293	18 071	1,18	39 107

Über die in der Zeitperiode zwischen o und i sich vollziehende
Erhöhung der Effektivität der Einsatzfaktoren erhalten wir Informationen mit Hilfe eines Index, in dem die Aufwandskoeffizienten
der Bestandsgrößen basisgewichtet sind.

$$\frac{F_i}{F_0} = \frac{P_i}{P_0} \cdot \frac{Ak_ih_il_0 + B_in_0 + Pg_ir_0}{Ak_0h_0l_0 + B_0n_0 + Pg_0r_0}$$

Der Quotient P_i/P_0 stellt hierbei den Index der Entwicklung der
Produktion dar. Der zweite Quotient zeigt basisgewichtet die Entwicklung der Kosten als Aggregat. F_i/F_0 ist somit eine Größe, die
die Wirkung qualitativer Veränderungen der einzelnen Aufwandsgrößen (also des wissenschaftlich-technischen Fortschritts) auf das
Produktionsergebnis zum Ausdruck bringt. Eine Erhöhung der
Effektivität des Einsatzes der Wachstumsfaktoren liegt dann vor,
wenn $F_i/F_0 > 1$ ist.

Für die Beurteilung der Entwicklung der Gesamteffektivität ist
es natürlich notwendig, auch die Entwicklung der Materialintensität
zu berücksichtigen. Zweckmäßigerweise muß jedoch die Entwicklung der Materialintensität außerhalb einer solchen Kennziffer erfaßt und bewertet werden.

Eine neue Größe innerhalb des von uns dargestellten Kosten-
koeffizienten stellt der Aufwand für die einfache und erweiterte
Reproduktion der Bildungsfonds dar.

Den Koeffizienten der einfachen physischen Reproduktion der
Bildungsfonds ermitteln wir, indem wir den Bestand an Bildungsfonds durch die durchschnittliche Anzahl der Arbeitsjahre einer
Arbeitskraft teilen. Der Bestand an Bildungsfonds in der DDR betrug, wie wir gesehen haben, im Jahre 1968 115,8 Milliarden Mark
(vgl. Tabelle 1.1.). Unterstellt man eine ausgeglichene altersmäßige
Struktur der Beschäftigten und eine durchschnittliche Arbeitsperiode pro Arbeitskraft von 40 Jahren, so müssen jährlich 2,9 Milliarden Mark in den Ausbildungsprozeß unserer Arbeitskräfte investiert werden, wenn die einfache physische Reproduktion des
volkswirtschaftlichen Gesamtarbeiters gewährleistet werden soll.
Da wir jedoch eine überalterte Arbeitskräftestruktur haben, erfordert die einfache physische Reproduktion unserer Arbeitskräfte auf
einem gegebenen Qualifikationsniveau wesentlich höhere Ausgaben.

Wir müssen aber auch beachten, daß ein Teil der im Ausbildungsprozeß erworbenen Kenntnisse und Fertigkeiten auf Grund der hohen Dynamik der gesellschaftlichen und wissenschaftlich-technischen Entwicklung in unserer Republik einem ständigen Veraltungsprozeß unterworfen sind, dem durch gezielte Weiterbildungsmaßnahmen entgegengewirkt werden muß. Wenn wir für das Wissen des volkswirtschaftlichen Gesamtarbeiters nur eine Veraltungsrate von 3 Prozent pro Jahr annehmen würden, so würde dies bedeuten, daß wir pro Jahr 3,5 Milliarden Mark aufwenden müßten, um dem Veraltungsprozeß der Bildung (bei den materiellen Produktionsfonds sprechen wir vom »moralischen Verschleiß«) entgegenwirken zu können.

Gleichzeitig verlangt aber die weitere Gestaltung der entwickelten sozialistischen Gesellschaft bei der Durchsetzung der wissenschaftlich-technischen Revolution eine Erhöhung des Qualifikationsniveaus des volkswirtschaftlichen Gesamtarbeiters, das heißt die erweiterte Reproduktion der Bildungsfonds. Vorausschätzungen besagen, daß Anfang der 80er Jahre der Bestand an Bildungsfonds in der Volkswirtschaft der DDR die 200-Milliarden-Grenze überschreiten wird.

Die Bildungsfonds sind eine Größe, die es ermöglicht, die Bildungsaufwendungen der Gesellschaft in die wirtschaftliche Rechnungsführung und die volkswirtschaftliche Gesamtrechnung einzubeziehen. So stellen sie für den konsequenten Übergang zum fondsbezogenen Preistyp in der Preisbildung einen wichtigen Anhaltspunkt dar, da sie die alleinige Bezugnahme auf die materiellen Produktionsfonds überwinden und so eine exakte Bewertung der tatsächlichen Aufwendungen für die Produktion bestimmter Erzeugnisse ermöglichen. Gleichzeitig geben die Bildungsfonds uns eine bessere Grundlage für die Beurteilung der Produktionsbedingungen in den einzelnen Betrieben und somit für die bessere Durchsetzung der Eigenerwirtschaftung der Mittel.

Die Berechnung der Bildungsfonds ist ein wichtiger Schritt vorwärts zur einheitlichen Fondsökonomie. Die Nichtbeachtung der Bildungsfonds führt dagegen zur Einseitigkeit bei der Einschätzung der Bedeutung der einzelnen Fondsarten für die Erhöhung der volkswirtschaftlichen Effektivität. Wenn man eine Bestandsgröße, zum Beispiel die materiellen Produktionsgrundfonds, mit einer Größe des laufenden Aufwands, dem Arbeitslohn, vergleicht, kann der Eindruck entstehen, daß die Aufwendungen für die Reproduktion der Arbeitskräfte nur eine verschwindende Größe in der Entwicklung des Gesamtarbeitsaufwandes seien. Auf Grund des sinkenden Anteils der lebendigen Arbeit an den Gesamtkosten der Produktion wird dann gewöhnlich die Schlußfolgerung gezogen, daß größere volkswirtschaftliche Kosteneinsparungen vor allem bei der vergegenständlichten Arbeit erzielbar sind. Erfaßt man jedoch nicht nur den Lohn als Reproduktionsaufwand der Arbeitskraft, sondern auch die im Qualifikationsniveau der Arbeitskräfte materialisierten Bildungsfonds als Aufwandsgröße, so wird die Einseitigkeit dieser Schlußfolgerung sofort erkennbar.

Die mangelnde Beachtung der Bildungsfonds in der Aufwandsmessung kann auch zu schwerwiegenden praktischen Konsequenzen führen. So besteht zum Beispiel die Gefahr, daß zugunsten einer Einsparung an vergegenständlichter Arbeit mit der lebendigen Arbeit – und damit den in ihr materialisierten Bildungsfonds – nicht sorgsam genug umgegangen wird. Diese sich aus den Bedürfnissen unserer Wirtschaftspraxis ergebenden Aufgaben werden ohne Zweifel in den nächsten Jahren ein wichtiges Gebiet der sozialistischen Gemeinschaftsarbeit der Ökonomen verschiedener Teildisziplinen sein müssen; die Bildungsökonomie hat hierzu mit der Konzeption der Bildungsfonds eine wichtige Grundlage geschaffen.

Die Analyse der Entwicklung der Bildungsfonds und der Bildungsfondsintensität ermöglicht ∴s, unsere Kenntnisse über die Entwicklung der Effektivität der einzelnen Fondsarten und der zwischen ihnen sich vollziehenden Substitutionsbeziehungen zu vervollkommnen. Die sich hieraus ergebenden Informationen reichen natürlich nicht aus, um eine rationale Entscheidungsfindung zur Sicherung einer optimalen Entwicklung des sozialistischen Bildungswesens in bezug auf die gesellschaftlichen Bedürfnisse zu sichern.

Angesichts der hier dargelegten Tendenzen in der Entwicklung der Bildungsfonds ist es nicht verwunderlich, daß in den letzten Jahren von Wirtschaftswissenschaftlern verschiedener Länder Versuche unternommen wurden, numerisch zu bestimmen, in welchem Umfang die Bildungsfonds zur Entwicklung des Nationaleinkommens beitragen.

Zu den ersten Ökonomen, die sich bemühten, den Nutzen der Volksbildung für die Entwicklung der nationalen Wirtschaft konkret zu berechnen, gehört der sowjetische Ökonom Strumilin. Dieser Versuch wurde von ihm 1924 mit Hilfe eines numerischen Modells unternommen, das auf der Konstruktion analytischer und

kombinatorischer Tabellen beruht[9]. Dieses analytisch-numerische
Modell benutzte Strumilin, um den ökonomischen Nutzen des Ende
1924 aufgestellten Zehnjahresplanes zur Entwicklung des Schulsystems zu errechnen. Das Hauptziel dieses Planes bestand vor
allem in der Steigerung des allgemeinen Niveaus der Grundschul-
ausbildung. Strumilin konnte an Hand empirischer Untersuchungen
zeigen, daß bereits die in einem Unterrichtsjahr erworbene Lese-
und Schreibfertigkeit eines Arbeiters dessen Produktivität um 30
Prozent höher werden läßt als die jener Arbeiter, die über diese
Fertigkeiten nicht verfügen. Im Durchschnitt ergab ein Jahr Schul-
unterricht eine 2,6mal so große Steigerung der Arbeitsproduktivität
wie ein Jahr Schulung im Betrieb während des Produktionsprozesses. Ausgehend von der während der Realisierung dieses Zehnjahresplanes zu erwartenden Erhöhung des Anteils der Arbeitskräfte in
den höheren Lohngruppen berechnete Strumilin den ökonomischen
Nutzen dieses Planes – allein für den Zeitraum seiner Realisierung
– mit 2,05 Md. Rubel, während seine Ausgaben lediglich 1,62 Md.
Rubel betrugen.

Die Grundgedanken seines numerisch-analytischen Modells der
zwanziger Jahre versuchte Strumilin in jüngster Zeit zur Berechnung der Effizienz der Bildung in der Sowjetunion im Zeitraum
von 1940 bis 1960[10] nutzbar zu machen. Den Beitrag des Bildungswesens zur Entwicklung des Nationaleinkommens bemüht er sich
durch die Berechnung der in dieser Zeitperiode erfolgten Erhöhung
des Kompliziertheitsgrades der verausgabten Arbeit zu ermitteln.
Er geht von der Erhöhung des Nationaleinkommens während dieses Zeitraumes von 33,5 Md. Rubel auf 146,6 Md. Rubel (in unveränderten Preisen), also um 338 Prozent, aus. Die Anzahl der in der
materiellen Produktion Beschäftigten hat sich jedoch während dieser zwanzig Jahre nur von 54,6 auf 68,4 Millionen erhöht, also um
25 Prozent. Strumilin nimmt nun mit Recht an, daß neben der Erhöhung des Arbeitsquantums auch eine qualitative Modifikation
der verausgabten Arbeit auf Grund erhöhter Ausbildungsaufwen-

9 S. H. Strumilin, Die wirtschaftliche Bedeutung der Volksbildung, in: Planwirtschaft, H. 9/10, 1924 (russ.), neu abgedruckt in: Strumilin, S. G., Probleme der Arbeitsökonomie, Moskau 1964, S. 101–131 (russ.).
10 Vgl. S. G. Strumilin, The economics of education in the UdSSR, in: International social science journal, UNESCO, Bd. XIV, Nr. 4/1962; Strumilin,
S. G., Der Nutzeffekt der Volksbildung in der UdSSR, in: Wirtschaftszeitung,
Nr. 14/1962, S. 28 (russ.).

dungen eingetreten sein müsse. Diese versucht er zu berechnen. Die höher qualifizierten Arbeitskräfte werden entsprechend ihrem Platz innerhalb des Tarifsystems auf die unqualifizierte Arbeitskraft (Tariflohngruppe 1) reduziert, und zwar nach folgender Formel:

$$x = 1 + 0,2 (n - 1)$$

Darin sind:

x – die Anzahl der Arbeitskräfte, ausgedrückt in der Maßeinheit der unqualifizierten Arbeitskraft;

n – die Nummer der Tarifgruppe der qualifizierten Arbeitskraft (bei 12 Tarifgruppen);

0,2 – der empirisch errechnete Koeffizient des Produktivitätszuwachses von Arbeitskräften der Tarifgruppe n gegenüber jenen der Tarifgruppe n – 1[11].

Die Entwicklung des Gesamtquantums an einfacher Arbeit ist für Strumilin eine entscheidende Komponente für die Entwicklung des Nationaleinkommens. Die andere von Strumilin untersuchte Komponente ist die Entwicklung der materiellen Produktionsfonds. Hierbei unterstellt er, daß die Produktionselastizität dieser beiden Einsatzfaktoren unverändert bleibt, so daß er ihren Beitrag zum Nationaleinkommen mit ihrer quantitativen Entwicklung gleichsetzt.

Der durch die Erhöhung des Qualifikationsniveaus verursachte Teil des Gesamtquantums an einfacher Arbeit ist daher auch gleich dem Beitrag des Bildungswesens zum Nationaleinkommen.

Der so berechnete Anteil des Kompliziertheitsgrades der Arbeit – damit der Beitrag des Bildungswesens zum Nationaleinkommen – beträgt bei Strumilin für 1940 16,1 Prozent, für 1950 20,6 Prozent und für 1960 23,0 Prozent. Im Jahre 1960 waren also nach seinen Berechnungen 33,7 Md. Rubel des Nationaleinkommens Ergebnis des gestiegenen Qualifikationsniveaus der Werktätigen[12].

---

11 Vgl. W. S. Nemtschinow, Ökonomisch-Mathematische Methoden und Modelle, Verlag Die Wirtschaft, Berlin 1965, S. 148.
12 S. Shamin hat mit der gleichen Methodik – wobei er allerdings die in der Landwirtschaft beschäftigten qualifizierten Arbeitskräfte in seine Berechnungen mit einbezog – ermittelt, daß der Beitrag zum Wachstum des Nationaleinkommens sogar noch größer gewesen sein muß. Shamin, S., Die Effektivität der Volksbildung, in: Wirtschaftszeitung, Nr. 17/1965, 28. 4. 65 (russ.).

Innerhalb des Zeitraumes von 1940 bis 1960 hat sich der absolute Zuwachs des Nationaleinkommens, der auf eine verbesserte Ausbildung zurückzuführen ist, um das Sechsfache erhöht. Dieser Beitrag des Bildungswesens wird nun den laufenden Ausgaben für das Bildungswesen sowie den Ausgaben für die Errichtung kultureller Einrichtungen gegenübergestellt. Ein Rubel laufender Ausgaben für das Bildungswesen verursacht nach diesen Berechnungen eine Steigerung des Nationaleinkommens um 3,3 Rubel[13]. Das durch das Bildungswesen erzeugte Reineinkommen (Beitrag zum Nationaleinkommen auf Grund erhöhter Qualifikation minus laufende Ausgaben für das Bildungswesen) stieg in diesem Zeitraum um das Zehnfache.

Die Problematik dieses Vorgehens Strumilins und jener, die auf der Grundlage seiner Methodik arbeiten, ist leicht zu erkennen. Zunächst scheint uns die hier vollzogene Reduktion der komplizierten auf einfache Arbeit mit Hilfe des Tarifsystems theoretisch wie praktisch wenig gerechtfertigt zu sein. Wir haben es beim Lohn mit einer Form der Verwendung des Nationaleinkommens zu tun, bei der nicht nur Gesichtspunkte der Entlohnung nach der Leistung, sondern auch soziale Fragen, Probleme der Lenkung des Arbeitskräfteeinsatzes mit Hilfe materieller Stimuli etc. eine Rolle spielen. Somit kann der Lohn nur verzerrt den Beitrag der qualifizierten Arbeitskräfte zum tatsächlichen Wachstum des Nationaleinkommens reflektieren. Hinzu kommt noch, daß die Parameter mit Hilfe einer Reihe von problematischen Voraussetzungen gewonnen werden. So wird der Beitrag verbesserter Ausbildung durch die Gegenüberstellung der Produktionsergebnisse – so beispielsweise der Normerfüllung, der Ausschußquote, der Kosten, die durch Beschädigung der Arbeitsgeräte entstehen, usw. – zum Qualifikationsniveau der Arbeitskräfte ermittelt.

L. Leja errechnete, daß im Durchschnitt ein zusätzliches Jahr Ausbildung die Arbeitsproduktivität um 2 Prozent erhöht[14]. Ein solcher Vergleich von Produktionsergebnis und Ausbildungsniveau

---

13 In Anlehnung an die Strumilinsche Methode berechnete der polnische Bildungsökonom L. Leja, daß für jeden Zloty, der in der VR Polen für die Ausbildung verausgabt wurde, jährlich 5 Zloty Nationaleinkommen produziert wurden. L. Leja, Die Rentabilität der Aufwendungen für die Ausbildung des Menschen, in: Oswiats Doroslych, Warsczawa, Nr. 9/1963, S. 449–457.
14 L. Leja, Die Rentabilität der Aufwendungen für die Ausbildung des Menschen, a. a. O., S. 449 ff.

ist nur sinnvoll, wenn die Arbeitskräfte die gleichen Tätigkeiten bei vergleichbaren Produktionsbedingungen verrichten.

Für die Ermittlung des Nutzeffekts von Maßnahmen zur Erhöhung der Allgemeinbildung der Beschäftigten – wie sie von S. G. Strumilin in den zwanziger Jahren untersucht wurden und von denen in der »Methodik der wahlweisen Untersuchung des Nutzeffekts des Standes der Allgemeinbildung der Kader«[15] ausgegangen wird – ist jedoch der rationelle Kern eines solchen Vorgehens nicht zu übersehen. Allerdings bedarf das Problem der Aggregation des für ein zusätzliches Schuljahr ermittelten Produktivitätszuwachses auf die volkswirtschaftliche Ebene noch einer Diskussion. Im Normalfall muß davon ausgegangen werden, daß die Arbeitskräfte mit unterschiedlichem Qualifikationsniveau auch eine unterschiedliche Tätigkeit innerhalb der betrieblichen Arbeitsteilung ausüben. In einem solchen Fall ist es nicht möglich, den Nutzeffekt erhöhter Bildungsaufwendungen an Hand der Produktionsergebnisse zu messen, da diese in ihrer konkreten Gestalt nicht exakt miteinander verglichen werden können.

Eine theoretisch konsistente Lösung des Problems des Einflusses des gestiegenen Qualifikationsniveaus der Arbeitskräfte auf das Wachstum des Nationaleinkommens ist nur auf der Grundlage der Marxschen Konzeption der Reduktion der komplizierten auf einfache Arbeit möglich.

Die Arbeit, die von der unqualifizierten beziehungsweise von der qualifizierten Arbeitskraft verausgabt wird, ist zwieschlächtig. In ihrer Eigenschaft als konkrete Arbeit ist sie eine bestimmte Art unqualifizierter beziehungsweise qualifizierter Arbeit, während sie als wertbildende Arbeit einfache beziehungsweise komplizierte Arbeit darstellt.

Komplizierte und einfache Arbeit sind für Karl Marx kategoriale Bestimmungen der sich im Warenwert darstellenden wertbildenden Arbeit. Die für die Produktion des gesellschaftlichen Gesamtprodukts in bedarfsgerechter Struktur notwendige Arbeitsmenge ist die gesellschaftlich notwendige Gesamtarbeit. Nur als aliquote Teile dieser Gesamtarbeit sind die verschiedenen Arbeiten miteinander vergleichbar. Diese verschiedenen Teile der gesellschaftlich notwendigen Gesamtarbeit sind zwar qualitativ unterschiedslos, diffe-

---

15 Hrsg. Moskauer Staatliches Pädagogisches Institut »W. I. Lenin«, Moskau 1964 (russ.).

rieren aber in ihrer quantitativen Relation zur einfachen Arbeit, einer historisch bestimmten Kategorie, die die Maßeinheit der gesellschaftlichen Gesamtarbeit bildet. Marx bezeichnet daher die komplizierte Arbeit auch als zusammengesetzte Arbeit oder ». . . vielmehr multiplizierte einfache Arbeit . . .[16]«, als Arbeit »von höherer Lebendigkeit, größerem spezifischem Gewicht«[17].

Was liegt nun dieser quantitativen Relation von komplizierter und einfacher Arbeit zugrunde? Komplizierte und einfache Arbeit stehen in einem ökonomisch bestimmten Verhältnis. Dieses besteht darin, daß die qualifizierte Arbeitskraft, deren wertbildende Arbeit komplizierte Arbeit darstellt, zu ihrer Reproduktion eines größeren Teiles der gesellschaftlichen Gesamtarbeit bedarf als die unqualifizierte Arbeitskraft, deren wertbildende Arbeit die einfache Arbeit darstellt. Gleichzeitig stellt aber die von der qualifizierten Arbeitskraft im Wertbildungsprozeß verausgabte komplizierte Arbeit einen größeren Anteil an der gesellschaftlichen Gesamtarbeit dar als die von der unqualifizierten Arbeitskraft im Wertbildungsprozeß verausgabte einfache Arbeit; denn die qualifizierte Arbeitskraft besitzt eine entsprechend höhere wertbildende Potenz als die unqualifizierte Arbeitskraft. Entsprechend den Erfordernissen des Arbeitsprozesses verwendet die Gesellschaft einen Teil ihrer Gesamtarbeit zur Heranbildung der qualifizierten Arbeitskräfte; dabei übertragen die an diesem Ausbildungsprozeß beteiligten Arbeitskräfte ihre eigenen Reproduktionskosten und die übrigen Bildungskosten auf die Reproduktionskosten der qualifizierten Arbeitskräfte. Hierbei wird durch die an dieser Ausbildung mittelbar und unmittelbar beteiligten Arbeitskräfte die wertschaffende Fähigkeit der im Ausbildungsprozeß stehenden Mitglieder der sozialistischen Gesellschaft erhöht, die durch ihre Tätigkeit nach Abschluß der Ausbildung für die Gesellschaft nutzbar gemacht wird. Dies ist der Grund, weshalb man die komplizierte Arbeit auflösen kann ». . . in zusammengesetzte einfache Arbeit, einfache Arbeit auf höherer Potenz, so daß zum Beispiel ein komplizierter Arbeitstag gleich drei einfachen Arbeitstagen«[18].

---

16 K. Marx, Das Kapital, Erster Band, in: Marx/Engels, Werke, Bd. 23, Berlin 1962, S. 59.
17 K. Marx, Zur Kritik der politischen Ökonomie, in: Marx/Engels, Werke, Bd. 13, Berlin 1961, S. 29.
18 K. Marx, a. a. O., Werke, Bd. 23, S. 19.

Die Reproduktionskosten reflektieren als Anzeiger, als Indikator, die wertschaffende Potenz dieser Arbeitskräfte. Sie können genausowenig Ursache der wertschaffenden Potenz der Arbeitskräfte sein, wie ein Gewicht die Ursache für die Schwere eines Körpers sein kann. Die Aussagekraft der Meßgröße »Reproduktionskosten« hängt davon ab, inwieweit angenommen werden kann, daß die Mittel (Aufwendungen) für die Heranbildung der qualifizierten Arbeitskräfte vom Standpunkt eines längeren Zeithorizontes im gesellschaftlichen Rahmen wie im einzelnen Ausbildungsprozeß tatsächlich rational verwandt worden sind. Die Tatsache, daß die Reproduktionskosten nur über einen längeren Zeitraum tendenziell die wertschaffende Potenz jener Arbeitskräfte reflektieren, in denen sie im Verlauf eines Ausbildungsprozesses materialisiert worden sind, ist eine eindeutige Absage an alle übertriebenen Erwartungen über die Möglichkeiten einer exakten Erfassung des objektiven Reduktionsvorganges und damit der Messung des Beitrages der Qualifikationserhöhung zum Nationaleinkommenszuwachs. Die gegenwärtig mögliche wissenschaftliche Aufklärung des Reduktionsprozesses als einer Komponente der Reduktion des tatsächlichen Aufwandes auf sein gesellschaftlich notwendiges Maß ist also lediglich eine sehr grobe Annäherung an den objektiven Vorgang. Dieses Ergebnis mag für die Anhänger perfektionistischer Lösungen enttäuschend sein. Größere Erwartungen an die Exaktheit des Reduktionskoeffizienten zu stellen, erscheint aber wissenschaftlich ungerechtfertigt.

Auf der Grundlage der Reproduktionskosten würde der Reduktionskoeffizient folgende Gestalt annehmen:

$$q_i = \frac{C_i \cdot J_1}{C_1 \cdot J_i}$$

Hierbei sind:

C_i – Reproduktionskosten einer qualifizierten Arbeitskraft;

C_1 – Reproduktionskosten einer unqualifizierten Arbeitskraft;

J_i – Anzahl der Jahre der produktiven Tätigkeit einer qualifizierten Arbeitskraft;

J_1 – Anzahl der Jahre produktiver Tätigkeit einer unqualifizierten Arbeitskraft;

q_i – Reproduktionskoeffizient einer qualifizierten Arbeitskraft.

Diese Indikatoren fassen wir nun für alle Qualifikationsstufen zu einem Vektor $q = (q_1, q_2, \ldots, q_n)$ zusammen. Das skalare Produkt dieses Vektors mit dem Vektor der entsprechenden Qualifikationsstruktur der Arbeitskräfte $b = (b_1, b_2, \ldots, b_n)$ entspricht dem Indikator für das volkswirtschaftliche Durchschnittsniveau der durch Bildung verursachten Erhöhung der wertschaffenden Potenz einer unqualifizierten Arbeitskraft:

$$\bar{q} = qb$$

Für verschiedene Zeiträume berechnet und einander gegenübergestellt ermitteln wir das Wachstum der durch die Erhöhung des Bildungsniveaus verursachten Steigerung der wertschaffenden Potenz des gesellschaftlichen Gesamtarbeiters r_q.

$$r_{\bar{q}} = \frac{\bar{q}^1}{\bar{q}^0} - 1$$

Aus der Gegenüberstellung dieser Größe mit dem im gleichen Zeitraum erreichten Wachstum des Nationaleinkommens r_{NE} erhalten wir den Beitrag der in diesem Zeitraum gestiegenen Bildung der sozialistischen Produzenten zum Wachstum des Nationaleinkommens $r_{NE/B} = r_q : r_{NE}$. Gegenüber dem Vorgehen von Strumilin und anderen Wissenschaftlern, die den Lohn als Indikator der wertschaffenden Potenz benutzten, hat dieses Verfahren den Vorteil, daß es sich nur um Größen handelt, die direkt oder indirekt mit der Ausbildung der Arbeitskräfte im Zusammenhang stehen.

Eine Belastung für dieses Verfahren stellt die Unterstellung dar, daß in diesem Modell die wertschaffende Potenz der Arbeitskräfte sich parallel zu den Reproduktionskosten entwickelt. Diese Annahme ist natürlich nur vom Standpunkt eines längeren Zeitraumes akzeptabel, während sie für kürzere Zeiträume wirklichkeitsfremd ist.

Um die Entwicklung des Kompliziertheitsgrades der Arbeit in einem bestimmten Zeitraum berechnen zu können, müssen folgende Ausgangsinformationen vorliegen:

– die Entwicklung der Qualifikationsstruktur der Arbeitskräfte in diesem Zeitraum;
– die Reproduktionskosten (Lebens- und Bildungskosten) der unqualifizierten Arbeitskraft, bezogen auf ein Jahr ihrer produktiven Tätigkeit;
– die Reproduktionskosten (Lebens- und Bildungskosten) der Ar-

beitskräfte unterschiedlicher Qualifikation, bezogen auf ein Jahr ihrer produktiven Tätigkeit.

Bei den unter 2. und 3. genannten Kosten sind gegenwärtig die Reproduktionskosten (Lebens- und Bildungskosten) nur für den eigentlichen Heranbildungsprozeß der Arbeitskraft, also für die Zeit vor ihrer produktiven Tätigkeit, unmittelbar feststellbar. Sie werden durch die Jahre der produktiven Tätigkeit der Arbeitskräfte mit unterschiedlichem Qualifikationsniveau dividiert. So betragen die Reproduktionskosten (Lebens- und Bildungskosten) einer unqualifizierten Arbeitskraft in unserer Republik bis zu ihrem Schulabgang von der 8. Schulklasse 34 165 M. Nimmt man an, daß die Arbeitsperiode eines unqualifizierten Arbeiters 45 Jahre beträgt, dann erhalten wir die auf ein Jahr produktiver Tätigkeit bezogenen Reproduktionskosten dieser Arbeitskraft von 759 M. Damit wäre der Nenner unseres Reproduktionskoeffizienten bestimmt.

Als nächstes gilt es, die Reproduktionskosten der angelernten Arbeitskräfte zu ermitteln. Unter angelernter Arbeitskraft versteht man Arbeitskräfte, die auf Grund eines Anlernvertrages vorwiegend am Arbeitsplatz für eine Spezialarbeit angelernt werden. Diese Anlernzeit kann sich von drei Monaten bis zu zwei Jahren erstrekken. Wir rechnen mit einer durchschnittlichen Anlernzeit von einem halben Jahr. Direkt als Kosten sind oftmals lediglich die Vergütungen der Arbeitskräfte erfaßbar, die mit der Betreuung der anzulernenden Arbeitskräfte beauftragt sind. Diese direkten Kosten sind natürlich nur ein Bruchteil der tatsächlichen Kosten, die im Anlernprozeß für Material, Produktionsmittel, Ausschuß beziehungsweise für eine Produktion in minderer Qualität anfallen. Doch hierzu findet man in den Betrieben, Kombinaten und in den VVB kaum Unterlagen.

Wir müssen daher versuchen, auf indirektem Wege die Anlernkosten der Arbeitskräfte zu ermitteln. Nimmt man an, daß das Anlernen einer Arbeitskraft im gleichen Zeitraum nur die Hälfte an Kosten verursacht wie die Berufsausbildung, da die Eigenerlöse bei dieser Art der Ausbildung von vornherein größer sind, würden die Kosten einer halbjährigen Anlernzeit etwa den Vierteljahreskosten der Berufsausbildung entsprechen. Im Republikdurchschnitt kostet die Ausbildung eines Lehrlings pro Jahr 3000,– M[19]. Nach unserer

19 Vgl. H. Maier, Bildung als ökonomischer Wachstumsfaktor, in: Informationen zu aktuellen Problemen der Planung und Leitung der Volkswirtschaft. Nr. 3/1967, S. 18.

Unterstellung kann bei den direkten und indirekten Kosten für das Anlernen mit 750,– M gerechnet werden[20].

Die Reproduktionskosten einer angelernten Arbeitskraft betragen somit 34 915,– M. Da die angelernten Arbeitskräfte bereits während der Anlernzeit produktiv tätig sind, kann auch bei ihnen eine Arbeitsperiode von 45 Jahren angenommen werden. (Bei den Jahren der produktiven Tätigkeit wurde die durchschnittliche Arbeitsperiode im volkswirtschaftlichen Maßstab bei Annahme einer Berufstätigkeit bis zum 60. Lebensjahr angesetzt, um die Ausfälle durch zeitweiliges Ausscheiden aus dem Arbeitsprozeß [besonders bei Frauen], Krankheit, Frühinvalidität usw. zu berücksichtigen. Bei den folgenden Zahlen handelt es sich um Berechnungen speziell zur Bestimmung des Reproduktionskoeffizienten, die für den Zeitraum von 1958 bis 1964 durchgeführt wurden. Sie berücksichtigen daher nicht die jüngsten Veränderungen in der Dauer der Ausbildung und den gestiegenen Anteil der Weiterbildung. Der Zweck dieser Berechnung besteht in der Demonstration von Berechnungsmöglichkeiten des Reproduktionskoeffizienten und nicht in der Gewinnung absoluter Zahlenergebnisse; dazu müßten sicher noch genauere Analysen durchgeführt werden.) Die Reproduktionskosten dieser Arbeitskraft, bezogen auf ein Jahr produktiver Tätigkeit, betragen somit 776,– M. Der Reduktionskoeffizient für die von den angelernten Arbeitskräften verausgabte Arbeit würde somit folgende Gestalt annehmen:

$$q_2 = \frac{776}{759} = 1{,}02$$

Die Berechnung der Reproduktionskosten für die höher qualifizierten Arbeitskräfte geschieht analog. Die durchschnittliche Ausbildungsdauer eines *Facharbeiters* beträgt 2,5 Jahre. Bei einem jährlichen Kostenaufwand von 3000,– M würde der Gesamtaufwand für die Facharbeiterausbildung 7500,– M betragen. Hierzu müssen noch die von der Familie während der Berufsausbildung zu tragenden Lebenshaltungskosten gerechnet werden. Nehmen wir an, daß die Familie während der Berufsausbildung monatlich mit 135,– M[21]

---

20 Berechnungen der Statistischen Zentralverwaltung ergaben 547,– M direkter Anlernkosten pro Anzulernenden. Vgl. H. Maier, Bildung als ökonomischer Wachstumsfaktor, ebenda.
21 Diese Zahl stellte eine grobe Schätzung dar.

belastet wird, so ergeben sich 4050,– M für von den Familien zu tragende Lebenshaltungskosten.

Da für die Facharbeiterberufe heute ein 10-Klassen-Abschluß notwendig ist, müssen zu den hier berechneten Kosten der Berufsqualifikation die Schul- und Lebenshaltungskosten während der 9. und 10. Klasse der allgemeinbildenden Schule hinzugezählt werden. Die Schulkosten betragen nach den Berechnungen der Staatlichen Zentralverwaltung für Statistik 2730,– M für diese beiden Schuljahre[22].

Die Lebenshaltungskosten eines Schülers der 8. und 10. Klasse belaufen sich nach unseren Berechnungen auf ca. 4600,– M[23].

Insgesamt betragen die Schul- und Lebenshaltungskosten eines Schülers der 9. und 10. Klasse der allgemeinbildenden Schule ca. 7330,– M. Die Reproduktionskosten (Lebenshaltungs- und Ausbildungskosten) eines Facharbeiters übersteigen somit die einer unqualifizierten Arbeitskraft um 18 610,– M. Die Reproduktion eines Facharbeiters verursacht also im Durchschnitt unserer Republik einen Gesamtaufwand von 52 775,– M.

Um diese Gesamtproduktionskosten je Facharbeiter in den Zähler des Reproduktionskoeffizienten einbeziehen zu können, müssen sie auf die Jahre der produktiven Tätigkeit des Facharbeiters bezogen werden. Nimmt man an, daß ein Facharbeiter 41 Jahre produktiv sein kann, dann entfällt auf ein Jahr ein Aufwand von 1287,– M.

Der Reproduktionskoeffizient für die von den Facharbeitern verausgabte Arbeit nimmt somit folgende Gestalt an:

$$q_3 = \frac{1287}{759} = 1,70$$

Für die Ausbildung eines *Meisters* und *Technikers* unterstellen wir – da hierzu keine speziellen Angaben vorliegen – die Kosten für eine einjährige Fachschulausbildung (3000,– M). Nehmen wir diese Summe als Aufwand für die Meister- und Technikerausbildung (beim gegenwärtigen Stand unserer Forschung scheint uns dies die einzige Möglichkeit zu sein), dann erhalten wir als Gesamtreproduktionsaufwand für diese Arbeitskräftekategorie 55 775,– M. Durch die unterstellte einjährige Ausbildung verringert sich die pro-

22 Vgl. H. Maier, Bildung als ökonomischer Wachstumsfaktor, a. a. O., S. 18.
23 Vgl. H. Maier, Die Reduktion der komplizierten auf einfache Arbeit . . ., a. a. O., S. 203.

duktive Tätigkeitsperiode auf 40 Jahre; pro Jahr seiner produktiven Tätigkeit ergibt sich dann ein Aufwand von 1394,– M. Der Reduktionskoeffizient nimmt folgende Gestalt an:

$$q_4 = \frac{1394}{759} = 1,86$$

Für einen *Fachschulabsolventen* beträgt die Ausbildungszeit drei Jahre. Die jährlichen Ausgaben pro Fachschulabsolventen im Direktstudium betragen 5229,– M[24].

Die durchschnittlichen Reproduktionskosten (Lebens- und Ausbildungskosten) eines Fachschulabsolventen betragen also 15 687,– Mark.

Die gesamten Reproduktionskosten eines Fachschulabsolventen nehmen – da normalerweise ein Fachschulabsolvent eine abgeschlossene Berufsausbildung hinter sich hat – einen Betrag von 68 462,– M an. Die Periode des produktiven Tätigseins verkürzt sich auf Grund der längeren Ausbildungsdauer auf 38 Jahre, und die Reproduktionskosten, bezogen auf ein Jahr der produktiven Tätigkeit, betragen somit 1802,– M. Der Reduktionskoeffizient für die von den Fachschulabsolventen verausgabte Arbeit nimmt nun folgende Gestalt an:

$$q_5 = \frac{1802}{759} = 2,37$$

Für die Ermittlung der Reproduktionskosten eines *Hochschulabsolventen* benötigen wir die Ausbildungs- und Lebenskosten bis zum Abitur sowie die Kosten während des Studiums. Nach unseren Berechnungen betragen die Ausbildungs- und Lebenskosten eines Schülers bis zum Abitur ($18^{1}/_{2}$ Lebensjahre) 49 154,– M[25]. Nach Berechnungen der Staatlichen Zentralverwaltung für Statistik betragen die jährlichen Kosten pro Direktstudent 8856,– M[26]. Bei Annahme eines fünfjährigen Studiums würden die Gesamtkosten für einen Absolventen 44 280,– M betragen.

---

24 Vgl. H. Maier, Bildung als ökonomischer Wachstumsfaktor, a. a. O., S. 18. Da für das Fachschulfernstudium nur die direkten Kosten bekannt sind, unterstellen wir für alle Fachschulabsolventen die Kosten der Direktstudenten.

25 Vgl. H. Maier, Die Reduktion . . ., a. a. O., S. 205.

26 Vgl. H. Maier, Bildung als ökonomischer Wachstumsfaktor, a. a. O., S. 18. Da für das Hochschulfernstudium nur die direkten Kosten bekannt sind, unterstellen wir für alle Hochschulabsolventen die Kosten der Direktstudenten.

Damit nehmen die Gesamtreproduktionskosten eines Hochschulabsolventen einen Wert von 93 434,– M an.

Die aktive Arbeitsperiode eines Hochschulabsolventen verkürzt
sich auf Grund der Ausbildungsdauer auf 36 Jahre. Damit erreichen die auf ein Jahr des produktiven Tätigseins bezogenen Reproduktionskosten einen Betrag von 2595,– M. Der Reduktionskoeffizient für die von den Hochschulabsolventen verausgabte Arbeit ist
somit

$$q_6 = \frac{2595}{759} = 3,42$$

Die Tabelle 1.4. zeigt die Entwicklung des durchschnittlichen Reduktionskoeffizienten in der Zeitperiode von 1958 bis 1964.

Wie wir aus dieser Tabelle entnehmen können, ist auf Grund der
Erhöhung des Qualifikationsniveaus der Arbeitskräfte der volkswirtschaftliche Reduktionskoeffizient von 1,30 im Jahre 1958 auf
1,36 im Jahre 1964 angestiegen. Die wertschaffende Potenz des
volkswirtschaftlichen Gesamtarbeiters erhöhte sich also auf Grund
des gestiegenen Bildungsniveaus in diesen Jahren um 4,6 Prozent.
Insgesamt wuchs das Nationaleinkommen in dieser Periode von
62,8 Md. M (1958) auf 81,0 Md. M (1964), das heißt um 29 Prozent. Die Erhöhung des Qualifikationsniveaus des volkswirtschaftlichen Gesamtarbeiters in dieser Zeitperiode hätte also – wenn man
die bei der Berechnung gemachten Unterstellungen zu akzeptieren
bereit ist – mit 15,9 Prozent zur Steigerung des Nationaleinkommens beigetragen.

Allerdings muß man vor der Überbewertung solcher Ergebnisse
warnen. Einmal sind noch eine Reihe von Anstrengungen notwendig, um das statistische Ausgangsmaterial zu verbessern. Vor allem
gilt es, eine echte volkswirtschaftliche Kostenrechnung auf dem Gebiet des Bildungswesens zu begründen. Zum anderen müssen wir
die Vielzahl von Unterstellungen, zu denen wir im Verlaufe der
Berechnungen gezwungen waren, durch Detailforschungen nach
und nach abbauen.

Der wichtigste Einwand, der gegen den hier ermittelten volkswirtschaftlichen Reduktionskoeffizienten zu erheben ist, besteht
ohne Zweifel darin, daß er eine gleichlaufende Bewegung von Reproduktionskosten und wertschaffender Potenz der Arbeitskräfte
voraussetzt. Es wird hier eine gleichbleibende Effektivität des Einsatzes der Bildungsaufwendungen für diesen Zeitraum unterstellt.

Tabelle 1.4.
Die Entwicklung des Kompliziertheitsgrades der Arbeit in der Volkswirtschaft (ohne die Bereiche außerhalb der materiellen Produktion) in den Jahren 1958 und 1964

Arbeitskräfte mit einem bestimmten Qualifikations- niveau	Gesamtzahl (1000 Personen)		Reproduktions- kosten (Lebens- haltungs- und Ausbildungs- kosten für die Heranbildung der einzelnen Arbeitskräfte- kategorien bis zu ihrem Ein- tritt in die produktive Tätigkeit)	Reproduktions- kosten (Lebens- haltungs- und Ausbildungs- kosten für die Heranbildung der einzelnen Arbeitskräfte- kategorien, bezogen auf die Jahre der vor ihnen liegenden Arbeitsperiode)	Reduktions- koeffizienten	Durchschnittl. Reduktions- koeffizient der Volkswirt- schaft (von nichtmaterieller Berechnung)	
	1958	1964	(M)	(M)		1958	1964
ungelernte Arbeitskräfte	1473	1039	34 165	759	1		
angelernte Arbeitskräfte	2471	2363	34 915	776	1,02		
Facharbeiter	2391	2418	52 775	1287	1,70		
Meister und Techniker	205	272	55 775	1394	1,86		
Fachschul- absolventen	61	144	68 462	1802	2,37		
Hochschul- absolventen	11	36	93 434	2595	3,42		
Summe	6612	6672				1,30	1,36

Über die Methodik zur Ermittlung des Reduktionskoeffizienten und Grenzen seiner Aussagekraft, vgl. H. Maier, Die Reduktion der kom- plizierten auf einfache Arbeit im Lichte der Marxschen Werttheorie, Probleme der politischen Ökonomie, Bd. 10, Berlin 1967.

Eine Erhöhung des Nutzeffekts der Bildungsaufwendungen auf
Grund des intensiveren Einsatzes der gegebenen Aufwendungen
kann auf diese Weise nicht erfaßt werden. Mit dieser Unterstellung
wird der Beitrag des Bildungswesens zum Nationaleinkommen zu
niedrig ausgewiesen.

Weiterhin muß beachtet werden, daß wir einen wichtigen Teil
der Reproduktionskosten der qualifizierten Arbeitskräfte in den Berechnungen außer acht lassen mußten. Es handelt sich hier um jene
funktions- und qualifikationsabhängigen Lebenskosten, deren der
Arbeiter bedarf, um seine Arbeitskraft auf einem für die Erfüllung
seiner Arbeitsaufgabe notwendigen Niveau reproduzieren zu können. Da wir gegenwärtig über keinerlei statistische Anhaltspunkte
verfügen, um diese Kosten hinreichend genau zu quantifizieren,
unterstellt unser Koeffizient, daß die funktions- und qualifikationsabhängigen Lebenskosten während des Einsatzes im Produktionsprozeß bei den unqualifizierten und höher qualifizierten Arbeitskräften sich in der gleichen Relation zueinander verhalten wie ihre
Reproduktionskosten für den Zeitraum ihrer Vorbereitung zur produktiven Tätigkeit.

Wir müssen noch auf ein weiteres, die Aussagekraft des von
uns ermittelten volkswirtschaftlichen Reduktionskoeffizienten ein-
schränkendes Moment verweisen. In ihm bleibt der Einfluß der
Produktionserfahrung auf die wertschaffende Potenz der Arbeitskräfte mit unterschiedlichem Qualifikationsniveau unberücksichtigt.
Jede Arbeitskraft einer bestimmten Qualifikation braucht eine bestimmte Zeitspanne der produktiven Tätigkeit, damit ihre wertschaffende Potenz in vollem Umfang wirksam werden kann. Die
Schwierigkeit besteht vor allem darin, daß keine lineare Abhängigkeit besteht zwischen der Arbeitsdauer und der wertschaffenden
Potenz der Arbeitskräfte; daher pflegt diese Zeitspanne in den einzelnen Berufsgruppen sehr unterschiedlich auszufallen. Hinzu
kommt noch der Umstand, daß im Zuge der wissenschaftlich-
technischen Revolution bereits erworbene Produktionserfahrung
schlagartig entwertet werden kann. Dagegen steigt die Bedeutung
der im Verlaufe des Ausbildungsprozesses gewonnenen Fähigkeit,
sich ständig neues Wissen anzueignen, es zu verarbeiten und anzuwenden.

Um also die Bedeutung der Produktionserfahrung unter den hier
gemachten Einschränkungen annähernd genau zu erfassen, bedarf
es umfassender arbeits- und bildungsökonomischer Forschungs-

arbeiten, die bis heute noch ausstehen.

Diese kritischen Bemerkungen über die Aussagekraft des von uns ermittelten volkswirtschaftlichen Reduktionskoeffizienten zeigen, welche umfassenden bildungsökonomischen und mathematisch-statistischen Probleme gelöst werden müssen, ehe wir annähernd genau den Beitrag des Bildungswesens zum Wachstum des Nationaleinkommens quantifizieren können.

Es wäre illusionär zu glauben, daß eine Kennziffer »Beitrag des Bildungswesens zum Nationaleinkommen« allein eine Grundlage für Entscheidungen über die optimale Gestaltung des Verhältnisses von Bildungswesen und volkswirtschaftlichem Reproduktionsprozeß abgeben könnte.

Für solche Entscheidungen brauchen wir ein ganzes System von analytischen Kennziffern, das im Rahmen des im folgenden Abschnitt dargestellten Modells der Proportionierung von Bildungswesen und volkswirtschaftlichem Reproduktionsprozeß sowie im Bildungswesen selbst Grundlage für wissenschaftlich begründete langfristige bildungspolitische Entscheidungen zu sein vermag.

Kapitel 3: Bildungsökonomie im Kampf um die Zielbestimmung des Bildungswesens: Bildung zwischen Liberalismus, Sozialismus und Neomarxismus

Milton Friedman:

Die Rolle des Staates im Erziehungswesen[1]

Unser Schulwesen wird heute vom Staat oder von nicht mit Gewinn arbeitenden Institutionen finanziert und fast ausschließlich verwaltet. Diese Situation hat sich erst allmählich entwickelt. Doch sie wird jetzt für so selbstverständlich gehalten, daß kaum noch ausdrückliche Aufmerksamkeit darauf verwendet wird, die Gründe dieser speziellen Behandlung des Schulwesens herauszufinden, auch nicht in Ländern, in denen das freie Unternehmertum in Wirtschaftsorganisation und -philosophie dominiert. Das Resultat ist eine Ausdehnung der staatlichen Verantwortung, die kritiklos hingenommen wurde ...

Die staatliche Intervention auf dem Erziehungssektor kann zweifach begründet werden. Zunächst gibt es hier substantielle »Nebenwirkungen«, also Umstände, unter denen die Aktion eines Individuums anderen Individuen bedeutende Kosten auferlegt, wofür es nicht sinnvoll wäre, eine Entschädigung zu zahlen. Oder wobei andere Individuen bedeutende Gewinne machen, die zu verteilen nicht sinnvoll wäre – alles Umstände, die einen freiwilligen Austausch unmöglich machen. Hinzu kommt zweitens die elterliche Sorgepflicht für die Kinder und andere unzurechnungsfähige Individuen. Die Nebeneffekte und die elterliche Sorgepflicht haben ganz verschiedene Auswirkungen auf (1) die allgemeine Erziehung zum Staatsbürger und (2) auf die spezielle berufliche Erziehung. Die Gründe für die staatliche Intervention in diesen beiden Bereichen

---

1 Milton Friedman: Kapitalismus und Freiheit, Stuttgart 1971 (Seewald-Verlag). Auszug des Kapitels: Die Rolle des Staates im Erziehungswesen, S. 115–143. Der vorliegende Beitrag ist eine vom Verfasser überarbeitete Fassung seines Aufsatzes: Milton Friedman: The Role of Government in Education. In: Robert A. Solo (Hrsg.): Economics and the Public Interest, New Brunswick (N. J.) 1955 (Rutgers University Press), S. 123–144. Abgedruckt mit freundlicher Genehmigung des Verfassers und des Verlages.

sind genau voneinander zu trennen. Sie rechtfertigen sehr verschiedene Arten des Eingriffs.

Noch eine weitere Bemerkung vorweg: Es ist wichtig, zwischen »Schulausbildung« und »Erziehung« zu unterscheiden. Nicht alle Schulausbildung ist Erziehung, noch ist alle Erziehung Schulausbildung. Die staatlichen Aktivitäten sind meist auf die Schulausbildung beschränkt.

Die allgemeine Erziehung zum Staatsbürger

Eine stabile und demokratische Gesellschaft kann ohne ein Minimum an Bildung und Wissen bei der Mehrheit ihrer Bürger und ohne weitgehend akzeptierte allgemeine Werte nicht existieren. Die Erziehung kann zu beidem beitragen. Deshalb gewinnen bei der Erziehung eines Kindes nicht nur das Kind oder die Eltern des Kindes, sondern auch die anderen Mitglieder der Gesellschaft. Die Erziehung meines Kindes trägt auch zu einem Wohlstand bei, indem es für eine stabile und demokratische Gesellschaft sorgt. Es ist daher nicht sinnvoll, bestimmte Individuen (oder Familien), die von der Erziehung Vorteile hatten, herauszunehmen und sie für die Dienste, die sie in Anspruch genommen haben, zur Zahlung aufzufordern. Hier gibt es also einen ziemlich starken »Nebeneffekt«.

Welche Form des staatlichen Eingriffes ist nun durch diesen besonderen Nebeneffekt gerechtfertigt? Offenbar ist es richtig, zu verlangen, daß jedes Kind ein Minimum an besonderer Schulbildung erhalten muß. Diese Forderung könnte den Eltern ebenso ohne zusätzliche staatliche Eingriffe auferlegt werden, wie die Eigentümer von Häusern und häufig auch von Automobilen bestimmte Standards einhalten müssen, um die Sicherheit der anderen zu gewährleisten. Allerdings gibt es hier noch einen Unterschied: Individuen, die sich die Kosten nicht mehr leisten können, die entstehen, weil sie den staatlich gesetzten Standards Genüge leisten müssen, können sich dadurch davon befreien, daß sie ihr Eigentum verkaufen. Die staatlichen Standards können also ohne staatliche Unterstützungszahlungen auferlegt werden. Die Trennung eines Kindes von seinen Eltern, die nicht das Minimum für die Schulbildung aufbringen können, verträgt sich jedoch auf keinen Fall mit unserer Überzeugung von der Familie als der grundlegenden sozialen Einheit und mit unserem Glauben an die Freiheit des Individuums. Es würde vielmehr die Erziehung eines Individuums für seine Bürgerschaft in einer freien Gesellschaft verhindern.

Wenn die finanziellen Opfer, die für die grundlegende Schulbildung erbracht werden müssen, auch ohne weiteres von der Allgemeinheit der Familien in der Gesellschaft aufgebracht werden können, so wäre es dennoch sehr tunlich und wünschenswert, wenn die Eltern die Kosten jeweils direkt trügen. In vielen Gebieten der USA sind diese Erfordernisse bereits hinreichend erfüllt. In diesen Gebieten wäre es durchaus wünschenswert, die Kosten für die Erziehung den Eltern direkt aufzuerlegen. Dies würde die ganze Staatsmaschine zum Verschwinden bringen, die heute noch erforderlich ist, um die Steuern von allen Einwohnern während ihres ganzen Lebens einzutreiben und sie meist diesen Leuten nur zurückzugeben während der Zeit, in der ihre Kinder auf der Schule sind. Auch würde das vor allem die Wahrscheinlichkeit mindern, daß sich der Staat in die Verwaltung der Schule einmischt – ein Problem, das wir weiter unten diskutieren werden. Gleichzeitig würde die Wahrscheinlichkeit wachsen, daß der Bedarf an Subventionen für Schulausbildung in dem Maße zurückgeht, in dem der Bedarf für Subventionen sinkt, weil das allgemeine Einkommensniveau ansteigt. Wenn – wie jetzt – der Staat alles oder das meiste für die Schulbildung zahlt, führt ein Anstieg im Lebensstandard nur zu einer erweiterten Zirkulation von Mitteln durch den Steuer-Ausgaben-Mechanismus und zu einer Ausdehnung der Rolle des Staates. Schließlich – und das ist nicht das schlechteste Argument – würde die Verteilung der Kosten auf die Eltern die sozialen und privaten Kosten der Kinderhaltung angleichen und von daher eine bessere Verteilung der Familien nach Familiengröße fördern[1a]

Unterschiede unter den Familien, bezogen auf ihre jeweiligen Mittel und die Anzahl ihrer Kinder, dazu noch die Notwendigkeit, einem bestimmten Ausbildungsstandard mit ziemlich umfangreichen Kosten gerecht zu werden, machen eine solche Politik in vielen Teilen der Vereinigten Staaten freilich kaum ausführbar. In diesen Gebieten – und auch in den Teilen des Landes, wo eine solche Politik durchführbar wäre – hat der Staat nun die finanziellen Ko-

---

1a Es ist keineswegs so fantastisch, wie es zunächst scheint, daß so ein Schritt die Familiengröße beeinflussen würde. Zum Beispiel kann die eine Erklärung für die niedrigere Geburtenrate in höherstehenden sozioökonomischen Gruppen durchaus darin liegen, daß die Kinder für sie teurer sind, was zum Großteil auf die höheren Schulstandarde zurückzuführen ist, die sie sich – zu entsprechend höheren Kosten – eben leisten.

sten für das Schulwesen übernommen. Der Staat hat dabei nicht nur für das Minimum bezahlt, das als Schulbildung erforderlich wäre: Er kommt auch für zusätzliche Schulbildung auf höherem Niveau auf, die für Jugendliche zwar zugänglich ist, aber meist nicht benötigt wird. Ein Argument für dieses doppelte Engagement des Staates ist der »Nebeneffekt«, der oben zur Diskussion gestellt wurde. Die Kosten werden übernommen, weil es das einzig durchführbare Mittel ist, um das erforderliche Ausbildungs-Minimum zu erzwingen. Zusätzliche Schulbildung wird staatlicherseits bezahlt, weil andere Leute davon profitieren, daß die jungen Leute, die bessere Talente und größere Interessen haben, diese Schulen besuchen: Dies sei schließlich auch ein Weg, um bessere soziale und politische Führungskräfte heranzubilden. Der Nutzen, der durch diese Maßnahmen erzielt werden kann, ist den Kosten, die er verursacht, gegenüberzustellen. Es kann zu ehrlichen Differenzen kommen, inwieweit hier staatliche Subventionen ausgedehnt werden sollen. Die meisten von uns werden jedoch vermutlich zu dem Schluß kommen, daß der Nutzen genügend wichtig sein müsse, um die Gewährung staatlicher Unterstützung auch zu begründen.

Diese Überlegungen führen zu dem Schluß, daß staatliche Subventionen eigentlich nur für bestimmte Schultypen gerechtfertigt sind. Um das gleich vorwegzunehmen: Sie rechtfertigen auf keinen Fall reine Berufsausbildung, die die wirtschaftliche Produktivität eines einzelnen Schülers steigert, ihn dabei aber weder für seine Rolle als Staatsbürger noch für eine soziale Führerrolle qualifiziert. Allerdings ist es sehr schwierig, hier eine Trennungslinie zwischen den beiden Arten der Schulausbildung zu ziehen. Viel von der allgemeinen Schulbildung führt schon zu einer Steigerung des ökonomischen Wertes des Schülers – und in der Tat: Erst seit allerneuester Zeit hat in einigen Staaten die Tatsache, daß man des Lesens und Schreibens kundig ist, an Marktwert verloren, weil sie selbstverständlich geworden ist. Und viel Berufsausbildung erweitert den Horizont des Schülers und Studenten. Dennoch bleibt die Unterscheidung bedeutend. Die subventionierte Ausbildung von Tierärzten, Schönheitsoperateuren und Zahntechnikern sowie eines Heeres anderer Spezialisten – wie es in den von den Vereinigten Staaten unterstützten Ausbildungsinstitutionen weithin geschieht – kann nicht mit den gleichen Argumenten gerechtfertigt werden, mit denen man die Unterstützung von Elementarschulen begründet oder – auf höherem Niveau – allgemeinbildender Schulen. Ob man eine Rechtfertigung noch anders begründen kann, wird weiter unten untersucht werden.

Das qualitative Argument mit den »Nebeneffekten« bestimmt natürlich noch nicht die spezifische Art der Schule, die unterstützt werden soll oder etwa den Umfang dieser Unterstützung. Der soziale Nutzen ist wahrscheinlich am größten beim niedrigsten Schulniveau, wo man auch am ehesten Einstimmigkeit über seinen Umfang erreichen kann, und nimmt dann stetig ab, je höher der Standard der Schulausbildung ansteigt. Indes: Auch diese Behauptung kann nicht so ohne weiteres akzeptiert werden. Viele Staaten haben ihre Universitäten subventioniert, lange bevor sie das Grundschulwesen unterstützt haben. Welche Formen der Erziehung die größten sozialen Nutzen bringen und wieviel von den beschränkten Mitteln der Gesellschaft auf sie verwendet werden soll, muß von der Gemeinschaft auf dem Wege über ihre politischen Willensbildungsprozesse gefunden werden. Der Zweck dieser Analyse hier liegt nicht in einer Entscheidung zugunsten der einen oder anderen Frage für die Gemeinschaft, sondern darin, die Probleme, um die es geht, etwas besser herauszuarbeiten und um damit festzustellen, daß es hier um die Entscheidung geht, ob man lieber auf privater oder gemeinschaftlicher Basis arbeitet.

Wie wir gesehen haben, kann beides, die Auferlegung eines bestimmten Minimums an schulischer Ausbildung und die Finanzierung dieses Minimums durch den Staat begründet werden infolge der »Nebeneffekte«, die im Schulwesen liegen. Ein dritter Schritt, nämlich die tatsächliche Verwaltung der Ausbildungs-Institutionen durch den Staat, die »Sozialisierung« – wie wir sie nun einmal haben – weiter Teile der »Erziehungsindustrie« ist auf dieser oder irgendeiner anderen Grundlage nicht so ohne weiteres zu rechtfertigen – jedenfalls soweit ich das beurteilen kann. Ob eine solche Sozialisierung überhaupt gewünscht wird, ist bisher kaum offen in Frage gestellt worden. Der Staat hat in der Hauptsache die Schulen finanziert, indem er die Kosten für die Erhaltung der Ausbildungseinrichtungen direkt übernommen hat. Diesen Schritt hielt man wegen der Forderung nach einer Subventionierung des Erziehungssystems für gerechtfertigt. Indessen kann man die beiden Schritte durchaus trennen. Der Staat könnte ebensogut das unabdingbare schulische Minimum dadurch erreichen, daß er den Eltern Gutscheine gibt, die bis zu einer bestimmten Summe pro Kind und Jahr eingelöst werden können, um dafür »staatlich anerkannte« Ausbildungsleistungen einzukaufen. Die Eltern wären dann in ihrer Entscheidung frei, diese Summe und möglicherweise zusätzliche eigene Mittel für den Kauf von Erziehungsleistungen auszugeben, die sie in einer »staatlich anerkannten« Institution eigener Wahl bekommen. Die Erziehungsdienstleistung könnte dabei auf privater Basis von gewinnorientierten Unternehmen angeboten werden – oder auch von nicht-gewinnorientierten. Die Rolle des Staates würde sich darauf beschränken, dafür zu sorgen, daß alle Schulen einen bestimmten Minimum-Standard aufweisen. Der Staat könnte beispielsweise für einen Mindest-Katalog an angebotenem Lehrstoff sorgen, wie er heute Gastwirtschaften inspizieren läßt, um bestimmte Mindestbedingungen in sanitärer und hygienischer Hinsicht zu sichern. Ein ausgezeichnetes Beispiel für ein solches Programm war das Ausbildungssystem für die amerikanischen Kriegsveteranen nach dem Zweiten Weltkrieg. Jeder qualifizierte Veteran erhielt pro Jahr einen bestimmten Höchstbetrag, den er auf einer Ausbildungsstätte seiner Wahl ausgeben konnte, vorausgesetzt, dort waren die Mindesterfordernisse gegeben. Ein mehr begrenztes ähnliches Beispiel ist in England die Bestimmung, daß örtliche Verwaltungsbehörden für einige Studenten die Kosten übernehmen, damit sie auf nicht-staatliche Schulen gehen können. Ähnlich gibt es auch in Frankreich Vereinbarungen, wonach der Staat die Kosten für Studenten übernimmt, die nicht-staatliche Schulen besuchen.

Ausgehend von dem Nebeneffekt lautet ein Argument für die Sozialisierung des Schulwesens, daß es sonst unmöglich sei, den Mindestkatalog an sozialen Werten zu sichern, die man für eine gesellschaftliche Stabilität braucht. Daß man in privat geführten Schulen für Mindest-Standards sorgt, wie oben vorgeschlagen, muß nicht auch hinreichen, um diese soziale Variante abzusichern. Das Problem kann besonders gut anhand der Schulen dargelegt werden, die von verschiedenen religiösen Gruppen geführt werden. Solche Schulen, so wird man argumentieren, können bestimmte Werte vermitteln, die mit anderen Werten nicht übereinstimmen, vor allem nicht mit den in nicht-religiösen Schulen vermittelten. Daher würde das Erziehungswesen in eine trennende Einrichtung verwandelt – anstatt in eine einende Kraft. Zu Ende gedacht führt dieses Argument nicht nur zu einzig und allein vom Staat betriebenen Schulen, sondern auch zum zwangsweisen Besuch aller in nur diesem Schultyp. Die in den Vereinigten Staaten und den meisten anderen westlichen Staaten bestehenden Bestimmungen sind hier auf halbem

Wege stehengeblieben. Staatlich geführte Schulen sind vorhanden,
aber nicht obligatorisch. Indessen hat die enge Verbindung zwischen der finanziellen Subvention der Schulen und ihrer Verwaltung
den anderen Schulen Nachteile gebracht: Diese erhalten nur wenig
oder gar nichts aus dem staatlichen Topf, aus dem die Schulen
unterstützt werden. Diese Situation hat viel politischen Ärger in
Frankreich und in letzter Zeit auch in den Vereinigten Staaten hervorgerufen. Wollte man die Nachteile zum Verschwinden bringen
– so wird befürchtet –, würde dies die religiösen Schulen ungemein
stärken und das Problem, zu einem gemeinsamen sozialen Wert-
system zu gelangen, nur verstärken.

   Jedoch: So überzeugend dieses Argument auch ist, so scheint
doch auf keinen Fall schon sicher, daß es sehr wertvoll ist oder daß
eine »Reprivatisierung« des Schulsystems gerade diese Effekte haben würde. Aus Gründen, die im Prinzipiellen liegen, stößt dieses
Argument mit der Erhaltung der Freiheit selbst zusammen. Bestimmte soziale Werte zu sichern, die für eine stabile Gesellschaft
unabdingbar sind und eine Indoktrination, die Gedankenfreiheit
und Glaubensfreiheit verhindert: Zwischen beiden die Grenze zu
ziehen ist wieder eine der Grenzen, die leichter zu erwähnen, als
klar zu erkennen und zu definieren sind.

   Um bei der Effizienz zu bleiben: Die »Reprivatisierung« des
Schulwesens würde die Wahlmöglichkeit der Eltern erweitern.
Wenn es so ist wie gegenwärtig, da die Eltern ihre Kinder auf
öffentliche Schulen schicken können, ohne dafür gesondert bezahlen zu müssen, werden oder wollen nur ganz wenige ihre Kinder
auf andere Schulen schicken – es sei denn, diese Schulen sind auch
subventioniert. Die religiösen Schulen haben zwar den Nachteil,
daß sie keine Mittel aus den öffentlichen Fonds bekommen, die für
das Schulwesen vorhanden sind, dafür haben sie jedoch den Vorteil,
von Institutionen unterhalten zu werden, die ihrerseits diese Schulen
unterstützen wollen und auch die Mittel dafür bereitstellen können.
Sonstige Unterstützungsmöglichkeiten für privae Schulen gibt es
kaum. Wenn die gegenwärtig gezahlten Subventionen des Staates
statt für die Schulen auf einmal für die Eltern zur Verfügung stün-
den, und zwar ohne Rücksicht darauf, wohin sie ihre Kinder zur
Schule schickten, würde schlagartig eine weite Vielfalt von Schulen
entstehen, um die sich dann entwickelnde Nachfrage zu befriedigen.
Die Eltern könnten ihre Meinung über die Schulen direkt ausdrükken, indem sie ihre Kinder aus der einen Schule nehmen und in

eine andere Schule schicken, jedenfalls in einem ungleich größeren
Umfang, als das heute möglich ist. Heute können sich Eltern dies
nur in Verbindung mit sehr hohen Kosten leisten – indem sie ihre
Kinder in eine private Schule schicken oder indem sie sich einen
neuen Wohnsitz suchen. Im übrigen können sie ihre Ansichten nur
durch umständliche politische Kanäle zum Ausdruck bringen. Vielleicht könnte auch ein etwas größerer Grad an Freiheit bei der
Auswahl der Schule in einem System der staatlich verwalteten
Schulen eingeführt werden, aber diese Freiheit würde kaum weit
reichen, da sie durch die Verpflichtung eingeengt wäre, jedem Kind
auch einen Schulplatz zu garantieren. Auch hier – wie überall –
könnte privates Unternehmertum wahrscheinlich viel effizienter die
Wünsche der Konsumenten befriedigen als entweder verstaatlichte
Unternehmen oder Unternehmen, die eigentlich anderen Zwecken
dienen sollten. Das Resultat wäre vermutlich überdies, daß religiöse
Schulen in ihrer Bedeutung eher ab- als zunähmen.

Hiermit hängt noch ein weiteres zusammen: Eltern, die ihre Kinder auf religiöse Schulen schicken, werden sich verständlicherweise
weigern, mehr Steuern zu zahlen, um damit die Ausgaben für das
höhere Schulsystem aufzubringen. Die Gebiete, in denen religiöse
Schulen eine größere Rolle spielen, haben daher große Schwierigkeiten, Mittel für öffentliche Schulen aufzubringen. Und da Qualität mit den dafür ausgegebenen Mitteln zusammenhängt, werden
die öffentlichen Schulen in diesen Gebieten wahrscheinlich eine
geringere Qualität aufweisen, weshalb die religiösen Schulen auch
attraktiver sein dürften.

Ein weiteres Unterargument zu der Aussage, daß die staatlich
geführten Schulen wichtig sind für die Erziehung, liegt in der Behauptung, daß sie ein vereinheitlichender Faktor sind, während
private Schulen die Tendenz haben, die Klassengegensätze zu ver-
schärfen. Sobald sie die Freiheit hätten, ihre Kinder dorthin zu
senden, wohin sie wollten, würden sich ähnlich denkende Eltern
zusammentun und dadurch eine gesunde Mischung von Kindern
aus verschiedenen Schichten verhindern. Ganz unabhängig davon,
ob dieses Argument Wert hat oder nicht: Es ist keineswegs klar, daß
es überhaupt dahin kommen würde. So wie es jetzt ist, verhindert
die verschiedene Schichtung der einzelnen Wohngebiete eine Mischung von Kindern aus verschiedenen sozialen Schichten. Außerdem gibt es schon jetzt kein Hindernis für Eltern, ihre Kinder auf
private Schulen zu schicken. Nur eine sehr kleine Klasse könnte

daher eine weitere Abkapselung und Schichtung bewirken – nimmt
man die religiösen Schulen einmal aus.

Dieses Argument scheint mir jedoch in die ganz entgegengesetzte
Richtung zu zeigen – hin zu einer »Reprivatisierung« der Schulen.
In welcher Beziehung ist denn der Bewohner eines Stadtteils mit
allgemein niedrigerem Einkommen – ganz zu schweigen von einem
Neger-Getto in einer größeren Stadt – am meisten benachteiligt?
Wenn er besonderen Wert, sagen wir, auf ein Auto legt, kann er
sich nach entsprechendem Sparverhalten genau das gleiche Auto
kaufen wie der Einwohner eines wohlhabenderen Stadtteils. Um
das zu erreichen, muß er nicht umziehen. Im Gegenteil: Er bekommt das Geld für das Auto sogar leichter, weil er an seiner
Wohnung spart. Und genauso ist es mit Kleidung, Möbeln, Büchern oder was es auch immer sei. Aber man lasse nur einmal eine
arme Familie in einem Slum ein begabtes Kind haben und diese
Familie die Erziehung des Kindes so hoch einschätzen, daß sie freiwillig knausert und sich für diesen Zweck einschränkt. Wenn die
Familie nicht eine besondere Unterstützung erhält oder ein Stipendium für das Kind in einer der wenigen privaten Schulen, ist die
Familie in einer sehr schwierigen Situation. Die »guten« öffentlichen Schulen liegen alle in den Vierteln mit hohem Einkommen.
Die Familie möchte vielleicht auch etwas mehr ausgeben zu dem,
was sie an Steuern zahlt, um für ihr Kind eine bessere Erziehung
zu erhalten. Aber auf keinen Fall kann sie sich gleichzeitig leisten,
in ein anderes Viertel zu ziehen, wo alles teurer ist.

Unsere Anschauung in diesem Punkt ist noch immer von der
kleinen Stadt geprägt, in der es nur eine Schule für die Armen und
die Reichen gibt. Unter diesen Umständen können öffentliche
Schulen möglicherweise für eine gewisse Chancengleichheit sorgen.
Mit dem Anwachsen der Städte und vor allem der Vorstädte hat
sich die Situation jedoch drastisch geändert. Weit davon entfernt,
für eine Chancengleichheit zu sorgen, erreicht unser gegenwärtiges
Schulsystem das genaue Gegenteil. Es macht es für die wenigen
Ausnahmen immer schwieriger, sich über die Armut ihres ursprünglichen Sozialstatus zu erheben – und gerade auf ihnen ruhen doch
die Hoffnungen der Zukunft.

Ein weiteres Argument für die Sozialisierung der Schulen ist ihr
»technisches Monopol«. In kleinen Gemeinden und ländlichen Be-
zirken sei die Anzahl von Kindern eben zu klein, um mehr als eine
Schule von vernünftiger Größe zuzulassen, so daß man sich nicht

auf die Konkurrenz verlassen kann, um die Interessen von Eltern und Kindern zu schützen. Wie auch in anderen Bereichen, in denen ein technisches Monopol besteht, gibt es als Alternativen nur das unbeschränkte private Monopol, das staatlich kontrollierte private Monopol und die öffentliche Unternehmung – eine Auswahl unter Übeln. Obwohl es natürlich nach wie vor gilt, hat doch das Argument in den letzten Jahrzehnten sehr an Bedeutung verloren, weil es Verbesserungen im Transportsystem gegeben hat und eine zunehmende Konzentration der Bevölkerung in städtischen Gemeinden.

Die Lösung, die all diesen Überlegungen wohl am nächsten kommt, ist eine Kombination von privaten und öffentlichen Schulen – zumindest für die Volks- und Mittelschulen. Eltern, die sich dazu entschließen, ihre Kinder auf private Schulen zu schicken, erhalten dann eine Summe, die etwa den Kosten entspricht, die ein Ausbildungsplatz in einer staatlichen Schule verursacht, unter der Voraussetzung, daß zumindest diese Summe für die Erziehung an einer anerkannten Schule ausgegeben wird. Diese Lösung würde auch dem durchaus richtigen Argument vom »technischen Monopol« entsprechen. Es würde die gerechten Klagen der Eltern berücksichtigen, die ihre Kinder auf private Schulen schicken wollen, die nicht subventioniert sind, und die dann zweimal für die Erziehung bezahlen müßten – einmal in Form von Steuern und zum zweiten Mal direkt. Es würde auch dazu beitragen, daß sich eine Konkurrenz ergäbe. Dadurch würde sich eine Weiterentwicklung und eine Verbesserung aller Schulen ergeben. Die Einführung von Wettbewerb würde auch eine gesunde Vielfalt im Schulsystem herbeiführen. Das trüge auch sehr dazu bei, daß eine größere Flexibilität in das Schulsystem kommt. Und nicht zuletzt würden die Gehälter der Schullehrer die Marktkräfte widerspiegeln. Die staatliche Verwaltung hätte damit zugleich einen unabhängigen Maßstab, an dem sie die Höhe ihrer Gehälter messen könnte, und schließlich würde eine schnellere Abstimmung von Nachfrage und Angebot erfolgen.

Oft hört man Vorhaltungen, daß die große Not im Schulwesen darin liege: mehr Geld für den Bau neuer Räume zur Verfügung zu stellen und höhere Löhne für die Lehrer zu zahlen, damit bessere Lehrer kommen. Diese Diagnose scheint jedoch falsch zu sein. Der Geldbetrag, der ins Schulsystem fließt, ist außerordentlich stark angestiegen, viel stärker als unsere gesamten Einkommen. Die Gehälter der Lehrer sind auch viel stärker gestiegen als die Einkünfte in anderen vergleichbaren Berufen. Das Problem ist nicht so sehr, daß wir zu wenig Geld ausgeben – obwohl das durchaus der Fall sein kann –, sondern daß wir sowenig für unser Geld bekommen. Vielleicht sind die Ausgaben für großartige Gebäude und luxuriöse Interieurs in manchen Schulen durchaus zu Recht als Ausgaben für das Schulwesen klassifiziert. Es ist indessen schwer, sie auch als Ausgaben für das Erziehungswesen zu akzeptieren. Und das gilt ebenso für die Schulstunden, die für Korbflechten, Tanzunterricht und die vielen anderen Fächer gegeben werden, die für den Scharfsinn vieler Erzieher so bezeichnend sind. Natürlich möchte ich gleich hinzufügen, daß es keinen triftigen Einwand geben kann, wenn Eltern ihr eigenes Geld für solche Mätzchen ausgeben wollen, so sie es möchten. Das ist ihr Problem. Man muß sich nur dagegen wenden, wenn Geld, das auf dem Wege über allgemeine Steuern aufgebracht wird, und zwar Steuern, die von Eltern und Nicht-Eltern gleichermaßen bezahlt werden müssen, für solche Zwecke ausgegeben wird. Worin liegen wohl die »Nebeneffekte«, die einen solchen Gebrauch von Steuergeldern rechtfertigen?

Eine Hauptursache für diesen Gebrauch öffentlicher Mittel liegt darin, daß die Finanzierung der Schule mit ihrer Verwaltung zusammenfällt. Die Eltern, die es lieber sähen, wenn das Geld für bessere Lehrer und Bücher und nicht für Sport-Trainer und Korridore ausgegeben würde, haben keine andere Möglichkeit, ihre Präferenzen auszudrücken, als die Mehrheit davon zu überzeugen, daß die Mischung für alle geändert werden muß. Hier haben wir es wieder mit dem einen speziellen Fall der allgemeinen Regel zu tun, daß der Markt es jedem erlaubt, seine eigenen Wünsche zu befriedigen – also eine effektive proportionale Repräsentation darstellt, während der politische Willensbildungsprozeß eine bestimmte Konformität auferlegt. Auch sind die Eltern, die noch etwas zusätzliches Geld für die Erziehung ihrer Kinder ausgeben wollen, stark behindert. Sie können nicht einfach hingehen und mehr Geld für die Erziehung ihrer Kinder ausgeben und ihr Kind etwa in eine etwas teurere Schule schicken. Wenn sie ihr Kind auf die andere Schule schicken wollen, müssen sie nicht nur den Differenzbetrag zwischen den Kosten für die eine und die andere Schule bezahlen, sondern die gesamten höheren Schulgebühren. Jetzt können die Eltern bestenfalls zusätzliches Geld für Aktivitäten ihrer Kinder außerhalb des Stundenplans ausgeben – etwa Tanzstunden, Musikstunden etc. Da die Möglichkeiten der Privatleute, mehr Geld für die Erziehung auszugeben, so blockiert wird, entsteht dauernd Druck, mehr für die Erziehung auf dem Wege über öffentliche Ausgaben auszugeben, und das alles in immer neuen und zusätzlichen Bereichen, die mit dem Bereich, der ursprünglich ein staatliches Eingreifen in die Erziehung rechtfertigte, nichts mehr zu tun haben.

Wird es zu der vorgeschlagenen Lösung kommen, bedeutet dies weniger staatliche Ausgaben für die Erziehung bei insgesamt höheren Ausgaben. Eltern wären dann in der Lage, das zu kaufen, was sie wirklich wollen und außerdem effizienter, und das würde dazu führen, daß die Eltern mehr ausgeben, als sie jetzt direkt und indirekt, durch Steuern, tun. Diese Lösung würde verhindern, daß Eltern frustriert werden, indem sie immer mehr Geld für die Schulen ausgeben, weil es eben zur Zeit so üblich ist. Niemand brauchte sich auch Gedanken zu machen über die verständliche Abneigung anderer Leute, die gerade keine Kinder auf der Schule haben, und vor allem der Leute, die auch in Zukunft keine Kinder in der Schule haben werden und sich dennoch höhere Steuern gefallen lassen müssen für Zwecke, die weit von dem entfernt sind, was sie unter Erziehung gemeinhin verstehen[2].

Was die Lehrergehälter angeht, so ist das Hauptproblem nicht, daß sie im Durchschnitt zu niedrig liegen – es ist durchaus möglich, daß sie im Durchschnitt sogar zu hoch liegen –, sondern vielmehr, daß sie zu gleichförmig und zu wenig flexibel sind. Mäßige Lehrer sind stark überbezahlt und gute Lehrer ebenso stark unterbezahlt. Das Gehaltsschema ist meist einförmig und wird in viel stärkerem Maße von Faktoren wie Dienstalter, akademischen Graden und Zeugnissen als von der tatsächlichen Leistung bestimmt. Dies ist ebenfalls zum großen Teil die Folge des gegenwärtigen Systems der Schulverwaltung durch den Staat, und das Problem wächst in dem Maße an, in dem die der staatlichen Kontrolle unterliegenden Einheiten größer werden. Just diese Tatsache ist außerdem ein Hauptgrund für die Befürwortung einer Erweiterung des Einflusses

---

2 Ein interessantes Beispiel für denselben Effekt ist der britische Gesundheitsdienst. In einer sorgfältigen und gründlichen Studie kommt D. S. Lee zu dem Schluß: »Die Ausgaben für den Nationalen Gesundheitsdienst sind keineswegs zu hoch. Sie sind sogar geringer als das, was die Konsumenten wahrscheinlich auf einem freien Markt ausgeben würden. Besonders die Ergebnisse des Baus von Krankenhäusern sind unter den gegenwärtigen Umständen beklagenswert.« (Health Through Choice, *Hobart Paper 14,* London: Institute of Economic Affairs, 1961, S. 58)

von professionellen Organisationen des Erziehungswesens – vom
örtlichen Schulbezirk zum Bundesstaat, vom Staat zur Bundesregierung. In jeder bürokratischen Organisation, die in der Hauptsache aus Angehörigen des Staatsdienstes besteht, sind genormte
Gehaltsschemata so gut wie unausweichlich; es ist so gut wie ausgeschlossen, freien Konkurrenzkampf zu imitieren, bei dem große
Gehaltsunterschiede nach Leistung entstehen. Die Erzieher – also
die Lehrer selber – üben meist die Kontrolle über sich selbst aus.
Die Elternschaft oder die örtliche Gemeinde übt wenig Kontrolle
aus. Auf allen Gebieten – sei es die Schreinerei, die Klempnerei
oder das Erziehungswesen – befürwortet die Mehrzahl der Beschäftigten genormte Gehaltsschemata und ist gegen Unterschiede
auf Leistungsbasis; das hat seinen einfachen Grund darin, daß es
immer nur wenige besonders talentierte Personen in einem Berufszweig gibt. Es handelt sich hier um einen Sonderfall der allgemein
zu beobachtenden Tendenz, durch Übereinkunft zu Preisfixierun-
gen zu gelangen – sei es durch Gewerkschaften oder durch industrielle Monopolformierungen. Geheime Übereinkünfte werden
jedoch im allgemeinen durch Konkurrenz aufgelöst, es sei denn,
die Regierung fördert sie oder gewährt ihnen doch zumindest
beträchtliche Unterstützung.

Wenn man die Absicht hätte, ein System der Einstellung und
Entlohnung von Lehrern mit dem Ziel einzuführen, schöpferische,
unternehmungslustige und selbstbewußte Persönlichkeiten abzu-
stoßen und die langweiligen, mittelmäßigen und initiative- und
ideenlosen Leute anzulocken, so brauchte man nur das System zu
übernehmen, bei dem Zeugnisse vorgelegt werden müssen und in
dem eine genormte Gehaltsstruktur besteht, ganz wie es sich in den
großen Städten und auch in vielen Bundesstaaten entwickelt hat.
Es überrascht vielleicht, daß sich in den Grund- und Oberschulen
unter diesen Umständen überhaupt ein so hohes Qualitätsniveau
entwickelt hat, wie es momentan besteht. Das Alternativsystem
würde für diese Probleme Abhilfe schaffen und Wettbewerb ermöglichen, der sich auf eine leistungsgerechte Entlohnung auswirken und den Lehrberuf wieder attraktiver machen würde.

Wie kam es, daß sich in den Vereinigten Staaten die Einfluß-
nahme des Staates auf das Schulwesen derartig entwickelte? Ich
verfüge nicht über die detaillierte Kenntnis der Geschichte des Erziehungswesens, die zu einer definitiven Beantwortung dieser Frage
erforderlich wäre. Einige Hinweise könnten dennoch nützlich sein

in bezug auf die Überlegungen, die zur Änderung der sozialen Politik führen. Ich bin keinesfalls davon überzeugt, daß die Lösungen, die ich hier vorschlage, tatsächlich vor hundert Jahren schon wünschenswert gewesen wären. Vor dem außerordentlichen Anwachsen der Transportmöglichkeiten war das Argument des »technischen Monopols« weitaus schwerwiegender. Ebenso bedeutsam ist, daß in den Vereinigten Staaten im 19. und zu Beginn des 20. Jahrhunderts das Hauptproblem darin lag, nicht die Vielfalt zu unterstützen, sondern vielmehr einen Kern von allgemein gültigen Werten zu schaffen, der für eine stabile Gesellschaft unerläßlich ist. Große Mengen von Einwanderern kamen aus allen Teilen der Welt in die Vereinigten Staaten, die verschiedene Sprachen und unterschiedliche Gebräuche hatten. Der »Schmelztiegel« mußte ein gewisses Maß an Konformität und Loyalität gegenüber den allgemein gültigen Werten schaffen. Dem öffentlichen Schulwesen kam bei der Verwirklichung dieser Aufgabe eine wichtige Funktion zu, nicht zuletzt durch die Einführung des Englischen als der gemeinsamen Sprache. Unter unserem alternativen System mit den Gutscheinen könnte der Mindeststandard für die Qualifikation von Schulen die Anwendung der englischen Sprache eingeschlossen haben. Es wäre jedoch wahrscheinlich schwieriger gewesen, die Erfüllung dieser Voraussetzung in einem System privater Schulen sicherzustellen. Ich möchte nicht so weit gehen, zu sagen, das System der öffentlichen Schulen wäre der Alternativlösung in jeder Hinsicht vorzuziehen gewesen, sondern meine vielmehr nur, daß seine Vorteile damals viel deutlicher waren als heute. Unser Problem ist heute nicht mehr die Durchsetzung der Konformität. Wir müssen vielmehr die Differenzierung fördern, und die Alternativlösung bietet hierzu weitaus geeignetere Möglichkeiten als das sozialisierte Schulwesen.

Ein weiterer Faktor, der vor hundert Jahren von Bedeutung war, lag in der Verbindung der allgemeinen Mißachtung von Bargeldzuwendungen an Einzelpersonen (»Handgeld«) mit dem Nicht-Vorhandensein einer wirksamen Verwaltungsmaschinerie zur Verteilung der Gutscheine und zur Überwachung ihrer Verwendung. Ein derartiger Apparat ist eine Erscheinung der Gegenwart, die mit der enormen Ausweitung des Steuerwesens und des Sozialwesens zu voller Blüte kam. In Ermangelung einer derartigen Maschinerie mag die staatliche Schulverwaltung als einzige Möglichkeit zur Sicherstellung der Finanzierung des Erziehungswesens angesehen worden sein.

Wie schon in einigen weiter oben zitierten Beispielen aufgezeigt (England und Frankreich), kommen bereits einige Aspekte der vorgeschlagenen Einrichtungen in gegenwärtig bestehenden Erziehungssystemen zur Anwendung. Und ich glaube, es besteht starker und zunehmender Druck zur Einführung derartiger Systeme in den meisten westlichen Ländern. Dies läßt sich vielleicht teilweise aus der Entwicklung der modernen Regierungsverwaltungsmaschinerien erklären, die derartige Einrichtungen erleichtern.

Obschon es bei der Umstellung des gegenwärtigen auf das vorgeschlagene System und bei der Verwaltung desselben mannigfache verwaltungstechnische Probleme geben würde, erscheinen diese jedoch weder unlösbar noch außerordentlich komplex. Wie bei der Reprivatisierung anderer Bereiche würden die bestehenden Einrichtungen an private Unternehmer verkauft werden, die sich auf diesem Gebiet betätigen möchten. Daher gäbe es keine Kapitalverschwendung bei der Umstellung. Da zumindest in einigen Gebieten Regierungsstellen auch weiterhin die Schulverwaltung in der Hand behielten, würde die Umstellung allmählich und ohne große Schwierigkeiten vor sich gehen. Die örtliche Verwaltungsstruktur des Schulwesens in den Vereinigten Staaten und einigen anderen Ländern würde gleichermaßen die Umstellung durch den Anstoß zu Experimenten auf unterer Ebene erleichtern. Aus der Festsetzung des Anspruchs auf Unterstützungszuwendungen von seiten einer bestimmten Regierungsstelle werden sich zweifelsohne Schwierigkeiten ergeben; diese sind jedoch identisch mit dem gegenwärtigen Problem der Festlegung, welche öffentliche Hand verpflichtet ist, für welches bestimmte Kind Unterrichtsmöglichkeiten zu erstellen. Unterschiede in der Höhe der Zuwendungen würden ein Gebiet attraktiver als ein anderes machen, so wie Unterschiede in der Schulqualität heute die gleiche Wirkung haben. Das einzige zusätzliche Problem läge in der möglichen Gelegenheit des Mißbrauchs durch die erhöhte Freiheit bei der Entscheidung, wo ein Kind erzogen werden soll. Die angenommene Erschwernis auf dem Gebiet der Verwaltung ist ein Standardargument zur Verteidigung des Status quo gegen vorgeschlagene Änderungen; in diesem besonderen Fall ist dies freilich ein noch schwächeres Argument als gewöhnlich, da im gegenwärtigen Zustand nicht nur die Hauptprobleme der vorgeschlagenen Lösungen, sondern ebenso die zusätzlichen Probleme gemeistert werden müssen, die durch die Verwaltung von Schulen durch den Staat aufgeworfen werden.

Das Erziehungswesen auf College- und Universitätsebene

Die vorangegangene Betrachtung beschäftigte sich in der Hauptsache mit der Erziehung in den Grund- und Mittelschulen. Das
Argument für eine Sozialisierung aufgrund der Nebenwirkungen
oder des technischen Monopols ist für das höhere Schulwesen noch
viel schwächer. Bei der Erziehung auf der untersten Ebene besteht
weitgehende Übereinstimmung, die fast schon einmütig genannt
werden kann, über den ungefähren Gehalt des Erziehungspro-
gramms für die Bürger eines demokratischen Staatswesens. Diese
Übereinstimmung wird jedoch immer geringer, diskutiert man die
höhere Erziehung. Sicherlich besteht schon ein gutes Stück unterhalb der College-Ebene in Amerika zu wenig Übereinstimmung,
als daß damit die Durchsetzung der Meinung der Mehrheit gerechtfertigt wäre, von der einer Pluralität ganz zu schweigen. Der Mangel an Übereinstimmung mag tatsächlich so weit gehen, daß man
an der Berechtigung von Subventionen für das Erziehungswesen
auf dieser Ebene zweifeln kann; ganz bestimmt geht der Zweifel
weit genug, um jedwede Forderung nach Sozialisierung aufgrund
eines Konsensus über allgemeine Wertbegriffe zu untergraben. Es
kann auch kaum das Argument des »technischen Monopols« angesichts der Entfernungen angeführt werden, die Einzelpersonen zurücklegen können und tatsächlich zurücklegen, um höhere Lehranstalten besuchen zu können.

In den Vereinigten Staaten spielen staatliche Institutionen im
höheren Unterrichtswesen eine geringere Rolle als auf der Ebene
der Grund- und Mittelschulen. Dennoch wuchs ihre Bedeutung
ständig an, insbesondere bis in die zwanziger Jahre, und heute ist
mehr als die Hälfte aller College- und Universitätsstudenten auf
staatlichen Institutionen eingeschrieben[3]. Einer der Hauptgründe
für ihre zunehmende Bedeutung war ihre relative Preisgünstigkeit;
die meisten Colleges und Universitäten der Staaten und Städte erheben weitaus niedrigere Gebühren als sie von privaten Universitäten erhoben werden müssen. Die privaten Universitäten hatten
als Folge davon ernsthafte finanzielle Probleme, und sie haben sich
völlig zu Recht über die »unfaire« Konkurrenz beschwert. Sie wa-

---

3 Siehe George J. Stigler, Employent and Compensation in Education,
Occasional Paper Nr. 33, New York: National Bureau of Economic Research, 1950, S. 33.

ren bestrebt, ihre Unabhängigkeit vom Staat aufrechtzuerhalten, wurden jedoch zur gleichen Zeit aus finanzieller Not dazu gezwungen, sich um staatliche Subventionen zu bemühen.

Diese Analyse zeigt, in welcher Richtung eine befriedigende Lösung gesucht werden muß. Öffentliche Ausgaben für das Hochschulwesen lassen sich durch die Absicht rechtfertigen, junge Menschen als Staatsbürger und als Führungskräfte in der Allgemeinheit auszubilden – ich muß jedoch sofort hinzufügen, daß damit ein großer Teil der gegenwärtigen Ausgaben für ausschließliche Zwecke der Berufsausbildung nicht gerechtfertigt werden kann und auch nicht auf andere Weise, wie wir noch sehen werden. Die Subventionen für das Grundschulwesen auf staatliche Institutionen zu beschränken, ist mit keiner Begründung zu rechtfertigen. Jegliche Zuwendungen sollten an Einzelpersonen erteilt werden mit der Möglichkeit, sie für Lehrformen ihrer eigenen Wahl auszugeben und der einzigen Auflage, daß der Unterricht förderungswürdiger Natur ist. Alle vom Staat unterhaltenen Einrichtungen sollten die Lehrkosten voll über ihre Gebühren verlangen und so auf gleicher Ebene mit den nicht mit öffentlichen Mitteln unterstützten Anstalten in Wettbewerb treten[4]. Das hieraus sich ergebende System würde im großen und ganzen den nach Ende des Zweiten Weltkrieges in den Vereinigten Staaten getroffenen Vorkehrungen zur Finanzierung der Unterrichtung von ehemaligen Soldaten entsprechen, mit der Ausnahme, daß die Mittel bei unserem Modell wahrscheinlich von den einzelnen Bundesstaaten und nicht von der Bundesregierung kommen würden. Die Verwirklichung derartiger Pläne würde zu einem wirkungsvolleren Wettbewerb zwischen den unterschiedlichen Arten von Lehranstalten und zur wirkungsvolleren Verwendung ihrer Mittel führen. Sie würde den Zwang für private Colleges und Universitäten, direkte Unterstützung seitens der Regierung zu erlangen, aufheben und damit ihre volle Unabhängigkeit und Vielfalt bewahren und ihnen gleichzeitig ein den staatlichen Anstalten entsprechendes Wachstum ermöglichen. Überdies würde sich hieraus der zusätzliche Vorteil der Überwachungsmöglichkeit der Zwecke, für die Zuwendungen erfolgen, ergeben. Die Subventionierung der Ausbildungsanstalten anstelle der Einzel-

---

4 Ich lasse hier Ausgaben für die Grundlagenforschung aus. Ich habe den Begriff des Lehrwesens eng abgegrenzt, um unerwünscht weitgespannte Überlegungen auszuschließen.

personen hat zu wahlloser Unterstützung aller Aktivitäten geführt, die derartige Institutionen entfaltet haben, anstatt zu einer Subventionierung derjenigen Aktivitäten, die von Staats wegen Unterstützung verdienen. Selbst eine oberflächliche Betrachtung zeigt, daß sich die beiden Arten von Aktivitäten zwar überschneiden, dabei aber doch weit entfernt davon sind, miteinander identisch zu sein.

Das Argument gleicher Bedingungen bei der Alternativlösung wird besonders bei Colleges und Universitäten deutlich, da dort eine große Zahl und Vielfalt privater Lehrinstitutionen besteht. Beispielsweise sagt der Staat Ohio zu seinen Bürgern: »Wenn Sie ein Kind haben, das auf ein College gehen möchte, so geben wir ihm automatisch ein beachtliches Stipendium über einen Zeitraum von vier Jahren, vorausgesetzt, es erfüllt die ziemlich minimalen Voraussetzungen, die wir für diese Ausbildung stellen, und weiter vorausgesetzt, es ist intelligent genug, auf die University of Ohio gehen zu wollen. Falls es jedoch gern auf das Oberlin College, die Western Reserve University, oder gar nach Harvard, Yale, Northwestern, Beloit oder auf die University of Chicago gehen möchte, oder wenn Sie dies möchten, werden wir keinen Pfennig geben.« Wie läßt sich ein derartiges Unterstützungsprogramm rechtfertigen? Wäre es nicht der Gleichheit weitaus dienlicher und würde nicht ein höheres Niveau bei den Stipendiaten erreicht werden, wenn derartige Beträge, wie sie der Staat Ohio für Hochschulbildung ausgeben will, für Stipendien verwendet würden, die an jedem College oder an jeder Universität gültig sind, und wenn die University of Ohio dazu veranlaßt würde, auf gleicher Basis mit anderen Colleges und Universitäten in Wettbewerb zu treten[5]?

---

5 Ich beziehe mich hier auf Ohio und nicht auf Illinois, da seit dem Zeitpunkt der Niederschrift dieses Kapitels, von dem dieser Abschnitt eine Neufassung ist (1953), Illinois ein Programm eingeführt hat, das zum Teil in die von mir empfohlene Richtung geht; darin werden Stipendien für alle privaten Colleges und Universitäten in Illinois für gültig erklärt. Kalifornien hat das gleiche Schema verwirklicht. Aus einem völlig anderen Grund hat Virginia auf der Grundschul-Ebene ein ähnliches Programm verabschiedet, und zwar zur Vermeidung der Integration der Rassen. Der Fall des Staates Virginia wird (in einem anderen Kapitel des Buches, d. Hrsg.) nähere Aufmerksamkeit finden.

Berufstraining und berufliche Fortbildung

Die berufliche Fortbildung kennt keine Beeinflussung durch
Nebeneffekte, wie sie für die Erziehung im allgemeinen geltend gemacht werden. Sie ist eine Form der Investition in menschliches
Kapital, die der Investition in Maschinen, Gebäude und andere
Formen nichtmenschlichen Kapitals genau entspricht. Ihr Zweck ist
die Erhöhung der wirtschaftlichen Produktivität des Menschen.
Wenn dies Ziel erreicht ist, wird der einzelne in einer Gesellschaft
des freien Wettbewerbs durch höhere Einkommen für seine Dienstleistungen belohnt, als er sie sonst erzielt hätte[6]. Dieser Unterschied
in den Einkommen ist die wirtschaftliche Triebfeder zur Kapital-
investition in der Form von Menschen oder Maschinen. In beiden
Fällen müssen die zusätzlichen Gewinne gegen die Kosten der Investitionen abgewogen werden. Die hauptsächlichen bei der Berufsausbildung entstehenden Kosten sind das während der Ausbildungszeit ausfallende Einkommen, das durch die Verzögerung des Be-
ginns der Verdienstperiode verlorene Kapital sowie Sonderausga-
gaben zur Durchführung der Ausbildung, wie Lehrgebühren und
Ausgaben für Bücher und Lehrmittel. Bei der Investition in physisches Kapital bestehen die Hauptkosten aus dem Ausbau der Anlagen und im Verlust während der Konstruktionsperiode. In beiden
Fällen wird ein Mensch die Investition wohl als wünschenswert ansehen, wenn die zusätzlichen Einnahmen, wie er sie sieht, die zusätzlichen Kosten, wie er sie einschätzt, übertreffen[7]. In beiden
Fällen trägt der einzelne (oder seine Eltern, sein Förderer, sein
Wohltäter) alle Sonderkosten und erhält alle zusätzlichen Einnahmen, solange der Staat die Investition nicht subventioniert und die
Gewinne daraus nicht besteuert: es bestehen offensichtlich keine

---

6 Die erhöhten Einkünfte brauchen nur teilweise in finanzieller Form zu
erfolgen; sie können auch in nicht-finanziellen Vorteilen bestehen, die zu
der Beschäftigung dazugehören, für die der einzelne durch seine Berufsausbildung vorbereitet wurde. In ähnlicher Weise kann die Beschäftigung auch
nicht-finanzielle Nachteile haben, die zu den Investitionskosten gezählt
werden müßten.
7 Eine genauere und eingehendere Betrachtung der Beweggründe zur Ergrei-
fung eines Berufes wird gegeben in Milton Friedman und Simon Kuznets,
»Income from Independent Professional Practice«, New York: National
Bureau of Economic Research, 1945, S. 81–95 und S. 118-137.

Kosten, die nicht getragen werden könnten, oder etwa nicht zu bewertende Vorteile, die dazu beitragen, private Unternehmungen systematisch von solchen des allgemeinen Wohls zu trennen.

Wenn Kapital zur Investition in Menschen so leicht erhältlich wäre wie zur Investition in physische Mittel – sei es über den Markt oder durch Direktinvestition von seiten der betroffenen Einzelpersonen oder ihrer Eltern oder Gönner –, wäre die Kapitalverzinsung auf beiden Gebieten ungefähr gleich hoch. Wenn sie für nichtmenschliche Kapitalanlage höher läge, bestünde für Eltern ein Anreiz, für ihre Kinder lieber derartiges Kapital zu erwerben, anstatt eine entsprechende Geldmenge für Berufsausbildung aufzuwenden, und umgekehrt. Es besteht in der Tat beträchtlicher empirischer Anschein, daß die Kapitalverzinsung der Ausbildung wesentlich höher liegt als die Kapitalverzinsung von Investitionen im physischen Kapital. Dieser Unterschied läßt vermuten, daß bisher zu wenig Investitionen in menschliches Kapital vorgenommen wurden[8].

Diese Erscheinung der Unterinvestition in menschliches Kapital spiegelt eine Unvollkommenheit des Kapitalmarktes wider. Die Investition in Menschen läßt sich nicht unter den gleichen Bedingungen und mit der gleichen Leichtigkeit wie die Investition in Sachanlagen finanzieren. Es läßt sich leicht einsehen, warum das so ist. Bei der Hergabe eines festen Geldbetrages zur Finanzierung von Investitionen in Sachanlagen ist es dem Verleiher möglich, eine gewisse Sicherheit für den aufgewendeten Betrag in Form von Hypotheken oder Restansprüchen auf die Sachanlagen zu erlangen, und er kann darauf vertrauen, im Falle einer Fehlinvestition zumindest einen Teil seiner Einlagen durch Veräußerung der Sachanlagen zurückzubekommen. Bei Zuteilung eines gleich hohen Kredits zur Erhöhung der Verdienstmöglichkeiten eines Menschen kann er ganz sicher keine vergleichbare Rücksicherung erlangen. In einem Staat, in dem die Sklaverei abgeschafft ist, kann der Mensch, auf den sich die Investition bezieht, weder gekauft noch verkauft werden. Selbst wenn dies möglich wäre, bestünde keine vergleichbare Sicherheit. Die Produktivität der Sachanlagen hängt im allgemeinen nicht vom Willen zur Zusammenarbeit des Ausleihenden

---

8 Siehe G. S. Becker, Underinvestment in College Education?, American Economic Review, Proceedings L (1960), S. 356–364; T. W. Schultz, Investment in Human Capital, American Economic Review, LXI (1961), S. 1–17.

ab. Die Produktivität des menschlichen Kapitals tut dies jedoch
ganz offensichtlich. Ein Kredit zur Finanzierung der Ausbildung
eines Menschen, der keine andere Sicherheit bieten kann als sein
zukünftiges Einkommen, ist daher weitaus weniger attraktiv als ein
Kredit zur Errichtung eines Gebäudes: Es gibt hierbei weniger
Sicherheit, und die Kosten und der Aufwand zur Erlangung der
Zinsen und Rückgewinnung des Kapitals sind weitaus höher.

Eine zusätzliche Komplikation rührt daher, daß Barkredite zur
Finanzierung von Ausbildungsinvestitionen nur ungern gegeben
werden. Notwendigerweise beinhaltet eine derartige Investition ein
großes Risiko. Der durchnittlich erwartete Gewinn mag hoch liegen,
doch gibt es, bezogen auf den Durchschnitt, große Differenzen. Tod
oder Invalidität sind offensichtliche Gründe für Unterschiede – sie
sind aber möglicherweise viel weniger bedeutend als Unterschiede
in Fähigkeiten, Energie und Glück. Daraus folgt, daß bei Erteilung
fixierter Barkredite unter der einzigen Sicherheit zukünftig zu er-
warteter Einnahmen ein guter Teil niemals zurückgezahlt werden
würde. Um derartige Kredite für Geldgeber attraktiv zu gestalten,
müßte der nominelle Zinssatz auf alle Kredite genügend hoch sein,
um die Kapitalverluste der nicht zurückgezahlten Kredite kompensieren zu können. Derartig hohe nominelle Zinssätze würden sowohl mit der Wuchergesetzgebung als auch mit der Attraktivität
für potentielle Ausleiher in Widerspruch geraten[9]. Der Anspruch
auf das Investitionskapital und beschränkte Haftung seitens der

---

9 Trotz dieser Hindernisse in bezug auf Barkredite höre ich, daß diese ein
weitverbreitetes Mittel zur Finanzierung der Ausbildung in Schweden darstellen, wo sie offenbar zu bescheidenen Zinssätzen erhältlich sind. Eine
mögliche Erklärung liegt vielleicht in der Tatsache, daß dort weniger Unterschiede im finanziellen Status der Universitätsabgänge bestehen als in den
Vereinigten Staaten. Dies ist jedoch keine erschöpfende Erklärung und
braucht nicht der Hauptgrund für die unterschiedliche Handhabung zu sein.
Weitergehende Untersuchungen des schwedischen Beispiels und ähnlicher
Erfahrungen sind von großer Bedeutung, um zu erkennen, ob die angeführten Gründe das Fehlen eines hochentwickelten Marktes für Kredite zur Finanzierung der Fachausbildung in den Vereinigten Staaten und in anderen
Ländern anscheinend erklären, oder ob es vielleicht noch andere Hindernisse
gibt, die sich vielleicht leichter ausräumen lassen.
In jüngerer Vergangenheit war in den Vereinigten Staaten eine ermutigende
Entwicklungstendenz in Richtung auf Privatkredite an College-Studenten zu
beobachten. Dieser Trend wurde maßgeblich angeregt durch die United Student Aid Funds, eine nicht gewinnbringende Institution, die als Partner der
einzelnen Banken bei der Gewährung von Krediten auftritt.

Anteilseigner wurden als Gegenmaßnahme gegen entsprechende risikoreiche Investitionen anderer Art eingeführt. Das Gegenstück im Ausbildungswesen wäre, einen Anteil an den Verdienstaussichten einer Einzelperson zu »kaufen«; dies hieße, ihm die Mittel zur Finanzierung seiner Ausbildung zur Verfügung zu stellen unter der Bedingung seiner Bereitschaft, dem Kreditgeber einen festgelegten Anteil an seinen zukünftigen Einnahmen zu überlassen. Auf diese Art und Weise erlangte ein Kreditgeber bei relativ erfolgreichen Personen mehr als seine ursprüngliche Investition zurück, was einen Ausgleich dafür schaffen würde, daß er seine Erst-Investition bei erfolglosen Kreditnehmern nicht zurückbekäme.

Es scheinen keine gesetzlichen Hindernisse für den Abschluß privater Verträge dieser Art zu bestehen, obschon sie wirtschaftlich gesehen dem Erwerb eines Anteils an der Erwerbskraft eines Individuums entsprechen und somit teilweiser Sklaverei gleichkommen. Ein Grund dafür, daß derartige Verträge nicht allgemein eingeführt sind, ungeachtet ihres potentiellen Nutzens für Kreditgeber und Kreditnehmer, liegt vermutlich in den beachtlichen verwaltungstechnischen Schwierigkeiten unter Berücksichtigung der Freiheit des einzelnen, seinen Wohnsitz frei zu wählen, in der Notwendigkeit zur Erlangung exakter Einkommenserklärungen und in der Länge der Laufzeit derartiger Verträge. Diese Schwierigkeiten wären wahrscheinlich für kleinere Investitionen in einem großen geographischen Gebiet, auf das sich die unterstützten Einzelpersonen verteilen, besonders groß. Diese Nachteile können gut der Hauptgrund dafür sein, daß sich diese Form von Investition unter privater Schirmherrschaft niemals entwickelt hat.

Es erscheint jedoch als sehr wahrscheinlich, daß gewisse Imponderabilien eine Hauptrolle gespielt haben: Der Gesamteffekt der Neuheit des Gedankens, Widerstand gegen die Einschätzung von Menschen als unmittelbar mit Sachwerten vergleichbare Existenz und die daraus resultierende Wahrscheinlichkeit irrationaler Ablehnung derartiger Verträge seitens der Öffentlichkeit – selbst angesichts deren Freiwilligkeitscharakters – sowie gesetzliche und konventionelle Einschränkungen der Investitionsarten, die von Finanzvermittlungsparteien getätigt werden können, die sich am besten für ein Engagement in derartigen Investitionsformen eignen, namentlich die Lebensversicherungsgesellschaften. Die potentiellen Gewinnmöglichkeiten, insbesondere für die Ersten auf diesem Gebiet, sind derart groß, daß sie es wert wären, große verwaltungstechnische Schwierigkeiten in Kauf zu nehmen[10].

Was auch immer der Grund sein mag, die Unvollkommenheit des Marktes führte zu einer zu geringen Investitionstätigkeit in bezug auf menschliches Kapital. Das Eingreifen der Regierung ließe sich daher sowohl aufgrund des »technischen Monopols« begründen – insoweit, als der Hinderungsgrund für die Entstehung derartiger Investitionsformen in den verwaltungstechnischen Schwierigkeiten lag – als auch aufgrund des Bestrebens, die Funktionsweise des Marktes zu verbessern – insofern, als der Hinderungsgrund einfach in Marktschwierigkeiten und Unzulänglichkeiten bestand.

Falls die Regierung eingriffe, würde sich die Frage nach dem Wie erheben. Die offensichtlichste Form der Intervention und bis jetzt die einzige, die tatsächlich erfolgte, ist die direkte Regierungsunterstützung der Berufsausbildung mittels Stipendien, die aus öffentlichen Mitteln herrühren. Diese Form scheint offensichtlich ungeeignet zu sein. Investitionstätigkeit sollte bis zu dem Punkt betrieben werden, an dem der Gewinn die Investitionskosten plus des darauf liegenden, vom Markt bestimmten Zinssatzes einbringt. Wenn die Investition in bezug auf einen Menschen erfolgt, so steht der Gewinn in der höheren Entlohnung der Dienste dieses Menschen in Relation zu dem, was er sonst bekommen könnte. In einer Wirtschaft mit freiem Markt bekäme der einzelne diesen Gewinn in Form seines persönlichen Einkommens ausgezahlt. Wenn die Investition subventioniert wäre, hätte er die Kosten hierfür nicht zu tragen. Daraus ergibt sich, daß bei Gewährung von Beihilfen an alle Ausbildungswilligen, die dabei auch das Minimum an Qualitätsanforderung erfüllt haben, eine Tendenz zur Überinvestition in Menschen bestünde, da alle einen Anreiz zur Durchführung der

10 Es ist amüsant, über die Möglichkeiten eines derartigen Wirtschaftszweiges und über einige damit verbundene Möglichkeiten zu Nebengewinnen zu spekulieren. Die ersten Unternehmen auf diesem Gebiet wären in der Lage, durch die Auferlegung sehr hoher Qualitätsanforderungen an die Personen, die zu unterstützen sie bereit sind, die besten Investitionsmöglichkeiten auszuwählen. Indem sie dies täten, würden sie den Gewinn aus ihren Investitionen durch die Erlangung öffentlicher Anerkennung der überragenden Qualität der von ihnen unterstützten Personen erhöhen: der Zusatz »Ausbildung finanziert durch die XYZ-Versicherungs-Gesellschaft« könnte zu einem Qualitätssymbol werden (wie »Von der Zeitschrift *Good Housekeeping* empfohlen«), wodurch das Kundeninteresse geweckt wird. Jegliche Form von sonstigen Diensten könnte von der XYZ-Gesellschaft, »ihren« Ärzten, Rechtsanwälten Zahnärzten usw. geliefert werden.

Ausbildung hätten, solange sie zusätzliche Gewinne über die persönlichen Belastungen hinaus erbrächte, auch wenn der Gewinn nicht zur Rückzahlung des investierten Kapitals ausreichte, geschweige denn, daß er noch einen Zinsgewinn erbrächte. Zur Vermeidung derartiger Überinvestitionen müßte die Regierung die Zuwendungen auf bestimmte Personen beschränken. Abgesehen von der Schwierigkeit bei der Bestimmung der »richtigen« Höhe der Investitionen, würde dies zur Folge haben müssen, daß die begrenzte Höhe der Investitionen auf teilweise grundlegend willkürliche Art und Weise unter mehr Anspruch Erhebenden aufgeteilt werden müßte, als finanziert werden könnten. Diejenigen, die genug Glück haben, um eine Unterstützung in ihrer Ausbildung zu bekommen, würden sämtliche Vorteile aus der Investition ziehen, während die Belastungen von der Gesamtheit der Steuerzahler getragen werden müßten – eine völlig willkürliche und fast sicher pervertierte Einkommensumschichtung.

Das Ziel ist nicht die Einkommensneuverteilung, sondern die Dispositionsmöglichkeit von Kapital zu vergleichbaren Bedingungen für Investitionen in Menschen und Sachwerte. Der einzelne sollte selbst die Kosten der Investition in ihn selbst tragen und die Vorzüge selbst genießen können. Er sollte nicht durch Unvollkommenheiten des Marktes davon abgehalten werden, die Investition zu tätigen, wenn er bereit ist, die Kosten zu tragen. Eine Möglichkeit zur Verwirklichung dieses Ziels wäre von seiten des Staates die Einführung einer festverzinslichen Investitionsmethode für Menschen. Eine Regierungsbehörde könnte eingerichtet werden, die anbietet, die Ausbildung jeder Person, die einen bestimmten Mindestqualitätsstandard erfüllt, zu finanzieren oder zu der Finanzierung beizutragen. Sie würde jedes Jahr eine bestimmte Summe zur Verfügung stellen und dies über einen bestimmten Zeitraum unter der Voraussetzung, daß die Beträge für die Sicherstellung der Ausbildung an einer anerkannten Ausbildungsstätte verwendet würden. Der Empfänger würde seinerseits zustimmen, einen festgelegten Prozentsatz seiner Einnahmen über eine festgelegte Höhe hinaus für sämtliche zukünftigen Jahre an die Regierung zu bezahlen, und zwar für jede 1000.– Dollar, die er von der Regierung bekam. Diese Zahlung ließe sich leicht mit der Entrichtung der Einkommensteuer koppeln, und auf diese Weise wäre nur ein minimaler Aufwand an zusätzlichen verwaltungstechnischen Maßnahmen erforderlich Die Höhe des Grundbetrages sollte auf der Höhe der geschätzten

Durchschnittseinkünfte ohne die Spezialausbildung festgesetzt werden. Der Anteil, der aus den Einkünften zurückzahlbar wäre, sollte so berechnet werden, daß sich das gesamte Projekt selbst tragen kann. Auf diese Weise würden diejenigen, die eine Ausbildung erhielten, in der Tat die gesamten Kosten tragen. Der zu investierende Betrag könnte dann nach individuellem Wunsch festgelegt werden. Unter der Voraussetzung, daß dies die einzige Möglichkeit zur Finanzierung der Berufsausbildung durch die Regierung wäre, und daß die errechneten Einnahmen der Gesamtheit der in Frage kommenden Gewinne und Aufwendungen entsprächen, würde die freie Wahl der Einzelpersonen dahingehen, die optimale Investitionsmenge zu erreichen.

Die zweite Voraussetzung wird leider kaum ganz erfüllt werden können, da es unmöglich ist, die nicht-pekuniären oben erwähnten Vorteile ebenfalls einzuschließen. In der Praxis wären die Investitionen nach diesem Plan daher immer noch etwas zu niedrig und würden nicht in optimaler Form zuteilbar sein[11].

Aus einer Anzahl von Gründen wäre es vorzuziehen, wenn private Finanzierungsinstitute und nicht-gewinnbringende Institutionen wie Stiftungen und Universitäten diesen Plan aufstellen würden. Wegen der Schwierigkeiten bei der Schätzung des Grundverdienstes und des an die Regierung zu zahlenden Anteils an den Einkünften, die über dem Grundverdienst liegen, besteht die starke Gefahr, daß sich das Schema zu einem Spielball politischer Interessen entwickelt. Informationen über gegenwärtige Einkünfte in verschiedenen Berufszweigen wären nur oberflächliche Leitmarken für die erforderlichen Werte, um das Projekt sich selbst tragen zu lassen. Außerdem sollten die Höhe des Grundverdienstes und der Prozentanteil für verschiedene Personen unterschiedlich angesetzt werden, in Übereinstimmung mit eventuellen Unterschieden in der zu erwartenden Verdienstkapazität, die im voraus zu bestimmen wären, so wie die Prämien für Lebensversicherungen für Gruppen mit unterschiedlichen Lebenserwartungen unterschiedlich hoch angesetzt sind.

---

11 Ich schulde Harry G. Johnson und Parl W. Cook, Jr. Dank für den Rat, diesen Punkt zu erwähnen. In bezug auf eine eingehendere Betrachtung der Rolle der nicht-pekuniären Vorteile und Nachteile bei der Festlegung der Gewinne auf verschiedenen Gebieten, siehe Friedman und Kuznets, Income from Independent Professional Practice, National Bureau of Economic Research, New York 1945.

Insoweit die Höhe der verwaltungstechnischen Aufwendungen ein Hindernis für die Entwicklung eines derartigen Plans auf privater Ebene darstellt, ist die angemessene Ebene der öffentlichen Hand zur Bereitstellung von Mitteln eher die Bundesregierung als die Bundesstaaten oder die Kommunen. Jeder Staat hätte die gleichen Aufwendungen wie eine Versicherungsgesellschaft, zum Beispiel bei der Erfassung der Leute, deren Ausbildung durch das Programm finanziert würde. Diese Aufwendungen ließen sich, wenn auch nicht völlig ausschalten, so doch auf ein Minimum senken, wenn die Bundesregierung hierbei federführend wäre. Beispielsweise wäre jemand, der in ein anderes Land auswandert, rechtlich oder moralisch immer noch verpflichtet, den verabredeten Teil seiner Einkünfte zurückzuzahlen – bei der Erzwingung dieses Anspruchs könnten jedoch beachtliche Schwierigkeiten auftreten. Sehr erfolgreiche Personen könnten daher einen Hang zum Auswandern entwickeln. Ähnliche Probleme ergeben sich selbstverständlich – und in weitaus größerem Maße – aus dem System der Einkommensteuer. Dieses und andere verwaltungstechnische Probleme der Durchführung des Schemas auf Bundesebene erscheinen trotz Schwierigkeiten in Details nicht sehr ernst zu sein. Das ernste Problem ist das bereits erwähnte politische: wie verhindert werden kann, daß aus dem Schema ein Spielball politischer Interessen wird und daß in der Folge hiervon aus einem sich selbst tragenden Projekt ein Mittel zur Subventionierung beruflicher Ausbildung wird.

Doch wenn auch die Gefahren groß sind, sind es die Möglichkeiten ebenfalls. Bestehende Unvollkommenheiten am Kapitalmarkt bewirken, daß die kostspieligere Berufsausbildung auf Personen beschränkt bleibt, deren Eltern oder Gönner die erforderliche Ausbildung finanzieren können. Sie machen aus diesen Personen eine Gruppe »außerhalb des Wettbewerbs«, die vor der Konkurrenz durch den Mangel an erforderlichem Kapital für viele begabte Menschen geschützt ist. Als Folge davon werden Ungleichheiten an Wohlstand und sozialer Position verewigt. Die Entwicklung von Möglichkeiten, wie den oben ausgeführten, würde dazu führen, daß Geldmittel für breitere Schichten zugänglich würden und damit gleichzeitig viel dazu beitragen, die Gleichheit der Möglichkeiten zu verwirklichen, Ungleichheiten in Einkommen und Wohlstand verschwinden zu lassen, und die volle Nutzung unserer Arbeitskräfte zu erreichen. Dies würde nicht erreicht werden durch eine Einschränkung des Wettbewerbs, durch Zerstörung der Initiativfreu-

digkeit oder einer Behandlung von Symptomen, wie es bei der offenen Einkommensumschichtung der Fall wäre, sondern vielmehr
allein durch die Stärkung der Wettbewerbsfreudigkeit, der Wek-
kung von Initiativen und der Ausschaltung von Ursachen der Ungleichheit.

Hartmut Berg:

Ausbildungsausgaben und Marktmechanismus[1a]

1. Folgt aus der aufgezeigten Bedeutung der Ausbildung für das wirtschaftliche Wachstum nun zwingend die Notwendigkeit einer langfristigen staatlichen Planung im Bildungswesen? In einer marktwirtschaftlich geordneten Wirtschaft doch wohl nur dann, wenn sich nachweisen läßt, daß der Marktmechanismus die Koordinierungs- und Entwicklungsaufgaben in diesem Bereich nicht zu lösen vermag.

Daß dies der Fall ist, wird im allgemeinen als nicht weiter zu diskutierende Selbstverständlichkeit angesehen[1a]. Eine solche Haltung liegt nahe, wenn man bedenkt, daß der Staat in allen Volkswirtschaften, gleich ob hochindustrialisiert oder noch unterentwikkelt, marktwirtschaftlich oder nach dem Prinzip der Zentralverwaltungswirtschaft organisiert, einen beherrschenden Einfluß auf das Bildungswesen nimmt.

Dennoch ist der Ansicht Bombachs zuzustimmen, »daß es durchaus lohnt, darüber nachzudenken, ob der Preismechanismus im Bereich der Infrastruktur – hier im weitesten Sinne verstanden – manche der Koordinations- und Allokationsprobleme nicht besser lösen könnte als die zentrale Planung . . .«[2]. Kann doch ein solches Nachdenken – wie die Literatur zu Fragen der Bildungsökonomie zeigt – bisweilen zu ebenso unkonventionellen wie provozierenden Thesen führen. Mögen diese Thesen auch anfangs recht irreal anmuten, so lohnt es doch, sich mit ihnen auseinanderzusetzen, und sei es nur, um dazu gezwungen zu werden, den eigenen Standpunkt präzise zu begründen. So soll uns eine kritische Analyse des Vorschlags von

1 *Hartmut Berg:* Ökonomische Grundlagen der Bildungsplanung, Berlin 1965 (Duncker und Humblot). Auszug des Kapitels: Ausbildungsausgaben und Marktmechanismus, S. 55–64. Mit freundlicher Genehmigung des Verlages.
1a So schreibt Milton *Friedman:* »This situation . . . is no taken so much for granted that little explicit attention is any longer directed to the reasons for the special treatment of education even in countries that are predominantly free enterprise in organization and philosophy«. (The Role of Government in Education, in: R. A. *Solo* [Hrsg.], Economics and the Public Interest, New Brunswick [New Jersey] 1955, S. 123.)
2 *Bombach* G., Diskussionsbeitrag in: Planung ohne Planwirtschaft, im Auftrage der List-Gesellschaft hrsg. v. *A. Plitzko,* Basel–Tübingen 1964.

Milton Friedman[3], weite Bereiche des Bildungswesens in den privaten Marktzusammenhang einzugliedern, dazu dienen, die Argumente für eine langfristige staatliche Planung des Bildungsaufwandes auf ihre Stichhaltigkeit zu prüfen.

2. In einer marktwirtschaftlich geordneten Wirtschaft besteht die
Aufgabe des Staates nach Friedman – und bereits hier erweist er
sich als Liberaler reinsten Wassers – vor allem darin, »to preserve
the rules of the game by enforcing contracts, preventing coercion,
and keeping markets free«[4]. Darüber hinaus sind Eingriffe in den
Wirtschaftsablauf nur dann gerechtfertigt, wenn »natürliche Monopole« oder andere tiefgreifende Unvollkommenheiten des Marktes
ein Funktionieren des Wettbewerbs verhindern, wenn beträchtliche
»external economies« – Friedman bezeichnet sie als »neighborhood-effects« – auftreten, oder wenn schließlich mit guten Gründen
angenommen werden kann, daß der einzelne seinem eigenen Nutzen oder die Familie dem Wohle ihrer Kinder bewußt oder aus
fehlender Einsicht zuwiderhandelt[5].

Welche Konsequenzen ergeben sich aus dieser Maxime für die
Rolle des Staates im Bildungswesen? Daß möglichst jeder Staatsbürger eine Grundschule besucht hat, ist für das Funktionieren
eines demokratischen Gemeinwesens unumgänglich. Der Erwerb
eines solchen »minimum degree of literacy and knowledge«[6] nützt
der Gesellschaft ebenso wie dem einzelnen. Theoretisch folgt aus
diesem »neighborhood-effect« – so Friedman – jedoch durchaus
nicht, daß der Staat auch die Kosten dieses Schulbesuchs tragen
muß. Sie könnten den Eltern vielmehr in gleicher Weise gesetzlich
auferlegt werden, wie beispielsweise der Kraftfahrzeugbesitzer zum
Abschluß einer Haftpflichtversicherung gezwungen wird. Nur bei
jener Minderheit von Eltern, die die Kosten des Grundschulbesuchs
ihrer Kinder tatsächlich nicht aufbringen kann, sollten diese Ausgaben vom Staat übernommen werden.

---

3 *Friedman*, M., The Role of Government in Education, a. a. O., S. 123 ff.
Mit denen *Friedman*'s im wesentlichen übereinstimmende Ansichten zu den
hier angeschnittenen Fragen vertreten auch A. T. *Peacock* (The Finance of
State Education in the United Kingdom, in: The Year Book of Education,
London 1956, S. 305 ff.; mit J. *Wiseman*) und J. *Wiseman*, The Economics of
Education, in: Scottish Journal of Political Economy, Vol. VI (1959), S. 48 ff.
4 *Friedman*, M., The Role of Government in Education, a. a. O., S. 124.
5 Siehe dazu vor allem: *Arrow*, K. J., Social Choice and Individual Values,
New York 1951.
6 *Friedman*, M., The Role of Government in Education, a. a. O., S. 124/125.

3. Nun räumt Friedman selbst ein, daß »differences among families in resources and in number of children ... plus the imposition of a standard of education involving very sizable costs have ... made such a policy hardly feasible«[7]. Mag sich also in diesem Bereich des Bildungswesens eine Übernahme der Kosten durch den Staat aus praktischen Gründen rechtfertigen lassen, so gilt das nach Friedman in schon sehr viel geringerem Maße für den Besuch weiterbildender Schulen und ist – zumindest grundsätzlich – völlig abzulehnen, wenn der Übergang zur Berufsausbildung vollzogen wird.

Wenn Friedman auch zugibt, daß eine befriedigende Trennung zwischen »Bildung« und »Ausbildung« äußerst schwierig sei, so vertritt er doch die These, daß »the social gain from education is presumably greatest for the very lowest levels of education ... and declines continuously as the level of education rises«[8]. Die reine oder doch vorwiegende Berufsausbildung – und dazu gehört neben dem Fachschulbesuch mehr und mehr auch das College-Studium – stellt nach Friedman eine Investition dar, die der einzelne gleichsam »in sich selbst« vornimmt und deren Ertrag in Form eines höheren künftigen Einkommens ihm allein zugutekommt.

Vom Staat zu fordern, er solle die Kosten dieser Ausbildung übernehmen, ist – so Friedman – daher im Prinzip ebenso abwegig wie das Verlangen nach einer staatlichen Finanzierung von privaten Investitionen in das Realkapital[9].

4. Wenn Friedman die Kosten der Berufsausbildung nicht vom Staat getragen sehen will, so übersieht er doch nicht, daß Ausbildungsinvestitionen nicht in gleicher Weise wie Investitionen in das Realkapital finanziert werden können. Die Ursache dafür liegt nicht nur in der relativ langen Ausreifezeit der Ausbildungsinvestitionen.

---

7 *Ders*, op. cit., S. 126.
8 *Friedman*, M., op. cit., S. 127.
9 Der gleiche Gedanke findet sich übrigens auch bei anderen Autoren, so etwa bei D. S. *Lees*, bei dem es heißt: »Whether we like it or not, university education is now predominantly vocational. Students go to universities in the expectation or hope of higher incomes in the future. Outlays by them or on their behalf improve their productivity and are exactly analogous to outlays on business equipment. According, these outlays should be financed by loans repayable over a period of years at the ruling market rate of interest and not, as at present, by subsidies. There would be considerable economic advantages to this procedure and, morally, we cannot much longer go on imposing taxes on the poor and the stupid in order to increase the wealth of the intelligent«. (*Lees*, D. S., in: The Times vom 28. 12. 1960.)

Der Grund ist auch nicht allein in der Tatsache zu sehen, daß das
mit einer solchen Investition vom einzelnen übernommene Risiko
im allgemeinen hoch ist – so läßt sich zwar nachweisen, daß beispielsweise die gesamten Ausgaben für das College-Studium eine
beträchtliche durchschnittliche Verzinsung aufweisen, die Abweichungen von dem aufgrund des College-Besuchs im Durchschnitt
zu erwartenden zusätzlichen Lebenseinkommen sind jedoch so
groß, daß für den einzelnen in keiner Weise die Gewißheit besteht,
diese durchschnittliche Ertragsrate für sich zu realisieren.

Es ist vor allem die Unsicherheit, die bei einem zur privaten
Finanzierung einer Ausbildungsinvestition gewährten Kredit daraus
erwächst, daß dem Kreditgeber keine Sicherung durch den möglichen Rückgriff auf das erworbene Kapitalgut gewährt werden
kann. »A loan to finance the training of an individual who has no
security to offer other than his earnings is therefore a much less
attractive proposition than a loan to finance, say, the erection of
a building[10].«

Eine private Finanzierung der Berufsausbildung über den Kapi-
talmarkt scheidet so aus. Daraus folgt zwar auch nach Friedman die
Notwendigkeit staatlichen Eingreifens, doch eben nicht in der
Weise, daß die Ausbildungsausgaben vom Staat getragen werden.
Eine generell für den einzelnen kostenlose Ausbildung würde nach
Friedman nicht nur mit dem Postulat einer gerechten Einkommensverteilung kollidieren, sie würde auch zu einer unerwünschten
»Überinvestition« im Bildungswesen und damit zu einer subopti-
malen Allokation der Ressourcen führen. Denn der einzelne würde
in diesem Falle zusätzlich Ausbildung nachfragen, solange er sich
noch eine angemessene Verzinsung der daraus für ihn erwachsen-
den zusätzlichen privaten Kosten verspricht. Da in eine solche Wirtschaftlichkeitsrechnung jedoch nur ein Teil der Gesamtkosten der
Ausbildung eingeht, wird sich die Ausbildungsinvestition für den
einzelnen auch dann noch beträchtlich verzinsen, wenn sie gesellschaftlich nicht mehr zu rechtfertigen ist.

Diese unerwünschte Entwicklung ist nach Friedman nur dadurch
zu vermeiden, daß eine öffentliche Körperschaft jedem, der sich
weiter ausbilden möchte und eine bestimmte formale Qualifikation
nachweisen kann, die zusätzliche Ausbildung vorfinanziert, wobei
sich der Darlehensempfänger verpflichtet, den ihm zur Verfügung

---

10 *Friedman,* M., op. cit., S. 137.

gestellten Betrag aus seinem späteren Einkommen in jährlichen Raten zurückzuzahlen. »Provided this was the only way in which government financed vocational and professional training, and provided the calculated earnings reflected all relevant returns and costs, the free choice of individuals would find to produce the optimum amount of investment[11].«

5. Legitimieren die hohen »neighborhood-effects« bei der Grundschulbildung und die Unvollkommenheiten des Kapitalmarktes bei der Berufsausbildung ein – wenn auch unterschiedlich starkes – Eingreifen des Staates, so rechtfertigt sich damit doch keineswegs auch ein staatliches Schulwesen schlechthin. Es sei vielmehr – so meint Friedman – wünschenswert und auch möglich, den größten Teil der Schulen von privaten Organisationen verschiedenster Art verwalten zu lassen. Die Aufgabe des Staates würde sich dann darauf beschränken, »to assure that the schools met certain minimum standards such as the inclusion of a minimum common content in their programs, much as it now inspects restaurants to assure that they maintain minimum sanitary standards«[12].

In einem solchen System, in dem sich die Rolle des Staates im Bildungswesen weitgehend auf die Wahrnehmung seiner ordnungspolitischen Aufgaben beschränkt – »government would serve its proper function of improving the operation of the invisible hand«[13] –, besteht naturgemäß nur eine sehr geringe Notwendigkeit der langfristigen staatlichen Planung im Bildungswesen.

6. Nun scheinen uns jedoch die Vorschläge Friedmans einer kritischen Analyse nicht standzuhalten. »The pricing mechanism of the market secures an optimal allocation of resources, provided that certain conditions are met . . . Yet conditions arise in many connections where the forces of the market cannot secure optimal results[14].« Das Bildungswesen bildet zweifellos einen dieser Bereiche. Es sind mehrere Gründe, die zum Beweis dieser Behauptung angeführt werden können: Der erste ist das Bestehen vermutlich hoher positiver externer Wirkungen (»external economies« oder »social returns«) von organisierten Lernprozessen, was zu Diver-

---

11 *Friedman*, M., op. cit., S. 140.
12 *Friedman*, M., op. cit., S. 127.
13 *Friedman*, M., op. cit., S. 144.
14 *Musgrave*, R. A., The Theory of Public Finance, New York–Toronto–London 1959, S. 6.

genzen zwischen den individuellen Wohlfahrtsfunktionen und der sozialen Wohlfahrtsfunktion führt[15]. Der Nutzen einer umfassenden Ausbildung erschöpft sich nicht in den Erträgen, die dem Ausbildungsempfänger selbst zufließen – sei es als »monetary return«, also in Form eines höheren Einkommens, sei es als »non-monetary return« durch ein erhöhtes Ansehen, eine interessantere berufliche Tätigkeit mit zusätzlichen Aufstiegschancen, ein sinnvolleres Konsumverhalten, durch den Zugang zu Literatur, Musik, bildender Kunst, kurz: durch die Vielzahl neuer Chancen, sein Leben reicher und befriedigender zu gestalten. Neben diesen »direct benefits« weisen Ausbildungsprozesse nicht minder wichtige soziale Zusatzerträge auf, Erträge also, die nicht dem Ausgebildeten selbst, sondern Dritten oder der Gesellschaft als ganzer zufließen. Zu diesen »external benefits« gehören der Nutzen, der den Kindern aus einer umfassenden Ausbildung ihrer Eltern erwächst, ebenso wie die leistungssteigernden Impulse, die von einer qualifizierten Führungskraft auf ihre Mitarbeiter ausgehen. Nur ein im Durchschnitt hohes Bildungsniveau der Bevölkerung ermöglicht ein leistungsfähiges Steuersystem oder das befriedigende Funktionieren des bargeldlosen Zahlungsverkehrs. Die Kampfkraft moderner Armeen wird durch die Kenntnisse und Fertigkeiten ihrer Soldaten entscheidend mitbestimmt. Erst die Möglichkeit zur Information durch das gedruckte Wort läßt allgemeine Wahlen, ja, eine parlamentarische Demokratie überhaupt sinnvoll werden. Der Gesamtertrag von Ausbildungsinvestitionen liegt also vermutlich beträchtlich über ihrem direkten privaten Ertrag.

Dabei ist nicht einzusehen, warum dies – wie Friedman behauptet – nur für die Gundschulausbildung, möglicherweise auch noch für den Besuch der weiterführenden Schulen, nicht dagegen aber für die »Berufsausbildung«, zu der nach Friedman bekanntlich weitgehend auch das Hochschulstudium rechnet, gelten soll. Sehen wir einmal von der Unhaltbarkeit der Trennung zwischen »general education« und »vocational education« ab, so ist die These Friedmans, daß die gesamten Erträge der Ausbildungsinvestitionen bei der Berufsausbildung dem Ausgebildeten selber zufließen würden, ebensowenig richtig wie seine Behauptung beweisbar ist, daß die »external effects« mit zunehmender Dauer des Schulbesuchs immer

---

15 Vgl. dazu *Giersch,* H., Allgemeine Wirtschaftspolitik, Bd. I: Grundlagen, Wiesbaden 1960, S. 102 f.

geringer werden. Die externen Wirkungen selbst einer hochspezialisierten Fachausbildung ergeben sich nicht allein aus der Weitergabe der empfangenen Kenntnisse und der daraus resultierenden Leistungssteigerungen Dritter in der Produktionssphäre. Sie ergeben sich vor allem im Bereich der Forschung, wo das private Einkommen eines einzelnen vielfach nur einen winzigen Bruchteil seines tatsächlichen produktiven Beitrages und damit der Gesamtverzinsung der für ihn aufgewandten Bildungsausgaben beträgt. Da aber eine verantwortliche Tätigkeit gerade in diesem Bereich eine besonders lange Ausbildungsdauer erfordert, widerlegt dieser Hinweis die zweite ebenso wie die erste der Thesen Friedmans. Aus der Tatsache, daß der soziale Ertrag mit großer Wahrscheinlichkeit im gesamten Bereich der Schul- und Hochschulbildung über dem (direkten) privaten Ertrag liegt, folgt, »daß ein marktwirtschaftliches Angebot in dem sozialökonomisch erwünschten Umfang nur durch öffentliche Zuschüsse hervorgebracht werden kann«[16].

7. Ein zweiter Einwand gegen Friedman bezieht sich auf die Antiquiertheit des seiner Argumentation zugrundeliegenden Menschenbildes. Friedman hält es für selbstverständlich, daß die Eltern nicht nur stets das *wollen,* was ihren Kindern langfristig nützt – was man akzeptieren mag –, sondern daß sie auch in jedem Falle *wissen,* wie deren künftige Wohlfahrt am besten zu fördern sei, und daß sie entsprechend *handeln* – was schon nicht mehr unbestreitbar erscheint.

»Society often has a duty to encourage children to defy the family. Education, indeed, can in a substantial degree be regarded as an intervention to save the individual from the family[17].« Und das nicht, weil die Eltern etwa dem Wohle ihrer Kinder bewußt und bösartig zuwiderzuhandeln suchen, sondern weil sich ihr zeitlicher Horizont vielfach ungleich begrenzter erweist, als es die lange Dauer einer qualifizierten Ausbildung erfordert. Die vermutlich richtige Einsicht Böhm-Bawerks, daß der einzelne grundsätzlich dazu neigt, zukünftige Güter weniger hoch zu schätzen als Gegenwartsgüter, widerlegt die klassische These, daß jeder am besten wisse, was seine Wohlfahrt fördert oder mindert und daß die Summe der individuellen Dispositionen zwingend zur höchstmög-

---

16 *Giersch,* H., Allgemeine Wirtschaftspolitik, Bd. I, Grundlagen, a. a. O., S. 260.
17 *Vaizey,* J., The Economics of Education, London 1962, S. 28/29.

lichen gesellschaftlichen Wohlfahrt führt. Zu den Gütern und Leistungen, deren Nutzen von den Konsumenten systematisch unterschätzt wird, gehört ein wesentlicher Teil des Angebots der Bildungseinrichtungen. »Da es hier darauf ankommt, die Bedürfnisse
durch das Niveau des Angebots zu beeinflussen, statt zuzulassen,
daß sich das Angebot an die – unterentwickelten, aber durchaus ent-
wicklungsfähigen – Präferenzen der Nachfrager anpaßt, darf man
die kulturellen Aktivitäten nicht mit dem kommerziellen Gewinn-
motiv verknüpfen. Sonst bestünde die Gefahr, daß aus ... Universitäten Doktorfabriken werden[18].« Daraus folgt, daß nur das Bereitstellen oder zumindest die Kontrolle des Angebots durch den
Staat in diesem Bereich eine ausreichende und sinnvolle Bedarfsdeckung gewährleistet.

Nun bedeutet das ganz zweifellos einen Eingriff in die Konsumentensouveränität als einen der tragenden Pfeiler des marktwirtschaftlichen Systems. Die Wahrung der gesellschaftlichen Interessen
kann indes einen solchen Eingriff unumgänglich machen:

»A position of extreme individualism could demand that all merit
wants[19] be disallowed, but this is not a sensible view ... Budgetary
provision for free education services ... (is) of immediate benefit
to the particular pupil, but apart from this, everyone stands to gain
from living in a more educated community ... Moreover, a case for
interference with consumer sovereignity ... may derive from the
role of leadership in a democratic society. While the consumer
sovereignity is the general rule, situations may arise, within the context of a democratic community, where an informed group is justi-
fied in imposing its decision upon others ... The advantages of
education are more evident to the informed than the uninformed,
thus justifying compulsion in the allocation of resources to education[20].«

---

18 *Giersch*, H., Allgemeine Wirtschaftspolitik, Bd. I, Grundlagen, a. a. O.,
S. 261.
19 *Musgrave* teilt den öffentlichen Bedarf in zwei Kategorien ein: in »social
wants« und in »merit wants«. Unter dem von ihm neu geprägten Begriff der
»merit wants« versteht er jene Bedürfnisse, die zwar über den Markt befriedigt werden könnten, die aber für die Gemeinschaft so wichtig sind, daß die
individuellen Konsumentscheidungen durch finanzpolitische Interventionen
korrigiert werden sollten. Vgl. dazu *Musgrave*, R. A., The Theory of Public
Finance, a. a. O., S. 13 f.
20 *Ders.*, op. cit., S. 13.

8. Ein dritter gewichtiger Einwand gegen die Behauptung eines möglichen Funktionierens vor allem der Entwicklungsfunktion des Preismechanismus ist die ungewöhnlich lange Ausreifezeit von Ausbildungsinvestitionen. Die normale Ausbildungszeit eines Akademikers kann – und dabei wird nur die formale Ausbildung berücksichtigt – mit etwa 18 Jahren veranschlagt werden, die Gesamtdauer der Ausbildung eines hochqualifizierten Facharbeiters beträgt in der Regel 10 bis 12 Jahre. Die »Produktionsperiode« – und damit die notwendige Planungsperiode – im Ausbildungssektor ist jedoch noch wesentlich länger, da auch beim »geistigen Kapital« zwischen Kapitalgütern erster und solchen höherer Ordnung unterschieden werden muß. Eine nachhaltige Zunahme des Hochschulstudiums beispielsweise ist – bei einer angenommenen vollen Ausnutzung der bestehenden »Kapazitäten« – ohne Qualitätseinbußen nur möglich, wenn vorher in ausreichendem Umfang zusätzliche Lehrkräfte ausgebildet und zusätzliche Bauten und Lehrmittel bereitgestellt werden. Vergegenwärtigt man sich indes, daß beispielsweise bereits 1961 die Neugründung einer Universität in Bochum beschlossen wurde, die neue Hochschule aber vor dem Jahre 1974 nicht voll nutzbar sein soll, und bedenkt man, daß die Heranbildung eines Hochschullehrers nach dem ersten Hochschulexamen noch etwa 10 Jahre erfordert, dann ergeben sich Planungsperioden, für die auch im privatwirtschaftlichen Bereich eine Orientierung der Investitionen am Preis nicht mehr möglich ist.

9. Es ist aber nicht nur die Entwicklungsfunktion des Preises, die im Bildungswesen versagt, auch seine Koordinierungsfunktion kann nur unzulänglich wirksam werden. Die erwähnte lange Ausreifezeit der Ausbildungsinvestitionen und eine äußerst geringe Markttransparenz machen eine ausschließliche Abstimmung des aus der Nachfrage der Haushalte nach Ausbildung resultierenden Angebots mit dem Ausbildungsbedarf von Wirtschaft und Gesellschaft über den Markt unmöglich. »Der einzelne ist in der komplexen, arbeitsteiligen Gesellschaft mit ihren rapiden Veränderungen praktisch nicht mehr in der Lage, vernünftig (im Sinne des homo oeconomicus oder auch nur im Sinne des gesunden Menschenverstandes) sein Berufsschicksal zu bestimmen, seinen Beruf zu wählen und notfalls zu wechseln[21].«

---

21 *Lutz*, B., Sozialwissenschaftliche Dokumentation – Entwicklungstendenzen ausgewählter Ausbildungsberufe, in: Berufsaussichten und Berufsausbildung in der Bundesrepublik, Hamburg 1964, S. 16.

Für die individuelle Berufswahl ist durch Begabung, Vorbildung und Neigung immer nur ein winziger Ausschnitt aus den in der Bundesrepublik bekannten 18 000 Berufsbezeichnungen relevant. Das ändert jedoch nichts an der für den einzelnen bestehenden Unmöglichkeit, selbständig ausreichende Informationen über die künftige Marktlage – also nicht nur über eine augenblickliche Knappheits- oder Überschußsituation – selbst dieser wenigen Berufe zu gewinnen. Die Berufswahl droht zum »Griff in die Lostrommel«, zum »Schritt ins Dunkle« zu werden[22]. Daß Fehleinschätzungen, Unsicherheit und Unkenntnis für die große Mehrzahl der Berufsentscheidungen – sofern man überhaupt von einer echten Entscheidung sprechen kann – typisch sind, ist zu bekannt, um hier noch im einzelnen nachgewiesen werden zu müssen[23].

Fehlentscheidungen bei der Berufswahl haben nicht nur individuelle Konsequenzen. Sie stellen Fehlinvestitionen[24], also eine Verschwendung knapper Ressourcen, dar, die die Gesellschaft belasten und das wirtschaftliche Wachstum verringern. Auch hier ergibt sich also die Notwendigkeit staatlichen Eingreifens mit dem Ziel, bei Wahrung des Grundrechts der freien Berufswahl »für eine den wirtschaftlichen, technischen, sozialen und beruflichen Verhältnissen und ihren Entwicklungsperspektiven entsprechende Eingliederung der jugendlichen Arbeitsanfänger in das Arbeitsleben zu sorgen«[25].

---

22 Siehe dazu: *Jaile*, W., »Griff in die Lostrommel«, Die Berufswahl ist bei uns miserabel vorbereitet, in: Süddeutsche Zeitung, Nr. 32 vom 5. Februar 1964 sowie: *Kroeber-Keneth*, L., Der Schritt ins Dunkle, Berufsmotive der Jugendlichen, in: Frankfurter Allgemeine Zeitung, Nr. 82 v. 6. April 1963.
23 Siehe dazu etwa: *Arlt*, F., und *Wilms*, D., »Junge Arbeiter antworten«. Junge Arbeiter und Angestellte äußern sich zu Beruf und Arbeit. Ein Beitrag zur Jugendsozialarbeit innerhalb und außerhalb des Betriebes. Auswertung einer Enquete des Deutschen Industrieinstituts in Zusammenarbeit mit Verbänden der Jugendsozialarbeit, Braunschweig 1962; *Abel*, H., Berufswechsel und Berufsverbundenheit bei männlichen Arbeitnehmern in der gewerblichen Wirtschaft, Braunschweig 1957; *ders.*, Der Jugendliche in den Wandlungen der heutigen Berufs- und Arbeitswelt, in: Gestaltung der Heimerziehung angesichts des Strukturwandels in der gegenwärtigen Arbeitswelt, Hannover 1958.
24 Das Ausmaß dieser Fehlentscheidungen mag durch folgende Angabe deutlich werden: gegenwärtig arbeiten über 30% aller in der Bundesrepublik Beschäftigten in Berufen, die sie nicht erlernt haben. (Nach *Lutz*, B., Sozialwissenschaftliche Dokumentation, Entwicklungstendenzen ausgewählter Ausbildungsberufe, a. a. O., S. 231.)
25 *Lutz*, B., Sozialwissenschaftliche Dokumentation – Entwicklungstendenzen ausgewählter Ausbildungsberufe, a. a. O., S. 13.

10. Fassen wir die Ergebnisse des ersten Teils dieser Arbeit zusammen: Höhe und Verwendung der Ausgaben für Erziehung und Forschung bestimmen entscheidend die Produktivität des wachsenden Realkapitals und bilden so eine Schlüsselgröße für das Ausmaß des möglichen wirtschaftlichen Wachstums. Der Marktmechanismus erweist sich im Bildungswesen als nicht funktionsfähig. Da es unmöglich erscheint, ihm durch wirtschaftspolitische Eingriffe eine ausreichende Effizienz zu verleihen, ergibt sich die Notwendigkeit einer langfristigen Planung der Bildungsausgaben durch den Staat und ihrer Einbeziehung in eine umfassende wachstumspolitische Konzeption.

Arnold Knauer, Harry Maier und Werner Wolter:

Aufgaben und Probleme der sozialistischen Bildungsökonomie[1]

1. Bildung als Ziel und Faktor der Entwicklung der sozialistischen
   Gesellschaft

Die Forderung der Partei der Arbeiterklasse an die Gesellschafts-
wissenschaftler der DDR, theoretischen Vorlauf für die entwickelte
sozialistische Gesellschaft zu schaffen, stellt uns vor eine Reihe
neuer und interessanter Aufgaben. Mit der entwickelten sozialistischen Gesellschaft erreichen wir eine höhere Stufe der rationalen
Handelns der Menschen sowohl im Prozeß der Erzeugung materieller Güter als auch in den Beziehungen der Mitglieder der Gesellschaft untereinander. Die sozialistische Gesellschaft ändert auf
Grund ihres Wesens – wozu vor allem die Stellung der Produzenten
zu den Produktionsmitteln gehört – gegenüber der kapitalistischen
Ausbeuterordnung grundlegend die Ziele des ökonomischen Handelns. Nicht mehr die Schaffung des sachlichen Reichtums ist der
Selbstzweck der Produktion, das heißt der Verwertung des Kapitals,
was zwangsläufig – wie Karl Marx schrieb – zur »Herrschaft der
Sache über den Menschen, der toten Arbeit über die lebendige, des
Produkts über den Produzenten, führen muß«[1a], sondern der
sachliche Reichtum ist Mittel zur allseitigen Entwicklung aller Mitglieder der sozialistischen Gesellschaft. Die allseitige Entwicklung
der Individuen[2], die Entfaltung all ihrer produktiven, sozialen und
ästhetischen Anlagen und Fähigkeiten stellt eine neue Stufe der
gesellschaftlichen Rationalität dar, der gegenüber die auf der kapitalistischen Aneignung von unbezahlter Mehrarbeit beruhende
Durchsetzung der Rationalität als kümmerlich und fad erscheinen
muß.

Auf diesen neuen Inhalt des Ziels des ökonomischen Handelns im

---

1 Arnold Knauer, Harry Maier und Werner Wolter: Sozialistische Bildungsökonomie, Grundlagen, Berlin–Ost 1972 (Verlag Die Wirtschaft). – Auszug
aus dem Kapitel: Aufgaben und Probleme der sozialistischen Bildungsökonomie, S. 13–32. Mit freundlicher Genehmigung des Verlages.
1a Marx-Engels-Archiv Bd. II (VII), Moskau 1933, S. 110 (russ.).
2 Vgl. K. Marx, Das Kapital, Erster Band, in: Marx/Engels, Werke, Bd. 23,
Berlin 1962, S. 512.

Sozialismus hat Erich Honecker auf dem VIII. Parteitag der SED mit Nachdruck hingewiesen, indem er ausführte:

»Für unsere Gesellschaft ist die Wirtschaft Mittel zum Zweck, Mittel zur immer besseren Befriedigung der wachsenden materiellen und kulturellen Bedürfnisse des werktätigen Volkes.

Natürlich ließ sich unsere Partei auch in der Vergangenheit davon leiten. Aber mit der weiteren Entwicklung der sozialistischen Gesellschaft und ihrer ökonomischen Potenzen kann und muß dieser gesetzmäßige Zusammenhang zwischen Produktion und den Bedürfnissen der Menschen immer unmittelbarer wirksam werden[3].«

Mit dieser Konzeption der allseitigen Entwicklung aller Individuen in der sozialistischen Gesellschaft vollendet sich jener reale Humanismus, der mit dem Jugendgedanken von Marx ansetzte, ». . . daß der Mensch das höchste Wesen für den Menschen sei . . .« und daß daher der ». . . kategorische Imperativ . . .« zu gelten habe, ». . . alle Verhältnisse umzuwerfen, in denen der Mensch ein erniedrigtes, ein geknechtetes, ein verlassenes, ein verächtliches Wesen ist . . .«[4].

Dieses Ziel der entwickelten Gesellschaft des Sozialismus ist in sich schrankenlos, und ihre Entwicklung stellt einen ständigen Prozeß der Realisierung dieses Zieles entsprechend dem erreichten Entwicklungsniveau der Produktivkräfte dar.

Die Zielsetzung der entwickelten sozialistischen Gesellschaft ist kein philanthropischer Wunschgedanke der Partei der Arbeiterklasse, sondern objektive Entwicklungstendenz der Produktivkräfte. Diese drängen besonders unter den Bedingungen der wissenschaftlich-technischen Umwälzung unserer Zeit zu einer Gesellschaft, deren Ziel nicht mehr in der Aneignung der unbezahlten Mehrarbeit der produktiv Tätigen durch die Eigentümer der gegenständlichen Bedingungen des Arbeitsprozesses liegen kann, sondern vielmehr in der Gewinnung von disponibler Zeit für die allseitige Entwicklung aller Mitglieder der sozialistischen Gesellschaft besteht.

Die Errungenschaften der Wissenschaft und Technik sind im Interesse des Menschen nur in einer Gesellschaft realisierbar, in der nicht mehr der Profit, also die Verwertung des Kapitals, das Ziel

---

3 Bericht des ZK an den VIII. Parteitag der SED, Berichterstatter: Genosse Erich Honecker, Dietz Verlag, Berlin 1971, S. 39.
4 Marx/Engels, Werke, Bd. 1, Dietz Verlag, Berlin 1957, S. 385.

des ökonomischen Handelns darstellt. Die entwickelte sozialistische Gesellschaft ist die Sozialordnung, in der die Errungenschaften der Gesellschaft für alle Individuen wirksam zu werden vermögen.

Es gehört zum Wesen der sozialistischen Gesellschaft, daß ihre objektive Zielsetzung sich nicht als blindwirkendes Naturgesetz im Handeln der Mitglieder der Gesellschaft durchsetzt, wie dies in der kapitalistischen Ausbeuterordnung der Fall ist. Sie muß vielmehr in einem historischen Prozeß durch das bewußte, rationale Handeln von Millionen Werktätigen unter der Führung der Partei der Arbeiterklasse verwirklicht werden.

Die Schaffung der Bedingungen für die allseitige Entwicklung aller Mitglieder der sozialistischen Gesellschaft ist untrennbar verbunden mit der Realisierung folgender Zielelemente der sozialistischen Gesellschaft:

1. Allseitige Stärkung der sozialistischen Ordnung und breite Entfaltung der sozialistischen Demokratie unter Führung der Partei der Arbeiterklasse. Hierbei wird die schöpferische Initiative eines jeden Mitglieds der sozialistischen Gesellschaft für die Lösung der gesellschaftlichen Grundprobleme erschlossen.

2. Soziale Sicherheit für alle Mitglieder der sozialistischen Gesellschaft und die stetige Verbesserung ihrer Arbeits- und Lebensbedingungen bei immer vollkommenerer Durchsetzung der sozialistischen Arbeits- und Lebensweise. Dies erfordert die weitere Erhöhung des Niveaus der materiellen und geistigen Bedürfnisse der Werktätigen.

3. Zielstrebige Verwirklichung und Verbesserung des einheitlichen sozialistischen Bildungssystems, das offen ist für alle Mitglieder der sozialistischen Gesellschaft und ihnen Möglichkeiten bietet, ihre geistigen und ästhetischen Anlagen und Fähigkeiten zu entwickeln.

4. Großzügige Entwicklung der sozialistischen Wissenschaft und Kultur, um die Mitglieder der sozialistischen Gesellschaft zu befähigen, ihre Auseinandersetzung mit der Natur sowie ihre gesellschaftlichen Beziehungen rationaler zu gestalten und sich nicht nur die Schätze der Weltkultur anzueignen, sondern selbst einen Beitrag zu ihrer Entwicklung zu leisten. Dies ist auch die Voraussetzung dafür, daß wissenschaftlicher Sozialismus und sozialistische Kultur immer mehr alle Bereiche des gesellschaftlichen Lebens durchdringen und zur Grundlage für das rationale Handeln der Mitglieder der sozialistischen Gesellschaft werden.

Diese Elemente des Ziels der sozialistischen Gesellschaft ergeben sich unmittelbar aus dem ökonomischen Grundgesetz der sozialistischen Gesellschaft. Ihre Realisierung hängt unmittelbar von der Lösung der vom VIII. Parteitag beschlossenen Hauptaufgabe der ökonomischen Entwicklung für die nächsten Jahre ab. In der Entschließung des Parteitages heißt es:

»Die Hauptaufgabe des Fünfjahrplanes besteht in der weiteren Erhöhung des materiellen und kulturellen Lebensniveaus des Volkes auf der Grundlage eines hohen Entwicklungstempos der sozialistischen Produktion, der Erhöhung der Effektivität, des wissenschaftlich-technischen Fortschritts und des Wachstums der Arbeitsproduktivität.

Der Parteitag hebt hervor, daß damit das Ziel der Wirtschaftstätigkeit in seinem unauflöslichen Zusammenhang mit den Voraussetzungen bestimmt wird, die dafür geschaffen werden müssen[5].«

Hierbei ist das einheitliche sozialistische Bildungssystem nicht nur selbst ein wesentliches Element der Zielrealisierung der entwickelten sozialistischen Gesellschaft, sondern seine Entwicklung schafft auch entscheidende Voraussetzungen für die Verwirklichung der anderen Elemente des Ziels der sozialistischen Gesellschaft. Dies stellt neue, höhere Aufgaben an unser Bildungssystem. Es gilt sozialistische Persönlichkeiten zu erziehen, die fähig und bereit sind, sich ein hohes Fachwissen anzueignen und die sozialistische Weltanschauung zur Grundlage ihrer persönlichen Lebensgestaltung sowie ihres Verhaltens in der sozialistischen Gesellschaft zu machen.

Besonders bei der umfassenden Intensivierung des volkswirtschaftlichen Reproduktionsprozesses im Prozeß der weiteren Gestaltung der entwickelten sozialistischen Gesellschaft kommt der Erhöhung der politisch-ideologischen und fachlichen Qualität der Ausbildung in unserem sozialistischen Bildungswesen, der Steigerung und dem effektiven Nutzen des Qualifikationsniveaus der Werktätigen und der Sicherung einer effektiven Aus- und Weiterbildung der Werktätigen, die eng mit der Arbeit der Betriebe und Kombinate verbunden ist, eine entscheidende Rolle zu.

Auf dem VII. Pädagogischen Kongreß hob M. Honecker, Minister für Volksbildung, unter anderem hervor: »Mit der wachsenden Rolle der Wissenschaft erhöht sich gesetzmäßig die Bedeutung der

---

5 Entschließung des VIII. Parteitages der SED zum Bericht des ZK, in: Dokumente des VIII. Parteitages der SED, Dietz Verlag, Berlin 1971, S. 20.

Bildung bei der weiteren Gestaltung der sozialistischen Gesellschaft[6].«

Dies stellt hohe Anforderungen an die weitere Entwicklung des
einheitlichen sozialistischen Bildungswesens, um alle Mitglieder der
sozialistischen Gesellschaft zu befähigen, bewußt und mit hohem
Können an der Erhöhung der gesellschaftlichen Arbeitsproduktivität teilzunehmen und damit ihre sozialen, geistigen, produktiven
und ästhetischen Anlagen und Fähigkeiten voll zur Entfaltung zu
bringen. In der Entschließung des VIII. Parteitages der SED heißt
es daher:

»Der Parteitag betrachtet es als wichtige Aufgabe, die Bedingungen für eine hohe Bildung der Arbeiterklasse und des gesamten
werktätigen Volkes, für die allseitige Entwicklung des sozialistischen Menschen ständig weiterzuentwickeln[7].«

Bei der Schaffung der entwickelten sozialistischen Gesellschaft
kommt dem Bildungswesen eine Schlüsselstellung zu, da es sowohl
ein Element des objektiven Ziels der sozialistischen Gesellschaft ist
– hierbei bildet es eine wesentliche Voraussetzung für die Realisierung der übrigen Zielelemente des Sozialismus – als auch einen
entscheidenden ökonomischen Wachstumsfaktor darstellt.

Es zeigt sich hierbei, daß für die Rolle der Bildung bei der Schaffung der entwickelten sozialistischen Gesellschaft immer mehr zwei
miteinander untrennbar verbundene Seiten charakteristisch werden:

Erstens: Bildung und Bildungswesen sind ein entscheidendes Element des Ziels der sozialistischen Gesellschaft, deren wirklicher
Reichtum in der allseitigen Entwicklung der sozialen, geistigen und
ästhetischen Anlagen und Fähigkeiten aller Mitglieder der Gesellschaft liegt. Die Klassiker des Marxismus-Leninismus hoben immer
wieder hervor, daß der Zweck des ökonomischen Wachstums im
Sozialismus darin bestehe, ». . . die Arbeitszeit für die ganze Gesellschaft auf ein fallendes Minimum zu reduzieren, und so die Zeit
aller frei für ihre eigene Entwicklung zu machen«[8]. Das Ziel des
Sozialismus-Kommunismus besteht – wie K. Marx schrieb – in der
freien ». . . Entwicklung der Individualitäten, und daher nicht das

---

6 M. Honecker, Wir lehren und lernen im Geiste Lenins, in: Neues Deutschland vom 6. Mai 1970, S. 3.
7 Entschließung des VIII. Parteitages der SED . . ., a. a. O., S. 32.
8 K. Marx, Grundrisse der Kritik der politischen Ökonomie, Berlin 1953,
S. 599 f.

Reduzieren der notwendigen Arbeitszeit um Surplusarbeit zu setzen, sondern überhaupt die Reduktion der notwendigen Arbeit der Gesellschaft zu einem Minimum, der dann die künstlerische, wissenschaftliche etc. Ausbildung der Individuen durch die für sie alle freigewordne Zeit und geschaffnen Mittel entspricht«[9].

Zweitens: Gleichzeitig ist die erhöhte Bildung der Werktätigen ein effektivitätsbestimmender Faktor des Wirtschaftswachstums im ökonomischen System des Sozialismus. Die erworbene Bildung und Qualifikation muß sich im Prozeß der praktischen Tätigkeit ständig bewähren und weiterentwickeln. Erst hier kann die sozialistische Persönlichkeit ihre Charakterzüge voll entfalten.

In Marxscher Sicht war daher auch die Schaffung der Bedingungen für die allseitige Entwicklung der Mitglieder der sozialistischen Gesellschaft[10] nicht nur ein Ziel der sozialistischen Gesellschaft, sondern gleichzeitig auch ein entscheidender Faktor für die Erhöhung der Produktivität der gesellschaftlichen Arbeit. Bildung als Ziel und Faktor stellt also in der sozialistischen Produktionsweise ein dialektisches Wechselverhältnis dar. Die Realisierung des Ziels des ökonomischen Handelns in der sozialistischen Produktionsweise – Minimierung des notwendigen Aufwandes für die Produktion der zur Befriedigung der materiellen Bedürfnisse notwendigen Güter und Gewinnung von disponibler Zeit für die allseitige Entwicklung der Mitglieder der sozialistischen Gesellschaft – ist natürlich kein einmaliger Akt; sie ist vielmehr ein historischer Prozeß, in dessen Verlauf durch Einsparung von Arbeitszeit für die Erzeugung materieller Gebrauchswerte Zeit gewonnen wird – wie Karl Marx schreibt – ». . . für die volle Entwicklung des Individuums, die selbst wieder als die größte Produktivkraft zurückwirkt auf die Produktivkraft der Arbeit. Sie kann vom Standpunkt des unmittelbaren Produktionsprozesses aus betrachtet werden als Produktion von capital fixe; dies capital fixe being man himself[11].«

An anderer Stelle schreibt Marx, ». . . der degree of skill (Grad der Geschicklichkeit) der vorgefundenen Bevölkerung ist die jedes-

---

9 Ebenda, S. 593.
10 Wobei Marx natürlich nicht nur ihre individuelle Entwicklung meinte, sondern vor allem ihre Entwicklung als »Gattungswesen«, das heißt, die Entfaltung der rationellen Potenzen des sozialistischen Gemeinwesens bei der Auseinandersetzung mit der Natur und bei der Gestaltung der zwischenmenschlichen Beziehungen.
11 K. Marx, Grundrisse zur Kritik der politischen Ökonomie, a. a. O., S. 599.

malige Voraussetzung der Gesamtproduktion, also die Hauptakkumulation des Reichtums, das wichtigste erhaltene Resultat der
antecedent labour (vorhergehenden Arbeit), das aber in der lebendigen Arbeit selbst existiert«[12].

Für die Klassiker des Marxismus-Leninismus stehen also die all-
seitige Entwicklung des Individuums und der volkswirtschaftliche
Reproduktionsprozeß in einem dialektischen Wechselverhältnis. Die
Entwicklung der Individuen wird bestimmt durch den erreichten
Stand der Produktivkräfte; sie ist aber gleichzeitig auch der ent-
scheidende Faktor für das Wachstum der Produktivkräfte.

Marx und Engels blieben jedoch nicht bei der Analyse der Rolle
des qualifizierten Arbeiters im Arbeitsprozeß stehen. Sie zeigten
außerdem, daß in der bisherigen Geschichte die Entwicklung der
Individuen immer soweit ging, wie sie ihnen durch die existierenden
Produktivkräfte im Rahmen bestimmter Produktionsverhältnisse
ermöglicht wurde.

Die kapitalistische Produktionsweise – die durch die Rationalisierung des ökonomischen Handelns den Prozeß des ökonomischen
Wachstums in bis dahin unbekannter Weise beschleunigte – entwickelt die Produktivkräfte »im Gegensatz zu dem, und auf Kosten
des menschlichen Individuums«[13]. Diese Entwicklung ist vom
Standpunkt der Entwicklung der Menschheit ein Durchgangssta-
dium des gesellschaftlichen Fortschritts, um ein solches Niveau der
menschlichen Produktivkräfte zu erreichen, daß die allseitige Entwicklung aller Individuen nach dem Sturz der kapitalistischen Privateigentumsordnung möglich und notwendig wird. Für die kapitalistische Produktionsweise ist die Entwicklung der produktiven Anlagen und Fähigkeiten der Masse der Individuen nur ein Mittel, ein
Produktionsfaktor zur Realisierung des ihrem Wesen entspringen-
den Zieles des ökonomischen Handelns, der Verwertung des Kapitals.

Es ist daher nicht verwunderlich, daß es dem bürgerlichen Denken sehr schwerfällt, das Wechselverhältnis von Entwicklung des
menschlichen Individuums und dem ökonomischen Wachstumsprozeß wissenschaftlich aufzudecken. Einmal ist für dieses Bewußt-

---

12 K. Marx, Theorien über den Mehrwert, 3. Teil, Dietz Verlag, Berlin 1962,
S. 293.
13 Marx-Engels-Archiv, a. a. O., S. 124 (russ.).

sein unfaßbar, daß die Wirtschaftswissenschaft, die sich seinem Verständnis nach vor allem mit der »Sachgüterwelt« zu beschäftigen hat, etwas mit einem solch immateriellen Bereich, wie der Bildung des Individuums, zu tun haben soll. Die Kehrseite dieses »Ästhetizismus« bürgerlichen Denkens ist, daß es die Rolle des Individuums im Prozeß der materiellen Produktion nur in fetischierter Form als »Produktionsfaktor«, als »Rohstoff«, als »leibhaftiges Sachgebiet«, so wie sie aus der Lage der Arbeiterklasse in der kapitalistischen Produktionsweise entspringt, zu denken imstande ist.

So schreibt zum Beispiel die bürgerliche Bildungsökonomin Traute Scharf: »So wie die Bodenschätze erst nach größerem Aufwand einen wirtschaftlichen Nutzen ergeben, so wird der ›Rohstoff Mensch‹ durch die Investition langer Lernprozesse zu einem Faktor des Wirtschaftswachstums[14].«

Auch G. Fürst geht davon aus, ». . . daß der Mensch, wenn er als fertig ausgebildetes Investitionsgut dem ›materiellen Kapital‹ hinzugefügt wird, ebenso wie ein ›materielles Kapitalgut‹ über eine längere Reihe von Jahren ›genutzt‹ werden kann«[15]. Auf diese Weise ist es zwar ohne Zweifel möglich, zu einer Reihe von Erkenntnissen über den funktionalen Zusammenhang von Bildung und wirtschaftlicher Entwicklung zu gelangen; die diesem Zusammenhang zugrunde liegenden historisch-logischen Entwicklungstendenzen kann man jedoch nicht aufdecken.

Diese theoretische Konzeption ist Reflex der tatsächlichen Rolle des Bildungswesens in der bürgerlichen Gesellschaft. Seine Aufgabe besteht in der Tat darin, die Mitglieder der herrschenden Klasse mit der Quantität und Qualität der Bildungsleistungen zu versorgen, die sie für sich selbst und ihre Nachkommen wünschen und die notwendig sind, damit sie unter den Bedingungen der wissenschaftlich-technischen Revolution ihre Herrschaftsfunktion als Kapitaleigentümer und Spitzen-Manager in Wirtschaft und Staat ausüben können. Der Masse der Werktätigen wird jedoch nur soviel Bildung zugänglich gemacht, wie sie zur Erfüllung ihrer Funktion im kapitalistischen Produktionsprozeß benötigen, um eine maxi-

---

14 T. Scharf, Die Bedeutung von Bildung und Erziehung für die wirtschaftliche Entwicklung, in: Schmollers Jahrbuch, West-Berlin, H. 1/1964, S. 527.
15 G. Fürst, Sind Investitionen in den Menschen meßbar? in: Allgemeines Statistisches Archiv, Göttingen, H. 1/1966, S. 40.

male Verwertung des Kapitals sichern zu können[16]. Dies erklärt
die Tatsache, daß in den USA trotz der nicht geringen Bildungsausgaben ein großer Teil der Werktätigen über eine unzureichende
Ausbildung verfügt. So haben gegenwärtig etwa 16 Millionen amerikanischer Werktätiger eine Schulbildung, die eine vierjährige
Volksschulausbildung nicht übersteigt. Der durchschnittliche Bildungsgrad der Bevölkerung ist hier – trotz einer hohen Arbeitsproduktivität – erheblich niedriger als in den industriell entwickelten sozialistischen Ländern.

Dem Bildungsmonopol der Bourgeoisie widerspricht durchaus
nicht die Tatsache, daß das Monopolkapital nach Mitteln und
Wegen sucht – hierin liegt auch zum Teil sein Interesse an der
Reform des gegenwärtigen Bildungswesens in der kapitalistischen
Gesellschaft –, um die Begabungsreserven der werktätigen Klassen
aufzudecken, sie auszusondern, für sich nutzbar zu machen und sie
die herrschenden Klassen zu integrieren. An einer solchen Nutzung
der Begabungsreserven der werktätigen Klassen ist jede herrschende Klasse in der antagonistischen Klassengesellschaft interessiert. In der Feudalgesellschaft Europas wurde beispielsweise
diese Funktion über Jahrhunderte von der katholischen Kirche ausgeübt. Im staatsmonopolistischen Kapitalismus versucht das Mono-

---

16 Die amerikanischen Ökonomen Baran/Sweczy charakterisieren die Situation im amerikanischen Bildungswesen folgendermaßen: »Das Schulsystem . . .
besteht aus zwei Teilen, einem für die Oligarchie und einem für die übrige
Bevölkerung. Der Teil, der für die Oligarchie da ist, findet reichlich finanzielle
Unterstützung. Es ist ein Privileg und ein Zeichen für gehobene gesellschaftliche Stellung, ihn zu durchlaufen. Und die reine Tatsache, daß er nur einem
kleinen Teil der Bevölkerung dient, ist gerade seine wertvollste und eifer-
süchtig gehütete Eigenschaft. Deshalb also wird jeder Versuch, seine Vorzüge auf die Allgemeinheit auszudehnen, so hartnäckig von der Oligarchie
bekämpft . . . Zweitens muß – das ist die Kehrseite der Medaille – der Teil
des Schulsystems, der für die überwiegende Mehrheit der Jugend bestimmt ist,
minderwertig sein und ein Menschenmaterial produzieren, das für niedrige
Arbeit und die gesellschaftlichen Stellungen, die die Gesellschaft für es reser-
viert hat, tauglich ist. Dieser Zweck kann natürlich nicht auf direktem Wege
erreicht werden. Das gewünschte Ergebnis muß indirekt angestrebt werden,
indem man jenen Teil des Schulsystems, der der Oligarchie dient, reichlich
versorgt, während man jenen für die untere, Mittel- und die arbeitende Klasse
finanziell verkümmern läßt. Dadurch wird die Ungleichheit der Ausbildung
garantiert, ohne die die Ungleichheit, die Seele und das Wesen des ganzen
Systems, nicht aufrechterhalten werden kann.« (Paul A. Baran, Paul M.
Sweczy, Monopolkapital, Frankfurt [Main] 1967, S. 168–169.)

polkapital, dem Bildungswesen diese Funktion zu übertragen. In dieser Beziehung soll das Bildungswesen in zweifacher Hinsicht eine stabilisierende Funktion für die spätkapitalistische Gesellschaft ausüben; sie soll das herrschende Monopolkapital durch Integration der Begabungen und Talente der werktätigen Klassen festigen und gleichzeitig diese Klassen ihrer potentiellen politischen und geistigen Führung berauben.

Diese Modifikation des Bildungsmonopols in den imperialistischen Ländern entspringt auch aus der Tatsache, daß die politische und ökonomische Auseinandersetzung zwischen beiden Weltsystemen die imperialistischen Länder zwingt, ein Zurückbleiben des Bildungswesens hinter den sich objektiv aus der Entwicklung der Produktivkräfte ergebenden Anforderungen zu verhindern. Der bürgerliche Naturwissenschaftler Karl Steinbuch beschreibt beispielsweise die Wirkung der sowjetischen Raumfahrterfolge auf die Situation im Bildungswesen der USA folgendermaßen: »Der ›Sputnik-Schock‹ der späten fünfziger Jahre hat die Situation in den USA tiefgreifend verändert ... Der stärkste Imperativ lautete plötzlich: Wir müssen lernen und forschen, um zu überleben! Viele kulturelle Tatbestände der USA können nur als derartige Reaktionen auf das Phänomen Rußland verstanden werden[17].«

Die Entwicklung des Bildungswesens wird also immer mehr zu einer gesellschaftlichen und ökonomischen Potenz, die von ausschlaggebender Bedeutung für den Ausgang des historischen Kampfes zwischen Sozialismus und Imperialismus wird.

Die gesellschaftlichen, ökonomischen und geistigen Grundlagen der sozialistischen Produktionsweise ermöglichen die volle Entfaltung der Bildung als soziale und ökonomische Kraft. Dieser Vorzug der sozialistischen Gesellschaft entspringt aus der Tatsache, daß der Sozialismus eine neue, höhere Phase in den Beziehungen des Menschen zur Natur sowie in den zwischenmenschlichen Beziehungen darstellt.

Für Marx und Engels bestand die fortschreitende Rationalisierung der ökonomischen Entwicklung in der Verringerung des für die unmittelbare Reproduktion der Produzenten und der Produktionsbedingungen notwendigen Aufwandes und in der Erweiterung des Mehrproduktes, das auf der Grundlage des kapitalistischen Privateigentums die Form des Mehrwertes annimmt, aber in der sozia-

---

17 K. Steinbuch, Falsch programmiert, Stuttgart 1968, S. 65.

listischen Gesellschaft zur disponiblen Zeit für die allseitige Entwicklung aller Mitglieder dieser Gesellschaft wird. Erst die Aufhebung des kapitalistischen Privateigentums ermöglicht es, die allseitige Entwicklung der menschlichen Individuen zum gesellschaftlichen Ziel zu machen.

W. I. Lenin hat in genialer Weise die große Bedeutung des Bildungswesens für die politische, ökonomische und geistige Entwicklung der sozialistischen Gesellschaft herausgearbeitet. Für ihn war
das Bildungswesen eine entscheidende strategische Kampfposition,
um die Diktatur des Proletariats in der Auseinandersetzung mit den
äußeren und inneren Feinden der Sowjetmacht dauerhaft zu festigen und ein schnelles Wachstum der sozialistischen Wirtschaft zu
sichern. Bereits kurz nach dem Sieg der Sowjetmacht hob Lenin in
seiner Rede auf dem »I. Gesamtrussischen Kongreß für das Bildungswesen« die ausschlaggebende Rolle der Bildung für den Sieg
des Proletariats hervor. Er sagte hier: »Die Werktätigen streben
nach Wissen, denn sie brauchen es für ihren Sieg. Neun Zehntel der
werktätigen Massen haben begriffen, daß Wissen eine Waffe ist in
ihrem Kampf um die Befreiung, daß ihre Mißerfolge auf mangelnde Bildung zurückzuführen sind und daß es jetzt von ihnen
selbst abhängt, die Bildung tatsächlich jedermann zugänglich zu
machen[18].«

Lenin verband alle entscheidenden Fragen des revolutionären
Klassenkampfes auf ideologischem, ökonomischem und auch auf
militärischem Gebiet unmittelbar mit der Erhöhung des Bildungsniveaus der Werktätigen. In seiner berühmten Arbeit »Die nächsten
Aufgaben der Sowjetmacht« begründet Lenin bereits im Jahre
1918, daß nach der Eroberung der Macht durch das Proletariat die
Aufgabe in den Vordergrund tritt, eine Gesellschaftsform zu schaffen, die eine höhere Stufe der Auseinandersetzung des Menschen
mit der Natur und in den zwischenmenschlichen Beziehungen darstellt, also eine höhere Stufe der ökonomischen Rationalität bedeutet. Hierzu ist erforderlich, wie Lenin schreibt, »... die Steigerung
der Arbeitsproduktivität und im Zusammenhang damit (und zu
diesem Zweck) die höhere Organisation der Arbeit«[19]. Als entscheidende Voraussetzung zur Lösung dieser Aufgabe bezeichnet Lenin

---

18 W. I. Lenin, Werke, Bd. 28, Dietz Verlag, Berlin 1959, S. 75.
19 W. I. Lenin, Die nächsten Aufgaben der Sowjetmacht, in: Werke, Bd. 27,
S. 247.

»... die Hebung des Bildungs- und Kulturniveaus der Masse der Bevölkerung«[20].

Der westdeutsche Soziologe Helmut Klages widmet seine Habilitationsschrift[21] dem Versuch, der hier skizzierten Marxschen Konzeption »... wesentliche Verfehlung der dem Produktionsprozeß immanenten Tendenzen und damit des ›real Möglichen‹ nachzuweisen«[22]. Um seinem politisch-ideologisch determinierten Vorsatz[23] gerecht werden zu können, wendet Klages eine Reihe von Kunstgriffen an, die in schroffem Widerspruch zur sonstigen Akribie des Autors stehen und die von uns nicht mit Schweigen übergangen werden können.

Einmal versucht Klages nachzuweisen, daß sich K. Marx »die volle Entwicklung des Individuums« innerhalb der sozialistischen Gesellschaft – nach Aufhebung und Überwindung der kapitalistischen Privateigentumsordnung – lediglich in der technischen Dimension vorgestellt haben soll. Daher auch seine diffamierende Umschreibung des Marxismus als »technischer Humanismus«. Um den Widerspruch seines Interpretationsversuches zu den unmißverständlichen Äußerungen von K. Marx[24] zu verdecken, versucht Klages Marx' Auffassung von der künstlerischen Dimension der menschlichen Existenz einen Sinn zu unterstellen, der zwar seinen eigenen ideologisch-politischen Ambitionen adäquat ist, die Marxsche Konzeption von der Entfaltung der intellektuellen, ästhetischen und moralischen Möglichkeiten des Menschen in einer sozialistisch-kommunistischen Gesellschaftsordnung aber in gröbster Weise verfälscht. Klages behauptet, Marx habe an den von ihm

20 Ebenda, S. 248.
21 H. Klages, Technischer Humanismus, Stuttgart 1964.
22 Ebenda, S. 169.
23 Über sein Anliegen schreibt Klages unmißverständlich: »Was diese Kritik aber erreichen kann und will, ist zu verhindern, daß ein in solcher Weise nutzbar gemachter Marx als ganzer und originärer Marx genommen wird, zu verhindern, daß die auf Marx bezugnehmende Selbstverständlichkeit dem Mißverständnis erliegt, sich mit Marx und dem Marxismus politisch-ideologisch identifizieren zu müssen.« (S. 133)
24 Bei K. Marx heißt es eindeutig: »Die freie Entwicklung der Individualität, und daher nicht das Reduzieren der notwendigen Arbeitszeit um Surplusarbeit zu setzen, sondern überhaupt die Reduktion der notwendigen Arbeit der Gesellschaft zu einem Minimum, der dann die künstlerische, wissenschaftliche etc. Ausbildung der Individuen durch die für sie alle freigewordne Zeit und geschaffnen Mittel entspricht.« K. Marx, Grundrisse der Kritik der politischen Ökonomie, a. a. O., S. 593.

zitierten Stellen den Begriff »... Kunst synonym zu Geschick im
Sinne von Kunstfertigkeit bzw. im Sinne der technologischen Anwendung der Wissenschaft verwendet«[25].

Wer auch nur oberflächlich mit der Marxschen Terminologie vertraut ist – und bei Klages kann sogar auf eine ziemlich intime
Kenntnis des Marxschen Begriffsapparates geschlossen werden[26] –,
weiß, daß dies eine primitive semantische Unterstellung ist, die von
der antikommunistischen Absicht des Autors diktiert worden ist.
Ähnlichen Charakter tragen auch die anderen Argumente, die
H. Klages vorzubringen weiß, um seine Grundthese, daß die
»... Marxsche Gegenwartskritik ... an einem utopischen Zukunfts-
ideal aufgehängt ...« ist, zu beweisen. So behauptet er, die Marxsche Auffassung von der totalen Entwicklung der Individuen
negiere die unterschiedlichen natürlichen Begabungen der Menschen und meine, es wäre im Sozialismus möglich, alle Menschen
auf das geistige Niveau eines Aristoteles, Galilei und Goethe zu
bringen[27]. Solche Behauptungen lassen zwar recht deutlich die
apologetischen Absichten Klages sichtbar werden, mit den Marxschen Ansichten haben sie jedoch nichts gemein. Marx sah im
Sozialismus-Kommunismus eine Gesellschaftsordnung, die eine allseitige Entwicklung der sozialen, produktiven, ästhetischen und
moralischen Anlagen und Möglichkeiten der Individuen ermöglicht.
Die Entwicklung des »... Teilindividuums ...«, des bloßen Trägers
»... einer gesellschaftlichen Detailfunktion, (zum) total entwickelten Individuum ...«[28] ist für K. Marx der historische Prozeß des
Aufbaus der sozialistisch-kommunistischen Gesellschaftsordnung.

Die bildungsökonomische Forschung steht daher in der sozialistischen Produktionsweise vor dem Problem, wissenschaftliche
Grundlagen für eine solche Entwicklung des Verhältnisses von Bil-

---

25 H. Klages, Technischer Humanismus, a. a. O., S. 93.
26 Marx scheint Kritiker vom Schlage eines Klages vorausgeahnt zu haben.
Als Beispiel einer Arbeit, die Selbstzweck ist, also Lebensbedürfnis, führt er
die Arbeit eines Künstlers an. Er schreibt: »Wirklich freie Arbeiten, z. B.
Komponieren, ist gerade zugleich verdammtester Ernst, intensivste Anstrengung.« In: Marx, Grundrisse, a. a. O., S. 505.
H. Klages läßt sich durch solche Bemerkungen von Marx nicht aus der Ruhe
bringen. Er setzt an die Stelle, wo Marx die freie Arbeit näher umschreibt, einfach drei Punkte. (H. Klages, Technischer Humanismus, a. a. O., S. 138.)
27 H. Klages, Technischer Humanismus, a. a. O., S. 138.
28 K. Marx, Das Kapital, Erster Band, in: Marx/Engels, Werke, Bd. 23.

dung und gesellschaftlichem Reproduktionsprozeß zu schaffen, daß sich sowohl die ökonomische Potenz der Bildung voll entfalten als auch die allseitige Entwicklung sozialistischer Persönlichkeiten, entsprechend dem erreichten ökonomischen Entwicklungsniveau der Gesellschaft, vollziehen kann.

Im Ausbildungsprozeß wird die gebrauchswert- und wertschaffende Potenz der menschlichen Arbeitskraft erhöht. Damit stellt die Bildung einen wichtigen Faktor des ökonomischen Wachstums dar. Ein gewisser Stand des ökonomischen Wachstums setzt ein bestimmtes Entwicklungsniveau der Bildungsfonds[29] voraus, wie er auch ein entsprechendes Niveau der materiellen Produktionsfonds erfordert. Das Kardinalproblem einer wissenschaftlich begründeten Planung besteht darin, ein solches Verhältnis bei der Entwicklung dieser Fonds zu sichern, daß eine optimale Steigerung des gesellschaftlichen Reichtums möglich wird, der entscheidenden Voraussetzung für die allseitige Entwicklung der Individuen. Die Effektivität des volkswirtschaftlichen Reproduktionsprozesses darf weder durch einen kleinen noch zu großen Einsatz von Mitteln für die Erweiterung dieser beiden Fondsarten beeinträchtigt werden. Die effektive Gestaltung des volkswirtschaftlichen Reproduktionsprozesses setzt also als eine grundlegende Bedingung die rationale Gestaltung des Verhältnisses von Bildungsaufwand und volkswirtschaftlicher Reproduktion voraus.

Es gilt hierbei im Rahmen der Wachstumsfaktoren, worunter wir solche aktiven Elemente der intensiven erweiterten Reproduktion verstehen, wie das wissenschaftliche Niveau der Leitung und Planung der Volkswirtschaft, Wissenschaft, qualitatives Niveau und volle Nutzung der materiellen Grundfonds und effektive Realisierung der Investitionen, Materialökonomie, materiell-technische Territorialstruktur sowie das Niveau der Arbeits- und Lebensbe-

---

29 Bildungsfonds sind die während des Ausbildungsprozesses im Qualifikationsniveau der Arbeitskräfte materialisierten Bildungsaufwendungen. Wir erfassen hierbei die Aufwendungen für die allgemeinbildende Schule, für die Berufsbildung sowie für Fach- und Hochschulen. Bildungsfonds stellen also eine Bestandsgröße dar, die mit den materiellen Produktionsfonds verglichen werden kann. Die Bestandsgröße Bildungsfonds darf auf keinen Fall mit den laufenden Bildungsaufwendungen für die Ausbildung verwechselt werden. Vom Standpunkt der Fondsökonomie sind Bildungsfonds »einmaliger Aufwand«, während die laufenden Bildungsaufwendungen »laufenden Aufwand« darstellen.

dingungen, die ökonomische Potenz der Bildung voll zur Wirkung zu bringen und entsprechend dem erreichten Entwicklungsstand der sozialistischen Gesellschaft die allseitige Entwicklung der politischen, gesellschaftlichen, produktiven und ästhetischen Anlagen und Fähigkeiten aller Mitglieder der sozialistischen Gesellschaft zu sichern. Hierbei ist völlig klar, daß die Bildung ihre Rolle als Wachstumsfaktor nur im komplexen Zusammenwirken mit den anderen Wachstumsfaktoren auf der Grundlage der gesamtgesellschaftlichen Planung und Bilanzierung der Entwicklung der Volkswirtschaft zu spielen vermag.

Gelegentlich wird in der Literatur und in mündlichen Diskussionen der Vorschlag gemacht, die Bildungsfonds in zwei Teile zu spalten. Einen Teil, der zu den produktiven Fonds, und einen, der zu den Konsumtionsfonds gerechnet werden muß. Der bürgerliche Ökonom Th. W. Schultz schlägt beispielsweise vor, drei Arten von Bildungsaufwendungen zu unterscheiden.

1. Bildungsausgaben, die lediglich für die individuellen Bedürfnisse der Lernenden aufgewandt werden, aber keinen Einfluß auf die wertschaffende Potenz der Arbeitskraft haben. Diese Ausgaben sind für Th. W. Schultz reine Konsumtionsausgaben.
2. Bildungsausgaben, die die wertschaffende Potenz der Arbeitskraft erhöhen, aber zu keiner Befriedigung individueller Bedürfnisse führen. Diese Ausgaben würden für Th. W. Schultz nur Investitionsaufwendungen darstellen.
3. Bildungsausgaben, die sowohl die wertschaffende Potenz der Arbeitskraft erhöhen als auch zu einer Befriedigung individueller Bedürfnisse führen, die also sowohl Investitionen als auch Konsumtion darstellen[30].

Für die kapitalistische Gesellschaft mag diese Unterscheidung eine gewisse Bedeutung haben. Für einen Teil der Wohlhabenden dieser Gesellschaft ist in der Tat Bildung lediglich Konsumgut, eine Art »Statussymbol«, ohne daß sie sich im gesellschaftlichen Reproduktionsprozeß zu bewähren braucht. Für die Werktätigen ist sie immer noch zum großen Teil die Herausbildung einer Detailfunktion, die ohne Zusammenhang und sogar im Gegensatz zu ihrer allseitigen Entwicklung erfolgt.

---

30 Th. W. Schultz, Investment in human capital, in: The American Economic Review, März 1961, S. 6.

Für die sozialistische Gesellschaft ist eine Gegenüberstellung der Bildung als Konsumtion und Investition wenig sinnvoll. Eine Trennung der Bildungsaufwendungen in einen Teil, der der »Zielrealisierung« des Sozialismus dient, also der allseitigen Entwicklung der Individuen, und einen Teil, der für die Bildung als Faktor des ökonomischen Wachstums verwendet wird, würde der Rolle der Bildung als Ziel und Faktor der Entwicklung der sozialistischen Gesellschaft Gewalt antun. Dies bedeutet natürlich nicht, daß sich spontan ein optimales Verhältnis zwischen diesen beiden Seiten der Rolle der Bildung in der sozialistischen Gesellschaft herausbildet. In ihrer bewußten Gestaltung besteht vielmehr ein Kernproblem sozialistischer Bildungspolitik. Entscheidend ist aber, daß es im Sozialismus keine gesellschaftlichen Grundlagen mehr gibt für eine gegensätzliche Entwicklung der produktiven Fähigkeiten der Individuen und ihrer allseitigen Entwicklung.

Die Entwicklung der produktiven Fähigkeiten der Individuen wird in der sozialistischen Gesellschaft immer mehr zur Grundlage ihrer allseitigen Entwicklung, während die allseitige Entwicklung der Individuen zum Stimulator der Entwicklung ihrer produktiven Potenzen wird.

Die These, daß die Akkumulation zur Erweiterung der materiellen Produktionsfonds die einzige Quelle der erweiterten Reproduktion darstellt, erweist sich im Prozeß des konsequenten Übergangs zur vorwiegend intensiven erweiterten Reproduktion der sozialistischen Wirtschaft immer mehr als zu eng. Die Akkumulation kann nur dann die einzige Quelle der erweiterten sozialistischen Reproduktion sein, wenn man unter Akkumulation nicht nur die quantitative und qualitative Entwicklung der sachlichen Produktionsfonds versteht, sondern auch die Aufwendungen für die quantitative und qualitative Entwicklung der Hauptproduktivkraft, den werktätigen Menschen[31]. Hiermit erhält der Begriff der Akkumulation wieder jene semantische Bedeutung, die er bei Marx hatte, nämlich als Aufwand von gesellschaftlicher Arbeit für die quantitative und qualitative Entwicklung der sachlichen und subjektiven Seite der Produktivkräfte. Man darf jedoch nicht übersehen, daß sich gegenwärtig die Relationen der Aufwendungen für diese beiden Seiten

---

31 G. Simon/G. Kondor, Zu einigen Fragen der Zielfunktion des Modells der optimalen Planung der Volkswirtschaft, in: Ökonomische Modelle, Verlag Die Wirtschaft, Berlin 1967, S. 248.

der Entwicklung der Produktivkräfte wesentlich gegenüber der Zeit
von Marx verändert haben.

Die Ursache hierfür liegt in der Wandlung der Qualifikationsstruktur des produktiven Gesamtarbeiters. Sie entfernt sich in
industriell hochentwickelten Ländern immer mehr von dem Bild
einer Pyramide und nähert sich zusehends der Form eines Kreises
oder eines auf die Spitze gestellten Quadrates; das Tätigkeitsfeld
der unqualifizierten Arbeitskräfte verengt sich im Zuge der Dynamik der gesellschaftlichen und wissenschaftlich-technischen Entwicklung, während die Arbeitskräfte mit mittlerem beziehungsweise
höherem Qualifikationsniveau an Bedeutung gewinnen. So erhöhte
sich der Anteil der Hochschulkader an den Beschäftigten der Volkswirtschaft der DDR von 1,6 Prozent im Jahre 1955 auf 3 Prozent
im Jahre 1970, während der Anteil der Fachschulabsolventen in
diesem Zeitraum von 2,8 Prozent auf 6 Prozent stieg und der der
Facharbeiter sich von 25,6 Prozent auf 50,0 Prozent erhöhte. Der
Anteil der angelernten und übrigen Beschäftigten sank dagegen in
derselben Zeit von 70,0 Prozent auf 41,0 Prozent.

Die Bildungsfonds werden somit zu einer Größe, die eine entscheidende Bedeutung bei der Erhöhung der Effektivität des volkswirtschaftlichen Reproduktionsprozesses erhält. Diese Entwicklung
hat zur Forcierung der bildungsökonomischen Forschung geführt.

2. Zwei Grundaufgaben der sozialistischen Bildungsökonomie

Bei der vollen Nutzung der ökonomischen Potenz der Bildung
für die Erhöhung der Effektivität des volkswirtschaftlichen Reproduktionsprozesses kommt der bildungsökonomischen Forschung
eine entscheidende Bedeutung zu. Die sozialistische Bildungsökonomie muß hierbei dazu beitragen, das Gesetz der Ökonomie der Zeit
im Wechselverhältnis von Bildungswesen und den übrigen Bereichen des gesellschaftlichen Reproduktionsprozesses sowie im Bildungsprozeß selbst umfassend zur Wirkung zu bringen.

Die Hauptaufgabe der sozialistischen Bildungsökonomie ist hierbei, einen theoretischen Vorlauf für die Leitung und Planung der
Bildungsprozesse zu schaffen, damit die von der Gesellschaft aufgewendeten Bildungsmittel sowohl einen maximalen Beitrag zur
allseitigen Entfaltung der Anlagen und Möglichkeiten der sozialistischen Persönlichkeit leisten als auch in einem volkswirtschaftlich
vertretbaren Zeitraum an die Gesellschaft zurückfließen können.

Bei der Lösung dieser Aufgabe ist die bildungsökonomische Forschung mit zwei entscheidenden Problemen konfrontiert. Einmal muß sie um die Klärung des Zusammenhangs der Entwicklung von Bildungswesen und der Dynamik des gesellschaftlichen Reproduktionsprozesses bemüht sein. Es geht ihr hierbei darum, die sich aus dem Prozeß der intensiven erweiterten Reproduktion bei der weiteren Gestaltung der entwickelten sozialistischen Gesellschaft ergebenden Anforderungen an Inhalt und Struktur des sozialistischen Bildungswesens aufzudecken und somit ein rationales Verhältnis zwischen materiellen Produktionsfonds, Bildungsfonds und den anderen gesellschaftlichen Aufwendungen für den Reproduktionsprozeß zu sichern. Dies erfordert eine fundierte Einschätzung des sich aus der gesellschaftlichen und wissenschaftlich-technischen Entwicklung ergebenden Bedarfs an qualifizierten Kadern sowie der sich ergebenden Konsequenzen für Inhalt und Struktur der Ausbildung. Nur so kann die rationale Struktur der Bildungsfonds, ihre optimale Größe, ihre volkswirtschaftliche Effektivität und gesellschaftlich notwendige Rückflußdauer bestimmt werden. Das zweite Problem, vor dem die bildungsökonomische Forschung steht, liegt in der Analyse der Bedingungen für die Durchsetzung des Gesetzes der Ökonomie der Zeit im Bildungswesen selbst. Hierbei ist vor allem zu erforschen, wie mit den gegebenen Bildungsmitteln ein höheres Bildungsergebnis oder wie ein bestimmtes Bildungsergebnis mit geringerem Mittelaufwand erzielt werden kann.

Da die zuerst genannte volkswirtschaftliche Seite der Bildungsökonomie uns noch ausführlich beschäftigen wird, sollen hier einige Bemerkungen zum zweiten Problemkomplex der Bildungsökonomie vorausgeschickt werden. Angesichts der Tatsache, daß die Bildungsaufwendungen immer mehr zu einer volkswirtschaftlichen Größe werden, von deren effektivem Einsatz die Effektivität des gesamten volkswirtschaftlichen Reproduktionsprozesses abhängt, gewinnt die intensive Nutzung dieser Aufwendungen immer mehr an Bedeutung. Die Bildungsökonomie muß Antworten auf die Frage finden, wie mit den gegebenen Mitteln ein höheres Bildungsergebnis erzielt werden kann. In dieser Sicht ist die Klärung folgender Probleme von besonderer Wichtigkeit:

1. Probleme der rationalen Struktur des Bildungswesens;
2. Untersuchungen über die Effektivität der einzelnen Bildungswege;

3. Probleme der Effektivität von Bildungsinhalten;
4. Fragen einer effektiven Organisation und Leitung von Bildungseinrichtungen;
5. Probleme der Rationalisierung der Lehr- und Lernarbeit;
6. Struktur, Effektivität und Inhalt der Weiterqualifizierung bereits ausgebildeter Fachkräfte;
7. Probleme der Substitution der lebendigen Arbeit durch vergegenständlichte Arbeit im Ausbildungsprozeß.

Ehe wir auf einige dieser Probleme näher eingehen können, muß
die Frage beantwortet werden, inwieweit es nicht eine unzulässige
Grenzüberschreitung ist, wenn man mit ökonomischen Denkmethoden an die Analyse des Bildungswesens herangeht. Zunächst sei hier
eindeutig klargestellt, daß die ökonomische Betrachtungsweise nicht
jene Wissenschaftsdisziplinen, die sich bisher mit der Analyse von
Bildung und Bildungswesen vom pädagogischen, erkenntnistheore-
tischen, psychologischen und soziologischen Standpunkt aus beschäftigt haben, überflüssig macht. Im Gegenteil, die ökonomische
Betrachtungsweise kann hier nur fruchtbar werden, wenn sie sich
die Ergebnisse dieser Wissenschaftsdisziplinen zu eigen macht und
der Wirtschaftswissenschaftler hier in sozialistischer Gemeinschaftsarbeit mit Pädagogen, Soziologen, Psychologen und Erkenntnis-
theoretikern tätig werden kann.
    Obgleich mit dem sich verstärkenden Vergesellschaftungsprozeß
von Produktion und Arbeit die Wechselwirkung und innere Verflechtung von Bildung und produktiver Tätigkeit sich wesentlich
verstärkt, ist das Bildungswesen kein unmittelbarer Bestandteil der
materiellen Produktion. Es ist jedoch ein Bereich – wer könnte es
bestreiten –, in dem die Prinzipien des rationalen Handelns volle
Gültigkeit haben. Betrachtet man die Bildung unter dem Aspekt des
Gesetzes der Ökonomie der Zeit, dann ist unverkennbar, daß es
auch hier – wie in allen anderen Bereichen des rationalen Handelns
– vor allem darum geht, mit einem bestimmten Mittelaufwand eine
Maximierung des Handlungszieles anzustreben oder ein bestimmtes
Ziel mit einem minimalen Mittelaufwand zu erreichen. Rationales
Handeln ist also stets mit der Durchsetzung des Gesetzes der Ökonomie der Zeit verbunden, ganz gleich, in welchem Bereich der
menschlichen Tätigkeit es sich vollzieht. Die formalen Strukturen
des rationalen Handelns im Sozialismus sind bekanntlich auf ökonomischem Gebiet zuerst erforscht und ausgearbeitet worden. Das

bedeutet natürlich nicht, daß diese Strukturen des rationalen Handelns nur für die Wirtschaft Gültigkeit haben. Die Grundstruktur des rationalen Handelns läßt sich auf allen Gebieten, wo rational vorgegangen wird, nachweisen, auch auf dem Gebiet des Bildungswesens.

Zwischen den beiden von uns skizzierten Grundaufgaben der bildungsökonomischen Forschung besteht natürlich ein sehr enges Wechselverhältnis. Dies zeigt sich beispielsweise bei der rationalen Bestimmung der durch das Bildungswesen zu vermittelnden Bildungsinhalte. Dies ist ohne Zweifel eine Aufgabe, die den Gegenstand einer ganzen Reihe von pädagogischen Wissenschaftsdisziplinen bildet. Aber auch hier vermag die Bildungsökonomie mit ihren spezifischen Fragestellungen fruchtbar zu wirken.

Die im Zuge der sozialistischen intensiv erweiterten Reproduktion sich verstärkenden Strukturwandlungen im Rahmen der planmäßigen proportionalen Entwicklung verlangen von den sozialistischen Eigentümern in einem hohen Grade die Fähigkeit, sich in neuen Aufgabengebieten schnell zurechtzufinden und das hierfür notwendige Wissen selbständig zu erwerben. Hierdurch gewinnt für das sozialistische Bildungssystem die Erziehung zur Fähigkeit, auf rationellstem Wege Wissen zu erwerben, es zu vermehren und anzuwenden, rasch an Bedeutung. Hierbei gewinnen innerhalb der sozialistischen Allgemeinbildung solche Kenntnisse in Verbindung mit einer fundierten methodologischen Ausbildung an Bedeutung, die die objektiven Gesetze, Denkmethoden, Probleme und Verfahrensweise der den wissenschaftlich-technischen Fortschritt bestimmenden Disziplinen umfassen sowie die Grundlagen der marxistisch-leninistischen Weltanschauung und der übrigen für die allseitige Entwicklung der sozialistischen Persönlichkeiten wichtigen Disziplinen vermitteln[32].

Eine solche Ausbildung ist um so notwendiger, wenn man bedenkt, daß die im Jahre 1970 schulpflichtig werdenden Schüler bis zum Jahre 2024 oder 2029 im Berufsleben stehen werden und daß

---

32 Untersuchungen sowjetischer Bildungsökonomen ergaben beispielsweise, daß durch jede weitere Klasse Allgemeinbildung (von der 5. bis zur 10. Klasse) sich die Zeit zum Einarbeiten in neue Aufgabenstellungen um durchschnittlich 50 Prozent verkürzt. (W. A. Shamin, Bildung und Qualifizierung als ökonomischer Wachstumsfaktor, in: Kriterien und Faktoren des ökonomischen Wachstums im Sozialismus, Materialien des Moskauer Symposiums 1969.)

die letzten Schüler jener Lehrer, die jetzt ihre verantwortungsvolle
Tätigkeit aufgenommen haben, bis zum Jahre 2061 oder 2065
arbeiten werden.

Die allgemeinbildende Grundausbildung ist gleichzeitig eine der
Voraussetzungen, um dem Veralten unseres Wissens im Zuge der
gesellschaftlichen und wissenschaftlich-technischen Entwicklung
entgegenwirken zu können und eine hohe Disponibilität der Arbeitskräfte zu sichern. Somit wächst in allen Stufen des einheitlichen
sozialistischen Bildungssystems die Bedeutung einer fundierten
Grundlagenausbildung.

Die Lösung dieser Probleme ist bekanntlich eine der Aufgaben
der Weiterentwicklung unserer Berufsbildung und des Hochschulwesens. So nehmen in der Berufsbildung jene Bildungsinhalte an
Bedeutung zu, die sich unmittelbar aus den Anforderungen der weiteren Gestaltung der entwickelten sozialistischen Gesellschaft und
der Intensivierung des Reproduktionsprozesses ergeben. In der
DDR wurde ab 1. September 1968 in Verwirklichung der »Grundsätze für die Weiterentwicklung der Berufsbildung als Bestandteil
des einheitlichen sozialistischen Bildungssystems« begonnen, schrittweise und differenziert solche neuen beruflichen Grundlagenfächer
in die Berufsbildung einzuführen, wie Grundlagen der Elektronik,
Grundlagen der betrieblichen Meß-, Steuer- und Regeltechnik und
Grundlagen der Datenverarbeitung. Mit Beginn des Lehrjahres
1970/71 werden alle *neu* einzustellenden Lehrlinge mit Abschluß
der 10. Klasse der allgemeinbildenden polytechnischen Oberschule
obligatorisch in diesen neuen Fächern unterrichtet. Die wachsende
Bedeutung der beruflichen Grundlagenfächer wird dazu führen,
daß schon in den nächsten Jahren fast 50 Prozent der Bildungsinhalte in den verschiedenen Berufen gleich sein werden[33].

Ein entscheidendes Problem für die Erhöhung der ökonomischen
Potenz der Bildung ist die Sicherung einer optimalen Relation von
Direktausbildung und Weiterbildung.

Die weitere Gestaltung der entwickelten sozialistischen Gesellschaft macht es im Zuge des wissenschaftlich-technischen Fortschritts erforderlich, daß das einheitliche sozialistische Bildungs-

---

33 Vgl. Zur Weiterentwicklung der Berufsbildung als Bestandteil des einheit-
lichen sozialistischen Bildungssystems im entwickelten gesellschaftlichen
System des Sozialismus. Schriftenreihe des Staatsrates der DDR, Heft 15/1970,
S. 18.

system im Hinblick auf das ganze Leben der Mitglieder der sozialistischen Gesellschaft konzipiert wird. Die Werktätigen werden somit während ihrer gesamten Berufstätigkeit in den zielgerichteten und kontinuierlichen Bildungsprozeß einbezogen. Dies gilt für alle Werktätigen, aber vor allem auch für die hochqualifizierten Kader. In einigen Bereichen unserer Volkswirtschaft ist bereits heute ein Hochschulabsolvent, der sich in einer Zeitperiode von 4 bis 5 Jahren nicht weiterqualifiziert hat, nicht mehr in der Lage, Spitzenleistungen in seinem Tätigkeitsbereich zu vollbringen. Bereits heute geben wir ca. 25 Prozent Bildungsausgaben für die Erwachsenenqualifizierung aus, und jeder 4. Werktätige, das sind fast 2 Millionen Werktätige, bildet sich in irgendeiner Form weiter. Wir rechnen in Zukunft damit, daß wir für die Weiterbildung genauso viele Mittel aufwenden werden wie für die Direktausbildung. Der rasche wissenschaftlich-technische Fortschritt und die in diesem Zusammenhang wachsende Veraltungsrate einiger Bestandteile unseres Wissens stellen nicht nur an die kontinuierliche und zielgerichtete Weiterqualifizierung höhere Anforderungen, sondern führen auch zu tiefgreifenden Wandlungen in der Direktausbildung. Einmal macht eine zielgerichtete und qualifizierte Weiterbildung es möglich, die Ausbildungszeiten in der Direktausbildung zu verkürzen, wobei bestimmt werden muß, welche heute in der Direktausbildung vermittelten Kenntnisse – es handelt sich hier vor allem um bestimmte Spezialkenntnisse, bei denen die Gefahr besteht, daß sie schnell veralten – nicht zweckmäßiger zielgerichtet von Weiterbildungseinrichtungen vermittelt werden können. Die große Bedeutung der kontinuierlichen und zielgerichteten Weiterbildung der Werktätigen für die Lösung der vor uns stehenden Aufgaben wird in der Direktive zum Fünfjahrplan 1971–1975 mit Nachdruck hervorgehoben:

»Ausgehend von der Analyse des bisherigen Standes sowie den langfristigen Erfordernissen zur Entwicklung der Berufs- und Qualifikationsstruktur der Werktätigen ist die Aus- und Weiterbildung als untrennbarer Bestandteil des einheitlichen Reproduktionsprozesses zu planen. Sie ist als Einheit von politisch-ideologischer und beruflich-fachlicher Bildung und Erziehung zu verwirklichen. Schwerpunkt dabei ist die ständige Weiterbildung im Prozeß der Arbeit ... Zur qualifizierten Durchführung der Planaufgaben und Erhöhung der volkswirtschaftlichen Effektivität – insbesondere für die sozialistische Rationalisierung – ist die aufgaben- und objektbezogene Aus- und Weiterbildung der Werktätigen zielstrebig zu entwickeln[34].«

In den auf der 18. Tagung der Volkskammer im September 1970 beschlossenen »Grundsätzen für die Aus- und Weiterbildung der Werktätigen bei der Gestaltung des entwickelten gesellschaftlichen Systems des Sozialismus in der DDR« heißt es daher, daß es darum geht, ».. . die Aus- und Weiterbildung der Werktätigen in die Planung und Leitung des Reproduktionsprozesses zu integrieren, ihren Inhalt auf die Erfordernisse des Welthöchststandes von Wissenschaft und Technik zu orientieren und die beruflich-fachliche mit der politisch-ideologischen Bildung und Erziehung zu verbinden«[35].

Diese hochaktuellen Probleme der Aus- und Weiterbildung der Werktätigen werden im Abschnitt 9. dieses Werkes behandelt.

Da die Probleme der Durchsetzung des Gesetzes der Ökonomie der Zeit im Bildungswesen Gegenstand besonderer Untersuchungen in diesem Buch sind, wollen wir uns in unseren weiteren Ausführungen vor allem mit dem zuerst genannten Komplex, mit dem *Zusammenhang von Bildungswesen und volkswirtschaftlichem Reproduktionsprozeß*, beschäftigen.

Bei der Erforschung dieses Problemkomplexes geht es im Grunde um die Analyse des folgenden Optimierungsproblems: Wieviel von der in unserer Volkswirtschaft verfügbaren vergegenständlichten Arbeit (also der Maschinen, Anlagen und Gebäude) und lebendigen Arbeit (also der Arbeitskräfte) muß für die Akkumulation in der Produktions- und Bildungssphäre der Volkswirtschaft sowie in den übrigen für die erweiterte Reproduktion wichtigen Bereichen aufgewandt werden, damit eine maximale Steigerung des Nationaleinkommens über einen längeren Zeithorizont erreicht werden kann? Es gilt hierbei, im Bereich der möglichen Substitution zwischen den einzelnen Wachstumsfaktoren eine Kombination herauszufinden, die ein Maximum an Nationaleinkommen bei einem Minimum an Gesamtaufwand gesellschaftlicher Arbeit ergibt. Hierbei darf natürlich nicht außer acht gelassen werden, daß Bildung in

---

34 Direktive des VIII. Parteitages der SED zum Fünfjahrplan für die Entwicklung der Volkswirtschaft der DDR 1971 bis 1975, in: Dokumente des VIII. Parteitages der SED, Dietz Verlag, Berlin 1971, S. 120/121.

35 Beschluß der Volkskammer der DDR über die Grundsätze für die Aus- und Weiterbildung der Werktätigen bei der Gestaltung des entwickelten gesellschaftlichen Systems des Sozialismus in der DDR vom 16. September 1970, GBl., Teil I, Nr. 21, S. 291.

der sozialistischen Gesellschaft – wie im Abschnitt 1.1. dargestellt – sowohl ein Element der Zielrealisierung als auch einen Faktor des ökonomischen Wachstums darstellt.

Gegenwärtig sind wir jedoch erst in der Lage, dieses Optimierungsproblem in groben Umrissen zu formulieren. Eine Lösung dieses Problems im Sinne einer rationalen Entscheidungsfindung erfordert, eine Reihe von theoretischen, methodologischen und statistischen Voraussetzungen zu schaffen. Eine perfekte Lösung dieses Problems ist beim gegenwärtigen Stand unserer Kenntnisse sowie bei der Genauigkeit der uns zur Verfügung stehenden Instrumentarien nicht möglich. Wir müssen vielmehr verschiedene Wege und Instrumentarien testen, um uns an die Lösung des dargestellten Problems heranzuarbeiten.

Um die Bildung als ökonomischen Wachstumsfaktor bei der Gestaltung der entwickelten sozialistischen Gesellschaft nutzen zu können, müssen die effektiven Proportionen zwischen Bildungswesen und volkswirtschaftlichem Reproduktionsprozeß sowie die effektiven Proportionen im Bildungswesen selbst besser als bisher ermittelt und im Entscheidungsprozeß berücksichtigt werden. Eine langfristige Bildungsbilanz unserer Gesellschaft könnte wesentlich dazu beitragen, diese Aufgabe zu lösen. Die eine Seite dieser Bilanz hätte die prognostische Entwicklung des Bedarfs nach qualifizierten Arbeitskräften in einer bestimmten Struktur und Qualität der Ausbildung zu erfassen. Die Prognose des mit dem natürlichen Bevölkerungswachstum bilanzierten Bedarfs an qualifizierten Arbeitskräften muß konfrontiert werden mit den vorhandenen und den bereits projektierten Kapazitäten unseres Bildungswesens. Der Sinn eines solchen Vorgehens besteht darin, im Rahmen einer solchen Bildungsbilanz der sozialistischen Gesellschaft Engpaß- und Überschußsituationen zu stimulieren, um von vornherein einer Verschwendung von Bildungsfonds entgegenwirken zu können.

Probleme, die mit der qualitativen Bestimmung und der Modellierung einer solchen planmäßigen proportionalen Entwicklung von Bildungswesen und gesellschaftlichem Reproduktionsprozeß verbunden sind, sind Gegenstand des Abschnitts 2. dieses Werkes. Hier wird auch gezeigt, wie die Ergebnisse des skizzierten Modells zur Ermittlung des Bedarfs an qualifizierten Kadern zu Ausgangsdaten für ein inneres Verflechtungsmodell des Bildungswesens gemacht werden können. Ein solches inneres Verflechtungsmodell des Bildungswesens versucht die Frage zu beantworten, wie der ermittelte

Bedarf an qualifizierten Arbeitskräften mit möglichst geringem Mittelaufwand abgedeckt werden kann. Ein solches inneres Verflechtungsmodell versucht das Bildungswesen als ein System miteinander verbundener und voneinander abhängiger Prozesse darzustellen.

Da wir uns im Bildungswesen im Bereich langfristiger Entscheidungen befinden – diese Entscheidungen wirken sich oftmals erst nach zehn bis zwanzig Jahren voll aus –, steht hier die Planung vor besonders schwierigen Problemen. Die Ausgangsdaten und Informationen, die bestimmten langfristigen Planentscheidungen zugrunde liegen, ändern sich im Zuge der Dynamik der sozialistischen Wirtschaft und Gesellschaft oftmals. Diese Dynamik der Ausgangsdaten muß daher von vornherein ins Kalkül der Bildungsplanung einbezogen werden. Hiermit wird die sozialistische Bildungsplanung selbst zu einem Lernprozeß. Eine so konzipierte Planung »lernt« ständig an Hand der im Verlauf der Realisierung des Planes neu anfallenden Informationen über Zusammenhänge, über die Entwicklung der Elemente des Bildungswesens, über das Tempo und die Entwicklungstendenzen des Prozesses der intensiven erweiterten Reproduktion, über das Gewicht der einzelnen Qualifikationsgruppen im gesellschaftlichen Reproduktionsprozeß usw. Planung als Lernprozeß schließt also einen Vergleich zwischen Soll- und Istwerten als entscheidendes Rückkopplungsglied zwischen der Phase der Aufstellung eines Planes und seiner Realisierung ein. Die Bedeutung der von uns skizzierten Aufgabe, mit Hilfe einer gesellschaftlichen Bildungsbilanz den Widerspruch zwischen Ausbildungsstruktur der Arbeitskräfte und dem volkswirtschaftlichen Bedarf zu lösen, kann angesichts der Entwicklung der Bildungsausgaben[36] im Rahmen der Intensivierung des volkswirtschaftlichen Reproduktionsprozesses nicht hoch genug eingeschätzt werden. Noch um die Jahrhundertwende betrugen die Ausgaben für das Bildungswesen in den industriell hochentwickelten Ländern ein bis zwei Prozent des Nationaleinkommens. Seit dieser Zeit ist der Anteil der Bildungsausgaben am Nationaleinkommen wesentlich

---

36 Unter Bildungsausgaben verstehen wir den jährlichen Aufwand für das Bildungswesen. Bezogen auf eine Arbeitskraft mit bestimmtem Qualifikationsniveau stellen die im Verlaufe des gesamten Ausbildungszeitraumes für die Ausbildung der Arbeitskraft aufgewendeten Bildungsausgaben die im Qualifikationsniveau dieser Arbeitskraft materialisierten Bildungsfonds dar.

gestiegen. Die Ausgaben für das Bildungswesen erreichten zum Beispiel im Jahre 1970 in der Sowjetunion und in der DDR über 7 Prozent des Nationaleinkommens. In der Entwicklung der Bildungsausgaben spiegelt sich die objektive Tendenz zur Erhöhung des
Qualifikationsniveaus der Arbeitskräfte unter den Bedingungen
einer schnellen Entwicklung der Produktivkräfte wider, wobei in
den kapitalistischen Ländern »die geistigen Potenzen des materiellen Produktionsprozesses« nach wie vor dem Arbeiter als ihm ent-
fremdete Mächte des Privateigentums entgegentreten.

Die Ausgaben für die Direktausbildung bilden aber nur einen
Teil der Bildungsaufwendungen für die Erhaltung oder Erweiterung des Qualifikationsniveaus der Arbeitskräfte. In unserer Zeit
wachsen die Aufgaben für die Weiterbildung der bereits ausgebildeten Kader schnell an. Somit werden die Ausgaben für das Bildungswesen zu einer strategischen Größe der volkswirtschaftlichen
Effektivitätsentwicklung (siehe hierzu auch die Abschnitte 9. und
10. dieses Buches sowie den Beschluß der Volkskammer der DDR
über die Grundsätze für die Aus- und Weiterbildung der Werktätigen bei der Gestaltung des entwickelten gesellschaftlichen Systems des Sozialismus in der DDR vom 16. 9. 1970, GBl., Teil I,
Nr. 21).

Michael Masuch:

Die Funktionen des Ausbildungssystems im Spätkapitalismus[1]

Soll Bildungsreform, soll die gesellschaftliche Planung des Ausbildungssystems, um die es bei der Überwindung der Krise (des Bildungssystems; Anm. des Hrsg.) gehen muß, einen Sinn haben und nicht nur einem pädagogisch autarken Selbstzweck dienen, so muß von der *Funktionsbestimmung* des Ausbildungssystems ausgegangen werden, einer Funktionsbestimmung, die nicht selbstverständlich ist. Soll die »Aufgabe der Schule«, generell die Funktion des Ausbildungssystems, an dem bestimmt werden, was faktisch an Bildungs- und Erziehungsprozessen geleistet wird, operationalisiert etwa durch Schulbuchanalysen, Unterrichtsbeobachtungen, die Kritik von Lehrplänen usw., so gilt, daß die »Schulen heute [. . .] vieles [treiben], nicht weil es ihrer Aufgabe entspricht, sondern weil ihre eigenen Ordnungen es vorschreiben«[1a]. Der Versuch, die Funktionen des Ausbildungssystems von einem durch die Pädagogik selbst gesetzten »Auftrag« her zu bestimmen, der erst in einem zweiten Schritt auf die Gesellschaft vermittelt werden soll, bleibt daher problematisch.

Objektiv lassen sich diese Aufgaben erst formulieren, wenn sie an den Bedürfnissen der Gesellschaft gemessen werden. Das ist banal und wird von Bildungsreformtheoretikern keinesfalls bestritten. Objektiv müssen sie formuliert sein, denn sie sollen sich ja in der Struktur des Ausbildungssystems objektivieren. Was aber ist objektiv im Spätkapitalismus? Das Problem ist nicht immer offensichtlich, dennoch gravierend.

»Was muß *man* heute alles lernen, um sich erfolgreich und produktiv politisch beteiligen zu können?« Das ist zum Beispiel die Leitfrage in Hermann Gieseckes ›Didaktik der politischen Bildung‹, 1965 erschienen. Problematisch ist hier das »man«. Verräterisch ist der Gebrauch eines Subjekts, in dem alle aufgehen sollen und das niemanden konkret bestimmt. Dazu Willfried Maier: »Der Nach-

1 Michael Masuch: Politische Ökonomie der Ausbildung. Lernarbeit und Lohnarbeit im Kapitalismus. Reinbek bei Hamburg 1972 (Rowohlt Taschenbuch Verlag). – Auszug des Kapitels: Die verschiedenen Funktionen des Ausbildungssystems, S. 17–27. (© Rowohlt Taschenbuch Verlag GmbH, Reinbek bei Hamburg, 1972.) Mit freundlicher Genehmigung des Verlages.
1a H. v. Hentig, »Schule im Regelkreis«, Stuttgart 1969, S. 34.

wuchsmanager, dem unter Ausnutzung seiner Kenntnisse des institutionellen Geflechts einer Stadtgemeinde und der Interessenkonstellation in den lokalen politischen Führungskreisen es gelungen ist, für eine Betriebsstillegung noch Steuersubventionen zu erobern, dieser Jungmanager hat gezeigt, daß er es versteht, ›erfolgreich‹ und ›produktiv‹ politisch sich zu beteiligen.

Der gewerkschaftlich organisierte Arbeiter desselben Betriebs, der es versteht, seine Kollegen zum Widerstand gegen die Stillegung des Betriebs zu organisieren, der einen Streik anführt und seinen Kollegen die gesellschaftlichen Ursachen für die Bedrohung ihrer Arbeitsplätze erklären kann, dieser Arbeiter hat ebenfalls ›erfolgreich‹ und ›produktiv‹ politisch gehandelt.

Wollte man nun – wie es Giesecke tut – Jungmanager und Arbeiter gemeinsam unter ›man‹ rubrizieren und fragen, was ›man‹ denn gelernt haben müsse, um derart erfolgreich und produktiv politisch zu handeln, so erwiese es sich als unmöglich, zu einer einheitlichen Antwort zu kommen. Jungmanager und Arbeiter benötigen nämlich durchaus unterschiedliche Kenntnisse, Fähigkeiten und Verhaltensweisen, um im Sinne ihrer widersprüchlichen Interessen ›erfolgreich‹ zu sein[2].« *Die* Gesellschaft, als ein Subjekt, das *ein* Interesse artikulieren könnte, gibt es in diesem Fall nicht. *Ein* allgemeines Bedürfnis kann nicht formuliert werden und auch die verschiedenen Bedürfnisse, die »man« formuliert, produzieren durchweg Widersprüche.

Objektiv sind bislang nicht die Ansprüche, die an das Ausbildungssystem gestellt werden, objektiv ist nur der Widerspruch, dem das Ausbildungssystem ausgesetzt ist und der in jeden Versuch eingehen muß, die Funktionen des Systems bestimmen zu wollen. So ist jede Bildungsreformtheorie gezwungen, ein Funktionsgerüst anzugeben, das den Widerspruch aushält, das den Interessengegensatz verschiedener Klassen kompensiert. Direkt gilt das, solange die Funktionen des Ausbildungssystems insgesamt beschrieben werden sollen. Indirekt – vielleicht verschleiert – dann, wenn nur einzelne Teile des Ausbildungssystems bestimmt werden sollen, die sich klassenspezifisch herausgebildet haben, wie zum Beispiel die auf die Reproduktion des Proletariats konzentrierte Volksschule oder die auf die Reproduktion der Bourgeoisie konzentrierte Oberschule

---

2 W. Maier: »*Zum Verhältnis von Sozialwissenschaft und politischer Bildung*«. In: *Ästhetik und Kommunikation* 7 (1972), S. 17.

humanistischen Typs. Hier erscheint der Widerspruch, besonders wenn die Funktionsanforderung auf hohem Abstraktionsgrad formuliert ist, nur noch in ideologischer Form. Klassisch dafür ist eine bereits oft zitierte Passage aus den Gutachten und Empfehlungen des Deutschen Ausschusses für das Erziehungs- und Bildungswesen zum Ausbau der Hauptschulen: »Es fehlt ihnen [den Lehrlingen] an Verantwortungsgefühl, Gemeinschaftsbewußtsein, an Willen zur Leistung, zur Ein- und Unterordnung, an Konzentrationsfähigkeit. Sie versagen, sowie sie im Betrieb vor monotone Arbeit und vor die Aufgabe beharrlicher Prüfung gestellt werden [. . .]. Sie kommen in eine völlig fremde Welt und sind nicht hinreichend vorbereitet auf das, was sie hier erwartet[3].« Der Widerspruch geht notwendig in die Formulierung des Funktionsgerüstes ein, auch dann, wenn nur einzelne Teilbereiche des Ausbildungssystems untersucht werden, weil das System selbständigen, gegenüber anderen gesellschaftlichen Funktionsbereichen *verselbständigten* Charakter trägt, weil es darum letztlich als eine Einheit funktionieren muß.

Die Funktionsbestimmung ist also das erste Problem, wenn der Charakter der Krise des Ausbildungssystems untersucht werden soll. Sie stellt sich darum als Krise der *Funktion* des Ausbildungssystems dar, und, sofern sich diese Funktion historisch nicht verändert haben soll, als Krise seiner *Funktionserfüllung*.

Bildungsreform, als praktischer Ausdruck des Versuchs, die Krise zu überwinden, muß ein Funktionsgerüst definieren, an dem sich Richtung und Sinn der angestrebten Veränderungen messen lassen, denn aus sich heraus – autark – kann das System keine Ansprüche formulieren. Festzuhalten ist, daß die Bestimmung der Funktionen, die das Ausbildungssystem erfüllen soll, antagonistisch sein muß, solange Ausbildung als einheitliches System erhalten bleiben soll und solange die Gesellschaft, auf die sich die Funktionen beziehen lassen müssen, antagonistischen Charakter trägt.

Eine Bildungsreformtheorie, die von der Einheit des Ausbildungssystems ausgeht, muß mit diesem Widerspruch leben. Der Punkt, an dem Bildungsreformtheorie zu kritisieren ist, ist darum der Punkt, an dem sie das Funktionsgerippe konstruiert, an dem sie ihre Reformpläne messen will.

Aus der Verselbständigungsform des Ausbildungssystems folgt

---

3 Empfehlungen und Gutachten des Deutschen Ausschusses für das Erziehungs- und Bildungswesen, Stuttgart 1966.

nicht, daß die Funktionsmodelle explizit formuliert sein müssen, sie müssen der Struktur theoretischer Aussagen zur Bildungsreform allerdings logisch zugrunde liegen.

Die Ebene, auf der die Funktionsmodelle formuliert werden, ist jedenfalls nicht eindeutig bestimmbar. Es gibt durchaus unterschiedliche Möglichkeiten der Formulierung des Modells. Möglich ist die Bestimmung an Lernzielen. In einem Papier der Planungsgruppe der Gesamtschule Bremen-Ost, ›Grundsätze und allgemeine Lernziele‹, heißt es: »Der Erfolg der Schule ist am Erreichen oder Verfehlen der ihr eigenen allgemeinen Lernziele zu messen[4].« In den ›Grundsätzen‹ sind zwölf Lernziele angegeben, der eben zitierte Satz fällt selbst darunter, als Punkt zwei. Sie beziehen sich auf verschiedene Funktionsbereiche der Schule, oder sofern der Produktionsorganismus Schule als Funktionskette begriffen werden kann, beziehen sie sich auf unterschiedliche Kettenglieder; Punkt eins fordert Veränderungsbereitschaft; Punkt drei Chancengleichheit; Punkt vier fordert die Erziehung zur Selbstbestimmung, zur repressionsarmen Erziehung, zur Fähigkeit und Bereitschaft, eigene Interessen zu artikulieren; Punkt fünf fordert neue sozialintegrative Unterrichtsformen; Punkt sechs fordert die Abschaffung der Zensur als Bewertungsmaßstab; Punkt sieben fordert kollektiven Unterricht und den Abbau der Lehrerindividualität; Punkt elf fordert den Theorie-Praxis-Bezug der Unterrichtspraxis, das heißt die Aufarbeitung der Erkenntnisse der Erziehungstheorie; Punkt zwölf fordert die Zusammenarbeit Elternhaus–Schule.

Die Schwierigkeit ist hier die, daß das Summieren allgemein anerkannter Vorstellungen sich auf ein öffentliches Bewußtsein berufen muß, das diese Ziele akzeptiert, so daß das nachträgliche Durchstrukturieren dieser Ziele an einer Kritik des – produzierten – Bewußtseins von Öffentlichkeit und des öffentlichen Bewußtseins selbst ansetzen müßte. Die Summe erspart die Konstruktion des Modells.

Ebenso können die Funktionen in einem Modell allgemein anerkannter Werte aufgebaut werden, an denen sich das Ausbildungssystem orientieren soll. Das Gutachten des Deutschen Bildungsrats zur Errichtung von Schulversuchen mit Gesamtschulen spricht zum Beispiel von der Durchsetzung von: »Chancengleichheit«, »Verwis-

---

4 Grundsätze und allgemeine Lernziele der Gesamtschule Bremen-Ost. April 1972.

senschaftlichung von Schule«, »Individualisierung des Lernens«
usw. Auch die »Erweiterung der sozialen Erfahrungen« und die
»soziale Integration« sind als Ziele genannt. In den Gesamtschulen
soll zum Beispiel »ein Klima der sozialen Kooperation und der
Vorurteilslosigkeit entstehen«[5].

Ebenso kann die Funktionsbestimmung normative und nicht-
normative Ebenen vereinigen, besonders dann, wenn sie von einer
Instanz getroffen wird, die sich über den theoretischen Status ihrer
Aussagen kein Gewissen machen muß: »Der Ministerpräsident hat
in der Regierungserklärung vom 25. Juni 1964 Maßnahmen für
den Ausbau des Bildungswesens und zur Erschließung von Begabungsreserven verkündet. Sie sollen dazu beitragen,

1. den in der Landesverfassung (Art. 11) garantierten Anspruch
jedes jungen Menschen auf eine seiner Begabung entsprechende
Erziehung und Ausbildung durch eine diesem Grundsatz gemäße
Gestaltung des Bildungswesens zu erfüllen und

2. den langfristigen Bedarf der modernen Gesellschaft an qualifizierten Fachkräften zu befriedigen.

Es ist eine Hauptaufgabe des Schulentwicklungsplans, diese beiden Forderungen im Rahmen einer Gesamtkonzeption für das Bildungswesen miteinander zu verbinden und rechtzeitig die notwendigen organisatorischen Maßnahmen zur Verbesserung der Bildungschancen und zur Anhebung des allgemeinen Bildungsniveaus
einzuleiten[6].«

Auf der einen Seite steht einfach eine normative Setzung (Art. 11
der Landesverfassung), auf der anderen Seite steht der »langfristige
Bedarf der modernen Wirtschaft« mit seiner faktischen Objektivi-
tät. Für Dahrendorf, der mit seiner Argumentation von diesen zwei
grundlegenden Funktionen ausgeht, bleibt am Ende nur eine Funktion, das Bürgerrecht auf Bildung, übrig, denn der Bedarf der modernen Wirtschaft ist für ihn keine Konstante, an der sich die Bildungsplanung orientieren kann. Bedarfsfeststellungen sind ihm
nicht sicher genug, um mit ihnen zu argumentieren. Im dritten Teil
dieses Textes, bei der Diskussion des Bedarfsansatzes der Bildungsökonomie, kommen wir darauf zurück.

---

5 Gutachten des Deutschen Bildungsrates zur Errichtung von Schulversuchen
mit Gesamtschulen. Bonn 1969, S. 29 ff.
6 Kultusministerium Baden-Württemberg: »Schulentwicklungsplan Baden-
Württemberg«. Sonderheft von Kultus und Unterricht, Jg. 14, Nr. 13a.

Schelsky gibt vier dominante Funktionen an, mit denen die »Schule in unserer Gesellschaftsverfassung« angesichts sozialer Veränderungen zu rechnen habe, übrigens nicht ohne Vorwarnung: »Die Beantwortung der mir gestellten Frage, mit welchen sozialen Verhältnissen, Strukturen und Entwicklungen eine gegenwärtige Schulreform in unserer Gesellschaft zu rechnen hat, stößt von seiten der Soziologie auf erhebliche Schwierigkeiten[7].« Die sozialen Tendenzen, an denen es sich zu orientieren hat, sind.

»1. Ein universales Aufstiegsbedürfnis aus sozialen Sicherheitsgründen, das vorwiegend familiär verwurzelt ist;

2. für seine Erfüllung steht fast allein die berufliche Leistung zur Verfügung; daher das Streben nach höheren beruflichen Ausbildungen und einer alle Aufstiegschancen offenlassenden Schulausbildung;

3. diese Aufstiegswünsche sind wiederum sehr stark orientiert an alten Prestigestufen und Vorstellungen, hinter denen jedoch ebenfalls unvermeidliche Sicherheitsbedürfnisse stehen;

4. das Ganze ist eingebettet in und überhöht durch die Steigerung materieller und seelischer Konsum- und Komfortbedürfnisse; insbesondere sind die Bildungsbedürfnisse längst in einen allgemeinen Sozialanspruch konsumptiver Art umgeschlagen«[8].

Wir haben jetzt nur Beispiele angegeben, die verdeutlichen sollen, was Funktionsmodell heißt. Es geht hier nicht um eine systematische Auswertung der entsprechenden Literatur; die Funktionsmodelle müssen, wie gesagt, in jedem Reformkonzept vorhanden sein.

Sie sind, das zeigt sich, wenn man die Beispiele gegeneinanderhält, relativ beliebig. »Manche der Argumente, die für die gute Sache der aktiven Bildungspolitik vorgebracht werden, halten kritischer Prüfung nicht stand«[9], bemerkt Dahrendorf. Der Bildungsbericht spricht, angesichts der unterschiedlichen Funktionen, mit denen es die Bildungsreform zu tun haben wird, von der »Gefahr der Verzettelung des Reformkurses«[10]. Das ist ein Indiz dafür, daß

---

7 H. Schelsky: »*Soziologische Bemerkungen zur Rolle der Schule in unserer Gesellschaftsverfassung*«. Denkschrift (1956). In: »*Auf der Suche nach Wirklichkeit*«. Düsseldorf, Köln 1965, S. 131.

8 H. Schelsky, a. a. O., S. 136.

9 R. Dahrendorf, Bildung ist Bürgerrecht, Hamburg 1968 (Neuauflage), S. 13.

10 *Bildungsbericht '70*: »Die Bildungspolitische Konzeption der Bundesregierung«, Bundesminister für Wissenschaft und Bildung. Bonn 1970, S. 34.

die Bestimmung oder Ableitung bestimmter Konsequenzen aus
einem Funktionsmodell nicht unbedingt stringent sein muß, auch
da, wo es ausdrücklich genannt wird. Dann ist die Ableitung praktischer Konsequenzen aus dem Funktionsmodell aufgesetzt, »Re-
formmodell« und »Reformkurs« fallen auseinander. »Die pädagogischen Schulreformer wollen ein demokratisches Schulwesen in
einer demokratischen Gesellschaft: Die Mächtigen wollen ebenfalls
eine Schulreform, die sie demokratisch nennen; allerdings zur Stabilisierung der bestehenden Klassenverhältnisse[11].«

Diese Beliebigkeit hat zwei Gründe:

1. Das Ausbildungssystem ist nicht auf eine *einzige* Funktion
reduzierbar, weil sich die auszubildenden Individuen auf vielseitige
Art und Weise zu zukünftigen Anforderungen in der Gesellschaft
verhalten werden. Das heißt, daß die Funktionen, die sie selbst in
der Gesellschaft ausüben werden, als Arbeiter, als Eltern, als Konsumenten usw., vielseitig bestimmt sein werden. Eben der Totali-
tätscharakter der Gesellschaft, die Tatsache, daß in dieser Gesellschaft »alles mit allem vermittelt ist«, bedingt diese Vielseitigkeit.

2. Das Ausbildungssystem bildet für eine Klassengesellschaft
aus. Verschiedene Individuen werden verschiedene politische Standpunkte in dieser Klassengesellschaft einnehmen. Willfried Maier
hat mit dem Beispiel vom Jungmanager und Arbeiter das bereits
gezeigt. Unterschiedliche, sogar gegensätzliche Funktionen in der
Gesellschaft bedingen nicht nur unterschiedliches Wissen, sondern
darüber hinaus »unterschiedliche Typen des Wissens« (Maier).

Prinzipiell sind die Funktionen des Systems daher an die gesellschaftliche Dynamik gebunden; das heißt, auch an die Dynamik
des Verhältnisses, in dem sich das Ausbildungssystem innerhalb des
Reproduktionsprozesses der Gesellschaft verhält, denn das System
bezieht sich innerhalb dieses Reproduktionsprozesses auf sich selbst
zurück, indem es seine eigenen Arbeitskräfte ausbildet.

Generell hängt das Funktionsmodell, trotz seiner Beliebigkeit,
von der Theorie ab, in der die Form der Gesellschaft selbst begriffen wird, auf die sich das Modell bezieht. So pädagogisch sich das
jeweilige Modell auch immer geben mag, primär ist es nicht pädagogisch, sondern gesellschaftstheoretisch bestimmt.

---

11 J. Beck: »*Demokratische Schulreform in der Klassengesellschaft?*« In:
»*Erziehung in der Klassengesellschaft*«, München 1971, S. 90.

Die immanente Konstruktion des Modells setzt also eine allgemeine Gesellschaftstheorie voraus, in der die Bereiche abgesteckt und einander zugeordnet sein müssen, auf die sich das Ausbildungssystem reproduktiv bezieht. Verallgemeinert gehen prinzipiell drei Funktionsbedingungen in die Struktur des Systems ein:

a) Das Ausbildungssystem soll Produzent des gesellschaftlich notwendigen Arbeitsvermögens sein (ökonomische Reproduktionsfunktion);

b) das Ausbildungssystem soll das Selbstverständnis reproduzieren, »bewahren«, »erhalten« usw., das die herrschende Gesellschaftsform bedingt (politische Reproduktionsfunktion oder Sozialisationsfunktion);

c) das Ausbildungssystem soll sich selbst reproduzieren, indem es seine eigenen Arbeitskräfte ausbildet und sich möglichst reibungslos der gesellschaftlichen Entwicklung anpaßt (nach von Hentig: Angepaßtheit der Schule an sich selbst).

Die besonderen Bedingungen, unter denen die Funktionsmodelle entstehen, die krisenhafte Verfassung des Systems, deutet auf den Doppelcharakter, den das System in seinem Verhältnis zur Gesellschaft einnehmen muß oder soll. Wie immer auch der krisenhafte Zustand diagnostiziert wird, seine Voraussetzung ist die »Dynamik der gesellschaftlichen Entwicklung«, die »moderne Gesellschaft«, die »moderne Industriegesellschaft« usw.

Ein Ausbildungssystem, das der Gesellschaft nicht mehr angepaßt ist, das sich *dysfunktional* verhält, ist eine Schwäche des gesellschaftlichen Systems, sonst gäbe es keine »Katastrophe«, keinen »Notstand«. Eine Reform impliziert also ein doppeltes, Reform des Ausbildungssystems wie Reform der Gesellschaft.

Was folgt daraus? Wenn die Schule in der Krise sein soll, muß zugleich die Gesellschaft, als deren Teil die Schule begriffen werden muß, sich ebenfalls in krisenhaftem Zustand befinden. Das Interesse an einer Anpassung des Subsystems Ausbildung an das gesellschaftliche System setzt daher mit der Veränderung des Systems zugleich das Interesse an der Veränderung der Gesellschaft. Das erklärt den progressiven Touch selbst der technokratischsten Reformmodelle, die sich inhaltlich mit der Effizienzsteigerung des Systems zufriedengeben. *Reform,* so technokratisch die Intentionen ihrer Urheber auch immer sein mögen, so überzeugt sie eine »moderne Schule« an ihre »moderne Gesellschaft« (Dahrendorf) anzupassen versuchen, Reform konstituiert aus ihrer eigenen Logik her-

aus den fortschrittlichen Anspruch, die demokratische Legitimation
ihrer Protagonisten. Emanzipatorischen oder »linken« Positionen
ist das Interesse an Veränderung der Gesellschaft selbstverständlich.
Für sie gilt das gleiche. Die logische Konstruktion des Reform-
begriffs als Moment der Überwindung der Krise scheint ideal für
die Formulierung eines emanzipatorischen Interesses. »*Emanzipation* ist der oberste Leitbegriff der Schule«, heißt es in den Grundsätzen der Planungsgruppe der Gesamtschule Bremen-Ost. Sie nehmen den *Anspruch* für sich in Anspruch, der sich aus der Konstruktion ergibt.

Darum erscheint jede Position, ist sie erst einmal als Reform-
position formuliert, so selbstverständlich, darum stößt sie, so radikal sie sich auch darstellen mag, selten auf Widerspruch. Das erklärt
aber auch die völlige Leere des Emanzipationsbegriffs.

Je mehr er abdecken soll, desto unspezifischer, dest inhaltsloser
wird er. Ein Beispiel für diesen totalen und leeren Emanzipations-
begriff aus den ›*Thesen zu emanzipatorischer Erziehung*‹ von Alfred
Pressel: »Emanzipatorische Erziehung ist kein pädagogischer
Grundbegriff, sondern die sozialwissenschaftlich fundierte Theorie
und Praxis des politischen Kampfes. Sie steht auf der Seite der
Unterdrückten.«

Auch dort, wo der Gegner noch als Feind erscheint, wo der
Reformbegriff noch inhaltlich gefüllt werden muß, entsteht ein logi-
scher Hiatus. Reform ohne einen inhaltlich gefüllten Begriff von
gesellschaftlicher Veränderung scheint unmöglich, diese aber soll
sich möglichst nur als Reform, als »bewährte Lösung« abspielen
(*Bildungsbericht '70*). Die Katze beißt sich in den Schwanz. Reform
ohne einen positiven Begriff von gesellschaftlicher Veränderung ist
unmöglich, der Begriff aber, der Ziel und Richtung der Veränderung angeben soll – Emanzipation –, wird nichtssagend in die
Debatte eingeführt.

Wenn die Krise des Ausbildungssystems sich als Krise der Funk-
tionen darstellen soll, die es zu erfüllen hat, dann muß sich die
Krise der Bildungsreform an ihrer Schwäche darstellen, diese
Funktionen gültig zu bestimmen.

Diese Schwäche zeigt sich bei der Rekonstruktion der logischen
Struktur der Bildungsreformtheorie.

1. Die Gesellschaft befindet sich in der Krise, die Schule auch.
Die Instabilität (Krise) des Systems kann sich ausschließlich dadurch
ausdrücken, daß die Schule der gesellschaftlichen Entwicklung

hinterherhinkt, sie kann sich aber auch durch weitergehende
Schwächen des Systems darstellen. Notwendig wird die »Modernisierung der Gesellschaft« (Dahrendorf). Hier kann die Schulreform
zu einem »Mittel der Beschwichtigung« (Hentig in seinem Vorwort
zu Illichs ›Entschulung der Gesellschaft‹) werden, zu einem Mittel,
das die Instabilität des Systems überwinden, zumindest aber kompensieren soll. Dann hat die Reform nicht die Funktion der Veränderung, sondern die Funktion der Erhaltung der »Marktwirtschaft« als Mittel gegen die »Welt des Ostens«, wie Becker (Hellmut
Becker – Direktor des Max-Planck-Instituts für Bildungsforschung,
Anm. des Hrsg.) es in einer Schrift der fünfziger Jahre einmal
formulierte.

2. Soweit Krise mehr als ein formaler Begriff ist, soweit er mehr
bezeichnet als die bloße Nichtkompatibilität der einzelnen Momente des gesellschaftlichen Systems, dann muß sich dieser krisenhafte Zustand an den Bedürfnissen der Individuen als zu Über-
windender darstellen. Der Zustand fordert nicht nur Veränderung,
er fordert Veränderung in der richtigen Richtung. Insofern ist
Emanzipation als ein globaler, aber das Interesse nach Selbstverwirklichung der Individuen umfassender Begriff richtig. Falsch wird
der Begriff, weil eine Reform, als eine Veränderung des Systems,
nicht im Interesse seiner Destruktion, sondern im Interesse seiner
Erhaltung, der Verteidigung seiner wie auch immer hypostasierten
positiven Momente gegen seine negativen fungiert. Emanzipation
bezeichnet daher, an Reform gekoppelt, einen unspezifischen, völlig
leeren Veränderungsbegriff. Der Begriff »systemüberwindende Reform«, in sich widersprüchlich, gibt nur so lange einen Sinn, wie
er mit den politischen Vorstellungen von Andreas Baader konfrontiert wird.

3. Die Verselbständigung des Ausbildungssystems ist zunächst
der Grund für die Krise, für seine Dysfunktionalität. Nun soll diese
Verselbständigung, qua Reform, zur Möglichkeit werden, der gesellschaftlichen Entwicklung vorauszueilen, obwohl sie als Grund
dafür erkannt worden ist, daß das System bislang hinterherhinken
mußte. Volker Hoffmann schreibt in seiner Analyse zum Klassencharakter der Gesamtschule, mit Bezug auf die »linke« Kritik an
der Gesamtschule: »Nicht nur wird die Behauptung mehr oder weniger unkritisch hingenommen, daß die GS den Bedarf der kapitalistischen Produktion an qualifizierten Arbeitskräften angemessen
decken könne, sondern bisweilen sogar angedeutet, daß die Gesamt-

schule die Potenz habe, der Entwicklung der Produktivkräfte vor-
anzueilen[12].«

Die Schule soll »öffentlich kontrollierte [s] Instrument der gesellschaftlichen Selbststeuerung«[40] sein. Der Graben zwischen Ausbildungssystem und Gesellschaft könnte zugleich zum Spielraum
des Ausbildungssystems werden, in dem die »freiesten Personen
die öffentliche, institutionalisierte Erziehung und Bildung übernehm-
men, und daß sie dabei die Mittel anwenden, die in sich die Offenheit gebieten, ja repräsentieren«[13].

Im Spielraum, der »Bildung des Freiraums«, kann die »Vorbereitung auf den Kampf gegen die autoritäre Leistungsgesellschaft
durch emanzipatorische Erziehung geschehen«[14]. Eine »konkrete
gesellschaftliche Utopie soll für die Schüler vorweggenommen werden, die also glücklich leben sollen«[15].

4. Auf der anderen Seite, und das ist das Dilemma, wird das
Ausbildungssystem seine neue Funktion nur entfalten können,
wenn es die Chance hat, direkt auf die Gesellschaft einzuwirken,
wenn es *nicht* verselbständigt ist. Bildungsreformtheorien können
daher nicht konsistent sein.

5. Sollen, müssen Ausbildungssystem und Gesellschaft eng ver-
zahnt sein, dann muß das Subsystem Ausbildung dem System, den
Tendenzen unterliegen, die es bekämpfen soll. Bildungsreform
kann ihren Anspruch nur erfüllen, wenn sie von einem Totalitätsbegriff ausgeht, muß diesen Totalitätsbegriff aber ignorieren, wenn
er als gesellschaftliche Tendenz, als Form der Reproduktion des
Spätkapitalismus, auf sie zurückschlägt.

6. Sofern Bildungsreformtheorie nicht Ideologie sein will und
solange sie an ihrer eigenen logischen Konsistenz noch interessiert
ist, muß sie jetzt auf den Widerspruch zwischen verschiedenen
Funktionsebenen stoßen: a) Funktionen, die zur Reproduktion bzw.
Stabilisierung des bestehenden Systems dienen, b) Funktionen, die
über die Reproduktion der bestehenden Gesellschaft hinausgehen.
Soll die Reform dennoch Wirklichkeit werden, so müssen die

---

12 L. Hoffmann, »*Der Klassencharakter der Gesamtschule.*« Berlin 1972,
S. 14.
13 H. v. Hentig: Vorwort in I. Illich: »*Entschulung der Gesellschaft*«. München 1972, S. 7.
14 H. v. Hentig: »*Schule im Regelkreis*«, a. a. O., S. 28.
15 A. Pressel: »*Thesen zur emanzipatorischen Erziehung*«. In: »*Erziehung in
der Klassengesellschaft*«, a. a. O., S. 149.

systemstabilisierenden Funktionen mit den nicht-systemstabilisierenden Funktionen verquickt werden. Dem Anspruch nach »Demokratisierung«, nach »Emanzipation« müssen die reproduktiven, das System erhaltenden Funktionen untergeordnet werden, und zwar so, daß

a) der positive Anspruch unangetastet bleibt;

b) die Identität des Funktionssystems wenn nicht gewahrt, so doch auf eine reformerisch ehrliche Weise glaubhaft bleibt;

c) die reproduktiven Subfunktionen, die den emanzipatorischen Metafunktionen untergeordnet sind, müssen zum Tragen kommen, sonst hätte die angestrebte Veränderung als *Reform* keine Chance.

Wenn jetzt trotzdem Emanzipation vorangetrieben werden soll, dann muß auf Ebenen rekurriert werden, auf denen sich Interessenidentität mit der bestehenden Gesellschaftsform noch ergeben kann. Bildungsreformtheorien sind letztlich gezwungen, die Interessenidentität zwischen herrschender Gesellschaft und den pädagogischen oder emanzipatorischen Interessen der Reform des Ausbildungssystems zu *unter*stellen. Das kann sich nicht mehr auf der Ebene des Emanzipationsbegriffs selbst vollziehen, sondern nur auf der Ebene seiner Derivate wie »Chancengleichheit«, »Durchlässigkeit«, »soziale Integration«, »Klima der Vorurteilslosigkeit«, »Wissenschaftlichkeit der Schule« usw. Unausgesprochen wird eine prästabilisierte Hierarchie der Funktionen beschworen, bei der die Emanzipation deshalb garantiert ist, weil die Ebenen, die sie tragen, nicht nur in ihrem Interesse, sondern glücklicherweise auch im Interesse der »Mächtigen« (Dahrendorf) fungieren und funktionieren: ... »die Gesellschaftspolitik [hat] die Probleme zu lösen, die mit der Ungleichheit der beruflichen Startchancen verbunden sind. Diese Ungleichheit wird *subjektiv* als Unrecht [!] empfunden und widerspricht *objektiv* den Ansprüchen der modernen Technologie und Wirtschaft, die eine große Zahl gut ausgebildeter Arbeitskräfte benötigt[16].« Oder: »Immer mehr Menschen suchen Möglichkeiten der Ausbildung und Fortbildung für sich und ihre Kinder; insofern gibt es einen gewissen sozialen ›Druck‹ auf Schulen und Hochschulen. Die Zahl der Berufe, die nur oder zumindest besser von hochqualifizierten Arbeitskräften ausgefüllt werden können, wächst

---

16 Initiativgruppe Solingen: »*Schule ohne Klassenschranken. Entwurf zu einer Schulkooperative*«. Reinbek bei Hamburg 1972 (rororo sachbuch 6724), S. 7.

ständig; insofern trifft sich das Ziel der Erweiterung der Bürgerrechte mit dem Bedarf an hochqualifizierten Arbeitskräften. Alle
diese Motive sind aber subsidiär gegenüber dem im weiteren Sinne
politischen Argument, wenn ihre Folgen auch in dieselbe Richtung
weisen. Denn fragen wir nach dem konkreten Ziel, das aus dem
Motiv einer aktiven Bildungspolitik folgt, dann lautet dieses zunächst einfach: mehr Bildung oder vielleicht: mehr Bildung für
mehr Menschen! Das klingt trivialer als es ist[17].«

Zugleich muß bei der Darstellung der emanzipatorischen Funktionen eine *Verdrängung* der Reproduktionsfunktionen, die die
herrschende Gesellschaft stabilisieren könnten, zu beobachten sein.

---

17 Sander u. a.: »*Die demokratische Leistungsschule*«. Hannover 1967 (Hervorhebungen im Text von mir; M. M.).

Kapitel 4: Bildungsökonomie als Planungstheorie: Ansätze und Modelle zur Makro-Planung des Bildungssystems

Mark Blaug:

Ansätze zur Bildungsplanung[1]

Bildungsplanung ist so alt wie das staatliche Bildungswesen, d. h. viel älter als Wirtschaftsplanung. Bis vor relativ kurzer Zeit jedoch war Bildungsplanung eher dem Zufall als planerischem Willen überlassen, eine Angelegenheit eher der Regional- als der Zentralregierungen, mit einzelnen Bildungseinrichtungen statt mit ganzen Bildungssystemen befaßt; und nie hat man sich die Mühe gemacht, die durch die Planung zu realisierenden Ziele festzusetzen. Der Zweite Weltkrieg änderte all dies: der explosionsartige Bildungsbedarf der Nachkriegszeit, das neue Interesse an zentraler Wirtschaftsplanung, das besessene Denken in Wachstumsraten sowohl in den Industrie- als auch in den Entwicklungsländern, dies alles wirkte zusammen, um gegenüber der Bildungsverwaltung eine neue Haltung entstehen zu lassen. Staatliche Bildungsplanung mit dem Zweck, wirtschaftliche Ziele zu fördern, ist heute ebenso allgemein anerkannt wie Wirtschaftsplanung selbst. So groß jedoch die Spannweite zwischen der zentralistischen Investitionsplanung in der Sowjetunion und der »indikativen Planung« in Frankreich und Großbritannien ist, so wenig Einigung wurde bisher – bei aller Begeisterung über Bildungsplanung – hinsichtlich der Methoden und Verfahren der Bildungsplanung erzielt.

Man betrachte die seltsame Lage eines Bildungsplaners, der die rasch sich vermehrende Literatur zur Bildungsökonomie heranzieht, um sich bei seinen bildungspolitischen Entscheidungen daran

1 Mark Blaug: Approaches to Educational Planning. In: The Economic Journal. Vol. 57 (1967), S. 262–287. (Macmillan Journals Limited, London.)
Übersetzt (von Doris M. Fittler) und wiederabgedruckt mit freundlicher Genehmigung des Verfassers und des Verlages.
Dieser Aufsatz ist der revidierte Text einer Arbeit, die auf der Versammlung der Association of University Teachers of Economics in Durham (April 1966) vorgetragen wurde. Ich habe aus den Diskussionen während des Treffens und aus den Kommentaren der Lehrkräfte der Unit for Economic and Statistical Studies on Higher Education an der London School of Economics Gewinn gezogen, besonders aus den Beiträgen der Herren J. R. Crossley, H. Glennester, R. P. G. Layard und Professor C. A. Moser.

zu orientieren. Einerseits soll er die Expansion des Bildungssystems nach den quantitativen Vorausschätzungen der Nachfrage nach hochqualifizierten Arbeitskräften (demand for highly qualified man-power) ausrichten; andererseits sieht er sich gedrängt, die soge-nannte »soziale Bildungsnachfrage« (social demand for education), d. h. die Nachfrage des privaten Verbrauchers, zu projizieren und entsprechende Kapazitäten bereitzustellen. Schließlich wird er mit Ertragsratenberechnungen über Bildungsinvestitionen konfrontiert, und es wird ihm empfohlen, gerade soviel Ausbildung vorzusehen, wie nötig ist, damit der Investitionsertrag des Humankapitals ge-nauso hoch ist wie der Investitionsertrag des materiellen Kapitals. Offenbar geben die drei Modelle verschiedene Antworten; und es ist merkwürdig, daß die Literatur wenig Hilfestellung leistet, wenn es darum geht, verschiedene Bildungsplanungsmethoden miteinander zu vereinen. Um jedoch dem Schaden noch Schimpf hinzuzufügen, spotten die Verfechter der Arbeitskräftebedarfsschätzung über die den Ertragsratenberechnungen zugrundeliegenden Prämissen, wäh-rend die Befürworter der Ertragsratenanalyse (rate-of-return ana-lysis) ebenso höhnisch bei der Ansicht reagieren, daß Arbeitskräfte-anforderungen exakt vorausgesagt werden können. Mittlerweile hat sich die Hochschulausbildung in vielen Ländern einfach deshalb aus-gebreitet, um die wachsende Zahl akademisch qualifizierter Bewer-ber offenbar in der Meinung unterzubringen, daß so etwas wie das Saysche Theorem – Angebot erzeugt seine eigene Nachfrage – auf den Märkten für qualifizierte Arbeitskräfte wirksam ist. All dies ist sehr verwirrend, und unter diesen Umständen können wir es einigen Bildungsplanern kaum verübeln, die daran zu zweifeln beginnen, ob Ökonomen bei der Entscheidung von Bildungsfragen wirklich einen wertvollen Beitrag leisten können.

Die vorliegende Arbeit ist der Versuch, dieses Problem zu lösen oder es doch wenigstens so darzulegen, daß eine Lösung möglich ist. Die Grundthese besagt, daß die drei Methoden, wenn sie richtig verstanden werden, komplementär und nicht konkurrierend sind. An einem Punkt der Darlegung wird ein Vergleich zwischen den Vereinigten Staaten und dem Vereinigten Königreich angestellt; aber dies soll nur der Veranschaulichung und Erhellung des Pro-blems dienen, das damit in einem konkreten Zusammenhang er-örtert wird. Die These selbst läßt sich bei entsprechenden Modifizie-rungen sowohl auf Industrie- als auch auf Entwicklungsländer anwenden.

I. Ein Überblick über die drei Ansätze

Der Regionalplan für den Mittelmeerraum der O.E.C.D. (Mediterranean Regional Project = M.R.P.) ist ein ausgezeichnetes Beispiel für das Bildungsplanungsmodell der Arbeitskräftebedarfsschätzung (man-power forecasting approach to educational planning). Die angewandte Methode besteht darin, in Etappen von einer ursprünglichen, von einem früheren Wirtschaftsplan gegebenen Projektion eines gewünschten Bruttoinlandsprodukts für ein bestimmtes Jahr in der Zukunft auszugehen, um zur Bereitstellung ausgebildeter Arbeitskräfte zu gelangen, die in gewisser Weise »erforderlich« sind, um das Bruttoinlandsprodukt im Zieljahr zu realisieren[1a]. Die Schritte sind folgende: 1. Das gewünschte Bruttoinlandsprodukt etwa des Jahres 1975 wird nach wichtigen Wirtschaftssektoren wie der Landwirtschaft, der Produktion, dem Transport, dem Dienstleistungssektor usw. aufgegliedert; 2. diese sektoralen Bruttoinlandsprodukte werden dann nach Industriezweigen disaggregiert (in den Untersuchungen des M.R.P. wurde nicht versucht, in der Disaggregation so weit zu gehen); 3. ein durchschnittlicher Arbeitskoeffizient, der Kehrwert des bekannten Konzepts der durchschnittlichen Arbeitsproduktivität, wird auf die sektoralen oder gesamtwirtschaftlichen Ziele des Bruttoinlandsprodukts angewendet; daraus ergibt sich eine Arbeitskräfteanforderung nach Sektor oder Gesamtwirtschaft; 4. die Arbeitskräfte werden auf eine Anzahl von gegenseitig sich ausschließenden Beschäftigungskategorien aufgeteilt; 5. die Beschäftigungsstruktur wird unter Verwendung eines normierten Maßstabes des formalen Ausbildungsniveaus, das erforderlich ist, um eine berufliche Tätigkeit »in angemessener Weise« auszuüben, in eine Ausbildungsstruktur transformiert[2]. Schließlich werden Fälle wie Tod, Ruhestand und Auswanderung mit in die Rechnung einbezogen, d. h.

1a Die M.R.P. Länderberichte für Spanien, Italien, Griechenland, Jugoslawien, Türkei und Portugal sind jetzt bei der O.E.C.D. erhältlich. Die Methode wird von H. S. Parnes, *Forecasting Educational Needs for Economic and Social Development* (Paris: O.E.C.D., 1962), dargelegt und verfochten.
2 Die Methode wird durch folgende Gleichung zusammengefaßt: (Bruttoinlandsprodukt = BIP)

$$(BIP) \left(\frac{BIP_s}{BIP} \right) \left(\frac{BIP_i}{BIP_s} \right) \left(\frac{L_i}{BIP_i} \right) \left(\frac{L_j}{L_i} \right) \left(\frac{L_e}{L_j} \right) = \text{Arbeiter mit}$$

sowohl der Ersatz- als auch der Expansionsbedarf an ausgebildeten
Arbeitskräften. Das Endergebnis ist eine konditionale Vorausschätzung der Nachfrage nach ausgebildeten Arbeitskräften im Jahr
1975, d. h. konditioniert durch die Erfüllung des für das Bruttoinlandsprodukt gesetzten Ziels.

Die Schwierigkeiten dieser Methode konzentrieren sich weitgehend auf Schritt 3) und 5), obgleich auch Schritt 4) strittige Fragen aufwirft. Um die Arbeitskoeffizienten prognostisch zu ermitteln,
extrapoliert man in der Regel bisherige Entwicklungen entweder
als Funktion der Produktion oder als Funktion der Zeit. Eine
andere Methode besteht darin, den in entwickelteren Ländern
festgestellten Koeffizienten unter der Annahme zu übernehmen,
daß es bestimmte Wachstumspfade der Arbeitskraft gibt, die alle
Wirtschaften im Laufe der Entwicklung durchlaufen, eine Variante
besteht darin, den Arbeitskoeffizienten zu nehmen, der für den
am höchsten entwickelten Wirtschaftssektor gilt, mit der Begründung, daß die praxisbewährteste Arbeitsweise dieses Sektors
schließlich zur durchschnittlich funktionierenden Arbeitsweise
aller Sektoren wird. Und schließlich gibt es die im Entwurf des
National Plan angewandte Methode, derzufolge die Arbeitgeber
aufgefordert werden, ihre eigenen künftigen Arbeitsanforderungen bei einer gegebenen festgesetzten Expansionsrate auf ihrem
Absatzmarkt vorauszuschätzen. Wir werden später auf diese Methoden der Vorausschätzung zurückkommen; vorläufig stellen
wir nur fest, daß die Ökonomen mit den durch die Prognose
der Arbeitsproduktivität verbundenen Problemen vertraut sind.
Dies ist nicht so bei den in Schritt 5) auftauchenden Schwierigkeiten, nämlich bei der Umsetzung von Arbeitsanforderungen nach
Beschäftigung in Arbeitsanforderungen nach Ausbildungsqualifikation (der *National Plan* unterließ diesen letzten Schritt und lieferte
eine Arbeitskräftebedarfsschätzung ohne Implikationen für Bil-

---

der Ausbildung e in der Beschäftigungskategorie j im Industriezweig i des
Sektors s; wobei
BIP_s = das vom jeweiligen Sektor produzierte BIP,
BIP_i = das vom jeweiligen Industriezweig produzierte BIP,
L_i = das Arbeitspotential im jeweiligen Industriezweig,
L_j = das Arbeitspotential in der jeweiligen Beschäftigungskategorie,
L_e = das Arbeitspotential mit der jeweiligen Ausbildungsstufe, und

$$L \geq \sum^n L_{sije} \text{ ist.}$$

dungsplanung). Die einfachste Art, Beschäftigung in Ausbildung zu transformieren, besteht darin, den Mittelwert der derzeitig in jeder Beschäftigung oder Beschäftigungsgruppe festgestellten Ausbildungsjahre zu nehmen. Der Nachteil dabei ist, daß das Konzept der Kenntnisse und Fertigkeiten nicht durch einen Skalar wie Ausbildungsjahre angemessen ausgedrückt wird. Auf jeden Fall ist es nicht das, was der Bildungsplaner wissen möchte: Seine Entscheidungen müssen vom Standpunkt der verschiedenen Ausbildungsstufen aus gefällt werden. Das Problem liegt daher darin, einen Vektor zu bestimmen, der die Kombination der in verschiedenen Beschäftigungszweigen geforderten unterschiedlichen Ausbildungsdauer und Ausbildungsstufe mißt. Trotz vieler Versuche, solche Ausbildungsvektoren zu entwickeln, kann bis zum heutigen Zeitpunkt nicht behauptet werden, daß diese Schwierigkeiten zufriedenstellend gelöst wurden. Diese Schwierigkeiten sind nicht bloß technischer Art. Wie wir sehen werden, liegen sie tief in der Unzulänglichkeit der Methode der Arbeitskräftebedarfsschätzung in ihrem heutigen Verständnis begründet.

Wir wenden uns nun den Projektionen der sozialen Nachfrage zu. Dazu muß wenig gesagt werden. Es ist sozusagen alles im Robbins Report enthalten[3]. An dieser Stelle müssen wir zwischen »Vorausschätzung« und »Projektion« unterscheiden. So wie diese Begriffe in der vorliegenden Abhandlung verwendet werden, bedeutet eine »Vorausschätzung« immer eine an die Realisierung eines bestimmten wirtschaftlichen Wachstumsziels gebundene Voraussage, d. h. eine Aussage über das, was geschähe, wenn wirtschaftliches Wachstum absichtlich manipuliert würde. Mit anderen Worten, Arbeitskräftebedarfsschätzungen zeigen lediglich die Implikationen eines Wirtschaftsplans in bezug auf die Charakteristika der Arbeitskraft auf. »Projektionen« dagegen sagen das Ergebnis rein spontaner Kräfte voraus, d. h. was bei normalem Ablauf der Dinge in einer planfreien Wirtschaft geschieht (der »normale Ablauf der Dinge« bezieht sich auch auf die durch die Projektion verfügbar gemachte Information). So können wir etwa bei der amerikanischen oder britischen Wirtschaft von Arbeitskräfteprojektionen sprechen. Auf ähnliche Weise versuchen Projektionen der pri-

---

3 Siehe auch O.E.C.D., *Policy Conference on Economic Growth and Investment in Education. II. Targets for Education in Europe in 1970* (Paris: O.E.C.D., 1962).

vaten Nachfrage nach Ausbildung im Anschluß an die Vollzeitschulpflicht, d. h. Projektionen der sozialen Nachfrage, Studien-
immatrikulationen unter der Annahme vorauszuschätzen, daß der
»Preis« für die Ausbildung derselbe bleibt, ob die Wirtschaft geplant ist oder nicht. Dieser »Preis« setzt sich zusammen aus den
direkten und indirekten Kosten für Sekundarschul- und Hochschulausbildung, die dem Erfordernis, Eingangsqualifikationen zu erbringen, unterworfen ist. So sind die Projektionen der sozialen
Nachfrage vom Robbins-Typ bedingt durch: 1. ein bestimmtes
Ausmaß an Potential für Sekundarschulausbildung, besonders der
5. und 6. Klasse; 2. eine bestimmte Zulassungsnorm bei der Hochschulausbildung; 3. eine bestimmte Höhe der direkten Kosten der
Sekundarschul- und Hochschulausbildung, insbesondere eine bestimmte Anzahl an Studienstipendien, und 4. eine bestimmte Einkommenshöhe ausgebildeter Arbeitskräfte, nicht nur, weil dieses
Einkommen einen wichtigen Aspekt der durch zusätzliche Ausbildung eröffneten Berufsmöglichkeiten darstellt, sondern auch, weil
es die indirekten Kosten für eine weiterführende Schulausbildung
in Form eines geleisteten Einkommensverzichts darstellt. Extrapolationen der bestehenden Immatrikulationstendenzen stehen im
Zentrum dieses Ansatzes, und je größer die Kenntnisse der sozioökonomischen Determinanten für eine weiterführende Schulausbildung sind, um so exakter sind auch die Projektionen. Im Prinzip
ist es durchaus möglich, die Preiselastizität der Ausbildungsnach-
frage zu messen, d. h. die Wirkung von Veränderungen einiger für
gleich gehaltenen Faktoren zu bestimmen, wie die Anzahl der Studienstipendien; aber bis jetzt wurden nur geringe Anstrengungen in
diesem Sinne unternommen. All dies impliziert, daß Projektionen
der sozialen Nachfrage so etwas wie einen minimalen prognostischen
Ansatz darstellen, der dem Bildungsplaner nicht sagt, was er zu
tun hat, sondern was geschieht, wenn er genau das tut, was er die
ganze Zeit über getan hat.

Dies führt uns zum Ertragsratenansatz. Dabei beginnen wir mit
einer Cross-Matrix der Arbeitskräfte nach Alter, Ausbildung und
Einkommen vor und nach Steuerabzug. Davon ausgehend bilden
wir Alters-Einkommens-Querschnitte nach Ausbildungsjahren,
d. h. wir benutzen Querschnittsangaben, um das zusätzlicher Ausbildung zuzurechnende Lebenseinkommen zu projizieren. Es empfiehlt sich, die Ausbildungskosten als rein negatives Einkommen zu
werten; daraus resultiert, daß wir sofort den derzeitigen Wert des

Nettoeinkommensgefälles errechnen können, das mit zusätzlicher Ausbildung zu verschiedenen Diskontsätzen verbunden ist. Die interne Ertragsrate der Bildungsinvestition ist nichts anderes als der Diskontsatz, der den gegenwärtigen Wert des Netto-Lebenseinkommens auf Null reduziert bzw. der den diskontierten Wert der Kosten einer bestimmten Ausbildungsdauer dem diskontierten Wert des künftigen, von diesem aus errechneten Einkommens gleichsetzt[4]. Es muß jedoch die Schwierigkeit berücksichtigt werden, daß das zusätzlicher Ausbildung zuzurechnende Einkommen nicht gänzlich der Ausbildung allein zugeschrieben werden kann. Es erübrigt sich zu betonen, daß das Einkommen des einzelnen zum Teil von angeborenen Fähigkeiten, familiärer Umgebung, sozialer Herkunft usw. abhängt und in dieser Eigenschaft den Charakter einer Abzahlung an einen nicht reproduzierbaren Produktionsfaktor annimmt. Auf einer keineswegs ausreichenden empirischen Beweisgrundlage sind sich einige amerikanische Experten darüber einig, daß etwa zwei Drittel des den Ausbildungsjahren zuzurechnenden, feststellbaren Einkommensgefälles statistisch auf unterschiedliches Ausbildungsniveau zurückzuführen ist. Es ist deutlich, warum die Angabe von zwei Drittel für britische Verhältnisse angesichts unseres hochselektiven Bildungssystems wahrscheinlich eine Überbewertung darstellt; andererseits sind Personen mit einer Hochschulausbildung in unserem Land relativ seltener als in den Vereinigten Staaten, was dafür spricht, daß zwei Drittel eine Unterbewertung ist. Außerdem ist es noch niemandem gelungen, der beträchtlichen Unsicherheit und Illiquidität der Investition in Humankapital befriedigenden quantitativen Ausdruck zu verleihen. Nichtsdestoweniger geht eine vernünftige Interpretation der errechneten Ertragsraten dahin, daß sie so etwas Ähnliches wie maximale Wahrscheinlichkeitsschätzungen des durchschnittlichen Ertrags zusätzlicher Bildungsaufwendungen darstellen. In gewisser Weise sind sie nichts anderes als eine summarische Statistik, die die vorherrschende Beziehung zwischen den Kosten für mehr Ausbildung und

---

4 D. h.
$$\sum_{t=15}^{t=65} \frac{E_t = C_t}{(1+r)^t} = 0$$

wobei r die interne Ertragsrate ist, E das Einkommen vor und nach Steuerabzug, C die Ausbildungskosten, t = 15 das gesetzliche Schulabschlußalter und t = 65 das Pensionierungsalter.

dem Einkommen, von dem man mehr oder weniger zuversichtlich
erwartet, daß es daraus resultiert, ausdrückt.

Dieser Methode werden viele Einwände entgegengehalten; einige
sind es wert, im vorliegenden Kontext hervorgehoben zu werden.
Zunächst gehen sie davon aus, daß das bestehende Einkommens-
gefälle zugunsten qualifizierter Arbeitskräfte deren höhere Produktivität widerspiegelt; offenbar sind Ertragsratenzahlen, wenn keinerlei Beziehung zwischen relativem Einkommen und relativer
Produktivität besteht, ökonomisch gesehen irrelevant. Wenn zweitens der Bedarf und das Angebot an qualifizierten Arbeitskräften in der Zukunft in anderen Raten wachsen als in der Vergangenheit, werden die künftigen Ertragsraten von den errechneten Ertragsraten abweichen oder, im Fachjargon ausgedrückt, die durchschnittliche Ertragsrate ist vielleicht kein guter Anhaltspunkt für die
Grenzertragsrate. Drittens berücksichtigt die Methode nicht die
immateriellen Konsumeffekte der Ausbildung und, was schwerwiegender ist, sie läßt auch all die finanziellen Effekte, außer jenen,
die direkt dem ausgebildeten Einzelnen zugute kommen, unberücksichtigt. Dies ist nicht der Ort, um diese Einwände zu erörtern[5],
wenn auch Punkt 1 und 2 im folgenden aufgenommen werden. Man
beachte jedoch, daß das Modell der Arbeitskräftebedarfsschätzung
gegenüber einigen gleichen Einwänden angreifbar ist: z. B. berücksichtigt es auch weder die Konsum- noch die externen Effekte der
Ausbildung. Stellt man alle technischen Einwände zurück, so bleibt
dennoch die Tatsache bestehen, daß die dem Ertragsratenansatz
zugrundeliegenden Prämissen sich ziemlich von jenen der Arbeitskräftebedarfsschätzung und der Projektion der sozialen Nachfrage
unterscheiden. Können wir all diese Ansätze irgendwie kombinieren, oder müssen wir uns entscheiden und dem einen den Vorzug
vor den beiden anderen geben?

---

5 Für eine eingehende Erörterung all der technischen Einwände siehe M.
Blaug, »The Rate of Return on Investment in Education in Great Britain«,
Manchester School, September 1965, S. 205–61, und Reprint Series, No. 5,
Unit for Economic and Statistical Studies on Higher Education, London
School of Economics.

II. Ein vorläufiger Gegensatz zwischen den drei Ansätzen

Das erste, was uns bei diesen drei Bildungsplanungsansätzen auf-
fällt, ist, daß sie nicht von derselben Grundlage ausgehen. Der Ansatz der Arbeitskräftebedarfsschätzung sagt dem Bildungsplaner,
wie viele Wissenschaftler, Ingenieure, Techniker usw. er etwa 1975
bereitstellen soll – ohne Rücksicht weder auf deren voraussichtliches
Einkommen noch auf die relativen Kosten, sie heranzubilden. Kurz,
er liefert dem Planer eine Prognose eines Punktes in der Nach-
fragestruktur des Jahres 1975 für eine bestimmte Fachrichtung.
Wenn aus irgendeinem Grund das von der Arbeitskräftebedarfsschätzung festgesetzte Bedarfsziel nicht verwirklicht wird, so daß
sich das relative Einkommen ändert, ist es dem Bildungsplaner nicht
möglich, herauszufinden, ob der Fehler auf eine ungenaue Prognose
der Verschiebung in der Nachfragekurve zwischen 1966 und 1975
zurückzuführen ist oder einfach auf die fehlerhafte Prämisse, daß
Studenten sich bei der Wahl ihres Studienfaches nicht von Ver-
diensaussichten leiten lassen[6]. Gleichermaßen sagt eine Projektion

---

6 Nehmen wir den Fall des Arbeitsmarktes für Wissenschaftler. Eine Ar-
beitskräfteschätzung stellt fest, daß die Nachfrage nach Wissenschaftlern 1975
q sein wird; da diese Prognose das Einkommen von Wissenschaftlern nicht
berücksichtigt, ist der Gedanke offensichtlich der, daß das Angebot an Wissenschaftlern ausschließlich eine Angelegenheit der für das naturwissenschaft-
liche Studium bereitgestellten Einrichtungen sei (folglich ist auch die Angebotskurve völlig unelastisch). 1975 jedoch gibt es statt q Wissenschaftlern mit
s Gehältern q′ Wissenschaftler mit s′ Gehältern, d. h. wir erhalten den
Schnittpunkt B statt C. Haben wir es mit der Nachfragekurve für 1975 zu tun,
wo der Fehler auf das Versagen zurückzuführen ist, daß unser Ziel des Aus-
bildungsangebots nicht realisiert wurde, oder haben wir es mit einer anderen
Nachfragekurve zu tun?

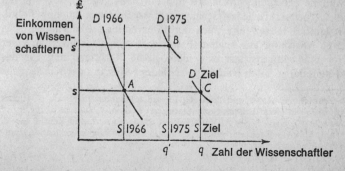

der privaten Bildungsnachfrage dem Bildungsplaner, wieviel Studenten mit verschiedenen Arten beruflicher Vorbereitung für 1975 zu erwarten sind. Er hat keine Möglichkeit festzustellen, ob diese Studenten vom Arbeitsmarkt absorbiert werden können, ohne daß sich die Struktur der relativen Einkommen ändert. Wenn sich das relative Einkommen ändert, wirkt sich dies sehr wahrscheinlich auf die nach Spezialisierungsrichtungen gegliederte Struktur der privaten Bildungsnachfrage aus. An diesem Punkt ist er vielleicht versucht, die Projektion der sozialen Nachfrage mit der Arbeitskräftebedarfsschätzung zu kombinieren, indem er gerade so viele Studienplätze bereitstellt, wie nötig ist, um den Anforderungen der für die Aufnahme qualifizierter Studenten zu entsprechen und zuzulassen, daß die Verteilung von Plätzen auf Fakultäten und Einzelpersonen von einer Arbeitskräftebedarfsschätzung gesteuert wird. Dies ist denn auch in groben Zügen das vom Robbins Committee verwendete Modell[7]. Aber schon ein kurzer Blick lehrt, daß es von beiden Ansätzen wirklich nur das schlechteste kombiniert: Es geht davon aus, daß wirtschaftliches Wachstum vom relativen Angebot qualifizierter Fachkräfte und nicht vom absoluten Angebot derselben beeinflußt wird. Es handelt von jenem Teil des Arbeitspotentials, der eine Hochschulausbildung als Konsumentenentscheidung erworben hat, die man am besten den Eltern und Studenten selbst überläßt, während das Verhältnis zwischen Wissenschaftlern und Ingenieuren oder zwischen Ingenieuren und Technikern als Investitionsentscheidung betrachtet wird, die der Verantwortlichkeit des Staates obliegen muß. Ferner hat die Arbeitskräftebedarfsschätzung gerade in der Schätzung der Nachfrage nach spezifischen Fachrichtungen ihre schwächste Stelle und nicht in der Schätzung der Gesamtarbeitsanforderungen. So zieht diese Kombination der beiden Modelle geringen Nutzen aus den durchaus gegebenen Vorzügen der Arbeitskräftebedarfsschätzung. Das Ergebnis ist eine Politik weder des laissez-faire noch der Intervention, sondern eine seltsame Mischung aus beiden. Freilich ist es nicht schwer, in einer freien Marktwirtschaft eine ideologische Rechtfertigung für das Modell der sozialen Nachfrage zu finden. Aber um der Konsequenz

---

7 Siehe C. A. Moser und P. R. G. Layard, »Planning the Scale of Higher Education in Great Britain: Some Statistical Problems«, *Journal of the Royal Statistical Society*, Series A, Vol. 27, Pt. 4, 1964, S. 488–9, und Reprint Series, No. 1, Unit for Economic and Statistical Studies on Higher Education. London School of Economics.

willen sollte die Politik des Entgegenkommens gegenüber der privaten Nachfrage sowohl bei der Wahl des Fachgebietes als auch bei der Entscheidung über weiterführende Ausbildung Anwendung finden.

Wenn man Arbeitskräftebedarfsschätzungen mit Projektionen der sozialen Nachfrage zu kombinieren beabsichtigt, so wäre es logisch, vom Wachstum des Bruttoinlandsprodukts als einer Grundlage für die Einschätzung der Arbeitskraftanforderungen mit Hilfe geschätzter Produktivitätstendenzen auszugehen, danach aber das Verfahren umzukehren, mit Hilfe von Arbeitsproduktivitätstendenzen den wahrscheinlichen Output des Bildungssystems vorauszuschätzen und das Bruttoinlandsprodukt abzuleiten. Würde sich eine Diskrepanz zwischen den beiden Resultaten ergeben, könnte man anschließend entscheiden, ob das Ziel des Bruttoinlandsprodukts zu revidieren wäre oder ob man versuchen sollte, das künftige Angebot an ausgebildeten Arbeitskräften zu verändern. Da beides Kosten verursacht, würde man wahrscheinlich beides in dem Bestreben tun, den Verlust an Ressourcen niedrig zu halten. Da sich jedoch beide Ansätze mit verschiedenen Aspekten des Arbeitsmarktes befassen, ist es schwierig festzustellen, wie sie miteinander kombiniert werden könnten, ohne auf das relative Einkommen oder zumindest auf die Rekrutierungspraxis einzugehen – Elemente, die in den führenden Beispielen für Arbeitskräftebedarfsschätzungen und Projektionen der sozialen Nachfrage verdächtigerweise fehlen[8]. Diese beiden Methoden haben gemeinsam, daß sie den Bildungsplaner mit exakten Größenordnungen versehen. Die Ertragsratenanalyse dagegen gibt lediglich ein Richtungssignal: Investiere mehr oder investiere weniger. Aber wieviel mehr oder weniger? Ein bißchen mehr oder weniger, lautet die Antwort, und dann berechne von neuem die Ertragsrate.

Bis jetzt wurden Ertragsraten nur für ganze Stufen des Ausbildungssystems oder bestenfalls für die Zeit zusätzlicher Ausbildung berechnet. Aber in den Vereinigten Staaten und Kanada werden nun Untersuchungsergebnisse über Ertragsraten hinsichtlich

---

8 Für einen Versuch, die beiden Ansätze mittels des Einkommens ausgebildeter Arbeitskräfte zu kombinieren, siehe das Diagramm in M. Blaug, »An Economic Interpretation of the Private Demand for Education«, *Economica,* Mai 1966, S. 171–8, und Reprint Series, No. 7, Unit for Economic and Statistical Studies on Higher Education, London School of Economics.

der verschiedenen Arten beruflicher Ausbildung[9] bekannt. Bei der vorliegenden Diskussion gehe ich deshalb davon aus, daß solche Angaben verfügbar sind. Ferner war die Ertragsratenanalyse aufgrund der gegenwärtigen Beschränkungen der Informationen auf Berechnungen der durchschnittlichen Ertragsrate der Bildungsinvestition begrenzt. Es besteht jedoch kein Grund, warum wir nicht mit besseren Informationen über die Berufsaussichten der jüngsten Absolventenjahrgänge Grenzertragsraten vorausschätzen können – etwas, was wir in der Bildungsplanung wirklich brauchen. Ob nun Durchschnitts- oder Grenzwerte berechnet werden, es ist auf jeden Fall evident, daß die Ertragsratenanalyse die Methode der Grenzwertermittlung ist, oder, wie Professor Popper es nannte, des »piecemeal social engineering«[10]. Dies wurde lange Zeit als die Hauptschwäche des Ertragsratenansatzes als Planungsinstrument betrachtet, aber in der Praxis erweist es sich vielleicht als ihre besondere Stärke: Der Bildungsplaner ist gezwungen, sich mit seiner streng begrenzten Fähigkeit, die Folgen gegenwärtigen Handelns abzusehen, auseinanderzusetzen. Und dies besonders, wenn aus diesem Handeln, wie es oft der Fall ist, eine beispiellose Expansion der Bildungseinrichtungen oder Veränderungen in der Gesamtstruktur des Ausbildungssystems resultieren. Ertragsratenanalyse als solche gibt keine Prognose des Angebots oder der Nachfrage nach ausgebildeter Arbeitskraft. Sie gibt an, wie beide gegenwärtig zueinander stehen. Wenn jedoch Arbeitskräftebedarfsschätzungen und Projektionen der sozialen Nachfrage zuverlässig sind, ist, so merkwürdig dies klingt, die Folge zwangsläufig eine implizite Vorausschätzung der Ertragsraten. So sind entweder alle drei Methoden in Verbindung miteinander wirksam oder andernfalls stimmt etwas nicht mit der Arbeitskräftebedarfsschätzung, mit den Projektionen der sozialen Nachfrage bzw. auch mit beiden.

Um gegen diese Schlußfolgerung zu argumentieren, muß man be-

---

9 Siehe W. Lee Hansen, »The ›Shortage‹ of Engineers«, *Review of Economics and Statistics,* August 1961, S. 251–6; »Professional Engineers: Salary Structure Problems«, *Industrial Relations,* Mai 1963, S. 33–44; »›Shortages‹ and Investment in Health Manpower«, *The Economics of Health and Medical Care* (Ann Arbor, Michigan: The University of Michigan, 1965), S. 75–92; und B. W. Wilkinson, »Present Values of Lifetime Earnings in Different Occupations«, *Journal of Political Economy,* Dezember 1966.
10 K. R. Popper, *The Open Society and Its Enemies,* II (London: Routledge & Kegan Paul, 4. Aufl., 1962), S. 222.

haupten, daß sich 1. weder die Kosten für unterschiedliche Ausbildungsdauer und -stufen noch 2. das relative Einkommen hochqualifizierter Arbeitskräfte im Laufe der Zeit ändern. Für einige Länder und Perioden mag die erste Behauptung zutreffen. Die zweite jedoch ist eindeutig falsch und kann sich nur auf theoretischer Grundlage bewahrheiten, wenn: 1. das Saysche Theorem auf allen Arbeitsmärkten gilt, so daß Angebot und Nachfrage sich nach rechts verschieben, als wären sie miteinander verkettet; oder 2. das relative Einkommen gänzlich angebotsbestimmt ist, weil die Angebotskurve jeder Art wissenschaftlicher Arbeitskraft vollkommen elastisch ist; oder 3. das relative Einkommen gänzlich bedarfsbestimmt ist, weil die Bedarfskurve jeder Art wissenschaftlicher Arbeitskraft vollkommen elastisch ist. Es leuchtet ein, daß 2. und 3. unsinnige Annahmen sind. Dies gilt nicht für Annahme 1., die den Prognostikern des Arbeitskräftebedarfsansatzes als Konzeption vorschwebt. Im Gegensatz zu den meisten Prämissen des wirtschaftlichen Geschehens kann sich diese jedoch leicht als falsch herausstellen. Wir brauchen nur die Fluktuationen im relativen Einkommen hochqualifizierter Arbeitskräfte zu betrachten, und schon ist das Saysche Theorem ungültig.

Dennoch lehnen die meisten Bildungsplaner die Ertragsratenanalyse instinktiv ab, weil sie überzeugt sind, daß Grenzwertermittlung nicht die richtige Methode für Bildungsplanung ist. Es wird immer die für die Heranbildung von qualifizierten Arbeitskräften benötigte Zeitdauer als das Grundprinzip der langfristigen Arbeitskräftebedarfsschätzung angegeben. Die Ausbildung eines Wissenschaftlers oder eines Ingenieurs dauert etwa fünfzehn Jahre, und die effektive Ausreifungszeit (production period) kann aufgrund der hierarchischen Input-Output-Struktur des Ausbildungssystems sogar noch länger sein: Wenn wir einen höheren End-Output von Wissenschaftlern und Ingenieuren erzielen wollen, müssen wir im allgemeinen zuerst einen Zwischen-Output an Lehrern rückkoppeln[11]. Infolgedessen ist es wahrscheinlich, daß Arbeitsmärkte für hochqualifizierte Arbeitskräfte dem Coweb-Effekt unterliegen, ohne daß sie die Tendenz haben, einem Gleichgewicht zuzusteuern. Wenn die starke Nachfrage nach einer Spezialfachrichtung deren relatives

---

11 Für eine ausgezeichnete Darlegung dieses Rückkoppelungsproblems siehe V. Stoikov, »The Allocation of Scientific Effort: Some Important Aspects«, *Quarterly Journal of Economics,* Mai 1964, S. 307–24.

Einkommen steigert, dauert es fünf oder zehn Jahre, bis sich eine
Steigerung im Angebot unter der Voraussetzung bemerkbar macht,
daß Studenten auf den Anstieg des voraussichtlichen zukünftigen
Einkommens aufmerksam gemacht werden und darauf eingehen.
Aufgrund dieser Verzögerung in der Anpassung des Angebots ist
es durchaus möglich, daß die Marktkräfte über das Gleichgewicht
hinausschießen, so daß sich die Knappheit plötzlich in ein Überangebot verwandelt. Bei sinkendem Einkommen findet der umgekehrte Prozeß statt. Dieser dynamische Anpassungsprozeß mag zu
keiner Zeit eine gleichgewichtige Marktlage herbeiführen, wohl
aber ständige Einkommensschwankungen in Verbindung mit auf-
einanderfolgenden Phasen der Arbeitsknappheit auf dem einen
Sektor und Arbeitsüberschüssen auf einem anderen. Angesichts der
großen Wahrscheinlichkeit, daß strukturelle Disproportionalitäten
in der Verteilung ausgebildeter Arbeitskräfte auf die verschiedenen
Beschäftigungskategorien auftreten werden und angesichts der
hohen Kosten solcher Disproportionalitäten ist es unbedingt erforderlich, daß irgendeine zentrale Stelle versucht, den Bedarf an wissenschaftlichen oder technischen Arbeitskräften mindestens für
zehn oder fünfzehn Jahre vorauszuschätzen – ebenso wie das
Hauptelektrizitätsamt den Bedarf an elektrischer Energie vorausbestimmt, ehe es beschließt, einen Staudamm zu bauen, dessen Vollendung fast ein Jahrzehnt dauert. Selbst wenn wir das relative
Einkommen fünfzehn Jahre im voraus kennen würden, wäre dies
für die rationalen Investitionsentscheidungen auf dem Ausbildungssektor keine Hilfe, weil dieses Einkommen nur gleichgewichts-
gestörte Situationen widerspiegelt. So argumentieren im wesentlichen die Vertreter des Arbeitskräftebedarfsansatzes[12].

---

12 Für eine überzeugende Verteidigung der Methode der Arbeitskräftebedarfsschätzung in diesem Sinne siehe G. Bombach, »Long-term Requirements
for Qualified Manpower in Relation to Economic Growth«, *Economic Aspects
of Higher Education*, Hrsg. S. E. Harris (Paris: O.E.C.D., 1964), S. 201–23,
revidiert in »Manpower Forecasting and Educational Policy«, *Sociology of
Education*, Herbst 1965, S. 343–74. Die Tatsache, daß die Heranbildung
wissenschaftlicher Arbeitskräfte außerordentlich lange dauert, und daß folglich
Märkte für diese Art von Arbeitskräften durch den Cobweb-Effekt charakterisiert sind, beweist noch nicht, daß Marktkräfte nie einem Gleichgewicht zustre-
ben. K. J. Arrow und W. M. Capron behaupten, daß die »Knappheit« an Ingenieuren und Wissenschaftlern in den Vereinigten Staaten in den vergangenen Jahren durch einen dynamischen Anpassungsprozeß allmählich behoben
wurde: »Dynamic Shortages and Price Rises: The Engineer-Scientist Case«,

III. Zwei mögliche Welten

Wir können nun den Unterschied zwischen den drei Bildungsplanungsansätzen stärker hervorheben, indem wir fragen, wie die
Welt geschaffen sein müßte, damit eine Schätzung der Nachfrage
nach hochqualifizierten Arbeitskräften trotz ihrer langen Ausreifungszeit überflüssig wäre. Nehmen wir an, wir hätten ein Ausbildungssystem, das es den Studenten nicht ermöglicht, sich bis zu
ihrem 2. oder 3. Hochschuljahr zu spezialisieren, das für jeden bis
zum 19. oder 20. Lebensjahr eine reine Allgemeinbildung vermittelt, das vollen Gebrauch vom Team-Unterricht und den neuen
Ausbildungsmedien macht mit dem Ziel, das Zahlenverhältnis zwischen Lehrern und Studenten so flexibel wie möglich, zwischen
1 : 10 und 1 : 300, zu halten. Nehmen wir ferner an, die Berufsberatung wäre so wirksam, daß Studenten über ihre Berufsaussichten außerordentlich genau infomiert wären. Setzen wir weiter voraus, daß die Nachfrage nach verschiedenen Fachrichtungen überaus
elastisch wäre, daß Kapital ein fast perfekter Ersatz für Arbeit
wäre, und daß darüber hinaus Arbeiter mit verschiedenen Fach-
richtungsmerkmalen gut substituiert werden könnten. Kurz, es gäbe
immer viele Arbeitskräfte, die eine gegebene Arbeit ausführen
könnten, und der Arbeitsplatz könnte fast immer von einer Maschine verdrängt werden. Und nehmen wir schließlich an, daß in
den meisten Fällen die Qualifikationen am Arbeitsplatz erworben

---

Quarterly Journal of Economics, Mai 1959, S. 292–309. Aber Arrow und
Capron ziehen nur Verzögerungen auf seiten der Nachfrage in Betracht –
wie die Zeit, die Unternehmer brauchen, bis sie feststellen, daß sie nur dann
mehr qualifizierte Arbeitskräfte bekommen, wenn sie höhere Gehälter bieten
(S. 297–9) – und verweisen nur kurz (S. 303) auf jene Verzögerungen auf
seiten des Angebots, die von den Vertretern des Arbeitskraftbedarfsansatzes
hervorgehoben wurden. Selbst wenn dem so ist – was für die Vereinigten
Staaten gilt, muß nicht auch anderswo gelten. Für eine hervorragende Zu-
sammenstellung all jener Faktoren, die ein Marktgleichgewicht für spezielle
Qualifikationen sowohl in Industrie- als auch in Entwicklungsländern hemmen – wie unflexible Techniken, Übereinkünfte in der Rekrutierungspraxis,
Unwissenheit über die Möglichkeiten der Austauschbarkeit von Qualifikationen, die hohen Kosten der Informationsverbreitung sowohl unter den Ab-
nehmern als auch unter den Vermittlern von Qualifikationen, das Zertifikat-
und Berechtigungswesen usw. – siehe H. Leibenstein, »Shortages and Surpluses
in Education in Underdeveloped Countries: A Theoretical Foray«, *Education
and Economic Development,* Hrsg. C. A. Anderson und M. J. Bowman (Chicago: Aldine Publishing Company, 1965), S. 51–62.

und nicht in Schulen erlernt worden wären und daß die technische Veränderung, die auf neue, ungewohnte Qualifikationen angewiesen ist, allmählich und ohne Sprünge vor sich gehen würde. Wäre es unter solchen Umständen wirklich entscheidend, daß Ausbildung ein langlebiges Produktionsgut ist, dessen Ausreifungszeit zehn oder zwanzig Jahre beträgt? Den Arbeitskräftebedarf unter diesen Umständen vorauszuschätzen, wäre fast sinnlos, aus dem einfachen Grunde, weil bei dieser Beschaffenheit der Verhältnisse ausgebildete Arbeitskräfte niemals einen Engpaß für das Wirtschaftswachstum darstellen könnten. Projektionen der privaten Nachfrage nach Ausbildung und Ertragsratenberechnungen jedoch wären in solchen Verhältnissen durchaus sinnvoll und eigentlich die einzig mögliche Entscheidungshilfe im Bildungswesen.

Nehmen wir das andere Extrem und stellen wir uns eine Welt vor, die nach dem Bild der Arbeitskräftebedarfsschätzung geschaffen wäre: Studenten und Eltern wären nur mangelhaft über die Berufsaussichten informiert und mehr daran interessiert, Bildung als Konsum denn aus Investitionsgründen zu erwerben; die Spezialisierung nach Fachgebieten würde sehr früh beginnen; das Zahlenverhältnis zwischen Studenten und Lehrern wäre gegeben und konstant und alle Schulgebäude und Schulausstattungen wären unteilbar und hochspezifisch in ihrer jeweiligen Verwendung; die Bedarfsstruktur für einzelne Qualifikationen wäre außerordentlich unelastisch, die Substitutionselastizität zwischen Arbeit und Kapital sowie die Substitutionselastizität zwischen verschieden qualifizierten Arbeitskräften wären äußerst gering, die Industrie würde praktisch keine Fortbildung vermitteln, und die technische Veränderung ginge so schnell vor sich, daß sich die Nachfragekurve für Arbeitskräfte mit unterschiedlicher Vorbildung mit der Zeit unregelmäßig und unausgeglichen verschieben würde. Offenbar wäre unter diesen Verhältnissen die private Bildungsnachfrage so unstabil, daß es unmöglich wäre, bestehende Tendenzen zu extrapolieren, und jede Marginalbetrachtung wäre irrelevant. Die Arbeitskoeffizienten wären technologisch bestimmt und das an die Ausbildung gebundene Einkommen, ja sogar die Kosten für das Angebot verschiedeher Bildungsniveaus wären nicht berücksichtigt.

Dies genügt, um anzudeuten, daß der Streit in Wirklichkeit um die Sicht geht, die man von der Realität hat. Unser Bild ist das eines Kontinuums: Auf der rechten Seite befindet sich ein neoklassisches Universum, das durch Substituierbarkeit sowohl im Bildungssystem

als auch im Produktionssystem charakterisiert ist; auf der linken
Seite ist ein Universum fester Input-Koeffizienten vom Leontief-
Typ, das durch äußerste Komplementarität sowohl im Bildungsbereich als auch im Wirtschaftsbereich gekennzeichnet ist. Es erübrigt sich zu sagen, daß die wahre Welt irgendwo dazwischen liegt.
Um den Konflikt, den wir analysieren, zu lösen, müssen wir entscheiden, ob die Welt näher beim rechten oder näher beim linken
Ende des Kontinuums liegt (rechts und links haben selbstverständlich keinen politischen Bedeutungsinhalt).

IV. Ein umfassenderes Konzept der Bildungsplanung

Der Grad der Substitution von Arbeitskräften unterschiedlicher
Vorbildung in spezifischen Beschäftigungskategorien, die Aus-
tauschbarkeit zwischen formaler Ausbildung und Ausbildung am
Arbeitsplatz, die bei ausgebildeten Arbeitskräften angewendete
Rekrutierungspraxis, die Beziehungen zwischen der Wahl einer bestimmten Arbeitstechnik und der Kombination von Fähigkeiten und
Fertigkeiten der Arbeitskräfte (skill mix of the labour force), die
Beschäftigungsmobilität und die Struktur der Berufs- und Karriere-
chancen[13] usw. – all dies ist Gegenstand intensiver Forschungen
sowohl in unserem Land als auch im Ausland. Aufgrund dieser
Untersuchungen werden wir in Zukunft eine eindeutige Antwort
auf die Frage geben können, ob das Produktionssystem nun eigentlich durch variable oder durch feste Bildungs-Input-Koeffizien-
ten (educational-input coefficients) charakterisiert ist. Aber sobald
feststeht, daß diese Antwort im Idealfall eine Spezifizierung der
aggregierten Produktionsfunktion einer Wirtschaft verlangt, nicht
nur für den Output als einer Funktion homogener Größen von
Arbeit und Kapital, sondern als einer Funktion der nach Ausbildungsstufen klassifizierten Arbeit und des nach Arten maschinen-
bedienender Qualifikation klassifizierten Kapitals, scheint sich zu
zeigen, daß Bildungsplanung auf lange Zeit mit sehr mangelhaften
Kenntnissen der genauen Beziehung zwischen Ausbildung und

---

13 Der Autor arbeitet gerade an solch einer größeren Untersuchung mit; sie
wird ausgeführt von der Unit for Economic and Statistical Studies on Higher
Education der London School of Economics unter der Leitung von M. Hall.
Zu einigen Vorergebnissen siehe M. Blaug, M. H. Peston und A. Ziderman,
The Utilisation of Educated Manpower in Industry (London: Oliver & Boyd,
1967).

Wirtschaftswachstum wird auskommen müssen. Was soll der Bildungsplaner unter solchen Umständen tun? Soll er nach dem Arbeitskräftebedarfsansatz vorgehen? Was aber, wenn die Vorausschätzung an sofortigen Maßnahmen genau das Gegenteil von dem vorschlägt, was eine Projektion der privaten Nachfrage oder eine Berechnung der sozialen Ertragsrate von Bildungsinvestitionen ergibt? Damit wären wir wieder bei jenem Problem angelangt, von dem wir ausgingen. Sind wir einer Lösung irgendwie näher gekommen?

Planung wurde definiert als der Vorgang, eine Reihe von Handlungsentscheidungen vorzubereiten, die in der Zukunft getroffen werden sollen[14]. Da Planung zukunftsorientiert ist, hat sie teil an all den Schwierigkeiten, wie sie in der Theorie der Entscheidungen bei Unsicherheit analysiert werden. Wie wir gezeigt haben, ist Bildungsplanung besonders anfällig für die Ungewißheit über die Zukunft, denn Industrie und Regierung bringen sogar der gegenwärtigen Beziehung zwischen dem Angebot an qualifizierten Studenten und der Nachfrage nach ausgebildeten Arbeitskräften wenig Verständnis entgegen. Unter diesen Umständen ist es immer besser, wenn wir in das System jene Art von Flexibilität einbauen können, die es ihm ermöglicht, sich automatisch Engpässen und Überschüssen anzupassen. Kurz, Bildungsplanung sollte weitgehend aus Maßnahmen bestehen, die darauf abzielen, die Realität näher an das rechte Ende des Kontinuums zu rücken, das durch eine Vielzahl von Alternativen bei der Beschaffung und Verwertung ausgebildeter Arbeitskräfte charakterisiert ist. Denn wie auch immer die Realität beschaffen sein mag, solche Maßnahmen garantieren eine friktionslosere Anpassung des Bildungs-Outputs an den Bildungs-Input und verbessern die Chancen für ein Marktgleichgewicht.

V. Hochschulausbildung in Großbritannien und den Vereinigten
   Staaten

Um die Argumentation zu verdeutlichen, wollen wir die Arbeitskräftesituation in Großbritannien und den Vereinigten Staaten einander gegenüberstellen. Als erstes halten wir fest, daß in England

---

14 Für eine aufschlußreiche Erörterung von auf Bildungsplanung angewandten Planungskonzepten siehe C. A. Anderson und M. J. Bowman, »Theoretical Considerations of Educational Planning«, *Educational Planning*, Hrsg. D. Adams (Syracuse, N.Y.: Syracuse University Press, 1964), S. 4–8.

die Spezialisierung in den Schulen viel früher beginnt als in Amerika: Englische Studenten beginnen sich auf ihre Hauptfächer (Naturwissenschaften oder Geisteswissenschaften) etwa im Alter von 15 Jahren, und manchmal schon mit 14, zu spezialisieren; etwa mit 15 oder 16 Jahren haben die Schüler der naturwissenschaftlichen Richtung weitgehend die geisteswissenschaftlichen Fächer abgelegt und umgekehrt; etwa in der 6. Klasse ist eine strenge Spezialisierung sogar in den reinen und angewandten Naturwissenschaften allgemein üblich[15]. In jüngster Zeit fanden einige Veränderungen in der entgegengesetzten Richtung statt, die aber den auffallenden Gegensatz zwischen den englischen und den amerikanischen Verhältnissen nicht mildern. Vor zwei Jahren sagte Lord Bowden vor dem Oberhaus: »Man kann fast sagen, daß das Schicksal unserer Universitäten, deren gesamtes Expansionsprogramm und damit das Schicksal unseres Landes im Augenblick in den Händen von vierzehnjährigen Schulknaben liegt«[16], ein Ausspruch, der jetzt korrigierend abgewandelt werden kann zu »fünfzehnjährigen Schulknaben«. Frühzeitige Spezialisierung wird, so heißt es, von den Aufnahmeerfordernissen der Universitäten und einer weitgetriebenen Konkurrenz in der 6. Klasse um eine begrenzte Anzahl von Studienplätzen verursacht. Was auch immer der Grund sein mag, die unumstrittene Tatsache, daß die Studenten in England sich früher spezialisieren als in fast jedem anderen industrialisierten Land, bedeutet, daß das Angebot etwa von Wissenschaftlern oder Ingenieuren für 1972 in England schon festgelegt ist, während es in den Vereinigten Staaten möglich ist, durch die 1968 oder 1969 verfolgte Politik einen wesentlichen Einfluß auf das Angebot von 1972 auszuüben. So kommt es, daß in Großbritannien die für die Heranbildung qualifizierter Arbeitskräfte nötige Zeit doppelt so lang ist wie in den Vereinigten Staaten; infolgedessen ist in Großbritannien die Wahrscheinlichkeit von periodischer Knappheit und Überschüssen von Wissenschaftlern und Ingenieuren viel größer.

Zu dieser ersten Beobachtung – und direkt mit ihr verknüpft – kommt, daß in Großbritannien schon seit dem Kriege eine chronische Übernachfrage nach Hochschulausbildung herrscht, die nichts

---

15 Der Beweis wird geführt von J. A. Lauwerys, »United Kingdom«, *Access to Higher Education. II. National Studies* (Paris: U.N.E.S.C.O., 1965), S. 362-70.
16 Debate on Technological Development in House of Lords, December 2, 1964: *Hansard* (House of Lords), Vol. 261, para. 1163.

anderes als ein Überschuß an hochqualifizierten Abiturienten gegenüber der Zahl freier Studienplätze darstellt. Hochschulausbildung wurde in unserem Land seit zwanzig Jahren rationiert, und sogar unter den Zielen des Robbins Committee wird diese Situation weit bis in die siebziger Jahre fortbestehen. In den Vereinigten Staaten dagegen sind die Staatsuniversitäten gesetzlich verpflichtet, alle Antragsteller mit einem Reifezeugnis zuzulassen und die privaten amerikanischen Universitäten haben im allgemeinen ihre Kapazitäten ausgebaut, um mit der steigenden Zahl qualifizierter Bewerber Schritt halten zu können. Die Aufnahmebedingungen variieren stärker als in Großbritannien; im allgemeinen finden in Amerika fast alle Abiturienten, die eine Hochschule besuchen wollen, irgendeine Lehranstalt, die sie aufnimmt. Paradox ist es, daß englische Studenten bei der Hochschulausbildung vom Staat großzügig unterstützt werden, großzügiger als in jedem anderen Industriestaat und auf jeden Fall großzügiger als in den Vereinigten Staaten. Infolgedessen liegen die Kosten für eine Hochschulausbildung für Studenten in England viel tiefer als in den Vereinigten Staaten, und dies wiederum führt in unserem Land zu einer gesteigerten Nachfrage nach Studienplätzen[17].

Überdies ist in England nicht nur die Gesamtkapazität von Studienplätzen rationiert, sondern auch die Studienplatzverteilung auf die Fakultäten. Wie wir früher feststellten, ging die Universitätspolitik des Gleichgewichts zwischen den Fakultäten anscheinend von den Arbeitskräftebedarfsschätzungen des Barlow-Ausschusses von 1946 und jenen des Ausschusses für Wissenschaftliche Arbeitskräfte von 1956 und 1961 aus[18]. Die Folge war, daß es Jahre gab, da Bewerber für geisteswissenschaftliche Fächer zurückgewiesen wurden, während gleichzeitig bei den Natur- und technischen Wissenschaften freie Plätze zur Verfügung standen. Obgleich 1958 der Universitätsstipendienausschuß (University Grants Committee) die

---

17 Blaug, »The Rate of Return on Investment in Education in Great Britain«, *op.cit.*, S. 245.
18 Moser, Layard, *op.cit.*, S. 510–11, und P. R. G. Layard, »Manpower Needs and the Planning of Higher Education«, *Manpower Policy and Employment Trends,* Hrsg. B. C. Roberts und J. H. Smith (London: L.S.E., 1966), S. 86–7; siehe auch W. G. Bowen, University Finance in Britain and the United Staates: Implications of Financing Arrangements for Educational Issues«, *Public Finance,* 1963, neuabgedruckt in W. G. Bowen, *Economic Aspects of Education. Three Essays* (Princeton, N.J.: Princeton University Press, 1964), S. 58–65.

Ansicht vertrat, daß »die Studienwahl der Studenten sich als bemerkenswert sensibel für die voraussichtliche zukünftige Nachfrage herausgestellt hat«[19], konnte sich dies doch nicht auf die Politik des Gleichgewichts zwischen den Fakultäten auswirken. Aber es steht fest, daß die Studenten entweder schlecht über ihre Berufsaussichten informiert sind, was geändert werden kann, oder daß sie gut unterrichtet sind und der Arbeitsmarkt es versäumt, einen drohenden Arbeitskräftemangel zu signalisieren. Trifft letzteres zu, möchte man meinen, daß der Staat seine Politik der Ausbildungsförderung ändert und die Studenten auffordert, jene Berufe zu ergreifen, in denen ein künftiger Mangel herrschen wird. Dieser Standpunkt setzt großes Vertrauen in die Arbeitskräftebedarfsprognosen voraus; zweifellos ist mangelnde Überzeugungskraft derartiger Vorausschätzungen schuld an der gegenwärtigen inkonsequenten Politik.

In den Vereinigten Staaten dagegen können die Studenten ihr Studienfach frei wählen, sobald sie einmal an der Universität zugelassen sind. Sie werden durch die Berufsberatung über Tendenzen auf dem Arbeitsmarkt informiert und machen von speziellen Studienprogrammen und -darlehen, die es nur für bestimmte, förderungsbedürftige Fächer oder Studienzweige gibt, vollen Gebrauch.

Es scheint offenkundig zu sein, daß das Angebot hochqualifizierter Arbeitskräfte in England stärker im voraus determiniert ist als in den Vereinigten Staaten, daß die studentische Ausbildungsentscheidung weniger eng an die Stellenchancen geknüpft ist und daß in England im allgemeinen die Bedürfnisse des Arbeitsmarkts die Struktur des Hochschulbereichs weniger beeinflussen als in den Vereinigten Staaten. Hinzu kommt der Gegensatz zwischen dem englischen dreigeteilten Sekundarschulsystem mit einem Universitätszweig, der sich vom Rest trennt, wenn die Schüler etwa 12 Jahre alt sind, und der amerikanischen Einheitssekundarschule, die es fast 50% der Sechzehn- bis Siebzehnjährigen ermöglicht, auf die Hochschule überzuwechseln. Von Bedeutung sind ferner die starren Bahnen des englischen technischen Ausbildungssystems, in dem berufliche Qualifikationen nur mittels einer Prüfung an besonderen Berufsinstitutionen, wenn auch durch Teilzeit- oder Vollstudium, erworben werden können, und demgegenüber in den Vereinigten

---

19 U.G.C., *University Development*, 1952–1957 (London: H.M.S.O., 1958), S. 75.

Staaten die außerordentliche Vielfalt von Berufsschulen, Wirt-
schaftsoberschulen, technischen Instituten, Hochschulen mit zwei-
jähriger Ausbildung, technischen Hochschulen mit vierjähriger Ausbildung und ähnlichem. Aus all dem müssen wir den Schluß ziehen,
daß in unserem Land der Spielraum für eine kurzfristige Regulierung von Angebot und Nachfrage der Arbeitskräfte viel geringer
und infolgedessen die Wahrscheinlichkeit einer ungleichgewichtigen
Arbeitsmarktsituation viel größer ist[20]. Es ist möglich, daß all dies
durch die in den beiden Ländern unterschiedlichen Möglichkeiten
der Ausbildung am Arbeitsplatz ausgeglichen wird, aber sogar in
diesem Punkt spricht der flüchtige Eindruck gegen England[21].

Diese Unterschiede zwischen den beiden Ausbildungssystemen
genügen, um das amerikanische Interesse an der Ertragsratenanalyse und dessen Skepsis gegenüber der Arbeitskräftebedarfsschätzung und genau die umgekehrte Haltung in unserem Land zu erklären. Angesichts eines starren und hochgradig differenzierten
Ausbildungssystems und im Bewußtsein, daß zwei Drittel der Uni-
versitätsabsolventen und wahrscheinlich ein ähnlicher Prozentsatz
der mit einem G.C.E. (General Certificat of Education), Stufe
»O« und »A«, ausgestatteten Personen im öffentlichen Sektor beschäftigt sind – der Staat verbindet im Bildungswesen das Monopol
mit dem Monopson –, haben die englischen Bildungsplaner keine

---

20 Es ist nicht leicht, dies exakt zu belegen, weil nur wenige Forscher der
vergleichenden Pädagogik die Systeme der einzelnen Länder unter diesem
Aspekt untersucht haben. Zu einigen Angaben hierzu siehe jedoch »The Con-
ference of Engineering Societies of Western Europa and the U.S.A.
(E.U.S.E.C.), *Report on Education and Training of Professional Engineers.
A Comparative Study of Engineering Education and Training in the
E.U.S.E.C. and O.E.E.C. countries* (Brussels: E.U.S.E.C., 1962), I, S. 70–6;
II, S. 11–12, 36, 39, 67–9, 79–81.
21 Um unsere Beweisführung in Begriffen des oben erwähnten Ordnungs-
kontinuums zusammenzufassen:

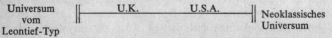

| Universum vom Leontief-Typ | U.K. | U.S.A. | Neoklassisches Universum |

Ich lasse natürlich alle soziologischen Unterschiede zwischen den beiden
Systemen außer acht; ich gebe eine Beschreibung, keine Erklärung. Für eine
gehaltvolle soziologische Erklärung siehe R. H. Turner, »Modes of Social
Ascent Through Education: Sponsored and Contest Mobility«, *American
Sociological Review*, 1960, neuabgedruckt in *Education, Economy, and
Society*, Hrsg. A. H. Halsey, J. Floud and C. A. Anderson (Glencoe, Ill.:
The Free Press, 1962), S. 121–40.

Alternative zur Methode der Arbeitskräftebedarfsschätzung mit all ihren zugegebenermaßen vorhandenen Unzulänglichkeiten gesehen. Aber der Preis der Rigidität ist, daß Fehler noch verheerendere Auswirkungen zeitigen. Dies ist das große Paradox der Methode der Arbeitskräftebedarfsschätzung: Wegen vermeintlicher Starrheiten im Ausbildungssystem und wegen Unzulänglichkeiten auf dem Arbeitsmarkt muß man die Nachfrage nach qualifizierten Arbeitskräften prognostisch erfassen, um strukturelle Ungleichgewichte zu vermeiden; aber wenn nun Ausbildungssystem und Arbeitsmarkt nicht besser aufeinander abgestimmt sind, führen Fehlprognosen zu einer nicht wieder gutzumachenden Vergeudung von Ressourcen, von den enttäuschten Studenten, die keine Beschäftigung zu zufriedenstellenden Bedingungen finden können, ganz zu schweigen. Kurz, in einer Wirtschaft vom Leontief-Typ ist prognostische Exaktheit Trumpf, denn eine ungenaue Prognose kann die Lage verschlechtern statt verbessern. Wenn dagegen das Wirtschaftssystem genügend flexibel ist, um falsche Prognosen zu korrigieren, können sogar grobe Schätzungen des Arbeitskräftebedarfs als nützliche Leitlinien dienen; zugleich besteht dann aber weniger Grund, überhaupt Prognosen zu erstellen, so daß folglich die Kosten für eine Prognosenerstellung genauer überprüft werden müssen.

VI. Bildungsreformen und eine aktive Arbeitsmarktpolitik

Der Weg, diesen gordischen Knoten zu durchschlagen, besteht darin, sich gegen Fehler in der Vorausschätzung abzusichern, indem man den automatischen Anpassungsmechanismus des Marktes festigt. Auf britische Verhältnisse bezogen bedeutet dies, das Problem der frühzeitigen Spezialisierung in Angriff zu nehmen, und, da dies wiederum mit der scharfen Konkurrenz um eine begrenzte Anzahl von Studienplätzen zusammenhängt, die Kapazitäten der Universitäten auszubauen, um der unbefriedigten Nachfrage Rechnung zu tragen. Die Wurzel des Problems liegt insgesamt im G.C.E.-System. Obwohl die neun G.C.E.-Prüfungsämter strenggenommen autonome Organe sind, rekrutiert sich fast die Hälfte ihrer Mitglieder aus den Universitäten. Aus diesem Grunde liegt die Lösung des Problems in einer engeren Zusammenarbeit zwischen den Universitäten und dem Prüfungsrat für Sekundarschulen (Secondary School Examination Council). Solange jedoch die Studienplätze an den Universitäten rationiert sind, ist eine langfristige Lösung nicht

möglich. Bisher wurde frühzeitige Spezialisierung aus rein pädagogischen Gründen angegriffen. Nicht bemerkt dabei wurde, daß
frühzeitige Spezialisierung auch eine der Hauptursachen für die
Schwierigkeiten in der Arbeitskräftestruktur in England ist. Natürlich ist es kostspielig, das Ausbildungssystem so umzugestalten, daß
die zur Erlernung beruflicher Qualifikation benötigte Zeit so kurz
wie möglich ist, und diese Zusatzkosten müssen in die Entscheidung, das Spezialisierungsalter heraufzusetzen, mit einbezogen werden. Ich behaupte, daß den Erträgen spät einsetzender Spezialisierung bei der Beseitigung von Engpässen des Arbeitsmarktes bisher
nicht die gebührende Beachtung geschenkt wurde. Ebenso gewinnen
die Diskussionen um die Gesamtschulen, die Vergabe von Stipendien an Sekundarschulen, die Frage der Darlehen für Hochschulstudenten und sogar die Idee von Friedman, Peacock und Wiseman
über »Ausbildungsgutscheine« (educational vouchers) unter dem
Aspekt des Manpowerbedarfs ein anderes Gewicht.

Ferner sollte jede Anstrengung unternommen werden, daß die
Studenten ihre Studienfächer frei wählen können; damit einher-
gehen sollten hohe Investitionen für die Berufsberatung an Schulen.
Überhaupt sollte die Vermittlung von Berufsinformationen sowohl
an Schulen als auch auf Arbeitsämtern eine der wichtigsten Tätigkeiten der Bildungsbehörden sein. Leider teilen sich in den meisten Ländern Erziehungsministerium und Arbeitsministerium in diese Aufgabe und dementsprechend besteht zwischen Schulen und Arbeit-
gebern keine ausreichende Kommunikation. So befindet sich z. B.
in England die Arbeitsvermittlung für Jugendliche (Youth Employment Service) noch immer teilweise unter dem Dach des Ar-
beitsministeriums; diese Aufspaltung der Aufsichtsfunktion mag
dazu beitragen, daß die Berufsberatungsstellen so schlecht koor-
diniert sind und daß die Versorgungsdichte weit unter der der Vereinigten Staaten und der meisten anderen europäischen Länder
liegt[22].

Dies bedeutet, daß jede politische Maßnahme, die die Flexibilität
steigert, mit der innerhalb des Bildungssystems Ressourcen miteinander kombiniert werden, die Fähigkeit der Schulen, Mangel und
Überschuß von verschiedenen Kategorien von Arbeitskräften auszugleichen, entwickeln muß. Das heißt, jede Maßnahme, die Bil-

---

22 Siehe für vergleichende Belege R. A. Lester, *Manpower Planning in a Free
Society* (Princeton University Press, 1966), S. 59–75.

dungsinnovationen im Schulbereich fördert (wie z. B. der Bau von
Schulgebäuden mit flexibler Anpassung an unterschiedliche Klas-
sengrößen oder die Ausbildung von Lehrern für die Anwendung
neuer Unterrichtsmedien wie Fernsehen und programmierten Unterricht), muß die Arbeitsmarktlage, wie immer sie auch beschaffen
sein mag, verbessern. Natürlich gehört die Verwendung neuer Ausbildungsmedien nicht zu jenen Fragen, die ausschließlich oder weitgehend auf der Basis von Arbeitskräftebedarfsüberlegungen entschieden werden, aber es ist erwiesen, daß es um so leichter ist, den
Schulbesuch zu erhöhen oder ein Gleichgewicht zwischen den Fakultäten zu erreichen, je mehr Lehrer durch den Einsatz technischer
Hilfsmittel ersetzt werden.

Wenden wir uns nun dem Arbeitsmarkt zu, so stellen wir fest,
daß Knappheit an spezifischen Fachrichtungen, d. h. das Bestehen
unbesetzter Stellen mit normalem Lohnniveau, entweder durch
höhere Löhne, durch Senkung der Mindestnormen für Einstellungen
oder durch Gewährung beruflicher Fortbildung am und außerhalb
des Arbeitsplatzes (on-the-job and off-the-job training) kurzfristig
behoben wird. Für staatliche Politik bleibt hier viel weniger Raum
als im formalen Ausbildungssystem. Dennoch ist es dem Staat,
auch wenn er keine spezifischen Kenntnisse vom Ausmaß einer
Mangelsituation hat, immer möglich, die Situation dadurch zu mildern, daß er entweder die Lohnskala im öffentlichen Sektor variiert
oder die Personalchefs der Betriebe besser über den künftigen Output des Bildungssystems informiert. Dahinter kann die Hoffnung stehen, eine Abstimmung der Einstellungsnormen zu fördern, indem
er der Industrie finanzielle Anreize zur Expansion ihrer Fortbil-
dungsprogramme bietet. Die jüngsten Versuche, mit staatlicher Initiative zur Schulung und Umschulung erwachsener Beschäftigter zu
experimentieren, wie beim Berufsausbildungsgesetz (Industrial
Training Act) in unserem Land und dem Gesetz für Ausbildung
und Weiterbildung (Manpower Training and Development Act) in
den Vereinigten Staaten, entsprechen im Kern den genannten
Grundsätzen. Je mehr wir davon absehen, die gesamte Verantwortung für die Entwicklung des Arbeitsmarkts allein den Schulen auf-
zubürden, um so weniger müssen wir für die Folgen beschäftigungs-
loser Schulabsolventen oder eines durch Knappheit verschiedener
Fachrichtungen gedrosselten Wirtschaftswachstums zahlen.

Was ich damit betonen will, ist, daß Bildungsplanung teilweise
aus Reformen des Bildungssystems und im übrigen aus dem, was in

Amerika als eine »aktive Arbeitsmarktpolitik«[23] (active manpower policy) bezeichnet wird, bestehen sollte. Bildungsplanung
und besonders Bildungsplanung in Entwicklungsländern sollte sich
eingehender mit der Wechselbeziehung von Bildungssystem und Arbeitsmarkt befassen. Es ist ein Irrtum zu glauben, daß es ohne
Arbeitskräftebedarfsschätzung keine Arbeitsmarktplanung geben
kann, und daß, wenn es keine Vorausschätzung gibt, Bildungsplanung aus einer passiven Haltung gegenüber ökonomischen Erträgen
der Ausbildung bestehen muß[24]. Statt bestehende Ausbildungs-
strukturen und vorherrschende Rekrutierungspraktiken als Daten
des Planungsprozesses hinzunehmen, sollte sich Bildungsplanung in
ihren Aktivitäten hauptsächlich darauf richten, diese zu verändern,
um dem Prozeß der industriellen Anpassung der Nachfrage an das
Angebot qualifizierter Arbeitskräfte vollen Spielraum zu geben;
dann wird sich das Angebot an Studenten von selbst den sich
ändernden Bedürfnissen der Industrie anpassen.

VII. Arbeitskräftebedarfsschätzungen mit einem Unterschied

Keine der drei sich widersprechenden Ansätze der Bildungsplanung hat irgendeinen logisch begründbaren Vorrang vor den anderen. Mit einer ungewissen Zukunft konfrontiert, muß Bildungsplanung ihren Bestand an Methoden und Techniken bereichern. Es ist
klar, daß es obere Grenzen für die Substitutionselastizität gewisser
kritischer Fachrichtungen gibt, d. h. Fachrichtungen, die einer langen formalen Vorbereitung und Ausbildung bedürfen. Und unabhängig davon, wie spät wir den Zeitpunkt der Spezialisierung ansetzen, ist die effektive Ausreifungszeit wissenschaftlicher Arbeitskräfte genügend lang, um die Möglichkeit unstabiler Cobweb-
Effekte zu begründen. Es dauert Jahre, um einen Komplex von

---

23 Siehe z. B. E. W. Blake, »An Active and Positive Manpower Policy«,
Active Manpower Policy. International Management Seminar. Final Report
(Paris: O.E.C.D., 1965), S. 127–45.
24 In einem nützlichen neuen Buch, *Education and Social Change in Ghana*
(London: Routledge & Kegan Paul, 1965), zeigt P. H. Foster, daß ghanesi-
sche Bildungsplaner jahrzehntelang auf der Schaffung von technischen Sekundarschulen bestanden, obwohl es sich als schwierig erwiesen hatte, alle
verfügbaren Plätze zu belegen und obwohl ihre Absolventen keine Anstellung finden konnten. Studenten waren praktisch besser über den dürftigen
Gewinn aus technischer Ausbildung informiert als die Planer selbst.

Schulgebäuden zu erstellen, und es liegt auf der Hand, daß Voraussicht für die Entscheidung des Baubeginns unerläßlich ist. Hinzu kommt, daß die Studenten ihre Berufsentscheidungen von den derzeitigen Marktkräften abhängig machen; nur eine Vorausschätzung kann jene Lage aufzeigen, der sie sich gegenübersehen werden, wenn sie schließlich in das Erwerbsleben eintreten. So kann kein Zweifel über die Notwendigkeit bestehen, den Blick vorwärts auf die Arbeitskräfteerfordernisse zu richten, wobei man prinzipiell so weit wie möglich vorwärts blicken sollte. Der Zeitraum jedoch, über den hinweg wir aufgrund des gegenwärtigen Wissensstandes eine nutzbringende Prognose erstellen können, ist viel begrenzter als allgemein zugegeben wird. Alles deutet darauf hin, daß wir noch immer nicht in der Lage sind, über drei oder vier Jahre hinaus mit einer Fehlermarge, die nur entfernt an die in der allgemeinen Wirtschaftsprognose gerade noch als tolerierbar angesehenen 10 Prozent herankommt, Vorausschätzungen anzustellen. Eine Nachprüfung von Arbeitskräftebedarfsvorausschätzungen über fünf oder zehn Jahre hinweg in der Sowjetunion, in Schweden und im Iran deutet darauf hin, daß solche Vorausschätzungen ausnahmslos weit am Ziel vorbeigehen[25]. Leider war keine dieser Vorausschätzungen von jener Art, die eine Reihe von Schätzungen aufgrund verschiedener Prämissen bezüglich der Größenordnung der kritischen

---

25 Über die Sowjetunion: N. DeWitt, *Educational and Professional Employment in the U.S.S.R.* (Washington, D.C.: National Science Foundation, 1961), und »Educational and Manpower Planning in the Soviet Union«, *The World Yearbook of Education 1967. Educational Planning*, Hrsg. G. Z. F. Bereday, M. Blaug und V. A. Lauwerys (London: Evans Bros., 1967). Über Schweden: *Educational Policy and Planning in Sweden* (Paris: O.E.C.D., vervielfältigt, 1964), S. 24–5; Anhang XI, S. 1–25. Über den Iran: G. B. Baldwin, »Iran's Experience with Manpower Planning: Concept, Techniques, and Lessons«, *Manpower and Education. Country Studies in Economic Development* (New York: McGraw-Hill, 1965), S. 140–73. Siehe auch R. G. Hollister, *A Technical Evaluation of the First Stage of the Mediterranean Regional Project* (Paris: O.E.C.D., 1966); diese Untersuchung zeigt, daß die Arbeitskräftebedarfsvorausschätzungen für 1980 des M.R.P. überaus sensibel auf geringe Veränderungen der Arbeitskoeffizienten (labour-output coefficients) und der Beschäftigungs-Ausbildungs-Koeffizienten (occupation-education coefficients) reagieren. Die zahlreichen Arbeitskräftebedarfsvorausschätzungen der letzten Jahrzehnte in Frankreich sind rückblickend noch nicht untersucht worden; siehe aber J. Fourastié, »Employment Forecasting in France«, *Employment Forecasting* (Paris: O.E.C.D., 1963), insbesondere S. 71–2; und J. und A.-M. Hackett, *Economic Planning in France* (London: George Allen & Unwin, 1964), S. 145–9, 186–8, 303–4.

Variablen und Koeffizienten lieferte; bedingte Prognosen mit fixem Zielwert (single-value conditional forecasts) können selten durch einen einfachen Vergleich der Prognose mit dem Resultat falsifiziert werden[26]. Das Problem ist, daß, solange das Ziel des Bruttoinlandsprodukts selbst nicht genau erreicht ist, wir nicht mit Bestimmtheit feststellen können, wo der Fehler liegt. Daher gibt es vier Möglichkeiten:

Die Hypothese der Arbeitskräftebedarfsvoraussschätzung

Ziel des Brutto-inlandsprodukts / Arbeitskräfteziel	Erfolgreiche Prognose	Fehlprognose
Erfolgreiche Prognose	bestätigt	Ein anderer Engpaß als bei den Arbeitskräften?
Fehlprognose	falsch	?

In der großen Zahl der Fälle, in denen Prognosen des Arbeitskräftebedarfs mit fixen Zielwerten erstellt wurden, sank die erzielte Rate des Wirtschaftswachstums aus dem einen oder anderen Grund unter die Zielwachstumsrate mit dem Resultat, daß es sich sogar noch nachträglich als unmöglich erweist festzustellen, ob die Prognose richtig war oder nicht. Schlimmer noch, in einigen Fällen, wie dem des Angebots an Lehrern, lieferten Vorausschätzungen lediglich einen Rahmen für besondere politische Empfehlungen und waren so von vornherein prädestiniert, sich selbst zu falsifizieren. Wir haben also aus dem wiederholten Versagen, verläßliche Prognosen dort zu stellen, wo Wachstumsziele des Bruttoinlandsprodukts er-

---

26 Es gibt noch andere Gründe gegen Prognosen mit fixem Zielwert. Mit den Worten des *Technical Evaluation of the M.R.P.:* »Bildungsstrategie sollte bei ihrer Formulierung die durch den technischen Wandel erzeugte Unsicherheit vor Augen haben. Im Lichte solcher Unsicherheiten erhalten die Ziele der Flexibilität der Arbeitskräfte bei der Formulierung der Ausbildungsstruktur und des Ausbildungsinhalts ein stärkeres Gewicht. Arbeitskräftebedarfsschätzungen, die diese Unsicherheiten verschweigen, indem sie Bedarfsschätzungen mit fixem Zielwert statt eine Reihe von Alternativen vorlegen, erweisen den Verantwortlichen der Bildungspolitik einen sehr schlechten Dienst« (*op.cit.,* S. 62).

reicht wurden, wenig gelernt. Darüber hinaus sind wir trotz zwanzigjähriger Erfahrung heute nicht klüger, was das Wesen des sich ändernden Bedarfs an ausgebildeten Arbeitskräften betrifft. Die Unzuverlässigkeit solcher Vorausschätzungen ist in der Tat so notorisch, daß man kein Land kennt, das ernste Anstrengungen unternommen hätte, um umfassende Ziele von Arbeitskräftebedarfsanforderungen zu realisieren.

Bisher haben wir ausschließlich von Arbeitskräfte*vorausschätzungen* (man-power forecasts) in der oben definierten Bedeutung gesprochen. Wir gewinnen zusätzlichen Einblick durch die Erfahrung mit Arbeitskräfte*projektionen* (man-power projections) in Ländern wie dem Vereinigten Königreich und den Vereinigten Staaten, die an keinen staatlichen Wirtschaftsplan gebunden sind oder bis vor kurzem nicht daran gebunden waren. Es möge genügen zu erwähnen, daß das englische Verzeichnis der Arbeitskräfteprojektionen möglicherweise deswegen endlos ist, weil diese Aufgabe von Physikern statt von Wirtschaftstheoretikern übernommen wurde[27]. Das amerikanische Verzeichnis ist schwieriger zu beurteilen, da die Methodologie der amerikanischen Arbeitskräfteprojektionen höchst eklektisch ist[28]; Fehler in der Voraussage waren im Bereich der Ausbildung ebenso verbreitet wie im Bereich der Beschäftigung[29]. Dennoch haben die verschiedenen amerikanischen Anstrengungen,

---

27 Siehe A. T. Peacock, »Economic Growth and the Demand for Qualified Manpower«, *District Bank Review,* Juni 1963, S. 3–19; Moser, Layard, *op.cit.;* und den aufschlußreichen Beleg von Sir Solly Zuckerman für das Robbins Committee, *Higher Education. Evidence.* Pt. I, Bd. B, Gmnd. 2154–VII (London: H.M.S.O.), S. 423–52.

28 Eine führende amerikanische Projektion extrapolierte einfach das Verhältnis zwischen der Beschäftigung von Wissenschaftlern und Ingenieuren in einem gegebenen Industriezweig einerseits und der Gesamtbeschäftigung in diesem Industriezweig auf der Grundlage eines evidenten linearen Trends zwischen 1954 und 1959 andererseits (*The Long-range Demand for Scientific and Engineering Personnel.* Washington, D.C.: National Science Foundation, 1961). Aber in zwei Fällen, der chemischen und der elektrotechnischen Industrie, stellten weitere eingehende Nachforschungen die Voraussetzung einer stabilen Beschäftigungsrelation für wissenschaftliche Arbeitskräfte in Frage (*ibid.,* S. 16–17, 21–4). Siehe auch *Scientists, Engineers, and Technicians in the 1960's: Requirements and Supply* (Washington, D.C.: National Science Foundation, 1963).

29 Für eine ausführliche Besprechung siehe J. K. Folger, »Scientific Manpower Planning in the United States«, *The World Yearbook of Education, 1967, op.cit.*

den Bedarf an Wissenschaftlern, Ingenieuren und Technikern vorauszusagen, die Situation wenig verbessert – von den Lehrern, Ärzten und Zahnärzten ganz zu schweigen.

Es gibt mehrere Gründe für dieses düstere Lagebild. Wie Kendrick für die Vereinigten Staaten nachgewiesen hat, ist der Fortschritt sowohl der gesamten Faktorproduktivität als auch der Arbeitsproduktivität in den verschiedenen Sektoren recht unregelmäßig; er scheint somit kein einfaches regelmäßiges Muster aufzuweisen, an das sich Prognosen oder Projektionen halten könnten[30]. Außerdem ist es schon aus theoretischen Gründen zweifelhaft, ob alle Länder denselben Wachstumspfad für Arbeitskräfte beschreiten, d. h. ob sie zu ähnlichen Beschäftigungsrelationen der Arbeitskräfte bei identischem Pro-Kopf-Einkommen gelangen. Auf jeden Fall spricht nichts dafür, daß sich Arbeitskräftebedarfsvorausschätzungen auf die bloße Imitation eines reicheren Landes stützen können[31]. Genauso wissen wir zu wenig über die Verbreitung der praxisbewährtesten Techniken innerhalb und zwischen den Industriezweigen, um von der Methode des »Aufholens« (method of »catching up«) der am weitesten entwickelten Betriebe oder Sektoren der Wirtschaft Gebrauch machen zu können. Und wenn Betriebe schließlich ihren Arbeitskraftbedarf in Einkommenswachstumsraten voraussschätzen sollen, die sie vielleicht noch nie erlebt haben, setzt dies voraus, daß sie ihren Marktanteil unabhängig von der Tätigkeit konkurrierender Betriebe voraussagen können.

Selbst wenn wir auf irgendeine Weise Produktivitätsveränderungen voraussagen könnten, hätten wir immer noch die Hürde der Beschäftigungsklassifizierung zu überwinden und diese dann in Bildungsäquivalente (educational equivalents) umzuwandeln. Und hierbei besteht das eigentliche Problem nicht einfach im Versagen, beim heutigen Arbeitskräftepotential irgendeine spezifische Beziehung zwischen Vorbildung und beruflicher Tätigkeit festzustellen – außer bei jenen Berufen wie Medizin und Lehramt, wo es üblich

---

30 J. W. Kendrick, *Productivity Trends in the United States* (Princeton: Princeton University Press, 1961), Kapitel 6, S. 133–89.

31 Das Problem von Wachstumspfaden für Arbeitskräfte wird, mit kritischen Schlußfolgerungen versehen, gründlich erörtert von R. G. Hollister, »The Economics of Manpower Forecasting«, *International Labour Review*, 1964, neuabgedruckt in *The Economics of Manpower Planning*, Hrsg. M. R. Sinha (Bombay: Asian Studies Press, 1965), S. 73–103.

ist, Mindestqualifikationen für den Beruf vorzuweisen[32] –, sondern in der Schwierigkeit, die Elemente des Angebots von den Elementen der Nachfrage zu trennen. Wir haben es hier mit dem alten »Identifikationsproblem« zu tun. Schließlich ist jede einer bestimmten Beschäftigung entsprechende Ausbildung ebenso sehr das Resultat des Angebots qualifizierter Arbeitskräfte in der Vergangenheit wie das Ergebnis des Verlaufs der Nachfrage nach qualifizierten Arbeitskräften. In jeder Wirtschaft mit hoher Gesamtnachfrage werden die qualifizierten, jedoch wahllos hervorgebrachten Arbeitskräfte irgendwie von der Beschäftigung absorbiert: Was wir heute beobachten, sind vielleicht einfach die Fehlallokationen der Vergangenheit[33]. Wenn wir den Bedarf an ausgebildeten Arbeitkräften vorausschätzen wollen, können wir nicht einfach das bestehende Verhältnis zwischen Beschäftigung und Ausbildung übernehmen. Unsere Aufgabe ist es, eine unabhängige Methode der Schätzung der optimalen Dauer und Art der Ausbildung für jede Berufsgruppe zu entwickeln. Aber die befriedigende Ausübung eines Be-

---

32 Die kontroversen Auffassungen über den in verschiedenen beruflichen Tätigkeiten beobachteten Mittelwert der Ausbildungsjahre sind beträchtlich: siehe Parnes, *op.cit.*, S. 112–13; U.S. Bureau of the Census, *U.S. Census of Population: 1960. Subject Reports. Occupation by Earnings and Education.* Final Report PC(2)–7B (Washington, D.C.: G.P.O., 1963), S. 244 ff.: und C. A. Anderson, »Patterns and Variability in Distribution and Diffusion of Schooling«, *Education and Economic Development, op.cit.*, S. 321–4.

33 Das zentrale Problem der Arbeitskräftebedarfsvorausschätzung beruht gerade auf der Ansicht, daß gegenwärtig die qualifizierten Arbeitskräfte falsch eingesetzt werden; trifft dies nicht zu, kann den normalen Marktkräften zugetraut werden, daß sie in Zukunft ebenso befriedigende Resultate erzielen wie in der Vergangenheit. Prognostiker müssen also davon ausgehen, daß der Markt bei der optimalen Allokation der Arbeitskräfte überall versagt hat. Aus diesem Grund gelingt es bei Versuchen, die Bildungsstruktur der Arbeitskräfte als einer gegebenen Funktion des Volkseinkommens oder Sozialprodukts pro Kopf mit Hilfe von Querschnittsdaten für verschiedene Länder zu schätzen, nicht, das Problem der Arbeitskräftebedarfsschätzung zu lösen. (»Netherlands Economic Institute, Financial Aspects of Educational Expansion in Developing Regions«, *Financing of Education for Economic Growth* (Paris: O.E.C.D., 1966); E. R. Rado und A. R. Jolly, »The Demand for Manpower: An East African Case Study«, *The Journal of Development Studies,* April 1965, S. 226–51; und P. R. G. Layard und J. C. Saigal, »Educational and Occupational Characteristics of Manpower: An International Comparison«, *British Journal of Industrial Relations,* Juli 1966. Eine auf derartige Regressionsgleichungen gegründete Bildungsplanung läuft Gefahr, die in der Vergangenheit begangenen Fehlallokationen der Arbeitskräfte in den fortgeschrittenen Ländern zu reproduzieren.

rufs ist eine komplizierte Funktion von angeborener Fähigkeit, psychomotorischen Eigenschaften, Berufserfahrung, Ausbildung am Arbeitsplatz und formaler Ausbildung; wir sind weit davon entfernt zu erkennen, mit welchem Gewicht gerade die letzte Komponente insgesamt beteiligt ist. Ferner ist zweifelhaft, ob man die für eine Beschäftigung optimale Ausbildung ohne Berücksichtigung des Einkommens definieren kann, eine Variable, die bisher von den Prognostikern nicht berücksichtigt wurde[34].

All dies wurde bereits früher erwähnt, sogar von jenen, die eine

---

34 Es gibt offensichtlich drei mögliche Beziehungen zwischen Ausbildung und Beschäftigung: 1. Für jede Beschäftigung gibt es minimale Ausbildungsqualifikationen; zusätzliche Qualifikationen haben keinen ökonomischen Wert; 2. die Produktivität eines Arbeiters steigt mit seinen Ausbildungsqualifikationen, zunächst ganz allmählich, dann mit rasch zunehmender Geschwindigkeit jenseits eines gewissen Grenzniveaus, um sich anschließend zu stabilisieren; 3. die Produktivität eines Arbeiters in einer spezifischen Tätigkeit wächst gleichmäßig mit seinen Ausbildungsqualifikationen, zunächst mit wachsender, dann mit abnehmender Geschwindigkeit, ohne sich jemals zu stabilisieren. Diese drei Möglichkeiten sind für eine bestimmte Tätigkeit im folgenden Diagramm abgebildet, wobei Ausbildungsqualifikationen als Skalar auf der Horizontalen und Produktivität oder Leistungsbewertung der Tätigkeit auf der Vertikalen gemessen sind. Die drei oben erwähnten Möglichkeiten entsprechen den drei numerierten Kurven. Wenn (1) und (2) eine korrekte Dar-

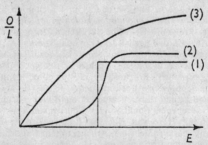

stellung der Realität sind, gibt es kein ernstes Problem der optimalen Ausbildungsvermittlung. Wenn aber Fall (3) für die Realität repräsentativ ist, ist die optimale Ausbildungsdauer völlig ein Problem des zusätzlicher Ausbildung zuzurechnenden Einkommens und kann nicht unabhängig davon definiert werden: Jemand mit einer Ausbildung von sechzehn Jahren kann doppelt so produktiv sein wie jemand mit einer zwölfjährigen Ausbildung, wenn diese aber dreimal so hohe Kosten verursacht, beträgt die optimale Ausbildungsdauer dennoch nur zwölf Jahre (siehe Blaug, Peston und Ziderman, *op.cit.*, S. 3–4).

langfristige Arbeitskräftebedarfsvorausschätzung befürworten[35]. Das Problem ist jedoch, ob wir diese kritischen Argumente abtun und so gut als möglich prognostizieren sollen oder ob wir unsere Grundannahmen über Arbeitskräftebedarfsschätzungen revidieren sollen. Führende Prognostiker des Arbeitskräftebedarfs betonen, daß langfristige Prognosen selbst der gröbsten Art, die nur zwischen solchen Beschäftigungen unterscheiden, die eine allgemeine akademische Ausbildung erfordern und jenen, die eine wissenschaftliche und technische Vorbereitung erfordern, eine nützliche Hilfe bei der Verteilung von Bildungsaufwendungen auf die verschiedenen Stufen und Zweige des Bildungssystems sind. Wären sie verläßlich, wäre dies richtig. Leider warnen die Prognostiker selbst vor einer Bildungsexpansion, die sich eng an Arbeitskräftebedarfsschätzungen anlehnt[36]. Die Frage ist nicht, ob man prognostizieren soll oder nicht, sondern vielmehr, ob man über einen so langen Zeitraum wie zehn oder fünfzehn Jahre vorausschätzen soll, wenn das Ergebnis eine unsichere Prognose ist – oder nur über drei oder vier Jahre hinweg, wo die Chancen für ihre Treffsicherheit viel größer sind. Lang-

---

35 Siehe Parnes, *op.cit.*, S. 19, 20, 33, 36, 41, 44. Nachdem er aber fast jeden Einwand gegen die langfristige Arbeitskräftebedarfsschätzung erwähnt hat, betont er dennoch, daß im Zentrum seiner eigenen Methode der »eher starke Zusammenhang, der zwischen Produktivitätsniveau und Beschäftigungsstruktur einerseits und Beschäftigung und Ausbildungsqualifikation andererseits vorausgesetzt wurde« (ibid., S. 51), steht. Siehe in ähnlicher Weise F. H. Harbison und C. A. Myers, *Education, Manpower, and Economic Growth* (New York: McGraw-Hill, 1965), Kap. 9, S. 189–208.

36 Parnes geht bei seiner Verteidigung äußerst einfach vor: »Die Skeptiker lenken die Aufmerksamkeit auf die breiten Fehlermargen, die praktisch in jedem Stadium des Prozesses der Prognoseerstellung wahrscheinlich sind: die Schätzung des Bruttoinlandsprodukts fünfzehn Jahre im voraus, dessen Verteilung auf die verschiedenen Wirtschaftssektoren und -zweige, die Schätzung der künftigen Arbeitskräftestruktur innerhalb jedes Zweiges, und die Gleichsetzung von Beschäftigung und erforderlicher Ausbildungsqualifikation.« Aber »so lange man garantiert, daß Arbeitskräfteüberlegungen eines jener Elemente sind, die Ausbildungsentscheidungen beeinflussen *sollten*, implizieren all solche Entscheidungen, wenn sie rational sein wollen. Arbeitskräftebedarfsschätzungen, ob sie nun explizit angestellt werden oder nicht«, *Planning Education for Social and Economic Development,* Hrsg. H. S. Parnes (Paris: O.E.C.D., 1963), 74–5. Dies geht am Kern des Problems vorbei. Wenn langfristige Schätzungen von der rein technischen Art wirklich so fehleranfällig sind, wie er selbst annimmt (*op.cit.*, S. 13–30), so ist schwer einzusehen, wie diese gerechtfertigt werden können; die Tatsache, daß alle Bildungsentscheidungen Arbeitskräfteimplikationen haben, macht die Fehler zudem schwerwiegender, nicht geringer.

fristige Vorausschätzungen werden gewöhnlich mit der sehr langen
Ausreifungszeit (production-period) wissenschaftlicher Arbeitskräfte begründet. Aber wie wir früher sahen, bedeutet die Tatsache,
daß die Ausbildung eines Ingenieurs fünfzehn Jahre dauert, nicht,
daß wir den Bedarf an Ingenieuren für 1981 voraussagen müssen –
jedenfalls dann nicht, wenn es nicht eine und nur eine Beschäftigung
gibt, die ein Ingenieur ausüben kann bzw. einen und nur einen Auf-
gabenbereich, in dem ein Ingenieur eingesetzt werden kann. Wir
müssen viel mehr über all diese Fragen in Erfahrung bringen; bisher spricht aber alles dafür, daß es viele Substitutionsmöglichkeiten
für beruflich qualifizierte Arbeitskräfte gibt. Humankapital mag
eine längere Ausreifungszeit als das meiste materielle Kapital aufweisen, aber es ist in der Verwertung viel weniger festgelegt als die
meisten Maschinen.

Die Notwendigkeit, Studenten bei ihrer Berufsentscheidung zu
lenken, wird manchmal als Grund dafür angegeben, daß Arbeitskräftebedarfsschätzungen einen Zeitraum von mindestens sechs
oder sieben Jahren umfassen müßten. Studenten, zumindest englische Studenten, müssen bei der Wahl ihrer Hauptstudienfächer an
ihre Berufsaussichten in fünf oder sechs Jahren denken. Nehmen
wir an, es wäre ihnen eine hundertprozentig treffsichere Vorausschätzung der Nachfrage nach einem bestimmten Beruf für 1972
bekannt. Würde dies ihre Ausbildungsentscheidungen verbessern?
Nicht notwendigerweise, da sie immer noch die Zahl jener Studenten einzukalkulieren hätten, die in derselben Weise auf die Vorausschätzung reagieren. Dies gilt natürlich dann wieder für jeden
Studenten. Studenten befinden sich in derselben Lage wie Oligopo-
listen, die so lange nicht ihre eigenen Preise festsetzen können, solange sie nicht die Preise ihrer Konkurrenten kennen. So genügt es
nicht zu wissen, wie die Nachfrage nach Ingenieuren im Jahre 1972
aussehen wird. Man muß auch das voraussichtliche Angebot an
Ingenieurstudenten im Jahre 1972 kennen. Vorausgesetzt, der Student ist über beides informiert, so ist er tatsächlich in einer besseren
Position: Falls eine Knappheit vorausgesagt wird, braucht er sich
keine großen Sorgen über seine Befähigung zum Ingenieur zu
machen, da er wahrscheinlich auf jeden Fall eine Anstellung findet;
falls andererseits die Prognose besagt, daß es einen Käufermarkt
geben wird, muß er auf seine eigene berufliche Befähigung stärker
bedacht sein. Diese Argumentation zeigt, daß sogar hundertprozentig treffsichere mittelfristige Arbeitskräftebedarfsschätzungen nicht

schon durch ihr Vorliegen allein für den Zweck der Berufsberatung ausreichen. Aber in der Praxis sind sogar diese selten exakt[37]. Außerdem sagen sie nichts über das zu erwartende Einkommen; dies ist jedoch genau das, was Studenten interessiert. Es ist ein großer Unterschied zwischen der Festlegung eines Mindestbedarfs an Ausbildung, um ein bestimmtes Ziel des Bruttoinlandsprodukts, wie in der typischen Arbeitskräftebedarfsschätzung zu realisieren, und der Voraussage der wahrscheinlichen Beschäftigungschancen bei verschiedenen Spezialfachrichtungen, um den Studenten bei der Planung ihrer Laufbahn zu helfen. Daß das eine mit dem anderen verwechselt wird, mag das niedrige Niveau der Berufsberatung in so vielen Ländern erklären.

Trotz allem, was wir gesagt haben, werden Vertreter der Arbeitskräftebedarfsschätzung dennoch darauf bestehen, daß gewisse Kenntnisse über die zukünftigen zehn oder fünfzehn Jahre, mögen sie auch unscharf sein, besser als nichts seien. In dieser Form können wir dem nur beipflichten. Dieser Standpunkt impliziert jedoch die Notwendigkeit, die zugestandene Unschärfe der langfristigen Vorausschätzungen direkt in die Vorausschätzung selbst miteinzubauen. Beispielsweise lautet eine einleuchtende Hypothese, daß die Abweichung des in der Prognose geschätzten Mittelwerts mit dem Quadrat des Prognosezeitraumes zunimmt und so eine Fehlermarge schafft, die sich mit zunehmendem Prognosezeitraum stetig verbreitert. So mag die Fehlermarge in der Voraussage des Arbeitskräftebedarfs zahlenmäßig $\pm$ 2% von 1966 für 1967 betragen,

---

37 Ein interessanter Testfall ist der Lehrerbedarf. Hier gibt es kein Problem der Prognose der Arbeitsproduktivität, da die Lehrer/Studenten-Relation ausnahmslos eine administrative Entscheidung ist; es besteht auch keine Schwierigkeit, die Mindestnormen der Ausbildung für die Berufsausübung zu spezifizieren, da es gewöhnlich gesetzliche Minimalanforderungen für die Ausübung dieses Berufes gibt. Dennoch ist die Liste der Lehrerbedarfsschätzungen so dürftig wie für alle anderen Arbeitskräftekategorien: siehe W. Lee Hansen, »Human Capital Requirements for Educational Expansion: Teacher Shortages and Teacher Supply«, *Education and Economic Development*, op.cit.; M. J. Bowman, »Educational Shortage and Excess«, *Canadian Journal of Economics and Political Science*, November 1963, S. 446–61; und A. M. Cartter, »A New Look at the Supply of College Teachers«, *The Educational Record*, Sommer 1965, S. 267–77. Ein anderes deprimierendes Beispiel ergibt sich bei den Ärzten: siehe W. Lee Hansen. »›Shortages‹ and Investment in Health Manpower«, op.cit.; und J. Seale, »Medical Emigration: A Study in the Inadequacy of Official Statistics«, *Lessons from Central Forecasting* (London: Institute of Economic Affairs, 1965), S. 25–41.

$\pm$ (0,02)² zahlenmäßig von 1966 für 1968 usw. und sich in zehn
Jahren auf einen Fehler von $\pm$ 22% und in fünfzehn Jahren auf
$\pm$ 35% belaufen; dieselbe Argumentation – möglicherweise mit
einer anderen Fehlermarge – gilt für das Angebot von Arbeitskräften. Der Wachstumpfad für eine bestimmte Art ausgebildeter
Arbeitskräfte kann dann folgendes Aussehen haben:

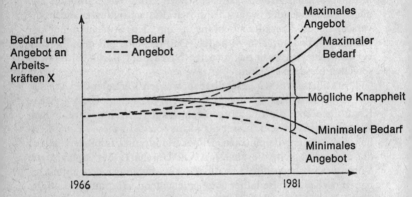

In diesem Fall müßten wir uns mit der undramatischen Schlußfolgerung zufriedengeben, daß 1981 eine »Knappheit« an X auftreten wird, falls war den Bedarf an X unterschätzt und sein Angebot überschätzt haben – und nicht umgekehrt. Das Diagramm hat
natürlich rein illustrativen Wert. Ich weiß weder, ob das künftige
Angebot ungewisser ist als der künftige Bedarf oder ob die Fehler
in der Prognose wie im obigen Diagramm symmetrisch auftreten,
noch ob die Gesamtfehlergrenze 1, 2 oder 3% betragen sollte. Bevor jedoch eine solche, die ungewisse Zukunft miteinbeziehende
Konzeption bei der Arbeitskräftebedarfsvorausschätzung nicht explizit eine Rolle spielt, fehlt es im Fall der langfristischen Arbeitskräftebedarfsprognose, besonders beim Typ der Prognose mit
fixen Zielwerten, an einer vernünftigen Begründung. Zweifellos gibt
es einen Punkt, wo das um die Vorausschätzung verbreitete Halb-
dunkel des Zweifels sich so sehr ausbreitet, daß die Vorausschätzung selbst eher irreführt als informiert.

VIII. Schlußbemerkungen

Es ist wenig sinnvoll, weiterhin Ressourcen aufgrund langfristiger punktueller Schätzungen zu vergeuden, deren Ergebnisse sogar den Prognostikern selbst suspekt sind. Diese Ressourcen könnten viel gewinnbringender investiert werden, wenn wir unser Wissen über den gegebenen Bestand an qualifizierten Arbeitskräften erweitern und dieses Wissen an Studenten und Unternehmer weitergeben. Es ist kein Zufall, daß nach zwei Jahrzehnten reger Aktivität in der Arbeitskräftebedarfsvorausschätzung nur ein Land, nämlich die Vereinigten Staaten, ausreichende Informationen über die Verteilung der Arbeitskräfte nach Wirtschaftssektor, Beschäftigung, Einkommen und Ausbildungsdauer besitzen[38]. Solche Informationen sind nicht einmal teuer zu beschaffen, da sie in Stichprobenerhebungen gesammelt werden können. In Wahrheit hat die Mystik von Prognosen Untersuchungen über den gegenwärtigen Arbeitskräftebestand mit der Begründung verhindert: Vergangenes ist auf immer vergangen[39]. Aber der Arbeitskräftebestand ist im Verhältnis zum jährlichen Neuzugang so groß, daß der größte Teil des gegenwärtigen Bestandes über Jahrzehnte bestimmt ist.

Angesichts der bei den Arbeitskräftebedarfsschätzungen auftretenden Schwierigkeiten, die progressiv zu wachsen scheinen, je länger der Prognosezeitraum ist, kann das Übel damit behoben werden, bescheiden mit kurzfristigen Prognosen zu beginnen, die mit einer Gesamtfehlermarge, wie oben ausgeführt, extrapoliert werden. Mit wachsender Erfahrung können wir beginnen, die Fehler-

---

38 Die Vereinigten Staaten sind auch das einzige Land, das jetzt über ein fast vollständiges Verzeichnis aller qualifizierten Berufe des Arbeitskräftepotentials verfügt.

39 Die fast allgemeine Vernachlässigung des Einkommens als eines hochbedeutsamen Teils der Information über Entwicklungen in der Verwertung und Produktion von Arbeitskräftequalifikation zeigt, wie sich diese Mystik auf die Informationsbeschaffung auswirkt. So zählte z. B. die vergangenes Jahr vom Ausschuß für Arbeitskraftressourcen für Wissenschaft und Technik (Committee on Manpower Resources for Science and Technology) dem Britischen Parlament vorgelegte *Review of the Scope and Problems of Scientific and Technological Manpower Policy* (Cmnd. 2800) eine Reihe von gegenwärtig laufenden Ermittlungen auf, die die Kenntnisse über Bedarf und Angebot an wissenschaftlichen Arbeitskräften in Großbritannien ergänzen sollen, erwähnte aber mit keinem Wort das relative Einkommen. In Großbritannien sammelt keine offizielle Stelle Informationen über das Einkommen nach Ausbildungsniveau und Ausbildungstyp.

marge auszugleichen und allmählich immer zuverlässigere mittelfristige und schließlich langfristige Prognosen zu erstellen. Zur
Überprüfung solcher Bedarfsschätzungen sollten wir ständig revidierte Projektionen des künftigen Angebots an ausgebildeten Arbeitskräften vornehmen. Die Bedarfsprognosen sollten nämlich so
beschaffen sein, daß sie eine Reihe von alternativen Werten für
verschiedene Schätzungen des projizierten Angebots vermitteln.
Wenn der Bedarf an ausgebildeten Arbeitskräften von deren Preis
abhängt, und dies wird zwangsläufig der Fall sein, wenn die Besetzung gegebener Arbeitsplätze mit unterschiedlich ausgebildeten Arbeitskräften möglich ist (substitutability between educational inputs), dann können Angebotsveränderungen ebenso wie Bedarfs-
veränderungen den Preis ändern; infolgedessen ist die nachgefragte
Menge nach ausgebildeten Arbeitskräften nicht unabhängig von
ihrem Angebot. Daraus folgt, daß Arbeitskräftebedarfsprognosen
immer mit Projektionen der sozialen Nachfrage nach Bildung
(social-demand projections) kombiniert werden müssen. In gleicher
Weise sind Projektionen der sozialen Nachfrage allein keine verläßliche Grundlage für Bildungsplanung. Die Tendenz, Qualifikationsanforderungen zu erhöhen (tendency to upgrade skill-require-
ments), sobald sich die Lage am Arbeitsmarkt günstig gestaltet,
ist ein erwiesenes Phänomen[40]. Diese Tendenz scheint jedoch
feste Grenzen zu haben, wie das Auftreten der »intellektuellen
Arbeitslosigkeit« in vielen Ländern bezeugt. Indem wir Bedarfsprognosen mit Angebotsprojektionen kombinieren, stufen wir allmählich auf ganz natürliche Weise das an eine bestimmte Ausbildung
gebundene Einkommen als Indikator drohender Mangel- und
Überschußsituationen ein. Und da die Ausbildungskosten für verschiedene Arten qualifizierter Fachkräfte beträchtlich differieren,
führt uns dies dazu, die Einkommensschwankungen mit den
Schwankungen der Ausbildungskosten in Verbindung zu bringen.

---

40 J. K. Folger und C. B. Nam, »Trends in Education in Relation to Occupational Structure«, *Sociology of Education,* Herbst 1964, S. 19–34, weisen
eine nicht sehr enge, aber nachlassende Beziehung zwischen Ausbildung
und Beschäftigung in den Vereinigten Staaten zwischen 1940 und 1960 auf.
Ferner zeigen die Autoren, daß der größte Teil der in diesen zwanzig Jahren
auftretenden Veränderungen auf eine Zunahme der Ausbildung innerhalb
der Berufe zurückzuführen war, d. h. auf eine Höherstufung statt auf eine
Verlagerung von wenig Ausbildung erfordernden Tätigkeiten hin zu solchen,
die mehr Ausbildung verlangen.

Dies ist Ertragsratenanalyse, ob wir es nun so nennen oder nicht. Indem wir solche Berechnungen auf einer Jahresbasis anstellen, halten wir den Markt für hochqualifizierte Arbeitskräfte unter ständiger Kontrolle und gewinnen allmählich Einblick in die Art und Weise, wie Ausbildung und Wirtschaftswachstum sich gegenseitig beeinflussen.

Die jüngste Forschung über mathematische und Schätzmodelle des Bildungssystems weist vielleicht den Weg zu einer Verbindung all dieser Ansätze[41]. Modelle dieser Art sind vollkommen neutrale Planungsinstrumente und unentbehrlich, welcher Ansatz auch immer herangezogen wird. Sie werden etwas tendenziöser, wenn spezifische Prämissen darüber vorgegeben werden, in welchem Ausbildungsbereich Verbesserungen anzustreben sind. In einem neuen nordnigerianischen Bildungsmodell linearer Programmierung z. B. war der Arbeitskräftebedarf als exogen determinierte Restriktion in einer Funktion vorgegeben, in der die Differenzen des mit unterschiedlicher Ausbildung verbundenen Nettolebenseinkommens maximiert werden sollten[42]. Die Lösungen nahmen die Form einer optimalen Sequenz von Entscheidungen bezüglich verschiedener Bereiche des Ausbildungssystems über einen Zeitraum von acht Jahren, bei gegebenen Annahmen hinsichtlich der Lehrer/Studenten-Relationen, an. Die sich daraus ergebende interessante Schlußfolgerung war, daß die optimale Struktur der Ressourcenverteilung zwischen Primar-, Sekundar- und Hochschulausbildung fast genau das Gegen-

---

41 Die Grundlagen dazu wurden gelegt von Correa, Tinbergen und Bos mit einem »Golden-Age Modell« gleichgewichtigen Wachstums. Es werden feste lineare Koeffizienten benutzt, um den Arbeitskräftebestand der zweiten und dritten Ausbildungsstufe mit dem Volkseinkommen sowie den Output der dritten Stufe des Ausbildungssystems mit dem Lehrerbedarf der zweiten und dritten Stufe zu verknüpfen: siehe J. Tinbergen und H. C. Bos, »A Planning Model for the Educational Requirements of Economic Development«, *Econometric Models of Education* (Paris: O.E.C.D., 1965), S. 9–31. Für einen differierenden Modelltyp vgl. C. A. Moser und P. Redfern, »A Computable Model of the Educational System of England and Wales«, *Proceedings of the International Statistical Institute. Bi-Annual Conference* (London: I.S.I., 1966); und P. Armytage and C. Smith, »The Development of Computable Models of the British Educational System and Their Possible Uses«, *Meeting of the Ad Hoc Groups on Mathematical Models of the Educational System* (Paris: O.E.C.D., 1967).
42 S. S. Bowles, *The Efficient Allocation of Resources in Education: A Planning Model with Applications to Northern Nigeria* (Dissertation submitted to Harvard University, 1965).

teil jener war, die von früheren Arbeitskräftebedarfsvorausschätzungen in Nigeria propagiert wurde; dies ist vielleicht nicht so überraschend, wenn man bedenkt, daß diese Schätzungen das Problem des Übergangspfades zu den Zieldaten nicht berücksichtigten[43].

Wir sind am Ende unserer Betrachtung angelangt. Die Botschaft war, daß Projektionen der sozialen Nachfrage nach Bildung, Arbeitskräftebedarfsvorausschätzungen und Ertragsratenanalyse miteinander vereinbare und de facto komplementäre Techniken der Bildungsplanung sind, jedoch nicht in der Weise, wie diese Ansätze gegenwärtig in der Fachliteratur verstanden werden. Sie müssen vor allem Hand in Hand mit besonderen Bildungsreformen und einer aktiven Arbeitsmarktpolitik gehen, um die Last administrativer Planungsentscheidungen auf ein Mindestmaß zu begrenzen. Ökonomen haben durchaus ihren Beitrag zur Bildungsplanung zu leisten, aber nicht dadurch, daß sie auf der Durchsetzung eines bestimmten universellen Heilmittels mit Nachdruck bestehen, daß sie behaupten, die Zukunft über zehn oder fünfzehn Jahre genau vorausehen zu können oder daß sie zu wissen vorgeben, auf welche Weise ein bestimmtes Wirtschaftswachstum mit einem bestimmten Maß an Ausbildung erzielt werden kann. Wir brauchen uns nicht dafür zu entschuldigen, daß alles, wozu wir in den meisten Fällen ruhigen Gewissens raten können, eine Entwicklung in einer bestimmten Richtung für eine begrenzte Zeitspanne ist.

---

43 Für einen ähnlichen Beleg siehe J. R. Smyth, »Rates of Return on Investment in Education: A Tool for Short Term Educational Planning, Illustrated with Ugandan Data«, and E. Rado, »Manpower Planning in East Africa«, beides in: *World Yearbook of Education 1967, op.cit.*

Hans-Peter Widmaier und Bruno Frey:

Modelle der Bildungsökonomik[1]

I. Einige Ansätze der Bildungsökonomik

Die Vermutung, daß die Ausbildung ein entscheidender Faktor für die wirtschaftliche Entwicklung ist, hat zur Frage geführt, wie das Wachstum durch die Ausbildung der Arbeitskräfte zu beeinflussen ist: Welche Ausbildung der Arbeitskräfte wird benötigt, damit ein bestimmtes wirtschaftliches Wachstum erreicht werden kann? Dieses eng definierte Ziel wurde aber schon bald durch die Einbeziehung sozial- und kulturpolitischer Ziele ergänzt: Eine Gesellschaft benötigt die Ausbildung nicht nur zur Erreichung von wirtschaftlichen, sondern ebenso sehr zur Erfüllung von allgemeinen gesellschaftspolitischen Zielen.

Die Politiker erkannten, daß durch eine Förderung der Ausbildung und der Forschung die Erreichung der »klassischen« Ziele der Wirtschaftspolitik vereinfacht wird. Vom magischen Dreieck »Vollbeschäftigung«, »Preisstabilität« und »Zahlungsbilanzausgleich« kann mindestens das erste Ziel durch eine verbesserte Ausbildung der Arbeitskräfte gefördert werden. Entscheidend bei allen politischen Überlegungen ist aber sicherlich die Förderung der zwei neuen, wichtigen Ziele der Wirtschaftspolitik, nämlich des »wirtschaftlichen Wachstums« und einer »gerechten Einkommensverteilung« (»magisches Polygon«). Von verschiedenen staatlichen und nichtstaatlichen Stellen wurden daher auch Ökonomen aufgefordert, die theoretischen und praktischen Grundlagen für eine rationale Bildungspolitik und für eine langfristige Bildungsplanung zu schaffen. Heute besteht bereits eine Vielzahl von Modellen, die mit unterschiedlichem Abstraktionsgrad diese Aufgaben zu lösen versuchen. Es sollen hier anhand einiger ausgewählter Beispiele die wichtigsten Elemente derartiger Bildungsmodelle aufgezeigt und den wesentlichen Entwicklungslinien nachgegangen werden.

1 Hans-Peter Widmaier und Bruno Frey: Wachstumstheorie und Bildungsökonomik. In: Konjunkturpolitik, 13. Jg. (1967), H. 3, S. 129–184 (Verlag Duncker & Humblot, Berlin). – Auszug des Kapitels: Einige Ansätze der Bildungsökonomik, S. 141–183. Mit freundlicher Genehmigung des Verlages.

1. Angebotsorientierte Modelle

Unter dieser Modellform werden diejenigen Ansätze verstanden, die ausgehend von der Bevölkerungsentwicklung, der individuellen Nachfrage nach Bildungsplätzen, dem Angebot an Bildungsplätzen und der Vereinigung dieser Komponenten im Bildungsprozeß das Angebot von Absolventen des Bildungs- und Ausbildungssystems auf dem Arbeitsmarkt abzuschätzen versuchen.

a) Die Ausgangspunkte der Angebotsmodelle

Zentraler Ausgangspunkt dieses Ansatzes ist die Forderung nach der Verwirklichung der Bürgerrechte für jeden einzelnen und für soziale Gruppen unter dem Aspekt der Gleichheit der Bildungs- und Berufschancen[1a]. Bestehende soziale, regionale, geschlechts- spezifische und internationale Unterschiede im Schulbesuch und Schulerfolg treten im Lichte sozialpolitischer Forderungen in den Vordergrund. Explizit formulierte bildungspolitische Zielvorstel- lungen und die spontane individuelle Nachfrage nach Bildungs- und Ausbildungsplätzen werden zum Ausgangspunkt der Prognose alternativer Wege zur Erreichung der vorgegebenen Ziele.

Die Untersuchung des Bildungs- und Ausbildungswesens unter ausschließlich sozialen und kulturpolitischen Aspekten wird im we- sentlichen mit folgenden Argumenten begründet: Die Analysen und Prognosen des Bildungswesens seien durch das sozial- und kultur- politische Kriterium des Bürgerrechts auf gleiche Bildungschancen hinreichend und ausschließlich gerechtfertigt und bedürften keiner zusätzlichen Begründung durch den Bedarf an Informationen über die Menge gut ausgebildeter Menschen, die in Wirtschaft und Ge- sellschaft benötigt werden. Im Vordergrund der Argumentation für diese These steht der Verweis auf die Notwendigkeit der freien Ent- scheidung bei der Wahl des Bildungsweges[2]. Hinzu kommt der

---

1a Vgl. dazu: A. H. *Halsey* (Ed.): Ability and Educational Opportunity. OECD, Paris 1961; in deutscher Übersetzung herausgegeben und mit einer Einführung von H. P. *Widmaier,* Frankfurt a. M. 1967.
2 Dieser Ansatz impliziert die liberale These, auf deren Formulierung *Dahrendorf* bei einer OECD-Konferenz bestand: »The major theme of indi- vidual right implies that, beyond acquiring the necessary moral and cognitive equipment to enable him to live in a complex society, a man or woman has the right not to be educated and certainly the right not to be trained for a

Hinweis auf die Elastizität sozialer Phänomene, die eine Voraussicht auf Entwicklungstendenzen der Nachfrage nach Absolventen des Bildungswesens unmöglich und unnötig machen[3].

Diese Argumentation, so bestechend einfach sie im Augenblick erscheinen mag, bricht sich leider an den Fakten einer Welt, die im wesentlichen die notwendigen Voraussetzungen für eine Verwirklichung dieser liberalen These nicht bietet. Eine freie und rationale Entscheidung der Eltern und Kinder bei der Wahl des Bildungs- und Berufsweges setzt vollkommene Voraussicht, d. h. eine langfristige Transparenz des Arbeitsmarktes, voraus. Die Erfahrung zeigt, daß Eltern und Kindern diese Grundbedingung eines liberalen Systems fehlt – gerade und besonders dann, wenn diese Information nicht von neutraler Stelle im Rahmen eines Nachfragemodells erstellt worden ist. Dem einzelnen fehlen ganz einfach die technischen Möglichkeiten, sich diese Voraussicht der Entwicklung zu schaffen. Selbst ein gut ausgebautes Berufsberatungssystem, wie wir es in Deutschland finden, kann seine Funktion erst dann erfüllen, wenn es auf Informationen aus Nachfragemodellen zurückgreifen kann.

Die zur Diskussion stehende liberale These impliziert außerdem die Annahme der vollkommenen Konkurrenz zwischen den Bildungs-Institutionen und die Existenz eines Marktpreises für Bildung, Faktoren also, die Eltern und Kindern überhaupt erst die Wahlmöglichkeit zwischen unterschiedlichen Bildungswegen und Institutionen schaffen. Beide Voraussetzungen sind nicht erfüllt. Der Staat tritt im wesentlichen ohne ernsthafte Konkurrenz als alleiniger Anbieter von Bildungsplätzen auf und fixiert durch politische Entscheidungen Umfang und Struktur des Angebots, da durch die relative Preislosigkeit des Gutes Bildung (Gebührenfreiheit oder niedrige Gebühren) keine Anpassung von Angebot und Nachfrage über den Marktmechanismus erfolgen kann.

Das Argument der »Elastizität sozialer Phänomene« impliziert, bezogen auf das Bildungswesen, daß alle Bildung und Ausbildung »allgemeine Bildung« ist und Bildungsqualifikationen und Berufe

---

job or career according to the passing requirements of the national economy«. Die Freiheit der Wahl steht hier in einem Spannungsverhältnis mit der Wahlrationalität. Beide setzen jedoch Informationen voraus. Vgl. A. H. *Halsey* (Ed.): Ability and Educational Opportunity, a. a. O., S. 20.
3 R. *Dahrendorf*: Bildung ist Bürgerrecht. Hamburg 1965, S. 19 ff.

jederzeit substituierbar sind[4]. Wie stark diese Annahme von der Realität des stark berufs- und fachrichtungsbezogenen deutschen Bildungswesens abweicht, braucht hier wohl nicht näher belegt zu werden. Ähnliches gilt auch, wenn wir das Argument auf die Substitution von Arbeitskräften durch Kapital beziehen. Zu denken ist hier besonders an die in unserem Zusammenhang wichtige Frage der Substitution von Lehrern durch Lehrmaschinen. Die Erfahrung bei der Einführung des technischen Fortschrittes sowohl im wirtschaftlichen Bereich als auch insbesondere im Bildungswesen zeigt, daß hier mit revolutionären, plötzlichen Vorgängen nicht zu rechnen ist[5]. Diese Substitutionsvorgänge vollziehen sich – wenn überhaupt – kontinuierlich, stetig und deshalb in relativ gut prognostizierbaren Bahnen.

Fassen wir zusammen: Nicht die liberale These ist falsch, sondern die Voraussetzungen für ihre Verwirklichung sind nicht gegeben. Was wir vorfinden ist – wie im wirtschaftspolitischen Bereich – eine Mischform zwischen einem freien Bildungswesen und staatlichem Interventionismus. Das gemischte System muß deshalb auch zum Ausgangspunkt der Diskussionen genommen werden, und es hängt von den politischen Entscheidungen ab, ob das System dann à la longue in die eine oder andere Richtung tendiert.

b) Die Funktion der Angebotsmodelle

Ausgehend von einem Mischsystem zwischen einem freien Bildungswesen und staatlichen Eingriffen kann dem Angebotsmodell als Teil eines umfassenden Modells eine wichtige Funktion zuge-

---

4 Technisch gesprochen: die Substitutionselastizität zwischen Bildungsqualifikation und Berufen ist unendlich.

5 »One of the outstanding differences between universities and conventional industries in the period under review is that in almost every industry new and more efficient methods of production have been introduced, while the technology of teaching has remained unchanged. It is still true to say that, in the field of education, the last dramatic innovation was the printed book.« M. *Woodhall* and M. *Blaug*: »Productivity Trends in British University Education, 1938–62.« In: Minerva, Vol. III, No. 4, Summer 1965, S. 497.

Hinzu kommt der beträchtliche time-lag zwischen Erfindung und Anwendung technischer Neuerungen. So stellt A. R. Lord Todd beispielsweise fest, »daß auf den meisten Gebieten der Technik, . . . , von einer bedeutenden wissenschaftlichen Entdeckung bis zu ihrer Anwendung auf breiter Basis selten weniger als zwanzig Jahre vergehen«. A. R. Lord *Todd*: Die Auswertung unserer heutigen Erkenntnisse. In: Unsere Welt 1985, R. *Jung* / H. J. *Mundt* (Hrsg.), München 1965, S. 21.

schrieben werden: Zentrale Aufgabe des Teilmodells ist die Analyse und Prognose des Bedarfs an Bildungs- und Ausbildungsplätzen, Lehrkräften und Ausrüstung sowie der mit diesen Größen verbundenen Kosten, bei einer spontanen Entwicklung der Nachfrage nach Bildungs- und Ausbildungsplätzen und/oder die Abschätzung der gleichen Bedarfsgrößen für alternative Wege zur Erreichung bestimmter bildungspolitischer Zielsetzungen. Angebotsmodelle sind also im wesentlichen Bedarfsfeststellungen[6]. Nach der Ermittlung des Bedarfs und einer Abschätzung der damit verbundenen Kosten tritt die Frage nach den Möglichkeiten der Finanzierung hinzu. Hierdurch ergibt sich ein weiteres Bindeglied zur Analyse und Prognose der wirtschaftlichen Entwicklung im Rahmen eines Nachfrage-Teil-Modells: Nur wenn im letzteren die Chancen der wirtschaftlichen Entwicklung und die daraus resultierenden Einnahmen und Ausgaben des Staates untersucht werden, können konkrete Hinweise auf die Möglichkeiten der Finanzierung der Aufgaben im Bildungsbereich gegeben werden.

c) Einige Angebots-Prognose-Modelle

Besonders beliebt sind Angebots-Prognose-Modelle, die mit Hilfe der Trendextrapolation kurz-, mittel- und langfristige Schätzungen von Schul- und Hochschulbesuch und/oder -quoten erstellen wollen. Die Einwände gegen die Extrapolation historischer Trends und den unterliegenden historischen Determinismus sind allgemein bekannt. Im Bereich der Bildung fallen dazu zwei Argumente besonders ins Gewicht: Trendextrapolationen des Schulbesuchs ergeben nichts anderes als eine Projektion der Vergangenheitsentwicklung (die man ja gerade überwinden will) in die Zukunft. Außerdem muß im Bildungsbereich langfristig mit Obergrenzen (der Begabung, Bildungsfähigkeit usw.) gerechnet werden, die mit langfristigen Extrapolationen nicht erfaßt werden können.

Man hat deshalb in Prognosemodellen versucht, bei Trendextrapolationen für den Schulbesuch Obergrenzen[7] für einzelne Stufen

---

6 Vgl. dazu: Schulbesuch 1961 bis 1970. Erster Bericht der Arbeitsgruppe für Fragen der Bedarfsfeststellung, Ständige Konferenz der Kultusminister der Länder in der Bundesrepublik Deutschland, Juni 1965.
7 Das Problem der Bestimmung von Obergrenzen ist vergleichbar mit der Analyse von Sättigungstendenzen im wirtschaftlichen Bereich; vgl. zu letzterem und zur folgenden Diskussion der Prognosemethoden allgemein: H. *Gerfin*: Langfristige Wirtschaftsprognose. Tübingen 1964, S. 77 ff.

des Bildungssystems zu berücksichtigen[8]. Bei der Ermittlung der Obergrenzen ging man verschiedene Wege. Eine Modellvariante extrapolierte die Schulbesuchsquoten aller weiterführenden Schulen bis zu dem Zeitpunkt, in dem die Summe der Besuchsquoten 100 Prozent einer Altersgruppe (12- oder 16jährige) ergab (abzüglich eines Satzes für Sonderschüler). Die durch diese Extrapolation erreichte Anteilsquote eines Bereichs der weiterführenden Schulen – des Gymnasiums – sollte die Obergrenze für den Gymnasialschulbesuch angeben. Den Annahmen dieser Modellvariante steht entgegen, daß die verschiedenen Typen der weiterführenden Schulen miteinander in Konkurrenz stehen können und eine Expansion des zur Hochschule führenden Gymnasiums auf Kosten der Realschule und der berufsbezogenen Fachschulen durchaus möglich erscheint. Außerdem haben soziologische Untersuchungen gezeigt, daß nach Überwindung sozialer und psychologischer Barrieren beim Übergang auf und Durchgang durch das Gymnasium in den unteren Schichten Begabungsreserven mobilisiert werden können.

Eine dritte Prognosemodellvariante nahm deshalb die festgestellten regionalen Unterschiede im Gymnasialschulbesuch und die beobachtbaren Tendenzen zum Ausgleich dieser regionalen Diskrepanzen zum Ausgangspunkt. Der Ausgleich der regionalen Unterschiede im Prognosezeitraum wurde zur Grundannahme des Modells. Alle Regionen mit unterdurchschnittlichem Ausgangsniveau erreichen im Zeitablauf des Modells das Durchschnitts- bzw. Höchstniveau der betreffenden Regionalgruppe[9].

Da alle bisher genannten Modellvarianten zu relativ unbefriedigenden Ergebnissen führten, wurde durch immer stärker differenzierte Forschungsarbeiten versucht, das Problem weiter einzukreisen. Dabei ergab sich als Resultat, daß regionale Unterschiede im Gymnasialschulbesuch im wesentlichen Unterschiede in der Sozial- und Berufsstruktur der Regionen untereinander reflektieren. Entsprechend ist eine Modellvariante möglich, die über eine Prognose der zukünftigen Sozial- und Berufsstruktur und der Zahl der Kinder in jeder Gruppe die sozialschicht- bzw. berufsspezifischen

8 Vgl. dazu den Bericht in H. P. *Widmaier* (in Zusammenarbeit mit K. *Bahr*); Bildungsplanung. Stuttgart 1966, Teil II.
9 Vgl. z. B.: Ausbau der höheren Schule und der Realschule. Strukturförderung im Bildungswesen des Landes Nordrhein-Westfalen – eine Schriftenreihe des Kultusministers. Ratingen bei Düsseldorf, Dezember 1965, S. 28.

Schulbesuchsquoten zu ermitteln sucht. Als Obergrenze der Besuchsquoten aller sozialen und Berufsgruppen wäre dann die Schulbesuchsquote der heute führenden Berufsgruppe (Akademiker und Manager) denkbar. Außerdem müßte eine kontinuierliche Abnahme der Differenz zwischen den Besuchsquoten der Jungen und Mädchen in die Prognose miteinbezogen werden. Diese differenzierte Form der Prognose erfordert einen beschwerlichen Umweg über die Prognose des Aggregats der Sozial- bzw. Berufsstruktur. Der Umweg wird allerdings überhaupt erst möglich, wenn im Rahmen eines Nachfrage-Modells die potentiellen Strukturveränderungen (auch in der Sozial- bzw. Berufsstruktur) vorausgeschätzt werden. Je differenzierter also Angebots-Modelle werden, desto stärker wird die Notwendigkeit eines simultanen Vorgehens auf Angebots- und Nachfrageseite.

d) Bildungspolitische Entscheidungsmodelle

Die bisher diskutierten Modellvarianten bleiben wegen ihrer zu globalen Aussagen und wegen des ihnen unterliegenden historischen Determinismus nur unbefriedigende Hilfskonstruktionen der Bildungsforschung und Bildungsplanung. Ihnen fehlt die Orientierung an klar umrissenen und quantifizierten Zielvorstellungen der politischen Entscheidungsträger. Der erste Schritt in Richtung auf eine aktive Bildungspolitik – die Formulierung bildungspolitischer Zielwerte – ermöglicht es, den eben beschriebenen Prozeß der Analyse und Prognose gleichsam vom Kopf auf die Füße zu stellen: An die Stelle der Bestimmung der Prognosevariablen aus den erklärenden Variablen und den Werten der Parameter tritt die Ableitung der Prognosevariablen aus den *politisch* determinierten Werten der Zielvariablen. Die Übertrittsquote auf das Gymnasium beispielsweise wird also nicht mehr als eine Funktion der Sozial- bzw. Berufsstruktur gesehen, sondern abgeleitet aus der Zielvorstellung einer bestimmten zukünftigen Abiturientenquote. Ähnliches gilt dann für andere Instrumentenvariable der Bildungspolitik wie Ausfallquoten, Übertrittsquoten, Sitzenbleiberquoten usw. Wir haben es hier also mit einer Umkehr von einem explikativen – d. h. einem System, in dem Wirkungszusammenhänge analysiert werden – zu einem präskriptiven System – d. h. einem System, in dem Handlungsanweisungen für die politischen Entscheidungsinstanzen vorgeschlagen werden – zu tun. Modellformen dieser Art können wir, in Analogie zu wirtschaftspolitischen Modellen vergleichbarer Art, als bildungspolitische Entscheidungsmodelle mit festen Zielsetzungen bezeichnen[10]. Bildungspolitische Entscheidungen werden im Hinblick auf bildungspolitische Zielwerte getroffen, die durch vorausgegangene bildungspolitische Entscheidungen vorgegeben wurden. Das bildungspolitische Entscheidungsmodell mit festen Zielsetzungen beschreibt den Entscheidungsprozeß, der durch die Zusammenhänge zwischen den Zielvariablen und den zu ihrer Verwirklichung einzusetzenden Instrumentenvariablen bestimmt ist.

Zu denken ist hier an Modellformen, die der Vielfalt des Bildungssystems und der Verflochtenheit dadurch Rechnung tragen, daß alle Stufen und Typen des Systems in einem Konsistenzmodell erfaßt werden. Dies führt zunächst einmal dazu, daß man von einer Diskussion der Probleme des Gymnasiums, der Realschule, der Hochschule wegkommt und eine erste empirische Grundlage für eine Bildungspolitik bekommt, die vom Bildungssystem ausgehend bestimmte Prioritäten setzt – letzteres aber immer in der Kenntnis der Rückwirkungen auf alle Teile des Systems vornimmt. Will man beispielsweise mehr junge Menschen zum Hochschulstudium führen, so bedeutet das zunächst vermehrte Anstrengungen im Gymnasium, so erfordert das vermehrte Ausbildung von Gymnasiallehrern, so kann das heißen Änderung der Zahl der Abschließenden mit mittlerer Reife usw.

Es ist offensichtlich, daß ein Konsistenzmodell für den Zweck der Vorbereitung bildungspolitischer Entscheidungen zunächst einfach konzipiert sein muß, um diese Interdependenzen aufzeigen zu können. Es geht dabei um eine sinnvolle, problemadäquate Darstellung der oben beschriebenen Interdependenzen des gesamten Systems. Eine erste Verfeinerung des Modells wird bereits erreicht durch eine Darstellung des Bildungssystems mit Hilfe einer Input-Output-Matrix. Diese Technik bietet sich in besonderer Weise an,

---

10 Auf dem Gebiet der Wirtschaftspolitik stammen die bahnbrechenden Arbeiten auf diesem Gebiet von R. Frisch und J. Tinbergen. Vgl. z. B. R. *Frisch*: A Survey of Types of Economic Forecasting and Programming and a Brief Description of the Oslo Channel Model. Memorandum from the Institute of Economics, University of Oslo, 1961. J. *Tinbergen*: Economic Policy – Principles and Design. Amsterdam 1956. Vgl. auch G. *Kade*: Wirtschaftsprogrammierung. In: Sozialökonomie in politischer Verantwortung, Festschrift für Joachim Tiburtius, Berlin, und Nr. 22 der Schriftenreihe des Instituts für angewandte Wirtschaftsforschung der Universität Basel, 1964.

*Das Bildungswesen als ein System interdependenter Prozesse
in Matrixdarstellung*

ZIEL: t+1 (15.5.1964) / HERKUNFT: t (15.5.1963)	Volks- und Hauptschule									Realschule						Gymnasium									Abgänge	Σ
	1	2	3	4	5	6	7	8	9	10 (5)	11 (6)	12 (7)	13 (8)	14 (9)	15 (10)	16 (5)	17 (6)	18 (7)	19 (8)	20 (9)	21 (10)	22 (11)	23 (12)	24 (13)	25 · · n	Σ
Volks- und Hauptschule 1	●	●																							●	
2		●	●																						●	
3			●	●																					●	
4				●	●					○						○									●	
5					●	●				●						●									●	
6						●	●			●	●					●	●								●	
7							●	●			●	●					●	●							●	
8								●	●			●						●							○	
9													●	●											●	
Realschule 10 (5)			●							●	●					●	●								●	
11 (6)				●							●	●					●	●							●	
12 (7)					●							●	●					●	●						●	
13 (8)						●							●	●					●	●					●	
14 (9)							●							●	●					●	●				●	
15 (10)															●						●				○	
Gymnasium 16 (5)			●													●	●								●	
17 (6)				●													●	●							●	
18 (7)					●													●	●						●	
19 (8)						●													●	●					●	
20 (9)							●													●	●				●	
21 (10)								●													●	●			○	
22 (11)																						●	●		●	
23 (12)																							●	●	●	
24 (13)																								●	○	
Zugänge 25	●									●	●	●	●	●	●	●	●	●	●	●	●	●	●	●		
n																										
Σ																										

das Bildungswesen als System interdependenter Prozesse gleichsam aus der Vogelperspektive überschaubar und transparent zu machen (»Informationsgitter«). Zugleich gibt diese Darstellungsweise einen vortrefflichen Ausgangspunkt für eine Verwendung als Planungstechnik im Sinne unserer bildungspolitischen Entscheidungsmodelle. Sind beispielsweise Zielwerte über die politisch gewünschten Absolventenquoten für Realschüler, Gymnasiasten und Hochschulabsolventen für einen zeitlich genügend weit entfernten Prognosepunkt gegeben, kann versucht werden, die Mittel und Wege zu bestimmen, mit denen und auf denen diese Ziele erreicht werden könnten. Theoretisch führen sehr viele Wege zum gesetzten Ziel und können »unendlich« viele Mittel zur Erreichung der Ziele eingesetzt werden. Praktisch grenzen jedoch institutionelle Gegebenheiten, politische Realitäten und andere Beschränkungen den Variationsspielraum relativ eng ab. So können beispielsweise bestimmte Werte der Instrumentenvariable »Ausfallquote« an Gymnasien nicht unterschritten werden, solange man die Auslesefunktion in der höheren Schule aufrechterhält. Es empfiehlt sich deshalb, zunächst verschiedene Modellvarianten in Richtung auf die politisch vorgegebenen Ziele durchzurechnen und dabei einmal die Sensibilität des Systems auf die Änderung einzelner, zentraler Variablen und Parameter zu testen und zum anderen alternative Wege in ihren quantitativen Auswirkungen auf Schülerzahlen, Lehrerbedarf, Kosten usw. zu beschreiben. Der Bildungspolitiker erhält damit erste Informationen in quantifizierter Form über die von ihm zu treffenden bildungspolitischen Entscheidungen. Werden die Modellprognosen entsprechend (der langen Bildungsperiode) weit in die Zukunft hineingetragen, so ergibt sich gleichsam als Beiprodukt auch eine zeitliche Folge der notwendigen politischen Entscheidungen.

Beim gegenwärtigen Stand der statistischen Erfassung der einzelnen Komponenten des Bildungssystems, der bedauerlicherweise nicht vergleichbar ist mit dem anderer Wirtschafts- und Sozialstatistiken, muß man davon ausgehen, daß jede Form der hier beschriebenen Modellprognose von unvollkommenen Informationen ausgehen muß. Diese Tatsache und der wachsende Umfang und die steigende Qualität der Bildungsforschung machen eine kontinuierliche Revision auch der hier zuletzt beschriebenen Modellvariante unvermeidlich Bildungsplanung ist neben der analytischen Informationsverarbeitung und der Vorbereitung bildungspolitischer Entscheidungen über Prognosemodelle stets darauf angewiesen, kontinuierlich neue Informationen zu erhalten und die Prognosen entsprechend zu revidieren. Bildungsplanung ist deshalb immer ein dynamischer Vorgang, für den der notwendige und adäquate institutionelle Rahmen geschaffen werden muß[11].

Die Vorteile eines umfassenden bildungspolitischen Entscheidungsmodells für Bildungsforschung, Bildungsplanung und die Entwicklung einer Theorie der Bildung lassen sich wie folgt zusammenfassen: Zunächst ermöglicht die Darstellung des Bildungs-

---

11 Vgl. dazu H. P. *Widmaier*: Organisationsprobleme der Kultusverwaltung bei der langfristigen Programmierung des Bildungswesens. Recht der Jugend, Heft 5, Mai 1965, S. 121 ff.

systems in der beschriebenen Art die Abkehr von der partiellen Betrachtungsweise hin zu einer umfassenden Analyse und Prognose bei gleichzeitig stärkerer Disaggregation nach verschiedenen Aspekten und Kriterien. Durch die Benutzung moderner elektronischer Datenverarbeitungsanlagen können die von strategisch wichtigen Größen ausgehenden Detaileinflüsse in ihrer Wirkung auf das Gesamtgeschehen im Bildungsprozeß untersucht und die Fortpflanzung ihres Einflusses durch alle Stufen und Typen überschaubar gemacht werden. Die starke Disaggregation ermöglicht jederzeit eine Strukturanalyse und zugleich eine Ableitung umfassender Aggregate aus den Einzelinformationen, wodurch Strukturelemente jederzeit automatisch berücksichtigt werden. Nicht zu unterschätzen ist die Rationalisierungskomponente bei der Aufbereitung des unterschiedlichen statistischen Ausgangsmaterials in einem konsistenten, systematisierten Rahmen sowie bei der Analyse von technischen, institutionellen und durch unterschiedliche Verhaltensweisen bestimmten funktionellen Zusammenhängen.

Neben den analytischen Vorteilen eines »data-collecting-models« der oben beschriebenen Art stehen die Möglichkeiten der Prognose im Rahmen eines Globalmodells, wodurch die traditionelle Form der Partialprognose im Bildungsbereich immer stärker in den Hintergrund treten wird. Ausgehend von einer optimalen Nutzung der statistischen Information über die Vergangenheit in einem logisch aufgebauten Modell werden relativ widerspruchsfreie und in sich konsistente Prognosen möglich. Die Elastizität elektronischer Datenverarbeitungsanlagen ermöglichen eine kontinuierliche Verbesserung der Prognosemodelle ebenso wie eine Integration aller neuen Ergebnisse der Bildungsforschung, die außerhalb der Modelluntersuchung gewonnen werden.

Schließlich bietet das Modell unschätzbare Vorteile für die Theorie der Bildung. Einmal können isoliert entwickelte theoretische Ansätze im Modell zusammengefaßt und aufeinander abgestimmt werden. Dies gilt insbesondere für die gerade im Bildungsbereich notwendige Integration der theoretischen Ansätze unterschiedlicher Disziplinen (wie Soziologie, Ökonomie, Psychologie, Pädagogik). Ein umfassendes Modell würde gleichsam eine erste Arbeitsbasis für die interdisziplinäre Kooperation abgeben. Analyse- und Prognose-Modell schaffen zudem ein breites Experimentierfeld für das Testen von Hypothesen und als Rahmen für die Prüfung neuer theoretischer Ansätze. Damit wird das Modell zum Ausgangspunkt

für die Entwicklung einer umfassenden Theorie der Bildung und
Bildungsplanung.

2. Nachfrageorientierte Modelle

Unter dieser Modellform werden diejenigen Ansätze verstanden,
die ausgehend von einer Prognose der Wirtschaftsentwicklung und
der Abschätzung der Chancen von Produktivitätssteigerungen versuchen, den Bedarf und die Nachfrage nach Arbeitskräften (nach
Berufs- und Qualifikationsstruktur) abzuschätzen, um von dieser
Seite her Schlüsse auf die notwendige Entwicklung des Bildungssystems zu ziehen. Im angelsächsischen Raum begegnen wir diesem Ansatz unter der Bezeichnung »manpower approach«

a) Ausgangspunkt der Nachfrage-Modelle

Zu einem wichtigen Ausgangspunkt für die Entwicklung von
nachfrage- und bedarfsorientierten Modellen wurde die Beobachtung, daß qualifizierte und hochqualifizierte Arbeitskräfte im Zuge
eines raschen wirtschaftlichen Wachstums zu einem knappen, d. h.
im eigentlichen Sinne ökonomischen, Gut geworden sind[12]. Diese
beobachteten Engpaß-Situationen sind ein Symptom dafür, daß die
traditionelle Form der Organisation des Bildungswesens den Anforderungen einer rapide wachsenden Wirtschaft nicht gerecht werden konnte. Eine Ursache für das Auftreten dieser Ungleichgewichte zwischen Angebot und Nachfrage nach qualifizierten

---

12 Vgl. dazu OEEC: Shortages and Surpluses of Highly Qualified Scientists
and Engineers in Western Europe, Paris 1955. OEEC: The Problems of Scientific and Technical Manpower in Western Europe, Canada and the United
States, Paris 1957. OECD: Resources of Scientific and Technical Personnel in
the OECD Area. Paris 1963, besonders Kapitel IV, S. 177 ff. – Außerdem D.
M. *Blank* and G. *Stigler*: Demand and Supply of Scientific Personnel. National Bureau of Economic Research, General Series No. 62, New York 1957,
und dazu die Kritik, L. *Hansen*: The Shortage of Engineers, Review of Economics and Statistics, Vol. XLIII, No. 3, August 1961, S. 251 ff. – A. A.
Alchian, K. J. *Arrow,* W. M. *Capron*: An Economic Analysis of the Market
for Scientists and Engineers. The Rand-Corporation, Santa Monica, June
1958, RM–2190–RC, S. 1 ff. Ein Überblick und kritische Bemerkungen finden
sich bei: M. J. *Bowman*: Educational Shortage and Excess. The Canadian
Journal of Economics and Political Science, Vol. 29, No. 4, November 1963,
S. 446 ff.

Kräften ist wohl im Bereich bildungspolitischer Entscheidungen zu finden: Die jährliche ad hoc-Entscheidung hatte den Vorrang vor einer langfristig orientierten Planung. Die langen Ausbildungszeiten verlangen eine Abschätzung der potentiellen Nachfrage nach hochqualifizierten Arbeitskräften auf lange Sicht, damit die zur Erreichung der wirtschaftlichen Zielsetzungen notwendigen Ausbildungskapazitäten rechtzeitig geschaffen werden können. Die Länge der Ausbildungszeit bestimmt praktisch das Minimum des zeitlichen Planungshorizontes. Hinzu kommt, daß auch der außerhalb des eigentlichen produzierenden Bereichs liegende Bedarf an hochqualifizierten Kräften wie beispielsweise Ärzte, Verwaltungs- und Organisationsspezialisten in gewisser Abhängigkeit von der Entwicklung des Wohlstands gesehen werden muß. Mit zunehmendem Einkommen steigt die Nachfrage nach Dienstleistungen dieser Art; gleichzeitig stehen dem Staat für den weiteren Ausbau des Gesundheitswesens und anderer öffentlicher Dienstleistungen mehr Mittel zur Verfügung. Auch hier kann der Bedarf nur im Rahmen eines langfristigen Modells, das die Wirtschaftsentwicklung einbezieht, abgeschätzt werden.

Unterstrichen wird diese Tendenz durch die Beobachtung, daß der Mensch mit zunehmender Lebenserwartung über eine lange Periode der beruflichen und wirtschaftlichen Aktivität verfügen kann. Entscheidungen im Bildungs- und Ausbildungssystem heute sind somit Vorentscheidungen für die Arbeits- und Berufswelt von morgen. Wirtschaftliches Wachstum, technischer Fortschritt und Strukturveränderungen in der Wirtschaft verlangen vom arbeitenden Menschen einen hohen Grad der Anpassungsfähigkeit und Flexibilität in beruflicher Hinsicht, dem schon im Bildungssystem vorausschauend Rechnung getragen werden sollte. Last but not least gehen alle nachfrageorientierten Modelle von der Feststellung einer mangelhaften Information der Eltern und Kinder bei der Bildungs- und Berufswahl aus. Es ist offensichtlich, daß der einzelne sich keine Informationen über zukünftige Entwicklungen der Bedarfssituation in den für ihn zur Wahl stehenden Berufen verschaffen kann; ihm fehlen dazu einfach die technischen Möglichkeiten und die Übersicht über wirtschaftliche Interdependenzen. Hinzu kommt, daß der einzelne oft nicht nur mangelhaft, sondern auch falsch informiert wird. Wir denken hier nicht nur an die subjektiven Ratschläge »guter Verwandter«, sondern in noch stärkerem Maße an die durch bestimmte Interessenverbände verbreiteten »Zweckprognosen«.

(«Es gibt zu viele Juristen«; »Das Land ist optimal mit Ärzten versorgt« – wobei »optimal« in diesem Zusammenhang nichts anderes
heißt, als daß die Ärzte des Landes ihr Einkommen maximieren
wollen.) Dieser Situation kann nur abgeholfen werden, wenn durch
umfassende Nachfrageprognosen von zentraler Stelle dem einzelnen »Bildungs- und Berufswähler« eine langfristige Markttransparenz verschafft wird, d. h. wenn ihm eine Anzahl möglicher Alternativen zusammen mit den jeweiligen Konsequenzen aufgezeigt
werden.

Nun könnte man – und das wird häufig getan – einwenden, daß
die Bildungs- und Berufswahl viel stärker (oder sogar im wesentlichen) durch innere Faktoren (wie Neigungen, Begabung) als durch
äußere Faktoren (wie Berufslage) beeinflußt werden. H. Arimond[13]
beispielsweise hat versucht, diese unterschiedlichen Motive bei Stu-
dienentscheidungen gegeneinander abzuwägen. Er schätzt den Anteil derjenigen, die ihr Studienfach an der Hochschule ausschließlich
durch innere Faktoren bedingt wählen, auf rund 25 v. H. der Studienanfänger. Arimond vermutet, daß die restlichen 75 v. H. der
Studienanfänger ihre Studienrichtung bzw. ihren Beruf auch unter
äußeren Aspekten wählen, wobei mindestens 50 v. H. der Studienanfänger sich vornehmlich an äußeren Faktoren, insbesondere an
den Berufsaussichten, orientieren. Diese relative Dominanz der
äußeren Motive und insbesondere des Wunsches, sich an der zukünftigen Berufslage zu orientieren, dürfte neben der oben gegebenen gesamtwirtschaftlichen Begründung der Nachfragemodelle
noch eine weitere, auf den einzelnen Bildungs- und Berufswähler
bezogene Begründung abgeben.

Diese verschiedenen Ausgangspunkte der Nachfrage-Modelle bedingen zugleich ihre wichtigsten Funktionen im Rahmen umfassender Studien im Hinblick auf ihre Rolle im Prozeß der Vorbereitung
bildungspolitischer und arbeitsmarktpolitischer Entscheidungen.

b) Die Funktionen der Nachfrage-Modelle

Die wichtigste und hervorragende Funktion der Nachfrage-Prognosen besteht in der Information des einzelnen über die Entwick-

---

13 H. *Arimond,* Berufswahl – Berufsaussichten, in: »Blätter für Berufsberatung«, Beilage zu »Berufskundliche Mitteilungen«, Nr. 6, vom 18. 4. 1962;
herausgegeben von der Bundesanstalt für Arbeitsvermittlung und Arbeits-
losenversicherung, Nürnberg.

lung der langfristigen Berufschancen. Wir haben zu zeigen versucht, wie erst die zentrale Information aus globalen, umfassenden Prognosemodellen die Grundlage für die Mündigkeit des Bildungs- und Berufswählers schafft und wie die traditionelle Form der Entscheidungsfindung in Bildungs- und Berufswahl den Anforderungen einer rasch wachsenden und sich wandelnden Wirtschaft nicht gerecht werden konnte. Diese Informationsfunktion der Nachfragemodelle kann sowohl direkt als auch indirekt wirksam werden. Einmal direkt in der üblichen Informationsvermittlung durch die traditionellen Kommunikationskanäle (Presse, Rundfunk, Fernsehen) und zum anderen indirekt über die Institutionen der Berufs- und Studienberatung

Eine zweite zentrale Funktion der Nachfrage-Prognose können wir unter dem Begriff der Kontrollfunktion subsummieren. Durch die von neutraler Stelle auf wissenschaftlicher Grundlage erarbeiteten Nachfrage-Prognosen soll eine Kontrolle insbesondere in zwei Richtungen ausgehen: Einmal können die immer wieder verbreiteten Partial-Prognosen abhängiger Institutionen für bestimmte Berufsgruppen (z. B. Ingenieure, Mediziner, Juristen) überprüft und auf ihre Konsistenz mit der Gesamtentwicklung getestet werden. Wichtiger noch als die Kontrolle dieser Informationsströme ist die Überprüfung der kulturpolitischen Zielsetzungen – soweit sie in quantifizierter Form ausgedrückt oder aber quantifizierbar sind – auf ihre Konsistenz mit den Anforderungen an das Bildungs- und Ausbildungssystem von seiten der Wirtschaftsentwicklung. Diese Konfrontation – ausdrückbar in einer Bildungsbilanz – ist zunächst nichts anderes als eine Kontrollrechnung, die potentielle Engpässe oder Überschüsse ausweist. Die Adjustierung der Bilanz in Richtung auf ein Gleichgewicht zwischen Angebot und Nachfrage, zum Beispiel durch eine Änderung der kulturpolitischen Zielsetzungen oder aber der wirtschaftspolitischen Ziele, gehört in den Bereich der politischen Entscheidungen. Die Prognosen können letztlich nur Vorstellungen über die Größenordnungen vermitteln und die Wirkungen unterschiedlicher politischer Entscheidungen sowohl auf der Angebots- als auch auf der Nachfrage-Seite abzuschätzen versuchen; sie werden zur Grundlage bildungs- und wirtschaftspolitischer Entscheidungen.

Damit kommen wir zur dritten Funktion detaillierter Nachfrage-Modelle, nämlich der Freilegung struktureller Wandlungsprozesse im Arbeitskräftebedarf, die eine gewisse Bereitschaft zu Mobilität

und »éducation permanente« bei den Arbeitskräften voraussetzt
oder die durch entsprechende Maßnahmen erst geschaffen werden
muß. Der aus den Nachfrage-Modellen ablesbare Strukturwandel
im Arbeitskräftebedarf (nach Berufsklasse, Fachrichtung und Bildungsstufe) ergibt erste Hinweise für die zeitliche, räumliche und
berufs- bzw. fachspezifische Allokation von Trainingsprogrammen,
Umschulungskursen, Institutionen der Erwachsenenbildung und
Fortbildung, soweit sie aus einem ökonomischen Bedarf abgeleitet
werden können[14].

c) Theoretische Ansatzpunkte der Nachfrage-Modelle

Den meisten bisher entwickelten Nachfrage-Modellen[15] ist
eine Reihe theoretischer Annahmen gemeinsam, die wir im folgenden kurz skizzieren wollen. Alle bisher entwickelten Nachfrage-
Modelle sind Realmodelle, d. h. sie vernachlässigen explizit das
Preissystem (Löhne, Gehälter) als Ausgleichsmechanismus von Angebot und Nachfrage. Analytisch werden die Veränderungen in den

---

14 Vgl. dazu H. P. *Widmaier*: Labour Mobility in Relation to Educational
Planning. OECD, DAS, Working Group on Methodology and Research Needs
for Educational Planning, Paris, Dezember 1963. P. de *Wolff* (Hrsg.): Wages
and Labour Mobility, OECD, Paris, Juli 1965. OECD (Hrsg.): Wages and
Labour Mobility, Supplement No. 1, Paris, 1966.
15 Einen ersten methodischen Überblick geben H. *Goldstein*: Methods of
Forecasting Demand for and Supply of Scientists and Engineers. OEEC, Paris,
June 1958, STP (58) 1, und H. *Goldstein* and S. *Swerdloff*: Methods of Long
Term Projection of Requirements for and Supply of Professional, Skilled and
other Highly Trained Manpower. Prepared for the Manpower Directorate,
Ministry of Home Affairs, Republic of India, Juli 1959. – Dann sind folgende
Arbeiten zu nennen: OEEC (Hrsg.): Forecasting Manpower Needs for the Age
of Science. Paris, September 1960. *Svimez* (Hrsg.): Trained Manpower Requirements for the Economic Development of Italy, Targets for 1975. Rom
1961. H. S. *Parnes*: Forecasting Educational Needs for Economic and Social
Development. OECD, The Mediterranean Regional Project, Paris, Oktober
1962. J. *Tinbergen* and H. *Correa*: Quantitative Adaption of Education to Accelerated Growth. Kyklos, Vol. XV, 1962, S. 776 ff. OECD (Hrsg.): Employment Forecasting. Paris 1963. J. *Tinbergen* and H. C. *Bos*: A Planning Model
for the Educational Requirements of Economic Development. In: OECD
(Hrsg.), Study Group in the Economics of Education: The Residual Factor
and Economic Growth, Paris 1964, S. 147 ff. O. *Milstam*: The Demand for
Labour of Different Educational Categories in Sweden up to 1980, with Refer-
ence to the Structural Changes of the Economy, OECD, Paris, April 1964,
DAS/EIP/64. 8. J. *Tinbergen* and H. C. *Bos* (et. al.): Econometric Models
of Education. OECD, Paris 1965.

Bestandsgrößen an hochqualifizierten Arbeitskräften zwischen zwei Zeitpunkten (typischerweise Zensus-Erhebungen) als Nachfrageveränderung interpretiert. Lange Ausbildungsperioden und eine geringe Substitutionselastizität von Qualifikationen (nicht Arbeitskräften) resultieren in einem kurz- und mittelfristig unelastischen Angebot an Qualifikationen. Ein Ausgleich von Angebot und Nachfrage über den Preismechanismus unterliegt also »technischen« Beschränkungen[16]. Alle streng formalen Nachfrage-Modelle à la Tinbergen implizieren eine Substitutionselastizität von Null für Qualifikationen auch auf lange Sicht. Bei einer Verfeinerung des Modells müssen diese Prognosen jedoch durch eine Untersuchung der Substitutionsmöglichkeiten in horizontaler (zwischen Berufen gleichen Qualifikationsniveaus) und in vertikaler (zwischen Berufen unterschiedlichen Qualifikationsniveaus) Richtung adjustiert und korrigiert werden A la longue kann auch auf eine Prognose der Preisveränderungen und damit auf den Einbezug weiterer ökonomischer Bestimmungsgrößen in das Modell nicht verzichtet werden. Beide Verfeinerungen des Prognose-Modells werden aber erst dann möglich sein, wenn durch umfangreiche statistische Erhebungen die notwendige Informationsbasis geschaffen worden ist[17].

Gemeinsam ist allen Nachfrage-Modellen ferner die Suche nach

---

16 Wegen der Vernachlässigung des Preissystems und der Konzentration auf Realgrößen (Anzahl der Beschäftigten) und technischer Bedingtheiten von Angebot und Nachfrage spricht man auch von technologischen Modellen. So schreibt H. S. *Parnes* beispielsweise: »... estimating future manpower requirements in the context of educational planning is not at all the same thing as forecasting future demand in the market sense. Rather, the idea of manpower requirements as used there relates to the functional (occupational) composition of employment that will be necessary if certain social and/or economic targets are to be achieved. The concept, in other words, is more a technological than an economic one«. H. S. *Parnes*: Manpower Analysis in Educational Planning. In: H. S. Parnes (Hrsgb.): Planning Education for Economic and Social Development. OECD, The Mediterranean Regional Project, Paris 1963, S. 76.

17 Ein erster Versuch in dieser Richtung wird in der Bundesrepublik Deutschland in der Forschungsstelle für empirische Sozialökonomik (G. *Schmölders*) in Köln vorgenommen. Mit Hilfe von Befragungen wird untersucht, ob die heutige Universitätsausbildung von Kaufleuten und Ingenieuren den Anforderungen der Praxis entspricht und welche neuen Anforderungen in Zukunft an diese Ausbildungswege gestellt werden. Durch die Erfassung der hierarchischen Position und der Funktion der Angestellten werden auch Informationen über die Substitutionsprozesse anfallen. (Vgl. den ersten Bericht von G. *Schmölders*: Akademiker in der Wirtschaft. Frankfurter Allgemeine

quantifizierbaren, systematischen Beziehungen zwischen der Entwicklung einzelner ökonomischer Größen (Produktion, Produktivität) und ihrer Struktur und dem Arbeitskräftebedarf. Dabei geht man von einer funktionalen Beziehung zwischen der Endnachfrage (nach Gütern und Dienstleistungen), den technischen und ökonomischen Bedingungen des betreffenden industriellen Bereichs einerseits und dem Arbeitskräftebedarf und seiner Struktur andererseits aus. In der einfachsten Form wird der Arbeitskräftebedarf als Funktion der Produktions- und Produktivitätsentwicklung gesehen[18]. Die Brücke zum Bildungssystem wird typischerweise durch eine Disaggregation des Arbeitskräftebedarfs in einzelne Industrie- bzw. Wirtschaftsbereiche sowie in Berufsklassen und Fachrichtungen geschlagen. Dabei bildet die Klassifikation in einzelne Wirtschaftsbereiche das Bindeglied zur Verwendung der Arbeitskräfte im Produktionsprozeß, während die Fachrichtungsspezifizierung (als Bildungs- und Ausbildungsklassifizierung) die Verbindungslinie zur Entstehung des Wissenskapitals im Bildungsprozeß schafft. Die Übersetzung der Bereichsklassifikation (Verwendung) in die Fachrichtungsklassifikation (Entstehung) erfolgt über das Bindeglied der Berufsklassifikation, die sich im wesentlichen auf den Inhalt der Arbeit bezieht, die der einzelne im Arbeitsprozeß zu leisten hat.

Die Betonung dieser Zusammenhänge läßt in den hier diskutierten Modellen die Funktion des Bildungs- und Ausbildungswesens als Produzent gut ausgebildeter Arbeitskräfte in den Vordergrund

---

Zeitung, Nr. 66 vom 19. März 1966, S. 5, und G. *Brinkmann,* »Die Ausbildung von Führungskräften für die Wirtschaft«, Köln 1967.)
Pionierarbeiten dieser Art werden auch in England durchgeführt. C. A. *Moser* und M. *Blaug* leiten gemeinsam ein Projekt im Rahmen der Untersuchungen der Unit for Economic and Statistical Studies on Higher Education (The London School of Economics and Political Science) und Research Unit in the Economics and Administration of Education (University of London, Institute of Education): »Study of Qualified Manpower in Industry« (The Industry Project).
18 Verschiedene Prognosemodelle versuchten, die Produktionsentwicklung ihrerseits aus dem potentiellen Angebot der Produktionsfaktoren (Arbeit und Kapital) abzuschätzen, um später aus der prognostizierten Produktionsentwicklung den Arbeitskräftebedarf abzuleiten. Wir versuchen diesen circulus vitiosus durch die Vorgabe einer durchschnittlichen, realen Wachstumsrate des Sozialproduktes als Zielwert, die Analyse und Prognose der sektoralen Produktivitätsentwicklung und die Ableitung des Arbeitskräftebedarfs aus den beiden erstgenannten Komponenten zu durchbrechen.

treten. Dabei gehen die meisten Modelle von der Annahme eines Gleichgewichtswachstums aus: Jeder bestimmten Wachstumsrate des Sozialprodukts entspricht eine bestimmte Struktur des Bildungssystems. Im Tinbergen-Correa-Modell ist das Problem auf die einfachste Weise gelöst. Durch die Annahme einer linearen Beziehung zwischen Bedarfsgrößen und Bildungssystem wachsen alle Variablen des Modells mit konstanten Wachstumsraten. Diese Annahme ist besonders für langfristige Überlegungen unrealistisch, wie Bombach in einer Diskussion des Tinbergen-Modells nachwies[19]. Trotzdem zeigen die Gleichgewichtswachstumsmodelle deutlich die Interdependenz zwischen Wirtschaftswachstum und der Struktur des Bildungssystems. Stärker flexible Modellkonstruktionen können, ohne Rücksicht auf die Frage, ob ein Gleichgewicht erreicht werden kann, als wichtiges Orientierungsinstrument der Prognose und der politischen Entscheidungsträger nützliche Dienste leisten.

d) Das Bombach-Modell

Die unbefriedigenden Ergebnisse bei der Anwendung des Tinbergen-Modells im Rahmen des Mittelmeerprojekts der OECD[20] veranlaßten das Direktorat für wissenschaftliche Angelegenheiten der OECD, einen Auftrag zur Entwicklung eines operationellen Modells der Bedarfsprognose für hochqualifizierte Arbeitskräfte zu geben. Das daraufhin ausgearbeitete Modell[21] wurde zum Aus-

---

19 G. *Bombach*: Comments on the Paper of Messrs. *Tinbergen* and *Bos*. In: OECD (Hrsgb.), Study Group in the Economics of Education. »The Residual Factor and Economic Growth«, Paris 1964, F. 170 ff. – Bei der Annahme eines fünfprozentigen jährlichen Wachstums des Sozialprodukts wächst die Anzahl der hochqualifizierten Arbeitskräfte (Akademiker) mit der gleichen Wachstumsrate. Bei der weiteren Annahme eines einprozentigen jährlichen Wachstums der Arbeitskräfte insgesamt und eines Anteils der Akademiker an den Arbeitskräften von 5 v.H. in der Ausgangsposition braucht es nur 75 Jahre (oder 12 Ausbildungsperioden zu je 6 Jahren), bis alle Arbeitskräfte Akademiker sind.
20 OECD (Hrsg.): Econometric Models of Education – Some Applications, Serie: Education and Development, Technical Reports, Paris 1965.
21 G. *Bombach* (unter Mitarbeit des Verfassers): Die Vorausschätzung des langfristigen Bedarfs und der langfristigen Nachfrage nach hochqualifizierten Arbeitskräften in Beziehung zum Wirtschaftswachstum – Ein Beitrag zur rationalen Vorbereitung der Bildungspolitik. OECD, DAS/PD/63. 78, Paris, Dezember 1963. G. *Bombach* (unter Mitarbeit von K. Bahr und H. P. Widmaier): Forecasting Requirements for Highly-Qualified Manpower as a Basis

gangspunkt für einen Auftrag des Deutschen Wissenschaftsrats, im Rahmen einer Modellstudie den langfristigen Bedarf an Akademikern in der Bundesrepublik Deutschland abzuschätzen; es ist zugleich grundlegend für das Nachfragemodell einer Angebot und Nachfrage umfassenden Grundlagenstudie für Bildungsplanung im Auftrag des Kultusministeriums von Baden-Württemberg.

Im Modell wird zunächst – zugunsten seiner operationellen Anwendung mit Hilfe eines elektronischen Computers – auf eine starre mathematische Formgebung verzichtet. Die bei der Modellkonstruktion verwendeten Verfahren sind insbesondere die Aggregation, die Annahme stark vereinfachter Verhaltenshypothesen, die Beschränkung der Zahl der Strategien, die Reduktion der Zahl modell-endogener Variablen und der Kunstgriff der Linearisierung[22].

aa) Die Aggregation

Zunächst wird die Nachfrage nach hochqualifizierten Arbeitskräften für vier große Bereiche der Volkswirtschaft – Staat, Wirtschaft, Haushalte sowie Bildungs- und Ausbildungswesen – zusammengefaßt. Damit ist der erste Schritt von einem Globalmodell des Tinbergen-Typs zu einem Strukturmodell vollzogen.

Abweichend von den konventionellen Definitionen der volkswirtschaftlichen Gesamtrechnung werden die einzelnen Wirtschaftsbereiche im Modell für die Zwecke der Nachfrage-Prognose neu definiert. Der Staat umfaßt die öffentliche Verwaltung ohne das Bildungs- und Ausbildungssystem. Der Bereich der Wirtschaft enthält die Landwirtschaft, Industrie (einschließlich Grundstoffindustrie und Bauwirtschaft), Transport, Verteilung, Banken und Versicherungen sowie persönliche Dienstleistungen, sofern sie nicht direkt den Haushalten angeboten werden. Der Bereich der Haus-

---

of Educational Policy, OECD, DAS/EID/65. 88, Paris, Dezember 1965 (in englisch, französisch und deutsch). Diese Studie bildet auch die Grundlage für einen Beitrag zum 35. Kongreß des International Statistical Institute in Belgrad: G. *Bombach* and H. *Riese*: Qualified Manpower and Economic Growth, Belgrad, September 1965. G. *Bombach*: Manpower Forecasting and Educational Policy. In: Sociology of Education, Vol. 38, No. 5, Fall, 1965, S. 343 ff.

22 Vgl. G. *Bombach*: Die Modellbildung in der Wirtschaftswissenschaft. In: Studium Generale, Jg. 18, Heft 6, Berlin 1965, S. 339 ff.

halte umfaßt die Nachfrage nach Dienstleistungen aller Art. Dabei wird zwischen direkter und indirekter Nachfrage unterschieden. Als indirekte Nachfrage der Haushalte wird die Nachfrage nach Dienstleistungen im Bereich des Gesundheitswesens, der Rechtsprechung und Kultur bezeichnet, während als direkte Nachfrage der Haushalte die Nachfrage nach mehr und besserer Bildung und Ausbildung im Zuge zunehmenden Wohlstands (»Bildung als Konsum«) verstanden wird. Schließlich die Nachfrage des Bildungs- und Ausbildungssystem nach hochqualifizierten Kräften (in der Regel Lehrer, Professoren, Assistenten, Verwaltungsbeamte usw.), die als abgeleitete Nachfrage angesehen wird. Sie ist abgeleitet von der Nachfrage nach hochqualifizierten Arbeitskräften in den anderen Bereichen (Staat, Wirtschaft, Haushalte): Die Nachfrage letzterer bestimmt die notwendige Aktivität des Bildungs- und Ausbildungssystems und damit den Bedarf an Lehrkräften.

Diese Gliederung trägt folgenden Faktoren Rechnung: Einmal trennt sie Bereiche ab, die nicht unmittelbar mit der Entwicklung des Sozialprodukts verknüpft werden können (Staat, Haushalte), und zum anderen unterscheidet sie deutlich zwischen der Verbrauchssphäre hochqualifizierter Arbeitskräfte (Staat, Wirtschaft, Haushalte) und ihrer Entstehung im Bildungs- und Ausbildungssystem. Schließlich ermöglicht sie die Einführung unterschiedlicher Verhaltenshypothesen in das Modell. Der erste Faktor ist besonders wichtig für den Gebrauch adäquater Prognoseverfahren. Bombach spricht in diesem Zusammenhang von einer durch die Bildung relativ homogener[23] Aggregate möglichen »optimalen Kombination verschiedener Prognosemethoden«. Die Trennung zwischen Produktions- und Verbrauchssphäre schließlich ermöglicht eine detaillierte Untersuchung der hier wirksamen Akzeleratorprozesse[24].

Neben der Zusammenfassung der Nachfrage in große Bereiche wird eine weitere Aufgliederung nach Berufsklassen, Fachrichtungen, Bildungs- und Ausbildungsniveau und Regionen vorgeschla-

---

23 Das Kriterium der Homogenität bezieht sich hier auf die Anwendbarkeit bestimmter, dem Aggregat adäquater Prognosemethoden. Es ist offensichtlich, daß für das Aggregat Staat andere Prognosemethoden verwendet werden müssen als für den Bereich der Wirtschaft.
24 Der Akzelerator beschreibt generell die Beziehung zwischen Bestands- und Strömmungsgrößen und insbesondere die Reaktionen in der Produktionsmittel- und/oder Konsumgüterindustrie auf Änderungen in der Nachfrage nach Produktionsmitteln und/oder Konsumgütern.

gen, die schließlich durch eine funktionale Aufteilung in Ersatznachfrage und Expansionsnachfrage ergänzt werden muß.

Neben der Nachfrage nach hochqualifizierten Arbeitskräften als
Strömungsgröße wird auch der Bedarf an hochqualifizierten Arbeitskräften als Bestandsgröße in die Betrachung einbezogen und unterschieden. Dies in Analogie zur Kapitaltheorie, in der auch zwischen
dem Kapitalstock (als Bestandsgröße) und den Investitionen (Er-
satz- und Erweiterungsinvestitionen als Strömungsgrößen) unterschieden wird

bb) Vereinfachte Zielvorstellungen und Verhaltenshypothesen

Ein ökonomisches Modell der Nachfrage nach hochqualifizierten
Arbeitskräften, welches das Ziel verfolgt, Anhaltspunkte für bil-
dungs- und arbeitsmarktpolitische Entscheidungen zu schaffen, impliziert eine Reihe von vereinfachenden Verhaltenshypothesen und
Zielvorstellungen der Individuen und politischen Entscheidungsträger. Information über relative Berufschancen hat nur dann einen
Sinn, wenn man annehmen kann, daß die Mehrzahl der Studienanfänger eine rationale[25] Entscheidung bei der Wahl einer Fachrichtung trifft. Der typische Bildungs- und Berufswähler des Modells hat demnach als Ziel die Sicherung eines seiner Bildungsqualifikation entsprechenden Arbeitsplatzes und die Erreichung eines
möglichst hohen Lebenseinkommens (einschließlich aller nicht-
monetären Faktoren wie Status, Prestige usw.).

Auf der Seite der wirtschaftspolitischen Entscheidungsträger treten in unserem Zusammenhang insbesondere die Ziele der Vollbeschäftigung, eines stetigen Wirtschaftswachstums und einer gerechten Einkommensverteilung in den Vordergrund. Der Blick über
die Grenzen mit Hilfe internationaler Querschnittvergleiche ermöglicht außerdem den Einbezug von Orientierungspunkten über die
Entwicklung der internationalen Konkurrenzsituation.

Die oben beschriebene Aufspaltung der gesamtwirtschaftlichen
Nachfrage in einzelne Bereiche (Staat, Wirtschaft, Haushalte, Bil-
dungssysteme) ermöglicht zugleich die Einführung unterschiedlicher
Verhaltenshypothesen (Reaktionsfunktionen). Dem Nachfragever-
halten des Sektors Haushalte liegt eindeutig eine Konsumfunktion

---

25 Rational wird hier synonym mit effizient im ökonomischen Sinne verwendet.

zugrunde. Die direkte und indirekte Nachfrage der Haushalte wird durch die Bevölkerungsentwicklung sowie durch das verfügbare Einkommen bestimmt. Mit zunehmendem Einkommen steigt auch die Nachfrage nach Bildung (als Konsumgut) und die Nachfrage nach Dienstleistungen (Ärzte, Anwälte, Künstler usw.). Diese Konsumfunktion kann dabei in einer ersten Annäherung die Gestalt einer Keynesschen Konsumfunktion haben oder aber auch entsprechend dem Duesenberryschen Ansatz[26] nach verschiedenen sozioökonomischen Gruppen differenziert und aufgegliedert werden.

Im Bereich der Wirtschaft wird von einer Produktionsfunktion ausgegangen. Jedem Produktionsniveau ist ein bestimmter Einsatz des Produktionsfaktors Arbeit zugeordnet, und zwar in einer spezifischen Berufs- und Bildungsstruktur. Ausgangspunkt ist die Annahme einer nahezu unelastischen Nachfrage nach Arbeitsqualifikationen (nicht Arbeitskräften), d. h. die Substitutionselastizität für Arbeitsqualifikationen liegt langfristig nahe bei Null. Diese Annahme – so sieht es das Modell vor – soll später aufgegeben und die Prognose auf der Basis detaillierter Untersuchungen von horizontalen und vertikalen Substitutionsprozessen zwischen und unter Arbeitsqualifikationen korrigiert werden.

Das aus dem staatlichen Bereich aus prognosetechnischen und operationellen Gründen ausgeklammerte Bildungs- und Ausbildungssystem wird analog einer Produktionsgüterindustrie behandelt. Seine Aktivität ist abhängig von der Expansion der Nachfrage nach qualifizierten Kräften in den anderen Bereichen (Staat, Wirtschaft, Haushalte) und den kultur- bzw. bildungspolitischen Zielsetzungen. Die Zahl der das Bildungssystem verlassenden Absolventen ist außerdem eine Funktion des Ausfalls während der Schul- und Studienzeit und dem Lehrer/Schüler-Verhältnis (»capital-output-ratio«). Über letzteren Koeffizienten und die Zahl der Studierenden läßt sich zugleich der Eigenbedarf des Bildungssystems an hochqualifizierten Kräften (Lehrer, Administratoren usw.) ableiten. Anders als im Tinbergen-Modell, in dem von fixen Produktionskoeffizienten ausgegangen wird, werden die drei genannten Kom-

---

26 Vgl. J. S. *Duesenberry*: Income, Saving and the Theory of Consumer Behavior. Cambridge (Mass.), 1949. Duesenberry verweist aufgrund empirischer Studien auf die Tendenz, daß das Konsumverhalten zwischen Einkommensgruppen stark voneinander abweicht und entsprechend die relative Position in der Einkommenshierarchie größeren Einfluß (auf das Konsumverhalten) ausübt als das gesamtwirtschaftliche Einkommensniveau.

ponenten im Bombach-Modell als Instrumentenvariable interpretiert, durch die eine kurz- und mittelfristige Anpassung an Störungen im System und an Engpässe möglich ist. Langfristig nehmen
die Variablen allerdings den Charakter von Zielvariablen an, die
durch kulturpolitische Entscheidungen fixiert werden müssen.

Für den Bereich des Staates fehlt noch immer ein theoretischer
Ansatz über die stark vereinfachenden Hypothesen Wagners und
Parkinsons hinaus. Modifizierte Extrapolationen historischer Tendenzen unter Einbezug von Obergrenzen sowie die Berücksichtigung langfristiger Planungen der Aktivität öffentlicher Stellen müssen hier als Hilfskonstruktionen dienen.

cc) Die Strategie

Die das Modell bestimmende Strategie ist die Strategie des
Gleichgewichtswachstums. Dabei wird gleichgewichtiges Wachstum
in doppelter Hinsicht angestrebt: einmal horizontales Gleichgewicht definiert als Gleichgewicht zwischen der Struktur des Angebots an Absolventen des Bildungssystems und der Nachfrage nach
Absolventen; zum anderen vertikales Gleichgewicht, verstanden als
die gleichgewichtige Entwicklung der internen Struktur des Bildungssystems. Die Aktivität jeder einzelnen Stufe des Bildungssystems muß so groß sein, daß die Zahl der Absolventen dem Input-
Bedarf der nächstfolgenden Stufe entspricht. Die Einführung der
Strategie des Gleichgewichtswachstums in das Modell geschieht in
der Hauptsache für die Zwecke der Prognose und wegen ihrer
Nützlichkeit als Hilfsinstrument bildungspolitischer Entscheidungen. Da das Modell ausschließlich für die Probleme entwickelter,
hochindustrialisierter Länder Gültigkeit hat, braucht auf die für
Entwicklungsländer relevante Diskussion »balanced-growth« versus
»unbalanced-growth« nicht eingegangen zu werden. Auch dürfte
die Strategie des »unbalanced growth« für den Bildungs- und Ausbildungsbereich aus einer Reihe dem System und dem »Produkt«
inhärenten Eigenschaften von vornherein ausscheiden: Bildungsinvestitionen sind für weite Bereiche praktisch nicht aufschiebbar,
Absolventen können nicht wie Produkte oder Maschinen gestapelt
werden, jedes Ungleichgewicht einer unteren Stufe setzt sich in der
nächsthöheren fort usw.

dd) Modellexogene und -endogene Variablen

Modellvereinfachungen werden dadurch erreicht, daß eine Reihe von Variablen des Prognosemodells exogen behandelt werden, d. h. weitgehend unabhängig von der Modellkonstruktion vorgegeben bzw. geschätzt werden. Im vorliegenden Modell sind dies die natürliche Bevölkerungsentwicklung (ohne die ökonomisch induzierten Wanderungsbewegungen) und die Nachfrage der Haushalte und des Staates nach hochqualifizierten Arbeitskräften, die nur bedingt abhängig vom Sozialproduktwachstum gesehen werden kann.

Nicht so einfach zu unterscheiden ist, in welcher Weise das Sozialproduktwachstum bestimmt werden soll. Bisherige Ansätze versuchten eine Schätzung über eine Prognose des Wachstums der Beschäftigtenzahl und der Arbeitsproduktivität. Das verfügbare Angebot an Produktionsfaktoren und die Effizienz ihrer Nutzung bestimmte das potentielle Wirtschaftswachstum. Für die Zwecke der Arbeitskräftebedarfsprognose kann ein derartiger Ansatz nicht befriedigen, da er auf einem Zirkelschluß beruht. In Umkehr des bisherigen, angebotsorientierten Ansatzes wird deshalb in Bombachs Modell von der Vorgabe oder Schätzung einer und/oder mehrerer Wachstumsraten des Sozialproduktes ausgegangen (z. B. minimale/maximale/mittlere Wachstumsrate). Damit wird das Modell zu einem nachfrageorientierten Modell mit der Fragestellung: Welche Menge und Struktur der Produktionsfaktoren wird nachgefragt, wenn ein bestimmtes reales Sozialproduktwachstum erreicht werden soll (Zielvorgabe) bzw. erwartet wird (Zielprognose)? Das Modell ähnelt im Ansatz einem Entscheidungsmodell (Ragnar Frisch), ohne daß es zu einer optimalen Lösung im formalen Sinne des Wortes führt, wie es von Frisch gefordert wurde[27]. Das hier beschriebene Modell führt nicht zu einer eindeutigen Lösung, sondern verweist auf die Maßnahmen, die notwendig sein werden, wenn eine bestimmte Wirtschaftsentwicklung angestrebt wird. Damit läßt es zugleich einen weiten Spielraum für politische Entscheidungen und überläßt es den politischen Entscheidungsträgern, die »optimale« (oder besser: die befriedigende) Lösung auszuwählen. Damit wird auch die Wachstumsrate des Sozialprodukts zu einer weitgehend modellunabhängigen Variablen.

Als modellendogene Variable verbleiben damit die Wachstums-

---

27 R. *Frisch*: A Survey of Types of Economic Forecasting . . ., a. a. O.

raten der Arbeitsproduktivität (global und Struktur nach Wirtschaftsbereichen) und der Beschäftigung (global und Struktur nach
Wirtschaftsbereichen, Berufsklassen und nach Qualifikation). Die
Wanderungen ergeben sich ebenfalls modellendogen aus der Konfrontation des Arbeitskräftebedarfs mit dem aus der exogenen Prognose der natürlichen Bevölkerung und den Erwerbsquoten geschätzten heimischen Arbeitsangebots. Der Bedarf an Lehrkräften
des Bildungs- und Ausbildungssystems wird schließlich ebenfalls
modellendogen als abgeleitete Nachfrage bestimmt.

ee) Zusammenfassung

   Der den Nachfrage-Modellen inhärente technologische Determinismus – wie bei den Angebotsmodellen ohne Zielvorgabe der
historische Determinismus – bietet wohl die größte Angriffsfläche
für Kritiker der Bedarfsprognosen überhaupt. Es ist deshalb ein
großer Schritt nach vorn, wenn das Bombach-Modell als Strukturmodell und durch seine Ausnutzung der Flexibilität des Computer-
Rechnens diese Angriffsfläche auf ein Minimum reduziert. Die stärkere Gliederung des Modells und seine Ausbaufähigkeit ermöglichen zugleich seine Erweiterung zu einem immer mehr ökonomische und soziologische Faktoren berücksichtigenden Instrument der
Forschung und Planung. Das Modell ist flexibel genug, um auch in
den Rahmen einer Bildungsplanungsstudie, die Angebots- und
Nachfrage-Modelle als *komplementäre* Instrumente der Analyse
und Prognose *simultan* verwendet, eingebaut werden zu können.
Wir werden im folgenden Abschnitt den Aufbau einer Studie dieser
Art in geraffter Form wiedergeben, wie er sich aus der praktischen
Arbeit an einer Modellstudie für Bildungsplanung ergeben hat[28].

----

28 Vgl. dazu H. P. *Widmaier* und Mitarbeiter: Bildung und Wirtschaftswachstum – Eine Modellstudie zur Bildungsplanung, Villingen 1966. Vgl.
auch: H. P. *Widmaier* (in Zusammenarbeit mit K. Bahr): Bildungsplanung –
Eine Studie auf Initiative des Sekretariats der Ständigen Konferenz der Kultusminister der Länder in der Bundesrepublik Deutschland, Bonn, und in
Zusammenarbeit und mit direkter Unterstützung des Europäischen Rates für
wirtschaftliche Zusammenarbeit und Entwicklung (OECD), Paris, Stuttgart,
1966.

II. Bildung und Wirtschaftswachstum: Ein kombiniertes Angebots-/Nachfrage-Modell

Durch einen Forschungsauftrag des Kultusministeriums von Baden-Württemberg sind wir beauftragt worden, eine Grundlagenstudie für die Zwecke der langfristigen Bildungsplanung durchzuführen. Wir versuchen dabei, ausgehend von der oben formulierten These der Komplementarität von Angebots- und Nachfrageansatz, ein konsistentes Modell der langfristigen Entwicklung des Bildungssystems und der Wirtschaft aufzubauen. Dieses Modell erschließt einen breiten Fächer von Informationen für wirtschafts- und bildungspolitische Entscheidungen, wie er sich aus isolierenden Untersuchungen der Angebots- oder der Nachfrageseite nicht ergeben kann. Erst innerhalb dieses Globalmodells können die Interdependenzen zwischen Bildungs- und Ausbildungssystem und wirtschaftlicher Entwicklung aufgezeigt und greifbare Hinweise für praktisch notwendig werdende Entscheidungen und die Möglichkeit ihrer Verwirklichung gegeben werden. Eigentliches Ziel dieses simultanen Vorgehens auf der Angebots- und Nachfrageseite ist es, künftige Engpaß- und Überschußsituationen zu ermitteln, wie sie sich aus der Gegenüberstellung der Ergebnisse beider Teilmodelle in Form einer Bildungsbilanz ergeben.

Das Vorgehen in der Analyse und Prognose erfolgt in einzelnen Stufen. Dabei darf jedoch nicht übersehen werden, daß zwischen den einzelnen Variablen des Systems eine bestimmte Interdependenz besteht, der entsprechend Rechnung getragen wird.

1. Wirtschaftswachstum und Arbeitskräftebedarf (Das Nachfragemodell)

Ausgangspunkt der regionalen Untersuchung der wirtschaftlichen Entwicklung und des Arbeitskräftebedarfs ist eine überregionale Studie, die im Auftrag des Wissenschaftsrats und der Deutschen Forschungsgemeinschaft erstmals den Bedarf an hochqualifizierten Arbeitskräften in der Bundesrepublik Deutschland bis 1980 zu prognostizieren sucht[29]. Eine der Ausgangsthesen des regionalen

---

29 H. *Riese*, Die Entwicklung des Bedarfs an Hochschulabsolventen in der Bundesrepublik Deutschland, Wiesbaden 1967. Modell dieser Studie ist der methodische Beitrag von G. *Bombach*: Die Vorausschätzung des langfristigen Bedarfs . . ., a. a. O.

Projekts für Baden-Württemberg ist, daß mit der überregionalen
Studie einige wichtige Grundtendenzen der Bevölkerungs- und
Wirtschaftsentwicklung, die überregional in der ganzen Volkswirtschaft wirksam sind, bereits ermittelt wurden. Wir denken hier besonders an die Komponenten der natürlichen Bevölkerungsentwicklung, die Erwerbsbeteiligung, die Konsum- und Investitionsgewohn-
heiten, die Rolle des technischen Fortschritts und dergleichen[30].
Von der Kenntnis der überregional wirkenden Kräfte aus versuchen
wir dann die Besonderheiten des Landes Baden-Württemberg gegenüber dem Bund herauszustellen und unsere Prognose entsprechend den regionalen Entwicklungsbesonderheiten zu modifizieren.

Das Nachfragemodell gliedert sich in die Analyse und Prognose
der folgenden Problemkreise:

(i)   Inlandsprodukt (global und in seiner Struktur nach vier
      großen Wirtschaftssektoren);
(ii) Arbeitsproduktivität (gesamtwirtschaftlich und in ihrer
      Struktur nach vier Wirtschaftssektoren);
(iii) Arbeitskräftebedarf (global und in seiner Struktur nach vier
      Wirtschaftssektoren, sieben Wirtschaftsabteilungen und
      neun Industriezweigen);
(iv) natürliche Bevölkerungsentwicklung und das heimische Ar-
      beitspotential;
(v)   horizontale Mobilitätsprozesse (Wanderungen);
(vi) Bedarf an hochqualifizierten Arbeitskräften (Berufsfach-
      schul-, Fachschul- und Hochschulabsolventen) nach Fach-
      richtung, Berufsklasse und Wirtschaftsabteilung.

Ausgangspunkt ist die Fragestellung: Wie groß ist der Bedarf an
Arbeitskräften, um eine bestimmte durchschnittliche Wachstumsrate des realen Inlandsprodukts zu erreichen? Wir halten aufgrund
einer detaillierten Analyse der Vergangenheitsentwicklung, einer
Überprüfung durch regionale und internationale Querschnittsanalysen eine durchschnittliche jährliche reale Wachstumsrate des
Bruttoinlandsprodukts bis 1980 von fünf Prozent p.a. für realistisch.
Von dieser Vorgabe der Wachstumsrate des realen Sozialproduktes ausgehend, schätzen wir aus Vergangenheitswerten und Quer-

---

30 H. *Gerfin*: Gesamtwirtschaftliches Wachstum und regionale Entwicklung.
Kyklos, Vol. XVII, 1964, Fasc. 4, 1964, S. 574 ff.

schnittsvergleichen die Entwicklung der Arbeitsproduktivität. Entsprechend dem Aufbau unseres Modelles wird die Analyse und Prognose der Arbeitsproduktivität zu einem Kernstück unseres Vorgehens, da sie das Bindeglied zwischen der Prognose des Produktionswachstums und des Arbeitskräftebedarfs darstellt. Diese Zusammenhänge werden aus folgender vereinfachenden Darstellung deutlich, in der die wichtigsten Komponenten des Sozialprodukt-wachstums erscheinen:

Wir bezeichnen:

Y = Bruttoinlandsprodukt
L = Arbeitskräftebedarf
$$\frac{Y}{L} = \alpha = \text{Arbeitsproduktivität.}$$

Ex post gilt die Definitionsgleichung:

$$Y = L \cdot \alpha$$

und

$$L = \frac{Y}{\alpha}$$

Diese für die Vergangenheit immer erfüllten Beziehungen lassen sich ex ante als Nachfragebeziehung interpretieren. Für Wachstumsraten gilt dann:

$$w_Y = w_L + w\alpha$$

und

$$w_L = w_Y + w\alpha$$

Danach ergibt sich die Wachstumsrate des Arbeitskräftebedarfs (w_L) aus der Differenz der Wachstumsrate des Sozialprodukts (w_Y) und der Wachstumsrate der Arbeitsproduktivität ($w\alpha$) als Restgröße bzw. abgeleitete Nachfrage[31]. Der Arbeitskräftebedarf steigt nur dann, wenn das Bruttoinlandsprodukt rascher wächst als die globale Arbeitsproduktivität ($w_Y > w\alpha$). Wachsen Produktion und Arbeits-

---

31 Damit ist die Nachfrage nach dem Produktionsfaktor Arbeit wieder eine abgeleitete Nachfrage im Marshallschen Sinne, nämlich abgeleitet von der Endnachfrage nach denjenigen Gütern und Dienstleistungen, die mit Hilfe des Produktionsfaktors Arbeit erstellt werden. Vgl. A. *Marshall*: Principles of Economics, 8. Aufl., London 1962, Kp. VI, S. 316 ff.

produktivität mit gleicher Rate ($w_Y = w\alpha$), bleibt der Arbeitskräftebedarf konstant. Steigt schließlich die Arbeitsproduktivität
rascher als die Produktion wächst ($w_Y < w\alpha$), sinkt der Arbeitskräftebedarf.

Wirtschaftsstruktur

Im nächsten Schritt müssen wir die globale wirtschaftliche Entwicklung in die Wandlungen der Wirtschaftsstruktur übersetzen.
Ausgangspunkt ist wiederum die Beziehung:

$$Y = L \cdot \alpha \text{ bzw. } L = \frac{Y}{\alpha} \ .$$

Für den einzelnen Wirtschaftssektor (i) gilt entsprechend:

$$Y_i = L_i \cdot \alpha_i$$

und

$$L_i = \frac{Y_i}{\alpha_i} \ .$$

Für alle Bereiche zusammengenommen ergibt sich:

$$L = \Sigma L_i = \Sigma g_i \frac{Y_i}{\alpha_i}$$

Die Summierung erstreckt sich stets über alle Bereiche der Volks-
wirtschaft. g_i erscheint als statistisches Gewicht und entspricht dem
Anteil der Beschäftigten des Bereichs i an der Gesamtzahl der
Beschäftigten der Volkswirtschaft.

In einer detaillierten Analyse und Prognose nach sieben Wirtschaftsabteilungen und neun Industriegruppen spalten wir dann
den Arbeitskräftebedarf weiter auf. Dabei verzichten wir auf die
Umwegmethode über Sozialprodukt- und Arbeitsproduktivitäts-
schätzung, da durch die Schätzung der Globalgrößen die Grenzen
abgesteckt sind, innerhalb deren sich die kleineren Wirtschaftsabteilungen und Industriegruppen bewegen können. Der Arbeitskräftebedarf der Unterabteilungen wird somit unmittelbar über
Zeitreihenanalyse und Querschnittsvergleich prognostiziert.

Das heimische Arbeitspotential

Um dem Arbeitskräftebedarf die potentiell verfügbaren Arbeitskräfte gegenüberstellen zu können, benötigen wir eine Schätzung
des heimischen Arbeitspotentials. Dieses erhalten wir über eine Prognose der natürlichen Bevölkerungsentwicklung und der Erwerbsquoten. Wir bezeichnen:

L_H = heimisches Arbeitspotential
B_H = natürliche, inländische Bevölkerung

$\left(\dfrac{L}{B}\right)_H$ = Erwerbsquote der Inländer.

Dann ergibt sich das heimische Arbeitspotential aus:

$$L_H = B_H \cdot \left(\frac{L}{B}\right)_H$$

Arbeitskräftebilanz und horizontale Mobilitätsprozesse
(Wanderungen)

Das auf oben beschriebene Weise prognostizierte heimische Arbeitspotential wird in Form einer Arbeitskräftebilanz dem Arbeitskräftebedarf gegenübergestellt.

$$L - L_H = \pm\, W_L$$

Ergibt sich ein positiver Saldo ($+ W_L$), so ist die Zuwanderung
von ($L - L_H$) notwendig. Ein negativer Saldo bedeutet, daß Erwerbstätige abwandern werden. Über diese Arbeitskräftebilanz ist zunächst nur bekannt, wieviel Arbeitskräfte wandern. Die wandernden Erwerbspersonen werden aber in der Regel – soweit sie ver-
heiratet sind – von einer bestimmten Zahl Angehöriger begleitet.
Für eine Korrektur der Bevölkerungsentwicklung um die effektiven
Wanderungen wird deshalb noch eine Schätzung der Bruttowanderungen W_B (brutto im Sinne von wandernden Erwerbspersonen +
Angehörige) nötig. Eine Schätzung kann man am besten über eine
Analyse und Prognose der durchschnittlichen Anzahl von Familienangehörigen pro Kopf der wandernden Erwerbstätigen $(B/L)_W$
bzw. den Kehrwert dieser Größe, der Erwerbsquote $(L/B)_W$, erhalten:

$$W_B = \frac{W_L}{\left(\dfrac{L}{B}\right)_W}.$$

Die Schätzungen für die Entwicklung der heimischen Bevölkerung (B_H) ergeben schließlich zusammen mit den Bruttowanderungen (W_B) die Gesamtbevölkerung (B_T):

$$B_H \pm W_B = B_T$$

Das Schaubild zeigt die einzelnen Schritte der Analyse und Prognose noch einmal schematisch.

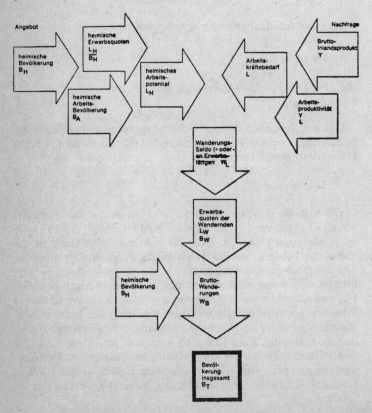

2. Kulturpolitische Ziele, Bildung und Wirtschaftswachstum (Das Angebotsmodell)

Im Rahmen unseres Angebots-Teilmodells soll die Entstehung des Angebots an Arbeitskräften nach Umfang und Bildungs- und Ausbildungsstruktur aufgezeichnet werden, wie es sich aufgrund konkreter langfristiger kulturpolitischer Zielsetzungen[32] ergibt. Gleichzeitig soll dabei überprüft werden, ob die vorhandenen Ressourcen ausreichen werden, um die Zielsetzungen zu erreichen. Schließlich soll anhand der bereits erwähnten Bildungsbilanzen getestet werden, inwieweit die kulturpolitischen Zielsetzungen mit den wirtschafts- und sozialpolitischen Ansprüchen übereinstimmen.

Unser Angebotsmodell gliedert sich in folgende Hauptgruppen der Untersuchung:

(i) individuelle Nachfrage nach Bildungsplätzen;
(ii) Angebot an Bildungsplätzen und Lehrkräften;
(iii) Bildungsprozeß in seinen einzelnen Stufen und Typen;
(iv) das sich aus (i)–(iii) zusammen mit den kulturpolitischen Zielsetzungen ergebende Angebot an Arbeitskräften nach Bildungs- und Ausbildungsstruktur.

Die Prognose der Gesamtbevölkerung (B_T) im Rahmen unseres Nachfrage-Modells ist ein wichtiges Bindeglied und zugleich ein erster Ansatzpunkt für das Angebots-Modell. Denn mit der Altersstruktur der Bevölkerung besitzen wir die Informationen darüber, welche Forderungen allein von der Bevölkerungsentwicklung auf das Bildungssystem zukommen werden.

Über eine detaillierte Analyse der Informationen über Zugänge, Übertritte von Klasse zu Klasse und Stufe zu Stufe und die Abgänge wird versucht, ein Bild des Geschehens im Bildungsprozeß zu verschaffen: Welche Verzögerungen treten auf? Wie groß ist der

---

32 Als langfristige Ziele sind für 1980 vorgegeben die Steigerung der Abiturientenquote von 8 v.H. (1964) auf 15 v.H. (1980) und eine Erhöhung der Quote der Realschulabsolventen (mittlere Reife und Fachschulreife) auf 40 v.H. (1964 = 16,4 v.H.). Vgl. dazu: Schulentwicklungsplan Baden-Württemberg, herausgegeben vom Kultusministerium Baden-Württemberg, in: »Kultus und Unterricht«, 14. Jg., Heft 13a, Juli 1965, Stuttgart.

Ausfall während des Bildungsprozesses? Wie hoch ist schließlich die Zahl der erfolgreich abschneidenden Absolventen?

Aufgrund der praktischen und politischen Forderungen nach einer in sich konsistenten und umfassenden Planung des Bildungs- und Ausbildungswesens als einem System miteinander verbundener und voneinander abhängiger Prozesse sind die Versuche immer stärker in den Vordergrund getreten, ein Strukturmodell zu entwickeln. Versuche dieser Art werden gleichzeitig auch an verschiedenen anderen Forschungszentren durchgeführt[33].

3. Das Bildungswesen als System interdependenter Prozesse

Wie bereits angeklungen, bietet sich die zusammenfassende Darstellung des Bildungs- und Ausbildungswesens als ein System von Prozessen in Form einer Input-Output-Matrix geradezu an. Mit Hilfe dieser Darstellungsweise gelingt uns die Konzentration einer Fülle von Informationen in übersichtlicher Form. Das Bildungswesen wird in seiner Verbundenheit aus der »Vogelperspektive« überschaubar.

Wir fassen in der Input-Output-Matrix zunächst die Prozesse Hauptschule, Realschule und höhere Schule aufgegliedert nach Klassenstufen zusammen. Aus der horizontalen Reihe ist das Ziel der Schüler ersichtlich: Dabei entsprechen die Ziffern 1–9 den Klassenstufen 1–9 der Hauptschule, die Ziffern 10–15 den Klassenstufen 5–10 der Realschule, die Ziffern 16–24 den Klassenstufen 5–13 der höheren Schule. Die Ziffern 25–n können die verschiedenen Abgänge

---

33 Vgl. z. B. die Arbeiten von T. *Thonstad*: Om utdannings-prognoser. In: Sosialøkonomen, Nr. 2/3, 1964, Oslo. C. A. *Moser* and P. *Redfern*: Education and Manpower: Some Current Research. In: Models for Decisions, London, July 1965. R. A. *Stone*: A Model of the Educational System, in: Minerva, Vol. III, No. 2, 1965. Wir haben unseren Modellansatz im Juli 1965 mit Professor C. *Moser* (London) und den Professoren R. *Stone* und J. E. *Meade* (Cambridge) diskutiert und dabei eine Reihe wertvoller Anregungen bekommen.
Auf einem Expertentreffen der OECD (»Meeting of Ad-hoc Group on Mathematical Models of the Educational System«, 23–25th March 1966, Paris) berichteten wir über unsere praktischen Erfahrungen mit dem hier dargestellten Bildungsmodell. Weitere Verfeinerungen des Modells könnten aus den Beiträgen zu dieser Konferenz entnommen werden. Vgl. OECD (Ed.), »Mathematical Models in Educational Planning«, Technical Reports, Paris 1967; vgl. auch OECD (Ed.), »Methods and Statistical Needs for Educational Planning«, Paris 1967.

aus den einzelnen Klassenstufen bzw. Prozessen des Systems bezeichnen, z. B. den Abgang in den Beruf, den Übergang auf Hochschulen und andere Bildungsinstitutionen, den Abgang ins Elternhaus, den Abgang mit Abschlußzeugnis bzw. ohne Abschluß usw. Demgegenüber verweist die vertikale Kolonne auf die Herkunft der Strömungsgrößen; die Bezeichnungen $1-n$ entsprechen denen der oben genannten Reihen.

Zur Vereinfachung der Analyse wird mit folgenden Symbolen gearbeitet:

Ausgangspunkt sind die folgenden Bestandsgrößen:

$s_i(t)$ Anzahl der Schüler in Klasse i
am Stichtag (t),

$s_k(t + 1)$ Anzahl der Schüler in Klasse k
am Stichtag $(t + 1)$.

$s_i(t)$ entspricht also dem Bestand an Schülern in den Klassen (i) am Stichtag (t) und verweist auf die Herkunft der Schüler. $s_k(t + 1)$ entspricht dem Bestand an Schülern in den Klassenstufen (k) am Stichtag $(t + I)$ und verweist auf das Ziel der Schüler, welches diese nach Ablauf einer Periode erreicht haben.

Außerdem werden die folgenden Strömungsgrößen [d. h. Veränderungen der Bestandsgrößen zwischen dem Zeitpunkt (t) und $(t + 1)$] bezeichnet:

Allgemein gilt:

$d_{ik}(t)$ Anzahl der Übertritte von Klassenstufe (i) nach Klassenstufe (k) zwischen dem Zeitpunkt (t) und $(t + 1)$.

Speziell gilt:

$d_{ib}(t)$ Anzahl der Übertritte (Promotionen) von einer Klassenstufe zur nächsthöheren Klassenstufe zwischen dem Zeitpunkt (t) und $(t + 1)$[34];

$d_{ii}(t)$ Anzahl der Übertritte (Wiederholer) von einer Klassenstufe zur gleichen Klassenstufe zwischen dem Zeitpunkt (t) und $(t + 1)$;

$d_{ia}(t)$ Anzahl der Abgänge aus dem Schulsystem zwischen dem Zeitpunkt (t) und $(t + 1)$.

---

34 Entspricht i einer letzten Klasse bzw. typischen Übergangsklasse zu anderen Schulstufen (z. B. 4. Klasse Hauptschule), dann kann (b) unterschiedliche Anfangsklassen bedeuten (z. B. 5. Klasse Realschule, Sexta der höheren Schule).

Es ergibt sich folgende Übergangsmatrix in allgemeiner Form:

Herkunft (i) \ Ziel (k)	1	2	3	...	n	Σ
1	d_{11}	d_{12}	d_{13}	...	d_{1n}	$s_1\ (t)$
2	d_{21}	d_{22}	d_{23}	...	d_{2n}	s_2
3	d_{31}	d_{32}	d_{33}	...	d_{3n}	s_3
.	.	.	.		.	.
.	.	.	.		.	.
.	.	.	.		.	.
n	d_{n1}	d_{n2}	d_{n3}	...	d_{nn}	s_n
Σ	$s_1\ (t+1)$	s_2	s_3	...	s_n	

Damit gewinnen wir ein detailliertes Bild über die Bewegungen zwischen den Klassenstufen des Bildungssystems.

In der Hauptdiagonale (d_{11}, d_{22} ... d_{nn}) erscheinen die Wiederholungsschüler, während in der Diagonale direkt über der Hauptdiagonale (d_{12}, d_{23} ... $d_{n-1,\,n}$) die versetzten Schüler registriert werden.

Der Bestand von Klasse 1 beträgt insgesamt s_1 Mengeneinheiten. Abgegeben wurde an die Klassen 1, 2, 3 ... n. Dabei sind die an Klasse 1 abgegebenen (d_{11}) die Wiederholungsschüler, die an Klasse 2 weitergegebenen (d_{12}) die versetzten Schüler (Promotionen). Insgesamt gilt demnach

$$\sum_{k=1}^{n} d_{1k} = s_1\ (t)$$

Benutzen wir die gleichen Bezeichnungen für die übrigen Klassen, so ergibt sich aus der Tabelle folgendes Gleichungssystem:

$$d_{11} + d_{12} + d_{13} + \ldots d_{1n} = s_1\ (t)$$
$$d_{21} + d_{22} + d_{23} + \ldots d_{2n} = s_2\ (t)$$
$$d_{31} + d_{32} + d_{33} + \ldots d_{3n} = s_3\ (t)$$
$$-----------------$$
$$d_{n1} + d_{n2} + d_{n3} + \ldots d_{nn} = s_n\ (t)$$

d. h.

$$\sum_{k=1}^{n} d_{ik} = s_1(t) \qquad\qquad (i = 1, 2, 3 \ldots n)$$

Der Zugang nach Klasse 1 beträgt insgesamt $s_1(t + 1)$ Mengeneinheiten. Der Zugang erfolgte in die Klassen 1, 2, 3, ... N. Es gilt demnach

$$\sum_{k=1}^{n} d_{i_1} = s_1(t + 1)$$

Benutzen wir die gleichen Bezeichnungen für die übrigen Klassen, so ergibt sich folgendes Gleichungssystem:

$$d_{11} + d_{21} + d_{31} \ldots + d_{n1} = s_1(t + 1)$$
$$d_{12} + d_{22} + d_{32} \ldots + d_{n2} = s_2(t + 1)$$
$$d_{13} + d_{23} + d_{33} \ldots + d_{n3} = s_3(t + 1)$$

$$d_{1n} + d_{2n} + d_{3n} \ldots + d_{nn} = s_n(t + 1)$$

d. h.

$$\sum_{k=1}^{n} d_{ik} = s_k(t + 1) \qquad\qquad (k = 1, 2, 3, \ldots, n)$$

Analytisch und für die spätere Benutzung zu prognostischen Zwecken besonders interessant ist die Relation zwischen den Übertritten (d_{ik}) in der Periode (t) bis $(t + 1)$ und der Anzahl der Schüler (s_i) in der Basisperiode (t)

Allgemein gilt:

$$p_{ik}(t) = \frac{d_{ik}(t)}{s_i(t)} \quad \text{Übertrittsquote (allgemein)}$$

Speziell gilt:

$$p_{ii}(t) = \frac{d_{ii}(t)}{s_i(t)} \quad \text{Wiederholerquote}$$

$$p_{ia}(t) = \frac{d_{ia}(t)}{s_i(t)} \quad \text{Abgangsquote}$$

$$p_{ib}(t) = \frac{d_{ib}(t)}{s_i(t)} \quad \text{Promotionsquote}$$

Die Summe aller Übertrittsquoten ist gleich eins:

$$p_{ia} + p_{ib} + p_{ii} = 1$$

Entsprechend zu unserer oben dargestellten Übergangsmatrix können wir auch eine Übergangsquotenmatrix aufstellen, die folgende Gestalt zeigt:

Herkunft (i) / Ziel (k)	1	2	3	. . .	n	Σ
1	p_{11}	p_{12}	p_{13}	. . .	p_{1n}	1
2	p_{21}	p_{22}	p_{23}	. . .	p_{2n}	1
3	p_{31}	p_{32}	p_{33}	. . .	p_{3n}	1
.	.	.	.		.	.
.	.	.	.		.	.
.	.	.	.		.	.
n	p_{n1}	p_{n2}	p_{n3}	. . .	p_{nn}	1

4. Die Übergangsmatrix als analytisches und prognostisches Instrument

Nach der empirischen Ermittlung der Übergänge (d_{ik}) und der Übertrittsquoten (p_{ik}) können wir die Übergangsmatrix und Übergangsquotenmatrix als einen Querschnitt ansehen, der die Bewegungsstruktur des Bildungssystems in anschaulicher und gut überblickbarer Form für einen bestimmten Zeitraum (ein Jahr) vor uns ausbreitet. Steht ausreichend statistisches Material zur Verfügung, derartige Querschnitte für mehrere Jahre zu erstellen, so kann die statistische Methode zum komparativ-statischen Vergleich erweitert und die Veränderungen der Übergangsquoten analysiert werden. Für den Fall, daß nicht für alle Bewegungen (Strömungsgrößen) statistische Informationen greifbar sind, kann die Untersuchung einzelner zentraler Quoten (z. B. Übergangsquote von der Hauptschule zur Realschule und höheren Schule) ebenfalls wertvolle Informationen liefern. Dabei kann versucht werden, eine Reihe von erklärenden Variablen zu ermitteln, welche die Möglichkeiten der Projektion erleichtern helfen[35].

Selbstverständlich kann die Untersuchung der Übertrittsquoten auch noch weiter strukturiert werden. Wir denken hier insbesondere an eine Aufspaltung der globalen Quote (p_{ik}) in die Übertrittsquoten von Schülern und Schülerinnen sowie in eine Aufspaltung der Schüler nach ihrer sozialen Herkunft. Dies wird besonders deshalb notwendig, weil bei der Wiederholerquote (p_{ii}) und Abgangsquote (p_{ia}) große geschlechts- und sozialschichtspezifische Unterschiede festgestellt werden können.

Neben dem Gebrauch der Übergangsquoten-Matrix für die Zwecke der statischen und komparativ-statischen Analyse bietet sich auch ein Gebrauch für eine Prognose der Schülerzahlen an. Wir haben die Übertrittsquote definiert:

$$p_{ik}(t) = \frac{d_{ik}(t)}{s_i(t)} \, .$$

Demnach ist die Gesamtzahl aller Übertritte (d_{ik}) das Produkt aus der Übertrittsquote (p_{ik}) und dem Bestand an Schülern (s_i):

$$d_{ik} = p_{ik} \, s_i$$

Wollen wir nun den Bestand an Schülern in jeder einzelnen Klassenstufe und in jedem Schultyp für den Zeitpunkt ($t + 1$) prognostizieren, so ergibt sich bei der ersten Annahme einer Konstanz aller Übertrittsquoten und einer exogenen (durch eine modellunabhängig durchgeführte Bevölkerungsprognose) vorgegebenen Anzahl Kinder, die in die erste Klasse der Volksschule einströmen (b_1), folgendes Bild:

---

35 Unser anfänglicher Optimismus in dieser Richtung ist allerdings durch von uns angestellte Tests (vgl. dazu: H. P. *Widmaier*: Bildung und Wirtschaftswachstum in Baden-Württemberg, Juli 1965) stark gedämpft worden. Es erscheint deshalb sinnvoll, neben formal regressionsanalytischen Ansätzen auch auf empirische Feldstudien zurückzugreifen, um die für den politischen Entscheidungsträger wichtigen Komponenten zu ermitteln. – Vgl. dazu die Untersuchungen des Soziologischen Seminars der Universität Tübingen unter der Leitung von Prof. R. Dahrendorf und Dr. G. Peisert.

$$s_k\,(t+1) = \sum_{i=1}^{n} d_{ik} \qquad\qquad (k = 2, \ldots n)$$

oder, entsprechend unserer Definition von d_{ik}:

$$s_k\,(t+1) = \sum_{i=1}^{n} p_{ik}\,s_i\,(t) \qquad\qquad (k = 2, \ldots n)\ .$$

Dabei entspricht $s_1\,(t+1)$ folgendem Wert:

$$s_1\,(t+1) = \sum_{i=1}^{n} p_{i1}\,s_i\,(t) + b\,(t)\ .$$

In Matrixschreibweise erhalten wir:

$$s_1\,(t+1), \ldots, s_n\,(t+1) =$$

$$s_1\,(t), \ldots, s_n\,(t) \begin{pmatrix} p_{11} \cdots p_{1n} \\ \vdots \\ p_{n1} \cdots p_{nn} \end{pmatrix} b_1\,(t), 0, \ldots, 0$$

oder kurz:

$$s\,(t+1) = s\,(t)\,P + b\,(t)$$

und nach Transposition

$$s'\,(t+1) = P' \cdot s'\,(t) + b'\,(t)$$

Für eine Prognose der Schülerzahlen im Zeitpunkt $(t+2)$ gilt entsprechend:

$$s\,(t+2) = s\,(t+1)\,P + b\,(t+1)$$

Durch Einsetzen von

$$s\,(t+1) = s\,(t) \cdot P + b\,(t)$$

erhalten wir

$$s\,(t+2) = s\,(t)\,P^2 + b\,(t)\quad P + b\,(t+1)$$

In allgemeiner Form gilt für die Iteration:

$$s\,(t+m) = s\,(t)\,P^m + \sum_{u=1}^{m} b\,(t+\mu-1) \cdot p^{m-\mu}$$

Meßzahlen der Kultusministerkonferenz für Klassenfrequenzen, Lehrer je Klasse, Schüler je Lehrer, Lehrer je Schüler, Zielwert (Ziff. 1) und Mittelwert (Ziff. 2) für 1967 und 1970[a]

	S/K		L/K		S/L		L/S	
	1	2	1	2	1	2	1	2
Hauptschulen	30	33	1,3	1,15	23,08	28,70	0,043	0,035
Sonderschulen	14	16	1,3	1,2	10,77	13,33	0,093	0,075
Realschulen	26	30	1,7	1,5	15,29	20,00	0,065	0,050
Gymnasien	20	24	1,9	1,7	10,53	14,12	0,095	0,071
Berufsschulen	20	22	0,6	0,5	33,33	44,00	0,030	0,023
Berufsfachschulen	20	22	1,8	1,6	11,11	13,75	0,090	0,073
Fachschulen	17	20	2,0	1,8	8,5	11,11	0,118	0,090
Ingenieurschulen	20	24	2,2	2,0	9,9	12,00	0,110	0,083

a) Eigene Berechnungen nach: Ständige Konferenz der Kultusminister der Länder in der BRD, »Bedarfsfeststellung 1961 bis 1970«, Stuttgart, o. J. Seite 20.

$\frac{S}{K} = \frac{L}{K} \cdot \frac{S}{L}$ (Klassenfrequenz). Entsprechend gilt: $\frac{L}{K} = \frac{S/K}{S/L}$ (Lehrer je Klasse).

$\frac{S}{L} = \frac{S/K}{L/K}$ (Schüler je Lehrer). $\frac{L}{S} = \frac{L/K}{S/K} = \pi$ (Lehrer je Schüler).

Übergangsquotenmatrix

Herkunft 15.5.1963	Ziel 15.5.1964	Hauptschulen 1 (1)	2 (2)	3 (3)	4 (4)	5 (5)	6 (6)	7 (7)	8 (8)	9 (9)	an andere Hauptschulen 10	Realschule 11 (5)	12 (6)	13 (7)	14 (8)	15 (9)	16 (10)	an andere Realschulen 17	Gymnasium 18 (5)	19 (6)
Hauptschüler		01740	91356	00000	00000	00000	00000	00000	00000	00000	05150	00000	00000	00000	00000	00000	00000	00000	00000	00000
		00000	01730	91407	00000	00000	00000	00000	00000	00000	05643	00000	00000	00000	00000	00000	00000	00000	00000	00000
		00000	00000	01518	91665	00000	00000	00000	00000	00000	05806	00000	00000	00000	00000	00000	00000	00000	00000	00000
		00000	00000	00000	01450	62269	00000	00000	00000	00000	04997	10722	00000	00000	00000	00000	00000	00000	17826	00000
		00000	00000	00000	00000	01108	85174	00000	00000	00000	05591	04062	00000	00000	00000	00000	00000	00000	03458	00000
		00000	00000	00000	00000	00000	00689	91431	00000	00000	05670	00000	00139	00139	00000	00000	00000	00000	00178	00053
		00000	00000	00000	00000	00000	00000	00198	88947	00000	04113	00000	00078	00008	00000	00000	00000	00000	00000	00000
		00000	00000	00000	00000	00000	00000	00000	00057	00468	03248	00000	00000	00074	00000	00000	00000	00000	00000	00000
		00000	00000	00000	00000	00000	00000	00000	00000	00000	01509	00000	00000	00000	00035	00070			00000	00000
vor anderer Hauptschule		00026	00531	00889	00957	00799	00762	00506	00419	00305										
Realschüler		00000	00000	00000	00000	06241			00000	00000		02515	87264	00000	00000	00000	00000	01971	00422	00360
		00000	00000	00000	00000	00000	02512		00000	00000		00000	02836	90010	00000	00000	00000	02836	00000	00471
		00000	00000	00000	00000	00000	00000	01480		00000		00000	00000	02922	89782	00000	00000	02201	00000	00000
		00000	00000	00000	00000	00000	00000	00000	00415			00000	00000	00000	02181	76330	00000	02981	00000	00000
		00000	00000	00000	00000	00000	00000	00000	00000	00043	00000	00000	00000	00000	00000	01466	83859	01883	00000	00000
		00000	00000	00000	00000	00000	00000	00000	00000	00000	00000	00000	00000	00000	00000	00000	00524	00778	00000	00000
vor anderer Realschüler		00000	00000	00000	00000							00262	00210	00317	00290	00474	00073			
Gymnasium		00000	00000	00000	00000	04502		00000	00000	00000		00699	00000	00000	00000	00000	00000	00000	03981	85462
		00000	00000	00000	00000	00000	01056		00000	00000		00000	01148	00000	00000	00000	00000	00000	00000	04869
		00000	00000	00000	00000	00000	00000	00416		00000		00000	00000	01104	00000	00000	00000	00000	00000	00000
		00000	00000	00000	00000	00000	00000	00000	00053			00000	00000	00000	00739	00000	00000	00000	00000	00000
		00000	00000	00000	00000	00000	00000	00000	00000	00012	00000	00000	00000	00000	00000	00436	00000	00000	00000	00000
		00000	00000	00000	00000	00000	00000	00000	00000	00000	00000	00000	00000	00000	00000	00000	00037	00000	00000	00000
		00000	00000	00000	00000	00000	00000	00000	00000	00000	00000	00000	00000	00000	00000	00000	00000	00000	00000	00000
vor anderer Gymnasien		00000	00000	00000	00000														00305	00608
Wanderungen		00000	00000	00000	00000	00000	00000	00000	00000	00000	00000	00000	00520	00397	00899	01372	01551	00000	02412	01542

Anmerkung: Zahlen in ( ) verweisen auf die Klasse der entsprechenden Schulstufe

Die Annahme einer Konstanz der Übergangsquotenmatrix ist für langfristige Prognosen natürlich nicht haltbar; ist doch gerade eine Veränderung (d. h. »Verbesserung«) einzelner zentraler Übertrittsquoten ein besonderes Anliegen der bildungspolitischen Entscheidungsträger. Die meisten Quoten sind durch eine Vielzahl bildungspolitischer Maßnahmen beeinflußbar, d. h. sie gehören in den Bereich der Instrumentenvariablen, also derjenigen Variablen, die

Baden-Württemberg, 1963—1964

20 (7)	21 (8)	22 (9)	23 (10)	24 (11)	25 (12)	26 (13)	an andere Gymnasien 27	Wirtschaftsoberschulen 28	Berufsschulen 29	Hauswirtschaftliches Seminar 30	Pädagogisches Institut 31	Universität 32	Sonderschulen 33	Sonstige Schulen 34	Sonstige Abgänge 35	Beruf 36	Bundeswehr 37	Eltern, Haushalt 38	Wanderungen und Korrekturen 39	Abgang mit mittlerer Reife 40	Abgang mit Abitur 41	Abgänge Insgesamt 42
00000	00000	00000	00000	00000	00000	00000	00000	00000	00000	00000	00000	01213	00071	00470	00000	00000	00000	00000	00000	00000	00000	.01754
00000	00000	00000	00000	00000	00000	00000	00000	00000	00000	00000	00000	00360	00773	00163	00344	00000	00000	00000	00000	00000	00000	.01220
00000	00000	00000	00000	00000	00000	00000	00000	00000	00000	00000	00000	00000	00538	00125	00266	00000	00000	00000	00000	00000	00000	.00931
00000	00000	00000	00000	00000	00000	00000	00000	00000	00000	00000	00000	00404	00196	00099	00037	00000		00000	00000	00000	00000	.00736
00000	00000	00000	00000	00000	00000	00000	00000	00000	00000	00000	00000	00142	00136	00106	00178	00000		00000	00000	00000	00000	.00562
00000	00000	00000	00000	00000	00000	00000	00000	00000	00000	00000	00000	00066	00000	00077	01558	00000		00000	00000	00000	00000	.01711
00059	00074	00000	00000	00000	00000	00000	00000	00000	00000	00000	00000	00027	00121	00073	06302	00000		00000	00000	00000	00000	.06523
00000	00075	00000	00000	00000	00000	00000	00000	00000	00000	00000	00000	00011	00871	00133	85063	00000		00000	00000	00000	00000	.96078
00000	00000	00000	00000	00000	00000	00000		00000	00000	00000	00000	00000	00351	00351	97684	00000		00000	00000	00000	00000	.98388
		.00000	.00000	.00000	.00000	.00000		00000	.00000	.00000	.00000	.00000				.00000			.00000	.00000	.00000	
00000	00000	00000	00000	00000	00000	00000		00000	00000	00000	00000	00000	00115	00123	00000	00000		00989	00000	00000	00000	.01227
00363	00000	00000	00000	00000	00000	00000		00069	00069	00000	00000	00216	00157	00128	00000	00000		00402	00000	00000	00000	.00972
00647	00268	00000	00000	00000	00000	00000			00453	00000	00000	00000	00222	00194	01591	00000		00240	00000	00000	00000	.02700
00000	00374	00332	00000	00000	00000	00000		07613	00000	00000	00000	00447	00343	06522	00000			00062	00000	00000	00000	.17387
00000	00000	00230	00216	00000	00000	00000		01782	00000	00000	00000	00000	00374	00474	05659			00014	00000	00000	00000	.12303
00000	00000	00000	07395	01674	00000	00000		11701			00000	00000	02705	05631	76182			00000	83744	00000	00000	.96229
				.00000	.00000	.00000					.00000	.00000	.00000								.00000	
00000	00000	00000	00000	00000	00000	00000	03780	00000	00000	00000	00000	00000	00117	00000	00000	00005	01444	00000	00000	00000	00000	.01566
88062	00000	00000	00000	00000	00000	00000	04115	00005	00071	00000	00000	00000	00125	00195	00000	00016	00319	00000	00000	00000	00000	.00730
09485	80653	00000	00000	00000	00000	00000	04290	00087	00983	00000	00000	00000	00286	02348	00000	00106	00242	00000	00000	00000	00000	.04052
00000	07257	79142	00000	00000	00000	00000	03964	00169	04301	00000	00000	00000	00296	03854	00000	00206	00015	00000	00000	00000	00000	.05845
00000	00000	06720	82829	00000	00000	00000	04360	00031	02018	00000	00000	00000	00300	03614	00000	00268	00000	00000	00000	00000	00000	.06643
00000	00000	00000	04972	57030	00000	00000	08795	03539	06705	00982	00000	00000	00495	16770	00000	00143	00539	00000	16978	00000	00000	.29161
00000	00000	00000	00000	07465	78777	00000	04649	00662	01692	00556	00000	00000	00000	00437	05182	00075	00509	00000	08447	00000	00000	.08109
00000	00000	00000	00000	00000	06742	85947	02658	00054	00421	00000	00000	00000	00000	00583	02958	00244	00339	00000	04599	00000	00000	.04653
00000	00000	00000	00000	00000	00000	04435	00565	00000	02513	00289	20201	57801	00000	00000	00000	02136	08507	02563	00590	00000	03379	91621	95000
00554	00525	00499	00466	00848	00269	00090					.00000	.00000							.00000	.00000	.00000	
87750	03709	01154	01381	02885	00908	01854	00000	00000	00000	00000	00000	00000	00000	00000	00000	00000	00000	00000	00000	00000	00000	.00000

Abgang

durch bildungspolitische Entscheidungen beeinflußt werden können und zu deren Beeinflussung man auch bereit ist. Langfristig können sie auch zu Zielvariablen der Regierung werden: Wir denken hier insbesondere an zentrale Variablen wie die Übergangsquoten von der Hauptschule zur Real- und höheren Schule und nicht zuletzt auch an die die Effizienz (und Auslese) reflektierenden Übertrittsquoten von Klasse zu Klasse in der höheren Schule. Eine exogene

Vorgabe der Größe und zeitlichen Entwicklung einzelner zentraler Werte der Übergangsquotenmatrix durch politische Entscheidungen wird somit à la longue unumgänglich sein.

5. Analyse und Prognose des abgeleiteten Bedarfs

Nach der Analyse und Prognose der Entwicklung der Schüler-zahlen in den einzelnen Klassen und Stufen des Bildungssystems kann man mit Hilfe des vorhandenen Mengengerüstes und einer Reihe von »Produktionskoeffizienten« auch den zu den Schüler-zahlen gehörigen Bedarf an Klassenräumen, Lehrern und anderen Input-Faktoren abschätzen und nicht zuletzt über die Berechnung eines Einheitskostenschemas (Kosten pro Schüler) auch Schätzun-gen über den Finanzbedarf anstellen, der jedem einzelnen, progno-stizierten Wert einer Expansion des Bildungssystems zugeordnet ist.

So kann beispielsweise der Lehrerbedarf auf einfache Weise über den Lehrerbedarfskoeffizienten (Lehrer pro Schüler) durch Multi-plikation mit dem Kolonnenvektor der Gesamtschülerzahl in jeder Klasse geschätzt werden:

$$\text{Gesamtlehrerbedarf} = \pi \cdot \begin{pmatrix} s_1 \\ \vdots \\ s_n \end{pmatrix}$$

Da der Lehrerbedarfskoeffizient für einzelne Klassen durchaus unterschiedliche Größen haben kann und sollte, ist eine weitere Differenzierung pro Klasse durchaus möglich. Der Lehrerbedarf pro Klasse ergibt sich dann aus

Lehrerbedarf pro Klasse $L_i = \pi_i \cdot s_i$

und der Gesamtlehrerbedarf durch Summation der Ergebnisse pro Klasse.

Die Schätzung des Lehrerbedarfskoeffizienten π (oder seines Kehrwertes: $1/\pi$ = Schüler/Lehrer-Verhältniszahl) kann zunächst für die Vergangenheit mit Hilfe des vorhandenen statistischen Ma-terials erfolgen. Für die Zwecke der Prognose kann man bestimmte Richtwerte zugrunde legen[36] oder auch vorübergehende Variatio-

---

36 Auf der 93. Plenarsitzung der Kultusministerkonferenz der Länder in der BRD vom 14./15. 2. 1963 wurden beispielsweise eine Reihe vergleichbarer Meßzahlen durch einstimmigen Beschluß festgesetzt. Es wurde je ein Mittel- und Zielwert für die Klassenfrequenzen (Schüler pro Klasse) und Lehrer pro

nen der Koeffizienten zulassen, damit Schwankungen der Schülerzahlen (nach oben und unten) ausgeglichen werden können. In
jedem Falle bedarf es einer detaillierten Analyse der Bestimmungsgründe des Lehrerbedarfskoeffizienten, die nur in Zusammenarbeit
mit oder durch eigene Forschungsarbeiten der Pädagogen erfolgen
kann[37]. Ganz ähnlich wie die Lehrerbedarfskoeffizienten können
andere Bedarfskoeffizienten wie beispielsweise Klassenfrequenzen
(Schüler pro Klasse) zur Bestimmung des Raumbedarfs und anderer Größen herangezogen werden.

6. Zusammenfassung

Erster und zentraler Ansatzpunkt jeder Form der Bildungsplanung ist die differenzierte Analyse der einzelnen Stufen und Typen
des Bildungs- und Ausbildungssystems für sich genommen und in
ihrer Verbundenheit miteinander. Wieviel Schüler treten jährlich in
das Bildungssystem ein, wie bewegen sie sich von Klasse zu Klasse,
wie viele gehen frühzeitig und welche Zahl geht mit Erfolg ab? Wie
groß ist schließlich die Zahl derjenigen, die von einem Schultyp
oder einer Schulstufe zur anderen oder zur nächsthöheren Stufe
wechseln? Neben die Analyse der Schülerbewegungen tritt die Untersuchung der diese Ströme begleitenden Lehrer, die Analyse der
Anzahl von Klassenräumen, Gebäuden und anderen Ausrüstungs-
gegenständen. Eine besondere Untersuchung der diese Realgrößen
begleitenden Ausgabenströme und ihre Finanzierung muß dieses
quantitative Bild abrunden.

Gleichrangig neben der ersten Voraussetzung steht die systematische Analyse der inhaltlich-qualitativen Aspekte von Bildung und
Ausbildung: im wesentlichen der Organisationen und Gestaltung
des Unterrichts. Wir sind der Ansicht, daß gerade auch in diesem
Bereich die Entwicklung von Rahmenplänen, Rahmenvereinbarun-

Klasse für die Jahre 1967 und 1970 geschätzt ,und zwar strukturiert nach den
einzelnen Schultypen. Vgl. dazu: Ständige Konferenz der Kultusminister der
Länder in der BRD: Bedarfsfeststellung 1961 bis 1970. Stuttgart, o. J., S. 20.
37 Vgl. z. B. die statistischen Untersuchungen des Lehrerbedarfs: G. und H.
Proebsting: Beiträge zum Problem des Lehrermangels an den Volksschulen
in den Ländern der Bundesrepublik. Herausgeber: Ettlinger Kreis, Weinheim,
Oktober 1962. H. J. *Kramer*: Der Lehrermangel am Gymnasium. Herausgeber:
Ettlinger Kreis, Weinheim 1964. J. *Hillig*: Lehrerbestand und Lehrernach-
wuchs der Gymnasien in der Bundesrepublik. Diss., Köln 1964.

gen und dergleichen ausgehen muß von einer zunächst quantitativen
Untersuchung der qualitativen Aspekte, soweit diese quantifizierbar
sind. Gerade in diesem Bereich kann es einen Verzicht auf empirische Evidenz nicht geben. Eine Reihe hochinteressanter angelsäch-
sischer und schwedischer Untersuchungen können hier zum Ausgangspunkt genommen werden[38].

Eine zunehmende Verbundenheit des Bildungs- und Ausbil-
dungsbereichs mit den großen Komplexen von Wirtschaft, Kultur,
Politik und Sozialgefüge erfordert den Einbezug der Analyse der
wirtschaftlichen und sozialen Entwicklung in die Grundlagenstudien
für Bildungsplanung. Besonderes Augenmerk gebührt dabei den
Zusammenhängen zwischen Wirtschaftsentwicklung und Arbeitskräftebedarf (und damit der Nachfrage nach Absolventen der einzelnen Stufen und Typen des Bildungs- und Ausbildungssystems)
und der damit eng verbundenen Rolle des Bildungs- und Ausbildungssystems als Vermittler bestimmter Positionen im sozialen Universum.

Neben die Analyse dieser umfassenden Komplexe tritt notwendigerweise die vorsichtige Abschätzung der Entwicklungstendenzen
des Bildungs- und Ausbildungswesens oder aber die Prognose alternativer Wege zur Erreichung vorgegebener kulturpolitischer Zielsetzungen und des mit diesen verbundenen Bedarfs an Lehrkräften,
Gebäuden und Ausrüstungen. Da sowohl der Tendenz nach als
auch von den Zielsetzungen her eine expansive Politik die Regel ist,
müssen auch die qualitativen Faktoren in die Prognose einbezogen
werden. Die neuen Größenordnungen verlangen nicht zuletzt auch
Änderungen in der Organisation und Gestaltung des Unterrichts.

Der langfristige Bedarf und die jährliche Nachfrage der einzelnen
Wirtschaftsbereiche nach gut ausgebildeten Arbeitskräften ist letztlich auch eine Anforderung an das Bildungs- und Ausbildungswesen: Das Angebot an Absolventen der einzelnen Stufen und

---

38 Vgl. z. B. die umfassende Bibliographie: Human Resources and Economic
Growth. An International Annotated Bibliography, Stanford Research Insti-
tute, Menlo Park, California 1963; insbesondere Kapitel 8, »New Educational
Techniques«, S. 249 ff. T. *Husén*, U. *Dahllöf*: An Empirical Approach to the
Problem of Curriculum Content. International Review of Education, Vol. XI,
1965, No. 1. Aus philosophisch-pädagogischer Sicht beschäftigt sich neuerdings
S. B. *Robinsohn* mit diesen Problemen; vgl. dazu den Beitrag »Bildungsreform
als Revision des Curriculums«, Berlin 1967, als Manuskript vervielfältigt. –
(Die Arbeit von Robinsohn ist inzwischen unter dem gleichnamigen Titel als
Buch erschienen: Luchterhand-Verlag. Neuwied 1967 – Anm. d. Hrsg.)

Typen des Bildungssystems trifft sich mit dieser Nachfrage auf dem Arbeitsmarkt. Bildungsplanung setzt also immer auch eine Prognose der Entwicklung des Arbeitsmarktes – das heißt der potentiellen Entwicklung des Angebots (aus dem Bildungssystem) und der Nachfrage (von der Wirtschaft, vom Staat und von den Haushalten) – voraus.

Eine Prognose des Arbeitskräftebedarfs und der Nachfrage nach qualifizierten Fachkräften erfordert die umfassende Untersuchung der Entwicklung der wirtschaftlichen Wachstumskräfte und ihrer Interdependenzen. Diese Vorausschätzung kann ebenfalls in Form einer Trendprognose ohne Zielvorgabe erfolgen. Die Erkenntnis setzt sich jedoch immer stärker durch, daß der Vorgabe quantitativ bestimmter Zielwerte und der Bestimmung alternativer Wachstumspfade zu diesen Zielen der Vorzug gegeben werden sollte[39].

Damit ist der allgemeine Rahmen gegeben, innerhalb dessen eine sinnvolle, langfristige Bildungsplanung vorbereitet werden kann. Die kombinierte Behandlung von sozialen, wirtschaftlichen, kulturellen und politischen Elementen innerhalb eines möglichst konsistenten Analyse- und Prognose-Modells trägt in besonders eindrücklicher Weise dazu bei, neben den Interdependenzen der einzelnen Bereiche auch die möglichen Widersprüche aufzudecken, die sich z. B. aus der Konkurrenzsituation der einzelnen Infrastrukturbereiche untereinander, den besonderen Ansprüchen der Gesellschaft an einzelne Stufen und Typen des Bildungs- und Ausbildungssystems und ähnlichen Problemen ergeben. In dieser Hinsicht ist die Analyse und Prognose im Rahmen eines Konsistenz-Modells ein wichtiger Beitrag zur politischen Entscheidungsfindung über die Bestimmung kulturpolitischer Prioritäten[40].

---

39 Vgl. dazu die Arbeit der OECD-Working Party No. 2 on Policies for the Promotion of Economic Growth, welche diese Gedankengänge im ökonomischen Bereich stark propagierte und erstmals ein globales Wachstumsziel für die Gesamtheit der OECD-Mitgliedländer für das Jahr 1970 quantitativ formulierte: Policies for Economic Growth. OECD, Paris, November 1962.
40 Vgl. z. B. W. A. *Lewis*: Education and Economic Development. Social and Economic Studies, Vol. 10, No. 2, June 1961; wiederabgedruckt unter dem Titel: Priorities for Educational Expansion. In: OECD, Policy Conference on Economic Growth and Investment in Education, Vol. III, The Challenge of Aid to Newly Developing Countries, Paris 1962, S. 35 ff. R. *Dahrendorf*: Bemerkungen über kulturpolitische Prioritäten. Anlage zum Protokoll über die 4. Sitzung des Beirats für Bildungsplanung am 10. 5. 1965, Kultusministerium des Landes Baden-Württemberg, Stuttgart 1965.

Hajo Riese:

Theorie der Bildungsplanung und Struktur des Bildungswesens[1]

I

Es ist sicher nicht verwunderlich, daß die Bildungsforschung bisher kaum Ansätze zu einer Systematisierung ihrer Fragestellung entwickelt hat. Ein einheitliches wissenschaftliches Gebäude ist noch kaum sichtbar. Dafür lassen sich mehrere Gründe angeben. Einmal haben umfassende Untersuchungen über die Struktur des Bildungswesens und seine Rolle in der gesellschaftlichen und ökonomischen Entwicklung erst vor etwa 10 Jahren begonnen[1a]. Zudem werden bildungstheoretische Fragen oft sowohl von soziologischen, pädagogischen, ökonomischen als auch politisch-juristischen Faktoren beeinflußt, die die vielbesungene, aber in den Sozialwissenschaften dennoch nur selten praktizierte interdisziplinäre Forschung unabweisbar machen. Die Vielfalt der Gesichtspunkte, die von der Bildungsforschung zu berücksichtigen sind, erschweren verständlicherweise die Systematisierung ihres Gedankengebäudes.

Zumindest in Teilbereichen der Bildungsforschung sind in letzter Zeit jedoch einige Fortschritte erzielt worden. Als bedeutsam muß insbesondere der Versuch von Blaug, eine Integration der verschiedenen Ansätze der Bildungsplanung vorzunehmen, gewertet werden[2]. Wir werden uns mit diesem jüngsten Beitrag zur Bildungsforschung ausführlich beschäftigen.

Bildungsforschung und Bildungsplanung[3] haben sich von Anfang

---

1 Hajo Riese: Theorie der Bildungsplanung und Struktur des Bildungswesens. In: Konjunkturpolitik, 14. Jg. (1968), H. 5/6, S. 261–290 (Verlag Duncker & Humblot, Berlin). – Mit freundlicher Genehmigung des Verlages.

1a Als eine Pioniertat muß der *Robbins*-Report angesehen werden. Vgl. Higher Education. Report of the Committee appointed by the Prime Minister under the Chairmanship of Lord Robbins, 1961–1963. London 1963.

2 M. *Blaug*, Approaches to Educational Planning. »The Economic Journal«, 57 (1967), S. 262 ff.

3 Planung soll hier als ein Prozeß bezeichnet werden, bei dem Entscheidungen vorbereitet werden, die Maßnahmen auf bestimmte Ziele hin ermöglichen, Forschung dagegen als die systematische Analyse der Ziele, Methoden und ihrer Implikationen. Zum Begriff der Planung siehe H. S. *Parnes*, Scope and Methods of Human Resources and Educational Planning. In: OECD (Hrsg.), Manpower Forecasting in Educational Planning. Paris 1965, S. 15. *Parnes* beruft sich dabei auf eine Definition von *Dror*.

an gegenseitig befruchtet, ja oft ist Bildungsforschung erst durch die Notwendigkeit einer Bildungsplanung angeregt worden[4]. Demjenigen, der ein puristisches Wissenschaftsideal vertritt, mag das ein Greuel sein; aber die Tendenzen zu einer Rationalisierung des bildungspolitischen Entscheidungsprozesses, zu einer – um mit Widmaier zu sprechen – strategisch orientierten Bildungspolitik[5] waren in den letzten Jahren so stark, daß die Bildungsforschung davon nicht unbeeinflußt bleiben konnte.

Bildungsforschung ist zur Politischen Ökonomie geworden. Damit dokumentieren sich die Sozialwissenschaften erneut als Erfahrungswissenschaften, deren Erkenntnisse nicht frei von politischen Implikationen sind. Es ist keine Trivialität, das heute zu betonen. Zumindest die Ökonomie scheint mir gegenwärtig wiederum der Gefahr zu unterliegen, die Verbindung mit der Realität zu verlieren: Während die keynesianische Einkommens- und Beschäftigungstheorie der 30er Jahre den utopischen Harmoniecharakter des neoklassischen Gleichgewichtssystems zu überwinden vermochte und insbesondere in der fiscal policy eine Transformation des formalen Systems in eine Politische Ökonomie vollzog, hat die Genesis der Allokationstheorie nach dem Zweiten Weltkrieg – und zwar sowohl in der statischen welfare-Theorie als auch in der dynamischen Wachstumstheorie – prompt wieder die alte Kluft zwischen Theorie und Realität geöffnet. Lediglich partiell wird versucht, diese Kluft zu überwinden. Das geschieht sicherlich in der Bildungsökonomie[6], in der Allokationsprobleme zweifellos dominieren. Aber selbst hier bleibt, wie zu zeigen sein wird, die Diskrepanz zwischen theoretischem Modell und Bewältigung der Realität weiterhin groß.

---

4 Beispiele dafür sind die Länderberichte im Rahmen des Mittelmeerprojektes der OECD, aber auch die Untersuchungen *Widmaiers* für das Land Baden-Württemberg. Eine Summe der methodischen Erfahrungen aus dem Mittelmeerprojekt der OECD findet sich in OECD (Hrsg.), Methods and Statistical Needs for Educational Planning. Paris 1967; H. P. *Widmaier* und Mitarbeiter, Bildung und Wirtschaftswachstum. Eine Modellstudie zur Bildungsplanung. Villingen 1966.

5 H. P. *Widmaier,* Rationale Grundlagen der Bildungspolitik. In: H. P. *Widmaier* und Mitarbeiter (Hrsg.), Zur Strategie der Bildungspolitik. Mit einem Vorwort von G. *Bombach,* Bern 1968, S. 10 f.

6 Vielleicht ist generell im Infrastrukturbereich, zu dem das Bildungswesen zu rechnen ist, die Integration von Forschung und Planung am weitesten fortgeschritten. Vgl. dazu den instruktiven Beitrag von J. *Stohler,* Zur rationalen Planung der Infrastruktur. »Konjunkturpolitik«, 11 (1965), S. 279 ff.

Eine Theorie der Bildungsplanung ist, so gesehen, Bestandteil der Theorie der Wirtschaftspolitik. Im angelsächsischen Sprachbereich bedarf das keiner Diskussion. Im deutschen ist jedoch eine Erklärung notwendig. Edding hat gerade mit Bezug auf die Bildungsforschung darauf hingewiesen, daß die deutsche kulturelle Tradition das Ökonomische nie als ein methodisches Prinzip, sondern lediglich als die Bereitstellung »äußerer«, materieller Güter gesehen hat, dem die Bildungswelt mit ihren geistigen Werten notwendigerweise feindlich gegenüberstehen mußte[7]. Wirtschaften wird auch heute in der Regel nicht als Rationalprinzip, als eine generelle Methode, mit begrenzten Ressourcen ein Optimum zu erzielen, gesehen. Sogar gegenläufige Tendenzen sind spürbar. In dem Maße, in dem die Bildungsforschung die soziologischen und pädagogischen Aspekte stärker betont – eine sicherlich notwendige Entwicklung –, scheinen zugleich die alten Mißverständnisse wiederum an Boden zu gewinnen. Das muß nicht zuletzt deshalb bedenklich stimmen, weil sich dadurch die Diskrepanz zwischen Theorie und Realität noch mehr vergrößern muß; eine Bildungsplanung, die den Anspruch, politische Entscheidungsgrundlage sein zu können, erhebt, verlangt die Anwendung des ökonomischen Rationalprinzips. Die Realisierung einer politischen Zielsetzung erfordert einen rationellen Mitteleinsatz. Knappheit läßt sich nicht wegdefinieren.

II

Vom Begrifflichen her gesehen existiert eine Bildungsplanung seit Bestehen eines staatlichen Bildungswesens[8]. Jede Bildungspolitik setzt insofern eine Bildungsplanung voraus, als die Auswirkungen von bildungspolitischen Entscheidungen auf die geistigen und ökonomischen Ressourcen einer Volkswirtschaft, also auf den Bedarf an Lehrern, an baulichen Kapazitäten und die damit verbundenen Kosten abgeschätzt werden müssen. Dennoch hat sich die Bildungsplanung als ein eigenständiger Begriff erst nach dem Zweiten Weltkrieg, ja eigentlich erst seit Beginn der 60er Jahre etabliert, um dann aber überraschend schnell Eingang in die wissenschaftliche

---

7 F. *Edding,* Ökonomie des Bildungswesens. Lehren und Lernen als Haushalt und als Investition. Freiburg i. Br. 1963, S. 32 ff.
8 Darauf weist auch *Blaug* hin. M. *Blaug,* Approaches to Educational Planning, a. a. O., S. 262.

Diskussion zu finden und in steigendem Umfang sogar Bestandteil
der Politik von Kultus- und Unterrichtsministerien und anderen
bildungspolitischen Gremien zu werden. Es muß erstaunen, in wie
weitem Maße Bildungsplanung und ihre Probleme bereits den
akademischen Raum gesprengt haben und ein Instrument der Bildungspolitik geworden sind.

Die Etablierung des Begriffs Bildungsplanung bedeutet nun in
der Tat mehr als lediglich eine Modernisierung des Vokabulars.
Früher (und sicherlich auch heute noch) wurden, um mit Widmaier
zu sprechen, bildungspolitische Entscheidungen oft »als taktische
Manöver ohne eindeutigen Bezug auf strategische Kriterien«[9] getroffen; es dominierte eine kurzfristige Anpassung an nicht vorher-
gesehene Entwicklungen; die Ausgaben orientierten sich an Erfordernissen des Jahresbudgets; es herrschten punktuelle Eingriffe
ohne Beachtung von Rückwirkungen auf andere Bereiche des Bildungswesens vor; die Bedeutung des Bildungswesens im Rahmen
einer Gesellschaftspolitik wurde kaum gesehen[10]; kurz, Bildungspolitik wurde fast ausschließlich ohne formulierte Zielvorstellungen, an denen die Planung hätte überprüft werden können, meist
sogar ohne bewußte politische Konzeption je nach den Tagesbe-
dürfnissen betrieben[11]. Bildungspolitik bewegte sich als Bereich der
Kulturpolitik mehr oder weniger am Rande der eigentlichen Politik,
war aber nicht ihr integrierter Bestandteil.

Das hat sich entscheidend geändert. Die private Nachfrage nach
Bildung ist sprunghaft gestiegen, der Bedarf der Wirtschaft und
Gesellschaft nach Qualifikationen ebenfalls. Die Bereitstellung
neuer personeller und baulicher Kapazitäten hat zu einer enormen

---

9 H. P. *Widmaier,* Rationale Grundlagen der Bildungspolitik. In: Zur Strategie der Bildungspolitik, a. a. O., S. 10 f.
10 Es muß in diesem Zusammenhang auffallen, daß die entscheidenden Impulse für eine Bildungsplanung nicht von der Pädagogik, sondern von den
Sozialwissenschaften, insbesondere von der Ökonomie und Soziologie, ausgegangen sind. Sicherlich handelt es sich dabei um ein Symptom dafür, daß
gerade die pädagogische Forschung noch weitgehend das Bildungswesen als
einen in sich abgeschlossenen Raum, nicht aber in seiner gesellschaftlichen
Funktion betrachtet. Ein Zeichen dafür dürfte, worauf *Robinsohn* eindrück-
lich hingewiesen hat, sein, daß Analysen von Bildungsmethoden entscheidenden
Vorrang vor denen von Bildungsinhalten haben. Zur Kritik an der pädagogischen Forschung siehe S. B. *Robinsohn,* Bildungsreform als Revision des
Curriculums. Neuwied 1967.
11 Neben *Widmaier* (H. P. Widmaier, a. a. O.) führt auch *Blaug* (M. Blaug,
a. a. O.) Beispiele für eine solche systemlose Bildungspolitik an.

Steigerung der Kosten geführt, die den Staatshaushalt immer stärker belasten[12]. Diese Ausgabenentwicklung, die die generelle ökonomische Expansion weit übersteigt, wird so lange weitergehen, als
keine Sättigungstendenzen in der Nachfrage nach Bildung auftreten
und wie bei den meisten Dienstleistungsbereichen nur geringfügige
Produktivitätssteigerungen möglich sind[13]. Quantitative Explosion
und Kostenprogression haben die politischen Gremien dazu gezwungen, den bildungspolitischen Entscheidungsprozeß zu rationa-
lisieren. Das Vordringen planerischer Elemente finden wir übrigens
nicht nur im Bildungswesen, sondern auch in zahlreichen anderen
Gebieten staatlicher Tätigkeit, insbesondere im Verkehrs- und
Energiewesen, Gesundheitswesen, der Raumordnung u. a. m. Damit holt der staatliche Sektor mit beträchtlicher Verspätung nach,
was für private Unternehmen gleichen Ausgabenvolumens seit
Jahrzehnten selbstverständlich ist. Ausgerechnet die liberale Ideologie hat in einem grotesken Mißverständnis über die Bedeutung der
Planung diese Entwicklung dadurch lange hinausgezögert, daß sie
an die Stelle der legitimen Kontroverse, wer zu planen hat, die
sinnlose Diskussion über den Wert der Planung an sich gesetzt hat.

Akzeptiert man, daß das Bildungswesen in seinem Aufbau und
seinem Bildungsinhalt nicht von Marktkräften gesteuert wird, also
weder die Bildungseinrichtungen von profitstrebenden Unterneh-
mern bereitgestellt werden noch die Preise für Bildung sich durch
Angebot und Nachfrage der Konsumenten zu regulieren haben –
und eine totale Integration des Bildungswesens in die Marktwirtschaft ist nicht einmal von extrem liberaler Seite vertreten worden –, dann muß das staatlich organisierte Bildungswesen auch

---

12 So betrugen im Jahre 1966 in Baden-Württemberg die geplanten laufenden Ausgaben für Hochschulen bereits 5% des ordentlichen Etats. Siehe dazu:
Hochschulgesamtplan Baden-Württemberg. Villingen 1967, S. 23 f.
13 Eine denkbare (wenn auch nicht unbedingt die sinnvollste) Produktivitäts-
kennziffer ist das Schüler/Lehrer-Verhältnis. Es ist nicht ohne Interesse, daß
diese Relation kaum steigende, sondern eher sinkende Tendenz hat. Arbeits-
zeitreduktionen in der Wirtschaft strahlen langfristig sicherlich auch auf das
Bildungswesen aus und führen zu einer Produktivitätsminderung. Ob es dafür
Kompensationsmöglichkeiten gibt, ist fraglich. Zwar spricht vieles dafür, daß
moderne Lernmethoden wie programmierter Unterricht, Sprachlabors etc. den
Unterricht unterstützen können, aber eine Erhöhung der Klassenfrequenz kann
dadurch keinesfalls zwangsläufig begründet werden. Ob eine Produktivitätssteigerung durch eine Beschleunigung des Lernvorganges erreichbar ist, soll
dahingestellt bleiben.

staatlich geplant werden, genauso, wie jedes privatwirtschaftlich geführte Unternehmen Absatz, Faktoreinsatz und Investitionen planen muß. Eine Planung, die die Funktion sich selbst regulierender Marktkräfte ersetzt[14].

Planung verlangt jedoch als Grundlage eine Planungstheorie. Die Wissenschaft erhält, was bisweilen übersehen wird, dadurch einen Schwarzen Peter zugeschoben, den sie nur unter Mühen wieder los wird. Rationale Bildungsplanung im Sinne von Widmaier[15], daß nämlich taktisch orientierte bildungspolitische Einzelakte an strategisch orientierte Zielvorstellungen zu binden sind, setzt Bildungsforschung voraus. So sind – nur um ein Beispiel zu nennen – als Grundlage für bildungspolitische Entscheidungen Prognosen über die erwartete Entwicklung von Angebots- und Nachfragekonstellationen notwendig. Die Qualität der Planung wird dadurch jedoch zu einer Funktion des Entwicklungsstandes der Wissenschaft, ein Tatbestand, der den Planwirtschaften des Ostens mit ihrer Orientierung des Allokationsmechanismus an der marxistischen Arbeitswertlehre erhebliches Kopfzerbrechen bereitet hat.

Das wird oft deshalb übersehen, weil im allgemeinen die Unternehmensplanung davon nicht betroffen wird. Nichtoptimale Planungstechniken oder ungenügende Planungsansätze korrigiert hier der Markt. Die Pläne tasten also lediglich Marktmöglichkeiten ab. Deshalb kann die Qualität der Planung zwar Gewinne oder Verluste bewirken, der Markt jedoch dadurch das planende Unternehmen zur Korrektur seiner Entscheidung zwingen. Der Markt, nicht der Plan, sorgt für die Allokation der Ressourcen, für die Abstimmung von Angebot und Nachfrage[16].

Damit wird ein prinzipieller Unterschied zwischen Unternehmensplanung und Bildungsplanung deutlich. Beim Bildungswesen hat die Planung neben der Bestimmung von Angebot und Nachfrage zugleich deren Koordination durchzuführen. Das gilt nur

---

14 Die oft wertgeladene Diskussion über Planungsprobleme läßt sich unter Umständen neutralisieren, wenn Planung als ein System der ex-ante-Koordination, der Markt jedoch als eines der ex-post-Koordination bezeichnet wird. Vgl. dazu H. *Giersch,* Infrastruktur und Regionalpolitik. In: A. *Plitzko* (Hrsg.), Planung ohne Planwirtschaft. Frankfurter Gespräch der List Gesellschaft 7.–9. Juni 1963. Basel–Tübingen 1964, S. 69 f.
15 H. P. *Widmaier,* Rationale Grundlagen der Bildungspolitik, a. a. O.
16 Dabei kann hier unberücksichtigt bleiben, daß das statische Allokationsmodell nur bei bestimmten Marktformen ein Optimum ergibt.

dann nicht, wenn die Wirksamkeit des Sayschen Gesetzes unterstellt wird[17]. Das Angebot würde dann die Nachfrage kreieren. Die Planung könnte sich auf die erwartete individuelle Nachfrage nach Studienplätzen beschränken; der Arbeitsmarkt würde jedes Angebot des Bildungswesens absorbieren. Man spricht dann in der Bildungsökonomie von einer angebotsorientierten Fragestellung; in der angelsächsischen Literatur hat sich dafür im Anschluß an den Robbins-Report der mißverständliche Ausdruck social demand approach durchgesetzt.

Ebenso ließe sich umgekehrt denken, daß die Nachfrage das Angebot schafft. Die Planung könnte dann allein auf der Nachfrage nach qualifizierten Arbeitskräften basieren; die Berufswahl der Schüler und Studenten würde sich vollkommen der Marktsituation anpassen. Man spricht von einem nachfrageorientierten Ansatz oder vom manpower approach.

Nun sind beide Extreme nicht haltbar, da, wie zu zeigen sein wird, eine vollkommene Anpassungsfähigkeit der einen an die andere Komponente nicht existiert. Das prinzipielle Argument, daß allein dem Plan die Koordination von Angebot und Nachfrage obliegt, bleibt somit durch diese extremen Varianten unberührt. In jedem Fall aber bestimmt nicht nur die verwendete Planungstechnik die Qualität der Planung[18], sondern es entscheidet auch – weit bedeutsamer – der Stand der wissenschaftlichen Erkenntnis über den Grad der Rationalität der bildungspolitischen Entscheidung. Das ist um so gravierender, als die einzelnen Methoden der Bildungsplanung noch weitgehend kontrovers sind und gerade von Bildungsforschern selbst oft kritisch beurteilt und relativiert werden[19]; sogar innerhalb der drei grundlegenden Ansätze – neben dem social demand approach und dem manpower approach haben wir uns mit dem investment approach, bei dem eine Ertrags/Kostenrechnung für die Ausbildung durchgeführt wird, zu beschäftigen – sind die

---

17 Siehe dazu auch: M. *Blaug,* Approaches to Educational Planning, a. a. O., S. 269; F. *Reichhold,* Ökonomische Determinanten des Lehrerbedarfs. In: Zur Strategie der Bildungspolitik, a. a. O., S. 56 f.
18 Über Sinn und Grenzen der Planung in der Marktwirtschaft existiert eine umfangreiche Diskussion, die eine weitgehende Klärung strittiger Fragen gebracht hat. Siehe z. B. A. *Plitzko* (Hrsg.), Planung ohne Planwirtschaft, a. a. O.
19 Siehe insbesondere bei H. S. *Parnes,* Manpower Forecasting in Educational Planning, a. a. O., S. 11.

im einzelnen verwendeten Methoden kontrovers.

An einer Diskussion der vielen planerischen Ansätze mangelt es dabei sicherlich nicht; aus jüngster Zeit verdient die eingehende und kritische Analyse von Hegelheimer besondere Beachtung[20]. Es muß jedoch auffallen, daß in der Regel sowohl Beurteilung als auch Wahl eines bestimmten Planungsansatzes axiomatisch, also ideologisch getroffen werden, wie z. B. im Robbins-Report der social demand approach[21], letztlich aber auch bei Widmaier[22], dessen Ziel zwar in einer sich aus der Gegenüberstellung von social demand und manpower requirements ergebenden Bildungsbilanz besteht, der bei aller formalen Gleichstellung der Ansätze dennoch aber die bildungspolitischen Vorstellungen stärker an den requirements orientiert. Nicht ohne Grund, wie zu zeigen sein wird.

Die axiomatische Begründung der einzelnen Planungsansätze hat zu teilweise unerfreulichen Auseinandersetzungen geführt. Der bedarfsorientierten Betrachtungsweise wurde vorgeworfen, daß ökonomischen Motiven zuliebe die höherwertige gesellschaftspolitische Maxime einer »Bildung für alle« geopfert wird, der angebotsorientierten, daß die Knappheit der Ressourcen jeder Expansion Grenzen setzt. Es kam, wie es kommen mußte: In der theoretischen Diskussion gerieten die Ökonomen in die Defensive, da sie dem Pathos des Grundrechts auf Bildung nichts Gleichwertiges entgegensetzen konnten; die Praxis zeigte dann, daß die Realität knapper Mittel stärker war[23].

Die Bildungsforschung hat die a-priori-Entscheidung für ein bestimmtes Planungsmodell niemals auf ihre Stichhaltigkeit hin überprüft, sondern mehr oder weniger als natürliches Spannungsverhältnis zwischen dem Ideal gleicher Chancen und der Realität knapper Mittel interpretiert. Dabei hätte die offensichtliche Präferenz einzelner Länder für bestimmte Planungsansätze bereits den

---

20 A. *Hegelheimer*, Bildungsökonomie und Bildungsplanung. »Konjunkturpolitik«, 14 (1968), S. 93 ff.
21 Higher Education (Robbins-Report), a. a. O.
22 H. P. *Widmaier* und Mitarbeiter, Zur Strategie der Bildungspolitik, a. a. O.
23 Deutlich zeigt sich das Spannungsverhältnis bei *Dahrendorf*, dessen These von der Bildung als Bürgerrecht zur Betonung des gesellschaftspolitischen Aspekts erheblich beigetragen hat, der aber als Vorsitzender des Arbeitskreises Hochschulgesamtplan beim Kultusministerium Baden-Württemberg ein stark berufsbezogenes Hochschulmodell entworfen hat. R. *Dahrendorf*, Bildung ist Bürgerrecht. Plädoyer für eine aktive Bildungspolitik. Die Zeit-Bücher, Hamburg 1965; Hochschulgesamtplan Baden-Württemberg, a. a. O.

Hinweis dafür geben können, daß Aufbau und Kanon des Bildungswesens die Planungsmethodik beeinflussen müssen. Die Dominanz des social demand approach und des investment approach im angelsächsischen, insbesondere amerikanischen, und des manpower approach im kontinentalen Raum konnte kein Zufall sein. Zudem hätte die starke Erwerbsorientierung der amerikanischen Gesellschaft neben der Betonung des Investitionskalküls eher auch die von Nachfragegesichtspunkten erwarten lassen.

Blaug gebührt das Verdienst, als erster den Zusammenhang zwischen Planungsansatz und Aufbau des Bildungswesens präzise herausgearbeitet zu haben[24]. Die folgenden Ausführungen verdanken ihm daher viele Anregungen. Insbesondere die kritische Gegenüberstellung der Planungsmethoden, die nach einer kurzen Skizzierung der beiden zentralen Planungsansätze in Abschnitt V durchgeführt wird (die Bedeutung des investment approach wird ebenfalls in diesem Abschnitt analysiert), verarbeitet seine Gedanken. Das Schwergewicht wird dabei auf eine Erörterung des manpower approach gelegt, da unter diesem Aspekt eine Beurteilung des deutschen Bildungswesens und hier insbesondere des Hochschulwesens möglich erscheint.

III

Der angebotsorientierte Ansatz (social demand approach) kann als der klassische Planungsansatz bezeichnet werden. Der Robbins-Report ist rein angebotsorientiert; Dahrendorfs These von der Bildung als Bürgerrecht betont die Relevanz der Fragestellung[25]. Die übergeordnete Zielsetzung ist Gerechtigkeit; als programmatische Forderung wird daraus Chancengleichheit der Ausbildung abgeleitet[26]. Die Postulate sind kulturell und sozial determiniert. Gerade im deutschsprachigen Raum – klammert man die besondere Situation in der DDR aus – sind Gymnasium und Universität im wesentlichen bis heute ein Reservat des Bürgertums geblieben. Dahrendorf, aber auch andere, haben darauf hingewiesen[27], daß die

---

24 M. *Blaug,* Approaches to Educational Planning, a. a. O.
25 R. *Dahrendorf,* Bildung ist Bürgerrecht, a. a. O.
26 H. P. *Widmaier,* Rationale Grundlagen der Bildungspolitik, a. a. O., S. 9.
27 Insbesondere F. *Hess,* F. *Latscha,* W. *Schneider,* Die Ungleichheit der Bildungschancen. Olten 1966.

Chancengleichheit zwar formal besteht, faktisch aber nicht verwirklicht ist: Unkenntnis des Schulsystems und Milieugebundenheit der Eltern haben bisher eine Ausschöpfung aller Begabungen verhindert. Ein gerüttelt Maß an Verantwortung tragen ebenfalls die Erzieher, die den Ausleseprozeß in erheblichem Maße steuern und dabei oft von zweifelhaften Begabungsbegriffen ausgehen.

Dem angebotsorientierten Ansatz liegen also gesellschaftspolitische Vorstellungen zugrunde. Das einfachste und bisher in der Regel praktizierte Verfahren, die gesellschaftspolitischen Ziele in ein Planungsmodell zu transformieren, besteht darin, sogenannte Immatrikulations- und Abschlußquoten, d. s. Anteile der Studienanfänger bzw. Maturanden (Abiturienten) an den entsprechenden Altersjahrgängen, zu formulieren und auf ihrer Basis die mutmaßliche Schülerzahl, Lehrerbedarf, erforderliche Kapazitäten, die notwendigen Aufwendungen usw. zu berechnen.

Dabei wird aber nur selten deutlich, ob es sich um operationelle Ziele oder lediglich um Projektionen einer mutmaßlichen Entwicklung handelt. Die Unterschiede sind beträchtlich. Um Ziele geht es nur dann, wenn mit den Projektionen zugleich das Instrumentarium angegeben wird, mit dem die Ziele erreicht werden können. Erst die Entwicklung eines Instrumentariums führt von der Projektion zur Planung. Projektionen allein begnügen sich mit der Analyse einer mutmaßlichen Entwicklung und geben höchstens die sich für die Bildungspolitik ergebenden Konsequenzen an[28]. Blaug weist

---

28 Auch *Widmaier* macht nicht deutlich, ob die vieldiskutierten »Ziel«vorstellungen des Landes Baden-Württemberg, nämlich bis zum Jahre 1980 15% der Altersjahrgänge zum Abitur und 40% zum Realschulabschluß zu führen, Projektionen oder Ziele sind. Während *Widmaier* in der für das Land Baden-Württemberg erarbeiteten quantitativen Modellstudie diese »Ziele« undiskutiert übernimmt und auf ihrer Basis eine Analyse der Strukturentwicklung des Bildungswesens durchführt (zwar werden Möglichkeiten der Beeinflussung ausführlich, aber ohne jeden konkreten Bezug auf die Situation in Baden-Württemberg untersucht), verwendet er in seiner »Strategie der Bildungspolitik« den Begriff »operationelle Ziele«, ohne daß jedoch die Operationalität im einzelnen nachgewiesen wird. Es sei denn, man akzeptiere die bereits in der Modellstudie entwickelte These, daß die Bereitstellung von Kapazitäten zumindest für die nächsten 10–15 Jahre ihre Auslastung garantiere, was auf die Annahme des bereits diskutierten Say'schen Gesetzes hinausläuft. Im Gegensatz zu *Widmaier* sprechen die Verfasser des Hochschulgesamtplanes für Baden-Württemberg in diesem Zusammenhang eindeutig von Schätzungen (auch wenn sie ebenfalls den Terminus Zielvorstellung übernehmen), die sie übrigens eher für zu niedrig halten. Von den folgenden vier Punkten, die ihrer

zudem auf oft übersehene Implikationen des angebotsorientierten
Ansatzes hin, die insbesondere dann zu berücksichtigen sind, wenn
die Analyse auf einer an Vergangenheitsdaten orientierten Trendextrapolation aufbaut[29]. Insbesondere bei der Prognose der Nachfrage nach akademischer Ausbildung wird implizite als gegeben
unterstellt:

- Entwicklung der secondary level education;
- bestimmte Präferenzen für die Hochschulausbildung;
- konstante direkte Kosten der Hochschulausbildung, insbesondere
  ein unveränderter Ausbau des Stipendienwesens;
- Stellung der Ausgebildeten in der Einkommenshierarchie.

Insbesondere Projektionen sind an diese meist nicht implizit gesetzten Voraussetzungen gebunden; im Rahmen eines Entscheidungsmodells, bei dem bestimmte Zielvorstellungen den Ausgangspunkt der Analyse bilden, können jedoch u. U. die Konstanten als
Instrumente zum Erreichen der Ziele eingesetzt werden.

Die Schwäche des angebotsorientierten Ansatzes liegt darin, daß
Einflüsse des Arbeitsmarktes auf das Angebot an hochqualifizierten
Arbeitskräften und auf die sich daraus ergebende Nachfrage nach
Ausbildung geleugnet werden. Selbst wenn die Annahme korrekt
wäre, daß die Wahl der Bildungsstufe allein von gesellschaftspoliti-
schen Kriterien beeinflußt wird, insbesondere von dem Bestreben,

---

Meinung nach ein erhebliches Anwachsen der Zahl der Abiturienten wahrscheinlich machen, nämlich
(a) die demographische Entwicklung,
(b) das wachsende Interesse an weiterführender Bildung,
(c) der Abbau des regionalen und sozialen Bildungsgefälles,
(d) die organisatorischen und pädagogischen Bemühungen der Gymnasien, den
    Anteil der vorzeitig Abgehenden zu senken,
unterliegt höchstens Punkt (d) einer unmittelbaren staatlichen Beeinflussung.
Da weder *Widmaier* noch die Verfasser des Hochschulgesamtplanes etwas
über die Instrumente, mit denen die »Ziele« erreicht werden sollen, aussagen,
muß angenommen werden, daß sich das bildungspolitische Instrumentarium
in der Bereitstellung von Kapazitäten erschöpft.
Der Begriffswirrwarr, der hier herrscht, macht deutlich, daß das von der
Theorie der Wirtschaftspolitik entwickelte Begriffssystem noch keineswegs
zum selbstverständlichen Rüstzeug der Bildungsforschung gehört. Siehe zu
den obigen Betrachtungen H. P. *Widmaier* und Mitarbeiter, Bildung und
Wirtschaftswachstum, a. a. O., S. 58 f. und S. 67; H. P. *Widmaier* und Mitarbeiter, Zur Strategie der Bildungspolitik, a. a. O., S. 9; Hochschulgesamtplan
Baden-Württemberg, a. a. O., S. 33 f.
29 M. *Blaug*, Approaches to Educational Planning, a. a. O., S. 265.

ein Ausbildungsniveau zu erhalten, das den individuellen Neigungen und Fähigkeiten entspricht, so wäre damit die Verteilung der Studenten auf die Fakultäten noch nicht bestimmt. Anders ausgedrückt: Die Wahl der Bildungseinrichtung, wie z. B. der Universität, mag von ökonomischen Kriterien, wie den Verdienstaussichten und den von Wirtschaft und Gesellschaft bereitgestellten Arbeitsplätzen unabhängig sein; für die Wahl der Fachrichtung kann das jedoch keineswegs angenommen werden. Auch als Planungsgrundlage führt der Ansatz in ein Dilemma: da die Ausgebildeten in der Regel bestimmte Vorstellungen über ihre soziale Stellung und ihr künftiges Einkommen haben, besteht auch in Zeiten genereller Arbeitskräfteknappheit keine Garantie dafür, daß die individuelle Berufswahl auch vom Arbeitsmarkt honoriert wird. Die Verwirklichung des Rechts auf Bildung garantiert keineswegs automatisch die Beschäftigung in einem der Ausbildung adäquaten Beruf.

Blaug weist mit Nachdruck darauf hin, daß hier eine entscheidende methodische Schwäche des Robbins-Reports liegt[30]. Seine Implikation, die Zahl der Studienplätze an der individuellen Nachfrage nach Bildung zu orientieren, die Verteilung auf die Fachrichtungen jedoch den Marktkräften zu überlassen bzw. im Rahmen einer bedarfsorientierten Analyse (manpower approach) zu lösen, impliziert die skurrile Hypothese, daß das wirtschaftliche Wachstum allenfalls ein relatives, nicht aber ein absolutes Volumen bestimmter Qualifikationen voraussetzt. Die Wahl, welcher Teil des Arbeitskräftepotentials eine Hochschulausbildung erhält, wird zur Konsumentscheidung der Eltern und Schüler, das Verhältnis von Naturwissenschaftlern zu Ingenieuren dagegen eine vom Markt oder vom Staat getroffene Investitionsentscheidung[31].

Die Konzeption des Robbins-Report stellt eine unbefriedigende Mischung aus freier Berufswahl und sich daraus zwangsläufig ergebendem Interventionismus dar. Die Zwangssituation, in der sich der Ansatz befindet, ist offensichtlich: die Orientierung der Bildungspolitik am gesellschaftspolitischen Leitbild des Grundrechts

---

30 M. *Blaug,* Approaches to Educational Planning, a. a. O., S. 267 f.
31 M. *Blaug,* a. a. O. Auch *Steindl* vertritt die Meinung, daß die Nachfrage der Individuen nach Bildung die absolute Höhe des Angebots an qualifizierten Arbeitsplätzen, die Nachfrage nach Arbeitsplätzen aber die Fachrichtungsstruktur zu regulieren hat. J. *Steindl,* The role of manpower requirements in the educational planning of the Austrian E.I.P. Team. In: Manpower Forecasting in Educational Planning, a. a. O., S. 71 ff.

auf Bildung, dessen Realisierung seine Grenzen verständlicherweise nicht an ökonomisch orientierten Bedarfskriterien finden soll, muß in eine Verstrickung führen. Trotz aller Reverenz vor dem Postulat des Grundrechts auf Bildung läßt sich nicht ignorieren, daß die Konsequenzen dieses Modells nicht akzeptabel sind: es kann nicht übersehen werden, daß die Bildungsplanung sich kaum auf eine reine Angebotsplanung beschränken kann, wenn die Absolventen Arbeitsplätze nachfragen, deren Angebot nicht oder doch nur in sehr beschränktem Ausmaß von den individuellen Wünschen, sondern primär von ökonomischen oder – wie beispielsweise bei den Lehrern – von gesellschaftspolitischen Entwicklungstendenzen abhängt[32].

In einer ausgesprochenen Mangelsituation kann der angebotsorientierte Ansatz überhaupt nicht funktionieren, denn er erlaubt nicht, Engpaßkriterien abzuleiten und ist somit nicht in der Lage, der Bildungspolitik notwendige Entscheidungsgrundlagen zu liefern. Bestehen dagegen Tendenzen zu einer Überproduktion, ist ein Ausgleich von Angebot und Nachfrage nur um den Preis der Reduzierung individueller Berufswünsche möglich. Das aber muß bedenklich stimmen; der bisweilen auftauchende Vorschlag, die Absolventen insbesondere der Hochschulen einfach den Marktgegebenheiten zu überlassen, verkennt allzusehr die sozialen Spannungen, die dann unweigerlich entstehen müssen, zumal der die Ausbildung organisierende Staat sich als Sündenbock geradezu anbietet. Neben dem Grundrecht auf Bildung existiert auch ein Anspruch auf einen der Ausbildung adäquaten Beruf. Nicht im Sinne einer Garantie auf einen Arbeitsplatz, aber im Sinne einer regulären Berufschance.

Damit ist das entscheidende Problem dynamischer Bildungspolitik berührt. Es ist zu prüfen, ob sich das Grundrecht auf einen der Ausbildung entsprechenden Beruf (das ja letztlich das Recht auf soziale Integration bedeutet) verwirklichen läßt, ohne daß das Grundrecht auf Bildung und somit die Chancengleichheit der Ausbildung verletzt werden müssen[33]. Nur wenn sich beide Grund-

---

32 Das führen auch *Frey* und *Widmaier* aus. H. P. *Widmaier* und B. *Frey*, Wachstumstheorie und Bildungsökonomie. »Konjunkturpolitik«, 13 (1967), S. 144.
33 In diesem Zusammenhang ist eine kurze Analyse der schwedischen Bildungsplanung, die sicherlich eine der am weitesten systematisierten des westlichen Europas ist, von Interesse. Wie der *Robbins*-Report ist auch die schwe-

rechte vereinbaren lassen, kann verhindert werden, daß an die Stelle sozial motivierter Bildungsmonopole ökonomisch orientierte treten und somit im neuen Gewande alles beim alten bleibt. Manche bildungspolitischen Tendenzen der jüngsten Zeit, wie beispielsweise Vorschläge zur Einführung eines generellen Numerus clausus an den Hochschulen, deuten die Gefahr an. Eine Erörterung dieses zentralen Problems setzt jedoch eine vorherige Analyse des zweiten grundlegenden Planungsansatzes, des bedarfsorientierten manpower approach, voraus.

---

dische Bildungsplanung primär social-demand orientiert. Das Dilemma zwischen Angebots- und Bedarfsorientierung wird zu lösen versucht, indem einerseits sogenannte freie Fakultäten ohne Zulassungsbeschränkungen, andererseits solche, die einen Numerus clausus aufweisen, existieren, wobei der Aufbau letzterer sich bisher allerdings nicht in erster Linie an Bedarfskriterien, sondern an den begrenzten materiellen, personellen und finanziellen Ressourcen orientiert hat. *Sandgren* zieht daraus die Folgerung, daß sich die schwedische Bildungsplanung an zwei Kriterien orientiert: einerseits an der Nachfrage nach Bildung, andererseits an den vorhandenen Ressourcen. Der Chancengleichheit der Ausbildung wird dabei insofern Rechnung getragen, als die Universitäten allen offen stehen, die einen Gymnasialabschluß aufweisen; das Regulierungsinstrument stellt der partielle Numerus clausus dar. Die starke Expansion der Studentenzahlen – allein von 1960 bis 1964 stieg die Zahl der Studenten von 36 000 auf 60 300, d. h. um fast 65% – hat sich deshalb erklärlicherweise verstärkt in einer Expansion der »freien« Fakultäten (es handelt sich dabei insbesondere um Theologie, Recht, Geisteswissenschaften [liberal arts], aber auch Naturwissenschaften) niedergeschlagen. Von der Expansion der Studentenzahlen von 1960 bis 1964 um 23 700 entfallen deshalb auf die liberal arts allein 12 500, d. s. 53%. Der Anteil an der Gesamtstudentenzahl stieg entsprechend von (1960) 42% auf (1964) 46%. So interessant auch diese bildungspolitische Konzeption sein mag, so kann sie doch, gleichgültig, ob sich die Restriktionen an Bedarfs- oder Kapazitätskriterien orientieren, kaum befriedigen. Die Reduktion der Chancengleichheit der Ausbildung auf das Universitätsstudium per se mit der notwendigen Folge einer stetigen Expansion des Anteils der Geisteswissenschaften vermag nicht zu überzeugen. Die fatale Konsequenz, daß das Studium in manchen Fächern berufsbildenden Charakter trägt, in anderen dagegen Bildungskonsum ist, führt letztlich zur Schaffung neuer Bildungsmonopole. Zudem sprechen auch ökonomische Gründe gegen diese Konzeption. Siehe: OECD (Hrsg.), Educational Policy and Planning in Sweden. A Report from Sweden to the OECD Educational Investment and Planning Programme (EIP). Paris 1966, S. 135 ff. L. *Sandgren,* Estimates of Manpower Requirements in the Light of Educational Planning in Sweden. In: Manpower Forecasting in Educational Planning, a. a. O., S. 37.

IV

Der manpower approach hat in den letzten Jahren zweifellos an
Bedeutung gewonnen. Das ist nicht zuletzt der OECD, die im Rahmen ihres Mittelmeerprojektes Pionierarbeit geleistet hat, zu verdanken. Darüber hinaus sind jedoch in jüngster Zeit auch in anderen Ländern, wie z. B. in der Bundesrepublik Deutschland und in
Österreich, quantitative Analysen erschienen, die auf die Bildungsplanung auszustrahlen beginnen[34].

Der manpower approach läßt sich am instruktivsten anhand des
Basismodells des Mittelmeerprojektes der OECD skizzieren. Der
Grundansatz besteht aus folgenden neun Schritten[35]:

1. Schätzung des Bruttosozial- oder Bruttoinlandsproduktes oder,
   falls es sich um ein Entscheidungsmodell handelt, Annahmen
   über die angestrebte Höhe;
2. Schätzung der Nettoproduktionswerte der Wirtschaftsbereiche
   (Sektoren);
3. Schätzung der sektoralen Arbeitsproduktivitäten; die Division
   von 1. durch 3. ergibt den erforderlichen Arbeitskräftebedarf
   für die einzelnen Sektoren;
4. Schätzung der sektoralen Berufsklassenstruktur. Dieser Zwi-
   schenschritt ist erforderlich, weil die einzelnen Berufe eine
   unterschiedliche Qualifikationsstruktur aufweisen;

---

34 Länderberichte liegen inzwischen für Griechenland, Italien, Jugoslawien,
Portugal, Spanien und die Türkei vor. Die Grundlagen des Ansatzes finden
sich bei H. S. *Parnes,* Forecasting Educational Needs for Economic and Social
Development. OECD, Paris 1962; eine Zusammenfassung der praktischen Er-
fahrungen, insbesondere auf statistischem Gebiet, aber auch eine Diskussion
der theoretischen Probleme findet sich in der Studie: Methods and Statistical
Needs for Educational Planning, a. a. O. Eine Prognose des Bedarfs an hoch-
qualifizierten Arbeitskräften ist nach einem Modell von *Bombach* für die
Bundesrepublik Deutschland insgesamt und isoliert für das Land Baden-
Württemberg erstellt worden. G. *Bombach,* The Assessment of the Long-
Term-Requirements and Demand for Qualified Personnel in Relation to
Economic Growth for the Purpose of Educational Policy. OECD, Paris 1963.
Die Einzelstudien: H. *Riese,* Die Entwicklung des Bedarfs an Hochschulabsol-
venten in der Bundesrepublik Deutschland. Wiesbaden 1967; H. P. *Widmaier,*
Bildung und Wirtschaftswachstum, a. a. O. Die Studie für Österreich verwen-
det einen leicht modifizierten Ansatz: J. *Steindl,* Der Bedarf an Fachkräften.
In: Bildungsplanung in Österreich. Band 1: Erziehungsplanung und Wirt-
schaftswachstum 1965 bis 1975. Wien und München o. J., S. 273 ff.
35 Wir folgen hier der Gliederung in: Methods and Statistical Needs, a. a. O.,
S. 45 f.

5. Die Besetzung eines bestimmten Berufes pro Sektor ergibt, addiert über alle Sektoren, den Gesamtbedarf an Arbeitskräften dieses Berufes;

6. Schätzung der für jeden einzelnen Beruf erforderlichen Qualifikationsstruktur (nach Bildungsniveau, evtl. darüber hinaus spezifiziert nach Ausbildungsart, Fachrichtung u. a. m.);

7. Die Addition eines bestimmten Bildungsniveaus bzw. einer bestimmten Fachrichtung für alle Sektoren ergibt den erforderlichen Bestand an Arbeitskräften eines bestimmten Bildungsniveaus bzw. einer bestimmten Fachrichtung;

8. Transformierung der Bestandsgrößen in Strömungsgrößen. Der Anspruch an das Bildungswesen (Bildungsbedarf) eines Prognosezeitraumes besteht aus der Bestandsänderung an Arbeitskräften zuzüglich der während des Prognosezeitraumes aus dem Arbeitsprozeß ausscheidenden Arbeitskräfte. Die Analyse läßt sich auch hier für einzelne Bildungsstufen bzw. Fachrichtungen durchführen;

9. Um den gesamten Bildungsbedarf für eine bestimmte Bildungsstufe bzw. Fachrichtung berechnen zu können, müssen, da nicht alle Ausgebildeten um Arbeit nachsuchen werden (das gilt insbesondere für Frauen), entsprechende Erwerbsquoten geschätzt werden. Die Division von 8. durch 9. ergibt dann den totalen Bedarf an Ausgebildeten einer bestimmten Bildungsstufe bzw. Fachrichtung.

Der Wert dieses Ansatzes, der zugleich auch seine fundamentale Schwäche ist, liegt darin, daß der Bildungspolitik präzise quantitative Entscheidungsgrundlagen geliefert werden; das rührt in erster Linie daher, daß gemäß den Möglichkeiten des statistischen Materials eine weitgehende Gliederung der Ergebnisse nach ökonomischen, berufsspezifischen und ausbildungsspezifischen Kriterien erfolgen kann. Diese Analyse und Prognose von Strukturelementen und ihren Wandlungen hat naturgemäß große Bedeutung für die praktische Bildungspolitik[36]. Zugleich liegt hierin jedoch auch eine Gefahr.

---

36 Deshalb haben makroökonomische Bildungsmodelle, wie z. B. das von *Correa* und *Tinbergen,* in denen lediglich Beziehungen zwischen wirtschaftlichem Wachstum und Arbeitskräften verschiedener Bildungsstufen untersucht werden, für die Bildungsplanung nur beschränkten Wert. Das mindert jedoch nicht ihre Bedeutung für die Analyse bestimmter Zusammenhänge, wie z. B. Akzelerationsbeziehungen zwischen wirtschaftlicher Entwicklung

Dabei sind nicht in erster Linie die Schwierigkeiten der Prognoseerstellung gemeint, obwohl sie in der Bildungsforschung erheblich
sind. Bei diesen Schwierigkeiten handelt es sich wiederum nur zum
Teil um Probleme grundsätzlichen Charakters, die bei jeder Pro-
gnosetätigkeit auftreten[37]; oft findet die Bildungsforschung ihre
Grenze einfach in dem im Verhältnis zu anderen Bereichen der
Wirtschaftsforschung bedeutend geringeren statistischen Material.
So wird die Berufsklassenstruktur der einzelnen Wirtschaftsbereiche
nur im Rahmen des Zensus erhoben; nach Ausbildungskriterien ist
die Bevölkerung erstmals im Zensusjahr 1960/61 erfaßt worden[38].

Die Hauptschwäche des manpower approach ist jedoch methodischer Art und im Prinzip der strukturellen Gliederung begründet.
Eine Analyse der Strukturmerkmale im Prognosemodell der OECD
bietet dabei einen guten Ansatzpunkt der Kritik. In diesem Modell
werden explizite drei Strukturmerkmale verwendet, und zwar

1. das sektorale Kriterium; das Bruttoinlandsprodukt einer Volkswirtschaft wird nach Sektoren, die in sich gewissen Homogeni-
   tätskriterien genügen, aufgeteilt;
2. das Merkmal »Tätigkeitsfunktion«, das sich in der Berufsstruktur der Arbeitskräfte spiegelt;
3. das Ausbildungskriterium, ausgedrückt durch die Besetzung der
   einzelnen Berufe nach Ausbildungsstufen und Fachrichtungen.

Daneben liegen dem Modell implizite Strukturmerkmale zu-

---

und Expansion des Bildungswesens. H. *Correa* und J. *Tinbergen,* Quantitative
Adaption of Education to Accelerated Growth. »Kyklos«, 15 (1962), S. 776 ff.
Zur Kritik am Correa-Tinbergen-Modell siehe insbesondere H. *Schweikert,*
Über einige quantitative Probleme der Bildungsplanung. Basel 1967, S. 44 ff.
37 Zur grundsätzlichen Problematik siehe insbesondere H. *Gerfin,* Langfristige Wirtschaftsprognose. Tübingen und Zürich 1964; G. *Bombach,* Über
die Möglichkeiten wirtschaftlicher Voraussagen. »Kyklos«, 15 (1962), S. 29 ff.
Blaug weist zu Recht darauf hin, daß in dem hier demonstrierten Prognoseansatz die Stufen (3) und (6), aber auch (4) besonders heikle Probleme auf-
werfen. So muß beim Prognoseschritt (6) der Bedarf an Arbeitskräften eines
bestimmten Berufes in einen Bildungsbedarf transformiert werden. Dabei
sind durchaus unterschiedliche, gegeneinander substituierbare Kriterien denkbar, wie z. B. Ausbildungsdauer oder Ausbildungsart. Das Problem besteht
also darin, um *Blaug* zu zitieren, einen Vektor zu definieren, der eine Kombination von variierender Ausbildungsdauer und alternativen Ausbildungsarten darstellt. M. *Blaug,* Approaches to Educational Planning, a. a. O., S. 264.
38 In Ländern, wie in der Bundesrepublik Deutschland, in denen regelmäßig
ein Mikrozensus durchgeführt wird, ist die Situation etwas besser. Doch erlaubt hier der Umfang der Stichprobe meist nur eine begrenzte Disaggregation des statistischen Materials.

grunde. Für eine kritische Analyse des manpower approach hat dabei das Produktivitätskriterium besondere Bedeutung; es besagt, daß Schätzungen der Arbeitsproduktivität zugleich Aussagen über die Entwicklung der Kapitalproduktivität beinhalten.

Grundsätzlich können sich die Strukturmerkmale aus input-output-Beziehungen, oder, falls der reziproke Wert definiert wird, aus Produktionsfunktionen zusammensetzen, zum anderen können (bei gegebenem output) input-input-Beziehungen abgegrenzt werden. Die Arbeitsproduktivität ist dabei offensichtlich eine output-input-Beziehung, denn die Produktion (output) wird zur eingesetzten Arbeitsmenge (input) in Beziehung gesetzt[39]; bei der Kapitalintensität handelt es sich dagegen um eine input-input-Relation, weil zwei Produktionsfaktoren zu einer Kennziffer verbunden werden. Entsprechend sind in dem hier untersuchten Modell Berufsklassenstruktur und Fachrichtungsstruktur input-input-Beziehungen.

Eine Definition der Strukturkomponenten besagt noch nichts über die Art der Beziehungen, die zwischen den Variablen der einzelnen Merkmalskategorien Produktion, Produktivität, Beruf und Fachrichtung bestehen. Theoretisch kann es eine unendliche Zahl möglicher Beziehungen geben; welche Relation dabei faktisch existiert, hängt meist von technischen und institutionellen Gegebenheiten ab, die, wenn überhaupt, nur langfristig beeinflußbar sind. Es wurde bereits angedeutet, daß der Charakter der Funktionen für die Bildungsplanung erhebliches Gewicht hat. Ihre Bedeutung läßt sich am besten erfassen, wenn die beiden extremen Varianten, zwischen denen es theoretisch unendlich viele Zwischenstufen gibt, charakterisiert werden[40]:

Limitationalität. Zwischen Produktion (output) und Faktoreinsatz (input) und innerhalb des Faktorbündels besteht eine technisch oder institutionell eindeutig determinierte Beziehung[41]; ein bestimmtes Produktionsniveau entscheidet über die Produktionsstruk-

---

39 Der reziproke Wert, die input-output-Beziehung also, wird als Arbeitskoeffizient bezeichnet. In gleicher Weise sind Kapitalproduktivität und Kapitalkoeffizient zu unterscheiden.
40 Wir folgen hier wiederum einem Vorschlag von *Blaug*. M. *Blaug,* Approaches to Educational Planning, a. a. O., S. 271.
41 Limitationalität bedeutet dabei nicht zwangsläufig Linearität. Auch bei limitationalem Ansatz kann sich das Einsatzverhältnis der Faktoren ändern. Aber diese Art von »Substitution« ist nicht bei einem gegebenen Prozeßniveau (z. B. einer bestimmten Höhe der Produktion) möglich, sondern an die Änderung des Prozeßniveaus (der Produktion) gebunden.

tur, beide wiederum bestimmen die Arbeits- und Kapitalproduktivität, ebenso die Berufsklassenstruktur, die wiederum die Ausbildungsstruktur determiniert. Es handelt sich offensichtlich um den
Grundsatz des OECD-Modells: Aus der vorgegebenen oder prognostizierten Höhe des Sozialprodukts läßt sich in einem Stufen-
verfahren der Bildungsbedarf ableiten. Die Prognoseprobleme
reduzieren sich zu einer Frage der statistischen Signifikanz, da die
Beziehungen zwischen den Variablen eindeutig definiert sind. Wird
ein Faktor zusätzlich angeboten (bei Konstanz des Angebots der
übrigen), kann er weder einen anderen Faktor direkt oder über
Preisänderungen ersetzen noch läßt sich die Produktion erhöhen.
Der zusätzlich angebotene Faktor, wie z. B. Arbeitskraft, bleibt
unbeschäftigt[42]. Das ist das Grundprinzip des limitationalen Ansatzes; in der wissenschaftlichen Diskussion spricht man nach dem
Begründer der input-output-Analyse auch von Leontief-Funktionen.
In der input-output-Analyse werden limitationale Funktionen verwendet, um interindustrielle Güterströme zu messen.

Substituierbarkeit. Liegen Substitutionsmöglichkeiten vor, so
kann ein bestimmtes Prozeßniveau mit alternativen Faktorkombi-
nationen verwirklicht werden, wobei wiederum unterschiedliche
Grade der Substituierbarkeit denkbar sind[43]. Vollständige Substituierbarkeit bedeutet, daß ein Faktor völlig durch einen anderen
ersetzbar ist und sich das Einsatzverhältnis mit fortschreitender
Substitution nicht ändert (Linearität). Von kontinuierlicher, aber
beschränkter Substituierbarkeit, die die Regel sein dürfte, wird gesprochen, wenn die Substitution eines Faktors mit der Verminderung seines Einsatzes immer schwieriger wird. Auch wenn es dabei
verschiedene, meist technisch oder institutionell bedingte Grade der
Substituierbarkeit geben kann, so läßt sich hier im Gegensatz zum
limitationalen Ansatz bei gegebener Produktion ein Faktor fortschreitend durch einen anderen ersetzen, ebenso wie auch ein
zusätzliches Faktorangebot bei unverändertem Einatz der anderen

---

[42] Lediglich eine Substitution zwischen Arbeitskräften gleicher Berufstätigkeit und gleicher Qualifikation ist möglich, aber auch hier muß bei gegebener Produktion eine Arbeitskraft immer durch eine andere ersetzt werden,
der Einsatz von zusätzlichen Arbeitskräften ist vom Ansatz her ausgeschlossen.
[43] Der Grad der Substituierbarkeit wird üblicherweise durch die von *Hicks*
formulierte Substitutionselastizität ausgedrückt. Limitationalität bedeutet dabei eine Substitutionselastizität von Null, volle (lineare) Substituierbarkeit
eine von ∞. J. R. *Hicks*, The Theory of Wages. London 1932.

Faktoren die Produktion erhöht. Da in diesem Fall mit der Höhe der Produktion das Einsatzverhältnis der Faktoren noch nicht determiniert ist, hat das System gegenüber dem limitationalen Ansatz einen zusätzlichen Freiheitsgrad. Es bleibt also zu klären, welche Kräfte bei den (theoretisch) unendlich vielen technisch denkbaren Einsatzverhältnissen die tatsächliche Situation bestimmen.

Die in der zweiten Hälfte des 19. Jahrhunderts konzipierte, heute in ihren Grundzügen immer noch akzeptierte neoklassische Produktionstheorie[44] geht davon aus, daß das Preisverhältnis zwischen den Faktoren (bei Arbeit und Kapital also das Lohn/Zins-Verhältnis) das Einsatzverhältnis so bestimmt, daß die Produktionskosten minimiert werden (sog. Minimalkostenkombination). Eine Änderung der Angebotssituation beeinflußt dabei das Preisverhältnis zwischen den Faktoren in der Weise, daß sich die Minimalkostenkombination zugunsten des zusätzlich angebotenen Faktors verschiebt. Damit wird eine Tendenz zur Vollbeschäftigung der Faktoren abgeleitet. Hier besteht ein weiterer grundlegender Unterschied zum limitationalen Ansatz.

Die Wahl der Variante bestimmt nun weitgehend den Charakter des manpower-Modells, wie nachstehende Übersicht zeigt[45]:

Limitationalität	*Substituierbarkeit*
(1) Produktionsstruktur	
Güterstruktur hängt allein von Einkommensänderungen ab. Preiselastizität der Nachfrage Null, Einkommenselastizität bestimmbar.	Güterstruktur hängt von Einkommensänderungen und relativen Preisänderungen ab. Preis- und Einkommenselastizitäten der Nachfrage bestimmbar.
(2) Produktivitätsstruktur	
Substitutionselastizität bestimmbar. Änderungen des Faktorpreisverhältnisses beeinflussen die Kapitalintensität. Produktionsniveau und Faktorpreisverhältnis bestimmen Kapitalintensität. Arbeit kann durch Kapital ersetzt werden.	Substitutionselastizität zwischen Arbeit und Kapital Null. Relative Preisänderungen zwischen den Faktoren lassen die Kapitalintensität unberührt. Kapitalintensität allein durch Produktionsniveau bestimmt. Arbeit kann nicht durch Kapital ersetzt werden.

44 Neben der Annahme einer kontinuierlichen Substitution ist insbesondere die der vollkommenen Konkurrenz umstritten und heute sicherlich in ihrer ursprünglichen Form nicht mehr haltbar.
45 Insbesondere bei der Analyse der Strukturmerkmale »Beruf« und »Ausbildung« wird z. T. auf die Argumentation von *Blaug* zurückgegriffen. M. *Blaug,* Approaches to Educational Planning, a. a. O., S. 271 f.

(3) Berufsklassenstruktur[46]

Beschäftigte verschiedener Berufe sind (aus arbeitstechnischen Gründen) nicht austauschbar.	Beschäftigte verschiedener Berufe sind (aus arbeitstechnischen Gründen) austauschbar.

(4) Fachrichtungsstruktur[46] (Ausbildung)

Beschäftigte bestimmter Ausbildung sind nur für ganz bestimmte Berufsfunktionen verwendbar. Kriterien des Bildungswesens: frühe Spezialisierung; Spezialausbildung wird Allgemeinausbildung vorgezogen; Fach(hoch)schulen dominieren gegenüber Universitäten; Spezialausbildung wird von der Schule, nicht vom Betrieb vermittelt.	Beschäftigte bestimmter Ausbildung sind sehr flexibel in ihrer Berufsfunktion. Kriterien des Bildungswesens: späte Spezialisierung, weitgehend erst durch den Betrieb; Bevorzugung der Allgemeinbildung und der Schulung der generellen Abstraktionsfähigkeit; Universität dominiert gegenüber Fach(hoch)schule; Schwergewicht der Spezialausbildung liegt im Betrieb (on-the-job-training).

Völlige Substituierbarkeit wie starre Limitationalität sind sicherlich idealtypische Versionen einer Welt, deren Vielfalt kaum durch solche eindeutigen Kriterien erfaßbar ist. Aber die makroökonomische Produktionstheorie hat, abgesehen von der empirischen Relevanz, selbst die formale Seite des Problems bisher keineswegs befriedigend zu klären vermocht. Vieles spricht dafür, daß kurzfristig die Faktoreinsätze weitgehend limitational sind: Änderungen des Faktorpreisverhältnisses können die Struktur eines bereits bestehenden Kapitalapparates und ebenso eines bestimmten Ausbildungsstandes der Arbeitskräfte nicht ändern; eine dem neuen Preisverhältnis angepaßte günstigere Kombination der Ressourcen ist zumindest beim Faktor Kapital in der Regel an seine Erneuerung gebunden, gilt also nur für Investitionen[47]. Arbeitskräfte sind inso-

---

46 Die formale Abgrenzung wurde so vollzogen, daß die Substitutionsmög)lichkeiten zwischen den Berufen durch den Charakter der Arbeit, zwischen den Fachrichtungen durch den Charakter der Ausbildung definiert sind. Eine genaue Trennung des Berufskriteriums vom Ausbildungskriterium ist jedoch nicht immer möglich, da die Abgrenzung von Berufsklassen nicht unabhängig von Ausbildungskriterien erfolgt. So können Substitutionsmöglichkeiten zwischen Berufen ihre Ursache auch in der Art der Ausbildung haben. Beispiel: die Möglichkeit der Wahl von Justiz- und Verwaltungslaufbahn ist durch die Art der Ausbildung begründet. Zur Problematik der Definition von Berufen siehe u. a.: L. *Emmerij* und H. H. *Thias,* La projection des besoins de main-d'œuvre par profession. In: OECD (Hrsg.), Conférences et essais méthodologiques sur la planification de l'éducation. Paris o. J., S. 157 ff.

47 In allerdings beschränktem Ausmaß ist auch der Produktionsfaktor Kapital substituierbar, wenn sich nämlich auf bestehenden Maschinen unterschiedliche Produktkombinationen herstellen lassen.

fern flexibel, als sie im Gegensatz zur Maschine beim Produktionsvorgang lernen können (»learning by doing«) und sich in gewissen Grenzen auf eine andere Tätigkeit umschulen lassen. Man kann aber davon ausgehen, daß auch hier die Substitutionsmöglichkeiten nicht beliebig sind.

Für die Bildungsplanung wäre es nun von großer Bedeutung, den Grad der Substituierbarkeit (insbesondere zwischen Berufen und Fachrichtungen) empirisch bestimmen zu können. Das lassen schwerwiegende formale und statistische Identifikationsprobleme jedoch als fast unmöglich erscheinen[48]. Für die klassische Faktorbeziehung zwischen Arbeit und Kapital läßt sich das am besten zeigen. Da sich der Grad der Substituierbarkeit empirisch lediglich aus der Entwicklung des Faktorpreisverhältnisses und der Kapitalintensität bestimmen läßt[49] (man spricht deshalb von einer historischen Substitutionselastizität), besteht ein Identifikationsproblem deshalb, weil nicht nur die Substitutionselastizität, sondern auch der Charakter der Technologie das Preisverhältnis determiniert. Geringe Substitutionselastizität (kleiner als 1) führt bei steigender Kapitalintensität zu einer Erhöhung der Lohnquote; eine arbeitssparende Technologie kann diesen Effekt jedoch kompensieren[50]. Eine der zahlreichen Theorien einer relativen Konstanz der Einkommensverteilung geht von dieser Annahme aus. Die Isolierung ist über diese formalen Probleme hinaus deshalb schwierig, weil sich historisch ein stetiger Prozeß einer steigenden Kapitalintensität, verbunden mit einem sinkenden Zins/Lohn-Verhältnis, vollzieht. Damit aber wird eine Zurechnung statistisch unmöglich (Multikollinearitätsproblem).

Die formalen und statistischen Schwierigkeiten der exakten Bestimmung des Substitutionsgrades rechtfertigen jedoch keineswegs einen methodischen Ansatz, der a priori von einer der beiden extremen Varianten ausgeht: weder völlige Substituierbarkeit noch starre Limitationalität dürften der Wirklichkeit entsprechen. Das

---

48 Substitutionsmöglichkeiten für den einzelnen Betrieb oder für die einzelne Maschine sind leichter zu analysieren. Solche case studies haben jedoch keine Signifikanz und nur begrenzten Erkenntniswert für die gesamte Volkswirtschaft.
49 Dabei soll hier nicht erörtert werden, ob die Preise der Faktoren überhaupt Ausdruck ihrer Grenzleistungsfähigkeit sind.
50 Darauf hat bereits *Hicks* hingewiesen. J. R. *Hicks,* The Theory of Wages, a. a. O.

ist um so wahrscheinlicher, weil die Bildungsplanung keineswegs allein und nicht einmal primär produktionstechnische Gegebenheiten vorfindet; Verhaltensweisen der Konsumenten wie institutionelle Daten des Bildungswesens gehen in gleicher Weise in das nachfrageorientierte Modell ein. Dabei kommt in diesem Zusammenhang dem Aufbau des Bildungswesens erklärlicherweise größere Bedeutung zu. Zwar ist auch die Annahme einer Limitationalität, also einer Preisunabhängigkeit der Konsumentenentscheide, eine unzulässige Vereinfachung des Modellansatzes; aber da der manpower approach in der Regel sowieso nur von Industriezweigen mit großen Gütergruppen ausgeht, ist es unwahrscheinlich, daß Preisbewegungen starken Einfluß auf die Produktdifferenzierung zwischen den Wirtschaftsgruppen haben. Substitutionsvorgänge dürften eher innerhalb als zwischen Industrien auftreten[51].

Bedeutungsvoller, aber auch komplizierter ist eine Beurteilung des Bildungswesens; Bildungsinhalt und institutioneller Aufbau sind schwerer in ein in ökonomischen Kategorien konzipiertes Begriffssystem transformierbar. Dennoch bietet gerade die Analyse von hypothetischen Bildungswesen, die sich an den hier entwickelten Kriterien orientieren, wertvolle Aufschlüsse für eine Beurteilung der Bildungsplanung.

Limitationalität bedeutet dabei eine niedrige Angebotselastizität der Berufsqualifikationen, d. h. geringe Reaktionsmöglichkeiten des Angebots auf Nachfrageänderungen nach Berufsqualifikationen[52]. In diesem Fall setzt im Bildungsgang die Spezialisierung sehr früh ein und ist stark auf bestimmte Berufe hin orientiert. Fachausbildung wird der Allgemeinbildung und der Schulung der generellen Abstraktionsfähigkeit vorgezogen; das Bildungswesen zeigt schon auf der Gymnasialstufe eine frühe und starke Detaillierung auf bestimmte Fächer hin; Fach(hoch)schulen haben erhebliches Gewicht vor allgemeinen Hochschulen und Universitäten; der Unterricht ist generell anwendungsorientiert, nicht denkorientiert. Ein solcher Aufbau des Bildungswesens muß zu einer niedrigen Angebotselastizität führen, wobei die lange Ausbildungsdauer für hoch-

---

51 Außerdem lassen sich vorhersehbare Entwicklungen, wie z. B. die Substitution von Kohle durch Erdöl, durchaus berücksichtigen. Limitationalität bedeutet ja keine Linearität, Substitutionen als Folge des technischen Fortschrittes lassen sich mit dem limitationalen Ansatz durchaus vereinbaren.
52 H. P. *Widmaier*, Rationale Grundlagen der Bildungspolitik, a. a. O., S. 5.

qualifizierte Arbeitskräfte bestimmter Berufe (oft 9 Jahre Gymnasium, 5 Jahre Hochschule) die Tendenz erheblich verstärkt und kurzfristige Anpassung an Bedarfsschwankungen unmöglich macht.

Substituierbarkeit bedeutet dagegen die Möglichkeit einer reibungslosen Anpassung des Angebots an Bedarfsschwankungen für einzelne Qualifikationen. Das Bildungswesen muß so konzipiert sein, daß die Berufswahl (oder zumindest die Wahl der Tätigkeitsfunktion) möglichst spät erfolgt. Geringe Differenzierung auf der Gymnasialstufe, Betonung der Allgemeinbildung und der generellen Abstraktionsfähigkeit beim Studium sind die Voraussetzungen. Die Denkschulung steht vor dem Lernen praktischer Anwendungsmöglichkeiten. Die Spezialausbildung erfolgt weitgehend im Beruf (on-the-job-training).

Die Art der Ausbildung beeinflußt jedoch nicht nur die Reagibilität des Bildungswesens auf Bedarfsschwankungen, sondern auch die Flexibilität der ausgeübten Berufs- und Tätigkeitsfunktionen. Limitationalität der Ausbildung bedeutet in diesem Zusammenhang, daß das Bildungswesen den Absolventen nur ganz bestimmte, eng umrissene Tätigkeitsfunktionen vermittelt; umfaßt dagegen die Ausbildung ein breites Spektrum von Tätigkeiten bzw. ermöglicht sie ein rasches Einarbeiten in verschiedene Berufe, spricht man von Substituierbarkeit. Aufbau des Bildungswesens und Charakter der Ausbildung hängen eng zusammen; eine Limitationalität des Bildungsganges führt auch zu limitationalen Tendenzen in der Tätigkeitsfunktion. Das gleiche gilt bei Substituierbarkeit. Die methodischen Unterschiede dürfen aber dennoch nicht verwischt werden: Bedarfsschwankungen können entweder nur durch Änderung der Fachrichtung oder darüber hinaus durch einen Berufswechsel aufgefangen werden. Im ersten Fall sind nur diejenigen flexibel, die sich noch in der Ausbildung befinden, im zweiten darüber hinaus die Berufstätigen.

V

Blaug zeigt nun eindrucksvoll, daß die beiden produktionstheoretischen Varianten den bildungsplanerischen Ansatz erheblich präjudizieren[53]. Existiert eine Welt völliger Substituierbarkeit, liegt es nahe, vom social demand approach auszugehen. Das Grundrecht

53 M. *Blaug,* Approaches to Educational Planning, a. a. O., S. 271 ff.

auf Bildung läßt sich leicht verwirklichen. Da ein reibungsloser
Wechsel zwischen den Berufen möglich ist und ein bestimmter Beruf keine spezifisch fachgebundene Ausbildung verlangt, ist es
offensichtlich unnötig, den Bedarf an bestimmten Qualifikationen
zu prognostizieren. Die Substitutionsmöglichkeit erlaubt ja dem
Angebot, sofort auf Marktänderungen zu reagieren. Es genügt, das
Angebot zu planen, d. h. die Kapazitäten des Bildungswesens auf
die individuelle Nachfrage hin zu konzipieren. Allein die Flexibilität innerhalb der Berufe garantiert einen Ausgleich der Marktkräfte. Herrscht keine völlige, jedoch eine kontinuierliche Substituierbarkeit, bei der die Substitution eines Faktors nur durch einen
sich ständig erhöhenden Einsatz eines anderen Faktors möglich ist,
bleibt eine Bedarfsplanung an sich unnötig: ein suboptimaler Einsatz der Ressourcen führt in diesem Fall zu entsprechenden Reaktionen im Faktorpreisverhältnis. Eine relative Knappheit an bestimmten Berufen drückt sich in entsprechenden Lohnerhöhungen
aus, ein relativer Überschuß in Lohnsenkungen. Die Faktorpreise
signalisieren also der Bildungsplanung nichtoptimale Konstellationen und geben ihr Anhaltspunkte für die Planung der Bildungskapazitäten[54]. Social demand approach und investment approach
müssen unter diesen Voraussetzungen ineinandergreifen[55]; dabei
dürfte jedoch in der Regel die Angebotsplanung im Vordergrund
stehen und eine Ertrags/Kostenrechnung primär die Funktion eines
Indikators für Berufswahl und Kapazitätsengpässe haben. Das ist
in etwa der amerikanische Planungsansatz.

Anders ausgedrückt: nur bei völliger Substituierbarkeit zwischen
Fachrichtungen und Berufen ist ein Studien- oder Berufswechsel
ohne Zeitverlust oder Lohnreduktion möglich; je beschränkter die
Substitutionsmöglichkeiten sind, desto erheblicher müssen die
Lohnreduktionen sein, um dennoch ein zusätzliches Angebot be-

---

54 Laufbahnbestimmungen und andere institutionelle Hemmnisse können
allerdings die Signalfunktion der Preise mindern. Trotzdem darf die Funktion
des Marktes insbesondere bei Mangelsituationen nicht unterschätzt werden.
Die gemessen an vergleichbaren Funktionen hohen Gehälter für Programmierer zeigen das deutlich; selbst Kultusverwaltungen sehen sich (wie in der
Schweiz) bisweilen gezwungen, beispielsweise Mathematiklehrer aus der allgemeinen Besoldungshierarchie herauszunehmen. Skeptischer muß sicherlich
die Wirkung des Preismechanismus bei Überschüssen beurteilt werden; soziale
Ansprüche verstärken hier die institutionellen Hemmnisse beträchtlich.
55 M. *Blaug*, Approaches to Educational Planning, a. a. O., S. 276.

schäftigen zu können. Die Grundrechte auf Bildung und auf eine ausbildungsadäquate Berufschance lassen sich gleichzeitig somit nur bei völliger Substituierbarkeit realisieren; bei beschränkter muß die Berufschance insofern verletzt werden, als ein Überangebot den Ausgebildeten Beschäftigung nur bei reduziertem Einkommen ermöglicht.

Das Extrem bildet hier die Welt einer starren Limitationalität. Die wirtschaftliche Entwicklung führt zu einer streng determinierten Nachfrage nach Berufs- und Ausbildungsqualifikationen. Die Wahrscheinlichkeit, Angebot und Nachfrage ausgleichen zu können, also mit dem Grundrecht auf eine ausbildungsadäquate Berufschance zugleich dasjenige auf Bildung verwirklichen zu können, ist gering und rein zufällig. Angebot und Nachfrage, die sich völlig unabhängig voneinander bilden, prallen zusammen. Reaktionsmechanismen existieren nicht; relative Preisentwicklungen haben keinen Einfluß auf die Nachfrage, geschweige denn auf die Berufswahl. Die Wahrscheinlichkeit von Gleichgewichtsstörungen ist erheblich.

Das Gewicht des manpower approach dürfte um so größer werden, je geringer die Substitutionsmöglichkeiten sind, je stärker sich also die Realität durch limitationale Beziehungen charakterisieren läßt. Allein eine genau abgestimmte Planung ermöglicht die Synchronisierung zwischen Arbeitsmarkt und Bildungswesen. Und macht das Dilemma vollkommen. Denn auch bei allerfeinster Planung gibt es keine Chance oder doch nur eine um den Preis erheblicher Einkommensänderungen, daß sich Angebot und Nachfrage einander anpassen. Bildungsbilanzen sind so lange kaum sinnvoll, als keine Möglichkeit besteht, sie auszugleichen. Deshalb muß notgedrungen entweder die Angebots- oder die Nachfrageplanung den kürzeren ziehen.

Obwohl beide Ansätze an sich gleichwertig sind, ist dennoch anzunehmen, daß sich in dieser Situation das Bildungswesen an der Nachfrage nach Qualifikationen orientiert. Der manpower approach wird dominieren. Das gilt insbesondere dann, wenn Überschüsse drohen[56]. Das Grundrecht auf Bildung erhält den sekundären

---

56 Besteht eine ausgesprochene Knappheit an qualifizierten Arbeitskräften, erscheint eine Beschränkung auf die Bedarfsplanung weniger bedenklich; die zur Befriedigung der Nachfrage notwendig werdende Kapazitätserweiterung des Bildungswesens verbessert zugleich auch die Bildungsmöglichkeiten.

Stellenwert, es ist das schwächere Glied in der Kette, weil die Wirtschaft kaum zur Absorption von Arbeitskräften gezwungen werden kann. Das Postulat gleicher Bildungschancen läßt sich dagegen mit dem Argument mangelnder Berufsaussichten torpedieren. Das Vertrauen auf eine Regulierung durch den Marktmechanismus erscheint problematisch: relative Lohnreduktionen bedeuten eine Verletzung der ausbildungsadäquaten Berufschance und verhindern eine soziale Integration der Betroffenen. Der Boden abstrakter Erörterungen wird hier schnell verlassen: für eine dynamische Bildungspolitik dürfte ein am Horizont auftauchendes akademisches Proletariat kaum eine hoffnungsvolle Perspektive sein. Eine überzeugende Lösung dieses Dilemmas bietet sich nicht an: eindeutige Kriterien der Verletzung der sozialen Integration sind nicht ableitbar; ein vom Staat garantierter, durch die Ausbildung erworbener Besitzanspruch kontrastiert allzusehr mit den Anforderungen einer Leistungsgesellschaft. Je beschränkter die Substitutionsmöglichkeiten sind, desto stärker scheinen sich Grundrecht auf Bildung und Grundrecht auf eine ausbildungsadäquate Berufschance auszuschließen. Die Tendenz, das Angebot zu manipulieren und damit ökonomisch orientierte Bildungsmonopole zu schaffen, ist unabweisbar.

Damit läßt sich die Bedeutung des manpower approach abschätzen. Das Ergebnis ist überraschend. Die Bildungspolitik wird nicht etwa, wie es vermutet werden könnte, zu einer bedarfsorientierten Planung gezwungen, weil Wirtschaft und Gesellschaft einen Bedarf an qualifizierten Arbeitskräften haben, der vom Bildungswesen zu decken wäre, sondern allein durch eine mangelnde Flexibilität des Ausbildungsganges und der Berufserfordernisse. Frühe Spezialisierung, Ausrichtung des Bildungswesens auf ganz bestimmte Berufe und mangelnde Austauschbarkeit bestimmter Tätigkeitsfunktionen verhindern, daß die Berufswünsche der Absolventen dem Angebot an Arbeitsplätzen angepaßt werden können. Auf der Strecke bleiben muß entweder das Grundrecht auf Bildung oder das auf einen der Ausbildung adäquaten Beruf. Vieles spricht dafür, daß dabei das erstere die größere Wahrscheinlichkeit hat.

Damit wird zugleich deutlich, daß es kein Zufall ist, daß im angelsächsischen Raum und insbesondere in den USA die Bedarfsplanung ein geringeres Gewicht als im kontinentalen Europa hat, obwohl die starke Erwerbsorientierung der amerikanischen Gesellschaft eher für das Gegenteil sprechen würde. Aber ein Blick auf das Bildungswesen liefert die Erklärung: Das amerikanische Hochschulwesen weist insbesondere auf seiner ersten Stufe, der College-Stufe, eine viel geringere Korrelation von Fachrichtung und späterem Beruf auf als das deutsche mit seinen Fachschulen, Hochschulen und Universitäten. Der Besitz des ersten Grades, des Baccalaureats, determiniert viel weniger den späteren Beruf; so ist es keineswegs unüblich, daß ein Absolvent einen völlig fachfremden Beruf ergreift und z. B. Verkäufer wird.

Im merkwürdigen Kontrast zur viel apostrophierten Bildungstradition hat dagegen das Hochschulwesen des deutschen Sprachraums in erheblichem Ausmaß berufsbildenden Charakter: Ein Medizinstudent wird fast immer Arzt, ein Theologiestudent meist Pfarrer. Ebenso ergreifen Juristen überwiegend ganz spezifische, durch die Ausbildung vorgeschriebene Berufe; ähnliches gilt, wenn auch nicht in gleicher Strenge, für Naturwissenschaftler, Techniker und Sozialwissenschaftler.

Dabei ist nicht einmal entscheidend, ob die Ausbildung den späteren Beruf formal determiniert, obwohl Laufbahnbestimmungen und andere institutionelle Hemmnisse die Berufsskala faktisch oft beträchtlich einengen; immerhin aber wird auch in Deutschland ein Hochschulabsolvent hin und wieder Verkäufer. Von größerer Bedeutung dürfte vielmehr sein, wie sich die Beziehungen zwischen Ausbildung und Beruf im Sozialprestige kristallisieren: daran läßt sich zeigen, inwieweit die Ausbildung ein bestimmtes Berufsbild präjudiziert. Hier scheint nun ein symptomatischer Unterschied zwischen den USA und Deutschland zu bestehen: während in den USA das Sozialprestige eines Verkäufers daher rührt, daß er als Verkäufer über einen akademischen Grad verfügt, resultiert das Sozialprestige in Deutschland nicht allein aus dem Besitz eines akademischen Grades, sondern aus der Koppelung mit ganz spezifischen, in der Zahl eng begrenzten, sogenannten »akademischen« Berufen. Der Akademiker verfügt also über das entsprechende Sozialprestige nur, wenn er auch einen »akademischen« Beruf ausübt. Das Hochschulexamen gilt weitgehend als Berechtigung für und als Anspruch auf eine bestimmte Berufsausübung.

Auch in Großbritannien findet sich, wenn auch keineswegs so ausgeprägt wie auf der amerikanischen College-Stufe[57], eine ge-

---

57 Darauf weist auch *Blaug* hin, der darüber hinaus die frühe Spezialisierung auf der Gymnasialstufe in Großbritannien hervorhebt. M. *Blaug,* Approaches to Educational Planning, a. a. O., S. 273.

ringere Synonymität von akademischer Fachrichtung und späterer
Berufsausübung. Das Hochschulstudium gilt weit mehr als in
Deutschland als eine Form der Allgemeinbildung und ist oft weder
notwendige noch hinreichende Voraussetzung der Berufsausübung.
Ebenso weisen die französischen Hochschulen in ihrer Zulassungs-
praxis ein recht unterschiedliches Niveau auf und führen nicht nur
zu wenigen akademischen Berufen[58].

VI

Es ist also kein Zufall, daß in der Bildungsforschung und Bildungsplanung in den USA der social demand approach[59], auf dem
Kontinent dagegen der manpower approach dominiert, während
Großbritannien eine Mittelstellung einzunehmen scheint. Der Aufbau des Bildungswesens präjudiziert den jeweiligen Ansatz. Insofern hat die Bildungsplanung in den einzelnen Ländern bewußt
oder wahrscheinlich unbewußt den jeweils zweckmäßigsten Weg
beschritten. Aber die konzeptuelle Schwäche der gegenwärtigen
Bildungsplanung erweist sich deshalb als um so gravierender. Denn
die Bildungsplanung hat die vorgefundenen Tendenzen mit einem
methodischen Rigorismus beantwortet. Das läßt sich jedoch keineswegs rechtfertigen. Die Wahl eines bestimmten Ansatzes, der dann
durchgängig auf allen Stufen der Bildungsplanung praktiziert wird,
setzt ja auch die durchgängige Existenz einer der beiden extremen
Varianten voraus. Es ist jedoch wahrscheinlich, daß sowohl starre
Limitationalität als auch völlige Substituierbarkeit auch dann, wenn
sie typische Züge eines bestimmten Bildungswesens charakterisieren, als Idealtypen höchstens partiell auftreten. Die Realität liegt,
allerdings mit dem Schwergewicht in der einen oder in der anderen
Richtung, zwischen den beiden Extremen. Das macht den metho-

---

58 Einen kurzen, aber instruktiven Abriß zu diesem Problem findet sich bei
C. *Oehler*, B. *v. Mutius*, W. *Albert*, Hochschulbesuch um 1980. Herausgegeben von der Ständigen Konferenz der Kultusminister. Bonn 1966. (hektogr.)
59 Daß darüber hinaus in den USA der investment approach ein gewisses
Gewicht hat, ist sicherlich einmal durch die amerikanische Vorliebe für Ren-
tabilitätsberechnungen, andererseits vermutlich auch dadurch zu erklären,
daß das gegenüber Europa bereits wesentlich stärker ausgebaute Hochschulwesen eine Dominanz der Angebotsplanung als unnötig erscheinen läßt,
Rentabilitätserwägungen des bestehenden Systems dadurch jedoch größere
Bedeutung gewinnen. Der hohe Anteil privater Anstalten im amerikanischen
Hochschulwesen verstärkt diese Tendenz.

dischen Rigorismus der Bildungsplanung problematisch. Es wird eine Elastizität oder Starrheit der Ausbildungs- und Berufserfordernisse vorausgesetzt, die faktisch nicht zutrifft.

Am bequemsten macht es sich dabei der angebotsorientierte Robbins-Report, der das Bedarfsproblem einfach als nicht existent betrachtet[60] und den Schwarzen Peter einem nicht näher definierten staatlichen Interventionismus in die Schuhe schiebt. Jedoch auch der Fortschritt, die Angebotsplanung durch eine Bedarfsplanung zu ergänzen, um eine Gleichgewichtsanalyse in Form von Bildungsbilanzen zu ermöglichen, ist nur ein scheinbarer, wenn, wie im OECD-Mittelmeerprojekt und auch bei Widmaier, bei der Bedarfsanalyse Limitationalität der Faktoren vorausgesetzt wird. Die Sackgasse, in die dieser Ansatz führt, ist nicht zu übersehen: Da die Bildungspolitik trotz aufgestellter Bildungsbilanzen keine Möglichkeit hat, Angebot und Nachfrage auszugleichen, muß sich das Angebot als die leichter manipulierbare Größe der Nachfrage anpassen. Das ist lediglich bei ausgesprochenen Mangelsituationen unproblematisch, weil nur dann die Bedarfsorientierung nicht mit dem Grundrecht auf Bildung kollidiert. Deshalb rechtfertigt meist, wie sich z. B. bei Widmaier feststellen läßt, die zufällig vorhandene Mangelsituation den Ansatz[61]. Daß dieser Ansatz jedoch zusammenbricht, wenn keine Mangelsituation mehr existiert, wird nicht herausgearbeitet. Wie dann die Bildungsplanung auszusehen hat, bleibt offen.

Der methodische Rigorismus ist problematisch, weil damit die Bildungsplanung das als Prämisse setzt, was sie erst nachzuweisen hätte. Nachzuweisen wäre, inwieweit ein bestimmtes Bildungswesen limitationale und substitutionale Elemente enthält. Das aber geschieht, wenn überhaupt, nur am Rande. Dagegen übt man sich gerne in Zirkelschlüssen. Das zeigt sich besonders an der These von der Tendenz zu zyklisch auftretenden Gleichgewichtsstörungen. Die

---

60 Auf diese Implikation des Angebotsmodells weisen auch *Frey* und *Widmaier* hin. Vgl. H. P. *Widmaier* und B. *Frey*, Wachstumstheorie und Bildungsökonomik, a. a. O., S. 144.
61 H. P. *Widmaier* und Mitarbeiter, Bildung und Wirtschaftswachstum, a. a. O., S. 279 f. Da das Mittelmeerprojekt der OECD in erster Linie Entwicklungsländer umfaßt, ist es vielleicht legitim, von einer grundsätzlichen Mangelsituation auszugehen. Die prinzipiellen Argumente bleiben davon natürlich unberührt. Man sollte nicht übersehen, daß der limitationale Ansatz schon dort nicht mehr anwendbar ist, wo partielle Mangelsituationen bestehen.

These lautet etwa, daß die lange Ausbildungsdauer und das lange Berufsleben dazu zwingen, Bedarfsänderungen Jahre vorweg zu erkennen, um die Kapazitätsplanung darauf ausrichten zu können[62]. Besonders eine genaue Angabe des Lehrerbedarfs, der ja aus der allgemeinen Bedarfsentwicklung abzuleiten ist, wird erforderlich. Da exakte Prognosen andererseits kaum erstellbar sind, werden rechtzeitige Reaktionen der Bildungsplanung auf Bedarfsschwankungen unmöglich. Gleichgewichtsstörungen sind unvermeidbar, da Multiplikator- und Akzeleratorwirkungen groß sind.

Nun soll keineswegs geleugnet werden, daß solche Zyklen wirklich existieren können; ihre formallogische Ableitung enthält zudem einen beträchtlichen theoretischen Erkenntniswert. Aber die Entwicklung eines logischen Systems kann immer nur der erste Schritt der Analyse sein. Nicht zu rechtfertigen ist die zu beobachtende Reduzierung des Problems auf seine formallogische Seite. Die zyklischen Schwankungen werden ja nicht durch empirische Beobachtungen nachgewiesen, sondern aus dem verwendeten methodischen Ansatz abgeleitet. Akzelerationsprozesse aber sind an die Limitationalität des Faktoreinsatzes gebunden. Substituierbarkeit bedeutet ja gerade Reaktionsfähigkeit des Systems auf Bedarfsschwankungen. Der Zirkelschluß ist unübersehbar: weil Limitationalität vorausgesetzt wird, erhält man Starrheit, treten zyklische Schwankungen auf. Der tautologische Charakter des Arguments ist offensichtlich. Das, was oben ins Modell gesteckt wird, kommt unten wieder heraus. Deduktive Ableitungen werden als Realität ausgegeben. Der allein legitime Weg, das Ausmaß möglicher zyklischer Schwankungen an den vorhandenen limitationalen Elementen des Bildungswesens zu messen, wird nicht beschritten. Statt dessen wird Limitationalität vorausgesetzt.

Die Bildungsplanung muß den methodischen Rigorismus aufgeben. Das, was bisher axiomatisch vorausgesetzt wurde, muß nachgewiesen werden. Bildungswesen und Ausbildungserfordernisse sind auf ihre limitationalen Elemente hin zu untersuchen: den Beginn der Differenzierung auf der Gymnasialstufe, die Auswirkungen auf die Berufswahl, die Wirkung des Aufbaus des Bildungswesens und der Vermittlung der Bildungsinhalte auf die Berufs- und Tätigkeitsmöglichkeiten.

Aber eine solche Bestandsaufnahme kann für die Bildungsfor-

---

62 H. P. *Widmaier*, Rationelle Grundlagen der Bildungspolitik, a. a. O., S. 5.

schung nur ein erster Schritt sein. Soweit sie im Dienste einer strategisch orientierten Bildungspolitik steht, kann sie sich nicht damit begnügen, Zielsetzungen zu formulieren und daraus den erforderlichen Einsatz an Ressourcen abzuleiten. Sie muß zugleich das Instrumentarium analysieren, das eine Realisierung der Ziele ermöglicht. Das wird selbstverständlich auch von der Bildungsforschung praktiziert. Aber es muß überraschen, daß die Bildungsforschung dabei kaum den instrumentalen Charakter des wichtigsten Parameters, nämlich des Bildungswesens selbst, herausgearbeitet hat. Das liegt sicherlich vornehmlich daran, daß die Bedeutung seines Aufbaus für den bildungsplanerischen Ansatz und damit auch für die bildungspolitische Zielsetzung nicht klar genug gesehen worden ist. Man setzte voraus, daß sich die vorgegebenen Ziele prinzipiell im Rahmen des bestehenden Bildungswesens erreichen lassen.

Das ist jedoch ein Irrtum. Je stärker das Bildungswesen limitationale Züge aufweist, desto größer wird die Gefahr von Zielkonflikten. Insbesondere das Grundrecht auf Bildung, das im Gegensatz zum primär wirtschaftlich bestimmten Bedarf leichter manipulierbar ist, ist gefährdet. Akzeptiert man jedoch die Verwirklichung dieses Grundrechts als eine bildungspolitische Zielsetzung, dann muß die Bildungsforschung die Konsequenz ziehen und der Bildungspolitik Entscheidungsgrundlagen liefern, die die Flexibilität der Ausbildung und Berufstätigkeit erhöhen. Nur dann läßt sich das Grundrecht auf Bildung realisieren; nur dann läßt sich verhindern, daß an die Stelle bisher sozial motivierter Bildungsmonopole ökonomisch determinierte treten. Die Bildungsforschung muß sich somit auf eine Bildungsreform hin orientieren. Bildungsforschung wird zur Politischen Ökonomie.

Die Flexibilität der Ausbildung kann dabei ihre Grenzen allein dort finden, wo sie mit ökonomischen und gesellschaftlichen Erfordernissen kollidiert. Die Flexibilität der medizinischen Ausbildung ist nicht mehr vertretbar, wenn die Funktionsfähigkeit der ärztlichen Tätigkeit in Frage gestellt wird. Dann muß u. U. das Angebot der Nachfrage angepaßt werden; ein Numerus clausus läßt sich rechtfertigen. Aber solche Bildungsmonopole dürfen nur von den Berufsfunktionen, niemals vom überkommenen Ausbildungsgang her begründet werden. Ob eine medizinische Ausbildung, die den biochemischen Rahmen sprengt, nicht auch zu einer breiteren Skala von Berufsfunktionen führen kann, bleibt zu klären.

Diese Adresse ist besonders an die Bildungsforschung des deut-

schen Sprachraums zu richten. Die Inflexibilität des deutschen
Hochschulwesens, der elitäre Charakter der Humboldt'schen Konzeption erlauben es nicht, das Grundrecht auf Bildung zu verwirklichen. Die Gefahr ist nicht zu übersehen, daß auf den steigenden
Bildungshunger die insofern bequemste und reaktionärste Antwort
gegeben wird, als die auf die Hochschulen drängenden Abiturien-
tenmassen durch einen generellen Numerus clausus abgefangen
werden. Eine intensivere Überprüfung der Grundlagen unseres Bildungswesens ist deshalb notwendig. Dazu aber muß die Bildungsforschung den limitationalen Ansatz als Planungsgrundlage aufgeben, denn er bewirkt das Gegenteil dessen, was erforderlich ist:
er unterstreicht die Starre des deutschen Bildungswesens, obwohl
doch eine Milderung vonnöten wäre.

Freerk Huisken:

Kritik bürgerlicher Theorie der Makro-Planung des Bildungswesens[1]

1. Die Renaissance bildungsökonomischer Fragen und die wachstumstheoretisch orientierte Bildungsökonomie

Die Untersuchung des Bildungswesens, der Bedeutung von Bildung und Erziehung für den »Preis« der Arbeitskraft und die Erträge des »geistigen Kapitals« hat eine Tradition, die bis auf Adam Smith zurückgeführt werden kann. Sowohl bei den bedeutendsten Vertretern der klassischen politischen Ökonomie, wie W. Petty, A. Smith, D. Ricardo, als auch bei den entschiedensten Kritikern der politischen Ökonomie, Marx und Engels, finden sich bildungsökonomische Ansätze. Die Tradition ließe sich bis hin zur neueren nationalökonomischen Schule fortsetzen[1a].

Übereinstimmend wird von zahlreichen Bildungsökonomen der Beginn der Bildungsökonomie als einer *gesonderten Disziplin* innerhalb der Wirtschaftswissenschaften mit dem Ende der fünfziger Jahre dieses Jahrhunderts erklärt[2]. Insbesondere die Arbeiten

---

1 Freerk Huisken: Zur Kritik bürgerlicher Didaktik und Bildungsökonomie. München 1972 (List-Verlag). – Auszug aus dem Kapitel: Zur Mikro- und Makro-Ökonomie des Bildungswesens, S. 140–171, sowie aus dem Fußnotenanhang, S. 372–379. Mit freundlicher Genehmigung des Verlages.
1a Zur Geschichte bildungsökonomischer Fragestellungen vgl. *Berg,* Ökonomische Grundlagen der Bildungsplanung, Berlin 1965; K. *Hüfner,* Die Entwicklung des Humankapitalkonzepts, in: K. *Hüfner* (Hg.), Bildungsinvestitionen und Wirtschaftswachstum, Stuttgart 1970, S. 11 ff.; B. F. *Kiker,* The Historical Roots of the Concept of Human Capital, in: Journal of Political Economy, 1966, Vol. LXXXV, X, 481 ff.
2 Vgl. dazu H. J. *Bodenhöfer,* Bildungsinvestitionen, in: H. J. *Bodenhöfer,* C. C. v. *Weizsäcker,* Bildungsinvestitionen, Pfullingen 1967, S. 9; A. *Hegelheimer,* Bildungsökonomie und Bildungsplanung. Eine kritische Untersuchung der Ansätze zu einer ökonomischen Theorie der Bildungspolitik, in: KonPol, 1968, Heft 1/2, S. 11; K. *Hüfner,* a. a. O., S. 31; H. *Riese,* Theorie der Bildungsplanung und Struktur des Bildungswesens, in: KonPol, 1968, Heft 5/6, S. 261; H. P. *Widmaier,* B. *Frey,* Wachstumstheorie und Bildungsökonomie, in: KonPol, 1967, Heft 3, S. 131.

von Th. W. Schultz[3] markieren die – wie Hüfner formuliert[4] –
Renaissance des Humankapitalkonzepts. Etwa in dieselbe Periode
fallen die ersten bildungsökonomischen Untersuchungen in der
BRD durch F. Edding[5].

Das neuererwachte Interesse an bildungsökonomischen Fragestellungen versucht Hegelheimer auf drei Faktoren zurückzuführen:

1. Der erste Einflußsektor bestehe in den heute vorherrschenden
Größenordnungen des Bildungsaufwandes. Der gestiegene Anteil
der Bildungsausgaben am gesamten Staatshaushalt mache es notwendig, rationale Kriterien für die optimale Allokation der Mittel
zu entwickeln. In Anbetracht der Tatsache, daß das Bildungswesen
in Konkurrenz zu den Ansprüchen anderer gesellschaftlicher Sektoren um die finanziellen Ressourcen stehe, könne die Entscheidung
über die Allokation nicht unabhängig von dem Bedarf anderer
Sektoren gefällt werden: »Das Spannungsverhältnis zwischen der
naturgegebenen Knappheit der Mittel und der die verfügbaren
Ressourcen übersteigenden Vielfalt konkurrierender Zwecke zwingt
folglich dazu, auch das Bildungswesen in das Problem der optimalen Faktorallokation mit einzubeziehen[6].« Damit begegnet uns
gleich in dem ersten Faktor eine zentrale bildungsökonomische
Prämisse, um die letztlich das gesamte Bemühen der Bildungs-

---

3 Th. W. *Schultz*, Investment in Man: An Economist's View, in: The Social
Science Review, Vol. XXXIII, 1959, S. 109 ff.; ders., Capital Formation by
Education, in Journal of Political Economy, Vol. LXVIII, 1960, S. 571 ff.; ders.,
Education and Economic Growth, in: N. B. *Henry* (ed.), Social Forces Influencing American Education. The Sixtieth Yearbook of the National Society
for the Study of Education, Chicago 1961, S. 254 ff. In deutscher Übersetzung
wiederabgedruckt in: K. H. *Hüfner* (Hg.), a. a. O., S. 231 ff.; ders., The
Economic Value of Education, New York, London 1963.
4 K. *Hüfner*, a. a. O., S. 31.
5 F. *Edding*, Ökonomie des Bildungswesens, Lehren und Lernen als Haushalt und Investition, Freiburg i. Br. 1963; ders., Internationale Tendenzen
in der Entwicklung der Ausgaben für Schulen und Hochschulen, Kiel 1958
(Kieler Studien).
6 A. *Hegelheimer,* a. a. O., S. 13. Vgl. dazu H. J. *Bodenhöfer*: »Zwei Hauptgründe scheinen für die Entwicklung einer systematischen Beschäftigung mit
ökonomischen Aspekten des Bildungswesens maßgeblich. Zum einen ist dies
der mit steigenden Ansprüchen an die vom Staat zur Verfügung gestellten
Erziehungseinrichtungen wachsende Bedarf öffentlicher Mittel ... Das Bildungswesen nimmt somit in erheblichem und wachsendem Umfang wirtschaftliche, d. h. knappe Mittel in Anspruch, für die alternative Verwendungsmöglichkeiten bestünden.« (a. a. O., S. 9 f.)

ökonomie kreist: die »*naturgegebene*« *Knappheit der finanziellen Ressourcen*. Das nicht auf seine Ursachen befragte, vielmehr als selbstverständlich unterstellte Phänomen der Knappheit scheint nicht allein die Bildungsökonomie, sondern die gesamten Wirtschaftswissenschaften zu konstituieren[7]. Ganz offensichtlich korreliert diese grundlegende Prämisse mit den Tatsachen, die mit den Schlagworten vom Bildungsnotstand gekennzeichnet werden: Lehrer*mangel*, Schulraum*not*, *Mangel* an qualifizierten Fachkräften usw. Wir können diese entscheidende Prämisse jedoch nicht unkritisch zur Kenntnis nehmen, sondern werden ihren Ursachen dann nachzugehen versuchen, nachdem die Bildungsökonomie selbst in ihren Umrissen dargestellt worden ist.

2. Die zweite für die Konstituierung der Bildungsökonomie als eigenständige Disziplin maßgebliche Ursache sieht Hegelheimer darin, daß das Bildungswesen, im Gegensatz zu den auf dem Prinzip der Profitmaximierung basierenden Wirtschaftssektoren, nicht aus sich selbst heraus bzw. durch »die automatische Steuerung des Marktes« für eine optimale Verteilung der knappen Ressourcen sorgen könne. Hier habe vielmehr staatliche Planung einzusetzen, die anstelle des Marktautomatismus Prioritäten zu setzen und Ziele zu bestimmen habe. Zudem sei die Entwicklung von Prognose- und Entscheidungsmodellen als Grundlage staatlicher Bildungspolitik auch deswegen notwendig, weil es sich bei dem Bildungswesen um einen Bereich handele, dessen Produktionsgut »Bildung« sowohl eine lange Produktionszeit (»gestation period«) in Anspruch nehme als auch eine relative lange Lebensdauer (»operation period«) be-

---

7 Es gibt kaum ein Standardwerk der Volkswirtschaftslehre, das nicht auf den ersten Seiten bereits die These von den »knappen Gütern«, »knappen Ressourcen«, »knappen Mitteln«, »knappen Produktionsfaktoren« etc. aufstellt. Vgl. z. B.: »Gewirtschaftet wird mit Mitteln, die im Verhältnis zu den von ihnen abhängigen Zwecken ›knapp‹ sind, so daß ihr Einsatz für bestimmte Zwecke den Verzicht auf ihre Verwendung für andere Zwecke bedingt.« (A. *Paulsen,* Allgemeine Volkswirtschaftslehre. I: Grundlegung, Wirtschaftskreislauf, Berlin 1964 [4. Aufl.] [Sammlung Göschen Band 1169], S. 7), oder: »Gegenstand der Wirtschaftswissenschaft ist jener Ausschnitt menschlichen Handelns, der in der Verfügung über knappe Mittel zur Erfüllung menschlicher, aus Bedürfnissen und Wünschen resultierenden Zwecke besteht.« (E. *Schneider,* Einführung in die Wirtschaftstheorie, I. Teil: Theorie des Wirtschaftskreislaufs, Tübingen 1961 [9. Aufl.], S. 1.) Siehe auch E. V. *Beckerath,* H. *Müller,* Einführung in die Volkswirtschaftslehre, Herne, Berlin 1970 (6. Aufl.), S. 9; P. A. *Samuelson,* Volkswirtschaftslehre, Band I, Köln 1964 (3. Aufl.), S. 20 usw.

sitze. Da sich demnach staatliche Bildungspolitik auf der Grundlage bildungsökonomischer Untersuchungen und Modelle langfristig zu orientieren habe, müssen zugleich zu erwartende Strukturwandlungen in den gesellschaftlichen Bereichen, die Anforderungen an das Bildungswesen stellen, antizipiert werden. Andernfalls können Schwierigkeiten in der Anpassung des Bildungswesens an die quantitativen und qualitativen Anforderungen der Volkswirtschaft zu Störungen des Wirtschaftswachstums führen[8].

3. Damit ist bereits der dritte Einflußfaktor angesprochen: Das Postulat »stetiges und störungsfreies Wirtschaftswachstum« habe zu verstärktem Interesse an bildungsökonomischen Problemen geführt, da das Bildungswesen und seine Produkte heute als eine »wesentliche Determinante der Qualität des Nachwuchses und damit als bestimmender Faktor des zukünftigen wirtschaftlichen Leistungsniveaus«[9] angesehen werden.

Diese Zusammenhänge sind innerhalb der Wachstumstheorie aufgedeckt worden, die sich selbst in zunehmendem Maße von einem ehemals peripheren zu einem der zentralen Forschungsbereiche innerhalb der Wirtschaftswissenschaften entwickelt hat und von der die Bildungsökonomie maßgeblich beeinflußt worden ist. Soweit es für das Verständnis der Bildungsökonomie notwendig ist, sollen im folgenden einige wachstumstheoretische Fragen angedeutet werden.

---

8 A. *Hegelheimer*, a. a. O., S. 13 f.
9 Ebd., S. 15. Mit diesen drei von *Hegelheimer* genannten Gründen für die intensivierte Beschäftigung mit bildungs-ökonomischen Fragestellungen ist allerdings noch keine befriedigende historische Erklärung dafür gegeben, daß seit ca. 1960 die Renaissance bildungsökonomischer Fragestellungen eingesetzt hat. Dafür wäre es vielmehr notwendig, einmal danach zu fragen, warum es zu den gestiegenen Ausgaben für das Bildungswesen gekommen ist, zum anderen müßte geklärt werden, worauf das starke wachstumstheoretische Interesse in der wirtschaftswissenschaftlichen Diskussion seit einigen Jahrzehnten beruht. Der Wandel innerhalb der Nationalökonomie hin zu wachstumsorientierten, langfristigen Modellen kann nicht als autonomer Fortschritt der Wissenschaft begriffen werden. Vielmehr liegt ihm ein Strukturwandel der kapitalistischen Wirtschaft selbst zugrunde, der gekennzeichnet werden kann durch zunehmende Kapitalkonzentration, Verflechtung auf dem Weltmarkt, wirtschaftliche Systemkonkurrenz, zunehmende Verwertungsschwierigkeiten, die mittelfristige Planung der Produktion und des Absatzes sowie Versuche der staatlichen Steuerung der Wirtschaft zur Folge haben. Wir können die langfristigen Tendenzen der wirtschaftlichen Entwicklung hier jedoch nicht weiter verfolgen.

Die Wachstumstheorien, deren Interesse darin besteht, den Zuwachs des Outputs einer Volkswirtschaft zu messen und ihn mit Hilfe meßbarer Inputs soweit zu erklären, daß Prognosen über zukünftiges Wirtschaftswachstum abgeleitet werden können, gingen zumeist von den Input-Produktionsfaktoren *Arbeit* und *Kapital* aus. Da sich mit diesen Faktoren jedoch nicht der gesamte Output erklären ließ, wurde ein »Dritter Faktor« angenommen, der den Rest des Zuwachses beeinflußt habe (Restgröße). Global und undifferenziert wurde dieser »Dritte Faktor« zunächst mit dem »technischen Fortschritt« in der beobachteten Periode gleichgesetzt. Dieser unerklärte Rest enthielt somit alle Faktoren außerhalb der in Stunden zu messenden Arbeitszeit und dem Realkapitaleinsatz in Form von Investitionen.

Der Faktor »technischer Fortschritt« spielte z. B. bei Solow eine entscheidende Rolle. Er setzte »technischen Fortschritt« neben Arbeit und Kapital als eigenständigen Produktionsfaktor und unterstellte hypothetisch sein autonomes und langfristiges Wachstum. In seiner Untersuchung über die Ursachen des Wachstums der privaten Industrie in den USA zwischen 1909 und 1949 kam er zu dem Ergebnis, daß 87,5 v. H. des Outputs pro Arbeitsstunde auf »technischen Fortschritt« zurückzuführen sei[10].

Wie Hegelheimer u. a. betonen, handelt es sich dabei jedoch allenfalls um eine modelltheoretische Fortentwicklung gegenüber der postkeynesianischen Wachstumstheorie, die die Bedeutung des »technischen Fortschritts« gar nicht in Rechnung stellt[11]. Die Annahme eines autonomen, kontinuierlichen technischen Fortschritts impliziere, daß er »kontinuierlich vom Himmel fällt«[12]. Empirische Untersuchungen, die im Anschluß an Solow durchgeführt wurden, hatten zudem ergeben, daß rund $2/3$ des Produktionswachstums nicht durch Vergrößerung der Faktoren Arbeit und Kapital erklärt werden könnten, sondern diesem »Dritten Faktor« zugeschrieben werden mußten[13]. Widmaier/Frey kommen deswegen zu dem Er-

10 R. *Solow,* Technical Change and the Aggregate Production Function, in: Review of Economics and Statistics, Bd. 39, 1957, S. 312 ff.
11 A. *Hegelheimer,* a. a. O., S. 27.
12 W. *Ehrlicher,* Probleme langfristiger Strukturwandlungen des Kapitalstocks, in: F. *Neumark* (Hg.), Strukturwandlungen einer wachsenden Wirtschaft, Schriften des Vereins für Socialpolitik, N.F., Bd. 30/I, Berlin 1964, S. 873; zit. nach A. *Hegelheimer,* a. a. O., S. 27.
13 Vgl. *Hegelheimer,* a. a. O., S. 28.

gebnis (s. auch Hegelheimer u. a.), daß mit der Einführung dieses
Dritten Faktors in die Produktionsfunktion noch nichts gewonnen
sei, »denn eine Wachstumstheorie, die 70 v. H. des Wachstums
einem unerklärten Rest zuschreibt, taugt nicht viel«. Der »Dritte
Faktor« sei nichts anderes als »a measure of our ignorance«[14].

Das Interesse der Ökonomen richtete sich in zunehmendem Maße
auf diese Restgröße und seine Bestandteile. Als zwei wesentliche
Elemente des Dritten Faktors wurden zunächst Ausbildung und
Forschung disaggregiert[15]. Untersuchungen z. B. von Th. W.
Schultz zeigten empirisch die Relevanz dieser beiden Faktoren.
Diese Erkenntnis der Bedeutung von Ausbildung und Forschung
für das Wirtschaftswachstum hat nach Widmaier/Frey zu einer
Trennung der Bildungsökonomie in zwei Forschungsrichtungen geführt: Auf der einen Seite wurde die Untersuchung über die
genaueren Zusammenhänge zwischen Ausbildung, Forschung und
Wirtschaftswachstum weitergeführt (»explikative Bildungsökonomie«), auf der anderen Seite wurden erste Erkenntnisse über diese
Zusammenhänge in Planungsmodelle umgesetzt, die das Ziel hatten, insbesondere durch geplante Beeinflussung des Faktors Ausbildung das »wirtschaftliche Wachstum und damit den Wohlstand zu
steigern« (»normative Bildungsökonomie«)[16]. Innerhalb der »explikativen Bildungsökonomie« sind neben Versuchungen, den technischen Fortschritt wieder auf den Faktor Kapital zurückzuführen
– er sei letztlich abhängig von der Substitution der Arbeit durch

---

14 P. A. *David*, Th. von de *Klundert*, Biased Efficiency Growth and Capital
Labour Substitution in the U.S., 1899–1960, in: American Economic Review,
Vol. 55, 1965, S. 357; zit. nach *Widmaier/Frey*, a. a. O., S. 132.
15 Eine Fülle weiterer Faktoren hat G. *Bombach* herausgestellt. G. *Bombach*,
Quantitative und monetäre Aspekte des Wirtschaftswachstums, in: W. G.
Hoffmann (Hg.), Finanz- und währungspolitische Bedingungen stetigen Wirtschaftswachstums, Schriften des Vereins für Socialpolitik, N.F., Bd. 15, Berlin
1959, S. 184 ff.
16 *Widmaier/Frey*, a. a. O., S. 135. Die Unterscheidung zwischen »explika-
tiver und normativer Bildungsökonomie« stammt von A. *Hegelheimer*, a. a. O.,
S. 38. Die Problematik einer derartigen Unterscheidung braucht hier nicht
genauer dargestellt zu werden. Sie reproduziert nur die in einigen didaktischen
Konzepten angetroffene Unterscheidung zwischen Analyse einerseits und Konstruktion andererseits, wobei aus der Analyse alle normativen Implikate entweder ausgespart oder diese vorab explizit werden sollen, in die Konstruktion dagegen von normativen Voraussetzungen, die selbst das Resultat unwis-
senschaftlicher Satzungen seien, ausgegangen wird. Besondere Relevanz bekommt diese Unterscheidung innerhalb der Bildungsökonomie allerdings da-

Kapital – und dem »learning by doing approach«, der die Entwicklung der Arbeitsqualifikation als Anpassungsprozeß der Arbeitskraft an den in den Maschinen verkörperten technischen Fortschritt
zu bestimmen versucht[17], vor allem die empirischen Arbeiten von
Denison und Correa von Bedeutung, die von einer differenzierte-
ren Disaggregation des Faktors »menschliche Arbeitskraft« nach
Länge der Ausbildung und Art der absolvierten Schule ausgehen.
Denison kommt dabei zu dem Ergebnis, daß in dem speziell untersuchten Zeitraum von 1929–1957 in den USA die *Qualität* des Faktors Arbeit, die bei ihm in engem Zusammenhang mit der verlän-
gerten Ausbildungszeit steht, um 29,6 v. H. zunahm. Da dieser Anstieg, seinen Hypothesen zufolge, einer Zunahme der geleisteten
Arbeitszeit gleichzusetzen ist, multipliziert er die durchschnittliche
jährliche Zuwachsrate der Arbeits-Qualität mit dem durchschnittlichen Anteil des Faktors Arbeit am Volkseinkommen in der ausgewählten Periode. Sein Ergebnis lautet, daß 23 v. H. der durchschnittlichen jährlichen Zuwachsrate des Realeinkommens auf den
Faktor Ausbildung zurückzuführen sei. Für denselben Zeitraum
errechnete er überdies, daß 42 v. H. der jährlichen Zuwachsrate des
Einkommens pro Beschäftigten auf die verbesserte, sprich: verlängerte Ausbildung zurückgehe[18]. Diese Versuche einer »explikativen
Bildungsökonomie« führten jedoch nach Hegelheimer in eine Sackgasse, da eine Reihe von Prämissen von Denison sich einer quantitativen Überprüfung entziehen.

Dagegen traten die Ansätze einer »normativen Bildungsökono-
mie« stärker in den Vordergrund. Ehe wir auf drei der wichtigsten
Bildungsplanungsmodelle, die auch in der BRD zur Grundlage von
Untersuchungen über das Bildungswesen gemacht worden sind,
eingehen, müssen einige Implikationen der wachstumsorientierten
Bildungsökonomie gesondert diskutiert werden.

Die wachstumstheoretische Bildungsökonomie versucht den Bei-

---

durch, daß die normativen Voraussetzungen der Bildungsplanung, d. h. die
bildungspolitischen Zielsetzungen, hier den gegebenen politischen Instanzen
überlassen werden. Das Verhältnis von Wissenschaft und Politik erhält damit
dezisionistischen Charakter. Vgl. dazu J. *Habermas,* Verwissenschaftliche
Politik und öffentliche Meinung, in: J. *Habermas,* Technik und Wissenschaft
als »Ideologie«, Frankfurt a. M. 1968, S. 120 ff.
17 Vgl. A. *Hegelheimer,* a. a. O., S. 35.
18 E. F. *Denison,* The Sources of Economic Growth in the United States
and the Alternatives Befors Us, Committee for Economic Development,
Supplementary Paper No. 13, New York 1962, S. 67 ff.

trag der Bildung für das Wirtschaftswachstum zu bestimmen, um
von daher für die notwendige staatliche Bildungsplanung Entschei-
dungshilfen zu erarbeiten, die eine optimale Allokation der finanziellen Ressourcen gewährleisten. Dem liegt die Annahme zugrunde, daß nicht allein die quantitativ kommensurable Arbeitszeit,
sondern auch die spezifische Qualifikation einer Arbeit Anteil am
Wirtschaftswachstum hat: »Bildung führt letztlich zu einer Verbesserung der Arbeitsproduktivität und zu Leistungsströmen, die ohne
sie nicht hätten erbracht werden können[19].«

Es wäre jedoch falsch, hieraus die Konsequenz zu ziehen, den
»Bildungsstandard« auf jeden Fall und um jeden Preis zu erhöhen.
So wie auf der einen Seite das Bildungswesen und seine »Produkte«
als limitierender Faktor für langfristiges Wirtschaftswachstum betrachtet werden müssen, ist auf der anderen Seite keine schranken-
lose Verwendung von Qualifikationen möglich. Die Annahme einer
Steigerung der Arbeitsproduktivität durch verbesserte Ausbildung
ist allenfalls dann realistisch, wenn die »produzierten« Qualifikationen sowohl quantitativ als auch qualitativ der in der Wirtschaft
vorhandenen Arbeitsplatzstruktur entsprechen. Die in der Wirtschaft vorhandenen objektiven Bedingungen in Gestalt der Arbeitsmittel (Maschinen etc.) und der Arbeitsorganisation determinieren
die Art und den Umfang einer »Verbesserung« des Bildungsstan-
dards. In der wachstumstheoretisch orientierten Bildungsökonomie
wird das Bildungswesen und seine Funktion eindeutig von den Anforderungen der Wirtschaft her bestimmt.

Daraus ergeben sich weitere Konsequenzen: Wenn die Bildungsökonomie ihre Untersuchungen bis hin zu Entscheidungsalternativen für staatliche Bildungspolitik konkretisieren will, ist implizit
der Staat als die juristisch für das Bildungswesen verantwortliche
Instanz zwangsläufig nicht autonom gesetzt, sondern an ebendiese
Entwicklung der objektiven Produktionsbedingungen gebunden. In
kapitalistischen Gesellschaften, in denen die Wirtschaft nach wie
vor auf dem Privateigentum an Produktionsmitteln ungeachtet der
verschiedenen Rechtstitel basiert, sind den Eingriffsmöglichkeiten

---

19 R. S. *Eckaus*, Education and Economic Growth, in: S. J. *Mushkin* (ed.),
Economics of Higher Education, Washington D.C. 1962; zit. nach der deutschen Übersetzung: Die Bedeutung der Bildung für das Wirtschaftswachstum,
in: K. *Hüfner* (Hg.), a. a. O., S. 69.

des Staates in die »freie« Wirtschaft enge Grenzen gesetzt[20]. Staatliche Bildungspolitik hängt demnach in bezug auf Zielsetzungen über die optimale Allokation der »menschlichen Ressourcen« von Bedingungen ab, die die Privatwirtschaft unter der Prämisse der optimalen Erträge (»Profit- bzw. Gewinnmaximierung«) als Veränderungen der Arbeitsplatzstruktur zwingen. Länger und anders ausgebildete Arbeitskräfte werden somit nur dann benötigt, wenn der Unternehmer sich von ihrem Einsatz unter Bedingungen veränderter, technologisch vielfach verbesserter, aber auch teurer Arbeitsplätze höhere Erträge verspricht. Das Prinzip der Profitmaximierung bestimmt somit unter den Annahmen der wachstumstheoretischen Bildungsökonomie – von der Komponente »Forschung« ist hier abstrahiert – letztlich auch die staatlichen Entscheidungen über die optimale Allokation der finanziellen Ressourcen in das Bildungswesen in entscheidender Weise mit.

Damit ist in der wachstumsorientierten Bildungsökonomie implizit die ideologische Basis von dem in relativer Autonomie um das »Gemeinwohl« besorgten Staates verlassen. Inwieweit sich diese Zusammenhänge in den Planungsmodellen der »normativen Bildungsökonomik« wiederfinden lassen, inwieweit in ihnen neben wirtschaftspolitischen auch sozialpolitische Interessen berücksichtigt werden und schließlich, inwieweit diese Interessen miteinander harmonieren oder konfligieren, muß im nächsten Abschnitt im Zusammenhang mit der Darstellung und Analyse der wichtigsten Bildungsplanungsmodelle zur Sprache kommen.

---

20 Über die Grenzen staatlicher Wirtschaftsplanung wird seit längerer Zeit heftig diskutiert. Dabei bewegt sich die Diskussion zum einen auf der apologetischen Ebene, d. h. Planwirtschaft contra »freie« Marktwirtschaft, zum anderen werden die Grenzen aus den objektiven Verhältnissen kapitalistischer Produktion abzuleiten versucht. Zum ersten Aspekt vgl. die Analyse der Hintergründe der gegenwärtigen Planungsdiskussion bei K. *Lenk,* Aspekte der gegenwärtigen Planungsdiskussion in der Bundesrepublik, in: Politische Vierteljahresschrift 1966, Heft 3, S. 364 ff. Zum anderen Aspekt siehe insbesondere J. *Huffschmid,* Die Politik des Kapitals. Konzentration und Wirtschaftspolitik in der BRD, Frankfurt a. M. 1969; dazu die Rezession von Ch. *Neusüß,* in: SoPol 1969, Heft 4, S. 118 ff.; E. *Altvater*: Zur Konjunkturlage Westdeutschlands Anfang 1970, in: SoPol 1969, Heft 5, S. 7 f. und 38 ff.

2. Modelle der Bildungsplanung

Von den zahlreichen Modellen der Bildungsplanung sollen im folgenden die drei dargestellt und untersucht werden, die sich nicht mehr im Stadium der Modellkonstruktion befinden, sondern bereits in der Bildungsplanung selbst angewendet worden sind[21]:

2.1 Das angebotsorientierte Modell (»social demand approach«, »individual demand approach«, »cultural« bzw. »social objectives approach«),

2.2 das nachfrageorientierte Modell (»manpower approach« bzw. »manpower forecasting approach«),

2.3 das kombinierte Angebots- und Nachfragemodell.

2.1 Das angebotsorientierte Modell

Gemeinsam ist allen angebotsorientierten Planungsansätzen, daß sie das Angebot an Ausbildungsplätzen eines gegebenen Bildungssystems in Relation zur Nachfrage nach Ausbildungsplätzen für einen bestimmten Zeitraum zu ermitteln und die zur Angleichung des Angebots an die Nachfrage notwendigen Sach- und Personalkosten abzuschätzen versuchen. Im »individual demand approach« wird dabei der Bedarf an Ausbildungsplätzen als eine Funktion der individuellen Nachfrage der privaten Haushalte nach Ausbildung auf den verschiedenen Stufen und Zweigen des gesamten Bildungssystems gefaßt. Die gängige Methode zur Abschätzung der individuellen Nachfrage nach Bildung bzw. Ausbildung besteht in der Extrapolation von Trends, die als Grundlage zur Abschätzung des zu erwartenden Schul- und Hochschulbesuchs dienen[22].

---

21 Ein vierter Ansatz, das sog. Kosten-Ertrags-Modell (»rate of return approach«), wird hier nicht abgehandelt. Er geht von einer Gegenüberstellung der volkswirtschaftlichen Kosten und der privaten Erträge von Bildungsinvestitionen aus. Seine bildungspolitische Relevanz ist jedoch äußerst begrenzt, da Untersuchungen über die privaten Erträge kaum Aufschluß über bestimmte Alternativen staatlicher Bildungsfinanzierung geben. Vgl. A. *Hegelheimer*, a. a. O., S. 94 ff.

22 In der BRD müssen einige Untersuchungen, die im Auftrag der Ständigen Konferenz der Kultusminister (KMK) und des Wissenschaftsrates durchgeführt worden sind, als angebotsorientierte Untersuchungen bezeichnet werden: KMK, Bedarfsfeststellung 1961 bis 1970. Dokumentation, Stuttgart o. J., KMK, Schulbesuch 1961 bis 1970. Erster Bericht der Arbeitsgruppe für Fra-

Die Problematik derartiger Trendextrapolationen, in die als Variablen insbesondere die Schulbesuchsquoten der Vergangenheit, ihre zu erwartende Modifizierung durch die Bevölkerungsentwicklung, die bisherigen Ausfall- und Sitzenbleiberquoten und Schüler-Lehrer-Relationen eingehen, liegt auf der Hand und wird von den Bildungsökonomen selbstkritisch erwähnt: durch die Fortschreibung der Entwicklung der Vergangenheit werden vergangene bildungspolitische Versäumnisse und Strukturmängel im Bildungswesen mit fortgeschrieben. Nach Bahr ergibt sich dadurch ein Zirkel: »Von den Bildungsplanern werden Unterlagen erwartet, die den politischen Anhaltspunkt für Entscheidungen liefern sollen; die Planer aber können nur mit der Projektion des Verhaltens eben dieser Politiker aufwarten[23].«

Der ebenfalls angebotsorientierte »social objectives« bzw. »cultural objectives approach« versucht diesen Mangel durch die Zugrundelegung bestimmter bildungspolitischer Ziele zu beheben, die mit der individuellen Nachfrage kombiniert werden. So wird z. B. die Abiturientenquote nicht mehr als Funktion einer gegebenen Sozialstruktur und Bildungsmotivation aufgefaßt, sondern aus »politisch determinierten Werten« (Widmaier) abgeleitet, die die Richtung, in die sich das Bildungswesen fortentwickeln soll, angeben. Quantifizierte Zielwerte, wie z. B. die Erhöhung der Abiturientenquote auf 20 v. H. des jeweiligen Altersjahrgangs, stellen somit die operationalisierte Form von bestimmten bildungspolitischen Grundsätzen oder verfassungsmäßigen Grundrechten dar, wie sie in den Schlagworten von der »Chancengleichheit«, dem »Bürgerrecht auf Bildung« usw. zum Ausdruck kommen. (Auf die Problematik der Quantifizierung von bildungspolitischen Postulanten kommen wir im Zusammenhang mit der Analyse des kombinierten Modells noch einmal zurück.)

In der bildungsökonomischen Diskussion selbst ist die Möglich-

---

gen der Bedarfsfeststellung. Dokumentation 15, Bonn 1965; KMK, Zweiter Bericht der Arbeitsgruppe für Fragen der Bedarfsfeststellung. 4 Bände: I. Schüler-Klassen-Lehrer 1961 bis 1970; II. Lehrerbewegung 1961 bis 1964; III. Lehrernachwuchs; IV. Lehrerbesoldung 1961 bis 1966. Dokumentation Nr. 20–23, Bonn 1967; Wissenschaftsrat, Abiturienten und Studenten. Entwicklung und Vorausschätzung der Zahlen 1950 bis 1980. o. O., 1964.

23 K. *Bahr,* Zusammenfassende Darstellung verschiedener Ansätze zur Bildungsplanung, in: Internationales Seminar über Bildungsplanung. Institut für Bildungsforschung in der Max-Planck-Gesellschaft, Berlin 1967, S. 37.

keit der Anwendung von angebotsorientierten Modellen stark eingeschränkt worden.

Betrachtet man die angebotsorientierten Ansätze im Hinblick auf
wachstumspolitische Erfordernisse, so liegt die Haupt-»Schwäche«
dieser Ansätze darin, »daß Einflüsse des Arbeitsmarktes auf das
Angebot an hochqualifizierten Arbeitskräften und auf die sich daraus ergebende Nachfrage nach Ausbildung geleugnet werden«[24].
Sowohl der Ausgangspunkt von der zu erwartenden individuellen
Nachfrage nach Ausbildung, als auch die Determinierung der Untersuchungen und Planungsmodelle durch bildungspolitische Zielsetzung lassen offen, inwieweit das »Bürgerrecht auf Bildung« mit
dem »Recht auf freie Wahl des Arbeitsplatzes« bzw. mit dem Recht
auf einen der Ausbildung adäquaten Beruf harmonisiert bzw.
konfligiert.

In den Modellen wird unterstellt, daß jedes ausgebildete Individuum, unabhängig von der Quantität (Dauer) und Qualität (Fachrichtung) des Ausbildungsganges, sowohl einen Arbeitsplatz finden
werde als auch mit der Arbeit, zu der ihn der selbstgewählte Ausbildungsgang befähigt, zum Wirtschaftswachstum beitrage. Der
potentielle Widerspruch zwischen individuell determinierter Bildungsnachfrage und ökonomisch determiniertem Arbeitsplatzange-
bot wird jedoch immer manifest in Zeiten des Mangels an bestimmten nachgefragten Qualifikationen, wie auch in Zeiten der Überproduktion bestimmter Qualifikationen.

Wie die Einführung des Numerus clausus in den Hochschulen
der BRD und die intensivierte Bedarfssteuerung durch staatliche
Stellen und Institutionen der Wirtschaft[25] zeigen, findet das »Bürgerrecht auf Bildung« seine Grenze an den knappen Ressourcen

---

24 H. *Riese,* a. a. O., S. 270.
25 Insbesondere im Zusammenhang mit der Bundesanstalt für Arbeit konzipierte »Aufklärungsschriften« von Länderregierungen für Abiturienten spielen hier eine Rolle. Die zunächst erst im Stadium der Planung befindlichen
Hochschulgesetze, z. B. für Bayern, sehen für die Universitäten eine sog. Studienberatung *bei der Hochschule* vor, »die unter Berücksichtigung der Berufsaussichten und Berufseignung über die Studienmöglichkeiten berät« und
die Studienberatung *in der Hochschule* ergänzen soll. Es steht zu erwarten,
daß diese ominöse Studienberatung bei der Hochschule den Vertretern der
»Verwendungsbereiche« frühzeitig Gelegenheit geben soll, entsprechend dem
Bedarf über »Aussicht« und »Eignung« zu beraten. (Entwurf eines Bayerischen Hochschulgesetzes, Art. 56 [1].)

für die Bildung einerseits und an der durch die Entwicklung der Arbeitsplatzstruktur von Wirtschaft und Verwaltung bedingten quantitativen Nachfrage nach Qualifikationen andererseits. Die angebotsorientierten Ansätze können somit nur dann bildungspolitische Relevanz erhalten, wenn sich beide Grundrechte, das »Bürgerrecht auf Bildung« und das »Grundrecht auf einen der Ausbildung adäquaten Beruf«, miteinander vereinbaren lassen.

Die Priorität des wachstumspolitischen Interesses läßt es als kaum zweifelhaft erscheinen, daß, im Falle eines Konflikts zwischen beiden Grundrechten, die sozial oder kulturell motivierten bildungspolitischen Entscheidungen zugunsten der ökonomischen zurückgestellt werden. (Im Zusammenhang mit der Darstellung des »manpower approach« werden wir noch einmal auf dieses zentrale bildungsplanerische und -politische Problem zurückkommen.) Das Auftauchen eines Konflikts zwischen beiden Grundrechten ist bislang allein aus der Annahme von objektiven Mangel- oder Überflußsituationen abgeleitet worden. Die subjektive Motivation derjenigen, die nach Bildung nachfragen, ist bislang außer acht gelassen worden. Welche Rolle gerade sie bei Planung des Bildungswesens spielt bzw. spielen soll, kommt in einer OECD-Studie zum Ausdruck: »Glücklicherweise kommt ein echter Gegensatz zwischen individuellen Wünschen und gesellschaftspolitischem Bedarf viel seltener zur Wirkung, als man meinen könnte. Der Mensch ist ein soziales Wesen, und die Wahrscheinlichkeit spricht dafür, daß eine Mehrzahl von Studenten ein Fach, in dem sie der Gesellschaft nützen und daher auch gut bezahlt werden, attraktiver finden[26].« Diese grobe Identifikation von materiellem Anreiz und Einsicht in gesellschaftliche Notwendigkeit versucht die Artikulation individueller Bildungs-Bedürfnisse auf die Erwartung einer privaten Verzinsung von »Humankapitalinvestitionen« in Form von höheren Einkommen zu reduzieren. Hinter dieser Annahme eines nicht institutionalisierten, sondern in den gesellschaftlichen Normen inkorporierten Bedarfssteuerungsmechanismus verbirgt sich eine Einschätzung der individuellen Bildungsmotivation, in der von vornherein weitgehend von Motiven wie psychische und soziale Befriedigung individueller Bedürfnisse im Beruf abstrahiert wird. Die perverse Konsequenz aus dieser Annahme bestünde darin, daß der

---

26 OECD, Wirtschaftswachstum und Bildungsaufwand, Wien, Frankfurt, Zürich 1966, S. 26.

angebotsorientierte Ansatz gerade deswegen auch unter wachstumspolitischen Gesichtspunkten Verwendung finden könnte, weil der
Widerspruch zwischen individuellen Bedürfnissen und den sich
hinter der Ideologie vom Gemeinnutzen verbergenden wirtschaftlichen Interessen in der individuellen Bildungsmotivation aufheb-
bar zu sein scheint. In das individuelle Kalkül müßten demnach
primär Fragen eingehen wie: Wie hoch ist das zu erwartende Einkommen? Wie hoch ist das entgangene Einkommen, d. h. der
Betrag, der in der Zeit verdient werden könnte, in der eine zusätzliche Ausbildung freiwillig absolviert wird? Wie hoch ist der entgangene Konsumentennutzen, d. h. der Betrag, der durch individuelle Aufwendungen für Bildung der Konsumtion verlorengeht?
... Es wird damit eine Verhaltensweise und eine Motivation unterstellt, die der – nach Hüfner – »klassischen ökonomischen Hypothese« für »Rationalverhalten« entspricht: Wie in der privaten
Wirtschaft strebt das bildungsnachfragende Individuum die Maximierung ökonomischer Erträge, d. h. Einkommen, an[27]. Wie sich
jedoch diese Annahme mit der Tatsache verträgt, daß innerhalb
der hohen und höchsten Einkommensklassen immer nur eine begrenzte Zahl von Arbeitskräften benötigt wird, daß vielmehr die
große Mehrheit der Gesellschaft mit einem vergleichsweise niedrigen Lebenseinkommen zufrieden sein muß, bleibt offen. Für das
unterstellte »Rationalverhalten« werden offensichtlich immer nur
wenige »belohnt« und die Mehrheit »bestraft«. Dafür ist es aber
die beste Voraussetzung für Verhaltensweisen, wie sie in der sogenannten Leistungsgesellschaft gewünscht werden: der Glaube an
den Aufstieg durch individuelle Leistung, Konkurrenz der objektiv
gleichgestellten Arbeitskräfte untereinander um besser bezahlte
Arbeitsplätze, schließlich Neid und Mißgunst bei zwangsläufig eintretenden Enttäuschungen, die jedoch individuell verarbeitet werden müssen, da gemäß der Ideologie von der Leistungsgesellschaft
die Erfolge und Mißerfolge immer dem vereinzelten Individuum,
seinem Streben und »Rationalverhalten«, angelastet werden.

Die Anwendbarkeit des »social demand approach« wird nicht
allein durch die Annahme begrenzt, daß jeder Ausgebildete einen
ausbildungsadäquaten Arbeitsplatz finde, sondern überdies durch
die z. T. mit der Struktur des Bildungswesens vorgegebenen Berufsmöglichkeiten für Absolventen bestimmter Ausbildungsgänge. Zwei

---

27 K. *Hüfner*, Traditionelle Bildungsökonomie ..., S. 62.

extreme Fälle können dabei unterschieden werden: Sind die Ausbildungsgänge jeweils nur auf einen Beruf oder eine enge Berufsgruppe ausgerichtet, herrschen *limitationale* Verhältnisse zwischen Ausbildungsrichtung und Beruf vor. »Limitationalität bedeutet dabei eine geringe Angebotselastizität der Berufsqualifikationen, d. h. geringe Reaktionsmöglichkeiten des Angebots auf Nachfrageveränderungen nach Berufsqualifikationen. In diesem Fall setzt im Bildungsgang die Spezialisierung sehr früh ein und ist stark auf bestimmte Berufe hin orientiert[28].« Bei limitationalen Verhältnissen kann es aufgrund der langen Ausbildungsdauer bei kurzfristiger Nachfrageveränderung zu erheblichen Verzerrungen zwischen Angebot und Nachfrage kommen.

Sind dagegen die Ausbildungsgänge flexibel und auf generelle Qualifikationen ausgerichtet, die Ausübung von oder das kurzfristige Anlernen in vielen Berufen ermöglichen, bestimmt ein hoher Grad an *Substituierbarkeit* die Beziehung zwischen Ausbildungsrichtung und Beruf. Sie ermöglicht die reibungslose Anpassung des Angebots an Bedarfsschwankungen für einzelne Qualifikationen. In diesem Fall muß das Bildungswesen so konzipiert sein, daß die Berufswahl möglichst spät erfolgt[29].

Diese beiden extremen Verhältnisse zwischen Ausbildungsrichtung und Beruf sind nicht allein durch die Struktur des Bildungswesens bestimmt. Tradierte Standards über das berufliche Prestige, Einstellungen zur Berufsmobilität und innerberufliche Aufstiegsmöglichkeiten bedingen gleichfalls die Elastizität oder Statik des Verhältnisses.

Es ist unmittelbar evident, daß der angebotsorientierte Ansatz sich vor allem in Gesellschaften anbietet, in denen zwischen Ausbildungsrichtung und Beruf ein hoher Grad an Substituierbarkeit besteht, so daß trotz der allenfalls nur indirekten Berücksichtigung des Bedarfs an spezifischen Qualifikationen Verzerrungen auf dem Arbeitsmarkt durch den Substitutionseffekt ausgeglichen werden können. Unter den Bedingungen relativer Limitationalität bieten sich vor allem bedarfsorientierte Ansätze an.

Da nach Riese in der BRD – im Gegensatz zu den USA – das Verhältnis von Ausbildungsrichtung und Beruf durch einen relativ hohen Grad an Limitationalität gekennzeichnet ist, sei es auch kein

---

28 H. *Riese,* a. a. O., S. 280 f.
29 Ebd., S. 281.

Zufall, daß in der BRD Untersuchungen auf der Basis des »social demand approach« unter den gegenwärtigen Bedingungen kaum politische Relevanz besitzen können.

In der BRD müsse sich die Planung des Bildungswesens aus diesem Grund an der Nachfrage nach Qualifikationen und nicht etwa nach Ausbildungsplätzen ausrichten.

Riese selbst schlußfolgert: »Das Grundrecht auf Bildung erhält den sekundären Stellenwert, es ist das schwache Glied in der Kette, weil die Wirtschaft kaum zur Absorption von Arbeitskräften gezwungen werden kann[30].«

So realistisch diese Konsequenz auch ist, wenn der Status quo der auf der »freien Wirtschaft« beruhenden Gesellschaft zugrundegelegt wird, so bedeutet sie doch zugleich, daß die »Freiheit« der Privatwirtschaft zwangsläufig zum Verzicht der Auszubildenden auf bestimmte Grundrechte führt. Widmaier/Frey ziehen aus diesem »Dilemma« die Konsequenz, daß nicht etwa die liberale These des Bürgerrechts auf Bildung falsch sei, sondern vielmehr die Verhältnisse ihre Realisierung nicht zuließen[31]. Die in dieser abstrakten Form richtige Schlußfolgerung wird jedoch problematisch, wenn die »Verhältnisse« konkret benannt werden, an denen die Realisierung liberaler Postulate scheitere. Sowohl bei Widmaier/Frey als auch bei Riese sind es die Struktur des Bildungswesens und die individuelle Einstellung zu Ausbildung und Beruf, nicht aber die Produktionsverhältnisse und die Interessen der Wirtschaft, die die Verwirklichung des Grundrechts auf Bildung nicht zulassen. Riese selbst bezeichnet das Ergebnis seiner Überlegungen als überraschend: »Die Bildungspolitik wird nicht etwa, wie es vermutet werden könnte, zu einer bedarfsorientierten Planung gezwungen, weil Wirtschaft und Gesellschaft einen Bedarf an Arbeitskräften haben, der vom Bildungswesen zu decken wäre, *sondern allein durch eine mangelnde Flexibilität des Ausbildungsganges und der Berufserfordernisse*. Frühe Spezialisierung, Ausrichtung des Bildungswesens auf ganz bestimmte Berufe und mangelnde Austauschbarkeit bestimmter Tätigkeitsfunktionen verhindern, daß die Berufswünsche der Absolventen dem Angebot an Arbeitsplätzen angepaßt werden könnten. Auf der Strecke bleiben muß entweder das Grundrecht auf Bildung oder das auf einen der Ausbildung adäquaten Beruf.

---

30 Ebd., S. 283.
31 *Widmaier/Frey*, a. a. O., S. 144.

Vieles spricht dafür, daß dabei das erstere die größere Wahrscheinlichkeit hat[32].« Übersehen wird dabei von Riese, daß erst der qualitative und quantitative Wandel des Bedarfs und das Tempo der Bedarfsänderung von Wirtschaft, Verwaltung und Dienstleistungsbereich die gegenwärtige Struktur des Bildungswesens als anachronistisch erscheinen lassen, die jedoch im 19. Jahrhundert einen anders gearteten Bedarf voll befriedigen konnte. Die Forderung nach Flexibilität resultiert nicht – wie wir in der Analyse des »manpower approach« genauer zeigen werden – primär aus der sozialpolitischen Motivation heraus, Chancengleichheit zu realisieren, sondern spiegelt vielmehr nur die veränderte Bedarfsstruktur einer Wirtschaft. Nach wie vor ist die »freie« Wirtschaft nicht zur Absorption von Arbeitskräften zu zwingen, und nach wie vor geht es darum – wie Riese selbst formuliert –, die Berufswünsche der Absolventen an das Angebot an Arbeitsplätzen anzupassen. Zum einen verwechselt Riese die *Methode der Bedarfssteuerung mit der Bedarfssteuerung selbst,* zum anderen identifiziert er das Grundrecht auf Bildung, das die freie Wahl der Bildungsinstitution und des Bildungsweges umfaßt, mit der rein quantitativen Forderung nach einer der Nachfrage entsprechenden Anzahl von Ausbildungsplätzen. Erst bei derartigen Verwechslungen kann es überhaupt dazu kommen, daß beide Grundrechte unter dem Primat einer wachstumspolitisch orientierten Bildungspolitik als vereinbar betrachtet werden und die Harmonie als das Resultat von Veränderungen erscheinen kann, die nur das Bildungswesen betreffen, die ökonomische Struktur unserer Gesellschaft jedoch unangetastet lassen.

2.2 Das nachfrageorientierte Modell (manpower approach)

Der nachfrageorientierte »manpower-approach«, der durch das von der OECD initiierte Mittelmeerprojekt und in der BRD vor allem durch die im Auftrage des Wissenschaftsrats von H. Riese durchgeführte Studie über »Die Entwicklung des Bedarfs an Hochschulabsolventen in der Bundesrepublik Deutschland« Bedeutung erlangt hat, geht aus von einer Prognose des zu erwartenden Wirt-

---

32 H. *Riese,* a. a. O., S. 284.

schaftswachstums[33]. Diese Prognose wird zugleich als Zielvariable betrachtet, d. h. es wird die Frage gestellt, welcher Bedarf an Arbeitskräften mit einer bestimmten Qualifikationsstruktur in der Lage ist, die Produktivitätssteigerungen zu erzielen, die durch die prognostizierten Wachstumsraten vorgegeben sind. Von dem sich ergebenden Bedarf her können dann Schlüsse für die Entwicklung des Bildungswesens, seine personelle und materielle Ausstattung, gezogen werden.

Insgesamt besteht der Ansatz aus einer Folge von 9 Schritten[34]:

1. Schätzung der Wachstumsraten des Bruttosozialprodukts bzw. Bruttoinlandsprodukts. Riese geht in seiner Studie von einer mittleren Wachstumsrate des realen Bruttoinlandsprodukts von jährlich 4 v. H. bis 1981 aus. Die Wachstumsrate ist für den Zeitraum 1961 bis 1981 auf der Basis der Wirtschaftsentwicklung 1950–1961 extrapoliert worden.

2. Die Nettoproduktionswerte der einzelnen Wirtschaftssektoren werden abgeschätzt.

3. Für die einzelnen Sektoren wird die Arbeitsproduktivität, d. h. der quantitative Anteil des Faktors Arbeit an der Produktivitätsentwicklung, geschätzt.

4. Innerhalb der einzelnen Sektoren werden die verschiedenen Berufsklassen der Beschäftigten ermittelt, d. h. die Anzahl und die jeweiligen Anteile der in einem Wirtschaftssektor vorkommenden Berufe (Berufsklassenstruktur).

5. Die Aufaddierung der Berufe pro Sektor ergibt den Gesamtbedarf von Arbeitskräften je Beruf.

6. Für jeden Beruf wird die erforderliche Qualifikation nach Ausbildungsdauer, Ausbildungsart, Fachrichtung usw. ermittelt.

7. Die Addition der je Fachrichtung geforderten Arbeitskräfte ergibt den Gesamtbedarf einer bestimmten Fachrichtung.

8. Die Anforderungen an das Bildungswesen werden ermittelt, indem die gesamte Bestandsänderung an Arbeitskräften in dem prognostizierten Zeitraum um die Ersatznachfrage (d. h. zuzüglich der Anzahl der in dem Zeitraum aus dem Arbeitsprozeß ausschei-

33 Vgl. dazu H. S. *Parnes,* Forecasting Educational Needs for Economic and Social Development, OECD, Paris 1962; H. *Riese,* Die Entwicklung des Bedarfs an Hochschulabsolventen in der Bundesrepublik Deutschland, Wiesbaden 1967. Zur Kritik an der *Riese*-Studie vgl. A. *Hegelheimer,* a. a. O., S. 113 ff.
34 Nach H. *Riese,* Theorie der Bildungsplanung . . ., S. 273 ff.

denden Arbeitskräfte) aufgeschlüsselt nach Fachrichtung, Bildungsdauer usw. ergänzt wird.

9. Da jedoch nicht alle Ausgebildeten ins Erwerbsleben eintreten, müssen die Erwerbsquoten abgeschätzt werden. Die Division der Bestandsänderung zuzüglich der Ersatznachfrage durch die Erwerbsquote ergibt dann den totalen Bedarf an Ausgebildeten einer bestimmten Fachrichtung und Ausbildungsdauer für den jeweiligen Zeitraum.

Dieser stringent erscheinende Ableitungszusammenhang enthält eine Reihe methodischer Probleme und prinzipieller Annahmen, die z. T. von Hegelheimer u. a. kritisiert worden sind. Hegelheimer zeigt auf, daß der jeweilige *Bestand* an Arbeitskräften nicht notwendigerweise identisch ist mit dem jeweiligen *Bedarf,* so daß durch Extrapolation bestehende Engpässe in die Zukunft verlängert werden können[35].

Eine weitere Schwäche wird z. B. in der Studie von H. Riese, die sich allerdings nur auf die Nachfrage nach Hochschulabsolventen bezieht, deutlich. Riese vernachlässigt das Problem der Limitationalität und Substituierbarkeit zwischen Fachrichtungen und Berufen bzw. Berufsgruppen. Es wird damit unterstellt, daß für den gesamten Prognosezeitraum die bestehenden Beziehungen zwischen Ausbildungsart und späterem Beruf konstant bleiben. Mögliche Verschiebungen, dergestalt, daß z. B. für das Management zunehmend Ingenieure und nicht mehr ausschließlich Juristen oder Betriebswirte gefragt sind (horizontale Substitution) oder Ingenieure nicht allein auf der Hochschule, sondern zunehmend auch auf Fachoberschulen ausgebildet werden (vertikale Substitution), bleiben außer Betracht. (Riese selbst erörtert diese Probleme in einem späteren Aufsatz ausführlich, weist jedoch darauf hin, daß empirische Berechnungen zur Erfassung derartiger Phänomene erhebliche Schwierigkeiten mit sich bringen[36].) Neben diesen eher methodischimmanenten bzw. technischen Problemen des Ansatzes enthält der »manpower-approach« Annahmen und Konsequenzen, die erörtert werden müssen.

Eine zentrale methodische Voraussetzung des »manpowerapproach« besteht in der Prognose der durchschnittlichen jährlichen

35 A. *Hegelheimer,* a. a. O., S. 115.
36 H. *Riese,* Theorie der Bildungsplanung . . ., S. 276 ff.

Wachstumsraten der Volkswirtschaft insgesamt und der einzelnen Wirtschaftssektoren innerhalb eines bestimmten Zeitraums. Das Postulat der wachstumstheoretischen Bildungsökonomie, zum stetigen und störungsfreien Wachstum der Volkswirtschaft durch optimale Ausrichtung der »Produktion« von Qualifikationen an dem jeweiligen Bedarf beizutragen, bricht sich jedoch an der realen wirtschaftlichen Entwicklung im Kapitalismus. Die wirtschaftliche Entwicklung vollzieht sich gerade nicht stetig und konstant, sondern zyklisch. Verfolgt man beispielsweise die Wachstumsraten des Bruttosozialprodukts in der BRD seit 1950 (vgl. Anhang 1), so lassen sich bis 1968 insgesamt vier Zyklen ausmachen, deren Tiefpunkte bzw. konjunkturelle Rezession in die Jahre 1953/54, 1957/ 58, 1962/63 und 1966/67 fallen. Allenfalls in der Berechnung von 4- oder 5-Jahres-Durchschnitten läßt sich der zyklische Verlauf statistisch eliminieren und eine gleichmäßige, im Fall der BRD sinkende Tendenz des Wirtschaftswachstums, gemessen an den Wachstumsraten des Bruttosozialprodukts, feststellen. Eine statistische Eliminierung der periodisch von Krisen erschütterten Wirtschaftsentwicklung, wie sie den Trendextrapolationen zur Prognose zukünftiger wirtschaftlicher Entwicklung zugrunde gelegt wird, hat jedoch erhebliche Konsequenzen für die Möglichkeit der Befriedigung des mittels des »manpower-approach« prognostizierten Bedarfs an Arbeitskräften.

Die zyklische Wirtschaftsentwicklung wirkt sich zum einen auf die staatliche Haushaltspolitik aus. Gerade eine langfristig kontinuierliche Bildungsinvestitionspolitik, die zwangsläufig aus dem Postulat über das stetige Wirtschaftswachstum und seiner Limitierung durch das Bildungswesen folgt, findet seine Grenzen in der staatlichen Konjunkturpolitik. Zugleich aber tragen Krisen zu einer periodisch unterschiedlichen Nachfrage nach Arbeitskräften bei. Entlassungen von Arbeitskräften in der Rezession und das Ansteigen der offenen Stellen als Folge des erneuten Aufschwungs weisen darauf hin. Die bedarfsorientierte Prognose, von der die konjunkturelle Bedarfsentwicklung nicht miterfaßt wird, abstrahiert damit von dem jeweils kurzfristigen Interesse derjenigen, die nach Arbeitskräften nachfragen. Wenngleich der »manpower-approach« explizit dem Grundrecht auf einen ausbildungsadäquaten Arbeitsplatz den Vorrang gegenüber dem »Bürgerrecht auf Bildung« einräumt, so vermag er doch selbst diesem Postulat nicht gerecht zu werden. Denn weder die Ausgebildeten noch die Abnehmer von

Arbeitskräften können über die jeweils aktuelle Situation auf dem Arbeitsmarkt damit hinweggetröstet werden, daß langfristig und im Durchschnitt sowohl die Interessen der Wirtschaft als auch die der Ausgebildeten auf einen Arbeitsplatz berücksichtigt worden seien.

Derartige Schwierigkeiten der bedarfsorientierten Bildungsplanung liegen nicht etwa in der Methode des Ansatzes, sondern sind in der ökonomischen Struktur unserer Gesellschaft selbst begründet. Der Konflikt zwischen einer auf langfristige Stetigkeit angelegten wachstumsorientierten Bildungsplanung und den aus der zyklischen Wirtschaftsentwicklung resultierenden Schwankungen im Bedarf nach Arbeitskräften und der Nachfrage nach Arbeitsplätzen einerseits und den finanziellen Restriktionen im Bereich der Bildungsinvestitionen andererseits lassen prinzipielle Zweifel an langfristiger Planung im Bereich des Bildungswesens unter den angedeuteten Prämissen aufkommen.

Eine zweite Funktion des bedarfsorientierten Ansatzes muß ebenfalls problematisch werden. Die bedarfsorientierte Bildungsplanung betrachtet es nicht allein als ihre Aufgabe, Entscheidungsalternativen für staatliche Bildungspolitik zu geben. Zusätzlich bestehe, wie Widmaier/Frey betonen, ihre Aufgabe darin, die Auszubildenden frühzeitig über die Entwicklung ihrer langfristigen Berufschancen zu informieren[37]. Jedoch habe die Beratung über relative Berufschancen nur dann einen Sinn, »wenn man annehmen kann, daß die Mehrzahl der Studienanfänger eine *rationale* Entscheidung bei der Wahl einer Fachrichtung trifft«[38]. Was eine rationale Entscheidung ausmacht, wird expliziert: »Rational wird hier synonym mit effizient im ökonomischen Sinne verwendet[39].« Die bereits in einigen didaktischen Theorien aufgewiesene Identifizierung von rationalem Verhalten mit ökonomischer Rationalität taucht hier wiederum auf und stellt nicht eine Maxime für die Gestaltung von Unterrichtsprozessen dar, sondern ein Entscheidungskriterium für die Auszubildenden selbst: »Der typische Bildungs- und Berufswähler hat demnach als Ziel die Sicherung eines seiner Bildungsqualifikation entsprechenden Arbeitsplatzes und die Erreichung eines möglichst hohen Lebenseinkommen«[40], das sich an den

---

37 *Widmaier/Frey*, a. a. O., S. 153.
38 Ebd., S. 160, Hervorhebung *F. H.*
39 Ebd., S. 160, Anm. 61.

gegebenen kulturellen Standards ebenso orientieren wird wie an
den ideologischen Standards wie »Wirtschaftswunder«, »Wohl-
standsgesellschaft« oder »Gesellschaft im Überfluß«. Unter den
wachstumsbezogenen Prämissen kann dieses »Rationalverhalten«
jedoch nicht allein im Hinblick auf das zu erwartende Lebenseinkommen interpretiert werden. Vielmehr bemißt sich die individuelle
Rationalität in der Wahl einer Ausbildungsrichtung an ihrer prognostizierten Relevanz für das Wirtschaftswachstum. Das Bildungswesen wird damit auch in der Theorie zum Zuliefererbetrieb für
gewünschte Qualifikationen, deren Bedarf sich an den Gesetzen der
Profitmaximierung der auf Privateigentum an Produktionsmitteln
basierenden Wirtschaft orientiert. Die Manipulation des Angebots
würde nicht allein durch unpopuläre Maßnahmen wie Numerus
clausus etc., sondern zugleich durch eine bildungsökonomisch
abgestützte Berufsberatung erfolgen.

Letztlich pervertiert damit das in der bedarfsorientierten Bildungsplanung im Vordergrund stehende *Grundrecht* auf einen
ausbildungsadäquaten Arbeitsplatz zu einer *Verpflichtung,* nur die
Ausbildungsrichtungen zu wählen, die nachgefragt werden. Sobald
in einer so ausschließlich am Bedarf der Wirtschaft orientierten
Berufsberatung die partikularen Interessen der Wirtschaft hinter
einem wissenschaftlich abgesicherten »Dachzwang« zu verschwim-
men drohen und das intendierte »Rationalverhalten« internalisiert
ist, können zwangsläufig weder der Prozeß der Ausbildung selbst
noch die berufliche Praxis als Existenzweisen begriffen werden, die
über ihre Funktion, Mittel zum Lebensunterhalt darzustellen, hinaus dem Menschen Befriedigung verschaffen. In dieser Konzeption
erscheinen Ausbildungsmotivation, Ausbildung selbst und die Berufstätigkeit allein zum Zweck der ökonomischen Erträge der
Privatwirtschaft orientiert zu sein.

Wenn Widmaier/Frey das zu erwartende möglichst hohe Lebenseinkommen als die materielle »Belohnung« für ein »Rationalverhalten« versprechen, das die Eliminierung individueller Interessen und Bedürfnisse während der Ausbildungs- und Berufszeit
voraussetzt, so verkehren sie jedoch die tatsächlichen Zusammenhänge. Weder ist ein hohes Lebenseinkommen die automatische
Folge des »Rationalverhaltens« noch die direkte Konsequenz von
hohen Wachstumsraten der gesamten Volkswirtschaft oder von

---

40 Ebd., S. 160.

hohen Gewinnspannen einzelner Unternehmen. Empirische Untersuchungen über die Einkommensentwicklung und Vermögensbil-
dung in der BRD[41] sowie die Lohnkämpfe von Arbeitern und
Angestellten machen vielmehr deutlich, daß besitzende und lohn-
abhängige Schichten der Gesellschaft nicht in gleicher Weise an
wirtschaftlicher Prosperität partizipieren, sondern daß die Distribution von gesellschaftlich erarbeitetem Reichtum aufgrund der
ungleich verteilten Verfügungsgewalt über die Resultate der Arbeit
nach wie vor einmal von der jeweiligen Lage auf dem Arbeitsmarkt
abhängt, zum anderen von direkten Lohnkämpfen oder tariflichen
Auseinandersetzungen zwischen Lohnabhängigen und Unter-
nehmern.

Derartige Interessendivergenzen zwischen den ausgebildeten Arbeitskräften und denjenigen, die aufgrund ihrer Verfügung über
Produktionsmittel Arbeitskräfte verwenden, können von der Bildungsökonomie nicht mit erfaßt werden.

Eine weitere zu diskutierende Implikation des bedarfsorientierten
Ansatzes, die innerhalb der bildungsökonomischen Diskussion
selbst aufgegriffen worden ist, wird zugleich die Relevanz eines der
dargestellten didaktischen Modelle innerhalb bildungsökonomischer
Fragestellungen erhellen. A. Hegelheimer weist in einer Erörterung
des »manpower approach« auf die Problematik der Gleichsetzung
von »formaler Ausbildung und nachgefragter Qualifikation« hin[42].
(Unter formaler Ausbildung wird dabei die inhaltlich nicht gefüllte
Bezeichnung eines Ausbildungsganges, z. B. die Ausbildung zum
Volkswirt, Ingenieur, Kaufmann usw., verstanden.) Der modellhafte
Ableitungszusammenhang des bedarfsorientierten Ansatzes geht
davon aus, daß die Anforderungen, die an einen Beruf einer bestimmten Branche gestellt werden, durch die spezifische Ausbildung
innerhalb einer Fachrichtung erfüllt werden können. Da in dem
bedarfsorientierten Ansatz nur der zu erwartende quantitative Bedarf nach Ausgebildeten einer bestimmten Fachrichtung prognostiziert wird, nicht aber die inhaltliche Veränderung der nachgefragten
Qualifikationen, kann es trotz exakter quantitativer Bedarfsprognosen deswegen zu Disproportionen zwischen Angebot und Nachfrage
kommen, weil beispielsweise ein inhaltlicher Ausbildungsgang für

---

41 Vgl. dazu die materialreiche Analyse von J. *Huffschmid,* a. a. O., S. 11 ff.,
18 ff., 28 ff.
42 A. *Hegelheimer,* a. a. O., S. 115.

einen bestimmten Beruf beibehalten wird, der den Anforderungen an den vom Wandel der Arbeitsplatzstruktur her bestimmten Beruf nicht mehr entspricht. Der *quantitative* »manpower approach« bedarf einer Ergänzung, die die *qualitativen* Elemente der nachgefragten Berufe mit erfaßt.

Die Methode der Curriculum-Revision versucht, wie dargestellt, gerade diese inhaltlichen Veränderungen von Ausbildungsgängen bezogen auf die gewünschten Qualifikationen zu definieren und in ein Curriculum umzusetzen. Sie könnte theoretisch das qualitative Komplement zum quantitativen »manpower approach« darstellen. Daß die komplementäre Funktion beider Modelle nicht allein eine theoretische Konstruktion ist, wird daran deutlich, daß innerhalb der Curriculum-Entwicklung die schon seit längerer Zeit innerhalb der Arbeitsforschung verwendeten Methoden der »activity analysis« und »job analysis« (Arbeitsplatzanalyse) Bedeutung erlangt haben. Nach Huhse hat der Amerikaner F. Bobbitt zum ersten Mal empirisch berufliche Qualifikationsanforderungen zu erheben versucht. »Er entwickelte in und nach dem Ersten Weltkrieg die sogenannte ›activity analysis‹, ein Verfahren, das in der ›job analysis‹ seine reinste Ausprägung findet. Man zerlegt eine bestimmte Tätigkeit (z. B. die Arbeit, die eine Krankenschwester im Laufe des Monats verrichtet) in ihre einzelnen Elemente und ordnet diese der Häufigkeit entsprechend, mit der sie angewandt werden. Die aus der ›activity analysis‹ gewonnenen Daten dienen als Basis für die Bestimmung der Lernziele. Dieses Verfahren . . . wird heute noch zur Ausarbeitung bestimmter Teile berufsbildender Curricula herangezogen[43].« D. Knab und S. B. Robinsohn nehmen diese Verfahren explizit mit in das Modell auf. Vornehmlich der ersten Aufgabe der Curriculum-Entwicklung, der Identifizierung von Situationen und Katalogisierung von Anforderungen könnten Arbeitsplatzanalysen dienen[44].

Zwischen dem methodischen Gang der Curriculum-Entwicklung und der Arbeitsplatzanalyse sind augenfällige Parallelen festzu-

---

43 K. *Huhse*, Theorie und Praxis der Curriculum-Entwicklung. Ein Bericht über Wege der Curriculum-Reform in den USA mit Ausblicken auf Schweden und England. Studien und Berichte des Instituts für Bildungsforschung in der Max-Planck-Gesellschaft. Bd. 13, Berlin 1968, S. 131.
44 D. *Knab*, Möglichkeiten und Grenzen eines Beitrages der Curriculum-Forschung zur Entwicklung von Lehrplänen. In: Reform von Bildungsplänen – Grundlagen und Möglichkeiten. Sonderheft 5 zu RUNDGESPRÄCH, S. 32; S. B. *Robinsohn*, Bildungsreform als Revision des Curriculum, Neuwied 1967, S. 48.

stellen, die die Verwendung der Arbeitsplatzanalyse durch die
Curriculum-Theorie zumindest methodisch-immanent legitimieren.
In den Zwecken ist jedoch die Arbeitsplatzanalyse nur sekundär
auf die Ausbildung bezogen. J. Vincens unterscheidet in einem
Aufsatz, in dem er sich mit dem Problem der Arbeitskräftebedarfsplanung von Unternehmen beschäftigt, zwei Ziele: Die Arbeitsplatzanalyse wird einmal für notwendig gehalten, »um zu wissen,
was man jedem zahlen muß«, sie führt also zur analytischen Arbeitsbewertung; zum anderen – und hier wird die intentionale
Parallele zur Curriculum-Entwicklung deutlich – dient sie dazu,
»um die Rekrutierung von Arbeitskräften zu erleichtern *und insbesondere, um die Ausbildung in die richtigen Bahnen zu lenken*«[45].

Der methodische Gang der »job analysis« wird von J. Vincens
folgendermaßen dargestellt: Nach der Beschreibung des Arbeitsplatzes, d. h. der Aufstellung einer Liste von Arbeitsaufgaben unter
den bestimmten Bedingungen des Arbeitsplatzes, müssen die Anforderungen in Merkmale »des für diesen Arbeitsplatz geeigneten
Menschen« übersetzt werden. »Man bezieht sich nicht mehr auf den
Arbeitsplatz, sondern auf den Menschen, und drückt dabei in
menschlichen Qualitäten und Fähigkeiten den Inhalt des Arbeitsplatzes aus.« Die so definierten »Qualifikationselemente« je Arbeitsplatz ergeben die Qualifikation, die derjenige besitzen muß, der
den Arbeitsplatz ausfüllen soll. Zugleich enthalten sie Anhaltspunkte für die Inhalte der Ausbildung[46]. Die »Verwendungssituation«, die in der Curriculum-Entwicklung den Ausgangspunkt
der Untersuchung darstellt, ist hier der jeweilige Arbeitsplatz; den
Merkmalen der Verwendungssituation entsprechen die Anforderungen des jeweiligen Arbeitsplatzes. Die Transformation in subjektive Qualifikationen ist der zweite Schritt auch der Curriculum-
Entwicklung. Die Umsetzung von Qualifikationen in zu ihrer »Produktion« notwendige Curriculum-Elemente wird in der »job
analysis« nicht explizit angeführt. Dies hat seine Ursache darin, daß
innerhalb des Verfahrens nicht genau unterschieden wird zwischen
Qualifikations- und Curriculum-Elementen.

Eine derartige Integration der Arbeitsplatzanalysen in die
Curriculum-Entwicklung zum Zweck der qualitativen Ergänzung
der nur quantitativ ausgerichteten Bedarfsanalyse des »man-power

---

45 J. *Vincens,* Berufsvorausschau, in: IAB-M., 1969, Heft 8, S. 587.
46 Ebd., S. 588.

approach« – bei J. Vincens taucht diese Kombination als die »Verbindung von wissenschaftlicher Untersuchung der Lehre, Arbeits-
analyse und Abwägen des wirtschaftlichen Bedarfs«[47] auf – könnte
zwar die falsche Gleichsetzung von »formaler Ausbildung und
nachgefragter Qualifikation« und ihre Folgen tendenziell überwinden[48], sie würde jedoch den Anspruch der Theorie der Curriculum-
Entwicklung, zur Mündigkeit des zu Erziehenden beizutragen, vollends unglaubwürdig erscheinen lassen. Dieser Anspruch steht in
striktem Gegensatz zu der immanenten Maxime der Arbeitsplatzanalyse – selbst wenn von ihrer ersten Funktion, zur Lohnfestset-
zung beizutragen, abstrahiert wird –, die von J. Vincens offen dargelegt wird: Die Feststellung des Bedarfs an spezifisch qualifizierten
Arbeitskräften richte sich nach dem übergeordneten Ziel jedes
Unternehmens, der Gewinnmaximierung. Für die Unternehmen sei
die Verwendung der Arbeitskräfte ausschließlich ein Mittel zu
diesem Zweck[49].

Gleichfalls unter dieser Prämisse der Gewinnmaximierung wird
von Vincens die Forderung nach einer hinreichenden »Anpassungsfähigkeit des Ausbildungssystems«[50] gestellt. Diese schon von der

---

47 Ebd., S. 597.
48 Ein weiteres Problem dieses Zusammenhanges von formaler Ausbildung
und nachgefragten Qualifikationen und Methoden zur Überwindung der
falschen Gleichsetzung besteht darin, daß hier von der Existenz des Arbeitsmarktes, auf dem Unternehmen um Arbeitskräfte in Konkurrenz treten, abstrahiert wird. Die qualitative Bestimmung bestimmter Ausbildungsgänge
wird trotz zunehmender inhaltlicher Anpassung an den Bedarf an Qualifikationen das Problem nicht lösen können, daß jedes Unternehmen Arbeitskräfte braucht, die den spezifischen Bedingungen seiner Arbeitsplätze und
Arbeitsorganisation entsprechen. Ein Unternehmen X hat nicht etwa einen
Bedarf an Ingenieuren mit bestimmten generellen Qualifikationen, die dem
durchschnittlichen neuen Stand von Produktions- oder Konstruktionsverfahren entsprechen, sondern einen Bedarf an spezifischen Ingenieur-Qualifika-
tionen, die dem Stand der Produktions- und Konstruktionsverfahren eben
dieses Unternehmens X entsprechen. Die »Lücke« zwischen neuen generellen
Qualifikationen und betriebsspezifischen Qualifikationen kann gegenwärtig nur
durch betriebseigene Aus- und Weiterbildung geschlossen werden. Dies erfordert jedoch finanzielle Aufwendungen des einzelnen Betriebs, die jedes
Unternehmen nur dann aufwenden wird, »wenn es keine anderen Möglichkeiten zur Beschaffung der benötigten Dienstleistungen« von Lehrern im
öffentlichen Ausbildungsbereich gibt. (*Eckaus*, a. a. O., S. 73.) Das Verhältnis
von öffentlicher und betriebsinterner Ausbildung kann hier nicht weiter verfolgt werden.
49 J. *Vincens,* a. a. O., S. 580.
50 Ebd., S. 597.

Didaktik, von der bedarfsorientierten Bildungsplanung und nun von seiten der unternehmerischen Arbeitskräftebedarfsplanung aufgestellte Forderung nach einem flexiblen Bildungswesen bekommt einen heterogenen Stellenwert. Für die kybernetisch-informationstheoretische und die unterrichtstechnologische Didaktik ist Flexibilität der Unterrichtsorganisation, Schulorganisation und des Schulbaus eine Voraussetzung für die Individualisierung des Lernprozesses, die selbst entweder aus dem Postulat der »Lernmaximierung« abgeleitet, unbefragt als erstrebenswertes Ziel per se unterstellt oder als Sparmaßnahme begriffen wurde. So formuliert z. B. Zifreund: »Als ›technisch‹ simulierter Privatlehrer mit dem Effekt der Individualisierung des Lernwegs ist Programmierte Instruktion besonders ›sperrig‹ gegenüber einer Lernorganisation wie der Halbtagsschule, in der für Individualisierung ohnedies keine ›Luft‹ mehr vorhanden ist[51].« Und an anderer Stelle noch ausführlicher: »Das elementare Grundproblem (der Unterrichtstechnologie, F. H.) ist ja leicht formuliert: wie kann das Ziel, den Lernprozeß zu individualisieren, mit begrenzten personellen und sachlichen Mitteln realisiert werden? Da es sich keine auch nur ansatzweise egalitäre Gesellschaft leisten kann, nachgerade unbegrenzt viel Personal in das Ausbildungssystem zu delegieren (ohne Produktion und die Fülle sonstiger Dienstleistungen zu vernachlässigen), stellen Programmierte Instruktion und Technische Medien eine zentrale Realisierungsbedingung für das Innovationsziel einer Individualisierung des Lernens dar ... Selbstverständlich kommt angesichts der Größenordnungen der Bildungsinvestitionen dem Kostenfaktor einer jeden Innovation eine entsprechend große Bedeutung zu. Angesichts des Umstandes, daß die fortlaufenden Ausgaben und hier wiederum der Mehrbedarf an Lehrkräften die entscheidende Größe darstellen, kommt allen Möglichkeiten, Lehrerzeit einzusparen, ein in doppeltem Sinne innovationsbegründender Effekt zu, daß einmal der chronische Lehrermangel eingedämmt und zum anderen uferlose Kostensteigerungen aufgefangen werden können[52] ...«

Innerhalb der Bildungsplanung hat ein flexibles Bildungswesen die Funktion, das Grundrecht auf Bildung zu realisieren. Nach Riese muß die Bildungsplanung die Struktur des Bildungswesens

---

51 W. *Zifreund,* Über den Zusammenhang von Programmierter Instruktion, Unterrichtstechnologie und Unterrichtsforschung. In: pl, 1969, H. 1, S. 6.
52 Ebd., S. 10 f.

HUISKEN

reflektieren und die Möglichkeit der Realisierung von bildungspolitischen Zielsetzungen an ihr messen. »Je stärker das Bildungswesen limitationale Züge aufweist, desto größer wird die Gefahr von Zielkonflikten. Insbesondere das Grundrecht auf Bildung, das im Gegensatz zum primär wirtschaftlich bestimmten Bedarf leichter manipulierbar ist, ist gefährdet. Akzeptiert man jedoch die Verwirklichung dieses Grundrechts als eine bildungspolitische Zielsetzung, dann muß die Bildungsforschung die Konsequenz ziehen und der Bildungspolitik Entscheidungsgrundlagen liefern, die die Flexibilität der Ausbildung und Berufstätigkeit erhöhen. Nur dann läßt sich das Grundrecht auf Bildung realisieren; ... Die Flexibilität der Ausbildung kann dabei ihre Grenzen allein dort finden, wo sie mit ökonomischen und gesellschaftlichen Erfordernissen kollidiert[53].« Daß eine derartige Flexibilität, inklusive der oben erörterten berufsberatenden Funktion der Bildungsplanung, zur *institutionalisierten Manipulation* werden kann, die die Verpflichtung zur kurzfristigen Anpassung an den ökonomischen Bedarf mit dem Schein des Grundrechts auf Bildung versieht, wird vollends offensichtlich bei der Betrachtung der Funktion, die dem flexiblen Bildungswesen aus der Perspektive unternehmerischer Arbeitskräfteplanung zukommt. Ausgangspunkt zur Bestimmung der Funktion der Flexibilität des Bildungswesens ist bei Vincens die Feststellung, daß Prognosen über den Arbeitskräftebedarf der Unternehmen, selbst wenn sie nur eine mittlere Reichweite haben (5–10 Jahre), schwierig zu stellen sind, »was dazu führen dürfte, daß kurzfristige Prognosen wichtiger werden«[54]. Die Überführung der Ergebnisse der »Prognose auf kurze Fristen« in bildungspolitische Entscheidungen setzt aber voraus, daß die »Reaktionsfähigkeit« bzw. »Anpassungsfähigkeit des Ausbildungssystems genügend groß ist«. Flexibilität im Bildungswesen, hier insbesondere bezogen auf die Flexibilität der Curricula und der Struktur des Ausbildungsgangs, die kurzfristige Anpassung an den geänderten Bedarf ermöglicht, resultiert letztlich aus der relativen Unplanbarkeit von wirtschaftlicher Entwicklung insgesamt und von Veränderungen der gesamtwirtschaftlichen Arbeitsplatzstruktur. Die Ursachen dafür liegen in der ökonomischen Struktur der Gesellschaft und kommen u. a. in dem Widerspruch zwischen notwendigerweise langfristiger Wachs-

---

53 H. *Riese*, Theorie der Bildungsplanung ..., S. 288.
54 J. *Vincens*, a. a. O., S. 597.

tumspolitik und kurzfristigen Reaktionen auf konjunkturelle Zyklen – wie oben angedeutet – zum Ausdruck. »Technologische und architektonische Flexibilität« (Zifreund), Flexibilität in der Konstruktion, Anordnung und Austauschbarkeit von Curricula und schließlich Flexibilität der Organisation der Schule und des gesamten Bildungswesens greifen ineinander, wenn es darum geht, unter möglichst effektivem Einsatz sachlicher und personeller Mittel und unter der Annahme des ökonomischen »Rationalverhaltens« der Auszubildenden die optimale Anpassung der »Produktion« von Qualifikationen an die nur kurzfristig zu bestimmende Nachfrage der Wirtschaft und der anderen nachfragenden Bereiche zu erreichen.

Innerhalb eines derartigen Systems wäre dann kein Platz mehr für eine kritische Reflexion bestimmter tradierter bzw. neugeschaffener Berufe und beruflicher Tätigkeitsanforderungen. Eine Analyse der fremdbestimmten Anforderungen an berufliche Praxis und deren politisch-ökonomische Ursachen, die gegenwärtig innerhalb der erst ansatzweise instrumentalisierten Bildungsweisen noch möglich sind, würden mit der unterstellten, auf ökonomische Effizienz abzielenden Bildungsmotivation konfligieren. Jeder Versuch, die spätere Berufspraxis unter einem emanzipatorischen Anspruch zu antizipieren, müßte sich, da dies nur in kollektivem Lernprozeß durchzuführen und in kollektiver Praxis zu realisieren wäre, an dem sozialen Korrelat der auf Flexibilität hin ausgerichteten Struktur und Prozesse, an der *Individualisierung* des gesamten Ausbildungsprozesses brechen. Die frühzeitige Dispersion der Lernenden wäre dann zugleich die beste Garantie für die friktionslose Integration von zu Qualifikationen verdinglichten Individuen in den entfremdeten Arbeitsprozeß, da das Resultat einer vollständig auf Individualisierung angelegten Erziehung nur die Eliminierung des Bewußtseins von der Möglichkeit der kollektiven Artikulation und Durchsetzung von Interessen sein kann.

2.3 Das kombinierte Angebots- und Nachfrage-Modell

H. P. Widmaier und Mitarbeiter, die in der BRD als erste das kombinierte Angebots-Nachfrage-Modell in einer »Modellstudie zur Bildungsplanung« in Baden-Württemberg angewandt haben, wollen mit Hilfe der Kombination des »social demand approach« und des »manpower approach« die Einseitigkeiten, die in beiden

Modellen liegen, überwinden. Ihr Ziel ist die »Ermittlung zukünftiger *Engpaß- und Überschußsituationen*, die sich aus der Konfrontation der Ergebnisse beider Modelle im Rahmen einer oder mehrerer *Bildungsbilanzen* ergeben«[55]. Zugleich ist dies der Versuch, einen Ausgleich zwischen dem Postulat »Bildung ist Bürgerrecht« und dem Grundrecht auf einen ausbildungsadäquaten Beruf zu finden.

Der Angebotsseite liegen bestimmte bildungspolitische Zielvorstellungen des Kultusministeriums von Baden-Württemberg zugrunde: die Erhöhung der Abiturientenquote von 8 v. H. (1964) auf 15 v. H. (1980) und der Mittelschulabsolventenquote (Mittel- und Fachschule) von 16,4 v. H. (1964) auf 40 v. H. (1980). Für die Nachfrageseite wird eine durchschnittliche jährliche Wachstumsrate für den Zeitraum (1964–1980) von 5 v. H. angenommen[56]. Die einzelnen methodischen Schritte zur Ermittlung von Angebot und Nachfrage brauchen nicht dargestellt zu werden, da sie sich nicht grundsätzlich von denen der beiden oben dargestellten Modelle unterscheiden. Neu ist hier die Methode der abschließenden *Bilanzierung,* deren Intention sich bereits in der Erörterung der vorgegebenen *bildungspolitischen Zielsetzungen* abzeichnet. Beide Bestandteile des Modells müssen deswegen hier diskutiert werden.

. Widmaier und Mitarbeiter verstehen ihre Studie als Orientierungs- und Entscheidungshilfe für eine langfristige Bildungs- und Wirtschaftspolitik des Landes Baden-Württemberg. Die vom Kultusministerium ausgearbeiteten bildungspolitischen Zielwerte werden deshalb dem Modell zugrunde gelegt. In den methodischen Erörterungen entwickeln Widmaier u. a. eine Skala zunehmend konkretisierter Zielvorstellungen, die zur Rechtfertigung der unterlegten bildungspolitischen Zielwerte dienen soll. An den »übergeordneten Zielen der Gesellschaftspolitik« wie Gerechtigkeit, Freiheit, Sicherheit, Rationalität und Fortschritt orientieren sich »bil-

---

55 H. P. *Widmaier* und Ma., Bildung und Wirtschaftswachstum. Eine Modellstudie zur Bildungsplanung im Auftrag des Kultusministeriums von Baden-Württemberg. (Reihe A Nr. 3 der Schriftenreihe des Kultusministeriums Baden-Württemberg zur Bildungsforschung, Bildungsplanung und Bildungspolitik). »Bildung in neuer Sicht«, Villingen 1966, S. 35. Zum Ansatz vgl. *Widmaier/Frey,* a. a. O., S. 164 ff., und H. P. *Widmaier,* Rationale Grundlagen der Bildungspolitik, in: H. P. *Widmaier* und Mitarbeiter, Zur Strategie der Bildungspolitik, Bern 1968.
56 H. P. *Widmaier u.* Ma., Bildung und Wirtschaftswachstum, S. 67.

dungspolitische Ziele« (goals)[57], von denen sieben explizit aufgeführt werden:

»1. Die wachsende Demokratisierung des Bildungs- und Ausbildungswesens im Zuge einer kontinuierlichen Expansion und gezielten Verteilung der neu zu schaffenden Bildungs- und Ausbildungsplätze ...

2. Die Verwirklichung der Gleichheit der Berufschancen und die Sicherung eines adäquaten Arbeitsplatzes ...

3. Die Demokratisierung und Sozialisierung des einzelnen durch Bildung[58].

4. Die Vermittlung von Bildung als Dienstleistung und Konsumgut.

5. Die effiziente Organisation und Verwaltung des Bildungswesens.

6. Die kontinuierliche Expansion von Forschung und Entwicklung.

7. Die kontinuierliche Durchführung von Bildungsforschung und Bildungsplanung[59].«

Für die Zwecke der bildungsökonomischen Prognose bedarf es jedoch neben diesen allgemeinen bildungspolitischen »goals« konkreterer Zielangaben in der Form »quantifizierter Zielwerte«[60] bzw. »operationeller Ziele«[61], wie sie das Kultusministerium mit den Abiturienten- bzw. Mittelschulabsolventenquoten vorgegeben hat.

Die Verbindungslinien zwischen den Ziel-Ebenen stellt Widmaier folgendermaßen her: »Chancengleichheit als programmatische Forderung ist bezogen auf das Prinzip der Gerechtigkeit; Bedarfsdeckung impliziert die Vorstellung einer gleichgewichtigen Entwicklung von Angebot und Nachfrage nach Arbeitskräften und ist damit

---

57 Ders., Rationale Grundlagen . . ., S. 9.
58 Leider wird nicht ausgeführt, was sich *Widmaier* unter der Demokratisierung des einzelnen vorstellt. Diese Wendung kann nur darauf abzielen, den einzelnen in die Prozesse demokratischer Entscheidungsfindung und -realisierung einzubeziehen.
59 H. *Widmaier*, a. a. O., S. 9.
60 H. P. *Widmaier* u. Ma., Bildung und Wirtschaftswachstum, S. 29.
61 Ders., Rationale Grundlagen . . ., S. 9.

bezogen auf das Prinzip der Sicherheit (des Arbeitsplatzes). Die
operationellen Ziele entsprechen quantifizierten Wachstumszielen
und sind bezogen auf den Fortschritt des Bildungswesens und eine
langfristige wirksame Anhebung des Bildungsniveaus der Bevölkerung[62].«

Es ergibt sich somit – bezogen auf die Angebotsseite – folgendes
formales Raster:

1. gesellschafts-politische Ziele:	Fortschritt	Gerechtigkeit
2. bildungspolitische Ziele:	Fortschritt des Bildungswesens, d. h. Anhebung des Bildungsniveaus	Chancengleichheit
3. operationelle Ziele:	statt 8% sollen 15% eines Alters-jahrgangs das Abitur machen	statt 8% sollen 15% eines Alters-jahrgangs das Abitur machen

Die Logik dieses Zusammenhangs wird dadurch als nur scheinbare entlarvt, daß die Ziele der 1. und 2. Stufe nicht vorab geklärt
werden. Es wird nicht untersucht, welche politischen, ökonomischen
und sozialen Implikationen ein »allgemeingültiger Wert« wie »Gerechtigkeit«, »Freiheit« etc. in einer bestimmten historischen Situation einer Gesellschaft und für die in ihr lebenden verschiedenen
Bevölkerungsgruppen und -schichten besitzt.

Die Konkretisierung dieser Leerformeln ergibt sich erst durch
Operationalisierung selbst, so daß der Deduktionszusammenhang
im Grunde nur die nachträglich konstruierte Rechtfertigung quantifizierter Ziele darstellt, die als Analogieschlüsse internationalen
Querschnittsanalysen entnommen sein können, sich mittelbar an der
Nachfrage orientieren, unter dem pragmatischen Aspekt der Reali-
sierbarkeit festgelegt worden sind oder ein Resultat föderalistischer
Konkurrenz darstellen. Es bedarf kaum der Erwähnung, daß eine
Anhebung der Abiturientenquote nur sehr bedingt etwas mit »Fortschritt« zu tun hat, solange die Struktur des Bildungswesens als
konstant unterstellt wird, solange also die schichtenstabilisierenden

---

62 Ebd., S. 9.

Faktoren und auch die Unterrichtsinhalte selbst mit fortgeschrieben werden.

Die relative Willkür in der Handhabung von bildungspolitischen Zielen demonstrieren Widmaier und Mitarbeiter selbst sehr anschaulich. Als wichtigste Kriterien ihrer Studie bezeichnen sie »Gleichheit und Effizienz«[63]. Gleichheit wird bestimmt als »Gleichheit der Bildungschancen«; »Effizienz« wird mit doppelter Bestimmung eingeführt:

1. Als »technologische Effizienz«, d. h. als effiziente Organisation und Verwaltung der Schule und als effiziente Lernorganisation des Unterrichts, der Lehr- und Lernmethoden,

2. als »wirtschaftliche Effizienz«, d. h. als effizienter Einsatz der knappen finanziellen Ressourcen für das Bildungswesen[64].

Daß damit weder das Kriterium der Gleichheit noch das der Effizienz hinreichend präzisiert oder gar politisch reflektiert worden ist, wird zugestanden und mögliche Interpretationen (»Meinungsgehalte«) werden nachgeliefert. Die »Meinungsgehalte« werden zunächst in ihrem Extrem vorgestellt: Gleichheit entspreche der proportionalen Vertretung der einzelnen Sozialschichten, der Geschlechter, Religionen in den einzelnen Bildungsstufen. Effizienz bedeute, daß nur dort zusätzliche Bildungsinvestitionen vorgenommen werden sollten, »wo der Grenzertrag den Grenzaufwand übersteigt«, bzw. sie sollten nur so lange vorgenommen werden, »wie der Grenzertrag der zusätzlichen Bildungsinvestitionen über demjenigen alternativer Investitionen liegt«[65].

Von diesen extremen »Meinungsgehalten« her lassen sich Konflikte zwischen Gleichheit und Effizienz im Bildungswesen unter bestimmten Umständen kaum vermeiden. Es gibt jedoch auch andere »Meinungsgehalte« des Gleichheits-Kriteriums: Es kann verstanden werden

– als »Vermittlung einer Grundbildung für alle jungen Menschen eines Landes«,

– als Ausbildung, die jeden so weit und so lange fördert, bis er »die Grenzen seiner Möglichkeiten erreicht« hat (dies träfe allerdings nur für *reiche Gesellschaften* zu)

– oder als Gewährung der Bildungschancen bis zu dem Punkt, an

63 H. P. *Widmaier* u. Ma., Bildung und Wirtschaftswachstum, S. 26.
64 S. o.
65 Ebd., S. 30.

dem Aufwand und Ertrag »eine bestimmte Normgröße« erreicht haben[66].

Widmaier und Mitarbeiter stellen selber fest, daß sie insbesondere mit der letzten Interpretation des Gleichheits-Kriteriums die Grenzen zwischen beiden Kriterien verwischen. Das Gleichheitskriterium hat sich faktisch der extremen Auslegung des Effizienz-Kriteriums angeglichen, denn die »bestimmte Normgröße« läßt sich hier nur als ein spezifisches Verhältnis zwischen Grenzertrag und Grenzaufwand von Bildungsinvestitionen interpretieren. Mit diesem definitorischen bzw. interpretatorischen Taschenspielertrick ließe sich in der Tat jeglicher Konflikt zwischen den beiden Grundrechten theoretisch überwinden. Zugleich wird damit die Deduktionskette zwischen gesellschaftspolitischen, bildungspolitischen und operationalisierten bildungspolitischen Zielen ad absurdum geführt. Denn gleichfalls in relativ beliebiger Weise ließe sich die »bestimmte Normgröße des Verhältnisses zwischen Grenzaufwand und Grenzertrag der Bildungsinvestitionen« als operationalisierter Zielwert sowohl in Beziehung bringen zu bildungspolitischen »goals« als auch zu gesellschaftspolitischen Zielen. Fortschritt, Sicherheit, Rationalität ließen sich ebenso mühelos von ökonomischen Kriterien des Grenznutzens wie von sozialpolitischen Kriterien wie Chancengleichheit im Bildungswesen ableiten[67].

Angesichts dieser ausgebreiteten Vielfalt an »Meinungsgehalten« und pseudo-formallogischen Deduktionen wäre die Frage zu stellen, welche Interpretation denn nun tatsächlich der Studie von Widmaier und Mitarbeiter unterlegt wird bzw. welche Interpretation sich unabhängig von einer expliziten Nennung durchsetzt. In der Tat wird sie nicht direkt beantwortet, sondern es wird nur der Rahmen angedeutet, der, unabhängig von jeder individuellen Interpretation durch die Bildungsplaner, in den wirtschaftlichen Verhältnissen einer Gesellschaft begründet ist: »In jedem Fall ist die Intensität des Konflikts zwischen Gleichheit und Effizienz im Bildungswesen abhängig vom *wirtschaftlichen Niveau* des betreffen-

---

66 S. o.
67 Hier wird zugleich deutlich, in welch offensichtlicher Weise ein »wissenschaftliches Verfahren« der politischen Praxis in Wahlkämpfen hierzulande entspricht. Politische Leerformeln wie »Sicherheit«, »Fortschritt«, »Gerechtigkeit«, »Wohlstand« usw., deren unterstellte generelle moralische Dignität in Wahlslogans propagandistisch verwendet wird, werden schließlich je nach politischer Interessenlage anders interpretiert.

den Landes. Je reicher ein Land ist, desto stärker kann das Gleich-
gewichtskriterium in den Vordergrund rücken. In jedem Fall aber
muß berücksichtigt werden, daß Bildung ein knappes und damit
ökonomisches Gut ist, *solange die öffentlichen Mittel dafür begrenzt sind* und mit anderen öffentlichen Aufgaben um ihren Anteil
am Staatshaushalt kämpfen müssen[68].« Damit begegnen wir hier
dem Stereotyp der »optimalen Allokation knapper Ressourcen«
wieder, das sich wie ein Leitfaden durch sämtliche bildungsökonomischen Erörterungen zieht[69]. Damit ist die Frage selbst noch nicht
beantwortet, sondern es werden vielmehr neue Fragen aufgeworfen: Wie läßt sich Reichtum bestimmen? Ist der Reichtum einer
Gesellschaft zu messen an den insgesamt produzierten Werten oder
an der Distribution dieser Werte innerhalb der verschiedenen gesellschaftlichen Schichten und Klassen? Kann als Index für Reichtum der durchschnittliche Lebensstandard gewählt werden, auch
wenn dadurch gerade die relevanten Abweichungen vom Durchschnitt wegfallen? Ist er an der Einkommens- und Vermögensver-
teilung, am Bruttosozialprodukt und seinen Wachstumsraten zu
messen? Woher lassen sich Vergleichskriterien nehmen? Oder ist
etwa Reichtum an den in einer Volkswirtschaft vorhandenen Möglichkeiten, die Bedürfnisse aller Menschen der Gesellschaft zu befriedigen, zu messen? Dient als Kriterium die Masse der erzeugten
Produkte oder ihr variabler Geldausdruck? Sind Gesellschaften, die
zyklisch durch Überproduktionskrisen erschüttert werden oder
– was die Kehrseite derselben Medaille darstellt – deren Produktionskapazitäten periodisch nicht ausgelastet sind, reiche oder
gerade arme Gesellschaften? Und schließlich: Wer stellt fest, ob
eine Gesellschaft reich zu nennen ist oder nicht? Sind es diejenigen,
die über Produktionsmittel oder diejenigen, die nur über ihre Arbeitskraft verfügen? Sind es politische Instanzen oder diejenigen,
die von politischen Entscheidungen unterschiedlichster Art in allen
gesellschaftlichen Bereichen getroffen werden? Ist das sogenannte
»Wirtschaftswunder« schon ein Zeichen für Reichtum? Sind Krisen

---

68 H. P. *Widmaier* u. Ma., a. a. O., S. 31.
69 Vgl. z. B. auch: »Erst wenn die grundlegenden Bedürfnisse gedeckt sind,
können sich Bildung und Luxuskonsum entfalten ... Der Anteil der Bildungs-
ausgabe kann mit wachsendem Wohlstand immer größer werden, muß das
allerdings in Konkurrenz mit anderem Luxuskonsum und daher in Abhängigkeit von Gewohnheiten, sozialen Einstellungen und Normen tun.« (OECD,
Wirtschaftswachstum und Bildungsaufwand, a. a. O., S. 43.)

Zeichen periodischen Sinkens des »wirtschaftlichen Niveaus«? Läßt
sich überhaupt angesichts der zyklischen Entwicklung kapitalistischer Produktion irgendwann einmal ein *Zustand* »Reichtum«
fixieren? Die Fülle dieser Fragen – andere Kategorien für Reichtum, die die rein materiellen transzendieren, sind dabei nicht einmal
erwähnt worden – und die Tatsache, daß sie bei Widmaier und anderen Bildungsökonomen nicht problematisiert werden, muß zu der
Hypothese führen, daß die Vagheit und Vieldeutigkeit der verwendeten Kategorien wie »Reichtum«, Höhe des »wirtschaftlichen
Niveaus« usw. und die Kehrseite dieser Kategorien, »Knappheit«,
»Mangel« usw. dazu dienen, die Permanenz eines Zustandes zu
verschleiern, in dem die Ressourcen für das Bildungswesen knapp
sind und infolgedessen auch Bildung ein »knappes Gut« ist, das
nicht für alle in gleicher Weise zur Verfügung stehen kann.

Festzuhalten gilt es allerdings, daß unsere Gesellschaft offensichtlich nicht zu den »reichen Gesellschaften« gezählt werden
kann, denn die Knappheit wird im Bildungswesen hinreichend verdeutlicht durch die einschlägigen Indikatoren der Bildungskrise wie
Lehrermangel, Studienplatzbeschränkung, Haushaltskürzungen
usw. Eben weil es anscheinend das »wirtschaftliche Niveau« unserer
Volkswirtschaft nicht erlaubt, die öffentlichen Ausgaben in der
Weise zu erhöhen, daß im Bereich des Bildungswesens die Bedürfnisse der nach Bildung Nachfragenden befriedigt werden können
und umgekehrt der Bedarf an Ausgebildeten gedeckt werden kann,
bekommt die bürgerliche Bildungsökonomie unter der Prämisse von
»Knappheit« und »Mangel« überhaupt erst ihre Legitimation.
Diese Konsequenz schlägt sich in der *Bildungsbilanz* des kombinierten Modells nieder.

Die Bildungsbilanz, die Engpässe oder Überschüsse feststellen
soll, dient zur Orientierung der Bildungs- und Wirtschaftspolitiker.
»Die Adjustierung der Bilanz in Richtung auf ein Gleichgewicht
zwischen Angebot und Nachfrage, zum Beispiel durch eine Änderung der kulturpolitischen *oder aber* der wirtschaftspolitischen Ziele,
gehört in den Bereich der politischen Entscheidungen[70].« Es muß
ausdrücklich darauf verwiesen werden, daß hier die Möglichkeit
der Erzielung des Gleichgewichts noch prinzipiell sowohl im Bereich der Bildungspolitik als auch in dem der Wirtschaftspolitik
angesiedelt wird. Beides wird von Widmaier u. a. als gleichrangig

---

70 H. P. *Widmaier* u. Ma., a. a. O., S. 36, Hervorhebung *F. H.*

nebeneinander gestellt. In der Bilanz, die dann jedoch konkret durchgeführt wird, bleibt nur eine Alternative. Das Resümee lautet: »Die kulturpolitischen Bemühungen des Landes in Richtung auf das gesteckte Ziel einer Abiturientenquote von 15 v. H. bis 1980 reichen ... nicht aus, um die *ökonomisch begründbare Nachfrage nach Akademikern zu decken*[71].« Diese Adjustierung durch Änderung der kulturpolitischen Ziele aus ökonomischer Notwendigkeit wird nicht begründet. Vielmehr wird nur ein weiteres Mal auf die knappen Ressourcen verwiesen[72]. Die Autoren bemühten sich jedoch vorsichtig zu versichern, daß nach erfolgter Expansion des Bildungswesens, d. h. Deckung der Nachfrage, ökonomische Kriterien nicht länger mehr die alleinige Basis für bildungspolitische Entscheidungen sein dürften. »Bei *zunehmendem Wohlstand* kann unseres Erachtens à la longue eine Wendung der bildungspolitischen Diskussion in Richtung der heute schon zu Recht bestehenden demokratischen Forderung ›Bildung ist Bürgerrecht‹ *in noch stärkerem Maße als bisher* erfolgen[73].«

Eine Änderung der Prioritäten, d. h. eine Anpassung der wirtschaftspolitischen Ziele an bildungspolitische Erfordernisse, setzt jedoch die Möglichkeit einer aktiven Wirtschafts*planung* (nicht nur in Baden-Württemberg, sondern in der gesamten BRD) voraus. Hegelheimer verweist deswegen zu Recht darauf, daß bereits für den Prozeß der Planrealisierung, d. h. der Erreichung der durchschnittlichen fünfprozentigen Wachstumsrate, in der Realität eine Verknüpfung der Bildungs- mit der Wirtschaftspolitik fehlt. »Die auf dem ordnungspolitischen Leitbild der sozialen Marktwirtschaft beruhende Ablehnung gesamtwirtschaftlicher Planung in der Bundesrepublik begrenzt darüber hinaus jedoch auch für den Prozeß der Planrealisierung bis 1981 eine sonst mögliche Koordination von Bildungs- und Wirtschaftsplanung im Sinne ständiger Anpassung und umgekehrt[74].« Die bei Hegelheimer durchklingende Empfehlung, tradierte Leitbilder auszuwechseln, abstrahiert jedoch von der Tatsache, daß nicht Leitbilder zu verändern sind, die selbst schon nicht mehr in der rigiden Form politisch propagiert werden, wie

---

71 Ebd., S. 280.
72 »Eine ökonomische Begründung kulturpolitischer Bemühungen steht *heute* aus politischen Gründen im Vordergrund.« Ebd., S. 279, Anm. 4, Hervorhebung *F. H.*
73 Ebd., S. 279.
74 A. *Hegelheimer,* a. a. O., S. 111.

dies in der Zeit der Anti-Kommunismus-Propaganda nach dem
Zweiten Weltkrieg in der BRD der Fall war, sondern eine ökonomische Struktur, die durch Leitbilder wie dem der »sozialen und
freien Marktwirtschaft« nur widergespiegelt werden. Die Institution
des Privateigentums an Produktionsmitteln, die allenfalls kurzfristige Planung zuläßt[75], verhindert gerade die notwendige Koordinierung von Bildungs- und Wirtschaftsplanung in dem erforderlichen Umfang.

Verzeichnis der Abkürzungen

IAB-M.   Institut für Arbeitsmarkt- und Berufsforschung,
                Erlangen – Mitteilungen

Kon Pol   Konjunkturpolitik

pl   programmiertes lernen und programmierter unter-
               richt; ab 1970: Programmiertes Lernen, Unterrichts-
               technologie und Unterrichtsforschung

So Pol   Sozialistische Politik

---

75 Vgl. Anm. 21.

Rolf Naumann und Bernhard Steinberger:

Zur lang- und mittelfristigen Arbeitskräfte- und Bildungsplanung im Sozialismus[1]

Mit dem auf dem VIII. Parteitag der SED beschlossenen Übergang zur langfristigen Planung der sozialistischen Volkswirtschaft in der DDR hat die Lösung der Probleme der lang- und mittelfristigen Arbeitskräfte- und Bildungsplanung erhöhte Aktualität gewonnen, geht es doch um die planmäßige Entwicklung der wichtigsten Produktivkraft, des Menschen.

Um die wissenschaftlich-technische Revolution und die sie begleitende sozialistische Rationalisierung in ihren Auswirkungen auf die Strukturentwicklung der Volkswirtschaft im allgemeinen und auf die der Arbeitskräfte im besonderen zu meistern, bedarf die zentrale Planung immer dringlicher eines wissenschaftlich begründeten und praktikablen Instrumentariums, mit dessen Hilfe sie nicht nur die günstigste Strukturentwicklung des volkswirtschaftlichen Arbeitskräftepotentials bestimmen, sondern vor allem auch die damit verbundenen bildungsökonomischen Potenzen von vornherein in die zu erarbeitende Optimalvariante der volkswirtschaftlichen Entwicklung einbeziehen kann.

Grundlage eines solchen Planungsinstrumentariums ist die Quantifizierung der Auswirkungen von Wissenschaft, Technik und Ökonomie auf die sich im Perspektiv- und erst recht im Prognosezeitraum verändernde Verteilung der Arbeitskräfte nach Umfang und Struktur einerseits und die Quantifizierung des Disponibilitätsgrades der Arbeitskräfte und seine Einbeziehung ins volkswirtschaftliche Bilanzmodell (Optimierungsmodell) andererseits.

Beide Quantifizierungsaufgaben sind prinzipiell lösbar. Zugleich aber erweist es sich als unmöglich, die Arbeitskräfteplanung von der Bildungsplanung zu trennen und isoliert zu behandeln, da die

---

1 Rolf Naumann und Bernhard Steinberger: Zur lang- und mittelfristigen Arbeitskräfte- und Bildungsplanung. In: Arnold Knauer, Harry Maier und Werner Wolter: Bildungsökonomie. Aufgaben - Probleme-Lösungen. Berlin-Ost 1968. S. 63–88 (Verlag Die Wirtschaft); dort unter dem Titel veröffentlicht: Zur prognostischen und perspektivischen Arbeitskräfte- und Bildungsplanung. – Der vorliegende Beitrag stellt eine von den Autoren im Titel geänderte und im Inhalt überarbeitete Fassung des ursprünglichen Aufsatzes dar. Abgedruckt mit freundlicher Genehmigung der Verfasser und des Verlages.

Entwicklung der Arbeitskräftestruktur und der sie bedingende Bildungsprozeß einen auf das engste verflochtenen Komplex darstellen.

Die folgenden Ausführungen, die einen Überblick über die wichtigsten Erfordernisse der prognostischen Arbeitskräfte- und Bildungsplanung geben sollen, behandeln daher drei wesentliche Komplexe:
- die Arbeitskräfte- und Bildungsplanung als volkswirtschaftliches Teilsystem,
- die technische Entwicklung und die Arbeitskräftestruktur und
- Mobilität, Disponibilität und Fluktuation.

1. Arbeitskräfte- und Bildungsplanung als volkswirtschaftliches Teilsystem

Ein bilanzierender Plan der Volkswirtschaft entsteht nicht durch bloßes Zusammenfügen isoliert erarbeiteter Planteile. Der zwischen allen Planteilen bestehende enge wechselseitige Zusammenhang kann nur voll berücksichtigt werden, wenn die Planung der Teilgebiete von vornherein methodischer Bestandteil des genannten Planungssystems ist. Zur Verdeutlichung sei der Zusammenhang zwischen der Volkswirtschaftsplanung als Gesamtsystem und der Arbeitskräfte- und Bildungsplanung als spezifisches Teilsystem – extrem vereinfacht – vorangestellt:
- Die günstigste Planstruktur der verfügbaren Arbeitskräfte wird bestimmt durch die geplante Zweigstruktur der Volkswirtschaft und durch die mögliche Ausstattung der Zweige mit Material und Grundmitteln, diese wieder durch die Struktur und den Umfang des geplanten Nationaleinkommens sowie durch die Struktur der verfügbaren Investitionsmasse für Produktionsmittel.
- Umgekehrt werden die günstigste Planstruktur und das Wachstum des Nationaleinkommens bestimmt durch die geplante Zweigstruktur der Volkswirtschaft und durch die mögliche Ausstattung der Zweige mit Material, Grundmitteln und Arbeitskräften, und letztere wieder durch die Bevölkerungsentwicklung sowie durch die Struktur der verfügbaren Masse an Bildungsinvestition und an Konsumtionsmitteln[1a].

1a Die Autoren unterscheiden in diesem Beitrag prinzipiell zwischen Konsumtion und Bildungsinvestitionen, weil nach ihrer Auffassung die Bildungsinvestitionen ebenso einem Nutzeffektkriterium unterliegen wie die Investitionen zur Schaffung von Produktionsanlagen und -ausrüstungen.

Dreierlei ist dieser extrem vereinfachten verbalen Darstellung zu entnehmen:

– Die Arbeitskräfte sind von der Volkswirtschaftsplanung unter einem doppelten Aspekt zu erfassen. Der passive Aspekt besteht darin, daß die Arbeitskräfte eine volkswirtschaftlich begrenzte Ressource bilden. Der aktive Aspekt besteht darin, daß die Arbeitskräfte einen – und zwar den entscheidenden – Effektivitätsfaktor der Volkswirtschaft bilden.

– Die kontinuierliche planmäßige Sicherung eines volkswirtschaftlichen Arbeitskräftepotentials, dessen Struktur – insbesondere dessen Qualifikationsstruktur – den volkswirtschaftlichen Erfordernissen entspricht, setzt ein volkswirtschaftliches Planungssystem voraus, das der engen Wechselbeziehung zwischen dem volkswirtschaftlichen Bedarf an Arbeitskräften und dem Bildungsprozeß der Arbeitskräfte Rechnung trägt.

– Der Bildungsprozeß des volkswirtschaftlichen Arbeitskräftepotentials erstreckt sich von der Bevölkerungsentwicklung als seinem Ausgangspunkt über den eigentlichen Prozeß der Bildungsinvestition zur Ausrüstung der künftigen oder bereits fungierenden Arbeitskräfte mit den erforderlichen Qualifikationen bis zur anforderungsgerechten Struktur des in der Volkswirtschaft fungierenden Arbeitskräftepotentials als seinem Endpunkt. Die enge Wechselbeziehung zwischen der Strukturentwicklung des in der Produktion fungierenden Arbeitskräftepotentials und der vorgeschalteten Strukturentwicklung der erforderlichen Bildungsinvestitionen in Abhängigkeit von der Bevölkerungsentwicklung machen den Bildungsprozeß zu einem volkswirtschaftlichen Teilsystem, das zu den übrigen Teilsystemen im Gesamtsystem des volkswirtschaftlichen Reproduktionsprozesses eine spezifische Stellung einnimmt.

(Siehe Abbildung 1.) auf Seite 418

In den Bildungsinvestitionsprozeß gehen nicht nur materielle Mittel, sondern auch die Ergebnisse der naturwissenschaftlichen und gesellschaftswissenschaftlichen Forschung ein, daher zeigt das Schema auch die Stellung der Forschung im volkswirtschaftlichen Reproduktionsprozeß.

Bei aller Ähnlichkeit mit dem Investitionsprozeß für Produktionsmittel (Arbeitsmittel) unterscheidet sich der Bildungsprozeß von diesem dadurch, daß er in den volkswirtschaftlichen Produk-

Volkswirtschaftlicher Reproduktionsprozeß

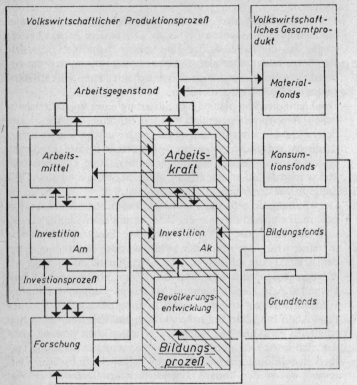

Abb. 1 Schema der Beziehung des Teilsystems »Bildungsprozeß« zum Teilsystem »Volkswirtschaftlicher Produktionsprozeß« im Gesamtsystem »Volkswirtschaftlicher Reproduktionsprozeß«.

tionsprozeß lediglich mit seinem Endpunkt hineinreicht, sich im übrigen aber außerhalb des Produktionsprozesses vollzieht. Zugleich zeigen die Pfeile an, wie überaus eng der Bildungsprozeß als Teilsystem mit dem Teilsystem volkswirtschaftlicher Produktionsprozeß im Gesamtsystem des volkswirtschaftlichen Reproduktionsprozesses vermascht ist.

Schließlich läßt das Schema erkennen, daß die volkswirtschaftliche Gesamtoptimierung sowohl auf der integrierten Optimierung der Arbeitskräftestruktur (als Ergebnis des Bildungsprozesses) als auch auf der integrierten Optimierung der Grundfondsstruktur (als Ergebnis des Investitionsprozesses) beruht, weil um so mehr Mittel für die Grundfondsentwicklung zur Verfügung stehen, je effektiver bei sonst gleichen Umständen der Bildungsfonds genutzt wird, und umgekehrt. Alle weiteren zu optimierenden Größen und Prozesse seien hier übergangen, da der einseitige Zuschnitt des Schemas auf den volkswirtschaftlichen Produktionsprozeß diese Aspekte nicht in gleicher Weise sichtbar macht.

2. Technische Entwicklung und Arbeitskräftestruktur

Kriterium für die planmäßige Entwicklung der sozialistischen Volkswirtschaft mit dem höchsten Nutzeffekt ist das maximale Wachstum des bedarfsgerecht strukturierten Nationaleinkommens. Es kommt nicht schlechthin darauf an, den Umfang des National-einkommens maximal zu erhöhen, sondern zugleich muß gewähr-leistet sein, daß die – langsamere oder raschere – Wandlung seiner materiellen Struktur jeweils den Erfordernissen der wissenschaft-lich-technischen Revolution und den produktiven und konsumtiven Bedürfnissen der Gesellschaft unter optimalem Einsatz der natio-nalen Ressourcen entspricht.

Dabei ist volkswirtschaftlich zwischen dem Struktureffekt und dem Produktivitätseffekt zu unterscheiden, ungeachtet der Tat-sache, daß zwischen beiden Effekten ein wechselseitiges Kausal-verhältnis besteht und beide Effekte in der Regel kombiniert auf-treten.

Selbst bei unveränderten Produktionsmethoden in den einzelnen Zweigen der Volkswirtschaft führt die Verringerung oder Einstel-lung der Produktion technisch rückständiger Zweige zugunsten der Eröffnung oder Erweiterung der Produktion progressiver Zweige zu einer Erhöhung des volkswirtschaftlichen Nutzeffektes, ohne daß die Produktivität pro Arbeitskraft in den betreffenden Zweigen darum gestiegen wäre. In der Sprache der volkswirtschaftlichen Verflechtungsbilanz und des Matrizenkalküls handelt es sich bei der Ausnutzung des Struktureffektes um die Strukturveränderung des Vektors Y (Endprodukt) beziehungsweise des Vektors X (Ge-samtaufkommen) bei unveränderten technischen Koeffizienten (das heißt Material, Grundfonds, Arbeitskräfte etc. pro Einheit des Erzeugnisses eines Zweiges).

Typisch für die Auswirkungen des wissenschaftlich-technischen Fortschritts ist der Produktivitätseffekt, der seine Ursache vor allem in der Veränderung der Produktionsinstrumente, des Fertigungsprinzips und der betrieblichen Arbeitsteilung hat[2].

Der Produktivitätseffekt zeigt sich bei der Verflechtungsbilanz in der Veränderung der technischen Koeffizienten, weil letztlich die Zweigproduktivität pro Arbeitskraft gestiegen ist.

Natürlich ermöglichen und erfordern veränderte technische Koeffizienten eine Veränderung im Umfang und in der Struktur des volkswirtschaftlichen Endprodukts beziehungsweise Gesamtaufkommens, wie umgekehrt die Veränderung des Umfangs und der Struktur des volkswirtschaftlichen Endprodukts beziehungsweise Gesamtaufkommens die Einführung rationellerer Produktionsverfahren in den betreffenden Zweigen begünstigt oder erzwingt.

Struktureffekt und Produktivitätseffekt wirken sich auf die Entwicklung der quantitativen und qualitativen Arbeitskräftestruktur in der Volkswirtschaft aus und müssen daher in der kurz-, mittel- und langfristigen Arbeitskräfteplanung beachtet werden. Umgekehrt wirkt sich die Entwicklung der quantitativen und qualitativen Arbeitskräftestruktur auch auf die Möglichkeiten zur optimalen Nutzung des Struktur- und Produktivitätseffektes aus. Daher ist es unmöglich, die Arbeitskräfte isoliert zu planen.

Der Struktureffekt wirkt auf die Arbeitskräfte durch die Erhöhung oder Verringerung der Anzahl der in einem Zweig Beschäftigten, entsprechend der Erhöhung oder Verringerung der betreffenden Zweigproduktion. Ihre quantitative und qualitative Struktur (ihre Zusammensetzung nach Art und Höhe der Qualifikation) bleibt davon unberührt. Im Gegensatz dazu äußert sich der Produktivitätseffekt in der qualitativen und quantitativen Strukturveränderung der in einem Zweig Beschäftigten (nach Art und Höhe der Qualifikation) unabhängig davon, ob ihre Anzahl erhöht oder verringert werden soll[3]. Daraus aber folgt, daß infolge des Produktivitätseffektes jeweils ganz andere Arbeitskräftearten (Arbeits-

---

2 Vgl. Sachse, E., Technische Revolution und Qualifikation der Werktätigen, Dietz Verlag, Berlin 1965, S. 85–87.
3 Natürlich kann der Produktivitätseffekt als (innerzweiglicher) Struktureffekt aufgefaßt werden, doch geht er auf andere Ursachen zurück als der (zwischenzweigliche) Struktureffekt. Im übrigen versteht es sich, daß beide Effekte in der Regel kombiniert auftreten.

kräfte mit einer bestimmten Qualifikationsart und -höhe) freigesetzt beziehungsweise benötigt werden als infolge des Struktureffektes. Dazu genügt eine quantitative Bilanzierung des Arbeitskräfteangebotes und -bedarfs nicht, um notwendige Umsetzungen von Arbeitskräften (beziehungsweise Produktionsumstellungen) reibungslos und mit optimalem volkswirtschaftlichem Effekt sicherzustellen. Dazu ist – von anderen Gesichtspunkten zunächst abgesehen – die Bilanzierung der Arbeitskräfte nach Zweigen und nach Art und Höhe ihrer Qualifikation unerläßlich. Wie wichtig die volkswirtschaftliche Arbeitskräftebilanzierung nach der *Art* der Qualifikation (nach Berufen) für die komplexe sozialistische Rationalisierung, für die Durchsetzung der wissenschaftlich-technischen Revolution und damit für das Entwicklungstempo der sozialistischen Gesellschaft überhaupt ist, soll die folgende Überlegung zeigen[4]:

Maximales Wachstum des (bedarfsgerecht strukturierten) Nationaleinkommens einerseits und minimaler Arbeitsaufwand pro Erzeugnis (bei richtiger Verteilung der Arbeit auf die Zweige) andererseits sind bekanntlich nur zwei reziproke Ausdrücke eines Tatbestandes: gesellschaftliche Produktion mit höchstem volkswirtschaftlichem Nutzeffekt. Komplexe sozialistische Rationalisierung bedeutet in diesem Zusammenhang ständige Einsparung gesellschaftlich notwendiger, vergegenständlichter und lebendiger Arbeit durch Verbesserung der Produktions- und Leitungsmethoden sowie durch zweckmäßigen Einsatz modernster Technik anstelle der veralteten. Damit setzt der kontinuierliche Prozeß der Senkung des Arbeitsaufwandes pro Erzeugnis eine ebenso kontinuierliche Veränderung der konkreten Arbeitsanforderungen voraus.

Produktivere Produktionsmittel und Fertigungsverfahren ersetzen nicht nur bisher übliche konkrete Tätigkeiten durch andere; zugleich erfordern sie von den Arbeitskräften, die sie anwenden sollen, veränderte Kenntnisse und Fähigkeiten. Mit den sich verändernden Arbeitsanforderungen an die Arbeitskräfte werden traditionelle Spezialisierungen und Qualifikationsarten außer Kurs gesetzt und neue ins Leben gerufen. Da aber fungierende Produktionsmittel immer nur durch solche vollkommenere ersetzt werden können, zu deren Meisterung die »Arbeitskräfte von heute – oder

---

4 Vgl. Janossy, Am Ende der Wirtschaftswunder – Erscheinung und Wesen der wirtschaftlichen Entwicklung, Budapest 1966, Kapitel VII: Arbeitskraft und Fortschritt, S. 171 ff. (Manuskript).

zumindest von morgen« (Janossy) befähigt sind, bestimmt die Struktur der Qualifikationsarten das Tempo des gesellschaftlichen Fortschritts.

Häufig wird unter »veränderten Kenntnissen und Fähigkeiten« infolge der wissenschaftlich-technischen Revolution *nur* die Notwendigkeit einer Höherqualifizierung verstanden. Demgegenüber muß betont werden, daß der Nachdruck auf der Veränderung des Inhalts der Ausbildung liegt.

Eine Bilanz der Arbeitskräfteverteilung auf die Zweige nach Art und Höhe der Qualifikation gibt jedoch stets nur einen Zustand zum Zeitpunkt o (Berichtsbilanz) oder n (Planbilanz) wieder, wobei ein Zeitpunkt von n = 7 (7. Jahr) bereits als Grenzzeitpunkt für eine noch ausreichend aussagekräftige Bilanz angesehen wird. Je weiter n in den Prognosezeitraum hineinreicht, um so spekulativer muß der Versuch erscheinen, noch Bilanzen aufzustellen, die in ihrer Gliederungstiefe der volkswirtschaftlichen Ist-Bilanz entsprechen. Damit steht die Volkswirtschaftsplanung und mit ihr die volkswirtschaftliche Arbeitskräfte- und Bildungsplanung vor folgendem Problem:

Einerseits gibt es keinen bilanzierten Plan der volkswirtschaftlichen Entwicklung über einen mittelfristigen Zeitraum (5 bis 7 Jahre) hinaus, weil mit der zunehmenden zeitlichen Distanz die Auswirkungen der wissenschaftlich-technischen Revolution, der internationalen Arbeitsteilung, der Gebrauchsgewohnheiten, der politischen Gegebenheiten und vieler anderer Faktoren auf die künftig erforderliche quantitative und qualitative Struktur der Arbeitsgegenstände, der Arbeitsmittel und der Arbeitskräfte immer weniger exakt überschaubar werden.

Andererseits muß die Entwicklung der Qualifikationsstruktur der Arbeitskräfte nach Qualifikationsart (Fachrichtung) und Qualifikationshöhe (Ausbildungsstufe) langfristig geplant werden, weil der Ausbildungsprozeß von etwa 10 Jahren (Facharbeiter) bis zu 20 Jahren (Hochschulkader) reicht. Bedenkt man, daß der Arbeitskräftenachwuchs nicht nur in solche Fachrichtungen gelenkt und mit einem solchen Ausbildungsniveau ausgerüstet werden muß, daß der künftige Arbeitskräftebedarf qualitativ und quantitativ befriedigt wird, sondern daß auch der Inhalt der Ausbildung den künftigen Anforderungen an eine Arbeitskraft entsprechen muß, so steht außer Zweifel, daß eine langfristige Arbeitskräfte- und Bildungsplanung (auf 20 Jahre) unerläßlich ist; denn einmal erfordert die

Bereitstellung neuer Arbeitskräfte den längsten Vorlauf, und andererseits müssen zentrale Entscheidungen über die zu schaffenden oder zu verändernden Bildungskapazitäten besonders frühzeitig getroffen werden.

Kurz: Die Volkswirtschaftsplanung muß die quantitative und qualitative Arbeitskräftestruktur auf 20 Jahre im voraus festlegen und die entsprechenden Bildungsmaßnahmen treffen, ohne auch nur annähernd in gleicher Detaillierung – geschweige denn bilanziert – die volkswirtschaftliche Produktions- und Konsumtionsstruktur zu kennen.

Die *Frage* lautet: Gibt es Wege zur praktischen Lösung dieses Problems, das heißt, solche Wege, die es ermöglichen, die durch die Langfristigkeit bedingte Unsicherheit der Prognose soweit einzugrenzen, daß unvermeidliche Fehlentscheidungen entweder rechtzeitig genug korrigiert werden können oder aber von der Disponibilitätsbreite der künftigen Arbeitskräfte aufgefangen werden, die sie mit jeder Ausbildungsstufe in jeder Fachrichtung erwerben? Solche Wege gibt es in der Tat. Die Lösung des scheinbar unlösbaren Problems läuft auf zwei Forderungen hinaus:

– Schaffung eines volkswirtschaftlichen Bilanzmodells (Optimierungsmodells), das den Zusammenhang zwischen den Arbeitskräften, den Arbeitsmitteln und den Arbeitsgegenständen nach *Technisierungsstufen* ausweist und sich dadurch zur prognostischen Vorbilanzierung eignet.

– Vervollkommnung des einheitlichen sozialistischen Bildungssystems in der Weise, daß den künftigen Arbeitskräften auf jeder Ausbildungsstufe in allen Fachrichtungen die maximal erforderliche Disponibilitätsbreite verliehen wird. Die gleiche Forderung gilt mit den entsprechenden Einschränkungen auch für die Höher- und Umqualifizierung der bereits fungierenden Arbeitskräfte.

Bevor in diesem Abschnitt auf die erste Forderung näher eingegangen wird (zur zweiten Forderung siehe Abschnitt 3.), sollen die derzeit vorhandenen beziehungsweise diskutierten Methoden zur langfristigen Bestimmung der quantitativen und qualitativen Arbeitskräftestruktur in der Volkswirtschaft kurz erläutert und gewertet werden.

Nach ihrem Prinzip lassen sich zwei Hauptmethoden unterscheiden, die sogenannte Faktorenanalyse und die sogenannte Strukturanalyse. Keine der beiden Methoden vermag ohne die andere auszukommen, doch gibt es unter den Arbeitsökonomen (und Philosophen) geteilte Auffassungen, ob einer und welcher von beiden Methoden primäre Bedeutung zukommt. Beide Methoden werden, mehr oder minder kombiniert, mehr oder minder erfolgreich zur langfristigen Arbeitskräfteplanung in allen sozialistischen Ländern herangezogen; an der theoretischen Fundierung beider Methoden sowie an ihrer praktischen Verwendbarkeit wird in allen sozialistischen Ländern gearbeitet.

Ihrem Wesen nach ist die Faktorenanalyse eine kausale Methode. (Welche Ursache führt zu welchen Auswirkungen?)

Umgekehrt ist die Strukturanalyse ihrem Wesen nach eine *symptomatische Methode*. (In welchen Strukturen spiegeln sich die Kausalbeziehungen wider?)

Wie der Definition der Faktorenanalyse im »Taschenwörterbuch Sozialistische Arbeitswissenschaft«[5] zu entnehmen ist, erforscht die (qualitative) Faktorenanalyse, welche Faktoren die Arbeitsproduktivität beeinflussen, durch welche Eigenschaften beziehungsweise Merkmale diese Faktoren gekennzeichnet sind, wie sie in Kenngrößen ausgedrückt werden können, in welcher Weise sie wirken und wie die Faktoren auch untereinander im Reproduktionsprozeß verknüpft sind, um sie anschließend zu quantifizieren. Als Hauptform der Faktorenanalyse wird die Anwendung von Methoden der Wahrscheinlichkeitsrechnung betrachtet, darunter nichtlineare mathematische Modelle.

Die Problematik der Faktorenanalyse besteht offensichtlich darin,

– alle konkreten Einflußfaktoren verbal zu bestimmen und zu klassifizieren,

– die erforderlichen Primärinformationen aus den Arbeitsbereichen, Betrieben und Zweigen zu gewinnen und zu verarbeiten,

– die verbal bestimmten, qualitativ heterogenen Faktoren zu quantifizieren, das heißt als Koeffizienten zu formulieren,

– die Arbeitskräfte-Ist-Strukturen mit den Koeffizienten zu gewichten und zu aggregieren, wie es die zentrale Arbeitskräfteplanung erfordert,

– die Ergebnisse mit der prognostischen Konzeption der volkswirtschaftlichen Entwicklung so zu kombinieren, daß die für die

---

5 Vgl. Taschenwörterbuch Sozialistische Arbeitswissenschaft, Verlag Die Wirtschaft, Berlin 1966, S. 190–193.

optimale Entwicklung der Volkswirtschaft günstigste quantitative und qualitative Arbeitskräftestruktur erreicht wird,

– und dies alles mit einem volkswirtschaftlich vertretbaren zeitlichen und finanziellen Aufwand.

Unseres Erachtens ist damit die Faktorenanalyse überfordert.

Wohl der größte Vorzug der Strukturanalyse besteht für die zentrale Planung darin, daß die hierfür erforderlichen Daten in beliebiger Aggregation von der Staatlichen Zentralverwaltung für Statistik geliefert werden, die die Primärdaten aus den Betrieben erfaßt, verdichtet und den Anforderungen der Planung entsprechend aufbereitet.

Was ist unter dem Begriff Struktur zu verstehen?

In den folgenden Ausführungen, die einer Arbeit von G. Schultz entnommen sind, werden lediglich die (dort begründeten) Einengungen für die Industrie jeweils wieder aufgehoben[6].

»Wie alle Dinge und Prozesse der Wirklichkeit, ist auch die Wirtschaft ... durch eine innere Organisation, durch eine bestimmte Struktur als die Existenzweise der Produktivkräfte gekennzeichnet. Marx verstand unter der Struktur der Produktion ›die qualitative Gliederung und quantitative Proportionalität gesellschaftlicher Produktionsprozesse‹ ...

Die qualitative Gliederung ... in ... Zweige ist gekennzeichnet durch die zweigmäßige Gruppierung der objektiven Elemente der ... Produktion. Sie umfaßt

erstens die notwendigen Arten der Tätigkeiten, der damit verbundenen Berufe, des Niveaus der Qualifikation und der Spezialisierung der Arbeitskräfte als Hauptproduktivkraft der Gesellschaft,

zweitens bestimmte Arten spezialisierter und differenzierter Arbeitsmittel und Arbeitsgegenstände und

drittens die besondere Art und Weise der Verbindung und des Zusammenwirkens der Arbeitskräfte und Arbeitsmittel bei der Formung spezifischer Arbeitsgegenstände.

Das rationelle Zusammenwirken der Elemente der ... Produktion erfordert zugleich ihre quantitative Bestimmtheit, also die quantitative Proportionalität der ... Produktionsprozesse. Sie

6 Schulz, G., Technische Revolution und Strukturwandel in der Industrie, Dietz Verlag, Berlin 1966, S. 9–11.

zeigt sich im notwendigen quantitativen Anteil der Elemente
der ... Produktion, in der quantitativ bestimmten Struktur der
qualitativen Glieder der Volkswirtschaft (charakterisiert durch
Größe, Umfang, Anzahl, Wirksamkeit usw. in materieller und
wertmäßiger Hinsicht).«

Aus dieser prinzipiellen Klärung des volkswirtschaftlichen Struk-
turbegriffes geht zugleich hervor, daß die volkswirtschaftliche
Strukturanalyse auf die Darstellung der quantitativ bestimmten
Struktur der qualitativ gegliederten Produktionselemente der
Volkswirtschaft (Arbeitskräfte – Arbeitsmittel – Arbeitsgegenstän-
de) und deren Veränderung in der Zeit gerichtet ist.

Da sich die »Input-Output-Analyse« – allerdings unter bestimmten Voraussetzungen – hierzu ganz besonders eignet, wird im weiteren die volkswirtschaftliche Strukturanalyse nur noch in Verbindung mit dem volkswirtschaftlichen Verflechtungsbilanzmodell
behandelt.

Die Strukturanalyse auf der Grundlage des volkswirtschaftlichen
Verflechtungsbilanzmodells erfaßt die Dynamik der volkswirtschaftlichen Entwicklung dadurch, daß sie den Strukturwandel im
Verlauf einer bestimmten Zeitperiode
– durch den Vergleich dieser Struktur zu unterschiedlichen Zeitpunkten (Zeitreihenbildung, Korrelations- und Regressionsrech-
  nungen etc.) – oder aber
– durch den Vergleich unterschiedlicher Strukturen zum gleichen
  Zeitpunkt (internationaler Vergleich, Vergleich nach unterschiedlichen Technologien, nach »Technisierungsstufen« etc.)
  sichtbar macht.

Wie bereits zu erkennen ist, kommt die volkswirtschaftliche
Strukturanalyse ohne die Kombination mit einer Reihe anderer
Analysemethoden nicht aus, sobald es nicht mehr um bereits abge-
laufene Prozesse, sondern um Aussagen (und Entscheidungen) über
die künftige Optimalstruktur der Volkswirtschaft geht.

Das eigentliche Problem der Strukturanalyse, insbesondere für
prognostische Zwecke, besteht jedoch darin, daß
– die Schwierigkeiten der Voraussage mit dem Grad der Desaggre-
  gation der Strukturkoeffizienten wachsen – und
– ökonomische Strukturvorstellungen für längere Zeit nur selten
  ihre Gültigkeit bewahren, weil die wissenschaftlich-technische
  Revolution im Prognosezeitraum Substitutionsmöglichkeiten
  schafft, die zum Zeitpunkt der Prognoseerarbeitung noch nicht

übersehen werden konnten[7].

Im vollen Bewußtsein dieser Problematik wird von den Autoren die These vertreten, daß die langfristige Planung der Arbeitskräfteentwicklung mit ausreichend hoher Prognosewahrscheinlichkeit möglich ist. Der Lösungsweg wurde auf Seite 423 bereits in Gestalt zweier Forderungen formuliert. Nunmehr soll die erste Forderung inhaltlich erläutert werden.

Damit sich ein volkswirtschaftliches Bilanzmodell (Optimierungsmodell) zur prognostischen Vorbilanzierung eignet – die *erste* unerläßliche Vorbedingung für die langfristige Arbeitskräfte- und Bildungsplanung – genügt es nicht, die qualitativ gegliederte Aufteilung der Arbeitskräfte, der Arbeitsmittel und der Arbeitsgegenstände auf die Zweige nach dem letzten Stand auszuweisen, weil hieraus weder ersichtlich ist, welches durchschnittliche technische Niveau die einzelnen Zweige aufzuweisen haben, noch mit welchem spezifischen Gewicht die unterschiedlich technisierten Betriebe eines Zweiges an der Produktion des Zweigprodukts beteiligt sind. Die *zweite* unerläßliche Vorbedingung für die langfristige Arbeitskräfteplanung besteht daher im Ausweis der Zweigstruktur nach Technisierungsstufen. Die Bedeutung dieses Ausweises liegt in dem Umstand, daß die technische Entwicklung eines Zweiges im Idealfall folgende fünf Stufen durchläuft[8]:

T1 = Mechanisierte Handarbeit

T2 = Mechanisierte Produktion

T3 = Komplex-mechanisierte Produktion

T4 = Automatisierte Produktion

T5 = Komplex-automatisierte Produktion

Jede Technisierungsstufe eines Zweiges ist durch eine spezifische Zweigstruktur der Arbeitskräfte, der Arbeitsmittel und der Arbeitsgegenstände charakterisiert[9]. Ihr entspricht außerdem in der Regel

---

7 Vgl. Autorenkollektiv unter der Leitung von Heinz Dieter Haustein. Thesen zum Symposium »Theoretische und methodologische Probleme der prognostischen Vorbereitung der Planung unter den Bedingungen der technischen Revolution«. Wirtschaftswissenschaft, Nr. 8/1966, Thesen 26–34.

8 Vgl. Haustein/Neumann, Die ökonomische Analyse des technischen Niveaus der Industrieproduktion. Planung und Leitung der Volkswirtschaft. Heft 2, Verlag Die Wirtschaft, Berlin 1965, Teil II, S. 139/140.

9 Vgl. Voigt, E., Die Gesetzmäßigkeiten der Entwicklung und die Planung des Bedarfs an Produktionsarbeitern. Dissertation, Hochschule für Ökonomie, Berlin 1966.

ein kapazitätsbedingter optimaler Produktionsumfang, dessen
Ober- und Untergrenze bestimmt werden können. Der Übergang
eines Zweiges von einer Technisierungsstufe zur nächsthöheren erfordert daher nicht nur einen nach Quantität bestimmten Investitionsaufwand für neue Arbeitsmittel, sondern stellt zugleich veränderte Anforderungen an den Umfang und an die Qualität der
Arbeitsgegenstände und Arbeitsmittel. Entsprechend dem neuen
optimalen Produktionsumfang werden möglicherweise mehr Arbeitskräfte in diesem Zweig benötigt, während der Arbeitskräftebedarf je Erzeugniseinheit sinkt. Zugleich aber erfordert die sach-
gemäße Bedienung der neuen Arbeitsmittel eine nach Art und Höhe
der Qualifikation veränderte Struktur der insgesamt im Zweig
Beschäftigten.

Weist nun das volkswirtschaftliche Verflechtungsmodell den Bedarf an Arbeitskräften, Arbeitsmitteln und Arbeitsgegenständen je
Einheit Zweigprodukt aus (aufgegliedert nach den fünf Technisierungsstufen), so liefert damit die Berichtsbilanz für jeden Zweig
eine zeitinvariante Entwicklungsreihe seiner Struktur (das heißt der
technischen Koeffizienten). Mit anderen Worten läßt sich aus einer
solcherart aufgebauten Volkswirtschaftsbilanz ablesen, wie sich voraussichtlich der Umfang und die Qualifikationsstruktur der insgesamt in einem Zweig beschäftigten Arbeiter verändern wird, wenn
das durchschnittliche Technisierungsniveau dieses Zweiges durch
entsprechende Investitionen im Verlaufe der komplexen sozialistischen Rationalisierung von beispielsweise T2 auf T3 gehoben werden beziehungsweise in 20 Jahren T4 erreichen soll[10].

Die Bilanzierung der Zweigstrukturen nach Technisierungsstufen
wurde zur Darstellung des Grundgedankens vereinfacht dargelegt.

---

10 Vgl. Steinberger, B., Ein volkswirtschaftliches Bilanzmodell nach Technisierungsstufen als Instrument für die langfristige zentrale Planung, in: Wirtschaftsprognose in der technischen Revolution, Verlag Die Wirtschaft, Berlin
1967, S. 217–227.
Die Erweiterung von Verflechtungsbilanz- und Optimierungsmodellen durch
mehrere zur Auswahl stehende Technologien ist keineswegs neu. Es sei nur auf
A. A. Konjus »Die Erweiterung des Gleichungssystems der zwischenzweiglichen Beziehungen für die Perspektivplanung« in »Mathematische Methoden
in der Wirtschaft« – Sammelband unter der Redaktion von W. S. Nemtschinow, Verlag Die Wirtschaft, Berlin 1964, verwiesen, wo die Technologien jedoch nicht nach ihrer Rangfolge geordnet werden, oder auf entsprechende
Experimente in der CSSR und in der ungarischen Volksrepublik.

Einige Probleme, die mit diesem Bilanzierungsprinzip verbunden sind, müssen daher kurz erläutert werden.

– Nur in Ausnahmefällen wird das technische Gesamtniveau eines Zweiges einer Technisierungsstufe exakt entsprechen. In der Regel bewegt sich das durchschnittliche Technisierungsniveau eines Zweiges irgendwo zwischen T = 1,0 bis 5,0 (zum Beispiel 2,3). Deshalb ist der nach den fünf Technisierungsstufen aufgegliederte Ausweis der Zweigstruktur so wichtig. Bei Zweigen, in denen die niedrigsten Technisierungsstufen nicht mehr angetroffen werden, können die entsprechenden Bilanzspalten entfallen, da eine technisch-ökonomische Rückentwicklung der Planung selbst widerspräche.

– Ein Zweig besteht aus Betrieben, ein Betrieb aus Bereichen und Abteilungen. Nur in wenigen Fällen werden die Betriebe in allen ihren Abteilungen und Bereichen ein einheitliches Technisierungsniveau haben. In der Regel werden zum Beispiel bestimmte technologische Abschnitte ein höheres technisches Niveau aufweisen als andere. In diesen Fällen muß anhand von Mikroanalysen der Repräsentativcharakter der Strukturkoeffizienten einer Technisierungsstufe für den ganzen Zweig gesichert werden.

– Für viele Zweige werden Ist-Angaben über die höchsten Technisierungsstufen nicht vorliegen, weil in der Volkswirtschaft solch hochentwickelte Fertigungseinrichtungen noch nicht bestehen oder unter den gegenwärtigen Bedingungen der internationalen Arbeitsteilung noch keinen Nutzen versprechen. In diesen Fällen müssen die Programme und wissenschaftlich-technischen Konzeptionen beziehungsweise die Rationalisierungskonzeptionen oder auch internationale Vergleichswerte herangezogen werden, um »Projekttechnologien« zu gewinnen.

– Innerhalb der Technisierungsstufe besteht für einen Zweig die Möglichkeit der Wahl zwischen unterschiedlichen Technologien. So muß zum Beispiel der Übergang von der zerspanenden zur spanlosen Verformung in der metallverarbeitenden Industrie oder die Ablösung bisheriger Verfahren durch neuere in der Chemie nicht von einer Erhöhung der Technisierungsstufe begleitet sein; dennoch tritt eine Veränderung in der Struktur der Arbeitsgegenstände und der Arbeitskräfte ein, werden Umqualifizierungen und Umsetzungen erforderlich etc. In solchen Fällen sind technologische Varianten von volkswirtschaftlicher Bedeutung ebenfalls in der Bilanz auszuweisen.

– Arbeitskräfte für Forschung und Entwicklung, in staatlichen Ver-
waltungen und in sonstigen, der Produktion nur indirekt oder
gar nicht zugeordneten Einrichtungen verhalten sich nicht proportional zur technischen Entwicklung und zum Produktionsvolumen der Zweige.

– Das vielleicht wichtigste Problem aber besteht darin, daß das
volkswirtschaftliche Bilanzmodell nach Technisierungsstufen auf
Informationen aufbaut, die zu diesem Zeitpunkt vorliegen und
Substitutionsmöglichkeiten nicht berücksichtigen, die auf Grund
der wissenschaftlich-technischen Revolution künftig auftreten
werden. Solche nicht vorausschaubaren Ursachen künftiger
Strukturveränderungen machen es prinzipiell unmöglich, detaillierte langfristige Aussagen über die tatsächliche Optimalstruktur
der Volkswirtschaft zu treffen. Das Ergebnis kann stets nur eine
hypothetische Prognosebilanz sein, eine Bilanz der hypothetischen Optimalstruktur der Volkswirtschaft zu einem künftigen
Zeitpunkt, von der die tatsächliche Optimalstruktur mehr oder
minder abweichen wird.

Das zuletzt genannte Problem ist für die langfristige Arbeits-
kräfte- und Bildungsplanung von besonderem Interesse.

Wie bereits festgestellt wurde, steht die Volkswirtschaftsplanung
vor der Notwendigkeit, die langfristige Entwicklung der Volkswirtschaft vorzubilanzieren. Kinze, dessen Begriff der Vorbilanzierung
hier übernommen wird, schreibt[11]:

»Die notwendige volkswirtschaftliche Bilanzierung der Ergebnisse prognostischer Arbeit muß im Rahmen der nationalen ökonomischen gesamtstaatlichen Konzeption erfolgen. Dort ergeben
sich die Möglichkeiten, weil außer den Ergebnissen der prognostischen Arbeit ... auch noch die Erkenntnisse aus solchen Pla-
nungsinstrumenten, wie Programme und wissenschaftlich-technische Konzeptionen, sowie aus der Durchführung und Vorbereitung der Perspektivpläne zusammenlaufen. Dabei kann es
sich in diesem Stadium der volkswirtschaftlichen Bilanzierung
nur um eine Vorbilanzierung handeln ... Diese Vorbilanzierung
beinhaltet aber alle Elemente und Merkmale volkswirtschaft-

---

11 Kinze, II. – II., Die Stellung volkswirtschaftlicher Entwicklungsprognosen
für die Volkswirtschaft der DDR im volkswirtschaftlichen Planungssystem,
unveröffentlichter 1. Entwurf, Berlin 1966, Kap. 3.2., S. 8/9.

licher Bilanzierung und ist ein wichtiger Punkt der Rahmenplanung künftiger Prozesse.«

Abgeleitet vom Begriff der Vorbilanzierung sei die zuvor geschilderte »hypothetische Prognosebilanz« als (volkswirtschaftliche) Vorbilanz bezeichnet.

Ist mit der Vorbilanz die hypothetische Optimalstruktur der Volkswirtschaft – zum Beispiel für das Jahr n = 20 – ermittelt, so sind damit auch die erforderlichen Angaben für die langfristige Arbeitskräfte- und Bildungsplanung nach Art und Höhe der Qualifikation gewonnen – ungeachtet der mit der Prognosedistanz wachsenden Aussageunsicherheit der Vorbilanz. Der Grund für die Berechtigung dieser These liegt in der bereits erwähnten Disponibilitätsbreite, die eine Arbeitskraft mit der beruflichen Ausbildung erwirbt. Mit der Dauer der Ausbildung nimmt die Breite der zwischenzweiglichen Disponibilität zu. Ist die Disponibilitätsbreite beim Spezialfacharbeiter (A IV) relativ gering, so erreicht sie beim Hochschulkader ihr Maximum, vgl. Abbildung 2. Dieser Umstand kompensiert die mit der Prognosedistanz zunehmende Aussageunsicherheit der Vorbilanz.

Daher kann mit Hilfe der Vorbilanz (mit der iterativ ermittelten hypothetischen Optimalstruktur der Volkswirtschaft) über die zu schaffenden oder zu verändernden Bildungskapazitäten rechtzeitig entschieden werden; im übrigen aber muß die ursprüngliche Vorbilanz in bestimmten Zeitabschnitten immer wieder korrigiert werden, bis sie in die mittelfristige Bilanz einmündet und die ursprünglich hypothetischen Daten zu tatsächlichen Daten werden. Damit können wiederum unvermeidliche Fehlentscheidungen in der Berufslenkung rechtzeitig korrigiert werden beziehungsweise werden sie durch die Disponibilitätsbreite der künftigen Arbeitskräfte aufgefangen, die diese mit jener Ausbildungsstufe in jeder Fachrichtung erwerben.

Abschließend soll die Erarbeitung der Vorbilanz aus dem volkswirtschaftlichen Verflechtungsbilanzmodell nach Technisierungsstufen (Ist-Bilanz) wenigstens angedeutet werden. Die Aufgabe besteht darin, anhand der Ist-Bilanz einschließlich der volkswirtschaftlich relevanten Restriktionen (Grenzbedingungen) die hypothetische Optimalstruktur der Volkswirtschaft zu ermitteln.

Betrachtet man das verfügbare gesellschaftliche Gesamtprodukt als Summe der laufenden und der einmaligen Aufwandsbestandteile, so geht es letztlich darum, den maximalen Zuwachs an be-

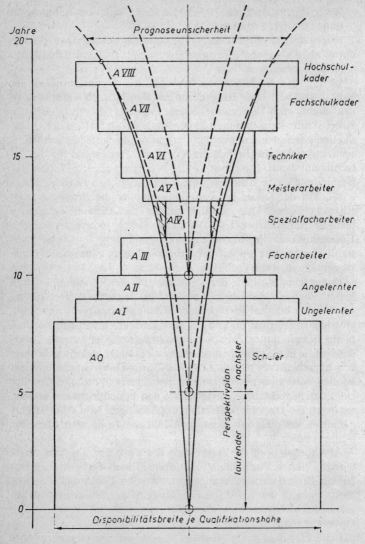

Abb. 2. Prognoseunsicherheit und Disponibilitätsbreite je Qualifikationshöhe

darfsgerecht strukturiertem Nationaleinkommen durch Minimierung der einzelnen Aufwandsbestandteile (das heißt durch optimale qualitative und quantitative Proportionierung derselben) zu bestimmen.

Welches sind die Aufwandsbestandteile des verfügbaren gesellschaftlichen Gesamtprodukts? – Läßt man den Außenhandel zur Vereinfachung außer Betracht – so gliedern sich die Aufwandsbestandteile (vereinfacht) wie folgt:

– *Einmalige Aufwandsarten*
  Investitionsaufwand für Arbeitsmittel
  Bildungsaufwand für Arbeitskräfte
  Umsiedlungsaufwand für Arbeitskräfte
– *Laufende Aufwandsarten*
  Materialaufwand
  Instandhaltungsaufwand für Arbeitsmittel
  Ausgleichsaufwand für Bildungsverluste der Arbeitskräfte
  Lohnaufwand für Arbeitskräfte

Bestritten werden diese Aufwandsarten aus dem Ersatzfonds und aus dem verfügbaren Nationaleinkommen (Akkumulations- und Konsumtionsfonds).

Mit einem so gearteten Optimierungsmodell werden die Bildungsinvestitionen als Effektivitätsfaktor in die volkswirtschaftliche Gesamtoptimierung voll einbezogen.

So wichtig die Beachtung der Bildungsinvestitionen und der Konsumtion als Effektivitätsfaktoren der volkswirtschaftlichen Entwicklung ist, so einseitig wäre es, Bildung und Konsumtion lediglich als Mittel zum Zweck zu betrachten und zu übersehen, daß Bildung und Konsumtion zugleich Selbstzweck der sich entfaltenden sozialistischen Persönlichkeit sind, der die Entwicklung der sozialistischen Volkswirtschaft letztlich dient. Wenn daher die Aufwandsbestandteile des verfügbaren gesellschaftlichen Gesamtprodukts – darunter die Bildungsinvestitionen und die Konsumtion – zu minimieren sind, so doch stets nur bis zu einer ganz bestimmten und zudem steigenden Untergrenze, der sogenannten kritischen Masse, unter welche kein Aufwandsbestandteil fallen darf, ohne die Interessen der sozialistischen Gesellschaft nicht nachhaltig zu verletzen.

Dieser rasch wachsende Bildungs- und Lebensstandard wird sich mit der weiteren Entfaltung der sozialistischen Gesellschaft zweifellos über das Niveau erheben, das der unmittelbare ökonomische Nutzen erfordern mag; er wird jedoch – so meinen wir – einen um so wertvolleren Einfluß auf die langfristige Effektivitätsentwicklung der sozialistischen Gesellschaft einschließlich ihrer Ökonomik haben.

3. Probleme der Mobilität, Disponibilität und Fluktuation

Eine hocheffektive Volkswirtschaft ist sowohl Voraussetzung als auch Ursache für einen tiefgreifenden und anhaltenden Wandel in der Struktur des volkswirtschaftlichen Bedarfes an Arbeitskräften; dieser wird keineswegs durch den Arbeitskräftenachwuchs kompensiert, sondern erzwingt vielmehr eine zunehmende Mobilität (Beweglichkeit) der in der Produktion bereits fungierenden Arbeitskräfte. Diese Tendenz existiert unter sozialistischen Verhältnissen nicht minder als unter kapitalistischen.

Ein Unterschied besteht jedoch in der Art und Weise, wie in der sozialistischen Planwirtschaft dieser Tendenz entsprochen wird. Die Mobilität von Arbeitskräften hat ihre entscheidende Ursache in der wissenschaftlich-technischen Revolution, das heißt in der Veränderung der volkswirtschaftlichen Produktionsstruktur, der Produktionsmittel, der Produktionsverfahren und der Produktionsorganisation. Zu Tage tritt die Mobilität der Arbeitskräfte als untrennbare Begleiterscheinung der sozialistischen Rationalisierung, das heißt der Modernisierung der vorhandenen Technik, der Mechanisierung, der Teilautomatisierung und der Automatisierung ausgewählter volkswirtschaftlich bedeutsamer Vorhaben[12].

Mobilität und Disponibilität der Arbeitskräfte sind nicht identische Begriffe. Für die kapitalistische Gesellschaftsordnung, deren Doktrin eine zentrale Gesamtplanung des gesellschaftlichen Reproduktionsprozesses im Prinzip ablehnt und nur unter dem objektiven Zwang der Entwicklung der Produktivkräfte zunehmend partielle und generelle Planungsinstrumente adoptiert, stellt sich die Mobilität der Arbeitskräfte notwendigerweise als *elementares Begleitphänomen* des Strukturwandels einer hochindustrialisierten Volkswirtschaft, als Umstrukturierungsprozeß des »Arbeitskräftepotentials« dar.

In nicht übersehbarem Gegensatz zum Sachverhalt im Kapitalismus verwandelt sich die Mobilität der Arbeitskräfte im Sozialismus

12 Vgl. Dokumente des VIII. Parteitages der SED, Dietz Verlag 1971, Seite 26.

prinzipiell und *soweit* in die sozialistische *Arbeitskräftedisposition,* als die sozialistische Volkswirtschaftsplanung imstande ist, die Möglichkeiten und die Erfordernisse der wissenschaftlich-technischen Revolution und der mit ihr untrennbar verbundenen Bildungsrevolution lang-, mittel- und kurzfristig zu erfassen, zu optimieren und zu realisieren, kurz: zur Deckung zu bringen.

Disposition setzt Disponibilität voraus. Sozialistische Arbeitskräftedisposition ist ihrem Wesen nach in erster Linie Plandisposition. Arbeitskräftedisponibilität stellt dementsprechend eine Plankategorie dar, die dem Wesen des Sozialismus entspricht. Langfristige sozialistische Plandisposition hoher Effektivität ist dadurch charakterisiert, daß sie nicht nur vorhandene Disponibilität rationell nutzt, sondern noch nicht vorhandene Disponibilität bewußt schafft und schon vorhandene Disponibilität bewußt und rationell erhöht.

In ihrer allgemeinen Fassung ist die Disponibilität eine reale objektive Eigenschaft einer jeden in die Produktion neu eintretenden Arbeitskraft und eine potentielle objektive Eigenschaft einer jeden in der Produktion bereits fungierenden Arbeitskraft.

Ginge es lediglich darum, die jährlich aus dem Reproduktionsprozeß ausscheidenden Arbeitskräfte durch den jährlich zufließenden Arbeitskräftenachwuchs in der Weise zu ersetzen, daß die jeweils in die Produktion neu eintretenden Arbeitskräfte in die modernen Produktionszweige gelenkt würden und die Zweige mit veralteten Erzeugnissen allmählich ihre Produktion einstellen, so wäre das Problem relativ leicht zu lösen. Wie folgende Überlegungen erkennen lassen, ist die Lösung jedoch nicht so einfach.

Ein Arbeitsleben dauert im Durchschnitt etwa 40 Jahre. In dieser Zeit entstehen und verschwinden ganze Produktionszweige, wandeln sich die Produktionen der »dynamischen Zweige« mehrmals von Grund auf. Dazu werden ganze Qualifikationsarten überflüssig, während gleichzeitig neue Qualifikationsarten entstehen. Andere Qualifikationsarten verändern ihren Inhalt. Bestimmte Fertigkeiten und Kenntnisse werden nicht mehr benötigt, dafür aber neue Fertigkeiten und Kenntnisse vorausgesetzt, um die moderne Technik richtig auszunutzen. Die durchgängige Mechanisierung und Automatisierung ganzer Produktionsbereiche stellt an die vorhandenen Arbeitskräfte nicht nur neue Anforderungen, sondern verlangt auch in hohem Maße die Nutzung ihrer gesammelten Produktionserfahrungen.

Damit stellt die komplexe sozialistische Rationalisierung die volkswirtschaftliche Arbeitskräfte- und Bildungsplanung vor zwei Aufgaben:

– *erstens* muß der Arbeitskräftenachwuchs in den richtigen Proportionen in die perspektivisch gebotenen Fachrichtungen gelenkt und mit dem erforderlichen Ausbildungsniveau ausgerüstet werden, wobei der Ausbildungsinhalt den künftigen Anforderungen entsprechen muß, um den künftigen Arbeitskräften die benötigte *prinzipielle* Disponibilität zu verleihen.

– *zweitens* müssen die in der Volkswirtschaft bereits fungierenden Arbeitskräfte durch Nutzung und Hebung ihrer bereits vorhandenen *spezifischen* Disponibilität dem veränderten Arbeitskräftebedarf der Zweige und Gebiete derart angepaßt werden, daß der Volkswirtschaft wie ihren Arbeitskräften daraus der größte Nutzen erwächst und etwaige unvermeidliche Anpassungshärten auf ein kontrolliertes Minimum beschränkt bleiben.

Mit Recht schreibt darum »Neues Deutschland« im Leitartikel vom 3. 8. 1966 unter der Überschrift »synchronisieren«:

»Es genügt also nicht, Rationalisierungskonzeptionen zu Papier zu bringen. Zugleich gilt es Überlegungen anzustellen, welche neuen Kenntnisse, welche neuen Fertigkeiten die Belegschaft erwerben muß, um die Rationalisierung zu verwirklichen und künftig in dem rationalisierten Betrieb mit hohem Nutzen für die Gesellschaft zu arbeiten.«

Das Mobilitätsproblem tritt zwar stets konkret in einem Betrieb auf; seine Lösung darf jedoch nicht auf die Betriebssphäre beschränkt werden, weil die komplexe sozialistische Rationalisierung – die Mechanisierung und Automatisierung ganzer Produktionsbereiche – nicht nur von einer Mobilität der Arbeitskräfte im volkswirtschaftlichen Maßstab begleitet wird, sondern weil auch die sozialistische Lösung des Mobilitätsproblems die optimale Nutzung der Arbeitskräftedisponibilität im volkswirtschaftlichen Maßstab voraussetzt. In bestimmten Fällen wird die Disponibilität der Arbeitskräfte eine befriedigende innerbetriebliche Lösung ermöglichen; in anderen Fällen werden Umsetzungen im Gebiet vonnöten sein, in wieder anderen Fällen werden nur zwischengebietliche Umsetzungen zu einer alle Beteiligten befriedigenden Lösung führen. Um daher auf allen Ebenen der Volkswirtschaft die jeweils günstigsten Lösungen zu finden, muß eine wissenschaftlich begründete, von der volkswirtschaftlichen Gesamtentwicklung abgeleitete, volkswirtschaftliche Konzeption der Arbeitskräftedisposition – eine Konzeption der kurz-, mittel- und langfristigen Arbeitskräfteverteilung und -umverteilung – vorliegen, die gleichermaßen zweiglich wie territorial bilanziert ist.

Bisher wurden verschiedentlich einige Aspekte der Disponibilität der Arbeitskräfte erwähnt; der Begriff jedoch wurde nicht erläutert. Daher soll zunächst die für die rasche Durchsetzung der wissenschaftlich-technischen Revolution und für die komplexe sozialistische Rationalisierung so wichtige Eigenschaft der Arbeitskräfte kurz erläutert werden[13].

In ihrer allgemeinen Fassung ist die Disponibilität eine Eigenschaft einer jeden in die Produktion neu eintretenden oder in der Produktion bereits fungierenden Arbeitskraft. Sie besteht in den Kenntnissen, Fertigkeiten, Fähigkeiten, in der Möglichkeit und in der Bereitschaft einer Arbeitskraft, eine kleinere oder größere Anzahl unterschiedlicher Arbeitsaufgaben zu lösen beziehungsweise ihren derzeitigen Arbeitsbereich mit einem anderen zu vertauschen.

Ob und inwieweit eine Arbeitskraft disponibel ist, hängt von vielen Umständen, von der Qualifikation, vom Alter, vom Geschlecht, von territorialen, sozialen und moralischen Umständen ab. Daher ist es zu eng, unter Disponibilität ausschließlich die qualifikationsbedingte Disponibilität zu verstehen, wie dies zumeist geschieht. Da die Disponibilitätsgrenze einer Arbeitskraft stets durch den ungünstigsten Umstand gezogen wird, ist unbedingt zwischen qualifikationsbedingter, altersbedingter, geschlechtsbedingter, territorialbedingter, sozialbedingter und moralischbedingter Disponibilität zu unterscheiden und jeder Aspekt gebührend zu beachten. Die weitere Darlegung beschränkt sich indes auf Probleme der qualifikationsbedingten und der territorialbedingten Disponibilität der Arbeitskräfte.

Die qualifikationsbedingte Disponibilität einer Arbeitskraft tritt auf als:

– *Prinzipielle Disponibilität* einer bestimmten Breite, die eine Arbeitskraft mit der beruflichen Ausbildung erwirbt. Die Disponibilitätsbreite differiert je Fachrichtung und Ausbildungsstufe.

– *Spezifische Disponibilität* eines bestimmten Grades, die eine in

---

13 Vgl. Naumann, R./Steinberger, B., Die Bedeutung der Disponibilität für die Einbeziehung der Arbeitskräfte in das volkswirtschaftliche Bilanzmodell (Optimierungsmodell), in: Wirtschaftswissenschaft, Nr. 2/1966.

der Produktion bereits fungierende Arbeitskraft besitzt. Der spezifische Disponibilitätsgrad äußert sich darin, daß eine Arbeitskraft aufgrund ihrer erworbenen Qualifikation den unterschiedlichen Anforderungen anderer Arbeitsbereiche voll, weniger, gering oder nicht gewachsen ist.

Dank der durch die berufliche Ausbildung erworbenen prinzipiellen Disponibilität stehen einer in die Produktion neu eintretenden Arbeitskraft eine engere oder breitere Auswahl von Tätigkeiten in einem, mehreren oder allen Zweigen der Volkswirtschaft offen. Wie bereits betont (Abschnitt 2.), ermöglicht die mit der Ausbildungsdauer und der damit verbundenen Qualifikationshöhe zunehmende Disponibilitätsbreite heute nicht vorausschaubare langfristige Veränderungen in den Arbeitsanforderungen, ohne materielle Verluste oder moralische Schäden aufzufangen. Vielleicht noch wichtiger ist jedoch die Verwirklichung der zweiten Forderung (siehe Abschnitt 2.), den Arbeitskräften in allen Fachrichtungen auf jeder Ausbildungsstufe die maximale in der Praxis nutzbare und erforderliche Disponibilitätsbreite zu verleihen. Dies setzt die weitere Vervollkommnung des einheitlichen sozialistischen Bildungssystems voraus.

Wichtigste Voraussetzung eines hocheffektiven Bildungssystems, wie es in der Deutschen Demokratischen Republik prinzipiell konzipiert wurde, ist die konsequente inhaltliche und formale Verwirklichung einer durchgängigen Stufenausbildung. Es geht darum, nicht nur den Hochschulkadern, sondern auch den Facharbeitern und den Fachschulkadern eine derart abgestufte Ausbildung zu bieten, daß an die Stelle eines vorzeitigen Abbruches oder Nichtbestehens einer langfristigen Ausbildung traditioneller Art nur noch Abgänger mit einem entsprechenden Stufenabschluß treten, die auch eine damit übereinstimmende Berufstätigkeit ausüben können. Gleichzeitig muß – wie auch schon bisher – die Möglichkeit einer späteren Fortbildung bestehen.

Der andere Aspekt der qualifikationsbedingten Disponibilität – die spezifische Disponibilität – äußert sich in dem graduellen Vermögen einer in der Produktion bereits fungierenden Arbeitskraft, aufgrund ihrer Qualifikation den Arbeitsbereich zu wechseln – sei es, um eine andere Arbeitsaufgabe im gleichen Zweig zu erfüllen, um die bisherige Arbeitsaufgabe in einem anderen Zweig fortzusetzen oder um eine andere Arbeitsaufgabe in einem anderen Zweig zu übernehmen.

Dementsprechend lassen sich vier Gruppen der spezifischen Disponibilität unterscheiden:
– die Disponibilität im Rahmen der Qualifikationsart und im Zweig,
– die zwischenzweigliche Disponibilität im Rahmen der Qualifikationsart,
– die zwischenberufliche Disponibilität im Zweig (Wechsel der Qualifikationsart) und
– die zwischenzweigliche und -berufliche Disponibilität (Wechsel des Arbeitsbereiches und der Qualifikationsart).

Je nach Art und Höhe der Qualifikation einer Arbeitskraft einerseits und nach Art und Höhe der Anforderungen einer neuen Arbeitsaufgabe (»Arbeitsplatz«) andererseits mag diese Arbeitskraft in der Lage sein, die neue Arbeitsaufgabe ohne weiteres zu übernehmen: ihre spezifische Disponibilität gestattet den Arbeitswechsel ohne zusätzliche Ausbildungsmaßnahmen oder Dequalifikation. In einem anderen Falle kann die neue Arbeitsaufgabe zusätzlich Ausbildungsmaßnahmen (Fortbildung) erfordern; in diesem Falle ist der Arbeitswechsel mit der Notwendigkeit verbunden, die Qualifikationshöhe dieser Arbeitskraft weiterhin zu heben. In wieder einem anderen Falle kann die neue Arbeitsaufgabe geringere Anforderungen an die Arbeitskraft stellen, als es ihrer bereits erworbenen Qualifikationshöhe entspricht: in diesem Falle wäre ein Arbeitswechsel mit der Senkung der Qualifikationshöhe verbunden (Dequalifikation). Dieser Fall widerspricht allerdings der sozialistischen Arbeitskräftelenkung wie der Bildungsökonomie gleichermaßen.

Dementsprechend lassen sich drei Einzelerscheinungsformen der spezifischen Disponibilität für jede der vier Gruppen unterscheiden:
– ... (durch Senkung der Qualifikationshöhe),
– ... auf gleicher Qualifikationshöhe und
– ... durch Hebung der Qualifikationshöhe.

Der spezifische Disponibilitätsgrad läßt sich quantifizieren. Er hat seine reziproke Entsprechung im spezifischen Fortbildungsaufwand, der notwendig ist, um eine Arbeitskraft zu befähigen, eine bestimmte neue Arbeitsaufgabe zu übernehmen. Der spezifische Disponibilitätsgrad einer Arbeitskraft beträgt 100 Prozent, wenn der Gesellschaft aus dem notwendigen Arbeitsplatzwechsel kein

Fortbildungsaufwand erwächst, und Null, wenn der von der Gesellschaft aufzubringende Fortbildungsaufwand das zulässige Maximum überschreitet. Darum setzt eine Lösung des Mobilitätsproblems in der sozialistischen Gesellschaft die optimale Nutzung der Arbeitskräftedisponibilität im volkswirtschaftlichen Maßstab voraus. Für bestimmte Arbeitskräftekategorien könnte der Fortbildungsaufwand zur Weiterbeschäftigung im bisherigen (rationalisierten) Betrieb jedes vertretbare Ausmaß überschreiten oder mit einer unzumutbaren Dequalifikation verbunden sein, während der Wechsel in andere Betriebe des gleichen Zweiges nur einen relativ bescheidenen Fortbildungsaufwand erfordern würde und ein Wechsel in einen anderen Zweig ohne den zusätzlichen Fortbildungsaufwand möglich wäre. Hier kann nur die volkswirtschaftliche Optimierung der spezifischen Fortbildungsaufwände die günstigste Arbeitskräfteumverteilung ermitteln (Transportoptimierung).

Nicht minder wichtig ist die Berücksichtigung der territorialbedingten Disponibilität der Arbeitskräfte und ihre optimale Nutzung.

Bekanntlich besteht die Volkswirtschaft nicht nur aus Betrieben und Zweigen, die beim jeweils erreichten Stand der gesellschaftlichen Arbeitsteilung eng miteinander verflochten sind (Zweigstruktur der Produktion), sondern zugleich ist jeder Betrieb an einen bestimmten Standort gebunden (Territorialstruktur der Produktion). Zwischen Arbeitsstätte und Wohngebiet der Arbeitskräfte besteht ein enger Zusammenhang, denn die Wohnstätte bindet eine Arbeitskraft in der Regel an einen Betrieb. In Ballungsgebieten ist die Bindung an einen bestimmten Betrieb geringer, sofern für die Art der Qualifikation der Arbeitskraft in mehreren Betrieben Bedarf besteht. Aber auch in diesen Fällen ist normalerweise ein Arbeitsplatzwechsel nur in einem relativ begrenzten Gebiet möglich.

Durch die Standardisierung, Spezialisierung und Konzentration der Produktion im Zuge der komplexen sozialistischen Rationalisierung, die ihren Ausdruck in der Mechanisierung und Automatisierung ganzer Produktionsbereiche findet, verändert sich nicht nur die Zweigstruktur, sondern zugleich mit ihr die Territorialstruktur der Produktion. Damit aber verändert sich der territoriale Arbeitskräftebedarf, und zwar sowohl dem Umfang als auch der erforderlichen Qualifikationsstruktur nach.

Angenommen, in einem Bezirk werden im Zuge der Rationalisierung ganze Zweigproduktionen eingestellt, um mit modernster Ausrüstung eine hochproduktive Monoproduktion zu erreichen. In diesem Falle werden ganze Arbeitskräftekategorien freigesetzt. Sind im gleichen Bezirk zum Beispiel neue Zweige eingerichtet worden, deren Produktionen erhöht werden müssen und die zu diesem Zweck auf eine erhebliche Arbeitskräftezufuhr angewiesen sind, so bietet sich natürlich eine territoriale Lösung der Arbeitskräfteumsetzung an. »Neues Deutschland« (8. 8. 1966) bringt ein solches Beispiel unter der Überschrift »Bezirk und Wirtschaftszweig« aus dem Bezirk Gera. Danach ist vorgesehen, Werktätige aus der rationalisierten Textilindustrie des Bezirkes in den VEB Carl Zeiss, die Keramischen Werke Hermsdorf, WEMA Gera und in den Erzbergbau umzusetzen. Das soll so geschehen, daß für 500 Werktätige kein Ansiedlungsaufwand entsteht, wodurch 15 Millionen Mark eingespart werden können.

Bei differenzierter Betrachtung des erwähnten Beispiels ergeben sich einige Fragen:

Arbeitskräfte aus der Textilindustrie des Bezirkes sollen in die feinmechanische, optische, elektronische und andere Industrie umgesetzt werden. Bei un- und angelernten Arbeitskräften ist dies in der Regel auch möglich, weil diese Arbeitskräftekategorien eine nur geringe Qualifikationshöhe besitzen und daher beruflich nicht oder nur gering fixiert sind. Bei Fach- und Spezialfacharbeitern ist eine territoriale Umsetzung, die mit einer zweiglichen Umsetzung gekoppelt ist, nur möglich, wenn entweder ihre erworbene Qualifikation im neuen Zweig gefragt ist oder aber eine Umqualifizierung vorgesehen und auch vertretbar ist, die mindestens ihre bisherige Qualifikationshöhe wieder herstellt. Wie aber verhält es sich mit freiwerdenden Textiltechnikern und -ingenieuren, also mit Fach- und Hochschulkadern? Sofern in den neuen Betrieben nicht ein unmittelbarer Bedarf an ihrer spezifischen Qualifikation besteht, scheidet eine Vermittlung nach diesen Betrieben aus, weil eine Umqualifizierung von Fach- und erst recht von Hochschulkadern weder volkswirtschaftlich vertretbar noch individuell zumutbar ist. Bietet sich diesen Kadern aufgrund ihrer hohen Disponibilitätsbreite kein neues Wirkungsfeld am Ort des Wohnsitzes, so bleibt als befriedigende Lösung nur die innerbezirkliche oder zwischenbezirkliche Umsetzung, verbunden mit der Zuweisung einer entsprechenden neuen Wohnung. Die Umsetzung ist um so leichter, je erschlossener das neue Wohngebiet (zum Beispiel in kultureller Hinsicht) ist.

Das Beispiel läßt drei Problemkomplexe deutlich hervortreten:

1. Die territorialbedingte Disponibilität einer Arbeitskraft wird in erster Linie durch den Zusammenhang von Arbeitsstätte und Wohnsitz bestimmt; sie ist um so größer, je näher ein in Frage kommender Betrieb zum Wohnsitz liegt, je größer die Zahl der nahegelegenen Betriebe und je erschlossener das Wohngebiet ist. Dies gilt in ähnlicher Weise auch für den Wohnsitzwechsel zum Ort einer neuen Arbeitsstätte, sofern eine der bisherigen Wohnung nicht nachstehende neue geboten wird. Damit wird der spezifische Umsiedlungsaufwand zum reziproken Maß des territorialen Disponibilitätsgrades einer Arbeitskraft. Er kann in gleicher Weise optimiert werden wie der spezifische Fortbildungsaufwand.

2. Die qualifikationsbedingte Disponibilität und die territorialbedingte Disponibilität müssen gleichermaßen beachtet werden, wenn Arbeitskräfteumsetzungen planmäßig realisiert werden sollen. Von der Qualifikation her günstige Umsetzungen aus einem anderen Zweig können an der außerachtgelassenen Wohnungsfrage, von der territorialen Lage her günstige Umsetzungen an der nicht berücksichtigten Qualifikationsfrage scheitern. Auf keinen Fall kann durch die Berücksichtigung nur einer Disponibilitätsart die volkswirtschaftlich günstigste Lösung gefunden werden.

3. Das Verhältnis der territorialbedingten zur qualifikationsbedingten Disponibilität verändert sich generell mit der zunehmenden Qualifikationshöhe einer Arbeitskraft:
   Bei Arbeitskräften mit geringem Qualifikationsniveau (A I bis A II) spielt die territorialbedingte Disponibilität eine untergeordnete Rolle. Bei ihnen ist die qualifikationsbedingte Disponibilität so groß – besser: die Fixierung in der Qualifikationsart so gering –, daß sie (aufnahmefähige Betriebe vorausgesetzt) an Ort und Stelle umsetzbar sind.
   Bei Arbeitskräften mit mittlerem Qualifikationsniveau (A III bis A V) halten sich beide Disponibilitätsarten etwa die Waage. Hier kann überhaupt nur die Optimierung zu richtigen Entscheidungen führen.
   Bei Arbeitskräften mit hohem Qualifikationsniveau (A VI bis A VIII) kommt der territorialbedingten Disponibilitätsart die entscheidende Rolle zu, weil diese Kader ihre Qualifikationsent-

wicklung kaum ändern können und im Falle eines Betriebs-
wechsels in der Regel ihren Wohnsitz ändern müssen[14].

Aus alledem ergibt sich die Notwendigkeit eines sowohl territorial als auch nach Zweigen gegliederten, die Arbeitskräfte nach Art
und Höhe ihrer Qualifikation einschließenden, volkswirtschaftlichen
Verflechtungsbilanzmodells (Optimierungsmodells) für die Arbeitskräfteplanung, das auf den unter bestimmten zentral vorgegebenen
Bedingungen voroptimierten Arbeitskräftebilanzen der Bezirke aufbaut.

Nur auf diese Weise läßt sich unseres Erachtens die zentrale Planung der volkswirtschaftlich günstigsten Entwicklung der Arbeitskräfte und ihrer jeweils notwendigen Umverteilung auf die Zweige
mit der territorialen Bilanzierung der Arbeitskräfte, die in wesentlich verbesserter Form auch weiterhin eine Schwerpunktfrage der
Bezirksplankommissionen bleiben wird, zum System verbinden.

Abschließend sei mit wenigen Bemerkungen noch ein Problem
gestreift, das aufs engste mit der Realität der Arbeitskräfteplanung
zusammenhängt.

In der gesamten bisherigen Darlegung wurde stillschweigend
unterstellt, daß
– die objektiven Anforderungen eines Arbeitsbereiches an die
  Qualifikation einer Arbeitskraft auch von einer Arbeitskraft erfüllt werden, die diese Qualifikation besitzt,
– beziehungsweise die durch die Ausbildung erworbene Qualifikation einer Arbeitskraft auch der ausgeübten Tätigkeit entspricht.

Das ist jedoch keineswegs immer der Fall. So ergab eine Analyse
der Qualifikationsstruktur der Produktionsarbeiter in einem Produktionsbereich des VEB Keramische Werke Hermsdorf, »daß 46
Prozent der Beschäftigten über einen abgeschlossenen Ausbildungs-
beruf verfügten, davon aber nur 24 Prozent eine diesem Beruf entsprechende Tätigkeit ausübten«[15].

Mit anderen Worten üben im genannten Produktionsbereich weniger als die Hälfte (48 Prozent) der Facharbeiter eine Tätigkeit
aus, die tatsächlich ihrer erworbenen Qualifikation entspricht. Ähnliches ließe sich in allen Zweigen konstatieren.

---

14 Vgl. Adler, H., Probleme bei der Analyse der territorialen Kaderstruktur,
unveröffentlichte Forschungsstudie, Berlin 1966.
15 Vgl. Thesen zur Dissertationsschrift Voigt, Eva: Die Gesetzmäßigkeiten der
Entwicklung und die Planung des Bedarfs an Produktionsarbeiten, Ilmenau,
August 1966, S. 8.

Eine unkritische Gleichsetzung der erworbenen Qualifikation mit
der ausgeübten Tätigkeit einer Arbeitskraft in der Arbeitskräftebilanz würde naturgemäß die Realität der Arbeitskräfte- und Bildungsplanung bereits von den Ausgangsdaten her mindern. Daraus
ergibt sich die Forderung nach einem volkswirtschaftlichen Ausweis
der in der Produktion fungierenden Arbeitskräfte anhand der
volkswirtschaftlichen Arbeitskräftenomenklatur nach Art und Höhe
ihrer erworbenen und ihrer faktisch ausgeübten Qualifikation.
Einen solchen Ausweis benötigt nicht nur die Arbeitskräfte- und
Bildungsplanung, sondern vor allem auch das berufliche Bildungswesen.

Die Diskrepanz zwischen erworbener und faktisch ausgeübter
Qualifikation (Tätigkeit) kann – sieht man von den Lohn- und sonstigen Problemen einmal ab – auf folgende Ursachen zurückgehen:

1. Die Qualifikationsstruktur der Arbeitskräfte entspricht nicht
   (oder nicht mehr) den Anforderungen der volkswirtschaftlichen
   Produktion (weil sich die Produktionsstruktur zu rasch verändert
   hat oder weil der Bedarf an Arbeitskräften nach ihrer Qualifikationsstruktur perspektivisch unzulänglich geplant wurde).
2. Die durch die Berufsausbildung erworbene Qualifikation steht
   im Widerspruch zu den individuellen Fähigkeiten und Neigungen (weil sich die künftige Arbeitskraft hierüber zur Zeit der
   Berufswahl nicht im klaren war oder weil sie nicht berücksichtigt
   wurden).
3. Die Berufsinhalte haben sich gewandelt, während die Berufsausbildung nach dem herkömmlichen Berufsbild verlief.
4. Die Arbeitskraft wechselt den Arbeitsbereich aufgrund individueller Motive und einer individuellen Entscheidung (Fluktuation).

Die zuletzt angeführte Ursache – die Fluktuation – verdient besonderes Interesse, weil sich durch die Fluktuation die Verteilung
und Umverteilung der Arbeitskräfte im Rahmen des dynamischen
Systems der gesellschaftlichen Arbeitsteilung vollzieht[16].

---

16 Vgl. Peter Armelin/Manfred Thiel: Zur Konzeption einer soziologischen
Fluktuationsanalyse, in: Wirtschaftswissenschaft, Nr. 7/1966, S. 1110 ff., die
unseres Wissens erstmalig die positive Bedeutung der Fluktuation für die
Durchsetzung des NÖS unbefangen herausstellt.

Wie verhält sich die Fluktuation zur Mobilität und zur Disponibilität einer Arbeitskraft? – Bezeichnet die Mobilität die Notwendigkeit einer Arbeitskraft, den Arbeitsbereich (oder die Qualifikation oder beides) wechseln zu müssen, und bezeichnet ferner die Disponibilität die Möglichkeit einer Arbeitskraft, den Arbeitsbereich (oder die Qualifikation oder beides) zu wechseln, so bezeichnet die Fluktuation den Vollzug des Arbeitsbereichswechsels aus individueller Entscheidung, und zwar unabhängig davon, ob damit ein positiver oder negativer Wechsel der Qualifikation verbunden ist oder nicht.

Die erfolgreiche Arbeitskräftedisposition – das heißt die tatsächliche Verteilung und Umverteilung der Arbeitskräfte in Übereinstimmung mit den vorausgegangenen Planvorstellungen – gemäß den sich unter dem Einfluß der wissenschaftlich-technischen Revolution verändernden zweiglichen und territorialen Anforderungen der Volkswirtschaft an die Arbeitskräftestruktur nach Art und Höhe ihrer Qualifikation erfordert daher von der Volkswirtschaftsplanung gleichermaßen

– die langfristige Kenntnis der Entwicklung der Mobilität,
– die optimale Nutzung der Disponibilität und
– die bewußte Steuerung der Fluktuation mittels materieller und moralischer Stimuli.

Eine Grundvoraussetzung hierfür bildet das volkswirtschaftliche Verflechtungsbilanzmodell (Optimierungsmodell), das die Verteilung und Umverteilung der Arbeitskräfte auf die Zweige und Bezirke nach Art und Höhe ihrer Qualifikation nach Technisierungsstufen ausweist.

Kapitel 5: Bildungsökonomie und Qualität der Arbeit: Theorien zur Qualifikationsstrukturentwicklung

Robert Blauner:

Entfremdung, Technologie und Arbeitsqualifikation bei tendenzieller Höherqualifizierung der Gesamtarbeitskraft[1]

Der Industriebetrieb, in dem ein Mensch arbeitet, ist von *schicksalhafter* Bedeutung, da sich je nach dem industriellen Milieu die Arbeits- und Lebensbedingungen stark unterscheiden. Die Druckerei, die Textilfabrik, das Automobilwerk, die Prozeßsteuerung in der chemischen Industrie – in der heutigen Zeit alles wichtige Fabriktypen – veranschaulichen die breite Vielfalt und den pluralistischen Charakter der amerikanischen Industrie. Die vergleichende Analyse dieser vier Industriezweige ... zeigt, daß der Industriebetrieb über die Art der Arbeit, die ein Angestellter acht Stunden pro Tag ausübt, entscheidet und den Sinn, den diese Arbeit für ihn hat, mitbestimmt. Er beeinflußt in hohem Grade das Maß an Freiheit innerhalb seines Berufslebens und den Grad, inwieweit er durch Technik oder Aufsicht kontrolliert ist. Er beeinflußt auch seine Bereitschaft, sich persönlich zu entwickeln und zu steigern – zu lernen, voranzukommen, Verantwortung zu übernehmen. Sein Arbeitsplatz wirkt sogar auf die Art der sozialen Persönlichkeit ein, die er entfaltet, denn jedes industrielle Milieu bringt im allgemeinen einen ganz bestimmten sozialen Typus hervor[1a].

Voranstehend habe ich zu zeigen versucht, wie jede Dimension der Entfremdung – Machtlosigkeit, Sinnlosigkeit, Isolierung und

---

1 Robert Blauner: Alienation and Freedom: The Factory Worker and His Industry. Chicago/London 1964; 3. Auflage 1967 (The University of Chicago Press). – Auszug aus dem Kapitel: Alienation and Freedom in Historical Perspective, S. 166–169.
Übersetzt (von Doris M. Fittler) und wiederabgedruckt mit freundlicher Genehmigung des Verfassers und des Verlages.
1a Von diesem Standpunkt aus ist die Flut solch verallgemeinender Begriffe wie *Der industrielle Mensch, Der Fabrikarbeiter* usw. irreführend. Es scheint angemessener, von den »industriellen Menschen« oder den »Fabrikarbeitern« zu sprechen, Formulierungen, die nicht eine Gleichförmigkeit der Existenzbedingungen beinhalten. Theodore Purcells *Blue Collar Man* (Cambridge, Mass.: Harvard University Press, 1960) z. B. stützt sich auf eine Untersuchung

Selbstentfremdung – in Form und Intensität je nach Industriebereich variiert. So ist die Frage: Ist der Fabrikarbeiter von heute seiner Arbeit entfremdet? nicht mit einem einfachen Ja oder Nein zu beantworten. Den modernen Produktionsmethoden und den Prinzipien der bürokratischen Industrieorganisation sind schon an sich allgemein entfremdende Tendenzen eigen. Aber es gibt Fälle, da besondere Techniken, Arbeitsteilung, Wirtschaftsstruktur und Sozialorganisation – mit anderen Worten, jene Faktoren, durch die sich die einzelnen Industrien unterscheiden – diese allgemeinen Tendenzen noch verstärken und einen hohen Grad an Entfremdung erzeugen; in anderen Fällen dagegen schwächen sie diese ab und wirken ihnen entgegen, da sie nunmehr zu Kontrolle, Sinngebung und Eingliederung führen.

Die Methode der vergleichenden Industrieanalyse veranschaulicht in diesem Zusammenhang die Vielfalt und den Pluralismus innerhalb der modernen Produktion, unterstreicht die ungleiche Verteilung von Freiheit und Entfremdung unter den Arbeitskräften der Fabriken und legt die diesen Ungleichheiten zugrundeliegenden Kausalfaktoren offen. Außerdem gewährt sie eine historische Sicht der langfristigen Veränderungen in der Beziehung zwischen dem manuellen Arbeiter und seiner Arbeit. Aufgrund der unregelmäßigen Entwicklung der Modernisierungsbestrebungen existieren heute Industrien nebeneinander, die in gewisser Weise verschiedenen Phasen der Geschichte der Industrieproduktion »angehören«. Die vier ... miteinander verglichenen Industrien unterscheiden sich im Grad der Mechanisierung der technischen Mittel, der Rationalisierung der Arbeitsteilung, der Konzentration der Wirtschaftsstruktur und der Bürokratisierung der sozialen Organisation. Vergleicht man in allen vier Fällen die Folgen dieser Unterschiede, so bekommt man einen Begriff von den historischen Implikationen langfristiger Entwicklungsprozesse für Entfremdung und Freiheit in der Fabrik. Die Einzeluntersuchung anhand der automatisierten chemischen Industrie ist nützlich, da sie Möglichkeiten künftiger Veränderungen im Verhältnis zwischen Freiheit und Ent-

---

anhand von Arbeitern nur einer einzigen Industrie, der fleischverpackenden Industrie. Vgl. auch William L. Warner und Norman H. Martin, *Industrial Man* (New York: Harper & Bros., 1959); Clark Kerr u. a., *Industrialism and Industrial Man* (Cambridge, Mass.: Harvard University Press, 1960); und Alex Inkeles, »Industrial Man: The Relation of Status to Experience, Perception and Value«, *American Journal of Sociology*, LXVI (1960) 1–31.

fremdung aufzeigt . . .

Lenken wir im folgenden die Betrachtung über die Auswirkungen technischer Veränderungen auf die Art der manuellen Arbeit. Da die Technik die Mechanisierung vorangetrieben hat, fand eine Verschiebung in den Berufsanforderungen der Beschäftigten statt. Im Druckereigewerbe und anderen Handwerksbetrieben stellt das herkömmliche manuelle Können, die Bearbeitung »harter« Materialien von Hand und mit Hilfe einfacher Werkzeuge den vorherrschenden Arbeitstyp dar. Bei der Prozeßsteuerung (Ölraffinerien und chemische Industrie) haben die Mechanisierung der Produktion und der Materialfluß einen Punkt erreicht, wo das Bedienungspersonal das Produkt weder zu sehen bekommt noch direkt daran arbeitet. Statt dessen überwacht es die automatischen Kontrolluhren, inspiziert die Maschinen, reguliert die Ventile und registriert die Daten, die die Vorgänge des automatisierten Systems beschreiben. Die Hauptanforderung des Arbeitsplatzes ist nicht mehr manuelles Können, sondern Verantwortungsbewußtsein. Anstelle des *tüchtigen Arbeiters*, der nötig ist, wenn es im Produktionsprozeß Fachkönnen an den Tag zu legen gilt, brauchen die automatisierten Industriebetriebe jetzt einen *zuverlässigen Angestellten*, der in der Lage ist, ein beträchtliches Maß an Verantwortung zu übernehmen.

Traditionelles manuelles Können und »nichtmanuelle« Verantwortung sind von Grund auf verschieden[2]; beides jedoch erfordert viel Umsicht und Initiative. Beides trägt deshalb zur Würde und

---

2 Der Unterschied zwischen diesen zwei Arbeitsweisen ist auch in Elliott Jaques' Unterscheidung zwischen Können und *nous* enthalten, einem griechischen Wort, das soviel wie Geist oder Verstand bedeutet. Können ist nach Jaques »die Fähigkeit eines Menschen, bei der Ausführung der seinem eigenen Ermessen überlassenen Aspekte seiner Arbeit das Sinnes- und Wahrnehmungsvermögen zu üben . . . Können besteht aus der Fähigkeit, intuitiv auf den Tast-, Gesichts-, Gehör-, Geschmacks- und Geruchssinn sowie auf das Gleichgewichtsempfinden anzusprechen, und physisch gesehen aus der Fähigkeit, einen Arbeitsvorgang entsprechend der Bedeutung des Arbeitsplatzes oder dem Gefühl dafür zu lenken und zu behandeln«. *Nous* dagegen ist die »Fähigkeit, ein rationales Urteilsvermögen auszubilden« bei der Ausführung der dem eigenen Ermessen überlassenen Arbeitsaspekte. *Nous* »besteht aus der Fähigkeit, zur Verfügung stehende Informationen abzuwägen, zu erfassen, ob und welche anderen Informationen eingeholt werden sollten, und geistig gesehen in der Fähigkeit, von der Grundlage dessen auszugehen, was als die beste Handlungsweise empfunden wird, bei der viele Faktoren einer Situation nur unbewußt bewertet werden und manche Faktoren – vielleicht sogar die wichtigsten – ganz einfach nicht bekannt sind«. Elliot Jaques, *Equitable Payment* (New York: John Wiley & Sons, 1961), S. 81–82.

zur Selbstachtung des Fabrikarbeiters bei. Leider geschieht das Umlernen vom einen zum anderen weder direkt noch sofort. Handwerkliche Technik »entfaltet« sich selten zu automatisierter Technik. Die für das mittlere Stadium der Produktionsentwicklung charakteristischen Industrien setzen maschinelle und Fließbandtechniken ein. Beide Zwischentechniken bringen Tätigkeiten hervor, die
im allgemeinen wenig manuelles Können oder Verantwortung erfordern und damit den historischen Prozeß der »Dequalifizierung«
(deskillization) veranschaulichen.

Die Textilindustrie und die Automobilmontageindustrie illustrieren zwei verschiedene Arten, wie es zu dieser Dequalifizierung kam.
In der Maschinenindustrie wird traditionelles Können ausgehöhlt
durch die Entwicklung der Technik; in der Fließbandproduktion ist
es durch die Rationalisierung der Arbeitsplanung und durch eine
äußerst ausgeklügelte Arbeitsteilung ausgeschaltet. Sowohl die technische Expansion als auch die zunehmende Arbeitsteilung hängen
letztendlich davon ab, daß das für die Handwerksbetriebe kenn-
zeichnende einmalige Produkt ersetzt wird durch ein mehr standar-
disiertes Produkt der Massenfertigung.

Der Verfall traditionellen fachlichen Könnens hat seinen Weg
durch die amerikanische Industrie weitgehend beendet; die gegenwärtigen Entwicklungen deuten jetzt darauf hin, daß diese Art von
Fachkönnen im schrumpfenden Sektor der Fabrikarbeit wieder im
Kommen ist. Die herkömmlichen Handwerksbetriebe spielen noch
immer eine bedeutende Rolle in der Wirtschaft und gewinnen vielleicht sogar in der automatisierten Gesellschaft der Zukunft noch
an Bedeutung hinzu. Die Bauindustrie, die weitgehend von den
alten Handwerksmethoden und dem herkömmlichen manuellen
Können lebt, ist heute in den Vereinigten Staaten der größte Einzel-
arbeitgeber für Fabrikarbeiter. Und eine wohlhabendere und
gebildetere Gesellschaft, die sich gegen die Standardisierung von
Werten und Erzeugnissen in einer Massengesellschaft wendet,
mag ihren künftigen Bedarf an einmaligen und unverwechselbaren
Artikeln steigern.

Ferner bedarf die automatisierte Produktion paradoxerweise
vermehrt des traditionellen Handwerkskönnens, wenn dies auch
mehr in der technischen Wartung als in der Produktion eingesetzt
wird. Da die Automatisierung einen beträchtlichen Zuwachs an
komplizierten Apparaturen und technischen Vorgängen mit sich
bringt, werden auch wesentlich mehr Mechaniker in den verschie-

denen Abteilungen benötigt, um diese Anlagen zu warten. In den
größten Ölraffinerien und der chemischen Industrie ist ebenso viel,
wenn nicht mehr Wartungspersonal beschäftigt als Produktionsarbeiter. Innerhalb der automatisierten Fabriken existieren zwei
grundverschiedene Arten von Fabrikarbeit nebeneinander, jede mit
ihrem konkurrierenden Anspruch auf Qualifikation und Status.

Die gegenwärtige technische Veränderung verringert wahrscheinlich andererseits die relative Bedeutung von dequalifizierter Arbeit
an der Maschine und am Fließband. Die Automatisierung eliminiert
unqualifizierte Fabrikarbeitsplätze schneller als diese im Zuge weiterer Dequalifizierung der handwerklichen Tätigkeiten entstehen.
Und doch behalten viele Industriebetriebe maschinelle und Fließbandtechniken bei und automatisierten sowohl aus technischen als
auch aus ökonomischen Gründen nicht. Auf dem Gütermarkt der
Schuhindustrie z. B. ist eine Standardisierung der Machart, Größe
und Form, die eine Automatisierung wirtschaftlich möglich macht,
nicht ohne weiteres durchführbar[3]. In anderen Industriezweigen,
einschließlich der Automobilindustrie, erschwert die Art, wie ein
Produkt konstruiert ist, vom technischen Standpunkt aus gesehen
die Automatisierung von Montagevorgängen aufs äußerste. So besteht keine unmittelbare Aussicht, in alten Industriebetrieben die
unqualifizierten manuellen Tätigkeiten gänzlich abzuschaffen. Ferner beginnen einige neue Industriezweige ihre Erzeugnisse mit Hilfe
älterer Methoden herzustellen, da es unter Umständen sehr lange
dauern kann, bis das standardisierte Produkt entwickelt und ein
Volumen der Konsumentennachfrage geschaffen ist, das erst einen
höheren Grad an Mechanisierung ermöglicht.

In dem komplexen und vielfältigen Produktionssektor einer
hochentwickelten Industriegesellschaft gibt es gleichzeitig mindestens drei Hauptarten der Fabrikarbeit: das herkömmliche manuelle
Können in Verbindung mit handwerklichen Methoden; die dequalifizierten manuellen Routinearbeiten in Verbindung mit Maschinen-
und Fließbandtechniken und die »nicht-manuelle«, in der Prozeßsteuerung erforderliche Verantwortlichkeit[4]. Obgleich handwerk-

3 James Bright, *Automation and Management* (Boston: Harvard University
Graduate School of Business Administration, 1958), S. 30–37.
4 Diese Arten entsprechen genau den drei Entwicklungsstadien manueller
Arbeit, die Alain Touraine in den Pariser Renault Automobilwerken fest-
gestellt hat. *L'évolution du travail ouvrier aux usines Renault* (Paris: Centre
National de la Recherche Scientifique, 1955).

liches Können weiterhin eine bedeutende Rolle spielen wird, stellt die Verlagerung von fachlicher Qualifikation hin zur Verantwortlichkeit die wichtigste historische Tendenz in der Entwicklung der Fabrikarbeit dar. Der relative Niedergang unqualifizierter, normierter Tätigkeiten ist auf die Dauer eine positive Entwicklung[5]; und dennoch wird es wahrscheinlich auch in näherer Zukunft noch viel Routinearbeit geben, die die Würde des Arbeiters negiert.

---

5 Natürlich nur vom Standpunkt der Art manueller Arbeit aus. Der Verlust an Arbeitsplätzen, der aus diesen technischen Veränderungen resultiert, ist für den einzelnen Arbeiter eine ernstere Angelegenheit als jede historische Verbesserung in der Würde der Arbeit.

452

Radovan Richta und Kollektiv:

**Umwälzungen in Arbeit, Qualifikation und Bildung bei gesetz-
mäßiger Höherqualifizierung des Gesamtarbeiters[1]**

1. Umwandlungen im Qualifikationsmodell

Die Industrierevolution hat die auf dem Handwerk fußende traditionelle produktive Arbeit *entqualifiziert.* Sie hat die einfache Arbeit zum Stützpfeiler der Industrie gemacht[1a]; sie hat ihre eigene
Arbeitsteilung auf der nichtqualifizierten Tätigkeit aufgebaut[2]; sie
hat die Geschicklichkeit ihrer früheren Bedeutung entledigt und
durch monotone, einfache Routinearbeit ersetzt[3], die nicht mehr
als einen kurzen Lehrgang erfordert. Während unter den Bedingungen der industriellen Mechanisierung der Anteil der Fachleute
außerhalb der unmittelbaren Produktion (wenn auch nur allmählich) zunahm, sank auf Grund derselben Logik derjenige der qualifizierten Arbeiter innerhalb der unmittelbaren Produktion (siehe
Tabelle 1 im Anhang). Während er 1920 in den USA 32,3% betrug,
sank er 1940 auf 30,1% (siehe Tabelle 2 im Anhang). Die Kern-
truppe der Arbeiter bestand in den industriell am höchsten entwickelten Ländern immer ausgeprägter aus ungelernten Arbeitern[4]
– und dies in weit stärkerem Maße als in den europäischen Ländern.
Dieses Phänomen entsprach den Bedingungen der sich ausbreiten-

1 Radovan Richta und Kollektiv: Richta-Report. Politische Ökonomie des
20. Jahrhunderts. Die Auswirkungen der technisch-wissenschaftlichen Revolution auf die Produktionsverhältnisse. Frankfurt/M. 1971 (Makol-Verlag). –
Auszug aus dem Kapitel: Umwälzungen in Arbeit, Qualifikation und Bildung,
S. 150–162, sowie aus dem Tabellenanhang S. 370–377. Mit freundlicher Genehmigung des Verlages.
1a K. Marx, *Misère de la philosophie* – Das Elend der Philosophie, in Marx-
Engels-Werken, Bd. 4, Berlin 1959, S. 85.
2 K. Marx, *Das Kapital,* Bd. 1, S. 389, Berlin 1953 (MEW 23, S. 417).
3 So haben der Handwerker und der Künstler die Neigung, die Technik als
Destruktion einer künstlerisch und menschlich ganzheitlichen Lebensweise
zu betrachten . . . (W. Ogburn im Sammelband *Technology and Social Change,*
New York 1957, S. 4).
4 Es ist bekannt, daß 80% der Arbeiter der Ford-Werke in den 20er Jahren
anstelle einer Qualifikation nur angelernt waren – nicht länger als einen
Monat, zur Hälfte jedoch nur einen einzigen Tag lang. (Vgl. J. Hirsch: *Das
amerikanische Wirtschaftswunder,* Berlin 1926.)

den Industriemechanisierung[5], und man muß damit rechnen, daß die Industriemechanisierung immer wieder einen Druck auf diese Konsequenzen ausübt[6].

Dieser entqualifizierende Trend kam nach und nach in den am weitesten fortgeschrittenen Produktionen, Branchen und schließlich Ländern zum Stillstand. In den Jahren 1940–1964 wandte sich die Kurve des Anteils qualifizierter Arbeiter und Meister in den USA aufwärts – von 30,1% auf 36,0%[7] –, und es scheint, daß diese neue Tendenz mit den Anfängen der wissenschaftlich-technischen Revolution für die Dauer überwiegt[8].

Am ausgeprägtesten sticht jedoch das Anwachsen des qualifizierten *technischen und Fachpersonals* außerhalb der unmittelbaren Produktion in der gesamten Volkswirtschaft hervor. Mit seinem Tempo übertraf es in den USA der fünfziger und sechziger Jahre alle übrigen Arbeitnehmergruppen: es war doppelt so schnell wie die Zunahme der Beamten (einer Kategorie, die in den 40er Jahren in dieser Hinsicht die vorderste Stelle einnahm) und siebenmal schneller als der Gesamtzuwachs der Arbeiter[9]. Dabei war bei der qualifiziertesten Komponente dieser Schicht von Fachleuten der Zuwachs wiederum am höchsten.

---

5 So sank z. B. in Großbritannien, wo in den Jahren 1951–1961 noch die Mechanisierung überwog, der Anteil qualifizierter Arbeiter von 54,6 auf 50,1% (siehe Tabelle 2 im Anhang).
6 In der UdSSR kam der Dequalifizierungstrend der Mechanisierung nicht so offen zum Ausdruck, weil die Industrialisierung hier in einem minimalen Zeitraum erfolgte und das Wachstum der Qualifikation durch ausgedehnte außerökonomische Maßnahmen des sozialistischen Staates unterstützt wurde. Dessen ungeachtet nahm hier in den dreißiger Jahren – bis 1950 – gleichfalls die Kategorie der angelernten (halbqualifizierten) Arbeiter am meisten zu (vgl. A. M. Omarov: *Technika i čelovek, socialnoekonomičeskije problemy techničeskogo progressa*, Moskau 1965).
7 *Economic Report of the President*, 1965; in Großbritannien rechnet man mit einem Qualifikationszuwachs der Arbeiter für 1961–1971 von 50,1 auf 60,4%.
8 Es zeigt sich, daß »eine mehr oder weniger komplette Automatisierung das Niveau der Qualifikation erhöht ...«. (E. R. F. W. Crossmann: *European Experience with the Changing Nature of Jobs Due to Automation*, ed. Univ. of California 1964.) Dieser Umstand ist jedoch – worauf schon Lilley hingewiesen hat – erst mit den höchsten Automatisierungsstufen verbunden und stellt eben das dar, worin sich der eigentliche Prozeß der wissenschaftlichtechnischen Revolution radikal vom vorhergehenden unterscheidet (*Automatizace a spolecnost* – Automatisierung der Gesellschaft –, Prag 1958, S. 111).
9 *Manpower Report of the President*, March 1965.

Grundlegende Veränderungen machen sich in der Qualität der Qualifikation bemerkbar. Die auf Gewohnheit, Tradition, Erfahrung fußende handwerkliche und manuelle Qualifikation büßt jedoch weiterhin an Wirkung ein. Mit der schnellen Abnahme einer Masse angelernter Operatoren, die am klassischen Fließband überwogen, aber in automatisierten Betrieben und modernen Produktionen überhaupt zusammenschmelzen, nimmt das Gewicht der auf einer *wissenschaftlichen und technischen Basis* fußenden Qualifikation zu. Bei einem Teil der Einsteller genügt zwar noch ein bloßes Anlernen – sogar ein durchaus geläufiges –; aber das gilt bei weitem nicht allgemein; bei einer progressiven automatischen Fertigungsstrecke muß z. B. ein Arbeiter, der die Funktion eines Einstellers ausübt, über die Kenntnisse eines früheren Drehers und Elektromonteurs verfügen, die Prinzipien der Pneumatik beherrschen und imstande sein, geläufige Störungen zu beheben. Instandhalter und Reparaturmonteure fügen ihrer Qualifikation immer öfter Elemente bei, die bisher einem technisch höhergebildeten Personal zukamen. In der Arbeit der Techniker macht sich mit dem schnellen Fortschreiten der Technik und dem Übergang zu tieferen Prinzipien der Automatisierung das Bedürfnis nach theoretischer Ingenieurqualifikation geltend – vor allem in Fächern wie Mathematik, Elektronik u. a.[10]. Die Ingenieure haben wiederum immer öfter Forschungsaufgaben auszuführen, die eine stetige wissenschaftliche Vorbereitung erfordern. So macht sich ein allgemeines *Steigen der Qualifikationsansprüche* als eines der wesentlichen Merkmale der beginnenden wissenschaftlich-technischen Revolution geltend.

Auf Grund einer Analyse der Qualifikationswandlungen nach der Struktur der Produktivkräfte können »*Kadermodelle*« der Qualifikation ausgearbeitet werden[11], die zu den grundlegenden Produktionsprinzipien gehören (siehe Tabelle 3 im Anhang); sie lassen die spezifischen Zusammenhänge der wissenschaftlich-technischen Revolution plastisch hervortreten. Diesen Modellen zufolge erfordert (in %) eine Produktion, die sich auf das

---

10 Vgl. E. Sachse: *Technische Revolution + Qualifikation,* Berlin 1965.
11 Aufgrund eigener eingehender Forschungen und kritischer Analysen amerikanischer, sowjetischer, französischer, deutscher und tschechoslowakischer Qualifikationsstudien hat J. Auerhan (vgl. *Technika, kvalifikace, vzdělání* – Technik, Qualifikation, Bildung –, Prag 1965) das hier verwendete Modell ausgearbeitet.

| | Arbeitskräfte | | | | |
	unquali-fizierte	angelernte	ausgelernte	mit Mittelschul-bildung	mit Hochschul-bildung
a) traditionelle industrielle Prinzip stützt,					
an einer Reihe Universal-maschinen	15	20	60	4	1
an einer mecha-nischen Ferti-gungsstrecke	–	57	33	8	2
b) automatische Prinzip stützt,					
bei teilweiser Automatisierung	–	38-3	45-55	13-30	4-12
bei Vollautoma-tisierung	–	–	40-0	40-60	20-40

Von diesem Gesichtspunkt aus muß man mit einer großangelegten Wendung rechnen, was die Qualifikationsansprüche gegenüber der bisherigen Situation betrifft, die im wesentlichen noch vom Industriesystem bestimmt ist. Von der Größe dieser Veränderungen zeugt die Tatsache, daß die in vollautomatisierten Betrieben in Erscheinung tretenden Qualifikationsansprüche zumindest solche oder höhere sind, als sie das bisherige Bildungsniveau der gesamten Intelligenzschicht aufweist (und ebenso das durchschnittliche ingenieur-technische Personal unserer Tage). Die allgemeine Automatisierung wird somit zur Aufhebung der Qualifikationsunterschiede zwischen den Arbeitern und der Intelligenz führen. Und da die Qualifikation wesentlichen Einfluß auf den schöpferischen Inhalt der Tätigkeit, auf die Selbstrealisierung und Selbstgestaltung[12] des

---

12 C. W. Mills (*White Collar in The American Middle Classes,* New York 1951) zufolge betrachten nur 41% Arbeiter, 42% Angestellte, aber etwa 85% des hochqualifizierten Fachpersonals ihre Arbeit als eine Art und Weise ihrer Selbstrealisierung.

Menschen hat, stehen wir zugleich vor einer gänzlich neuen kulturellen und menschlichen Situation.

Wenn wir die genannten theoretischen Modelle in den Querschnitt der tschechoslowakischen Wirtschaft projizieren, und zwar entsprechend den vorausgesetzten Entwicklungsproportionen, bietet sich uns ein bemerkenswertes Bild der Qualifikationsbedürfnisse im Zusammenhang mit den Anfängen der wissenschaftlich-technischen Revolution: es gilt, innerhalb von zwei Jahrzehnten eine wesentliche Qualifikationserhöhung der Grundmasse der Arbeiter zu erreichen[13], genügend mittlere Fach- und technische Kader mit entsprechendem Mittelschulniveau der Qualifikation[14] zu sichern und den Anteil qualifizierter Ingenieure im Verhältnis zur Gesamtzahl der in der Industrie Beschäftigten bedeutend zu erhöhen[15].

Allerdings ist es selbstverständlich, daß die Qualifikationserhöhung auch in den fortgeschrittensten Ländern bisher nicht linear verlief und noch eine längere Zeit nicht linear verlaufen wird: in den ersten Etappen der wissenschaftlich-technischen Revolution, solange die Mechanisierung noch fortschreitet und zugleich meist eine teilweise Automatisierung stattfindet, kann das Qualifikationsniveau sogar sinken. Eine ähnliche Wirkung kommt auch dadurch zustande, daß die Vollautomatisierung der Industriezweige die Arbeitskraft in den Bereich der Dienstleistungen verschiebt – zumindest solange die technische Ausstattung der Dienstleistungen und damit auch deren Qualifikationsansprüche niedriger sind als in der Industrie. Da jedoch innerhalb des »Tertiarsektors« am schnellsten wiederum der Anteil der spezifischen, mit Wissenschaft, Schulwesen, Sorge für den Menschen verbundenen Bereiche wächst, in denen die Qualifikationsansprüche im Gegenteil außerordentlich hoch sind[16], haben diese Rückwärtsbewegungen nur vorübergehenden Charakter.

---

13 Gegenüber der heutigen Minderheit hätten im Jahre 1980 etwa 60–70% der Arbeiter eine moderne Qualifikation.
14 Der Anteil der Techniker sollte von den nunmehrigen 13% auf 25% anwachsen, wobei anstelle der heutigen 30% nahezu jeder von ihnen über eine entsprechende Mittel- und Hochschul-Fachbildung verfügen sollte.
15 Das bisherige Verhältnis der Zahl der Ingenieure zu jener der in der Industrie Beschäftigten beträgt in der ČSSR 1,2% – also bedeutend weniger als in den USA und in der UdSSR; bis 1980 sollte sie auf 6–6,5% ansteigen.
16 »Die am schnellsten wachsenden Teile des Dienstleistungssektors sind das Gesundheitswesen und das Schulwesen, die beide ein starkes Übergewicht hochqualifizierter Menschen erfordern« (C. C. Killingsworth: *Automation, Jobs and Manpower,* Nation, Manpower Revolution 1963–4, S. 1475).

Der empirischen Beobachtung, die Qualifikationstrends nicht mit entsprechenden Wandlungen der Struktur und Dynamik der Produktivkräfte in Verbindung bringt und sie als ein ungegliedertes Ganzes ansieht, muß ihr Ganzheitszustand als weitgehend unbestimmt, gemischt und ihre Bewegung als unvorhersehbar erscheinen[17]. Erst wenn man begreift, daß sich im Endergebnis zwei unterschiedliche, gegenläufige Tendenzen in der Entwicklung der Qualifikation miteinander verbinden, in Konflikt geraten bzw. zum Ausgleich kommen, einer Qualifikation, die zwei unterschiedlichen Zivilisationsprozessen entspricht – also eben die Anwendung theoretischer Qualifikationsmodelle –, kann man den gegenwärtigen Zustand rational erklären. Und zugleich wird dabei die Perspektive klar, die vom wachsenden Übergewicht der Elemente der wissenschaftlich-technischen Revolution geformt wird – eine Perspektive, die die Qualifikationskurve der Arbeit immer deutlicher nach oben wenden wird.

Auf dem Boden der Grundprobleme menschlicher Tätigkeit treten unterschiedliche theoretische Konzepte der gegenwärtigen Zivilisation zutage, um verschiedene reale Alternativen ihrer Entwicklung entstehen zu lassen. Marx' und Engels' Gedanken in dieser Richtung konnten lange Zeit als bloße übertriebene Formulierun-

---

17 So ausgedehnte Untersuchungen, die z. B. P. Naville (*Essay sur la Qualification du travail,* Paris 1956) durchgeführt hat: »L'Automation et le travail humain. Rapport d'enquête« (Frankreich 1957–1959), Paris 1961, führten zu keinerlei eindeutiger Schlußfolgerung. Doch die von Naville gesammelten wertvollen Daten enthalten eine ganze Reihe verborgener Antworten, sobald sie mit der Theorie verbunden werden, die in dieser Empirie das Resultat tieferer Prozesse zu erkennen vermag. Wenn in den fünfziger Jahren in der verarbeitenden Industrie Frankreichs die Gesamtzahl qualifizierter Arbeiter fast unverändert blieb und eher sank, zeugt dies noch vom Übergewicht mechanischer Prozesse innerhalb dieses Bereichs; andererseits läßt die Tatsache, daß in progressiven Branchen (z. B. der chemischen) der Anteil qualifizierter Arbeiter in derselben Zeitspanne radikal anstieg, auf eine neue Situation schließen. Ähnlichen Daten von S. Buckingham (*New Views on Automation,* New York 1960) zufolge senkte die Einführung neuer Anlagen laut Bericht der Firma zu 43% den Bedarf an Qualifizierten und erhöhte ihn zu 27%; daraus kann man auf den Charakter dieser technischen Innovationen schließen (es handelt sich hier wahrscheinlich noch vorwiegend um Mechanisierung); das Resultat birgt jedoch offenbar schon die einfache Tatsache, daß die moderne Technik schrittweise alle Arbeitskräfte aus der unmittelbaren Produktion ausschaltet – also auch qualifizierte Arbeiter.

gen viel nüchterner Tendenzen verstanden werden[18]. Wenn wir
jedoch die gegenwärtigen Wandlungen des Charakters, der Struktur, Teilung und Qualifikation der menschlichen Tätigkeit beobachten, wenn wir sie von den vorübergehenden und äußeren Einflüssen
befreien und unsere Aufmerksamkeit auf die Perspektive der nächsten Jahrzehnte lenken, müssen wir die Voraussetzung für begründet halten, daß sich in der wissenschaftlich-technischen Revolution
– unter günstigen sozialen Bedingungen – der Charakter der Arbeit,
ihre Verteilung und ihre Zusammenhänge, ihr technisches und kul-
turelles Niveau – mithin ihre Gesamtsumme – umkehren wird, und
zwar für die nahezu gesamte Grundmasse der Bevölkerung. Die
Folgen des allgemeinen Sieges der schöpferischen Arbeit lassen sich
noch nicht übersehen[19]. Es ist wahrscheinlich, daß der Mensch erst
in diesem Augenblick die eigene Tätigkeit als selbständigen Lebens-
wert empfinden wird, der von keinerlei äußeren Zwecken abhängig
ist. Doch zuvor wird er den Wert der erreichten Menschenkräfte
und -fähigkeiten an sich selbst erfahren. Der verkürzte und ver-
dichtete Zivilisationszyklus wird ihm vermutlich die Frage retour-
nieren: Wie ist der Mensch auf die Begegnung mit diesen Möglichkeiten vorbereitet?

2. Die wissenschaftlich-technische Revolution und die Bildung

Das Paradoxon, vor dem wir stehen, lautet: Das traditionelle
Bildungssystem bereitet die Menschen für das Leben innerhalb von
12–20 Jahren vor, denn so lang dauert die in unserer Zeit übliche
Unterweisung; aber eigentlich bereitet sie zugleich für das Leben
in 50 und mehr Jahren vor, denn so lang wird das weitere aktive
Leben der Menschen dauern; die Art und Weise, wie das geschieht,
entspricht jedoch der heutigen und keineswegs der kommenden

---

18 H. Klages und andere Gegner des Marxismus bezeichnen Marx' Humanismus, der auf der Konzeption der Umwandlungen der menschlichen Arbeit
fußt, als eine »Chiffre der technisch-szientistischen Eschatologie« (*Technischer
Humanismus*, Stuttgart 1964, S. 108). Sie können jedoch nicht leugnen, daß
sie heute genau nach Marx der realen Tatsache einer »allseitig vorwärtsrol-
lenden und permanenten technisch-wissenschaftlichen Revolution« (ebenda,
S. 131) gegenüberstehen, die auf allen Seiten in die bisherige Art und Weise
menschlicher Tätigkeit einzugreifen beginnt.
19 J. Diebold stellt am Rand dieser Wandlung die von seinem Standpunkt aus
bezeichnende Frage: »Sind wir imstande eine Kultur zu entwickeln, die nicht
auf der Arbeit fußt und unserem Leben Sinn verleiht?« (J. Diebold: *Automation. The Advent of the Automatic Factory*, Princeton 1952, S. 165).

Entwicklungsperiode. Wir haben keine Wahl: Entweder bewältigen wir die Perspektiven in diesem Umfang, begreifen sie und orientieren die Vorbereitung unseres Lebens auf sie[20], oder wir setzen implizite voraus, daß das Leben in Zukunft nicht anders beschaffen sein wird als heute bzw. daß Veränderungen im Niveau der menschlichen Fähigkeiten in den kommenden Zivilisationsprozessen keine wesentliche Rolle spielen werden – d. h. wir projizieren das bisherige Gesicht dieser Welt mit ihren Industrialisierungsprozessen in weitere Jahrzehnte, abstrahieren von der beginnenden wissenschaftlich-technischen Revolution ebenso wie von den gesellschaftlichen Wandlungen unserer Tage. Und wenn dieses Bild nicht den Tatsachen entspricht, mauern wir die Gesellschaft in die gegenwärtigen Proportionen ein und machen die Bildung zum künftigen Flaschenhals der Zivilisationsentwicklung.

Das Bildungsniveau: Umrisse der Kulturrevolution

Die Art der Arbeit und der Charakter des Lebens, die in der Gesellschaft vorherrschen, finden ihren Niederschlag auf verschiedenen Wegen im Bildungsniveau und vice versa. Die Industrierevolution hat als ihre adäquate *Edukationsbasis* – auf die sie zugleich die große Mehrheit der Bevölkerung beschränkt hat[21] – die allgemeine Kenntnis des Lesens, Schreibens, Rechnens (Grundschultyp) und die geläufigen Grundlagen der Qualifikation der Arbeiter (Mittelschultyp) erzwungen, d. h. im großen und ganzen subjektive Bedingungen der Manipulierbarkeit, Verwendbarkeit der einfachen Arbeitskraft in der Fabrikproduktion[22].

---

20 »Die langfristigen Bedürfnisse menschlicher Quellen abzuschätzen« ist heute »ein schwieriger, aber absolut unerläßlicher Schritt bei der Planung der sozialen und wirtschaftlichen Entwicklung« (F. Harbinson – C. A. Myers: *Education, Manpower and Economic Growth. Strategies of Human Resources Development*; New York–Toronto–London 1964, S. 208).
21 Bis in die dreißiger Jahre hatten in den USA die überwiegende Mehrzahl und in den europäischen Industrieländern sogar 80–90% der tätigen Bevölkerung nur Grundschulbildung, in der Regel bis zu 8–9 Jahren. P. F. Drucker (*The Landmarks of Tomorrow,* London 1959, S. 146–7) kann in diesem Sinne von einer »alphabetischen Gesellschaft« zum Unterschied von der »gebildeten Gesellschaft« sprechen.
22 »... die elementarste Bildung, nämlich Lesen, Schreiben und Rechnen, können sie sich in so frühem Alter aneignen, daß auch die Mehrzahl jener, die sodann die einfachsten Arbeiten ausführen sollen, Zeit hat, sich sie früher anzueignen, als sie diese Arbeiten auszuführen beginnen.« (A. Smith: *An Inquiry Into the Nature and Causes of the Wealth of Nations,* S. 342, Chicago–London–Toronto–Genf 1952.)

Praktisch ein halbes Jahrhundert lang – seit der Zeit, da in den Industrieländern die Einführung des obligatorischen Schulbesuchs ihren erfolgreichen Abschluß gefunden hatte – veränderte sich das Bildungsniveau[23] und sein vorherrschender Typ im Grunde nur allmählich. Seit den 30er und vor allem den 50er Jahren gerät jedoch das Bildungssystem in allen hochentwickelten Industrieländern in Bewegung: die Zunahme der Mittel-, Fach- und Hochschulen sowie der außerschulischen Bildungstätigkeit kündigt einen Umschwung an, den wir als Anzeichen einer neuen *Kulturrevolution* bezeichnen können; diese Revolution ist mit dem technischen Fortschritt verbunden, ebenso wie mit den Wandlungen der Allgemeinbedingungen des menschlichen Lebens, und stellt eine Umwälzung von ähnlichen Ausmaßen dar, wie sie einst die Einführung der Allgemeinbildung im Trivium darstellte, aber von weit größerer Reichweite, weil das Niveau, zu dem die gegenwärtige Entwicklung hinzielt, die Stellung der Bildung im Leben des Menschen und der Gesellschaft überhaupt verändert, den Wandlungen in der Bildung den Charakter einer Kulturrevolution mit eigenständiger Bedeutung verleiht, die nicht mehr unmittelbar vom technischen Fortschritt abhängig ist.

In den letzten 20–30 Jahren steigt die Kurve der *Mittelschulbildung* mit Fachausrichtung (europäische Länder) oder auf allgemeiner Basis (USA, UdSSR) jäh an. Die Mittelschule, die bis vor kurzem einen eng bemessenen Elite-Charakter hatte, verwandelt sich in eine allgemeine Kulturinstitution. In manchen Ländern (USA, Japan, Holland, Schweden, Finnland) absolviert bereits der Großteil der Jugend – 60–90% jedes Jahrgangs (siehe Tabelle 4 im Anhang) – die Mittelschule[24] . In der UdSSR und in Großbritannien wird mit der Einführung der allgemeinen Mittelschulbildung in den siebziger Jahren, in Frankreich bis zu den achtziger Jahren gerech-

---

23 Der Anteil der Schüler an der Bevölkerung hat sich seit den 80er Jahren des vergangenen Jahrhunderts (der Zeit, da in der Mehrzahl der Länder die allgemeine Schulpflicht gesetzlich geregelt wurde) bis in die 30er Jahre des gegenwärtigen Jahrhunderts im wesentlichen nicht verändert; in den letzten Jahrzehnten ist er jedoch sehr schnell gewachsen. Eine Ausnahme bilden hier jedoch die USA, wo die jähe Bildungszunahme früher in Erscheinung trat (vgl. J. Auerhan: *Technika, kvalifikace, vzdělání* – Technik, Qualifikation, Bildung –, Prag 1965, S. 265–6).
24 *L'éducation dans le monde, III. L'enseignement du second degré*. Paris 1963.

net. Es ist wahrscheinlich, daß eine Reihe industriell entwickelter
Länder diese Grenze binnen 10–20 Jahren erreicht. Unter dieser
Voraussetzung wird der Anteil der Personen mit voller Mittelschulbildung bis zum Ende des Jahrhunderts von 15–20% in den industriell entwickelten Ländern Europas oder von 40% in den USA
am Anfang der 60er Jahre (siehe Tabelle 5 im Anhang)[25] auf eine
entscheidende Mehrzahl der ökonomisch tätigen Bevölkerung ansteigen[26].

In den letzten 10–20 Jahren beginnen die Hörerzahlen der *Hochschulen* ausgeprägt zu steigen. An den Hochschulen wurden um
1963 (siehe Tabelle 4 im Anhang) zum Tagesstudium immatriku-
liert: in den USA 34%, in der UdSSR, in Kanada und Australien
15–20%, in Frankreich 12–14% und in den wichtigsten europäischen Ländern rund 10% jedes Populationsjahrgangs[27]. Gegenüber dem europäischen Durchschnitt der 30er Jahre absolvieren
heute relativ 4–5mal mehr junge Menschen die Hochschule, und
diese Zunahme schreitet unerwartet schnell fort. Nach 1980 plant
die UdSSR eine Steigerung der Auswahl eines Jahrgangs für die
Hochschule auf 35%[28]. In den USA wird sich in den Jahren 1960
bis 1970 die Zahl der Hochschulstudenten abermals verdoppeln,
was eine weitere Verschiebung über die Grenze von 40% des Jahrgangs hinaus bedeutet[29]. In Großbritannien wird die Zahl der Stu-

---

25 *Deployment and Utilization of Highly Qualified Personnel*, Paris 1966.
26 Nach den Angaben von C. C. Killingsworth (*Automation, Jobs and Manpower*, Nation's Manpower Revolution, 1963–4) ist in den USA in den Jahren
1950–1963 die Nachfrage nur nach solchen Arbeitskräften gewachsen, die über
eine mehr als 12jährige Schulbildung verfügen.
27 *World Survey of Education, IV. Higher Education*, 1966; beträchtlich
bleibt in dieser Hinsicht die BRD zurück.
28 *Programm der KPdSU*, XIII. Kongreß der KPdSU – Programma Kom-
munističeskoj partiji Sovetskoge sojuza, Moskau 1961.
Der steile Anstieg des Hochschulwesens in der UdSSR hat starke Aufmerksamkeit hervorgerufen und die Bildungsprogramme in der Welt beträchtlich
beeinflußt: »Die Russen haben die Lage feinfühlig eingeschätzt. Sie haben
die wissenschaftliche Revolution besser begriffen als wir ...« (C. P. Snow: *The
Two Cultures – and a Second Look*, New York–Toronto 1963, S. 39).
29 Siehe *Ressources en personnel scientifique et technique dans les pays de
l'CODE*, Paris 1961; *Digest of Educational Statistics*, Washington 1965. Die
amerikanischen Daten zählen unter den Hochschülern etwa 10% der »junior
college«-Studenten mit, die in unseren Daten nicht mitgerechnet werden; das
Gesamtbild ändert sich dadurch jedoch nicht wesentlich.

denten binnen 15 Jahren auf das 3,5fache anwachsen[30]. Bei diesem
Tempo ist es wahrscheinlich, daß die fortgeschrittensten Länder um
die Jahrhundertwende eine neue Grenze erreichen und überschreiten: die Hälfte der jungen Menschen wird Hochschulbildung erhalten – sofern diese Trends allerdings nicht an Schranken gesellschaftlicher Natur stoßen.

Soweit wir nach der inneren Logik der wissenschaftlich-technischen Revolution urteilen können, wie sie der Analyse der empirischen Tendenzen und der Synthese der festgestellten Modell-
elemente (Wandlungen in der Relation zwischen physischer und
geistiger Arbeit, Wachstum schöpferischer Tätigkeit usw.) entspricht, werden die kommenden Umwälzungen in der Perspektive
eine solche Bildungsbasis erfordern, die bedeuten würde, daß

a) jedem eine polytechnische Vorbereitung mit voll ausgewoge-
nem humanistischem Niveau zuteil würde, die wissenschaftlich fundiert wäre[31];

b) ein schneller Aufschwung der elementaren *wissenschaftlichen*, der *Hochschulbildung* erfolgen würde, die so weit gefaßt
sein müßte, um jede Möglichkeit der Kultivierung des Erfinder- und
Entdeckertalents zu bieten und zu verhindern, daß eine solche Möglichkeit durch etwas anderes begrenzt würde als durch die menschlichen Fähigkeiten selbst.

Mit ihrer Wirtschaftsstruktur gehört die Tschechoslowakei tradi-
tionell zu den Ländern mit einem hohen Bedarf an gebildeten Kadern. Es ist kein Zufall, daß sie in den 20er und 30er Jahren eine

---

30 *Higher Education Report* (Lord Robbins), London 1963.
31 Der Gedanke einer »polytechnischen Bildung« stützt sich auf Marx' weit-
gefaßte Konzeption der Technologie, die »das aktive Verhalten des Menschen
zur Natur enthüllt, den unmittelbaren Produktionsprozeß seines Lebens, damit
auch seiner gesellschaftlichen Lebensverhältnisse und der ihnen entquellenden
geistigen Vorstellungen« (K. Marx, *Das Kapital*, Bd. 1, S. 389, Berlin 1953).
(MEW 23, S. 393)
Die Projekte polytechnischer Bildung in der UdSSR und in den sozialistischen
Ländern bauten die Schule auf den wissenschaftlichen Grundlagen der Produktion auf, um sie mit der planmäßigen Beziehung zur eigentlichen Tätigkeit, mit der praktischen Ausbildung durch die Arbeit und mit einer breitange-
legten Unterweisung in den allgemeinbildenden humanistischen Fächern zu
verbinden. Noch Lenin wies darauf hin, daß es sich keineswegs um eine
»Handwerkelei« handle (*O političeskom obrazovaniji*, Sočinenij, Bd. 36, Moskau 1957, S. 490). Unter dem Druck der Industrialisierung wurde das Konzept
der polytechnischen Erziehung jedoch nicht selten auf die manuelle Produktions-
praxis reduziert.

höhere Zahl Hochschulstudenten im Verhältnis zur Bevölkerung aufwies als sämtliche übrigen europäischen Länder (außer Österreich[32]) – Frankreich, Schweden, Deutschland usw. inbegriffen (siehe Tabelle 5 im Anhang). In den 60er Jahren durchläuft die CSSR eine Periode, in der sie schrittweise den empfindlichen Nachkriegsmangel an gebildeten Kadern ausgleicht[33]. In die Mittelschulen kommen gegenwärtig etwa 6% der Jugend der entsprechenden Populationsjahrgänge[34], was bisher weniger ist als in vielen fortgeschrittenen Ländern. Der Anteil der Fachleute mit Mittelschulbildung an der Gesamtzahl der Arbeitenden ist auf 13% gestiegen und wird 1970 etwa 16% erreichen; damit ist der durch den gegenwärtigen Stand der Wirtschaft gegebene bisherige Bedarf im großen und ganzen gedeckt. An die Hochschulen gelangen nahezu 10% des Populationsjahrgangs, was dem Durchschnitt der hochentwickelten Länder entspricht[35]. Die Spezialisten mit Hochschulbildung stellen etwas über 3% der Arbeitenden, und ihr Anteil wird sich im Jahre 1970 auf 4,4% erhöhen; diesbezüglich bleibt die CSSR hinter der UdSSR und Großbritannien zurück (wo Arbeitnehmer mit Hochschulbildung heute bereits an 4,5% stellen) – und um so mehr hinter den USA, wo heute etwa 9% aller Arbeitenden Hochschulabsolventen sind. Die CSSR ist also in dieser Hinsicht heute

---

32 Nach den von C. Clark (*The Conditions of Economic Progress*, London 1951, S. 480–481) gesammelten Daten studierten 1925 an den Hochschulen von 1000 Einwohnern: in der Tschechoslowakei 2,04, in Schweden jedoch nur 1,45, in Frankreich 1,44, in Deutschland 1,42; im Jahre 1930 waren es in der Tschechoslowakei 2,33, in Deutschland hingegen 1,98, in Frankreich 1,88, in Schweden 1,84 usw.

33 Der Mangel kam durch die Schließung der tschechischen Hochschulen während des Krieges und den langsameren Bildungsanstieg in den 50er Jahren zustande, als man die verfügbaren Mittel Industrialisierungszwecken zuwandte.

34 Vgl. J. Havelka: *Vědeckotechnická revoluce a změny ve struktuře práce, v kvalifikaci pracujících a v urovni vzdělání* – Die wissenschaftlich-technische Revolution und die Veränderungen in der Struktur der Arbeit, in der Qualifikation der Arbeitenden und im Bildungsniveau –, *Sociologický časopis* 2/1966.

35 Ein bisher ungelöstes Problem bleibt die ungenügende »Absorption« der Schulabsolventen durch die Volkswirtschaft. Das mangelnde Interesse an der Einstellung von Fachleuten in den leitenden und fachmäßigen Apparat in der tschechoslowakischen Ökonomik ist einerseits eine Folge des zentralistisch-direktiven Systems und seines Nachhalls in den Anfängen der ökonomischen Reform, andererseits die gewisser fortwirkender sozialpolitischer Bedingungen aus der Zeit der fünfziger Jahre.

auf dem Niveau Frankreichs und rangiert vor der BRD; die Nachfrage nach Hochschulabsolventen ist nunmehr zu etwa 90% befriedigt.

Wir dürfen allerdings nicht nur von der gegenwärtigen Situation
ausgehen, so, wie sie sich entwickelt hat. Wenn wir den von der
wissenschaftlich-technischen Revolution hervorgerufenen oder zu
erwartenden grundlegenden Veränderungen der Arbeitsstruktur
Rechnung tragen, entstehen ernste Probleme, was die Wahl der
Alternativen der weiteren Entwicklung der Bildung betrifft:

a) Man darf voraussetzen, daß es sich im Laufe von 5–10 Jahren
als unerläßlich erweisen wird, das Niveau der Allgemeinbildung
weiter zu erhöhen. Schon heute machen sich schwerwiegende Mängel bemerkbar, insbesondere im Bereich der wirtschaftlichen Allgemeinbildung. Den modernen Ansprüchen genügt die heutige allgemeine Vorbereitung nicht mehr (weder in methodologischer noch in
humanitärer Hinsicht). Binnen 15–20 Jahren wird die Einführung
der obligatorischen vollständigen Mittelschulbildung unvermeidlich
sein.

b) Die gegenwärtigen Perspektiven des Hochschulwesens lassen
eine ganze Skala von Problemen in Erscheinung treten: bei Fortsetzung der gegenwärtigen Trends würde sich der Anteil der Hochschüler an der Gesamtzahl der tätigen Bevölkerung bis 1980 auf
ungefähr 6,4% erhöhen. Wir müssen jedoch die Möglichkeit in
Erwägung ziehen, daß es in dieser Zeit zu einem tieferen Strukturwandel unserer Ökonomik kommen wird, der die Tschechoslowakei
als ein Land ohne besonders reiche Rohstoff- und Arbeitskraft-
quellen ausgeprägter auf die komplizierte, anspruchsvolle Arbeit
orientieren wird – was ihrer Tradition entspricht und einen Weg zur
Inangriffnahme der wissenschaftlich-technischen Revolution darstellt. In diesem Fall würde das Land in den Jahren 1980–1985
etwa 9% oder mehr Hochschulabsolventen (von der Gesamtzahl
der tätigen Bevölkerung) benötigen; d. h., daß sich an den Hochschulen mindestens 20% des Populationsjahrgangs immatrikulieren
müßten und das gegenwärtige Entwicklungstempo der Hochschulen
schon heute ungenügend wäre.

Jedes Land, das seine industrielle Reife erreicht hat, muß damit
rechnen, daß die Situation seines ganzen Bildungssystems in der
Volkswirtschaft künftig neue, weitgehend ungewohnte Zusammenhänge erhalten wird, was eine Revision mancher gegenwärtiger
Proportionen in der Verteilung der Mittel erfordern wird. Gegen-

über den Anfängen des Jahrhunderts wird heute in den fortgeschrittenen Ländern ein etwa dreifach größerer Teil des Nationaleinkommens dem Schulwesen zugewandt[36]; die absolute Summe
dieser Mittel ist in den Jahren 1950–1960 in Frankreich 5,8mal,
in der BRD und in Schweden 3,4mal und in den USA 2,8mal gestiegen[37]. Während die Entwicklung des allgemeinen Bildungsniveaus oberhalb der grundlegenden Grenze der Kenntnis von Lesen und Schreiben in der Zeit der Industrialisierung als für die
ökonomische Entwicklung irrelevant und als Bereich reinen Ver-
brauchs gelten konnte, erscheint eine solche Trennung nunmehr als
abwegig[38]; man beginnt von der »Bildungsindustrie« als von einer
gewaltigen »Wachstumsbranche« zu sprechen, deren Effektivität
außergewöhnlich hoch ist und ständig wächst[39], die durch ihren
Einfluß auf das ökonomische Wachstum die klassischen Faktoren

---

36 Von vergleichbaren Nationaleinkommen wurden dem Schulwesen am Anfang der 60er Jahre in den USA 9%, in der UdSSR und DDR 7–8%, in Großbritannien 6%, in der ČSSR, in Polen und in der BRD etwa 5% zugeführt.
Von den Gesamtinvestitionen flossen ins Schulwesen: in der UdSSR 7%, in
den USA 6%, in Polen 5%, in Schweden und in der ČSSR 4% (vgl. H. Maier –
H. Schilar: *Bildung als Ziel und Faktor des ökonomischen Wachstums in der
sozialistischen Produktionsweise*, Berlin 1967; J. Havelka: *Vývoj a ekonomické
postavení nevýrobní sféry* – Entwicklung und ökonomische Situation der nicht-
produktiven Sphäre –, Prag 1966). Diese Daten lassen unmißverständlich erkennen, daß die sozialistischen Länder relativ – mit Rücksicht auf das erreichte
Niveau der Volkswirtschaft – weit größere Mittel dem Bildungswesen zuwenden, ungefähr ebensoviel wie die nichtsozialistischen Länder, deren Nationaleinkommen pro Kopf um 50–200% höher ist. In dieser Relation erscheinen jedoch auch die in der ČSSR dem Schulwesen zugeführten beträchtlichen
Mittel verhältnismäßig schmal bemessen, besonders was die Investitionen betrifft, und das ist vor allem auf Mangel der Ausstattung der Hochschulen
zurückzuführen (vgl. M. Hrouda: *Vysokoškolské vzdělání a vědeckotechnická
revoluce* – Hochschulbildung und wissenschaftlich-technische Revolution,
Prag 1964).
37 Nach den Daten F. Ebbings angeführt von O. Pavlík: *Škola ve svetle
súčasnej vedeckej a technickej revolúcije* – Die Schule im Licht der gegenwärtigen wissenschaftlichen und technischen Revolution –, *Pedagogika* 2/1967.
38 H. Philp: *Education in the Metropolis*, 1967, S. 10.
39 Die Effektivitätsnorm der Bildung schätzt E. Renshaw auf 8% (*Estimating
the Return of Education*, *Review of Economic and Statistics* 3/1960); G.
Becker, sodann auf 8–9% (*Underinvestment in College Education?*, *American
Economic Review* 2/1960); T. Schultz auf 10% (*Capital Formation by Education*, *Journal of Political Economy*, 4/1960). Alle diese Autoren stimmen darin
überein, daß die Effektivität der Bildung heute im Wachsen begriffen ist.

überflügelt[40] und daher gesellschaftliche Präferenz erfordert[41]. Die
Tatsachen reichen jedoch tiefer: Angesichts der neuen Zusammenhänge innerhalb der gegenwärtigen Zivilisation – die in einer Reihe
von Fällen nachträglich und verspätet entdeckt werden –, angesichts
der gewaltigen Macht, über die der Mensch zu verfügen beginnt,
erweist sich das heutige Bildungsniveau in einer Reihe technisch
hochentwickelter Industrieländer des Westens als ungenügend[42],
und die potentiellen menschlichen Quellen werden nicht erschöp-
fend genutzt. Der auf uns zukommenden Kulturrevolution Herr zu
werden, alle Möglichkeiten freizusetzen, die sie in sich birgt – das
ist die gewaltige historische Chance des Sozialismus, aber auch die
Bedingung dafür, daß er in der wissenschaftlich-technischen Revolution die Initiative ergreift.

---

40 Sehr ähnlich sind diesbezüglich die Berechnungen sowjetischer und amerikanischer Ökonomen; vgl. S. Strumilin: *Effektivnost obrazovanija v SSSR*,
Ekonomičeskaja gazeta 14/1962; M. J. Bowman: *Schultz, Denison and the
Contribution of Eds to National Income Growth*, Journal of Political
Economy 5/1964.
41 Vgl. *Conditions Favourable to Faster Growth*, London 1963; *Policy Conference on Economic Growth and Investment in Education*, 1–5, Paris 1962.
42 J. Vaizey (*The Residual Factor and Economic Growth*, Paris 1964) stellt
Disproportionen zwischen dem »physischen« und dem »menschlichen« Kapital
im Westen fest.

Tab. 1 *Strukturanalyse der Beschäftigtenzahl nach Branchen* (in %)

UdSSR	1940	1950	1960	1965
Beschäftigte insgesamt				
(ohne Militärpersonen)	100	100	100	100
in Branchen unmittelbarer Produktion				
Arbeitende (einschließlich Gütertransport und				
Produktionskommunikationen)	82	80	78	75
davon: Industrie und Bauwesen	23	27	32	35
davon: Land- und Forstwirtschaft	54	48	39	32
Arbeitende in den übrigen Branchen	18	20	22	25
davon Handel	5	5	6	6
Schulwesen, Gesundheitswesen,				
Wissenschaft und Forschung	6	8	11	14

ČSSR	1950	1960	1966
Beschäftigte insgesamt	100	100	100
Branchen unmittelbarer Produktion	78,0	75,1	71,0
davon: Land- und Forstwirtschaft	38,6	25,9	20,6
Industrie	30,0	37,3	38,6
Bauwesen	6,3	8,3	8,1
Verkehr u. Kommunikationen	3,1	3,6	3,7
übrige Branchen	22,0	24,9	29,0
davon: Handel (einschl. der öffentl.			
Verpflegung, Versorgung und des			
Aufkaufs von Landwirtschafts-			
produkten)	8,6	8,2	8,7
Schulwesen	2,9	4,7	5,9
Wissenschaft und Forschung	0,4	1,7	2,3
Gesundheitswesen u. Sozialpflege	1,9	2,9	3,4

USA	1947	1957	1962	1966
Beschäftigte insgesamt	100	100	100	100
Branchen unmittelbarer Produktion	59,2	53,1	48,3	45,9
davon: Landwirtschaft	15,8	10,5	8,6	5,9
Industrie	31,6	30,5	28,8	29,1
Bauwesen	3,8	4,9	4,4	4,8
Verkehr und Kommunikationen	8,0	7,2	6,5	6,1
übrige Branchen	40,8	46,9	51,7	54,1
davon: Handel	17,2	18,4	19,1	19,5
Finanzwesen u. Realitätenbüros	3,4	4,2	4,6	4,5
verschiedene Dienstleistungen	9,7	11,4	12,8	14,1
Staatsverwaltung	10,5	12,9	15,2	16,0

Quellen: F. Kutta, B. Levčík, Vliv vědeckotechnické revoluce na změny v obsahn práce a struktury pracovní síly (Der Einfluß der wissenschaftlich-technischen Revolution auf Wandlungen des Arbeitsinhalts und der Struktur der Arbeitskraft), Sociologický časopis 2/1966; Manpower Report of the President and a Report on Manpower Requirements, Resources, Utilization and Training, Washington 1965; Narodnoje chozjajstvo SSSR v 1965 godu, Statistická ročenka ČSSR (Statistisches Jahrbuch der ČSSR) 1967; Statistical Abstract of the US 1967.
Bearbeitet von I. Coufalíková, Ökonomisches Institut der Tschechoslowakischen Akademie der Wissenschaften.

Tab. 2 *Strukturwandlungen der Arbeitskräfte*
A. Struktur der Arbeitskräfte in Großbritannien (in %)

	1951	1961	1970 Prognose
leitendes Personal	10,1	15,0	15,6
administratives Personal	18,0	19,7	17,3
Fach- und technische Kader	3,2	4,0	7,8
qualifizierte Arbeiter	37,0	30,7	35,8
angelernte Arbeiter	19,6	14,6	14,3
nichtqualifizierte Arbeiter	12,1	16,0	9,2
Insgesamt	100,0	100,0	100,0

Quellen: UTEIN, Sivo 650.

Struktur der Arbeitskräfte in den USA (in %)

	1947	1955	1966
nichtmanuelle Arbeiter (»white collar«)	34,9	39,0	45,0
davon: Ingenieure, Techniker und freie Berufe	6,6	9,2	12,6
Direktoren, Leiter, Unternehmer	10,0	10,2	10,0
administrative Angestellte	12,4	13,3	16,0
Handelsangestellte	5,9	6,3	6,4
manuelle Arbeiter	40,7	39,2	36,7
davon: qualifizierte Arbeiter	13,4	13,2	13,0
angelernte Arbeiter	21,2	20,2	18,7
nichtqualifizierte Arbeiter	6,1	5,8	5,0
Beschäftigte der Dienstleistungen (nichtleitende)	10,4	11,3	13,1
in der Landwirtschaft Beschäftigte	14,0	10,5	5,2
Insgesamt	100,0	100,0	100,0

Quellen: F. Kutta, B. Levčík, Vliv vědeckotechnické revoluce na změny v obsahu práce a struktury pracovní síly (Der Einfluß der wissenschaftlich-technischen Revolution auf Wandlungen des Arbeitsinhalts und der Struktur der Arbeitskraft). Sociologický časopis 2/1966; Statistical Abstract of the US 1967.
Bearbeitet von I. Coufalíková, Ökonomisches Institut der Tschechoslowakischen Akademie der Wissenschaften.

B. Qualifikationsstruktur der Industriearbeiter in der UdSSR (in %)

	1925	1950	1961
	Zeit der Industrialisierung		Anfänge d. wissenschaftl.-technischen Revolution
qualifizierte	18,5	49,6	64,6
wenig qualifizierte	41,3	47,9	34,2
nichtqualifizierte	40,2	2,5	1,2

Quellen: A. A. Zvorykin, Nauka, proizvodstvo, trud, Moskau 1965; V. E. Komarov, Stroitélstvo kommunizma i professionalnaja struktura rabotnikov proizvodstva, Moskau 1965.

Qualifikationsstruktur der Arbeiter in den USA mit Ausnahme der Landwirtschaft und der Dienstleistungen (in %)

	1920	1930	1940	1950	1964
	Schlußphase der Industrialisierung			Anfänge der wissenschaftlich-technischen Revolution	
Facharbeiter u. Meister	32,3	32,3	30,1	34,4	36,0
angelernte	38,8	40,0	46,2	49,6	50,1
nichtqualifizierte	28,9	27,7	23,7	16,0	13,9

Quellen: Economic Report of the President, 1965; Historical Statistics of the U.S. Colonial Times to 1957, Washington 1960.

Tab. 3 *Modell der Qualifikationsstruktur der Arbeitskraft auf den einzelnen Stufen technischer Entwicklung* (in %)

Kategorien nach dem Qualifikationsniveau	Stufen technischer Entwicklung								
	3^1	4	5	6	7	8	9	10	11
	Mechanisierung				Automatisierung				
nichtqualifizierte	15	7	—	—	—	—	—	—	—
angelernte	20	65	57	38	11	3	—	—	—
ausgelernte	60	20	33	45	60	55	40	21	—
mit vollendeter Mittelschulbildung	4	6,5	8	12,5	21	30	40	50	60
mit Hochschulbildung	1	1,5	2	4	7	10	17	25	34
mit wissenschaftlicher Ausbildung	—	—	—	0,5	1	2	3	4	6

1 Stufe 1 und 2 technischer Entwicklung bezieht sich auf die manuelle Erzeugung;
Stufe 3 — Universalmaschine,
Stufe 4 — halbautomàtische Maschine,
Stufe 5 — mechanisierte Fertigungsstrecke,
Stufe 6 — automatische Maschine,
Stufe 7 — automatische Anlage,
Stufe 8 — automatische Anlage mit selbsttätiger Regulierung,
Stufe 9 — automatische Anlage mit selbsttätiger Evidenz charakteristischer
              Kennzeichen des Produktionsprozesses,
Stufe 10 — automatische Anlage mit selbsttätiger Optimalisierung,
Stufe 11 — vollautomatische Produktionsanlage.

Quellen: J. Auerhan, Technika, kvalifikace, vzdělání (Technik, Qualifikation, Bildung), Prag 1965.

Tab. 4 *Wachstum der Hochschulbildung*
A. Zahl der Studenten an den Hochschulen auf 100 000 Einwohner

Land	1930–1934	1935–1939	1940–1944	1945–1949	1950–1955	1955–1959	1960–1964
a	1	2	3	4	5	6	7
Bulgarien	–	174[1]	408[2]	580[3]	509	590	886[4]
ČSSR	201	182[5]	–	450	450	563	877
Frankreich	201	172	237	319	348	409	785[4]
Japan	260	263	410	539	549	687	863[6]
Jugoslawien	109	106[7]	–	349	355	472	832[4]
Kanada	318	319	311	594	493	537	934[8]
Ungarn	164	138	–	249	350	269	409[4]
DDR	–	–	–	–	227	390	407[4]
BRD[9]	–	–	–	–	325	418	587[10]
Norwegen	177	195	154	256	184	192	327[4]
Polen	–	–	–	380	538	571	688[4]
Österreich	331	214	158	416	281	366	627[4]
Rumänien	–	–	–	304[3]	414	417	548[4]
UdSSR	–	–	–	–	789	1024	1389[4]
Schweden	166	183	188	215	265	384	654[4]
Schweiz	238	261	320	377	329	345	467[4]
USA	884[11]	1046[12]	947[13]	1608[14]	1617[15]	1738[16]	2264[17]

1 1939.
2 1944.
3 Jahresdurchschnitt 1948, 1949.
4 Jahresdurchschnitt 1960, 1963, 1964.
5 Jahresdurchschnitt 1935–36.
6 Jahresdurchschnitt 1960, 1962, 1963.
7 Jahresdurchschnitt 1935–1938.
8 Jahresdurchschnitt 1960, 1962, 1963.
9 einschließlich West-Berlin.
10 Jahresdurchschnitt 1960, 1961, 1962, 1963.
11 Jahresdurchschnitt 1931, 1933.
12 Jahresdurchschnitt 1935, 1937 1939.
13 Jahresdurchschnitt 1941, 1943.
14 Jahresdurchschnitt 1945, 1947, 1949.
15 Jahresdurchschnitt 1951, 1953, 1954.
16 Jahresdurchschnitt 1955, 1957, 1958, 1959.
17 Jahresdurchschnitt 1960, 1961, 1963, 1964.

Quellen: World Survey of Education, IV. Higher Education, UNESCO 1966.
Statistical Yearbook 1965, UNESCO, Paris 1966.
Demographic Yearbook 1965, New York 1966.
Statistika školství a kultury (Statistik des Schulwesens u. der Kultur), Prag 1964.
Bearbeitet von I. Çoufalíková, Ökonom. Institut d. Tschechoslowakischen Akademie der Wissenschaften.

B. Anteil der an die Hochschulen neu aufgenommenen Studenten eines Populationsjahrgangs (in %)

| | Nach Angaben des OCDE (Tagesstudium) | | | Nach dem Bericht der Robbins-Kommission | |
| | | | | (alle Studiumformen) | |
	1950	1963	1970	1958/59	1968/69
USA	24,0	34,0	38,2	35	46
Kanada	9,0	16,9	23,1	24	–
Neuseeland	–	–	–	15	24
Großbritannien	3,4	–	–	12,4	17
Frankreich	4,6	12,2	13,9	9	15
Schweden	4,0	9,1	11,7	11	18
Italien	4,8	10,0	12,5	–	–
Belgien	3,3	7,4	8,9	–	–
Dänemark	3,3	5,1	8,9	–	–
BRD	–	7,3	7,8	6	–
ČSSR	–	9,7[1]	9,9	–	14

[1] Durchschnitt der Jahre 1963–1965.

Quellen: Ressources en personnel scientifique et technique dans les pays de l'OCDE, Paris; Higher Education, Report (Robbins), London 1963.
Bearbeitet von J. Havelka.

474   RICHTA/KOLLEKTIV

Tab. 5 *Bildungsniveau*

	Anteil der Personen mit Hochschulbildung an der tätigen Bevölkerung (in %)	Anteil der Personen mit vollendeter Mittel-schulbildung an der tätigen Bevölkerung (in %)
	1961	1961
ČSSR	2,60	13,50[1][2]
UdSSR	4,05[3]	18,32[3][2]
USA	8,89[3]	36,39[3]
Großbritannien	4,43	16,44
Kanada	4,27	22,64
BRD	3,84[4]	–
Japan	3,48[3]	25,95[3]
Frankreich	2,58	–
Norwegen	2,58[3]	10,84[2][3]
Schweden	2,06[3]	20,62[3]

1 Mit unvollkommener Mittelschulbildung 23,82.
2 Ohne Allgemeinbildung.
3 1960.
4 Mikrozensus der BRD.

Quellen: Statistische Jahrbücher der ČSSR und der UdSSR; Deployment and Utilization of Highly Qualified Personnel, Paris 1966.
Bearbeitet von I. Coufalíková, Ökonomisches Institut der Tschechoslowaki-schen Akademie der Wissenschaften.

James R. Bright:

Automation und Qualifikationsanforderungen bei tendenzieller Dequalifizierung der Gesamtarbeitskraft[1]

Während der fünfziger Jahre fegte eine Welle der Mechanisierung durch die amerikanische Industrie, die auf mehr automatische Fertigungsanlagen abgestellt war. Obgleich automatische Fertigungsanlagen dem Wesen nach nicht neu waren[1a], so riefen doch die Breite ihrer industriellen Anwendung, das Ausmaß des Fortschrittes, die Art der mechanisierten Funktionen und die öffentliche und gewerkschaftliche Reaktion auf diese Mechanisierungsprogramme ein nationales Interesse wach, für das es in der amerikanischen Industriegeschichte keinen Vergleich gibt. Drei Faktoren kamen zusammen, welche die nationale Diskussion intensivierten: die Erfindung des Wortes »Automation«, die Einführung der

---

1 James R. Bright: Auszug aus »Lohnfindung an modernen Arbeitsplätzen in den USA«, in: »Automation und technischer Fortschritt in Deutschland und in den USA. Ausgewählte Beiträge zu einer internationalen Arbeitstagung der Industriegewerkschaft Metall für die Bundesrepublik Deutschland«. Redaktion: Günter Friedrichs. Frankfurt/M. 1963, S. 133–193 (Europäische Verlagsanstalt), Auszug aus dem Kapitel: Analyse der Automation, S. 134–168. Mit freundlicher Genehmigung des Verlages.
1a Hochautomatische Produktionssysteme wurden bereits vor über 200 Jahren entworfen, konstruiert und betrieben. Zum Beispiel: 1794 – die automatische Kornmühle von Oliver Evans in Delaware. 1802–1808 entwickelte Marc Brunel (England) ein automatisches System für die Herstellung von Schiffsrollkolben. Dieses System wurde bis zum Jahre 1854 verwendet. Zu Anfang des 19. Jahrhunderts wurde ein hochmechanisiertes System zur Herstellung von Backbordhalsen in der Deptford Marinestation (England) installiert. In den achtziger Jahren des 19. Jahrhunderts entwickelte die Waltham Watch Company (Massachusetts) einige hochautomatische Maschinen zur Uhrenproduktion. 1913–1915 wurden mechanisierte Montagestraßen in der Ford Motor Company in Detroit entwickelt. 1919–1920 baute die A. O. Smith Corporation (Milwaukee) eine automatische Rahmenmontagestraße, die, nach den Worten des Präsidenten der Gesellschaft, »ein Werk war, das ohne Menschen arbeitete«. 200 Arbeiter wurden eingesetzt, und 420 Autorahmen wurden in der Stunde produziert. Mit der möglichen Ausnahme der Industrie für elektrische Lampen war dies wahrscheinlich bis in die jüngste Zeit hinein die bemerkenswerteste Anstrengung der automatischen Herstellung von Einzelteilen. Die Textilindustrie zu Beginn des 19. Jahrhunderts und die Ölindustrie in den zwanziger Jahren dieses Jahrhunderts wurden tatsächlich in einem höheren Maße »automatisiert« als dies heute bei vielen anderen Industrien der Fall ist. Da wir damit vertraut sind, haben diese Verfahren ihre Bedeutung als Leistungen einer hochautomatischen Verarbeitung verloren.

Elektronenrechner und die Aufnahme der Automation als formellen Verhandlungsgegenstand in den Tarifverhandlungen der Automobilarbeitergewerkschaft im Jahre 1955. Das Interesse und die Begeisterung wurden durch drei neue Fachzeitschriften gefördert, welche sich vorwiegend mit automatischen Arbeitsabläufen befassen[2], und außerdem durch die Veröffentlichung von zwei Büchern, deren Titel die Massenpresse nicht widerstehen konnte, nämlich »The Human Use of Human Beings«, von *Norbert Wiener* (Houghton Mifflin Co., 1950), und »Automation – The Advent of the Automatic Factory« von *John Diebold* (D. Van Nostrand Co., Inc., 1952)[3]. Einen Höhepunkt brachte die Untersuchung (*Hearings*) des amerikanischen Kongresses über Automation im Oktober 1955.

Die Definitionen des Begriffes Automation waren zahlreich und verschiedener Art – die Meinungen über ihre Auswirkungen waren dieselben und sind es weiterhin bis zum heutigen Tage. Doch aus der allgemeinen Diskussion kristallisierten sich allmählich einige wichtige Fragen. Darunter sind vor allem zwei, welche die Menschen und die Arbeitsplätze betrafen:

1. daß die Arbeitnehmer besondere Formen des Schutzes gegen die Macht der Automation, sie freizusetzen (oder zu verdrängen), benötigen,
2. daß die Automation die beruflichen Bildungserfordernisse der Arbeitskräfte so stark verändere, daß größte Anstrengungen für bessere Ausbildung, Fachschulung oder Umschulungsprogramme erforderlich seien.

Diese Fragen wurden vor allem dringend, weil steigende Arbeitskosten, die überhitzte Nachfrage der Nachkriegszeit und neue technische Möglichkeiten viele Unternehmensleitungen und Ingenieure ermutigten, stark automatisierte und weitgehend integrierte Produktionsanlagen zu errichten. In dem Maße, wie die Automation die Furcht vor Freisetzungen bei den Arbeitnehmern dramatisierte, symbolisierte sie auf der anderen Seite ein Ziel für die Unternehmensleitungen ...

---

2 *Control Engineering,* McGraw-Hill Publishing Co.; *Automation,* Penton Publishing Co.; und *Automatic Control,* Reinhold Publishing Co.
3 Beide Bücher erschienen in deutscher Übersetzung:
Norbert Wiener: Mensch und Menschmaschine, Frankfurt am Main 1952; John Diebold: Die automatische Fabrik, Nürnberg 1954.

DEQUALIFIZIERUNG DER GESAMTARBEITSKRAFT   477

Entwicklungsrichtungen in der Mechanisierung der Arbeit

Durch die Analyse der Funktion neuer Maschinen (einschließlich hochautomatischer Anlagen) in der Fertigung, im Vertrieb und im Büro können wir, gleichgültig ob der Begriff »Automation«[4] nun angewendet wird oder nicht, feststellen, daß wir es mit der Mechanisierung sämtlicher körperlicher und einiger geistiger Tätigkeiten zu tun haben, welche folgendes mit einschließen:

1. Direkte Arbeitsaufgaben, mit zunehmender Betonung von Montagearbeiten.
2. Materialbeförderung einschließlich des Transportes zwischen Maschinen, Abteilungen, Gebäuden, zur Verladerampe und zur Beschickung der Maschinen (Werkstückzufuhr).
3. Prüfung und Inspektion einschließlich Gesamtüberprüfung kompletter Anlagen.
4. Vertriebsaufgaben einschließlich Verpackung, Lagerung, Auftragszusammenstellung, Transport und Ablieferung am Bestimmungsort.
5. Kommunikationsaufgaben einschließlich der Sammlung, Übertragung, Aufzeichnung, Speicherung, Erzeugung und Duplizierung von gesprochenen, gesehenen und geschriebenen Informationen (z. B. Zweiwegradio, Luftröhren, industrielles Fernsehen, Bandaufzeichnungsgeräte, bandgesteuerte Schreibmaschinen).

---

4 In diesem Bericht verwende ich den Ausdruck »Automation« so, wie er allgemein verwendet wird: als ein sehr vages Synonym für »höher automatisch« und als bündigen Ausdruck für den technischen Fortschritt, der weitgehend auf Mechanisierung beruht. Jeder Zuwachs an Mechanisierung ist einfach die automatische (nicht menschliche) Durchführung eines kleinen Teils einer Tätigkeit. Die Vorstellung, daß die Automation auf eine besondere Art der Mechanisierung (oder besondere Art der automatischen Wirkung) zurückzuführen ist, die auf einer Rückkopplungssteuerung beruht, ist ein naiver Irrtum. Der Begriff ergab sich nicht aus der Rückkopplungssteuerung; er ergab sich aus der automatischen Bewegung. Weiterhin zeigte eine systematische Analyse der automatischen Maschinen und der sogenannten »automatisierten« Produktionsanlagen wiederholt, daß verhältnismäßig wenig Rückkopplungssteuerung in diesen automatischen Maschinenanlagen zu finden ist. Auch eine schrittweise Untersuchung der Systeme mit einem gewissen Grad an Rückkopplungssteuerung zeigt, daß diese Systeme nicht allein wegen der Steuerung, sondern wegen der integrierten Mechanisierung sämtlicher notwendiger Tätigkeiten automatisch sind. Eine spezifische Analyse »automatisierter« Systeme befindet sich unter *Mechanisierungsprofile* in meiner Forschungsstudie *Automation and Management,* veröffentlicht von der Division of Research, Harvard Business School, Boston 1958.

Wir sehen auch, wie sich Elektronenrechner und dazugehörige
Geräte ausbreiten, die mit den oben genannten Funktionen in
Verbindung stehen, um alle oder einen Teil der vielen Denk-
vorgänge zu mechanisieren.

6. Datenverarbeitung einschließlich Aufnahme, Auswahl, Manipulation, Vergleich, Abruf und Wiedergabe von Worten und
   Zahlen.

7. Gestaltungs- und Analysetätigkeiten, wobei die Maschine Abläufe konstruiert oder gemäß einer gewünschten Systembezie-
   hung Daten bearbeitet.

8. Steuerung, in der physikalische Zustände oder natürliche Merkmale abgetastet, Vergleiche durchgeführt und durch Kombinationen obiger Geräte entsprechende Maßnahmen ergriffen werden. Dazu gehören sowohl Rückkoppelungs- als auch Pro-
   grammsteuergeräte.

Die Intensität dieser Mechanisierung, ihr weites Anwendungs-
gebiet und die hochautomatische Beschaffenheit der neuen Maschinen werfen einige verwirrende Probleme auf. Diese Probleme gelten nicht nur für die Aufgaben der Arbeiter, sondern auch für die
der Angestellten und sogar für einige Funktionen der Unternehmensleitung. Die Frage der Freisetzungen durch die Automation
werde ich denjenigen überlassen, die gültigere und wertvollere statistische Angaben haben, als ich sie ausfindig machen konnte.
Unsere Frage lautet: Wie verändern automatische Maschinen die
Anforderungen an den Arbeiter? Einfach ausgedrückt lautet die
allgemein übliche und offenbar logische Überlegung wie folgt:
Automation bedeutet Maschinen mit einem hohen Mechanisierungsgrad, die durch hochautomatische Kontrollvorgänge gesteuert werden. Die Maschinen und auch die Steuereinrichtungen
sind kompliziert und haben hochgezüchtete Arbeitsabläufe. Sie
müssen, um den Produktionsanforderungen zu genügen, sorgfältig aufeinander abgestimmt werden. Sie sind teuer und in hohem Grade produktiv. Deshalb müssen Arbeitskräfte, die an diesen Einrichtungen eingesetzt werden, die sie bedienen und steuern, einen höheren Grad des Verstehens, der Aufmerksamkeit
und der Ausbildung haben. Sie benötigen zusätzliche Ausbildung,
höhere berufliche Qualifikationen und sogar höhere Stufen der
Schulbildung. So wird der Arbeitsinhalt einzelner Arbeitsaufgaben, die mit den neuen Maschinen in Verbindung stehen, höhere
Fähigkeiten verlangen. »Höherstufung« liegt auf der Hand. Jen-

seits der Belange des einzelnen und in der Sicht des Betriebes als Ganzes wird klar, daß die Lohnlisten mehr gelernte und weniger ungelernte Arbeiter aufführen müssen. Darüber hinaus wird die Einführung automatischer Maschinen viele wenig qualifizierte Arbeiter überflüssig machen und durch verhältnismäßig hochqualifiziertes Bedienungspersonal ersetzen. Gleichzeitig wird man das Instandhaltungspersonal zumindest im Vergleich zur Gesamtzahl der Belegschaft vergrößern müssen. Eine höher qualifizierte Belegschaft ist deshalb unausweichlich erforderlich. Dieselbe Überlegung gilt für Angestellte, deren Arbeitsabläufe mechanisiert werden, und vor allem für jene, deren Arbeitsaufgaben mit Rechenautomaten verbunden sind.

Diese weitverbreitete Vorstellung, obgleich logisch und überzeugend, führt zu zwei allgemeinen Gesichtspunkten. Viele Unternehmer, Maschinenhersteller, Ingenieure und Automationsenthusiasten glaubten, daß diese Höherstufung *der* Segen der Automation sei. Sie werde die Arbeitnehmer von der Plackerei und von eintönigen, sich ständig wiederholenden Arbeiten befreien. Die höheren Stufen der Erziehung und Ausbildung, die notwendig seien, verlangten für den Arbeiter ein höheres Prestige und eine bessere Bezahlung. Automation solle begrüßt werden, weil sie die Arbeitskräfte in höherwertige, würdigere, befriedigendere, gesellschaftlich und wirtschaftlich wertvollere Stellungen bringe.

Der andere Gesichtspunkt, der so heftig von vielen Arbeiterführern vorgebracht, aber auch von einigen Sozialwissenschaftlern, populären Schriftstellern und von einigen Politikern unterstützt wird, geht von denselben Voraussetzungen aus und führt zu dem Schluß »genauso ist es –«. Die Sprecher kommen dann bei der Fortführung dieses Gedankens zu einem logischen und alarmierenden Schluß: der durchschnittliche Arbeiter wird nicht nur durch die höhere Produktivität der automatischen Maschinen freigesetzt werden, er wird auch von der Arbeit ausgeschlossen, weil er zu wenig Schulbildung, Berufsausbildung und nicht die erforderlichen Fähigkeiten besitzt, um einen Arbeitsplatz an automatisierten Anlagen einnehmen zu können. Deshalb wird die automatisierte Fabrik dem gemeinen Mann verschlossen bleiben. Teuere Umschulungsmaßnahmen und eine Gesetzgebung, die den Schlag gegen die Arbeiter abschwächen soll, seien deshalb eine dringende soziale Notwendigkeit. Die Freisetzung durch Automation sei ein Preis, der nicht vom betroffenen Arbeiter bezahlt werden solle; und die Verantwortlichen für die soziale Eingliederung seien jene Firmen, die Automaten verwenden, und die Regierung. Weiterhin sei es offensichtlich, daß höhergestufte Arbeiter, die automatische Anlagen bedienen, mehr Geld für ihr größeres Fachkönnen und die »Verantwortung« beanspruchen können.

Stehen diese umfassenden Verallgemeinerungen über den »aufwertenden« Effekt der Automation auf festem Grund? Ich glaube nicht. Wir sind dabei, einige ernsthafte Fehler in der Gesetzgebung, bei der industriellen Planung und in der Lohnpolitik zu begehen, weil die Tatsache falsch eingeschätzt wird, daß die Mechanisierung verschiedene Auswirkungen auf den einzelnen Arbeitsplatz haben kann, und zwar abhängig von

1. *der spezifischen Eigenart der neuen Maschinen,*
2. *dem Grad der Veränderung zwischen dem alten und neuen Arbeitsplatz und*
3. *der Verschiebung der dem einzelnen zugewiesenen Aufgaben als Folge dieser Veränderungen.*

In diesem Bericht werde ich mich auf das Bedienungspersonal in stark mechanisierten (automatisierten) Betrieben konzentrieren. Zunächst werde ich die Vorstellung untersuchen, die Löhne müssen oder sollten erhöht werden, um die vom Arbeiter verlangten größeren Fertigkeiten zu berücksichtigen.

Ich will nicht sagen, daß der erhöhte Beitrag des Arbeiters nicht belohnt werden soll. Ich bin der festen Ansicht, daß in der gesamten Gesellschaft größere Leistungen besser belohnt werden sollten. Ich möchte nur zeigen, daß diese Überlegung *auf der irrtümlichen Annahme beruht, bei jeder Erhöhung des Automationsgrades ergäben sich stets höhere Anforderungen an den Arbeiter.* Das ist nicht der Fall. Daher führen alle Argumente, Vereinbarungen, Pläne und Verfahren der Lohnfindung im Sinne »erhöhter beruflicher Anforderungen« und »Höherstufungen« zu hoffnungslosen Unstimmigkeiten. Sie können keine gesunde Basis für Lohnanpassungen oder soziale Planung bieten.

Im Laufe mehrerer Jahre, die ich bei Felduntersuchungen über Probleme der Unternehmensführung in automatisierten Fabriken zubrachte, und in Gesprächen mit Industriellen, Regierungsvertretern, Sozialwissenschaftlern und anderen Forschern stellte ich fest, daß der Höherstufungseffekt auch nicht annähernd in dem Umfange eintrat, wie man oft annimmt. Im Gegenteil, es gab mehr Beweise für eine *Verringerung* der beruflichen Anforderungen des

Bedienungspersonals und gelegentlich sogar der gesamten Belegschaft einschließlich des Instandhaltungspersonals durch Automation[5].

Ich fand häufig Beispiele, wo die von der Unternehmensleitung
vertretene Ansicht, die Automation erfordere höhere Qualifikationen des Personals, widerlegt wurde, wenn man den Tatsachen auf
den Grund ging. Andere Unternehmer gaben zu und unterstrichen
diese Ansicht bei verschiedenen Gelegenheiten, daß sie wesentliche
Fehler gemacht hatten, als sie höhere Lohnsätze für einige Arbeitsplätze an automatisierten Anlagen festlegten. Es hat sich herausgestellt, daß diese Lohnsätze nicht nur mit der Arbeitsschwierigkeit
nicht übereinstimmen, sie sind auch ungerecht im Vergleich zu den
Löhnen jener Arbeiter, die an herkömmlichen Maschinen beschäftigt werden. Die Ausbildungzeit für einige Schlüsselpositionen
wurde auf einen Bruchteil dessen herabgesetzt, was früher als notwendig angesehen wurde[6]. Spätere Untersuchungen ergaben weitere ähnliche Befunde. Das amerikanische Arbeitsministerium hat
durch das Amt für Arbeitsstatistik Untersuchungen über die Auswirkungen der Automation in verschiedenen Industrien angestellt.
Diese Untersuchungen sind im Anhang aufgeführt.

Im allgemeinen zeigen diese Untersuchungen eine verhältnismäßig geringfügige Veränderung der beruflichen Qualifikationen
bei der gesamten Arbeitnehmerschaft dieser Industrien. In einigen
Firmen kamen ein paar hochbezahlte Instandhaltungsleute hinzu.
Es zeigte sich auch ein leichter Anstieg der Qualifikationen der
Arbeitskräfte, den man durch den Wegfall einiger Stellen auf nied-
rigerer Ebene oft bei manueller Materialbeförderung feststellen
konnte.

Das kanadische Arbeitsministerium untersuchte die Auswirkungen technischer Veränderungen auf die Automobil- und Zuliefer-
betriebe. Die Ergebnisse zeigten einen kaum wahrnehmbaren Anstieg der beruflichen Anforderungen in der Automobilherstellung
und eine geringfügige Abnahme der Anforderungen in der Teile-
fertigung zwischen 1948 und 1958[7].

---

5 Ergebnisse dieser Forschung finden sich in Kapitel 11, 12 und 13 über
Instandhaltung und Arbeitskräfte in Bright, *Automation and Management*.
6 Bright, a. a. O.
7 *Technological Changes and Skilled Manpower; The Automobile and Parts
Manufacturing Industries*; Report No. 8, Department of Labor, Canada, September 1960.

Eine Untersuchung von zwanzig Betrieben mit Rechenautomaten im Raum von San Francisco zeigte, daß die Büroautomation den Grad des Fachkönnens an den Arbeitsplätzen nicht erhöhte und im allgemeinen keine größere Anteilnahme oder Herausforderung am Arbeitsplatz bewirkte, mit Ausnahme einer kleinen Gruppe von Programmierern und Systemanalytikern[8].

Besprechungen anderer Studien befinden sich in *Automation and Technological Change.* (Hrsg. *John T. Dunlop* für die American Assembly, New York, Prentice-Hall, Inc., 1962.) In Kapitel 3 von *Floyd C. Mann* werden kurz die vorhandenen Studien erörtert, welche im allgemeinen besagen, daß in »automatisierten« Fabriken und Büros starke Erhöhungen des Fachkönnens nicht häufig anzutreffen sind.

Weshalb entstand dann dieses allgemeine Mißverständnis? (Siehe Darstellung 1.) Ich glaube, weil wir folgende Punkte weitgehend außer acht ließen:

1. Die Automation ist kein absoluter Zustand und keine absolute Qualität. Die sogenannten automatisierten Anlagen und Werke haben verschiedene *Grade* und Stufen des mechanisierten (automatischen) Arbeitsablaufes. Das Ergebnis der »Automatisierung« eines Arbeitsplatzes hängt genau davon ab, *welche Funktionen* mechanisiert werden und welches Maß oder welcher *Grad* von Mechanisierung angewendet wird.

2. Die berufliche Qualifikation, die der Arbeiter braucht, ist eine vage und unzutreffende Bezeichnung der Anforderungen an den Arbeiter bei seinen Arbeitsaufgaben. Wie noch dargelegt wird, muß der Arbeiter mit bis zu zwölf verschiedenen Leistungsmerkmalen zu seiner Arbeit beitragen. Diese Mischung von Leistungsmerkmalen ist für jeden Arbeitsplatz einmalig – vor und nach der »Automation«. Die eigentliche Auswirkung der Automation auf die Tätigkeit des Arbeiters kann deshalb nur bestimmt werden, wenn man feststellt, wie jedes dieser zwölf Merkmale von einem bestimmten Fortschritt der Automation beeinflußt wird.

3. Das Konzept der zunächst steigenden und dann fallenden Anforderungen an den Arbeiter bei fortschreitender Automation (Darstellung 2) macht klar, warum Feststellungen oder Vorhersagen einer universellen Endwirkung der Automation meistens zu irr-

8 Hoos, Ida R., *Automation in the Office.* (Washington, D.C., Public Affairs Press, 1961.)

Darstellung 1

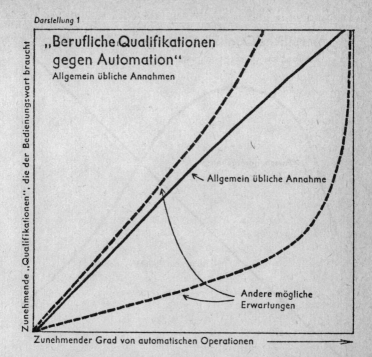

„Berufliche Qualifikationen gegen Automation"
Allgemein übliche Annahmen

Zunehmende „Qualifikationen", die der Bedienungswart braucht

← Allgemein übliche Annahme

Andere mögliche Erwartungen →

Zunehmender Grad von automatischen Operationen →

tümlichen Schlußfolgerungen führen. Die Auswirkung auf jeden Arbeiter ist nicht gerade das Resultat von Endzuständen auf einer bestimmten Stufe der Mechanisierung (Automation). Die Auswirkung ist das Ergebnis des Wechsels von *einer Stufe* der Mechanisierung *zur anderen*. Deshalb ist das, was am meisten zählt, *der verbleibende Unterschied in den Anforderungen* an den Arbeiter zwischen seinem alten Arbeitsplatz und seinem »automatisierten« Arbeitsplatz. (Siehe Darstellung 3)

4. Es herrscht allgemein eine falsche Einschätzung der Entwicklung von Maschinen. Die evolutionäre Art dieses Prozesses wird von *Usher* in bezug auf einzelne Maschinen deutlich herausgestellt[9], und ich habe ihn auf die automatisierte Fließbandfabrik ausge-

---

9 Usher, Albert Payson: *A History of Mechanical Inventions* (Cambridge, Harvard University Press, überarbeitete Ausgabe, 1954), p. 116 ff.

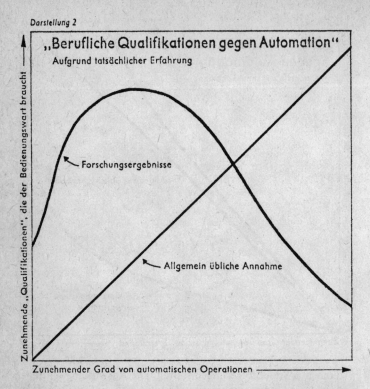

Darstellung 2

„Berufliche Qualifikationen gegen Automation"
Aufgrund tatsächlicher Erfahrung

Zunehmende „Qualifikationen", die der Bedienungswart braucht ──▶

Forschungsergebnisse

Allgemein übliche Annahme

Zunehmender Grad von automatischen Operationen ──────▶

dehnt, die nach meiner Meinung einfach die Form (Synthese)
einer Maschine von viel größerem Umfang hat[10]. Wer die Probleme der Arbeitsmechanisierung gewissenhaft untersuchen will,
darf das Studium der Entwicklung von Werkzeugen, mit denen
die Arbeitskräfte arbeiten, nicht außer acht lassen. Die Untersuchung von *Usher* zeigt die Richtungen der Maschinenkonstruktion, den Vorgang der Verfeinerung, den Übergang zu
wachsender Genauigkeit und Steuerung, die Vereinfachung der
Mechanismen zur Durchführung bestimmter Arbeitsgänge und
die starke Zunahme der Zuverlässigkeit bei nachfolgenden Ma-
schinengenerationen. Diese Entwicklung erklärt teilweise, war-

──────────

10 Bright, a. a. O., p. 15–16.

Darstellung 3

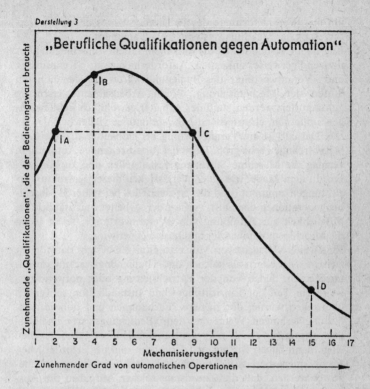

„Berufliche Qualifikationen gegen Automation"

Zunehmende „Qualifikationen", die der Bedienungswart braucht

Mechanisierungsstufen

Zunehmender Grad von automatischen Operationen ⟶

Zu Darstellung 3. Vermutliche Auswirkungen bei veränderten Stufen der Mechanisierung.

1. Die auf Stufe 2 (Handwerkzeug) mechanisierte ursprüngliche Arbeit erfordert »Qualifikationen«, die durch (1_A) angegeben sind. Wenn die Mechanisierung bis zur Stufe 4 (Maschinenwerkzeug) fortschreitet, so führt dies zu erhöhten Anforderungen (1_B) an den Arbeiter (größere Kenntnis, Ausbildung, Verantwortung usw.).

2. Wenn die ursprüngliche Arbeit (1_A) bis zur Stufe 9 (1_C) mechanisiert wird, dann führt dies zu keiner größeren Veränderung der effektiven Anforderungen an den Arbeiter in bezug auf »Qualifikationen«. Doch es liegt sicherlich eine Verlagerung der Arten und der Zusammensetzung der Tätigkeitsmerkmale des Arbeiters vor. In diesem Fall findet vermutlich eine Verlagerung von motorischen Fertigkeiten zu wahrnehmenden Fertigkeiten statt. Mehr Verantwortung für die Durchführung von Korrekturen, aber weniger körperliche Anstrengungen sind erforderlich.

3. Wenn die ursprüngliche Arbeit von Stufe 2 bis Stufe 15 (die Maschine korrigiert sich selbst nach Überprüfung ihrer eigenen Leistung) mechanisiert

um die »Verantwortung« des Bedienungswartes durch die Verfeinerung der Maschinensysteme schnell abnimmt.

5. Eng damit verbunden ist die allgemein falsche Einschätzung der
   notwendigerweise sinkenden Anforderungen an »Kenntnisse«
   und »Verantwortung« des Bedienungswartes auf den höheren
   Stufen der Mechanisierung. Wenn Arbeitsabläufe erstmalig
   automatisiert werden, muß der Arbeiter gewöhnlich Fehlleistungen *entdecken,* entsprechend *handeln* und sie vielleicht *korrigieren.* Deshalb ist die Verantwortung bei halbautomatisierten Ar-
   beitsvorgängen sehr groß. Doch bei fortschreitender Automation
   vermag die Maschine Störungen festzustellen und zu korrigieren. In dem Maße, wie die Zuverlässigkeit dieser Korrekturvor-
   richtungen zunimmt (und das ist zweifellos bei späteren Maschi-
   nengenerationen der Fall), verliert der Arbeiter buchstäblich die
   Möglichkeit zur Ausübung von »Verantwortung«, selbst wenn
   die Maschine komplizierter und kostspieliger wird.

6. Eine weitere Ursache von Mißverständnissen besteht darin, nicht
   zwischen Arbeitern als solchen und »Bedienungswarten« zu unterscheiden, denen von der Betriebsleitung oder notwendigerweise ein Teil der Einrichtungs- und Instandhaltungsaufgaben
   übertragen wurde, die größeres Fachkönnen und höhere Ausbildung verlangen. Wenn aber dem »Bedienungswart« eine Verantwortung für zweit- oder drittrangige Hilfsaufgaben gegeben
   wird, dann haben wir die Art der Arbeit und des erforderlichen
   Fachkönnens bereits wesentlich verändert. Es sollte jedoch beachtet werden, daß die Zuweisung solcher Aufgaben die Auswirkungen zunehmender Automation auf den Arbeitsinhalt nicht
   ungültig macht. Wir haben in derartigen Fällen bewußt die Arbeitsaufgaben vergrößert.

7. Noch bedeutender ist die allgemeine Fehleinschätzung des Fortschritts der Maschinenkonstruktion. Die Maschinenkonstruk-
   teure unterliegen dem wirtschaftlichen Grundgesetz von Ange-

---

ist, so führt dies (1_D) zu einer effektiven Reduzierung der Anforderungen
an den Arbeiter. Die Maschine hat alle physischen Anstrengungen, alle
Steuerungen, die gesamte Verantwortung für die Inspektion und einen Teil
der Korrekturaufgaben übernommen. Der Bedienungswart ist im Grunde
ein Beobachter der Maschine und hat weniger Aufgaben und wenig Verantwortung (es sei denn, daß ihm Aufgaben in der Errichtung und Instandhaltung übertragen wurden, oder daß er mehrere Maschinen überwachen
muß).

bot und Nachfrage. Sie werden außerdem durch neue technische Möglichkeiten gestützt. In Übereinstimmung mit *Ushers* Theorie sind sie stets dabei, schwierige Elemente der Arbeitsaufgaben zu mechanisieren und unzuverlässige Maschinen zu korrigieren. Sie mechanisieren außerdem Arbeitsplätze, die großes Fachkönnen und gute Ausbildung voraussetzen. Man beachte, daß die jüngste Automation die Mechanisierung der

a) Suche und Anzeige von Störungen,
b) Beseitigung von Störquellen,
c) Einrichtungsarbeiten und sogar
d) der Konstruktionsaufgaben umfaßt.

Man denke auch an die Selbstverständlichkeit der automatischen Schmierung bei der Wartung, oder an die erstaunliche automatische Anzeige von Störungen und an die unglaublich schnelle, genaue und automatische Überprüfung von Flugzeugen und Raumschiffen, von Kraftwerken, kontinuierlichen Produktionsprozessen, der Fernmeldesysteme und sogar der Elektronenrechner selber.

In ähnlicher Weise wird die schwierige Arbeit des Einrichtens durch bandgesteuerte Werkzeugmaschinen und durch Lochkartensteuerung mechanisiert. Somit können wir erwarten, daß die Mechanisierung dafür eingesetzt wird, weitere schwierige Aufgaben zu vereinfachen.

8. Schließlich ergeben sich besondere Bedingungen in a) der Anlaufzeit und b) bei der einmaligen, neuartigen und erstmaligen Automation eines Ablaufes. In solchen Anfangsperioden sind Instandhaltungsarbeiten umfangreich, die Beseitigung von Störungen ist schwierig und zeitraubend und die Verantwortung für schnelles und richtiges Handeln groß. Die Arbeitskräfte an automatisierten Anlagen müssen in diesen Zeiten sehr wahrscheinlich außergewöhnliche Leistungen vollbringen. Welche Lohnvereinbarungen für diesen Zeitraum auch immer getroffen werden, sie dürfen nicht mit dem *Lohnniveau für normale Zustände* verwechselt werden.

Der »gelernte Arbeiter«

Der Automatismus (oder die Automation) bedeutet nicht unbedingt, daß ungelernte Arbeiter keine Chancen mehr haben. Im Gegenteil, automatische Maschinen haben die Tendenz, *vom Bedie-*

*nungspersonal geringere berufliche Qualifikationen zu verlangen,
wenn bestimmte Stufen der Mechanisierung erreicht sind.* Darstellung 3 erklärt in groben Zügen diese Hypothese. Es scheint, daß der durchschnittliche Arbeiter verschiedene Arbeitsaufgaben schneller und leichter beherrschen wird, wenn er hochautomatisierte Maschinen bedient. Es gibt Anzeichen, die bestätigen, daß viele sogenannte Schlüsselaufgaben, die augenblicklich langjährige Erfahrung und Ausbildung verlangen, in leicht erlernbare Tätigkeiten der Maschinenbedienung zurückverwandelt werden. Um zu verstehen, wie das möglich ist, wollen wir untersuchen, welche Anforderungen die Maschinen an den Arbeiter stellen.

Es ist vielleicht am besten, mit folgender Frage anzufangen: Mit welchen Tätigkeitsmerkmalen trägt der Arbeiter zur Erledigung der Produktionsaufgaben bei? Eine allgemeine Liste der Dinge, für die er bezahlt wird, könnte folgendes enthalten:

1. *Körperliche Beanspruchung* – der Aufwand an Energie durch körperliche Bewegung, sei es um Material oder Werkzeuge zu handhaben oder um die Umgebung zu kontrollieren.

2. *Geistig-nervliche Beanspruchung* – der Gebrauch geistig-nervlicher Kräfte, um die Anforderungen des Arbeitsplatzes zu erkennen und zu analysieren und dementsprechend zu handeln. Das bedeutet auch Aufmerksamkeit und Konzentration.

3. *Geschicklichkeit* – die Anwendung einer bestimmten körperlichen Geschicklichkeit.

4. *Allgemeine Fähigkeit* – Verständnis und Einfühlungsvermögen in Aufgaben, die man nicht durch mechanisches Lernen oder formelle Analyse zugänglich machen kann. Dieses ist der Fähigkeit ähnlich, die man zur Ausübung eines Fachgebietes braucht und verkörpert motorische, begriffliche und wahrnehmende Fertigkeiten.

5. *Ausbildung* – Kenntnisse auf einem bestimmten Gebiet, die auf Theorie und Praxis beruhen und die Fähigkeit, sie anzuwenden, soweit es die Arbeitsaufgabe erfordert.

6. *Erfahrung* – Fähigkeit, Verständnis und Urteilsvermögen, die aus der Beschäftigung mit der Arbeitsaufgabe erwachsen sind.

7. *Unfallgefährdung* – Außergewöhnliche Bedingungen, unter denen die Sicherheit des Bedienungswartes bis zu einem gewissen Grade gefährdet wird.

8. *Unerwünschte Arbeitsbedingungen* – Unangenehme Umge-

bungseinflüsse oder Arbeitsplatzbedingungen, die besondere Berücksichtigung erfordern.

9. *Verantwortung* – Das Ausmaß, bis zu dem der Arbeiter die Sicherheit, Qualität oder Produktivität seiner Tätigkeit im Hinblick auf Produkte, Personen, Maschinen und Materialien kontrolliert. Dazu gehören Wachsamkeit und gutes Urteilsvermögen.

10. *Entscheidungsbefugnis* – Die Häufigkeit und das Ausmaß, in dem der Arbeiter Entscheidungen, die eine erfolgreiche Arbeitsdurchführung beeinflussen, treffen muß. Dazu gehört Zuverlässigkeit und richtiges Verständnis.

11. *Einfluß auf Produktivität* – Das Ausmaß, bis zu dem der Arbeiter die Produktivität über eine erwartete Norm hinaus durch ungewöhnliche Anstrengung, Fähigkeit, Wissen oder Können erhöht.

12. *Seniorität* – Dauer der Betriebszugehörigkeit, welche die vermutlich größere Leistung widerspiegelt, die ein Arbeiter aufgrund einiger der oben angeführten Faktoren erbringt; sie ist vielleicht auch eine Anerkennung für Betriebstreue.

Obgleich diese Liste in Einzelheiten noch verbessert werden kann, so scheint ihr Grundgedanke doch gültig zu sein: daß es verschiedene körperliche und geistige Tätigkeiten gibt, mit denen jeder Arbeiter zu einer Produktionsaufgabe beisteuert. Die Tatsache, daß man über diese Tätigkeiten oder über meine vorgeschlagenen Definitionen abweichender Meinung sein kann, zeigt auch, daß der Ausdruck »gelernter Arbeiter« in hohem Maße subjektive Bedeutung hat. Sicherlich werden diese Worte von vielen nicht immer in gleichem Sinne und von der Industrie oder der Arbeiterschaft nicht immer einheitlich gebraucht.

Es ist ohne weiteres klar, daß nicht alle dieser Anforderungen oder Tätigkeitsmerkmale bei einer gegebenen Aufgabe in gleichem Maße wichtig sind, noch haben sie immer dieselbe relative Bedeutung von einer Produktionsaufgabe zur anderen. Sogar bei einer einfachen Tätigkeit können die Tätigkeitsmerkmale des Arbeiters je nach der verwendeten Ausrüstung verschieden sein. Man denke zum Beispiel an die körperliche Leistung eines Bauarbeiters, der Schubkarren und Schaufel benutzt, und vergleiche sie mit den Fähigkeiten, der geistigen Anstrengung und Erfahrung, die notwendig sind, um einen Traktor für dieselbe Arbeit zu verwenden.

DARSTELLUNG 4 Stufen der Mechanisierung und ihre Beziehung zu den Ausgangspunkten der Energie und Kontrolle

Ausgangspunkt der Kontrolle	Art der Maschinenreaktion	Energiequelle	Stufen-Nummer	Stufen der Mechanisierung
durch veränderliche Einflußgrößen in der Umgebung	reagiert auf die Arbeitsausführung — ändert die eigene Aktion innerhalb eines weiten Raumes von variablen Einflußgrößen	mechanisch (nicht von Hand)	17	sieht die erforderlichen Arbeitsgänge voraus und sorgt für die entsprechende Ausführung
			16	korrigiert die Arbeitsausführung während der Bearbeitung
			15	korrigiert die Arbeitsausführung nach der Bearbeitung
	reagiert auf die Arbeitsausführung — wählt aus einer begrenzten Zahl von vorher festgelegten möglichen Arbeitsgängen aus		14	identifiziert und wählt die entsprechenden Operationen aus
			13	wählt aus und verwirft aufgrund der Meßwerte
			12	wechselt Ganggeschwindigkeit, Lageveränderung und Richtung nach dem gemeldeten Meß-Signal
	reagiert auf Signale		11	zeichnet die Arbeitsausführung auf
			10	meldet vorher ausgewählte Meßwerte (schließt auch die Entdeckung von Fehlern nicht aus)
			9	mißt Merkmale der Arbeitsausführung
durch Kontrollmechanismus, der vorher festgelegte Tätigkeitsfolgen des Arbeitsablaufes testet	in der Maschine festgelegt		8	wird betätigt durch Einführung des Werkstücks oder Materials
			7	Maschinensystem mit ferngesteuerter Kontrolle
			6	Maschinenwerkzeuge, Programmkontrolle (Reihe von festgelegten Arbeitsgängen)
			5	Maschinenwerkzeuge, Einzweckmaschine mit festgelegtem Arbeitsgang
vom Arbeiter	veränderlich		4	Maschinenwerkzeug, Kontrolle von Hand
			3	durch Energie angetriebenes Werkzeug
		von Hand	2	Handwerkzeug
			1	von Hand

Mit freundlicher Genehmigung von Harvard Business Review

Um deshalb zu verstehen, wie die Automation die beruflichen Qualifikationen der Arbeiter beeinflußt, müssen wir überlegen, wie jede dieser Anforderungen bei einer gegebenen Arbeit durch einen zunehmenden Grad der Mechanisierung und der automatischen Kontrolle berührt wird. Wie ändert sich der Arbeitsinhalt bei zunehmender Automation?

Qualitäten der Mechanisierung

Mechanisierung ist nicht immer dieselbe Sache bei jedem Produktionssystem. Der eine Produktionsablauf ist »mehr mechanisiert« als der andere. Worin liegt der Unterschied? Zum Teil läßt er sich dadurch erklären, daß die Mechanisierung zumindest drei grundsätzliche Qualitäten oder Dimensionen hat:

1. *Ausdehnung* – das Ausmaß, in dem sich die Mechanisierung über eine Folge von Produktionsabläufen erstreckt.
2. *Stufe* – der Grad des mechanischen Ablaufes, mit der eine gegebene Arbeitsaufgabe ausgeführt wird (dadurch spiegelt sich zum Teil die Tatsache wider, daß die automatische Kontrolle zu einer anwachsenden Verfeinerung der Reaktion der Maschinen auf Umgebungsbedingungen führt)[11].
3. *Durchdringung* – das Ausmaß, in dem zweit- und drittrangige Produktionsaufgaben, wie z. B. Schmierung, Einstellung und Reparatur, mechanisiert werden.

Der Begriff der Mechanisierungsstufe basiert auf der Voraussetzung, daß es verschiedene Grade mechanischer Arbeitsabläufe bei Maschinen gibt. Wir können das erkennen, wenn wir uns folgende Frage vorlegen: In welcher Weise ergänzt die Maschine die Körperkräfte, die geistigen Fähigkeiten, das Urteilsvermögen und den Grad der Kontrolle des Arbeiters?

---

11 Bright, a. a. O., Kapitel 4, erklärt diese Stufen im einzelnen und gibt »Mechanisierungsprofile« für acht »automatisierte« Betriebe.

---

*) *Anmerkung zur nebenstehenden Darstellung 4*
Zur Beachtung: Die Vorstellung von Mechanisierungsstufen (und die Idee eines Mechanisierungsprofils zur Messung der Mechanisierung in einer Fertigungsfolge) erschien zum ersten Mal in meinem Artikel »Wie soll Automation bewertet werden«, Harvard Business Review, Juli-August 1955, p. 101. Seitdem wurde diese Analyse verfeinert und wird ausführlich mit Erklärungen einer jeden Stufe in *Automation and Management,* a. a. O., pp. 39–56, vorgelegt.

Wir können die Merkmale der mechanischen Arbeitsdurchführung prüfen, wenn wir analysieren, wie Werkzeuge die Fähigkeiten des Menschen verfeinern und ergänzen. Diese Analyse läßt sich graphisch darstellen und in Beziehung setzen, wie Darstellung 4 zeigt. Eine deutliche Entwicklung gibt es bei folgenden Stufen:

Zunächst wird die menschliche körperliche Anstrengung durch mechanische Kraft ersetzt, wodurch ein Teil der Belastung vom Arbeiter weggenommen wird (nach Stufe 2). Wenn bei zunehmendem Grad eine festgelegte Steuerung die gewünschte Arbeitsweise der Maschine auslöst, braucht der Arbeiter die Werkzeuge weniger und weniger zu führen (Stufen 5–8).

Wenn die Fähigkeit zu messen auch noch der Maschine übertragen wird, erhält der Bedienungswart einen Teil der für die Entscheidung wichtigen Steuerinformationen auf mechanischem Wege (nach Stufe 8).

Wenn die Maschine in noch höherem Maße automatisiert wird, werden die Entscheidungen und die entsprechenden nachfolgenden Eingriffe mehr und mehr mechanisch (d. h. durch den Mechanismus) getroffen und veranlaßt. Wenn beispielsweise die Auswahl der notwendigen Maschinengeschwindigkeiten, der Vorschübe, der Temperaturregelung usw. mechanisiert wird, werden weiterhin die Tätigkeitsmerkmale »Entscheidungsbefugnis«, »Urteilsvermögen«, »Erfahrung« und sogar die Anforderung an die »Reaktionsfähigkeit« vom Arbeiter weggenommen (Stufen 12–14).

Schließlich gibt man der Maschine die Fähigkeit, sich »selbst zu korrigieren«, zunächst in einem kleineren und dann in einem größeren Umfang (Stufen 15–17), bis die Notwendigkeit, die Maschine zu regeln, dem Arbeiter völlig weggenommen ist.

Man braucht diese besondere Klassifizierung der »Stufen« nicht zu akzeptieren, um den Grundgedanken zu bestätigen: *daß nämlich aufeinanderfolgende Fortschritte automatischer Fähigkeiten im allgemeinen die Aufgaben des Bedienungswartes reduzieren,* wenn einmal bestimmte Stufen erreicht sind. Mit anderen Worten, je automatischer die Maschine ist, um so weniger hat das Bedienungspersonal der Maschine zu tun.

Wir haben jedoch früher erkannt, daß die Leistung des Arbeiters an seinem Arbeitsplatz mehr Dinge umfaßt als »Fachkönnen« oder »Anstrengungen«. Die Frage lautet deshalb: Wie wird jedes einzelne dieser zwölf möglichen Tätigkeitsmerkmale durch die zunehmenden Grade der Mechanisierung beeinflußt? Es scheint klar zu sein, daß einige Arbeitsanforderungen durch zunehmende Automatisierung abnehmen, aber vielleicht nehmen andere zu.

Ich habe keine genauen quantitativen Messungen durchgeführt, aber nach meiner Ansicht ist es lohnend, mehrere Arten der Tätigkeitsmerkmale zu untersuchen und Hypothesen darüber aufzustellen, wie sie durch die zunehmende Mechanisierung beeinflußt werden.

Körperliche Anstrengung

Wenn wir die körperliche Anstrengung des Arbeiters mit der Stufe der Mechanisierung nach Darstellung 5 graphisch vergleichen, so ist klar, daß wir eine Art abfallende Kurve bekommen. Das bedeutet, die körperliche Anstrengung des Arbeiters ist am größten auf den unteren Stufen der Mechanisierung, und sie wird abrupt abfallen, wenn die Maschinen mit festem Arbeitsgang der Stufe 5 einmal erreicht sind. Wir stellen fest, daß buchstäblich keine körperliche Anstrengung notwendig ist, wenn die vollautomatische Steuerung der Stufe 12 erreicht ist, vorausgesetzt das Beschicken und Entladen der Maschine ist mechanisiert.

Ausbildung

Aber wie steht es mit den Anforderungen an das Wissen? Ist es nicht wahr, daß, wenn ein Gerät komplizierter ist, der Arbeiter mehr Ausbildung braucht, um die Operationen der Maschine, ihre Regelung und ihre Verwendung für eine Vielfalt von Arbeitsaufgaben zu verstehen?

Werden die Werkzeuge durch Kraft angetrieben und sind Einstell- und Regelvorrichtungen vorgesehen, deren sorgfältige Bedienung Voraussetzung befriedigender Leistung ist, muß der Arbeiter offensichtlich mehr über die Maschinen wissen – vielleicht sogar viel mehr, wenn die Geräte kompliziert sind. Er braucht vielleicht auch mehr Ausbildung, um die Grundlagen zu verstehen, die der Arbeitsweise der Maschine und dem Arbeitsvorgang an den Werkstoffen zugrunde liegen. Dementsprechend wachsen die Anforderungen an Ausbildung und Schulung. Um einen Maschinenführer auszubilden, braucht man bis zu vier Jahre.

Aber nehmen diese Anforderungen noch weiter zu, wenn sich die Automation den höheren Stufen nähert? Anscheinend nicht. In der

DARSTELLUNG 5

Unterschiedliche körperliche Anstrengung
bei verschiedenen Mechanisierungsstufen

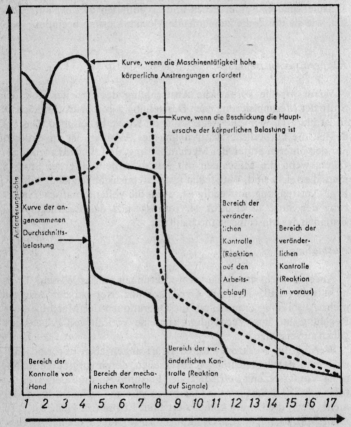

Kurve, wenn die Maschinentätigkeit hohe körperliche Anstrengungen erfordert

Kurve, wenn die Beschickung die Hauptursache der körperlichen Belastung ist

Kurve der angenommenen Durchschnittsbelastung

Anforderungshöhe

Bereich der veränderlichen Kontrolle (Reaktion auf den Arbeitsablauf)

Bereich der veränderlichen Kontrolle (Reaktion im voraus)

Bereich der Kontrolle von Hand

Bereich der mechanischen Kontrolle

Bereich der veränderlichen Kontrolle (Reaktion auf Signale)

1 2 3 4 5 6 7 8 9 10 11 12 13 14 15 16 17

Stufen der Mechanisierung

Mit freundlicher Genehmigung von Harvard Business Review

metallverarbeitenden Industrie und auch bei vielen anderen Anlagen besteht die Auswirkung von Maschinen mit festgelegten Arbeitsabläufen (Stufe 6) darin, Arbeiter mit höherer Ausbildung zu ersetzen (»Bedienungswarte« an Stelle von Maschinenführern). Der Grund dafür leuchtet ein: Wenn man vorherbestimmte Arbeitsgänge mechanisch durchführen kann, besteht keine besondere Notwendigkeit, daß der Bediener die Arbeitsweise verstehen und so ausgebildet sein muß, wie es notwendig war, als die Einstellung und Steuerung noch in seinen Händen lag. Deshalb steigen an irgendeinem Punkt nach der Stufe 4 die Anforderungen an die Ausbildung nicht weiter an. Wenn zum Beispiel die Mechanisierungsstufen erreicht sind, wo Messungen eingeführt werden, wird an das kritische Urteilsvermögen und an die erforderliche Aufmerksamkeit des Bedienungswartes tatsächlich eine geringere Anforderung gestellt. Die Maschine mißt für ihn. Natürlich kann der Grad und der Punkt, wo der Wechsel eintritt, je nach der Maschine verschieden sein, aber der allgemeine Effekt scheint eine erst ansteigende, dann fallende Kurve zu sein, wie Darstellung 6 zeigt. In vielen Fällen mag die Notwendigkeit für Ausbildung und für das Verstehen der Grundlagen auch auf höheren Stufen bestehen bleiben. Doch bei zunehmender Zuverlässigkeit der Maschinen werden sie schließlich nicht mehr gebraucht.

Geistig-nervliche Anforderungen

Eine der Hauptschlußfolgerungen in der Fallstudie von *Charles R. Walker* in *Toward the Automatic Factory*[12] lautet, durch die Automation werde die geistig-nervliche Anstrengung wesentlich erhöht. Auch zahlreiche Feststellungen in Gewerkschaftsliteratur und -vorträgen betonen, die geistig-nervlichen Anstrengungen stiegen proportional zu den Stufen der Mechanisierung.

Es ist klar, der Arbeiter, der mit Handwerkzeugen (Stufen 2 und 3) und mit von Hand kontrollierter Maschinenausrüstung (Stufe 4) arbeitet, muß sich konzentrieren, um eine falsche Führung der Werkzeuge zu vermeiden, um seine Tätigkeit zu »kontrollieren« und um Bedingungen zu entdecken, die ein fehlerfreies Funktionie-

12 New Haven, Yale University Press, 1957; siehe auch Charles R. Walker, »Life in the Automatic Factory«, *Harvard Business Review,* January–February 1958, p. 111.

DARSTELLUNG 6
Unterschiedliche Berufsausbildung
in verschiedenen Mechanisierungsgraden

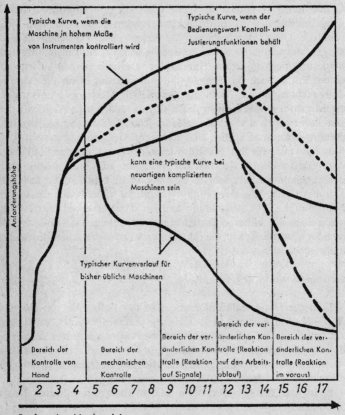

Typische Kurve, wenn die Maschine in hohem Maße von Instrumenten kontrolliert wird

Typische Kurve, wenn der Bedienungswart Kontroll- und Justierungsfunktionen behält

kann eine typische Kurve bei neuartigen komplizierten Maschinen sein

Typischer Kurvenverlauf für bisher übliche Maschinen

Anforderungshöhe

Bereich der Kontrolle von Hand

Bereich der mechanischen Kontrolle

Bereich der veränderlichen Kontrolle (Reaktion auf Signale)

Bereich der veränderlichen Kontrolle (Reaktion auf den Arbeitsablauf)

Bereich der veränderlichen Kontrolle (Reaktion im voraus)

1 2 3 4 5 6 7 8 9 10 11 12 13 14 15 16 17

Stufen der Mechanisierung

Mit freundlicher Genehmigung von Harvard Business Review

ren unterbrechen könnten. Wenn die Maschine selbst die Möglichkeit zum automatischen Arbeitsablauf erhält, um die gewünschte Folge von Vorgängen (Stufen 5 und 6) durchzuführen, wird die Notwendigkeit, sich auf die wirkliche Steuerung der Maschinen zu konzentrieren, geringer. Doch gleichzeitig ist es durchaus möglich, daß die Aufmerksamkeit für Fehlleistungen, für die Qualität des Ausstoßes usw. zu einer viel lästigeren geistigen Aufgabe wird, und zwar wegen des schnelleren Arbeitszyklus. Deshalb kann auf diesen Stufen erhöhte geistige Anstrengung oder Beanspruchung eine sehr reale Anforderung sein.

Was geschieht nun, wenn die Maschinen auf den Stufen 9 bis 11 die Möglichkeit zu Messungen erhalten? In einer primitiven Weise beginnt die Maschine die Eigenart gewisser Betriebsbedingungen zu überprüfen und zu melden. Deshalb braucht der Bediener nicht mehr so wachsam zu sein (das hängt allerdings davon ab, was gemessen oder signalisiert wird). In einigen Fällen, wo Sicherheitsventile verwendet werden, kann der Arbeiter sich Zeit lassen, bis ihm das Warnsignal gegeben wird. Zahlreiche Arbeiter an hochautomatisierten Fertigungsstraßen, in denen automatische Messung und die Meldung durchgeführter Arbeitsgänge eingebaut sind, haben diese Auswirkung der Automation anerkannt. Diese Frauen und Männer brachten häufig zum Ausdruck, sie fänden die Arbeitsplätze weniger ermüdend, weil es ihnen möglich sei, sich mehr auszuruhen als unter den früheren Arbeitsbedingungen. Aufmerksamkeit, Konzentration und nervliche Anstrengung werden *nur in dem Augenblick gefordert, wenn eine fehlerhafte Arbeitsführung gemeldet wird.*

Die nervlich-geistige Beanspruchung scheint bei den noch höheren Stufen der Mechanisierung weiter zurückzugehen. Denn auf diesen Stufen entdeckt die Maschine nicht nur, daß der Arbeitsablauf geändert werden muß, sondern sie beginnt, diese Änderung ohne menschliches Zutun selber vorzunehmen. Wir können sagen, daß auf den Stufen 9 bis 11 die Maschine menschlicher Hilfe bedarf, und auf den Stufen 12 bis 17 regelt sich die Maschine in einer zunehmend intelligenten Weise selbst. Je mehr automatische Maschinen Kontrollvorrichtungen haben, welche den Ablauf regeln, um so mehr können sie *auf menschliche Aufmerksamkeit verzichten.* Deshalb wird letzten Endes die geistige Beanspruchung geringer.

Aber wie kann man dann sagen, die geistige Belastung werde mit

DARSTELLUNG 7

Unterschiedliche Anforderungen an Sinne und Nerven
bei verschiedenen Mechanisierungsgraden

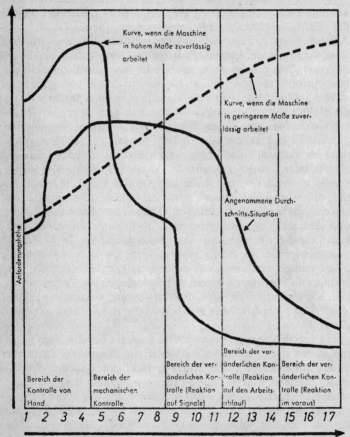

Kurve, wenn die Maschine in hohem Maße zuverlässig arbeitet

Kurve, wenn die Maschine in geringerem Maße zuverlässig arbeitet

Angenommene Durchschnitts-Situation

Anforderungshöhe

Bereich der Kontrolle von Hand

Bereich der mechanischen Kontrolle

Bereich der veränderlichen Kontrolle (Reaktion auf Signale)

Bereich der veränderlichen Kontrolle (Reaktion auf den Arbeitsablauf)

Bereich der veränderlichen Kontrolle (Reaktion im voraus)

1   2   3   4   5   6   7   8   9   10   11   12   13   14   15   16   17

Stufen der Mechanisierung

Mit freundlicher Genehmigung von Harvard Business Review

zunehmender Mechanisierung immer größer, wie *Charles Walker*
berichtet? Wenn man seinen Befund genau prüft, so stehen seine
Ergebnisse keineswegs im Widerspruch zu dieser Theorie. Denn das
Stahlwerk, das er untersuchte, arbeitete nicht auf Stufe 17 und auch
nicht auf Stufe 12, wie die Beschreibung von Walker erkennen läßt.
Die Mechanisierung war an verschiedenen Punkten unterbrochen,
manche Maschinen arbeiteten auf den Stufen 5 und 6, und nur in
einigen Fällen war in der Fertigungsfolge die Stufe 12 erreicht oder
überschritten. Höhere geistig-nervliche Belastungen waren eingetreten – nicht weil die Maschinen mehr automatisiert, sondern weil
sie nicht genügend automatisiert waren. Das System war besser integriert, schneller und größer, aber viele Steuerprobleme mit erhöhten Fehlerquellen blieben wegen höherer Geschwindigkeit und
Leistung noch dem Arbeiter überlassen. Aber auch hier gab es (ich
folgere das aus ihren geschilderten Reaktionen) beträchtlich weniger
geistig-nervliche Anstrengungen, nachdem die Arbeiter sich an die
Einrichtungen gewöhnt hatten.

Zusammenfassend scheint die in Darstellung 7 gezeigte Kurve die
geistigen Anstrengungen bei zunehmender Automatisierung in typischer Weise in Beziehung zu setzen. Es ist besonders wichtig, zu
berücksichtigen, wie stark geistige Anforderungen von der Zuverlässigkeit eines speziellen Systems und dessen Fehlermöglichkeiten
abhängen.

Andere Tätigkeitsmerkmale

In ähnlicher Weise könnte man denken, die Verantwortung steige
an, je teurer und mehr integriert die Maschinen werden. Aber die
Verantwortung steigt nur so lange, wie der Arbeiter wirklich Verantwortung *hat*. Der Endzweck der höheren Stufen der Automation
ist letzten Endes, die Verantwortung für die Arbeitsabläufe aus den
Händen des Arbeiters zu nehmen. Die Entdeckung fehlerhafter
Operationen, von Überlastungen, von Fehlfunktionen, Knapphei-
ten, wechselnden Material- oder Energiebedingungen usw. wird
schrittweise in die Maschine hineinverlegt. An irgendeinem Punkte
nach Stufe 11 oder 12 trägt der Steuermechanismus die Verantwortung, nicht der Bedienungswart.

Fast dasselbe läßt sich über die Geschicklichkeit sagen. Bis etwa
zur Stufe 5 können die Anforderungen an die körperliche Geschicklichkeit ansteigen, aber nach dieser Stufe übernimmt die Ma-

DARSTELLUNG 8

Wie sich die Tätigkeitsanforderungen (Merkmale) an das Bedienungspersonal mit ansteigender Modernisierung ändern.

Leistungen des Arbeiters, für die er herkömmlicherweise entlohnt wird (Tätigkeitsmerkmale) *)	Stufen der Mechanisierung			
	1-4 Kontrolle von Hand	5-9 Mechanische Kontrolle	9-11 Kontrolle der variablen Reaktion auf Signale	12-17 Kontrolle der variablen Reaktion auf die Arbeitsdurchführung
körperliche Anstrengung	ansteigend – geringer werdend	geringer werdend	geringer werdend – keine	keine
geistig/nervliche Anstrengung	ansteigend	ansteigend – geringer werdend	ansteigend oder geringer werdend	geringer werdend – keine
Geschicklichkeit	ansteigend	geringer werdend	geringer werdend – keine	keine
allgemeines Wissen und Können	ansteigend	ansteigend	ansteigend – geringer werdend	geringer werdend – keine
Ausbildung	ansteigend	ansteigend	ansteigend oder geringer werdend	ansteigend oder geringer werdend
Erfahrung	ansteigend	ansteigend – geringer werdend	ansteigend oder geringer werdend	geringer werdend – keine
Unfallgefährdung	ansteigend	geringer werdend	ansteigend oder geringer werdend	keine
unangenehme Umgebungseinflüsse	ansteigend	geringer werdend	geringer werdend – keine	geringer werdend – keine
Verantwortung **)	ansteigend	ansteigend	ansteigend – geringer werdend	ansteigend, geringer werdend oder keine
Entscheidungsbefugnis	ansteigend	ansteigend – geringer werdend	geringer werdend	geringer werdend – keine
Einfluß auf Produktivität ***)	ansteigend	ansteigend, geringer werdend oder keine	geringer werdend – keine	keine
Seniorität	nicht betroffen	nicht betroffen	nicht betroffen	nicht betroffen

*) Gilt für das Bedienungspersonal, nicht für Einrichter, Techniker (Ingenieure) oder Vorgesetzte.

**) Sicherheit (Schadensverhütung) an den Maschinen, am Material und für Mitarbeiter.

***) Bezieht sich auf die Möglichkeit des Arbeiters, die Ausbringung durch besondere Anstrengung, Wissen und Können oder eigene Entscheidungen zu steigern.

Mit freundlicher Genehmigung von Harward Business Review

schine diese Aufgaben mehr und mehr. Die Anforderungen an die
»allgemeinen« Fähigkeiten steigen etwa bis zur Stufe 11, aber dann
beginnt die Maschine, diese Aufgaben ebenfalls zu übernehmen.

Man könnte ähnliche Beziehungen zwischen den Anforderungen
an den Arbeiter auch in bezug auf die anderen oben angeführten
Merkmale aufstellen. Obwohl man keine Kurve zeichnen kann, die
auf alle Maschinenarten allgemein anwendbar wäre, würden doch
fast alle Kurven dieselben allgemeinen Merkmale aufweisen: Bei
den meisten Tätigkeitsmerkmalen verliefen sie nach einigen höheren Stufen der Mechanisierung nach unten. Darstellung 8 zeigt die
sich verändernden Tätigkeitsmerkmale bei zunehmender Mechanisierung.

Kombinierte Belastung der Arbeiter

Die Arbeitsplätze in der Produktion haben niemals nur ein Tätig-
keitsmerkmal. Sie bestehen vielmehr aus verschiedenen Kombinationen einiger dieser Merkmale in verschiedenen Abstufungen. Deshalb ist es notwendig, die Auswirkung einer Art von kombinierter
»Belastung des Arbeiters« zu betrachten. Das ist geschehen in Darstellung 9. Sie zeigt mehrere Kurven, die die Auswirkungen ansteig-
gender Automation auf die Tätigkeitsmerkmale darstellen. Obwohl
es nicht möglich zu sein scheint, die Richtigkeit dieser Kurven quantitativ zu beweisen, so stützen sie sich doch grundsätzlich auf viele
Beobachtungen über die wirklichen Anforderungen der Arbeitsplätze in der Industrie.

Entgegengesetzt wirkende Enwicklungen

Es wäre natürlich ein Fehler, anzunehmen, daß die Verringerung des Arbeitsinhalts die einzige Auswirkung der Automation sei.
Drei andere Entwicklungen können in einigen Fällen den Wirkungen der Mechanisierung auf die ursprüngliche Arbeitsaufgabe ent-
gegenstehen:

1. *Verantwortung für einen größeren Arbeitsbereich.* Da eine bestimmte Maschine weniger Aufmerksamkeit erfordert, könnte
   man dem Bedienungswart mehrere Maschinen zur Überwachung
   übertragen. Damit wird er verantwortlich für einen größeren
   Teil der Produktion oder für eine größere Anzahl gleicher Tätigkeiten.

DARSTELLUNG 9
Wie verhält sich die Summe der Arbeitsanforderungen bei verschiedenen Mechanisierungsgraden

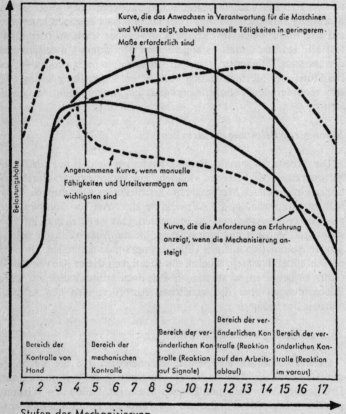

Kurve, die das Anwachsen in Verantwortung für die Maschinen und Wissen zeigt, obwohl manuelle Tätigkeiten in geringerem Maße erforderlich sind

Angenommene Kurve, wenn manuelle Fähigkeiten und Urteilsvermögen am wichtigsten sind

Kurve, die die Anforderung an Erfahrung anzeigt, wenn die Mechanisierung ansteigt

Belastungshöhe

| Bereich der Kontrolle von Hand | Bereich der mechanischen Kontrolle | Bereich der veränderlichen Kontrolle (Reaktion auf Signale) | Bereich der veränderlichen Kontrolle (Reaktion auf den Arbeitsablauf) | Bereich der veränderlichen Kontrolle (Reaktion im voraus) |

1 2 3 4 5 6 7 8 9 10 11 12 13 14 15 16 17

Stufen der Mechanisierung

Mit freundlicher Genehmigung von Harvard Business Review

Deshalb können zwei Arten von Auswirkungen eintreten, wenn der Arbeiter für mehrere Maschinen verantwortlich wird:

a) Es könnte erforderlich sein, daß er zusätzliche fachliche Kenntnisse erwerben muß, die, grob gesehen, auf derselben Stufe stehen wie diejenigen, die er früher besessen hat. Beispielsweise könnte von einem Fräser gefordert werden, auch eine Lochstanze und eine Bohr- und Gewindeschneidmaschine zu bedienen, wenn diese Maschinen durch die Einführung der Automation in seinen Arbeitsbereich integriert werden. Obgleich diese Qualifikationen nicht schwieriger zu sein und auf keiner höheren Stufe zu stehen brauchen, sind es doch zusätzliche Anforderungen. Sie können zusätzliche Ausbildung notwendig machen oder auch nicht.

b) Es könnte erforderlich sein, daß er eine Tätigkeit erlernen muß, die einen viel höheren Grad an Fertigkeiten von ihm verlangt. Während meiner Untersuchung habe ich hierfür nicht viele Beispiele gefunden. Ein Fall war der Bedienungsmann am Hauptsteuerpult einer Kunstdüngerfabrik. Hier machte die halbautomatische Steuerung des Mischvorganges sicherlich größeres Verständnis, größere Aufmerksamkeit und Verantwortung seitens des Arbeiters notwendig.

2. *Verantwortung für höhere Aufgaben.* Bei einigen automatisierten Arbeitsplätzen fallen die Anforderungen an den Arbeiter, die er bei herkömmlichen Tätigkeiten hatte, praktisch weg, aber seine *neuen* Aufgaben können einen Teil des Einrichtens oder der Inspektion umfassen. An anderen automatisierten Fertigungsstraßen kann es vorkommen, daß es überhaupt keinen Bedienungswart im herkömmlichen Sinne gibt. Der Mann, der für diesen Bereich der Produktion verantwortlich ist, kann ein Einrichter oder ein Inspektor sein.

Ich fand z. B. einen Fall, wo ein Instandhaltungsarbeiter eine automatische Fertigungsstraße »bediente«. An einer anderen Straße, wo Kolben automatisch auf Gewicht gefräst wurden, verband der »Bedienungswart« die verbliebenen herkömmlichen Aufgaben mit denen eines Einrichters. Er setzte das System in Gang, überprüfte die Arbeitsweise und nahm erforderliche Einstellungen vor. Er mußte Kenntnisse von der Maschine besitzen, die über denen des normalen Bedieners lagen (obwohl diese Kenntnisse nicht notwendigerweise größer zu sein brauchten als die eines gelernten Maschinenschlossers oder eines vielseitigen

Einrichters). Es ist klar, daß dies zu einer Höherstufung des Arbeitsplatzes führte.

Der Abstand zwischen »Einrichten« und »Bedienen« ist gering. In vielen Industrien kann ein Arbeiter dieselben Einrichtungsfunktionen übernehmen, wie sie oben beschrieben wurden, ohne größere Kenntnisse und Ausbildung zu brauchen. Die Bedienungsleute an gewissen Textilmaschinen sind dafür ein gutes Beispiel. Diese Art der Erhöhung des Arbeitsinhaltes kann echt sein oder auch nicht.

3. *Neue »Spezialisten«-Arbeitsplätze.* Ein Höherstufungseffekt der Automation ist die Schaffung neuer Arbeitsplätze, die gelernte Arbeitskräfte erforderlich machen. Diese können höhere Ausbildung oder höhere Stufen des Verständnisses und der Verantwortung notwendig machen. Die Bedienungsleute von Hauptsteuerpulten sind ein Beispiel für diese Entwicklung.

Realistische Auswertung

Jede einzelne dieser Entwicklungen steht irgendwie im Gegensatz zu den abfallenden Kurven in Darstellung 9. Wir sollten aber nicht daraus schließen, daß sie grundsätzlich die Arbeitsaufgaben oder die gesamte Arbeitnehmerschaft höher stufen. Die eben beschriebenen Arbeitsplätze scheinen nicht in großer Zahl in der Industrie zu existieren – auch nicht in Fabriken mit hohem Mechanisierungsgrad. Man nehme zum Beispiel die dritte Kategorie – die Spezialisten an den Steuerpulten. Oft wird es in einer hochmechanisierten Fabrik nur einen Arbeitsplatz an einem Steuerpult der beschriebenen Art und bestenfalls nur eine Handvoll solcher Arbeitsplätze geben. Deshalb bestand der Nettoeffekt der Automation in den meisten Fabriken, die ich besuchte, oder über die ich las, in einer Verringerung der Anforderungen an die Fähigkeiten und Fertigkeiten bei den unmittelbar produzierenden Arbeitskräften, zumindest aber nicht in einer Erhöhung.

In einer Fabrik ist es so wie in unserem täglichen Leben. Ist es schwieriger oder leichter, einen Wagen zu fahren, der automatische Starterklappe, automatische Kupplung, Servobremsen und Servosteuerung besitzt, oder einen Ford Modell T? Wer braucht höhere Qualifikationen und größere Erfahrung: eine Hausfrau, die in einem automatischen Ofen backt, oder ihre Großmutter, welche die Kunst des Backens in ihrem Kohlenherd durch lange Erfahrung erlernen und kritische Aufmerksamkeit anwenden mußte, wenn sie Erfolg haben wollte?

Nicht unmittelbar in der Produktion beschäftigte Arbeitskräfte

Welche Auswirkungen ergeben sich auf die beruflichen Qualifikationen, wenn man Arbeitskräfte aus der Fertigung auf sogenannte unproduktive Arbeitsplätze versetzt?

Je mehr die Automation den Maschinenbediener verdrängt, um so schwieriger wird es, zwischen Arbeitskräften zu unterscheiden, die unmittelbar oder mittelbar in der Produktion beschäftigt sind; wurde der Bedienungsmann zum Einrichter oder der Einrichter ein Bedienungsmann? Einerlei wie die Antwort lautet, eine bedeutsame Veränderung des Fachkönnens wird bei der Tätigkeit des Einrichtens erkennbar. Die Vorbereitung und Einstellung der Maschine wird häufig komplizierter, schwieriger und verlangt große technische Kenntnisse und Zuständigkeit. Das ist nicht nur auf die Kompliziertheit der Maschinen zurückzuführen, sondern auf den Umstand, daß fünf Arten der Steuerung – hydraulisch, pneumatisch, elektrisch, elektronisch und mechanisch – ineinandergreifen. Ebenso müssen die Vorrichtungen für das Beschicken synchronisiert oder auf andere Weise reguliert werden, und höhere Grade der Genauigkeit müssen durch sorgfältiges Justieren erreicht werden.

Die zunehmenden Anforderungen, die an den Einrichter gestellt werden, sind klar ersichtlich, wenn ein Werk, sagen wir von Stufe 4 der Mechanisierung auf Stufe 12 oder darüber ansteigt. Wenn aber andererseits die alte Maschinenausrüstung schon hohe Anforderungen an die Fähigkeiten des Einrichters stellte (wie bei einer herkömmlichen Motorblockstraße), dann wird der Übergang zur Automation wahrscheinlich die Anforderung an das Wissen, Können und die Ausbildung des Einrichters nicht bemerkenswert erhöhen. So erhielten zum Beispiel in einer erst vor kurzem automatisierten Motorenfabrik sämtliche Einrichter und ihre Vorgesetzten eine dreistündige Ausbildung zusätzlich zu dem Grund-Einarbeitungskursus, der für das Bedienungspersonal abgehalten wurde. Bedeutet das eine entscheidende Zunahme der beruflichen Qualifikation des Einrichters? Wohl kaum.

Dort, wo Arbeitskräfte an Maschinen, die in den Fertigungsprozeß nicht unmittelbar eingeschaltet sind, beschäftigt werden, z. B. in Kraftwerken und an Einrichtungen für den Materialtransport, die selbst automatisiert sind, kann man die Auswirkungen mit denen der Produktionsmaschinen vergleichen. *Die Anforderung an den Arbeiter wird bis zu einem bestimmten Punkt größer; dann beginnt die zunehmende Automatisierung seinen Beitrag in beinahe jeder Hinsicht zu reduzieren.*

Sicherlich werden einige sogenannte unproduktive Arbeitsplätze entstehen, die einen höheren Grad fachlicher Ausbildung verlangen mögen. Ein typisches Beispiel ist die Einführung von numerisch gesteuerten Werkzeugmaschinen. Die Programmierung der erforderlichen Lochbänder erfordert zunächst eine beträchtliche Fachausbildung. Diese Aufgabe kann man als Tätigkeit des Einrichters auf einer sehr hohen Stufe ansehen. Es hat den Anschein, daß die Ausbildung als Ingenieur oder in Mathematik das Minimum dessen ist, was für die Übersetzung der gewünschten Ergebnisse in die Maschinenbefehle des Programms verlangt wird. Doch die Produktion von Programmbändern durch Elektronenrechner unter Verwendung der Maschinensprache reduziert inzwischen sogar diese Notwendigkeit.

In Fabriken, die ihre automatischen Maschinen selber bauen, besteht ein größerer Bedarf an besonderen Talenten für die Entwicklung dieser Maschinen. Solche Fälle sind die Hauptquelle der Beschwerden über den Mangel an genügend ausgebildeten Arbeitskräften. Es ist nicht nur technische Ausbildung erforderlich, sondern auch eine Art Fähigkeit für Vorstellungen, Imaginationen und technische Schöpferkraft. Das letztere war auf keinen Fall dadurch erreichbar, daß man einfach mehr Ingenieure einstellte, wie mir verschiedene erfahrene Betriebsleiter berichteten. Sie erzählten weiter, der wirkliche Engpaß an Qualifikationen in ihren Fabriken liege auf dem Gebiet des Entwurfs, der Konstruktion und des Baues von neuen Maschinen.

Bezeichnenderweise hatten diejenigen Firmen, die ihre Ausrüstung nicht selbst herstellten, und sie waren in der klaren Überzahl, keine Klagen dieser Art.

Instandhaltungspersonal

Was ist über das Instandhaltungspersonal zu sagen? Wie ich in meinem Bericht weiter oben schon ausführte, wird allgemein angenommen, die Instandhaltung nehme bei Automation absolut oder zumindest proportional zu. Ist es nicht offensichtlich, daß das Instandhaltungspersonal eine neue Art von Fähigkeiten haben muß?

Die letzte Frage kann nicht mit einem einfachen ja oder nein beantwortet werden, weil beim Instandhaltungspersonal zahlreiche verschiedene Qualifikationen auftreten, und diese werden nicht alle in gleicher Weise durch den Übergang zur Automation betroffen. Ich fand z. B. *keinen* Beweis, daß Blechschlosser, Rohrleger, Schweißer und Schreiner höhere Fertigkeiten brauchen; ich fand dagegen *zum Teil* Beweise, daß Reparaturarbeiter für Hydraulik und Pneumatik eine bessere Ausbildung wegen der erhöhten Kompliziertheit der Regelschaltungen brauchen; und ich fand *sehr viele Beweise* dafür, daß ein bedeutender Teil der Elektriker eine gründliche Umschulung braucht. Der durchschnittliche Betriebselektriker ist genausowenig auf den Umgang mit elektronischen Schaltungen vorbereitet, wie der durchschnittliche Hauselektriker fähig ist, einen Fernsehapparat zu reparieren. Es handelt sich um eine ganz neue technische Welt, und das erfordert mit Sicherheit eine spezialisierte Ausbildung in Theorie und Praxis. Eine größere Motorenfabrik hat dieses Problem untersucht und zog die Schlußfolgerung, daß fast 2000 Stunden theoretischer und praktischer Ausbildung nötig seien, um eine entsprechende elektronische Ausbildung zu vermitteln, und zwar zusätzlich zu dem Ausbildungsprogramm, das für gelernte Elektriker in der Firma drei Jahre dauert.

Alle von mir untersuchten Fabriken, sogar wenn sie einen kleinen Teil elektronisch gesteuerter Maschinen besaßen, hatten dieselben Klagen über die Qualifikationen des Instandhaltungspersonals. Häufig war der Mangel so kritisch, daß er die Einstellungen zum gesamten Komplex der Instandhaltung verzerrte. Hier liegt das Problem. Ein Beispiel:

Der Mangel an Instandhaltungspersonal mit Kenntnissen der Elektronik wurde in einer Fabrik als kritisches Problem bezeichnet, und das stimmte auch. Bei genauer Prüfung stellte sich jedoch heraus, daß nicht jeder Elektriker eine Ausbildung in Elektronik benötigte. Unter den 700 Arbeitern der Instandhaltung waren ungefähr 80 Elektriker, und der Betriebsingenieur schätzte, daß er nur drei oder vier kompetente Elektroniker für die Reparatur je Schicht brauche. Mit anderen Worten, nur ungefähr 10 v. H. seiner Elektriker brauchten dieses Spezialwissen, und diese 10 v. H. waren nur 1. v. H. des gesamten Instandhaltungspersonals.

Solche Prozentzahlen machen den Mangel nicht weniger kritisch, aber sie deuten doch auf eine sehr unterschiedliche Rangordnung der Schwierigkeiten und auf ein viel kleineres Umschulungsproblem hin. Sie besagen auch, daß wir Verallgemeinerungen vermeiden sollten, die das eigentliche Problem verzerren.

Die Automation empfiehlt auch einen neuen Typus des Reparaturfacharbeiters: einen, der in den fünf Regel- und Steuersystemen kompetent ist, die wir oben anführten. Der Grund für diese neue Anforderung ist, daß es zu kostspielig wird, eine ganze Gruppe von Reparaturleuten oder eine Reihe von einzelnen Spezialisten loszuschicken, von denen jeder ein kleines bißchen mit der Störung der Maschine weiterkommt und dann doch feststellen muß, daß sein Wissen nicht ausreicht. Diese Zeitverschwendung ist bei zunehmender Mechanisierung mehr als lästig. Wie man solche Qualifikation des Instandhaltungspersonales erreichen kann, ist ein Ausbildungsproblem und ein Problem der Beziehungen zu den Gewerkschaften, das bisher nur wenige Betriebsleiter anpackten und noch weniger lösten. Ich habe auch von keinen größeren Anstrengungen seitens der Gewerkschaften gehört, solche integrierten Qualifikationen für die Maschinenreparatur vorzusehen.

Gesamtauswirkung

Insgesamt zeigen diese begrenzten Beobachtungen wie auch die von mir dargestellte Theorie, daß zunehmende Automation nicht notwendigerweise die allgemeine Höherstufung der beruflichen Anforderungen bewirkt. Tatsächlich tendiert die Automation häufig dahin, die Fertigkeiten und die Ausbildung für einzelne Aufgaben zu reduzieren[13].

Auswirkungen fortschreitender Entwicklung der Automation

Zu diesen allgemeinen Schlußfolgerungen kam ich im Jahre 1956; sie wurden 1958 veröffentlicht und im Jahre 1960 überarbeitet. Seitdem wurden sie mit den Situationen der Industrie und ande-

---

13 Man beachte jedoch, daß ich nicht versucht habe, die erhöhte Nachfrage nach Ingenieuren und anderen Technikern zu behandeln, die erforderlich sind, um den Industrien für Maschinenbau und Regeltechnik bei wachsender Nachfrage nach Automation zu helfen. Zwar mag hier ein ernsthafter Fehlbestand an Ausbildung vorliegen, doch dieser ist wohl kaum ein Problem desjenigen, der Automation verwendet.

ren veröffentlichten Untersuchungen über automatisierte Anlagen verglichen. Es ist eine interessante Bestätigung der ursprünglichen Hypothese, wenn man feststellt, was mit jenen Arbeitsaufgaben geschehen ist, die zunächst größeres Fachkönnen zu verlangen schienen. Zum Beispiel:

Der Einrichter: Mehrere Firmen haben hochautomatische Maschinen angekündigt, deren Einrichtung durch Druck auf einen Knopf oder durch die Auswahl eines vorbereiteten Bandes erfolgt. Die Milwaukee Multimatic Werkzeugmaschinen mit numerischer Steuerung ist ein Beispiel dafür. Die Einrichtungsaufgabe wird mechanisiert, in einigen Fällen bis zu einem hohen Grade. Wo dies der Fall ist, sinken die Anforderungen an das Fachkönnen.

Der Programmierer für numerische Bandsteuerung: M.I.T., I.B.M. und Boeing haben dem Englischen ähnliche Sprachen (APT und WALDO) zur Übersetzung von Zeichnungen für Rechenautomaten entwickelt. Diese Sprachen versetzen den durchschnittlichen Zeichner in die Lage, einen großen Teil seiner eigenen Maschinenanweisungen für die Herstellung von numerischen Steuerbändern vorzubereiten. Die Anforderungen an Ausbildung und Sonderschulung sinken.

Der Instandhaltungsmann: Es ist klar, daß *Mechanisierung* und *Vereinfachung* der Instandhaltungsaufgabe von selbst eintreten. Der Nettoeffekt scheint aber noch gering zu sein wegen der schnellen Zunahme der komplizierten Bauweise automatisierter Geräte, und außerdem wegen des wachsenden Grades an Mechanisierung pro Produktionssystem. Die Theorie des Fachkönnens gegen Automation wird hier bestätigt.

Arbeitskräfte für Rechenautomaten: Zahlreiche Untersuchungen, die bereits angeführt wurden, deuten darauf hin, daß die Routineoperation des Rechenautomaten und sogar die Programmierung nicht jenen hohen Grad an Qualifikation und Ausbildung erfordern, der in der Mitte der fünfziger Jahre erwartet wurde.

Ein neues Phänomen

Die Herstellung gewisser neuer Produkte läßt vermuten, daß sich in Teilen der Industrie eine neue Entwicklung ausbreitet und die vom Arbeiter benötigten beruflichen Qualifikationen beeinflußt.

Diese Entwicklung zeigt sich zumindest in zwei Industrien – der
Herstellung von Elektronenrechnern und von Geräten für die Ver-
teidigungsastronautik. Historisch gesehen, verlief in den meisten Industrien der Trend zur Massenproduktion von ständig vereinfachten Produkten in immer größeren Mengen. Doch hier haben wir
zwei blühende Industrien, die gekennzeichnet sind durch:

1. äußerst komplizierte Produkte
2. ständige technische Änderungen mit viel Forschung und Entwicklung
3. die Anzahl der Einheiten jedes produzierten Modelles ist sehr
   klein, und häufig ist es nur eine Einheit
4. die Kosten für jede Einheit sind sehr hoch; häufig Millionen von
   Dollars
5. äußerst genaue Herstellung und Montage sind erforderlich
6. ein Haupterfordernis – Zuverlässigkeit – ist so groß, daß das
   Prüfen und Überprüfen eine der wichtigsten »Produktions«-
   Aufgaben ist.

Diese Art der Fertigung erfordert Arbeitskräfte mit einem großen Anteil technisch geschulter Leute, von Wissenschaftlern bis zu
Versuchsingenieuren und Meistermaschinisten. Somit wird für die
gesamte Belegschaft eine drastische Höherstufung des »Fachkönnens« erforderlich. Man beachte jedoch, daß diese Anforderungen
an die Qualifikationen sich *aus dem Produkt und nicht aus dem
Herstellungsverfahren ergeben*. Das Ausmaß der in der Fertigung
angewandten Automation ist außerdem geringer als normal, aber
deren Auswirkungen unterscheiden sich nicht von jenen, die in diesem Bericht dargestellt wurden.

Horst Kern und Michael Schumann:

Technischer Wandel und industrielle Arbeit bei tendenzieller Polarisierung der mittleren Qualifikationen[1]

1. Mechanisierungsgrad und industrielle Arbeit

Die Ergebnisse unserer Untersuchung zeigen, daß in der modernen Industrie unterschiedliche Formen industrieller Arbeit bestehen. Keinesfalls gibt es eine für *die* Industriearbeiterschaft typische Arbeitssituation. Nicht nur weichen die Funktionen, die von den Industriearbeitern wahrzunehmen sind, erheblich voneinander ab; auch der Dispositionsspielraum bei der Arbeit, die handwerklichen, technischen und prozeßunabhängigen Fertigkeiten, die muskulären und nervlichen Belastungen sowie Möglichkeiten und Formen kooperativer und informeller Interaktionen variieren stark. Unsere *Arbeitstypologi*e (vgl. Tab. 1), in ihrem formalen Aufbau vorwiegend orientiert am Mechanisierungsgrad derjenigen Produktionsmittel, die für die spezifische Arbeit zentrale Bedeutung haben, gliedert und kennzeichnet die verschiedenen Formen industrieller Arbeit nach diesen Kategorien. Sie unterscheidet insgesamt 15 Typen industrieller Arbeit, die zu sechs Haupttypen der Produktionsarbeit zusammengefaßt werden können[1a]:

1. Die handwerkliche Arbeit am Produkt (Typ 1)

Diese Arbeit – in der industriellen Produktion ein Relikt vorindustrieller Produktionsverfassung – verleiht dem Arbeiter hohe Autonomie, gibt ihm die Möglichkeit, handwerkliche Fertigkeiten umfassend zu entwickeln, und stellt ihn in einen sozialen Verband, der zumindest für informelle Kontakte gute Chancen bietet.

2. Die repetitiven Teilarbeiten

Die repetitiven Teilarbeiten, die sich besonders schroff von der handwerklichen Arbeit abheben, werden vor allem durch die moto-

1 Wirtschaftliche und soziale Aspekte des technischen Wandels in der Bundesrepublik Deutschland. Erster Band. Sieben Berichte. Kurzfassung der Ergebnisse. Forschungsprojekt des Rationalisierungs-Kuratorium der Deutschen Wirtschaft (RKW). Frankfurt/M. 1970, S. 306–330 (Europäische Verlagsanstalt). Auszug des Kapitels: Technischer Wandel und industrielle Arbeit. Mit freundlicher Genehmigung des Verlages.
1a Zu den Instandhaltungsarbeiten, die hier noch nicht berücksichtigt werden, vgl. S. 541 ff.

rische Bandarbeit (Typ 3), die sensorische Bandarbeit (Typ 4) und die Maschinenbedienung (Typ 5) repräsentiert. Das Verhalten der Arbeiter, die zu dieser zweiten Tätigkeitsgruppe gehören, zeigt diese Merkmale: keine oder nur geringe Dispositionschancen; geringe Qualifikationen; hohe Arbeitsbelastungen; schwache soziale Bindungen bzw. soziale Isolation. Daß sich im Verlauf der Industrialisierung gerade auch diese Arbeiten ausbilden und durch Mechanisierungsprozesse die vorindustrielle Arbeit dequalifiziert werden kann, hat zu der kritischen Auseinandersetzung und der ablehnenden Bewertung geführt, die die mechanisierte Produktion häufig erfahren hat. Allerdings wird dabei oft übersehen, daß keineswegs alle Arbeitsformen mechanisierter Produktionsprozesse die Voraussetzungen der repetitiven Teilarbeit erfüllen.

3. Die Steuer- und Führungsarbeiten in der mechanisierten Produktion

Zu dieser Tätigkeitsgruppe rechnen wir vor allem die Steuerarbeit (Typ 7), die Maschinenführung (Typ 9), die Apparateführung (Typ 10) und die Anlagenführung (Typ 11). Arbeiten dieser Art sind in der Industrie seit langem bekannt. Im Vergleich zur repetitiven Teilarbeit geben sie dem Arbeiter größere Entfaltungsmöglichkeiten: Sie lassen einen breiten Spielraum für die individuelle Gestaltung der Arbeit, und sie verlangen die Ausbildung beachtlicher Qualifikationen. Obschon autonom und qualifiziert, haben freilich auch diese Varianten der technisierten Arbeit mit den handwerklichen Tätigkeiten wenig gemein: Die Arbeit vollzieht sich nicht mehr direkt am Produkt, sondern an einer technischen Einrichtung. Der Dispositionsspielraum erweist sich vorab als eine gewisse Unabhängigkeit von der technischen Einrichtung, als (wenigstens partielle) Herrschaft über die Technik und nur mittelbar über den Arbeitsgegenstand. Darüber hinaus wird die tatsächliche Wahrnehmung des Spielraums durch Routinierung der Tätigkeiten begrenzt. Die Qualifikationen entstammen weniger dem Bereich der handwerklichen Fertigkeiten; sie beziehen sich vorwiegend auf das Verhältnis zu komplexen technischen Vorgängen oder gehören zur Gruppe der prozeßunabhängigen Qualifikationen (technische Sensibilität, technische Intelligenz, Verantwortung).

4. Die Automatenkontrolle (Typ 13)

An diesem Arbeitstyp erweist sich, daß sich auch unter den Bedingungen automatischer Produktion Tätigkeiten finden, die den Arbeiter in Unselbständigkeit drängen, an der Ausbildung von

Qualifikationen hindern, hohen Arbeitsbelastungen aussetzen und in sozialer Hinsicht isolieren. Mit diesen Merkmalen knüpft die Automatenkontrolle an die repetitiven Teilarbeiten der präautomatisierten Produktion an. Dennoch besteht keine volle Identität: Der Automatenkontrolleur hat vor allem gestörte und deshalb stillgesetzte Aggregate wieder in Gang zu setzen; er stellt damit die technischen Voraussetzungen für die an sich mechanische Produktion wieder her. Bei der repetitiven Teilarbeit geht es dagegen darum, durch taktgebundene Wiederholung inhaltlich eng begrenzter Arbeitshandlungen unmittelbar den Arbeitsgegenstand zu beeinflussen. Der Automatenkontrolleur wirkt auf den Produktionsverlauf durch gelegentliche Veränderungen an der technischen Einrichtung ein, nicht – wie bei repetitiven Teilarbeiten – durch die ständige Ausführung ein und derselben Teiloperation.

5. Die qualifizierten Automationsarbeiten mit stark konventionellen Zügen

Diese Tätigkeitsgruppe, zu der wir die Automatenführung (Typ 12) und die Anlagenkontrolle (Typ 14) zählen, führt zum Teil die Merkmale der Steuer- und Führungsarbeiten der mechanisierten Produktion fort. Auch diese Arbeiten zeigen eine gewisse Unabhängigkeit von der Produktionsapparatur sowie verhältnismäßig hohe Qualifikationen, vor allem technischer, aber auch prozeßunabhängiger Art. Allerdings sind auch Unterschiede festzustellen. Für die Automationsarbeiten ist charakteristisch: Die Automatiken entlasten von einem Teil der Kontrollen und Eingriffe und schaffen bzw. vergrößern dadurch den passiven Arbeitsteil; die Arbeitsbelastungen werden durch den Rückgang der nervlichen Beanspruchung weiter reduziert; die sozialen Kontakte – vor allem auch in informeller Hinsicht – nehmen zu.

6. Die Meßwartentätigkeit (Typ 15)

Die Meßwartentätigkeit ist eine Arbeit sui generis, die sich aus den technischen Besonderheiten halbautomatischer Apparatsysteme erklärt. Automatiken sichern den Produktionsprozeß in starkem Maß ab; ein weitverzweigtes Kontroll- und Signalsystem informiert den Arbeiter unübersehbar über den Zustand der Produktionsmittel und den Prozeßverlauf; die Kontroll- und Bedienungsinstrumente sind in einer Meßwarte zusammengefaßt. Diese technischen Merkmale prägen Arbeitsinhalt und Arbeitsverhalten: (1) Der Arbeiter wird durch die Automatiken von aktiven Arbeiten entlastet; die Tätigkeit zeigt einen großen passiven Arbeitsteil. (2) Die

Tabelle 1: Typen industrieller Arbeit – nur Produktionsarbeiten – Übersicht

Mechanisierungsgrad	reiner Handbetrieb (Stufe 1)		Fließbandfertigung (Stufe 2)		einfunktionale Einzelaggregate mit der Notwendigkeit permanenter manueller Arbeiten (Stufe 3)		Einzelaggregate mit der Notwendigkeit permanenter Eingriffe über Bedienungsinstrumente (Stufe 4)	
Arbeitsart	Typ 1: handwerkliche Arbeit	Typ 2: einfache Handarbeit	Typ 3: motorische Bandarbeit	Typ 4: sensorische Bandarbeit	Typ 5: Maschinenbedienung	Typ 6: Apparatebedienung	Typ 7: Steuerarbeit	Typ 8: Schaltarbeit
Autonomie	sehr hoch	mittel	sehr niedrig	sehr niedrig	niedrig	mittel	hoch	mittel
Qualifikationen	sehr groß	sehr klein	sehr klein	sehr klein	sehr klein	sehr klein	groß	mittel
Belastungen	mittel	hoch	hoch	sehr hoch	hoch	sehr hoch	mittel	mittel
Interaktionen	mittel	mittel	mittel	mittel	schwach	sehr intensiv	sehr intensiv	schwach

noch Tabelle 1:

Typ 9: Maschinenführung	Typ 10: Apparateführung	Typ 11: Anlagenführung	Typ 12: Automatenführung	Typ 13: Automatenkontrolle	Typ 14: Anlagenkontrolle	Typ 15: Meßwartentätigkeit
multifunktionale Einzelaggregate ohne die Notwendigkeit permanenter gestaltender Eingriffe des Menschen (Stufe 5)		Aggregatsysteme (Stufe 6)	teilautomatisierte Einzelaggregate (Stufe 7)		teilautomatisierte Aggregatsysteme (Stufe 8)	
hoch	hoch	hoch	hoch	niedrig	hoch	hoch
groß	mittel	groß	mittel	sehr klein	groß	groß
mittel	mittel	mittel	mittel	sehr hoch	mittel	sehr klein
schwach	schwach	intensiv	mittel	sehr schwach	intensiv	sehr intensiv

Tabelle 1: Typen industrieller Arbeit – nur Produktionsarbeiten –
Detailübersicht: Arbeiten in der prämechanisierten Produktion

Mechanisierungsgrad	reiner Handbetrieb (Stufe 1)		Fließbandfertigung (Stufe 2)	
Arbeitsart	Typ 1: handwerkliche Arbeit	Typ 2: einfache Handarbeit	Typ 3: motorische Bandarbeit	Typ 4: sensorische Bandarbeit
Arbeitsinhalt	Umfassende Arbeitsaufgabe; direkt-produktive Tätigkeit, deren Inhalt vom Prozeßtyp abhängt.	Einfache Arbeitsaufgabe; direkt-produktive Tätigkeit, deren Inhalt vom Prozeßtyp abhängt.	Stark eingeengte Arbeitsaufgabe; meist bearbeitende, montierende oder verpackende Funktionen.	Stark eingeengte Arbeitsaufgabe; meist sortierende und verpackende Funktionen.
Autonomie	Große Dispositionschancen, nicht nur hinsichtlich der Arbeitsgeschwindigkeit, sondern auch hinsichtlich der Arbeitstechniken und der Produktqualität. Dispositionschancen sind Voraussetzung für die Realisierung der beruflichen Fertigkeiten.	Dispositionschancen, speziell hinsichtlich der Arbeitsgeschwindigkeit. Dispositionschancen sind Mittel zur Bewältigung der Arbeitsbelastungen. Oft engen kooperative, technische bzw. hierarchische Faktoren den Dispositionsspielraum ein.	Keine Dispositionschancen: enge zeitliche und örtliche Bindung, nur geringfügige Möglichkeiten zur Modifikation der Körperbewegungen.	Keine Dispositionschancen: enge zeitliche und örtliche Bindung Möglichkeiten zur Modifikation der Körperbewegungen.
Qualifikationen	Umfangreiche handwerkliche Fertigkeiten – manuelle Geschicklichkeit ist Mittel zur Freisetzung des Bewußtseins für den intellektuellen Teil der A-beit.	Gewisse manuelle Geschicklichkeit – sie ist Mittel zur Bewältigung der Arbeitsbelastungen – insgesamt geringe Qualifikationen.	Gewisse manuelle Geschicklichkeit – sie ist Mittel zur Bewältigung der Arbeitsbelastungen – insgesamt geringe Qualifikationen.	Vertrautheit mit dem Beobachtungsobjekt (einfach) – insgesamt geringe Qualifikationen.

lastungen	Belastungshöhe ist vom Prozeßtyp abhängig – manuelle Belastungen und ungünstige Umgebungseinflüsse.	Belastungshöhe ist vom Prozeßtyp abhängig – oft schwere körperliche Arbeit unter ungünstigen Umgebungseinflüssen.	Physische Belastung durch ständige schnelle Körperbewegungen, evtl. auch durch einseitige Arbeitsstellungen – nervliche Belastung nur dort, wo eine Habitualisierung der Arbeitsverrichtungen nicht gelingt – oft ungünstige Umgebungseinflüsse.	Starke nervliche Belastung durch permanente Bindung des Bewußtseins an eine inhaltlich anspruchslose Arbeit – oft ungünstige Umgebungseinflüsse.
Inter-aktionen	Oft Einzelarbeit; soweit Gruppenarbeit, meist in teamartiger Form – Chancen informeller Kontakte.	Zum Teil Einzelarbeit; häufiger auch Gruppenarbeit, wobei teamartige, kolonnenartige und linienartige Kooperation möglich sind – Chancen für informelle Kontakte.	Meist Gruppenarbeit in linienartiger Kooperation; Chancen für informelle Kontakte, für die kollektive Modifikation der Arbeit und für gegenseitige Hilfeleistung in Notsituationen sind aber gering.	Meist Gruppenarbeit in linienartiger Kooperation; Chancen für informelle Kontakte, für die kollektive Modifikation der Arbeit und für gegenseitige Hilfeleistung in Notsituationen sind aber gering.

noch Tabelle 1:

Typen industrieller Arbeit – nur Produktionsarbeiten –
Detailübersicht: Arbeiten in der mechanisierten Produktion

Mechanisierungsgrad	einfunktionale Einzelaggregate mit der Notwendigkeit permanenter manueller Arbeiten (Stufe 3)		Einzelaggregate mit der Notwendigkeit permanenter Eingriffe über Bedienungsinstrumente (Stufe 4)	
Arbeitsart	Typ 5: Maschinenbedienung	Typ 6: Apparatebedienung	Typ 7: Steuerarbeit	Typ 8: Schaltarbeit
Arbeitsinhalt	Im Vordergrund steht die Produktionssituation. Handlungsschwerpunkt bei laufender Produktion: einfache manuelle Verrichtungen im Rahmen von Bedienungs- und Transportfunktionen; dazu kommen einfache Schalt-, Kontroll- und Informationsarbeiten. Die Arbeiten in den Sekundärsituationen haben geringe Bedeutung.	Die Produktion ist die einzig relevante Handlungssituation. Handlungsschwerpunkt: einfache manuelle Verrichtungen im Rahmen von Bedienungs-, Transport-, Bearbeitungs- u. Reinigungsfunktionen; dazu kommen einfache Umstell-, Schalt- und Regulierarbeiten.	Im Vordergrund steht die Produktionssituation. Handlungsschwerpunkt bei laufender Produktion: komplexe Steuerverrichtungen sowie Kontrollverrichtungen, die die Aufmerksamkeit voll beanspruchen; dazu kommen Informationstätigkeiten. Die Arbeiten in den Sekundärsituationen haben geringe Bedeutung.	Im Vordergrund steht die Produktionssituation. Handlungsschwerpunkt bei laufender Produktion: einfache Umstell- und Schaltverrichtungen zum Auslösen und Abstoppen der Beschickungs- und Verarbeitungsprozesse; Kontrollverrichtungen, die die Aufmerksamkeit nur punktuell beanspruchen; dazu kommen einfache Regulierungs-, Bedienungs-, Reinigungs- und Informationsverrichtungen von insgesamt geringer Bedeutung. Die Arbeiten in den Sekundärsituationen haben geringe Bedeutung.

relativ starke Bindung an kurzen Maschinentakt; nur geringfügige Möglichkeiten zum Vorarbeiten; geringer Einfluß auf Arbeitstechniken; kein Einfluß auf Produktqualität und -quantität; räumlicher Bewegungsspielraum stark eingeengt.

In Notfällen kann Maschinenlauf ohne Schwierigkeiten technischer Art unterbrochen werden (Vorteil gegenüber Bandarbeit).

einsatz und Arbeitsgeschwindigkeit (Vorarbeiten möglich); geringer Einfluß auf Arbeitstechniken; kein Einfluß auf Produktqualität u. -quantität; gute Möglichkeiten zur freien Bewegung im Raum.

vor allem hinsichtlich der Arbeitstechniken, aber auch hinsichtlich Arbeitseinsatz und Arbeitsgeschwindigkeit; Produktqualität und -quantität sind mit Toleranzen vorgegeben; kein räumlicher Bewegungsspielraum.

vor allem hinsichtlich Arbeitseinsatz, Arbeitstechniken und räumlicher Bewegung; kein oder nur geringer Einfluß auf Arbeitsgeschwindigkeit, Produktqualität und -quantität.

noch Tabelle 1:
Typen industrieller Arbeit – nur Produktionsarbeiten –
Detailübersicht: Arbeiten in der mechanisierten Produktion

Mechanisierungsgrad	einfunktionale Einzelaggregate mit der Notwendigkeit permanenter manueller Arbeiten (Stufe 3)		Einzelaggregate mit der Notwendigkeit permanenter Eingriffe über Bedienungsinstrumente (Stufe 4)	
Arbeitsart	Typ 5: Maschinenbedienung	Typ 6: Apparatebedienung	Typ 7: Steuerarbeit	Typ 8: Schaltarbeit
Qualifikationen	Geringe handwerkliche, technische und prozeßunabhängige Fertigkeiten; gewisse manuelle Geschicklichkeit als Mittel zur Bewältigung der Arbeitsbelastungen; Kenntnisse des einfachen Produktionsprogramms und der Bedienungs- und Wirkungsweise der einfachen Maschine; gewisse Verantwortung (klein).	Geringe handwerkliche und technische Fertigkeiten: gewisse manuelle Geschicklichkeit; Kenntnisse des einfachen Produktionsprogramms und der Wirkungs- und Bedienungsweise der einfachen Apparate; keine prozeßunabhängigen Fertigkeiten.	Qualifizierte Angelerntentätigkeit: hohe manuelle Geschicklichkeit; hohe technische Sensibilität; umfassende Kenntnisse über Bedienungs- und Wirkungsweise der Anlage (deren Prozeß ist allerdings leicht nachvollziehbar); empirisches Wissen um Material und Prozeß; spürbare Verantwortung für Produktqualität und -quantität.	Geringe bis mittlere Qualifikationen: nur Kenntnisse des einfachen Produktionsprogramms und der Wirkungsweise der einfachen Aggregate.
Belastungen	Gewisse muskuläre Belastung ist immer gegeben (einseitige Körperbewegungen); geringe Dispositionsmöglichkeiten – ungünstige Umgebungseinflüsse – nervliche Belastung meist gering.	Durchweg schwere körperliche Arbeit (umfangreiche Chargen) – ungünstige Umgebungseinflüsse (höhere Staub- u. Hitzeeinwirkungen; oft arbeitsbehindernde Schutzkleidung) – keine nervliche Belastung.	Geringe muskuläre Belastung obwohl hohe Konzentration und ständige Reaktionsbereitschaft, ist die nervliche Belastung durch kompensatorische Faktoren erträglich (Regenerationspausen; Prozeß beansprucht das Bewußtsein nicht nur, sondern füllt es auch aus).	Keine größere muskuläre und nervliche Belastung – aber ungünstige Umgebungseinflüsse.

Inter-aktionen	Meist Einzelarbeit mit leichten kooperativen Bindungen – geringe Chancen für informelle Kontakte.	Meist Gruppenarbeit in team-artiger Kooperation – gute Chancen für informelle Kontakte.	Meist Gruppenarbeit in gefügeartiger Kooperation – Chancen für informelle Kontakte nur in Produktionspausen.	Meist Einzelarbeit mit leichten kooperativen Bindungen – Chancen nur für kurzfristige informelle Kontakte.

noch Tabelle 1:

Typen industrieller Arbeit – nur Produktionsarbeiten –
Detailübersicht: Arbeiten in der mechanisierten Produktion

Mechanisierungsgrad	multifunktionale Einzelaggregate ohne die Notwendigkeit permanenter gestaltender Eingriffe des Menschen (Stufe 5)		Aggregatsysteme (Stufe 6)
Arbeitsart	Typ 9: Maschinenführung	Typ 10: Apparateführung	Typ 11: Anlagenführung
Arbeitsinhalt	Handlungsschwerpunkt bei laufender Produktion: Kontrollverrichtungen (stark produktbezogen) sowie Regulierungs- und Schaltarbeiten; dazu kommen Informationstätigkeiten; der passive Arbeitsteil ist groß, wird allerdings z. T. durch Nebentätigkeiten reduziert. Die Produktionssituation steht im Vordergrund, doch auch die Sekundärsituationen »Störungs-Stillstände« und vor allem »Instandhaltungs-Stillstände sind von großer Bedeutung. In den Sekundärsituationen werden vorwiegend Einrichtungs- u. Montagearbeiten erledigt, ferner Kontrollarbeiten.	Handlungsschwerpunkt bei laufender Produktion: Kontrollverrichtungen (produktbezogen; bei der allgemeinen Ablaufkontrolle und bei der Fehlersuche haben Armatureninformation größeres Gewicht) sowie Regulierungs-, Umstell- und Schaltarbeiten; dazu kommen Informationstätigkeiten; der passive Arbeitsteil ist groß. Die Produktionssituation steht im Vordergrund, doch auch die Sekundärsituationen »Abstellen und vor allem »Anlauf« sind von großer Bedeutung. Beim Anlauf (der wichtigsten Sekundärsituation) werden Umstell-, Schalt- und Regulierungsarbeiten erledigt, ferner Kontrollarbeiten.	Die Produktion ist die einzig relevante Handlungssituation; die Gesamtproduktion wird nur im äußersten Falle stillgesetzt (Aggregatsystem – hohe Stillstandskosten; lange Abstell- und Anfahrprozesse); Handlungsschwerpunkt: Kontrollverrichtungen (zentralisiert – mittelbare Fernkontrolle ist unwichtig); bei Fehleinstellungen Regulierungseingriffe; bei Störungen einfache manuelle Verrichtungen, zudem einfache einfache Schaltarbeiten.

... n der Produktionssituation, insbesondere der Arbeitstechniken und des Arbeitseinsatzes z. T. hohe Dispositionschancen (wann wird wie reagiert?); gewisse Dispositionschancen auch im Rahmen der Kontrollfunktionen; geringe Gestaltbarkeit der Produktqualität und -quantität; strenge räumliche Bindung; bei gewissen Unregelmäßigkeiten sind Arbeitseinsatz und Arbeitstechniken auch vorgegeben. In den Sekundärsituationen besteht trotz Rahmenbindung viel Raum für die individuelle Gestaltung der Arbeit: Inhalt und zeitliche Abfolge können variiert werden; die räumliche Bewegung ist relativ frei.

... n der Produktionssituation, insbesondere der Arbeitstechniken und des Arbeitseinsatzes z. T. hohe Dispositionschancen (wann wird wie reagiert?); gewisse Dispositionschancen auch im Rahmen der Kontrollfunktion; geringe Gestaltbarkeit der Produktqualität und -quantität; gewisse räumliche Bindung (da größere Reaktionstoleranzen, lockerer als beim Maschinenführer); bei gewissen Unregelmäßigkeiten sind auch Arbeitseinsatz und Arbeitsinhalt vorgegeben. In den Sekundärsituationen besteht trotz Rahmenbindung relativ viel Raum für die individuelle Gestaltung der Arbeit; der Inhalt der Einstellarbeiten ist nur grob vorgegeben; allerdings strenge räumliche Bindung.

... hohe Dispositionschancen bei der Kontrolltätigkeit und bei den Regulierungseingriffen: Arbeitseinsatz und Arbeitsausführung sind relativ frei; hohe Dispositionschancen hinsichtlich der räumlichen Bewegung; geringe Dispositionschancen bei Störungen (kurze Reaktionszeiten; einfache – meist manuelle – Verrichtungen). Der Autonomiespielraum ist größenmäßig dem der Maschinenführung gleichzusetzen (zwar keine Einflußchancen in Sondersituationen, aber größere räumliche Bewegung und breiteres Aufgabenfeld).

noch *Tabelle 1:*
Typen industrieller Arbeit – nur Produktionsarbeiten –
Detailübersicht: Arbeiten in der automatisierten Produktion

Mechanisierungsgrad	multifunktionale Einzelaggregate ohne die Notwendigkeit permanenter gestaltender Eingriffe des Menschen (Stufe 5)		Aggregatsystem (Stufe 6)
Arbeitsart	Typ 9: Maschinenführung	Typ 10: Apparateführung	Typ 11: Anlagenführung
Qualifikationen	Qualifizierte Angelerntentätigkeit – wichtigste Qualifikationskomponente: genaue Kenntnis des Aufbaus sowie der Wirkungs- und Bedienungsweise der Maschine (Aufbau der Maschine und Zusammenspiel ihrer Teile ist allerdings anschaulich); ferner: Materialkenntnisse; gewisse manuelle Geschicklichkeit; recht hohe technische Intelligenz und technische Sensibilität; Verantwortung.	Angelerntentätigkeit mit mittleren Qualifikationsanforderungen: genaue Kenntnis der Bedienungsmöglichkeiten des Apparats; technische Intelligenz und technische Sensibilität sind (anders als beim Maschinenführer) keine entscheidenden Qualifikationskomponenten.	Qualifizierte Angelerntentätigkeit – wichtigste Qualifikationskomponente: genaue Kenntnis der Geografie sowie der Wirkungs- und Bedienungsweise der Anlage (im Gegensatz zum Maschinenführer keine Kenntnis der Konstruktion der Anlage, dafür aber erheblich größerer Anlagenbereich); ferner: recht hohe technische Sensibilität; Verantwortung (größer als in Einzelaggregaten, da für eine Großanlage zuständig).
Belastungen	In der Produktionssituation: geringe muskuläre Belastung; obwohl gewisse Aufmerksamkeit und ständige Bereitschaft zur schnellen Reaktion, ist die nervliche Belastung durch kompensatorische Faktoren erträglich (technische Sensibilität entlastet das Bewußtsein von der Arbeit); starke negative Umgebungseinflüsse. In den Sekundärsituationen: starke physische Beanspruchung; keine nervliche Belastung; gewisse negative Umgebungseinflüsse.	Geringe physisch-nervliche Beanspruchung – aber ungünstige Umgebungseinflüsse.	Normalerweise: geringe muskuläre Belastung; obwohl gewisse Aufmerksamkeit und ständige Bereitschaft zur schnellen Reaktion, ist die nervliche Belastung durch kompensatorische Faktoren erträglich (technische Sensibilität entlastet das Bewußtsein von der Arbeit); negative Umgebungseinflüsse. Bei Störungen: stärkere physische Beanspruchung; gewisse nervliche Belastung durch Zeitdruck und Risiken, denen die Arbeit dann ausgesetzt ist.

| Interaktionen | In der Produktsituation: Einzelarbeit; keine kooperativen Bindungen; geringe Chancen für informelle Kontakte. In den Sekundärsituationen: häufiger teamartige Zusammenarbeit mit Instandhaltungsarbeiten: größere Chancen für informelle Kontakte. | Einzelarbeit: schwache Kontaktchancen, formell wie auch informell. | Meist Gruppenarbeit in technisch-kolonnenartiger Kooperation – Chancen für informelle Kontakte nur kurzfristig und sporadisch. |

noch Tabelle 1: Typen industrieller Arbeit – nur Produktionsarbeiten –
Detailübersicht: Arbeiten in der automatisierten Produktion

Mechanisierungsgrad	teilautomatisierte Einzelaggregate (Stufe 7)	
Arbeitsart	Typ 12: Automatenführung	Typ 13: Automatenkontrolle
Arbeitsinhalt	Handlungsschwerpunkt bei laufender Produktion: Kontrollieren, dann Regulieren, Umstellen/Schalten, Informieren. Durch Automatiken (Regler, Verriegelungen) Entlastung von einem Teil der Kontrollen und Eingriffe (passive Arbeitsteile); diese Entlastung wird partiell aufgewogen durch Erweiterung des Zuständigkeitsbereichs; dies wiederum impliziert meist die Notwendigkeit zur Übernahme manueller Verrichtungen (Bedienen, Transportieren); der Bereichserweiterung sind Grenzen gesetzt durch den Umstand, daß die Automatiken den Prozeß nur partiell absichern. Die Produktionssituation steht im Vordergrund, doch auch die Sekundärsituationen »Abstellen« und vor allem »Anlauf« sind von großer Bedeutung. Beim »Anlauf« (der wichtigsten Sekundärsituation) werden Umstell-, Schalt- und Regulierungsarbeiten erledigt, ferner Kontrollarbeiten.	Der relativ einfache technische Prozeß ist durch Verriegelungen weitgehend abgesichert; daher starke Lockerung der Bindung des Arbeiters an das einzelne Aggregat; dies gibt die Möglichkeit zur rigorosen Ausdehnung des Arbeitsbereichs (Mehrstellenarbeit). Arbeiten an gestörten und daher stillstehenden Aggregaten haben zeitlich das Hauptgewicht; Störungssituation ist deshalb Primärsituation. Handlungsschwerpunkt in der Störungssituation: Kontrollieren (Fehleridentifikation), Bedienen (Beheben von Mängeln in der Materialzuführung); ferner Umstellen/Schalten und Informieren; die weiteren Verrichtungen (Bedienen, Reinigen, Umstellen/Schalten, Einrichten) sind von untergeordneter Bedeutung. Handlungsschwerpunkt bei laufender Produktion: Kontrollieren (vor allem zur Feststellung von Maschinenstillständen), Informieren; die weiteren Verrichtungen (Bedienen, Reinigen, Umstellen/Schalten, Einrichten) sind von untergeordneter Bedeutung.
Autonomie	In der Produktionssituation: hinsichtlich der Arbeitstechniken und des Arbeitseinsatzes z. T. hohe Dispositionschancen (vor allem hinsichtlich des Arbeitseinsatzes größer als beim Apparateführer); gewisse Dispositionschancen auch im Rahmen der Kontrollfunktion; geringe Gestaltbarkeit der Produktquantität und -qualität; gewisse räumliche Bindung (geringer als beim Apparateführer, da der Prozeß durch Automatiken z. T. abgesichert); bei gewissen Unregelmäßigkeiten und manuellen Bedienungs- und Transportarbeiten sind auch Arbeitseinsatz und Arbeitsinhalt vorgegeben.	Geringe Dispositionschancen unter allen Gesichtspunkten, vor allem hinsichtlich des Arbeitseinsatzes, des Arbeitsinhalts und der Arbeitsgeschwindigkeit, lediglich gewisser Einfluß auf die Kontrolltätigkeit (welcher Weg zur stillstehenden Maschine bietet die besten Möglichkeiten zur präventiven Kontrolle der Schwachstellen); die Ausnutzung dieser geringen Chancen ist von großer Bedeutung für die Bewältigung der Arbeit (Kontrolle der Schwachstellen reduziert die Stillstandshäufigkeit und schafft damit Raum für intensivere Kontrollen).

in den Sekundarsituationen besteht trotz Rahmenbindung relativ viel Raum für die individuelle Gestaltung der Arbeit: der Inhalt der Einstellarbeiten ist nur grob vorgegeben; allerdings strenge räumliche Bindung.

Qualifikationen	Angelerntentätigkeit mit mittleren Qualifikationsanforderungen: genaue Kenntnis der Bedienungsmöglichkeiten des Aggregats; Materialkenntnisse; Verantwortung; technische Intelligenz und technische Sensibilität sind keine entscheidenden Qualifikationskomponenten.	Geringe Qualifikationen: der Produktionsprozeß ist in seinem Ablauf einfach zu durchschauen und stark standardisiert; nennenswert sind lediglich manuelle Geschicklichkeit (notwendig zur schnellen Durchführung der Stillstandsarbeiten) und eine gewisse Verantwortung (im Sinne der zielstrebigen Ausnutzung der an sich geringen Dispositionschancen).
Belastungen	Geringe physisch-nervliche Beanspruchung – für die manuellen Operationen (Bedienen; Transportieren) sind Einschränkungen anzumerken – allerdings ungünstige Umgebungseinflüsse.	Hohe Arbeitsbelastungen, vor allem in nervlicher Hinsicht (hoher Zeitdruck; geringe Möglichkeiten zur Akkumulation eines Zeitpuffers); zudem starke negative Umgebungseinflüsse (hoher Lärmpegel) und gewisse muskuläre Beanspruchung (pausenlose Bewegung; einseitige Körperhaltungen bei einigen Stillstandsarbeiten).
Interaktionen	Einzelarbeit – durch geringe räumliche Bindung allerdings größere Chancen für arbeitsbezogene und informelle Kontakte auch als beim Apparateführer.	Einzelarbeit – sehr geringe Chancen für arbeitsbezogene wie informelle Kontakte.

Mechanisierungsgrad	teilautomatisierte Aggregatsysteme (Stufe 8)	
Arbeitsart	Typ 14: Anlagenkontrolle	Typ 15: Meßwartentätigkeit
Arbeitsinhalt	Handlungsschwerpunkt bei laufender Produktion: Kontrollieren (vor allem Feststellen von Stillständen und präventive Kontrollen), dann Umstellen/Schalten und Informieren. Durch Automatiken – vor allem Verriegelungen – Entlastung von einem Teil der Kontrollen und Eingriffe; demzufolge großer passiver Arbeitsteil, der auch durch Bereichserweiterungen nicht aufgehoben wird. In den Sekundärsituationen fallen folgende Funktionen an: Umstellen/Schalten, Montieren, Einrichten, ferner auch Reinigen, Warten, Informieren.	Die Produktion ist die einzig relevante Handlungssituation; die Gesamtproduktion wird nur im äußersten Falle stillgesetzt (Apparatsystem – hohe Stillstandskosten; lange Abstell- und Anfahrprozesse). Handlungsschwerpunkt: Kontrollverrichtungen (insbesondere Präventivkontrollen) (Novum: zentralisiert-mittelbare Fernkontrolle ist sehr wichtig); bei Fehleinstellungen Regulierungseingriffe (auch zentralisiert-mittelbare Fernregulierung); bei Störungen überwiegend einfache manuelle Verrichtungen, zudem Umstell- und Schaltarbeiten (auch hierbei zentralisiert-mittelbares Fernschalten); Informationsfunktion relativ wichtig. Durch Automatiken – Regler, Verriegelungen, Umschaltautomatiken – und Signaleinrichtungen besonders starke Entlastung von aktiven Arbeiten; demzufolge großer passiver Arbeitsteil (vor allem in Form einer Meßwartenpräsenz), der auch durch Bereichserweiterungen nicht aufgehoben wird.
Autonomie	In der Produktionssituation hohe Dispositionschancen (bei der zeitlich dominierenden Kontrolltätigkeit sind Arbeitseinsatz und Arbeitsausführung relativ frei; die Möglichkeiten freier räumlicher Bewegung sind größer als bei der Anlagenführung); dennoch keine volle Autonomie: der Zeitpunkt von Eingriffen ist – von präventiven Eingriffen abgesehen – durch die Automatiken vorgegeben (zum Teil bestehen allerdings größere Reaktionstoleranzen als bei der präautomatisierten Arbeit, da Folgeschäden abgewehrt werden).	Insgesamt recht hohe Dispositionschancen: bei der zeitlich dominierenden Kontrolltätigkeit sind Arbeitseinsatz und Arbeitsausführung relativ frei; die Möglichkeit freier räumlicher Bewegung ist groß; dennoch keine volle Autonomie: der Zeitpunkt von Eingriffen ist – von präventiven Eingriffen abgesehen – durch Störsignale und Automatiken vorgegeben (zum Teil bestehen allerdings größere Reaktionstoleranzen als bei der präautomatisierten Arbeit, da Schäden automatisch abgewehrt werden); der Einfluß auf die Grundeinstellung der Anlage und deren Veränderung ist gering;

	der Stillstandsarbeiten (geringer als beim Maschinenführer, da die Arbeiten des Umrüstens wegfallen); die Arbeitsgeschwindigkeit ist aber normiert (durch hohe Stillstandskosten hoher Zeitdruck).	nischen System selbst erbracht oder sind einfach und eindeutig; ebenfalls einfach und eindeutig sind die Arbeiten zur Störungsbeseitigung und Instandhaltung.
Qualifikationen	Qualifizierte Angelerntentätigkeit – wichtigste Qualifikationskomponente: genaue Kenntnis der Geografie sowie der Wirkungs- und Bedienungsweise einer Großanlage (dabei größerer Anlagenbereich als beim Anlagenführer); ferner: manuelle Geschicklichkeit bei den Stillstandsarbeiten (wie Maschinenführer); gewisse technische Sensibilität (geringer als beim Anlagenführer, da die Automatiken partiell von dem Erfordernis sicherer Wahrnehmung und schneller Reaktion befreien); Verantwortung (vor allem im Sinne gewissenhafter und selbständiger Durchführung vorbeugender Planungen und Eingriffe im Bereich einer Großanlage; von der Abwehr gravierender Folgeschäden ist der Arbeiter durch die Automatiken entlastet).	Qualifizierte Angelerntentätigkeit – genaue Kenntnis der Geografie und der Wirkungs- und Bedienungsweise einer Großanlage sowie eines komplexen abstrakten Signalsystems (die technischen Qualifikationen sind größer als beim Anlagenkontroller, da die Kenntnis des abstrakten Signalsystems hinzukommt); technische Intelligenz in Form von Abstraktionsvermögen (notwendig zum bruchlosen Wechsel zwischen dem konkreten und dem abstrakten Orientierungssystem); Verantwortung (vor allem im Sinne gewissenhafter und selbständiger Durchführung vorbeugender Eingriffe und Planungen im Bereich einer Großanlage; von der Abwehr gravierender Folgeschäden ist der Arbeiter durch die Automatiken entlastet).
Belastungen	Normalerweise: größere Belastung nur durch Umgebungseinflüsse; geringe muskuläre Belastungen; nervliche Belastungen noch geringer als beim Anlagenführer (Automatiken befreien von dem Zwang, ständig zur Reaktion bereit zu sein). Bei Stillstandsarbeiten: stärkere physische Beanspruchung; gewisse nervliche Belastung durch Zeitdruck.	Normalerweise: keine Belastung durch Umgebungseinflüsse, da Aufenthalt in der Meßwarte; auch muskuläre und nervliche Belastungen sind gering (wie beim Anlagenkontroller). Bei den (relativ seltenen) Arbeiten außerhalb der Meßwarte: Beanspruchung durch negative Umgebungseinflüsse; zum Teil auch muskuläre und nervliche Belastungen (physische Beanspruchung durch manuelle Arbeiten; Zeitdruck bei Störungen). Gesamturteil: geringe Belastungen, zumal die passive Meßwartenpräsenz nach den Vor-Ort-Arbeiten immer wieder die Möglichkeit zur Regeneration gibt.
Interaktionen	Meist Gruppenarbeit in technisch-kolonnenartiger Kooperation – gute Chancen für informelle Kontakte (großer passiver Arbeitsteil; Möglichkeit zum zeitweiligen Aufenthalt in fremden Arbeitsbereichen).	Meist Gruppenarbeit in technisch-kolonnenartiger Kooperation – sehr gute Chancen für informelle Kontakte (großer passiver Arbeitsteil; mit der Meßwarte verfügen mehrere Arbeitskräfte partiell über denselben Arbeitsraum).

Meßwarte bildet den Hauptstandort des Arbeiters. Daraus folgt
eine rigorose Trennung von Arbeitsraum und arbeitsrelevanter Umwelt: Fernkontrolle, Fernregulierung und Fernschalten werden
wichtig. (3) Zu den konventionellen, auch bei anderen Arbeiten vor-
findbaren Qualifikationen treten spezifische Kenntnisse und Fertigkeiten, vor allem die Kenntnis eines abstrakten Signalsystems und
technische Intelligenz in Form von Abstraktionsvermögen. (4) Die
Arbeitsbelastungen sind gering, zumal der Aufenthalt in der Meßwarte auch von den negativen Umgebungseinflüssen befreit, die bei
allen Vor-Ort-Arbeiten noch gegeben waren. (5) Der Arbeiter steht
in einem engen Feld sozialer Beziehungen; insbesondere sind die
Chancen für informelle Kontakte sehr gut.

7. Sonstiges

Die Typen 2, 6 und 8 nehmen Zwischenpositionen ein. Die einfache Handarbeit und die Apparatebedienung nähern sich der repetitiven Teilarbeit an, ohne jedoch mit ihr voll identisch zu sein; die
Schaltarbeit steht zwischen den repetitiven Teilarbeiten und den
Steuer- und Führungstätigkeiten.

Zeigt die Industriearbeit somit in Arbeitsinhalt und Arbeitsverhalten relevante Differenzen, so stellt sich die Nachfrage, in welchen Mechanisierungsbereichen die differenzierenden Schnitte liegen und welchen Gesetzmäßigkeiten der Differenzierungsprozeß
unterworfen ist. In der Literatur ist in diesem Zusammenhang immer wieder versucht worden, das Verhältnis von Industriearbeit und
technischem Wandel durch einfache Entwicklungsschemata zu charakterisieren. Beispiele bieten die Thesen von R. Blauner (mechanisierte Produktion: niedrige Qualifikationen; automatisierte Produktion: hohe Qualifikationen)[2] und J. R. Bright (mechanisierte Produktion: hohe Qualifikationen; automatisierte Produktion: niedrige
Qualifikationen)[3]. Fig. 1 zeigt, daß Entwicklungsgesetze dieser Art
den tatsächlichen Verlauf in unzulässiger Weise vereinfachen. Sie
enthalten zwar richtige Elemente, berücksichtigen aber nur bestimmte Arbeitssituationen, ohne der Differenziertheit des Spek-
trums industrieller Arbeitsformen Rechnung zu tragen. Entwicklungsschemata dieser Art können nach unseren Ergebnissen angesichts der Komplexität der realen Verhältnisse nur geringen Infor-

2 R. Blauner, Alienation and Freedom, Chicago/London 1964, S. 167 und
passim.
3 J. R. Bright, Automation and Management, Boston 1958, S. 167 und passim.

mations- und Erklärungswert haben; sie werden deshalb in unserer Studie vermieden.

Wichtig ist nicht nur die Festellung, daß Industriearbeit eine Tendenz zur verstärkten Differenzierung zeigt. Interessant ist auch zu wissen, wie weit dieser Differenzierungsprozeß bis heute vorangekommen ist, welche *quantitative Bedeutung* den in Tab. 1 aufgeführten Arbeitstypen bisher zugefallen ist. Diese Frage läßt sich durch Rückgriff auf die Ergebnisse der amtlichen Statistik leider nicht klären. Wir versuchen deshalb, auf der Grundlage der in unseren Betriebserhebungen erfaßten sozialstatistischen Unterlagen einige allgemeine Indikatoren zu entwickeln, die über die quantitative Bedeutung der verschiedenen Formen industrieller Arbeit allerdings nicht mehr als grobe Aufschlüsse zulassen: Fig. 2 erfaßt Arbeitsplatzstrukturen nach Mechanisierungsgraden. Sie stützt sich dabei auf die Tätigkeitsstrukturen an den Aggregaten unseres Samples, die sich zum Untersuchungszeitpunkt in Betrieb befanden.

Die Daten weisen darauf hin, daß die Arbeitsarten, die wir in der vorangegangenen Beschreibung den verschiedenen Mechanisierungsgraden zugeordnet haben, immer nur das spezifisch Neue, das mit einer jeweils erreichten Mechanisierungsstufe neu Hinzukommende darstellen. Sie sind der Beitrag, um den die neue Phase der Technisierung das Spektrum der industriellen Arbeitsarten erweitert. Keineswegs lassen sich aber alle Arbeitsplätze eines Aggregats denjenigen Arbeitstypen zuschreiben, die für das technische Niveau des Produktionsmittels charakteristisch erscheinen. Die Arbeitsplatzstruktur ist durchweg »konservativer« als der Mechanisierungsgrad. Jede neue Mechanisierungsstufe bringt neue Formen industrieller Arbeit, gleichzeitig läßt sie aber auch einen Teil der konventionellen Arbeitsformen bestehen. Die Stufenleiter, die in die Fig. 2 eingezeichnet wurde, soll diesen Sachverhalt verdeutlichen: Die schon bekannten Arbeitsarten stehen über der Trennungslinie, die neuen Arbeitsformen darunter. Interessant ist, welche der konventionellen Arbeitsformen auf die höheren Mechanisierungsstufen übertragen werden. Meist sind es – das deuten unsere Ergebnisse an – einfache Handarbeiten und repetitive Teilarbeiten, die trotz fortschreitender Mechanisierung bestehen bleiben – seltener die qualifizierten Varianten herkömmlicher Industriearbeit. Nach unseren Ergebnissen führt die technische Entwicklung demzufolge nicht nur zu einer *Differenzierung* der Gesamtgruppe der Industriearbeiter, sondern gleichzeitig auch zu einer *Polarisierung* der Belegschaf-

Figur 1   Arbeitstyp und Arbeitsqualifikation

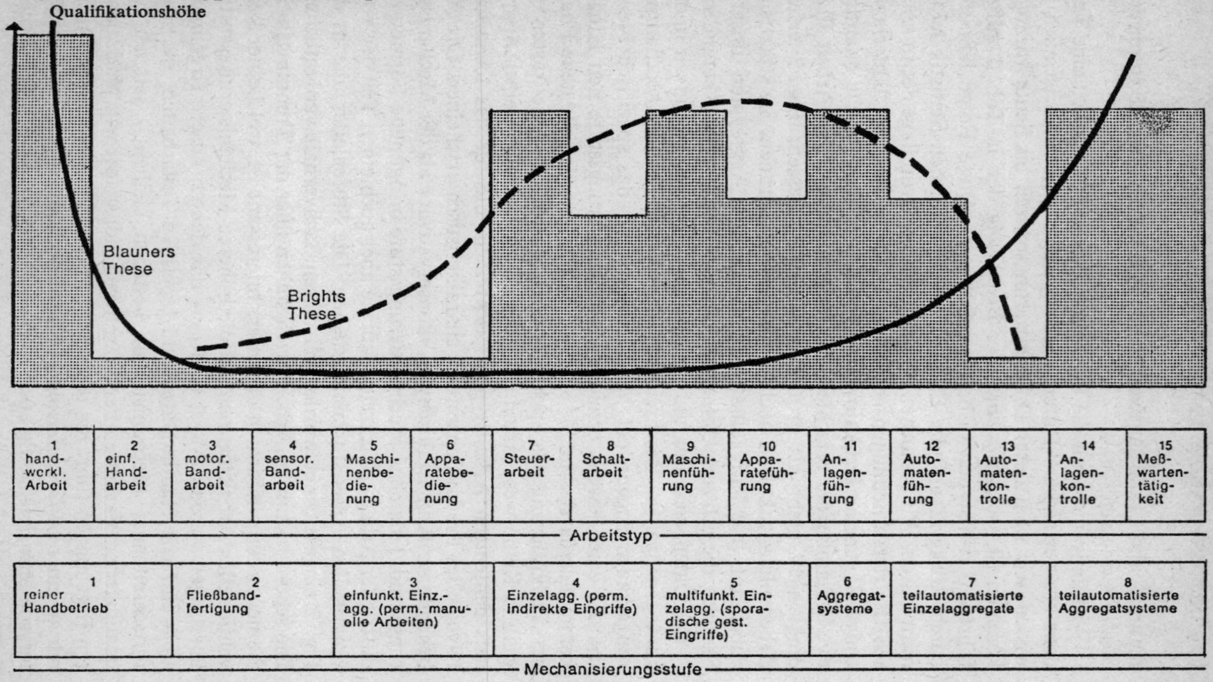

Qualifikationshöhe

| 1 handwerkl. Arbeit | 2 einf. Handarbeit | 3 motor. Bandarbeit | 4 sensor. Bandarbeit | 5 Maschinenbedienung | 6 Apparatebedienung | 7 Steuerarbeit | 8 Schaltarbeit | 9 Maschinenführung | 10 Apparateführung | 11 Anlagenführung | 12 Automatenführung | 13 Automatenkontrolle | 14 Anlagenkontrolle | 15 Meßwartentätigkeit |

——— Arbeitstyp ———

| 1 reiner Handbetrieb | 2 Fließbandfertigung | 3 einfunkt. Einz.-agg. (perm. manuelle Arbeiten) | 4 Einzelagg. (perm. indirekte Eingriffe) | 5 multifunkt. Einzelagg. (sporadische gest. Eingriffe) | 6 Aggregatsysteme | 7 teilautomatisierte Einzelaggregate | 8 teilautomatisierte Aggregatsysteme |

——— Mechanisierungsstufe ———

Blauners These

Brights These

ten an den technisch fortgeschrittenen Aggregaten.

Wie aus Fig. 2 zu entnehmen ist, beginnt die Polarisierung der Belegschaftsstruktur auf der Mechanisierungsstufe 4 mit der Entgegensetzung von einfacher Handarbeit und Steuer- bzw. Schaltarbeit; sie setzt sich dann – von wenigen Ausnahmen abgesehen – auf allen höheren Stufen der Technisierung fort[4]. Nimmt man in unserer Auswahl alle Aggregate der Mechaniserungsstufen 4 und höher zusammen, soweit sie eine heterogene Arbeitsplatzstruktur aufweisen, dann entfallen im Durchschnitt immerhin zwei Fünftel der Belegschaften auf die Gruppe der einfachen Handarbeiter und repetitiven Teilarbeiter: zu den Steuer- und Führungsarbeitern der mechanisierten Produktion einschließlich der Schaltarbeiter, zu den qualifizierten Automatisionsarbeitern mit stark konventionellen Zügen und zu den Meßwartenleuten gehören durchschnittlich nicht mehr als drei Fünftel. Am Beispiel der Anlagen mit weitestgehender Mechanisierung – den teilautomatisierten Aggregatsystemen – wird die Tendenz zur Polarisierung besonders deutlich. Hier sind im Schnitt etwa zwei Fünftel der Beschäftigten der Anlagenkontrolle und der Meßwartentätigkeit zuzuordnen, also jenen relativ autonomen und qualifizierten Arbeitsformen, die auf dieser Mechanisierungsstufe erstmalig auftreten; die restlichen Arbeitskräfte üben in der Mehrzahl restriktive und qualitativ anspruchslose Tätigkeiten aus (wiederum zwei Fünftel der Beschäftigten sind einfache Handarbeiter und repetitive Teilarbeiter).

Die Tatsache, daß jede neue Mechanisierungsstufe nur einen Teil der Arbeiter in neuartige Arbeitssituationen stellt und daß mit aufsteigender Mechanisierung gerade unqualifizierte Teilarbeiten traditioneller Ausprägung weiter bedeutsam bleiben, läßt Rückschlüsse auf den Grad der Differenziertheit zu, den Industriearbeit bis heute erreicht hat. Bei der Beurteilung des quantitativen Gewichts, das den verschiedenen Typen industrieller Arbeit augenblicklich zukommt, sollte beachtet werden:

1. Die einfachen Handarbeiten und repetitiven Teilarbeiten, die in der Industrie schon seit langem im Vordergrund stehen, sind trotz der Automatisierungsprozesse weiterhin wichtig. Ihr Anteil an der Gesamtheit mag sich im Zuge des technischen Wandels vermindert haben, dennoch wird die relative Zahl der Teilarbeiten nach

---

4 Ausnahmen sind dort zu verzeichnen, wo Arbeiten vom Typ der Automatenkontrolle auftreten.

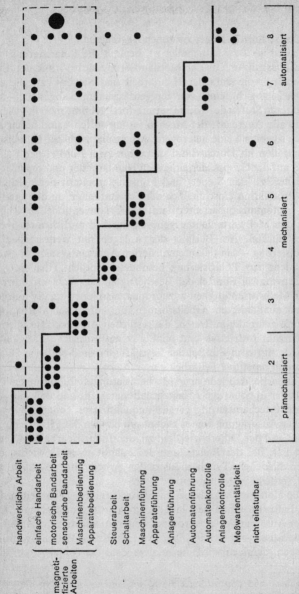

Figur 2   Arbeitsplatzstruktur nach Mechanisierungsgraden

○ 10% der Arbeitsplätze des jeweiligen Mechanisierungsgrades; die Abbildung zeigt also an, wieviel Prozent der Arbeitsplätze einer bestimmten Mechanisierungsstufe auf welche Arbeitstypen entfallen; im einzelnen vgl. Kern/Schumann, Industriearbeiterklasse ohne Zukunft?, Tab. III/6.

Figur 3   Arbeitsveränderungen im stoffumwandelnden Bereich

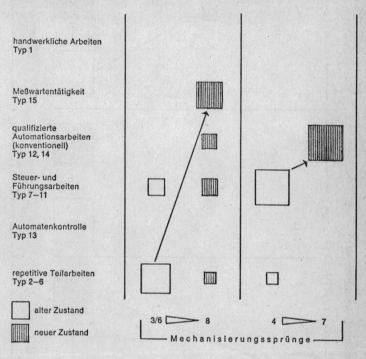

wie vor sehr hoch liegen: vor allem wegen der Beständigkeit, mit der Arbeiten dieser Art auch auf den höheren Stufen der Mechanisierung immer wieder auftreten, daneben auch infolge des Umstands, daß die Automatisierungsprozesse unter den besonderen Bedingungen der Automatenkontrolle in neuer Form eine restriktive und unqualifizierte Variante der Industriearbeit entstehen lassen.

2. Diejenigen Formen der Automationsarbeit, die sich durch ·lativ hohe Dispositionschancen, umfangreiche Qualifikationen, geringe Belastungen und gute Kontaktchancen auszeichnen, prägen bis heute noch recht wenige Arbeitsplätze in der Industrie. Insbesondere die Arbeiten vom Typ der Anlagenkontrolle und der Meß-

Figur 4 Arbeitsveränderungen im montierenden Bereich

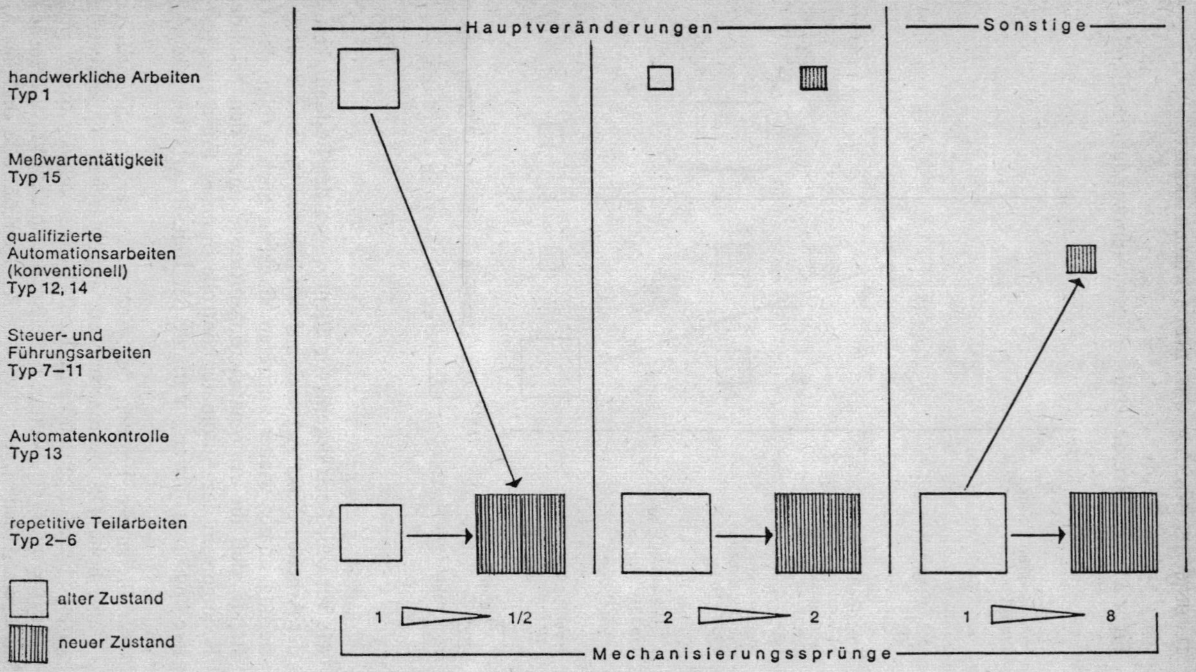

wartentätigkeit haben noch keine große Verbreitung gefunden. Zwei Gründe sind dafür ausschlaggebend: Zum einen ist die Zahl der Produktionsprozesse, die mit teilautomatisierten Aggregatsystemen betrieben werden, immer noch relativ gering, auch wenn sie sich zunehmend vergrößert. Zum zweiten – und das erscheint fast noch wichtiger – arbeitet selbst an den teilautomatisierten Aggregatsystemen meist nur ein Teil und selten die Gesamtheit der Beschäftigten in der Form der Anlagenkontrolle bzw. Meßwartentätigkeit[5]. Auch diese Faktoren sollten dazu Anlaß geben, die positiven Arbeitsfolgen der Automation ebensowenig zu überschätzen wie die negativen.

3. Die zweitstärkste Gruppe industrieller Arbeiten wird nach unseren Ergebnissen auch heute noch durch die Steuer- und Führungstätigkeiten der mechanisierten Produktion gebildet. Diese Tätigkeitskategorie hat sich im Verlauf der Industrialisierung schon frühzeitig entwickelt. Ihr Erhalt wird freilich durch die fortschreitende Automatisierung am stärksten gefährdet sein, denn sie ist auf den höheren Mechanisierungsstufen – auch an den teilautomatisierten Aggregatsystemen – nur noch selten anzutreffen.

2. Produktionsbereiche und Veränderungen der industriellen Arbeit

Die Frage, ob der aktuelle technische Wandel generell restriktive Formen industrieller Arbeit fördert oder abbaut, grundsätzlich repetitive Teilarbeiten vermehrt oder beseitigt, ist falsch gestellt. Die Entwicklung der Produktionstechnik schlägt sich heute ... in den verschiedensten Mechanisierungsbewegungen nieder und führt auf diese Weise zu unterschiedlichen Arbeitsveränderungen. Das Bild, das sich so abzeichnet, ist kompliziert, ja zum Teil in sich wider-

---

5 Die vorliegende Studie ist keine Repräsentativerhebung über die Tätigkeiten von Industriearbeitern. Ihrer Fragestellung entsprechend privilegiert sie bei der Objektauswahl Aggregate und damit Arbeitsformen, die für die aktuelle technische Entwicklung als besonders charakteristisch angesehen werden können. Da in der gegenwärtigen Phase des industriellen Wandels Automatisierungsprozesse auftreten und an Bedeutung gewinnen, enthält unser Sample zwangsläufig überproportional viele automatisierte Aggregate. Trotz dieser Auswahl sind insgesamt nur 6% der in Fig. 2 erfaßten Arbeitskräfte Anlagenkontrolleure und nur 7% Meßwartenleute. Der Anteil dieser Arbeitergruppen an der Gesamtzahl der Industriearbeiter muß demzufolge noch erheblich geringer sein.

sprüchlich und schließt eine pauschale Charakterisierung des Verhältnisses von Technik und industrieller Arbeit aus.

In manchen Fällen zeigt sich eine sehr starke Tendenz zur Aufhebung restriktiver Arbeitssituationen. Ein die gegenwärtige Phase stark bestimmender Mechanisierungsvorgang besteht in Umstellungen von einfunktionalen Einzelaggregaten zu teilautomatisierten Aggregatsystemen. Dieser Mechanisierungssprung, in unserem Schema ein Wechsel von der Stufe 3 zur Stufe 8, wird von Arbeitsveränderungen begleitet, die deutlich zu einer partiellen Qualifizierung und Autonomisierung der Industriearbeit führen. Andere Umstellungen weisen – mit unterschiedlicher Intensität allerdings – in dieselbe Richtung, so Übergänge von der Fließbandfertigung zur automatischen Produktion, ferner Prozesse der Automatisierung von Aggregatsystemen und schließlich auch Wechsel von einfunktionalen zu multifunktionalen Einzelaggregaten. Insoweit trägt der technische Wandel dazu bei, daß sich für die Industriearbeiter heute die Situation am Arbeitsplatz verbessert. Freilich werden auch in denjenigen Produktionsprozessen, in denen sich diese positiven Einflüsse Geltung verschaffen, meist nur Teilgruppen betroffen, ein Umstand, der einen Trend zur Polarisierung der Belegschaften auslöst und verstärkt.

Diesen Entwicklungen stehen technische Veränderungen gegenüber, durch die die Existenz restriktiver Arbeitsformen in der Industrie bekräftigt wird. Zum Teil handelt es sich dabei immer noch um die lange bekannten Rationalisierungsmaßnahmen: forcierte Arbeitsteilung, Akkordentlohnung, Fließbandfertigung, Werkzeugverbesserungen. Ihre Wirkung liegt sowohl in der zunehmenden Beseitigung ganzheitlicher Arbeitsformen – sofern sich diese in der industriellen Sphäre noch zu halten vermochten – wie auch in der schärferen Ausprägung schon vorhandener Teilarbeiten. Daneben, und das dürfte ein Charakteristikum unserer Zeit sein, sind Automatisierungsprozesse zu beobachten, mit denen Dispositionschancen verringert, Qualifikationen reduziert, Arbeitsbelastungen erhöht und bestehende Gruppenzusammenhänge aufgelöst werden. Besonders augenfällig ist dies, wenn die Automatisierung von Einzelaggregaten den Ersatz von Führungsarbeiten durch Arbeiten der Automatenkontrolle zuläßt. In abgeschwächter Form kommen ähnliche Tendenzen jedoch auch dort zum Vorschein, wo auf der Basis neuer Werkstoffe Verfahren entwickelt werden können, die die Automation fördern und dabei die Aufgabe herkömmlicher handwerklicher bzw. manufaktureller Technologien erlauben.

Zwischen den Fällen, in denen sich technische Veränderungen mit zunehmender oder aber abnehmender Restriktivität der Arbeitssituation verbinden, steht schließlich eine Gruppe technischer Neuerungen, deren Rückwirkung auf das Arbeitssystem insgesamt gering ist.

Die von uns erfaßten vier Produktionsbereiche – Stoffumwandlung, Stoffverformung, Montage und Verpackung – sind an diesen Entwicklungen nicht gleich stark beteiligt. Jeder Sektor ist durch spezifische Mechanisierungsbedingungen gekennzeichnet und weist demzufolge andere Mechanisierungsbewegungen auf als die übrigen Bereiche. Diese Tendenzen begründen sowohl dem Umfang als auch der Art nach Unterschiede in der Veränderung der Industriearbeit.

Die *stoffumwandelnden Prozesse* erreichen heute im allgemeinen einen hohen technischen Stand. Unter den Bedingungen der Massenfabrikation befindet sich dieser Produktionsbereich heute im Übergang auf teilautomatisierte Apparatsysteme (Mechanisierungsstufe 8). In stoffumwandelnden Kleinprozessen führt der technische Wandel dagegen eher zu einem Sprung von Einzelapparaten traditioneller Prägung (Mechanisierungsstufen 3 bzw. 4) zu teilautomatisierten Einzelapparaten (Mechanisierungsstufe 7). Die technischen Veränderungen im stoffumwandelnden Bereich implizieren – wie Fig. 3 zeigt[6] – im allgemeinen keine negativen Eingriffe in die Arbeitssphäre. Durchweg ist ein Abbau restriktiver Arbeitselemente festzustellen, insbesondere bei Mechanisierungssprüngen zwischen

---

6 Die Fig. 3, 4, 5 und 6 bringen – nach Produktionsbereichen gegliedert – eine Zusammenfassung der Arbeitsveränderungen, die mit den von uns erfaßten technischen Neuerungen verbunden waren. Die Tätigkeitsgruppen sind in diesen Figuren nach Restriktivitätsgesichtspunkten (Autonomiespielraum, Höhe der Qualifikationen, Stärke der Belastungen, Grad der sozialen Isolation) angeordnet: die wenig restriktiven Tätigkeiten stehen im oberen Bereich der Ordinate, die restriktiven im unteren Bereich. Die eingetragenen Pfeile geben die Hauptrichtung der Arbeitsveränderungen an; nach oben gerichtete Pfeile weisen z. B. auf abnehmende Restriktivität durch technische Veränderungen hin. Im einzelnen vgl. »Industriearbeit und Arbeiterbewußtsein«. Eine empirische Untersuchung über den Einfluß der aktuellen technischen Entwicklung auf die industrielle Arbeit und das Arbeiterbewußtsein. Bd. 8 des RKW-Projekts: Wirtschaftliche und soziale Aspekte des technischen Wandels in der Bundesrepublik Deutschland. Frankfurt/M. 1970, Tab. III/7, III/8, III/9 und III/10.

den Stufen 3 und 8, durch die Arbeiten der Apparatebedienung durch Meßwartentätigkeiten ersetzt werden.

Von diesem Beispiel einer intensiven, auf die Realisierung eines hohen technischen Standes gerichteten Entwicklung setzen sich die Veränderungen im *Montagebereich* besonders deutlich ab. Durch starke Mechanisierungssperren gehemmt, vollzieht sich der technische Wandel bei montierenden Prozessen auch heute noch überwiegend in kleinen Schritten. Dennoch wird die Tätigkeit der Montagearbeiter durch diese Maßnahmen zum Teil wesentlich beeinflußt, und zwar häufig in dem Sinne, daß die Restriktivität der Arbeiten spürbar ansteigt (vgl. Fig. 4). Langfristig werden sich im Montagebereich wohl auch in technischer Hinsicht grundlegende Veränderungen einstellen. Bereits jetzt zeigen sich zahlreiche Ansatzpunkte für den Abbau der noch vorhandenen Mechanisierungssperren. Im Zusammenhang mit diesen Neuerungen werden qualifizierte Maschinenarbeiten – insbesondere vom Typ der Anlagenkontrolle – auftreten (vgl. Fig. 4 unter der Rubrik »sonstige«). Die Besonderheiten der montierenden Produktion lassen diesen Trend zur Umschichtung von repetitiven Teilarbeiten zu anspruchsvollen Maschinenarbeiten jedoch nur in – im Vergleich zu anderen Produktionsbereichen – sehr engen Grenzen wirksam werden.

In der *Stoffverformung* führt der aktuelle technische Wandel zu unterschiedlichen Mechanisierungsbewegungen. Zum Teil gibt es auch hier Prozesse, deren technische Entwicklung durch Mechanisierungssperren gehemmt wird; sie können in der Stoffverformung freilich dennoch Sprünge von einfunktionalen zu multifunktionalen Einzelmaschinen (Sprünge zwischen den Mechanisierungsstufen 3 und 5) vollziehen. Trotz ihrer Kürze führen diese Mechanisierungsbewegungen – wie Fig. 5 zeigt – zum Abbau repetitiver Teilarbeiten und zum Aufbau von Maschinenführungsarbeiten. Ebenfalls positive Arbeitsveränderungen zeigen sich in stoffverformenden Prozessen der Massenfabrikation. Hier wird die technische Ausrüstung stark verbessert und erreicht heute oft das Niveau teilautomatisierter Maschinensysteme (Mechanisierungsstufe 8). Diese technischen Veränderungen begründen vor allem in jenen Fällen, in denen die Mechanisierungsstufe 3 das Ausgangsniveau darstellt, eine deutliche Tendenz zur Qualifizierung und Autonomisierung der Industriearbeit (vgl. Fig. 5). Infolge der spezifischen Merkmale des Bereichs nehmen die Rückwirkungen auf die Arbeit jedoch eine andere Form an als in vergleichbaren stoffumwandelnden Prozessen: Abgebaut werden Maschinenbedienungstätigkeiten (an Stelle von Arbeiten der Apparatebedienung), verstärkt werden Arbeiten der Anlagenkontrolle (an Stelle von Meßwartentätigkeiten).

Eine weitere Eigenheit des stoffverformenden Bereichs liegt darin, daß sich hier verschiedentlich auch technische Neuerungen finden, die entgegengesetzte Wirkungen zeigen. Ein Beispiel bilden Übergänge von multifunktionalen zu teilautomatisierten Einzelmaschinen (Sprünge zwischen den Mechanisierungsstufen 5 und 7), in deren Verlauf sich die unqualifizierten Automatenkontrolltätigkeiten und repetitiven Teilarbeiten herausbilden (vgl. Fig. 5); ein anderes, allerdings weniger deutliches Beispiel sind die Übergänge von der handwerklichen Fertigung zur Produktion mit teilautomatisierten Einzelaggregaten (Sprünge zwischen den Mechanisierungsstufen 1 und 7), durch die überkommene handwerkliche Produktionsarbeiten beseitigt werden (vgl. Fig. 5 unter der Rubrik »sonstige«). In der Stoffverformung stehen sich also technische Neuerungen mit einander widersprechenden Arbeitsveränderungen gegenüber.

Im *Verpackungssektor* schließlich werden Faktoren für eine grundlegende Umstrukturierung der Produktionsapparatur wirksam. Nicht überall, aber doch in vielen Fällen lösen diese Anreize einen intensiven technischen Wandel aus, in dessen Verlauf prä- und teilmechanisierte Fertigungsverfahren (Mechanisierungsstufen 1 bis 3) durch teilautomatisierte Maschinen bzw. Maschinensysteme (Mechanisierungsstufen 7 und 8) ersetzt werden. Im Zuge dieser Veränderungen werden repetitive Teilarbeiten abgebaut und durch qualifizierte Automationsarbeiten ersetzt (vgl. Fig. 6). Allerdings gilt gerade für Verpackungsprozesse, daß sich die Kontrollfunktionen bisher nur schwer mechanisieren lassen. Dadurch müssen an technisch weit fortgeschrittenen Verpackungsanlagen oft noch Arbeitsformen realisiert werden, die sich in anderen Produktionsbereichen nur noch auf niedrigeren Mechanisierungsstufen finden. Speziell der Einführung von Arbeiten der Anlagenkontrolle und der Meßwartentätigkeit sind enge Grenzen gesetzt.

3. Veränderungen im Instandhaltungssektor und ihre Bedeutung für die Struktur der Industriearbeiterschaft

Der Instandhaltungssektor erfährt mit fortschreitender Mechanisierung einen starken *Bedeutungszuwachs*. Zum Teil ist dies einfach ein Resultat der Tatsache, daß durch die verstärkte Technisierung

Zahl und Umfang der instand zu haltenden Aggregate rapide ansteigen. Neben diesen rein quantitativen haben aber auch qualitative Faktoren den Funktionswandel der Instandhaltung gefördert:

1. Die komplizierte Konstruktionsweise der Maschinen und Apparate erschwert Fehlersuche, Fehlerdiagnose und Eingriffe und verursacht so einen größeren Arbeitsaufwand.

2. Der Übergang zur hochmechanisierten und automatisierten Produktion schafft Wartungsbereiche, die bisher relativ unwichtig, wenn überhaupt existent waren.

3. Produktionsstillstände infolge maschineller Unregelmäßigkeiten sind an modernen Anlagen weniger denn je vertretbar: Die mit großem Investitionsaufwand erstellten Anlagen verlangen aus Amortisationsgründen eine möglichst hohe Auslastung der Kapazitäten; durch die Kontinuisierung der Produktion wachsen die Stillstandkosten immens an. Dadurch erhält die Instandhaltungsarbeit eine sehr viel größere ökonomische Bedeutung.

Tabelle 2
Rationalisierungsmaßnahmen im Instandhaltungssektor

Maßnahme Werk	A	B	C	D	E	F	G	H	I
Systematisierung und Schematisierung der Arbeitsgänge	X		X		X		X		
Einführung des schriftlichen Auftragswesens bei Instandhaltungsarbeiten					X		X		
Einführung von Vorgabezeiten und Leistungsentlohnung für Instandhalter	X		X		X				
Intensivierung der Instandhaltungspräsenz an den Anlagen		X		X	X		X		X
Systematische Suche und Ausschaltung von konstruktiven Mängeln					X		X		
Verstärkung des vorbeugenden Austauschs von Verschleißteilen	X	X			X	X	X	X	X
Straffung der allgemeinen Instandhaltungsorganisation	X		X		X	X	X		X

X = Maßnahmen, die in letzter Zeit durchgeführt wurden oder deren Durchführung für die nächste Zeit geplant ist.

Der relative bzw. absolute *Anstieg der indirekten Arbeiter* ist das äußere Zeichen für den Funktionswandel des Instandhaltungssektors. Anders als im Produktionsbereich, in dem durch Technisierung und Rationalisierung Personaleinsparungen möglich sind, läßt sich das Personal in der Instandhaltung gerade wegen deren wachsender Bedeutung im allgemeinen bisher nicht reduzieren, sondern muß im Gegenteil oft noch aufgestockt werden (so in allen von uns erfaßten Fällen). Besondere Wachstumsquoten haben dabei diejenigen Instandhaltungsgruppen zu verzeichnen, die auf die modernen Steuerungs- und Regelungstechniken spezialisiert sind – in unseren Beispielen Meß- und Regelmechaniker, Hydrauliker, z. T. auch Elektriker. Diese Strukturverschiebung erhöht das Qualifikationsniveau der Industriearbeiterschaft, denn die Instandhaltungsarbeiter im allgemeinen und insbesondere die Spezialistengruppen zeichnen sich durch hohe berufliche Autonomie und hohe funktionale Fertigkeiten aus.

Diese Tendenz sollte jedoch nicht überschätzt werden. Der Bedeutungszuwachs, den die Instandhaltung im Zuge der technischen Entwicklung erfährt, läßt diesen Sektor zu einem bevorzugten Objekt betrieblicher *Rationalisierungsmaßnahmen* werden. So versucht man in allen von uns erfaßten Werken, den Konsequenzen des Funktionswandels der Instandhaltung durch arbeitsorganisatorische Veränderungen entgegenzuwirken (vgl. Tab. 2). Die direkte Wirkung dieser breiten Rationalisierungswelle liegt in einer Verminderung des relativen Wachstums des Instandhaltungspersonals. Langfristig könnte sich sogar ein absoluter Rückgang der Instandhalter ergeben. Die Umschichtung zwischen dem Instandhaltungs- und dem Produktionspersonal, die heute allenthalben festzustellen ist, erweist sich insofern als instabil. Es ist durchaus vorstellbar, daß sich die Entwicklungsrichtungen mit der Zeit wieder umkehren: Der Produktionssektor ist seit langem das bevorzugte Objekt des Rationalisierungsinteresses der Betriebe; die Produktivitätsreserven dieses Bereichs könnten daher langsam erschöpft sein. Die Rationalisierung des Instandhaltungssektors wird dagegen erst heute systematisch begonnen, so daß hier noch auf längere Sicht starke Produktivitätsfortschritte möglich erscheinen.

Die Rationalisierungsmaßnahmen in der Instandhaltung haben freilich nicht nur quantitative Wirkungen. Sie stellen gleichzeitig einen konzentrierten Angriff auf den Dispositionsspielraum und die Qualifikationen des Instandhaltungspersonals dar. Ihre Bedeutung

Figur 5 Arbeitsveränderungen im stoffverformenden Bereich

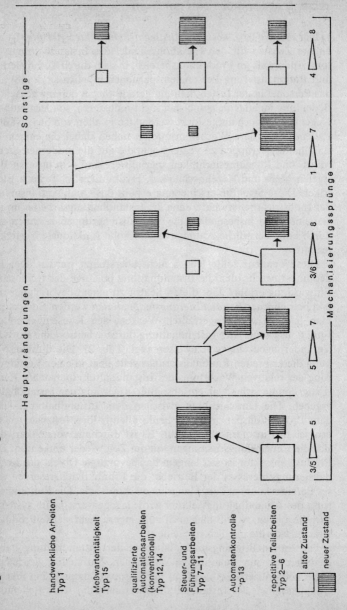

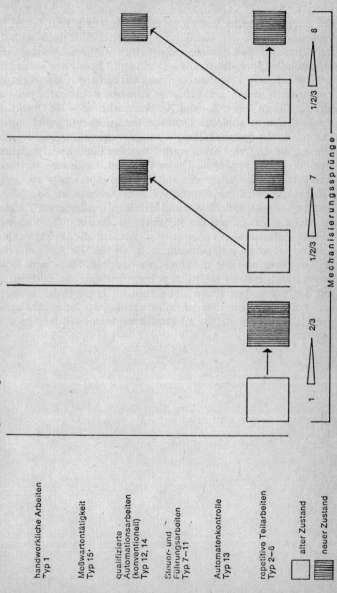

Figur 6 Arbeitsveränderung im verpackenden Bereich

handwerkliche Arbeiten
Typ 1

Meßwartentätigkeit
Typ 15'

qualifizierte
Automationsarbeiten
(konventionell)
Typ 12, 14

Steuer- und
Führungsarbeiten
Typ 7–11

Automatenkontrolle
Typ 13

repetitive Teilarbeiten
Typ 2–6

☐ alter Zustand

▦ neuer Zustand

Mechanisierungssprünge

1   2/3   1/2/3   1/2/3
     7   8

für die Instandhalter besteht in einer Förderung restriktiver Arbeitselemente, in der Einführung von Beschränkungen und Belastungen, die bei der instandhaltenden Tätigkeit bislang weitgehend unbekannt waren. Diese Wirkung ist bisher nur selten konkret faßbar, wird sich aber langfristig mit Sicherheit einstellen. Bemerkenswert ist dabei, daß sich vor allem die Routinearbeiten – die
turnusmäßigen Kontroll- und Austauscharbeiten – als Objekt der
Rationalisierung anbieten. Daneben werden ohne Zweifel auch in
Zukunft in der Instandhaltung wichtige Aufgabenbereiche erhalten
bleiben, die ein freies Arbeitsverhalten unter Einsatz umfangreicher
Qualifikationen verlangen. Dieser Umstand dürfte eine verstärkte
Arbeitsteilung innerhalb des Instandhaltungspersonals zur Folge
haben: Man wird die anspruchsvolleren Arbeiten an Spezialisten
übertragen, die sich dann voll und ganz ihrer qualifizierten Tätigkeit
zuwenden können, und die Routineaufgaben auf relativ unqualifizierte Arbeitskräfte konzentrieren. Ansätze dieser Entwicklung
sind heute schon zu erkennen, z. B. an der Herauslösung von
Hydraulikern aus der mechanischen und von Meß- und Regel-
mechanikern aus der elektrischen Instandhaltung. So zeichnet sich
mit der technischen Entwicklung auch im Instandhaltungsbereich
eine Polarisierung in unterschiedlich privilegierte Belegschaftsgrup-
pen ab, eine Tendenz, die im Produktionssektor seit langem wirksam ist.

Franz Jánossy:

Arbeitskraft und Fortschritt bei stetiger Andersqualifikation des Gesamtarbeiters[1]

1. Die Entfaltung der Gesamtkenntnisse und die Vielfältigkeit der individuellen: als Resultat der Arbeitsteilung

Von welcher Fragestellung wir auch immer ausgingen, die Analyse führte uns – ob ausgesprochen oder nicht – zu der Erkenntnis, daß die wirtschaftliche Entwicklung letzten Endes von nichts anderem als dem qualitativen Wandel der konkreten Tätigkeit abhängen kann. Die Fortschrittskonstante α ist ja auch nichts anderes als ein Maß, das den vor sich gehenden Wandel der konkreten Tätigkeit an der Produktivitätssteigerung der Arbeit mißt[1a].

Und doch ist dieser Wandel der konkreten Tätigkeit, also die Entwicklung der Arbeitskraft, ein sehr widerspruchsvoller Prozeß, so daß es eine unzulässige Simplifikation wäre, ihn so darzustellen, als ob die Produktivitätssteigerung in jedem Fall und an jedem Arbeitsplatz eine Vermehrung der Kenntnisse und des Geschicks erfordern würde. Es ist sogar kein extremer Ausnahmefall, daß die zur Verrichtung einer bestimmten Arbeit erforderlichen Kenntnisse im Verlauf der Entwicklung nicht wachsen, sondern sich vermindern. Die Diskrepanz zwischen den Kenntnissen des einzelnen und denen der Gesellschaft als Totalität ist heute in den wirtschaftlich hochentwickelten Ländern ungeheuer groß, weit größer als sie zu

---

1 Franz Jánossy: Das Ende der Wirtschaftswunder. Erscheinung und Wesen der wirtschaftlichen Entwicklung. Frankfurt/M. 1966 (Verlag Neue Kritik). Auszug des Kapitels: Arbeitskraft und Fortschritt, S. 207–236. Mit freundlicher Genehmigung des Verlages.
1a Nach Jánossy ist α ein Maß für die Vervollkommnung der Produktionsmittel. Ist die Arbeitsproduktivität einer im Jahre n hergestellten Betriebsanlage p_n und einer dem gleichen Zweck dienenden, aus dem nächstfolgenden Baujahr $n + 1$ stammenden Betriebsanlage p_{n+1}, so ist $\alpha = p_n + p_{n+1}$. Jánossy nimmt an, daß der Wert von α für alle Betriebsanlagen gleich hoch ist und sich auch mit der Zeit nicht ändert. In seinem Modell ist α damit ein einheitlicher und konstanter Wert. (Anm. d. Hrsg. – vgl. hierzu auch: Jánossy, F., a. a. O., S. 116 ff.)

Beginn der Industrialisierung war; sie ist vor allem die Folge der Arbeitsteilung und wächst mit dieser.

Die Auswirkung der Arbeitsteilung auf die Entfaltung der Kenntnisse ist zwiefach. Einerseits können nämlich, infolge der Arbeitsteilung, die Gesamtkenntnisse der Gesellschaft weit schneller als die Kenntnisse des Einzelnen wachsen, da sich die Summe der Kenntnisse aus einer immerzu wachsenden Anzahl verschiedenartiger Einzelkenntnisse zusammensetzt; andererseits schafft eben die Arbeitsteilung den gewaltigen Unterschied zwischen qualifizierter und unqualifizierter Arbeit.

Dieser doppelte Effekt der Arbeitsteilung führt zu dem zwar verständlichen, aber doch erstaunlichen Resultat, daß in einer Gesellschaft, deren Kenntnisse genügen, um eine Rakete im Weltraum zu steuern, noch – oder genauer gesagt wieder – überreichlich Arbeiten verrichtet werden müssen, die weniger Kenntnisse und Geschick erfordern als die Arbeit eines Leibeigenen vor vielen Jahrhunderten. So ist es wohl unbestreitbar, daß zum Schmieden einer Axt auf dem Amboß einer Dorfschmiede mehr Kenntnisse und Geschick nötig waren, als heute im ununterbrochenen Rhythmus der Massenfabrikation erforderlich sind, um eine Schmiedepresse zu bedienen, die im Gesenk mit je einem Schlag aus einem Rohling eine Axt formt.

Zieht man jedoch nicht nur die Kenntnisse des angelernten Arbeiters an der Schmiedepresse in Betracht, sondern alle Kenntnisse, die zur Verwirklichung dieser einzelnen Arbeitsoperation erforderlich sind – also auch die zur Herstellung, Wartung, Reparatur und Energieversorgung der Schmiedepresse notwendigen –, so erhält man ein ganz anderes Bild. In jedem Arbeitsprozeß treffen sich nämlich die vereinigten, in den Produktionsmitteln vergegenständlichten Kenntnisse vieler mit den individuellen Kenntnissen des einzelnen. Während nun die zur Herstellung der Produktionsmittel notwendigen Gesamtkenntnisse andauernd wachsen und rapid wachsen können, da sie sich auf immer mehr Köpfe verteilen, können die individuellen Kenntnisse der Arbeiter, die mit diesen Produktionsmitteln arbeiten, unverändert bleiben, ja sich sogar infolge der gesteigerten Arbeitsteilung beträchtlich vermindern. Es ist also *prinzipiell* möglich, daß mit dem Fortschritt die vereinten, vor allem die in den Produktionsmitteln vergegenständlichten Kenntnisse *in jedem einzelnen Arbeitsprozeß wachsen,* obwohl sich – infolge der Zersplitterung der Gesamtkenntnisse – die individuellen Kenntnisse *jedes einzelnen Arbeiters* (auch in der Produktion der Produktionsmittel) *verringern*[2].

Es ist keineswegs erstaunlich, wenn man beim Vergleich verschieden hoher Entwicklungsstufen das Wachstum der Kenntnisse grundverschieden einschätzt, je nachdem, ob man die Entfaltung der Kenntnisse der gesamten Gesellschaft oder aber die der einzelnen Individuen vor Auge hat.

Aus der Tatsache der Geringfügigkeit unserer individuellen Kenntnisse im Vergleich zu den Kenntnissen, die uns vergegenständlicht gegenübertreten – und zwar nicht nur in der Produktion, sondern auch im täglichen Leben –, erwächst oft die falsche Vorstellung, daß irgendwo unter uns mit ungeheurem Wissen begabte Halbgötter am Werke seien; daß es solche geben müsse, obwohl unsere persönlichen Bekannten sicher keine sind.

Da der Allwissende im Himmel thront, muß man wohl auch die fast-allwissenden Halbgötter der Technik hoch oben, an der Spitze der Pyramide der gesellschaftlichen Arbeitsteilung suchen. Wir gehen jedoch nicht zum Generaldirektor, denn der sitzt lediglich einer anderen Hierarchie gemäß hoch oben, sondern wollen dort suchen, wo das geschaffen wird, was unser Erstaunen und unsere Bewunderung erweckt. Wenn wir dann etwa im Konstruktionsbureau einer Flugzeugfabrik nach einem Herrn fragen, der ein Flugzeug konstruiert hat, wird man uns lächelnd klarmachen, daß wir zu spät gekommen seien, denn Blériot ist vor fast dreißig Jahren gestorben, und heutzutage ist die Konstruktion eines Flugzeugs das Teamwork Hunderter von Konstrukteuren. Da gibt es Aerodynamiker, die ihr eignes Radio nicht reparieren können, und Radioingenieure, die keine blasse Ahnung von Aerodynamik haben; Mathematiker, die ein Niet nicht von einem Bolzen unterscheiden können, und Vorrichtungskonstrukteure, die ihre Schulmathematik schon verschwitzt haben. Alles ausgezeichnete Fachleute, aber nicht einmal der Beste unter ihnen könnte, völlig auf sich gestellt, ein fliegendes Ding zusammenzubringen, geschweige denn ein solches, das den Kanal überfliegt. Übrigens lebte auch Blériot im Zeitalter der industriellen Arbeitsteilung, und so war auch er bei weitem nicht allein auf seine *eigenen* Kenntnisse angewiesen. Um

---

2 Vgl. K. Marx *Das Kapital* (I. Bd., S. 379): »Die geistigen Potenzen der Produktion erweitern ihren Maßstab auf der einen Seite, weil sie auf vielen Seiten verschwinden. Was die Teilarbeiter verlieren, *konzentriert* sich ihnen gegenüber im Kapital.«

ein Beispiel anzuführen: den Motor bekam er fix und fertig geliefert.

Die Enttäuschung, daß wir vergeblich nach einem Halbgott gesucht haben, wird durch die Erkenntnis, daß auch hier nur gewöhnliche Sterbliche, wie wir selbst, tätig sind, erheblich gelindert. Betrachten wir nun ihre Arbeit nüchterner: Man braucht nicht lange zu forschen, um zu erkennen, daß sich auch hier im Konstruktionsbureau die individuellen Kenntnisse des Konstrukteurs mit den gesammelten Kenntnisssen vieler vereinigen. Eine Besonderheit ergibt sich jedoch aus dem Umstand, daß die akkumulierten Kenntnisse der Gesellschaft dem Konstrukteur nicht in Produktionsmitteln vergegenständlicht, sondern in Form von Nachschlagewerken, Katalogen, Gebrauchsanweisungen usw. zufließen[3]. So wählt er z. B. den entsprechenden Spezialstahl für eine Welle nach den Kennwerten, die das Stahlwerk veröffentlicht, ja sogar garantiert, und er braucht vom Herstellungsverfahren des Stahls nicht mehr zu wissen, als der Dreher, der die Welle bearbeiten wird. Weiter stützt sich der Konstrukteur auf eine Unzahl physikalischer Gesetze, die er erfolgreich anwenden kann, auch wenn er nicht alle von Grund auf versteht, und arbeitet mit Formeln, die er abzuleiten nicht imstande wäre (von empirisch gewonnenen Formeln ganz abgesehen, die immer nur die Erfahrung anderer übermitteln). Also auch hier im Konstruktionsbureau herrscht das gleiche Gesetz wie überall, in jeder Phase der Produktion: Infolge der Arbeitsteilung verengt sich das Betätigungsfeld des einzelnen; seine sich vertiefenden Kenntnisse beschränken sich auf ein immer engeres Gebiet; das schnelle Wachstum der Gesamtkenntnisse wird – wenn auch nicht ausschließlich – durch die andauernd zunehmende Vielfältigkeit der verschiedenen individuellen Kenntnisse gewährleistet.

---

3 Wir vergleichen also die offensichtlich gesammelten und akkumulierten Kenntnisse mit jenen, die in den Produktionsmitteln vergegenständlicht sind. Der näherliegende, umgekehrte Vergleich wurde von G. Childe kurz folgendermaßen gefaßt: »Obwohl es übertrieben klingen mag, ist es doch zutreffend, daß jedes Werkzeug vergegenständlichte *Wissenschaft* ist. Das Werkzeug ist ja die praktische Anwendung gemerkter, verglichener und gesammelter Erfahrungen der gleichen Art wie die in wissenschaftlichen Formeln, Beschreibungen und Vorschriften systematisierten und gesammelten.« (Gordon Childe, *What happened in History,* Pelican Books, New York 1942, S. 9.)

2. Der Strukturwandel der Gesamtkenntnisse erfordert nicht mehr individuelle Kenntnisse, sondern andere

Das Zusammenschrumpfen des individuellen Betätigungsfeldes führt zu einem wesentlichen Strukturwandel der Kenntnisse, und zwar von unmittelbar aus eigener Erfahrung stammenden Kenntnissen zu solchen, die von anderen übernommen werden können, die also in Wort, Schrift und Bild zugänglich sind. Je spezialisierter sich nämlich das Handwerk des einzelnen gestaltet, um so enger wird das Wissensgebiet, in dem er sich noch auf eigene Erfahrungen stützen kann, und um so vielfältiger werden seine Verbindungen zu Tätigkeiten anderer, die ihm zum Teil vergegenständlicht gegenübertreten. Sowohl die eigene, allzu eng begrenzte Tätigkeit als auch die Mannigfaltigkeit der Verbindungen nach außen erfordern Kenntnisse, die nicht mehr aus eigenen Erfahrungen entspringen, sondern im Unterricht oder aus Büchern erworben werden müssen[4].

Diese übermittelten, vor allem im Unterricht, aber auch in der Produktion und im Alltagsleben erworbenen Kenntnisse sind jedoch nur ausnahmsweise theoretische, im eigentlichen Sinn des Wortes, denn sie entsprechen meist eher der Vertrautheit mit Gebrauchsanweisungen und der Fähigkeit diese anzuwenden. Und doch bildet dieses unwissenschaftliche Wissen, dieses »know how«, die breite, unentbehrliche Grundlage der hochentwickelten Produktion. Wir denken hier selbstverständlich nicht nur an Gebrauchsanweisungen für Waschmaschinen, Rasierapparate usw., auch nicht nur an Firmenkataloge und Nachschlagewerke, die Gebrauchsanweisungen für Rohmaterialien, Werkstoffe, Instrumente und dergleichen enthalten, sondern auch an Verkehrszeichen, Verhaltensmaßnahmen, Buchhaltungsvorschriften, ja sogar an die für die praktische Handhabung zubereiteten Resultate der Wissenschaft. Der Konstrukteur manipuliert mit Gesetzen und Formeln, z. B. mit denen der Mechanik, die für ihn bloß Gebrauchsanweisungen für das Verhalten der Materie im allgemeinen oder im besonderen sind. Auch der Arzt, der ein Medikament verordnet, hält sich, ob er es

---

4 Diese Form der Überlieferung von theoretischen und praktischen Kenntnissen schließt jedoch weder die Notwendigkeit aus, eigene Erfahrungen zu sammeln, noch die der unmittelbaren »persönlichen« Überlieferung. Die persönliche Überlieferung bildet die Grundlage zum Lernen aus Büchern. Nur derjenige kann nach einem Kochbuch kochen, der vorerst das Kochen von einem Koch erlernt hat.

dem Patienten eingesteht oder nicht, an die »Gebrauchsanweisungen« der pharmazeutischen Firma. Der Jurist behält seine Moral
für sich; seine Klienten behandelt er nach den »Gebrauchsanweisungen« des Gesetzbuches. Ob es uns gefällt oder nicht, wir leben
in einer mit Hilfe von Gebrauchsanweisungen zusammengekitteten
Welt. Dies ergibt sich unvermeidlich aus dem Umstand, daß die
Summe der Kenntnisse aller weit schneller wächst als die Kenntnisse des einzelnen wachsen können.

Hieraus folgt, daß sich auch der Zusammenhang zwischen dem
wirtschaftlichen Entwicklungsgrad und dem Stand des Unterrichts-
wesens vor allem aus dem, durch die Arbeitsteilung verursachten,
Strukturwandel der Kenntnisse ergibt, und nicht, wie oft fälschlich
angenommen wird, aus einem allgemeinen, quantitativ faßbaren
Wachstum der individuellen Kenntnisse. Selbstverständlich handelt
es sich hier nur darum, ob und inwieweit die individuellen Kenntnisse der Menschen einer Generation im Vergleich zu denen der
vorangegangenen gewachsen sind. Daß jeder einzelne im Laufe seines Lebens von seiner Geburt bis zu seinem Tode Kenntnisse sammelt, diese andauernd ergänzt und erweitert, ist eine unbestreitbare
Tatsache, die jedoch das obige Problem kaum tangiert. Deshalb
wagen wir die Behauptung, daß die individuellen Kenntnisse heute
nicht unbedingt größer, sondern vor allem *andersgeartet* sind als die
des Menschen von gestern.

Die Wandlung der individuellen Kenntnisse von einer Generation zur anderen ist nämlich im allgemeinen nicht quantitativer,
sondern qualitativer Natur. Wir sind uns bewußt, daß wir hiermit
eine verständliche und doch unbegründete Überheblichkeit verletzen, eine Überheblichkeit, die daraus entspringt, daß irrtümlich
das Wachstum der Kenntnisse der Gesellschaft als Totalität dem
Wachstum der individuellen Kenntnisse des einzelnen gleichgesetzt
wird. Wir wollen hier nicht l'art pour l'art gegen ein falsches Selbst-
gefühl kämpfen, sondern werfen die Frage ausschließlich deshalb
auf, weil nach unserer Ansicht ihre Klärung zum Verständnis des
Prozesses der wirtschaftlichen Entwicklung unentbehrlich ist. Klammert man sich nämlich an die Fiktion des quantitativen Wachstums
der individuellen Kenntnisse, so kommt man entweder zu Trug-
schlüssen, oder man wird gezwungen, wie Fichte auszurufen: »Um
so schlimmer für die Tatsachen!« Versuchen wir also, die Sachlage
nüchtern und vorurteilslos zu betrachten.

Sind z. B. Monteure, die mit Schweißapparaten und hydraulischen Hebezeugen eine Brücke bauen, tatsächlich so unvergleichlich höher, ja überhaupt höher qualifiziert, als es die Zimmerleute waren, die mit Säge, Axt und Hebebalken eine Holzbrücke errichteten? Gehören wahrhaftig mehr Kenntnisse und Geschick dazu, den Kessel eines Ozeandampfers zu heizen, als die Segel eines Segelschiffes zu setzen? Nehmen wir noch einige Beispiele aus dem Alltagsleben, die ohne spezielle technische Fachkenntnisse beurteilt werden können. Man kann das elektrische Licht anknipsen, ohne zu wissen, daß es ein Ohmsches Gesetz gibt; es gehören dazu weniger Kenntnisse als zum Anzünden einer Petroleumlampe. Und braucht man etwa mehr Kenntnisse um auf einer Schreibmaschine zu schreiben, als um mit einer Gänsefeder kalligraphische Abschriften zu Papier zu bringen? Wie stolz wir auch auf unser Autofahren sein mögen, ist es – Hand aufs Herz – berechtigt anzunehmen, daß mehr Kenntnisse und Geschick dazu gehören, auf der Autobahn sechzig Pferdekräfte mit dem Gaspedal in unserer Gewalt zu halten als ein Sechsgespann mit Zügel und Peitsche auf einem holprigen Feldweg? Gleich welcher Tätigkeit wir uns zuwenden, wir erhalten dasselbe Bild. Die erforderlichen Kenntnisse haben sich von Grund auf gewandelt, doch haben sie sich nicht unbedingt vermehrt.

Allerdings wurden bisher die geistigen Tätigkeiten absichtlich außer acht gelassen, da man sich bei der Beurteilung dieses Gebiets leicht in Trugschlüsse verwickelt. Der Fortschritt der Wissenschaften führt zweifellos zu einer immer tieferen und vollständigeren Erkenntnis der Naturgesetze, doch bedeutet dies für den einzelnen nur, daß er sich bessere, und nicht, daß er sich mehr Kenntnisse aneignen kann. Die objektiven Kenntnisse der gesamten Gesellschaft sind gewachsen, die individuell-subjektiven haben sich verändert.

Daß das individuelle, subjektive Auffassungsvermögen und der Intellekt des Menschen kaum gewachsen sind, zeigt sich nicht nur in der Notwendigkeit des Teamworks in der Forschung, sondern auch und vielleicht am klarsten auf jenen Gebieten der geistigen Tätigkeit, die jedwede Arbeitsteilung a limine ausschließen. So kann man z. B. auf dem Gebiet der Kunst und der Literatur nur von geschichtlich bedingten Veränderungen sprechen, aber es wäre sinnlos, ein Maß des Wachstums zu suchen; es wäre Unsinn, eine mit dem Fortschritt steigende Rangordnung von Homer bis Thomas Mann, oder gar von der Höhlenmalerei bis Picasso aufzustellen. Geniale Menschen hat es schon vor Jahrtausenden gegeben, und es sei dahingestellt, wie rasch oder wie langsam sich die biologische Grundlage des Intellekts verändert, denn innerhalb einiger Jahrhunderte kann keineswegs die biologische Veränderung der Träger der Entwicklung sein.

Daß sich die individuellen Kenntnisse zwar vertieft und konzentriert, jedoch kaum vermehrt haben, kann man auch im Gespräch mit beliebig hoch qualifizierten Fachleuten – die man nicht unbegründet oft Fachbarbaren nennt – erfahren, und zwar sobald sie sich von ihrem engen Spezialgebiet weglocken lassen. Was für Naivitäten muß man oft anhören, wenn z. B. ein Nationalökonom von Atomphysik spricht und hierbei Grundbegriffe wie Kraft und Masse oder Arbeit und Leistung – wie Kraut und Rüben – durcheinanderwirft. Doch ist oft ein Physiker, der sich für einen Ökonomen hält, kaum besser.

Das objektive Wissen der Gesellschaft hat sich fürwahr ungeheuer vergrößert, und eben deshalb muß man sich davor hüten, das Netz der individuellen Kenntnisse mit Gewalt darüber zu spannen, bis die Fäden platzen und bloß große Löcher statt einem dichten Netz übrigbleiben.

Wie die Gesellschaft diese immer bedrückender werdende Diskrepanz zwischen den individuellen Kenntnissen und deren Summe in der Zukunft lösen wird, ist nicht unsere Sorge. Wir wollen bloß feststellen, daß das Mosaik der Kenntnisse der Gesellschaft aus einer andauernd wachsenden Anzahl von sich mit dem Fortschritt qualitativ wandelnden Mosaiksteinen – den individuellen Kenntnissen – besteht, wobei die Frage, ob die einzelnen Teilchen an Gewicht etwas zugenommen haben, zweitrangig bleibt.

Der Vergleich mit einem Mosaik kann noch weitergesponnen werden. Bei einem niedrigeren Stand der Arbeitsteilung ergibt die Tätigkeit eines jeden Handwerkers oder Bauern ein an und für sich sinnvolles Bild, und so besteht das Gesamtbild der Produktion aus einer Menge verschiedener, sich unzähligemal wiederholender charakteristischer Figuren; es gleicht einer lustigen Tapete in einem Kinderzimmer. Durch die fortschreitende Arbeitsteilung werden diese Figuren zertrümmert. Dennoch erhalten wir ein sinnvolles Gesamtbild, das aber wie ein Mosaik aus einzelnen, an und für sich genommen nichtssagenden Teilchen besteht. Dieses Mosaik kann aber auf einer gegebenen Entwicklungsstufe nur aus bestimmten und in einem bestimmten Zahlenverhältnis gegebenen Teilchen zusammengesetzt sein. Nun ist es völlig gleichgültig – und dies ist der Kern unserer Behauptung –, ob die Kenntnisse des Dorfschmieds von gestern größer oder kleiner als die des Metallarbeiters von heute sind; der Dorfschmied läßt sich in das Mosaik der modernen Produktion nicht mehr oder nur in verschwindend kleiner Anzahl einfügen. Und wenn – um auf ein früheres Beispiel zurückzugreifen – in der Landwirtschaft Traktoren Pferde ersetzen, so werden die Kenntnisse der Pferdezüchter, wie hoch und wertvoll diese einst auch waren, nutzlos; die Pferdezüchter müssen umlernen, wenn sie nicht als Ballast des Fortschritts weitervegetieren wollen. Vom Standpunkt der wirtschaftlichen Entwicklung ist es sogar besser, wenn sie als ungelernte Arbeiter in der Traktorenfabrik arbeiten, statt bei ihrem gelernten Beruf zu bleiben.

Mit einem Wort, die Produktion auf gegebener Entwicklungsstufe erfordert bestimmte konkrete Kenntnisse, bestimmte Berufe und in bestimmter Proportion die Anzahl derer, die den einen oder anderen Beruf ausüben. Mit der Weiterentwicklung der Produktivkräfte muß sich nun einerseits die Art der konkreten Tätigkeiten, andererseits die Proportion ihrer Verteilung ändern.

Das Resultat der wirtschaftlichen Entwicklung findet sein Maß im Wachstum der Produktivität der Arbeit. Und doch darf dieser Umstand nicht dazu verleiten, den Prozeß selbst und sein wesentlichstes Moment, nämlich die Entwicklung der Arbeitskraft, für quantitativ faßbar oder gar meßbar zu halten. Die Arbeitskraft als Totalität wird in ihrer Struktur und in ihren Elementen qualitativ umgestaltet. Ihre qualitative Wandlung ist die Vorbedingung, ja sogar die Grundlage, das wesentlichste Moment des Fortschritts. Während die Produktivität der Arbeit wächst, ändert sich die konkrete Tätigkeit, und so wandeln sich auch die zu ihrer Verrichtung erforderlichen Kenntnisse, doch haben diese Kenntnisse kein zeitbeständiges Maß: sie wachsen nicht, sondern verändern sich. Es hat wenig Sinn von *mehr* oder *weniger* zu sprechen, denn die mit dem Fortschritt vor sich gehende Wandlung der konkreten Tätigkeit und der Kenntnisse ist immer ein *Anderswerden*.

3. Lernt man von den Maschinen?

Die Feststellung, daß der Fortschritt den andauernden qualitativen Wandel der konkreten Tätigkeit und der Kenntnisse erfordert, bliebe eine Halbheit, wenn man außer acht ließe, daß der Fortschritt diesen Wandel nicht nur fordert, sondern auch ermöglicht. Niemand könnte die neuartigen Kenntnisse erwerben, würde er nicht in einer Umwelt leben, in der ihm die erweiterten Gesamt-kenntnisse der Gesellschaft auf Schritt und Tritt gegenübertreten, und zwar nicht bloß als die Kenntnisse seiner Mitmenschen, son-dern auch vergegenständlicht, in all dem, was ihn umgibt, und vor allem in den Produktionsmitteln, mit denen er arbeitet. Diese Rück-wirkung der Umwelt auf den einzelnen Menschen ist jedoch so vielfältig, daß wir uns hier auf die Darlegung einer einzigen, vom Standpunkt unserer Untersuchung wesentlichen Komponente dieser Rückwirkung beschränken müssen, nämlich auf das Lernen *an* und – so könnte man sagen – *von* den Maschinen.

Drehen kann man nur an einer Drehbank, das Fräsen nur an einer Fräsmaschine und das Autofahren nur am Steuer eines Autos erlernen. Bleiben wir, um uns nicht in Fachsimpeleien zu verstrik-ken, bei diesem letzten Beispiel: Nachdem man in der Fahrschule etwas von »erster Takt Ansaugen, zweiter Takt komprimieren«, von Zündung, Kupplung, Bremse und Verkehrsregeln erfaßt oder verschlafen hat, setzt man sich mit dieser »theoretischen Vorbil-dung« ans Steuer, eher an einen Unfall und das Einrenken seiner vier verstauchten Gliedmaßen als an die vier Takte des Motors denkend. Der Fahrlehrer, der – offenbar nur um unsere Nervosität zu steigern – daneben sitzt, ist sicher entbehrlicher als das Auto und vor allem die hydraulische Vierradbremse! Man fährt los, und wenn man ein paarmal statt auf die Kupplung auf die Bremse tritt, wird man vor allem – da man in diesen kritischen Momenten für die Anweisungen des Fahrlehrers taub ist – vom Auto selbst eines bes-seren belehrt. Hierbei handelt es sich jedoch nicht bloß um die Selbstverständlichkeit, daß man zum Lernen des Autofahrens ein Auto braucht wie zum Reiten ein Pferd, sondern darum, daß uns das Auto belehrt, indem es Kenntnise anderer übermittelt. Es gab nämlich Menschen, die jeden Hebel unseres Autos – wenn auch nur in Gedanken – bereits bedienten, ehe es noch existierte, nämlich seine Konstrukteure. Wenn uns das Auto oder eine beliebige an-dere Maschine belehrt, so übermittelt es uns in einer ganz eigen-artigen Weise Kenntnisse anderer, nämlich einen Bruchteil der Gesamtkenntnisse der Gesellschaft, in der wir leben.

Diese Übermittlung von Kenntnissen durch die Produktionsmit-tel ist nun für uns von besonderem Interesse, da eben diese Über-mittlung den falschen Schein erweckt, die Vervollkommnung der Maschinerie sei das primäre Moment der Entwicklung. Wir wollen die Bedeutung dieser Vermittlung nicht schmälern, ja im nächsten

Kapitel sogar zeigen, daß eben diese Vermittlung eine der wesentlichsten Bedingungen des Fortschritts ist. Es soll lediglich betont werden, daß die Produktionsmittel, indem sie nicht nur abstrakte, sondern auch konkrete, vergegenständlichte Arbeit aus der Vergangenheit in die Zukunft übertragen, auch vom Gesichtspunkt der Überlieferung der Kenntnisse ein Vermittlungsglied – und bloß ein Vermittlungsglied – darstellen.

4. Von der Manufaktur bis zur Automation

Der Umstand, daß sich die individuellen Kenntnisse mit dem Wachstum der Produktivität der Arbeit zwar wandeln, jedoch nicht unbedingt erweitern, trat in früheren Perioden der Entwicklung – insbesondere beim Entstehen der Manufaktur – weit eindeutiger zutage als heute. Es handelt sich hier vor allem darum, daß sich in den letzten Jahrzehnten die Vertiefung der gesellschaftlichen Arbeitsteilung mit einem entgegengesetzten Vorgang, nämlich mit dem einer neuen, technologischen Integration der Arbeitsprozesse, überschneidet, und daß demzufolge die Auswirkungen der Arbeitsteilung nicht so eindeutig wie früher zum Ausdruck gelangen. Um dieses neue Moment der Entwicklung klarer hervortreten zu lassen, ist es zweckmäßig, an dieser Stelle einen kurzen geschichtlichen Rückblick einzuschalten.

Gehen wir von der Arbeitsteilung aus, mit deren Hilfe die Manufaktur die Vorgefechte des industriellen Kapitals gegen das Handwerk führte. Diese Periode ist hier deshalb von besonderem Interesse, weil die Manufaktur die handwerkliche Tätigkeit in ihre verschiedenen Teiloperationen aufsplitterte, ohne jedoch den technologischen Prozeß der Produktion wesentlich zu verändern. Die Produktivitätssteigerung war daher in dieser Periode fast ausschließlich das Resultat der zunehmenden Arbeitsteilung, und hieraus ergab sich, daß die individuellen Kenntnisse verengt und geschmälert wurden, ohne daß dieser Verarmung eine wesentliche Bereicherung des technischen Wissens die Waage gehalten hätte, denn »*Die spezifische Maschinerie der Manufakturperiode* bleibt der aus vielen Teilarbeitern kombinierte *Gesamtarbeiter* selbst»[5]. Marx zitiert in bezug auf die Auswirkung dieser Arbeitsteilung Adam Smith: »Der Geist der großen Mehrzahl der Menschen entwickelt sich notwendig

---

5 K. Marx, *Das Kapital,* I. Bd., S. 365.

aus und an ihren Alltagsverrichtungen. Ein Mensch, der sein ganzes
Leben in der Verrichtung weniger einfacher Operationen verausgabt ... hat keine Gelegenheit, seinen Verstand zu üben ... Er wird
im allgemeinen so stupid und unwissend, wie es für eine menschliche Kreatur möglich ist[6].« Die Manufakturperiode liefert also ein
eklatantes Beispiel für den Fall, in dem die Produktivitätssteigerung – und zwar weil diese ausschließlich der Arbeitsteilung entspringt – von einer eindeutigen und allgemeinen *Verringerung* der
individuellen Kenntnisse begleitet wird. Und doch führt auch diese
Periode der Entwicklung der Produktivkräfte zu einer Wandlung
der konkreten Tätigkeit, denn »Wenn sie (die Manufaktur F. J.)
die durchaus vereinseitigte Spezialität auf Kosten des ganzen Arbeitsvermögens zur Virtuosität entwickelt, beginnt sie auch den
Mangel aller Entwicklung zu einer Spezialität zu machen«[7].

Sobald jedoch auf der Grundlage der manufakturmäßigen Arbeitsteilung das Arbeitswerkzeug für die Verrichtung einer einzelnen Arbeitsoperation aus der Hand des Arbeiters auf die Maschine
übergeht, so »geht auch die Virtuosität in seiner Führung vom Arbeiter auf die Maschine über«[8]. Hiermit verändert sich auch der
Charakter der Arbeitsteilung. Marx kennzeichnet diese neue Arbeitsteilung folgendermaßen: »Die wesentliche Scheidung ist die
von Arbeitern, die wirklich an den Werkzeugmaschinen beschäftigt
sind (es kommen hierzu einige Arbeiter zur Bewachung resp. Füt-
terung der Bewegungsmaschine), und von *bloßen Handlangern* (fast
ausschließlich Kinder) dieser Maschinenarbeiter. Zu den Handlangern zählen mehr oder minder alle ›Feeders‹ (die den Maschinen
bloß Arbeitsstoff darreichen). Neben diese Hauptklassen tritt ein
numerisch unbedeutendes Personal, das mit der Kontrolle der gesamten Maschinerie und ihrer beständigen Reparatur beschäftigt
ist, wie Ingenieure, Mechaniker, Schreiner usw. Es ist eine höhere,
teils wissenschaftlich gebildete, teils handwerksmäßige Arbeiterklasse, außerhalb des Kreises der Fabrikarbeiter und ihnen nur
aggregiert[9].«

Die mit der eigentlichen Industrie verbundene Arbeitsteilung
zeigt demnach von Anfang an zwei wesentliche Züge. Einerseits

---

6 a. a. O., S. 380.
7 a. a. O., S. 367.
8 a. a. O., S. 441.
9 a. a. O., S. 441–442.

degradiert sie die ungelernte Arbeit zur Bedienung der Maschinen weit unter das Niveau der Manufakturperiode; sie schafft Arbeiten, die sogar von Kindern verrichtet werden können. Andererseits werden zur Kontrolle und Reparatur (wir würden noch hinzufügen: zur Konstruktion) der Maschinen hochqualifizierte Arbeitskräfte notwendig.

Diese doppelte Auswirkung der industriellen Arbeitsteilung hat sich im Grunde genommen bis heute erhalten, denn einerseits wird – wo immer es gelingt, einen noch »handwerksmäßig« betriebenen Arbeitszweig zu mechanisieren – fortwährend qualifizierte Arbeit durch unqualifizierte ersetzt, andererseits hingegen steigt mit der zunehmenden Vielfältigkeit und Verzwicktheit der Maschinerie der Bedarf an hochqualifizierter Arbeit zur Konstruktion, Instandhaltung und Überwachung. Da nun die Produktionszweige, die von der Mechanisierung noch nicht erfaßt wurden, an Bedeutung verlieren, wird die technische Weiterentwicklung schon längst mechanisierter Produktionszweige immer überwiegender.

Hiermit sind wir bei dem eingangs erwähnten neuen Moment in der Entwicklung der Produktivkräfte angekommen. Während nämlich in den Anfängen der maschinellen Produktion die Aufteilung des Arbeitsprozesses auf seine einzelnen Teiloperationen unumgänglich notwendig war, um die Arbeit mit Maschinen verrichten zu können, ergibt sich beim heutigen Stand der technischen Entwicklung die Möglichkeit, einen bisher auf vielen Maschinen verrichteten Arbeitsprozeß mit Hilfe eines einzigen, automatisierten Maschinenaggregats erneut zusammenzufassen. Die Einheit des zerstückelten Arbeitsprozesses wird also auf einem unvergleichlich höheren Produktionsniveau wiederhergestellt. Die Bedienung und Instandhaltung der Maschinenaggregate und die Überwachung des neuvereinigten Arbeitsprozesses erfordern wieder Kenntnisse, die auch den einstmals »zerstückelten Arbeiter« erneut zum Menschen werden lassen. Wir stehen heute erst am Anfang einer neuen, den Arbeitsprozeß wieder integrierenden Entwicklungsperiode: der Automation.

Wie bedeutend die Automation für die weitere Produktivitätssteigerung auch sein mag, ist unserer Auffassung nach die Möglichkeit einer neuartigen Integrierung der einzelnen Teilarbeiten vom Gesichtspunkt der *Menschenwürdigkeit* der Arbeit nicht weniger wichtig. Die Automation eröffnet die Perspektive, den Arbeiter von der Verrichtung der stumpfsinnigsten Teilarbeiten zu befreien. Damit werden, wenn auch nicht in allzu naher Zukunft, die Worte Urquharts ihre Aktualität verlieren. Er schrieb vor mehr als einem Jahrhundert: »Einen Menschen unterabteilen, heißt ihn hinrichten, wenn er das Todesurteil verdient, ihn meuchelmorden, wenn er es nicht verdient. Die Unterabteilung der Arbeit ist Meuchelmord eines Volkes[10].«

Die Wirkung der Automation zeigt sich schon heute – wenn auch bloß in bescheidener Weise – darin, daß die Nachfrage nach qualifizierten Arbeitern wächst, während eben die Arbeiten, welche weder Kenntnisse noch Geschick erfordern, also am unmenschlichsten sind, allmählich schwinden, da eben diese am leichtesten automatisiert werden können.

Wenn sich also in den letzten Jahrzehnten außer dem qualitativen Wandel der konkreten Tätigkeit erneut eine relative Vermehrung der qualifizierten, sinnvollen Arbeit zeigt, so ist dies vor allem dem Umstand zuzuschreiben, daß die neuartige, technologische Integration der Arbeitsprozesse – als ein wesentliches neues Resultat der gesellschaftlichen Arbeitsteilung – die stumpfsinnigsten Teilarbeiten entbehrlich macht.

5. Das Sinken und das Steigen der benötigten Ausbildungsdauer

Der neue Charakter der Arbeitsteilung macht es verständlich, warum man heute geneigt ist, die Entwicklung der Produktivkräfte mit dem Wachstum der individuellen Kenntnisse zu identifizieren. Daß diese, auch heute nur sehr beschränkt zutreffende, Identifikation keineswegs auf frühere Perioden der Entwicklung der Produktivkräfte bezogen werden darf, wird klar ersichtlich, wenn man vorübergehend vom qualitativen Wandel der individuellen Kenntnisse absieht und ihre Höhe quantitativ an der benötigten Ausbildungsdauer mißt.

Um von dem charakteristischen, geschichtlichen Verlauf und dem Umschwung in der Tendenz der Veränderung der Ausbildungsdauer ein adäquates Bild zu erhalten, darf man sich nicht mit der Darstellung des zeitlichen Wandels der *durchschnittlichen* Dauer begnügen, sondern man muß auch ihren *Gradienten* (ihre Verteilung) in den einzelnen Zeitpunkten in Betracht ziehen. Die Ausbildungsdauer darf auch nicht mit der Anzahl der absolvierten Schul-

---

10 a. a. O., S. 381–382.

jahre verwechselt werden, denn diese stellen nur einen Teil – und zwar keinen konstanten, sondern einen mit der Entwicklung wachsenden Teil – der gesamten Ausbildungsdauer dar. Da aber die gesamte Ausbildungsdauer statistisch kaum erfaßbar ist, müssen wir uns hier mit einem Bild begnügen, das den charakteristischen, geschichtlichen Verlauf nur schematisch darstellt. (Siehe Abb. 1.)

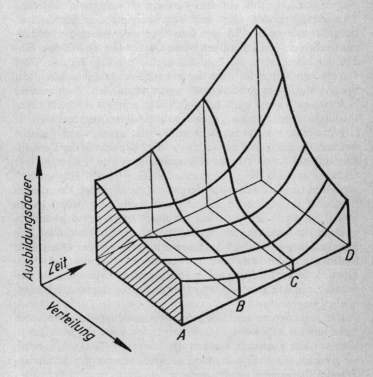

Abb. 1: Dreidimensionale schematische Darstellung der Veränderung der Ausbildungsdauer.

Die Querschnitte A bis D zeigen die Verteilung der Ausbildungsdauer für verschiedene Stufen der industriellen Entwicklung vom Handwerk bis zur Automation.

Die Ausbildungsdauer war im Handwerk noch kaum differenziert: Die Lehrlingsausbildung betrug fast einheitlich an die sieben Jahre, und der Geselle mußte noch viel hinzulernen, um das Niveau der Kenntnisse des Meisters zu erreichen. Diesen Zustand charakterisiert der Querschnitt A.

In der Manufakturperiode sinkt die tatsächlich erforderliche Ausbildungszeit der Teilarbeiter (obwohl der Druck der Zünfte die Anzahl der Lehrjahre auf dem Papier noch aufrechterhält); diese Entwicklungsperiode führt zur Verminderung der Ausbildungsdauer, jedoch noch nicht zum Entstehen einer neuen hochqualifizierten Schicht von Technikern (siehe Querschnitt B). Mit dem Einzug der Maschine in die Produktion, also mit dem Entstehen der eigentlichen Industrie, wird die notwendige Ausbildungszeit der breiten Masse der Arbeiter noch weiter vermindert, doch entsteht bereits eine – wenn auch anfänglich sehr schmale – Schicht hochqualifizierter Mechaniker, Ingenieure usw. (siehe Querschnitt C).

Wir wollen hier die Frage unbeantwortet lassen, wann – also in welchem Stadium der Entwicklung – der Tiefpunkt in der Dequalifizierung der Arbeit erreicht und überwunden wird. Es genügt hier festzustellen, daß dieser Tiefpunkt in den wirtschaftlich hochentwickelten Ländern sicher der Vergangenheit angehört. Von diesem Tiefpunkt an wächst die erforderliche Ausbildungsdauer. Dieses Wachstum ergibt sich vor allem aus einer Strukturverschiebung zugunsten der qualifizierten Arbeit, zugunsten von Tätigkeiten, die eine bedeutende Ausbildungsdauer erfordern. Ob der Querschnitt D dem Stand von heute oder dem von morgen entspricht, sei dahingestellt; die Veränderung der Ausbildungsdauer wurde auf der Abbildung, um ihre Tendenz augenfälliger zu zeigen, absichtlich übertrieben eingezeichnet.

Die Veränderung der erforderlichen Ausbildungsdauer ist jedoch nicht nur ein außerordentlich wichtiges *Merkmal* des ununterbrochen vor sich gehenden Wandels der konkreten Tätigkeit, sondern sie ist auch für den Widerstand ausschlaggebend, der bei diesem Wandel überwunden werden muß.

Bevor die Arbeitsteilung die handwerksmäßige Tätigkeit in ihre Teiloperationen zerlegte, blieb ein Tischler, Schuster oder Schlosser lebenslang an seinen Beruf gebunden. Eine Strukturverschiebung konnte nur mit dem Wechsel von Generationen vor sich gehen, und deshalb überwachten die Zünfte so streng die Anzahl der genehmigten Lehrlinge. Diese Gebundenheit an den erlernten Beruf wird durch die Manufaktur nur gelockert, und erst mit dem Einzug der Maschine sinkt die Ausbildung auf ein so niedriges Niveau, daß eine berufslose, unqualifizierte, überall einsetzbare Schicht von Arbeitern entsteht. Je breiter diese Schicht von berufslosen Arbeitern ist – Arbeitern, welche die Entwicklung der Produktivkräfte nicht hemmen, weil sie, die kaum etwas gelernt haben, nicht umzulernen brauchen und so an jeder beliebigen Maschine ihren Mann stehen –, um so stärker wird der Schein, als ob die wirtschaftliche Entwicklung von dem konkreten Bestand der Arbeitskräfte und ihren Kenntnissen unabhängig wäre. In der Tat ist die Abhängigkeit der wirtschaftlichen Entwicklung von der Ausbildung der Arbeitskraft um so geringer, je enger die Schicht der benötigten qualifizierten Arbeiter ist. Diese qualifizierte Schicht ist aber niemals völlig entbehrlich geworden[11].

Je weiter sich die Entwicklung von diesem Tiefpunkt entfernt, um so breiter wird wieder das Feld der Tätigkeiten, die – teils infolge der neuen und neuartigen Integration der Arbeit – eine bestimmte Qualifikation erfordern. Es entstehen erneut Tätigkeiten, die im eigentlichen Sinne des Wortes »Beruf« genannt werden können. Der gegebene Bestand der Arbeitskräfte gewinnt hiermit wieder seine bestimmende Rolle für die wirtschaftliche Entwicklung, und zwar nicht unmittelbar durch das Wachstum der Ausbildungsdauer, sondern dadurch, daß die verlängerte Ausbildungsdauer die Veränderung der Berufsstruktur der Gesamtarbeitskraft in engen Schranken hält. So wie einstmals aus einem Tischler kein Schmied werden konnte, bleibt heute in der Regel jeder Facharbeiter lebenslang bei seinem Beruf. Der für die Entwicklung der Produktivkräfte erforderliche Wandel der Berufsstruktur kann deshalb nicht ohne die neu Hinzukommenden, welche die Ausscheidenden ersetzen, gewährleistet werden. Da der technische Fortschritt heute

---

11 Während die entscheidende Bedeutung einer noch so schmalen Schicht von hochqualifizierten Arbeitern für die wirtschaftliche Entwicklung noch immer angezweifelt wird, obwohl sie sich heute unvergleichlich klarer als je offenbart, wurde diese von Marx – sogar für die Periode der tiefsten Dequalifikation der Arbeit, d. h. für den Frühkapitalismus – völlig klar erkannt und ausdrücklich betont. Er schreibt: »Abgesehen von der Verteuerung der Maschinen ... blieb so die Ausdehnung der bereits maschinenmäßig betriebenen Industrie und das Eindringen der Maschinerie in neue Produktionszweige rein bedingt durch das Wachstum einer Arbeiterkategorie, die wegen der halbkünstlerischen Natur ihres Geschäfts nur allmählich und nicht sprungweise vermehrt werden konnte.« (K. Marx, *Das Kapital,* I. Bd., S. 400.)

eine weit schnellere Strukturveränderung als jemals in der Vergangenheit erfordert, wird die Berufsgebundenheit zu einer immer
klarer hervortretenden Schranke der wirtschaftlichen Entwicklung.
(Die verschiedenen Formen der Umschulung, Weiterbildung usw.
sind Anstrengungen, diese Schranke zu durchbrechen oder zumindest etwas zu lockern.)

6. Berufsstruktur und Beschäftigungsstruktur

Bevor wir den Zusammenhang zwischen der Veränderung der
Berufsstruktur und dem wirtschaftlichen Fortschritt eingehender
untersuchen, soll, um Mißverständnissen vorzubeugen, geklärt werden, was wir eigentlich unter »Berufsstruktur« verstehen wollen.
Dies ist um so notwendiger, als wir, in Ermangelung eines zutref-
fenderen Ausdrucks, auch das Wort »Beruf« nicht völlig dem üblichen Wortgebrauch gemäß benutzen werden.

Mit der Bezeichnung »Beruf« wollen wir die Gesamtheit aller
individuellen Kenntnisse und Erfahrungen eines Menschen umfassen, einschließlich seiner Geschicklichkeit, also die Gesamtheit aller
angeborenen und erworbenen Fähigkeiten, die zur Verrichtung
einer bestimmten Tätigkeit erforderlich sind und eben bei dieser
Tätigkeit am vollständigsten zur Geltung gelangen. Das Wort »Beruf« soll also hier nicht die momentane, durch die verschiedensten
Umstände erzwungene, tatsächliche Beschäftigung eines Menschen
kennzeichnen, sondern die konkrete Tätigkeit, zu der ihn seine
Kenntnisse am besten befähigen.

Der Ausdruck »Beruf« wird gewöhnlich nur zur Abgrenzung der
verschiedenen Berufe voneinander verwendet, also in einem Sinne,
der die im Laufe der Zeit vor sich gehende Wandlung der Berufstätigkeit nicht in Betracht zieht. Für unseren Zweck ist dieser Begriff zu starr. Deshalb soll hier das Wort »Beruf« im erweiterten
dynamischen Sinne gebraucht werden. Im üblichen Sinn des Wortes
»Beruf« war beispielsweise ein Dreher im vorigen Jahrhundert
ebenso Dreher wie der von heute, wenngleich sich die konkrete
Tätigkeit an der Drehbank und die zu ihrer Verrichtung erforderlichen Kenntnisse bedeutend geändert haben. Wir hingegen wollen
mit dem Ausdruck »Beruf« auch den zeitlichen Wandel der Tätigkeit erfassen: »Dreher mit Fachkenntnissen von 1860« sei nicht der
gleiche Beruf wie »Dreher mit Fachkenntnissen von 1960«.

Unter *Berufsstruktur* verstehen wir eine Gliederung der Gesamtarbeitskraft eines Landes nach der Art der Berufe und nach der Anzahl jener, die die einzelnen Berufe beherrschen. Die Gesamtarbeitskraft umfaßt selbstverständlich nicht nur Arbeiter im engeren Sinne dieses Wortes, sondern auch »Arbeiter« wie Ingenieure, Manager, Organisatoren, Buchhalter usw. Gleich, ob sich diese beleidigt oder geschmeichelt fühlen, müssen wir sie der Einfachheit halber im weiteren Arbeiter nennen. Andererseits schließt die Gesamtarbeitskraft auch ungelernte Arbeiter ein, die über keinerlei Berufskenntnisse verfügen, also Arbeiter, die nur solche Tätigkeiten verrichten können, zu denen jeder beliebige befähigt ist. Demgemäß muß die Berufsstruktur – ihrer Vollständigkeit halber – auch eine Abteilung »Berufslos« enthalten. Diese Abteilung »Berufslos« ist nicht allzu groß, da wir den Begriff »Beruf« hier nicht in dem üblichen engen Sinne gebrauchen. Wenn wir nämlich alle erworbenen Kenntnisse, gleich, ob sie durch ein Schulzeugnis beglaubigt sind oder nicht, in Betracht ziehen, haben auch die meisten angelernten Arbeiter einen Beruf. So soll z. B. auch ein erfahrener Lastträger, der Lasten nicht nur als Gelegenheitsarbeit trägt, in der Berufsstruktur nicht in die Rubrik »Berufslos« eingereiht werden. Um sich von der Berechtigung dieser Einreihung zu überzeugen, also davon, daß auch das Lastentragen Berufserfahrungen voraussetzt, denke man an einen zwar kraftstrotzenden, aber unbeholfenen Intellektuellen, der sich damit abrackert, eine Kiste mit Büchern in den Keller zu bringen.

Ob jemand einen Beruf »besitzt« oder nicht, kann – ähnlich wie jedweder Besitz – daran geprüft werden, ob der Betreffende etwas zu verlieren hat. Unsere Regel sei also: Wer die Möglichkeit zur Verwertung irgendwelcher Befähigungen dadurch verliert, daß er eine andere Tätigkeit ausüben muß als die, zu der er am besten befähigt ist, hat etwas zu verlieren: hat also einen Beruf.

Gleich hier sei bemerkt, daß sich die Berufsstruktur der Gesamtarbeitskraft keineswegs mit der tatsächlichen *Beschäftigungsstruktur* decken muß. So bleibt zum Beispiel ein Dreher, dessen Arbeitsplatz im Kriege zerstört wurde und der nach dem Krieg in der Landwirtschaft als Taglöhner Beschäftigung findet, der Berufsstruktur gemäß weiterhin Dreher, obwohl er in der Beschäftigungsstruktur unter die Rubrik »Taglöhner« fällt. Und um nochmals auf das Beispiel aus der Landwirtschaft zurückzukehren: Ein Pferdezüchter, der seine ursprüngliche Tätigkeit aufgeben muß, weil Pferde durch Traktoren ersetzt werden, verliert nur seine Beschäftigung, nicht jedoch seinen Beruf, und zwar auch dann nicht, wenn er nie mehr im Leben Pferde zu Gesicht bekommt; er bleibt der Berufsstruktur nach Pferdezüchter, und wenn er im Laufe der Zeit einen neuen Beruf erlernt, so hat er eben deren zwei.

Die strikte Unterscheidung zwischen Berufsstruktur und Beschäftigungsstruktur ist bei weitem kein fruchtloses Einschachteln in l'art pour l'art geschaffene Kategorien. Um zu zeigen, daß diese Unterscheidung uns bis zum Kern des Problems führt, dem alle unsere Ausführungen zusteuern, müssen wir hier etwas vorgreifen.

Die Beschäftigungsstruktur verhält sich nämlich zur Berufsstruktur, wie die Produktionsniveau-Linie zur Trendlinie der wirtschaftlichen Entwicklung. Das Produktionsniveau fällt bei einer Störung der Wirtschaft – z. B. nach einem Krieg – unter die Trendlinie, weil die Beschäftigungsstruktur von der Berufsstruktur abweicht, und zwar in der Weise, daß die potentiell gegebenen Berufskenntnisse nicht mehr voll zur Geltung gelangen können. Im Laufe der Rekonstruktionsperiode nähert sich die Beschäftigungsstruktur der Berufsstruktur, bis sie dieser adäquat wird, also alle durch die Berufsstruktur gegebenen potentiellen Möglichkeiten faktisch ausgenützt sind. Erst hiermit erreicht das Produktionsniveau die Trendlinie. Im weiteren Verlauf der wirtschaftlichen Entwicklung kann sich die Beschäftigungsstruktur nur mehr in dem Maße ändern, in dem sich die Berufsstruktur wandelt, und hiermit wird die Veränderung der Berufsstruktur zum bestimmenden Moment für das Wachstum des Produktionsniveaus.

Hieraus folgt, daß das Tempo der Berufsstrukturveränderung ausschlaggebend für den Anstiegswinkel der Trendlinie (für die Fortschrittskonstante α) ist, und daß auch die Stetigkeit der Trendlinie auf die »Trägheit« der Berufsstrukturveränderung zurückgeführt werden kann.

7. Die Schranken der Berufsstrukturveränderung

Es ist wohl selbstverständlich, daß sich die Berufsstruktur der Gesamtarbeitskraft eines Landes von einem Jahr zum anderen – in der Regel – nur sehr wenig ändert und sogar im extremsten Fall nur sehr begrenzt geändert werden kann. Der Berufsstrukturwandel ist ein Prozeß, der seinem Wesen nach sprunghafte Veränderungen ausschließt, ja sogar die Eigentümlichkeit aufweist, daß der Berufs-Strukturwandel der vergangenen ein bis zwei Jahrzehnte den Spielraum der möglichen Veränderung für die folgenden Jahre begrenzt. Um diese und weitere charakteristische Merkmale des Berufsstrukturwandels zu klären, soll im folgenden nicht nur der Prozeß selbst eingehender untersucht, sondern sollen auch die treibenden Kräfte und die zu überwindenden Widerstände aufgezeigt werden, die für die Veränderung und ihre Geschwindigkeit ausschlaggebend sind.

Die Berufsstruktur verändert sich im Laufe der Zeit dadurch, daß:
1. diejenigen, die schon einen Beruf ergriffen haben, durch Erweiterung und Veränderung ihrer Berufskenntnisse, durch Fortbildung oder Umlernen befähigt werden, ihren Beruf zu wechseln, und
2. diejenigen, die Jahr für Jahr neu in die Gesamtarbeitskraft eintreten, einen anderen Beruf ergreifen, als jene beherrschen, die – zur selben Zeit – in fortgeschrittenem Alter ausscheiden.

Diese beiden Komponenten der Berufsstrukturveränderung ergänzen sich gegenseitig, und zwar so, daß die erste vor allem durch die *Veränderung innerhalb* der einzelnen, enger begrenzten Tätigkeiten zur Berufsstrukturwandlung beiträgt, die zweite hingegen diese Wandlung durch die *zahlenmäßige Erweiterung* neuer, im Aufstieg befindlicher und durch das *Zusammenschrumpfen,* ja sogar Aussterben veralteter Berufe bewirkt.

Beginnen wir mit der erstgenannten Veränderungsmöglichkeit der Berufsstruktur. Die richtige, nüchterne Einschätzung der Möglichkeiten, die dem einzelnen noch offenstehen, nachdem er schon einen Beruf erworben hat, ist äußerst wichtig, denn diese Möglichkeiten liegen irgendwo zwischen übertriebenen, tendentiell verbreiteten Illusionen und unbegründetem Kleinmut. Einerseits sind nämlich für die richtige Einschätzung des *objektiv offenstehenden Spielraums* nicht die Ausnahmefälle von Bedeutung, in denen jemand im vorgeschrittenen Alter einen völlig neuen Beruf erlernt, denn in der Regel wird aus einem dreißigjährigen Bauern kein Uhrmacher mehr. Andererseits darf das Sprichwort »Was Hänschen nicht lernt, lernt Hans nimmermehr« nicht als biologisches Gesetz interpretiert werden. Unserer Überzeugung nach handelt es sich hier nicht um die abstrakte Möglichkeit des Umlernens im reifen Alter – oder jedenfalls nicht um diese biologisch gegebene Möglichkeit an und für sich –, sondern um die konkrete, vor allem durch die gesellschaftlichen Verhältnisse beschränkte Möglichkeit, die durch die

»Rentabilität« des Umlernens begrenzt wird.

Das Erwerben von beliebigen Kenntnissen und Geschick – also eines Berufs – erfordert Arbeit, und zwar sowohl von dem, der unterrichtet, als auch von dem, der lernt. Diese in den Kenntnissen »vergegenständlichte« Arbeit stellt einen Teil der zur Reproduktion der Arbeitskraft notwendigen Arbeit dar. Demgemäß wird auch diese Arbeit in dem unaufhörlichen Wertkreislauf auf irgendein Produkt der Arbeit übertragen. Hinsichtlich der *Zirkulationsgeschwindigkeit* sei noch bemerkt, daß in dem Gesamtwertkreislauf – der auch die Reproduktion der Arbeitskraft einschließt – das »tägliche Brot«, das zur täglichen Reproduktion der Arbeitskraft benötigt wird, so rasch umschlägt wie die täglich in der Produktion verarbeiteten Rohstoffe, die in den Kenntnissen akkumulierte Arbeit hingegen so langsam wie die in den Maschinen vergegenständlichte.

So wie es ein Verlust an geleisteter Arbeit ist, eine Maschine vorzeitig zu verschrotten, ist es ein Verlust an Arbeit, erworbene Kenntnisse über Bord zu werfen, vorausgesetzt – und hier kommen wir zu einem wichtigen Punkt dieser Analogie –, daß die Maschine bzw. die Kenntnisse ihren Wert noch nicht infolge ihres moralischen Verschleißes eingebüßt haben.

Obwohl der Begriff des »moralischen Verschleißes« im allgemeinen nur auf die Produktionsmittel, und zwar vor allem auf die Maschinen, bezogen wird, ist es berechtigt, ja sogar fruchtbar, diesen in einem erweiterten Sinn auch auf die erworbenen Kenntnisse anzuwenden. Es ist einleuchtend, daß zum Beispiel durch die Verbreitung des Maschinenwebstuhls nicht nur der Handwebstuhl, sondern auch alle speziellen Kenntnisse des Handwebers einem moralischen Verschleiß unterworfen werden. Doch darf hierbei ein vom ökonomischen – geschweige denn vom humanen – Standpunkt wesentlicher Unterschied nicht übersehen werden. Der Unterschied ergibt sich daraus, daß der moralisch verschlissene Handwebstuhl verschrottet werden kann, die veralteten Kenntnisse hingegen bis zum Tode ihres Trägers weiterleben[12]. Der Weber stirbt nicht mit

---

12 Der moralische Verschleiß der Kenntnisse des Menschen ist immer nur ein relativer zu dem Entwicklungsstand, den die Gesellschaft, in der er lebt, erreicht hat; ein jeder muß nur mit den anderen schritthalten. Es kann zwar jedem einzelnen widerfahren, daß eben er zurückbleibt, doch können niemals alle hinter sich selbst zurückbleiben. Wenn dieses Gefühl des Zurück-

dem moralischen Verschleiß seiner Kenntnisse – vorausgesetzt, daß er nicht verhungert –, nur der Wert seiner Arbeitskraft erleidet einen Verlust, da er statt einer komplizierten, gelernten Arbeit desweiteren nur eine einfache, ungelernte Arbeit verrichtet. Erst das Erlernen eines neuen Berufs, also neuer Arbeitsaufwand zum Erwerb neuer Kenntnisse, kann den Wert seiner Arbeitskraft wieder auf das alte Niveau heben.

Nur wenn man diese ökonomische Grundlage des Umlernens in Betracht zieht, können die wahren Schranken, die dem Umlernen gesetzt sind, richtig eingeschätzt und die Stärke der Berufsgebundenheit sowie deren Einfluß auf das Tempo der wirtschaftlichen Entwicklung beurteilt werden.

»Was Hänschen nicht lernt, lernt Hans nimmermehr«, und zwar je älter Hans wird, desto weniger, jedoch nicht etwa weil Hans des Lernens unfähig wäre, sondern weil das Umlernen mit zunehmendem Alter immer weniger rentabel und schließlich völlig unrentabel wird. Der wahre Sachverhalt ist annähernd der folgende: Erstens wächst mit zunehmendem Alter die Menge der erworbenen Kenntnisse, also die in den Kenntnissen vergegenständlichte Arbeit, die bei einem Berufswechsel ganz oder zum Teil verlorengeht. Zweitens sinkt mit dem Alter die Lernfähigkeit, so daß der Arbeitsaufwand, der für den Erwerb jeglichen Wissens oder Könnens erforderlich ist, mit dem Alter zunimmt. Und drittens sinkt mit dem Alter die Zahl der Jahre, während welcher die neu erworbenen Kenntnisse noch verwertet werden können. Diese drei Faktoren haben gemeinsam zur Folge, daß der Spielraum des Umlernens – vor allem aus ökonomischen Gründen – mit dem Alter zusehends schrumpft, die Berufsgebundenheit sich also verstärkt.

Zieht man nun in Betracht, daß in den wirtschaftlich entwickelten Ländern ungefähr die Hälfte aller Werktätigen älter als 40 Jahre und ungefähr ein Viertel älter als 50 Jahre ist – sich also in einem Alter befindet, in dem die Berufsgebundenheit schon sehr stark ist –, so wird die erfahrungsgemäß äußerst langsam vor sich gehende Veränderung der Berufsstruktur wohl nicht mehr so erstaunlich erscheinen.

---

bleibens heute doch fast *jeden* bedrückt oder zumindest bedrücken könnte, ist die Ursache dieser Widersprüchlichkeit vor allem in der sich andauernd vertiefenden Arbeitsteilung, im relativen Schwinden der individuellen Kenntnisse im Vergleich zu jenen der Gesellschaft zu suchen.

Der Einfluß der älteren Generationen auf die Berufsstruktur wird noch dadurch verstärkt, daß diese – kraft ihrer größeren, wenn auch zum Teil veralteten Berufs- und Lebenserfahrungen – die Lehrmeister der nachfolgenden Generation stellen. Es ist zwar nicht immer leicht, von den »Alten« ihre wertvollen Erfahrungen zu übernehmen – das Veraltete abzusondern und durch Neues zu ersetzen –, und doch ist diese Überlieferung die einzig mögliche Grundlage der Reproduktion der Arbeitskraft, also auch ihrer Reproduktion auf höherer Stufe.

Hiermit sind wir unversehens bei jener Veränderung der Berufsstruktur angelangt, die sich aus dem Eintreten junger und dem Ausscheiden alter Arbeitskräfte ergibt:

Der Zwanzigjährige, der in die Gesamtarbeitskraft eintritt, könnte wohl der Enkel des gleichzeitig ausscheidenden sein, den er ersetzt. Die Berufsstrukturveränderung ergibt sich daraus, daß der Enkel nicht den Beruf seines Großvaters ergreift. Und doch ist die Berufsstruktur der Eintretenden nicht völlig unabhängig von der zur Zeit bestehenden Berufsstruktur, denn die neu einen Beruf Ergreifenden können nur von der Generation ihrer Väter und Großväter erzogen und unterrichtet werden; sie müssen von den Erfahrungen und dem Wissen der Alten ausgehen. Das ist eine wesentliche Schranke des Spielraums der Berufsstrukturveränderung.

Der Spielraum, der trotzdem offensteht, ergibt sich einerseits daraus, daß die Lehrer (Lehrer im weitesten Sinne des Wortes) die fortschrittlichsten der vorangegangenen Generation sein können und sollen, also diejenigen, die ihren Vorsprung innerhalb ihrer eigenen Generation der nächsten überliefern und bei weitem nicht *das* unterrichten, was sie in ihrer Jugend selbst gelernt haben. Andererseits ist für diesen Spielraum die erweiterte bzw. versiegende Überlieferung der Kenntnisse ausschlaggebend. So überliefert beispielsweise ein Elektrotechniker sein Fach oft an mehrere »Lehrlinge«, während die meisten Droschkenkutscher ihre Berufskenntnisse mit ins Grab nehmen. Dieser Freiheitsgrad bezieht sich naturgemäß nicht nur auf die Überlieferung der Kenntnisse innerhalb des eigentlichen Unterrichts, sondern auch auf jene, welche sich in der Arbeit selbst vollzieht.

Durch die Überlieferung der Kenntnisse und Erfahrungen entsteht also bei weitem keine unveränderte »Kopie«, die erst später – durch neuhinzukommende, zeitgemäße Kenntnisse – erweitert und ergänzt werden könnte. Die Überlieferung *selbst* enthält bereits

eine Auslese, die der Ausbreitung oder der Einengung einzelner
Berufszweige dient. Oft ist diese Auslese mit einer neuen Kombination der alten Kenntnisse verbunden, die – ähnlich wie die verschiedene Kombination von Metallen zu neuen Legierungen – zu
neuen Berufen führt.

Diese, im Grunde genommen selbstverständlichen, Zusammenhänge wurden nur erwähnt, weil die fortwährende Überlieferung
der Kenntnisse hinsichtlich der Kontinuität der Berufsstruktur und
ihrer Veränderung oft unterschätzt wird. Die maximale Erweite-
rungsgeschwindigkeit eines Berufszweiges wird durch eine ähnliche
Exponentialfunktion bestimmt, wie die Vermehrung eines Lebe-
wesens. Kaninchen können sich im Verlaufe eines Jahres auf das
Tausendfache, Pferde nur um 40% vermehren, die Anzahl der Ingenieure eines Landes hingegen schwerlich um mehr als 10% pro-
Jahr. Hierbei wäre es verfehlt, die Grenze der Erweiterungsge-
schwindigkeit eines Berufszweiges ausschließlich in der jeweils begrenzten Unterrichtskapazität zu suchen, denn die faktische Grenze
ergibt sich aus dem Umstand, daß die Ausbildung erst während der
Berufsausübung ihre Vollendung findet. Um diese Behauptung zumindest plausibel zu machen, möchte ich auf eine eigene Erfahrung
hinweisen. Ein neugebackener Ingenieur wird, falls er in der Arbeit
keinen Lehrmeister findet, ungeachtet seines Diploms zum Auto-
didakten. In einem Konstruktionsbureau sollen auf einen »Meister«, also auf einen erfahrenen Ingenieur, der über mehrere Jahrzehnte Praxis verfügt, nicht mehr als vier oder fünf »Gesellen« mit
je vier oder fünf »Lehrlingen«, d. h. Neulinge, fallen. Diese Zah-
lenverhältnisse ergeben – wenn man Sterblichkeit, Abgänge, Ver-
sager usw. in Betracht zieht – im Laufe von 30 Jahren eine maximale Vermehrung auf das ungefähr Zwanzigfache, also eine Vermehrung von nur 10% pro Jahr.

Naturgemäß ist diese Grenzgeschwindigkeit für die verschiedenen Berufszweige verschieden. So kann sich beispielsweise die Anzahl der Chauffeure fast wie die der Kaninchen vermehren, und
doch möchte ich mich in einer Stadt, in der sich alle erst im letzten
Jahr ans Steuer gesetzt haben, nicht auf die Straße hinaustrauen.

Die Ausbreitung eines Berufs setzt, soweit sie schneller als der
Bevölkerungszuwachs vor sich geht, naturgemäß die zahlenmäßige
Verminderung der Arbeitskräfte anderer Berufe voraus, und so
wird das Tempo der Berufsstrukturveränderung vom Tempo des
Aussterbens veralteter Berufe mitbestimmt. Wenn ein Berufszweig

zu Beginn seines rapiden Niedergangs noch eine normale Altersverteilung der Beschäftigten aufweist, erfordert sein völliges Ab-
sterben wenigstens vierzig Jahre. Zwar kann einem Industriezweig
von einem Tag zum anderen der Garaus gemacht werden, doch
ändert diese Liquidation mit einem Schlag nur die Beschäftigungsstruktur, nicht jedoch die Berufsstruktur, da der erlernte Beruf in
den Menschen – wenn auch unausgenützt – weiterlebt. Die Bedeutung dieser Schranke der Berufsstrukturwandlung macht sich in all
den Berufszweigen bemerkbar, in denen die Verminderung der Anzahl der Arbeitsplätze schneller als das Aussterben bzw. die Pen-
sionierung der Berufstätigen verläuft. Schmiede und Grobschmiede,
Schneider und Modistinnen, Heizer an Dampflokomotiven sowie
Bergarbeiter im Kohlenbergbau verteidigen, wenn auch berechtigt,
so doch aussichtslos ihr wichtigstes Hab und Gut, ihre erworbenen
und vom Fortschritt bedrohten Berufskenntnisse.

In der Regel kann, solange ein Berufszweig noch weiterlebt, seine
Einschränkungsgeschwindigkeit nicht einmal das schon erwähnte
Maximum erreichen, welches die völlige Abriegelung des Berufszweiges gegen den Einzug junger Arbeitskräfte zur Voraussetzung
hätte, da diese Abriegelung zu einer untragbaren Deformation der
Altersverteilung führen würde. Die für gegebene Arbeitsprozesse
erforderliche Arbeitsteilung zwischen jungen und alten Arbeitern
setzt der Abweichung von der naturgegebenen Altersverteilung eine
Grenze, und diese Grenze ist für die Einschränkungsgeschwindigkeit oft ausschlaggebend. Als Beispiel sei hier wieder auf die Verminderung der landwirtschaftlichen Bevölkerung hingewiesen . . .,
deren maximale Geschwindigkeit offensichtlich von der Notwendigkeit bestimmt wird, eine eben noch erträgliche Altersverteilung
in der Landwirtschaft aufrechtzuerhalten.

Um die Bedeutung dieser Komponente der Berufsstrukturveränderung richtig einzuschätzen, ist es zweckmäßig, den Rhythmus
des Generationswechsels mit dem Tempo des Fortschritts zu vergleichen.

Ein Generationswechsel erfolgt im Durchschnitt in 25 Jahren:
bei der Geburt eines Kindes ist demnach sein Urgroßvater 75, sein
Großvater 50, sein Vater 25 Jahre alt. Nehmen wir nun der Einfachheit halber an, daß auch die Verdoppelung des Nationaleinkommens pro Kopf der Bevölkerung, nicht wie im allgemeinen 35,
sondern nur 25 Jahre erfordert, so entspricht der Reihe: *Urgroßvater – Großvater – Vater – Sohn* eine Entwicklungsstufenreihe

wie z. B. *Indien – Ceylon – Spanien – Italien* oder (wenn wir von einer höheren Stufe ausgehen) die Reihe: *Spanien – Italien – Großbritannien – USA.*

In der Tat dauerte die gesamte Entwicklung der Vereinigten Staaten vom Fuß bis zur Spitze der Entwicklungspyramide . . . ungefähr anderthalb Jahrhunderte, überbrückte also insgesamt 6 Generationen, während sich das Nationaleinkommen pro Kopf der Bevölkerung viermal verdoppelte. Der Urgroßvater eines heutigen Säuglings kam demnach zur Welt, als in den Vereinigten Staaten noch fast die Hälfte der Bevölkerung das Land bebaute, und der Urgroßvater des Urgroßvaters wurde geboren, als die Einwanderer noch auf Segelschiffen ankamen und mit Pferdegespannen gegen Westen zogen.

Ungeduldige, die sich mit einer Produktivitätssteigerung von »bloß« 2% pro Jahr – also mit einer Verdoppelung der Arbeitsproduktivität in 35 Jahren – nicht abfinden wollen, ja den normalen Anstieg der Trendlinie für weit übersteigbar halten, sollen sich diese Verdoppelungs-Reihe von Indien bis zu den Vereinigten Staaten im Verlaufe von 6 bis 8 Generationen gründlich überlegen.

8. Die Trägheit der Berufsstrukturveränderung

Die jeweilige Berufsstruktur eines Landes enthält im örtlichen Nebeneinander ihre eigene – in den letzten Jahrzehnten vor sich gegangene – Wandlung, also den vergangenen Prozeß des zeitlichen Nacheinanders, aufbewahrt. Es handelt sich hier darum, daß die gegenwärtige Altersverteilung der Arbeitskraft eines Berufszweiges von dessen vorangegangener Entfaltung bestimmt wird; zu den sich ausbreitenden Zweigen gehören nämlich mehr junge und weniger alte Arbeitskräfte als zu denen, die sich bereits in der Vergangenheit andauernd verminderten. Diese von der Vergangenheit abhängige, charakteristische Altersverteilung der verschiedenen Berufszweige hat nun zur Folge, daß sich eine in der Vergangenheit begonnene Veränderung der Berufsstruktur auf die zukünftige auswirkt. Wenn sich nämlich die Anzahl derer, die irgendeinen Beruf beherrschen, in der Vergangenheit in einem bestimmten Tempo verändert hat, so wird diese Veränderung durch die zur Zeit gegebene Altersverteilung in die Zukunft übertragen. Diese *Trägheit der Berufsstrukturveränderung* kann an folgendem, extrem gewählten Fall veranschaulicht werden:

Nehmen wir an, daß jeder, der bereits einen Beruf ergriffen hat, bei diesem bleibt, und daß die Gesamtarbeitskraft – infolge des Fehlens einiger Jahrgänge – keinen Zustrom neuer Arbeitskräfte erhält. In diesem Fall wird sich die Gesamtzahl der Arbeitskräfte durch das Ausscheiden der ältesten verringern. Die Proportion zwischen den einzelnen Berufszweigen, also die Berufsstruktur, wird sich hierbei in der gleichen Weise wie in der vergangenen Periode ändern. Infolge der gegebenen Altersverteilung werden die sich erweiternden Berufszweige weniger Arbeitskräfte verlieren als die, welche – infolge ihres Einschrumpfens in der Vergangenheit – übermäßig viele Alte beschäftigen.

Diese Trägheitskomponente der Berufsstrukturveränderung fällt selbstverständlich auch dann nicht weg, wenn ihre Wirkung durch andere Komponenten der Strukturveränderung kompensiert oder verstärkt wird, ähnlich wie in der Mechanik der Geschwindigkeitsvektor eines Körpers, der durch seine Trägheit aus der Vergangenheit in die Zukunft übertragen wird, auch dann nicht verschwindet, wenn er durch andere, von äußeren Kräften hervorgerufene, neue Vektoren ergänzt wird.

Die momentane Veränderung der Berufsstruktur wird also, infolge der Altersverteilung, von dem Veränderungsprozeß in der Vergangenheit mitbestimmt. Doch ist dies nicht das einzige Verbindungsglied zwischen Vergangenheit und Zukunft. Ein weiteres ergibt sich nämlich aus der Tatsache, daß die Berufswahl und die entsprechende Schulung mehrere, ja oft viele Jahre dem Berufsantritt vorausgehen muß. So ist heute die Veränderung, die sich binnen fünf Jahren z. B. in der Anzahl der Ingenieure vollziehen wird, schon so gut wie unabänderlich gegeben. Ein anderes Beispiel: wenn in einem zurückgebliebenen Land vor 15 Jahren nur ein geringer Anteil der Kinder die Elementarschule besuchte, so wird sich dieser Mangel – auch wenn heute bereits alle schulpflichtigen Kinder in die Schule gehen – noch jahrzehntelang bemerkbar machen.

9. Die Unterscheidung von Trägheit und Widerstand

Um den Unterschied zwischen der Trägheit der Berufsstruktur und dem Widerstand, der bei der Veränderung der Berufsstruktur überwunden werden muß, klarer hervortreten zu lassen, ist es zweckmäßig, die Begriffe *Trägheit* und *Widerstand* mit den entsprechenden der Mechanik zu vergleichen:

Betrachten wir, um diese Analogie handgreiflich zu gestalten, die Bewegung eines Fahrzeuges, z. B. eines Schiffes. Je größer die Geschwindigkeit des Schiffes, um so größer ist der zu überwindende Wasserwiderstand. Bleibt das Schiff stehen, so sinkt dieser Widerstand auf Null ab. Andererseits hat das Schiff – infolge seiner Masse – eine Trägheit, die jedoch nur bei der *Veränderung* der Geschwindigkeit zur Wirkung gelangt. Während nun der Wasserwiderstand immer eine der Fahrtrichtung entgegengesetzte gerichtete, also die Fahrt hemmende Kraft bewirkt, ergibt die Trägheit eine Kraft, die nur dann hemmend wirkt, wenn sich die Fahrt des Schiffes beschleunigt. Bei einer Verlangsamung der Fahrt hingegen wirkt die Trägheit in der Fahrtrichtung als treibende Kraft. Im dynamischen Gleichgewicht zwischen den drei Kräften, die auf das Schiff einwirken, d. h. der Kraft an der Schiffsschraube, dem Wasserwiderstand und der Trägheit, spielt letztere also nur eine die Geschwindigkeit des Schiffes stabilisierende Rolle.

Ähnlich bewirkt die Trägheit der Berufsstruktur nur die Stetigkeit des Berufsstrukturwandels und dadurch auch die Stetigkeit des Anstiegs der Trendlinie. So, wie bei einem kurzfristigen Aussetzen des Schiffsmotors das Schiff – infolge seiner Trägheit – nicht sofort zum Stehen kommt, setzt sich auch die Veränderung der Berufsstruktur fort, wenn die Kräfte, die diese vorantreiben, vorübergehend ausfallen. Wenn hingegen die Berufsstruktur in der Vergangenheit von Generation zu Generation unverändert überliefert wurde, z. B. in einem von der industriellen Entwicklung noch unberührten Land, so muß beim »Anfahren« – wie bei einem stillstehenden Schiff – vor allem die Trägheit überwunden werden. Der Widerstand hingegen, der sich der »Fahrt« entgegensetzt, wächst erst allmählich, und zwar in dem Maße, in dem das Tempo wächst. Die Trägheit der Berufsstrukturveränderung muß demnach – eben am Fuße der Entwicklungspyramide – beim Übergang von der Stagnation zum Aufschwung eine besondere, erstrangige Rolle spielen.

Bei konstantem Entwicklungstempo verliert die Trägheit der Berufsstrukturveränderung zwar an Bedeutung, wird jedoch niemals belanglos, da die Gesamtveränderung aus vielen einzelnen Teilverschiebungen besteht, unter denen es stets sich beschleunigende und sich verlangsamende gibt.

10. Die Berufsstrukturveränderung und das Tempo der wirtschaftlichen Entwicklung

Die Schlußfolgerungen, die wir auf Grund der bisherigen Untersuchungen ziehen wollen, sind kurz die folgenden:
1. Der wirtschaftliche Entwicklungsstand eines Landes wird – auch
wenn er vorübergehend als eine im faktischen Produktionsniveau
nicht realisierte, also nur potentielle Möglichkeit besteht – in erster
Linie von der gegebenen Berufsstruktur der Gesamtarbeitskraft bestimmt.
2. Die wirtschaftliche Entwicklung ist mit der Veränderung der
Berufsstruktur untrennbar verknüpft, und ein höheres Tempo der
wirtschaftlichen Entwicklung erfordert eine raschere Wandlung der
Berufsstruktur.
3. Die Schranken, die der Wandlungsgeschwindigkeit der Berufsstruktur gesetzt sind, setzen – auf lange Sicht – auch dem Tempo
der wirtschaftlichen Entwicklung eine obere Grenze.
4. Die Trägheit der Berufsstrukturveränderung, d. h. die Auswirkung der vergangenen Veränderung auf die der folgenden Jahre,
ja sogar Jahrzehnte, ist für die Stetigkeit der Trendlinie der wirtschaftlichen Entwicklung ausschlaggebend.

Diese Schlußfolgerungen lassen, obwohl sie sich auf die wesentlichsten Momente der wirtschaftlichen Entwicklung beziehen, noch
immer die folgende zentrale Frage unbeantwortet: Wovon hängt
das Tempo der wirtschaftlichen Entwicklung auf lange Sicht ab?
Oder mit anderen Worten: Welche Faktoren, Umstände und Kräfte
usw. bestimmen die Fortschrittskonstante α, also den Anstiegswinkel der Trendlinie? Die in den vier Schlußfolgerungen enthaltene
Antwort, daß der Anstiegswinkel der Trendlinie vom Tempo der
Berufsstrukturveränderung bestimmt wird, führt zwar auf den richtigen Weg und ist doch unzureichend. Diese Antwort wirft nämlich
eine weitere Frage auf: Wovon wird denn eigentlich das faktische
Tempo der Berufsstrukturveränderung selbst bestimmt?

Diese letzte Frage blieb bisher noch unbeantwortet. Zwar wiesen
wir schon auf die Faktoren hin, die dem Tempo der Berufsstrukturveränderung eine *obere Grenze* setzen, doch gibt das Erkennen der
oberen Grenze noch keine Erklärung für das *faktische Tempo
unterhalb* dieser, da doch die untere Grenze des *Spielraums* die
völlige Unveränderlichkeit der Berufsstruktur ist. Diese untere
Grenze ist nicht bloß eine theoretische: die Geschichte weist z. B.

im Falle asiatischer Produktionsverhältnisse auch Epochen völliger wirtschaftlicher Stagnation auf.

Die Umstände, die für das faktische Tempo der Berufsstruktur-veränderung – und auch des wirtschaftlichen Fortschritts – ausschlaggebend sind, müssen also noch untersucht werden. Um jedoch überspannten Erwartungen vorzubeugen, sei hierzu bemerkt, daß der Anstiegswinkel der Trendlinie nur als Faktum festgestellt und mehr oder minder verläßlich in die Zukunft extrapoliert werden kann, daß es aber vergebliche Mühe wäre, den Anstiegswinkel aus den vielfältigen Faktoren, die ihn letzten Endes bestimmen, mit Hilfe irgendeiner mathematischen Formel berechnen zu wollen.

Die mathematische Fassung versagt, da die wirtschaftliche Entwicklung und auch der eigentliche Träger des Fortschritts immer ein *Anderswerden* ist, und zwar vor allem ein Anderswerden der konkreten Tätigkeit, das in der Veränderung der Berufsstruktur zum Ausdruck kommt. Das Resultat dieses Anderswerdens führt zwar zur Steigerung der Arbeitsproduktivität und dadurch zu einem *Mehr,* doch zu einem Mehr, dem das *Anders* als qualitativer Wandel der Produktions- und Konsumtionsstruktur innewohnt. Das Anders führt zum Mehr, doch muß dieses Mehr auch ein Anders enthalten, um die Entfaltung und Bereicherung der menschlichen Bedürfnisse zu gewährleisten. Wohl ist hierbei die treibende Kraft des Fortschritts das Streben nach dem Mehr, der auf diesem Wege zu überwindende Widerstand hingegen jener, der sich jedweder qualitativen Veränderung, jedem Anderswerden entgegensetzt.

Wir werden uns also darauf beschränken müssen, die Kräfte, die den Berufsstrukturwandel vorantreiben bzw. hemmen, und den Mechanismus ihrer Wirkung aufzuzeigen, um die Ursachen eines steileren oder weniger steilen Anstiegs der Trendlinie zumindest prinzipiell zu klären.

578

Bibliographie ausgewählter Reader zur Bildungsökonomie

ANDERSON, C. A. und BOWMAN, M. J.: Education and Economic Development. Chicago 1965.

BLAUG, M.: Economics of Education. Vol. 1 und Vol. 2 Harmondsworth 1968.

BOWMAN, M. J., DEBEAUVAIS, M., KOMAROV, V. E. und VAIZEY, J.: Readings in the Economics of Education – Textes choisis sur l'Economie de l'Education. UNESCO, Paris 1968.

HANSEN, W. L.: Education, Income, and Human Capital. New York und London 1970.

HARRIS, S. E.: Economic Aspects of Higher Education. OECD, Paris 1964.

HÜFNER, K.: Bildungsinvestitionen und Wirtschaftswachstum. Stuttgart 1970.

HÜFNER, K. und NAUMANN, J.: Bildungsplanung: Ansätze, Modelle, Probleme. Stuttgart 1971.

KIKER, B. F.: Investment in Human Capital. Columbia, S.C., 1971.

KNAUER, A., MAIER, H. und WOLTER, W.: Bildungsökonomie. Aufgaben – Probleme – Lösungen. Berlin 1968.

KNAUER, A., MAIER, H. und WOLTER, W.: Sozialistische Bildungsökonomie. Grundfragen. Berlin 1972.

LOHMAR, U. und ORTNER, G. E.: Die deutschen Hochschulen zwischen Numerus clausus und Akademikerarbeitslosigkeit: Der doppelte Flaschenhals. Hannover 1975.

LUDWIG, U., MAIER, H. und WAHSE, J.: Bildung als ökonomische Potenz im Sozialismus. Ein Beitrag zur marxistisch-leninistischen Theorie der intensiv erweiterten Reproduktion. Berlin 1972.

MUSHKIN, S. J.: Economics of Higher Education. U.S. Department of Health, Education, and Welfare. Washington 1962.

OECD: Employment Forecasting. Paris 1963.

OECD: Econometric Models of Education. Paris 1965.

OECD: Financing of Education for Economic Growth. Paris 1966.

OECD: Mathematical Models in Educational Planning. Paris 1967.

ROBINSON, E. A. G. und VAIZEY, J.: The Economics of Education. London und New York 1966.

SCHORB, A. O.: Bildungsplanung und Bildungspolitik. Frankfurt a. M. 1972.

STRAUMANN, P. R.: Neue Konzepte der Bildungsplanung. Reinbek bei Hamburg 1974.

TOHIDIPUR, M.: Politische Ökonomie des Bildungswesens. Weinheim und Basel 1974.

VAIZEY, J.: The Residual Factor and Economic Growth. OECD, Paris 1964.

WIDMAIER, H. P.: Zur Strategie der Bildungspolitik. Bern 1968.

580

Glossar

Akzelerationsprinzip: Theorem der Nationalökonomie, das aufzeigt, wie eine Veränderung der Nachfrage nach Konsumgütern eine prozentual stärkere Veränderung der Nachfrage nach Investitionsgütern induziert.

Allokation: Zuteilung und Verwendung relativ knapper Ressourcen für ökonomische Zwecke.

Angebot, im weiteren Sinne: Anzahl der Verkäufer auf einem Markt oder diejenige Menge von Waren, die die Verkäufer absetzen wollen.

Angebot, im engeren Sinne (des Bildungsangebotes): Tatsächlicher Bestand an spezifisch ausgebildeten Arbeitskräften (Bestandsgröße).

Angebotsmodell: Planungsansatz, der aus den Veränderungen der individuellen Nachfrage nach Bildungsleistungen (inflows des Bildungssystems) die Veränderungen des zukünftigen Angebots an ausgebildeten Kräften (outflows des Bildungssystems) vorauszuschätzen sucht (»individual oder social demand approach«).

Angebotsprognose: Vorausschätzung (»forecast«) des zukünftigen Bestandes an ausgebildeten Arbeitskräften.

approach: (Methoden-)Ansatz.

Arbeit, abstrakte: Verausgabung menschlicher Arbeitskraft im physiologischen Sinne, unabhängig von ihrer konkreten zweckbestimmten Form bei der Herstellung von Gebrauchswerten.

Arbeit, Doppelcharakter der: Einheit von konkreter und abstrakter lebendiger Arbeit unter den Bedingungen der Warenproduktion.

Arbeit, einfache: »Verausgabung einfacher Arbeitskraft, die im Durchschnitt jeder gewöhnliche Mensch, ohne besondere Entwicklung in seinem leiblichen Organismus besitzt.« (Marx)

Arbeit, gesellschaftlich notwendige: Zeit, die unter durchschnittlichen gesellschaftlichen Produktionsbedingungen, d. h. bei einem durchschnittlichen Stand der Technik, bei einem Durchschnittsmaß von Geschick und bei einer durchschnittlichen Arbeitsintensität in den Betrieben, die den Hauptteil der Waren produzieren, zur Herstellung einer Ware erforderlich ist.

Arbeit, gesellschaftliche: Summe der vergegenständlichten und lebendigen Arbeit.

Arbeit, komplizierte: Potenzierte bzw. multiplizierte einfache Arbeit.

Arbeit, konkrete: Zweckbestimmte Form der Arbeit als natürliche Grundlage jeder Produktion und unter den Bedingungen der Warenproduktion allgemeine Grundlage des Wertbildungsprozesses.

Arbeit, lebendige: Verausgabung von physischen und geistigen Kräften des Menschen im Arbeitsprozeß.

Arbeit, notwendige: Teil der in der materiellen Produktion verausgabten lebendigen Arbeit, der in der zur Reproduktion der Arbeitskräfte notwendigen Arbeitszeit geleistet wird.

Arbeit, produktive: Gebrauchswertproduzierende oder materielle Dienste verrichtende nützliche Arbeit als Schöpferin des gesellschaftlichen Reichtums.

Arbeit, qualifizierte: Gesellschaftlich notwendige Verausgabung lebendiger Arbeit mit speziellen Anforderungen an die Qualifikation.

Arbeit, unproduktive: Arbeit außerhalb und innerhalb der materiellen Produktion, die sich nicht in einem materiellen Produkt vergegenständlicht.

Arbeit, vergegenständlichte: In der Vergangenheit in Produktionsmitteln (Arbeitsgegenständen und Arbeitsmitteln) festgeronnene lebendige Arbeit.

Arbeitsanforderungen: Anforderungen der Arbeit an das Arbeitsvermögen.

Arbeitsaufwand: Die zur Produktion eines bestimmten Gebrauchswertes bzw. einer Menge bestimmter Gebrauchswerte verbrauchte lebendige und vergegenständlichte Arbeit im Arbeitsprozeß.

Arbeitsfunktion: Bündel elementarer Teiloperationen (»Arbeitsverrichtungen«) des menschlichen Arbeitshandelns (Tätigkeitsart bzw. Kombination von Tätigkeitsarten).

Arbeitskoeffizient: Reziproker Wert der durchschnittlichen Arbeitsproduktivität.

Arbeitskraft: Anbieter von Arbeitsleistungen auf dem Arbeitsmarkt.

Arbeitskraft, Reproduktion der: Wiederherstellung der im Arbeitsprozeß verausgabten Arbeitskraft (einfache Reproduktion der Arbeitskraft) bzw. allseitige Entwicklung der Potenzen der Werktätigen (erweiterte Reproduktion der Arbeitskraft) zur Sicherung der ununterbrochenen Fortführung der gesellschaftlichen Produktion und der gesellschaftlichen Entwicklung auf wachsender Stufenleiter.

Arbeitskräftebilanz: 1. Zusammengefaßte Gegenüberstellung der vorhandenen und der erforderlichen Arbeitskräfte auf unterschiedlichem Aggregationsniveau (z. B. sektoral, regional, beruflich, ausbildungsspezifisch) zwecks Bilanzierung beider Größen. 2. Instrument der volkswirtschaftlichen Planung und Lenkung der Arbeitskräfte durch eine zusammengefaßte Gegenüberstellung der vorhandenen und der benötigten Arbeitskräfte zur Sicherung der Bedürfnisse der Wirtschaft bzw. der Gesellschaft und eines rationellen Arbeitskräfteeinsatzes.

Arbeitskräftematrix: Nach Strukturmerkmalen der Erwerbstätigkeiten gegliedertes Schema des Arbeitskräfteeinsatzes in Rechtecksanordnung.

Arbeitskräftepotential: Bevölkerung im erwerbsfähigen Alter von 15–65 Jahren (»labor force«).

Arbeitsplatz, räumliche Definition: Räumlicher Bereich, in dem die Arbeitskraft mit Arbeitsmitteln und Arbeitsgegenständen im Arbeitsprozeß zusammenwirkt.

Arbeitsplatz, personengebundene Definition: Die auf die Person bezogenen Tätigkeitsanforderungen.

Arbeitsplatzanalysen: Detaillierte Beobachtung und Erfassung der objektiven Bedingungen und subjektiven Anforderungen am Arbeitsplatz (»job description«).

Arbeitsproduktivität: 1. Verhältnis zwischen Produktionsergebnis und Arbeitskräfteeinsatz. 2. Nutzeffekt der produktiven konkreten, nützlichen Arbeit als Kategorie des Arbeitsprozesses, deren Größe die Ergiebigkeit der produktiven Arbeit an Gebrauchswerten kennzeichnet (»Produktivkraft der Arbeit«).

Arbeitsteilung: 1. Auflösung von Arbeitsleistungen in Teilverrichtungen, die von verschiedenen Einheiten (z. B. Personen, Unternehmungen, Teilbereiche von Unternehmungen, Regionen, Länder) ausgeführt werden. Führt zur Spaltung der Berufe, Zerlegung der Arbeitsprozesse und Produktionsteilung. 2. *Arbeitsteilung, berufliche:* Prozeß und Ergebnis der Aufteilung des Arbeitsprozesses auf die Arbeitskräfte mit dem Ziel, durch berufliche Spezialisierung ihren produktivsten Einsatz und ihre rationellste Kooperation auf der Grundlage eines bestimmten Niveaus der Produktivkräfte zu erreichen.

Arbeitsteilung, innerbetriebliche: Innerhalb der Betriebe und zwischen den Arbeitskräften bestehende Teilung der Arbeit bei der

Herstellung, dem Transport und Vertrieb von Erzeugnissen.

Arbeitsvermögen: Gesamtheit der im gesellschaftlichen Arbeits-prozeß anwendbaren Kenntnisse, Fähigkeiten und Fertigkeiten eines oder einer Gruppe von arbeitsfähigen Menschen.

Arbeitszeit, gesellschaftlich notwendige: Gesellschaftlich notwen-dige Arbeit zur Produktion und Zirkulation der für das Leben notwendigen Güter.

Arbeitszeit, notwendige: Zeit, während der ein Lohnarbeiter im Kapitalismus bzw. ein Werktätiger im Sozialismus die für seinen Unterhalt und den seiner Familie notwendigen materiellen Güter produziert.

Ausbildungskosten: Gesamtbetrag an finanziellen Aufwendungen für eine bestimmte Ausbildungsmaßnahme, abzüglich der aus den produktiven Leistungen während der Ausbildung erzielten Ein-nahmen.

Ausbildungsstruktureffekt: Analyse und Prognose der Entwicklung des Anteils von spezifisch ausgebildeten Arbeitskräften an den Berufen oder Fachrichtungen.

Ausgeübter Beruf: Tatsächlich ausgeübte Tätigkeit von Arbeits-kräften im Arbeitsprozeß.

Automatisierung: Prozeß der Ersetzung der menschlichen Arbeit in ihrer arbeitsausführenden Funktion und in ihrer Funktion der unmittelbaren Kontrolle des Bearbeitungs- und Transportprozes-ses durch den Einsatz von selbsttätigen Mechanismen, Maschinen und Maschinensystemen, die ohne unmittelbares Eingreifen des Menschen reguliert werden.

Automatisierungsgrad: Kennziffer zur Messung des Standes und der Entwicklungstendenzen der Ersetzung der menschlichen Arbeit in ihrer Funktion der unmittelbaren Kontrolle des Be-arbeitungs- und Transportprozesses durch den Einsatz selbst-tätiger Maschinen.

Basisprojektion: Projektion der wahrscheinlichen zukünftigen Ent-wicklung.

Bedarf, im weiteren Sinne: Summe der Bedürfnisse.

Bedarf, im engeren Sinne (des Bildungsbedarfs): Notwendiger Be-stand an spezifisch ausgebildeten Arbeitskräften (Bestandsgröße).

Bedarfsprognose: Vorausschätzung (»forecast«) des Bestandes an spezifisch ausgebildeten Arbeitskräften, der zur Realisierung von Zielen erforderlich ist.

Beruf: 1. »Die auf Erwerb gerichteten, besondere Fertigkeiten

und Kenntnisse sowie Erfahrungen erfordernden und in einer typischen Kombination zusammenfließenden Arbeitsverrichtungen, durch die der einzelne an der wirtschaftlichen, kulturellen oder geistigen Leistung der Gesamtheit mitschafft und die in der Regel auch die Lebensgrundlage für ihn und seine nicht berufstätigen Angehörigen ist.« (Amtliche Berufssystematik der Bundesrepublik Deutschland)
2. Komplex von Voraussetzungen, Arbeitskenntnissen, Arbeitsfertigkeiten, Arbeitsverfahren der geistigen Tätigkeit und Arbeitserfahrungen, die zur Ausführung gesellschaftlich notwendiger Tätigkeiten auf einem bestimmten Arbeitsgebiet erforderlich sind und meist in Form einer systematischen Ausbildung erworben werden. (Definition der DDR)

Berufsbenennung: Bezeichnung für berufliche Tätigkeitsanforderungen nach nominalen Kriterien.

Berufsklassifikation: Verzeichnis der Berufe der amtlichen Berufssystematik auf der Grundlage berufssystematischer Einheiten (z. B. Berufsabteilungen, Berufsgruppen, Berufsordnungen, Berufsklassen).

Berufsstruktureffekt: Analyse und Prognose der Entwicklung des Anteils bestimmter berufssystematischer Einheiten (z. B. Berufsabteilungen, Berufsgruppen, Berufsordnungen, Berufsklassen) an den Wirtschaftssektoren.

Berufstätige: Gesamtheit der im Arbeitsprozeß stehenden Personen.

Bildungsaufwand, gesellschaftlicher: Gesamtheit der materiellen und finanziellen Mittel für die Durchführung von Bildungsprozessen; qualitativ als Gesamtheit der erforderlichen Gebäude, Einrichtungen, Lehr- und Lernmittel, sonstiger Materialien sowie unterschiedlich qualifizierter Arbeitskräfte (Ausbilder) und quantitativ auf das Geldmaß reduzierte Summe aller für den Bildungsprozeß notwendigen Mittel, d. h. finanzieller Aufwand an lebendiger und vergegenständlichter Arbeit im Bildungsbereich.

Bildungsausgaben, gesamtwirtschaftliche: Summe der privaten und öffentlichen Bildungskosten direkter Art sowie indirekter Art (»opportunity costs«).

Bildungsbilanz: Nach Art und Höhe der Ausbildung strukturierte Arbeitskräftebilanz.

Bildungsfonds: Während des Ausbildungsprozesses im Qualifikationsniveau der Arbeitskräfte materialisierte Bildungsaufwendungen.

Bildungsfonds, Reproduktion der: Prozeß der stofflichen und wertmäßigen Wiederherstellung und Erweiterung der für den Bildungsprozeß erforderlichen materiellen und Arbeitskräftefonds
in einem gegebenen Zeitraum, wobei analog dem Reproduktionsprozeß der Produktionsfonds in der materiellen Produktion zwischen einfacher und erweiterter Reproduktion der Bildungsfonds
(Fortführung der Bildungsprozesse auf bisheriger oder erweiterter Stufenleiter) zu unterscheiden ist.

Bildungsfondsintensität: Verhältnis der eingesetzten Bildungsfonds
zum Produktionsergebnis (Nationaleinkommen, Bruttoprodukt
usw.), das zum Ausdruck bringt, wieviel Mark Bildungsfonds
notwendig sind, um eine Einheit Produktionsergebnis hervorzu-
bringen (reziproker Wert der Bildungsfondsquote).

Bildungsfondsquote: Verhältnis des erzielten Produktionsergebnis-
ses zu den eingesetzten Bildungsfonds (reziproker Ausdruck der
Bildungsfondsintensität).

Bruttoinlandsprodukt: Der Teil der wirtschaftlichen Leistungen
einer Volkswirtschaft, der im Inland erbracht wird.

Bruttoinvestition: Summe aller Netto- und Reinvestitionen einer
Volkswirtschaft, d. h. des Zuwachses der Sachgüterbestände
und des Ersatzes der durch die Produktion verbrauchten Produktionsmittel in einer Periode.

Bruttosozialprodukt: Gesamtergebnis der wirtschaftlichen Leistungen einer Volkswirtschaft, bestimmt durch den Wert aller von
Inländern während einer Periode (in der Regel innerhalb eines
Jahres) erstellten Güter und Dienstleistungen, die einen Marktwert besitzen und die verbraucht, investiert oder exportiert
wurden.

Cobweb-Theorem: Eine nach spinngewebeähnlichem Verlauf be-
nannte Theorie (»Spinnweb-Theorem«) zur Erklärung oszillato-
rischer Preis- und Mengenschwankungen, die auf verzögerten
Angebotsanpassungen beruhen.

cost-benefit-analysis: Kosten-Ertrags-Vergleich von (im Infrastruk-
tursektor der Volkswirtschaft) eingesetzten Ressourcen bei alternativen Verwendungsmöglichkeiten.

Dichteziffer: Relation, die in der Bildungsökonomie als Analyse-,
Prognose- oder Planungskriterium das Verhältnis von spezifisch
ausgebildeten Arbeitskräften zur Gesamt-, Erwerbs- oder Schulbevölkerung mißt.

Dienstleistungen: 1. Arbeitsleistungen, die nicht auf die Erzeugung

von Gütern, sondern unmittelbar auf die Befriedigung von Bedürfnissen gerichtet sind.
2. Tätigkeit der Zweige, die sich mit der kulturellen, sozialen und medizinischen Betreuung befassen.

Disponibilität: 1. Grad der funktions- bzw. tätigkeitsbezogenen Allgemeinverwendbarkeit einer spezifischen Ausbildungsqualifikation der Arbeitskräfte.
2. Erfordernis der modernen Großproduktion in bezug auf die vielseitige Einsetzbarkeit der Werktätigen im Arbeitsprozeß, das ein allgemeines gesellschaftliches Produktionsgesetz darstellt.

drop out: Verlassen einer Bildungsinstitution vor Abschluß des formal vorgeschriebenen Bildungsganges.

economies of scale: Kostenersparnisse durch Vergrößerung der Produktion bis zur optimalen Ausbringung.

Elastizität: Verhältnis der relativen Änderung einer Größe zu der sie verursachenden relativen Änderung einer anderen Größe.

Erfolgsquote: Prozentualer Anteil der Absolventen eines Ausbildungszyklus an der Gesamtzahl der Schüler/Studenten im ersten Jahr des Zyklus (»educational survival rate«).

Erlernter Beruf: Auf der Basis einer systematischen Berufsausbildung erworbene Qualifikation der Arbeitskraft.

Ersatzbedarf: Verminderung des Arbeitskräftebestandes zwischen der Basis- und Zielperiode durch Invalidität, Tod, Wanderung und Ausscheiden aus dem Erwerbsleben (»replacement demand«).

Erwachsenenqualifizierung: Teil des einheitlichen sozialistischen Bildungssystems in der DDR zur Erlangung und Vervollkommnung der beruflichen Ausbildung und Allgemeinbildung der Werktätigen entsprechend den gesellschaftlichen Forderungen und den persönlichen Interessen.

Erwerbsfähige: Erwerbspersonen im erwerbsfähigen Alter (15–65 Jahre).

Erwerbspersonen: Beschäftigte und Arbeitslose.

Erwerbsquote: Relation der im erwerbsfähigen Alter (15–65 Jahre) stehenden Personen zur Gesamtbevölkerung (»labor force participation rate«) in der Bevölkerungsstatistik; in der Berufszählung die Zahl der ermittelten Erwerbspersonen (Erwerbstätige plus vorübergehend Arbeitslose) je Altersgruppe bezogen auf die Wohnbevölkerung.

Erwerbstätige: Tatsächlich eingesetzte Arbeitskräfte (Beschäftigte).

Expansionsbedarf: Arbeitskräftebestand in der Zielperiode minus Arbeitskräftebestand in der Basisperiode (»expansion demand«).

external economies (der Ausbildung): Soziale Zusatzerträge der Ausbildung, die nicht dem Ausbildungsempfänger selbst, sondern Dritten oder der Gesellschaft insgesamt zufließen.

faux frais: Unkosten, Nebenkosten (»falsche Kosten«).

Flexibilität: Grad der allgemeinen Verwendbarkeit von gleichartig ausgebildeten Arbeitskräften für unterschiedliche Tätigkeitsanforderungen.

Fluktuation: Realisierter Arbeitsplatzwechsel.

Fonds, im weiteren Sinne: Allgemeine ökonomische Kategorie der sozialistischen Ökonomik entweder als Bestand, Vorrat an materiellen und finanziellen Mitteln oder als Gesamtheit der während einer bestimmten Zeit (z. B. während eines Jahres) zur Verfügung stehenden materiellen und finanziellen Mittel zur Durchführung ökonomischer und sozialer Aufgaben der Gesellschaft in den verschiedenen Sphären ihrer Tätigkeit.

Fonds, im engeren Sinne: Im Reproduktionsprozeß prozessierende Fonds, die einmalig für längere Zeiträume vorgeschossen werden und deren materieller Inhalt die fungierenden Arbeitsmittel, Arbeitsgegenstände und Arbeitskräfte sind, während sie ihren wertmäßigen Ausdruck in den Grund- und Umlaufmitteln der sozialistischen Warenproduzenten finden. Die Fonds sind gesellschaftliches Eigentum an den Produktionsmitteln und treten entweder als staatliche oder als genossenschaftliche Fonds auf. Als Bestände existieren die Fonds als Produktionsfonds, Zirkulationsfonds oder Konsumtionsfonds. Zu den Produktionsfonds gehören die in der materiellen Produktion fungierenden Grundfonds und Umlauffonds. Zu den Zirkulationsfonds gehören die in der Zirkulationssphäre fungierenden Grund- und Umlauffonds; das sind Anlagen, Verkaufseinrichtungen, Warenbestände sowie Finanzmittel in den Kassen und auf den Bankkonten. Zu den Konsumtionsfonds im Sinne von Beständen gehören vor allem die Wohnhäuser, Kultur- und Sportstätten, aber auch die in persönlichem Eigentum befindlichen langlebigen Konsumgüter. Besondere Bedeutung für den kontinuierlichen Verlauf des Reproduktionsprozesses hat der gesellschaftliche Reservefonds. – Als Gesamtheit der in einem bestimmten Zeitraum für den Verbrauch zur Verfügung stehenden Mittel werden ebenfalls Fonds in der Produktion, Distribution, Zirkulation und Konsumtion unterschieden. Zu den Fonds der Produktion in diesem Sinne gehören der Materialfonds, der Arbeitskräftefonds bzw. der Arbeitszeitfonds und der Maschinenzeitfonds. Der Lohnfonds ist gleichzeitig Fonds der Produktion und Distribution. Die wichtigsten Fonds der Zirkulation sind die Kauffonds und der Warenfonds.

Fondsökonomie: Nutzung der im Produktionsprozeß fungierenden vorgeschossenen Produktions- und Zirkulationsfonds.

Funktion: Gesetzmäßig abhängige Beziehung einer Variablen zu einer oder mehreren anderen Variablen.

Gebrauchswert: 1. Bedeutung eines Gutes hinsichtlich seiner subjektiven Nützlichkeit bzw. seiner objektiven Eignung für einen bestimmten Zweck.
2. Nützlichkeit eines Dinges, seine Fähigkeit, Bedürfnisse des Menschen zu erfüllen. Ein Ding kann entweder als Gegenstand der individuellen Konsumtion Bedürfnisse der Menschen unmittelbar befriedigen oder als Produktionsmittel zur Herstellung materieller Güter dienen.

Gesamtangebot: Rest- und Neuangebot.

Gesamtarbeit: Summe des Aufwandes an lebendiger und vergegenständlichter Arbeit. Der individuelle (betriebliche) Aufwand an Gesamtarbeit bestimmt den individuellen Wert der Waren, während die gesellschaftlich notwendige, d. h. zu dem gegebenen Durchschnitt der gesellschaftlichen Produktionsbedingungen aufgewendete Gesamtarbeit Grundlage für die Bestimmung des gesellschaftlichen, des wirklichen Wertes der Waren ist.

Gesamtbedarf: Arbeitskräftebestand in der Basisperiode plus Ersatz- und Expansionsnachfrage nach Arbeitskräften in der Zielperiode.

Gesamtnachfrage: Ersatznachfrage plus Expansionsnachfrage.

Gesamtprodukt, gesellschaftliches: Wert der gesamten materiellen Produktion einer Volkswirtschaft innerhalb eines bestimmten Zeitraums (»Bruttoprodukt«). Das gesellschaftliche Gesamtprodukt wird als Summe der Bruttoproduktionswerte der zum produktiven Bereich der Volkswirtschaft gehörenden Betriebe ermittelt.

Gesetz der Ökonomie der Zeit: Allgemeines ökonomisches Gesetz, das die Notwendigkeit beinhaltet, Arbeit in der materiellen und nichtmateriellen Sphäre auf rationellste Weise zu verausgaben, in der Produktion den Aufwand an Arbeit je Erzeugnis systematisch zu senken und ihn auf die Fertigung solcher Erzeugnisse zu verwenden, die den größten volkswirtschaftlichen Nutzeffekt ergeben.

Gesetz der planmäßigen proportionalen Entwicklung: Ökonomisches Gesetz des Sozialismus, welches das Prinzip der bewußten gesellschaftlichen Beherrschung aller wesentlichen Zusammenhänge zwischen den verschiedenen Teilfunktionen im gesellschaftlich arbeitsteiligen Produktionsprozeß und damit bewußte, vorherbestimmte Proportionalität »der verschiedenen Arbeitsfunktionen zu den verschiedenen Bedürfnissen« (Marx) der Gesellschaft beinhaltet.

Gesetz des tendenziellen Falls der Profitrate: Mit der Entwicklung des Kapitalismus weist die Durchschnittsprofitrate einen tendenziellen Fall auf, weil durch das Streben nach höchsten Profiten und den Konkurrenzkampf die technische Ausrüstung der Betriebe zunimmt, so daß sich die organische Zusammensetzung des Kapitals, d. h. das Verhältnis zwischen dem konstanten und dem variablen Kapital, erhöht und dadurch die allgemeine Profitrate sinkt.

gestation period: Ausreifungszeit von Investitionen.

Gewinn: Differenz zwischen Produktionskosten und Produktionserlös.

Gleichgewicht: Zustand ohne immanente Änderungstendenz.

Grenzertrag: Veränderung des Gesamtertrages bezogen auf eine marginale Änderung der eingesetzten variablen Faktoren.

Grenzleistungsfähigkeit des Kapitals: Erwartete Grenzrentabilität des Kapitals (»marginal efficiency of capital«).

Humankapital, im weiteren Sinne (des immateriellen Kapitals): Vorrat an immateriellen Kenntnissen, Fähigkeiten und Fertigkeiten einer Person, Personengruppe oder der Gesellschaft (»investment in human beings«).

Humankapital, im engeren Sinne (des Bildungskapitals): Im Arbeitskräftepotential inkorporiertes Wissen, gemessen aufgrund formaler Ausbildungsqualifikationen oder durch die Gesamtkosten der Ausbildung einer bestimmten Ausbildungsdauer multipliziert mit der Anzahl der Ausbildungsempfänger einer entsprechenden Ausbildungsdauer (»stock of education measured by costs«).

HQA: Hochqualifizierte Arbeitskräfte (»Highly Qualified Manpower«).

inflows: Neueintritte.

Infrastruktur: Gesamtheit der (in der Regel) öffentlichen Einrichtungen, die eine Grundvoraussetzung für wirtschaftliche Aktivitäten bilden.

Innovation: Entwicklung und Einführung technischer Neuerungen auf dem Markt.

Input-Output-Analyse: Simultane Analyse der Struktur der intersektoralen oder interregionalen Verflechtungen der Gesamtwirtschaft.

Instrumentvariable: Größe, auf die ein Entscheidungsträger Einfluß ausüben kann und will.

Intervallprognose: Die Zukunftswerte von Variablen können innerhalb einer Bandbreite zufällige Abweichungen aufweisen.

invention: Grundlegende Forschungen und Erfindungen.

Investition: Langfristige Anlage von Kapital zum Zwecke einer Veränderung der Sachgüterbestände in Unternehmungen zur Erhaltung, Verbesserung und Vermehrung der Produktion.

Kapital: 1. Gesamtheit der in einer Volkswirtschaft zu Investitionszwecken zur Verfügung stehenden Geldmittel.
2. Wert, der mittels der Exploitation von Lohnarbeitern Mehrwert abwirft.

Kapital, konstantes: »Der Teil des Kapitals, der sich in Produktionsmittel (Rohstoffe, Hilfsstoffe und Arbeitsmittel) umsetzt und seine Wertgröße im Produktionsprozeß nicht verändert« (Marx).

Kapital, variables: Der in Arbeitskraft umgesetzte Teil des Kapitals, der seinen Wert im Produktionsprozeß dadurch verändert, daß er sein eigenes Äquivalent reproduziert sowie einen Überschuß (Mehrwert) darüber hinaus schafft.

Kapital, Zirkulation des: Der sich auf dem Markt vollziehende Prozeß der Verwandlung des Kapitals aus der Geldform in die Warenform und aus der Warenform in die Geldform, der als Bestandteil des Kreislaufs des Kapitals den Kauf von Produktionsmitteln und Arbeitskraft gegen Geld und die Realisierung der Waren seitens des Kapitalisten umfaßt.

Kapitalismus, staatsmonopolistischer: Herrschaftsform des Monopolkapitals in kapitalistischen Ländern, die zwecks Sicherung hoher Monopolprofite zur Unterordnung des bürgerlichen Staates unter den Apparat der Monopole und Finanzoligarchien führt und eine hohe Konzentration und Zentralisation des Kapitals zur Voraussetzung hat.

Klassifikation: Einteilung von Grundgesamtheiten in unterschiedliche Klassen gleicher Art.

Konjunktur: 1. Zyklischer Ablauf der Wirtschaft in den Wechsellagen zwischen Boom und Rezession.
2. Konkreter Stand des kapitalistischen Produktions- und Zirkulationsprozesses zu einem beliebigen Zeitpunkt des ökonomischen Zyklus.

Konkurrenz, vollkommene: Marktform, die bei Existenz nur eines homogenen Gutes, jedoch einer großen Zahl von Marktteilnehmern auf beiden Marktseiten entsteht.

Kosten-Ertrags-Modell: Planungsansatz, der den volkswirtschaftlichen Kosten der Ausbildung die direkten privaten Erträge (gemessen in den ausbildungsspezifischen Einkommensdifferenzen unterschiedlicher Ausbildungsgruppen) gegenüberstellt, um die Rendite von Bildungsinvestitionen zu bestimmen (»returns to education approach«).

Kreislauftheorie: Analyse der volkswirtschaftlichen Geld- und Güterströme, ihres Zusammenhangs und der zwischen ihnen bestehenden Interdependenzen.

Lehrerbedarfskoeffizient: Lehrer/Schüler-Relation (»teacher/pupil-ratio«).

Limitationalität: Die Faktoreinsatzmengen stehen aufgrund komplementärer Beziehungen in einer technisch eindeutigen Relation zur geplanten Produktmenge.

manpower: Tatsächlich eingesetzte Arbeitskräfte.

Marginalprinzip: Methode der Nationalökonomie, bei der die ökonomischen Größen nicht als Gesamtaggregat, sondern nur ihre zuletzt hinzugekommenen Einheiten und die durch sie verursachten Änderungen analysiert werden (»Grenzprinzip«).

Markt: 1. Der ökonomische Ort des Tausches, an dem sich durch das Zusammentreffen von Angebot und Nachfrage die Preisbildung vollzieht.
2. Sphäre der Warenzirkulation, Gesamtheit der Kauf- und Verkaufsakte, das Warenangebot und die zahlungsfähige Nachfrage nach Waren.

Marktmechanismus: Automatische Abstimmung von Angebot und Nachfrage über den Preis am freien Markt.

Markttransparenz: Überschaubarkeit der Marktbedingungen für alle Marktbeteiligten am Markt.

Marktwirtschaft: Organisation einer Volkswirtschaft, in der eine

Vielzahl von Wirtschaftsplänen existiert und die Koordination
der individuellen Wirtschaftspläne sich über die freie Preisbildung auf dem Markt vollzieht.

Mechanisierung: Prozeß der Ersetzung der menschlichen Arbeit in
ihrer überwiegend energetischen und ausführenden Funktion im
Produktionsprozeß durch den Einsatz von Maschinenwerkzeugen, Mechanismen, Maschinen und Maschinensystemen mechanischer, hydraulischer, pneumatischer, elektrischer und elektronischer Art zur Durchführung von Arbeitsoperationen.

Mechanisierungsgrad: Relation der mechanisiert durchgeführten
Arbeitsfunktionen zu den manuell durchgeführten Arbeitsfunktionen im Arbeitsprozeß.

Mechanisierungskoeffizient: Verhältnisausdruck für den Prozeß der
Ersetzung der Hand- und Maschinenarbeit, der in der Regel das
prozentuale Verhältnis der Zahl der Produktionsarbeiter, die
überwiegend an Maschinen oder Anlagen arbeiten (Maschinenarbeiter), zur Gesamtzahl der Produktionsarbeiter bezeichnet.

Mechanisierungsstufe: Ausmaß, in dem bestimmte Arbeitstätigkeiten durch Werkzeuge, Maschinen und Anlage, Steuer- und Regel-
einrichtungen ausgeführt werden.

Mehrarbeit: Die über die notwendige Arbeit, deren Produkt von
den unmittelbaren Produzenten selbst sowie ihren Angehörigen
verzehrt wird, hinausgehende Arbeit, die in der Mehrarbeitszeit
geleistet wird. Mehrarbeit verkörpert sich im Mehrprodukt und
bildet in jeder Produktionsweise die Grundbedingung zur erweiterten Reproduktion.

Mehrarbeitszeit: Die Zeit, in der ein Lohnabhängiger oder Werktätiger materielle Güter über das Ausmaß dessen hinaus produziert, das für die Reproduktion seiner Arbeitskraft notwendig ist.

Mehrprodukt: Arbeitsprodukt, das von den Arbeitenden in der
Sphäre der materiellen Produktion über das Ausmaß hinaus produziert wird, als es für die Reproduktion ihrer Arbeitskraft notwendig ist.

Mehrwert: Das durch Mehrarbeit geschaffene und vom Kapitalisten
angeeignete Mehrprodukt.

Mehrwertrate: Exploitations(Ausbeutungs-)grad der Arbeitskraft,
der durch das Verhältnis des Mehrwertes zum variablen Kapital
bestimmt wird.

Mobilität, im engeren Sinne: 1. Realisierter berufs- bzw. tätigkeits-
bezogener Positionswechsel von unterschiedlich ausgebildeten

oder unterschiedlich qualifizierten Personen und Personengruppen.

– *im weiteren Sinne (des potentiellen Berufswechsels):* Subjektive Bereitschaft oder objektive Fähigkeit zum berufs- bzw. tätigkeitsbezogenen Positionswechsel von Personen und Personengruppen.

2. Die aus der Entwicklung der Produktivkräfte herrührende Notwendigkeit für die Arbeitskraft, im Rahmen der sozialistischen Arbeitskräftedisposition und Volkswirtschaftsplanung den Arbeitsbereich und/oder die Qualifikationsart wechseln zu müssen.

Modell: Einheitliche gedankliche Hilfskonstruktion zur logischen Behandlung quantitativer und qualitativer Erscheinungen der Realität auf vereinfachter Grundlage.

Monopol: 1. Marktform, bei der auf der Seite des Angebots oder der Nachfrage oder auf beiden Seiten nur jeweils ein Anbieter bzw. Nachfrager vorhanden ist.

2. Abkommen, Vereinigung oder Verband von Kapitalisten, die die Produktion und den Absatz eines erheblichen bzw. entscheidenden Teiles der Produktion eines Wirtschaftszweiges auf sich konzentrieren.

Multiplikatorprinzip: Theorem der Nationalökonomie, das aufzeigt, wie durch eine autonome Änderung der Nettoinvestition eine über das durch die Investition geschaffene zusätzliche Einkommen hinausgehende Zunahme des volkswirtschaftlichen Gesamteinkommens ausgelöst wird.

Nachfrage, im weiteren Sinne: Anzahl der Käufer auf einem Markt oder diejenige Menge von Waren, die die Käufer erwerben wollen (»effektive Nachfrage«).

Nachfrage, im engeren Sinne (der Bildungsnachfrage): Veränderungen des Bestandes an spezifisch ausgebildeten Arbeitskräften im Zeitablauf (Stromgröße).

Nachfrage-Modell: Planungsansatz, der den zukünftigen Bedarf von Wirtschaft und Gesellschaft nach ausgebildeten Kräften vorausschätzt (»manpower forecasting approach«).

Nationaleinkommen: Wert des um den Produktionsverbrauch verminderten gesellschaftlichen Gesamtprodukts.

Neuangebot: Aus den prognostizierten Abgängen des Bildungssystems ermitteltes zukünftiges Angebot an spezifisch ausgebildeten Arbeitskräften.

Nettosozialprodukt: Das um die Abschreibungen verminderte
Bruttosozialprodukt einer Volkswirtschaft, wobei die Abschreibungen den wertmäßigen Ausdruck für die Abnutzung beinhalten, die der Produktionsapparat einer Volkswirtschaft im Zuge
des Produktionsprozesses erleidet.

Ökonomisches Prinzip: Mit gegebenen Mitteln ist der höchstmögliche Ertrag, ein gegebener Zweck ist mit dem geringstmöglichen
Mitteleinsatz zu erzielen.

operation period: Lebensdauer von Investitionen.

Optimierungsmodell: Entscheidungsmodell mit flexiblen Zielen und
Maximierung der Zielfunktion im mathematischen Sinne unter
Berücksichtigung von Nebenbedingungen (»flexible target policy
model«).

opportunity costs: Entgangenes Einkommen, das die Schüler und
Studenten während ihrer freiwilligen Schulbesuchsverlängerung
über die Pflichtschulzeit hinaus außerhalb der Schule im Arbeitsprozeß erzielen könnten sowie die dem Staat dadurch entgehen-
den Steuereinnahmen (»Alternativkosten«).

outflows: Abgänge.

Perspektivplanung: Aufstellung, Organisation und Erfüllung von
Plänen zur Entwicklung der sozialistischen Volkswirtschaft sowie
einzelner Wirtschaftszweige und Gebiete, die für eine Reihe von
Jahren berechnet sind.

Planung: 1. Vorausschauende Koordinierung von zukünftigen Prozessen auf normativer Basis.
2. Wissenschaftlich begründete Festlegung der gesellschaftlichen
Entwicklung, insbesondere der Volkswirtschaft und ihrer Teilsysteme, in bestimmten Zeiträumen unter sozialistischen Produktionsbedingungen sowie bewußter Ausnutzung des Systems der
ökonomischen Gesetze des Sozialismus.

Planwirtschaft: 1. Organisation einer Volkswirtschaft, bei der ein
ökonomischer Gesamtplan über den Ablauf des Wirtschaftsprozesses entscheidet und die individuellen Einzelpläne der Wirtschaftssubjekte, soweit überhaupt Freiheit der Entscheidung besteht, diesem Gesamtplan untergeordnet sind.
2. Eine auf dem gesellschaftlichen Eigentum an den Produktionsmitteln beruhende Volkswirtschaft, die vom Staat in Übereinstimmung mit den Erfordernissen des Gesetzes der planmäßigen
proportionalen Entwicklung der Volkswirtschaft nach einem Plan
gelenkt wird.

Preis: Der in Geld ausgedrückte Tauschwert einer Ware.

Preiselastizität der Nachfrage nach ausgebildeten Arbeitskräften: Grad, in dem sich in der Nachfrage nach Arbeitsleistungen bei Preisänderungen für eine Ausbildungskategorie Substitutionsvorgänge hinsichtlich anderer Ausbildungskategorien auswirken.

Produktion: 1. Erzeugung von Gütern durch Kombination der Produktionsfaktoren.
2. Gesamtheit der miteinander verbundenen Prozesse, in welchen von den Menschen unmittelbar Rohstoffe gewonnen bzw. Materialien zu Gebrauchsgegenständen be- oder verarbeitet werden.

Produktionselastizität der Bildung: Verhältnis des Bildungskapitals zum Output, das zum Ausdruck bringt, um wieviel Prozent sich das Einkommen der Volkswirtschaft verändert, wenn die Bildungsausgaben um ein Prozent erhöht werden.

Produktionsfaktoren: Die zur Erstellung von wirtschaftlichen Leistungen (»Output«), d. h. von Gütern und Diensten, erforderlichen materiellen und immateriellen Inputs (Real- und Humankapital).

Produktionsfaktoren, limitationale: Inputfaktoren, zwischen denen keine Substitution möglich ist.

Produktionsfaktoren, substitutionale: Inputfaktoren, die untereinander ausgetauscht werden können.

Produktionsfunktion: Funktionale Beziehung zwischen den Inputfaktoren der Produktion und dem durch die Wertschöpfung gemessenen Output.

Produktionskoeffizient: Faktormenge, die pro Einheit des Endprodukts benötigt wird.

Produktionsmittel: 1. Ausdruck für den Produktionsfaktor Kapital im Unterschied zu den originären Produktionsfaktoren Boden und Arbeit.
2. Gesamtheit der Arbeitsmittel und Arbeitsgegenstände, die der Mensch zur Produktion der materiellen Güter verwendet.

Produktionsprozeß: Gesamtheit der miteinander verbundenen Prozesse, in welchen von Menschen unmittelbar Rohstoffe gewonnen bzw. Materialien zu Gebrauchsgegenständen be- und verarbeitet werden.

Produktionsverhältnisse: Verhältnisse zwischen den Menschen, die im Prozeß der Produktion, des Austausches und der Verteilung der materiellen Güter entstehen.

Produktivität: Verhältnis zwischen Produktionsergebnis und Faktoreinsatz.

Produktivkräfte: Verhältnis der Menschen mit ihren Produktionserfahrungen und Arbeitsfertigkeiten zu den für die Produktion der materiellen Güter benutzten Produktionsmitteln und Kräften der Natur.

Produktivkraft Wissenschaft: Element im System der modernen Produktivkräfte, das durch seine Vergegenständlichung in Produktionsmitteln, Produktionsverfahren, Technologien usw. und als Grundlage der Leitung gesellschaftlicher Produktionsprozesse sowie dadurch, daß das Wissen sich in den Fähigkeiten der Produzenten verkörpert und in der produktiven Arbeit unmittelbar wirksam wird, zu einem höchst wirkungsvollen Produktivitätsfaktor geworden ist, der auf jedes einzelne Element wie auch auf das Gesamtsystem der wechselwirkenden Elemente der Produktivkräfte einen revolutionierenden Einfluß ausübt. Durch die Verwandlung der Wissenschaft in eine unmittelbare Produktivkraft verschmelzen Produktion und Wissenschaft immer mehr zu einer Einheit, wobei die Produktion immer stärker angewandte Wissenschaft wird.

Profit: 1. Summe von Unternehmerlohn, Unternehmergewinn sowie von Zinsen auf Eigenkapital.

2. Einkommen, das der Kapitalist als Ergebnis der Anwendung seines Kapitals in der verwandelten Form des Mehrwerts erhält.

Profitrate: 1. Verhältnis von Profit zum eingesetzten Kapital.

2. Verhältnis des Mehrwertes zum vorgeschossenen Gesamtkapital.

Prognose: Kategorische Aussage über die Zukunftswerte von Variablen auf der Basis von intuitiven Vorstellungen über die Zukunft oder von Beobachtungen über Gesetzmäßigkeiten in der Vergangenheit.

Projektion: Konditional formulierte Zukunftsaussage.

Projektionsmodelle: Projektionen der wahrscheinlichen Entwicklung, Alternativprojektionen und Zielprojektionen.

Qualifikation: 1. – im engeren Sinne: Gesamtheit der Kenntnisse, Fähigkeiten und Fertigkeiten, über die eine Person verfügt oder als Voraussetzung für die Ausübung einer beruflichen Tätigkeit verfügen muß.

– im weiteren Sinne: Gesamtheit der Kenntnisse, Fähigkeiten und Fertigkeiten, über die eine Person als Voraussetzung für eine

ausreichende Breite in der beruflichen Einsetzbarkeit verfügen
muß.

2. Gesamtheit der Arbeitskenntnisse, Arbeitsfertigkeiten, Arbeitsverfahren der geistigen Tätigkeit und Arbeitserfahrungen eines
Werktätigen als Voraussetzung für eine gesellschaftlich nützliche
Tätigkeit. Unter Beachtung der physiologischen und psychologischen Leistungsfähigkeit des Werktätigen bestimmt die Qualifikation das Arbeitsvermögen.

Qualifikationsanforderungen: Anforderungen der Arbeit an die
Qualifikation des Werktätigen im Arbeitsprozeß, die mittel- oder
unmittelbar die Durchführung der Arbeitsaufgabe und den rationellen Einsatz des Arbeitsvermögens bestimmen.

Qualifikationsstruktur: Gesamtheit der Proportionen der sich aus
der Arbeitsteilung ergebenden typischen Qualifikationsstufen und
-gruppen der Werktätigen.

Realkapital: Vorrat an materiellen Anlagen einer Unternehmung.
Branche, Region oder Volkswirtschaft.

Relativer Schulbesuch: Anteil der Schüler und Studenten einer bestimmten Ausbildungskategorie an der gleichaltrigen Bevölkerung (»enrolment ratio«).

Rentabilität: Verhältnis zwischen Betriebsgewinn und eingesetztem
Kapital.

Reproduktion: Ständige Erneuerung und Wiederholung des Produktionsprozesses, d. h. des gesellschaftlichen Produkts und der
Produktionsverhältnisse.

Reproduktion, einfache: Erneuerung und periodische Wiederholung der kapitalistischen Produktion in unverändertem Umfang
(»Reproduktion auf einfacher Stufenleiter«).

Reproduktion, erweiterte: Periodische Erneuerung der kapitalistischen Produktion, wobei ein Teil des Mehrwerts in Kapital verwandelt und akkumuliert wird, so daß die Produktion dadurch
erweitert wird (»Reproduktion auf erweiterter Stufenleiter«).

Residualfaktor: Der durch die klassischen Produktionsfaktoren der
Produktionsfunktion nicht erklärbare Rest an Produktivitätszuwachs.

Restangebot: Fortschreibung des Bestandes von Erwerbspersonen
einer Basisperiode aufgrund der Alters-, Geschlechts-, Berufs-,
Qualifikations- und Bildungsstruktur bis zur Zielperiode.

Saysches Theorem des Bildungswesens: Jedes Angebot an Ausgebildeten schafft sich automatisch gerade den Bedarf, der mit dem

verfügbaren Bildungsangebot übereinstimmt.

Schulbevölkerung: Bevölkerung im Schul- und Hochschulalter (ca. 6–25 Jahre).

Singulärprojektion: Die zu projektierende Größe wird als autonome Größe aufgefaßt und ohne Bezugsrahmen auf andere Variablen projektiert.

Sozialprodukt: Summe der in einer Periode in einer Volkswirtschaft erzeugten materiellen und immateriellen Güter nach Abzug sämtlicher Vorleistungen durch Verbrauch von Roh- und Halbmaterial und durch Abschreibungen infolge von Wertminderung der Produktionsanlagen.

Staatshaushalt: Einnahmen- und Ausgabenrechnung staatlicher Institutionen.

Steuern: Die vom Staat von natürlichen und juristischen Personen ohne spezielle Gegenleistung erhobenen öffentlichen Abgaben.

stock-flow-ratio: Relation zwischen einer Bestands- und Stromgröße.

Stromgrößen: Zeitraumgrößen (»flows«).

Struktur: Art und Weise, wie die Teile eines Ganzen untereinander und in Beziehung zum Ganzen miteinander verbunden sind.

Substitution, im weiteren Sinne: Ersetzung eines wirtschaftlichen Faktors durch einen anderen, meist billigeren Faktor durch den Verwender.

Substitution, im engeren Sinne: Ersetzung von unterschiedlich ausgebildeten bzw. unterschiedlich qualifizierten Arbeitskräften durch den Nachfrager nach Arbeitsleistungen.

Substitution, horizontale: Substitution zwischen verschiedenen Arten der Ausbildungsqualifikation bei gleichem Ausbildungsniveau, bei gleichen Tätigkeitsanforderungen oder bei gleichem Output.

Substitution, unvollständige: Die Substitution ist unvollständig, wenn sie keinen vollwertigen Ersatz bewirkt (»Substitution bei Wertverlust«).

Substitution, vertikale: Substitution zwischen verschiedenen Ausbildungsniveaus bei gleicher Art der Ausbildungsqualifikation, gleichen Tätigkeitsanforderungen oder gleichem Output.

Substitution, vollständige: Die Substitution ist vollständig, wenn sie einen vollwertigen Ersatz bewirkt und somit keinerlei Nachteile für die Individuen, die Unternehmen und/oder die Gesellschaft bewirkt.

Systemprojektion: Die zu projektierende Größe wird in Verbindung mit dem gesamten System simultan geschätzt.

Tätigkeit: Kombination von im Arbeitsprozeß tatsächlich abgerufenen Anforderungsarten und Anforderungshöhen (Anforderungsgefüge).

Tätigkeitsmerkmale: Beschreibung der inhaltlichen Merkmale einer Tätigkeit (Arbeitsaufgabe oder Teilaufgabe), der Bedingungen ihrer Durchführung und der sich daraus ergebenden Arbeitsanforderungen.

Tauschwert: 1. Preis eines Gutes auf dem Markt.
2. Erscheinungsform des Wertes, die das Tauschverhältnis einer Ware zu einer anderen darstellt.

Technisierung: 1. Einführung und Anwendung technischer Mittel im Arbeitsprozeß.
2. Prozeß des Einsatzes mechanisierter und automatisierter Arbeitsmittel zur Erhöhung des Wirkungsgrades der menschlichen Arbeit im Arbeitsprozeß.

Technisierungsgrad: 1. Maß der technischen Entwicklung der Arbeitsmittel nach dem Grad der Autonomie der Prozeßabläufe (Mechanisierungs- bzw. Automatisierungsgrad).
2. Relation der mechanisiert durchgeführten Arbeiten zu den manuell durchgeführten Funktionen im Arbeitsprozeß als Ausdruck für die Arbeitszeitersparnis durch den Einsatz der Technik und rationeller Arbeitsverfahren.

Technisierungskoeffizient: Verhältnisausdruck für den Prozeß der Ersetzung der Handarbeit durch Arbeit mit technischen Hilfsmitteln; in der Regel ausgedrückt als prozentuales Verhältnis der Zahl der Produktionsarbeiter, die überwiegend an Maschinen oder Anlagen bzw. mit energiebetriebenen Maschinenwerkzeugen arbeiten, zur Gesamtzahl der Produktionsarbeiter.

Trendextrapolation: Prognosemodell ohne Instrumentvariablen.

Übergangsquote: Relation der Anzahl der Übertritte von Personen vom Sektor i zum Sektor j zwischen einer Basis- und Zielperiode zum Bestand an Personen im Sektor i in der Basisperiode (»transfer rates«).

Umschulung: 1. Im Anschluß an die Berufsausübung in einem erlernten Beruf muß oder wird ein neuer Beruf erlernt.
2. Ausbildung eines Werktätigen in einem anderen, meist nicht artverwandten Beruf, wenn der bisherige Beruf infolge wirtschaftlicher Strukturveränderungen oder aus sonstigen zwingen-

den Gründen nicht mehr ausgeübt werden kann.

Variable: Veränderliche Größe einer mathematischen Funktion.

Variable, endogene: Größe, die zu einem bestimmten Zeitpunkt durch Kräfte bestimmt wird, die innerhalb des ökonomischen Systems erfaßt werden und die sich gegenseitig beeinflussen.

Variable, exogene: Größe, die zu einem bestimmten Zeitpunkt durch Kräfte bestimmt wird, die außerhalb des untersuchten ökonomischen Prozesses liegen, diesen jedoch beeinflussen.

Verlaufsanalyse: Statistische Analyse des Durchlaufs (»flow analysis«) einzelner statistischer Einheiten (z. B. Ausbildungsempfänger, Erwerbstätige) durch das System (z. B. Bildungs- und/oder Beschäftigungssystem).

Volkseinkommen: Summe aller von Inländern innerhalb einer Periode aus dem In- und Ausland bezogenen Arbeits- und Vermögenseinkommen.

Volkswirtschaftliche Gesamtrechnung: Zahlenmäßige Darstellung der Entstehung, Verteilung und Verwendung des Sozialprodukts bzw. Volkseinkommens.

Weiterbildung und Fortbildung, berufliche: 1. Zusatzausbildung innerhalb der erlernten oder ausgeübten Tätigkeit.
2. *Weiterbildung:* Erweiterung, Vervollkommnung und Vertiefung bereits erworbener Kenntnisse, Fähigkeiten und Fertigkeiten, die nach dem Abschluß einer grundlegenden beruflichen Ausbildung erfolgt.

Wert: Die in einer Ware verkörperte und in ihr vergegenständlichte gesellschaftliche Arbeit.

Wertgesetz: Ökonomisches Gesetz der Warenproduktion, demzufolge sich die Waren entsprechend der zu ihrer Herstellung aufgewendeten Menge gesellschaftlich notwendiger Arbeit austauschen und dabei über den Wert der Zusammenhang arbeitsteilig verausgabter Teilarbeit zur gesellschaftlichen Gesamtarbeit vermittelt wird.

Wirtschaftliche Rechnungsführung: Methode der planmäßigen Wirtschaftsführung der sozialistischen Betriebe, die auf der Gegenüberstellung der Aufwendungen und Ergebnisse der Wirtschaftätigkeit in Geldform, auf der Deckung der Ausgaben der Betriebe aus eigenen Einnahmen, auf der Sicherung der Rentabilität der Produktion sowie auf der materiellen Interessiertheit bzw. auf der materiellen Verantwortlichkeit der Betriebe und ihrer Beschäftigten beruht.

Wirtschaftlichkeit: Verhältnis zwischen Erlös und Kosten (»Effizienz«).

Wirtschaftsbereich: 1. Zur Kennzeichnung der Wirtschaftsstruktur durch die amtliche Statistik geschaffenes System für die Einteilung der Hauptbereiche der wirtschaftlichen Aktivität nach Sektoren und Branchen (z. B. Wirtschaftsabteilungen, Wirtschaftsgruppen, Wirtschaftszweige, Wirtschaftsklassen).
2. Grundeinheit der Gruppierung der Volkswirtschaft für Planung, Rechnungsführung und Statistik entsprechend den Ergebnissen der gesellschaftlichen Arbeitsteilung.

Wirtschaftsstruktureffekt: Analyse und Prognose der Entwicklung des Anteils einzelner Wirtschaftssektoren an der Gesamtwirtschaft im Einfluß auf den künftigen Arbeitskräftebedarf.

Wirtschaftswachstum: Die ständige Erweiterung der Produktion an Gütern und Dienstleistungen.

Zielprojektion: Entscheidungsmodell mit fixen Zielwerten (»fixed target policy model«).

Zirkulation: 1. Gesamtheit der für die Leistung von Zahlungen verfügbaren Zahlungsmittel (»Zahlungsmittelumlauf«).
2. Austausch von Arbeitsprodukten mittels des Geldes, Verwandlung von Waren in Geld und von Geld in Waren.

Zyklus: 1. Zeitabschnitt zwischen Beginn der ersten Konjunkturphase und Ende der letzten.
2. Gesamtheit der sich ständig wiederholenden Perioden in der Entwicklung der kapitalistischen Produktion vom Beginn einer Überproduktionskrise bis zum Beginn der folgenden Überproduktionskrise.

602

612 SACHREGISTERSACHREGISTER

Vermögensbestand 105
Verwertung des Kapitals 218
Verwertungsprozeß 44, 60 f.
  83
Volkseinkommen 119
Volksvermögensrechnung 118
Vorbilanzierung, prognostische
  423, 427

Wachstum
– unerklärtes 117
– wirtschaftliches 54, 104,
  118 ff.
Wachstumsfaktoren 28, 86 f.,
  153 ff., 222 f., 231, 240 f.
Wachstumsmodelle 118 ff.
Wachstumsprozeß 55
Wachstumsrate 105, 147, 155
Wachstumstheorie 21, 118,
  380 ff.
Weiterbildung 338 f.
Weiterbildungseinrichtungen
  239
Weiterbildungsmaßnahmen 163
Weiterqualifizierung 236
Wertbildungsprozeß 60
Wertgröße 27 ff.
Werttheorie, Marx'sche 27 ff.,
  55 ff.

Wirtschaftswachstum
– Beziehungen der Bildung zum
  79 ff.
– Prognose des zu erwartenden
  393 f.
Wirtschaftlicher Fortschritt 123
Wissen, Veralterung des 142 ff.
Wissenschaftlich-technischer
  Fortschritt 41, 162, 237 ff.
Wissenschaftlich-technische
  Revolution 434, 454 ff.
Wohlfahrtsfunktion
  des Staates 212

Zeit, disponible 228
Ziele
– bildungsökonomische 406 ff.
– des ökonomischen Handelns
  218
Zielelemente der sozialistischen
  Gesellschaft 220
Zielraster der Angebotsseite 408
Zielrealisierung 221, 233
Zielvariable
– politisch determinierte 303 f.
– Prognose des Wirtschafts-
  wachstums als 394
Zielwerte, quantifizierte 387
Zusatzerträge, soziale 212 f.

Personenregister

Bitte beachten Sie
die folgenden Seiten:

Karl Marx

Das Kapital

Kritik der
politischen Ökonomie

Band I:
Der Produktionsprozeß
des Kapitals
Mit einem Geleitwort
von Karl Korsch
Ullstein Buch 2806

Band II:
Der Zirkulationsprozeß
des Kapitals
Mit einer Leseanleitung
von Rudolf Hickel
Ullstein Buch 2805

Band III:
Der Gesamtprozeß der
kapitalistischen Produktion
Mit einem Nachwort
von Harald Gerfin und
Rudolf Hickel
Ullstein Buch 2807

ein Ullstein Buch

Karl Marx/
Friedrich Engels

Staatstheorie

Materialien zur Rekonstruktion der marxistischen Staatstheorie

Herausgegeben und
eingeleitet von
Eike Hennig,
Joachim Hirsch,
Helmut Reichelt und
Gert Schäfer

Ullstein Buch 3008

Hier wird erstmals der Versuch unternommen, sämtliche Marx'schen Texte zur Theorie des Staates in einem Band zu sammeln, zu ordnen, zu deuten, in ihrer Resonanz zu analysieren und sie kritisch zur Diskussion zu stellen.
Vier der führenden jungen Vertreter der Politischen und Gesellschaftswissenschaften haben sich diese Aufgabe gestellt.

ein Ullstein Buch

Helmut
Reichelt (Hrsg.)

Ludwig
Feuerbach
Karl Marx
Friedrich Engels

Texte zur
materialistischen
Geschichts-
auffassung

Ullstein Buch 3145

ein Ullstein Buch

Michail Bakunin

Staatlichkeit und Anarchie und andere Schriften

Herausgegeben und
eingeleitet von
Horst Stuke

Ullstein Buch 2846

Aus dem Inhalt:
Horst Stuke: Vorwort und
Einleitung · Michail Bakunin:
Werke (1866–1871)
Der Sozialismus; Die
Prinzipien der Revolution;
Beiträge zur Genfer Zeitung
»Egalité«; Das Knuto-
germanische Kaiserreich
und die soziale Revolution;
Drei Vorträge vor den
Arbeitern des Tals von
St. Imier im Schweizer
Jura u. a.
Staatlichkeit und Anarchie
(1873; erstmals aus dem
Russischen übersetzt) · Briefe
(1847–1875), u. a. an
Herzen, Marx, Ogarjow ·
Bibliographie

ein Ullstein Buch

Anton
Semjonowitsch
Makarenko

Ein
pädagogisches
Poem
»Der Weg
ins Leben«

Mit einer Einführung
von Oskar Anweiler

Ullstein Buch 2871

A. S. Makarenkos
»Pädagogisches Poem« –
1925–35 entstanden und auch
unter dem Titel »Der Weg
ins Leben« veröffentlicht –
zählt zu den klassischen
Werken sozialistischer
Pädagogik. Makarenko
wurde 1920 beauftragt, die
Organisation eines Jugend-
Kollektivs für Rechtsverletzer
aufzubauen. In romanhafter
Form wird berichtet, wie
das Kollektiv entsteht, wie die
Prinzipien herausgearbeitet
werden, wie durch mensch-
lichen Zusammenhalt die
Gruppenmitglieder aus ihrer
chaotischen Wirklichkeit
herauswachsen.

ein Ullstein Buch

Dieter Lüttge

Einführung in die Pädagogische Psychologie

Ullstein Buch 2904

Die Pädagogische Psychologie untersucht und reflektiert die psychologischen Bedingungen von Unterricht.und Erziehung. In dieser Einführung werden grundlegende Informationen gegeben und vor dem Hintergrund sozialpsychologischer Überlegungen kritisch analysiert.
Darüber hinaus werden Grundlagen für mögliche Änderungen des Erziehungsverhaltens vorgestellt.

ein Ullstein Buch

Geschichte des Sozialismus

Herausgegeben von
Jacquez Droz

ein Ullstein Buch

Curt Bondy

Einführung in die Psychologie

Ullstein Buch 2644

Diese »Einführung in die Psychologie« ist kein Lehrbuch für Fachpsychologen. Sie ist für Menschen bestimmt, die sich über die Probleme der Psychologie orientieren wollen. Die vorliegende Arbeit ist aus einer Vortragsreihe entstanden, die unter dem Titel »Die Wissenschaft vom Seelenleben« vom Deutschlandfunk gesendet wurde. Sie gibt einen Überblick über die verschiedenen Forschungsgebiete, die Methode und die Anwendung der Psychologie in der praktischen Arbeit, besonders in der Sozialpädagogik.

ein Ullstein Buch

Siegfried
Bernfeld

Antiautoritäre Erziehung und Psychoanalyse

Band 1
Ullstein Buch 3074

Band 2
Ullstein Buch 3075

Band 3
Ullstein Buch 3076

Aus dem Inhalt Band 1:
Theorie und Praxis psycho-
analytischer Kindererziehung /
Über sexuelle Aufklärung /
Über die allgemeine Wirkung
der Strafe / Jugendfürsorge
und Anstaltserziehung / Die
Unehelichen / Anhang: Anna
Freud: Die Erziehung des
Kleinkindes vom psycho-
analytischen Standpunkt aus.

Aus dem Inhalt Band 2:
Schule und Klassenkampf /
Sisyphos oder die Grenzen der
Erziehung / Psychoanalyse
und Arbeiterbewegung /
»Neuer Geist« contra »Nihi-
lismus« / Über die Einteilung
der Triebe.

Aus dem Inhalt Band 3:
Trieb und Tradition im
Jugendalter / Zur Psychologie
der »Sittenlosigkeit« der
Jugend / Sozialistische
Erziehungskritik / Die Schul-
gemeinde und ihre Funktion
im Klassenkampf.

ein Ullstein Buch